독자의 1초를 아껴주는 정성!

세상이 아무리 바쁘게 돌아가더라도

책까지 아무렇게나 빨리 만들 수는 없습니다.

인스턴트 식품 같은 책보다는

오래 익힌 술이나 장맛이 밴 책을 만들고 싶습니다.

길벗이지톡은 독자여러분이 우리를 믿는다고 할 때 가장 행복합니다.

나를 아껴주는 어학도서, 길벗이지톡의 책을 만나보십시오.

독자의 1초를 아껴주는 정성을 만나보십시오.

———

미리 책을 읽고 따라해본 2만 베타테스터 여러분과

무따기 체험단, 길벗스쿨 엄마 2% 기획단,

시나공 평가단, 토익 배틀, 대학생 기자단까지!

믿을 수 있는 책을 함께 만들어주신 독자 여러분께 감사드립니다.

홈페이지의 '독자광장'에 오시면 책을 함께 만들 수 있습니다.

(주)도서출판길벗 www.gilbut.co.kr

길벗이지톡 www.eztok.co.kr

길벗스쿨 www.gilbutschool.co.kr

---

mp3 파일 다운로드 안내   PDF

길벗이지톡(www.gilbut.co.kr) 회원(무료 가입)이 되시면 오디오 파일을 비롯하여 다양한 자료를 이용할 수 있습니다.

1단계	로그인 후 홈페이지 가운데 화면에 있는 SEARCH [　　　　　] 검색 에서 찾고자 하는 책이름을 입력하세요.
2단계	검색한 도서에 대한 자료를 다운로드 받으세요.

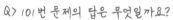

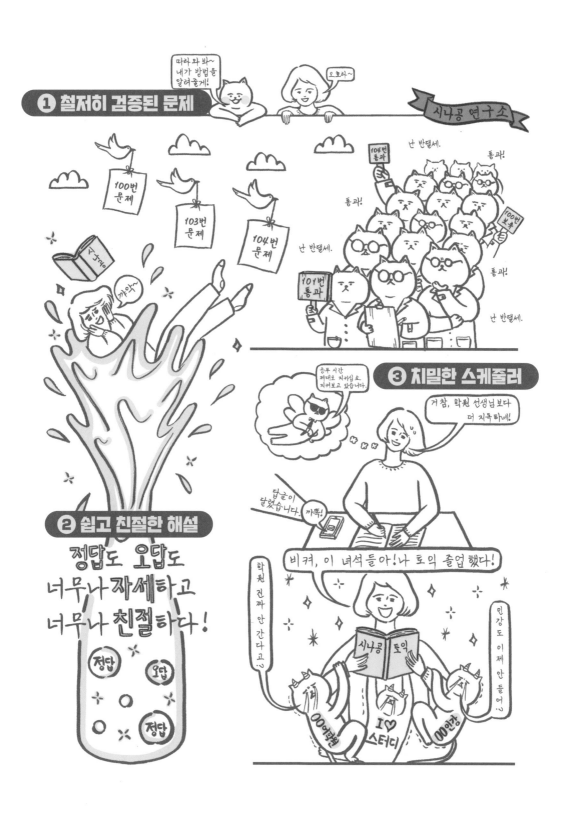

열정적인 토이커들을 위한 특별한 지원!

"시나공 토익 카페"에서 확인하세요

시나공 토익 카페에 무료로 회원 가입하고, 구매한 시나공 토익책을 등록하세요.
다양한 무료 콘텐츠 제공은 물론, 모르는 문제에 친절히 답해 드립니다.

시나공 도서관

시나공 토익책과 관련된 MP3 및 학습자료를
무료로 다운받을 수 있습니다.

묻고 답하기

모르는 부분이 있으면 자유롭게 질문해 주세요.
저자가 직접 친절하게 답해 드립니다.

토익 만점 공부방

토익 모의 실전 문제와 필수 단어, 시험장 정보,
학습법 등 시험에 필요한 유익한 자료가 가득합니다.

커뮤니티

시나공 토이커들의 자유로운 대화 공간입니다.
재미있는 설문조사, 푸짐한 이벤트에도 참여해보세요.

시험에 나오는 것만 공부한다!

시나공
토익

750
★ LC ★ RC ★
완벽대비

김병기, 이관우 지음

길벗
이지:톡

시나공 토익

750 완벽대비

초판 1쇄 발행 · 2017년 6월 30일
초판 3쇄 발행 · 2019년 7월 24일

지은이 · 김병기, 이관우
발행인 · 김경숙
발행처 · 길벗이지톡
출판사 등록일 · 2000년 4월 14일
주소 · 서울시 마포구 월드컵로 10길 56 (서교동)
대표전화 · 02) 332-0931 | **팩스** · 02) 322-6766
홈페이지 · www.gilbut.co.kr | **이메일** · eztok@gilbut.co.kr

기획 및 책임 편집 · 김소이(soykim@gilbut.co.kr) | **디자인** · 황애라 | **제작** · 이준호, 손일순, 이진혁
영업마케팅 · 김학흥, 장봉석 | **웹마케팅** · 이수미, 최소영 | **영업관리** · 심선숙 | **독자지원** · 송혜란, 정은주

편집진행 및 전산편집 · 기본기획 | **CTP 출력 및 인쇄** · 예림인쇄 | **제본** · 신정문화사

- 이 도서의 국립중앙도서관 출판예정도서목록(CIP)은 서지정보유통지원시스템 홈페이지(http://seoji.nl.go.kr)와
  국가자료공동목록시스템(http://www.nl.go.kr/kolisnet)에서 이용하실 수 있습니다. (CIP제어번호 : CIP2017014405)

ISBN 979-11-5924-125-3 03740
(길벗이지톡 도서번호 000829)

정가 21,000원

· ·

독자의 1초까지 아껴주는 정성 길벗출판사

(주)도서출판 길벗 | IT실용, IT/일반 수험서, 경제경영, 취미실용, 인문교양(더퀘스트) www.gilbut.co.kr
길벗이지톡 | 어학단행본, 어학수험서 www.eztok.co.kr
길벗스쿨 | 국어학습, 수학학습, 어린이교양, 주니어 어학학습, 교과서 www.gilbutschool.co.kr
페이스북 · www.facebook.com/hontoeic

750점이 필요한 당신을 위한 책!
≪750 완벽대비≫

750 맞춤형 이론 + 모의고사 3회분으로 750점을 달성한다!

이 책은 수험생들이 시간과 에너지를 낭비하지 않고 750점을 받을 수 있기를 바라는 취지에서 출간되었습니다. 실전에 도움이 안 되는 이론은 과감히 빼고, 시험에 자주 나오는 유형만 선별하여 구성하였습니다. 중요한 유형부터 순서대로 배치하여 수험생들이 더 이상 시간 낭비하지 않고 공부할 수 있도록 배려하였습니다.

신(新)토익의 출제 경향을 반영하여, 정기 토익의 문제 유형과 난이도, 지문 길이까지 실전에 가장 가까운 문제들만을 선별하여 구성하였습니다. 10여 년의 강의 경력과 정기 토익 분석을 토대로 개정된 신토익도 문제 하나하나마다 치밀하게 분석하였고, 수록된 모든 문제들에 최신 경향이 반영되도록 노력했습니다.

750 맞춤형 이론뿐 아니라 해설도 초보 토이커를 위해 공을 들였습니다. 초보자들은 정답의 이유만 알아서는 문제를 이해하기 어렵습니다. 이 책의 모든 문제는 문제의 접근 방법부터 문제를 풀기까지의 과정을 단계별로 설명하는 해설을 제공합니다. 초보 수험생들도 이해하기 쉽도록 상세히 해설하였고, 해설 방식을 따라하기만 하면 정답을 찾을 수 있도록 하였습니다.

독학자를 위한 학습 장치를 추가로 제공한다!

이 책은 혼자서 공부하는 수험생을 위해 기획되었습니다. 혼자서 책만으로 공부하는 학습자를 배려하여 다양한 학습 장치를 추가로 제공합니다.

혼자서 문제 풀이뿐 아니라 기본 실력까지 강화할 수 있도록, 독학용 복습 노트 〈혼끝토 노트〉를 제공합니다. 〈혼끝토 노트〉는 실전 모의고사에 나오는 필수 어휘와 LC 주요 문장 받아쓰기 훈련, 시험에 자주 나오는 파트 5 핵심 문제 문장분석 훈련, 어려운 파트 7 문장의 직독직해 훈련을 DAY별로 제공하여 집중 훈련을 할 수 있게 구성했습니다. 〈혼끝토 노트〉가 제시하는 대로 학습을 따라서 하면 학원과 인강 없이도 확실한 학습 효과를 볼 수 있습니다.

또한, 청취 실력을 향상시킬 수 있도록 실전용 MP3뿐 아니라 실전보다 빠른 속도의 훈련용 MP3, 고사장 소음을 추가한 MP3를 추가로 제공하고, 영국/호주 발음 MP3, 받아쓰기용도 함께 제공합니다.

이 책으로 학습한 수험생 여러분 모두가 원하는 점수를 받기를 진심으로 바랍니다.

2017년 6월

김병기, 이관우

1 750점 필수 유형만 골라 빈출 순으로 정리한 문제 유형!

목표 점수 750점을 달성하려면 모든 문제를 다 맞히려고 하기 보다 시험에 자주 나오는 중요한 유형부터 먼저 공부하는 것이 효율적입니다. 750점을 받기 위해 꼭 필요한 유형만 선별하고, 이를 각 파트별로 출제 비중이 높은 순서대로 정리하여 중요한 순서대로 먼저 공부할 수 있습니다. 〈교재에 수록된 출제 빈도는 시험이 누적될수록 다소 차이가 생길 수 있음을 알려드립니다.〉

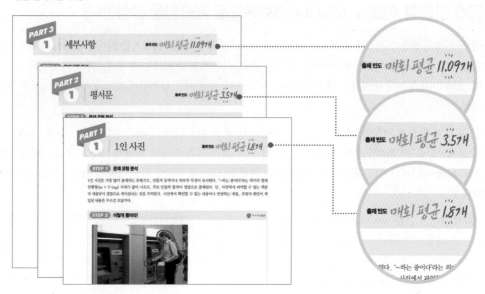

2 문제의 접근 방법부터 설명하는 친절한 단계별 해설!

문제를 처음 맞이하는 순간부터 어떻게 문제에 접근해야 하는지를 단계별로 설명하였습니다. 단순히 정답의 이유만 안다고 문제가 풀리지 않습니다. 문제를 파악하는 방법부터 문제 풀이까지 3단계로 해설을 제공하고, 틀리기 쉬운 함정은 따로 정리하여 초보 토이커도 더 이상 문제를 틀릴 틈이 없습니다.

LC

📖 **문제 유형 파악** #사진 분석 #인물 동작 주시
여자 한 명이 등장하는 1인 인물 사진이다. 1인 사진이므로 여자의
만 골라야 하며, 추측해서 알 수 있는 내용은 답이 될 수 없다.

✏️ **오답 제거** #소거법 #객관적 사실
(C) 여자가 가방을 들고 있어 도서관이 연상될 수 있지만, 책이 보이
(D) 노트북 컴퓨터를 확인할 수 없으므로 오답이다. 여자가 화면에

🔎 **함정 분석** : (B) 여자가 자동현금입출금기를 사용하고 있지만, 사진만 보
이 개입된 선택지는 자주 접하는 오답 유형이다.

RC

≡ **보기 파악** ▶ 대명사 they의 올바른 격을 묻는 문제이다.
(A) they 주격
(C) theirs 소유대명사

✓ **빈칸 확인** ▶ 빈칸이 전치사 다음에 나와 있으므로 빈칸엔

💡 **정답 선택** ▶ 전치사 다음에는 목적격이 나와야 하므로 앞
members이고, among 뒤의 목적어도 members이므로 주어와

③ 신(新) 토익을 완벽 반영한 실전 모의고사 3회분!

학습한 내용을 점검할 수 있도록 실전 모의고사 3회분을 제공합니다. 신(新) 토익의 출제 경향을 반영하고 실전에 가장 가까운 문제만 선별하여 문제 유형과 난이도, 지문의 길이까지 정기 토익을 예상할 수 있습니다.

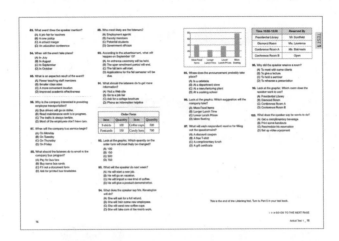

④ 학습 효과를 높이는 독학용 복습 노트 〈혼끝토 노트〉!

실전 모의고사를 푼 뒤 혼자서 복습할 수 있도록 복습 콘텐츠를 추가로 제공합니다. 실전 모의고사에서 필수 어휘와 받아쓰기, 파트 5 문장 분석, 파트 7 직독직해 훈련을 제공해 기본 실력을 강화할 수 있습니다.

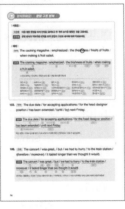

⑤ 독학자를 위한 《혼끝토 750 완벽대비》 특별부록!

혼자 공부하는 수험생을 배려하여 청취 훈련을 위한 실전용 MP3뿐 아니라 영국/호주 발음 MP3, 받아쓰기용도 추가로 제공하고, 실전보다 빠른 속도의 훈련용 MP3, 고사장 소음을 추가한 MP3도 함께 제공합니다.

LC 변경 사항

PART 1 | 6 문항 | 25 문항 | 39 문항 | 30 문항

- 문항수 10개에서 6개로 감소, Question 1 ~ Question 6 / 문제 유형은 구토익과 동일

PART 2 | 6 문항 | 25 문항 | 39 문항 | 30 문항

- 문항수 30개에서 25개로 감소, Question 7 ~ Question 31 / 문제 유형은 구토익과 동일

PART 3 | 6 문항 | 25 문항 | 39 문항 | 30 문항

- 문항수 30개(10개 지문)에서 39개(13개 지문)로 증가, Question 32 ~ Question 70
- **신(新)유형 추가**: 3인 대화 지문
- **신(新)유형 추가**: 화자가 언급한 내용의 의도 파악 문제
- **신(新)유형 추가**: 시각 자료(표, 지도, 송장 등) 연계 문제

PART 4 | 6 문항 | 25 문항 | 39 문항 | 30 문항

- 문항수 30개로 동일, Question 71 ~ Question 100
- **신(新)유형 추가**: 화자가 언급한 내용의 의도 파악 문제
- **신(新)유형 추가**: 시각 자료(표, 지도, 송장 등) 연계 문제

- 신(新)유형 추가: 화자가 언급한 내용의 의도 파악 문제

- 신(新)유형 추가: 시각 자료(표, 지도, 송장 등) 연계 문제

新 **34.** Why does the man say, "It's not too late"?

　(A) He wants to continue the conversation.
　(B) He wants to suggest a plan for this evening.
　(C) He thinks there is still time to take action.
　(D) He believes that an opportunity has already passed.

INVOICE	
Vortex Computing Store	
Customer Name: Bill Patton	
Date: November 2	
Waller ZX Speakers	$45
G4 External Hard Drive	$95
Subtotal	$140
Delivery Fee	$35
AMOUNT PAYABLE	**$175**

新 **37.** Look at the graphic. What amount of money will be deducted from the invoice?

　(A) $45　　　　(B) $50
　(C) $75　　　　(D) $95

PART 5 `30 문항` `16 문항` `54 문항`

- 문항수 40개에서 30개로 감소, Question 101 ~ Question 130 / 문제 유형은 구토익과 동일

PART 6 `30 문항` `16 문항` `54 문항`

- 문항수 12개에서 16개로 증가, Question 131 ~ Question 146

ex. Questions 131-134 refer to the following email.

To: Lisa Hayward <lisah@kukodesigns.com>

From: Peter Franklin <peterf@bestphoto.com>

Date: September 10

Subject: Fashion shoot on October 3

Dear Ms. Hayward,

It was great talking to you on the phone the other day. I want to confirm the arrangements we made for the fashion shoot.

As we briefly -------, the shoot will feature all of your upcoming Spring Kuko Designs
131.
collection, and we will be using the Central Park Zoo for our location. We are supplying all the models, props, and equipment, and we will be picking up all of the clothing from you on September 25, a list of ------- you will be sending me this week
132.
as we arranged.

I will call you as soon as I receive your clothing list. At that time, I would love -------
133.
us to have lunch together. -------

- 신(新)유형 추가: 문장 삽입

新 **134.** (A) Thank you for giving me a position at your firm.

(B) I'm looking forward to hearing from you.

(C) Please give a call once you receive the clothing.

(D) I'm sorry that you were not satisfied with our service again.

Peter Franklin

Photography Team Manager

Best Photo, Inc.

- 문항수 48개에서 54개로 증가, Question 147 ~ Question 200
- 단일 지문 29문항(10개 지문), 이중 지문 10문항(2개 지문), 삼중 지문 15문항(3개 지문)
- **신(新)유형 지문 추가**: 문자 메시지 지문, 온라인 채팅 지문, 삼중 지문

ex. Questions 147-148 refer to the following text message chain.

ERIC GARCIA 10:37 A.M.

Estelle… are you still planning to join Mr. Theakston and me for lunch today? I already called and booked a table for four at Raffles Bistro. Stacey is going as well.

ESTELLE VASQUEZ 10:40 A.M.

Oh, hey, Eric. Yes, I'll be there. Which place is that? The new one on the 2nd floor of our building? I've never been there.

ERIC GARCIA 10:41 A.M.

Yes, that's the one. The food is fantastic, and it has a nice atmosphere. And you'll get a chance to meet our new supervisor properly.

ESTELLE VASQUEZ 10:43 A.M.

You're right. What time should I meet you down there?

ERIC GARCIA 10:44 A.M.

I told Mr. Theakston to meet at 11:50, but I think we should get there five minutes before then so that we can make a good impression on him.

ESTELLE VASQUEZ 10:46 A.M.

Good point. My department's workload is pretty light this morning, so I won't have any trouble getting away on time for lunch.

- 신(新)유형 추가: 의도 파악하기

新 **148.** At 10:46 A.M., what does Ms. Vasquez mean when she writes, "Good point"?

(A) She is worried about the amount of work she must complete.
(B) She thinks that they will have no trouble finding a table.
(C) She is grateful that Mr. Garcia has invited her to lunch.
(D) She agrees that they should try to arrive a little early.

ex. Questions 156-158 refer to the following email.

To: w.pieterson@acorndesign.com
From: r.radcliffe@avoliosautos.net
Date: Feb 4
Subject: New website

We at Avolios have experienced a successful year, serving more customers than ever before. However, after we reviewed the survey forms filled out by our clients, the overwhelming feedback was that our website is lacking in sufficient detail about our business. Consequently, our managing director John Avolio feels that our business could really benefit from an overhaul of the old design. As such, we would like to enlist your company in making us a refurbished website.

The new design must contain our email address and phone number in large font to allow customers to contact us easily. — [1] —. Many customers stated that this was lacking on our old website, which prevented them from getting in touch with us. We would also like you to include some details about the location of our business, including how customers can get to our store. — [2] —. Lastly, we feel that an online form is necessary to allow our customers to place orders through our website. — [3] —.

We would appreciate it if you could email us examples of proposed designs by February 16, as we would be able to discuss our preferred layout during our managerial meeting held on this day. If you could also include the amount your company requires to produce each design, this would also help us to plan out our budget. — [4] —.

Faithfully

Rachel Radcliffe
Regional Manager
Avolio Autos

• 신(新)유형 추가: 문장 위치 찾기

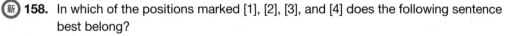 158. In which of the positions marked [1], [2], [3], and [4] does the following sentence best belong?
"We are willing to consider alternative designs, but we feel that using a map would be the best way to deliver this information."

(A) [1]
(B) [2]
(C) [3]
(D) [4]

Gold Star Property Rentals
Studio Apartments Now Available!

As the CEO of Gold Star, I am proud to announce the availability of a new complex of luxury apartments for private rental. This block of accommodations, named Cedar Heights, was constructed by Karl Melvin & Sons, Inc., one of the industry leaders in producing highquality living quarters, and was completed last month. The unit is positioned on Stones Avenue, close to the downtown area of Northwich, with a number of local businesses and restaurants located in nearby proximity. These include Gone Fishin', the 5-star seafood restaurant owned by celebrity chef Terrence Boss, and a branch of national chain Tone Gym just two blocks away. Cedar Heights apartments are ideal for commuters as the Grand Park Subway Station can be found just a 2-minute walk from the complex, and a number of local bus routes serve Stones Avenue. With a range of sizes and specifications, we have apartments to fit all budgets and family-sizes. To arrange a viewing, please contact Sally Winter at (555) 2934-4393.

Edward Cullingham
Gold Star Owner

Gold Star Property Rentals
Cedar Heights, Stones Avenue

Available Properties
Category E: Mid-size apartments

Property Number	Property Code	Size	Monthly Rental Price	Deposit Fee
Apartment 3	#MS986	50m²	$1,600	$1,000
Apartment 9	#MS304	45m²	$1,200	$500
Apartment 14	#MS230	48m²	$1,450	$800
Apartment 21	#MS129	55m²	$1,800	$1,400

All deposits must be paid in full prior to the move-in date.

From: Allan Tetty <a.tetty@quickmail.com>
To: Rentals <rentals@goldstar.net>
Subject: Apartment rental

To whom it may concern,

I phoned your office on Tuesday, May 24 in order to schedule an appointment to look at one of your luxury apartments at Cedar Heights. I was very impressed with the layout of the complex as well as the professionalism of the staff member who showed me around, and I decided to rent the apartment. After accompanying the staff member back to the office, I signed the contract and paid the deposit of $800 in full. However, after checking my bank account this morning, I can see that $1,000 was instead transferred to your company. I can only assume this to be a mistake on your part, and I would like this rectified ahead of my move-in date of April 1. After being so impressed with your firm, I can only express my disappointment with this incident. I expect the matter to be resolved promptly.

Allan Tetty

목차

1권 · 유형 편

이 책의 특징 …… 4
신(新) 토익 변경사항 …… 6
이 책으로 혼자서 공부하는 방법 …… 14
학습 스케줄 …… 15

PART 1

1 1인 사진 …… 18
2 다수 사진 …… 20
3 2인 사진 …… 22
4 사물 사진 …… 24
5 풍경 사진 …… 26

PART 2

1 평서문 …… 30
2 Do / Does / Did / Have …… 32
3 When 의문문 …… 34
4 부가 의문문 …… 36
5 Why 의문문 …… 38
6 Where 의문문 …… 40
7 조동사 의문문 …… 42
8 Who 의문문 …… 44
9 부정 의문문 …… 46
10 선택 의문문 …… 48
11 How 의문문 …… 50
12 What 의문문 …… 52

PART 3

문제 유형 편

1 세부사항 …… 56
2 제안 / 요청 사항 …… 58
3 미래 행동 …… 60
4 문제점 …… 62
5 시각 정보 파악 …… 64
6 화자의 의도 파악 …… 66
7 장소 …… 68
8 주제 …… 70
9 목적 …… 72
10 화자의 정체 …… 74

지문 유형 편

1 사내 업무 …… 78
2 상품 및 서비스 …… 82
3 시설 및 사무기기 …… 86

PART 4

문제 유형 편

1 세부사항 …… 92
2 제안 / 요청 사항 …… 94
3 화자의 의도 파악 …… 96
4 시각 정보 파악 …… 98
5 장소 …… 100
6 주제 …… 102
7 미래 행동 …… 104
8 화자나 청자의 정체 …… 106
9 목적 …… 108
10 문제점 …… 110

지문 유형 편

1 공지 및 안내 …… 114
2 방송 …… 118
3 인물 소개 …… 122

PART 5&6

1 전치사의 자리 ······ 128
2 명사의 자리 ······ 132
3 부사의 자리 ······ 136
4 동사의 형태 ······ 140
5 접속부사 ······ 144
6 형용사의 자리 ······ 148
7 명사를 수식하는 과거분사 ······ 152
8 3형식 동사의 수동태 ······ 156
9 시간 부사절 접속사 ······ 160
10 to부정사 ······ 164
11 인칭대명사의 주격 ······ 168
12 미래 시제 ······ 172
13 문맥에 맞는 대명(형용)사 ······ 176
14 조건 부사절 접속사 ······ 180
15 주격 보어로 쓰인 형용사 ······ 184
16 현재완료 ······ 188
17 인칭대명사의 소유격 ······ 192
18 재귀대명사 ······ 196
19 복합명사 ······ 200
20 목적 부사절 접속사 & 목적을 나타내는 부사구 ······ 204
21 분사구문 ······ 208
22 양보 부사절 접속사 ······ 212
23 계속적 용법의 관계대명사 ······ 216
24 전치사의 목적어로 쓰인 동명사 ······ 220
25 문맥상 적합한 문장 넣기 ······ 224

PART 7

문제 유형 편

1 유추, 추론 ······ 228
2 세부정보 파악 ······ 230
3 사실관계 파악(True) ······ 232
4 주제 & 목적 ······ 234
5 동의어 파악 ······ 236
6 의도 파악 ······ 238
7 빈칸 추론 ······ 240
8 사실관계 파악(Not True) ······ 242

지문 유형 편

1 이메일 ······ 246
2 기사 ······ 250
3 공지 ······ 254
4 온라인 채팅문 ······ 258
5 문자 메시지 ······ 262
6 광고 ······ 266
7 정보 ······ 270
8 편지 ······ 274
9 회람 ······ 278
10 이중 지문 ······ 282

정답 및 해설 ······ 289

2권 · 실전 편

Actual Test 1 ······ 2
Actual Test 2 ······ 44
Actual Test 3 ······ 86

정답 및 해설 ······ 130
Answer Sheet ······ 282

STEP 1 문제 유형 학습

750점을 위해 꼭 맞혀야 하는 필수 유형을 먼저 학습합니다. 출제 비중이 높은 순서대로 구성하였으므로 앞에서부터 공부하세요!

STEP 2 실전 문제 풀기

토익은 정해진 시간 안에 문제 풀이와 마킹까지 끝내야 하므로, 시간 관리가 무척 중요합니다. 실전과 같이 정해진 시간 안에 풀어 보세요!

STEP 3 필수 단어 암기

문제 풀이와 해설 확인이 끝나면, 〈혼끝토 노트〉에 정리된 필수 단어를 암기합니다. 각 테스트에서 시험에 자주 나오는 단어를 선별하였습니다.

STEP 4 받아쓰기 훈련

파트 2~4의 주요 문장을 뽑아 받아쓰기 훈련을 할 수 있도록 구성하였습니다. 받아쓰기 훈련을 통해 주요 표현을 익히고 문장 구조를 파악하면 청취가 훨씬 수월해집니다.

STEP 5 문장 분석 훈련

파트 5의 핵심 문장을 뽑아 문장 분석을 풀이하였습니다. 문장 분석을 통해 문장 구조를 익히면, 파트 5의 빈칸에 들어갈 품사가 한 눈에 보입니다.

STEP 6 직독직해 훈련

파트 7에서 어려운 문장을 뽑아 직독직해 훈련을 할 수 있도록 구성하였습니다. 독해력 향상으로 길고 어려워진 파트 7에 대비할 수 있습니다.

학습
스케줄

유형 편으로 먼저 학습한 후, 실전 편에서 문제를 풀며 실전 감각을 익힐 수 있도록 학습 스케줄을 구성하였습니다. 실전 문제를 푼 뒤에는 〈혼끝토 노트〉로 꼭 복습하세요.

1권 · 유형 편

DAY 1	DAY 2	DAY 3	DAY 4	DAY 5	DAY 6
파트 1 ① ~ ④	파트 1 ⑤ ~ 파트 2 ③	파트 2 ④ ~ ⑦	파트 2 ⑧ ~ ⑪	파트 2 ⑫ ~ 파트 3 문제 ③	파트 3 문제 ④ ~ ⑦
DAY 7	**DAY 8**	**DAY 9**	**DAY 10**	**DAY 11**	**DAY 12**
파트 3 문제 ⑧ ~ 파트 3 지문 ①	파트 3 지문 ② ~ 파트 4 문제 ②	파트 4 문제 ③ ~ ⑥	파트 4 문제 ⑦ ~ ⑩	파트 4 지문 ① ~ ③	파트 5 & 6 ① ~ ④
DAY 13	**DAY 14**	**DAY 15**	**DAY 16**	**DAY 17**	**DAY 18**
파트 5 & 6 ⑤ ~ ⑧	파트 5 & 6 ⑨ ~ ⑫	파트 5 & 6 ⑬ ~ ⑯	파트 5 & 6 ⑰ ~ ⑳	파트 5 & 6 ㉑ ~ ㉔	파트 5 & 6 ㉕ ~ 파트 7 문제 ③
DAY 19	**DAY 20**	**DAY 21**	**DAY 22**	**DAY 23**	**DAY 24**
파트 7 문제 ④ ~ ⑦	파트 7 문제 ⑧ ~ 파트 7 지문 ②	파트 7 지문 ③ ~ ④	파트 7 지문 ⑤ ~ ⑥	파트 7 지문 ⑦ ~ ⑧	파트 7 지문 ⑨ ~ ⑩

2권 · 실전 편

DAY 25	DAY 26	DAY 27	DAY 28
Actual Test 1	TEST 1 받아쓰기 훈련	TEST 1 문장분석 훈련	TEST 1 직독직해 훈련
DAY 29	**DAY 30**	**DAY 31**	**DAY 32**
Actual Test 2	TEST 2 받아쓰기 훈련	TEST 2 문장분석 훈련	TEST 2 직독직해 훈련
DAY 33	**DAY 34**	**DAY 35**	**DAY 36**
Actual Test 3	TEST 3 받아쓰기 훈련	TEST 3 문장분석 훈련	TEST 3 직독직해 훈련

750
완벽대비

파트 1은 수험생들이 상대적으로 부담을 덜 느끼는 파트이지만, 생소한 표현들이 출제되기 때문에 다 맞히기 어려운 파트이기도 합니다. 사람이 등장하는 사진이 전체의 70%를 넘기 때문에, 파트 1을 대비하기 위해서는 인물의 동작을 묘사하는 어휘 및 표현을 알아두어야 합니다. 사진의 배경에 따라 출제되는 표현들이 어느 정도 정해져 있으므로 사진 유형별로 자주 나오는 어휘는 꼭 알아두도록 합시다.

파트
1

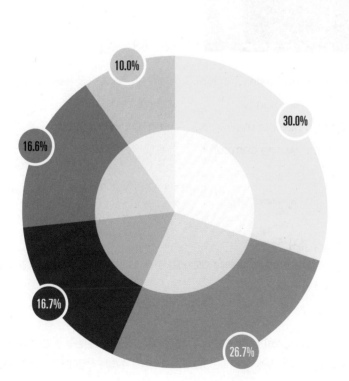

10.0%

30.0%

16.6%

16.7%

26.7%

- 1인 사진
- 다수 사진
- 2인 사진
- 사물 사진
- 풍경 사진

PART 1

1 | 1인 사진

STEP 1 문제 유형 분석

1인 사진은 가장 많이 출제되는 유형으로, 인물의 동작이나 외모적 특징이 묘사된다. '~하는 중이다'라는 의미의 현재 진행형(be + V-ing) 시제가 많이 나오고, 주로 인물의 동작이 정답으로 출제된다. 단, 사진에서 파악할 수 있는 객관적 내용만이 정답으로 제시된다는 점을 주의한다. 사진에서 확인할 수 없는 내용이나 연상되는 내용, 주관적 판단이 개입된 내용은 무조건 오답이다.

STEP 2 이렇게 풀어라!

 1-1-1.mp3

(A) (B) (C) (D)

(A) The woman is using an automated teller machine.

(B) The woman is withdrawing some money.

(C) The woman is searching for a book in the library.

(D) The woman is focusing on her laptop computer screen.

(A) 여자는 자동현금입출금기를 사용하고 있다.

(B) 여자는 돈을 인출하고 있다.

(C) 여자는 도서관에서 책을 찾고 있다.

(D) 여자는 노트북 컴퓨터 화면에 집중하고 있다.

표현 정리 automated teller machine 자동현금입출금기 withdraw 인출하다

문제 유형 파악 #사진 분석 #인물 동작 주시

여자 한 명이 등장하는 1인 인물 사진이다. 1인 사진이므로 여자의 행동이나 외모가 묘사될 수 있다. 이때 사진을 보고 파악할 수 있는 내용만 골라야 하며, 추측해서 알 수 있는 내용은 답이 될 수 없다.

오답 제거 #소거법 #객관적 사실

(C) 여자가 가방을 들고 있어 도서관이 연상될 수 있지만, 책이 보이지 않고 여자가 있는 곳을 도서관이라 판단할 수 없으므로 오답이다.

(D) 노트북 컴퓨터를 확인할 수 없으므로 오답이다. 여자가 화면에 집중하는 모습만 보고 선택할 수 있는 함정이므로 조심해야 한다.

: 🔍 **함정 분석** : (B) 여자가 자동현금입출금기를 사용하고 있지만, 사진만 보고 여자가 돈을 인출 중인지를 판단할 수 없으므로 오답이다. 연상하거나 주관적 판단이 개입된 선택지는 자주 접하는 오답 유형이다.

정답 (A)

• 사무실

be sitting at a desk 책상에 앉아 있는 중이다

be opening a drawer 서랍을 여는 중이다

be organizing papers 서류를 정리 중이다

be working at a desk 책상에서 일하는 중이다

be turning on a lamp 등을 켜는 중이다

be drinking from a cup 컵으로 마시는 중이다

be writing in a notebook 공책에 쓰는 중이다

be talking on a telephone 전화로 이야기하는 중이다

be looking at a document 서류를 보는 중이다

be reaching for a painting 그림에 손을 뻗는 중이다

be copying some documents 서류를 복사하는 중이다

be putting file folders on shelves
선반에 서류철을 넣는 중이다

• 주방

be holding a plate 접시를 들고 있는 중이다

be wiping a counter 카운터를 닦고 있는 중이다

be tying one's apron 앞치마를 묶고 있는 중이다

be pouring some coffee 커피를 따르고 있는 중이다

be looking into a container 용기 안을 보고 있는 중이다

• 거리

be standing on the grass 잔디밭에 서 있는 중이다

be kneeling on the ground 땅에 무릎을 꿇고 있는 중이다

be walking along the street 길을 따라 걷는 중이다

be carrying a coat over one's arm
코트를 팔에 걸치고 가는 중이다

🎧 1-1-2.mp3

1.

2.

3.

4.

▶ 정답 290쪽

PART 1
2 | 다수 사진

출제 빈도 **매회 평균 1.6개**

STEP 1 문제 유형 분석

3인 이상이 등장하는 다수 사진도 시험에 많이 출제되며, 주변 사물이나 인물의 상태보다는 주로 인물의 동작이 나온다. 다수 사진을 풀 때는 먼저 사진 속 인물들이 공통된 동일한 동작을 취하는지 또는 각각 개별적인 동작을 하고 있는지를 확인해야 한다. 일부 사람의 동작을 모두의 공통된 동작으로 잘못 묘사하는 함정이 출제되므로 조심해야 한다.

STEP 2 이렇게 풀어라!

🎧 1-2-1.mp3

(A)   (B)   (C)   (D)

(A) People are dining at a restaurant.

(B) Cakes are being removed from an oven.

(C) A waitress is serving some customers.

(D) Some kitchen staff members are washing pots and pans.

(A) 사람들이 식당에서 식사를 하고 있다.

(B) 케이크들이 오븐에서 꺼내지고 있다.

(C) 한 여자 종업원이 손님의 시중을 들고 있다.

(D) 일부 주방 직원들이 그릇과 냄비를 세척하고 있다.

표현 정리 **dine** 식사를 하다 **remove** 치우다 **customer** 손님, 고객

📖 **문제 유형 파악** #공통 동작 파악 #개별 동작 파악

식당에 종업원과 손님들로 보이는 사람들 다수가 등장하는 사진이다. 다수 사진에서는 인물들의 공통된 행동과 개인의 행동이 모두 묘사될 수 있다. 단체의 행동과 개인의 행동을 구분해서 대상과 행동이 정확히 묘사된 선택지를 골라야 한다.

✏️ **오답 제거** #소거법 #공통 동작으로 확대 묘사 주의

(B) 식당 사진에서 연상할 수 있는 함정이지만, 오븐에서 케이크를 꺼내고 있는 사람이 보이지 않으므로 오답이다.

(D) 몇몇 직원들과 그릇은 보이지만, 장소가 주방이 아니고 그릇과 냄비를 세척하는 사람들이 보이지 않으므로 오답이다.

🔍 **함정 분석 :** (A) 마치 사진 속 사람들이 모두 식사를 하고 있는 것으로 확대 묘사하여 답이 될 수 없다. 다수 사진에서는 일부 사람들의 행동을 전체의 행동으로 묘사하는 유형의 오답을 주의해야 한다.

정답 (C)

- 물가

  be holding an oar 노를 들고 있는 중이다

  be boarding a boat 보트를 타고 있는 중이다

  be repairing a boat 보트를 수리하는 중이다

  be getting into a boat 보트를 타는 중이다

  be resting by a stream 시냇가에서 쉬는 중이다

  be strolling on a beach 해변에서 산책하는 중이다

  be getting out of a boat 보트에서 내리는 중이다

  be sitting beneath a tree 나무 아래 앉아 있는 중이다

  be tying a boat to a pier 보트를 부두에 묶는 중이다

  be swimming in the water 물에서 수영하는 중이다

  be swimming across a river 강을 가로질러 수영하는 중이다

  be jogging along the shore 해안가를 따라 달리는 중이다

- 승강장

  be leaving the station 역을 떠나는 중이다

  be packing a suitcase 여행 가방을 싸는 중이다

  be descending some stairs 계단을 내려오는 중이다

  be sitting in a waiting area 대기 구역에 앉아 있는 중이다

  be stepping down from a train 기차에서 내려오는 중이다

- 강의실

  be seated in a circle 동그랗게 앉아 있다

  be giving a presentation 발표를 하는 중이다

  be listening to a lecturer 강연자의 강연을 듣는 중이다

  be spreading out some papers 종이를 나눠 주는 중이다

  be distributing some materials 자료를 나눠 주는 중이다

🎧 1-2-2.mp3

1.

2.

3.

4.

▶ 정답 291쪽

PART 1

3 | 2인 사진

출제 빈도 매회 평균 1.0개

STEP 1 문제 유형 분석

2인 사진에서는 두 사람의 공통 동작이나 각 인물의 개별 동작, 또는 주변 사물의 위치와 상태가 모두 묘사된다. 주로 사람의 동작 묘사가 정답으로 나오지만, 사물의 상태도 정답이 되므로 어려울 수 있다. 묘사하는 대상이 다양하고 시제도 현재진행(be + V-ing), 현재진행 수동태(be being p.p.), 현재완료(have/has p.p.), 현재완료 수동태(have/has been p.p.) 등이 섞여 나오므로 주의해서 들어야 한다.

STEP 2 이렇게 풀어라!

 1-3-1.mp3

(A) (B) (C) (D)

(A) They're walking up the steps.

(B) They're in the corridor of an apartment.

(C) They're in the center of the open field.

(D) They're working at the site of a construction project.

(A) 그들은 계단을 올라가고 있다.

(B) 그들은 아파트 복도에 있다.

(C) 그들은 들판 한 복판에 있다.

(D) 그들은 공사 현장에서 일하고 있다.

표현 정리 walk up the stairs 계단을 올라가다 corridor 복도 in the center of ~의 중앙에 open field 들판 construction 건축, 공사

📖 **문제 유형 파악** #공통 동작 파악

2인 사진에는 인물들의 공통된 행동이나 상태가 정답으로 자주 출제된다. 안전모를 쓴 두 남자가 공사 현장에서 설계 도면을 들고 무엇인가를 함께 바라보고 있는 모습이다. 주변 사물이 묘사되는 경우도 있으므로 미리 확인해야 한다.

✏️ **오답 제거** #다양한 시제 주의

(A) 사진 속 계단이 보이지 않고 두 남자는 올라가는 중이 아니므로 오답이다.

(C) 콘크리트 벽과 장비들로 보아 들판이라고 볼 수 없으므로 답이 될 수 없다.

🔍 **함정 분석** : (B) 공사 현장 사진에서 연상하기 쉬운 단어인 아파트가 포함된 함정이다. 두 남자가 아파트 복도에 있는지는 사진으로 알 수 없는 내용이므로 오답이다.

정답 (D)

• 공원

be sitting outside 야외에 앉아 있는 중이다

be facing each other 서로 마주보고 있는 중이다

be selling merchandise 상품을 파는 중이다

be walking on the grass 잔디밭을 걷는 중이다

be reading in the shade 그늘에서 독서하는 중이다

be standing in line for an event
행사를 위해 줄지어 서 있는 중이다

be having a snack at a wooden table
나무 탁자에서 간식을 먹고 있는 중이다

• 식당

be holding a tray 쟁반을 들고 있는 중이다

be looking at a menu 메뉴를 보고 있는 중이다

be serving food on a plate 접시에 음식을 제공하고 있다

be rearranging some furniture 가구를 재배치하고 있다

• 상점

be paying for a jacket 자켓을 구입하는 중이다

be trying on a necklace 목걸이를 해보는 중이다

be picking up a package 상자를 들고 있는 중이다

be handing out a brochure 소책자를 나눠 주는 중이다

be paying at a cash register
금전등록기에서 지불하는 중이다

• 정원

be trimming a bush 관목을 다듬는 중이다

be installing a fence 울타리를 설치하는 중이다

be standing on a ladder 사다리에 서 있는 중이다

be loading boxes onto a car 차에 상자를 싣고 있는 중이다

🎧 1-3-2.mp3

1.

2.

3.

4.

▶ 정답 292쪽

4 | 사물 사진

출제 빈도 *매회 평균 1.0개*

STEP 1 **문제 유형 분석**

사물 사진은 사물의 위치 및 상태가 묘사되는데, 위치나 상태가 제대로 묘사되더라도 이와 상관없는 사물 주어를 언급하여 오답을 유도한다. 사물 사진에서는 수동태(be p.p.)나 현재완료 수동태(have/has been p.p.) 시제가 주로 나오며, 현재진행 수동태(be being p.p.)는 대부분 오답이다. 현재진행 수동태를 사용하여 행동이 진행 중인 것으로 묘사하는 함정을 조심해야 한다.

STEP 2 **이렇게 풀어라!**

 1-4-1.mp3

(A) (B) (C) (D)

(A) Some people are seated on a bench.

(B) Some cushions are being laid on a sofa.

(C) The picture is hanging on the wall.

(D) Light fixtures have been mounted above the doorway.

(A) 몇몇 사람들이 벤치에 착석해 있다.

(B) 몇몇 쿠션들이 소파 위에 놓이고 있다.

(C) 그림이 벽에 걸려 있다.

(D) 조명 기구들이 현관 위에 설치되어 있다.

표현 정리 lay 놓다 hang 걸다, 매달다 light fixture 조명 기구 mount 끼우다, 고정시키다 doorway 출입구

📋 문제 유형 파악 #관련 없는 묘사 주의

사람이 등장하지 않는 사물 사진으로, 거실에 쇼파와 등이 보이고 벽에는 그림이 걸려 있다. 사물 사진에서는 관련 없는 주어를 골라내고 현재진행 수동태를 주의한다.

✏️ 오답 제거 #현재진행 수동태 조심

(A) 사물 사진이므로 주어 Some people을 듣자마자 오답으로 골라내야 한다. 사진 속 소파를 보고 혼동할 수 있는 벤치를 언급한 오답이다. (D) 조명 기구는 소파 양 옆과 천장에 있으나 현관이라고 말하여 위치 묘사가 부적절하다.

🔎 함정 분석 : (B) 소파 위에 놓인 쿠션을 보고 오해하기 쉽다. 사물 사진이므로 사람이 쿠션을 올려놓는 동작을 묘사한 현재진행 수동태 (be being laid)가 쓰여 오답이다.

정답 (C)

- 실내

  be left open 열려 있다

  be occupied 자리가 차 있다

  be unoccupied 자리가 비어 있다

  be being installed 설치되는 중이다

  be being polished 닦고 있는 중이다

  be left on a shelf 선반에 남아 있다

  be set on the floor 바닥에 놓여 있다

  be attached to the wall 벽에 붙어 있다

  be stacked on the table 식탁 위에 쌓여 있다

  be mounted on the wall 벽에 고정되어 있다

  be illuminated by a lamp 등이 비추고 있다

  be lined up under a picture 사진 아래 줄 지어 있다

  be propped against the sofa 소파에 기대어져 있다

  be placed in the corner of the room 방 구석에 놓여 있다

- 길가

  be being mowed 잔디를 깎고 있는 중이다

  be being unloaded 짐을 내리고 있는 중이다

  be parked in a row 줄지어 주차되어 있다

  be on display in the store 상점에 진열되어 있다

  be being swept out of the room 방 밖으로 쓸어내고 있다

🎧 1-4-2.mp3

1.

2.

3.

4.

▶ 정답 292쪽

PART 1

5 | 풍경 사진

출제 빈도 매회 평균 0.6개

STEP 1 **문제 유형 분석**

풍경 사진에서는 주로 사물의 위치와 상태를 묘사하는 내용이 출제된다. 사물 각각의 묘사보다는 사물의 전체적인 구도나 배치 등에 대한 묘사가 자주 나온다. 풍경 사진에서는 나무, 벤치 등이 보이는 공원 사진과 관련된 어휘와 표현을 알아두는 것이 중요하다.

STEP 2 **이렇게 풀어라!**

🎧 1-5-1.mp3

(A) (B) (C) (D)

(A) Some cars are driving up a hill.	(A) 몇몇 자동차들이 언덕을 오르고 있다.
(B) All the rooftops are covered with snow.	(B) 모든 지붕들이 눈으로 덮여 있다.
(C) A park is surrounded by waterfalls and canyons.	(C) 공원이 폭포들과 협곡들로 둘러싸여 있다.
(D) There are some houses situated on the hill.	(D) 몇몇 주택들이 언덕에 위치하고 있다.

표현 정리 rooftop 지붕, 옥상 be covered with ~로 덮이다 be surrounded by ~로 둘러싸여 있다 waterfall 폭포 canyon 협곡 be situated on ~에 위치하다

📋 **문제 유형 파악** #주요 사물의 구도와 배치

집과 나무가 보이는 풍경 사진이다. 풍경 사진이므로 사물 각각에 대한 묘사보다는 주요 사물인 집과 나무들의 전체적인 구도나 배치 등을 확인해야 한다.

✏️ **오답 제거** #소거법

(A) 언덕이 보이기는 하지만 자동차들이 보이지 않으므로 오답이다.

(C) 나무를 보고 공원을 연상하여 고를 수 있지만 폭포와 협곡이 없으므로 답이 될 수 없다.

🔍 **함정 분석** : (B) rooftops만 듣고 사진에 지붕이 보여서 고를 수 있는 오답이다. 눈이 덮여 있지 않으므로 답이 될 수 없다.

정답 (D)

• 야외

be lined up in rows 줄지어 서 있다

be piled near a railing 난간 가까이에 쌓여 있다

Poles stand near a fountain. 깃대들이 분수 옆에 서 있다.

be being towed down a road 길을 따라 견인되고 있다

be headed in the same direction 같은 방향으로 향해 있다

There are signs blocking a road.
표지판들이 길을 막고 있다.

A fountain is in front of a building. 분수가 건물 앞에 있다.

A row of trees stretches along the road.
나무들이 길을 따라 일렬로 늘어서 있다.

There are some potted plants near a bench.
벤치 근처에 화분에 심은 식물들이 있다.

Some trucks have been parked along a street.
몇몇 트럭이 길을 따라 주차되어 있다.

• 물가

Many boats are tied to a pier.
많은 보트들이 부두에 묶여 있다.

A path leads down to the shore.
길이 해안으로 이어져 있다.

A boat is passing under a bridge.
보트가 다리 아래를 지나가고 있다.

Some of the buildings face the river.
몇몇 건물들이 강을 향해 있다.

Some boats are floating in the water.
보트들이 물 위에 떠 있다.

Picnic tables have been set up on a beach.
피크닉 테이블이 해변에 설치되어 있다.

There is a garden running alongside a canal.
정원이 수로를 따라 이어져 있다.

🎧 1-5-2.mp3

1.

2.

3.

4.

▶ 정답 293쪽

750
완벽대비

파트 2는 듣기만으로 내용을 파악해야 하기 때문에 수험생들이 가장 어렵게 느끼는 파트입니다. 가장 큰 비중을 차지하는 의문사 의문문도 예전에는 의문사만 잘 들으면 답을 쉽게 찾을 수 있었지만, 이제는 질문 전체를 정확히 이해해야 답을 찾을 수 있는 문제들이 많이 출제되고 있습니다. 실수를 줄이기 위해서는 확실한 오답을 소거하면서 정답을 찾는 소거법을 연습해야 하고, 질문에 대해 돌려 말하며 답하는 간접 답변에 익숙해질 필요가 있습니다.

출제
빈도

- 의문사 의문문
- 평서문
- Do/Does/Did/Have
- 부가 의문문
- 조동사 의문문
- 부정 의문문
- 선택 의문문
- 기타 의문문

41.6%

7.2%

8.4%

8.8%

14.0%

PART 2

1 | 평서문

STEP 1 문제 유형 분석

의문사를 집중해서 들어야 하는 의문사 의문문과 달리 평서문은 문장 전체를 들어야 하기 때문에 어려운 유형이지만, 최근 자주 출제되는 유형이므로 반드시 알아두어야 한다. 사실 전달 및 문제 상황 설명이 주로 출제되고, 이에 대한 답변으로는 긍정하는 의견이나 동의하는 내용이 나온다.

■ **사실 전달 → 추가 정보 요구, 부정의 답변**

The plant manager will be away on vacation soon. 공장장은 조만간 휴가를 갈 겁니다.

→ Who's covering for him? 누가 그의 일을 대신하나요? [추가 정보 요구]

→ No, he postponed his vacation. 아뇨, 그는 휴가를 연기했어요. [부정의 답변 및 정확한 사실 제시]

■ **문제 상황 제시 → 동의하는 답변, 해결책 제시**

I couldn't find any printing paper in the office. 사무실에서 인쇄 용지를 전혀 찾을 수가 없네요.

→ We ran out of paper. 종이가 다 떨어졌어요. [동의하는 답변]

→ You can find some in the supply closet. 비품 창고에 좀 있어요. [해결책 제시]

■ **요청 / 제안 → 감사 표현, 긍정의 답변**

Please join us for a reception after the international conference.
국제 회의가 끝난 후에 저희 환영 만찬에 참석해 주세요.

→ Thanks for inviting me. 초청해 주셔서 감사합니다. [감사 표현]

→ Sure, I will. 네, 그럴게요. [긍정의 답변]

STEP 2 이렇게 풀어라! 🎧 2-1-1.mp3

(A)　(B)　(C)

I thought Ms. Wilson already left for Vancouver last week.	윌슨 씨가 지난주에 밴쿠버로 이미 떠난 줄 알았어요.
(A) You can leave a message if you want.	(A) 원하면 메시지를 남기실 수 있어요.
(B) It only took three hours by express train.	(B) 급행 열차로 세 시간 밖에 안 걸렸어요.
(C) Actually, his plans were canceled.	(C) 사실은 그의 계획이 취소됐어요.

표현 정리　leave a message 메시지를 남기다　express train 급행 열차

□ **문제 유형 파악** #평서문 #사실 전달!

윌슨 씨가 지난주에 밴쿠버로 떠난 줄 알았다고 알고 있는 사실을 전하는 평서문이다. 사실을 전달하는 평서문이므로 긍정이나 부정하는 답변, 추가 정보를 제시하거나 요구하는 답변을 예상하며 듣는다.

🖋️ **오답 제거** #답변 분석!

(A) 질문에서 나온 left와 파생어 관계인 leave를 이용한 함정이다.

(B) 열차 소요 시간에 대한 언급으로 How long 의문문에 적합한 대답이다.

💡 **정답 선택** #추가 정보 제시

이미 떠난 줄 알았다는 말에 사실은 계획이 취소되었다며 정확한 정보를 제시하는 (C)가 정답이다.

🔍 **함정 분석** : 질문에서 left를 듣고 윌슨 씨가 자리에 없음을 생각해 (A)로 헷갈릴 수 있다. 하지만 지난주에 떠난 줄 알았다는 말만으로는 남기려는 메시지가 있는지 알 수 없으므로 (A)는 답이 될 수 없다.

정답 (C)

STEP 3 빈출 표현

• **사실 전달 ➡ 추가 정보 요구**

Sorry, only those with tickets are allowed here. 미안하지만, 표를 갖고 있는 분들만 이곳에 입장이 허용됩니다.
→ Is it a new policy? 새 방침인가요?

I heard the conference's been postponed. 회의가 연기됐다고 들었어요.
→ Oh, when's the new date? 아, 새로 잡힌 날짜가 언제예요?

• **문제 상황 제시 ➡ 해결책 제시**

I need the updated expense report. 저는 최신 비용 보고서가 필요해요.
→ You can find it online. 온라인으로 볼 수 있어요.

I can't find a new sample around here. 이 근처에서 새 샘플을 찾을 수가 없네요.
→ Why don't you check your briefcase? 당신의 서류가방을 확인해보는 게 어때요?

I think the warranty on my camera expired. 제 카메라의 품질 보증서가 만료된 것 같아요.
→ Would you like me to check for you? 제가 확인해 드릴까요?

• **요청 / 제안 ➡ 긍정의 답변**

I have to leave early tomorrow for a dental appointment. 치과 진료 예약 때문에 내일 일찍 나가야 해요.
→ I can take notes at the meeting. 회의 때 메모를 해둘게요.

We should review our proposal for the meeting at the headquarters. 본사에서 열리는 회의를 위해 우리 제안서를 검토해야 해요.
→ Yes, when should we meet? 네, 언제 만날까요?

STEP 4 연습 문제

🎧 2-1-2.mp3

1. (A)　(B)　(C)

2. (A)　(B)　(C)

3. (A)　(B)　(C)

4. (A)　(B)　(C)

▶ 정답 295쪽

PART 2

2 Do/Does/Did/Have 출제 빈도 매회 평균 2.2개

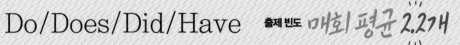

STEP 1 문제 유형 분석

■ **Do/Does/Did 조동사 일반 의문문**

Do/Does/Did 조동사 일반 의문문은 「Do/Does/Did + 주어 + 동사원형 ～?」의 구조이며, 숙박이나 교통수단의 예매 여부, 병원 진료 예약 여부, 계약서 서명 여부 등을 묻는 문제로 출제된다. 주어 뒤에 나오는 동사가 의미를 결정하므로 동사를 놓치지 않는 것이 중요하다. 또한 Yes/No로 답변이 가능하지만 최근에는 Yes/No를 생략한 답변이 주로 출제되고 있다. 답변만 듣고는 정답을 찾기 어렵기 때문에 질문의 동사를 반드시 들어야 한다.

Did you have a dental appointment yesterday? 어제 치과 예약이 있었지요?

→ **I had to change it to next Tuesday.** 다음 주 화요일로 변경해야만 했어요.

■ **현재완료 시제 일반 의문문**

현재완료 시제 일반의문문은 「Have/Has + 주어 + p.p. ～?」의 구조이며, 작업의 완료 여부, 서류 작성을 마무리했는지 여부, 서류 발송 여부, 결과 발표 여부, 안건/자료의 검토 여부 등을 묻는 문제로 출제된다. 현재완료 의문문에서는 주어 뒤 과거분사만 들어도 질문을 이해하기 쉽기 때문에 과거분사를 듣는 것이 중요하다.

Have you called the apartment manager about the leaky roof?

물이 새는 지붕과 관련해서 아파트 관리자에게 연락했어요?

→ **I called him yesterday.** 어제 그에게 전화했어요.

STEP 2 이렇게 풀어라! 🎧 2-2-1.mp3

(A) (B) (C)

Did the shipment of replacement parts arrive yet?	교체 부품 배송이 이미 도착했나요?
(A) No, we have to find a replacement for you.	(A) 아뇨, 저희는 당신의 후임자를 찾아야만 해요.
(B) Fifteen dollars for same-day delivery.	(B) 당일 배송료는 15달러예요.
(C) Yes, but it needs to be unpacked.	(C) 네, 하지만 포장을 풀어야 해요.

표현 정리 shipment 배송(품) replacement parts 교체 부품 replacement 교체, 대체, 후임자 unpack 짐을 풀다, 포장을 풀다

📖 문제 유형 파악 #Did 일반 의문문 #주어 뒤 동사원형이 중요

질문의 키워드는 Did, shipment, arrive이며, 교체 부품 배송이 도착했는지의 여부를 묻는 Did 조동사 일반의문문이다. 질문에서 주어 뒤 동사원형 arrive가 의미를 결정하므로 놓치지 않고 들어야 한다.

✏️ 오답 제거 #답변 분석

(A) 질문의 replacement를 반복적으로 들려주는 동일 어휘 함정이며, 질문과 관련 없는 답변이다.

(B) 당일 배송료가 15달러라는 내용은 How much 의문문에 적합한 답변이다.

💡 정답 선택 #추가 정보 제시

Yes라는 긍정의 답변과 함께 포장을 풀어야 한다는 부연 설명을 하는 (C)가 정답이다. 질문의 Did – arrive와 선택지의 Yes – unpacked와의 내용적 연관성을 통해 정답임을 파악할 수 있다.

: 🔎 **함정 분석** : No만 듣고 (A)를 고르지 않도록 한다. Yes/No가 생략될 수 있고 질문과 답변을 모두 들어야 풀 수 있는 문제들이 주로 출제되기 때문에 성급하게 고르지 말자.

정답 (C)

STEP 3 빈출 표현

- **Do/Does/Did 조동사 일반 의문문**

  Did you send the invitation to Mr. Cole this morning? 오늘 아침에 콜 씨에게 초대장을 보냈나요?
  → I forgot to send it. 잊고 있었어요.

  Did your manager like your proposal? 당신의 상관이 제안서를 좋아했나요?
  → I haven't seen him since I submitted it. 저는 제가 그것을 제출한 이후로 그를 보지 못했습니다.

  Do you have a copy of this contract? 이 계약서 사본을 가지고 있나요?
  → I have one to keep on file. 파일에 보관해 놓을 게 한 부 있어요.

  Did you check any mistakes in this document? 이 서류에 실수가 없는지 확인했나요?
  → Yes, I reviewed it twice. 네, 제가 그것을 두 번이나 검토했어요.

- **현재완료 시제 일반 의문문**

  Have you already turned in your report? 이미 보고서를 제출했나요?
  → Not yet. But I will send it tomorrow. 아직요. 하지만 내일 보낼 겁니다.

  Has the client arrived yet? 고객이 이미 도착했나요?
  → Yes, she's just taking off her coat. 네, 그녀는 코트를 벗고 있어요.

  Has she been promoted to branch manager? 그녀는 지점장으로 승진했나요?
  → I think she has. 그럴 걸요.

STEP 4 연습 문제
🎧 2-2-2.mp3

1. (A)　(B)　(C)

2. (A)　(B)　(C)

3. (A)　(B)　(C)

4. (A)　(B)　(C)

▶ 정답 296쪽

33

3 | When 의문문

출제 빈도 *매회 평균 2.1개*

STEP 1 문제 유형 분석

When 의문문은 사람의 출발/도착 시점, 물건의 배송/수령 시점, 업무나 공사의 시작/종료 시점, 상점의 개점/폐점 시점, 회의나 발표의 시작/종료 시점, 서류를 마감/제출하는 시점, 서비스나 보상을 이용할 수 있는 시점이나 만료되는 시점 등 시점을 묻는 질문들이 나온다. 이에 대한 답변으로는 과거 시점보다 미래를 의미하는 내용이 많이 출제된다.

■ 미래 시점 표현

When does the vice president leave for Seoul? 부사장님은 언제 서울로 떠나시나요?

➜ **Soon, I think.** 곧 떠나실 것이라 생각해요.

➜ **After lunch.** 점심식사 이후에요

➜ **Next Tuesday.** 다음 주 화요일에요.

➜ **Within two days.** 이틀 안에요.

➜ **In about a month.** 대략 한 달 후에요.

➜ **One hour from now.** 지금부터 한 시간 후에요.

➜ **Between 10 and 11.** 10시에서 11시 사이에요.

■ 미래 시점에 대한 고난이도 표현

When do we expect to get reimbursed for our defective products? 불량품에 대한 보상을 언제 받을 수 있을까요?

➜ **Not until Friday.** 금요일에요.

➜ **By the end of the month.** 이번 달 말까지요.

➜ **Anytime after Monday.** 월요일 이후 언제든지요.

➜ **By ten o'clock at the latest.** 늦어도 10시까지요.

➜ **Sometime next week.** 다음 주 중에요.

STEP 2 이렇게 풀어라!
🎧 2-3-1.mp3

(A)   (B)   (C)

When will our new product demonstration begin?	신제품 시연회는 언제 시작하나요?
(A) Yes, we can get there on time.	(A) 네, 우리는 그곳에 정시에 도착할 수 있어요.
(B) Near the convention center.	(B) 컨벤션 센터 근처에서요.
(C) After lunch.	(C) 점심식사 이후에요.

표현 정리   product demonstration 제품 시연회   on time 시간에 맞춰, 정각에

📋 **문제 유형 파악** #When 의문문 #행사 시작 시점

의문사 When, 시제를 파악할 수 있는 조동사 will, 의미를 결정하는 핵심어 begin을 통해 신제품 시연회가 시작되는 미래 시점을 묻는 When 의문문이다.

✏️ **오답 제거** #답변 분석

(A) 의문사 의문문에 대한 답변으로 쓰일 수 없는 Yes로 답하며, 질문과 상관없는 내용이므로 오답이다.

(B) 컨벤션 센터 근처라는 특정한 지점을 제시하고 있어 Where 의문문에 적합한 대답이다.

💡 **정답 선택** #미래 시점 표현

점심식사 이후(after lunch)라는 미래 시점을 언급한 (C)가 정답이다.

🔍 **함정 분석** : 의문사 When에서 연상되는 time이 포함된 답변 (A)를 고르지 않도록 한다. 시연회가 시작하는 시점을 물었지만 정시에 도착할 수 있다고 말하여 어색한 답변이다.

정답 (C)

STEP 3 빈출 표현

- **질문 유형**

  When is the payment due? 언제가 지불 마감일인가요?

  When is the sales report due?
  영업 보고서의 마감시한이 언제인가요?

  When are you going to leave for vacation?
  언제 휴가를 떠날 예정인가요?

  When will the repairs be finished?
  언제 수리가 마무리되나요?

  When will our newest product be released?
  언제 최신 상품이 공개될까요?

  When will the new branch in London open?
  런던의 새 지점은 언제 개장하나요?

  When did you return the survey result?
  언제 설문조사 결과를 돌려주었나요?

- **at + 시간/시점**

  at 9 o'clock 9시에

  at 3:30 3시 30분에

  at the end of the month 월말에

- **by + 시간/시점**

  by Thursday 목요일까지

  by the end of today 오늘까지

  by the end of this week 이번 주 말까지

- **on + 요일/날짜**

  on Thursday 목요일에

  on September 9th 9월 9일에

- **미래 시점 부사**

  this afternoon 오늘 오후

  sometime next week 다음 주 중에

  next Wednesday 다음 주 수요일

- **과거 시점 부사**

  last Friday 지난 금요일

  last year 작년

  two months ago 두 달 전

STEP 4 연습 문제

🎧 2-3-2.mp3

1. (A) (B) (C)

2. (A) (B) (C)

3. (A) (B) (C)

4. (A) (B) (C)

▶ 정답 297쪽

4 | 부가 의문문

STEP 1 문제 유형 분석

부가 의문문은 평서문 뒤에 붙어서 평서문의 내용을 확인하는 역할을 한다. 부가 의문문만 들으면 평서문의 주어와 시제를 파악할 수는 있지만 의미를 파악할 수 없다. 평서문을 놓치지 않고 들어서 내용을 이해하는 것이 중요하다. 부가 의문문에 대한 답변으로는 긍정하는 의견이나 부정하는 의견, 간접적으로 말하는 답변이 출제된다.

■ 긍정적 답변

Ms. Anderson has just started in the personnel department, hasn't she?

앤더슨 씨는 막 인사과에서 근무하기 시작했어요. 그렇지 않나요?

→ That's right. 맞아요.

→ Yes, I think she has. 네, 그런 것 같아요.

■ 부정적 답변

Jane finished the market analysis report, right? 제인 씨는 시장분석 보고서를 끝냈죠. 그렇지요?

→ No, it's not due yet. 아뇨, 아직 마감시한이 안 되었어요.

→ No, she needs more time. 아뇨, 그녀는 시간이 더 필요해요.

■ 간접적인 답변

He received the latest update about the negotiations, didn't he?

그가 협상에 대한 최근 소식을 전달받았죠, 그렇지 않나요?

→ I'll ask him. 그에게 물어볼게요.

→ I haven't heard yet. 아직 들은 바 없어요.

STEP 2 이렇게 풀어라!

🎧 2-4-1.mp3

(A)　(B)　(C)

The new business proposals are due the day after tomorrow, right?

(A) About an overdue payment.

(B) No, the deadline has been extended to next Monday.

(C) Yes, they agreed to start a new business.

신규 사업 제안서의 마감시한이 내일 모레죠, 그렇죠?

(A) 연체 지불에 관해서요.

(B) 아뇨, 마감시한이 다음 주 월요일로 연기되었어요.

(C) 네, 그들은 새로운 사업을 시작하기로 동의했어요.

표현 정리　the day after tomorrow 내일 모레　overdue payment 연체 지불(금)　deadline 마감시한　extend 연장하다, 늘리다　agree to do ~하기로 동의하다

신규 사업 제안서의 마감시한이 내일 모레인지를 확인하는 부가 의문문이다. 부가 의문문 right만 들으면 내용을 파악할 수 없으므로 평서문을 놓치지 않고 들어야 한다.

✏️ **오답 제거** #답변 분석

(A) 질문에서 나온 due와 유사 어휘인 overdue를 이용한 함정이다. 질문과 상관없는 내용이므로 오답이다.

(C) 질문의 new business를 반복적으로 제시하는 오답이다.

💡 **정답 선택** #부정적 답변 #추가 정보 전달

부가 의문문은 내용에 영향을 주지 않으므로 혹시 놓쳐도 상관없다. 마감시한이 내일 모레인지를 묻는 질문에 부정 답변 No와 함께 마감시한이 다음 주 월요일로 연기되었다며 정확한 정보를 전달하는 (B)가 정답이다.

🔍 **함정 분석** : 유사 발음 어휘는 빠지기 쉬운 함정이다. 질문에 나온 단어를 반복하거나 유사한 단어를 포함한 답변이 오답으로 자주 제시된다. (A)와 (C)는 유사 어휘 due - overdue, 같은 단어 new business가 반복적으로 사용되었으나 내용상 적절한 답변이 아니다.

정답 (B)

STEP 3 빈출 표현

• 긍정적 답변

The financial reports will be available before the presentation, won't they?
발표 전에 재정 보고서가 이용 가능하겠지요, 그렇지 않을까요?

→ Yes, Jane is copying them now. 네, 제인이 지금 복사하고 있어요.

You're familiar with this regulation, aren't you? 당신은 이 규정에 대해 잘 알죠, 그렇지 않아요?

→ Yes, but I need to review it anyway. 네, 그렇지만 그것을 검토해봐야 해요.

You're going to the lab safety training session today, right? 오늘 실험실 안전 연수회에 가실 거죠, 그렇죠?

→ It is mandatory for us, isn't it? 그것은 우리들에게 의무적이에요, 그렇지 않아요?

• 부정적 답변

You are still interested in participating in the conference, aren't you? 아직도 그 회의에 참여하는 데 관심이 있죠, 그렇지 않나요?

→ No, I have other plans. 아니요, 다른 계획들이 있습니다.

You ordered food for the workshop, didn't you? 워크숍에 필요한 음식을 주문했죠, 그렇지 않나요?

→ No, I'll contact the caterer tomorrow morning. 아니요, 제가 내일 아침에 출장 뷔페 업자에게 연락하겠습니다.

• 간접적인 답변

This model is out of stock, isn't it? 이 모델은 재고가 다 떨어졌어요, 그렇지 않나요?

→ I'll find out and let you know later. 제가 알아보고 나중에 알려드릴게요.

Mr. Wilson will present his new designs at the meeting today, right?
윌슨 씨가 오늘 회의에서 자신의 새 디자인을 소개할 거죠, 맞죠?

→ I haven't heard yet. 아직 들은 바 없어요.

STEP 4 연습 문제　🎧 2-4-2.mp3

1. (A)　(B)　(C)　　　　**2.** (A)　(B)　(C)

3. (A)　(B)　(C)　　　　**4.** (A)　(B)　(C)

▶ 정답 297쪽

Why 의문문

출제 빈도 매회 평균 1.9개

STEP 1 문제 유형 분석

Why 의문문은 회사 행사들, 즉 워크숍, 연수, 회의, 발표 등의 연기/취소하는 이유, 행사 불참 이유, 교통수단의 출발/도착 시간이 지연되는 이유, 상점이 빨리 개점/폐점하는 이유 등의 이유를 묻는 문제들이 출제된다. 단, Because로 시작하는 답변이 오히려 오답인 경우가 많으므로 전체를 듣고 내용상 연계가 되는지를 파악하는 것이 중요하다.

■ 전치사구 및 부정사 형태의 짧은 답변

Why did the museum postpone the exhibition? 박물관이 전시회를 왜 연기했나요?

➡ Due to the inclement weather. 악천후로 인해서요.

➡ Because of some problems in the process. 절차상의 문제 때문에요.

➡ For the upcoming renovations. 곧 있을 보수공사 때문에요.

➡ To check the wiring problems. 배선 문제를 점검하기 위해서요.

➡ In order to fix a water leak. 누수를 수리하기 위해서요.

■ 이유/원인을 문장으로 설명하는 답변

Why is our manufacturing plant closing early today? 우리 제조 공장이 왜 오늘 문을 일찍 닫나요?

➡ We're going to install the new equipment. 새 장비를 설치할 예정이에요.

➡ The air conditioner is broken. 에어컨이 고장 나서요.

➡ There is a serious mechanical problem. 심각한 기계적인 문제가 있어요.

➡ It needs repairs. 수리가 필요해요.

➡ There is an annual event. 연례 행사가 있어요.

STEP 2 이렇게 풀어라!

🎧 2-5-1.mp3

(A)　(B)　(C)

Why has the express train bound for Syracuse been delayed?	시러큐스행 급행 열차가 왜 지연되었나요?
(A) It usually takes 10 hours to get there.	(A) 그곳에 도착하는 데 보통 10시간이 소요됩니다.
(B) Due to inclement weather.	(B) 악천후 때문에요.
(C) Because we are in such a hurry.	(C) 우리가 너무 급해서요.

표현 정리　express train 급행 열차　bound for ~행의, ~로 향하는　delay 지연시키다, 연기하다　inclement weather 악천후　be in such a hurry 몹시 서두르다

질문의 키워드는 Why, delayed이며, 시러큐스행 급행 열차가 지연된 이유에 대해 묻는 Why 의문문이다.

✏️ **오답 제거** #답변 분석

(A) 도착할 때까지 소요되는 시간을 언급하고 있으므로 How long 의문문에 적합한 답변이다.

(C) Because로 시작하지만 in such a hurry가 질문의 delayed와 상충되는 내용이다. 열차가 지연된 이유가 급하기 때문이라고 답하여 어색한 의미가 되므로 답이 될 수 없다.

💡 **정답 선택** #전치사구 due to

열차 지연 이유가 악천후(inclement weather)라며 구체적인 이유를 제시하는 (B)가 정답이다. '~ 때문에'를 뜻하는 전치사구 due to가 포함된 답변이다.

🔍 **함정 분석** : Because만 듣고 (C)를 고르지 않는다. Because로 시작하는 답변이 정답일 수도 있지만, Because를 이용한 함정이 나올 수 있으므로 문장을 끝까지 듣고 답을 골라야 한다. 질문의 express train을 통해 연상 가능한 표현인 in such a hurry를 이용한 함정이지만 내용상 적절하지 않으므로 오답이다.

정답 (B)

STEP 3 빈출 표현

• **질문 유형**

Why do you need a memory card? 왜 메모리 카드가 필요하세요?

Why did you leave the office early? 왜 일찍 사무실을 나섰나요?

Why didn't you submit the budget report last week? 왜 지난주에 예산 보고서를 제출하지 않았나요?

Why has the workshop been delayed? 왜 워크숍이 연기되었나요?

Why didn't you finish the marketing report? 왜 마케팅 보고서를 아직 끝내지 못했나요?

Why haven't the samples been distributed yet? 왜 견본이 아직 배포되지 않았나요?

Why can't she access the production data? 왜 그녀는 생산 자료에 접근할 수 없나요?

• **이유/원인을 설명하는 답변**

They are scheduled to attend the meeting this afternoon. 그들은 오늘 오후에 있을 회의에 참석할 예정이에요.

Something happened in the marketing team yesterday. 어제 마케팅 팀에서 무슨 일이 있었어요.

The conference was postponed. 회의가 연기되었어요.

• **Because 답변**

Because I haven't read them. 왜냐하면 그것들을 아직 읽지 않았기 때문이에요.

Because it's going under renovation. 보수공사에 들어가기 때문이에요.

• **to부정사 답변**

To discuss financial problems. 재무 문제를 논의하기 위해서요.

To avoid heavy traffic in the morning. 아침의 교통 체증을 피하기 위해서요.

STEP 4 연습 문제

🎧 2-5-2.mp3

1. (A)　(B)　(C)　　　　　　　**2.** (A)　(B)　(C)

3. (A)　(B)　(C)　　　　　　　**4.** (A)　(B)　(C)

▶ 정답 298쪽

6 Where 의문문

 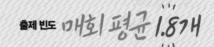

STEP 1 문제 유형 분석

Where 의문문은 행사나 회의가 열리는 곳, 사무실이나 상점, 본사의 위치, 보고서나 파일을 보관한 장소 등 특정 대상의 위치나 장소를 묻는 질문이 출제된다. 이에 대해 장소나 위치를 나타내는 전치사구를 이용한 답변이 주로 나온다. 또한 특정 대상이 위치한 장소나 출처로서 사람의 이름이나 직급, 홈페이지나 게시판도 정답이 될 수 있으므로 함께 알아두어야 한다.

■ **장소나 위치를 나타내는 전치사구를 이용한 답변**

Where could I buy some office supplies? 사무용품은 어디에서 구매할 수 있을까요?

➔ At Office King. 오피스 킹에서요.

➔ On the second floor. 2층에서요.

➔ In the Wallace Shopping Mall. 월리스 쇼핑몰에서요.

➔ There is a store at the intersection. 교차로에 상점이 있어요.

➔ Try the office supply store across the street. 길 건너 사무용품점으로 가보세요.

➔ Go to the office supply store one block away from here. 여기서 한 블록 떨어진 곳에 있는 사무용품점으로 가보세요.

➔ Why don't you go to the office supply store around the corner? 모퉁이에 있는 사무용품점에 가보시겠어요?

■ **사람의 이름이나 직급, 정보의 출처를 말하는 답변**

Where is the instruction manual for the new photocopier? 새로운 복사기에 대한 설명서는 어디에 있나요?

➔ Mr. Moore borrowed it this morning. 무어 씨가 오늘 오전에 빌려갔어요.

➔ The department head has it. 부장님이 가지고 계세요.

➔ You should check with Ms. Winston. 윈스턴 씨에게 한번 확인해 보세요.

➔ Mr. Porter is reading it now. 포터 씨가 지금 읽고 있어요.

➔ You can find it on the company Web site. 회사 홈페이지에서 찾을 수 있어요.

STEP 2 이렇게 풀어라!

🎧 2-6-1.mp3

(A)   (B)   (C)

Where is the stockholders' meeting going to take place?

(A) I think they are still in stock.

(B) Why don't you go to the conference hall on the third floor?

(C) It'll be about budget cuts.

주주총회는 어디에서 열릴 예정인가요?

(A) 그것들은 재고가 있을 거예요.

(B) 3층에 있는 회의실로 가보시지 그러세요?

(C) 예산 감축에 관한 것일 거예요.

표현 정리 stockholders' meeting 주주총회 take place 일어나다, 발생하다 be in stock 재고가 있다 budget cuts 예산 감축

질문의 키워드는 Where, meeting, take place이며, 주주총회의 개최 장소를 묻는 Where 의문문이다. 회의가 열리는 장소를 묻는 문제는 꾸준히 출제된 유형이므로 관련 표현을 꼭 알아두도록 하자.

✏️ **오답 제거** #답변 분석

(A) 질문에서 나온 stockholders의 일부인 stock을 반복적으로 들려주는 함정이며 질문과 관련 없는 내용이므로 오답이다.

(C) 회의가 예산 감축에 관한 것이라 답하였으므로 주제나 안건을 묻는 What 의문문에 적합하다. stockholders' meeting을 통해 연상할 수 있는 budget cuts를 이용한 함정이다.

💡 **정답 선택** #위치를 나타내는 전치사구

3층 회의실에 가보라며 구체적인 장소(third floor)를 알려주는 (B)가 정답이다. 질문에 되물으며 대안을 제시하는 답변도 종종 출제된다.

🔍 **함정 분석** : stock만 듣고 (A)로 혼동하지 않도록 한다. 회의 장소를 묻는 Where 질문에 재고가 남아 있다고 답하여 적절한 답변이 아니다. 유사 발음 어휘는 빠지기 쉬운 함정이므로 조심해야 한다.

정답 **(B)**

STEP 3 빈출 표현

• 질문 유형

Where can we find the women's wear department? 여성복 매장은 어디에 있나요?

Where is your laptop computer?
당신의 노트북 컴퓨터는 어디에 있나요?

Where have you left the office key?
사무실 열쇠를 어디에 뒀나요?

Where are the replacement parts that I ordered yesterday? 제가 어제 주문한 교체용 부품은 어디에 있나요?

Where is the closest bank located?
가장 가까운 은행이 어디에 있나요?

Where is the company picnic going to be held this year? 올해 회사 야유회가 열리는 곳이 어디입니까?

Where can I register for the workshop?
제가 워크숍을 어디에서 등록할 수 있나요?

• in + 장소/위치

in the office 사무실에서

in the file cabinet 서류함 안에

in the drawer 서랍 속에

• on + 장소/위치

on the table 탁자에

on the wall 벽에

on the floor 바닥에

• around + 장소/위치

around the desk 책상 주변에

around the corner 모퉁이 근처에

around here 이 근처에

• 사람을 말하는 답변

From the accounting manager. 회계 담당자로부터요.

Mr. Winston borrowed it yesterday.
윈스턴 씨가 어제 빌려갔어요.

Ask the personnel director. 인사담당자에게 물어보세요.

My new client has a membership card.
제 새 고객은 멤버십 카드가 있어요.

STEP 4 연습 문제

🎧 2-6-2.mp3

1. (A)　(B)　(C)

2. (A)　(B)　(C)

3. (A)　(B)　(C)

4. (A)　(B)　(C)

▶ 정답 299쪽

PART 2

7 조동사 의문문

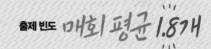

STEP 1 문제 유형 분석

조동사 의문문은 다양한 내용의 질문이 출제된다. 가장 중요한 것은 핵심어인 동사를 놓치지 않고 듣는 것이다. 조동사 의문문에서 자주 출제되는 유형도 익혀두는 것이 좋다.

■ **Can/Could (not) + 주어 + 동사원형 ~?**

Can I give you a hand with that box? 제가 저 상자를 운반하는 것을 도와드릴까요?

→ That would be great. 그러면 좋지요.

■ **Would you like to + 동사원형 ~?**

Would you like to sample our new appetizer? 저희가 새로 내놓은 전채를 시식해보시겠어요?

→ No thanks. I'll have the vegetable soup. 고맙지만, 사양할게요. 저는 야채 스프를 먹겠습니다.

■ **Would you mind if / V-ing ~?**

Would you mind repairing the computer tomorrow? 내일 컴퓨터를 수리해주실 수 있으세요?

→ No problem. What time should I come? 그러지요. 제가 몇 시에 가면 될까요?

■ **Should (not) + 주어 + 동사원형 ~?**

Should we update the company's telephone directory? 회사의 전화번호부를 갱신해야 할까요?

→ Could you do that? 당신이 해주실 수 있어요?

STEP 2 이렇게 풀어라!

🎧 2-7-1.mp3

(A) (B) (C)

Can you give me the telephone number of the travel agency?

(A) Please call me when you get this message.

(B) Yes, we flew to Korea via Singapore.

(C) No problem. I'll write it down for you.

그 여행사의 연락처를 알려주실 수 있나요?

(A) 이 메시지를 확인하시면 제게 전화 주세요.

(B) 네, 저희는 비행기로 싱가포르를 경유하여 한국으로 갔어요.

(C) 물론이에요. 제가 적어 드릴게요.

표현 정리 travel agency 여행사 fly to 비행기를 타고 ~로 가다 via ~을 경유하여, ~를 거쳐 write down ~을 적다

📖 **문제 유형 파악** #조동사 의문문 #Can + 주어 + 동사원형

질문의 키워드는 give, telephone number이며, 여행사의 연락처를 알려줄 수 있는지를 묻는 「Can/Could (not) + 주어 + 동사원형 ~?」 유형의 조동사 의문문이다.

✏️ **오답 제거** #답변 분석

(A) 질문에서 나온 telephone에서 연상할 수 있는 call을 이용한 오답이다.

(B) 연락처를 알려주겠다는 긍정의 답변 Yes와 싱가포르를 경유하여 한국으로 비행했다는 부연 설명이 서로 무관하여 오답이다.

💡 **정답 선택** #긍정의 답변

연락처를 알려주겠다는 뜻으로 긍정의 답변 No problem에 이어 연락처를 적어주겠다고 말하는 (C)가 정답이다. 질문의 give me the telephone number와 선택지의 No problem이 자연스럽게 이어진다.

> 🔎 **함정 분석** : Yes만 듣고 (B)를 고르지 않도록 한다. 조동사 의문문에 Yes/No로 답할 수 있지만, 뒤에 이어지는 내용이 질문과 어색하므로 답이 될 수 없다.

정답 (C)

STEP 3 빈출 표현

• **Can/Could (not) + 주어 + 동사원형 ~?**

Can you tell me how to get to Lakeside Hotel? 레이크사이드 호텔에 가는 방법을 알려주시겠어요?
→ **Why don't you take a shuttle bus?** 셔틀 버스를 타시지 그래요?

Can you send me a copy of the reports? 보고서 사본을 보내줄 수 있어요?
→ **Sorry, I'm too busy to do that.** 미안한데, 제가 지금 너무 바빠요.

• **Would you like to + 동사원형 ~?**

Would you like to join us for lunch at noon? 12시에 같이 점심식사 하실래요?
→ **I'd be delighted to.** 네, 기꺼이 그럴게요.

Would you like to see the movie this weekend? 이번 주말에 영화 보시겠어요?
→ **I don't have time to go.** 갈 시간이 없어요.

• **Would you mind if / V-ing ~?**

Would you mind telling him I'll need the survey results tomorrow? 내가 조사 결과를 내일까지 필요로 한다고 그에게 말해줄래요?
→ **No, I'll let him know immediately.** 네, 제가 즉시 그에게 알려줄게요.

• **Should (not) + 주어 + 동사원형 ~?**

Should we change delivery companies? 배달 업체들을 바꿔야 할까요?
→ **No, I don't think so.** 아니요, 그렇게 생각하지 않아요.

STEP 4 연습 문제

🎧 2-7-2.mp3

1. (A) (B) (C)   **2.** (A) (B) (C)

3. (A) (B) (C)   **4.** (A) (B) (C)

▶ 정답 300쪽

PART 2

8 Who 의문문

출제 빈도 매회 평균 1.6개

STEP 1 문제 유형 분석

구체적인 업무 담당자, 책임자, 결정권자, 행사 준비자, 행사 연설자, 회의 불참자, 직장 상사, 승진 대상자와 같은 특정인이나 특정 단체, 부서를 묻는 문제가 출제된다. Who 의문문에 대한 답변으로 개인의 이름과 직급이 많이 출제되며, 그 밖에 직업이나 특정 회사, 부서, 단체를 나타내는 명사도 나온다.

■ 사람의 이름, 직업, 직급을 말하는 답변

Who will reserve a table for three at the restaurant? 레스토랑에 3명이 앉을 테이블은 누가 예약할 건가요?

→ **Ms. Anderson, I think.** 앤더슨 씨로 알고 있어요. [사람의 이름]

→ **One of the secretaries.** 비서들 중 한명이요. [직업]

→ **The personnel manager.** 인사부장이요. [직급]

■ 회사의 이름, 부서명을 말하는 답변

→ **The Human Resources Department.** 인사과에서요. [부서명]

→ **A man in the Marketing Department.** 마케팅 부서에 있는 어떤 남자요. [부서명]

→ **Someone in Accounting.** 회계부의 누군가요. [부서명]

→ **Beagle Consulting will.** 비글 컨설팅에서요. [회사명]

■ 자기 자신을 말하는 답변

→ **I'll do it right now.** 제가 지금 당장 할게요.

→ **I'll take care of it.** 제가 처리할게요.

STEP 2 이렇게 풀어라!

🎧 2-8-1.mp3

(A) (B) (C)

Who's going to take over Mr. Allen's position when he retires next month?

(A) The company will take on a few new employees.

(B) Well, I'm very tired today.

(C) Someone in Marketing.

앨런 씨가 다음 달에 은퇴하면 누가 그의 직책을 맡게 되나요?

(A) 회사는 신입사원을 몇 명 채용할 겁니다.

(B) 근데, 저는 오늘 굉장히 피곤하네요.

(C) 마케팅부에 있는 누군가가 맡을 거예요.

표현 정리 **take over** 넘겨받다, 인계받다 **retire** 은퇴하다 **take on** 고용하다, 채용하다

44

질문의 키워드는 Who, take over이며, 앨런 씨가 다음 달에 은퇴하면 누가 일을 넘겨받을 것인지 묻는 Who 의문문이다. Who 의문문에서 업무의 담당자를 묻는 문제들이 종종 출제된다.

✏ **오답 제거** #답변 분석

(A) 질문에서 나온 take를 반복적으로 사용하고, 질문의 position을 통해 연상할 수 있는 take on과 new employees를 이용한 오답이다. (B) 질문에서 나온 retires의 일부와 발음이 유사한 tired를 이용한 오답으로 질문과 관련 없는 내용이므로 오답이다.

💡 **정답 선택** #부서명

someone이라는 대명사를 사용하여 마케팅부에 있는 누군가가 맡을 것이라고 대답하는 (C)가 정답이다. 사람의 이름이나 직급뿐 아니라 부서명도 Who 의문문의 답변이 될 수 있음을 꼭 기억해야 한다.

🔍 **함정 분석** : employees를 듣고 (A)로 혼동하지 않도록 한다. 앨런 씨의 직책을 이어받을 사람을 묻는 질문에 회사의 신입사원 채용 계획에 대한 언급은 적절하지 않으므로 (A)는 답이 될 수 없다.

정답 (C)

STEP 3 **빈출 표현**

• **질문 유형**

Who is visiting our headquarters today? 오늘 누가 본사를 방문하나요?

Who is responsible for the interview? 면접을 누가 책임지고 있나요?

Who will inform the staff about the new policies? 누가 직원들에게 새로운 정책들을 알려줄 건가요?

Who is organizing this promotion? 누가 이 홍보를 준비하나요?

Who is in charge of the promotional campaign? 홍보 캠페인은 누가 담당하나요?

Who should I talk to about the updated proposal? 최신 제안서에 대해 제가 누구와 이야기해야 하나요?

Who is in the conference room now? 지금 누가 회의실에 있나요?

• **사람의 이름, 직업, 직급을 말하는 답변**

I was told that Mr. Cooper is. 쿠퍼 씨가 할 것이라고 들었어요.

All the managers. 모든 관리자들이요.　　　Susan used it last time. 수잔이 지난번에 그걸 사용했어요.

Everyone who brought the letter. 그 편지를 가져온 모든 사람들이요.

Taylor can help you with that. 테일러 씨가 그것에 관해 당신을 도와줄 거예요.

Probably her assistant will. 아마 그녀의 비서가 할 것입니다.

• **회사의 이름, 부서명을 말하는 답변**

It was the ABC Construction Company. ABC 건설 회사였어요.

The project team. 프로젝트팀이요.　　　The sales division. 영업부요.

Call the technical support team. 기술지원부에 전화해보세요.

STEP 4 **연습 문제**　　　　🎧 2-8-2.mp3

1. (A)　(B)　(C)　　　　　　**2.** (A)　(B)　(C)

3. (A)　(B)　(C)　　　　　　**4.** (A)　(B)　(C)

▶ 정답 301쪽

STEP 1 문제 유형 분석

부정 의문문은 '~이 아닌가요?'로 물어보기 때문에 Yes나 No로 답했을 때 의미가 혼동될 수 있다. 하지만 긍정 의문문과 마찬가지로 답변이 긍정이 경우에는 Yes, 부정일 경우에는 No로 답한다는 것을 알면 쉽게 이해할 수 있다.

■ 긍정적 답변

Didn't you go to the concert? 콘서트에 가지 않으셨어요?

➔ Yes, it was great. 네, 좋았어요.

Aren't these the files you were looking for? 이게 당신이 찾고 있던 파일이 아닌가요?

➔ Yes, where did you find them? 네, 어디서 찾으셨어요?

■ 부정적 답변

Aren't the shelves supposed to be installed today? 선반이 오늘 설치되기로 하지 않았나요?

➔ No, they are behind schedule. 아뇨, 예정보다 늦어지고 있어요.

Haven't you been trained to use that software? 그 소프트웨어 사용에 대한 교육을 받지 않았나요?

➔ No, I missed that seminar. 아뇨, 저는 그 세미나를 놓쳤어요.

■ 간접적인 답변

Hasn't the shipment of construction supplies arrived yet? 건축 자재 배송품이 아직 도착하지 않았나요?

➔ Let me call the delivery company. 운송 회사에 전화해볼게요.

Haven't you received the revised invoice yet? 수정된 송장을 아직 못 받았나요?

➔ Let me check on that. 제가 그것을 확인해볼게요.

STEP 2 이렇게 풀어라!

🎧 2-9-1.mp3

(A) (B) (C)

Haven't you heard that they're expanding the company?	그들이 회사를 확장하고 있다는 이야기를 못 들었나요?
(A) No, I haven't heard that.	(A) 아뇨, 들은 적이 없어요.
(B) It's hard to explain.	(B) 그것은 설명하기 어려워요.
(C) I thought it was expensive.	(C) 저는 그것이 비싸다고 생각해요.

표현 정리 expand 확장하다, 넓히다 be hard to ~하기 어렵다

질문의 키워드는 heard, expanding, company이며, 그들이 회사를 확장하고 있다는 이야기를 들었는지 확인하는 부정 의문문이다. Yes/No로 답변이 가능하고, Yes/No를 생략하고 모르겠다거나 확인해 보겠다는 답변 또는 되묻는 답변도 가능하다는 것을 염두에 두고 듣는다.

✎ **오답 제거** # 답변 분석

(B) 질문에서 나온 expand의 유사 어휘인 explain을 이용해 오답을 유도한 함정이다.

(C) 역시 질문의 expand와 유사한 expensive를 이용한 오답이며, 회사 확장 소식을 들었는지 묻는 질문에 적절한 응답이 아니므로 답이 될 수 없다.

💡 **정답 선택** # 부정적 답변

No라는 부정의 답변과 함께 회사를 확장하고 있다는 소식을 듣지 못했다고 말하는 (A)가 정답이다. 부정 의문문도 긍정 의문문과 같이 질문의 내용에 부정일 경우에는 No로 답한다는 것을 잊지 말자.

⋮ 🔍 **함정 분석** : Yes/No가 생략된 간접적인 답변의 경우, 질문과 답변의 의미를 모두 정확히 알아야 하므로 주의해야 한다. '확인해볼게요'라는 의미의 I'll check., Let me check it. 또는 Who told you that?과 같이 되물어보는 답변 등 간접적 답변이 다양하게 출제되므로 관련 표현을 익혀두는 것이 좋다.

정답 (A)

STEP 3 빈출 표현

• 긍정적 답변

Haven't you finished your medical checkup? 건강 검진을 끝내지 않았나요?
→ Yes, just last month. 네, 지난달에요.

Won't you be joining the workshop? 워크숍에 참가하지 않을 건가요?
→ Yes, I will leave for Washington next Monday. 네, 다음 주 월요일에 워싱턴으로 떠나요.

• 부정적 답변

Isn't there any computer specialist in this team? 이 팀에는 컴퓨터 전문가가 없나요?
→ No, there isn't yet. 아뇨, 아직 없어요.

Don't you have any more tickets left? 더 이상 남아 있는 표가 없나요?
→ No, they're all sold out. 아뇨, 모두 매진되었어요.

• 간접적인 답변

Didn't you sign up for that employee fitness program? 그 직원 건강 프로그램에 등록하지 않으셨나요?
→ I haven't decided yet. 아직 결정하지 못했어요.

Hasn't Jane been promoted to marketing manager? 제인이 마케팅 매니저로 승진하지 않았나요?
→ I haven't been told. 듣지 못했어요.

STEP 4 연습 문제 🎧 2-9-2.mp3

1. (A)　(B)　(C)　　　　　　**2.** (A)　(B)　(C)

3. (A)　(B)　(C)　　　　　　**4.** (A)　(B)　(C)

▶ 정답 302쪽

10 | 선택 의문문

출제 빈도 매회 평균 1.5개

STEP 1 **문제 유형 분석**

선택 의문문은 or가 두 개의 명사를 연결하는 단순 선택 의문문과 or가 '동사 + 목적어'를 앞뒤로 연결하는 복합 선택 의문문이 있다. 지불 수단의 선택, 오전/오후나 오늘/내일과 같은 시간의 선택, 주문 방식의 선택, 교통편의 선택, 배송 일정에 대한 선택 등의 문제가 출제되며, Yes/No로 답하면 대개 오답이다. 제시된 선택 중 하나를 선택하는 답변, 둘 다 긍정 또는 둘 다 부정하는 답변, 제3의 대안을 제시하는 답변이 출제된다. 질문에 쓰인 표현을 바꾸어 답할 수 있으므로 주의해서 들어야 한다.

■ **단순 선택 의문문**

Are you moving to the new office on Tuesday or Wednesday?

새로운 사무실로 화요일에 이사를 가나요, 아니면 수요일에 가나요?

→ It'd be nice to move on Wednesday. 수요일에 가는 게 좋겠네요. [둘 중 하나를 선택하는 답변]

→ Neither. Next Monday. 둘 다 아니에요. 다음 주 월요일이에요. [둘 다 부정하는 답변]

→ Well, I'm not sure. 저는 잘 몰라요. [간접적인 답변]

■ **복합 선택 의문문**

Have you filled the position of personnel manager, or are you still looking for someone?

인사부장 직책을 충원했나요, 아니면 여전히 찾고 계신가요?

→ We hired someone yesterday. 이미 채용했어요. [둘 중 하나를 선택하는 답변]

→ We're not in a hurry to do it. 서두르지 않아도 돼요. [둘 중 하나를 선택하는 답변]

→ Let me check. 제가 한번 알아볼게요. [간접적인 답변]

STEP 2 **이렇게 풀어라!**

🎧 2-10-1.mp3

(A)　(B)　(C)

Did you finish the budget projection, or would you like me to give you a hand?

(A) Yes, we're short of money.

(B) I'm almost done with it.

(C) We purchased a new projector.

예산안 작업을 끝내셨나요, 아니면 제가 도와드리길 원하시나요?

(A) 네, 우리는 자금이 부족해요.

(B) 거의 다 끝냈어요.

(C) 우리는 새로운 영사기를 구매했어요.

표현 정리　budget projection 예산안　give ~ a hand ~를 도와주다　be short of ~이 부족하다　be done with ~을 끝내다　purchase 사다, 구매하다 projector 영사기

선택 의문문에서는 or로 연결된 명사나 구를 꼭 들어야 하므로, 질문의 키워드는 finish, projection, give, a hand이다. 예산안 작업을 모두 끝냈는지 아니면 도움이 필요한지를 묻는 선택 의문문이다.

✏️ **오답 제거** #답변 분석

(A) Yes는 선택 의문문의 답변으로 부적절하며, 질문에서 나온 budget에서 연상되는 money를 이용한 함정이다.

(C) 질문의 projection과 발음이 유사한 파생어 projector를 이용한 오답이다.

💡 **정답 선택** #둘 중 하나를 선택하는 답변

거의 다 끝났다며 도움이 필요하지 않음을 우회적으로 말하는 (B)가 정답이다. 질문의 finish를 선택지에서 be done with로 바꾸어 말하고 있다. 질문에 쓰인 표현을 그대로 쓰지 않고 바꾸어 말하는 경우가 많으므로 내용을 모두 파악한 후 답을 골라야 한다.

🔍 **함정 분석** : Yes만 듣고 (A)로 혼동하지 않도록 한다. 자금이 부족하다고 덧붙인 내용은 질문에 적절한 답변이 아니므로 답이 될 수 없다. 선택 의문문에서는 Yes/No 답변보다는 둘 중 하나를 선택하는 답변이나 제3의 대안을 제시하는 답변이 출제된다.

정답 (B)

STEP 3 빈출 표현

• 단순 선택 의문문

What color would you like for the product design, red or blue?
제품 디자인에 어울리는 색상으로는 빨간색과 파란색 어떤 색이 좋을까요?

→ **Well, how about black?** 검정색은 어때요?

Would you like to meet the new client in the seminar room or the board room?
새 고객을 세미나실에서 만나실 건가요, 아니면 이사회실에서 만나실 건가요?

→ **I haven't decided yet.** 아직 결정하지 못했어요.

• 복합 선택 의문문

Do you have a fax number, or should I write it down for you? 팩스 번호를 갖고 있나요, 아니면 제가 적어드려야 하나요?
→ **I think I have it here.** 여기 갖고 있는 것 같습니다.

Would you like me to help with the market analysis report or can you do it yourself?
시장 분석 보고서 작성을 도와드릴까요? 아니면 혼자서 할 건가요?

→ **I'm almost done with it.** 그건 거의 다 끝났어요.

Is Mr. Wilson going to give the marketing presentation tomorrow or should I do it?
내일 윌슨 씨가 마케팅 발표를 하나요, 아니면 제가 해야 하나요?

→ **He'll do it, if you don't mind.** 그가 할 거예요, 당신만 괜찮다면요.

STEP 4 연습 문제

🎧 2-10-2.mp3

1. (A) (B) (C)   **2.** (A) (B) (C)

3. (A) (B) (C)   **4.** (A) (B) (C)

▶ 정답 303쪽

STEP 1 문제 유형 분석

How 의문문은 How 뒤에 오는 말에 따라 물어보는 내용이 다르기 때문에 How만 듣고 정답을 고르기 어렵다. How 뒤에 따라오는 동사나 명사를 한 덩어리로 묶어 듣는 연습을 해야 한다. 그 중에서 자주 출제되는 유형 3가지는 꼭 알아 두는 것이 좋다.

■ **How + 조동사 + 주어 + 동사원형 ~?**

가장 많이 출제되는 유형으로, 「How + 조동사 + 주어 + 동사원형 ~?」은 특정 장소까지 가는 방법, 주문 방법, 신청 방법, 배송 방법, 정보를 얻는 방법, 기계를 다루는 방법 등 구체적인 방법을 묻는 문제로 출제된다.

How can I get to the convention center? 컨벤션 센터까지 어떻게 가야 할까요?

➜ You should take the subway. 지하철을 타셔야 해요.

➜ Turn right at the corner. 모퉁이에서 우측으로 가세요.

■ **How + be동사 + 명사 ~?**

「How + be동사 + 명사 ~?」는 공연, 여행/출장, 발표, 회의, 면접에 관해 묻는 질문으로 출제된다.

How was your trip to Italy? 이탈리아 여행은 어땠나요?

➜ It was really great. 정말 좋았어요.

➜ I enjoyed my stay. 잘 지냈어요.

■ **How long + 조동사 + 주어 + 동사원형 ~?**

「How long + 조동사 + 주어 + 동사원형 ~?」은 이동 시간, 비행 시간, 보상 기간 등 구체적인 시간 또는 기간을 묻는 문제로 출제된다.

How long does it take to read the whole report? 보고서 전체를 읽는 데 얼마나 걸릴까요?

➜ I think it'll take at least 3 days. 최소한 3일은 걸릴 것 같아요.

➜ About two hours. 약 2시간 정도요.

STEP 2 이렇게 풀어라!

🎧 2-11-1.mp3

(A)   (B)   (C)

How do you usually buy the high gloss printing paper?	고광택 인쇄 용지를 주로 어떻게 구입하시나요?
(A) The printer is out of ink now.	(A) 프린터 잉크가 다 떨어졌어요.
(B) Why don't you ask the head?	(B) 부장님한테 물어보시는 게 어때요?
(C) Yes, I've received the bill.	(C) 네, 저는 청구서를 받았어요.

표현 정리 high gloss 고광택 printing paper 인쇄 용지 out of ink 잉크가 떨어진 bill 계산서, 청구서

질문의 키워드는 How, buy, printing paper이며, 고광택 인쇄 용지를 어떻게 구입하는지를 묻는 How 의문문이다. 「How + 조동사 + 주어 + 동사원형 ~?」 유형으로 구체적인 방법을 묻고 있다.

✏️ **오답 제거** #답변 분석

(A) 질문에서 나온 printing과 발음이 유사한 printer를 이용한 함정이며, 질문에 적절한 답변이 아니다.

(C) 의문사 의문문에 Yes로 답하여 오답이며, 청구서를 받았다는 내용은 어색한 답변이다. 질문에서 나온 buy에서 연상되는 단어 bill을 이용한 함정이다.

💡 **정답 선택** # 간접적 답변 #우회적 답변

부장님한테 물어보라고 우회적인 답변을 제시한 (B)가 정답이다. 반문형 답변은 결과적으로 자신은 모른다는 내용을 내포하고 있다.

🔍 **함정 분석** : printing paper를 듣고 printer가 포함된 (A)를 고르지 않도록 한다. 용지 구입 방법을 묻는 질문에 잉크가 떨어졌다는 것은 전혀 관련 없는 답변이다.

정답 (B)

STEP 3 **빈출 표현**

• **How + 조동사 + 주어 + 동사원형 ~?**

How can I get to the airport from here? 여기에서 공항까지 어떻게 가면 되나요?
→ By taxi. 택시로요.

How can I reach him? 그에게 어떻게 연락을 하죠?
→ Why don't you send an email? 이메일을 보내는 게 어때요?

• **How + be동사 + 명사 ~?**

How are the sales of mobile phones this month? 이번 달 휴대폰 매출은 어떤가요?
→ I think it's positive. 아주 긍정적이에요.

How was your job interview? 취업 면접은 어땠나요?
→ It was great. Thank you for asking. 좋았어요. 물어봐줘서 고마워요.

• **How long + 조동사 + 주어 + 동사원형 ~?**

How long have you worked for this company? 이 회사에서 얼마나 오래 일하셨나요?
→ About three years. 3년 정도요.

How long will it take us to get downtown? 저희가 시내까지 가는 데 얼마나 걸립니까?
→ About an hour. 한 시간쯤 걸립니다.

STEP 4 **연습 문제**   🎧 2-11-2.mp3

1. (A) (B) (C)   **2.** (A) (B) (C)

3. (A) (B) (C)   **4.** (A) (B) (C)

▶ 정답 304쪽

PART 2

12 | What 의문문

출제 빈도 매회 평균 0.9개

STEP 1 문제 유형 분석

What 의문문은 다양한 주제를 내포한 질문들이 출제되기 때문에 자주 출제되는 유형에 익숙해져야 한다. What 의문문에서는 What 뒤에 오는 명사나 동사가 답변을 고르는 핵심어이므로 놓치지 않고 듣는 것이 중요하다. What 의문문에서 자주 출제되는 유형 2가지는 꼭 알아두자.

■ **What + 명사 ~?**

「What + 명사 ~?」 유형에서는 명사가 답을 결정하기 때문에 명사를 반드시 들어야 한다.

What time does this flight depart? 이 비행기는 몇 시에 출발하나요?

→ **In about 10 minutes.** 약 10분 후에요.

What papers do I need to bring on Wednesday? 수요일에 어떤 서류를 가져가야 하나요?

→ **The ones in the folder I gave you.** 제가 당신께 드린 폴더 안에 있는 것들이요.

■ **What + 조동사 + 주어 + 동사원형 ~? / What + 동사 ~?**

「What + 조동사 + 주어 + 동사원형 ~?」 「What + 동사 ~?」 유형에서는 동사가 답을 결정하기 때문에 동사를 반드시 들어야 한다.

What did you think of the new marketing proposal? 새로운 마케팅 제안서에 대해 어떻게 생각하세요?

→ **I was very impressed.** 굉장히 감명받았어요.

What happened to the printer in my office? 제 사무실 프린터에 무슨 일이 생겼나요?

→ **Joan borrowed it while you were away.** 당신이 안 계시는 동안 조안이 그것을 빌려갔어요.

STEP 2 이렇게 풀어라!

🎧 2-12-1.mp3

(A)   (B)   (C)

What qualifications are required for the senior accountant position?

(A) Yes, I'm counting on you.

(B) We offer medical benefits.

(C) They are listed in the job posting.

수석 회계사 직책에 요구되는 자격요건들은 무엇인가요?

(A) 네, 저는 당신을 믿어요.

(B) 저희는 의료보험 혜택을 제공합니다.

(C) 그것들은 구인 공고에 게재되어 있어요.

표현 정리 **qualification** 자격, 자격요건 **senior accountant position** 수석 회계사 직책 **count on** ~를 믿다 **medical benefits** 의료보험 혜택 **be listed in** ~에 게재되다 **job posting** 구인 공고

「What + 명사」로 시작하는 What 의문문에서는 What 뒤에 있는 명사를 주의해서 들어야 한다. 질문의 키워드 역시 What과 qualification이며, 수석 회계사 직책에 대해 요구되는 자격요건을 묻고 있다.

✎ **오답 제거** #답변 분석

(A) 의문사 의문문에서 쓰일 수 없는 Yes란 답변이 제시되어 있고, 질문에서 나온 accountant와 발음이 유사한 counting을 이용한 오답이다.

(B) 질문에서 나온 position에서 연상할 수 있는 medical benefits를 이용한 오답으로, 수석 회계사 직책에 요구되는 자격요건과 무관한 내용이므로 답이 될 수 없다.

💡 **정답 선택** #간접적 답변

모든 자격요건들은 구인 공고에 제시되어 있다고 밝히는 (C)가 정답이다. What 뒤에 오는 핵심어 qualifications와 선택지의 They are listed와의 내용적 연관성을 통해 정답임을 파악할 수 있다.

🔍 **함정 분석** : 일자리와 관련된 질문이므로 (B)로 혼동할 수 있다. 하지만 수석 회계사 직책에 필요한 자격요건을 묻는 질문에 회사에서 제공하는 복지 혜택을 설명하는 것은 질문과 어울리는 답변이 아니므로 오답이다.

정답 (C)

STEP 3 빈출 표현

• **What + 명사 ~?**

What time is the conference supposed to begin? 회의는 언제 시작하기로 되어 있나요?
→ In about 10 minutes. 약 10분 후에요

What job is Mr. Jackson looking for? 잭슨 씨는 무슨 직업을 찾고 있나요?
→ Accounting, I guess. 제 생각으로는 회계 분야요

What kind of movies do you like? 어떤 종류의 영화를 좋아하나요?
→ I don't have a preference. 저는 선호하는 것이 없어요

• **What + 조동사 + 주어 + 동사원형 ~? / What + 동사 ~?**

What do you think of the new office assistant? 새 사무실 보조에 대해 어떻게 생각하나요?
→ She's nicer than the previous one. 그녀는 예전 사람보다 괜찮습니다.

What happened to the computer in the conference room? 회의실에 있는 컴퓨터에 무슨 일이 생겼나요?
→ It is out of order. 고장 났어요

What did you say he does for a living? 그의 직업이 뭐라고 말했죠?
→ He's an engineer. 그는 기술자예요

STEP 4 연습 문제

🎧 2-12-2.mp3

1. (A)　(B)　(C)　　　　　　**2.** (A)　(B)　(C)

3. (A)　(B)　(C)　　　　　　**4.** (A)　(B)　(C)

▶ 정답 305쪽

750
완벽대비

파트 3에서는 두 사람 또는 세 사람의 대화를 듣고, 대화 내용을 확인하는 문제들이 출제됩니다. 세부사항 문제는 다양한 내용을 묻기 때문에, 대화를 듣기 전에 문제와 선택지를 미리 파악하는 과정이 꼭 필요합니다. 문제를 미리 읽고 키워드에 해당하는 부분이나 대상(the man, the woman)을 미리 표시해 두고, 대화가 시작되면 표시한 부분에 집중하면서 단서를 찾아야 실수를 줄일 수 있습니다.

파트
3

문제 유형 편

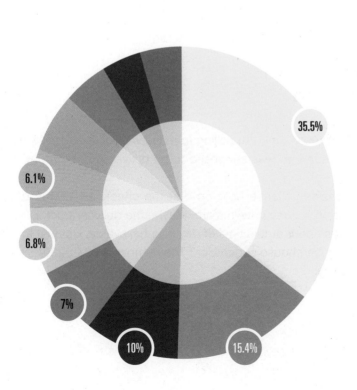

출제
빈도

- 세부사항
- 제안/요청 사항
- 미래행동
- 문제점
- 시각 정보 파악
- 화자의 의도 파악
- 장소
- 주제
- 목적
- 화자의 정체

35.5%

15.4%

10%

7%

6.8%

6.1%

STEP 1 문제 유형 분석

세부사항 문제는 가장 많이 출제되는 유형으로, 의문사(When, Where, Who, What, Why, How)로 묻는 문제이다. 질문에서 화자의 성별과 키워드(①인명, 장소, 회사명 ②숫자, 시간, 기간 ③동사 ④If절)를 찾는 게 중요하다.

■ 세부사항을 묻는 질문

When will the company move to the new building? 회사는 언제 새 건물로 이사할 것인가?

Where is the new main office building? 새로운 본사 건물의 위치는 어디인가?

Who's going to meet Ms. Smith tomorrow? 내일 스미스 씨를 만나는 사람은 누구인가?

What can the woman receive if she buys the camera? 카메라를 사면 여자는 무엇을 받을 수 있는가?

Why does the man say he cannot help the woman? 남자는 왜 여자를 도울 수 없다고 말하는가?

How does the woman usually commute? 여자는 대개 어떻게 통근하는가?

STEP 2 이렇게 풀어라! 🎧 3-1-1.mp3

What does the man say about the delivery truck?

(A) It was bought recently.

(B) It may be stuck in traffic.

(C) It broke down in the middle of the road.

(D) It may have taken the wrong way.

남자는 배송 트럭에 대해 무엇이라 언급하는가?

(A) 최근에 구매되었다.

(B) 교통 체증에 갇혀 있다.

(C) 도로 한복판에서 고장 났다.

(D) 잘못된 곳으로 갔을지도 모른다.

W: Hello! My name is Lee Thompson, and I'm calling from *Cosmopolitan Style Magazine*. I'd like to check on a package that was supposed to be delivered to us today. I was told to call this office.

M: *Cosmopolitan Style Magazine*? Please hold on. Let me check the status of your shipment. Ah, it should be on its way now, ma'am. Maybe the delivery truck is caught in traffic now. You know, rush hour at this time of day is unbelievable. But just to make sure, why don't you call our warehouse supervisor? The number is 857-3239.

W: Thanks. I'll do that right away.

여: 안녕하세요, 제 이름은 리 톰슨이고 〈코스모폴리탄 스타일 매거진〉에서 연락드려요. 오늘 저희에게 배송 예정이었던 소포에 대해 확인하고 싶어서요. 여기로 전화해서 알아보라고 하더라고요.

남: 〈코스모폴리탄 스타일 매거진〉이라고요? 잠시만 기다려 주세요. 제가 물품의 배송 현황을 확인해보도록 할게요. 아, 지금 배송 중에 있네요, 고객님. 아마 배송 트럭이 교통 체증으로 인해 지체되는 것 같습니다. 아시겠지만, 하루 이맘 때 러시아워에는 정말 끔찍하거든요. 하지만 혹시 모르니, 저희 물류창고 담당자에게 연락을 해보시겠습니까? 연락처는 857-3239입니다.

여: 감사합니다. 바로 연락해볼게요.

표현 정리 be caught in traffic 교통 체증에 걸리다 warehouse 창고

남자가 배송 트럭에 관해 말한 내용을 묻는 세부사항 문제이다. 문제에서 화자의 성별 the man과 키워드 delivery truck이 단서를 찾는 핵심어이다. 남자 대화에서 키워드 delivery truck이 등장하는 부분에서 단서를 찾아야 한다.

🔎 **단서 찾기**

배송 현황을 알고 싶다는 여자에게 남자는 현재 배송 중이라고 말하며 이어서 Maybe the delivery truck is caught in traffic now. 라고 대답한다.

💡 **정답 선택**

키워드 delivery truck이 포함된 문장이 단서가 되며, 남자는 배송 트럭이 교통 체증으로 인해 지체되고 있는 상황을 말했다. caught in traffic을 stuck in traffic이라는 유사 표현으로 바꾸어 제시한 (B)가 정답이다.

🔎 **함정 분석** : 여자의 대화 I'd like to check on a package that was supposed to be delivered to us today.을 듣고 (A)로 혼동하지 않도록 한다. 여자가 무엇을 구매했는지에 대한 언급은 없었고, 또한 배송 트럭을 최근 구매한 것이 아니므로 (A)는 오답이다.

정답 (B)

STEP 3 패러프레이징

- complete the report 보고서를 끝내다
  → prepare a document 서류를 준비하다
- phone the secretary 비서에게 전화하다
  → call the secretary 비서에게 전화하다
- go through the contract 계약서를 살펴보다
  → review the contract 계약서를 검토하다

- return to the office 사무실로 복귀하다
  → come back to the office 사무실로 돌아오다
- use the Internet 인터넷을 이용하다
  → access the Internet 인터넷에 접속하다
- at no extra charge 추가 비용 없이
  → at no additional charge 추가 비용 없이

STEP 4 연습 문제 🎧 3-1-2.mp3

1. What happened last night?
  (A) The computers were destroyed.
  (B) All of the phone lines were down.
  (C) Some people were hospitalized.
  (D) A building burned to ashes.

2. What might the speakers do on Wednesday?
  (A) Order more food
  (B) Work longer hours
  (C) Attend an international conference
  (D) Hold an office party

3. When will Stacy come back to the office?
  (A) Thursday
  (B) Friday
  (C) Next Monday
  (D) The day after tomorrow

4. What has the New York branch recently done?
  (A) Developed a new product
  (B) Signed a big contract
  (C) Increased its profits
  (D) Conducted a new survey

▶ 정답 306쪽

PART 3

2 | 제안/요청 사항

출제 빈도 **매회 평균 6.0개**

문제 유형 분석

제안/요청/요구 사항을 묻는 질문은 세 문제 중 2, 3번 문제로 출제된다. 질문에서 화자의 성별을 미리 파악하고 후반부 해당 화자의 말에서 단서를 파악한다. 질문을 미리 익히고 제안/요청을 말하는 주요 패턴을 알면 단서를 찾기 쉽다.

■ 제안/요청 사항을 묻는 질문

What does the man ask for? 남자는 무엇을 요청하는가?

What does the man ask the woman to do? 남자는 여자에게 무엇을 하라고 요청하는가?

What is the woman asked to do? 여자는 무엇을 하라고 요청받는가?

What does the man offer to do? 남자는 무엇을 해주겠다고 제안하는가?

What does the man suggest? 남자는 무엇을 제안하는가?

What does the woman suggest the man do? 여자는 남자에게 무엇을 하라고 제안하는가?

■ 제안/요청 사항을 말하는 주요 패턴

• How about V-ing? / Why don't you V~? ~하는 것이 어때요?
• Would you V~? ~하시겠어요?
• I'll V~. ~할게요.
• You can/would V~. ~할 수 있습니다.
• Let me V~. ~할게요.

이렇게 풀어라!

🎧 3-2-1.mp3

What does the woman offer to do?

(A) Reschedule the meeting

(B) Give the man a ride

(C) Make an appointment for the man

(D) Send a mechanic

여자는 무엇을 제안하는가?

(A) 회의 일정 재조정하기

(B) 남자에게 차편 제공하기

(C) 남자를 위해서 예약하기

(D) 정비사 보내기

M: Hi. I'm having lots of problems with my car. I looked under the hood, but I can't seem to find the problem.

W: What kinds of problems are you having with it?

M: The gears are sticking when I try shifting from second to third gear.

W: Okay, how about if I make room for you to come in tomorrow so that I can have one of my mechanics look at it?

남: 안녕하세요. 제 차에 문제가 좀 많아요. 보닛을 열고 확인해봤는데 뭐가 문제인지 모르겠어요.

여: 어떤 문제가 발생하나요?

남: 2단에서 3단으로 기어를 변경할 때 잘 들어가지 않는 것 같아요.

여: 알겠습니다. 제가 고객님께서 내일 방문하시는 걸로 예약해서, 저희 정비사 한 명에게 점검하도록 하는 것은 어떨까요?

표현 정리 **stick** 꼼짝하지 않다 **shift** (기어를) 바꾸다

질문을 먼저 읽고 화자의 성별을 확인해야 한다. 여자가 제안하는 내용을 묻는 질문이므로, 대화 후반부 여자의 대화에서 남자에게 제안하는 내용을 파악한다.

🔍 **단서 찾기**

차에 문제가 있다고 말하는 남자에게 여자가 대화 말미에 how about if I make room for you to come in tomorrow so that I can have one of my mechanics look at it?라고 제안하고 있다.

💡 **정답 선택**

여자의 대화에서 make room for you to come in tomorrow와 one of my mechanics look at it이 여자의 제안 사항이며, 여자는 남자에게 내일 오는 것으로 예약한 후 정비사가 남자의 자동차를 점검할 수 있도록 하자고 제안하므로 (C)가 정답이다.

⋮ 🔍 **함정 분석** : 여자의 마지막 대화 so that I can have one of my mechanics look at it?에서 등장한 단어 mechanic을 듣고 (D)로 혼동하지 않도록 한다. 정비사에게 남자의 차를 점검하도록 하겠다는 것이지 정비사를 보내는 것이 아니므로 (D)는 오답이다.

정답 (C)

STEP 3 패러프레이징

• out of stock 재고가 없는	• repair an air conditioner 에어컨을 수리하다
→ sold out 매진된	→ fix an air conditioner 에어컨을 고치다
• launch a new device 새 기구를 출시하다	• let employees go 직원들을 해고하다
→ A new device is introduced 새 기구가 소개되다	→ lay off employees 직원들을 해고하다
• lower the price 가격을 낮추다	• arrive late 늦게 도착하다
→ discount the price 가격을 할인하다	→ be delayed 지연되다

STEP 4 연습 문제　🎧 3-2-2.mp3

1. What does the woman suggest the man do?

(A) Repair a computer

(B) Close the store

(C) Deposit some money

(D) Come back another time

2. What does the man offer to do?

(A) E-mail some files

(B) Copy some résumés

(C) Call the woman's secretary

(D) Print out some documents

3. What does the man ask the woman to do?

(A) To see a client

(B) To look for applicants

(C) To work at a business event

(D) To reschedule a meeting

4. What does the man suggest that the woman do?

(A) Buy a car

(B) Take the subway

(C) Speak with her colleagues

(D) Commute to work by walking

▶ 정답 308쪽

③ 미래 행동

출제 빈도 매회 평균 3.91개

문제 유형 분석

화자가 앞으로 하게 될 행동이나 추후 발생할 일에 대해 묻는 미래 행동 문제는 세 문제 중 주로 마지막 문제로 출제되며, 화자의 마지막 대화에 단서가 제시된다. 미래 행동을 묻는 질문에는 대부분 do later 또는 do next가 나온다.

■ 미래 행동을 묻는 질문

What will the speakers do later? 화자들은 나중에 무엇을 할 것인가?

What will the woman most likely do next? 여자는 이후에 무엇을 할 것 같은가?

What does the woman say she will do? 여자는 무엇을 할 것이라고 말하는가?

What is the man going to do next? 남자는 다음에 무엇을 할 것인가?

What is the man planning to do next? 남자는 다음에 무엇을 할 계획인가?

■ 미래 행동을 말하는 주요 패턴

• I'll + V~. / I'm going to V~. / S + be V-ing. ~할 것입니다.
• I plan to V~. / I'm planning to V~. ~할 계획입니다.
• Would you V~? ~하시겠어요?
• Let's + V~. ~하도록 합시다.

STEP 2 **이렇게 풀어라!** 3-3-1.mp3

What will the man probably do next? 남자는 이후에 무엇을 할 것 같은가?

(A) Buy a flight ticket

(B) Issue a full refund

(C) Give the woman a call

(D) Locate the woman's computer

(A) 항공권 구매하기

(B) 전액 환불을 해주기

(C) 여자에게 전화하기

(D) 여자의 컴퓨터 찾아오기

W: Hi. I'd like to collect my laptop computer, but I lost my ticket.

M: No problem. We have everything recorded here by name and phone number. So I just need your ID and phone number.

W: Sure. My name is Hilary Duff. My number is 926-7399. I dropped it off on Monday and was told to return on Wednesday.

M: Okay, here it is. Yes, you brought a black tablet laptop computer to be serviced. Could you wait for a minute? I'll get your laptop computer right away.

여: 안녕하세요, 제 노트북 컴퓨터를 찾으러 왔는데요, 확인증을 분실해서요.

남: 괜찮습니다. 저희 쪽에 성함과 전화번호에 따라 모든 내용이 기록되어 있습니다. 그러니 저는 고객님의 신분증과 연락처만 알면 됩니다.

여: 알겠습니다. 제 이름은 힐러리 더프이고, 전화번호는 926-7399예요. 월요일에 제 노트북 컴퓨터를 맡겼고 수요일에 찾으러 오라는 말을 들었어요.

남: 알겠습니다. 여기 있네요. 맞아요, 수리 받으려고 검은색 테블릿 노트북 컴퓨터를 맡긴 분이시군요. 잠시만 기다려 주시겠습니까? 제가 고객님의 노트북 컴퓨터를 바로 가지고 오겠습니다.

표현 정리 record 기록하다 drop ~ off ~을 맡기다

남자가 하게 될 행동을 묻는 미래 행동 문제이다. 대화 후반부 마지막 대화자의 말에서 단서를 파악해야 하며, 특히 동사에 집중해야 한다.

🔍 **단서 찾기**

수리한 노트북 컴퓨터를 찾으러 왔다는 여자에게 남자는 마지막에 I'll get your laptop computer right away.라고 대답한다.

💡 **정답 선택**

남자의 대화에서 get your laptop computer가 남자의 미래 행동을 파악할 수 있는 핵심 표현이며, 남자는 자신이 가서 여자의 노트북 컴퓨터를 가져다 줄 것이라고 하므로 Locate the woman's computer로 바꾸어 표현한 (D)가 정답이다.

🔍 **함정 분석** : 여자의 대화 My number is 926-7399. I dropped it off on Monday and was told to return on Wednesday.를 듣고 (C)로 혼동하지 않도록 한다. 여자의 기록을 찾기 위해 전화번호를 말한 것이지 여자에게 연락할 것이 아니므로 (C)는 오답이다.

정답 (D)

STEP 3 **패러프레이징**

· install some equipment 장비를 설치하다
 → set up some equipment 장비를 설치하다

· a meeting in the afternoon 오후에 있는 회의
 → an upcoming meeting 다가올 회의

· be open until 8 o'clock 8시까지 개장한다
 → close at 8 o'clock 8시에 문을 닫는다

· help the employee 직원을 돕다
 → assist the employee 직원을 돕다

· pay raise 급여 인상
 → pay increase 급여 인상

· send a report 보고서를 보내다
 → submit a report 보고서를 제출하다

STEP 4 **연습 문제** 🎧 3-3-2.mp3

1. What will the man probably do next?

(A) Give the woman his cell phone number

(B) Use the rental store's Web site

(C) Come to the DVD store with his overdue DVDs

(D) Visit another movie theater

3. What will the speakers probably do next?

(A) Make some coffee

(B) Photocopy some documents

(C) Report a problem

(D) Make a list of things

2. What will the woman probably do next?

(A) Meet with an editor

(B) Photocopy an article

(C) Send an e-mail

(D) Make a phone call

4. What is the woman planning to do next?

(A) Recall some products

(B) Talk to a staff member

(C) Inspect a product

(D) Give a full refund

▶ 정답 309쪽

4 문제점

STEP 1 문제 유형 분석

대화 초반부에 문제 상황에 대해 언급하고 이에 대한 해결책이나 대안을 후반부에 제시하는 흐름이다. 질문에서 화자의 성별을 미리 파악하고 대화 초반부 해당 화자의 말에서 문제 상황에 대한 단서를 파악해야 한다.

■ 문제점을 묻는 질문

What is the problem? 문제가 무엇인가?

What is the woman's problem? 여자의 문제는 무엇인가?

What problem does the man mention? 남자가 언급한 문제는 무엇인가?

What problem are the speakers addressing? 화자들은 다루고 있는 문제는 무엇인가?

What problem are the speakers discussing? 화자들이 이야기하는 문제는 무엇인가?

Why are the speakers concerned? 화자들은 왜 염려하는가?

What is the man concerned about? 남자가 무엇에 대해 염려하는가?

What is the man disappointed with? 남자는 무엇에 대해 실망하는가?

STEP 2 이렇게 풀어라!

🎧 3-4-1.mp3

What is the problem?

(A) A piece is missing.

(B) The wrong item was delivered.

(C) The machine is not working properly.

(D) The computer screen is damaged.

문제가 무엇인가?

(A) 부품이 없어졌다.

(B) 다른 제품이 배송되었다.

(C) 기계가 제대로 작동하지 않는다.

(D) 컴퓨터 화면이 파손되었다.

w: Hello. Technical Support Service. How can I help you?

M: Hi. I bought a new laptop computer yesterday. I'm working on it now, but I can't seem to get it to play some image files. Is there anything wrong with my laptop computer?

w: Well, sir, I think I can handle that for you. First of all, can you give me the model name and its serial number, please? It's written on the back of your laptop computer.

여: 안녕하십니까, 기술 지원 부서입니다. 무엇을 도와드릴까요?

남: 안녕하세요, 제가 어제 새로운 노트북 컴퓨터를 구매했어요. 지금 사용 중인데 일부 이미지 파일을 작동시킬 수 없는 것 같아서요. 제 노트북 컴퓨터에 무슨 문제라도 생긴 건가요?

여: 알겠습니다. 그 문제라면 제가 도와드릴 수 있겠네요. 우선, 모델명과 그에 따른 일련 번호를 알려주시겠습니까? 그건 고객님 노트북 컴퓨터의 뒷면에 표기되어 있습니다.

표현 정리 **work on** ~에 대해 작업하다, ~을 사용하다 **get ~ to do** ~이 …하도록 하다 **laptop computer** 노트북 컴퓨터 **handle** 다루다, 처리하다 **serial number** 일련 번호

대화에서 다루는 문제점에 대해 묻고 있으므로 대화 초반부에서 제시되는 구체적인 문제점에 집중해야 한다.

🔍 **단서 찾기**

남자는 어제 노트북 컴퓨터를 구입했다고 말한 후 but I can't seem to get it to play some image files. Is there anything wrong with my laptop computer?라며 이미지 파일을 작동시킬 수 없다고 전한다.

💡 **정답 선택**

남자는 구매한 노트북 컴퓨터의 기능상의 문제점을 지적하고 있으므로 (C)가 정답이다.

🔍 **함정 분석** : 여자의 대화 Is there anything wrong with my laptop computer?만 듣고 (A)나 (D)로 혼동하지 않도록 한다. 이미지 파일이 작동되지 않는 것이지 외형적으로 문제가 있는 것은 아니므로 답이 될 수 없다.

정답 (C)

STEP 3 패러프레이징

- fill out an application form 신청서를 작성하다
  → complete an application 신청서를 작성하다

- be short of staff 직원이 부족하다
  → be short-staffed 직원이 부족하다

- be caught in traffic 차가 막히다
  → be bumper to bumper 차가 막히다

- hire additional employees 추가 직원을 채용하다
  → increase its staff 직원을 늘리다

- a training session 교육
  → a training program 교육 프로그램

- work overtime 야근하다
  → work extra hours 추가로 근무하다

STEP 4 연습 문제

🎧 3-4-2.mp3

1. What's the man's problem with the item?

(A) It is of poor quality.

(B) It is the wrong color.

(C) It has a bad design.

(D) It is the wrong size.

2. What is the man's problem?

(A) He has no time to register for the event.

(B) He has a schedule conflict.

(C) He missed the registration deadline.

(D) He forgot the e-mail address.

3. What problem does the woman mention?

(A) A bill has an unexpected fee.

(B) The wrong photocopiers were delivered.

(C) Some photocopiers were delivered late.

(D) There are some broken parts.

4. What is the woman's problem?

(A) She lost her bus pass.

(B) She forgot the appointment.

(C) Her brother cannot drive her to the mall.

(D) Her car was out of order.

▶ 정답 311쪽

PART 3
5 | 시각 정보 파악

출제 빈도 매회 평균 2.64개

STEP 1 문제 유형 분석

대화 내용과 각종 시각 정보를 연계해서 푸는 유형이 새롭게 추가되었는데, 매회 평균 2~3개가 출제된다. 이 유형은 질문과 시각 정보를 먼저 읽고 대화에서 어떤 시각 정보가 단서로 제시될지 사전에 파악하는 것이 관건이다.

■ 시각 정보 출제 유형
- 표 – 워크숍/회의/강연/세미나/발표 일정표, 영화/공연 시간표, 가격표, 순위표, 건물 안내표 등
- 그래프/차트 – 매출 실적, 회원 수, 기온/온도/강수량 변화, 작업 공정 단계 등
- 약도 – 회사/공장/상점/행사장으로 가는 약도 • 지도 – 실내 지도, 지하철/버스 노선도, 길거리에 관한 지도
- 문서 – 영수증, 주문 송장, 쿠폰, 할인 혜택 목록, 구인 자격 목록 등

STEP 2 이렇게 풀어라! 🎧 3-5-1.mp3

Departure City	Status	Expected Time of Arrival	Departure City	Status	Expected Time of Arrival
San Francisco	On time	10:00 A.M.	Seoul	Delayed	1:25 P.M.
Toronto	On time	11:15 A.M.	Boston	Landed	9:30 A.M.

Look at the graphic. Which city is Mr. White traveling from?

(A) San Francisco

(B) Toronto

(C) Seoul

(D) Boston

도표를 보시오. 화이트 씨는 어느 도시에서 올 것 같은가?

(A) 샌프란시스코

(B) 토론토

(C) 서울

(D) 보스턴

M: I've just checked Blue Sky Airline's official Web site. I don't think Mr. White will be arriving on time.

W: Yeah, I heard most domestic and international flights to Philadelphia have been a little delayed because of the snowstorm coming from the north.

M: Well, we should leave to pick him up later then.

W: You know what? The radio says the traffic is terrible today. So I think we should leave now.

M: Okay. Why don't we have lunch at the airport? There's a takeout sandwich shop in the airport terminal.

남: 제가 막 블루 스카이 항공사의 공식 웹사이트를 살펴봤는데요. 화이트 씨가 제시간에 도착할 수 없을 것 같네요.
여: 맞아요. 저도 필라델피아로 오는 대부분의 국내선과 국외선 비행기들이 북쪽 지역에서 불어 오는 눈보라로 인해 약간 지연되었다고 들었어요.
남: 그러면 화이트 씨를 모시러 나중에 출발해야겠네요.
여: 있잖아요. 라디오에서 오늘 교통 정체 현상이 심하다고 하더라고요. 그래서 지금 출발해야 할 것 같아요.
남: 그래요. 점심은 공항에서 먹는 것이 어떨까요? 공항 청사에 포장 전문 샌드위치 가게가 있어요.

표현 정리 on time 제시간에 domestic 국내의

질문은 화이트 씨가 어느 도시에서 출발해서 오는지를 묻고 있다. 이어서 선택지와 도표의 내용을 살펴보면, 선택지에는 도시 이름이, 도표에는 도시 이름, 비행 상태, 도착 예상 시간 관련 정보가 있다. 대화에서 화이트 씨의 출발지를 가늠할 수 있는 단서는 도시 이름이 아니라 비행 상태 또는 도착 예상 시간을 통해 제시될 것이므로, 화이트 씨의 이름이 언급되는 부분을 중심으로 비행 상태나 도착 예상 시간에 관한 내용을 집중해서 들어야 한다.

🔍 **단서 찾기**

대화 초반부에 남자가 화이트 씨는 제시간에 도착하지 못할 것임을 밝히자, 이어서 여자가 I heard most domestic and international flights to Philadelphia have been a little delayed because of the snowstorm coming from the north.라며 국내선과 국외선 비행기들이 북쪽 지역에서 불어 오는 눈보라로 인해 지연되었다고 비행기가 지연되는 구체적인 이유를 언급하고 있다.

💡 **정답 선택**

공항의 비행기 일정표에서 현재 지연된 비행기는 서울에서 오는 국제선 비행기뿐임을 파악할 수 있다. 따라서 (C)가 정답이다.

🔍 **함정 분석** : 대화를 듣기 전 질문과 시각 정보를 미리 파악하는 것이 가장 중요하다. 질문과 시각 정보의 내용을 파악하여 집중해서 들어야 하는 내용이 무엇인지를 미리 알고 들으면 단서를 찾는 데 도움이 된다.

정답 (C)

STEP 3 연습 문제　　　　　　　　　🎧 3-5-2.mp3

1.

Meeting Room 100	
Time	Event
9:00 A.M.	Management Meeting
10:00 A.M.	Training Session
11:00 A.M.	
1:00 P.M.	Human Resources Meeting

Look at the graphic. What event is Ms. Hwang in charge of?

(A) Management meeting

(B) Training session

(C) Human resources meeting

(D) Marketing seminar

2.

Bella Bistro Today's Lunch Menu	
Beverage	Main Dish
Soda - $1.00	Apple Salad - $5.00
Coffee - $1.50	Potato Salad - $6.00
Lemonade - $2.00	Strawberry Salad - $7.00
Green Tea - $2.50	Tuna Sandwich - $8.00

Look at the graphic. How much does the woman's dish cost?

(A) $5.00

(B) $6.00

(C) $7.00

(D) $8.0

▶ 정답 313쪽

6 │ 화자의 의도 파악

출제 빈도 **매회 평균 2.36개**

STEP 1 문제 유형 분석

매회 평균 2~3문제가 출제되는 화자의 의도 파악 문제는 특정 표현이 지닌 사전적/표면적 의미가 아닌, 화자가 해당 표현을 통해 의도하는 뜻이 무엇인지를 묻는 문제이다. 먼저 해당 표현의 의미를 이해한 후 각각의 선택지가 제시하는 상황이 무엇인지 파악한다. 화자의 의도를 이해하기 위한 단서는 해당 표현의 앞뒤 대화에서 제시된다.

■ **화자의 의도를 묻는 질문**

What does the man mean when he says, "Look at all these cars"?

남자가 "Look at all these cars"라고 말할 때 의미하는 바는 무엇인가?

What does the woman imply when she says, "I was just about to go to the cashier"?

여자가 "I was just about to go to the cashier"라고 말할 때 암시하는 바는 무엇인가?

STEP 2 이렇게 풀어라!

🎧 3-6-1.mp3

Why does the man say, 'I think that's a large increase"?

(A) To refuse the woman's budget proposal

(B) To indicate that the revenue is greater than expected

(C) To express that the news he has just heard is good

(D) To suggest that a local tax increase is not appropriate

남자가 "I think that's a large increase"라고 언급한 이유는 무엇인가?

(A) 여자의 예산 제안을 거절하기 위해서

(B) 수익이 예상보다 크다는 점을 언급하기 위해서

(C) 그가 방금 들은 소식이 좋다는 점을 표현하기 위해서

(D) 지방세 인상이 부적절하다는 점을 제시하기 위해서

M: Ms. Morgan, how was the budget meeting with the board members yesterday? We should ask them for some assistance with our department's workload as well.

W: The board of directors decided to provide $400,000 for the Marketing Department. That's up 25 percent from last year.

M: I think that's a large increase! Uh… Do you happen to know how the department head will spend the new funds?

W: The department head has already agreed that the majority of the budget be used to hire several new graphic designers and digital advertising professionals. You know, she expects them to help to decrease our workload next year.

남: 모건 씨, 어제 이사진과의 예산 회의는 어땠어요? 우리는 그분들에게 우리 부서의 작업량에 대한 지원 요청도 해야 해요.
여: 이사회에서 우리 마케팅 부서에 작년 대비 25%가 인상된 40만 달러의 예산을 제공하기로 결정했어요.
남: 예산이 크게 늘었네요! 음… 혹시 부장님이 새 예산을 어디에 쓰시려고 하는지 알고 계신가요?
여: 부장님은 이미 예산의 상당 부분을 몇몇 그래픽 디자이너들과 디지털 광고 전문가들의 채용에 투입하는 것에 동의하셨어요. 있잖아요, 부장님은 그들이 내년도 우리 작업량을 감소시키는 데 도움을 줄 것으로 생각하고 있어요.

화자의 의도를 파악하기 위한 결정적인 단서는 해당 표현이 등장하는 앞뒤 대화에서 언급되며, 대화의 문맥을 파악하면 그 의도를 알 수 있다.

🔍 단서 찾기

여자가 이사회에서 우리 마케팅 부서에 작년 대비 25%가 인상된 40만 달러의 예산을 제공하기로 결정했음을 밝히고 있으며, 이에 남자가 I think that's a large increase!라며 예산이 많이 늘었다는 반응을 보이고 있다.

💡 정답 선택

여자가 작년 대비 예산이 25%나 증가했다고 전달한 소식에 남자가 "I think that's a large increase!"라고 말한 것은 궁극적으로 예산 증액이 반갑고 좋은 소식이라는 의도에서 언급된 표현임을 가늠할 수 있다. 따라서 (C)가 정답이다.

🔍 **함정 분석** | I think that's a large increase!를 듣고 수익의 증가로 생각해 (B)로 혼동할 수 있다. 마케팅 부서에 제공되는 예산의 증가이지 수익의 증가가 아니므로 (B)는 오답이다.

정답 (C)

STEP 3 연습 문제　　　　　　　　🎧 3-6-2.mp3

1. What does the man mean when he says, "can you see all these cars on the highway?"

(A) He is concerned about traffic congestion.

(B) He wants to introduce new cars to customers.

(C) He is surprised by a multiple-vehicle accident.

(D) He is complimenting innovative car designs.

3. What does the woman imply when she says, "But I mistakenly took my printer up already"?

(A) She is ready to move the printer.

(B) She printed documents for the conference already.

(C) She doesn't like to use an old printer.

(D) She needs to use the printer.

2. What does the man imply when he says, "That is going to be pretty hard"?

(A) He is asking for a volunteer.

(B) He wants to know the name of a staff member.

(C) He thinks that a task is almost impossible.

(D) He is interested in an applicant's qualifications.

4. What does the man imply when he says, "Can you leave early the day after tomorrow instead"?

(A) He thinks she'll be free the day after tomorrow.

(B) He prefers her not to leave early tomorrow.

(C) He wants to know her schedule.

(D) He is planning to leave early today.

▶ 정답 314쪽

7 장소

STEP 1 문제 유형 분석

대화가 이루어지는 장소에 대한 단서는 대화 초반부에 제시된다. 장소가 직접적으로 언급되는 경우도 있으나 대부분은 대화 장소와 관련된 어휘를 통해 장소를 추측해야 한다. 빠지기 쉬운 함정은 화자가 근무하는 곳을 대화가 이루어지는 장소로 혼동하는 것이다. 치과 의사인 화자가 공항에서 대화하고 있다면 대화 장소는 치과가 아니라 공항이다. 화자의 근무지와 대화 장소는 별개일 수 있으므로 혼동하지 않는다.

■ 장소를 묻는 질문

Where most likely are the speakers? 화자들은 어디에 있는 것 같은가?

Where is the conversation taking place? 대화는 어디에서 벌어지고 있는가?

Where does the conversation take place? 대화는 어디에서 벌어지는가?

Where does the conversation most likely take place? 대화는 어디에서 벌어지는 것 같은가?

Where is the conversation most likely taking place? 대화는 어디에서 벌어지고 있는 것 같은가?

STEP 2 이렇게 풀어라!

🎧 3-7-1.mp3

Where most likely are the speakers?

(A) In a real estate office

(B) In a courtroom

(C) In the Personnel Department

(D) In a law office

화자들은 어디에 있는 것 같은가?

(A) 부동산 중개업소

(B) 법정

(C) 인사과

(D) 법률 사무소

M: Ms. Collins, have you seen the Clinton file regarding his lawsuit? I thought it was in my office.

W: Oh, yes, Mr. Baker. I was going through it to make some adjustments. Mr. Clinton called and wanted to make sure that we update his new work address.

M: Right. I heard something about him being transferred to a new branch office. Can you get it back to my office as soon as possible, please?

남: 콜린스 씨, 클린턴 씨 소송 사건과 관련된 파일 본 적 있어요? 제 사무실에 있었던 것 같은데요.
여: 아, 네, 베이커 씨, 수정해야 할 부분이 좀 있어서 제가 검토하고 있었어요. 클린턴 씨께서 전화하셔서 자신의 새 직장 주소를 변경해주길 원하셨거든요.
남: 그랬군요. 클린턴 씨가 새로운 지사로 전근갔다는 이야기를 들은 것 같아요. 가능한 빨리 제 사무실로 가져다 주시겠어요?

표현 정리 regarding ~에 관하여 go through 검토하다 adjustment 수정 transfer 옮기다, 전근시키다

대화가 시작되기 전 질문을 먼저 읽는다. 화자들이 있는 곳, 즉, 대화가 발생하고 있는 장소를 묻는 질문으로, 대화 초반부에 장소를 추측할 수 있는 표현에 집중해야 한다.

🔍 **단서 찾기**

대화 초반부에 남자는 여자에게 Ms. Collins, have you seen the Clinton file regarding his lawsuit? I thought it was in my office.라고 물어보고 있다.

💡 **정답 선택**

남자의 대화에서 Clinton file regarding his lawsuit가 장소를 추측하는 핵심 표현이며, 남자는 클린턴 씨 소송 사건과 관련된 파일을 봤는지를 물어보고 있으므로 법률 사무소임을 알 수 있다. 따라서 (D)가 정답이다.

🔍 **함정 분석** : 여자의 대화에서 언급된 his new work address와 남자의 대화 I heard something about him being transferred to a new branch office.를 듣고 (A)로 혼동해서는 안 된다. 클린턴 씨의 소송 파일에서 그의 직장 주소를 변경해야 한다는 내용이므로 부동산 중개업소라는 (A)는 오답이다.

정답 (D)

STEP 3 패러프레이징

- get a catalog 카탈로그를 받다
  → bring a brochure 안내책자를 가져오다

- up-to-date information 최신 정보
  → updated information 최신 정보

- leave the office 퇴근하다
  → get off work 퇴근하다

- go to a Web site 웹사이트에 방문하다
  → visit a Web site 웹사이트에 방문하다

- contact a client 고객에게 연락하다
  → call a client 고객에게 전화하다

- show new staff around 신입직원을 안내하다
  → give new staff a tour 신입직원을 구경시켜주다

STEP 4 연습 문제
🎧 3-7-2.mp3

1. Where does the conversation most likely take place?

(A) At a government office

(B) At a bus terminal

(C) At an airport

(D) At a travel agency

2. Where most likely are they?

(A) In a university classroom

(B) In a home improvement store

(C) In an office

(D) In a public library

3. Where is the conversation most likely taking place?

(A) At a university

(B) At a sports event

(C) In a library

(D) In a book store

4. Where does the conversation take place?

(A) In a restaurant

(B) In a hotel

(C) In a conference hall

(D) In a taxi

▶ 정답 316쪽

8 주제

출제 빈도 매회 평균 1.91개

STEP 1 문제 유형 분석

대화의 주제를 묻는 문제는 세 문제 중 주로 첫 번째 문제로 출제된다. 주제 문제에 대한 단서는 대화 초반부에 다뤄지는 중심 소재이다. 따라서 화자의 첫 번째나 두 번째 대화에서 주제를 파악할 수 있는 핵심어를 찾는 것이 중요하다.

■ 주제를 묻는 질문

What are the speakers discussing? 화자들은 무엇에 관해 논의하고 있는가?

What are the speakers mainly discussing? 화자들은 주로 무엇에 관해 논의하고 있는가?

What are the speakers talking about? 화자들은 무엇에 대해 이야기하고 있는가?

What are the speakers mainly talking about? 화자들은 주로 무엇에 관해 이야기하고 있는가?

What is the conversation mainly about? 대화는 주로 무엇에 관한 내용인가?

What is the main topic of the conversation? 대화의 주요 주제는 무엇인가?

STEP 2 이렇게 풀어라!

🎧 3-8-1.mp3

What are the speakers mainly discussing?

(A) A new traffic sign

(B) A package delivery

(C) A business luncheon

(D) A shipping contract

화자들은 주로 무엇에 대해 논의하고 있는가?

(A) 새로운 교통 표지판

(B) 소포 배달

(C) 비즈니스 오찬

(D) 배송 계약

M: Hi there. Is this James Keller's office? I have three packages for him.

W: Well, he went out to lunch and will be back in half an hour or so.

M: Oh, actually, I need someone to sign for this delivery. Could you sign here, please?

W: Sure, no problem. You can leave the packages here, and I'll give them to Mr. Keller when he returns to the office after lunch.

남: 안녕하세요. 여기가 제임스 켈러 씨의 사무실인가요? 그분 앞으로 소포가 세 개 와 있어요.

여: 켈러 씨는 점심식사를 하러 나갔는데요, 아마 30분 후에 돌아올 겁니다.

남: 사실 제가 누군가 소포를 수령했다는 서명이 필요합니다. 여기에 서명을 해주실 수 있나요?

여: 네, 물론이에요. 여기에 소포들을 두고 가세요, 그러면 그가 식사 후에 사무실로 돌아왔을 때 제가 이 소포들을 그에게 전달하겠습니다.

표현 정리 package 포장물, 소포 sign 서명하다

📖 문제 유형 파악 #대화 초반 집중

대화가 시작되기 전 질문을 먼저 읽는다. 화자들이 무엇을 논의하는지를 묻고 있으므로 대화의 주제를 묻는 문제이다. 주제에 대한 단서는 대화 초반부에 제시되므로 첫 번째 또는 두 번째 대화에서 중심 소재를 파악해야 한다.

🔍 단서 찾기

대화 초반부에 남자가 Hi there. Is this James Keller's office? I have three packages for him.이라고 하며 제임스 켈러 씨 앞으로 세 개의 소포가 와 있음을 알리고 있다.

💡 정답 선택

남자의 대화 중 핵심어 three packages for him을 통해 소포 배송이 중심 소재임을 파악할 수 있다. 따라서 유사한 내용인 (B) A package delivery가 정답이다.

> 🔍 **함정 분석** : 여자의 대화 he went out to lunch를 듣고 (C)로 혼동하지 않도록 한다. 제임스 켈러 씨가 점심 식사를 하느라 자리를 비웠다는 언급은 있지만 이 대화의 주제라고 볼 수 없으므로 오답이다.

정답 (B)

STEP 3 패러프레이징

- sign up for a conference 회의에 등록하다
  → register for a conference 회의에 등록하다
- go into bankruptcy 파산하다
  → go out of business 파산하다
- book 예약하다 → make a reservation 예약하다

- in person 직접 → face to face 서로 얼굴을 맞대고
- coupon 쿠폰 → voucher 할인권
- online 인터넷상으로 → through the Internet 인터넷을 통해
- break down 고장 나다 → malfunction 오작동하다

STEP 4 연습 문제　　🎧 3-8-2.mp3

1. What is the conversation mainly about?

　(A) The opening of a new branch office

　(B) Imported products

　(C) The reorganization of a company

　(D) An upcoming meeting

2. What are the speakers mainly discussing?

　(A) A meeting schedule

　(B) A job interview

　(C) A keynote speech

　(D) A training program

3. What is the conversation mainly about?

　(A) An audit and inspection

　(B) Ticket prices

　(C) A business trip

　(D) Hotels in Berlin

4. What are the speakers talking about?

　(A) A leasing contract

　(B) A parking permit

　(C) A construction project

　(D) A housing advertisement

▶ 정답 318쪽

9 | 목적

STEP 1 문제 유형 분석

전화를 건 목적이나 이유를 묻는 문제는 대화의 주제를 묻는 문제와 크게 다르지 않다. 전화를 건 목적은 대화 초반부에 전화를 건 화자의 이야기에서 제시되므로 초반부에 집중해야 한다. 다만, 이후 대화에서 관련된 세부적인 내용이나 해당 상황에 대한 해결책을 다루기 때문에 대화 초반부에서 단서를 찾지 못한 경우에는 대화 전체를 듣고 파악해야 한다.

■ 목적을 묻는 질문

What is the purpose of the call? 전화의 목적은 무엇인가?

What is the purpose of the man's call? 남자의 전화 목적은 무엇인가?

What is the purpose of the conversation? 대화의 목적은 무엇인가?

Why is the woman calling? 여자가 전화를 건 이유는 무엇인가?

Why is the man calling the woman? 남자가 여자에게 전화를 건 이유는 무엇인가?

STEP 2 이렇게 풀어라!

🎧 3-9-1.mp3

Why is the woman calling?

(A) To invite some clients to a play

(B) To make a reservation

(C) To postpone a meeting

(D) To change a date

여자가 전화를 건 이유는 무엇인가?

(A) 몇몇 고객을 연극에 초대하기 위해

(B) 예약을 하기 위해

(C) 회의를 연기하기 위해

(D) 날짜를 변경하기 위해

W: Hi. I'd like to know if you have any available seats for the 6 P.M. performance of the play *Romeo and Juliet* tomorrow night.

M: How many seats would you like to reserve?

W: Five seats, please.

M: I'm afraid that we only have four seats left. We have seats for the later show at 9 P.M. I can book some for you if you like. Or you can call back and see if anyone has cancelled.

여: 안녕하세요. 내일 저녁 6시에 연극 〈로미오와 줄리엣〉 공연 좌석이 남아 있는지 알고 싶어서요.

남: 좌석을 얼마나 예약하실 건가요?

여: 다섯 명이요.

남: 죄송합니다만, 지금 남아 있는 좌석은 4개뿐입니다. 그 공연 이후에 예정된 오후 9시 공연에는 좌석이 남아 있습니다. 원하신다면 9시 공연으로 예약해드릴 수 있습니다. 아니면 나중에 다시 전화 주셔서 취소된 좌석이 있는지의 여부를 확인하실 수도 있습니다.

표현 정리 available 구할 수 있는 performance 공연 play 연극 reserve 예약하다 book 예약하다

대화가 시작되기 전 질문을 먼저 읽고 문제를 파악한다. 여자가 전화를 건 이유에 대해 묻는 질문이므로 전화상의 대화가 제시될 것임을 알 수 있고 대화 초반부 여자의 대화에서 전화를 건 목적이 언급될 것임을 알 수 있다.

🔍 단서 찾기

대화 시작과 함께 여자가 Hi. I'd like to know if you have any available seats for the 6 P.M. performance of the play *Romeo and Juliet* tomorrow night.이라고 하며 내일 오후 6시에 있을 공연 좌석에 대해 문의하고 있다. 전반적으로 공연 표 구매와 관련된 대화임을 알 수 있다.

💡 정답 선택

여자의 말 if you have any available seats에서 공연 표를 예매하기 위해 전화했음을 알 수 있으므로 (B)를 정답으로 선택해야 한다.

🔍 함정 분석 : 남자의 마지막 대화 We have seats for the later show at 9 P.M.을 듣고 (D)로 혼동하지 않도록 한다. 더 늦은 시간에 하는 공연은 좌석이 남아 있다고 알려준 것이므로 여자가 전화를 건 목적이라고 볼 수 없다.

정답 (B)

STEP 3 패러프레이징

- make a complaint 불만을 토로하다
  → file a complaint 불만을 제기하다
- check an order 주문을 확인하다
  → confirm an order 주문을 확인하다
- open a new account 계좌를 개설하다
  → make a new account 새로운 계좌를 만들다

- get back 돌아오다 → return 돌아오다
- sufficient 충분한 → enough 충분한
- review 검토하다 → go over 검토하다
- agreement 계약 → contract 계약

STEP 4 연습 문제

🎧 3-9-2.mp3

1. Why is the woman calling?

(A) To speak to a supervisor

(B) To get relocation assistance

(C) To schedule a meeting with Personnel

(D) To find out the cost of living

2. Why is the man calling?

(A) To get a shipping address

(B) To file a complaint

(C) To place an order for a new item

(D) To find a route to the store

3. Why is the man calling?

(A) His phone bill is too high.

(B) The man wants to cancel an order.

(C) His cell phone is not operating properly.

(D) The man needs directions to a downtown store.

4. What is the purpose of the woman's call?

(A) To place an order

(B) To ask for repairs

(C) To buy a new refrigerator

(D) To confirm a delivery

▶ 정답 319쪽

PART 3

10 | 화자의 정체

출제 빈도 매회 평균 1.64개

STEP 1 문제 유형 분석

화자의 정체에 대한 단서는 대화 초반부에 제시된다. 직업이나 소속이 직접 언급되기도 하지만, 직업과 관련된 단서를 통해 유추해야 하는 문제가 주로 출제된다. 따라서 초반부에 화자의 정체와 관련된 어휘나 표현을 놓치지 않아야 한다. 또한 질문에서 직업을 의미하는 말로 job이 아닌 occupation이나 profession이 제시된다는 점에 유의한다.

■ 화자의 정체를 묻는 질문

Who is the woman? 여자는 누구인가?

Who most likely is the man? 남자는 누구일 것 같은가?

Who are the speakers? 화자들은 누구인가?

What is the man's occupation? 남자의 직업은 무엇인가?

What most likely is the woman's profession? 여자의 직업은 무엇인 것 같은가?

STEP 2 이렇게 풀어라!

🎧 3-10-1.mp3

Who most likely is the man? | 남자는 누구일 것 같은가?

(A) A bank teller | (A) 은행 창구 직원

(B) A deliveryman | (B) 배달부

(C) A salesclerk | (C) 판매 직원

(D) A painter | (D) 화가

w: Excuse me. Do you carry small bookshelves? I'd prefer wall-mounted units but hope they are not that expensive. I don't want to spend more than about 100 dollars.

M: Yes, ma'am. We have some bookshelves at that price and below. Why don't you check out our new catalog? We have a big range of classic and modern bookcases in lots of sizes and colors, so you'll be sure to find what you need.

w: Well, this brown bookshelf has a natural feel and doesn't occupy a large space. May I see it?

M: Yes, ma'am. Let's go into the display room. Please follow me.

여: 실례합니다만, 소형 책장을 판매하시나요? 벽에 고정시킬 수 있는 형태를 원하는데, 너무 비싸지 않았으면 좋겠고요. 100달러가 넘지 않았으면 해요.
남: 네, 고객님. 저희는 그 정도 가격이나 그 이하 가격의 책장들을 가지고 있습니다. 저희의 새로운 제품 소개책자를 보시는 건 어떠세요? 저희는 다양한 크기와 색상의 고전 및 현대적인 디자인을 지닌 책장들을 많이 보유하고 있어서 원하시는 것을 찾으실 수 있을 겁니다.
여: 이 갈색 책장은 자연의 느낌을 주고 공간도 많이 차지하지 않네요. 제가 한번 봐도 될까요?
남: 물론입니다. 고객님. 전시실로 가시죠. 저를 따라 오세요.

표현 정리 **wall-mounted** 벽에 고정된 **a range of** 다양한 **occupy** 차지하다

남자가 누구인지를 묻는 질문이므로 대화 초반부에 제시되는 남자 정체에 대한 단서를 찾는다. 특히 질문에 부사 most likely, probably가 있으면 단서를 통해 직업을 유추해야 하는 질문이다.

🔍 단서 찾기

대화 초반부에 여자가 Do you carry small bookshelves?라고 묻고, 남자가 We have some bookshelves at that price and below. Why don't you check our new catalog?라고 대답한다.

💡 정답 선택

여자의 대화 carry small bookshelves와 남자의 대화 We have some bookshelves를 통해 남자가 책장을 판매하는 판매원임을 파악할 수 있으므로 (C)가 정답이다.

⋮ 🔍 **함정 분석** : 남자가 언급한 in lots of sizes and colors나 여자의 대화 중 this brown bookshelf has a natural feel을 듣고 (D)로 혼동하지 않도록 한다. 책장의 크기와 색상을 말한 것이므로 남자가 화가라는 (D)는 오답이다.

정답 (C)

`STEP 3` 패러프레이징

- supervise 감독하다 → oversee 감독하다
- construction 공사 → project 프로젝트
- headquarters 본사 → head office 본사
- be sold out 매진되다 → be not available 구할 수 없다
- postpone ~을 연기하다 → put off ~을 미루다

- feedback 피드백 → comment 의견
- be out of town 도시를 떠나 있다
  → go on a business trip 출장 가다
- do some paperwork 서류 작업을 하다
  → work on some documents 서류 작업을 하다

`STEP 4` 연습 문제 🎧 3-10-2.mp3

1. Who is the man?

(A) A reporter

(B) A fashion designer

(C) An author

(D) A salesperson

2. Who most likely is the man?

(A) A repair person

(B) A real estate agent

(C) An engineer

(D) A sales representative

3. Who most likely is the man?

(A) A tour guide

(B) A security guard

(C) A visitor

(D) A scholar

4. Who most likely are the speakers?

(A) Journalists

(B) Music critics

(C) Radio DJs

(D) Musicians

▶ 정답 321쪽

750
완벽대비

시험에 나오는 대화의 상황은 다양하지만 흐름은 비슷하게 출제됩니다. 문제를 풀 때에는 문장을 듣고 단서를 찾아야 하지만, 대화의 전체 줄거리에 익숙해지면 문제 풀이가 훨씬 쉬워집니다. 스크립트를 읽고 대화의 전체 흐름을 이해하면 실전에서 단서가 대화의 어느 부분에 나오는지 빠르게 예상할 수 있습니다.

파트
3

지문 유형 편

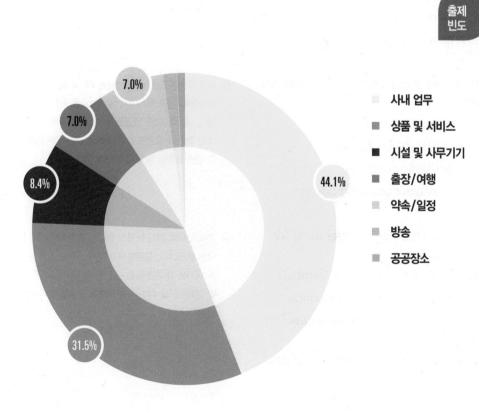

출제
빈도

- 사내 업무
- 상품 및 서비스
- 시설 및 사무기기
- 출장/여행
- 약속/일정
- 방송
- 공공장소

44.1%

31.5%

8.4%

7.0%

7.0%

PART 3

1 | 사내 업무

출제 빈도 매회 평균 4.91개

STEP 1 지문 유형 분석

파트 3는 사내 업무와 관련된 대화가 가장 많이 출제된다. 회의 자료 검토 여부 확인, 보고서 작성 여부 확인, 마케팅 및 제품 홍보에 대한 회의, 업무 마감시한 연장 요청, 프레젠테이션이나 프로젝트 준비 및 일정 확인, 회의 지연이나 취소, 세미나 또는 회사 행사 참석 여부 확인, 업무상의 문제점을 이야기하고 이에 대한 해결책이나 아이디어 제시와 관련된 대화 등이 출제된다.

STEP 2 이렇게 풀어라!   🎧 3-11-1.mp3

(1~3)

1. What are the speakers mainly discussing?

(A) Work schedules

(B An employee meeting

(C) New designs

(D) A delayed launch

2. What type of company do the speakers work for?

(A) A advertising firm

(B) A construction company

(C) A cosmetic company

(D) A business consulting agency

3. What does the woman offer to do for Mr. Lopez?

(A) Introduce him to board members

(B) Walk him to a meeting location

(C) Collaborate with him on a new project

(D) Show him new cosmetic products

📖 **문제 유형 파악** #질문의 키워드 찾기

❶ 질문의 키워드는 What, discussing이며, 화자들이 이야기하는 주제를 묻는 문제이다. 주제에 대한 단서는 대화 초반부에 제시되며, 특히 첫 번째 대화자의 말에서 언급된다. 따라서 선택지를 먼저 파악하고 초반부 대화에서 단서를 찾아야 한다.

❷ 질문의 키워드는 What type of company, work이며, 화자들이 어떤 회사에서 일하는지를 묻는 문제이다. 화자들의 직장이 직접 언급될 수 있지만, 주로 근무하는 곳에 대한 어휘나 표현으로 추측해야 하는 문제들이 출제되므로 관련 표현을 놓치지 않아야 한다.

❸ 로페즈 씨를 위해 여자가 하려는 것이 무엇인지 묻는 세부 사항 문제이다. 질문에서 여자가 하려는 것을 묻고 있으므로 여자의 대화에서 단서를 찾아야 하며, 세 문제 중 마지막 문제이므로 대화의 후반부에 단서를 파악하는 것이 바람직하다.

---

w: Hi, Mr. Lopez, ❶Would you like to go to our team meeting this morning? ❷We will be discussing our cosmetics commercials. As this is your first week, I think it would be a good opportunity for you to learn about our products and meet the other employees.

m: I'd love to attend. ❸I already met some cosmetic packaging designers and it'd be great to meet more people here. Which room will the meeting be held in?

w: It will be in Conference Room F which is on the eighth floor of our building. ❹Actually, I have some free time just now, so I could show you exactly where it is. Follow me.

여: 안녕하세요, 로페즈 씨, 오늘 오전에 있을 저희 팀 회의에 가지 않을래요? 저희는 화장품 광고에 대해 논의할 겁니다. 이번 주가 당신의 근무 첫 주이니만큼, 우리 제품에 대해서 배우고 다른 직원들을 만날 수 있는 좋은 기회라고 생각합니다.

남: 저도 참석하고 싶습니다. 저는 이미 화장품 포장 디자이너 분들도 여럿 만났는데요, 더 많은 직원들을 만나는 것이 좋을 것 같아요. 회의가 어느 방에서 열리나요?

여: 우리 건물 8층에 위치한 F 회의실에서 열릴 겁니다. 사실, 제가 시간이 조금 있어서 정확히 어디에 있는지 알려드릴 테니 저를 따라오세요.

표현 정리 cosmetics 화장품 commercial 상업 광고; 상업적인 cosmetic packaging 화장품 포장 opportunity 기회 be held 열리다, 개최되다

---

1. 화자들은 주로 무엇에 대해 이야기하는가?

(A) 근무 일정

(B) 직원 회의

(C) 새로운 디자인

(D) 연기된 제품 출시

2. 화자들은 어떤 종류의 회사에서 근무하는가?

(A) 광고 회사

(B) 건설 회사

(C) 화장품 회사

(D) 비즈니스 컨설팅 회사

3. 여자는 로페즈 씨를 위해 무엇을 해주고자 하는가?

(A) 이사진에게 그를 소개한다

(B) 회의실까지 그를 데려다준다

(C) 그와 새로운 프로젝트에 관해 협업한다

(D) 그에게 새로운 화장품을 보여준다

❶ 대화 시작과 함께 여자가 Would you like to go to our team meeting this morning?이라며 오늘 오전에 있을 팀 회의에 참석할 것을 요청하고 있다. 이후 대화에서도 회의가 열리는 회의 장소에 대해 이야기하므로 회의 주제는 직원 회의이며 정답은 (B)이다.

정답 (B)

❷ 대화 초반부에 여자가 We will be discussing our cosmetics commercials.라며 화장품 광고에 대해 논의할 것이라고 이야기하고, 이어서 남자가 I already met some cosmetic packaging designers and it'd be great to meet more people here.라며 화장품 포장 디자이너를 만났다고 말하였다. 이를 통해 화자들은 화장품 회사에서 근무하고 있음을 알 수 있으므로 정답은 (C)이다.

🔍 **함정 분석** 대화 초반부에 We will be discussing our cosmetics commercials.를 듣고 (A)로 혼동하지 않도록 한다. 여자는 화장품 광고에 대한 회의가 있다고 하였고, 남자는 화장품 포장 디자이너를 만났다고 하므로 광고 회사라고 볼 수 없다. 따라서 (A)는 오답이다.

정답 (C)

❸ 대화 말미에 여자가 Actually, I have some free time just now, so I could show you exactly where it is. Follow me.라며 시간 여유가 있으므로 로페즈 씨를 팀 회의가 열리는 회의실까지 데려다 줄 것임을 밝히고 있다. 그러므로 정답은 (B)이다.

정답 (B)

- 직책

  president 사장, 회장

  secretary 비서

  receptionist 접수계원

  staff 전체 직원

  employee 직원

  employer 고용주

  coworker, colleague 직장 동료

  full time employee 정규 직원

  temporary employee(worker) 임시 직원

  new employee(hire, recruit, comer) 신입사원

  customer representative 고객관리 담당자

  sales representative 영업 직원

  branch manager 지점장

  client 고객

  contractor 계약자

- 부서

  Human Resources Dept, Personnel Dept 인사부

  Accounting Dept 회계부

  Marketing Dept 마케팅부

  Maintenance Dept 관리부

  Production Dept 생산부

  Sales Dept 판매부, 영업부

  Customer Service Dept 고객관리부

- 경영, 공장, 건설

  headquarters 본사

  branch 지점

  merge with ~와 합병하다, ~와 통합하다

  factory, plant 공장

  factory equipment 공장 설비

  manufacturer 제조업자

  turnover 생산량

  inventory 재고

  market share 시장 점유율

  market research 시장 조사

  shipping 배송, 발송

  due date, deadline 마감시한

- 회의, 발표

  conference 회의

  staff meeting 직원 회의

  attend a conference 회의에 참석하다

  attendee 참가자

  hold a conference 회의를 개최하다

  organize a conference 회의를 준비하다

  by majority 다수에 의해, 다수결의

  decision making 의사 결정

  approve 승인하다

  presentation 발표

  alternative 대안

  reference material 참고 자료

  meet sales goals 판매 목표를 달성하다

  be in a conference 회의 중이다

  marketing strategy 마케팅 전략

- 보고서, 서류

  monthly report 월간 보고서

  annual report 연간 보고서

  sales report 영업 보고서, 판매 보고서

  market analysis report 시장 분석 보고서

  inventory report 재고 현황 보고서

  submit, turn in 제출하다

  review 검토하다

  confidential 기밀의

- 출장

  take a business trip, go on a business trip, be out of town 출장가다

  be on a business trip 출장 중이다

  arrange a hotel 호텔 예약하다

  flight 비행기, 비행편

  make a reservation for ~을 예약하다

  book a ticket for ~의 표를 예약하다

  reconfirm one's reservation ~의 예약을 재확인하다

  reimburse 환급하다

  pack a bag 짐을 싸다

  receipt 영수증

(1~3)

1. What are the speakers mainly discussing?

(A) Supplies for a future event

(B) Activities for an orientation

(C) Changes to a training schedule

(D) The serious state of the economic slump

2. What does the man ask the woman to do?

(A) Give time of departure

(B) Make a delivery

(C) Cancel an order

(D) Organize a fund-raising event

3. What will the woman photocopy?

(A) A itinerary

(B) A personnel directory

(C) An invoice

(D) A monthly report

(4~6)

4. Why did Ms. Anderson send a message to the man?

(A) Her passport is missing.

(B) Her conference in Ottawa ended late.

(C) Her presentation is not ready.

(D) Her flight has been canceled.

5. When is the meeting with the clients?

(A) Tonight

(B) Tomorrow morning

(C) The day after tomorrow

(D) Next week

6. According to the man, how will Ms. Anderson travel to New York?

(A) By plane

(B) By train

(C) By car

(D) By bus

▶ 정답 323쪽

2 | 상품 및 서비스

출제 빈도 매회 평균 4.09개

STEP 1 **지문 유형 분석**

상점이나 식당, 병원 등을 배경으로 하는 상품이나 서비스와 관련된 대화가 많이 출제된다. 주문 상품의 주문 확인 및 취소 요청, 배송 상황 문의, 배송 중 발생한 문제점에 관한 대화, 청구된 영수증의 오류 사항에 관한 대화, 상품이나 서비스에 대해 문의하면 직접 매장에 방문할 것을 요청하는 대화, 병원 예약이나 공연 예매를 확인하고 다른 시간으로 변경하는 내용의 대화가 출제된다.

STEP 2 **이렇게 풀어라!**

🎧 3-12-1.mp3

(1~3)

1. What are they talking about?

(A) A movie festival

(B) A company outing

(C) A new funny play

(D) A newspaper review

2. Why was the woman disappointed?

(A) Performances have been postponed.

(B) She had to work overtime.

(C) Show tickets were unavailable.

(D) Her colleagues were very busy.

3. What does the man suggest the woman do?

(A) See another play

(B) Contact some colleagues

(C) Read a newspaper

(D) Call the theater and ask about the ticket

📋 **문제 유형 파악** #질문의 키워드 찾기

❶ 질문의 키워드는 What, talking about이며, 화자들이 이야기하는 것이 무엇인지 묻는 주제 문제이다. 대화 초반부에서 다루고 있는 내용을 파악하는 것이 중요하다.

❷ 질문의 키워드는 Why, woman, disappointed이며, 여자가 낙담한 이유를 묻는 세부사항 문제이다. 키워드 disappointed가 언급되는 대화에서 단서를 찾아야하며, 여자의 대화에서 파악하는 것이 바람직하다.

❸ 질문의 키워드는 man, suggest이며, 남자가 여자에게 제안하는 내용을 묻는 문제이다. 남자가 제안한 내용을 묻고 있으므로 남자의 대화에서 단서를 찾아야 한다.

M: Hey, Jane. ❶Do you like comedies? I've heard there's a new black comedy at the Piccadilly 21 Theater. So, I'm going to see the new play with Steve on Friday night.

W: I tried several times to get a ticket before, but whenever I got there, the tickets were already sold out. ❷It was really disappointing, because I was so looking forward to seeing the play.

M: According to the newspaper, the play will be presented six times a day from this Friday. ❸So you should call the theater again and see about getting tickets. Ah, hey, why don't you join us?

W: Sure, that would be great. Let's go to the theater on Friday, then. We'll be sure to purchase show tickets online or over the phone in advance this time.

남: 제인, 코미디 좋아해요? 제가 새로운 세태 풍자 희극이 피카디리 21 극장에서 공연 중이라고 들었어요. 그래서 이번 주 금요일 밤에 스티브와 함께 연극을 보려고 해요.

여: 저도 전에 티켓을 구하려고 몇 번 시도했는데, 극장에 갈 때마다 티켓이 이미 매진되더라고요. 너무 보고 싶었던 연극이어서 낙담할 수밖에 없었어요.

남: 신문에서 보니 그 연극이 이번 금요일부터 하루에 6차례 공연한대요. 그러니 극장에 다시 연락해 티켓 구입에 대해 알아보세요. 그냥 저희랑 함께 가는 것이 어때요?

여: 좋아요. 그럼 금요일에 함께 가요. 이번에는 꼭 인터넷이나 전화로 사전 예매해서 가도록 해요.

표현 정리 **sold out** 다 팔린, 매진된 **disappointing** 실망스런, 좌절스러운 **in advance** 미리

---

1. 그들은 무엇에 대해 대화하는가?

(A) 영화제

(B) 회사 야유회

(C) 재미있는 새 연극

(D) 신문 평론

❶ 남자가 대화 시작과 함께 Do you like comedies? I've heard there's a new black comedy at the Piccadilly 21 Theater.라고 하므로 대화는 세태 풍자 희극에 대한 내용이 될 것임을 유추할 수 있다.

정답 (C)

2. 여자가 낙담한 이유는 무엇인가?

(A) 공연이 연기되었다.

(B) 그녀는 야근을 해야만 했다.

(C) 표를 구매할 수 없었다.

(D) 그녀의 직장 동료들이 매우 바빴다.

❷ 여자는 남자에게 It was really disappointing, because I was so looking forward to seeing the play.라며 연극을 보고 싶었지만 티켓이 매번 매진되어 볼 수 없었기 때문에 낙담했다고 밝히고 있다. 키워드 disappoint가 포함된 문장에서 단서를 찾아야 한다. 지문에 나온 sold out을 Show tickets were unavailable.로 바꾸어 표현하였다.

정답 (C)

3. 남자가 여자에게 제안한 것은 무엇인가?

(A) 다른 연극을 볼 것

(B) 몇몇 직장 동료들에게 연락할 것

(C) 신문을 읽어볼 것

(D) 극장에 전화해 티켓에 대해 물어볼 것

❸ 남자는 마지막 대화에서 So you should call the theater again and see about getting tickets.라고 하며, 극장에 전화해서 티켓 구입에 대해 알아보라고 제안하고 있다.

🔍 **함정 분석** : 남자의 대화 According to the newspaper, the play will be presented six times a day from this Friday.에서 newspaper만 듣고 (C)를 고르지 않도록 한다. 남자가 신문에서 본 내용을 언급하는 내용이며, 남자가 여자에게 제안한 것과는 관련이 없으므로 답이 될 수 없다.

정답 (D)

- **식당**

  meal 식사

  atmosphere 분위기

  menu 메뉴

  order 주문하다; 주문

  reserve a seat 좌석을 예약하다

  take an order ~을 주문받다

  refreshments 다과류

  caterer 출장연회업자

  vegetarian 채식주의자

  beverage 음료

- **쇼핑**

  go shopping 쇼핑을 가다

  shopping mall 쇼핑몰

  outdoor shop 밖에 있는 가게

  convenience store 편의점

  department store 백화점

  discount store 할인점

  brand-new 신형의, 갓 나온

  used 중고의

  bulk buying 대량구매

  cashier 계산원, 계산대

  cash register 금전출납기, 계산대

  coupon 쿠폰

  voucher 상품권, 쿠폰

  free of charge, complimentary 무료의, 공짜의

  defective 결함 있는

  refund 환불; 환불하다

  purchase 구입; 구입하다

  guarantee 보증서; 보증하다

  warranty 보증서

  warranty period 보증 기간

  under warranty 보증 받는

  out of stock 재고가 없는

  in stock 재고에 있는

  clearance sale 재고정리 세일

  customer 고객

  potential customer 잠재 고객

  seasonal store 계절 할인

  reasonable price 저렴한 가격

  be sold out 매진되다

  inventory 재고

  delivery 배달

  exchange 교환하다

  return 반품하다

  recall 회수하다

  take back 반환하다

  not for sale 비매품

  grand opening 신장 개업

- **공연, 콘서트**

  theater 극장

  ticket counter 매표소

  concession stand 매점

  ticket 표

  admission price, admission fee 입장료

  switch seats 자리를 바꾸다

  performance 공연

  selection of pieces 엄선된 작품들

  intermission (공연의) 막간, 휴식 시간

- **은행**

  open a bank account 계좌를 개설하다

  close a bank account 계좌를 폐쇄하다

  apply for a loan 대출을 신청하다

  make a deposit 입금하다

  withdraw 돈을 인출하다

  make a withdrawal from bank account
  계좌에서 돈을 인출하다

  transfer 계좌이체하다, 송금하다

  bank clerk, teller 창구 직원

  banker 은행원

  transaction 거래

  have withdrawals made automatically 자동이체시키다

  signature 서명

  sign 사인하다, 서명하다

  become due 만기가 되다

(1~3)

1. Why is the woman calling?

(A) To make a reservation

(B) To invite a friend to dinner

(C) To cancel a reservation

(D) To order takeout

2. What is the problem?

(A) No tables are available at the requested time.

(B) The business closes at 5 o'clock.

(C) The dinner price is not reasonable.

(D) The restaurant does not take reservations.

3. What does the man suggest?

(A) Checking for cancellations later

(B) Trying another location

(C) Utilizing their call ahead seating service

(D) Coming another day

(4~6)

4. Where most likely is the conversation taking place?

(A) At a supermarket

(B) At a furniture store

(C) At an electronics store

(D) At a clothes store

5. What does the man say is going on at the store?

(A) Maintenance work

(B) A grand opening sale

(C) A clearance sale

(D) A special promotion

6. What does the woman request?

(A) The newest laptop

(B) The cheapest laptop

(C) The lightest laptop

(D) The smallest laptop

▶ 정답 324쪽

시설 및 사무기기

출제 빈도 매회 평균 1.09개

STEP 1 지문 유형 분석

시설 및 사무기기와 관련된 대화로는 고장 및 수리 일정에 관한 대화가 가장 많이 출제되고, 그 밖에 시설 및 사무기기 교체로 인한 주의사항 전달, 사무기기 주문, 작동법이나 설치법에 대한 문의, 수리 기술자 파견 등에 관한 대화가 나온다.

STEP 2 이렇게 풀어라!

🎧 3-13-1.mp3

(1~3)

1. What does Jerry say happened yesterday?

(A) A service repair was made.

(B) A new technician was hired.

(C) Some ordered goods arrived.

(D) Some office furniture was rearranged.

2. What does the woman ask for?

(A) A late fee

(B) A service request number

(C) A tracking number

(D) The date of the dental appointment

3. What does the man ask the woman to do?

(A) Pay the repair charge

(B) Call an emergency meeting

(C) Replace an old projector

(D) Have the repairman come before lunch

📖 **문제 유형 파악** #질문의 키워드 찾기

❶ 질문의 키워드는 Jerry, happened, yesterday이며, 제리가 어제 무슨 일이 일어났다고 말했는지를 묻는 문제이다. 제리의 대화에서 단서를 찾아야 하며, 키워드 yesterday가 언급된 문장을 놓치지 않아야 한다.

❷ 질문의 키워드는 woman, ask이며, 여자가 무엇을 요청하는지 묻는 문제이다. 문제에서 여자가 요청하는 내용을 묻고 있으므로 여자의 대화에서 단서를 찾아야 한다.

❸ 질문의 키워드는 man, ask, woman이며, 남자가 여자에게 무엇을 요청하는지 묻는 문제이다. 남자가 요청하는 내용이므로 남자의 대화에서 단서를 찾아야 하며, 세 문제 중 마지막 문제이므로 대화 후반부에 집중해야 한다. 특히 동사를 주의하며 듣는다.

M: Hi, this is Jerry Sandman in the board room. ❶Yesterday, a service repairman fixed a projector here, but it's still making a loud noise while we're using it. Well, I haven't been totally satisfied with the repair service we received.

W: Hmm, that could be caused by several reasons. ❷Can you please tell me the service request number that the manufacturing company gave you? Then I'd be happy to call and ask them to come by later today to have a look at it again.

M: Thanks a lot. The number is 7767, but I think I'll be out of the board room for a couple of hours after lunch. ❸I'd really appreciate if the repairman gets here before that.

남: 안녕하세요? 저는 이사회실에서 근무하는 제리 샌드맨이라고 합니다. 어제 서비스 수리공이 이곳에 있는 영사기를 수리했는데요. 여전히 사용 중에 큰 잡음이 납니다. 우리가 어제 받은 수리 서비스는 만족할 만한 수준이라고 할 수가 없네요.
여: 그런 현상은 여러 가지 이유로 발생될 텐데요. 저에게 제조회사에서 준 서비스 요청 번호를 알려주시겠어요? 그러면 제가 그 회사에 연락해서 오늘 오후에 영사기를 다시 살펴보러 와달라고 요청할게요.
남: 고마워요. 번호는 7767이에요. 그런데 제가 점심식사 이후에 두어 시간 정도 이사회실을 비울 예정이거든요. 수리공이 그 이전에 와줄 수 있으면 좋겠어요.

표현 정리 board room 이사회실   projector 영사기   make a loud noise 큰 소음을 내다

1. 제리는 어제 무슨 일이 일어났다고 말하는가?
(A) 서비스 수리가 이뤄졌다.
(B) 새로운 기술자가 채용되었다.
(C) 주문품들이 도착했다.
(D) 사무 가구가 재배치되었다.

2. 여자는 무엇을 요청하고 있는가?
(A) 연체료
(B) 서비스 요청 번호
(C) 추적 번호
(D) 치과 예약 날짜

3. 남자는 여자에게 무엇을 해달라고 요청하는가?
(A) 수리비를 지불할 것
(B) 긴급 회의를 소집할 것
(C) 오래된 영사기를 교체할 것
(D) 점심식사 전에 수리공이 오도록 할 것

❶ 대화 초반부에 남자는 자신이 제리라고 밝힌 후, Yesterday, a service repairman fixed a projector here라며 어제 수리공이 영사기를 수리했다고 이야기하고 있다. 따라서 어제는 서비스 수리를 받았음을 알 수 있으므로 정답은 (A)이다.
정답 (A)

❷ 남자는 어제 수리공이 영사기를 수리했지만 여전히 소리가 난다고 말하였고, 이에 여자가 Can you please tell me the service request number that the manufacturing company gave you?라며 서비스 요청 번호를 묻고 있다. 따라서 정답은 (B)이다.
정답 (B)

❸ 여자가 오늘 다시 영사기를 봐달라는 요청을 하겠다고 말하자, 남자는 점심식사 이후에 이사회실을 비울 예정이라고 밝히고, I'd really appreciate if the repairman gets here before that.이라며 자신이 이사회실을 비우기 전에 수리공이 방문할 수 있도록 해달라고 요청하고 있으므로 (D)가 정답이다.

🔍 **함정 분석** : 남자의 대화 Yesterday, a service repairman fixed a projector here, but it's still making a loud noise while we're using it.을 듣고 (C)를 고르지 않도록 한다. 수리 후에도 소리가 나서 수리공이 다시 살펴볼 것이므로 영사기를 교체한다는 (C)는 오답이다.
정답 (D)

- **사무실**

  office space 사무 공간

  office complex 사무 단지

  office automation(OA) 사무 자동화

  annex, wing 별관, 부속 건물

  office hours 업무 시간

  business hours 영업 시간

  work overtime, put in extra hours 초과근무하다

  workstation 작업대, 근무 장소

  maintenance 보수, 관리

  blueprint 설계도면

  floor plan 평면도

  remodel 리모델링하다

  estimate 견적, 견적서

  renovation 수리, 개보수, 개조

  fully furnished 가구가 완비된

  fully equipped 시설이 완비된

- **사무기기**

  office supply 사무용품

  office equipment 사무기기

  technician 기술자

  repairman 수리공

  mechanic 기계공, 수리공

  electrician 전기공

  plumber 배관공

  security guard 경비원

  lightning 조명

  bulb 전구

  fluorescent light 형광등

  mail room 우편실

  copy room 복사실

  file cabinet 서류 보관함

  board room 중역회의실, 이사회실

  rug 양탄자

  flower arrangement 꽃장식, 꽃꽂이

  water cooler 냉각기, 정수기

  humidifier 가습기

  air-cleaner 공기청정기

  air conditioner 에어컨

---

cooling system 냉방 시설

heating system 난방 시설

copy machine, photocopier 복사기

copy paper 복사 용지

make a copy 복사하다

cubicle 회사에서 사용하는 칸막이

decoration 장식

renovation 수리, 보수 공사

stationery 문구류

storeroom 창고

cleaning supplies 청소용품

supply room 비품실

paper shredder 종이 분쇄기

binder 바인더

folder 서류 폴더

- **사무용품**

  elastic(rubber) band 고무줄

  highlighter 형광펜

  mechanical pencil 샤프

  pencil case 필통

  ruler 자

  stapler 스테이플러

  stationery 문구류

  thumb tack 압정

  correction tape 수정 테이프

  whiteout 수정액

  glue 풀, 접착제

  glue stick 딱풀

  marker 마커

  paper clip 페이퍼 클립

  eraser 지우개

  scissors 가위

  peripherals 컴퓨터 주변기기

  computer terminal 컴퓨터 단말기

  projector 프로젝터, 영사기

(1~3)

1. Who most likely is the man?

(A) An accountant

(B) An architect

(C) A bank clerk

(D) A technician

2. What is the woman's problem?

(A) She recently argued with one of her colleagues.

(B) Her computer broke down.

(C) She needs some reference material to finish her project.

(D) She lost some documents because of the technical support team.

3. What does the woman request that the man do?

(A) Install a new program

(B) Invite her to an international seminar

(C) Attend a meeting instead of her

(D) Repair her computer by tomorrow

(4~6)

4. What does the man want to know about?

(A) Transferring photos to a computer

(B) Editing some photo files

(C) Installing a new computer program

(D) Downloading anti-virus software

5. Why can't the woman help him until later?

(A) She has to show a client a property.

(B) She has to visit a print shop.

(C) She has to participate in a meeting.

(D) She has too many e-mails to send.

6. What will the man probably do next?

(A) Contact another colleague

(B) Look for help on-line

(C) Wait until tomorrow

(D) Visit a store for assistance

▶ 정답 326쪽

750
완벽대비

파트 4는 한 사람의 담화를 듣고 담화 내용을 확인하는 문제들이 출제되며, 파트 3과 유사한 문제들이 나옵니다. 문제를 푸는 방법도 파트 3과 동일하게 접근해야 합니다. 신토익에서 파트 3과 4에 새롭게 추가된 화자의 의도 파악 문제와 시각 정보 연계 문제는 평소 문제를 많이 풀어 익숙해질 필요가 있습니다. 수험생들이 어렵다고 생각하는 유형이지만, 꾸준히 연습하면 어렵지 않게 풀 수 있습니다.

파트 4

문제 유형 편

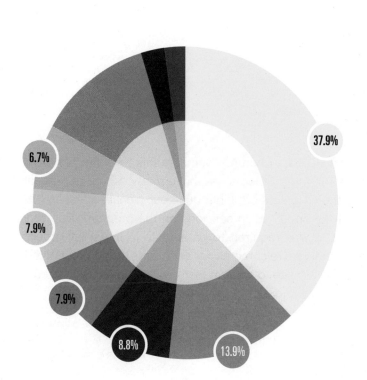

출제
빈도

- 세부사항
- 제안/요청 사항
- 화자의 의도 파악
- 시각 정보 파악
- 장소
- 주제
- 미래 행동
- 화자나 청자의 정체
- 목적
- 문제점

37.9%

13.9%

8.8%

7.9%

7.9%

6.7%

세부사항

출제 빈도 매회 평균 9.54개

문제 유형 분석

파트 4에서도 세부사항을 묻는 문제는 가장 많이 출제되는 문제 유형으로, 세 문제 중 1~2문제가 나온다. 지문에 나오는 구체적인 정보를 묻는 질문이므로 질문을 반드시 먼저 읽고 문제에 제시된 키워드(①인명, 장소, 회사명을 비롯한 명사 ②숫자, 시간, 기간 ③동사 ④If'절)를 염두에 두고 들어야 한다.

■ 세부사항을 묻는 질문

When is the work going to be completed? 일이 언제 끝나는가?

Where did Mr. Hughes work previously? 휴스 씨는 이전에 어디에서 일했는가?

Who is Isabella? 이사벨라는 누구인가?

What can be found on the Web site? 웹사이트에서 무엇을 찾을 수 있는가?

Why are employees requiring a change? 직원들은 왜 변화를 요구하는가?

How can the listeners have a new phone? 청자들은 어떻게 새 전화기를 받을 수 있는가?

이렇게 풀어라!

🎧 4-1-1.mp3

According to the speaker, what can listeners find on the conference Web site?

(A) Research reports

(B) An evaluation form

(C) Registration confirmation

(D) A program schedule

화자에 따르면, 청자들은 이 토론회 웹사이트에서 무엇을 찾을 수 있는가?

(A) 연구 보고서

(B) 평가 양식

(C) 등록 확인

(D) 프로그램 일정표

M: Welcome to the 5th annual Research Forum. I am sure this forum will help you find some solutions to environmental problems. We have many prominent researchers and experts from around the world. Before I introduce our plenary speaker, I have an important reminder about the small-group sessions on the program. Due to limited space, advanced registration was required to participate in the small groups. You should have found tickets in your welcome kit for each session you registered for. If not, you'll want to check the Web site to confirm that you are indeed registered.

남: 제5차 연례 연구 토론회에 오신 것을 환영합니다. 저는 이 토론회가 여러분이 환경 문제에 대한 해결책을 찾는 데 도움을 드릴 것이라고 확신합니다. 저희는 전 세계의 유명한 연구원과 전문가들을 모셨습니다. 기조 연설자를 소개하기에 앞서 프로그램의 소그룹 회의와 관련해 한 가지 중요한 유의사항을 알려드리겠습니다. 제한된 공간 사정으로 인해 소그룹 회의에 참석하기 위해서는 사전 등록이 요구되었습니다. 여러분은 받으신 초청 키트에서 본인이 등록한 각 회의의 티켓을 미리 찾아두셨어야 합니다. 그렇지 않으면, 웹사이트에서 본인이 실제로 등록이 되어 있는지 확인해봐야 할 것입니다.

표현 정리 **annual** 연례의, 해마다의 **prominent** 유명한, 뛰어난 **reminder** (잊지 않게 하기 위한) 주의, 상기시키는 것 **due to** ~때문에 **participate in** ~에 참가하다 **kit** (특정 목적의 도구, 장비) 세트, 용구 상자 **confirm** 확인하다, 확정하다 세부사항을 묻는 문제가 나오면 가장 먼저 질문에서 키워드를 파악해야 한다. 이 질문은 청자가 토론회 웹사이트에서 찾을 수 있는 것을 묻고 있으며, 키워드는 the conference Web site이다. 지문에서 키워드가 포함된 문장이 단서를 제시하므로 반드시 키워드를 염두에 두고 들어야 한다.

🔎 **단서 찾기**

화자는 토론회에 참석한 사람들에게 유의사항을 전하고, 지문 후반 If not, you'll want to check the Web site to confirm that you are indeed registered.라고 하며 회의 티켓이 없다면 웹사이트에서 등록을 확인해야 한다고 언급하고 있다.

💡 **정답 선택**

키워드 the Web site가 포함된 문장이므로 단서 문장이며, 웹사이트에서 실제로 등록했는지의 여부를 확인하라고 하였으므로 청자는 웹사이트에서 등록 확인을 할 수 있다. 따라서 (C)가 정답이다.

🔎 **함정 분석** : 키워드만 기억하고 지문을 들었다면 어렵지 않게 답을 찾을 수 있다. 지문 초반부 We have many prominent researchers and experts from around the world.를 듣고 research를 이용한 함정 (A)를 고르지 않도록 한다. 질문과 상관없는 내용이므로 (A)는 오답이다.

정답 (C)

STEP 3 패러프레이징

- purchase a photocopier 복사기를 구매하다
  → buy a copy machine 복사기를 사다
- use 7th Street instead 대신 7번가를 이용하다
  → use a different route 다른 길을 이용하다
- move the meeting to the next day 회의를 다른 날로 옮기다
  → postpone the meeting 회의를 연기하다

- annual 연례의 → every year 매년
- make a reservation 예약하다
  → reserve 예약하다
- have to work overtime 야근해야 한다
  → should work late 늦게까지 일해야 한다

STEP 4 연습 문제

🎧 4-1-2.mp3

1. What is being offered today only?
(A) A gift voucher
(B) A discount on certain items
(C) A free gift with any purchase
(D) Delivery service

2. According to the announcement, what will begin this afternoon?
(A) Renovations
(B) The replacement of some equipment
(C) An inspection
(D) Repairs

3. What will the listener hear by pressing 3?
(A) Instructions in Chinese
(B) Information about an account
(C) The bank's working hours
(D) The bank's location

4. According to the advertisement, why should customers visit the store?
(A) To get free products
(B) To get discounts
(C) To talk with the staff
(D) To get their furniture repaired

▶ 정답 327쪽

2 제안/요청 사항

출제 빈도 **매회 평균 4.18개**

STEP 1 문제 유형 분석

화자의 제안/요청/요구/추천/권고 사항을 묻는 질문은 세 문제 중 2, 3번 문제로 출제되며, 그 단서는 지문 종료 직전 두 문장에서 제시된다. 제안/요청의 질문을 미리 익히고 제안/요청을 말하는 주요 패턴을 알면 단서를 쉽게 찾을 수 있다.

■ 제안/요청 사항을 묻는 질문

What does the speaker suggest? 화자는 무엇을 제안하는가?

What does the speaker suggest the listeners do? 화자는 청자들에게 무엇을 제안하는가?

What does the speaker ask the listeners to do? 화자는 청자들에게 무엇을 요청하는가?

What are the listeners asked to do? 청자는 무엇을 요청받는가?

■ 제안/요청 사항을 말하는 주요 패턴

· **We ask you to V~.** ~할 것을 요청합니다.

· **I suggest that you V~.** ~할 것을 제안합니다.

· **You are required to V~.** 반드시 ~해야 합니다.

· **You are asked to V.** ~할 것을 요청받습니다.

STEP 2 이렇게 풀어라!

🎧 4-2-1.mp3

What does the speaker suggest the listener do?

(A) Check out a Web site

(B) Try on a new skirt

(C) Come in to the store

(D) Fill out a application form

화자는 청자에게 무엇을 제안하는가?

(A) 웹사이트 확인하기

(B) 새로운 치마 입어보기

(C) 상점 방문하기

(D) 신청서 작성하기

M: Hello, Ms. Isabella Choi. This is Charles Winston calling from Arman Women's Wear. I know that you are one of our regular customers. It is always a pleasure serving you. You will be pleased to know that starting today, we are having a special sale on all women's skirts. If you buy one, you will get a second one in a different color free. This is a fantastic deal considering that one skirt alone retails for more than eighty dollars. This is a limited sale taking place only on Sunday. I am sure you will be interested, so please drop by.

남: 안녕하세요, 이사벨라 최 씨. 저는 아르망 여성복의 찰스 윈스턴이라고 합니다. 귀하는 저희 매장의 단골 고객이십니다. 귀하를 손님으로 맞이하는 일은 언제나 즐거운 일이고요. 오늘부터 모든 여성용 치마에 대해 특별 할인 판매가 있다는 사실을 접하시면 기쁘실 것입니다. 하나를 구입하시면 다른 색상으로 하나를 무료로 드립니다. 치마 한 벌이 80달러 이상에 판매된다는 사실을 고려할 때 아주 환상적인 할인 행사입니다. 이번 행사는 일요일에만 진행되는 한정 행사입니다. 고객님께서 관심을 가지실 것이라 생각하며 저희 매장에 한번 방문하셔서 둘러보셨으면 합니다.

표현 정리 **regular customer** 단골 손님 **considering** ~을 고려하면 **drop by** 들르다

화자가 청자들에게 제안하는 내용을 묻는 질문으로, 지문 말미에 요청/제안에 쓰이는 주요 표현에 집중하되, 특히 동사를 놓치지 않는 것이 중요하다.

🔍 단서 찾기

여성용 치마의 특별 할인 판매에 대해 소개하고, 지문 말미에 화자는 청자에게 I am sure you will be interested, so please drop by.라고 하며 관심이 있으면 직접 매장으로 방문하라고 제안하고 있다.

💡 정답 선택

화자는 청자에게 매장에 방문하라고 제안하였으므로 please drop by를 Come in to the store로 바꾸어 제시한 (C)가 정답이다.

> 🔍 **함정 분석** : 지문 중반부 You will be pleased to know that starting today, we are having a special sale on all women's skirts.에서 skirts를 듣고 (B)로 혼동하지 않도록 한다. 치마에 대한 특별 할인 판매를 소개하는 내용이며, 청자에게 새로운 치마를 입으라고 제안하는 내용은 아니므로 (B)는 오답이다.

정답 (C)

STEP 3 패러프레이징

· find sponsorships 협찬을 찾다
  → get a research grant 연구 보조금을 받다

· look over the papers 서류를 살펴보다
  → review some printouts 인쇄물을 검토하다

· procedure 절차 → process 과정

· get a favorable review 호의적인 평가를 얻다
  → get a great review 좋은 평가를 받다

· go over the latest financial data 최근 재정 자료를 검토하다
  → review some information 정보를 검토하다

· a desk 책상 → furniture 가구

STEP 4 연습 문제　🎧 4-2-2.mp3

1. What does the speaker ask the listeners to do tomorrow?

(A) Attend a meeting

(B) Be available at work

(C) Conduct a thorough audit

(D) Arrive at work early

2. What are customers invited to do?

(A) Call a consultant

(B) Request a brochure

(C) Visit the head office

(D) Enjoy some special benefits

3. What does the caller require Mr. Parker to do?

(A) Call back immediately

(B) Change his order

(C) Indicate a preference

(D) Send payment in advance

4. What does the speaker suggest listeners do?

(A) Drive more carefully and cautiously

(B) Stay at home

(C) Purchase a new car

(D Avoid driving downtown

▶ 정답 328쪽

PART 4

3 화자의 의도 파악

출제 빈도 매회 평균 2.64개

STEP 1 문제 유형 분석

파트 4에서도 화자의 의도 파악 문제는 매회 평균 2~3문제가 출제된다. 특정 표현의 사전적/표면적 의미가 아니라, 화자가 해당 표현을 통해 의도하는 뜻이 무엇인지를 묻는 문제이다. ① 제시된 해당 표현의 의미를 우선적으로 이해한다. ② 각각의 선택지가 제시하는 상황이 무엇인지 파악한다. ③ 해당 표현의 앞뒤 담화를 듣고 화자의 의도를 파악한다.

■ 화자 의도를 묻는 질문

What does the speaker mean when he says, "It was finished in just 12 months"?

화자가 "It was finished in just 12 months"라고 말할 때 의미하는 바는 무엇인가?

What does the speaker imply when she says, "nobody was available to receive them"?

화자가 "nobody was available to receive them"이라고 말할 때 암시하는 바는 무엇인가?

STEP 2 이렇게 풀어라!

🎧 4-3-1.mp3

What does the man mean when he says, "So here's the thing"?

(A) He wants to change the meeting date.

(B) He wants to show another model.

(C) He wants to give some instructions.

(D) He wants the employees to fill out a form.

남자가 "So here's the thing"이라고 말하는 의미는 무엇인가?

(A) 그는 회의 날짜를 변경하길 원한다.

(B) 그는 다른 모델을 보여주길 원한다.

(C) 그는 지시사항을 전달하길 원한다.

(D) 그는 직원들이 서류를 작성하길 원한다.

M: Okay, now let's talk about the next item. I heard we experienced many customer complaints regarding our new mobile phone, the BK-1123. The head of Customer Service told me the majority of our customers have been dissatisfied with the batteries for the BK-1123, causing many angry complaints. Many reported that their batteries usually get overheated and stop working after they use their phones for several hours. So here's the thing. Mr. Preston, I think it would be good if you and your staff came up with some solutions for the problem regarding the batteries.

남: 좋아요. 그러면 다음 논의 사항에 대해 이야기합시다. 우리의 신상 휴대전화 BK-1123에 관한 고객들의 많은 불만사항을 접하고 있다고 들었어요. 고객 관리 부장이 제게 우리 고객 대부분이 BK-1123의 충전지에 대해 만족하지 못하고 있으며, 이것이 많은 격한 불만사항들을 초래하고 있다고 말했습니다. 많은 고객들이 휴대전화를 몇 시간 사용하면 대체로 충전지가 과열되면서 작동하지 않는다고 전합니다. 그러니 이렇게 합시다. 프레스턴 씨, 당신과 직원들이 이 충전지 문제에 대한 해결책을 찾아내는 것이 좋을 것 같습니다.

표현 정리 **majority** 다수 **overheat** 과열되다 **come up with** (아이디어 · 해결책 등을) 찾아내다, 제시하다

① 해당 표현의 의미를 정확하게 파악한다. here's the thing은 '내가 하려는 말은 이것이다'라는 뜻임을 기억해야 한다. ② 지문을 듣기 전 선택지를 읽는다. ③ 이를 토대로 해당 표현의 앞뒤 담화를 듣고 화자의 의도를 파악한다.

🔍 **단서 찾기**

화자는 많은 고객들이 휴대전화를 몇 시간 사용하면 충전지가 과열되면서 작동하지 않는다고 신고를 한다는 내용을 지적하고 있으며, 이어서 So here's the thing이라고 말한 후 프레스턴 씨에게 문제에 대한 해결책을 찾아내는 것이 좋을 것 같다는 지시를 전달하고 있다.

💡 **정답 선택**

따라서 남자가 So here's the thing이라고 말한 것은 문제에 대한 해결책을 찾으라는 지시사항을 전달하겠다는 의도에서 언급된 표현임을 가늠할 수 있으므로 (C)가 정답이다.

⋮ 🔎 **함정 분석** ⋮ the majority of our customers have been dissatisfied with the batteries for the BK-1123를 듣고 고객들이 신상품에 대한 불만이 많아 다른 모델을 보여주려는 것이라고 생각하여 (B)를 고르지 않도록 한다. 문제점을 해결할 수 있는 방안을 찾으라고 지시하였으며 다른 모델에 대한 언급은 없으므로 (B)는 오답이다.

정답 (C)

STEP 3 연습 문제   🎧 4-3-2.mp3

1. What does the speaker imply when she says, "the grand opening is in two weeks"?

(A) She wants the listener to reserve a table.

(B) The new restaurant should be redesigned.

(C) A hiring decision should be made quickly.

(D) A construction project must be completed within two weeks.

3. What does the speaker mean when she says, "You won't see our prices this low"?

(A) She wants to extend the sale period.

(B) She doesn't want to have a sale.

(C) She haven't seen their prices this low.

(D) She emphasizes that they are cheap.

2. Why does the speaker say, "They are not what the client is expecting"?

(A) To indicate surprise at a decrease in sales

(B) To express disapproval of a design

(C) To break a contract with a client

(D) To ask employees to keep up with the latest trends

4. Why does the speaker say, "you have 30 minutes"?

(A) To remind listeners to complete shopping

(B) To let listeners know the time

(C) To propose taking a break

(D) To encourage listeners to take their time for shopping

▶ 정답 330쪽

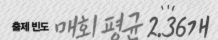
4 ｜ 시각 정보 파악

출제 빈도 **매회 평균 2.36개**

STEP 1 문제 유형 분석

파트 4에도 파트 3처럼 지문의 내용과 시각 정보를 연계해 푸는 유형이 새롭게 추가되었다. 매회 평균 2~3개가 출제되는 이 유형은 지문을 듣기 전에 문제와 시각 정보를 먼저 읽고 단서를 예상해두는 것이 중요하다.

■ **시각 정보 출제 유형**
- 표 – 일정표, 시간표, 가격표, 순위표, 건물 안내표 등
- 지도 – 실내 지도, 노선도, 길거리 지도
- 그래프/차트 – 매출 실적, 회원 수, 기온/온도/강수량 변화, 작업 단계/공정 단계 등
- 약도 – 회사/공장/상점/행사장으로 가는 약도
- 문서 – 영수증, 주문 송장, 쿠폰, 할인 혜택 목록, 구인 자격 목록 등

STEP 2 이렇게 풀어라!

🎧 4-4-1.mp3

| Suggest a New Design | → | Confirm a New Design | → | Create a New Design Model |

→ | Evaluate a New Model | → | Make Design Modifications |

Look at the graphic. According to the speaker, which process has been added recently?

(A) Suggest a new design
(B) Confirm a new design
(C) Create a new design model
(D) Make design modifications

도표를 보시오. 화자에 따르면 어떠한 과정이 최근에 추가되었는가?

(A) 새로운 디자인 제안
(B) 새로운 디자인 승인
(C) 새로운 디자인 모델 제작
(D) 디자인 수정

M: Hello, everyone. There is some great news I want to share with you before starting the meeting. Thanks to the design team's outstanding product designs, our new line of home appliances outsold all of our competitors' brands combined last quarter. I really appreciate your dedication and hard work! Now, we're here to discuss our newly revised product design process. As you can see from this flowchart, we have recently added a step between "Suggest a New Design" and "Create a New Design Model", which means you must get approval from the board of directors before creating your new design model. This new process will help the Product Design Department work more productively and efficiently.

남: 안녕하세요, 여러분. 회의를 시작하기에 앞서 여러분과 공유하고 싶은 기쁜 소식이 있습니다. 디자인팀의 뛰어난 제품 디자인 덕분에 우리가 새로 출시한 가전제품의 지난 분기 매출이 경쟁 업체들의 모든 브랜드의 총 매출을 능가했습니다. 여러분의 헌신과 노고에 진심으로 감사드립니다! 이제, 우리는 최근 새롭게 개정된 제품 디자인 과정에 대해 논의하고자 모였습니다. 이 공정표에서 볼 수 있듯이, 우리는 최근에 "새로운 디자인 제안" 단계와 "새로운 디자인 모델 제작" 단계 사이에 새로운 단계를 추가했는데, 이는 여러분이 새로운 디자인 모델을 제작하기에 앞서 이사진으로부터 필히 승인을 받아야 하는 단계가 되겠습니다. 이 새로운 과정이 우리 제품 디자인부가 좀 더 생산적이고 효율적으로 일할 수 있도록 도움을 줄 것입니다.

표현 정리 **outsell** ~보다 더 많이 팔다 **competitor** 경쟁자 **combine** 결합하다 **revise** 변경하다 **approval** 승인 **productively** 생산적으로

📖 문제 유형 파악 #문제 먼저 읽기 #시각 정보 먼저 파악하기

① 문제를 먼저 읽고 핵심어를 파악한다. 최근에 추가된 과정을 묻고 있고, 특히 시점 표현 recently를 기억해야 한다. 지문에서 최근 소식을 설명하는 부분에서 단서를 찾을 수 있다. ② 이어서 선택지와 도표의 내용을 살펴보면, 선택지에는 전체 과정을 구성하는 각 단계가 제시되고, 도표는 전체 과정을 보여주고 있다. 과정을 소개하는 도표이므로 지문에서는 최근 추가된 단계가 몇 번째 단계인지 순서를 밝힐 것임을 예상할 수 있다.

🔎 단서 찾기

지문 중반부 we have recently added a step between "Suggest a New Design" and "Create a New Design Model"에서 최근에 "새로운 디자인 제안" 단계와 "새로운 디자인 모델 제작" 단계 사이에 새로운 과정을 추가했다는 내용이 언급되고 있다.

💡 정답 선택 ▶

이를 통해 새로 추가된 과정은 Suggest a New Design과 Create a New Design Model이라는 두 단계 사이에 위치하고 있음을 알 수 있다. 도표에서 두 단계의 사이에 위치한 단계를 확인하면 (B)가 정답이다.

⋮ 🔎 **함정 분석** ⋮ 5단계 과정을 소개하는 공정표를 통해 지문에서는 추가된 단계를 직접적으로 말하기보다는 몇 번째 단계인지 순서를 밝히거나 또는 어떤 단계 사이에 위치하는지를 말해줄 것임을 예상할 수 있다. 지문을 듣기 전에 질문과 시각 정보를 미리 읽고 무엇을 집중해서 들어야 하는지 파악하는 것이 중요하다.

정답 (B)

STEP 3 연습 문제 🎧 4-4-2.mp3

1.

Keynote Speeches	
Presenter	**Time**
Dr. Andrew Kim	1:00 P.M. - 1:20 P.M.
Dr. Isabella Choi	2:00 P.M. - 2:20 P.M.
Break	3:00 P.M. - 3:30 P.M.
Dr. David Kiesling	4:00 P.M - 4:20 P.M.

Look at the graphic. When will Dr. Kiesling be making his presentation?

(A) 1:00 P.M.

(B) 2:00 P.M.

(C) 3:00 P.M.

(D) 4:00 P.M.

2.

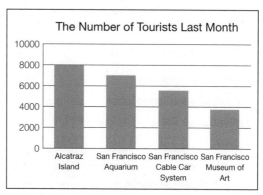

Look at the graphic. For which place does the speaker suggest discounted admission?

(A) Alcatraz Island

(B) San Francisco Aquarium

(C) San Francisco Cable Car System

(D) San Francisco Museum of Art

▶ 정답 332쪽

5 장소

출제 빈도 매회 평균 2.36개

STEP 1 문제 유형 분석

장소에 대한 단서는 지문 초반부에 제시된다. 장소가 직접적으로 언급되는 경우도 있으나, 대부분은 대화 장소와 관련된 어휘나 표현을 통해 장소를 추측해야 한다.

■ 장소를 묻는 질문

Where is the speaker? 화자는 어디에 있는가?

Where most likely are the listeners? 청자들은 어디에 있는 것 같은가?

Where is the talk taking place? 담화는 어디에서 이뤄지고 있는가?

Where is the talk probably being made? 담화는 어디에서 이뤄지고 있는 것 같은가?

Where does this announcement take place? 이 발표는 어디에서 이뤄지는가?

Where is this announcement being made? 이 안내방송은 어디에서 이뤄지고 있는가?

Where would the speech most likely be heard? 이 연설은 어디에서 들을 수 있는가?

STEP 2 이렇게 풀어라!

🎧 4-5-1.mp3

Where is this announcement taking place?

이 안내방송은 어디에서 이뤄지고 있는가?

(A) In a stationery store

(B) In a lecture hall

(C) In a warehouse

(D) In a department store

(A) 문구점

(B) 강의실

(C) 창고

(D) 백화점

---

w: Attention, all customers. Today is the start of our annual back-to-school sale. We are offering discounts on all items related to school, from clothes to books to stationery to computers and hardware. All laptops are 40% off. Book bags and notebooks are 50% off. There is something here for everyone, from kindergarteners to college students! You won't see these kinds of low prices again until this August! Whatever you are looking for, our salespeople will be happy to help you find it. Thanks for shopping at Semons!

여: 고객 여러분께 알립니다. 오늘은 연례 신학기 맞이 할인 판매가 실시되는 날입니다. 의류에서 도서, 문구류, 그리고 컴퓨터와 하드웨어에 이르기까지 학교와 관련된 모든 물품을 할인 판매합니다. 모든 노트북 컴퓨터는 40% 할인되며, 가방과 공책은 50% 할인해 드립니다. 또한 유치원생부터 대학생에 이르기까지 모든 학생들이 이용할 수 있는 물품이 이곳에 있습니다! 올해 8월까지는 이와 같은 저렴한 가격에 판매되는 물품을 볼 수 없을 것입니다. 저희 판매 사원들이 여러분께서 원하시는 것은 무엇이든 찾을 수 있도록 도와드립니다. 저희 세몬스를 찾아주셔서 감사합니다!

표현 정리 annual 연례의 stationery 문구류

안내방송이 나오는 장소를 묻는 질문으로 지문 초반부에 직접적으로 언급된 장소나 장소를 추측할 수 있는 표현을 찾아야 한다.

🔍 **단서 찾기**

지문 초반부 Today is the start of our annual back-to-school sale.에서 신학기 맞이 할인 판매가 벌어지는 장소의 안내문임을 알 수 있다. 이어 We are offering discounts on all items related to school, from clothes to books to stationery to computers and hardware.라며 다양한 종류의 상품을 판매한다고 하였으므로 백화점임을 추측할 수 있다.

💡 **정답 선택**

annual back-to-school sale, offering discounts, clothes to books to stationery to computers and hardware가 정답을 찾는 핵심 표현이며, 안내방송이 나오는 장소는 백화점이므로 (D)가 정답이다.

🔍 **함정 분석** : 지문 초반부 We are offering discounts on all items related to school, from clothes to books to stationery to computers and hardware.에서 stationery를 듣고 (A)로 혼동하지 않도록 한다. 문구류뿐 아니라 도서, 의류, 컴퓨터 등을 판매하므로 문구점이라 볼 수 없다.

정답 (D)

STEP 3 · 패러프레이징

- take a vacation 휴가를 얻다
  → take some time off 휴가를 내다
- share ideas in a meeting 회의에서 의견을 나누다
  → make some suggestions in a meeting
    회의에서 제안하다
- a broken part 부러진 부품
  → a damaged product 손상된 상품

- receive a 10% discount 10퍼센트 할인을 받다
  → price reduction 가격 할인
- hire some employees 직원을 고용하다
  → recruit more employees 더 많은 직원을 채용하다
- maintenance 보수 유지
  → renovation 수리

STEP 4 · 연습 문제

 4-5-1.mp3

1. Where most likely is the speaker?
  (A) In a garden
  (B) In a local shop
  (C) On a trail by a river
  (D) On a mountain

2. Where does this announcement take place?
  (A) At a photo studio
  (B) In a Chinese restaurant
  (C) At a public educational facility
  (D) In a manufacturing factory

3. Where is the announcement being made?
  (A) At a grocery store
  (B) At a concert hall
  (C) At an express bus terminal
  (D) At the airport

4. Where is the introduction taking place?
  (A) In an advertising agency
  (B) In a food store
  (C) In a cell phone store
  (D) At a job interview

▶ 정답 333쪽

6 주제

출제 빈도 매회 평균 2.0개

STEP 1 문제 유형 분석

주제를 묻는 문제는 세 문제 중 주로 첫 번째 문제로 출제된다. 지문 초반부 화자의 인사말과 자기소개 직후 다뤄지는 중심 소재가 주제이므로 자기소개 다음에 특히 집중해야 한다.

■ 장소를 묻는 질문

What is the speaker mainly talking about? 화자는 주로 무엇에 대해 이야기하는가?

What is the main topic of this talk? 이 담화의 주제는 무엇인가?

What is the announcement about? 안내방송은 무엇에 관한 내용인가?

What is the subject of the announcement? 안내방송의 주제는 무엇인가?

What is being announced? 무엇이 공지되고 있는가?

What is being advertised? 무엇이 광고되고 있는가?

STEP 2 이렇게 풀어라!

🎧 4-6-1.mp3

What is the main topic of this talk?

(A) Discussing the relocation of a plant

(B) Advertising some job openings

(C) Announcing a new partnership

(D) Introducing a new employee

이 담화의 주제는 무엇인가?

(A) 공장 이전 논의하기

(B) 구인 공고

(C) 새로운 제휴 관계 발표하기

(D) 신입 직원 소개하기

M: Good morning, everyone. I'm James Carter, your personnel director. The first thing I would like to do today is introduce you all to our newest recruit, Mr. John Morris. Mr. Morris has been hired as an international sales manager. He joins us from the LK Telecom Corporation. He worked there for twelve years, and he assessed and analyzed consumers' buying habits in North America and Europe. Recently, we have initiated plans to develop new car audio products in partnership with some firms in Germany. We are confident that his expertise in this field will be beneficial in helping us to assess which of our models will be favored by consumers in European countries.

남: 안녕하세요, 여러분. 저는 인사 담당 이사인 제임스 카터입니다. 오늘 제가 우선적으로 하고 싶은 일은 새로 채용된 존 모리스 씨를 여러분에게 소개하는 것입니다. 모리스 씨는 해외 영업 담당자로 채용이 되었습니다. 그는 LK 텔레콤 사에서 근무하다가 입사했고요. 그곳에서 12년간 북미와 유럽에서의 소비자 구매 습관을 평가하고 분석하는 업무를 담당했습니다. 최근에 우리 회사는 독일에 있는 회사들과 제휴를 맺어 새로운 자동차 오디오 제품을 개발하는 계획을 실시했습니다. 우리는 이 분야에서 그의 전문성이 유럽 지역의 소비자들은 어떠한 우리 모델을 선호할 것인지 평가하는 데 도움을 줄 수 있을 것이라 확신합니다.

표현 정리 **personnel director** 인사 담당 이사 **recruit** 신입 사원 **assess** 평가하다 **analyze** 분석하다 **initiate** 착수시키다 **confident** 확신하는 **expertise** 전문 기술 **beneficial** 이로운 **favor** 호의를 보이다. 관심을 갖다

대화가 시작되기 전에 질문을 먼저 읽는다. 담화의 주제를 묻는 문제이므로, 담화 초반부에 화자의 인사말과 자기소개 이후에 제시되는 중심 소재를 파악해야 한다.

🔍 **단서 찾기**

화자는 인사말 직후 The first thing I would like to do today is introduce you all to our newest recruit, Mr. John Morris.라며 새로 채용된 존 모리스라는 사람을 소개하고 있다.

💡 **정답 선택**

introduce - our newest recruit를 통해 지문의 주제는 새로운 직원의 소개임을 파악할 수 있다. 지문의 newest recruit를 유사 표현인 new employee로 바꾸어 제시한 (D)가 정답이다.

🔍 **함정 분석** : 담화 중반부 Recently, we have initiated plans to develop new car audio products in partnership with some firms in Germany.를 듣고 (C)로 혼동하지 않도록 한다. 최근 제휴를 맺은 것은 맞지만 제휴를 발표하기 위한 담화라고 볼 수 없으므로 오답이다.

정답 (D)

STEP 3 패러프레이징

- bigger 더 큰 → more spacious 더 넓은
- less expensive 덜 비싼
  → reasonable price 합리적인 가격
- next Sunday 다음 주 일요일
  → next weekend 다음 주말

- bad weather 악천후 → severe weather 악천후
- a qualified applicant 자격이 있는 지원자
  → a potential employee 잠재적인 직원
- change the time for the seminar 세미나 시간을 변경하다
  → reschedule the seminar 세미나 일정을 재조정하다

STEP 4 연습 문제

🎧 4-6-2.mp3

1. What is this advertisement about?

(A) A Modern dance show

(B) A healthy lifestyle

(C) A sports science course

(D) A workout program

2. What kind of service is being advertised?

(A) Rental cars

(B) Airport transportation

(C) Ticket reservations

(D) City tours

3. What is the announcement about?

(A) A convention schedule

(B) Bridge design standards and criteria

(C) New industrial facilities

(D) The location of a bridge

4. What is the talk mainly about?

(A) Promotional posters

(B) Equipment malfunction

(C) The company's sales

(D) Recent price increases

▶ 정답 335쪽

STEP 1 문제 유형 분석

화자나 청자가 앞으로 하게 될 행동이나 추후 발생할 일에 대해 묻는 미래 행동 문제는 세 문제 중 주로 마지막 문제로 출제되며, 지문 후반부에 단서가 제시된다. 미래 행동을 묻는 질문에는 대부분 do later 또는 do next가 나온다.

■ **미래 행동을 묻는 질문**

What will the speaker do next? 화자는 이후에 무엇을 할 것인가?

What will the listeners do later? 청자들은 나중에 무엇을 할 것인가?

What will happen next? 이후에 어떤 일이 벌어지는가?

■ **미래 행동을 말하는 주요 패턴**

- **I'll + V~. / I would like to V~. / S + be V-ing.** ~할 것입니다. • **Why don't we V~?** ~하는 것이 어때요?
- **I plan to V~. / I'm planning to V~.** ~할 계획입니다. • **Let's V~.** ~하도록 합시다. • **Let me V~.** ~하겠습니다.

STEP 2 이렇게 풀어라!

🎧 4-7-1.mp3

What will the audience members probably do next?	청자들은 이후에 무엇을 할 것 같은가?
(A) Have dinner	(A) 저녁식사하기
(B) Go over an agenda	(B) 안건 검토하기
(C) Meet one another	(C) 서로 만나기
(D) Watch a presentation	(D) 발표 관람하기

w: Hello, everyone, and welcome to the International Conference. Each year, we have more participants coming from farther away. This year, we have over 60 international participants. Over the next four days, we will hear from more than 20 different speakers presenting their latest works. There will also be many discussions, presentations, and even video conferences. First, I would like to invite you to the hotel's banquet room for some light refreshments and an informal meet-and-greet session. Dinner will be held later this evening in the hotel dining room at 8 P.M.

여: 여러분, 안녕하세요. 국제 컨퍼런스에 오신 것을 환영합니다. 해마다 저희 행사에 참석하기 위해 먼 곳에서 오시는 분들이 늘어나고 있습니다. 올해는 60개국이 넘게 참가해 주셨습니다. 앞으로 4일간, 20명 이상의 연설자로부터 그들의 최신 연구에 대해 들어볼 예정입니다. 또한 여러 토론과 발표, 화상 회의도 준비되어 있습니다. 우선 여러분을 호텔 연회장으로 모셔 가벼운 다과와 함께 비공식적인 만남과 환영의 행사를 갖고자 합니다. 만찬은 저녁 8시에 호텔 식당에서 열릴 예정입니다.

표현 정리 **participant** 참가자 **banquet** 연회 **informal** 비공식적인, 편안한 **meet-and-greet session** 만남과 환영 행사

청자들의 미래 행동을 묻는 질문으로 지문 말미에 미래 행동을 표현하는 주요 패턴에 집중하되, 특히 동사를 놓치지 않는 것이 중요하다.

🔍 단서 찾기

화자는 지문 말미에 First, I would like to invite you to the hotel's banquet room for some light refreshments and an informal meet-and-greet session.이라며 우선 호텔 연회장에서 환영 행사를 가질 것임을 밝히고 있다.

💡 정답 선택

그러므로 청자들은 우선 만남의 시간을 보낼 것임을 알 수 있으므로 an informal meet-and-greet session을 meet one another라는 유사 표현으로 바꾸어 제시한 (C)가 정답이다.

🔍 **함정 분석** : 지문 중반부 Over the next four days, we will hear from more than 20 different speakers presenting their latest works.에서 발표를 들을 것이라고 하여 (D)를 선택하지 않도록 한다.

정답 (C)

STEP 3 패러프레이징

- **half a year** 반년
  → **six months** 6개월
- **a more extensive report** 보다 상세한 보고서
  → **a more detailed report** 더 자세한 보고서
- **address** 주소
  → **contact information** 연락처

- **renew the deadline** 마감시한을 연장하다
  → **renew the due date** 마감일을 연장하다
- **confirm a reservation** 예약을 확인하다
  → **confirm a booking** 예약을 확인하다
- **get her signature** 그녀의 서명을 받다
  → **get her approval** 그녀의 승인을 받다

STEP 4 연습 문제

🎧 4-7-2.mp3

1. What will probably happen next?
- (A) A new employee will be introduced.
- (B) A business luncheon will begin.
- (C) A farewell speech will be given.
- (D) A lifetime achievement award will be presented.

2. What will the speaker probably do next?
- (A) Take an order
- (B) Serve a drink
- (C) Bring a bill
- (D) Introduce a menu item

3. What will the listener probably do later?
- (A) Choose an apartment
- (B) Schedule a meeting
- (C) Terminate a contract
- (D) Ask for a lower rent

4. What will Mr. Campbell do next week?
- (A) Hire professional athletes
- (B) Move to a new company
- (C) Purchase an island
- (D) Move overseas

▶ 정답 337쪽

8 | 화자나 청자의 정체   출제 빈도 매회 평균 1.82개

STEP 1 문제 유형 분석

화자나 청자의 정체에 대한 단서는 지문 초반부 두 문장 내외에서 제시된다. 직업명이 직접적으로 언급되는 경우보다 직업을 나타내는 표현을 통해 유추하는 문제가 자주 출제되므로 정체와 관련된 어휘와 표현을 놓치지 않아야 한다.

■ 화자의 정체를 묻는 질문

Who most likely is the speaker? 화자는 누구일 것 같은가?

Who is speaking? 누가 공지하고 있는가?

Who is making this broadcast? 누가 이 방송을 하고 있는가?

■ 청자의 정체를 묻는 질문

Who most likely is the listener? 청자는 누구일 것 같은가?

Who is the intended audience for the announcement? 안내문의 청자는 누구인가?

Which department do the listeners work in? 청자들은 어느 부서에서 일하는가?

STEP 2 이렇게 풀어라!   🎧 4-8-1.mp3

Who most likely is the speaker?

(A) A event organizer

(B) A professional athlete

(C) A transportation officer

(D) A radio reporter

화자는 누구일 것 같은가?

(A) 행사 준비자

(B) 프로 운동선수

(C) 교통 경찰

(D) 라디오 방송 보도자

W: Good morning, Riverside! This is Kate Kim with RVSW Radio's morning traffic report. The time is 10 o'clock on a bright sunny Saturday morning. If you are heading to the ball game at River Stadium today, try to avoid Highway 15. Due to the weekend construction, traffic will be backed up for at least an hour as only one lane is open until 6 P.M. today. In addition, the city festival at Center Park is today. It is best to take public transportation if you are going there as some streets will be blocked off. However, by 6 P.M. tonight, all of the streets will be open and clear again.

여: 리버사이드 주민 여러분, 안녕하십니까! RVSW 라디오 방송국의 오전 교통 방송을 담당하는 케이트 김입니다. 현재 시각은 오전 10시이며, 맑고 화창한 토요일 아침입니다. 오늘 리버 경기장에서 열리는 야구 경기를 보러 가시는 분들은 15번 고속도로는 피하셔야겠습니다. 주말 공사로 인해 저녁 6시까지 한쪽 차선만 이용해야 하므로 최소 1시간 정도 지체될 것입니다. 또한 오늘은 중앙 공원에서 시 축제가 열리는 날입니다. 일부 도로는 차량 통행이 제한될 것이므로 이 공원에 가실 분들은 대중교통편을 이용하시는 것이 가장 좋은 방법인 듯합니다. 오늘 저녁 6시 경에는 모든 도로가 다시 원활하게 소통될 것입니다.

표현 정리 **head to** ~로 향하다 **avoid** 피하다 **be backed up** 막히다 **block off** 막다, 폐쇄하다

화자의 정체를 묻는 문제이다. 지문 초반부에 제시되는 화자의 정체에 대한 직/간접적인 단서를 놓치지 않아야 한다.

🔎 **단서 찾기**

지문 초반부 인사말에 이어, 화자는 This is Kate Kim with RVSW Radio's morning traffic report.라며 자신이 라디오 교통 방송을 담당하는 케이트 김임을 밝히고 있다.

💡 **정답 선택**

지문 초반부에 제시된 자기소개에서 쉽게 정답을 찾을 수 있다. radio와 report가 선택지에 그대로 제시된 (D)가 정답이다.

🔎 **함정 분석** : 정답을 쉽게 찾을 수 있는 문제이지만, 지문 후반부 It is best to take public transportation if you are going there as some streets will be blocked off.에서 transportation을 듣고 (C)를 고르지 않도록 한다. 지문에 등장한 표현을 선택지에 그대로 제시한 함정이 있으므로 조심해야 한다.

정답 (D)

STEP 3 패러프레이징

- free 무료의 → complimentary 무료의

- advertisement 광고 → promotion 홍보

- manager 매니저 → supervisor 상사

- complete our surveys 설문조사에 응하다
  → answer some questions 몇몇 질문에 답하다

- add some changes to the list 목록에 수정을 추가하다
  → The list needs to be modified 목록에 수정이 필요하다

- a speech in front of many people
  많은 사람들 앞에서 발표
  → public speaking 공개 연설

STEP 4 연습 문제 🎧 4-8-2.mp3

1. Who most likely is the audience of this announcement?

   (A) Customer service representatives

   (B) Shopping customers

   (C) Recently relocated employees

   (D) Attendees at a marketing seminar

2. Who most likely are the listeners?

   (A) Potential investors

   (B) Conference participants

   (C) Employees

   (D) Board members

3. Who is the intended audience for the announcement?

   (A) Store customers

   (B) Library users

   (C) Local officials

   (D) Conference participants

4. Who most likely is the speaker?

   (A) Train station employee

   (B) Plane captain

   (C) Mechanic

   (D) Subway driver

▶ 정답 339쪽

목적

STEP 1 문제 유형 분석

전화를 건 목적을 묻는 문제는 주로 첫 번째나 두 번째 문제로 출제된다. 주제를 묻는 문제와 마찬가지로 화자의 인사말과 자기소개 직후에 바로 언급된다. 따라서 지문 초반부에서 전화의 목적을 파악해야 하며, 지문의 표현을 그대로 쓰지 않고 유사한 표현으로 바꾸어 제시될 수 있다는 점도 함께 기억하자.

■ 목적을 묻는 질문

What is the purpose of the call? 전화의 목적은 무엇인가?

What is the purpose of the telephone message? 전화 메시지의 목적은 무엇인가?

Why is the speaker calling? 화자가 전화를 건 이유는 무엇인가?

STEP 2 이렇게 풀어라!

🎧 4-9-1.mp3

What is the purpose of the telephone message?

(A) To request an interview

(B) To describe a report

(C) To schedule a meeting

(D) To explain a late shipment

전화 메시지의 목적은 무엇인가?

(A) 인터뷰를 요청하는 것

(B) 보고서에 대해 설명하는 것

(C) 회의 일정을 잡는 것

(D) 배송 지연에 대해 설명하는 것

M: Hi, Mr. Jackson. This is Peter Anderson, I am finished with the report on how we can cut back and save money around the office. I figured that there are a number of things we can do, including cutting back on office supplies and, whenever possible, using express delivery instead of overnight delivery. I will, of course, present these findings to the head office on March 10. If you have any additions to make once you review it, please let me know. Thanks.

남: 안녕하세요, 잭슨 씨. 저는 피터 앤더슨입니다. 사무실 이용과 관련해 비용 감축 및 절약할 수 있는 방법에 대한 보고서 작성을 마쳤습니다. 제 생각에 사무용품 비용을 줄이는 것과 익일 배송 대신 가능한 한 지급 배달을 이용하는 것을 포함해 여러 가지 실천할 수 있는 방법들이 있을 것 같습니다. 물론, 저는 이와 같은 내용을 3월 10일에 본사에서 발표할 예정입니다. 읽어보신 후 더 추가해야 할 내용이 있다면 제게 알려 주십시오. 감사합니다.

표현 정리 **be finished with** ~을 마무리하다 **cut back** 감소시키다, 줄이다 **figure** 고안하다, 생각하다 **office supplies** 사무용품 **express delivery** 지급 배달 **overnight delivery** 익일 배송 **findings** 조사 결과, 연구 결과 **head office** 본사

전화 메시지의 목적에 대해 묻고 있으므로 지문 초반부 화자의 인사말과 자기소개 직후에 제시되는 내용에 초점을 맞춰야 한다.

🔎 **단서 찾기**

화자는 인사말 직후에 I am finished with the report on how we can cut back and save money around the office.라며 사무실의 비용 감축과 절약에 대한 보고서 작업을 마무리했음을 밝히고 있다.

💡 **정답 선택**

이어서 비용을 줄일 수 있는 여러 가지 방안을 간략히 말하며 보고서가 담고 있는 내용을 밝히고 있으므로 (B)가 정답임을 알 수 있다.

🔎 **함정 분석** : 지문 중반부 whenever possible, using express delivery instead of overnight delivery.에서 delivery만 듣고 (D)로 혼동하지 않도록 한다. 비용 절감의 방법으로 익일 배송 대신 지급 배달을 쓰는 것에 대해 이야기한 것이지 배송 지연에 대한 설명이 아니므로 (D)는 오답이다.

정답 (B)

STEP 3 패러프레이징

- hazards 위험 → dangers 위험

- go to the supermarket 마트에 가다
  → go shopping 쇼핑가다

- finalize a sales report 영업 보고서를 끝내다
  → finish a summary 요약 보고서를 끝내다

- the wrong address 잘못된 주소
  → inaccurate information 부정확한 정보

- use customers' negative feedback
  고객의 부정적인 의견을 반영하다
  → handle customer complaints 고객 불만을 처리하다

- go to a seminar 세미나에 가다
  → attend a seminar 세미나에 참석하다

STEP 4 연습 문제

🎧 4-9-2.mp3

1. What is the purpose of the call?

(A) To place an order

(B) To check on the status of a delivery

(C) To make an appointment

(D) To confirm delivery information

2. What is the purpose of the announcement?

(A) To announce a museum's re-opening

(B) To announce new job openings

(C) To call for donations for the wing

(D) To invite sponsors to the festival

3. What is the purpose of the call?

(A) To schedule a meeting

(B) To return a call

(C) To report a problem

(D) To order a product

4. What is the purpose of the message?

(A) To reserve a tour

(B) To schedule an appointment

(C) To confirm an appointment

(D) To change a schedule

▶ 정답 340쪽

10 | 문제점

STEP 1 문제 유형 분석

문제점을 묻는 문제는 첫 번째나 두 번째 질문으로 주로 출제되며, 이에 대한 단서는 지문 초반부에 제시된다. 지문 초반부에 화자가 문제 상황을 설명하고, 후반부에 이에 대한 해결책을 제안하는 것이 일반적이다. 지문 초반부 두 문장에서 제시되는 문제점을 놓치지 않아야 한다.

■ 문제점을 묻는 질문

What problem does the speaker mention? 화자는 어떤 문제를 언급하는가?

What problem is the speaker discussing? 화자는 어떤 문제를 논의하는가?

What is the problem? 문제점이 무엇인가?

What problem is mentioned? 어떤 문제점이 언급되는가?

STEP 2 이렇게 풀어라!

🎧 4-10-1.mp3

What problem does the speaker mention?

(A) Some renovations are not finished yet.

(B) An incorrect order was placed.

(C) Information on an invoice was inaccurate.

(D) A product was damaged during delivery.

화자는 어떤 문제를 언급하는가?

(A) 보수공사가 아직 마무리되지 않았다.

(B) 잘못된 주문이 이뤄졌다.

(C) 송장의 정보가 부정확하다.

(D) 제품이 배송 중에 파손되었다.

M: Good afternoon, Mr. Keller. This is James Carter calling from London Furniture. Actually, we are scheduled to deliver a new bed to your home this afternoon. But I'm afraid to tell you that there was a mistake, and the wrong bed was delivered to us from our warehouse yesterday. We're very sorry about this mix-up. We will have the bed that you ordered in two days' time. So, Mr. Keller, we should set up a new delivery time for Wednesday. Please call me as soon as possible to discuss this matter. My extension is 1123. We sincerely apologize for the inconvenience this might cause you. Have a great day!

남: 안녕하세요? 켈러 씨, 저는 런던 가구점에서 근무하는 제임스 카터입니다. 사실, 저희가 오늘 오후 고객님께 새 침대를 배달하기로 되어 있었습니다. 하지만 죄송스럽게도 착오가 생겨 어제 창고에서 다른 침대가 저희에게 배송되었습니다. 이런 혼동을 일으킨 것에 대해 대단히 죄송합니다. 고객님께서 주문하신 침대는 이틀이면 확보할 수 있습니다. 그래서 켈러 씨, 수요일로 새로운 배송 시간을 정하고자 합니다. 이 문제를 논의하고자 하므로 최대한 빨리 제게 연락을 주십시오. 제 내선 번호는 1123입니다. 이 일이 고객님께 초래할 수 있는 불편에 대해 진심으로 사과드립니다. 좋은 하루 보내세요!

표현 정리 **warehouse** 창고 **mix-up** 혼동 **set up** 마련하다 **extension** 내선, 구내전화 **inconvenience** 불편 **cause** 야기하다, 초래하다

지문에서 다루는 문제점을 묻는 질문이다. 지문 초반부 화자의 인사말과 자기소개 다음에 문제점이 언급되는 것이 일반적이므로 지문 초반부를 집중해서 들어야 한다.

🔎 **단서 찾기**

인사말에 이어, 화자는 But I'm afraid to tell you that there was a mistake, and the wrong bed was delivered to us from our warehouse yesterday.라고 하며 착오로 인해 창고에서 다른 침대가 도착했음을 밝히고 있다.

💡 **정답 선택**

the wrong bed was delivered가 핵심 단서이며, 이를 통해 화자가 말하는 문제점은 잘못된 제품 배송 또는 잘못된 주문 처리에 관한 것임을 알 수 있다. 따라서 (B)가 정답이다.

🔎 함정 분석 : the wrong bed was delivered to us from our warehouse yesterday.를 듣고 다른 곳으로 배송되었다고 생각하여 (C)로 혼동하지 않도록 한다. 창고에서 주문과 다른 상품이 도착했음을 언급하는 내용이므로 송장의 정보가 잘못된 것이 아니다.

정답 (B)

STEP 3 패러프레이징

- repairman 수리공 → technician 기술자
- schedule an interview 면접 일정을 잡다
  → set up an interview 면접 약속을 잡다
- the increase of the number of customers
  고객 수의 증가
  → the increase of demand 수요의 증가

- snack and drinks 간식과 음료 → refreshments 다과
- meet our client at his office 고객 사무실에서 고객을 만나다
  → visit a client 고객을 방문하다
- important documents 중요한 서류
  → confidential files 기밀 파일

STEP 4 연습 문제

🎧 4-10-2.mp3

1. What is the problem?

(A) The bathroom is out of order.

(B) The technicians have not arrived.

(C) The water sprinklers have been activated.

(D) The employees can't access the intranet.

3. What problem is mentioned?

(A) Some window ledges are leaking.

(B) Some windows are completely broken.

(C) There are meetings every morning.

(D) The crowds are smaller on weekdays.

2. What is the problem?

(A) Some equipment is broken.

(B) A new product is not available.

(C) The company went bankrupt.

(D) An order has been canceled.

4. What is the man's problem?

(A) His telephone line is not connected.

(B) His electricity is not working.

(C) His mobile phone does not ring.

(D) His apartment is not big enough.

▶ 정답 342쪽

750
완벽대비

파트 3과 4에서 수험생들이 어렵게 느끼는 부분이 바로 패러프레이징입니다. 지문에 제시된 어휘나 표현이 선택지에서는 유사한 의미의 다른 표현으로 바꾸어 표현됩니다. 유사 표현을 모르면 지문을 다 들었더라도 답을 쉽게 찾지 못하기도 합니다. 이를 대비하기 위해서는 모르는 표현이 나올 때마다 유사 표현과 함께 알아두는 것이 중요합니다.

파트
4

지문 유형 편

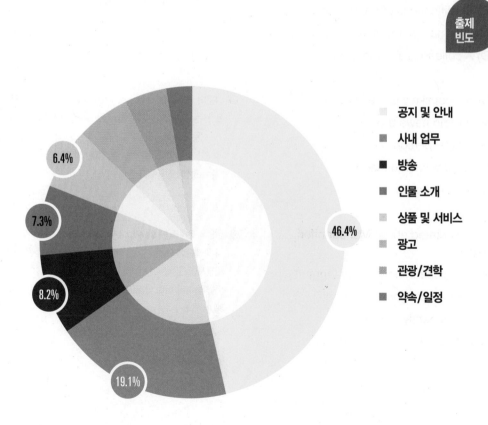

출제
빈도

- 공지 및 안내
- 사내 업무
- 방송
- 인물 소개
- 상품 및 서비스
- 광고
- 관광/견학
- 약속/일정

46.4%

6.4%

7.3%

8.2%

19.1%

PART 4
1 공지 및 안내
출제 빈도 *매회 평균 3.82개*

STEP 1 **지문 유형 분석**

파트 4에서 사내 공지, 기내 공지, 영화관이나 전시회장 내 공지 및 안내가 가장 많이 출제된다. 사내 행사, 설문 조사 결과 공유, 시스템 변경으로 인한 당부 사항과 같은 회사에서 일어나는 소식을 전하거나, 비행기의 출발 지연 안내 또는 행사 시간 변경에 대한 안내가 출제된다. 사내 공지의 경우, 초반에 화자의 이름과 근무 부서를 밝히고 공지의 이유나 목적을 밝힌다. 이어서 구체적인 전달 사항을 제시한다. 그 밖의 공공장소에서의 공지에서는 인사말과 자기소개 후, 변경 내용과 준수해야 할 유의사항, 제안/권고하는 세부적인 내용을 제시한다.

STEP 2 **이렇게 풀어라!**　　🎧 4-11-1.mp3

(1~3)

1. What is the topic of the talk?

　(A) The selection of a new director

　(B) Qualifications of candidates

　(C) Information about available jobs

　(D) A colleague's recent promotion

2. Who most likely is the speaker?

　(A) A radio news broadcaster

　(B) A salesperson

　(C) A personnel manager

　(D) A receptionist

3. What is stated about Ms. Jennifer Nelson?

　(A) She has been there the longest.

　(B) She will be gone in a month.

　(C) She recently moved.

　(D) She has relevant experience.

📖 **문제 유형 파악** #질문의 키워드 찾기

❶ 질문의 키워드는 What, topic이며, 남화의 주제를 묻는 문제이다. 선택지를 먼저 파악한 후, 담화 초반부에 언급되는 중심 소재를 파악해야 한다.

❷ 질문의 키워드는 Who, speaker이며, 화자가 누구인지를 묻는 문제이다. 질문에 most likely가 있는 것으로 보아, 지문에서 화자의 정체가 직접적으로 제시되지 않고 유추해야 함을 미리 예상할 수 있다. 직업이나 부서를 나타내는 표현에 집중해야 한다.

❸ 질문의 키워드는 stated, Ms. Jennifer Nelson이며, 제니퍼 넬슨에 대해 언급된 내용을 묻는 세부사항 문제이다. 세부사항 문제는 질문에서 제시된 키워드에 유의하며 지문을 들어야 하며, 키워드가 포함된 문장에서 단서를 파악해야 한다.

> **M:** ❶❷Let me start by discussing the new positions opening up at the company. We would like to hire in-house first. Then, we will look outside if there are not enough in-house candidates. ❸As you know, Ms. Jennifer Nelson, the sales director, is leaving in a month. So we will be recruiting for that position from within the company. The next position available is floor manager. Our floor manager, Andrew Kim, will be leaving at the end of the month. Both these positions require at least a bachelor's degree, but a master's is preferable. ❹If you are interested, please send us your résumé by Wednesday. By Friday, we will let you know if you are in contention for the job or not.

남: 우선 회사에 새로 생기는 자리에 대해 논의하는 것으로 시작할까 합니다. 먼저 사내에서 인원을 충원할 것이며, 사내 후보자가 많지 않으면 외부에서 찾아볼 예정입니다. 아시다시피, 영업 이사이신 제니퍼 넬슨 씨가 한 달 후에 퇴사하게 되었습니다. 따라서 저희는 사내에서 후임을 충원할 예정입니다. 그 다음으로 필요한 직책이 매장 책임자입니다. 현 책임자인 앤드류 김 씨는 이달 말에 퇴사할 예정입니다. 이 두 직책은 최소 학사 학위를 필요로 하며, 석사 학위 소지자이면 더욱 좋습니다. 관심이 있으신 분은 수요일까지 이력서를 보내주십시오. 금요일까지는 후보자 자격 여부에 대해 알려드리도록 하겠습니다.

표현 정리 **in-house** 사내에서, 회사 내부에서 **candidate** 후보자, 지원자 **within the company** 사내에서, 회사 내부에서 **floor manager** 매장 관리자 **bachelor degree** 학사 학위 **preferable** 선호되는 **be in contention for** ~을 얻기 위해 다투다

---

1. 담화의 주제는 무엇인가?

(A) 새로운 이사 선출
(B) 지원자의 자격 요건
(C) 구직 정보
(D) 동료의 최근 승진

❶ 화자는 담화 초반부에 Let me start by discussing the new positions opening up at the company.라며 사내에서 구직 중인 직책에 대해 말하려고 한다. discussing the new positions를 통해 지문의 주제가 구직 정보임을 알 수 있으므로 정답은 (C)이다.

🔍 **함정 분석** : 담화 후반부에 Both these positions require at least a bachelor's degree, but a master's is preferable.을 듣고 (B)를 고르지 않도록 한다. 자격 요건은 구직 소개에 다뤄지는 부수적인 정보이므로 중심 소재로 오해하지 않도록 주의한다.

정답 (C)

2. 화자는 누구일 것 같은가?

(A) 라디오 뉴스 진행자
(B) 영업 사원
(C) 인사 담당자
(D) 접수 직원

❷ 지문 시작과 함께 화자가 Let me start by discussing the new positions opening up at the company.라며 회사의 채용에 대해 이야기하고, 지문 말미에 If you are interested, please send us your résumé by Wednesday.라며 사내 구직 채용에 관해 관심이 있으면 이력서를 보내라고 언급하는 부분을 통해 화자는 인사 담당자임을 유추할 수 있다.

정답 (C)

3. 제니퍼 넬슨 씨에 대해 언급된 것은 무엇인가?

(A) 그녀는 제일 오랫동안 근무했다.
(B) 그녀는 한 달 후에 퇴사한다.
(C) 그녀는 최근에 이사했다.
(D) 그녀는 관련 경력이 있다.

❸ 화자가 As you know, Ms. Jennifer Nelson, the sales director, is leaving in a month.라고 말하며 제니퍼 넬슨 씨가 한 달 뒤에 퇴사할 것임을 밝히는 부분을 통해 정답은 (B)임을 알 수 있다. 아울러 leaving in a month를 선택지에서는 will be gone in a month라는 유사 표현으로 바꾸어 표현하였다.

정답 (B)

- 사내 공지

  - 업무 관련 공유

  customer survey 고객 설문조사

  improve 개선시키다, 향상시키다

  express dissatisfaction 불만을 표하다

  make an effort 노력하다

  take a look at ~을 보다

  share the results 결과를 공유하다

  conduct a survey 설문조사를 하다

  satisfied 만족스러운

  give feedback 의견을 주다

  suggestion 제안

  addition 추가

  insufficient 불충분한

  take charge of ~을 책임지다

  sales figure 판매 수치

  customer information 고객 정보

  - 신제품 출시

  feature 특징을 갖다

  become familiar with ~에 익숙해지다

  expand 확장하다

  release 출시하다

  notify 알리다

  encourage 권장하다, 장려하다

  upcoming 곧 있을, 다가오는

  presentation 발표자

  publicize 홍보하다

  - 사내 시설 보수

  renovate 개조하다

  closure 폐쇄

  inspect 점검하다

  mechanical 기계적인

  install 설치하다

  technical support team 기술지원팀

  maintenance 유지 보수

  - 회사 공지 사항

  issue 문제, 사안

  budget cut 예산 삭감

turn in 제출하다

application 지원자

resign 사직하다

participant 참가자

give permission 허용하다, 승인하다

urgent business 급한 업무

stock 재고

address 처리하다, 해결하다

identify 확인하다

lack of staff 직원 부족

training session 교육, 연수

expense 비용

reimbursement 상환

receipt 영수증

timecard 근무 카드

time sheet 근무 시간표

application 지원서, 신청서

replacement 후임

employee training 직원 교육

reduce costs 비용을 절감하다

increase sales 판매를 늘리다

- 공공장소 공지

  book a flight 비행기를 예약하다

  confirm the reservation 예약을 확인하다

  boarding pass 탑승권

  board a flight 비행기에 탑승하다

  miss the flight 비행기를 놓치다

  waiting list 대기자 명단

  take off 이륙하다

  delay 지연

  on time 제시간에

  reservation 예약

  convenience 편리

  refreshments 다과

  service representative 서비스 직원

  instruction 안내 사항

  business hours 영업 시간

  shortly 곧

  aboard 탑승한

(1~3)

1. Who most likely is the listener?

    (A) A distributor

    (B) A corporate accountant

    (C) A potential employee

    (D) A sales manager

2. What is the purpose of the message?

    (A) To follow up on an earlier request

    (B) To confirm an appointment

    (C) To describe an upcoming meeting

    (D) To arrange a new product demonstration

3. What should the listener do for more information?

    (A) Ask for a brochure

    (B) Talk to the sales director

    (C) E-mail Ms. Thatcher

    (D) Contact Mr. Clinton

(4~6)

4. What is the announcement about?

    (A) A new exhibition

    (B) Security system renewal

    (C) Annual membership fee

    (D) Technology advancements

5. Where is the announcement being made?

    (A) A modern art seminar

    (B) An art museum

    (C) An amusement park

    (D) A computer technology fair

6. What are the cards needed for?

    (A) Using public transportation

    (B) Paying for admission

    (C) Accessing financial data

    (D) Opening doors

▶ 정답 344쪽

STEP 1 지문 유형 분석

지역 뉴스와 라디오 방송도 빠지지 않고 출제되는 지문이다. 지역 행사 소개, 최근 연구 결과 발표, 교통 방송, 일기예보 등이 나온다. 라디오 방송의 경우 최근 연구 결과에 대해 소개하고, 지역 뉴스에서는 행사 안내나 기업 소식 등을, 교통 방송에서는 도로나 다리 공사로 인한 교통 체증 소식을 전하며 우회로를 소개하거나 대중교통 이용을 권장하는 내용을 다룬다. 일기예보에서는 기상 안내와 주의 사항을 전하는 내용이 포함된다.

STEP 2 이렇게 풀어라!   🎧 4-12-1.mp3

(1~3)

1. What is the forecast for today?

    (A) A torrential rain

    (B) Partly cloudy

    (C) A big snowstorm

    (D) Warm and sunny

2. What is happening along the coast?

    (A) Several boats are ready to set sail.

    (B) People are restoring the damage.

    (C) Waves are very dangerous.

    (D) Some people are taking vacations.

3. What are the residents asked to do?

    (A) Use public transit

    (B) Stay off roads

    (C) Go to work early

    (D) Put off taking a vacation

📖 **문제 유형 파악** #질문의 키워드 찾기

❶ 질문의 키워드는 forecast, today이며, 오늘의 일기예보를 묻는 질문이다. 키워드 today가 포함된 문장에서 단서를 찾아야 한다. 세 문제 중 첫 번째 문제이므로 지문 초반부에 단서가 제시되는 것이 일반적이다.

❷ 질문의 키워드는 happening, along the coast이며, 해안가에서 일어나고 있는 일을 묻고 있다. 키워드 coast를 놓치지 않고 들어야 하며, 언급되는 부분을 중심으로 단서를 파악해야 한다.

❸ 질문의 키워드는 residents, asked이며, 주민들에게 요청되는 것을 묻고 있다. 마지막 문제이므로 지문 후반부에 화자가 주민들에게 요청하는 내용이 무엇인지를 집중해서 들어야 한다.

W: Good afternoon listeners. This is your on-the-hour Weather and Traffic Update. ❶We're experiencing heavy rain and thunderstorms throughout the metropolitan area today. ❷There are high surf advisories for the coast. There are many power lines and trees down in Monterey County and several accidents have been reported on I-501 and Highway 68. It is anticipated that tomorrow will be cloudy but dry. ❸Until then the city authorities are requesting that people who do not have to travel stay indoors and do not drive.

여: 청취자 여러분, 안녕하십니까? 여러분의 날씨 및 교통 정시 방송입니다. 오늘 대도시 전역에 걸쳐 천둥 번개를 동반한 폭우가 내리고 있습니다. 해안에는 높은 파도에 대한 주의보가 내려졌습니다. 몬테레이 지역에서는 많은 전선과 나무들이 쓰러져 있으며 501번 주간 고속도로와 68번 고속도로에서 몇몇 사고들이 보고되었습니다. 내일은 흐리지만 건조한 날씨가 이어질 것으로 예상되고 있습니다. 시 당국에서는 그때까지 굳이 외출할 필요가 없는 시민들은 자택에 머물며 차량 운행을 자제해주길 요청하고 있습니다.

표현 정리 on-the-hour 정시에 thunderstorm 뇌우 throughout ~전체에 걸쳐 metropolitan 대도시의, 수도의 surf (밀려드는) 파도 advisories (기상 등의) 경보, 주의보 power line 전선 anticipate 예견하다, 예고하다 authorities 당국, 공공 기관

1. 오늘 일기 예보는 어떠한가?
(A) 폭우
(B) 부분적으로 흐림
(C) 심한 눈보라
(D) 온화하고 화창함

❶ 화자는 날씨 및 교통 방송이라 알리고, 이어서 We're experiencing heavy rain and thunderstorms throughout the metropolitan area today.라며 오늘 대도시 지역에 폭우가 내리고 뇌우가 치고 있음을 전달하고 있다. 지문에서 제시된 heavy rain이 선택지에서는 torrential rain으로 바꾸어 표현되었음을 주의한다.

⋮ 🔍 **함정 분석** : 지문 후반부 It is anticipated that tomorrow will be cloudy but dry.에서 cloudy를 듣고 (B)로 혼동하지 않도록 한다. 질문은 오늘의 날씨를 묻고 있으며, 내일 날씨가 흐릴 것으로 예상된다고 하였으므로 (B)는 오답이다.

정답 (A)

2. 해안가에서 어떠한 일이 벌어지고 있는가?
(A) 몇몇 배들이 출항할 준비가 되었다.
(B) 몇몇 사람들이 피해를 복구하고 있다.
(C) 파도가 굉장히 위험하다.
(D) 몇몇 사람들이 휴가를 보내고 있다.

❷ 화자가 There are high surf advisories for the coast.라며 해안가에 높은 파도 주의보가 내려졌다고 말하고 있으므로, 해변가에 치는 파도가 굉장히 위험한 상태임을 알 수 있다. 키워드 the coast가 포함된 문장이 단서이므로 특히 주의해서 들어야 한다.

정답 (C)

3. 주민들은 무엇을 하라고 요청받는가?
(A) 대중교통을 이용할 것
(B) 운전을 하지 말 것
(C) 일찍 출근할 것
(D) 휴가를 연기할 것

❸ 화자는 지문 말미에서 Until then the city authorities are requesting that people who do not have to travel stay indoors and do not drive.라며 시 당국에서 주민들에게 외출과 운전을 하지 말도록 당부하고 있음을 밝히고 있다. 지문에서 제시된 do not drive가 선택지에서는 stay off roads로 바꾸어 표현되었다.

정답 (B)

- 일기 예보

  below zero 영하

  blizzard 눈보라

  lightening 번개

  thunderstorm 천둥 번개, 뇌우

  storm 폭풍

  gusty wind 돌풍

  high winds 세찬 바람

  windy 바람이 부는

  rain shower 소나기

  heavy rain(fall) 폭우

  snowfall 강설

  weather advisory 기상 통보(주의보)

  chilly 차가운, 추운, 쌀쌀한

  cold 쌀쌀한, 추운

  freezing 굉장히 추운

  sunny and clear 날이 맑고 화창한

  hot and humid 날이 덥고 건조한

  cloudy 구름 낀 흐린

  partly cloudy 일부 흐린, 다소 구름이 낀

  overcast 구름이 잔뜩 낀

  rainy 비가 오는

  drizzle 이슬비

  wet weather 비가 내리는 궂은 날씨

  unseasonably 계절에 맞지 않게, 때 아니게

  be expected to ~이 예상되다

  weather repot 일기예보

  affect 영향을 미치다

  presently 현재

- 교통 방송

  special traffic report 긴급 교통 방송

  traffic congestion 교통 혼잡

  highway 고속도로

  traffic accident 교통 사고

  downtown 시내에

  traffic report 교통 방송

  commuter 통근자

  motorist, driver 운전자

  construction 공사

  lane 차선

  road, route 도로

  accident 사고

  alternate route 우회로

  be closed down 폐쇄되다

  traffic jam 교통 정체

  be held up 막히다

  public transportation 대중교통

  damaged 훼손된

  be stuck in traffic 차가 막혀 있다

  clear up 해소되다

  due to ~ 때문에

  reopen 재개통되다

- 뉴스

  local 지역의

  city council 시 의회

  plan 계획하다

  specialized 전문화된

  city councilman 시 의회 의장

  celebration 기념, 축하 행사

  Stay tuned. 채널 고정하세요.

  spokeperson 대변인

  be against ~에 반대하다

  severe 심각한

  environment 환경

  block 막다

  resident 주민

  population 인구

  implement 시행하다

  expert 전문가

  review 논평

  critic 비평가

  postpone 연기하다

(1~3)

1. Who probably is the speaker?

(A) A government official

(B) A journalist

(C) A radio broadcaster

(D) A librarian

2. According to the broadcast, why is a new building being constructed?

(A) The local officials want to draw more tourists from abroad.

(B) The old building has been torn down over time.

(C) The existing building is too small.

(D) Government offices begin relocating soon.

3. What will listeners most likely hear next?

(A) Entertainment news

(B) A local traffic report

(C) A weather report

(D) A classic music program

(4~6)

4. Where should the listeners expect delays?

(A) On the outer road

(B) On highway 22

(C) Near the train station

(D) In the suburbs

5. What caused the delay?

(A) A traffic accident

(B) The celebrating of Christmas Eve

(C) Heavy traffic

(D) A closed exit

6. What does the speaker recommend?

(A) Driving at reduced speeds

(B) Listening for news updates

(C) Taking another road

(D) Calling the police

▶ 정답 345쪽

PART 4

3 | 인물 소개

출제 빈도 매회 평균 0.73개

STEP 1 지문 유형 분석

분야별 전문가 소개, 연설자 또는 발표자 소개, 회사의 은퇴 직원이나 시상식의 시상자를 소개하는 인물 소개 내용이 출제된다. 초청 인사의 이름, 활동 분야, 수상 경력, 업적 등을 소개하거나, 발표자의 소개와 함께 발표자가 이야기할 주제에 대한 소개, 회사의 은퇴 직원의 공로, 업적 등과 같이 특정 인물을 소개한다.

STEP 2 이렇게 풀어라!

🎧 4-13-1.mp3

(1~3)

1. What is the purpose of the talk?

(A) To discuss plans to raise salary

(B) To present an award

(C) To introduce a new employee

(D) To announce a change in personnel

2. How long is Mr. Taylor's training session?

(A) One week

(B) Two weeks

(C) Eight weeks

(D) Several years

3. Where is the main office located?

(A) Detroit

(B) Seoul

(C) Paris

(D) Amsterdam

📖 **문제 유형 파악** #질문의 키워드 찾기

❶ 질문의 키워드는 What, purpose, talk이며, 담화의 목적을 묻는 문제이다. 담화의 목적과 주제에 대한 단서는 지문 초반부에 언급되는 것이 일반적이다. 초반부에 다뤄지는 중심 소재를 파악해야 한다.

❷ 질문의 키워드는 How long, Mr. Taylor's training session이며, 테일러 씨의 연수 기간을 묻는 세부사항 문제이다. 테일러 씨가 연수를 받을 것임을 미리 예상할 수 있고, 지문을 들을 때 기간에 초점을 맞춰야 한다. 세부사항 문제는 질문에서 제시되는 키워드가 포함된 문장에서 단서를 찾아야 하므로, Mr. Taylor 또는 training session이 언급되는 부분에 집중한다.

❸ 질문의 키워드는 Where, main office이며, 본사의 위치를 묻는 세부사항 문제이다. 선택지에 도시의 이름이 제시되므로, 본사의 위치는 구체적인 도시 이름으로 언급될 것임을 미리 예상할 수 있다.

M: Thank you for attending this board meeting on such short notice. ❶I want to tell you that I have decided to offer the sales director position to Mr. John Taylor. Mr. Taylor has eight years of experience in a marketing executive position. Additionally, he worked as Director of Sales Strategy at Amoled, a worldwide cosmetic company. So I think he is the best choice for the open position. ❷After Mr. Talyor completes his one-week training session, ❸he will move to the headquarters in Paris. He is expected to help his company increase its sales. I really look forward to working with him as quickly as possible.

남: 급한 통보에도 불구하고 이렇게 이사회에 참여해 주신 여러분께 감사드립니다. 저는 영업 이사로 존 테일러 씨를 영입하기로 결정했음을 알리고자 합니다. 테일러 씨는 마케팅 임원으로 8년간 근무한 경력이 있습니다. 또한 세계적인 화장품 회사인 아몰레드 사에서 판매 전략 이사로 근무하기도 했습니다. 따라서 저는 그가 영업 이사로 적격인 인물이라고 판단했습니다. 테일러 씨는 일주일 동안의 연수를 마치면 파리에 있는 본사로 발령 받게 될 것입니다. 그는 회사의 매출을 증가시키는 데 도움이 될 것으로 기대됩니다. 저는 최대한 빨리 그와 함께 업무를 볼 수 있길 희망합니다.

표현 정리 board meeting 이사회 on such short notice 급한 통보에도 sales director 영업 이사 opening position 공석인 자리[직책] training session 연수 headquarters 본사

1. 담화의 목적은 무엇인가?
(A) 연봉 인상 계획 논의
(B) 상의 수여
(C) 새로운 직원 소개
(D) 인사 이동 발표

❶ 화자는 이사회에 참석한 청자들에게 인사말을 하고, 이어서 I want to tell you that I have decided to offer the sales director position to Mr. John Taylor.라며 존 테일러 씨를 영업 이사로 결정했음을 발표하고 있다. 새로 영입한 존 테일러 씨를 소개하는 내용이므로 정답은 (C)이다. **정답** (C)

2. 테일러 씨의 연수 기간은 얼마나 되는가?
(A) 1주
(B) 2주
(C) 8주
(D) 몇 년

❷ 테일러 씨의 경력을 소개하고 그가 영업 이사로 적격이라고 말한 뒤, After Mr. Talyor completes his one-week training session이라고 하며 테일러 씨가 일주일간 연수를 받을 것임을 언급하고 있다. 키워드 training session을 주의해서 들었다면 답을 쉽게 찾을 수 있는 문제이다. **정답** (A)

3. 본사의 위치는 어디인가?
(A) 디트로이트
(B) 서울
(C) 파리
(D) 암스테르담

❸ 지문 후반부에 화자는 he will move to the headquarters in Paris.라고 말하며 그가 연수 후에 파리에 있는 본사에 갈 것임을 밝히고 있다. 따라서 정답은 (C)이며, 지문의 headquarters가 질문에서는 main office로 바꾸어 표현되었다. **정답** (C)

• 회사 행사

reception dinner 환영 만찬

welcoming party 환영 파티

farewell party 환송 파티

going-away party 환송 파티

year-end party 연말 파티

annual convention 연례 총회

banquet 연회, 회식

organize a party 파티를 준비하다

awards ceremony 시상식

sign autographs 서명하다

great turnout 많은 참가자

catering service 출장연회업

caterer 출장연회업자

opening ceremony 개막식, 개관식

closing ceremony 폐막식

employee of the month 이달의 직원상

employee of the year 올해의 직원상

compensation 보상

host 진행자; 진행하다

• 시상식

announcement 발표

well-know 유명한

give a warm welcome 환대하다

participant 참가자

be nominated for ∼의 후보로 지명되다

specialize in ∼을 전문으로 하다

be famous for ∼로 유명하다

in the field of ∼의 분야에서

note 주목하다

win an award 상을 타다

receive an award 상을 받다

analytical 분석적인

most of all 무엇보다도

address 연설하다, 다루다

prominent figure 저명한 인물

outstanding 뛰어난

prestigious 명망 높은

officially 공식적으로

do well 잘하다

I proudly present 자랑스럽게 소개하다

Thank you for coming. 와 주셔서 감사합니다.

come forward 앞으로 나오다

contribute to ∼에 기여하다

honor 영예를 주다

• 특정 인물 소개

introduce 소개하다

be suited for ∼에 적합하다

perfect fit 적임, 완벽하게 맞는 것

educational background 학력

suitable 적합한

manage 관리하다, 감독하다

operation 운영

assign 배당하다

particular 특별한

by the end of ∼말까지

We're delighted to ∼하게 되어서 기쁘다

personnel 인사과

recommend 추천하다

get favorable reviews 호평을 받다

Attention 알려드립니다

employee 직원

emphasize 강조하다

advance 발전

recognize 인정하다

on behalf of ∼을 대신하여

retirement 은퇴

at the right time 제때에, 적절한 시기에

opportunity 기회

select 선택하다

discovery 발견

confident 확신하는

promotion 승진

analysis 분석

(1~3)

1. Where is the presentation taking place?

   (A) At an award ceremony

   (B) At a financial institution

   (C) At a community library

   (D) AT a film festival

2. What is the topic of the lecture?

   (A) How to manage money well

   (B) How to reduce tax payments

   (C) How to write a book

   (D) How to operate a computer server

3. According to the speaker, what will be available on the Web site?

   (A) A recording file of the lecture

   (B) A schedule of upcoming accounting seminars

   (C) The date of bill payments

   (D) Ms. Thompson's contact information

(4~6)

4. What is the purpose of the talk?

   (A) To welcome a new employee

   (B) To launch a new product

   (C) To advertise a new laptop

   (D) To announce an award winner

5. What type of business do they work at?

   (A) An electronics company

   (B) An architectural firm

   (C) A delivery company

   (D) An office supply store

6. What is the audience going to do next?

   (A) They will be waiting for the next guest.

   (B) They will listen to a speech by Ms. Johns.

   (C) They will attend a staff meeting.

   (D) They will have lunch with Ms. Johns.

▶ 정답 347쪽

750
완벽대비

파트 5와 6은 출제되는 문제 유형이 어느 정도 정해져 있기 때문에 점수를 올리기 쉬운 파트입니다. 특히 문법은 그동안 출제된 범위에서 나오기 때문에 미리 대비하기가 좋습니다. 다만 어휘 문제에서 생소한 어휘가 출제되기도 하므로, 평소 문제를 풀 때 모르는 표현을 따로 정리하는 것을 추천합니다. 파트 6에 문장 삽입 문제가 추가되면서 빈칸 앞뒤만 확인하고 문제를 풀기가 어려워졌습니다. 실수를 줄이기 위해서는 지문 전체의 내용을 파악하는 것이 중요합니다.

- 문법
- 어휘
- 어형

- 문법
- 어휘
- 문장 삽입
- 어형

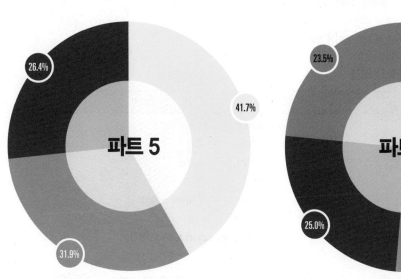

26.4%

41.7%

파트 5

31.9%

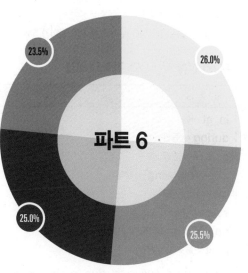

23.5%

26.0%

파트 6

25.0%

25.5%

1 전치사의 자리

출제 빈도 매회 평균 4.67개

출제 포인트

올바른 전치사를 고르는 문제는 신토익 이후에도 파트 5의 문법 문제에서 가장 많이 나오는 문제 유형이며, 파트 6에서도 평균 0.75개가 출제되고 있다. 보기에 전치사만 제시되는 경우도 있지만, 대부분 접속사, 부사, 형용사 등과도 혼합되어 출제가 되고 있기 때문에 먼저 전치사 자리인지를 확인하고, 전치사와 접속사 혹은 부사와의 구별도 제대로 할 수 있어야만 한다.

STEP 1 시험에 나오는 문법

세세하게 다 알 필요 없다! 시험에 나오는 것만 익히자!

전치사의 자리 유형을 풀기 위해선 접속사나 부사와의 구별, 그리고 다양한 전치사들과 뜻을 반드시 숙지해야 한다.

1 | 전치사와 접속사의 구별

전치사와 접속사는 그 의미가 서로 중복되는 경우가 많으므로 문장의 구조상 그 특징을 잘 이해해야만 구별할 수 있다.

① 전치사 + 명사(구)

전치사는 뒤에 명사나 명사구 등을 동반하여 흔히 '전명구 (전치사 + 명사(구))'를 이룬다. 따라서 전치사와 접속사 중에 고르는 문제에서 빈칸 뒤에 명사나 명사구가 이어지고 있다면 '전치사'를 선택한다.

The artist was praised for his skill on his newest piece.

그 화가는 최신 작품에서의 솜씨로 칭송을 받았다.

▶ for라는 전치사 다음에 his skill이라는 명사구가 연결되어 있다.

② 접속사 + 주어 + 동사

접속사는 뒤에 반드시 주어와 동사가 나와야 한다. 따라서 전치사와 접속사 중에서 고르는 문제에서 빈칸 뒤에 주어와 동사가 이어지고 있다면 '접속사'를 선택한다.

A final invoice cannot be sent until we have received your approval.

최종 송장은 당신의 승인을 받기 전까지 보낼 수 없습니다.

▶ until이라는 접속사가 뒤에 주어와 동사가 들어간 부사절을 이끌고 있다.

2 | 대표적인 빈출 전치사와 접속사 비교

의미	전치사	접속사
시간	in, at ~에 during ~ 동안 before ~ 전에 after, following ~ 후에 by, until ~까지 since ~ 이래로 on + V-ing ~하자마자 곧 past ~을 지나서(시간)	when ~할 때 while ~하는 동안 before ~하기 전에 after ~한 후에 until, by the time ~할 때까지 since ~한 이래로 once, as soon as ~하자마자
이유	because of, owing to, due to, on account of, thanks to ~ 때문에	because, now that, as, since ~ 때문(덕분)에
목적	so as to, in order to ~하기 위하여	so that, in order that ~하기 위하여

제외	except (for), but (for) ~을 제외하고 excepting ~을 제외하면 aside from, apart from ~을 제외하고	except that ~을 제외하고
양보	despite, in spite of ~에도 불구하고	though, although, even though, even if ~일지라도
대조		whereas, while ~한 반면에
조건	without ~가 없다면 given, considering ~을 고려할 때 in case of, in the event of ~의 경우에	unless ~가 아니라면 given that, considering (that) ~을 고려할 때 in case (that), in the event (that) ~한 경우에
간격	between ~ 사이에 (둘) among ~ 사이에 (셋)	
방향	to ~까지, ~을 향해 from ~로부터 past ~을 지나서(위치)	
부가	in addition to ~에 더해서 besides ~ 외에	
기타	regardless of ~에 상관없이 instead of ~ 대신에 behind ~ 뒤에	if, whether ~인지 (아닌지)

한 가지만 더!

since, before, after, until 등은 전치사와 접속사로 동시에 쓰일 수 있다는 점에 유의한다.

1. since

Since 2009, the company has attracted over £7 million in investment funds. (전치사)
2009년 이래로, 그 회사는 700만 파운드가 넘는 투자 자금을 유치해왔다.

Since he received a file from the company computer, it can be downloaded to any other company computer. (접속사) 그는 회사 컴퓨터로부터 파일을 받았기 때문에, 그것은 회사의 다른 어떤 컴퓨터로도 다운로드될 수 있다.

2. until

The Sunday specials will be served tomorrow from 9:00 A.M. until 5:00 P.M. (전치사)
일요일 특별 메뉴가 내일 오전 9시에서 5시까지 서빙될 것이다.

It cannot be used until it is ripe and softened. (접속사)
그것은 익어서 부드러워질 때까지 사용될 수 없다.

▶ 정답 348쪽

QUIZ 다음 중 알맞은 것을 고르세요.

1. The *Jump into the Fire* concert has been put off until June 12 ------- inclement weather and poor field conditions.

   (A) due to   (B) toward

2. ------- arrival, every client was promptly served a delicious lunch at the hotel restaurant.

   (A) Upon   (B) When

3. ------- the Ramilonga Hotel is on Estero Beach, a lot of tourists spend their vacations there during the summer.

   (A) In spite of   (B) Since

4. Some local colleges offer courses in accounting for small business owners ------- the year.

   (A) while   (B) throughout

Under this new law, any company that manufactures or sells alcoholic beverages is prohibited ------ advertising on television commercials.

(A) for   (B) from   (C) of   (D) concerning

표현 정리   manufacture ~을 제조하다   alcoholic beverage 주류   prohibit ~ from V-ing ~가 …하는 것을 금지하다   television commercial TV 광고

해석   새로운 법규에 따라, 주류를 생산 혹은 판매하는 회사는 TV 광고가 금지된다.

보기 파악 ▶ 동사 prohibit과 함께 쓰이는 전치사를 묻는 전치사 문제이다.

✓ **빈칸 확인** ▶ prohibit은 「prohibit + 목적어 + from V-ing」 구조로 쓰여 '목적어에게 ~을 금지시키다'를 나타낸다. 다만 이 문장에서는 수동태로 쓰여 'be prohibited from V-ing'이 되었다.

정답 선택 ▶ 위의 구조를 만족시킬 수 있는 (B)가 정답이며, 같은 부류의 대표적인 동사로는 prevent, stop, keep, restrict, refrain, hinder, deter 등이 있다.

정답 (B)

1. ------- an effort to alleviate congestion on the network, users will have unlimited access up to 1TB.

(A) Throughout

(B) Into

(C) In

(D) From

2. The electronics store is charging $2 to park ------- business hours.

(A) during

(B) about

(C) for

(D) into

3. Mr. Chapman has been appointed as the CEO ------- his previous experience.

(A) furthermore

(B) thanks to

(C) toward

(D) given that

4. Ms. Jansen is highly qualified ------- the job she has been offered.

(A) into

(B) of

(C) with

(D) for

1 ㅣ단어 암기하기

어휘 문제에 대비한 빈출 어휘들입니다. 꾸준히 반복하면서 모두 암기하세요.

01 **legible** 형 (글씨) 읽을 만한

02 **accessible** 형 이용 가능한, 접근 가능한

03 **output** 명 생산량

04 **promising** 형 재능 있는, 희망을 주는

05 **makeshift** 형 임시의

06 **mistakenly** 부 실수로

07 **supposedly** 부 아마도, 명백히

08 **itinerary** 명 여행 계획

09 **evolve** 동 발전하다, 진화하다

10 **dignified** 형 고상한, 위엄 있는

2 ㅣ동의어 익히기

서로 어울리는 것끼리 연결하세요.

01 legible · · Ⓐ amount produced

02 accessible · · Ⓑ talented, hopeful

03 output · · Ⓒ presumably, apparently

04 promising · · Ⓓ journey plan

05 makeshift · · Ⓔ develop, progress

06 mistakenly · · Ⓕ noble

07 supposedly · · Ⓖ erroneously, wrongly

08 itinerary · · Ⓗ available, reachable

09 evolve · · Ⓘ temporary, provisional

10 dignified · · Ⓙ readable

정답 01 (J) 02 (H) 03 (A) 04 (B) 05 (I) 06 (G) 07 (C) 08 (D) 09 (E) 10 (F)

2 명사의 자리

출제 빈도 *매회 평균 2.67개*

부사의 자리를 묻는 문제와 거의 출제율이 비슷하나, 한 가지 다른 점이 있다면 명사의 자리를 묻는 문제는 파트 6에서도 종종 출제되고 있다는 점이다. 주로 타동사나 전치사의 목적어 역할을 하는 명사의 자리를 묻는 문제가 많이 출제가 되고 있다. 하지만 대부분 이 명사들 앞에 소유격이나 관사, 전치사, 혹은 형용사 등이 제시되고 있으므로, 선택지에 명사가 있고 이들 뒤에 빈칸이 있다면 정답이 명사일 가능성이 매우 높다.

STEP 1 시험에 나오는 문법

세세하게 다 알 필요 없다! 시험에 나오는 것만 익히자!

이 문제 유형은 문장 내에서 명사가 어떤 자리에 적합한지를 묻는 유형이다. 이 문제를 풀기 위해서는 명사가 문장에서 어떤 역할을 하며, 어떤 품사들의 앞뒤 사이에 위치하는가를 파악하면 된다.

1 | 명사의 역할

명사는 문장 내에서 아래와 같은 역할을 할 수 있다.

❶ 주어 역할

Safety training is vital to maintaining a safe and profitable workplace.

안전 교육은 안전하고 수익성 높은 작업장을 유지하는 데 중요하다.

▶ Safety training이라는 복합명사가 be동사 앞에서 주어 역할을 하고 있다.

❷ 보어 역할

Brenda is a dedicated professional with a lot of experience.

브렌다는 경력이 많은 헌신적인 전문가이다.

▶ 명사 professional이 be동사 뒤에서 보어 역할을 하고 있다.

❸ 타동사의 목적어 역할

If the program is during the lunch hour, the students will bring their own lunches.

그 프로그램이 점심 시간에 진행된다면, 학생들은 자신들의 점심을 가져올 것이다.

▶ 명사 lunch가 동사 bring의 목적어 역할을 하고 있다.

The company offered the opportunity to Mr. Walden.

회사는 월든 씨에게 기회를 제공했다.

▶ 명사 opportunity가 동사 offer의 목적어 역할을 하고 있다.

❹ 전치사의 목적어 역할

The terminal can be moved to another location if the market situation changes.

터미널은 시장의 상황이 변하면 다른 곳으로 옮겨갈 수 있다.

▶ 명사 location이 전치사 to의 목적어 역할을 하며, location 앞의 another는 location을 수식하는 형용사의 역할을 하고 있다.

❺ 수여동사의 직접목적어 역할

He gave us an official document with his signature on it.

그는 자신의 서명이 있는 공식 문서 하나를 우리에게 주었다.

▶ 명사 document가 수여동사 gave, 간접목적어 us 뒤에 나와 직접목적어 역할을 하고 있다.

2 | 명사의 위치

① 관사 + 형용사 + 명사: 명사는 형용사 뒤에 위치하여 형용사의 수식을 받는다.

I don't know how to wrap it up into a nice little package.

나는 그것을 어떻게 싸서 멋지고 작은 포장으로 만드는지 모른다.

② 현재분사/과거분사 + 명사: 명사는 형용사의 역할을 하는 분사의 뒤에 위치하여 분사의 수식을 받는다.

The increasing amount of litter is becoming the root cause of environmental problems.

늘어나고 있는 쓰레기가 환경 문제의 근본 원인이 되고 있다.

한 가지만 더!

분사 뒤에 수식어구가 나오면 분사는 명사를 뒤에서 수식하게 된다.

This agreement will be reviewed by our members made up of students and their parents.

이 동의서는 학생들과 그들의 부모들로 구성된 우리 회원들에 의해 검토될 것이다.

③ 소유격 + 명사: 명사는 my, your, his, her, their 등의 소유격 뒤에 위치하여 소유격의 수식을 받는다.

Keeping our customers satisfied requires that our products be of high quality.

우리 고객들을 계속 만족시키는 것은 우리 제품들의 높은 퀄리티를 필요로 한다.

④ 관사 + 명사 + 전치사: 명사는 관사와 전치사 사이에 위치한다.

We rely on the members of our community to build strong collaborative relationships.

우리는 강한 협력 관계를 형성하기 위해 우리 지역사회의 구성원들에 의존한다.

⑤ 전치사 + (관사) + 명사: 명사는 전치사 뒤에 위치한다.

Many scientists from the world over have gathered to analyze the matter.

전 세계의 많은 과학자들이 그 문제를 분석하기 위해 모였다.

▶ 정답 349쪽

QUIZ 다음 중 알맞은 것을 고르세요.

1. Marianne produced sculptures with ------- from her homeland.

(A) inspiration   (B) inspiring

2. Accompanying precise ------- with visual aids helps the audience better understand the data.

(A) information   (B) informs

3. The motto for the Naska Hotel is that you can feel the ------- of your own house.

(A) comfortable   (B) comfort

4. Mr. Wilson applied new scientific ------- and methods to his business.

(A) knowledgeable   (B) knowledge

Customers will be granted definite ------- to updates of the new software.

(A) access   (B) accessed   (C) accessing   (D) accessible

표현 정리   **be granted access to** ~에 대한 이용 권한을 부여 받다   **definite** 확실한, 명백한

해석   고객들은 새로운 소프트웨어의 업데이트를 이용할 확실한 권한을 부여 받을 것이다.

보기 파악 ▶ 한 단어가 다양한 품사로 변형된 어형 문제이다.

(A) access 명사 (입장, 접근)   (B) accessed 과거, 과거분사
(C) accessing 현재분사, 동명사   (D) accessible 형용사 (접근 가능한)

✓ **빈칸 확인** ▶ 보기에 명사가 있고, 형용사 뒤에 빈칸이 있으므로 빈칸은 명사 자리이다. 또한 빈칸 앞 동사 grant는 give의 의미를 지니며 목적어 2개를 취하는 4형식 동사이다. 그런데 grant가 수동태로 쓰이면서 그 뒤에는 직접목적어만 남아 있다. 따라서 빈칸은 「4형식 동사 수동태(be + p.p.) + 직접목적어」 형태에서 직접목적어 자리에 해당한다.

💡 **정답 선택** ▶ 빈칸 자리가 직접목적어이자 형용사 뒤에 있으므로 명사 (A)가 정답이다. (C)는 타동사 access에 -ing가 붙은 형태로, 현재분사나 동명사로 쓰이며 뒤에 별도의 목적어가 필요하므로 오답이다.

정답 (A)

STEP 3 연습 문제

1. The saw from MEXA Industries can cut more wood in a short amount of time in ------- with those from other brands.

  (A) compared
  (B) comparable
  (C) comparison
  (D) comparing

2. The ------- of the new law is to allow employers to assess an individual's suitability for permanent employment without the risk of legal proceedings.

  (A) intends
  (B) intention
  (C) intending
  (D) intentional

3. Sven Plumbing provides an ------- that includes the cost of labor, materials, and scheduling.

  (A) estimated
  (B) estimating
  (C) estimates
  (D) estimate

4. Many students were asking for an ------- of the deadline for their research essays.

  (A) extension
  (B) extend
  (C) extended
  (D) extending

1 | 단어 암기하기

어휘 문제에 대비한 빈출 어휘들입니다. 꾸준히 반복하면서 모두 암기하세요.

01 **impulse** 명 충동

02 **venue** 명 행사장

03 **suspend** 동 중단하다, 걸다

04 **moreover** 부 게다가

05 **virtually** 부 거의, 사실상

06 **thoroughly** 부 신중하게, 철저하게

07 **attendance** 명 참석, 참석자 수

08 **supervision** 명 관리, 감독

09 **insight** 명 통찰

10 **unfavorable** 형 호의적이지 않은, 불리한

2 | 동의어 익히기

서로 어울리는 것끼리 연결하세요.

01 impulse · · Ⓐ almost, nearly

02 venue · · Ⓑ carefully, comprehensively

03 suspend · · Ⓒ management, control

04 moreover · · Ⓓ deep understanding

05 virtually · · Ⓔ bad, adverse

06 thoroughly · · Ⓕ number present, presence

07 attendance · · Ⓖ stop, hang

08 supervision · · Ⓗ a sudden, strong wish

09 insight · · Ⓘ place, site

10 unfavorable · · Ⓙ furthermore, besides

정답 01 (H) 02 (I) 03 (G) 04 (J) 05 (A) 06 (B) 07 (F) 08 (C) 09 (D) 10 (E)

③ 부사의 자리

출제 빈도 매회 평균 2.58개

부사의 자리를 묻는 문제는 파트 5에서 세 번째로 많이 나오는 문제 유형이지만 파트 6에서는 거의 출제되고 있지 않으므로 파트 5에 집중된 문제 유형이다. 그 중 부사가 동사의 앞뒤에서 동사를 수식하는 유형이 가장 많이 출제되고 있다. 그리고 과거분사를 포함한 형용사를 수식하는 유형이 그 다음으로 자주 출제되고 있다.

STEP 1 시험에 나오는 문법

세세하게 다 알 필요 없다! 시험에 나오는 것만 익히자!

문장에서 부사가 어떤 품사를 꾸며주며, 그 경우에 어디에 위치하는가를 파악하면 된다.

1 ㅣ 부사의 수식 범위

부사는 문장에서 동사, 형용사, 부사, 구, 절, 혹은 문장 전체를 수식할 수 있다. 다만 부사는 명사를 수식할 수 없다. 또한 빈칸을 빼고도 문장의 구조나 의미가 완전하다면 빈칸 자리는 대부분 부사에 해당된다.

2 ㅣ 부사의 위치

수식 당하는 품사의 형태와 종류에 따라 수식하는 부사의 위치가 어디인지 익힌다.

❶ **동사 수식 1 :** 부사가 동사를 수식할 때는 동사 앞 또는 뒤에서 수식한다.

• 동사 앞에서 수식

They mistakenly delivered jet fuel instead of the usual gasoline.

그들은 실수로 일반 가솔린 대신 제트기 연료를 공급했다.

▶ mistakenly라는 부사가 동사 delivered를 앞에서 수식하고 있다.

※ 한 가지만 더!

- -

• 조동사와 동사원형이 나올 경우에는 그 사이에 위치한다.

Nowadays, we can easily access the Internet with different devices, such as mobile phones and tablets. 요즘 우리는 휴대폰이나 태블릿 같은 여러 기기들로 인터넷에 쉽게 접속할 수 있다.

▶ 부사 easily가 조동사 can 다음에 나와 동사 access를 수식하고 있다.

• 동사 뒤에서 수식

Mr. Kim was able to work collaboratively with the management team.

김 씨는 경영팀과 협력하여 일할 수 있었다.

▶ 부사 collaboratively가 동사 work를 뒤에서 수식하고 있다.

- -

❷ **동사 수식 2 :** 동사가 진행형일 때는 be동사와 V-ing 사이, 수동태형일 때는 be동사와 과거분사 사이, 완료형일 때는 have동사와 과거분사 사이에 온다.

• 진행형 수식

He is currently doing some research for his next project.

그는 현재 다음 프로젝트를 위한 어떤 연구를 하고 있다.

▶ 부사 currently가 진행형을 이루는 be동사와 현재분사 사이에 놓여 있다.

- **수동태형 수식**

Jane **was** not very **impressed** with the first film.

제인은 첫 번째 영화에 그리 감명받지 않았다.

▶ 부사 very가 be동사 다음에 나와서 과거분사인 impressed를 수식하고 있다.

- **완료형 수식**

She **had just reached** the second floor when a teacher blocked her way.

그녀가 막 2층에 도착했을 때 어떤 선생님이 그녀의 길을 가로막았다.

▶ 부사 just가 과거완료형인 had와 reached 사이에 놓여 있다.

❸ 동사 이외에 형용사, 부사, 구, 절, 문장 등을 수식할 때는 수식 당하는 품사 앞에 온다.

- **형용사 수식**

Nanotechnology is a **relatively new** materials science that is slowly beginning to revolutionize many sectors of manufacturing.

나노기술은 비교적 신소재 과학으로 많은 제조 부문들에 서서히 혁신을 일으키기 시작하고 있다.

▶ 부사 relatively가 형용사 new를 앞에서 수식하고 있다.

- **부사 수식**

An investigation progresses **more rapidly** when the evidence supplied is accurate, **relevant, and suitable.** 제공된 증거가 정확하고, 관련성이 있으며, 적합한 경우에 조사는 더욱 빠르게 진행된다.

▶ 부사 more가 부사 rapidly를 앞에서 수식하고 있다.

- **구 수식**

Growing traffic in urban areas is linked with many accidents, **especially in developing countries.** 도시 지역의 증가하는 교통은 많은 사고들과 연관되어 있는데, 특히 개발도상국에서 그러하다.

▶ 부사 especially가 in developing countries라는 전명구를 앞에서 수식하고 있다.

- **절 수식**

It was surprising, **particularly when he informed us of the fact.**

특히 그가 그 사실을 우리에게 알려줬을 때 놀라웠다.

▶ 부사 particularly가 when he informed us of the fact라는 부사절을 앞에서 수식하고 있다.

▶ 정답 350쪽

QUIZ 다음 중 알맞은 것을 고르세요.

1. Wind energy isn't expected to be ------ accessible to the general public in the near future.

(A) easily   (B) easy

2. The candidates should be ------- dressed when they are interviewed.

(A) proper   (B) properly

3. Kate ------- praised him for his professionalism and performance.

(A) high   (B) highly

4. Medical care is needed ------- after a bone is fractured.

(A) immediate   (B) immediately

Entrepreneurs ------- rely on consultants to realize greater energy savings.

(A) frequented　　　　　(B) frequent　　　　　(C) frequently　　　　　(D) frequency

표현 정리　**entrepreneur** 기업가(= businessman)　**realize** 실현하다　**energy savings** 에너지 절약

해석　기업가들은 보다 큰 규모의 에너지 절약을 실현하기 위해 종종 컨설턴트들에게 의존한다.

보기 파악 ▶ 한 단어가 다양한 품사로 변형된 어형 문제이다.

(A) frequented 과거분사 (빈번한)　　　　　　　　　(B) frequent 형용사 (빈번한, 잦은)

(C) frequently 부사 (빈번하게)　　　　　　　　　　(D) frequency 명사 (빈도)

빈칸 확인 ▶ 빈칸이 주어와 동사 사이에 있으므로 빈칸에는 부사나 복합명사를 이루는 명사가 들어갈 수 있다.

정답 선택 ▶ (A)와 (B)는 형용사 역할을 하고 있으므로 적절치 않다. (D)는 명사이지만 Entrepreneurs frequency라는 복합명사는 없으므로 역시 정답이 될 수 없다. 따라서 정답은 동사를 수식할 수 있는 부사 (C)가 된다.

함정분석 : (A) frequented의 품사는 엄밀히 말하면 과거분사이지만 형용사 역할을 한다는 점도 참고로 알아둔다.

정답 (C)

STEP 3 연습 문제

1. Although he is registered at school, Noel is ------- able to attend and has so far only succeeded in completing his second year.

　(A) rarely

　(B) rareness

　(C) rarest

　(D) rare

2. According to the news, Mumbai's health care costs are ------- higher than those in other neighboring areas.

　(A) considerably

　(B) consideration

　(C) considering

　(D) considerable

3. Minor windshield cracks can ------- be repaired if taken care of immediately.

　(A) easier

　(B) easiness

　(C) easily

　(D) ease

4. The Carpathian Dental Center stays open ------- on weeknights to accommodate clients.

　(A) lateness

　(B) latest

　(C) late

　(D) lately

1 | 단어 암기하기

어휘 문제에 대비한 빈출 어휘들입니다. 꾸준히 반복하면서 모두 암기하세요.

01 **likewise** ⒡ 같은 식으로		06 **hopeful** ⒣ 희망을 가진, 희망을 주는	
02 **discourage** ⒟ 낙담시키다, 금지시키다		07 **deserve** ⒟ ~을 가질 자격이 있다	
03 **predicament** ⒨ 곤란한 상황		08 **inhabitant** ⒨ 주민	
04 **patronage** ⒨ 후원, 성원		09 **desirable** ⒣ 매력적인, 소유할 가치가 있는	
05 **operational** ⒣ 작동하는, 가동하는		10 **desired** ⒣ 선호되는	

2 | 동의어 익히기

서로 어울리는 것끼리 연결하세요.

01 likewise ·	· Ⓐ support, backing
02 discourage ·	· Ⓑ working
03 predicament ·	· Ⓒ having hope, giving hope
04 patronage ·	· Ⓓ ought to have
05 operational ·	· Ⓔ resident, occupant
06 hopeful ·	· Ⓕ worth having, attractive
07 deserve ·	· Ⓖ difficult situation
08 inhabitant ·	· Ⓗ similarly, in the same way
09 desirable ·	· Ⓘ prevent, depress
10 desired ·	· Ⓙ preferred

정답 01 (H) 02 (I) 03 (G) 04 (A) 05 (B) 06 (C) 07 (D) 08 (E) 09 (F) 10 (J)

4 동사의 형태

출제 빈도 **매회 평균 1.92개**

출제 포인트

시험에서는 다양한 동사의 형태를 물어본다. 주로 현재 시제에서는 3인칭 단수형, 복수형, 현재진행형, 조동사나 명령문 다음의 동사원형 등의 형태를 물어보며, 과거 시제에서는 과거 동사 형태를 묻기도 한다. 이 중 파트 5와 6을 통틀어 현재진행형을 물어 보는 유형이 가장 출제 비율이 높은 편이다.

STEP 1 시험에 나오는 문법

세세하게 다 알 필요 없다! 시험에 나오는 것만 익히자!

문장에서 동사의 형태는 다양하게 제시가 되는데, 시험에서 집중적으로 출제되는 몇 가지 동사의 용례 중심으로 파악해 보고자 한다.

1 | 동사의 현재

❶ 3인칭 단수 동사

나와 너를 제외한 제3의 사람이나 사물을 나타내는 3인칭 단수 동사에 -s나 -es를 붙여야 한다.

The company takes the proper security measures to protect all customer data.

회사는 모든 고객 데이터를 보호하기 위해 적절한 보안 조치를 취한다.

米 한 가지만 더!

동사에 -es를 붙이는 경우

1. 동사원형이 -s, -x, -sh, -ch 등으로 끝날 경우에는 그 뒤에 -es를 붙인다. ex) teach → teaches
2. 동사원형이 '자음 + y'로 끝날 경우에는 y를 i로 바꾸고 그 뒤에 -es를 붙인다. ex) study → studies

❷ 1, 2인칭 또는 복수 동사

나를 가리키는 1인칭, 너를 가리키는 2인칭, 그리고 둘 이상을 나타내는 복수 주어가 나올 경우 동사는 원형을 써야 한다.

Many of our visitors return **regularly** throughout the year as our hotel is such a perfect setting.

많은 우리 방문객들은 우리 호텔이 너무도 완벽한 환경이기 때문에 1년 내내 주기적으로 다시 찾는다.

▶ return과 같은 현재 시제는 대개 일반적이고 반복되는 내용을 나타내며, 빈도부사(regularly)와의 결합이 빈번하다.

2 | 동사의 과거

단순 과거 시제는 보통 last year, ago, yesterday 등의 과거시간 부사를 동반한다.

Yesterday, Heidi Soft conducted its annual investor Q&A, which marked the end of the year.

어제, 하이디 소프트는 연례 투자자 Q&A를 실시했는데, 이는 연말이 되었음을 나타내는 것이다.

▶ 과거시간 부사인 yesterday로 인해 과거 시제 동사 conducted가 쓰였다.

3 | 동사원형을 쓰는 경우

다음과 같은 경우에는 꼭 동사원형이 와야만 한다.

❶ 조동사 + 동사원형

can (= be able to)이나 may 같은 조동사 다음에는 반드시 동사원형이 와야만 한다.

You **can go** on vacation only after finishing the work.
당신은 그 일을 끝내야만 휴가를 떠날 수 있다.

❷ 명령문 + 동사원형

명령문에서는 주로 주어가 생략되며, 동사원형이 바로 나온다.

If you have any questions, please **contact** us at this number.
문의사항이 있으시면 이 번호로 연락 주세요.

4 | 현재진행형

현재진행형은 '~하고 있는 중이다'라는 뜻으로, 「be (am, are, is) + V-ing」 형태로 나타낸다.

I'm **planning** a surprise party for him.
나는 그를 위해 깜짝 파티를 계획하고 있는 중이다.

✽한 가지만 더!

「be (am, are, is) + V-ing」이 미래를 나타내는 표현과 결합될 때는 미래의 의미를 나타내기도 한다.
Mr. Nelson **is arriving** at the office in Toronto next week.
넬슨 씨는 다음 주에 토론토에 있는 사무실에 도착할 것이다.

▶ 정답 351쪽

QUIZ 다음 중 알맞은 것을 고르세요.

1. Meeting their basic daily needs ------- a major challenge for many people in developing countries.

(A) remaining   (B) remains

2. All electronic devices must be turned off while the plane ------- off.

(A) taking   (B) is taking

3. All taxis with a high-tech camera system can ------- forgotten personal items.

(A) detect   (B) detected

4. If you have any questions, please ------- to your manager directly before 4 P.M.

(A) spoke   (B) speak

The rate a person's salary is increased after being promoted ------- a great deal between industries and sectors.

(A) vary   (B) varies   (C) varying   (D) to vary

표현 정리   **promote** 승진시키다   **vary** 다르다(= differ), 바뀌다(= change)   **a great deal** 많이(= much)   **between industries and sectors** 업계와 부문 사이에

해석   승진한 후 개인의 봉급이 인상되는 비율은 업계와 부문 사이에 많이 다르다.

보기 파악 ▶ vary가 다양한 형태로 제시된 동사의 어형 문제이다.

(A) vary   동사   (B) varies   3인칭 단수 동사

(C) varying   현재분사, 동명사   (D) to vary   to부정사

✓ **빈칸 확인** ▶ 빈칸은 동사형이 들어갈 자리이므로 (A), (B)를 우선 고려할 수 있다.

정답 선택 ▶ 그런데 주어가 3인칭 단수(rate)이므로 (B)가 정답이다.

정답 (B)

---

1. The board of Sigma Borealis formally ------- the employment plan at its meeting last week.

    (A) approves

    (B) will approve

    (C) has approved

    (D) approved

2. At least five senior UT Pablo executives ------- to work by plane, and the company pays for it.

    (A) commutes

    (B) commute

    (C) were commuting

    (D) has been commuting

3. Dr. Graham ------- school supplies to elementary schools in the Windham and East Haven areas.

    (A) have been donated

    (B) donated

    (C) be donating

    (D) was donated

4. The eagerly awaited opening of our store ------- next Friday.

    (A) to come

    (B) come

    (C) has come

    (D) is coming

1 ㅣ 단어 암기하기

어휘 문제에 대비한 빈출 어휘들입니다. 꾸준히 반복하면서 모두 암기하세요.

01 **neutrality** 몡 중립 입장[자세]

02 **voracious** 혱 몹시 음식을 탐하는

03 **contiguous** 혱 인접한, 매우 가까운

04 **irretrievable** 혱 뒤집을 수 없는, 고칠 수 없는

05 **overlay** 동 (막으로) 덮다, 씌우다

06 **rebuke** 동 꾸짖다, 비난하다

07 **compensation** 몡 보상(액)

08 **envious** 혱 시기하는, 부러워하는

09 **institute** 동 (시스템·규정 등을) 실시하다

10 **fateful** 혱 중대한, 운명적인

2 ㅣ 동의어 익히기

서로 어울리는 것끼리 연결하세요.

01 neutrality	Ⓐ cover
02 voracious	Ⓑ very eager for food
03 contiguous	Ⓒ reimbursement
04 irretrievable	Ⓓ start a system[rule]
05 overlay	Ⓔ scold, criticize
06 rebuke	Ⓕ jealous
07 compensation	Ⓖ a neutral stance
08 envious	Ⓗ important, significant
09 institute	Ⓘ irreversible, irreparable
10 fateful	Ⓙ neighboring, next to

정답 01 (G) 02 (B) 03 (J) 04 (I) 05 (A) 06 (E) 07 (C) 08 (F) 09 (D) 10 (H)

143

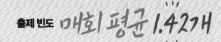

PART 5, 6

5 접속부사

출제 포인트

접속부사와 관련된 문제는 파트 5와 파트 6의 출제 빈도에서 차이가 많이 난다. 파트 5에서 접속부사 문제는 거의 출제되지 않지만, 파트 6에서는 매회 1문제 이상 꼬박꼬박 나올 정도로 매우 중요하게 다루어진다. 따라서 파트 6의 고득점을 위해서는 완벽히 숙지해야 할 유형이다.

STEP 1 시험에 나오는 문법　　　　　　　　　세세하게 다 알 필요 없다! 시험에 나오는 것만 익히자!

접속부사는 두 내용을 연결하는 접속사적 의미를 지닌 부사이다. 이 문제 유형을 풀기 위해선 먼저 접속부사의 위치와 종류를 반드시 알아야 한다.

1 ㅣ 접속부사의 위치

❶ S + V ; 접속부사 S + V.

Lawns need to be watered at least twice daily; **however**, three times per day would be ideal.

잔디는 적어도 하루에 두 번 물을 주어야 합니다; 그러나 하루 세 번이 이상적입니다.

❷ S + V. 접속부사 S + V.

This is one possible solution to the problem. **However**, we need to find others.

이것이 문제의 가능한 해결책 중 하나이다. 그러나 우리는 다른 해결책도 찾아야 한다.

▶ 접속부사 However가 문장과 문장을 역접의 관계로 연결해주고 있다.

❸ ~, and/but 접속부사 S + V.

The price of your stay is all inclusive, **and therefore** there is no additional charge for Internet service.

당신이 숙박하는 가격은 모든 것을 포함하므로, 인터넷 서비스에 대한 추가 요금은 없습니다.

Home CCTV systems have developed very much, **but even so**, there are not many houses with them.

가정용 CCTV 시스템은 많이 발전했지만, 그렇다고 해도, 그 시스템을 갖춘 주택은 많지 않다.

▶ 접속부사 even so가 등위접속사 뒤에 위치하여 그 다음 문장을 이어주고 있다.

❹ S + 접속부사 + V.

He **therefore** wrote a simple tune for children, which he called Mary's Dream.

그는 그래서 아이들을 위한 간단한 곡을 썼는데, 그는 그것을 '메리의 꿈'이라고 불렀다.

▶ 접속부사 therefore가 주어와 동사 사이에 위치하여 부사의 역할을 하고 있다.

2 ㅣ 접속부사의 종류

❶ 그리고, 게다가

moreover, furthermore, additionally (= in addition), besides, also 등

The letter written by Brandon was illegible. **Moreover**, his grammar was terrible.

브랜든이 쓴 편지는 읽기 어려웠다. 게다가 그의 문법은 끔찍했다.

② 그러나, 그럼에도

however, even so, nevertheless 등

Nevertheless, Mr. Lubalcaba still plays an important role in his department.

그럼에도 불구하고 루발카바 씨는 여전히 그의 부서에서 중요한 역할을 하고 있다.

③ 같은 식으로, 마찬가지로

similarly, likewise 등

Ms. Jones was brought up to be honest. **Similarly**, she has tried to teach her own children to be so.

존스 씨는 정직해지도록 양육되었다. 같은 식으로, 그녀는 자녀들도 그렇게 가르치려고 노력해왔다.

④ 그래서, 따라서

therefore, consequently, subsequently, thus, as a result, thereby 등

He had difficulty in business and **therefore** couldn't afford to invest in the project.

그는 사업에 어려움을 겪게 되었고, 따라서 그 프로젝트에 투자할 여력이 없었다.

⑤ otherwise

- (앞부분의 내용에 대해) 그렇지 않으면
- (앞부분의 특정 단어에 대해) 그것이 없(었)다면 (= without it)
- (병렬적인 내용들 가운데) (또는) 달리(= (or) alternatively)

The final payment for our services will be billed to the company credit card unless **otherwise** noted.

저희 서비스에 대한 최종 납입금은 달리 언급되지 않는다면 회사 법인카드로 청구됩니다.

▶ 접속부사 otherwise가 앞의 내용에 대해 반대로 가정하며 '달리 언급되지 않는다면'의 의미로 연결되고 있다.

▶ 정답 352쪽

QUIZ 다음 중 알맞은 것을 고르세요.

1. Jacky had a terrible toothache, but ------- she went to the concert.

(A) therefore   (B) even so

2. The company was unable to get enough funding and ------- had to stop the project.

(A) however   (B) therefore

3. All the stores were closed, so -------, we couldn't buy any fruit.

(A) consequently   (B) but

4. Many people think Mr. Jackson stole the money, but all the evidence suggests -------.

(A) besides   (B) otherwise

All cancelations will be refunded 3 days before the event; -------, full payment will be charged.

(A) otherwise   (B) consequently   (C) furthermore   (D) additionally

---

표현 정리   cancelation 취소   be refunded 환불되다   full payment 요금 전액   be charged 부과되다

해석   모든 취소는 행사 3일 전에 환불됩니다; 그렇지 않으면 요금 전액을 부담하셔야 합니다.

보기 파악 ▶ 서로 다른 접속부사들이 제시된 어휘 문제이다.

(A) otherwise 그렇지 않으면   (B) consequently 그러므로

(C) furthermore 게다가   (D) additionally 부가적으로

✓ **빈칸 확인** ▶ 중간의 세미콜론(;)이 접속사 역할을 하고 있는 문장이며, 빈칸 앞은 행사 3일 전에 취소하면 전액을 환불해준다는 내용이고, 뒷부분은 전액을 부담하게 된다는 내용이다.

정답 선택 ▶ 앞뒤 문맥을 고려했을 때, 빈칸에는 앞의 내용을 반대로 가정하는 의미를 나타내는 (A)가 적절하다.

정답 (A)

---

1. The bad sound quality ruined the ------- superb movie.

    (A) moreover

    (B) also

    (C) only

    (D) otherwise

2. We use Baghdad Bakery because it's nice and ------- its items are inexpensive.

    (A) however

    (B) when

    (C) furthermore

    (D) due to

3. The selection at John Sykes is primarily quality costume jewelry, but we ------- feature traditional pieces.

    (A) therefore

    (B) or

    (C) so

    (D) also

4. Hard physical training made our team members hungry, and ------- our food supplies ran out.

    (A) thus

    (B) while

    (C) except

    (D) nevertheless

1 | 단어 암기하기

어휘 문제에 대비한 빈출 어휘들입니다. 꾸준히 반복하면서 모두 암기하세요.

01 **commencement** ⑲ 시작

02 **lastingly** ⑼ 영원히

03 **magnificently** ⑼ 매우 잘, 뛰어나게

04 **exposure** ⑲ 노출, 알려짐

05 **liberally** ⑼ 풍부하게, 후하게

06 **gravely** ⑼ (아픔 등이) 심하게, 중대하게

07 **redeemable** ⑱ 교환 가능한

08 **exhaust** ⑧ 지치게 하다, 소진하다

09 **platform** ⑲ (평평하게) 솟은 지대, 연단

10 **unfairly** ⑼ 부당하게

2 | 동의어 익히기

서로 어울리는 것끼리 연결하세요.

01 commencement · · Ⓐ publicity, disclosure

02 lastingly · · Ⓑ superbly, well

03 magnificently · · Ⓒ exchangeable

04 exposure · · Ⓓ unjustly, wrongly

05 liberally · · Ⓔ tire, use up

06 gravely · · Ⓕ permanently, eternally

07 redeemable · · Ⓖ seriously, fatally

08 exhaust · · Ⓗ beginning, start

09 platform · · Ⓘ raised area, podium

10 unfairly · · Ⓙ abundantly, generously

6 | 형용사의 자리

출제 빈도 매회 평균 1.17개

출제 포인트

문장 내에서 형용사가 들어갈 자리에 대해 묻는 유형이다. 형용사는 대부분 명사 앞에 위치하여 그 뒤에 있는 명사를 수식하게 된다. 간단한 원리만 익히면 해석을 하지 않고도 쉽게 맞힐 수 있으므로 결코 놓쳐서는 안 되는 문제 유형이다.

STEP 1 시험에 나오는 문법

세세하게 다 알 필요 없다! 시험에 나오는 것만 익히자!

이 문제 유형을 해결하려면 형용사의 수식 범위와 형용사가 어떤 품사들의 앞뒤 사이에 위치하는가를 파악하면 된다.

1 ㅣ 형용사의 수식 범위

형용사는 문장 내에서 명사를 꾸며 준다.

No refund is offered if a confirmed reservation is not canceled.

확인된 예약이 취소되지 않으면 환불되지 않습니다.

▶ confirmed가 뒤에 나온 명사 reservation을 수식하고 있다. 이때 confirmed는 형태는 과거분사지만 문장 내에서 형용사의 역할을 하고 있다.

We must take the necessary steps to prevent another such tragedy.

우리는 그와 같은 또 다른 비극을 예방하기 위해 필요한 조치를 취해야 한다.

▶ necessary라는 형용사가 뒤에 나온 명사 steps를 수식하고 있다.

2 ㅣ 형용사의 위치

형용사는 다음과 같은 자리에 위치한다. 사례들을 살펴보면 사례마다 한 가지 공통점을 발견할 수 있다. 즉, 항상 형용사가 명사 앞에 위치한다는 것이다. 따라서 무엇보다도 「형용사 + 명사」라는 원칙은 꼭 알고 있어야 한다.

❶ 관사 + 형용사 + 명사

Marty has been a valued member of our organization for almost 5 years.

마티는 거의 5년 동안 우리 단체의 소중한 회원이었다.

❷ 형용사 + 형용사 + 명사

If you need any further assistance, please let us know immediately.

어떤 추가적인 도움이 필요하면, 즉각적으로 우리에게 알려주세요.

❸ 최상급 + 형용사 + 명사

This is probably the most desirable piece of land in the area.

여기가 이 지역에서 아마 가장 소유할 만한 땅일 것이다.

❹ 소유격 + 형용사 + 명사

All employees who arrive late must notify their immediate supervisor.

늦게 도착하는 모든 직원들은 그들의 직속 상관에게 반드시 알려야 한다.

❺ 부사 + 형용사 + 명사

The Protectors is a completely independent agency specializing in retirement solutions.

The Protectors는 은퇴 솔루션을 전문으로 하는 완전히 독립된 기관이다.

3 | 형용사의 종류와 형태

문제를 풀다 보면 빈칸이 형용사 자리라는 것은 알지만, 보기 중 형용사가 무엇인지 몰라서 답을 못 찾는 경우도 있다. 따라서 기본적인 형용사의 종류와 형태를 익혀놓도록 한다.

❶ 형용사의 종류

• 일반 형용사 : 사람이나 사물의 성질, 모습, 상태를 나타낸다.

| colorful 화려한 | brave 용감한 | steady 꾸준한 | important 중요한 | wise 영리한 |

• 수량 형용사 : 사람이나 사물의 수나 양을 나타낸다.

가산 명사 수식	few 거의 없는	a few 약간 있는	many 많은	each 각각의	every 모든
불가산 명사 수식	little 거의 없는	a little 약간 있는	much 많은	less 보다 적은	
가산 명사 & 불가산 명사 수식	a lot of 많은	lots of 많은	plenty of 많은		

• 부정 형용사 : 딱히 정해지지 않은 수나 범위를 나타낸다.

| all 모든 | some 일부의 | most 대부분의 | other 다른 |

❷ 형용사의 형태

형용사의 어미는 대개 -able, -ous, -ive, -ful, ic, -al, -y 등으로 끝난다.

usable 유용한	famous 유명한	impressive 인상적인	beautiful 아름다운
specific 특별한	formal 형식적인	heavy 무거운	

▶ 정답 353쪽

QUIZ 다음 중 알맞은 것을 고르세요.

1. During difficult times, ------- measures must be taken to ensure survival.

(A) drastic   (B) drastically

2. The ------ soup to feed children is made up of healthy ingredients.

(A) right   (B) rightly

3. The efficient and aggressive marketing strategies served ------- roles in supporting the success of businesses in several European countries.

(A) vitality   (B) vital

4. The ------ email you sent us will make our relationship even worse.

(A) rude   (B) rudeness

The New York real estate market had an ------ start to 2015, paving the way for another strong quarter.

(A) except   (B) exception   (C) exceptional   (D) exceptionally

표현 정리   real estate 부동산   pave the way for ~을 위한 길을 닦다. ~을 유도하다   quarter 분기

해석   뉴욕의 부동산 시장은 2015년을 앞두고 이례적인 호조를 띠기 시작하며 이어지는 분기의 호황을 유도하고 있다.

보기 파악 ▸ 한 단어가 다양한 품사로 변형된 어형 문제이다.

(A) except 전치사 (~을 제외하고)   (B) exception 명사 (예외)

(C) exceptional 형용사 (예외적인)   (D) exceptionally 부사 (예외적으로)

✓ **빈칸 확인** ▸ 빈칸은 부정관사 an과 명사 start 사이에 있으므로 형용사 자리이다.

정답 선택 ▸ 보기 중에 형용사는 (C)밖에 없으므로 (C)가 정답이다.

정답 (C)

1. Ford Motor Vehicles is focusing its research and development on several ------- technologies to improve safety and fuel efficiency.

(A) innovate

(B) innovative

(C) innovates

(D) innovation

2. There are many ------- cases of mergers and acquisitions.

(A) notes

(B) notable

(C) noting

(D) note

3. These services include the preparation of all ------- tax documents, tax planning, and the resolution of any tax-related problems.

(A) necessary

(B) necessarily

(C) necessity

(D) necessitate

4. A lot of ------- Korean dishes will be available at a food festival on November 27.

(A) difference

(B) different

(C) differs

(D) differed

1 ㅣ 단어 암기하기

어휘 문제에 대비한 빈출 어휘들입니다. 꾸준히 반복하면서 모두 암기하세요.

01 **opposing** ⑱ 반대하는, 대립하는

02 **to the point** ⑱ 직접적인, 정곡을 찌르는

03 **prematurely** ⑭ 미리, 먼저

04 **uncommonly** ⑭ 매우, 드물게

05 **critical** ⑱ (의견) 비평하는, (질병이) 위중한, 중요한

06 **regulate** ⑧ 통제하다

07 **ordinarily** ⑭ 보통은

08 **surplus** ⑱ 여분의, 초과의

09 **lengthy** ⑱ 긴

10 **opportune** ⑱ 시기 적절한

2 ㅣ 동의어 익히기

서로 어울리는 것끼리 연결하세요.

01 opposing ·

02 to the point ·

03 prematurely ·

04 uncommonly ·

05 critical ·

06 regulate ·

07 ordinarily ·

08 surplus ·

09 lengthy ·

10 opportune ·

· Ⓐ control

· Ⓑ normally, usually

· Ⓒ extra, excess

· Ⓓ direct

· Ⓔ long

· Ⓕ in advance

· Ⓖ very

· Ⓗ timely

· Ⓘ contrasting, differing

· Ⓙ giving an opinion, serious, important

정답 01 (I) 02 (D) 03 (F) 04 (G) 05 (J) 06 (A) 07 (B) 08 (C) 09 (E) 10 (H)

7 명사를 수식하는 과거분사 출제 빈도 매회 평균 0.92개

출제 포인트

명사를 수식하는 과거분사를 묻는 문제 유형은 대부분 파트 5에 집중되어 있다. 대부분 현재분사와의 차이점을 물어보는 유형으로 제시되므로, 현재분사와의 정확한 구별이 문제 해결의 관건이 된다. 대부분 명사 앞에서 수식하는 경우가 많지만 가끔씩 명사 뒤에서 수식하기도 한다.

STEP 1 시험에 나오는 문법　　　　　　　　세세하게 다 알 필요 없다! 시험에 나오는 것만 익히자!

명사를 수식하는 과거분사와 관련된 문제는 과거분사와 명사와의 관계를 먼저 알아야만 한다. 그러나 그 관계가 다소 모호한 경우도 있으니 시험에 자주 언급되는 과거분사 표현을 따로 외워두면 많은 도움이 된다.

1 | 과거분사와 수식 받는 명사와의 관계

동사에 -ed(혹은 불규칙 변화)를 붙여 '~하게 된'이라는 형용사의 역할을 하는 분사를 '과거분사'라고 한다. 그리고 이 과거분사는 '완료' 와 '수동'의 의미를 갖게 된다. 이때 수식하는 분사와 수식 받는 명사의 관계에서, 수식 받는 명사가 분사의 행위를 수동적으로 받고 있는 경우에 과거분사를 쓴다.

The merger of Harpers & Lloyd with Templeton Electronics propelled the combined group into third place.

하퍼스 앤 엘로이드의 템플턴 일렉트로닉스와의 합병은 이 결합된 조직을 업계 3위로 진입시켰다.

▶ 과거분사 combined가 그 뒤의 명사 group을 앞에서 수식하고 있는데, 뒤의 명사가 앞의 분사의 행위를 받고 있기 때문에 과거분사가 나온 형태이다. 즉, 조직이 결합되었으므로 수동적인 상태를 나타내고 있다.

2 | 과거분사의 위치

❶ 과거분사가 명사 앞에서 수식하는 경우

Damaged luggage should be reported to your airline's baggage service counter as soon as possible.

손상된 짐은 항공사의 수화물 서비스 카운터에 가능한 빨리 신고되어야 한다.

▶ 과거분사인 Damaged가 그 뒤의 명사 luggage를 앞에서 수식하고 있다.

❷ 과거분사가 명사 뒤에서 수식하는 경우

Tijuana Resort will continue to honor all tickets purchased prior to the announcement of the new pricing system.

티후아나 리조트는 새로운 가격 시스템의 발표 이전에 구매된 모든 티켓도 계속 인정해드릴 것입니다.

▶ 과거분사 뒤에 수식어구가 나올 경우 대개 과거분사는 그 수식어구와 함께 명사 뒤에서 수식을 하게 된다. 위에서는 purchased가 tickets라는 명사를 뒤에서 수식하고 있다.

※한 가지만 더!

과거분사가 명사 뒤에서 수식하는 경우 명사와 과거분사 사이에는 대개 '주격 관계대명사 + be동사'가 생략되어 있다.

Anyone (who is) interested in joining us for the convention should apply now.

컨벤션에 우리와 함께 참가하는 데 관심이 있는 사람은 누구라도 지금 지원해야 합니다.

▶ 대명사 Anyone과 과거분사 interested 사이에는 주격 관계대명사 who와 be동사 is가 생략되어 있다.

3 | 시험에 자주 언급되는 과거분사 표현

automated system 자동화된 시스템

certified teacher 자격 있는 강사

confirmed reservations 확인된 예약

distinguished scientist 유명한 과학자

established writer 기성 작가

estimated expenses 추산된 지출

expedited service 신속처리 서비스

experienced lawyer 경험 많은 변호사

frozen food 냉동 음식

interested parties 이해 당사자들

newly hired staff members 새로 고용된 직원들

pointed remark 신랄한 언급

proposed changes 제안된 변경사항들

registered mail 등기 우편

revised budget 수정된 예산(안)

specified weight 명시된 무게

unauthorized access 불법 접근[이용]

unexpected visit 예기치 않은 방문

unprivileged class 소외 계층

▶ 정답 354쪽

QUIZ 다음 중 알맞은 것을 고르세요.

1. You will see the --------- system we are proud of.

(A) automated (B) automating

2. Our ------- representatives should be responsive to the needs of our employees.

(A) elected (B) electing

3. This condition is valid only on the date and for the time ------- on the permit.

(A) specifying (B) specified

4. The government will issue ------- application forms for immigration.

(A) revised (B) revising

The Chief Secretary is usually staffed by ------- employees who work over 20 years for the company.

(A) experiencing

(B) experienced

(C) experiences

(D) having experienced

표현 정리   **be staffed by** ~에 의해 담당되다   **experience** 경험; ~을 겪다

해석   비서실장은 주로 회사에서 20년 이상 근무한 노련한 직원들이 담당하는 직책이다.

보기 파악 ▶ 한 단어가 다양한 형태로 변형된 어형 문제이다.

빈칸 확인 ▶ 빈칸은 전치사와 명사 사이에 있으므로 이 빈칸은 뒤의 명사를 수식하는 형용사의 역할을 담당한다고 볼 수 있다.

정답 선택 ▶ 명사인 employees와 함께 쓰일 수 있는 experience의 어형을 묻고 있으므로 명사인 employees를 수식할 수 있는 어형을 선택해야 한다. 따라서 experiencing과 experienced 둘 중 한 가지 형태를 선택하는 것이 바람직하다. 이 중 수동 혹은 완료적 의미를 지니는 형용사형으로 사용이 가능한 experienced가 적절하며 experienced employees는 '노련한 직원들, 경험이 많은 직원들'이라는 뜻이 된다.

함정 분석 빈칸이 전치사와 명사 사이에 놓여 있기 때문에 전치사의 목적어 역할을 하며 그 자체가 목적어를 취할 수 있는 동명사의 자리로 오인하기 쉽다. 그러한 경우가 제일 많지만, 빈칸이 그 뒤의 명사를 수식하는 형용사 자리도 될 수 있다는 사실을 꼭 염두에 두어야 한다.

정답 (B)

STEP 3 연습 문제

1. Enclose this sheet with your sample and seal the box by using the mailing label -------.

(A) is provided

(B) providing

(C) provided

(D) provides

2. Inside Library is a review journal ------- quarterly to 2,500 librarians and booksellers across the U.S.

(A) distributes

(B) will distribute

(C) distributed

(D) are distributed

3. According to a report ------- in *Water Policy* earlier this year, many cities around the world are struggling to access clean water.

(A) published

(B) to publish

(C) publishes

(D) publishing

4. After a series of negotiations with ------- parties, the city decided to implement the project.

(A) interesting

(B) interest

(C) interested

(D) interests

1 ㅣ 단어 암기하기

어휘 문제에 대비한 빈출 어휘들입니다. 꾸준히 반복하면서 모두 암기하세요.

01 **engage** 동 고용하다, 관심을 끌다

02 **react** 동 반응을 보이다, 대답하다

03 **convene** 동 모으다, 소환하다

04 **elaborate** 형 정교한, 복잡한

05 **excessively** 부 매우, 지나치게

06 **somewhat** 부 약간, 다소

07 **handy** 형 유용한, 편리한

08 **marginal** 형 매우 적은

09 **qualify** 동 기준을 충족시키다

10 **leadership** 명 지휘부, 리더십

2 ㅣ 동의어 익히기

서로 어울리는 것끼리 연결하세요.

01 engage	·	· Ⓐ detailed, complicated
02 react	·	· Ⓑ rather, a bit
03 convene	·	· Ⓒ useful, practical
04 elaborate	·	· Ⓓ meet the criteria
05 excessively	·	· Ⓔ act in response, answer
06 somewhat	·	· Ⓕ very small
07 handy	·	· Ⓖ management, control
08 marginal	·	· Ⓗ call together, summon
09 qualify	·	· Ⓘ very, extremely
10 leadership	·	· Ⓙ employ, interest

PART 5, 6

08 | 3형식 동사의 수동태

출제 빈도 **매회 평균 0.92개**

출제 포인트

3형식 동사의 수동태를 묻는 유형은 Part 5와 6에 걸쳐 골고루 출제되고 있다. 전반적으로 완료형이 적합한지 수동태형이 적합한지를 따지는 문제이지만, 수 일치나 시제가 올바른지의 여부를 함께 묻는 형태로 출제되기도 한다. 따라서 이런 유형을 수 일치나 시제 문제로 분류할 수도 있겠지만, 수동태형 내에서의 수 일치나 시제 문제이므로 이 과에서 포괄적으로 다루기로 한다.

STEP 1 **시험에 나오는 문법**　　　세세하게 다 알 필요 없다! 시험에 나오는 것만 익히자!

수동태는 수동태 그 자체보다는 주어에 따른 수 일치와 시제를 함께 염두에 두고 문제를 해결해야 한다. 따라서 아래와 같은 사항을 함께 숙지해두도록 한다.

1 | 3형식 수동태의 특징

3형식은 목적어가 수반되는 형식이므로 3형식 문장이 수동태로 바뀌면 목적어가 주어 역할을 하게 되므로 수동태 다음에는 목적어 다음의 수식어구만 남게 된다.

If the customer has only a receipt, all the purchases may **be refunded** during that period.

고객은 구매한 영수증만 갖고 있다면, 그 기간 동안 모든 구매품들을 환불 받을 수 있다.

▶ 이 문장에서 refund라는 3형식 동사가 수동태로 바뀌면서 그 뒤에는 수식어구만 남아 있다.

한 가지만 더! --

만약 빈칸 뒤에 목적어가 있다면 그 빈칸에는 절대 수동태형이 올 수 없다.

If the customer has only a receipt, they may ------- all the purchases during that period.

(A) refund　　　　(B) be refunded

고객이 구매한 영수증만 갖고 있다면, 그들은 모든 구매품들을 환불해줄 것이다.

▶ 빈칸 뒤에 all the purchases라는 목적어가 나와 있으므로 빈칸에는 능동형인 (A)가 들어가야 한다.

----

2 | 수 일치와 시제에 따른 수동태 형태의 변화

수 일치와 시제에 따라 다음과 같은 변화가 나타난다.

주어		현재	과거	미래	조동사
단수	1인칭	am + 과거분사	was + 과거분사	will be + 과거분사	can be + 과거분사
	2인칭	are + 과거분사	were + 과거분사		
	3인칭	is + 과거분사	was + 과거분사		
복수		are + 과거분사	were + 과거분사		

I **am pleased** to inform you that your application for a loan has been approved.

귀하의 대출 신청이 승인되었음을 알려드리게 되어 기쁩니다.

You **are advised** to be as specific as possible during the scheduled interviews.

예정된 인터뷰에서 가능한 구체적으로 설명하는 것이 좋습니다.

It **is prohibited** to modify, copy, or redistribute any documents on this Web site.

이 웹사이트의 모든 문서를 수정, 복사 또는 재배포하는 것은 금지되어 있습니다.

Items that **are unclaimed** after 20 days may be disposed of or donated to local charities.

20일이 지나도록 청구되지 않은 품목은 처분되거나 현지 자선단체에 기부될 수 있습니다.

I **was shocked** to hear that Mr. Nakamura had been dismissed.

나는 나카무라 씨가 해고되었다는 소식을 듣고 충격을 받았다.

The receipt you **were issued** provides details of our free delivery service.

귀하에게 발급된 영수증에 무료 배송 서비스에 대한 세부 정보가 나와 있습니다.

He **was forced** to decline the invitation because he had no spending money.

그는 지출할 돈이 없었기 때문에 초대를 거절해야 했다.

They **were invited** to tour in the United States, where they gave 15 concerts in three months.

그들은 미국에서 투어에 초청되어 3개월 동안 15차례의 콘서트를 열었다.

The contract **will be signed** by an authorized party and returned to our department.

계약서는 승인된 당사자에 의해 서명되어 우리 부서로 반송됩니다.

3 ┃ 조동사의 수동태 전환

다른 동사와는 달리, 조동사가 있을 경우에는 조동사 다음의 be동사는 be라는 원형을 써야만 한다.

Property taxes **must be paid** promptly, or else penalties **may be issued** by the government.

재산세는 신속히 납부되어야 한다. 그렇지 않으면 정부에 의해 벌금이 부과될 수 있다.

▶ 「조동사 + be + 과거분사(p.p.)」 구조의 조동사 수동태 문장이다. 앞문장은 (People) must pay property taxes promptly가, 콤마(,) 뒷문장은 The government may issue penalties가 각각 수동태로 바뀐 문장이다.

Any lump **must be reported** to a healthcare provider no matter how small it may be.

아무리 작은 것이라도 발견된 모든 의료 서비스 제공자에게 보고되어야 합니다.

▶ 정답 356쪽

QUIZ 다음 중 알맞은 것을 고르세요.

1. The World Oceanographic Conference 2018 ------- in Florida from June 4 to 6.

(A) is held   (B) holds

2. VAT and other taxes have ------- on all goods that are imported into the country.

(A) to pay   (B) to be paid

3. There is a wide range of cold-water fish which may be ------- in a garden pond.

(A) keeping   (B) kept

4. Any changes regarding the schedule of departmental meetings will ------- on the bulletin board.

(A) be posted   (B) post

Mr. Kissinger, an efficiency consultant, has recommended that our educational system ------- remodeled.

(A) be　　　　　　　(B) are　　　　　　　(C) have　　　　　　　(D) has

표현 정리　efficiency consultant 효율성 컨설턴트　recommend that ~을 권고하다　educational system 교육 시스템

해석　효율성 컨설턴트인 키싱어 씨는 우리의 교육 시스템을 바꿀 것을 권고했다.

보기 파악 ▶ be동사와 have동사로 이루어진 동사의 형태 문제이다.

✓ **빈칸 확인** ▶ 주어와 동사 사이에 빈칸이 나와 있으므로 이 빈칸에는 완료형이나 수동태형이 가능하다.

💡 **정답 선택** ▶ 빈칸 앞의 주어가 단수이므로 일단 (B), (C)를 먼저 소거한다. 동사 remodel이 타동사임에도 불구하고 뒤에 목적어가 없다. 따라서 동사 형태는 수동태로 쓰는 것이 타당하다. 보기 중 올바른 수동태형이 가능한 동사는 (A)밖에 없으므로 (A)를 정답으로 선택한다. 이때, 주절에 동사 recommend가 쓰였으므로 주어와 be 사이에는 조동사 should가 생략되어 있다고 볼 수 있다.

🔍 **함정 분석** ： our educational system과 remodeled 사이에 should가 생략되어 있다는 사실을 놓쳐 '현재완료' 구문으로 보고 (D)를 고르지 않도록 주의해야 한다.

정답 (A)

1. Before Ms. Simpson's call could ------ to the shipping manager, it was accidentally disconnected.

(A) transferring

(B) be transferred

(C) transfers

(D) being transferred

2. All parents need to ensure that their children are properly ------- when leaving for school each morning.

(A) dresser

(B) dresses

(C) dressed

(D) to dress

3. The sale of the EMP Corporation last year was highly ------- in all of the major business publications around the country.

(A) publicizing

(B) publicized

(C) publicity

(D) publicize

4. Once a marketing plan -------, it is important to regularly evaluate the program at least once a year.

(A) has been written

(B) has been writing

(C) has written

(D) was writing

1 | 단어 암기하기

어휘 문제에 대비한 빈출 어휘들입니다. 꾸준히 반복하면서 모두 암기하세요.

01 **hospitality** 몡 환영, 환대

02 **certificate** 몡 공식 문서(수료증, 면허증, 상품권 등)

03 **constructively** 凰 성과 있게, 이롭게

04 **customized** 혱 개인에 맞춘, (직접) 재단된

05 **depending on** ~의 여하에 따라

06 **projection** 몡 예측(치), 계산(치)

07 **intuition** 몡 직감, 본능

08 **agreeably** 凰 기분 좋게

09 **alert** 혱 주의하는, 경계하는

10 **alert** 동 경고하다

2 | 동의어 익히기

서로 어울리는 것끼리 연결하세요.

01 hospitality ·   · Ⓐ personalized, tailored

02 certificate ·   · Ⓑ conditional on

03 constructively ·   · Ⓒ perception, instinct

04 customized ·   · Ⓓ official document

05 depending on ·   · Ⓔ pleasantly, enjoyably

06 projection ·   · Ⓕ attentive, watchful

07 intuition ·   · Ⓖ warn

08 agreeably ·   · Ⓗ fruitfully, beneficially

09 alert 혱 ·   · Ⓘ calculation, guess

10 alert 동 ·   · Ⓙ welcome

정답 01 (J) 02 (D) 03 (H) 04 (A) 05 (B) 06 (I) 07 (C) 08 (E) 09 (F) 10 (G)

9 시간 부사절 접속사

출제 빈도 **매회 평균 0.75개**

출제 포인트

부사절 접속사와 관련된 문제 중에선 가장 많이 출제되는 유형이며, 파트 6보다는 파트 5에서 집중되어 출제되고 있다. 신유형 시험 이후엔 주로 as soon as, before, by the time, while 등이 정답으로 출제되었으며, 보기로는 과거분사 구문, 상관접속사, 부사, 복합관계형용사, 전치사, 또는 다른 부사절 접속사 등 다양한 품사의 형태로 제시되고 있다. 따라서 문맥을 정확히 이해해 야만 풀이가 가능한 유형이다.

STEP 1 시험에 나오는 문법

세세하게 다 알 필요 없다! 시험에 나오는 것만 익히자!

1 | 시간 부사절 접속사의 종류

시간을 나타내는 부사절 접속사는 '~이래로, ~하는 동안, ~하자마자, ~할 때'처럼 다양한 뜻을 지니고 있으며, 대표적인 시간 부사절 접속사들은 다음과 같다.

❶ before ~하기 전에 / after ~한 후에

The restaurant will shut down **before** the guests come.

그 식당은 그 손님들이 오기 전에 문을 닫을 것이다.

▶ 문맥상 시간 접속사 before로 연결하는 것이 가장 자연스럽다. 시간 접속사 before 뒤의 현재 시제는 실질적으로 미래의 내용 이며, 주절의 시제는 미래로 제시된다.

❷ since ~이래로

Ms. Roh has been busy **since** she came back from her recent vacation.

최근의 휴가에서 돌아온 이래로 로 씨는 바쁘다.

▶ 대개 주절에 현재완료가 오면 since로 연결된다.

❸ while / as long as ~하는 동안

While she was in Nairobi, Jane went to see Michael.

나이로비에 있는 동안, 제인은 마이클을 보러 갔다.

❹ when / as ~할 때

Rafael was a member of the committee **when** it was first established.

라파엘은 위원회가 처음에 만들어졌을 때 회원이었다.

❺ until / by the time ~할 때까지

We will **not** provide the service **until** you confirm that you wish to order it at the new price.

우리는 귀하가 새로운 가격으로 주문하기를 희망한다고 확인해 주시기 전까지는 서비스를 제공해 드리지 않습니다.

▶ 문맥상 '~할 때까지'의 의미를 지니고 있는 시간 부사절 접속사 until이나 by the time과의 연결이 가장 자연스럽다. 여기서 until은 보통 주절의 not과 더불어 'not A until B(B라는 시점에서야 A하다)'의 형태로 쓰이게 된다.

❻ the moment / the instant / once / as soon as ~하자마자

The items that are temporarily out of stock will be sent to you **as soon as** they are received.

일시적으로 품절된 품목은 입수되는 즉시 귀하에게 발송됩니다.

160

2 | 시간 부사절에서의 미래 시제 대용

시간 부사절 접속사에서는 현재나 현재완료 시제가 미래 시제를 대신하게 된다. 즉, 시간 부사절에서 현재나 현재완료 시제가 나오면 미래의 개념으로 이해하면 된다.

You **will need** to present your passport as proof of citizenship **when** you **check** (또는 **have checked**) in for an international flight.

국제선 수속을 밟을 때 당신은 시민 신분의 증거로서 여권을 제시할 필요가 있을 것입니다.

▶ 시간 접속사 when이 이끄는 부사절의 현재동사 check 또는 현재완료 have checked는 실제적으로 미래 내용을 의미하며, 이때 주절 시제는 미래 시제 will need를 써야 한다.

After you **have completed** the checkout process, you **will be directed** to the last page, the overview page.

체크아웃 프로세스를 완성한 후에는 마지막 페이지인 오버뷰 페이지로 연결될 것이다.

▶ 정답 357쪽

QUIZ 다음 중 알맞은 것을 고르세요

1. The restaurant Laiho will only accept reservations the day ------- the event begins.

(A) before   (B) while

2. JLP Developers faced unique problems ------- it built some Web applications.

(A) when   (B) during

3. The plant has been closed for repairs ------- some serious system defects were identified.

(A) while   (B) since

4. Students are reminded to check their baggage ------- leaving for the airport.

(A) behind   (B) before

이렇게 풀어라!

------- he found there was widespread support for his idea, Mr. Agustin decided to bring it up at the city council meeting.

(A) That   (B) For   (C) Whether   (D) When

표현 정리   widespread support 폭넓은 지지   bring up ~을 상정하다   city council meeting 시 의회 회의

해석   자신의 아이디어에 대한 폭넓은 지지가 있음을 알았을 때, 어거스틴 씨는 시 의회 회의에 그것을 상정하기로 결정했다.

보기 파악 ▶ 접속사, 전치사 등으로 이루어진 문법 문제이다.

(A) That 접속사, 관계대명사

(B) For 전치사

(C) Whether 명사절 접속사, 부사절 접속사

(D) When 시간부사절 접속사

✓ **빈칸 확인** ▶ 빈칸이 문장 맨 앞에 있고 주어와 동사로 연결되어 있으므로 접속사가 알맞은 자리이다.

💡 **정답 선택** ▶ 보기 중 접속사가 아닌 (B)는 일단 제외한다. 그런데 (A)는 접속사이지만 문두에 위치할 수 없다. 따라서 (A)도 제외하고 (C)와 (D) 중에서 정답을 고려할 수 있다. 그런데 (C)의 whether는 부사절 접속사로 쓰이려면 그 뒤에 'A or B' 또는 '~ or not' 등의 구조가 필수적으로 병행되어야 하므로 어색하다. 따라서 정답은 시간 부사절 접속사인 (D)가 된다.

정답 (D)

STEP 3   **연습 문제**

1. Follow the safety directions carefully ------- you decorate with artificial snow spray.

(A) despite

(B) except

(C) while

(D) whereas

2. Our services and support will not stop ------ the entire project has been completed.

(A) by

(B) until

(C) within

(D) because

3. ------- signing the contract, we decided to delay the work until late summer to avoid any damage.

(A) Before

(B) With

(C) Whether

(D) That

4. ------- ordering company T-shirts, be sure to use the new logo.

(A) To

(B) Without

(C) Although

(D) When

1 | 단어 암기하기

어휘 문제에 대비한 빈출 어휘들입니다. 꾸준히 반복하면서 모두 암기하세요.

01 **magnified** ⑱ 과장된, 확대된

02 **subjective** ⑱ 개인적인, 편견이 있는

03 **factual** ⑱ 사실에 근거한, 정확한

04 **interpret** ⑧ 이해하다, 해석하다

05 **uninformed** ⑱ 알지 못하는, 정보를 접하지 못한

06 **specification** ⑲ 필요건, 명세 사항, 내역

07 **affection** ⑲ 사랑, 애정

08 **undergo** ⑧ 겪다, 경험하다

09 **enforce** ⑧ 실행하다, 집행하다

10 **proximity** ⑲ 근접, 인접

2 | 동의어 익히기

서로 어울리는 것끼리 연결하세요.

01 magnified ·		· Ⓐ based on fact, accurate
02 subjective ·		· Ⓑ ignorant, unaware
03 factual ·		· Ⓒ requirement, detail
04 interpret ·		· Ⓓ overblown, exaggerated
05 uninformed ·		· Ⓔ nearness, closeness
06 specification ·		· Ⓕ love, fondness
07 affection ·		· Ⓖ implement, put into effect
08 undergo ·		· Ⓗ personal, biased
09 enforce ·		· Ⓘ experience, go through
10 proximity ·		· Ⓙ understand, explain

⑩ to부정사

출제 포인트

시험에서 to부정사는 다양한 용례로 출제되고 있다. 주로 파트 5에서는 명사를 수식하는 형용사적 용법이나 목적어 또는 목적보어 역할, 그리고 「be + 형용사 + to부정사」의 형태가 출제되고 있으며, 파트 6에서는 '목적, 원인' 등을 나타내는 to부정사의 부사적 용법을 묻는 유형이 출제되고 있다. 주로 파트 5보다는 파트 6에서의 출제 빈도가 더 높은 편이다.

STEP 1 시험에 나오는 문법   세세하게 다 알 필요 없다! 시험에 나오는 것만 익히자!

'to + 동사 원형'으로 이루어진 to부정사는 다양한 용법이 있는데, 시험에서는 주로 다음과 같은 용례로 집중되어 출제되고 있다.

1 ㅣ 목적어나 목적 보어로 쓰인 to부정사

❶ 목적어 자리의 to부정사

The company's CEO promised to raise his salary next year.

그 회사의 CEO는 내년에 그의 연봉을 올려주겠다고 약속했다.

▶ 타동사 promise 뒤에서 to raise가 목적어 역할을 하고 있다.

❷ 목적 보어 자리의 to부정사

- ~가 ···하기를 원하다 : want + 목적어 + to V / need + 목적어 + to V / expect + 목적어 + to V
- ~가 ···하는 것을 강요하다 : force + 목적어 + to V / oblige + 목적어 + to V / compel + 목적어 + to V
- ~가 ···하도록 장려하다 : encourage + 목적어 + to V
- ~가 ···하도록 설득하다 : persuade + 목적어 + to V
- ~가 ···하도록 야기하다 : cause + 목적어 + to V
- ~가 ···하도록 요청하다 : ask + 목적어 + to V
- ~가 ···하도록 확신시키다 : convince + 목적어 + to V
- ~가 ···하도록 허락하다 : allow + 목적어 + to V / permit + 목적어 + to V
- ~가 ···할 수 있도록 하다 : enable + 목적어 + to V
- ~가 ···하는 것을 금지하다 : forbid + 목적어 + to V
- ~가 ···하도록 도움을 주다 : help + 목적어 + to V

You need to ask your accountant to provide you with some financial advice.

당신은 회계사가 당신에게 재정 조언을 제공하도록 요청할 필요가 있다.

▶ 타동사 ask의 목적어 다음에 목적 보어로 쓰인 to부정사가 이어지고 있다.

2 ㅣ be동사 + 형용사 + to부정사

문장 내에서 be동사와 형용사 다음에 to부정사를 취하는 표현들이 있다. 문제 유형으로 출제될 수도 있지만 해석상으로도 유용한 표현들이니 통째로 알아두도록 한다.

- ~하기를 열망하다 : be anxious (eager, impatient) to V
- ~하도록 예정되어 있다 : be set (scheduled, due) to V
- 기꺼이 ~하다 : be willing to V
- ~할 준비가 되다 : be ready to V

- ~하기 쉽다 : be apt (liable) to V
- ~할 준비가 되다 : be prepared to V
- ~할 것 같다 : be likely to V
- ~하는 것을 두려워하다 : be afraid to V
- ~해서 불쾌하다 : be upset to V
- ~할 의욕이 생기다 : be motivated to V

- ~해서 놀라다 : be amazed (surprised, astonished) to V
- ~해서 충격을 받다 : be shocked to V
- 마지못해 ~하다 : be reluctant (unwilling) to V
- ~해서 기쁘다(행복하다) : be pleased (glad, happy) to V
- ~할 만하다 : be worthy to V

3 | to부정사의 형용사적 & 부사적 용법

❶ to부정사의 형용사적 용법

to부정사가 명사 뒤에서 명사를 수식하는 역할을 할 수 있다.

He still has a lot of problems to solve in the project.

그는 그 프로젝트에서 아직도 해결해야 할 문제들이 많다.

❷ to부정사의 부사적 용법

to부정사가 문장 내에서 '~하게 되어' 또는 '~하기 위하여'라는 뜻을 내포하는 부사적 용법으로 활용되기도 하는데, 파트 6에서 주로 이 유형에 대해 자주 물어보고 있다.

- ~하게 되어

We were very pleased to meet him again at the meeting.

우리는 그를 그 모임에서 다시 만나게 되어 너무 반가웠다.

- ~하기 위하여

He phoned the manager responsible for the work to arrange his schedule.

그는 자신의 일정을 정하기 위하여 그 일을 맡고 있는 책임자에게 전화를 걸었다.

▶ 정답 358쪽

QUIZ 다음 중 알맞은 것을 고르세요.

1. The majority of consumers prefer ------ a healthy lifestyle when eating out.

(A) to maintain   (B) maintain

2. It is safe ------- that your book will be a steady bestseller.

(A) say   (B) to say

3. Offering discounts for paying in cash is one way ------- with bigger competitors.

(A) compete   (B) to compete

4. We have decided ------- the ceremony in Brussels next week on hold.

(A) to put   (B) putting

The newly developed scanning systems in most hospitals enable doctors ------- patients more accurately.

(A) diagnosing   (B) to diagnose   (C) diagnose   (D) for diagnosing

표현 정리   newly developed 새로 개발된   enable + 목적어 + to do ~가 …하는 것을 가능하게 하다

해석   대부분의 병원에 있는 새로 개발된 스캐닝 시스템은 의사들이 환자들을 좀 더 정확히 진단하는 것을 가능하게 한다.

보기 파악 ▶ 동사 diagnose가 다양한 형태로 제시된 어형 문제이다.

(A) diagnosing 현재분사, 동명사   (B) to diagnose to부정사

(C) diagnose 동사 (진단하다)   (D) for diagnosing 전치사 + 동명사

✓ **빈칸 확인** ▶ 동사 enable은 「enable + 목적어 + to부정사」의 구조로 쓰이는 5형식 동사이다. 설사 이 구조를 모른다 하더라도 enable이 동사, doctors가 목적어이므로 빈칸이 목적 보어 자리라는 점을 쉽게 파악할 수 있다.

정답 선택 ▶ 목적 보어에는 전명구가 올 수 없으므로 (D)를 일단 제외한다. 그리고 목적 보어로 동사원형이 오는 경우는 지각동사, 사역동사가 쓰인 경우이므로 (C)도 해당 사항이 없다. 나머지 (A)와 (B) 중에서 고르면 되는데, 목적 보어로 현재분사를 쓰는 경우는 상황이 진행 중일 때에 가능하다. 문맥상 진행 중인 상황으로 보기 어려우므로 결국 (B)가 정답이 된다. 무엇보다 이 문제는 「enable + 목적어 + to부정사」의 구조만 알면 해석 없이도 쉽게 풀 수 있는 유형이다.

정답 (B)

1. The CEO ordered each department manager ------ unnecessary expenses at the company.

(A) to reduce

(B) reduce

(C) reducing

(D) will have reduced

2. Ms. Wilson has been with the company for 25 years and will be allowed ------ her successor soon.

(A) designate

(B) designating

(C) designated

(D) to designate

3. If your company wants ------- perishable goods, our company will provide a refrigerated truck.

(A) transferring

(B) transfer

(C) transferred

(D) to transfer

4. A good way ------ sales of merchandise was provided by the Sales Department.

(A) increase

(B) to increase

(C) increasing

(D) have increased

1 ㅣ 단어 암기하기

어휘 문제에 대비한 빈출 어휘들입니다. 꾸준히 반복하면서 모두 암기하세요.

01 **assuming that ~** 웹 ~라고 간주한다면

02 **allotment** 명 (배분된) 몫, 할당량

03 **fragrance** 명 향기

04 **entry** 명 입장, 입구, 참가

05 **break down** 동 고장 나다

06 **turn down** 동 거절하다

07 **personality** 명 (사람의) 성격, 태도

08 **haphazardly** 뷔 계획 없이, 되는대로

09 **immense** 형 거대한

10 **impending** 형 임박한, 다가오는

2 ㅣ 동의어 익히기

서로 어울리는 것끼리 연결하세요.

01 assuming that ~ ·	· Ⓐ share, portion
02 allotment ·	· Ⓑ refuse, reject
03 fragrance ·	· Ⓒ entrance, door
04 entry ·	· Ⓓ character, behavioral traits
05 break down ·	· Ⓔ huge, vast
06 turn down ·	· Ⓕ imminent, approaching
07 personality ·	· Ⓖ randomly, irregularly
08 haphazardly ·	· Ⓗ accepting as true that ~
09 immense ·	· Ⓘ scent, aroma
10 impending ·	· Ⓙ stop working

정답 01 (H) 02 (A) 03 (I) 04 (C) 05 (J) 06 (B) 07 (D) 08 (G) 09 (E) 10 (F)

11 | 인칭대명사의 주격   출제 빈도 매회 평균 0.67개

출제 포인트

인칭대명사의 주격을 묻는 문제는 주어 자리에 빈칸을 두고 인칭대명사의 어떤 격이 적합한지를 묻는 형태이다. 보기는 대개 소유격, 목적격, 소유대명사를 포함한 특정한 인칭대명사의 다양한 격으로 제시된다. 인칭대명사의 소유격이나 목적격과 마찬가지로 별도의 해석 없이 빈칸의 문장 성분만 파악한다면 3초 만에 쉽게 정답을 고를 수 있는 쉬운 유형이므로 절대 놓쳐서는 안 되는 문제 유형이다.

STEP 1   시험에 나오는 문법   세세하게 다 알 필요 없다! 시험에 나오는 것만 익히자!

인칭대명사의 주격 문제는 빈칸에 어떤 문장 성분이 들어가는지만 파악하면 쉽게 맞힐 수 있는 유형이다. 문법의 가장 기본적인 문제 유형이므로 아래 두 가지 사항만 숙지한다면 정답을 쉽게 고를 수 있다.

1 | 인칭대명사 주격의 종류

인칭대명사의 주격은 '~은, ~는, ~이, ~가'라는 뜻을 지니고 있다. 흔히 인칭대명사로 소개되는 것들은 기본적으로 주격이라고 보면 된다.

수　＼　인칭	1인칭	2인칭	3인칭		
			남성	여성	사물
단수	I	You	He	She	It
복수	We		They		

2 | 문장에서 주격의 자리

주격은 '주어 자리에 쓰일 수 있는 자격'을 나타내므로 항상 문장 내에서 주어 자리에 온다.

I need an even surface to adequately wrap presents.

나는 선물을 잘 포장하기 위해 평평한 표면이 필요하다.

▶ 인칭대명사 I가 일반동사 need 앞에서 주어 역할을 하고 있다.

It is essential that **you** be truthful with your answers as part of the application process.

귀하가 응시 절차의 일환으로 답변에 진실하게 임하는 것이 필수적입니다.

▶ 맨 앞에 It은 가주어이고 뒤에 that절은 진주어로 쓰인 문장이다. that절의 주어인 you 바로 뒤에는 should가 생략되었기 때문에 be동사의 원형이 쓰였다.

He is doubtful whether the experiment will be successful.

그는 실험이 성공적일지에 대해 의구심을 갖고 있다.

▶ 주절의 주어는 인칭대명사 He이고, whether 이하의 종속절에서는 the experiment가 주어의 역할을 하고 있다.

Ms. Mendez said **she** found it helpful to consult her father on the subject of grocery leases.

멘데스 씨는 식품점 임대 계약과 관련하여 아버지와 상의하는 것이 도움이 된다는 사실을 알았다고 말했다.

▶ 종속절의 주어인 인칭대명사 she가 동사 found 앞에서 주어 역할을 하고 있다. 이때 said와 she 사이에는 명사절 접속사 that이 생략되어 있다.

It is expected that the data will provide a large amount of information.

이 데이터가 많은 양의 정보를 제공할 것으로 생각된다.

▶ 맨 앞의 It이 가주어, that절이 진주어인 수동태 구문이다.

We use the Internet's top security companies to guard you from all potential online threats.

우리는 여러분들을 모든 잠재적인 온라인 위협으로부터 보호하기 위해 인터넷 상의 최고 보안 회사를 이용합니다.

▶ 인칭대명사 We가 일반동사 use 앞에서 주어 역할을 하고 있다.

The first rule of business is to treat everyone as if **they**'re your most important clients.

사업의 첫 번째 규칙은 모든 사람을 당신의 가장 중요한 고객처럼 대하는 것이다.

▶ as if 이하의 종속절에서 인칭대명사 they가 주어 역할을 하고 있다.

▶ 정답 359쪽

QUIZ 다음 중 알맞은 것을 고르세요.

1. Mr. Enrique did not let the salesman know that ------ were being watched.

(A) they   (B) their

2. In order to comply with federal laws, ------- are required to make changes to our operating system.

(A) we   (B) our

3. ------- is meaningful to compare the commitments with actual practice.

(A) This   (B) It

4. Ms. Rosenthal said ------- expected prices to stabilize around $40 a barrel.

(A) she   (B) her

Mr. Wilson will present the plan ------- has created to market our new line of vitamins.

(A) he   (B) his   (C) him   (D) himself

표현 정리   present 발표하다, 주다, 소개하다   market 시장; ~을 시장에 출시하다

해석   윌슨 씨는 우리의 새로운 비타민 제품을 출시하기 위해 자신이 개발한 계획을 발표할 것이다.

보기 파악 ▶ 서로 다른 인칭대명사의 격으로 이뤄져 있다.

(A) he 주격   (B) his 소유격
(B) him 목적격   (D) himself 재귀대명사

✓ **빈칸 확인** ▶ 빈칸이 명사와 동사 사이에 있으므로 앞의 the plan을 수식하는 관계대명사절의 주어 자리이다.

💡 **정답 선택** ▶ has created라는 동사 앞은 주어가 필요한 자리이므로 인칭대명사 중 주어의 역할을 할 수 있는 he가 정답이다.

정답 (A)

1. ------- can keep track of your employees' progress through the monthly report sent to you.

   (A) Your

   (B) Yours

   (C) You

   (D) Yourself

2. For numerous projects, ------- has to travel on the roads of Cambodia in all directions.

   (A) him

   (B) he

   (C) himself

   (D) his

3. If people are caught smoking on the premises, ------- will be severely reprimanded.

   (A) their

   (B) themselves

   (C) they

   (D) them

4. Refunds or exchanges cannot be sent until ------- have received the returned goods.

   (A) we

   (B) us

   (C) ourselves

   (D) our

1 | 단어 암기하기

어휘 문제에 대비한 빈출 어휘들입니다. 꾸준히 반복하면서 모두 암기하세요.

01 **instrumental** 형 도움이 되는

02 **award** 동 (돈이나 상을) 주다

03 **applicable** 형 관련된, 해당되는

04 **fully** 부 완전히, 전적으로

05 **alternatively** 부 달리, 그 대신에

06 **adjoin** 동 인접하다, 이웃하다

07 **promoter** 명 옹호자, (스포츠) 프로모터

08 **only if** 접 ~하는 한

09 **separation** 명 결별, 분리

10 **mediation** 명 중재, 조정

2 | 동의어 익히기

서로 어울리는 것끼리 연결하세요.

01 instrumental	·	· Ⓐ otherwise, instead
02 award 동	·	· Ⓑ give (money or a prize)
03 applicable	·	· Ⓒ advocate, advertiser
04 fully	·	· Ⓓ as long as, provided that
05 alternatively	·	· Ⓔ taking apart, disconnection
06 adjoin	·	· Ⓕ helpful
07 promoter	·	· Ⓖ arbitration, intervention
08 only if	·	· Ⓗ completely, entirely
09 separation	·	· Ⓘ be near, be next to
10 mediation	·	· Ⓙ related, pertinent

정답 01 (F) 02 (B) 03 (J) 04 (H) 05 (A) 06 (I) 07 (C) 08 (D) 09 (E) 10 (G)

⑫ | 미래 시제

출제 포인트

미래 시제를 물어보는 문제 유형은 파트 5와 6에 걸쳐 비교적 골고루 출제되고 있으며, 시험에서 주로 next year, tomorrow 등 미래와 관련된 부사나 부사구와 함께 제시된다. 따라서 이러한 미래 표시 부사나 부사구가 나온다면 일단 미래 시제라는 사실을 염두에 두고 문제를 풀도록 한다. 만약 미래 표시 부사나 부사구가 나오지 않는다면, 문장 구조상 미래형이 답이 될 수밖에 없는 구조로 보기가 제시되기 때문에 당황하지 말고 보기 하나하나를 대입시켜가며 구조를 파악하면 된다.

STEP 1 시험에 나오는 문법

세세하게 다 알 필요 없다! 시험에 나오는 것만 익히자!

미래 시제는 '~일 것이다'라는 의미이며, 말 그대로 미래의 사실을 예측하여 말할 때 쓴다. 대개 「will + 동사원형」의 형태가 일반적이지만 「be + V-ing」의 현재진행형 형태가 미래의 의미를 나타낼 때도 있다. 이때 일반적으로 미래를 나타내는 부사나 부사구가 함께 제시된다.

1 | 미래 시제의 종류

❶ 단순 미래 시제

미래 시제는 보통 will이라는 조동사를 사용하여 나타낸다. 그런데 이 will 다음에는 주어의 수에 상관없이 무조건 동사원형이 나와야 한다.

They will renovate the building to be ready to use it as a school next year.
그들은 내년에 학교로 사용할 준비를 갖추기 위해 그 건물을 개조할 것이다.

▶ 문장에 next year가 나와 미래 시제라는 단서를 주고 있다.

❷ 수동형 미래 시제

주어가 어떤 행위를 당하게 되는 수동태의 미래 시제는 「will be + 과거분사」 형태를 지닌다.

As of next month, you will be upgraded to 20GB of storage for free.
다음 달부터 당신은 20기가 바이트까지의 용량으로 무료 업그레이드될 것입니다.

▶ 미래 시제의 수동태도 가끔 제시된다. 이때는 will 다음에는 무조건 동사원형이 나와야 하기 때문에 「will be + 과거분사」 형태로 제시되어야 한다.

2 | 미래 시제의 형태

미래 시제는 위에서 말한 바와 같이 「will + 동사원형」으로 나타내는 것이 일반적이지만, 현재진행형인 「be + V-ing」 형태가 미래를 나타내는 부사나 부사구와 결합되어 미래의 의미를 나타내기도 한다.

I'm going to visit his office to sign a contract next Thursday.
나는 다음 주 목요일에 계약을 하기 위해 그의 사무실을 방문할 것이다.

▶ 여기서 be going to는 뒤에 next Thursday라는 미래 표시 부사구와 결합하여 '~할 것이다'라는 미래의 의미를 나타내고 있다.

☀한 가지만 더!

시간 혹은 조건의 부사절과 주절로 이루어진 미래 시제 문장에서, 시간 혹은 조건 부사절에서는 현재 시제가 미래 시제를 대신할 수 있지만, 주절에선 반드시 미래 시제를 써야 한다.

If we hire other contractors, we will post (0) / post (X) the total amount of money paid to the landscaping

우리는 다른 도급 업체들을 고용하게 되면 조경에 지불되는 총액을 게시할 것입니다.

▶ 조건 부사절에서는 hire가 미래 시제를 대용하고 있지만, 전체 문장의 시제는 미래 시제이므로 주절에서는 will post를 써야 한다.

----

3 ㅣ 미래 표시 부사나 부사구가 없는 미래형

때에 따라서는 미래 표시 부사나 부사구가 없는 미래형을 묻기도 한다. 하지만 이 경우에는 미래형이 정답이 되게끔 보기를 제시하므로 보기를 하나씩 빈칸에 대입시켜 가며 문법적으로 따져보면 된다.

The CEO of the company ------- a board meeting to discuss the pay raise.

그 회사의 CEO는 연봉 인상에 대해 협의하기 위해 이사회를 소집할 것이다.

(A) will convene

(B) convene

(C) convening

(D) to convene

▶ 일단 이 문장에서는 동사가 없으므로 빈칸에는 (A)와 (B) 둘 중 하나가 들어가야 한다. 하지만 주어가 3인칭 단수이므로 복수형 동사 형태인 (B)는 정답이 될 수 없기 때문에 나머지 (A)가 정답이다. 이와 같은 식으로 미래 표시 부사나 부사구가 없는 경우에는 문법적인 논리성을 통해 문제를 풀어나가면 된다.

▶ 정답 360쪽

QUIZ 다음 중 알맞은 것을 고르세요.

1. The secretary ------- you with your work during the next few days.

    (A) assisted   (B) will assist

2. If the numbers go over the limit, the engine ------- itself down.

    (A) will shut   (B) has shut

3. The meeting about the initial shipments of the product ------- this coming Friday.

    (A) was held   (B) will be held

4. At the upcoming awards ceremony, Mr. Colombo ------- each winner with a letter of congratulations and a plaque.

    (A) presented   (B) will present

Any winner who cannot be easily contacted at the number given ------- the prize money.

(A) losing   (B) lost   (C) will lose   (D) be lost

표현 정리   **be easily contacted** 쉽게 연락되다   **at the number given** 주어진 번호로   **lose** 잃다, 잃어버리다   **prize money** 상금

해석   주어진 번호로 쉽게 연락되지 않는 당첨자는 상금을 받지 못하게 될 것이다.

보기 파악 ▶ lose가 공통으로 들어가며 시제와 태가 다른 문법 문제이다.

(A) losing   현재분사, 동명사   (B) lost   과거, 과거분사

(C) will lose   미래 시제   (D) be lost   수동태의 원형

✓ **빈칸 확인** ▶ 빈칸은 Any winner를 주어로 하는 문장의 동사 자리이기 때문에 완전한 동사형인 (B), (C)를 우선 고려할 수 있다.

정답 선택 ▶ 과거 시제인 (B)는 관계사절의 동사 cannot be contacted와 시제가 맞지 않으므로 미래 시제인 (C)가 정답이다.

정답 (C)

1. Some analysts predict that the worldwide market for cosmetics ------- by 75 percent in the next decade.

(A) are grown

(B) growing

(C) has grown

(D) will grow

2. Efforts ------- soon to contact registered students before the first class is held.

(A) were made

(B) are making

(C) will be made

(D) will make

3. After all the entries have been submitted, Mr. Kenwood ------- them down to just a few finalists.

(A) narrow

(B) has narrowed

(C) was narrowing

(D) will narrow

4. At the upcoming meeting, the marketing director ------- suggestions and additional information from customers.

(A) to review

(B) reviewed

(C) will review

(D) reviewing

1 ㅣ 단어 암기하기

어휘 문제에 대비한 빈출 어휘들입니다. 꾸준히 반복하면서 모두 암기하세요.

01 **supportive** 혱 도움이 되는, 장려하는

02 **spoiled** 혱 오류가 있는, 망가진

03 **voluntary** 혱 무보수의, 자발적인

04 **doubly** 閇 두 배로, 훨씬 더

05 **duplicate** 몡 됭 복사, 복제, 복제한 것; 복제하다

06 **procedure** 몡 처리, 절차

07 **regardless of** 젅 ~와는 상관없이

08 **expertise** 몡 기술, 전문성

09 **habitual** 혱 평소의, 지속적인

10 **tentative** 혱 확정되지 않은, 임시의

2 ㅣ 동의어 익히기

서로 어울리는 것끼리 연결하세요.

01 supportive ·   · Ⓐ unpaid, charitable

02 spoiled ·   · Ⓑ process

03 voluntary ·   · Ⓒ encouraging, helpful

04 doubly ·   · Ⓓ copy

05 duplicate ·   · Ⓔ no matter, irrespective of

06 procedure ·   · Ⓕ skill, proficiency

07 regardless of ·   · Ⓖ usual, consistent

08 expertise ·   · Ⓗ twice as many, much more

09 habitual ·   · Ⓘ not certain, provisional

10 tentative ·   · Ⓙ flawed, disfigured

13 문맥에 맞는 대명(형용)사 출제 빈도 매회 평균 0.67개

출제 포인트

빈칸에 들어갈 적절한 대명(형용)사를 찾는 유형이다. 대개 신토익 이후 one, each, another 등과 관련된 문제가 출제되고 있으나, 보기로 all, any, other 등 유사 대명(형용)사들도 함께 제시되고 있으므로 이들의 특징들을 명확히 구분해둬야 한다.

STEP 1 시험에 나오는 문법
세세하게 다 알 필요 없다! 시험에 나오는 것만 익히자!

1 | another

an-으로 인해 가산단수의 성질을 지닌 another는 한정사(형용사)와 대명사로 쓰일 수 있다.

① '(불특정) 또 다른'이라는 의미로 쓰인 한정사(형용사)

Our CEO worried that she might not be able to find another location for the company warehouse. 우리 CEO는 회사의 창고로 사용할 다른 장소를 찾을 수 없을까 봐 걱정했다.

▶ another는 앞부분에 부정관사(an-)가 붙은 것으로 볼 수 있어, 뒤에 가산단수(location)의 형태가 와야 한다.

② '(불특정) 또 다른 하나'의 의미로 쓰인 대명사

A wind farm was set up in Sochi in 1994 and another in Kiev ten years later.

1994년 풍력발전소 하나가 소치에 세워졌고, 10년 후 키예프에 또 다른 하나가 세워졌다.

▶ 문장 속 another의 실질적인 의미는 another wind farm이다.

2 | other, others

① other

Other는 '다른'의 의미를 지니고 형용사의 역할을 하며, 그 뒤에 복수명사나 불가산명사를 취한다.

Such behavior may cause inconvenience to other customers.

그런 행동은 다른 고객들에게 불편을 야기할 수 있다.

▶ other가 그 뒤의 복수명사 customers를 수식하고 있다.

To solve the problem, other equipment must be mobilized.

그 문제점을 해결하려면 다른 장비가 동원되어야 한다.

▶ other가 그 뒤의 불가산명사 equipment를 수식하고 있다.

② others

Others는 '다른 몇몇'이라는 의미를 지니고 대명사의 역할을 하며, 이미 언급한 것 이외의 것들 중 일부를 가리킬 때 사용한다.

One of the investors made a profit, but others suffered serious losses.

투자자들 중 한 명은 수익을 냈지만, 다른 사람들은 심각한 손실을 보았다.

▶ 이미 언급한 한 사람(One) 외에 다른 몇몇의 사람들을 others로 지칭하고 있다.

3 | one, each, every

① one + 단수명사

one은 문장 내에서 '한 개'라는 의미를 지니고, 관사 a/an과 같은 역할을 한다.

I have one eraser. 나는 한 개의 지우개를 가지고 있다.

☀️한 가지만 더!
----

one of + 복수명사: one 뒤에 of ~가 오면 '~ 중에 하나'라는 뜻을 나타내며 ~에는 복수명사가 나와야 한다.
One of the students was late for school. 학생들 중 한 명이 수업에 늦었다.

----

❷ each + 단수명사

each는 '각각의'라는 뜻으로 그 뒤에는 반드시 단수명사가 와야 한다.

Each department manager attended the conference. 각각의 부서장들이 그 회의에 참석하였다.

☀️한 가지만 더!

뒤에 of를 붙이면 '~ 중 각자'의 뜻이 된다. 이때는 of 다음에 복수명사가 온다.
Each of the department managers attended the conference. 부서장들 각자가 그 회의에 참석하였다.

----

❸ every

every는 '모든'의 의미로 복수명사를 취할 것 같지만 그 뒤에 단수명사가 와야 한다.

Every department manager attended the conference. 모든 부서장들이 그 회의에 참석하였다.

☀️한 가지만 더!
----

every가 뒤의 수사 표현과 결합하여 '매 ~마다'의 의미로 쓰일 경우 수사 다음에 복수명사를 쓸 수 있다는 점에 유의한다.
every twenty minutes 매 20분마다   every three years 매 3년마다

----

3 | all

all은 형용사와 대명사로 모두 쓰이며, 한정사(형용사)일 때는 「all (the) + 가산 복수명사」, 대명사일 때는 「all of the + 가산 복수명사」와 「all of + 대명사」의 형태를 지닌다.

All of the / All (the) team members have permission to attend the seminar in Helsinki.
모든 팀원들이 헬싱키의 세미나에 참석해도 된다는 허가를 받았다.

▶ 앞의 all은 주어가 되는 대명사, 뒤의 all은 명사(team members)를 수식하는 한정사(형용사)이다.

▶ 정답 361쪽

QUIZ 다음 중 알맞은 것을 고르세요.

1. In ------ three months, the internship participants will have full responsibility for their own project.

(A) each   (B) another

2. The company gives a turkey to each employee who signs up for ------- to take home for Thanksgiving.

(A) one   (B) every

3. New employees at the company are entitled to two days off ------- week.

(A) all   (B) each

4. ------- cellular phones should be turned off while the concert is in progress.

(A) All   (B) Every

Instead of reporting the malfunction of his camera, Michael decided to replace it with
-------.

(A) one another   (B) other   (C) another   (D) each other

표현 정리 instead of (~하지 않고) 대신에 report the malfunction 오작동을 보고하다 replace A with B A를 B로 바꾸다

해석 자신의 카메라의 오작동을 보고하는 대신, 마이클은 그것을 다른 것으로 교환하기로 결정했다.

보기 파악 ▶ 서로 다른 대명사들이 제시된 문법 문제이다.

✓ **빈칸 확인** ▶ 빈칸은 전치사 with의 목적어가 되어야 하므로 단독으로 쓰일 수 있는 대명사가 어울린다.

💡 **정답 선택** ▶ 뒤에 명사가 와야만 하는 형용사인 (B)는 정답에서 우선 제외한다. 그리고 (A)와 (D)는 동의어이자 복수대명사로 with 앞의 단수 it과 대칭을 이루기에 어색하다. 따라서 '(불특정) 또 다른 하나'라는 의미로 새로운 카메라를 뜻하는 단수대명사 (C)가 정답이다.

정답 (C)

1. Since our store has recently moved to
------- location, be sure to check with my
secretary before you visit.

   (A) other

   (B) another

   (C) one another

   (D) every

2. Restaurant managers should make sure
that ------- customer feels comfortable.

   (A) some

   (B) those

   (C) every

   (D) each other

3. ------- school in rural areas is being
modernized to meet the demands of
today's education needs.

   (A) Each

   (B) All

   (C) Other

   (D) One another

4. The application can close -------
programs that are currently running with
just one click.

   (A) every

   (B) all

   (C) each

   (D) one

1 ㅣ 단어 암기하기

어휘 문제에 대비한 빈출 어휘들입니다. 꾸준히 반복하면서 모두 암기하세요.

01 **vulnerable** ⑱ 다치기 쉬운, 공격받기 쉬운

02 **precious** ⑱ 소중한, 값비싼

03 **restfully** ⑮ 평화롭게, 편안하게

04 **needlessly** ⑮ 불필요하게

05 **preferably** ⑮ 가능하다면

06 **inscription** ⑲ 쓰여진[새겨진] 글자들

07 **tensely** ⑮ 긴장감 넘치게

08 **impenetrable** ⑱ 통과할 수 없는

09 **unprecedented** ⑱ 최초의, 전례 없는

10 **objectively** ⑮ 편견 없이, 객관적으로

2 ㅣ 동의어 익히기

서로 어울리는 것끼리 연결하세요.

01 **vulnerable** ·

02 **precious** ·

03 **restfully** ·

04 **needlessly** ·

05 **preferably** ·

06 **inscription** ·

07 **tensely** ·

08 **impenetrable** ·

09 **unprecedented** ·

10 **objectively** ·

· Ⓐ unnecessarily

· Ⓑ writing, words

· Ⓒ if possible

· Ⓓ without bias, impartially

· Ⓔ valuable, costly

· Ⓕ first-time, unique

· Ⓖ impossible to go through

· Ⓗ anxiously, nervously

· Ⓘ easily hurt[attacked]

· Ⓙ peacefully, relaxingly

14 | 조건 부사절 접속사

출제 빈도 **매회 평균 0.67개**

출제 포인트

조건 부사절 접속사를 묻는 문제 유형은 신토익 시행 이후에 if를 물어보는 문제가 가장 많이 출제되고 있지만, given (that), providing that, 그리고 unless 등도 정답으로 출제된 바 있으므로 가급적 조건을 나타내는 모든 표현들을 숙지해놓아야 한다.

STEP 1 **시험에 나오는 문법**   세세하게 다 알 필요 없다! 시험에 나오는 것만 익히자!

조건 부사절 접속사와 관련된 문제는 다양한 조건 부사절 접속사가 제시되므로 그 종류들을 명확히 알고 있어야 한다. 또한 문제의 성격상 문맥을 통해 올바른 접속사를 골라야 하므로 평소 조건 부사절 접속사와 연계된 문맥의 흐름들을 꾸준히 접해 보아야 한다.

1 | 조건 부사절 접속사의 종류

❶ if / assuming (that) 만약 ~라면

If you need to contact me, call the number above and leave a message with the receptionist.

제게 연락하시려면, 위의 번호로 전화하여 데스크 직원에게 메시지를 남기면 됩니다.

▶ 문맥상 조건 부사절 접속사로 이어지는 게 가장 자연스러운 구문이다.

❷ as long as / providing (that) / provided (that) / on condition that / only if
오직 ~하는 경우에만

Brian says that he can go to school **as long as** the bus can come by 7:30.

브라이언은 버스가 7시 30분까지 오기만 하면 학교에 갈 수 있다고 말한다.

▶ as long as는 '~하는 동안'의 의미도 있지만 '~하기만 하면', '~하는 한' 등의 조건의 의미도 지니고 있다.

Provided (Providing) that there are enough seats, all of the researchers can participate in the symposium.

충분한 좌석이 있는 조건하에서만, 모든 연구원들이 심포지엄에 참석할 수 있다.

A book may be returned **on condition that** the wrong book was purchased.

책이 잘못 구매된 경우에만 반납할 수 있습니다.

❸ in case (that) / in the event (that) ~에 대비하여

Be sure to bring an umbrella **in case** there is rain tomorrow.

내일 비가 올 것이 염려되니 반드시 우산을 가져오시기 바랍니다.

In the event that you are not satisfied with our products, you may return them within 7 days of purchase.

저희 제품에 만족하지 못하는 경우 구매 후 7일 이내에 반품할 수 있습니다.

❹ unless 만약 ~하지 않는다면

Unless customers choose our speedy service, orders usually take three days to process.
고객이 신속 서비스를 선택하지 않는 한, 주문은 일반적으로 처리에 3일이 걸립니다.

2 ㅣ조건 부사절 접속사에서 that의 생략

이때 assuming, given, providing, provided, in case, in the event 다음에는 that이 생략될 수 있다는 점에 유의한다.

Given (that) Mr. Shim's proposal has been approved, the company will hire more staff members.
심 씨의 제안이 승인되었다는 점을 고려하면, 회사는 더 많은 직원들을 고용할 것이다.

꒾꒿ *한 가지만 더!* ---

조건 부사절 접속사가 이끄는 절에서는 현재 시제가 미래 시제를 대용한다.
If there **are** any cancelations, let me know right away by e-mail.
취소가 (미래에) 발생하면 이메일을 통해 즉시 내게 알려주기 바랍니다.

QUIZ 다음 중 알맞은 것을 고르세요.

1. ------ you need to contact me, call the number above and leave a message with the receptionist.

(A) During   (B) If

2. ------- you have enough money in your bank account, you can withdraw up to $800 a day.

(A) Provided that   (B) Unless

3. The company's personnel director will stop accepting applications ------- the administrative position has been filled.

(A) if   (B) despite

4. Some children are sent to counseling services ------- they disturb others.

(A) although   (B) if

Roughly half of the respondents would use their cards more often ------- the bank offers a card protection service.

(A) by   (B) but   (C) however   (D) provided

표현 정리   roughly half of ~의 거의 절반   respondent (설문 등의) 응답자   provided (that) ~을 조건으로 하여(= if)   card protection service 카드 보호 서비스

해석   응답자들의 거의 절반은 은행이 카드 보호 서비스를 제공해 준다면 자신들의 카드를 좀 더 자주 사용할 것이다.

보기 파악 ▶ 접속사, 전치사, 부사 등으로 이루어진 문법 문제이다

(A) by 전치사   (B) but 등위접속사, 전치사
(C) however 접속부사   (D) provided 조건 부사절 접속사

✓ **빈칸 확인** ▶ 빈칸은 앞뒤 두 개의 절을 연결하는 접속사의 자리이다.

정답 선택 ▶ 보기 중 접속사는 (B), (D)이므로 이 중에서 정답을 고를 수 있다. 그런데 문맥상 빈칸의 오른쪽 절에 조건의 내용이 들어가야 문맥상 원활하므로 (D)가 정답이다.

정답 (D)

1. No specific treatment is required ------- there are significant errors or problems.

   (A) if
   (B) except
   (C) only
   (D) unless

2. All the team members can take three days off ------- they finish the project ahead of time.

   (A) as long as
   (B) besides
   (C) also
   (D) or

3. ------- you want to know more about modern art, Susan Harry will tell you all you want to know.

   (A) Due to
   (B) Even
   (C) Though
   (D) If

4. Replacement keys may be ordered ------- you can show evidence of resident status.

   (A) unless
   (B) though
   (C) since
   (D) assuming that

1 | 단어 암기하기

어휘 문제에 대비한 빈출 어휘들입니다. 꾸준히 반복하면서 모두 암기하세요.

01 **cooperatively** 🔈 도움이 되도록, 기꺼이

02 **consecutively** 🔈 연속적으로

03 **put out** 🔈 (불·조명 등을) 끄다

04 **inhibition** 🔈 과묵함, 억제, 자의식

05 **converge** 🔈 한 곳으로 모이다, 수렴하다

06 **inauguration** 🔈 취임, 시작

07 **infuriate** 🔈 분노하게 만들다

08 **fabricated** 🔈 허구적인, 꾸며낸

09 **prolific** 🔈 생산적인, 많이 만드는

10 **reticent** 🔈 말없는, 과묵한

2 | 동의어 익히기

서로 어울리는 것끼리 연결하세요.

01 cooperatively ·		· Ⓐ reticence, self-consciousness
02 consecutively ·		· Ⓑ in a row, successively
03 put out ·		· Ⓒ quiet, reserved
04 inhibition ·		· Ⓓ untrue, fictional
05 converge ·		· Ⓔ appointment, launch
06 inauguration ·		· Ⓕ helpfully, willingly
07 infuriate ·		· Ⓖ productive
08 fabricated ·		· Ⓗ enrage, madden
09 prolific ·		· Ⓘ move toward the same point
10 reticent ·		· Ⓙ stop burning[lighting]

정답 01 (F) 02 (B) 03 (J) 04 (A) 05 (I) 06 (E) 07 (H) 08 (D) 09 (G) 10 (C)

15 주격 보어로 쓰인 형용사 출제 빈도 **매회 평균 0.58개**

be동사 뒤에 빈칸을 두고 주격 보어인 형용사를 요구하는 문제 유형이다. 주격 보어는 명사와 형용사가 모두 올 수 있지만, 토익에서는 거의 대부분 형용사를 주격 보어로 요구하는 문제가 출제된다. 또한 주격 보어가 2형식 동사 뒤에 형용사 형태로 제시되는 경우가 많으나, 「be동사+과거분사+전치사」류 또는 「be동사+형용사+to부정사」류도 제시되기 때문에 이와 관련된 어구들을 많이 익혀 놓으면 문제 해결에 상당한 도움이 된다.

STEP 1 **시험에 나오는 문법**   세세하게 다 알 필요 없다! 시험에 나오는 것만 익히자!

형용사는 명사를 직접 수식하는 역할도 하지만 2형식 동사 뒤에서 주어의 상태나 성격을 나타내는 주격 보어의 역할을 하기도 한다. 2형식 동사 다음에는 보어로 부사가 나올 수 없으므로 be동사류를 비롯한 2형식 동사 뒤에 빈칸이 있다면 대부분 형용사가 정답이다.

1 ㅣ 2형식 동사 + 주격 보어(형용사)

be동사가 가장 대표적인 2형식 동사이지만, 이 외에도 여러 가지 2형식 동사가 있다. 다음과 같은 동사 다음에도 주격 보어로 형용사가 올 수 있다.

❶ be동사류: be, remain, lie, keep, stand, stay + 형용사 (~한 상태이다)

Our product is a blend of B-vitamins and amino acids, which will make you remain alert and focused.
우리 제품은 비타민 B와 아미노산의 합성물로, 당신을 깨어 있고 집중하도록 만들어 줍니다.

Parents should be conscious of the immunization requirements for the upcoming school year.
부모들은 다가오는 학기에 대비하여 예방 접종의 필요 사항들을 인식하고 있어야 한다.

▶ conscious는 주어가 사람인 문장에서 보어로 쓰이는 형용사이며, 뒤에 of나 that절이 올 수 있다. 즉 conscious는 조동사 should 다음에 동사원형 be가 나오고 그 다음에 Parents의 상황을 설명해주는 보어 역할을 하고 있다.

❷ become동사류: become, get, grow, turn, go, come, run, fall + 형용사 (~한 상태가 되다)

Good managers find ways to get their people to become motivated to do their jobs well.
훌륭한 관리자들은 직원들이 자신의 일을 잘 할 수 있도록 동기부여가 되도록 하는 방법을 찾는다.

❸ 감각 동사류: look, sound, smell, taste, feel + 형용사

Famous actor John Ingram looked slimmer than ever at the Seoul Film Festival last week.
유명 배우인 존 잉그램은 지난주 서울 필름 페스티벌에서 그 어느 때보다 날씬해 보였다.

❹ 판단 동사류: seem, appear, prove, turn out + 형용사

The total number of birds in the Roland Nature Reserve seems higher.
롤랜드 자연보호구역 새들의 총 수가 증가하는 것 같다.

2 | 「be동사 + 형용사」의 관용적 표현

다음과 같은 표현은 관용적으로 많이 쓰이는 표현이므로 모두 숙지해 두도록 한다.

❶ be + 형용사 + 전치사

- be absent from ~에 결석하다
- be aware of / be conscious of ~을 알다
- be capable of ~할 수 있다
- be consistent with ~와 일치되다
- be eligible for ~할 자격이 있다

- be famous for ~로 유명하다
- be full of ~로 가득 차다
- be independent of ~로부터 독립적이다
- be responsible for ~에 책임이 있다
- be suitable for ~에 적합하다

❷ be + 과거분사 + 전치사

- be astonished at ~에 놀라다
- be based on ~에 근거하다
- be composed of ~로 구성되다
- be equipped with ~을 갖추고 있다

- be filled with ~로 가득 차다
- be made of ~로 구성되다
- be noted for ~로 유명하다
- be scheduled for ~로 일정이 잡히다

❷ be + 형용사 + to부정사

- be able to + 동사원형 ~할 수 있다
- be about to + 동사원형 막 ~하려고 하다
- be apt to + 동사원형 ~하기 쉽다
- be available to + 동사원형 ~할 수 있다

- be delighted to + 동사원형 ~하게 되어 기쁘다
- be likely to + 동사원형 ~할 것 같다
- be set to + 동사원형 ~할 준비를 하다
- be willing to + 동사원형 기꺼이 ~하다

▶ 정답 363쪽

QUIZ 다음 중 알맞은 것을 고르세요.

1. Most Photolab products are ------- with our computer operating system.

(A) compatible   (B) compatibility

2. All employees are ------- for health insurance upon retiring.

(A) eligibility   (B) eligible

3. The merger is ------- of a trend by healthcare companies seeking to expand their presence internationally.

(A) indicative   (B) indicating

4. It is ------- that companies that follow honest accounting practices have an advantage over their competitors.

(A) evidently   (B) evident

Mr. Stanford was ------- to begin his business expansion plan because his trade company had not made a profit yet.

(A) hesitate   (B) hesitant   (C) hesitated   (D) hesitantly

표현 정리 business expansion 사업 확장 trade company 무역 회사

해석 스탠포드 씨는 그의 무역 회사가 아직 흑자를 기록하지 못하고 있었기 때문에 사업 확장 계획에 착수하는 것을 주저했다.

보기 파악 ▶ 한 단어가 다양한 형태로 변형된 어형 문제이다.

(A) hesitate 동사 (~을 망설이다 – 1, 2인칭 또는 복수 동사 / 현재)   (B) hesitant 형용사 (주저하는, 망설이는)

(C) hesitated 과거분사   (D) hesitantly 부사 (머뭇거리며)

✓ **빈칸 확인** ▶ 빈칸은 be동사의 보어의 역할을 하면서 그 뒤의 to와 연결될 수 있는 형용사의 자리이다.

💡 **정답 선택** ▶ hesitate는 자동사와 타동사가 모두 가능한 동사이지만 목적어를 취할 때는 to V의 형태만 가능하다. 따라서 목적어 역할을 하고 있는 to begin his business expansion plan이란 준동사구가 등장하고 있는 구조에서 be hesitated to V 형태의 수동태는 불가하다. 따라서 be동사 뒤에 올 수 있는 형용사 hesitant가 정답이다.

정답 (B)

---

1. Customer service representatives are ------ for recording complaints from customers.

(A) responsibility

(B) responsibilities

(C) responsible

(D) responsibly

2. We at Xanadu Construction are ------- of designing cost-effective systems for customers.

(A) capably

(B) capable

(C) capabilities

(D) capability

3. Proper physical exercise is ------- to maintaining a vigorous lifestyle and to preventing adult diseases such as obesity.

(A) vitality

(B) vitalizing

(C) vitally

(D) vital

4. People are becoming very ------- about the jazz festival on Yeongjong Island this summer.

(A) exciter

(B) excitement

(C) excited

(D) exciting

1 ㅣ 단어 암기하기

어휘 문제에 대비한 빈출 어휘들입니다. 꾸준히 반복하면서 모두 암기하세요.

01 **gracefully** (부) 우아하게

02 **intensity** (명) 힘, 강도

03 **aptitude** (명) 능력, 적성

04 **overdue** (형) 늦은, 미지불의

05 **athletic** (형) 건강한, (몸이) 탄탄한

06 **compliment** (동) 칭찬하다

07 **inquire about** (동) ~을 문의하다

08 **profile** (명) 요약, (얼굴 등의) 측면

09 **insufficient** (형) 불충분한, 부족한

10 **incidental** (형) 사소한, 덜 중요한

2 ㅣ 동의어 익히기

서로 어울리는 것끼리 연결하세요.

01 gracefully · · Ⓐ late, unpaid

02 intensity · · Ⓑ healthy, strong

03 aptitude · · Ⓒ ask for information

04 overdue · · Ⓓ ability, skill

05 athletic · · Ⓔ summary, outline

06 compliment · · Ⓕ inadequate, deficient

07 inquire about · · Ⓖ strength, power

08 profile · · Ⓗ less important, minor

09 insufficient · · Ⓘ elegantly

10 incidental · · Ⓙ praise

16 | 현재완료

출제 포인트

현재완료 문제는 보기에 대한 분석이 매우 중요하다. 보기에 과거와 현재완료 능동태가 함께 제시되는 경우보다 대개 과거 시제와 현재완료 수동태가 함께 제시되어 능동형인지 수동형인지에 대한 판단이 결부된 문제로 출제된다. 또한 단순히 동사 자리에 현재완료가 정답인 문제도 출제된다.

STEP 1 시험에 나오는 문법

세세하게 다 알 필요 없다! 시험에 나오는 것만 익히자!

현재완료 문제는 단순히 현재완료 시제의 용법만 알아서는 안 되며, 수동태형, 주어와의 수 일치, 그리고 현재완료와 함께 쓰이는 부사나 부사구, 전치사 등을 함께 숙지하고 있어야만 한다.

1 | 현재완료의 용법

현재완료는 과거에서 현재까지 어떤 동작이나 상태가 죽 이어져 오는 상황을 나타낸다. 좀 더 세부적으로 다음과 같이 계속, 완료, 경험, 결과 용법으로 나눌 수 있다.

❶ 계속 용법 : 과거의 어느 시점에서 현재까지 이어지고 있고 앞으로도 계속 이어질 때 쓰는 표현이다.

For the past five years, Linda **has worked** primarily on Spanish literature and cultural studies.
지난 5년 동안, 린다는 주로 스페인의 문학과 문화에 대한 연구를 진행해왔다.
▶ 린다가 지난 5년 동안 연구를 진행해왔고, 앞으로도 계속 진행할 예정이라는 사실을 암시하고 있다.

❷ 완료 용법 : 과거의 어느 시점에서 시작하여 현재의 어느 시점에 끝났을 때 쓰는 표현이다.

We make it a point to recognize employees who **have made** contributions in customer service.
▶ 우리는 고객서비스에 기여를 해온 직원들을 반드시 인정해 주고 있다.

❸ 경험 용법 : 과거의 어느 시점에서 현재까지 몇 번이나 경험을 한 적이 있는지를 알려줄 때 쓰는 표현이다.

To make matters worse, the company **has never made** a profit since its inception.
▶ 설상가상으로, 그 회사는 시작부터 한 번도 수익을 내본 적이 없다.

❹ 결과 용법 : 과거의 어느 시점에서 발생한 일이 현재까지 영향을 미치고 있을 때 쓰는 표현이다.

For those who **have lost** the document, we will send you a copy when requested to do so.
▶ 문서를 분실한 사람들을 위해, 우리는 사본을 보내달라는 요청을 받을 때 그렇게 해드립니다.

한 가지만 더!

현재완료는 항상 현재와 연관성이 있으므로 과거를 나타내는 부사나 부사구인 yesterday, a moment ago, when 등과 함께 쓰일 수 없다.
Have you read the book yesterday? (X)

2 | 현재완료와 수 일치

주어의 수와 인칭에 따라 현재완료의 형태가 다르다.

수 \ 인칭	1인칭	2인칭	3인칭		
			남성	여성	사물
단수	I	You	He	She	It
	have + 과거분사	have + 과거분사	has + 과거분사		
복수	have + 과거분사				

A call from a good friend this morning reminded me that I have had a strong support system.
오늘 아침 한 친구로부터의 전화는 내가 강한 지원 시스템을 보유해왔다는 사실을 상기시켜 주었다.

If you have booked a seat to Los Angeles, please come to Gate 73A to board the plane.
로스앤젤레스로 가는 좌석을 예약하셨다면, 탑승을 위해 73A 탑승구로 이동하시기 바랍니다.

Ms. Park has angered all of the people who don't want to see her elected.
박씨는 자신이 당선되기를 원하지 않는 모든 사람들을 분노하게 했다.

3 | 현재완료와 함께 쓰이는 부사들

현재완료의 각 용법에 따라 함께 자주 쓰이는 부사나 부사구들이 있다.

현재완료의 용법	함께 쓰이는 표현
계속	for ~동안 during ~동안 since ~이래로
완료	just 막, 방금 already 이미
경험	ever ~해본 적이 있는 never 전혀 ~없는 yet 아직

·※· 한 가지만 더!

just는 현재완료에, just now는 과거 시제에 사용한다.

She just now decided to end her relationship with her lifelong friend Jessica.
그녀는 자신의 평생 친구 제시카와의 관계를 끝내기로 방금 결정했다.

A high school in Seoul has just instituted a new dress code that will affect students starting next year.
서울의 한 고등학교가 내년부터 학생들에게 영향을 미칠 새로운 복장 규정을 막 제정했다.

▶ 정답 364쪽

QUIZ 다음 중 알맞은 것을 고르세요.

1. For the past five years, Ms. Sanchez ------ primarily on Mexican literature and cultural studies.

(A) has worked   (B) worked

2. Mauricio Wenger ------- outstanding work as the manager of an England Premiere League soccer club since 1997.

(A) did   (B) has done

3. In the last five years, the city ------- Best Tourist Destination in Asia.

(A) has been voted   (B) was voted

4. Mr. Guardiola ------- in various positions, including store manager, since joining the company in 1995.

(A) served   (B) has served

Jimmy Coolio, the CEO of Goodwin Construction, ------ two houses in Austria in the past 10 years.

(A) will purchase   (B) is purchasing

(C) has purchased   (D) was purchased

표현 정리   purchase 구입하다   in the past 10 years 지난 10년에 걸쳐서

해석   굿윈 건설의 CEO인 지미 쿨리오는 지난 10년에 걸쳐 오스트리아에 두 채의 집을 샀다.

보기 파악 ▶ purchase라는 동사가 여러 동사의 형태로 제시되어 있다. 따라서 시제 문제라는 사실을 알 수 있다.

(A) will purchase 미래 시제   (B) is purchasing 미래 시제, 현재진행형

(C) has purchased 현재완료   (D) was purchased 과거 수동태

✓ **빈칸 확인** ▶ 빈칸 앞은 주어, 빈칸 뒤는 목적어가 나와 있으므로 빈칸은 동사 자리이다.

💡 **정답 선택** ▶ 문장 끝의 in the past 10 years라는 부분은 '지난 10년 동안'이라고 해석되며, 10년 전부터 지금까지 어떤 일이 벌어진 상황을 나타내는 표현이므로 빈칸에는 현재완료가 필요하다. 보기 중에 현재완료는 (C)밖에 없으므로 (C)를 정답으로 선택한다.

정답 (C)

1. Over the last three years, the stock price of the company ------- by over 50 percent.

(A) rose

(B) rising

(C) has risen

(D) rises

2. Sales of hybrid cars ------- at an astonishing rate since their introduction 20 years ago.

(A) growing

(B) have grown

(C) are growing

(D) to grow

3. After you ------- the checkout process, you will be escorted to our headquarters.

(A) will complete

(B) are completed

(C) completed

(D) have completed

4. According to the survey, the new advertisement campaign ------- a positive effect on skin protection against the sun over the past five years.

(A) to have had

(B) had

(C) has had

(D) having

1 ㅣ 단어 암기하기

어휘 문제에 대비한 빈출 어휘들입니다. 꾸준히 반복하면서 모두 암기하세요.

01 **lapse** 몡 (시간 등의) 경과, 실패, 고장

02 **such as** 젠 예를 들면

03 **enclosure** 몡 (둘러싸인) 장소

04 **elective** 혱 선택된, (투표로) 뽑힌

05 **elevated** 혱 높아진, 높은

06 **customarily** 믄 보통은, 관례상

07 **fluently** 믄 유창하게

08 **dominance** 몡 최고의 경지, 장악

09 **constitute** 됭 구성하다

10 **ardently** 믄 열렬히, 열성적으로

2 ㅣ 동의어 익히기

서로 어울리는 것끼리 연결하세요.

01 lapse ·	· Ⓐ surrounded space
02 such as ·	· Ⓑ usually, normally
03 enclosure ·	· Ⓒ high, raised
04 elective ·	· Ⓓ control, supremacy
05 elevated ·	· Ⓔ for example
06 customarily ·	· Ⓕ time passing, failure
07 fluently ·	· Ⓖ (speak) smoothly
08 dominance ·	· Ⓗ eagerly, passionately
09 constitute ·	· Ⓘ comprise, make up
10 ardently ·	· Ⓙ chosen, voted for

정답 01 (F) 02 (E) 03 (A) 04 (J) 05 (C) 06 (B) 07 (G) 08 (D) 09 (I) 10 (H)

PART 5, 6

17 인칭대명사의 소유격   출제 빈도 매회 평균 0.5개

STEP 1 시험에 나오는 문법   세세하게 다 알 필요 없다! 시험에 나오는 것만 익히자!

인칭대명사 소유격 문제의 핵심은 「소유격 + 명사」의 구조이다. 이때 소유격 다음에 명사를 물어보는 경우도 있지만 이처럼 역으로 명사 앞에 빈칸을 두고 알맞은 격을 물어보는 형태로 출제되기도 한다.

1 ㅣ 인칭대명사 소유격의 종류

인칭대명사의 소유격은 '~의'라는 뜻을 지니고 명사 앞에서 명사를 수식하게 된다. 인칭대명사의 소유격 종류는 다음과 같다.

수＼인칭	1인칭	2인칭	3인칭 남성	3인칭 여성	3인칭 사물
단수	my	your	his	her	its
복수	our	your	their	their	their

2 ㅣ 문장에서 소유격의 자리

인칭대명사 소유격은 항상 명사 앞에서 명사를 수식하는 역할을 한다.

Ms. Cole went abroad to do research for her upcoming novel.
콜 씨는 앞으로 쓸 소설에 대한 조사를 하러 해외로 나갔다.

▶ 대명사의 소유격은 관사와 같은 역할을 하는데, 여기서도 her가 형용사 upcoming과 명사 novel 앞의 관사 자리에 쓰였음을 알 수 있다.

Once the Marketing Department has received your suggestions, they will be reviewed by our staff.
우리 마케팅 부서가 당신의 제안을 접수하면, 그 제안은 우리 직원들에 의해 검토될 것입니다.

Ms. Brannigan is the most reliable employee in her division and no longer experiences high anxiety levels.
브래니건 씨는 자신의 부서에서 가장 믿을 만한 직원이며, 더 이상 높은 불안 증세를 겪지 않는다.

At this time, we wish to focus our thoughts specifically on healing the planet.
이번 기회에 우리는 우리의 생각을 특별히 지구를 치유하는 것에 집중하길 원한다.

Camane Soft is pleased to introduce its sample products to many investor groups.
케먼 소프트는 많은 투자 그룹에 자사의 샘플 제품들을 소개하게 되어 기쁘다.

3 ㅣ 인칭대명사 소유격 + 형용사/소유격 + 명사

대부분 인칭대명사의 소유격 다음에는 곧바로 명사가 오는 경우가 많으나 그 사이에 형용사가 나오거나 소유격이 한번 더 나오는 경우도 있다.

The company has recovered from its recent hardship **due to declining domestic sales.**

회사는 감소하는 국내 매출로 인한 최근의 어려움으로부터 회복해왔다.

▶ its라는 소유격 다음에 형용사와 명사로 연결되어 있다. 이때 its는 명사를 수식하고 있다.

My neighbor's yard **was ruined, but he has yet to finish the repair work.**

내 이웃의 마당은 망가졌지만, 그는 아직 수리 작업을 마무리하지 못했다.

▶ My라는 소유격 다음에 neighbor's라는 소유격이 한번 더 나와 명사 yard를 수식하고 있다.

▶ 정답 365쪽

QUIZ 다음 중 알맞은 것을 고르세요.

1. Mr. Brown found it helpful to consult ------- colleague about Robin's situation.

(A) his   (B) he

2. Nordstrom, Inc. has instituted a new dress code for ------- employees.

(A) it   (B) its

3. Some companies provide pensions for ------- staff members, so they receive monthly payments.

(A) they   (B) their

4. Surveys will be conducted on a monthly basis, and the results will be discussed at ------- project meetings.

(A) ours   (B) our

You can contact some of the mailers directly and ask to be removed from ------- lists.

(A) their   (B) them   (C) themselves   (D) they

표현 정리   mailer 메일 발송자   directly 곧장, 직접   ask to do ~할 것을 요청하다   remove A from B B로부터 A를 제거하다

해석   당신은 몇몇 메일 발송자들에게 직접 연락해서 그들의 리스트에서 빼달라고 요청할 수 있습니다.

보기 파악 ▶ 특정한 인칭대명사가 여러 격으로 나뉘어 제시되고 있다.

(A) their 소유격   (B) them 목적격

(C) themselves 재귀대명사   (D) they 주격

✓ **빈칸 확인** ▶ 빈칸이 전치사와 명사 사이에 놓여 있으므로 빈칸은 명사를 수식하는 품사가 와야만 한다.

정답 선택 ▶ 빈칸 앞 전치사 from은 그 뒤에 목적어를 취해야 하는데, list가 그 역할을 하고 있다. 그렇다면 그 앞의 빈칸에 올 수 있는 격은 소유격이 유일하다. 따라서 보기 중 소유격인 (A)가 정답이다.

정답 (A)

---

1. Many researchers will come to this area to set up households of ------- own.

(A) theirs

(B) themselves

(C) their

(D) they

2. The majority of the employees took ------- first work capacity test last Friday.

(A) their

(B) theirs

(C) them

(D) they

3. Stephen Chandler announced ------- early retirement from the Southeast Agency.

(A) he

(B) himself

(C) his

(D) him

4. We at Bursa Motors are pleased to announce the opening of ------- new branch office in Seoul.

(A) itself

(B) our

(C) it

(D) us

1 ㅣ 단어 암기하기

어휘 문제에 대비한 빈출 어휘들입니다. 꾸준히 반복하면서 모두 암기하세요.

01 **flexible** ㉾ 쉽게 변할 수 있는, 유연한

02 **impulsively** ㉮ 성급하게, 충동적으로

03 **distinguished** ㉾ 유명한

04 **distinguishable** ㉾ 구분할 수 있는

05 **expedition** ㉸ 여행, 탐험

06 **superficial** ㉾ 피상적인, 심각하지 않은

07 **imbalanced** ㉾ 불공평한, 불균형의

08 **ineffective** ㉾ 생산적이지 못한, 성과 없는

09 **potentially** ㉮ 아마도, 잠재적으로

10 **conceivable** ㉾ 상상할 수 있는, 그럴 듯한

2 ㅣ 동의어 익히기

서로 어울리는 것끼리 연결하세요.

01 flexible ·

02 impulsively ·

03 distinguished ·

04 distinguishable ·

05 expedition ·

06 superficial ·

07 imbalanced ·

08 ineffective ·

09 potentially ·

10 conceivable ·

· Ⓐ discernible, noticeable

· Ⓑ journey, voyage

· Ⓒ not serious

· Ⓓ unfair, uneven

· Ⓔ possibly

· Ⓕ imaginable, likely

· Ⓖ unproductive, futile

· Ⓗ famous, eminent

· Ⓘ changing easily, elastic

· Ⓙ hastily, rashly

18 | 재귀대명사   출제 빈도 매회 평균 0.42개

출제 포인트

재귀대명사와 연관된 문제는 주로 타동사의 목적어나 전치사 by의 목적어 역할을 하는 유형으로 출제된다. 또한 강조용법의 재귀대명사도 간간이 출제되고 있으므로 재귀대명사의 두 가지 용법을 정확히 이해해두도록 한다. 보기에 재귀대명사가 있고 by 뒤에 빈칸이 있다면 우선 재귀대명사를 정답으로 고려해보는 것도 좋은 방법이다. 특히 재귀대명사 중 yourself와 themselves 가 가장 빈번하게 출제되고 있는 정답 유형이다.

STEP 1   시험에 나오는 문법   세세하게 다 알 필요 없다! 시험에 나오는 것만 익히자!

재귀대명사 문제를 풀기 위해선 다음 재귀대명사의 종류와 두 가지 용법, 그리고 재귀대명사와 관련된 기본적인 관용 표현을 익혀야만 한다.

1 | 재귀대명사의 종류

재귀대명사는 인칭과 격에 따라 다음과 같이 분류된다.

인칭	주격	소유격	목적격	재귀대명사
1인칭	I	my	me	myself
2인칭	you	your	you	yourself
3인칭	he	his	him	himself
	she	her	her	herself
	it	its	it	itself
복수형	we	our	us	ourselves
	you	your	you	yourselves
	they	their	them	themselves

2 | 재귀대명사의 용법

재귀대명사는 주어가 목적어와 동일할 때 목적어 자리에 쓰는 재귀 용법과 강조어 뒤나 문장 끝에 쓰이며 생략이 가능한 강조 용법으로 사용된다. 그리고 특정 전치사와 결합하는 관용 표현도 있다.

한 가지만 더!

재귀 용법으로 쓰이는 경우의 재귀대명사는 문장 내에서 생략할 수 없다.

❶ 재귀 용법 (주어 = 목적어)

Ms. Lohan committed herself to working with the city council to improve security for school children.

로한 씨는 학생들에 대한 안전을 개선하기 위해 시 의회와 함께 일하는 것에 자신을 헌신했다.

▶ 주어인 Ms. Lohan이 동사 다음에 목적어로 또다시 언급되고 있으므로 재귀대명사 herself로 표현하고 있다. 이때 herself 대신에 her가 나온다면 Ms. Lohan과 her는 다른 사람의 개념이 된다.

❷ 강조 용법

Jane will give a speech herself at the reception.
제인은 리셉션에서 직접 연설할 것이다.

▶ 여기서 herself는 주어인 Jane을 강조하기 위해 제시되었으며, 생략해도 상관이 없다.

✳한 가지만 더!

명령문에서는 주어가 생략되기 마련이므로 주어가 없더라도 재귀대명사를 언급할 수 있다는 점에 유의한다.
Please make yourself comfortable at my home.
내 집에서는 편안하게 있도록 해요.

3 | 재귀대명사와 관련된 관용 표현

- by oneself (= alone, on one's own) 홀로, 혼자의 힘으로
- for oneself 혼자 힘으로
- in itself 본질적으로
- among themselves 그들끼리

Ms. Roberts will attend this year's history symposium by herself.
로버츠는 올해의 역사 심포지움에 혼자 참여할 것이다.

Mr. Jones knew that he could make a decent living for himself.
존스 씨는 혼자서도 남부끄럽지 않게 생활할 수 있다는 것을 알게 되었다.

The company's logo has been appearing in public areas, which in itself is a traditional way to sell products.
그 회사의 로고가 공공 장소에 나타나고 있는데, 그것은 본질적으로 제품을 판매하는 하나의 전통적인 방식이다.

The team members will decide among themselves who will lead the team.
팀원들은 자기들끼리 누가 팀을 이끌 것인가를 결정할 것이다.

▶ 정답 366쪽

QUIZ 다음 중 알맞은 것을 고르세요.

1. The lecturers are willing to operate the audiovisual equipment -------.

(A) them   (B) themselves

2. Marty headed to Chicago for a marketing job, which brought ------- enough money to return to Florida.

(A) him   (B) himself

3. Ms. Smith received a manual so she could familiarize ------- with the proper procedures.

(A) herself   (B) her

4. Tour guides will give ------- unrivalled insight into our places of interest.

(A) us   (B) ourselves

STEP 2 **이렇게 풀어라!**

The members of the special projects team have found it difficult to agree among -------.

(A) they   (B) them   (C) theirs   (D) themselves

표현 정리   special projects team 특별 프로젝트 팀   find it difficult to do ~하는 것을 어렵다고 여기다   among themselves 자신들끼리

해석   특별 프로젝트 팀원들은 자신들끼리 의견을 일치시키는 것이 힘들다는 것을 발견했다.

보기 파악 ▶ 대명사 they의 올바른 격을 묻는 문제이다.

(A) they 주격   (B) them 목적격

(C) theirs 소유대명사   (D) themselves 재귀대명사

빈칸 확인 ▶ 빈칸이 전치사 다음에 나와 있으므로 빈칸엔 명사나 대명사, 혹은 명사형이 나와야 한다.

정답 선택 ▶ 전치사 다음에는 목적격이 나와야 하므로 일단 (A)와 (C)는 정답과 거리가 멀다. 그런데 문맥상 이 문장의 주어는 members이고, among 뒤의 목적어도 members이므로 주어와 목적어가 동일한 형국이다. 따라서 빈칸엔 재귀대명사가 알맞다.

정답 (D)

STEP 3 **연습 문제**

1. *Angelica* is the true story of a girl who sailed around the world by -------.

    (A) herself

    (B) hers

    (C) her

    (D) she

2. They have to learn how to control their emotions -------- as they work on it.

    (A) them

    (B) they

    (C) themselves

    (D) their

3. Mr. Vertonghen committed ------- to working with an NGO that improves food security for poor people.

    (A) him

    (B) himself

    (C) his

    (D) he

4. Linda tried hard not to think about the man sitting next to -------.

    (A) hers

    (B) herself

    (C) her

    (D) she

1 | 단어 암기하기

어휘 문제에 대비한 빈출 어휘들입니다. 꾸준히 반복하면서 모두 암기하세요.

01 **extensive** 형 폭넓은, 광범위한

02 **over and above** 부 게다가

03 **completeness** 명 완전함

04 **completion** 명 완성, 종료

05 **predictable** 형 예상되는

06 **overwhelmingly** 부 완전히

07 **confidence** 명 믿음, 확신

08 **obligation** 명 의무, 책임

09 **adhere to** 동 ~을 지키다, 따르다

10 **dramatically** 부 눈에 띄게, 갑자기

2 | 동의어 익히기

서로 어울리는 것끼리 연결하세요.

01 extensive ·   · Ⓐ wholeness, entirety

02 over and above ·   · Ⓑ assurance

03 completeness ·   · Ⓒ achievement, end

04 completion ·   · Ⓓ completely

05 predictable ·   · Ⓔ duty, responsibility

06 overwhelmingly ·   · Ⓕ abide by, follow

07 confidence ·   · Ⓖ noticeably, suddenly

08 obligation ·   · Ⓗ besides, in addition to

09 adhere to ·   · Ⓘ wide, broad

10 dramatically ·   · Ⓙ expected

정답 01 (I) 02 (H) 03 (A) 04 (C) 05 (J) 06 (D) 07 (B) 08 (E) 09 (F) 10 (G)

19 복합명사

출제 빈도 **매회 평균 0.42개**

복합명사를 물어보는 문제 유형은 「명사+명사」가 들어가야 하는 자리에서 앞 또는 뒤에 빈칸을 두어 명사를 골라내는 형태로 제시된다. 그런데 명사 앞에 빈칸이 나오면 형용사나 분사 자리로 착각하기 쉽다. 따라서 평소 꾸준히 복합명사 표현을 숙지해 놓으면 더욱 쉽게 문제를 해결할 수 있을 것이다.

STEP 1 시험에 나오는 문법

세세하게 다 알 필요 없다! 시험에 나오는 것만 익히자!

복합명사는 말 그대로 두 개의 명사가 서로 결합하여 하나의 명사와 같은 의미를 나타낼 때 쓰는 말이다. 즉, 앞의 명사가 뒤의 명사를 수식하는 형용사의 역할을 하게 된다. 그러므로 앞의 명사에는 복수형을 쓰지 않는다. 복합명사는 특별한 문법의 원리보다는 관용적인 복합명사 표현을 얼마나 많이 알고 있느냐가 문제 풀이의 관건이다.

It is no doubt that improving **employee productivity** is important regardless of the size of your company.

회사의 크기에 상관없이 직원 생산성을 향상시키는 것이 중요하다는 점은 당연하다.

1 | 복합명사의 복수형

복합명사의 복수형은 뒤의 명사에 -(e)s를 붙여서 만든다. 따라서 복합명사의 가산/불가산, 혹은 단수/복수의 여부는 뒤의 명사 형태로 결정된다.

living expense → living **expenses** 생활비

revision procedure → revision **procedures** 수정 절차

한 가지만 더!

복수형으로 의미를 유지하는 명사가 앞에 나오면 뒤의 명사가 단수라 하더라도 그대로 복수형을 쓴다.

mathematics teacher 수학 선생님	arms control 무기 제한
awards ceremony 시상식	customs office 세관
earnings growth 수익 성장	electronics company 전자 회사
sales manager 영업부장	savings bank 저축 은행

2 | 대표적인 빈출 복합명사

account number 계좌 번호	**back entrance** 후문
accounting certification 회계 증명서	**baggage allowance** 수하물 허용량
appliance shipments 장비 선적	**boarding pass** 탑승권
application form 신청서	**company policy** 회사 정책
art collection 미술 수집품	**complaint form** 불만 신고서
assembly line 조립생산 라인	**communication skill** 의사소통 능력
attendance record 출근 기록	**construction site** 건축 부지
advertising strategy 광고 전략	**course evaluation** 강의 평가

customer satisfaction 고객 만족	media coverage 언론 보도
deadline extension 마감 연장	office supplies 사무 용품
delivery company 운송 회사	pay increase 급여 인상
delivery schedule 배달 일정	performance appraisal 업무 평가
distribution plan 분배 계획	production facility 생산 설비
employee participation 직원 참여	production schedule 생산 일정
employee productivity 직원 생산성	product availability 제품 이용
enrollment fee 등록비	protection device 보호 장비
entrance fee 입장료	reference letter 추천서
expiration date 유효 기간	replacement product 대체품
fuel cost 연료 비용	revision procedures 수정 절차
performance review 인사 고과	safety inspection 안전 검사
growth rate 성장률	sales representative 영업 사원
information distribution 정보 전달	safety standards 안전 기준
information packet 자료집	sales figure 매출액
installment payment 할부금	sales performance 영업 실적
interest rate 금리	savings account 보통 예금 계좌
job opening 공석, 일자리	security (standard) procedures 안전(표준) 절차
job application 구직, 입사 지원서	security reasons 보안상 이유
job applicant 구직자	submission deadline 제출 마감일
job performance 업무 실적	toll collection 요금 징수
job opportunity 직무 기회	tourism economy 여행 경제
job vacancy 공석	tourist attraction 관광 명소
maintenance work 정비 작업	travel arrangements 여행 일정
maternity leave 출산 휴가	welcome reception 환영식

▶ 정답 367쪽

QUIZ 다음 중 알맞은 것을 고르세요.

1. Our baggage ------- is one suitcase and one carry-on bag per person for the flight.

(A) allows (B) allowance

2. Your course ------- is based on several tests, including two in-class tests.

(A) evaluation (B) evaluates

3. Most used vehicles are required to undergo a safety ------- prior to their sale or transfer.

(A) inspect (B) inspection

4. The operator must comply with all the instructions in the manual in order to assure a safe and reliable engine -------.

(A) performed (B) performance

Dr. Han's interest in centuries-old African holiday ------ began during a trip to Zambia twenty years ago.

(A) traditionalizing   (B) traditionalist   (C) traditions   (D) traditionalize

표현 정리   **interest in** ~에 대한 관심   **centuries-old** 수세기에 걸친   **African holiday traditions** 아프리카 축제일 전통   **during a trip to** ~로 여행을 하는 동안

해석   수세기에 걸친 아프리카 축제일 전통에 대한 한 박사의 관심은 20년 전의 잠비아 여행 동안에 시작되었다.

보기 파악 ▶ 한 단어가 다양한 품사로 변형된 어형 문제이다.

(A) traditionalizing 현재분사, 동명사

(B) traditionalist 명사 (전통주의자)

(C) traditions 명사 (전통)

(D) traditionalize 동사 (전통으로 삼다 – 1, 2인칭 또는 복수 동사 / 현재)

✓ 빈칸 확인 ▶ 명사와 동사 사이에 빈칸이 있으므로 빈칸에는 동사를 수식하는 부사나 명사가 들어갈 수 있다.

정답 선택 ▶ 문장 구조를 확인해보면 이 문장은 주어와 동사가 모두 갖춰져 있는 상태이다. 따라서 부사를 1차적인 정답 후보로 생각할 수 있지만 보기에 부사가 보이지 않는다. 그리고 보기에 동명사를 포함한 명사가 3개나 제시되어 있기 때문에 명사 뒤에 또 명사가 들어가는 복합명사 문제로 볼 수 있다. 빈칸에는 동사가 또 들어갈 수 없으므로 (D)는 일단 제외한다. (A)는 동사에 –ing가 결합된 동명사 형인데, traditionalize가 타동사이므로 그 뒤에 목적어가 와야 하는데 바로 동사가 제시되어 있으므로 오답이다. 또한 centuries-old 앞에 관사가 없으므로 빈칸에는 무관사가 올 수 있는 복수명사나 불가산 단수명사가 와야 하는데, (B)는 가산명사이므로 역시 정답과는 거리가 멀다. 따라서 그 조건을 충족시키는 보기는 복수명사인 (C)밖에 없다.

정답 (C)

1. Employee ------- is the process during which employees are involved in decision-making processes.

(A) participate   (B) participation

(C) participating   (D) participated

2. Your choice of a ------- plan will be strongly influenced by various factors relating to your product.

(A) distribution   (B) distributed

(C) distributes   (D) distribute

3. It's so refreshing to meet a salesman who places customer ------- above his own profits.

(A) satisfying   (B) satisfied

(C) satisfactory   (D) satisfaction

4. Even if a food item passes its ------- date, it could technically still be safe to eat.

(A) expire   (B) expires

(C) expiration   (D) expiratory

1 ㅣ 단어 암기하기

어휘 문제에 대비한 빈출 어휘들입니다. 꾸준히 반복하면서 모두 암기하세요.

01 **cheerful** 형 행복한, 즐거운

02 **promptly** 부 정시에, 신속히

03 **significance** 명 중요성, 의미

04 **optimistic** 형 긍정적인, 낙관적인

05 **assertive** 형 자신감이 넘치는

06 **sequence** 명 순서, 연속

07 **meanwhile** 부 그 동안에, 일시적으로

08 **inhibit** 동 막다, 금지하다

09 **limitation** 명 제한, 억제

10 **preventable** 형 예방 가능한, 피할 수 있는

2 ㅣ 동의어 익히기

서로 어울리는 것끼리 연결하세요.

01 cheerful · · Ⓐ meaning, importance

02 promptly · · Ⓑ joyful

03 significance · · Ⓒ series, order, succession

04 optimistic · · Ⓓ in the meantime, temporarily

05 assertive · · Ⓔ prevent

06 sequence · · Ⓕ restriction, constraint

07 meanwhile · · Ⓖ avoidable

08 inhibit · · Ⓗ on time, rapidly

09 limitation · · Ⓘ positive, hopeful

10 preventable · · Ⓙ confident

정답 01 (B) 02 (H) 03 (A) 04 (I) 05 (J) 06 (C) 07 (D) 08 (E) 09 (F) 10 (G)

20 목적 부사절 접속사 & 목적을 나타내는 부사구

출제 빈도 **매회 평균 0.33개**

출제 포인트

목적 부사절 접속사 & 목적을 나타내는 부사구 문제는 출제 비율이 낮은 편이지만 앞으로 언제든지 나올 수 있는 유형이므로 함께 알아두도록 한다. 보기에 다른 접속사, 전치사구, 부사구 등이 제시되며, 시험에서는 목적 부사절 접속사보다는 목적을 나타내는 부사구를 물어보는 문제가 더 많이 출제되고 있다.

STEP 1 시험에 나오는 문법   세세하게 다 알 필요 없다! 시험에 나오는 것만 익히자!

1 | 목적 부사절 접속사

1 목적 부사절 접속사의 개념

목적을 나타내는 부사절 접속사는 '~하기 위하여'라는 뜻을 지니고 있으며, 목적을 나타내는 부사절을 이끈다.

We will be releasing trading figures and statistics **so that** informed decisions can be made by customers.

우리는 고객들에 의해 현명한 결정이 내려질 수 있도록 하기 위해 판매 수치와 통계치를 공개할 것이다.

▶ 목적을 나타내는 부사절 접속사 so that은 문두에 오는 경우도 있으나, 토익에서는 보통 문장 중간에 위치한다.

2 목적 부사절 접속사의 종류

대표적인 목적 부사절 접속사는 so that과 in order that이 있다. 이때 so that의 that은 생략 가능하여 so 자체가 목적의 의미를 나타내는 접속사 역할을 할 수 있지만, in order that에서 that은 생략할 수 없다.

You should stir the soup constantly **so (that)** it does not burn.

수프가 타지 않도록 하기 위해 계속 저어야 합니다.

▶ 문장 중간에서 that이 생략되어 so가 목적 부사절 접속사 역할을 하고 있다.

Sean Newman must maintain focus **in order that** he can reach his full potential as a basketball player.

션 뉴먼은 농구 선수로서 자신의 완전한 능력에 다다르기 위해 집중력을 유지해야 합니다.

▶ 문장 중간에서 in order that이 '~하기 위해'라는 뜻으로 목적 부사절 접속사의 역할을 하고 있다.

2 | 목적을 나타내는 부사구

1 목적을 나타내는 부사구의 종류

목적을 나타내는 부사구 중 대표적인 것이 so as to와 in order to이다. 이 중 시험에서는 대부분 in order to를 묻는 유형이 많이 출제되고 있다.

The company intends to recruit additional staff members **in order to** reinforce its bank supervision capabilities.

은행 감독 능력을 강화하기 위해 회사는 추가적인 인원을 고용할 계획이다.

▶ in order to가 '~하기 위하여'라는 목적의 의미를 나타내고 있으며, 이는 so as to 혹은 to부정사로 나타내기도 한다.

전체 주어와 so that 이하의 주어가 같지 않다면 so that 이하의 주어를 'for + 명사' 또는 'for + 목적격' 형태의 의미상 주어를 써준다.

Please send it to us so that he **can register your card.**

그가 당신의 카드를 등록할 수 있도록 하기 위해 그것을 우리에게 보내주십시오.

→ **Please send it to us** for him **to register your card.**

❷ so as to/in order to + 동사원형

so as to나 in order to는 부사구이므로 뒤에 주어나 동사가 들어간 절이나 명사형이 올 수 없고 반드시 동사원형이 와야 한다. 물론 동사원형 뒤에는 목적어인 명사나 명사형이 뒤따를 수 있다. 또한 부정할 때는 to부정사와 마찬가지로 to 앞에 not을 두어 so as not to, in order not to의 형태로 쓴다.

The store will be closing early so as to allow its employees to take a half day off.

그 상점은 직원들이 반나절을 쉴 수 있도록 하기 위해 일찍 문을 닫을 것이다.

We should speak quietly in order not to disturb other coworkers in the office.

우리는 사무실에서 다른 동료 직원들을 방해하지 않도록 조용히 얘기해야 합니다.

▶ 정답 368쪽

QUIZ 다음 중 알맞은 것을 고르세요.

1. The guest list must be accurate ------- we can prepare for the lunch properly.

(A) so that　　　　(B) so as to

2. Please write about your experience at our facility ------- we may improve our services.

(A) even if　　　　(B) in order that

3. We need your transaction ID for the purchase ------- look into this matter.

(A) before　　　　(B) in order to

4. We created a system ------- to make staff members get the support they need to do their jobs well.

(A) so as　　　　(B) by

It is important to reduce all unnecessary operating costs ------- we can concentrate our expenditures on our content.

(A) in order to   (B) with   (C) so that   (D) besides

표현 정리   reduce 줄이다   unnecessary operating costs 불필요한 운영 비용   so that ~하기 위해서   concentrate A on B A를 B에 집중시키다   expenditures on ~에 대한 지출   content 콘텐츠   besides 쩐 ~이외에도 🈯 게다가

해석   우리가 콘텐츠에 지출을 집중시킬 수 있도록 하기 위해 모든 불필요한 운영 비용을 줄이는 것이 중요하다.

보기 파악 ▶ 부사구, 전치사, 부사절 접속사 등이 제시된 문법 문제이다.

(A) in order to   목적을 나타내는 부사구   (B) with   전치사

(C) so that   목적 부사절 접속사   (D) besides   접속부사, 전치사

✓ **빈칸 확인** ▶ 빈칸은 문장과 문장을 연결시키는 자리이므로 접속사가 필요하다.

💡 **정답 선택** ▶ 보기 중 접속사로 쓰이는 것은 (C)뿐이다.

🔍 함정 분석 : (A)는 (C)와 의미가 같지만 부사구이므로 뒤에는 동사와 함께 명사나 명사형 등이 나와야 한다.

정답 (C)

---

1. You need to provide the necessary details ------- your request can be addressed accurately.

   (A) either

   (B) while

   (C) although

   (D) so that

2. Non-EU citizens need a visa ------- enter and visit our country.

   (A) where

   (B) when

   (C) therefore

   (D) in order to

3. Please remind my secretary of your absences ------- other dates can be scheduled.

   (A) ever since

   (B) because of

   (C) despite

   (D) in order that

4. Due to limited space, you need to make a quick response ------- reserve seats.

   (A) for

   (B) when

   (C) so as to

   (D) ever

1 | 단어 암기하기

어휘 문제에 대비한 빈출 어휘들입니다. 꾸준히 반복하면서 모두 암기하세요.

01 **on no account** 절대로 ~이 아닌

02 **minimal** ⑱ 최소의, 최저의

03 **dull** ⑱ 지루한, 재미없는

04 **determined** ⑱ 결심이[의지가] 굳은

05 **stability** ⑲ 안정

06 **resent** ⑧ 분노하다

07 **precede** ⑧ ~에 앞서다

08 **massively** ⑭ 매우, 엄청나게

09 **increment** ⑲ 증가, 증대

10 **inconvenience** ⑲ 불편함, 문제점

2 | 동의어 익히기

서로 어울리는 것끼리 연결하세요.

01 on no account ·   · Ⓐ not interesting, boring

02 minimal ·   · Ⓑ strong-minded, resolute

03 dull ·   · Ⓒ trouble, problem

04 determined ·   · Ⓓ feel angry

05 stability ·   · Ⓔ in no way, by no means

06 resent ·   · Ⓕ increase, augmentation

07 precede ·   · Ⓖ very

08 massively ·   · Ⓗ go before

09 increment ·   · Ⓘ constancy, firmness

10 inconvenience ·   · Ⓙ smallest, least

정답 01 (E) 02 (J) 03 (A) 04 (B) 05 (I) 06 (D) 07 (H) 08 (G) 09 (F) 10 (C)

21 분사구문

출제 빈도 **매회 평균 0.33개**

출제 포인트

분사구문의 종류는 크게 현재분사형의 능동분사 구문과 과거분사형의 수동분사 구문으로 나뉘어진다. 그리고 이들 분사구문 앞에 접속사가 제시되기도 하고 생략되기도 하는데, 접속사가 포함된 분사구문은 시간 접속사(when, while, after, before 등)와 결합된 형태가 단골로 출제된다. 보기로는 분사형을 비롯하여 동사, to부정사, 명사 등의 품사가 다양하게 제시되기 때문에 분사구문에 대해 확실히 이해하지 못한다면 풀기가 쉽지 않은 유형이므로 철저한 대비가 필요하다.

STEP 1 시험에 나오는 문법

기본 원리를 익히자!

1 ㅣ 능동분사 구문 vs 수동분사 구문

❶ 능동분사 구문

종속절의 주어가 직접 행위를 하고 있는 상황일 경우 접속사와 주어를 생략하고 동사에 -ing를 붙여 나타낸다. 이때 접속사는 생략하지 않고 나오는 경우도 있다.

(When) ordering the product, please include your billing, postal, and e-mail addresses.

물건을 주문할 때, 청구서 발송 주소와 우편 주소 그리고 이메일 주소를 포함해 주세요.

▶ 원래 문장은 When you order the product였는데, 주어 you가 사라지면서 이어지는 동사가 -ing의 형태로 바뀐 분사구문이다. 이때 접속사는 생략하는 게 원칙이지만, 그 뜻을 강조할 경우에는 접속사를 생략하지 않고 제시하기도 한다.

❷ 수동분사 구문

종속절인 「접속사＋주어＋동사～」의 주어가 주절의 주어와 동일하지만, 어떤 행위를 누군가에 의해 받고 있는 상황일 경우 접속사와 주어를 생략하고, 동사를 「be동사＋과거분사」 형태로 만든다. 그리고 be동사의 원형인 be에 -ing를 붙여 being을 만들고 그 뒤에 과거분사를 붙여 수동태형으로 만들어주면 된다. 그런데 이때 being은 생략되는 특성을 지니고 있기 때문에 being을 생략하고 그 뒤의 과거분사만으로 나타낸다. 역시 접속사는 생략하지 않고 나오는 경우도 있다.

When (it is) compared with other industrialized nations, the country is lacking in natural resources.

다른 산업화된 국가들과 비교했을 때, 그 나라는 천연 자원이 부족하다.

▶ 원래 형태는 When it is compared with ～이지만, 종속절의 주어와 주절의 주어가 같으므로 접속사와 주어를 생략한 후 is의 원형인 be에 -ing를 붙여 Being compared ～로 만든다. 이때 Being은 생략이 가능하므로, 그 뒤의 Compared ～만으로 나타낼 수 있는데, 위의 문장처럼 접속사의 뜻을 강조하고자 할 때는 과거분사 앞에 접속사를 붙여주기도 한다.

2 ㅣ 기타 분사구문

❶ 독립분사구문

종속절의 주어와 주절의 주어가 다른 분사구문이 있는데, 이를 '독립분사구문'이라 한다. 그리고 이때 종속절의 주어는 생략할 수 없고, 분사 앞에 나타내야 한다.

If the weather permits, I will go on a picnic.

날씨가 허락한다면, 나는 소풍을 갈 것이다.

→ **The weather permitting**, I will go on a picnic.

▶ 먼저 종속절의 접속사를 생략하고, 종속절의 주어와 주절의 주어가 같지 않으므로 종속절의 주어를 그대로 쓴다. 그리고 동사에 -ing를 붙여 분사구문을 만든다.

After the meeting was finished, I went out for lunch.

회의가 끝난 후에 나는 점심을 먹으러 나갔다.

→ **The meeting being finished**, I went out for lunch.

▶ 먼저 종속절의 접속사를 생략하고, 종속절의 주어와 주절의 주어가 같지 않으므로 종속절의 주어를 그대로 쓴다. 그리고 was의 원형인 be에 -ing를 붙여 분사구문을 만든다. 이때는 being을 생략할 수 없다.

❷ with + 목적어 + 분사구문

종속절과 주절이 거의 동시에 일어나는 상황을 나타낼 경우 「with+목적어+분사구문」을 쓴다.

Our expectations have already been exceeded with more than 500 participants appearing at the fair.

500명 이상의 참가자들이 박람회에 등장한 가운데, 우리의 기대는 이미 초과되었다.

▶ 정답 369쪽

QUIZ 다음 중 알맞은 것을 고르세요.

1. All personnel should know the company rules before ------- information on the computer system.

   (A) stored   (B) storing

2. It is not necessary for you to be online when ------- for technical support.

   (A) calling   (B) calls

3. As -------, the computer looked like it had hardly been used.

   (A) advertised   (B) advertising

4. When ------- his daughter's request, Mr. Reed did not know that he was signing up for dance classes with her.

   (A) approved   (B) approving

When ------- with these symptoms, doctors should check if the patient has an alcohol problem.

(A) facing   (B) faced   (C) is faced   (D) face

표현 정리 when faced with ~에 직면할 때 symptom 증상 check if ~인지 아닌지 점검하다

해석 이러한 증상에 직면한다면, 의사들은 환자가 알코올 문제가 있는지 확인해야 한다.

보기 파악 ▶ 한 단어가 다양한 품사로 변형된 어형 문제이다.

(A) facing 현재분사, 동명사   (B) faced 과거, 과거분사   (C) is faced 수동태 / 현재   (D) face 동사 (~에 직면하다)

✓ 빈칸 확인 ▶ 빈칸은 접속사와 전명구 사이에 있다. When이 접속사이므로 '주어 + 동사'가 연계된 문장이 와야 한다.

정답 선택 ▶ 일단 빈칸에 완전한 동사형인 (C), (D)가 들어가려면 앞에 주어가 있어야 하므로 부적합하다. face는 타동사이므로 When they are faced with ~에서 주어와 be동사가 생략된 후 분사 형태로 들어간 (B)가 정답이다.

정답 (B)

---

2. There is a weekly hotel fee that ranges from 300 to several thousand dollars ------- on the services and benefits received.

(A) depends   (B) to depend   (C) depended   (D) depending

표현 정리 hotel fee 호텔 요금 range from A to B A에서 B까지 범위를 이루다 several thousand dollars 수천 달러 depend on ~에 달려 있다

해석 제공받는 서비스나 혜택에 따라 3백에서 수 천 달러에 이르는 주간 호텔 요금이 있다.

보기 파악 ▶ 한 단어가 다양한 품사로 변형된 어형 문제이다.

✓ 빈칸 확인 ▶ 빈칸은 전명구와 전명구 사이에 있다.

정답 선택 ▶ depend는 자동사인데, (A), (C)와 같은 완전한 동사형이 들어가면 두 개의 절을 형성하여 접속사가 필요하므로 부적합하고, (B)는 해석상 적합하지 않다. which depends의 형태에서 which가 생략되고 동사가 -ing로 바뀐 분사구문의 (D)가 정답이다.

정답 (D)

---

1. These experts can help you learn how to prevent injuries while ------- your performance on the field.

(A) improved

(B) improves

(C) improve

(D) improving

2. When ------- during the design process, Tamco's new technology will increase the company's productivity.

(A) utilizing

(B) utilize

(C) utilized

(D) utilizes

1 | 단어 암기하기

어휘 문제에 대비한 빈출 어휘들입니다. 꾸준히 반복하면서 모두 암기하세요.

01 **ahead of** 쩐 ~보다 먼저[전에]

02 **authoritative** 형 믿을 만한, 신빙성 있는

03 **accessibly** 부 편리하게, 유용하게

04 **impulsive** 형 성급한, 충동적인

05 **overstate** 동 과장하다

06 **uncommon** 형 보통과는 다른, 드문

07 **dissatisfied** 형 만족하지 못하는

08 **negation** 명 부인, 거부

09 **understanding** 형 사려 깊은, 배려하는

10 **understandably** 부 합리적으로, 예상대로

2 | 동의어 익히기

서로 어울리는 것끼리 연결하세요.

01 ahead of ·	· Ⓐ exaggerate
02 authoritative ·	· Ⓑ conveniently, usefully
03 accessibly ·	· Ⓒ prior to, previous to
04 impulsive ·	· Ⓓ disgruntled, discontented
05 overstate ·	· Ⓔ reliable, convincing
06 uncommon ·	· Ⓕ denial, disagreement
07 dissatisfied ·	· Ⓖ considerate, thoughtful
08 negation ·	· Ⓗ reasonably, as expected
09 understanding ·	· Ⓘ hasty, rash
10 understandably ·	· Ⓙ unusual, rare

정답 01 (C) 02 (E) 03 (B) 04 (I) 05 (A) 06 (J) 07 (D) 08 (F) 09 (G) 10 (H)

PART 5, 6

22 | 양보 부사절 접속사

출제 빈도 **매회 평균 0.33개**

출제 포인트

종속절과 주절이 이어져 있을 경우 종속절 앞에 빈칸을 두고 '양보'를 의미하는 접속사를 고르는 문제 유형이다. 주로 전치사, 접속사, 부사 등이 보기로 제시되기 때문에 일차적으로 전치사와 접속사를 구별할 수 있어야 한다. 특히 '양보'를 나타내는 전치사와 접속사의 구별이 필수적이다.

STEP 1 시험에 나오는 문법

기본 원리를 익히자!

1 | 양보 부사절 접속사의 종류

양보를 나타내는 대표적인 접속사들을 알아보도록 한다.

❶ though / although / even though 비록 ~일지라도 (사실에 기반)

Even though he tries to catch up with her ability, he always falls behind her.

비록 그가 그녀의 능력을 아무리 따라잡으려고 해도, 그는 언제나 그녀에게 뒤진다.

▶ Even though가 이끄는 부사절과 콤마(,) 뒤의 주절이 서로 상반되는 내용임을 이해해야 한다.

❷ even if 비록 ~일지라도 (가정에 기반)

Even if we fail in business, we should never give up hope.

우리가 사업에 실패하더라도 결코 희망을 버려서는 안 된다.

▶ though 계열은 사실을 기반으로 하지만, even if는 가정을 기반으로 한다는 점도 알아둔다.

❸ while ~이긴 하지만, 반면에

While the company now exports only one kind of projector, it will soon be exporting about three models.

현재 그 회사는 한 종류의 프로젝터만 수출하고 있지만, 곧 세 가지 정도의 모델을 수출할 것이다.

▶ while은 '~ 동안에'라는 시간 부사절 접속사의 역할도 하지만, 양보 구문에선 '~이긴 하지만'라는 의미도 지니고 있다.

❹ whether A or B A든 B든 간에

Whether his performance is good or bad, the company will offer him incentives this year.

그의 실적이 좋든 나쁘든, 회사는 올해 그에게 인센티브를 제공할 것이다.

▶ whether는 명사절 접속사로 쓰이는 경우도 있지만, 종속절을 이끌 때는 이처럼 양보 부사절 접속사 역할을 한다.

2 | 양보를 나타내는 전치사

양보를 나타내는 전치사와 접속사가 보기에 함께 제시되는 경우가 있다. 그러므로 각각의 품사를 정확히 이해해두어야만 빈칸에 어울리는 전치사 또는 접속사를 골라낼 수 있다.

despite / in spite of ~에도 불구하고

We enjoyed the outdoor concert despite the bad weather.

나쁜 날씨에도 불구하고 우리는 야외 콘서트를 즐겼다.

▶ despite라는 전치사 뒤에 명사형이 나와 전명구를 이루고 있다.

Mr. Bromdal was able to lead a pleasant life in spite of his illness.
자신의 질병에도 불구하고, 브롬달 씨는 즐거운 삶을 이어갈 수 있었다.

▶ in spite of라는 전치사구 뒤에 명사형이 나와 전명구를 이루고 있다.

※ 한 가지만 더!
- -

despite 뒤에는 of가 올 수 없다는 점에 유의한다.

Despite of his visit, I continued my work. (X)
그의 방문에도 불구하고, 나는 하던 일을 계속했다.

- -

▶ 정답 369쪽

QUIZ 다음 중 알맞은 것을 고르세요.

1. ------- serving experience would be helpful for our work, it is not a requirement.

(A) Although   (B) As if

2. ------- our employees have great skills, they must receive more specialized training.

(A) Because   (B) Even though

3. ------- Ms. Kwon has been working for only three months, she is highly regarded by many customers.

(A) Even though   (B) So that

4. ------- our restaurant is overstaffed now, we expect that orders will soon increase again.

(A) Before   (B) Though

------- most employees know their organizations have copyright policies, they do not know how they work.

(A) Since   (B) Although   (C) Despite   (D) Even so

표현 정리 although 비록 ~일지라도 copyright policies 저작권 규정 despite ~에도 불구하고 even so 그럼에도(= nevertheless)

해석   대부분의 직원들이 자신의 조직이 저작권 규정을 가지고 있다는 것을 알고는 있지만, 그것이 어떻게 운영되는지는 알지 못한다.

보기 파악 ▶ 접속사와 부사, 그리고 전치사 등으로 이루어진 문법 문제이다.

(A) Since 전치사, 접속사   (B) Althogh 양보부사절 접속사
(C) Despite 전치사   (D) Even so 접속부사

✓ **빈칸 확인** ▶ 빈칸은 이어지는 두 개의 절을 연결하는 접속사의 자리이다.

정답 선택 ▶ 접속사의 자리이기 때문에 일단 전치사인 (C)와 부사인 (D)를 제외한다. 그런데 (A)는 빈칸에 들어가면 현재 동사 know로 인해 '~때문에'라고 해석되어 어색하므로 서로 상반되는 두 절의 내용을 연결해주는 (B)가 정답이다.

정답 (B)

STEP 3 연습 문제

1. ------- it is helpful to seek advice from others, it is important that the final decisions be yours.

(A) Despite
(B) Nevertheless
(C) When
(D) While

2. ------- it costs more than twice as much as a typical sedan, the Cobra is much cheaper than ordinary Italian sports cars.

(A) Even though
(B) Moreover
(C) Despite
(D) Nevertheless

3. ------- the company's report shows no defects with its new phone, customers have been making many complaints.

(A) Despite
(B) Even so
(C) Unless
(D) Even though

4. ------- Andrew Lee is the author of more than 17 novels, he has never enjoyed much success so far.

(A) Therefore
(B) Furthermore
(C) Despite
(D) Although

1 | 단어 암기하기

어휘 문제에 대비한 빈출 어휘들입니다. 꾸준히 반복하면서 모두 암기하세요.

01 **compete** ⑧ 경쟁하다

02 **merely** ⑨ 그저, 단지

03 **dissolve** ⑧ 녹다, 녹이다

04 **complicated** ⑩ 복잡한

05 **orderly** ⑩ 제대로 정리된, 질서정연한

06 **symptomatic** ⑩ ~을 나타내는, ~을 암시하는

07 **advantageous** ⑩ 이로운, 도움이 되는

08 **trusting** ⑩ (사람을) 잘 믿는, 순진한

09 **ambitious** ⑩ 야심에 찬, 의지가 굳은

10 **inaudible** ⑩ (소리를) 들을 수 없는

2 | 동의어 익히기

서로 어울리는 것끼리 연결하세요.

01 compete ·   · Ⓐ complex, intricate

02 merely ·   · Ⓑ indicative, suggestive

03 dissolve ·   · Ⓒ melt

04 complicated ·   · Ⓓ impossible to hear

05 orderly ·   · Ⓔ beneficial, profitable

06 symptomatic ·   · Ⓕ determined, motivated

07 advantageous ·   · Ⓖ credulous, innocent

08 trusting ·   · Ⓗ only, simply

09 ambitious ·   · Ⓘ contend, try to win

10 inaudible ·   · Ⓙ well arranged[organized]

정답 01 (I) 02 (H) 03 (C) 04 (A) 05 (J) 06 (B) 07 (E) 08 (G) 09 (F) 10 (D)

23 | 계속적 용법의 관계대명사 출제 빈도 매회 평균 0.33개

계속적 용법의 관계대명사는 문장과 문장 사이에 빈칸을 두고 알맞은 관계대명사를 고르는 형태로 출제되며, 파트 5와 파트 6에서 골고루 출제되는 편이다. 이때 빈칸 앞에는 콤마(,)가 나오게 된다. 대부분 which나 who처럼 순수한 관계대명사 자체를 물어보는 형태로 출제되기도 하지만, most of whom처럼 대명사를 동반한 형태도 간간히 출제되고 있으니 이 부분도 참고로 알아두도록 한다.

STEP 1 시험에 나오는 문법   기본 원리를 익히자!

관계대명사는 문장과 문장을 끊지 않고 하나의 문장으로 연결하고자 할 때 사용되는 품사이다. 이때 앞문장의 보어나 목적어를 '선행사'라고 하는데, 이 선행사를 뒤에서 수식하는 '한정적 용법'과 선행사를 부가 설명해 주는 '계속적 용법'으로 나눌 수 있다. 여기서는 계속적 용법에 대해 살펴보도록 한다.

1 | 관계대명사의 계속적 용법

The new website gives more details in English, which has attracted quite a lot of foreign players.

새로운 웹사이트는 영어로 더 상세한 정보를 제공하는데, 그것이 상당히 많은 외국 참가자들을 끌어들였다.

▶ 이때 which는 '접속사 + 대명사'의 역할을 하며, and it 정도로 대용될 수 있다. 즉, 뒷문장의 주어를 받고 있으므로 주격 관계대명사의 역할을 하고 있다.

2 | 계속적 용법의 격

❶ 계속적 용법의 주격 관계대명사

콤마(,) 뒤의 관계대명사가 주어의 역할을 하는 경우를 주격 관계대명사라고 한다. 그리고 '접속사＋주어'의 형태로 해석한다.

One of the most popular dances of the festival, which attracted large crowds, was the "Rising Fire."

페스티벌의 가장 인기 있는 춤 중의 하나는 많은 관객들을 끌어들인 것이었는데, 'Rising Fire'였다.

❷ 계속적 용법의 목적격 관계대명사

콤마(,) 뒤의 관계대명사가 목적어의 역할을 하는 경우를 목적격 관계대명사라고 한다. 그리고 '접속사＋목적어'의 형태로 해석한다.

Revenue has dropped by 5 percent, which the company attributed to the difficult operating environment.

재정 수입이 5퍼센트만큼 떨어졌는데, 회사는 그것을 어려운 운영 환경의 탓으로 돌렸다.

🌟한 가지만 더!

콤마(,) 뒤에서 주어의 역할을 하는 관계대명사 who가 most of 등의 대명사와 결합하는 경우도 있다. 이때는 most of 다음에 주격이 들어갈 수 없으므로 목적격 whom이 들어가야 한다.

The school's faculty is made up of professional artists, most of whom are skilled at teaching.

그 학교의 교수진은 전문 예술가들로 구성되어 있는데, 그들 대부분은 가르치는 것에 능숙하다.

3 | 계속적 용법의 특징

① 계속적 용법의 관계대명사 앞에는 콤마(,)가 붙는다.

관계대명사 앞에 콤마(,)가 있으면 그 관계대명사가 선행사를 부가 설명해주는 역할을 한다.

All of the apartments have wide views over Puerto Montt, **which** is famed for its sunsets.

모든 아파트는 푸에르토 몬트를 굽어보는 넓은 전경을 보유하고 있는데, 그곳은 석양으로 유명하다.

② 계속적 용법의 관계대명사는 생략하지 않는다.

계속적 용법으로 쓰인 목적격 관계대명사도 생략할 수 없다.

That is a major achievement, **which** everyone in the division should feel proud of.

그것은 중대한 성과인데, 부서의 모든 사람들은 그것을 자랑스러워 해야 한다.

③ 계속적 용법의 관계대명사는 접속사의 역할을 대신한다.

계속적 용법의 관계대명사 대신에 문맥에 맞는 접속사(and, but 등)를 연결하여 해석해도 무방하다.

The company will build Marshall Stadium, **which** (= **and it**) will become a landmark in the city.

회사는 마셜 스태디움을 지을 것인데, 그것은 그 도시의 랜드마크가 될 것이다.

④ 계속적 용법의 관계대명사는 that으로 대신할 수 없다.

한정적 용법으로 쓰인 who나 which 등의 관계대명사는 that으로 대체할 수 있지만, 계속적 용법의 관계대명사는 대체할 수 없다.

The new hospital, **that (X) / which (O)** is scheduled to open on June 1, will feature 25 pieces of children's artwork.

6월 1일 문을 열 예정인 그 신규 병원은 25점의 어린이 미술 작품들을 선보일 것이다.

⑤ what은 계속적 용법의 관계대명사로 쓸 수 없다.

what은 이미 선행사를 포함한 개념이므로 선행사에 대한 부가 설명을 하는 계속적 용법으로 쓸 수 없다.

The membership directory, **what (X) / which (O)** includes names, addresses and telephone numbers, will be sent by Mr. Shin.

이름, 주소 그리고 전화번호를 포함하는 회원 명부가 신 씨에 의해 발송될 것입니다.

▶ 정답 370쪽

QUIZ 다음 중 알맞은 것을 고르세요.

1. Mr. Andrews uses graphic design programs, ------- can be an asset at his new position.

(A) which　　　　(B) who

2. The Laupen School, ------- was closed in 1990, has been purchased by the community.

(A) which　　　　(B) that

3. The training is intended for employees ------- want to get to know the standard TAS38 better.

(A) and　　　　(B) who

4. Mr. Jordan walked into the Mata Hotel, ------- restaurants are famous for their Mexican and Chinese cuisines.

(A) whom　　　　(B) whose

The assorted cookies are individually wrapped, ------- makes them perfect for parties and even weddings.

(A) whom   (B) that   (C) which   (D) whose

표현 정리   assorted cookies 다양한 쿠키들   be individually wrapped 낱개로 포장되다

해석   다양한 쿠키들이 낱개로 포장되어 있는데, 그것은 파티나 심지어 결혼식에서도 쿠키들을 완벽하게 어울리게 해준다.

보기 파악 ▶ 다양한 관계대명사의 형태가 제시되어 있으므로 알맞은 관계대명사를 고르는 문제이다.

✓ **빈칸 확인** ▶ 빈칸 앞에 콤마(,)가 있고, 빈칸 뒤에 동사가 있으므로 빈칸에는 주격 관계대명사가 들어가야 한다.

💡 **정답 선택** ▶ 관계대명사 앞에 콤마(,)가 있는 경우엔 that이 들어갈 수 없으므로 우선 (B)를 제외할 수 있다. 또한 빈칸을 주격으로 봐야 하므로, 목적격인 (A)와 소유격인 (D)도 정답이 될 수 없다. 따라서 앞문장 전체를 선행사로 받고, 주격으로 쓰일 수 있는 (C) which 가 정답이다.

정답 (C)

STEP 3 연습 문제

1. We analyze the soil for water soluble nutrients, ------ is standard practice for our laboratory.

(A) that

(B) whom

(C) which

(D) what

2. Our Web site gives more details in English, ------ has attracted quite a lot of foreign users.

(A) which

(B) who

(C) those

(D) whoever

3. The new e-train line, ------- has been running since 2014, provides rapid transit service.

(A) who

(B) what

(C) where

(D) which

4. Teachers face unique problems with those children, ------- are insecurely attached to their caregivers.

(A) when

(B) which

(C) what

(D) who

1 ㅣ 단어 암기하기

어휘 문제에 대비한 빈출 어휘들입니다. 꾸준히 반복하면서 모두 암기하세요.

01 **remaining** ⑧ 남아 있는

02 **at all times** ⑨ 항상

03 **terminate** ⑧ 끝내다

04 **lateness** ⑨ 지각

05 **locality** ⑨ 지역

06 **defeat** ⑧ 이기다

07 **counsel** ⑧ 상담해주다, 정보를 주다

08 **consult (with)** ⑧ 상담하다, 정보를 얻다

09 **apparent** ⑧ 분명한, 명백한

10 **in between** ㉠ ~의 중간에, ~의 사이에

2 ㅣ 동의어 익히기

서로 어울리는 것끼리 연결하세요.

01 remaining　·

02 at all times　·

03 terminate　·

04 lateness　·

05 locality　·

06 defeat　·

07 counsel　·

08 consult (with)　·

09 apparent　·

10 in between　·

· Ⓐ tardiness, delay

· Ⓑ beat, overpower

· Ⓒ area, region

· Ⓓ give information to

· Ⓔ evident, obvious

· Ⓕ in the middle of

· Ⓖ left behind, lingering

· Ⓗ get information from

· Ⓘ finish, stop

· Ⓙ always

정답 01 (G) 02 (J) 03 (I) 04 (A) 05 (C) 06 (B) 07 (D) 08 (H) 09 (E) 10 (F)

219

PART 5, 6

24 전치사의 목적어로 쓰인 동명사 출제 빈도 매회 평균 0.33개

출제 포인트

전치사 뒤에 빈칸을 두고 동명사를 정답으로 물어보는 문제 유형이다. 문제에서는 대개 「전치사＋동명사＋목적어」의 형태로 출제된다. 보기로는 명사, 동사, 과거분사 등이 함께 나오므로 전치사 뒤에 동명사를 비롯한 명사형이 나오는 원리만 잘 숙지하고 있다면 쉽게 맞힐 수 있는 유형이다.

STEP 1 시험에 나오는 문법

기본 원리를 익히자!

전치사의 목적어로 쓰이는 동명사는 기본적으로 전치사의 목적어 역할도 하지만 동사적 성질을 지니고 있기 때문에 그 뒤에 목적어를 취할 수 있다는 특징이 있다.

1 ㅣ 전치사 + 동명사

동명사는 동사와 명사의 기능을 동시에 하기 때문에, 동사의 기능으로써 목적어를 취할 수 있고 명사의 기능으로써 전치사 뒤에 위치할 수 있다.

By planning your project yourself, you can determine whether it will be finished on time.
자신의 프로젝트를 스스로 계획함으로써, 당신은 그것이 제때에 끝날 것인지 파악할 수 있다.

▶ 동명사 planning이 바로 뒤에 목적어(your project)를 취하는 동사적 기능과 전치사 by의 목적어가 되는 명사적 기능을 동시에 하고 있다.

2 ㅣ 「전치사 + 동명사」 형태의 관용적 표현

전치사가 「be동사 + 과거분사 + 전치사 + 동명사」의 형태로 동명사를 목적어로 취하는 표현들도 있고, 「일반동사 + to + 동명사」의 형태로 동명사를 목적어로 취하는 표현들도 있다. 흔히 관용적으로 쓰이는 표현들이므로 모두 암기해두도록 한다.

❶ be동사 + 과거분사 + 전치사 + 동명사

- ~에 익숙해지다

  be accustomed to + V-ing

  be used to + V-ing

  be acclimated to + V-ing

  be domesticated to + V-ing

- ~에 관심이 있다

  be concerned about + V-ing

  be interested in + V-ing

- ~에 전념하다, ~에 헌신하다

  be dedicated to + V-ing

  be devoted to + V-ing

  be committed to + V-ing

- ~에 중독되다

  be addicted to + V-ing

- ~에 반대하다

  be opposed to + V-ing

❷ 일반동사 + to + 동명사

- ~하는 것을 기대하다

  look forward to + V-ing

- ~에 반대하다

  object to + V-ing

- ~에 대해 고백[자백]하다

  confess to + V-ing

▶ 정답 371쪽

QUIZ 다음 중 알맞은 것을 고르세요.

1. All decisions that were made today
can be reversed by ------- to an
operator.

(A) spoke   (B) speaking

2. Caffeine can stimulate the brain into
------- it does not need any sleep.

(A) thinks   (B) thinking

3. A student cannot graduate without
------- all the credits in the program.

(A) completing   (B) completion

4. Aside from ------- more compact, the
projector is fairly affordable.

(A) being   (B) be

GNG Hospital is committed to ------- exceptional healthcare services to promote good health.

(A) providing   (B) provides   (C) provided   (D) provision

표현 정리 be committed to 명사/동명사 ~에 헌신[전념]하다   exceptional 예외적인, 뛰어난   healthcare services 의료 서비스   promote good health 건강을 증진시키다

해석 GNG 병원은 건강을 증진시키는 뛰어난 의료 서비스를 제공하는 데 헌신하고 있다.

보기 파악 ▸ 동사 provide가 다양한 형태로 제시된 어형 문제이다.

(A) providing 현재분사, 동명사   (B) provides 동사 (공급하다, 제공하다 – 3인칭 단수 동사 / 현재)

(C) provided 동사의 과거, 과거분사   (D) provision 명사 (공급, 제공)

빈칸 확인 ▸ 빈칸 앞에 be committed to가 있으므로 이와 연계되는 형태를 생각한다.

정답 선택 ▸ 빈칸 앞의 be committed to(~에 헌신[전념]하다)는 뒤에 명사나 동명사가 와야 하므로 일단 (B)와 (C)는 정답에서 제외한다. 또한 빈칸 뒤 명사구(exceptional healthcare services)는 빈칸의 목적어 역할을 하고 있으므로 또 다른 명사인 (D)가 올 수 없다. 따라서 명사구를 목적어로 취하는 동명사 (A)가 정답이다.

정답 (A)

---

1. Passengers should reconfirm their arrival and departure times by ------- the local Dong-Bu Express office.

    (A) being called

    (B) calling

    (C) calls

    (D) called

2. The Ministry of Health and Welfare is devoted to ------- new methods of improving public health and welfare facilities.

    (A) find

    (B) finding

    (C) found

    (D) founded

3. Maximum security will block any malicious programs without ------- you.

    (A) notify

    (B) notified

    (C) notification

    (D) notifying

4. HBT Securities has outlined its plan by ------- Namura Investment with its own banking subsidiary.

    (A) consolidation

    (B) consolidate

    (C) consolidating

    (D) console

1 ㅣ 단어 암기하기

어휘 문제에 대비한 빈출 어휘들입니다. 꾸준히 반복하면서 모두 암기하세요.

01 **committed** ⓗ 헌신적인, 전념하는

02 **habitually** ⓟ 보통은

03 **intently** ⓟ 주의 깊게

04 **patiently** ⓟ 참을성 있게

05 **collaborative** ⓗ 합동의, 서로간의

06 **qualification** ⓜ 자격요건, 필요요건

07 **entitlement** ⓜ 권한, 특권

08 **as opposed to** ⓟ ~보다는 오히려

09 **remedy** ⓜ 치료(법)

10 **rigorous** ⓗ 엄격한, 혹독한

2 ㅣ 동의어 익히기

서로 어울리는 것끼리 연결하세요.

01 committed	•	• Ⓐ requirement, condition
02 habitually	•	• Ⓑ carefully, attentively
03 intently	•	• Ⓒ therapy, cure
04 patiently	•	• Ⓓ rather than
05 collaborative	•	• Ⓔ strict, severe
06 qualification	•	• Ⓕ usually, normally
07 entitlement	•	• Ⓖ right, privilege
08 as opposed to	•	• Ⓗ joint, mutual
09 remedy	•	• Ⓘ dedicated, devoted
10 rigorous	•	• Ⓙ tolerantly

정답 01 (I) 02 (F) 03 (B) 04 (J) 05 (H) 06 (A) 07 (G) 08 (D) 09 (C) 10 (E)

PART 6

25 | 문맥상 적합한 문장 넣기 출제 빈도 매회 평균 4개

출제 포인트

문맥상 적합한 문장 넣기 문제는 지문의 한 군데를 빈칸으로 두고 가장 적합한 문장을 고르는 유형으로, 파트 5&6을 통틀어 가장 고난도 유형에 속한다. 하지만 매회 4문제씩 출제되고 있으므로 750점을 목표로 한다면 최소 절반 이상은 맞혀야 한다. 가장 중요한 부분은 빈칸의 앞뒤 문장의 흐름이므로 일단 그 문장들을 차분히 읽고, 빈칸에 들어갈만한 내용의 단서를 잡는 과정이 중요하다.

STEP 1 빈칸 앞뒤 문장의 의미를 파악하자!

세세하게 다 알 필요 없다! 시험에 나오는 것만 익히자!

Thank you for your order of the Zantar office telephone system! We are proud of our system and are as eager as you to have it up and running in your office. Unfortunately, we are unable to ship to the address you have given us. -------. If you can provide us with a street address by September 25, we will ship your system to you overnight. Please reply by e-mail at sambrown@zantar.com or call me at (623) 234-5756 as soon as possible. Thank you again for your business.

잔타 사무용 전화 시스템을 주문해 주셔서 감사 드립니다! 우리는 이 시스템에 자부심을 가지고 있으며, 당신만큼 당신의 사무실에서 그것이 잘 작동하게 되기를 바랍니다. 안타깝게도, 저희에게 제공하신 주소로는 배송을 할 수가 없습니다. -------. 거리 주소를 전해 주실 수 있으면 익일 배송을 해드리겠습니다. 가능한 빨리 이메일로 답해 주시거나 623-234-5756번으로 전화 주시기 바랍니다. 다시 한번 거래해 주셔서 감사드립니다.

▶ **앞문장 요약** : 기존의 고객 주소를 사용할 수 없다.

▶ **(빈칸 추정)** : 바로 뒷문장에 거리 주소가 언급되어 있으므로 거리 주소와 관련된 표현일 가능성이 높다.

▶ **뒷문장 요약** : 거리 주소만 있으면 다음 날 물건을 전달할 수 있다.

표현 정리 be proud of ~을 자랑스러워 하다 eager 몹시 바라는, 열렬한 up and running 작동하는 address 주소 shipping company 배송 회사 post office box 사서함 주소 provide A with B A에게 B를 제공하다

STEP 2 보기를 확인하고 빈칸에 대입해 본다!

(A) You have been a valued client for more than five years.

귀하는 5년 이상 소중한 고객이었습니다.

▶ 보통 고객에게 특별한 혜택을 줄 때 등장하는 문장으로 지문 전체의 맥락과 맞지 않다.

(B) All payments are recorded accurately in the financial system.

모든 지불금은 금융 시스템에 정확하게 기록됩니다.

▶ 지불에 관한 내용은 지문에 역시 제시되지 않아 어색하다.

(C) Our shipping company requires us to use street addresses instead of post office boxes.

우리 배송 업체는 우리에게 사서함 주소가 아닌 거리 주소를 사용할 것을 요구합니다.

▶ 앞문장에서는 제공 받은 주소로는 배송할 수 없다고 했고, 뒷문장에서는 거리 주소를 보내달라고 명시하고 있다. 따라서 문맥상 배송 업체가 거리 주소를 요구한다는 내용이 자연스러우므로 정답이다.

(D) Any future correspondence will be sent to your new address that you told us about yesterday.

앞으로의 서신은 당신이 어제 우리에게 말씀해주신 새 주소로 보내질 것입니다.

▶ 이어지는 문장을 보면 아직 새 주소를 보낸 것이 아님을 알 수 있어 어색하다.

STEP 3 연습 문제

1. 빈칸에 들어갈 알맞은 문장을 고르세요.

> We apologize for any inconvenience caused by a misprint on our KAT II software packaging. You informed us that the information on the label indicates a lower capacity than is actually necessary to handle our software. According to the information you provided us concerning your computer, you should use the KAT I version. -------. Please go to the service desk at our Riverfront location, and they will be happy to serve you.

(A) All software programs must comply with the relevant government policies.
(B) We have informed your local retailer to provide you with the version.
(C) Ship the item by using the mailing label provided with it.
(D) We will introduce a new version of the software early next year.

2. 빈칸에 들어갈 알맞은 문장을 고르세요.

> We are writing to inform you that your July 18 meeting with Mr. Reynolds has to be rescheduled. Unfortunately, Mr. Reynolds had to fly to another branch of the company, which was damaged in a recent tornado, and he is not expected back until July 20. We realize that there are several questions you want to address to Mr. Reynolds immediately. -------. We trust that it will answer several of your preliminary queries.

(A) Our CEO allows him to open branches anywhere in the country.
(B) He has been working for our company for about 15 years.
(C) However, we must try to recover from the recent damage.
(D) Therefore, we are sending you our stockholders' report from last month.

750
완벽대비

파트 7은 문항수가 늘어났을 뿐 아니라 지문의 길이도 늘어나 가장 난이도가 높은 파트입니다. 파트 7에서 무엇보다 중요한 것은 시간 관리입니다. 질문과 지문을 반복해서 여러 번 읽지 않으려면, 질문을 먼저 읽고 지문으로 넘어가서 질문과 관련된 단서를 찾는 것이 중요하며 파트 7 문제 풀이를 통해 훈련이 필요합니다.

파트
7

문제 유형 편

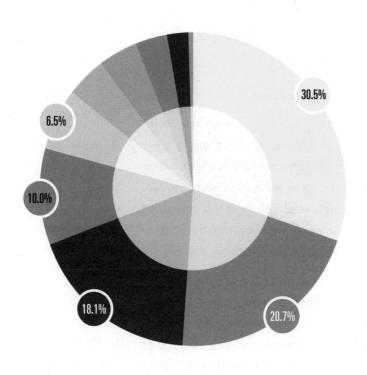

출제
빈도

- 세부정보 파악
- 유추, 추론
- TRUE/NOT TRUE
- 주제, 목적
- 동의어
- 의도 파악
- 요청, 제안
- 빈칸 추론
- 다음에 할 일
- 글의 대상

30.5%

20.7%

18.1%

10.0%

6.5%

STEP 1 문제 유형 분석

유추, 추론 문제는 지문에 나온 내용에서 정답을 유추하거나 추론하는 문제이므로 난이도가 상당히 높은 수준에 속한다. 따라서 수험생들이 파트 7에서 가장 애를 먹는 대표적인 문제 유형이다. 정답이 직접적으로 제시되지 않는 고난도 유형도 있지만, 대부분 질문의 끝부분에 유추, 추론의 대상이 등장하므로 그 대상을 중심으로 지문을 살펴보도록 한다.

■ 빈출 문제 유형

What is suggested (implied) about ~? ~에 대해 암시된 것은 무엇인가?

What can be inferred from ~? ~에서 추론할 수 있는 것은 무엇인가?

Who most likely is ~? ~는 누구일 것 같은가?

STEP 2 이렇게 풀어라!

1 | 문제의 키워드를 찾는다.

What is suggested about the shelter on Piccadilly Street?

피카딜리 스트리트의 보호소에 대해 암시되어 있는 것은 무엇인가?

▶ **피카딜리 스트리트의 보호소에 대해 유추할 수 있는 내용을 묻고 있다.**

2 | 지문을 읽으며 피카딜리 스트리트와 관련된 내용을 찾아본다.

Question 1-1 refers to the following announcement.

Request for Donations

The Nantucket Animal Shelter Organization needs your help. ❶ During the recent hurricane, 3 of our 6 city shelters were devastated by the strong winds and torrential rain. Roofs caved in, windows were shattered, and structures were completely flooded. Fortunately, we were able to safely evacuate all of the animals at the affected shelters before the storm hit. ❷ However, the need to repair these shelters is desperate as our 3 remaining shelters are now overcrowded.

To donate your time, building supplies, or money to the Nantucket Animal Shelter Organization, visit our Web site at www.naso.org, visit one of our shelters ❸ 3353 Weems Lane; 233 Oak Ridge Road; 2662 Piccadilly Street), or give our hotline a call at 1-888-SAFE-PET.

❶ 여섯 도시에 각각 설치된 보호소 중에 세 곳이 피해를 입었다는 내용이 제시되어 있다.

❷ 보호소 중 피해를 입지 않고 남은 세 곳의 보호소가 수용 한계를 넘어섰다는 내용이 나온다.

❸ 방문이 가능한, 즉 피해를 입지 않은 세 곳의 보호소 중에 Piccadilly Street의 보호소가 언급되어 있다.

3 | 지문의 단서를 통해 유추할 수 있는 보기를 고른다.

(A) It is the organization's headquarters. 기구의 본부이다.

(B) It is in the most need of help. 가장 도움이 많이 필요한 곳이다.

(C) It is where all of the shelter's cats are housed. 모든 보호소 고양이들이 수용되어 있는 곳이다.

(D) It did not sustain any damage. 피해를 겪지 않은 곳이다.

▶ (A)는 지문에서 언급된 바 없으며 (B)는 해당 사항이 없다. 그리고 피해를 입은 보호소들에서 모든 동물들을 안전하게 대피시켰다는 내용은 있으나 구체적으로 고양이가 언급되어 있지 않으므로 (C)도 부적절하다. 맨 마지막 문장에서 기부하려면 세 곳의 보호소로 방문해달라는 내용이 나오는데, Piccadilly Street를 포함한 이 세 곳의 보호소는 피해를 입지 않았음을 유추할 수 있다.

정답 (D)

표현 정리 animal shelter organization 동물 보호소 기구 devastate 완전히 파괴하다 torrential 비가 심하게 내리는 cave in (땅 등이) 무너지다, 함몰하다 shatter 산산이 부서지다 structure 구조물 flood 홍수가 나다, 침수시키다 fortunately 다행히도 evacuate 대피시키다 repair 수리(하다) overcrowded 너무 붐비는, 초만원인 donate 기부하다 hotline 상담 전화

STEP 3 연습 문제

Question 1-2 refers to the following advertisement.

> Grand Opening
> Danny's Diner
> Harder Road
> Hayward, California
> Phone: (510) 466-0278
>
> Come and join us for the grand opening of Danny's Diner. We serve California cuisine and regional specialties with lots of soul. Every Sunday, we have a buffet starting at 12:00 P.M.
>
> Business Hours
> Monday through Thursday: 11:30 A.M. ~ 8:00 P.M.
> Friday and Saturday: 11:30 A.M. ~ 11:00 P.M.
> Sunday: 10:00 A.M. ~ 5:00 P.M.

1-2. What is suggested about Danny's Diner?

(A) It has a small kitchen staff.

(B) It is known all over California.

(C) It closes earlier than normal on Sundays.

(D) It is a modern place to enjoy foreign food and drinks.

▶ 정답 373쪽

PART 7
02 | 세부정보 파악
출제 빈도 매회 평균 10.33개

STEP 1 | 문제 유형 분석

세부정보 파악 유형은 흔히 육하원칙이라고 부르는 언제, 어디서, 누가, 무엇을, 어떻게, 왜 했는가를 묻는 유형이다. 이 중 무엇에 해당하는 What 유형이 매회 평균 10~11개 정도 출제되고 있을 정도로 육하원칙 중에서도 출제율이 가장 높다. 특정한 부분을 묻는 질문이기 때문에 문제의 키워드와 같거나 비슷한 부분을 찾아 단서를 찾아야 한다.

■ 빈출 문제 유형

According to Mr. Cho, what is the requirement to be the manager?
조 씨에 따르면, 매니저가 되기 위한 요건은 무엇인가?

What was sent with the letter? 편지와 함께 보낸 것은 무엇인가?

What did Mr. Roh do to apply for the position? 노 씨는 이 직책에 지원하기 위해 무엇을 했는가?

What is the cause of the problem that Ms. Hong is experiencing?
홍 씨가 겪고 있는 문제의 원인은 무엇인가?

STEP 2 | 이렇게 풀어라!

1 | 문제의 키워드를 찾는다.

What is being announced? 무엇이 공지되고 있는가?

▶ 공지되고 있는 내용을 묻고 있다.

2 | 지문을 읽으며 공지 내용의 중심 소재를 파악한다.

Question 2-1 refers to the following announcement.

Images of Prehistoric Animals in Ancient Artwork

❶ An exhibition of ancient artwork depicting images of the prehistoric creatures that roamed the Earth will be held. Artwork from around the globe will be featured at this award-winning exhibition.

The National Galleries of Scotland
75 Belford Road, Edinburgh
June 3–September 13

❷ The exhibition is sponsored by the Smith Cultural Center and the London Museum of Ancient Art.
An opening lecture by curator Lisa Wilkinson titled "Prehistoric Art" begins at 7:00 P.M. on the opening night of June 3.

❶ 선사 시대 동물들의 모습을 보여주는 고대 미술품 전시회의 개최를 알리고 있다.

❷ 전시회가 스미스 문화 센터와 런던 고대 미술관의 후원을 받는다고 소개되어 있다.

이 두 가지 단서를 종합해볼 때, 이 안내문은 한 미술품 전시회를 홍보하는 내용임을 알 수 있다.

---

3 | 지문의 단서가 제시되었거나 패러프레이징된 보기를 고른다.

(A) A newly built museum 새로 건립된 박물관

(B) An art show 미술품 전시회

(C) A archaeological research project 고고학 연구 프로젝트

(D) A curator's job opening 큐레이터 직 구인

▶ 지문의 exhibition이 show로 패러프레이징된 (B)가 정답이다.

정답 (B)

표현 정리 **prehistoric** 선사 시대의 **ancient** 고대의 **artwork** 예술품, 미술품 **depict** 묘사하다 **roam** 돌아다니다, 배회하다 **award-winning** 상을 받은 **be sponsored by** ~의 후원을 받다 **lecture** 강연 **curator** 큐레이터 **titled** ~라는 제목의

STEP 3 연습 문제

Question 2-2 refers to the following news article.

New York Chronicle

Entertainment Update

Central Park to Hold Independence Day Celebrations

New York (June 19) – Mayor Robert Wagner today announced that Central Park in the center of New York is to hold a series of events on July 4 to mark this year's Independence Day. The national holiday will be celebrated with a number of live concerts performed by the New York Orchestra, followed by recitals from children at local schools. A number of food stalls will be erected in the park so that guests can purchase refreshments throughout the day. Mayor Wagner will give a speech to the crowd before the celebrations conclude with a fireworks display in the evening. The event will begin at 2 P.M. and conclude at 10 P.M. and is free to attend.

2-2. What is being celebrated?

(A) The election of a new president

(B) The start of a new year

(C) The mayor's birthday

(D) A national holiday

▶ 정답 374쪽

03 | 사실관계 파악(True) 출제 빈도 매회 평균 7.67개

STEP 1 문제 유형 분석

사실관계 파악(True) 문제는 지문의 내용을 전반적으로 이해하고 있어야 풀 수 있는 유형이기 때문에 '유추, 추론'과 더불어 파트 7의 질문 유형 중 가장 고난도에 속할 뿐 아니라 시험에서는 매회 7~8문제가 출제될 정도로 출제율이 높다.

■ 빈출 문제 유형

What is stated(mentioned, indicated) about ~? ~에 대해 언급된 것은 무엇인가?

What is true about ~? ~에 대해 사실인 것은 무엇인가?

What does ~ indicate(mention) about …? ~가 …에 대해 언급한 것은무엇인가?

STEP 2 이렇게 풀어라!

1 | 문제의 키워드를 찾는다.

What is stated about the P&G Corporation? P&G 주식회사에 대해 언급된 내용은 무엇인가?

▶ P&G 주식회사와 관련된 내용을 묻는 문제이다.

2 | 보기를 보고 핵심 키워드를 체크한다.

(A) It is well regarded in its field. 그 분야에서 인정받고 있다.

(B) It constructs commercial buildings. 상업 건물을 건축한다.

(C) It has invested in research equipment. 연구 장비에 투자했다.

(D) It is a multinational company. 다국적 기업이다.

▶ 분야에서의 인정, 상업 건물 건축, 연구 장비 투자, 다국적 기업이 보기의 핵심 키워드이다. 이와 관련된 표현을 염두에 두고 지문을 죽 스캐닝한다.

3 | 지문을 읽으며 보기의 내용과 유사하거나 연관된 표현이 있는지 확인한다.

Question 3-1 refers to the following memo.

To: P&G Executives
From: Business Operations Committee
Date: July 14
Re: Future Strategies

The P&G Corporation has manufactured high-end construction machinery for over 40 years. ❶We have a great reputation for the quality of our products and customer service. Unfortunately, we

보기의 핵심 키워드가 들어간 문장을 빠르게 스캐닝한다. 보기 중의 키워드

are currently experiencing the most difficult time in our history. Our manufacturing costs have risen steadily over the last 20 months as we all know. Several experts have advised us that we need to increase our prices so that they will cover the costs. We see it as a very discouraging move to our devoted customer base.

Please note that our business ideas and strategies have been very effective. What we are proposing is an increase in funding for the Research and Development Department so we can meet the current needs of a maturing marketplace.

를 지문과 연계해 보았을 때, 지문의 great reputation이 보기 1번의 핵심 키워드와 유사하다.

하지만 (B)의 상업건물 건축, (C)의 연구 장비 투자, 그리고 (D)의 다국적 기업과 관련된 내용은 지문 내용 어디에도 등장하지 않는다.

4 | 보기에서 언급된 부분을 찾아 정답을 고른다.

▶ ❶을 통해 P&G사가 평판이 아주 좋은 회사임을 알 수 있으며, 이는 보기 (A)에서 해당 분야에서 인정받고 있다는 내용, 즉 **well regarded in its field**로 패러프레이징되어 제시되고 있다.

정답 (A)

표현 정리 high-end 고급의 machinery 기계류 have a great reputation for ~에 대해 명성이 자자하다 experience 겪다, 경험하다 manufacturing costs 생산 비용 steadily 꾸준히 discouraging 낙담스런 devoted 헌신적인 meet the needs 요구사항을 충족시키다 maturing 포화 상태의

STEP 3 연습 문제

Question 3-2 refers to the following advertisement.

Monaco-Ville Community Center

Located just a short 10-minute drive from downtown Monaco-Ville in a scenic mountain setting, the Monaco-Ville Community Center (MCC) is the community's new center for leisure, exercise, and relaxation. The MCC is a great place for families and singles to get a massage, to play sports, to go swimming, and even to have a nap in our sunroom.

With a variety of things to keep you busy and a variety of ways to relax, the MCC is an ideal place for family get-togethers and short business meetings as well as a comfortable spot to meet other singles. For an extra charge, we will provide a personal bath accessory package.

For memberships, please call the front desk at (404) 555-3242 or send us an e-mail at members@mcc.com. To contact our onsite coordinator, please call (404) 555-1020.

3-2. What is indicated about the Monaco-Ville Community Center?

(A) It is located in the heart of town.
(B) It offers massages.
(C) It provides catering services.
(D) It has a café in the building.

▶ 정답 374쪽

04 | 주제 & 목적

STEP 1 | 문제 유형 분석

주제나 목적을 묻는 문제는 매회 평균 5 ~ 6개 정도 등장하며, 주로 이메일이나 공지 또는 기사 지문에서 많이 출제되고 있다. 시험에서는 대개 지문의 첫 번째 문제로 많이 등장하며, 단서는 대개 지문의 앞부분에 등장하기 때문에 이 문제 유형이 나오면 일단 지문의 앞부분을 유심히 검토할 필요가 있다.

■ 빈출 문제 유형

What is the purpose of ~? ~의 목적은 무엇인가?

What is ~ (mainly) about? ~은 (주로) 무엇에 대한 내용인가?

Why was ~ sent to …? ~가 왜 …에게 보내졌는가?

What does ~ (mainly) discuss? ~은 (주로) 무엇을 논의하고 있는가?

STEP 2 | 이렇게 풀어라!

1 | 문제의 키워드를 찾는다.

What is the purpose of the e-mail? 이메일의 목적은 무엇인가?

▶ 이메일을 보낸 의도를 묻고 있다.

2 | 지문의 앞부분을 읽으며 지문의 의도나 목적이 들어간 내용을 체크한다.

Question 4-1 refers to the following e-mail.

To: [undisclosed recipients]
From: Shana Newton <snewton@healthone.com>
Date: January 20
Subject: Your Visit on January 16

Dear Patient

I want to thank you for choosing and trusting us to help with your medical needs. ❶ You are receiving this e-mail because you recently made a visit to our office, and below is a link to a survey (that can be taken anonymously) regarding your visit with us. We are always trying to improve our delivery of care, and this survey will be very helpful with that process.

We STRIVE FOR FIVES, especially on the question "I would recommend this practice to family and friends. Do you agree or

주제나 목적을 묻는 문제이므로 앞 단락을 유심히 살펴볼 필요가 있다.

❶ 'You are receiving this e-mail because ~'를 통해 이메일의 의도가 드러나고 있다는 사실을 파악할 수 있다. 즉, '귀하가 이 이메일을 받은 것은 최근 귀하가 저희 병원을 방문했기 때문이고, 아래에 있는 링크는 귀하의 방문과 관련한 설문조사(익명으로 할 수 있음)를 위한 것이다.'라고 목적을 구체적으로 명시하고 있다.

disagree?" If you do not STRONGLY AGREE with this question, I would love to know why! Thank you on behalf of the physicians and staff of Health One.

❶의 내용으로 비추어볼 때, 결국 이 이메일의 목적은 '설문조사'임을 알 수 있다.

{Click Here to Take Survey}

Sincerely,

Shana Newton

Business Manager, Health One

3 ㅣ 지문의 단서가 적절히 패러프레이징된 보기를 고른다.

(A) To request feedback 피드백을 요청하는 것

(B) To process a payment 지불을 처리하는 것

(C) To respond to a phone message 전화 메시지에 응답하는 것

(D) To inquire about insurance policies 보험 약관에 대해 문의하는 것

▶ 지문의 단서는 설문조사와 관련된 **a link to a survey**이며, 이는 (A)의 표현으로 패러프레이징되었음을 알 수 있다.

정답 (A)

표현 정리 **link** 연결, 링크 **survey** 설문 조사 **anonymously** 익명으로 **regarding** ~와 관련하여 **on behalf of** ~을 위하여 **physicians** (내과) 의사

STEP 3 연습 문제

Question 4-2 refer to the following notice.

Notice

Denver International Airport is proud to announce wireless Internet access throughout the entire airport. The airport' wireless service provider has provided us with access anywhere in the airport around the clock. We would like to pass along the use of this service to you, our customer. The service will be absolutely free of charge, and all you have to have is a laptop computer.

For those passengers that do not have laptop computers, we have two computer centers at Terminals A and B. On our airport maps, they are indicated by a green picture of a computer.

If you need assistance with a computer or your own personal computer, please visit the help desk located at Gate 14 in Terminal B. We would be more than happy to assist you.

4-2. What is the purpose of this notice?

(A) To request assistance

(B) To publicize a service

(C) To advertise merchandise

(D) To request directions

▶ 정답 375쪽

05 | 동의어 파악

STEP 1 문제 유형 분석

동의어를 파악하는 문제는 신유형 도입 이후에도 매회 4개에 육박하는 문제가 출제될 정도로 비중이 높은 문제 유형이다. 제시된 단어의 뜻을 모르더라도 지문 내에서 문맥의 흐름상 어떤 뜻인지 유추할 수 있으므로 포기하지 말고 지문의 앞뒤 문맥을 잘 살피는 훈련이 필요하다.

■ 빈출 문제 유형

In the article, the word "-------" in paragraph 1, line 1, is closest in meaning to

기사문에서 첫 번째 단락 첫 번째 줄의 "-------"와 가장 유사한 의미의 단어는 무엇인가?

STEP 2 이렇게 풀어라!

1 | 문제의 키워드를 찾는다.

In the review, the word "established" in paragraph 1, line 3 is closest in meaning to

▶ 평론에서 첫 단락 다섯 번째 줄의 "established"와 의미상 가장 유사한 단어는 무엇인가?

2 | 지문을 읽으며 문제에 나온 키워드와 가장 유사한 표현을 떠올린다.

Question 5-1 refers to the following review.

COOKING PRO

■ ■

Featured site of the month

Cooking Pro is the best place to find discounts on quality kitchenware, and actually offers a much wider selection of products than some of the more well-known sites. Cooking Pro even makes some of its own products and sells them alongside **established** brands such as Turbine and Humidor. They have a growing selection of items on their site, but by far the most popular is their 10-pack of kitchen knives. The quality of their products may not be as high as the leading brands, but for chefs on a budget this is definitely the place to buy your items.

Cooking Pro also offers delivery discounts on purchases over $70. Shipping from Cooking Pro can take a little longer than shipping from larger online kitchenware sites, but it's worth the wait. Check out their latest deals at www.cookingpro.com.

establish라는 단어의 가장 주된 의미는 '설립하다, 세우다'이다. 하지만 established는 '설립된'이란 의미 이외에도 '자리 잡은, 인정된, 인지도 있는'의 다양한 의미가 있으므로 앞뒤 문맥을 잘 살펴서 가장 부합되는 뜻을 골라야 한다.

먼저 이 단어가 들어간 문장을 해석해 보면, '쿠킹 프로는 심지어 몇몇 제품들을 자체적으로 제조하며 그 제품들을 터빈이나 휴미도 같이 ------ 브랜드 못지않게 판매한다.'이다. 여기서 빈칸에는 자체적으로 제조한 제품에 비해 터빈이나 휴미도가 지닌 장점을 표현하는 의미가 어울린다는 것을 유추할 수 있다.

3 | 지문의 단서가 적절히 패러프레이징된 보기를 고른다.

(A) integrated 통합된

(B) well-known 잘 알려진

(C) reliable 신뢰할 수 있는

(D) founded 설립된

▶ 유추한 내용과 가장 잘 부합되는 보기는 (B)와 (C)라고 볼 수 있다. 하지만 established에는 '신뢰할 수 있는'이라는 의미가 없으므로 이와 동일한 뜻을 지닌 어휘로는 (B) well-known이 가장 적절하다. 아울러 establish는 '설립하다, 세우다'의 의미이지만 -ed가 붙어 과거분사가 되면 '잘 알려진, 자리 잡은, 인지도 있는' 등의 다양한 뜻을 지닌다는 점도 알아둔다.

정답 (B)

표현 정리 kitchenware 주방 용품 alongside 옆에, ~에 못지 않게 established 자리 잡은, 인정 받는, 인지도 있는 by far 단연코 on a budget 한정된 예산으로 definitely 분명히 worth ~의 가치가 있는 wait 기다림

STEP 3 연습 문제

Question 5-2 refers to the following article and e-mail.

Mr. John Moore to Become Head Talent Scout

We are pleased to announce that John Hopkins has accepted the Head Talent Scout position at TSA (Talented Stars Agency) and will begin working next month to bring in new talents.

Mr. Moore started his career at Beagle Entertainment 15 years ago in the mail room. His hard work, enthusiasm, and determination led him to agent position just three years later. After bringing in top talents for over eight years, he jumped ship and started working with us here at TSA as an agent. He has been with us for over three years, and we are very confident in his ability to lead us into new possibilities. He is ready to represent TSA to the clients to the best of his ability.

Mr. Moore will report directly to TSA President, Leo Blume, who said of Mr. Moore, "here are few people in life that you immediately say this is a special person. John is that special person. I have no doubt about his talents. We will achieve great things."

Congratulations to Mr. John Moore.

5-2. In the article, the word "represent" in paragraph 2, line 5 is closest in meaning to

    (A) correspond to

    (B) advise on

    (C) take a picture of

    (D) speak for

▶ 정답 376쪽

신유형

PART 7
06 의도 파악

출제 빈도 매회 평균 2개

문맥 속에서 특정 문구의 의도를 파악하는 문제는 신토익에 새로 적용된 신유형 문제로, 지문 내에 제시된 단어나 문장의 의미를 찾는 유형이다. 신유형 도입 이후 역시 새롭게 등장한 '문자 메시지'나 '온라인 채팅문'에서 집중되어 출제되고 있다. 매회 2문제씩 출제되고 있으므로 결코 소홀히 할 수 없는 유형이다. 특정 문구 앞뒤의 문맥 파악이 가장 중요하므로 일단 그 부분부터 살펴보는 것이 순서이다.

■ 빈출 문제 유형

At 4:30 P.M., what does ~ most likely mean when he writes, "-------"?
오후 4시 30분에 ~가 "-------"라고 쓸 때 의미하는 바는 무엇인가?

1 | 문제의 키워드를 찾는다.

At 10:03 P.M., what does Ms. Davis most likely mean when she writes, "Sure thing"?

▶ "Sure Thing"이라는 특정 표현의 문맥상의 의미를 묻고 있다.

2 | 지문을 읽으며 문맥의 흐름상 특정 문구의 대략적인 의미를 떠올려 본다.

Question 6-1 refer to the following text message chain.

Bertha Davis
9:57 P.M.

Hi, Nicholas. I am stuck at the airport in California because of the hurricane, and it doesn't seem like it's going to die down until tomorrow morning.

Nicholas Brant
10:01 P.M.

Don't worry about making it to the meeting. I can make arrangements. ❶ Make sure to stay safe until tomorrow and update me on your flight details.

❶ "Sure thing."의 바로 앞 문장에서 브랜트 씨가 데이비스 씨에게 회의 참석은 걱정하지 말라고 하면서, 본인이 필요한 준비를 할 테니 안전에 만전을 기하고 비행 일정의 세부 사항을 알려달라고 하고 있다.

❷ Sure thing. Thanks a lot!

Bertha Davis
10:03 P.M.

데이비스 씨의 고맙다는 표현으로 대화가 끝나고 있으므로 브랜트 씨의 의견에 동의하고 있다는 사실을 알 수 있다.

3 ㅣ 지문의 단서를 통해 "Sure thing."의 의미를 유추해본다.

(A) She will cancel the rescheduled meeting. 그녀는 재조정된 회의를 취소할 것이다.

(B) She will make changes to her flight schedule. 그녀는 비행 일정을 변경할 것이다.

(C) She will inform Mr. Brant about her flight schedule. 그녀는 비행 일정을 브랜트 씨에게 알릴 것이다.

(D) She will find a way to hold the meeting in California. 그녀는 캘리포니아에서 회의를 개최할 방법을 모색할 것이다.

▶ 브랜트 씨가 제시한 의견에 대해 데이비스 씨가 동의하고 있으므로 보기 중 데이비스 씨가 향후에 할 수 있는 행동으로 (C)를 유추할 수 있다.

정답 (C)

표현 정리 be stuck at ~에서 꼼짝 못하다   die down 가라앉다, 잠잠해지다   make it to ~에 도착하다   make arrangements 필요한 준비를 하다   flight details 비행 세부 일정

STEP 3 연습 문제

Question 6-2 refers to the following text message chain.

Joseph Patel
10:03 P.M.

Hi. There's another vegetarian guest coming over for dinner tonight, so we need more ingredients. Have you left the market yet?

Jenny Nguyen
10:05 P.M.

You messaged me just in time. What do you want me to get?

Joseph Patel
10:08 P.M.

Could you get some eggplants, cabbage, carrots, and beansprouts? Oh, don't forget to get some fruit salad as well.

6-2. At 10:05 A.M., what does Ms. Nguyen most likely mean when she writes, "You messaged me just in time"?

(A) She already knows about the additional guest.

(B) She is still shopping at the market.

(C) She has been to the market often.

(D) She left the market and is on her way back.

▶ 정답 376쪽

PART 7

07 | 빈칸 추론

출제 빈도 매회 평균 2개

STEP 1 문제 유형 분석

주어진 문장의 올바른 위치를 찾는 '빈칸 추론' 문제는 신토익에 새롭게 반영된 신유형이며, 지문의 전체적인 맥락을 이해해야 풀 수 있기 때문에 토익 문제 유형 중 수험생들이 가장 까다롭게 여기는 유형이기도 하다. 매회 평균 2문제씩 출제가 되고 있으며, 단일 지문에서만 제시된다. 또한 항상 해당 지문의 마지막 문제로 등장을 하기 때문에 앞 문제들을 접하면서 어느 정도 문맥이 파악되는 시점에 풀게 되므로 750점을 목표로 하는 수험생들은 정답의 단서가 보이면 풀되, 최악의 경우에는 이 문제 때문에 시간을 많이 낭비하지 말고 과감히 포기하는 것도 하나의 전략임을 알아두자.

■ 빈출 문제 유형

> In which of the positions marked [1], [2], [3], and [4] does the following sentence best belong?
>
> [1], [2], [3], [4]로 표시된 위치 중 다음 문장이 들어가기에 가장 적절한 곳은?

STEP 2 이렇게 풀어라!

1 | 제시된 문장을 읽고, 그 뜻의 핵심을 파악한다.

In which of the positions marked [1], [2], [3], and [4] does the following sentence best belong?

"I have attached our publishing contract for you to review with your lawyer."

▶ 제시된 문장의 키워드는 **attached, publishing contract, lawyer** 등으로 압축할 수 있다.

2 | 제시된 문장의 키워드들과 관련된 단어나 내용이 나오는 문장을 찾아 문맥이나 선후관계가 맞는지 따져야 한다.

Question 7-1 refer to the following e-mail.

Dear Mr. Howard,

[1] I received and read your most recent submission: *The Art of Letting Go – Moving Past Life's Trials.* I am pleased to notify you that we would like to move forward with this book project. [2] ❶ Once you have accepted and signed the attached contract, we will begin with the editing and rewriting process. Usually, this process takes 6 months for a book of your size. [3] After that, we will put together a marketing campaign and begin the printing and selling process!

❶ 문장 내에 'the attached contract'라는 표현이 나오는데, 이것이 제시문의 동사 have attached 와 관련이 있다고 봐야 하므로 [2]의 위치가 적합하여 정답이다.
이처럼 제시문의 키워드나 키워드가 패러프레이징된 표현을 찾아 그 앞뒤 문맥을 파악하는 작업이 중요하다.

I look forward to working with you. Feel free to contact me with any questions. [4]

Sincerely,

Laurie Rains
Editor

정답 (B)

표현 정리 submission 제출, 제출물 be pleased to do ~하게 되어 기쁘다 notify you that 당신에게 ~라고 알리다 move forward with ~을 계속 진행하다 attach 첨부하다 publishing contract 출판 계약 editing and rewriting 편집과 교정 put together 만들다, 준비하다 look forward to V-ing ~할 것을 학수고대하다

STEP 3 연습 문제

Question 7-2 refers to the following article.

"Go Fly a Kite" Event Increases in Popularity

This is only the second year the Fairfield Community Planners have organized the "Go Fly a Kite" event, held at Rainbow Park. Despite being only in its second year, the event has grown exponentially in size and popularity. [1] "We really increased our advertising for the event this year. Instead of just posting fliers at local grocery stores, we created an official Web site. A stroke of genius led us to ask Web site guests to indicate if they were going to attend or not, so, thankfully, we expect over 70% more guests than last year!" stated event planner Marcia Sooner. [2]

As part of the event, children will be afforded the opportunity to decorate and fly their own kites. Other activities will include face painting, live music, food vendors, and opportunities to meet policemen and firemen and to explore all their equipment. [3]

If you are interested in joining the planning committee for next year's event, please contact Anna Grant at agrant@kite.org. [4]

7-2. In which of the positions marked [1], [2], [3], and [4] does the following sentence best belong?

"These activities are geared for people of all ages and interests."

(A) [1]

(B) [2]

(C) [3]

(D) [4]

▶ 정답 377쪽

08 | 사실관계 파악 (Not True) 출제 빈도 매회 평균 1.67개

STEP 1 | 문제 유형 분석

사실관계 파악 중 Not True 유형은 지문 내의 정보와 보기를 대조해 오답을 소거해 나가는 작업이 중요하다. True 유형보다는 출제 빈도가 낮지만 매회 평균 1 ~ 2회 정도는 꼭 나오므로 True 유형과 함께 그 특성을 잘 숙지해야 한다.

■ 빈출 문제 유형

What is NOT indicated (stated, mentioned) about ~? ~에 대해 언급되지 않은 것은 무엇인가?

What is NOT included in ~? ~ 속에 포함되지 않은 것은 무엇인가?

STEP 2 | 이렇게 풀어라!

1 | 먼저 문제의 키워드를 찾는다.

What is NOT mentioned as a feature of the Leximax 400 database software?
Leximax 400 데이터베이스 소프트웨어의 특징으로 언급되지 않은 것은 무엇인가?

▶ Leximax 400 데이터베이스 소프트웨어의 특징이 아닌 것을 고르는 문제이다.

2 | 보기를 보고 핵심 키워드를 체크한다.

(A) It allows records to be deleted very quickly. 기록을 매우 빠르게 삭제할 수 있다.

(B) It can send e-mails to clients. 고객들에게 이메일을 전송할 수 있다.

(C) It can produce graphs and tables. 그래프와 표를 만들 수 있다.

(D) It has a customizable input screen. 입력 화면을 맞춤 제작할 수 있다.

▶ 기록 삭제, 이메일 전송, 그래프와 표 제작, 입력 화면 제작이 보기의 키워드로 이와 관련된 표현을 염두에 두고 지문을 스캐닝한다.

3 | 지문을 읽으며 보기의 내용과 유사하거나 연관된 표현이 있는지 확인한다.

Question 8-1 refers to the following advertisement.

Improve your business with the Leximax 400 database software

The new Leximax 400 database software has revolutionized the way in which businesses obtain and store information on their clients. The Leximax software features more Web support and improved analysis of customer purchasing trends, allowing users to see clearly which of their products are successful.

The Leximax 400 database software can store information on up toforty thousand clients. ❶ It can be programmed to e-mail these clients at the same time so that they may become aware of

❶ e-mail이라는 키워드가 들어간 문장이며, 고객에게 이메일을 발송하는 것이 가능함을 언급하고 있다.

forthcoming special offers and promotions. ❷It also allows users to produce a variety of graphs and tables using the information entered. In addition, ❸users can customize the input screen to match their own particular tastes and needs.

4 ㅣ 보기에서 언급되지 않은 부분을 찾아 정답을 고른다.

▶ 광고문에서 소프트웨어의 기록 삭제 기능에 대한 내용은 등장한 적이 없으므로 (A)가 정답이다. **정답 (A)**

표현 정리 revolutionize 대변혁을 일으키다 forthcoming 다가오는 a variety of 다양한 customize 주문 제작하다, 고객 맞춤형으로 제작하다

STEP 3 연습 문제

Question 8-2 refers to the following e-mail.

To: Michael Tanner <tanner1976@gmail.com>
From: Eddie Mercury <subscriptions@musicmaniac.com>
Subject: Membership Information

To our valued member,

Thank you for your subscription to *Music Maniac* magazine. I am delighted to confirm that your application was received and processed successfully. Please find below the details of your membership:

Membership level: Advanced
Membership number: 0000392939
Password: Tanner123
Price per month: $39.99

The magazine will be delivered directly to your door on the 10th of each month. The Web site address is www.musicmaniac.com/VIP. This section of our Web site gives you access to many exclusive features, such as interviews with your favorite musical artists, downloadable music videos, and the chance to listen to new music clips. We hope that you enjoy being a member of Music Maniac magazine.

Eddie Mercury
Subscription Department

8-2. What is NOT mentioned as appearing on the *Music Maniac* VIP Web site?

(A) Clips of new music

(B) T-shirts and posters available for purchase

(C) Interviews with musicians

(D) Music videos that can be downloaded

▶ 정답 377쪽

750
완벽대비

파트 7에서는 이메일이 가장 많이 출제되며, 난이도가 높은 기사도 많이 출제되고 있습니다. 새롭게 추가된 유형으로는 문자 메시지가 있는데, 지문의 길이가 짧고 문장이 간단해 어렵지 않게 풀 수 있습니다. 수험생들이 가장 고민하는 이중 지문과 삼중 지문은 두세 개의 지문에서 문제에 필요한 단서를 찾아야 하며, 지문의 길이가 길어 문제를 다 풀지 못하는 경우가 생기고 있습니다. 평소 공부할 때에는 답을 찾는 것도 중요하지만, 직독직해 훈련을 통해 문장을 빠르게 읽는 연습을 하는 것이 중요합니다.

파트
7

지문 유형 편

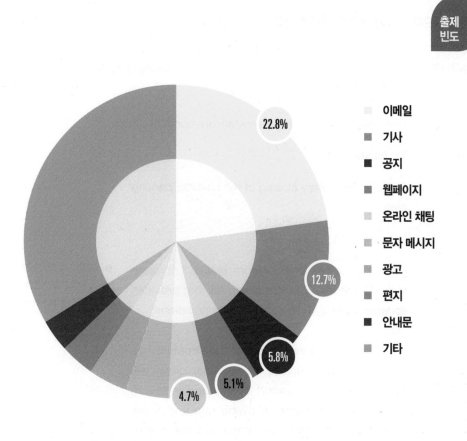

출제
빈도

22.8%

12.7%

5.8%

5.1%

4.7%

- 이메일
- 기사
- 공지
- 웹페이지
- 온라인 채팅
- 문자 메시지
- 광고
- 편지
- 안내문
- 기타

1 | 이메일 (E-mail)

출제 빈도 매회 평균 5.33개

STEP 1 지문 유형 분석

이메일(e-mail)은 일상생활이나 비즈니스 환경과 깊이 연관된 실용문으로, 수신자와 발신자가 명시되며 글의 목적이 분명하게 드러나는 지문의 종류에 속한다. 단일 지문에서는 평균 1.42개, 이중 지문에선 평균 1.58개, 그리고 삼중 지문에선 평균 2.42개꼴로 출제될 정도로 지문의 종류 중에서 가장 출제 빈도가 높은 유형이다.

STEP 2 이렇게 풀어라!

1 | 먼저 문제의 키워드를 확인한다.

1. What is the purpose of the e-mail? 이메일의 목적은 무엇인가?

2. According to the e-mail, how will All Core assist its employees?
   이메일에 따르면, 올코어는 직원들을 어떻게 도울 것인가?

▶ 이메일의 목적과 올코어가 직원을 돕는 방법을 묻고 있다.

2 | 지문을 읽으며 문제에 대한 단서를 찾는다.

1. 이메일의 의도는 주로 앞부분에 드러난다. 따라서 앞부분을 주시하여 읽는다.

2. 올코어가 직원들을 돕는 방법을 찾아야 하므로 직원들(employees)이라는 용어가 언급된 부분 주위에서 단서를 찾는다.

발신자의 성명, 주소	From: Mary Bowen <mbowen@allcore.com>
수신자의 성명	To: All staff
주제	Subject: Temporary closing of the covered parking area
이메일 작성 날짜	Date: April 15
이메일을 보낸 목적 & 이유	Attention, all employees. From ❶ May 1 through May 10, the area of our parking lot that provides covered parking will be closed for renovations.
세부사항 및 첨부물	As some of you have reported, the structure has aged and become unsafe. Construction crews will be reinforcing the support beams and repairing some cracks that were allowing rain and snow through the roof. We understand that the loss of

❶ 이메일의 목적이나 이유가 드러나 있는 부분이다. 즉, 며칠 후에 주차장 공사가 있을 것이라는 점을 직원들에게 알리고 있다.

100 parking spaces, however brief, will cause some inconvenience. ❷ We have arranged with the facility across the street to allow All Core employees to park there during the period in question.

❷ All Core employees가 언급된 이 문장에서 직원들이 주차장 공사로 겪어야할 불편함을 해소하기 위한 대안으로 길 건너편에 별도의 주차 시설을 마련해 두었다는 사실을 알리고 있다.

추가 정보 및 요청 사항	Once the parking area has reopened, please discontinue the use of this lot. If you have any questions or concerns, please call me at extension 505.
끝인사 및 발신자 성명	Thank you, Mary Bowen

3 ㅣ 보기를 보고 정답을 고른다.

1. (A) To announce that an office will be closed for repairs　사무실이 수리 공사로 닫는다는 것을 알리는 것

(B) To notify employees of future construction work　직원들에게 향후 있을 건설 공사를 공지하는 것

(C) To request funds for an upcoming special project　다가올 특별 프로젝트에 대한 자금을 요청하는 것

(D) To apologize for a delay in shipment　배송 지연에 대해 사과하는 것

▶ ❶을 통해 직원들에게 **주차장 공사가 곧 시작될 것이라는 사실**을 알리고 있으므로 (B)가 적합하다.

정답 (B)

2. (A) By providing them with an alternate location to store their vehicles
차량을 보관할 대체 장소를 제공함으로써

(B) By reimbursing them for the cost of storing their cars elsewhere
차를 다른 곳에 보관하는 비용을 보상해 줌으로써

(C) By allowing employees to work from home from May 1 to 10
직원들에게 5월 1일에서 10일까지 재택 근무를 허가함으로써

(D) By offering shuttle transportation for the physically handicapped
신체가 불편한 이들에게 셔틀 교통편을 제공함으로써

▶ ❷를 통해 차량을 보관할 대체 장소를 제공한다는 사실을 알 수 있다. 지문의 **the facility across the street to allow All Core employees to park**가 **an alternate location to store their vehicles**로 패러프레이징되어 있다.

정답 (A)

표현 정리　covered parking (지붕이 있는) 실내 주차　structure 구조, 구조물　reinforce 강화하다　crack (갈라진) 틈, 금　facility 시설　extension 내선, 구내전화　notify 공지하다　upcomimg 다가오는　shipment 배송, 선적　alternate 번갈아, 상호의　reimburse 배상하다

· 회사 업무

a minimum of	최소	accounting department	회계부
be as follows	다음과 같다	come for an interview	인터뷰하러 오다
paperwork to complete	작성할 서류	partner with	~와 협력하다
personnel manager	인사과장	relevant to	~와 관련된
report to	~로 가다, ~를 위해 일하다	take great pride in	~에 대한 대단한 자부심을 가지다
take inventory	재고조사를 하다		

· 일반 상거래

basic order requirements	기본 주문 요건	be equipped with	~을 갖추고 있다
expire	기한이 끝나다(= end)	hotel concierge	호텔 안내데스크
included brochure	동봉된 소책자	positively impact	긍정적으로 영향을 미치다
retail store	(소매) 매장	via the online inquiry form	우리 온라인 질문 양식을 통해

· 구인 & 구직

go through the list	리스트를 검토하다	ideal candidate	이상적인 지원자
in writing	서면으로	indicate interest in	~에 관심을 보이다
judging from your résumé	당신의 이력서로 판단컨대	letter of recommendation	추천서
managerial position	운영 직책	opportunity to do	~할 기회
required information	필요한 정보		

· All employees are expected to attend the meeting. 모든 직원들이 그 미팅에 참여할 것으로 기대된다.
→ The meeting will be held for all employees. 그 미팅은 모든 직원들을 위해 열린다.

· There will be paperwork to complete first. 먼저 완성할 서류가 있을 것이다
→ He will fill out some forms. 그는 몇 가지 양식을 작성할 것이다.

· strong communication and leadership skills 뛰어난 의사소통 및 리더십 능력
→ good verbal skills 훌륭한 언어 구사 능력

· prior management experience 이전의 관리 경험
→ experience in a similar position 유사한 직책에서의 경력

· Qualified applicants should visit our online application system. 자격 있는 지원자들은 우리의 온라인 지원 시스템을 방문해야 합니다.
→ Visit the company Web site 회사 웹사이트를 방문하십시오.

· the first store in your city to sell our products. 당신의 도시에서 우리 제품을 판매하는 첫 번째 가게
→ The only retailer in the area 해당 지역의 유일한 소매점

Questions 1-3 refer to the following e-mail.

Hello, all. I just wanted to remind everyone that this weekend has lots of fun for everyone. On Saturday, the 20s/30s group is meeting at the Houston Children's Museum at 10 A.M. We will gather near the big fire truck inside just before you go upstairs. For those who have never been there, there is a play area for small children on the main level and activities for toddlers and older children throughout the building. In addition, on Saturday, there will be a special Legos exhibit from 11 A.M. – 2 P.M. There is a place to get food, or you can bring your lunch with you if you plan to stay that long.

We will also be getting together for lunch on the 2nd Sunday of the month. Please join us at Brewster's at 88th at 11:30 A.M. This is a great time to get to know each other. If you are planning to come on Sunday, please let me know by calling me at 804-5115 or by replying to this e-mail so that I can have an idea of how many to plan on. If you are a maybe, please let me know this as well. That will help me let Brewster's know how many to expect.

Thanks,

Tara Brown
tara.brown@mail.com

1. What is the purpose of the e-mail?

(A) To announce the grand opening of a children's museum
(B) To inform e-mail recipients of upcoming events
(C) To ask for donations for the upcoming lunch
(D) To notify group members of a required membership fee

2. What does Ms. Brown suggest the e-mail recipients bring on Saturday?

(A) Some clothes
(B) A simple lunch
(C) Cash for the entrance fee
(D) An umbrella

3. Why does Ms. Brown want people to respond to the e-mail?

(A) To indicate their intention to show up on Saturday
(B) To volunteer to organize next month's lunch event
(C) To give feedback on the success of the group's activities
(D) To let her know their plans for lunch on Sunday

▶ 정답 378쪽

2 | 기사 (Article)

출제 빈도 **매회 평균 2.92개**

STEP 1 지문 유형 분석

기사(article)는 경제, 인물, 문화, 사회, 환경 등 정치나 국제 문제를 제외한 다방면의 내용이 등장하고 있다. 대체로 전문 분야를 다루기 때문에 그 분야와 관련된 어려운 단어들이 제시되는 경우가 많으므로 수험생들이 가장 힘들어 하는 지문 유형이다. 하지만 광고와 마찬가지로 제목에서 대략 무엇에 대한 내용인지를 유추할 수 있다는 장점이 있다. 단일 지문에선 매회 1.5개, 이중 지문에선 매회 0.33개, 삼중 지문에선 매회 약 1개꼴로 출제가 되고 있다.

STEP 2 이렇게 풀어라!

1 | 먼저 문제의 키워드를 확인한다.

1. **What is the** subject of this article?　이 기사의 주제는 무엇인가?

2. **What does** Silverton Labs **do**?　실버톤 랩은 무엇을 하는 회사인가?

3. **What will** happen if the laboratory's work is successful?　연구실의 연구가 성공한다면 어떤 일이 일어나겠는가?

▶ 기사의 주제와 실버톤 랩이라는 회사가 하는 연구의 성공 이후의 결과를 물어보고 있다.

2 | 지문을 읽으며 문제에 대한 단서를 찾는다.

1. 기사도 그 주제가 대개 지문 앞부분에 제시된다. 따라서 제목 다음의 첫 번째 단락을 유심히 살펴본다.

2. 두 번째 문제이므로 지문 중반부에서부터 문제에서 제기된 특정 문구인 실버톤 랩이 언급된 표현을 중심으로 살펴본다.

3. 마지막 문제이므로 지문 후반부에 주목한다. 연구가 성공한다는 가정을 하고 있으므로 가정의 표현이 들어간 부분이 핵심이다.

기사의 제목	**No More Sneezes** **By Sylvester Bernard**
기사의 목적이나 주제	Do you have itchy eyes or a watery nose? Are you suffering from an allergy? Well, in the near future, you may no longer have any of those problems. ❶Researchers currently are hard at work in Silverton Labs right here in our city as they look for a magic potion that will cure people of all their allergies.
세부사항	❷Silverton realizes that success in the allergy prevention field will send the company's fortunes into the stratosphere, so it is carefully guarding all its research and has sworn its employees to confidentiality. We have been told that a large number

❶ 실버톤 랩이라는 회사의 연구진이 모든 알레르기 반응에 대한 치료약을 개발 중이라는 내용을 전하고 있다.

❷ 실버톤이 알레르기 치료약으로 엄청난 부를 축적할 가능성에 대해 인식하고 있다는 사실을 제시하고 있다.

of dogs, cats, chimpanzees, rabbits, and other laboratory animals have been purchased by Silverton. A few local animal rights groups have launched a protest against the company to stop its alleged animal testing.

According to a statement released by the company, the animals are not being mistreated. The company is only using their fur to determine why humans are so allergic to animal hair.

❸ If the researchers can find a cure for allergic reactions to animal hair, then pet lovers all over the world will rejoice and line up for miles to buy it.

❸ 연구진이 동물의 털에 대한 알레르기 반응 치료약을 개발하는 데 성공한다면 많은 동물 애호가들이 치료제를 구매하고자 수 마일에 걸쳐 줄을 서게 될 것이라는 결과를 가정하고 있다.

3 │ 보기를 보고 정답을 고른다.

1. (A) Research going on at a local company 　지역의 회사에서 진행 중인 연구
　　(B) The reasons why people are allergic to animals 　사람들이 동물 알레르기에 걸리는 이유
　　(C) Why animal testing is a bad idea 　동물 실험이 나쁜 이유
　　(D) The possibility of making money in business 　사업으로 돈을 벌 가능성

▶ ❶을 통해 연구진이 알레르기 반응에 대한 치료약을 개발 중임을 밝히고 있으므로 정답은 (A)가 된다.

정답 (A)

2. (A) It performs animal testing. 　동물 실험을 한다.
　　(B) It conducts medical research. 　의학 연구를 한다.
　　(C) It markets cures for allergies. 　알레르기 치료제를 판매한다.
　　(D) It researches medicines for animals. 　동물을 위한 의약품을 연구한다.

▶ ❶과 ❷를 통해 실버톤 랩이 치료약을 연구, 개발하는 회사임을 알 수 있으므로 (B)가 가장 적합하다. (A)는 연구를 위해 동물 실험을 하긴 하지만 그 자체가 주요 활동이 아니다. 또한 실버톤 랩은 치료제를 판매하는 회사가 아니라 연구하는 회사이며, 사람의 알레르기 치료를 궁극적인 목적으로 삼고 있으므로 (C), (D)도 부적합하다.

정답 (B)

3. (A) Some pets will no longer have any allergies. 　애완동물들은 더 이상 알레르기 반응을 겪지 않을 것이다.
　　(B) The company will make a large amount of money. 　회사는 많은 돈을 벌어들일 것이다.
　　(C) People will stop protesting the company. 　사람들은 회사에 항의하는 것을 중지할 것이다.
　　(D) It does not need to do any animal testing. 　더 이상 동물 실험을 할 필요가 없어질 것이다.

▶ 지문 중반 ❷에서 실버톤은 알레르기 치료약 분야에서의 성공이 큰 부를 보장할 것임을 알고 있다는 내용이 제시되고 있으며 아울러 지문 말미의 ❸을 통해 이 치료약이 개발되면 많은 동물 애호가들이 줄지어 제품을 구매하게 되므로 회사에서 많은 돈을 벌어들이게 될 것임을 알 수 있다. (A), (C), (D) 모두 해당 사항이 없다.

정답 (B)

표현 정리 itchy 가려운 allergy 알레르기 magic potion 마법의 약 statement 성명서 release 공개하다 mistreat 학대하다 fur (동물 류의) 부드러운 털 pet lover 동물 애호가 rejoice 기뻐하다 line up 줄을 서다

· 기업 관련

be focused on ~에 초점이 맞춰지다

household goods 가정용 제품

meet the needs of ~의 필요를 충족시키다

release a report 보고서를 내다

be indebted to ~에 빚지다

in comparison to ~과 비교하여

physical limitations 물리적 제약

shortly/right/immediately/soon after ~한 직후

· 기업 외 기타 기관 관련

approve new regulations 새로운 규정을 승인하다

be called into question 문제시되다

comply with ~을 지키고 따르다

limit the number of ~의 수를 제한하다

press conference 기자 회견

under construction 공사 중인

at the discretion of ~의 재량에 따라

community 지역사회

generic fund 일반 기금

make a great destination 대단한 목적지가 되다

underprivileged children 저소득층 아이들

· 개인 관련

account for 설명하다, (비율) 차지하다

be distinguished with ~로 유명해지다

inquire about ~에 대해 문의하다

bachelor's degree 석사학위

be elected as ~로 선출되다

property owner 재산 소유자

· to ensure the safety of the customers. 고객의 안전을 보장하는 것
→ security measures taken by the company 회사가 취하는 보안 조치

· planning for retirement 은퇴에 대한 준비
→ preparing for life after one's career 은퇴 후의 삶을 준비

· A faculty member will present a mock class and have a question-and-answer session.
한 교수가 모의 수업과 질문 및 답변 세션을 제공한다.
→ They include an opportunity to field questions. 질문을 다룰 기회를 포함한다.

· Architecture has been a passion of his from an early age. 건축은 어린 시절부터 그의 열정이었다.
→ He showed an interest in architecture at a very early age. 그는 아주 어린 나이에 건축에 관심을 보였다.

· You will receive a 10% discount. 당신은 10퍼센트의 할인을 받을 수 있다.
→ A markdown will be applied. 할인이 적용될 것이다.

· Pedro has been cooking since 20 years ago. 페드로는 20년 전부터 요리를 해오고 있다.
→ He has been cooking for more than two decades. 그는 20년이 넘는 세월 동안 요리를 해오고 있다.

Questions 4-6 refer to the following article.

Shanghai Business Report

March 7

Shang Kang Accounting Recognized in Business Journal

April's issue of *Taiwan Finance Monthly* will focus on Shang Kang Accounting. This reputable firm will feature in *Taiwan Finance Monthly's* top five accounting firms to watch in Asia. Chief Executive John Chan was the accounting director at Silverman Enterprises in Los Angeles for ten years before starting his own company almost four years ago. The success he achieved at Silverman Enterprises inspired Mr. Chan to pursue the same success in his home country of Taiwan. Shang Kang Accounting has evolved into a global corporation that has offices in Taipei, Beijing, London, and Berlin. Reports suggest that Mr. Chan plans to open another office in Seoul by November of this year at the latest. The journal feature says that it is the focus on high-quality customer service that has enabled Shang Kang Accounting to overtake its competitors in the accounting business in such a short amount of time.

4. What is the purpose of the article?

(A) To introduce a notable business
(B) To explain why a business failed
(C) To discuss how global firms operate
(D) To list the oldest pharmaceutical firms in Asia

5. What is true about Shang Kang Accounting?

(A) Its founder was unhappy with the quality of its accounting service.
(B) Its headquarters is located near Silverman Enterprises.
(C) Its customer service has been a key to its success.
(D) It received an award from *Taiwan Finance Monthly*.

6. Where does Shang Kang Accounting currently NOT have a branch office?

(A) Seoul
(B) Taipei
(C) Berlin
(D) London

▶ 정답 379쪽

❸ 공지 (Notice)

STEP 1 지문 유형 분석

공지는 보통 특정 지역이나 회사 내의 공사, 강연, 행사에 대한 공지 사항 또는 게시문의 내용이 주를 이룬다. 단일 지문에서는 매회 평균 0.83개 꼴로 출제되지만, 이중 지문과 삼중 지문에서는 평균 4회에 1번꼴로 등장할 정도로 출제 빈도는 낮은 편이다.

STEP 2 이렇게 풀어라!

1 ㅣ 먼저 문제의 키워드를 확인한다.

1. **Who** would be interested in this notice? 누가 이 공지에 관심을 가지겠는가?

2. **Why** would someone e-mail tradeshow@tsa.org? tradeshow@tsa.org로 왜 이메일을 보내겠는가?

▶ 공지문에 관심을 가질 대상과 이메일을 보낸 의도를 묻고 있다.

2 ㅣ 지문을 읽으며 문제에 대한 단서를 찾는다.

1. 글의 대상을 묻는 문제는 지문의 성격 및 주제와 관련이 깊으므로 이 공지가 어떤 목적을 지녔는지를 먼저 파악한 후 그 목적에 관심을 가질 만한 대상을 떠올린다.

2. 이메일 주소가 구체적으로 언급되어 있으므로 그 표현이 들어간 문장을 찾아 해결한다.

제목	**❶The Storage Association (TSA) Annual Tradeshows**	❶ 제목만으로도 어느 정도 지문의 성격 파악이 가능하다. 제목을 통해 물류저장 협회(TSA) 연례 박람회에 대한 소개 글임을 알 수 있다.
알림 내용	The Storage Association is made up of professionals from every aspect of the ❷storage industry: storage facility owners and managers, vendors who provide materials, products, and services geared for the industry, landowners whose locations are zoned and ideal for storage facilities, and many others.	❷ 물류 저장 협회 구성원들을 구체적으로 나열하고 있다. 따라서 이 공지에 관심을 가질 만한 사람들이 바로 이 구성원들이라고 생각할 수 있다.
세부 내용	As a member of the TSA, you are privy to several educational events throughout the year. Our programs are developed by storage professionals for storage professionals. These events are vital to the growth of your business, whether you're a facility owner, vendor, or another member of our industry.	

Each spring, the TSA hosts the Spring Convention & Tradeshow in Las Vegas, Nevada, and brings professionals together from every corner of the world. The same event takes place in the fall, this time in Philadelphia, Pennsylvania.

마무리

❸ If you are interested in either buying a ticket to or renting a booth at a tradeshow, you can contact our office at (888) 252-3366 or tradeshow@tsa.org.

❸ 2번 문제에서 제시된 이메일이 포함되어 있는 문장이다. 이 내용을 통해 티켓을 구매하거나 트레이드쇼에 부스를 예약하는데 관심이 있는 사람들이 이메일을 보낼 것으로 유추할 수 있다.

3 | 보기를 보고 정답을 고른다.

1. (A) A moving and storage company　이사 및 물류저장 회사
　　(B) A licensed healthcare professional　허가된 보건 전문가
　　(C) Las Vegas musical performers　라스베이거스 음악가들
　　(D) Retail storeowners and developers　소매점주들과 개발업체들

▶ 공지에 관심이 있을 만한 글의 대상을 묻는 문제로 일단 **제목에서 Storage Association**이라 나오며 **첫 문단에서 협회에 소속된 회원들의 소개가 나오는데, ❶과 ❷를 통해 (A)와 가장 밀접하게 관련되어 있다는 사실을 확인할 수 있으므로 (A)가 정답이다.**

정답 (A)

2. (A) To find other TSA members　다른 TSA 회원들을 찾아보기 위해
　　(B) To pay an event entrance fee　행사 참가비를 지불하기 위해
　　(C) To inquire about the Chicago tradeshow　시카고 박람회에 대해 문의하기 위해
　　(D) To get a list of worldwide storage facilities　전 세계 물류저장 시설의 리스트를 얻기 위해

▶ 이메일을 협회에 보내는 이유를 묻는 문제로, 해당 이메일 주소가 나온 마지막 문단의 ❸을 통해 **티켓을 구매하거나 부스를 예약할 사람들이 이메일을 보낼 것으로** 추정할 수 있다. 따라서 이는 비용이 들어가는 사항이므로 보기 중에 (B)가 가장 적합하다. (C)는 바로 위 문단에서 언급된 여러 개최 장소에 해당되지 않아 오답이며, (A)와 (D)도 해당 사항이 없다.

정답 (B)

표현 정리　annual tradeshow 연례 박람회　be made up of professionals 전문가들로 구성되다　every aspect of ~ 전 분야의　storage facility 물류저장 시설　vendor 상인　geared for ~을 위해 설계된(= designed for)　landowner 토지 소유주　ideal for ~에 적합한　be privy to ~에 대해 개별적으로 정보를 듣다　be vital to ~에 매우 중요하다　whether A or B A든 B든 간에　bring professionals together 모든 전문가들을 모으다　either A or B A와 B 둘 중의 어느 하나　rent a booth 부스를 빌리다

· 회사 내 공지

address some key issues 몇몇 핵심 문제들을 다루다   **immediate compliance** 즉각적인 지시 이행

principle 원칙   **safety inspection** 안전점검

safety standards 안전 기준

· 고객에 대한 공지

be observed (규정 등이) 준수되다   **ensure** 약속하다, 보장하다

feature ~을 포함하다, ~을 특징으로 하다   **for a small fee** 약간의 입장료로

registration cost 등록 비용   **remit payment** 돈을 보내다

renew membership 회원 자격을 갱신하다   **state-of-the-art** 최신의

· 기타 일반 공지

applicant requirements 지원 자격   **application form** 지원서 양식

generous donation 풍부한 기부   **letter of recommendation** 추천서

sell out 매진되다   **take advantage of** ~을 충분히 이용하다

To whom it may concern 관계자 분께

· Personal time off will require the approval of your supervisor. 개인적 휴가는 부서장의 승인이 필요합니다.
 → Permission must be granted by a superior. 허가는 상급자가 승인해야 한다.

· The class will meet in the aerobics center as a backup location in case of inclement weather.
 이 강의는 궂은 날씨 때엔 예비 장소인 에어로빅 센터에서 모입니다.
 → The class will meet at an alternate location. 강의는 대체 장소에서 모일 것이다.

· Early cancelation of your membership is not permitted. 멤버십의 조기 취소는 허용되지 않습니다.
 → A membership can't be ended early. 멤버십은 조기에 끝낼 수 없다.

· Free delivery is only included in the rental package of 3 or more items.
 무료 배송은 3개 아이템 이상의 렌탈 패키지에만 포함되어 있습니다.
 → It doesn't guarantee free delivery in all cases. 모든 경우에 무료 배송을 보장하는 것은 아니다.

· The temporary visitor must not benefit financially during his trip. 임시 체류자는 여행 도중 금전적인 혜택을 얻으면 안됩니다.
 → The visitor can't earn money. 방문자는 돈을 벌 수 없다.

· It will be undergoing the same change in procedure during May and June. 5월 및 6월 내내 동일한 절차의 변화가 있을 것입니다.
 → Changes will be made over the next 2 months. 변화는 향후 두 달 내내 있을 것이다.

· We may begin boarding as early as 30 minutes prior to your flight's scheduled departure time.
 항공편 출발 예정 시각 30분 전에 탑승을 시작하실 수 있습니다.
 → Flights can board as much as a half hour early. 비행기는 30분 일찍 탑승할 수 있습니다.

Questions 7-9 refer to the following notice.

Attention, All Employees:

Access to our company's computer network will be unavailable on Wednesday, June 25, from 6 A.M. to 2 P.M. for required maintenance to and testing of our network firewall system. Please plan accordingly for this outage.

If you have files stored on your network drive, please be sure to back them up on an external drive as your information may be compromised during the work. We cannot guarantee the retrieval of all information after Wednesday, June 25.

In order to best utilize our time, we ask that if you have any questions, please first go to the Frequently Asked Questions of our Web site at ServiceDesk.com. If your question is not addressed on this list, then contact the service desk at (454) 334-4455 or service_desk@ mail.com.

— The Service Desk Team

7. Why will the network be unavailable?

(A) A virus has been downloaded.
(B) They are replacing several old computers.
(C) They are observing a national holiday.
(D) Security checks and updates are being made.

8. What are the recipients directed to do?

(A) Turn off their computers
(B) Save all their files to the network
(C) Create secondary copies of their files
(D) Contact their supervisors

9. Why are the employees advised not to contact the service desk first?

(A) There is no one available to answer their questions.
(B) Answers to their questions have been prepared online.
(C) All questions should be directed to their supervisors.
(D) The service desk will not answer questions on this issue.

▶ 정답 380쪽

PART 7

4 | 온라인 채팅문 (Online Chat Discussion)

출제 빈도 **매회 평균 1개**

STEP 1 지문 유형 분석

온라인 채팅문(online chat discussion)은 신유형에 새롭게 도입된 지문 유형으로, 매회 1문제는 반드시 출제된다. 주로 2인 이상이 온라인상에서 나누는 메시지를 다루며, 여러 화자가 등장하여 번갈아 이야기를 나누기 때문에 대화상의 핵심 내용을 놓치지 않도록 그 흐름을 잘 파악해야 한다.

STEP 2 이렇게 풀어라!

1 | 먼저 문제의 키워드를 확인한다.

1. **Why** did Jason reach **out to the** team members?　제이슨은 왜 팀원들에게 연락했는가?

2. **Which** method of travel **needs the** longest travel time?　어떤 이동 수단이 가장 오랜 이동 시간이 필요한가?

3. At 9:21 A.M., what does Jason most likely **imply** when he writes, "So it's settled"?
   오전 9시 21분에, 제이슨이 "So it's settled"라고 쓸 때 암시하는 바는 무엇인가?

▶ 1, 2번은 각각 제이슨이 팀원들에게 연락한 이유와 가장 오랜 시간이 필요한 이동 수단을 묻고 있다.

2 | 지문을 읽으며 문제에 대한 단서를 찾는다.

1. 제이슨이 연락한 이유를 묻고 있으므로 먼저 제이슨의 대화를 집중적으로 훑어본다.

2. 이동 시간을 묻고 있으므로 시간 표현이 제시된 부분을 찾아본다.

3. "So it's settled" 문장과 그 앞뒤 문장들을 살펴보며 어떤 뜻인지를 떠올려 본다.

대화의 화제 제시	**Jason Sewell** 8:57 A.M.	Hello, all. Happy Monday! ❶We need to plan how we will travel to the Gisto Marketing Conference at the beginning of May.	❶ 제이슨의 첫 번째 대화에서 팀원들에게 연락한 이유가 명확히 나와 있다. 마케팅 컨퍼런스에 가는 교통편을 상의하려 하고 있음을 알 수 있다.
세부사항 및 해결책 제시	**Carol Baker** 9:01 A.M.	It would probably be quicker to fly. However, it would also be the costliest.	
	David Purnell 9:03 A.M.	I agree with Carol. ❷The flight is only 45 minutes. ❸It is a timesaver compared to a three-hour drive. However, I am not sure how long it would take it get there by train.	❷❸❹ 교통수단과 시간이 나온 표현들이 등장한다. 시간 표현이 나온 이 문장들을 통해 비행기는 45분, 운전은 3시간, 기차는 4시간이 걸린다는 사실을 알 수 있다.

Erika Candice 9:07 A.M.	I just looked it up. ④A train ride would take four hours. That's almost half a day of work!	
Nathan Conway 9:12 A.M.	Wow! We should not go by train.	
Carol Baker 9:15 A.M.	Now that I think about my suggestion to fly, I don't like the idea. ⑤It would take about two hours to get to the airport and to go through airport security. That's about the same amount of time it would take to drive. ⑥Driving would be less of a headache.	⑤ 비행기를 탈 때 소요되는 추가 시간이 제시되어 있으며, 수속과 관련된 시간까지 감안하면 총 소요 시간은 2시간 45분이 된다.
Jason Sewell 9:21 A.M.	So it's settled. ⑦We will drive. I will reserve a van to fit all of us. With the money we will save by not flying, I will treat us all to dinner!	⑥⑦ "So it's settled."의 앞뒤 문장을 살펴본다. 앞문장은 운전을 하면 골치가 덜 아플 것이라는 내용이고, 뒷문장은 우리는 운전할 것이라고 연결되어 있다. 따라서 그 사이에 있는 내용은 무언가 결정했거나 동의하는 느낌의 표현이 되어야만 한다.

요청 및
계획 전달

3 | 보기를 보고 정답을 고른다.

1. (A) To get recommendations for the best place to eat brunch
브런치를 먹기에 가장 좋은 곳을 추천 받으려고

(B) To ask how the team should travel to an upcoming event
다가오는 행사에 팀이 어떻게 가야 하는지 물어보려고

(C) To wish one of the team members a happy birthday   팀원 중 한 명에게 생일을 축하하려고

(D) To discuss the yearly employee evaluation procedure   연간 직원 평가 절차를 논의하려고

▶ 보기의 내용 중 질문에 맞는 것은 (B)이다. **how we will travel to the Gisto Marketing Conference at the beginning of May.**가 (B)에서 **how the team should travel to an upcoming event**로 패러프레이징되어 있다.

정답 (B)

2. (A) Flying   비행기 타기

(B) Taking the train   기차 타기

(C) Driving   운전하기

(D) Taking a ferry   여객선 타기

▶ 지문의 내용에 따르면 (A)는 2시간 45분, (B)는 4시간 그리고 (C)는 3시간이라고 하므로 (B)가 정답이다.

정답 (B)

3. (A) He believes that the mode of travel is undecided.   이동의 방법이 미정이라고 여긴다.

(B) He would like to consider taking a ferry.   여객선을 타는 것을 고려하고 싶다.

(C) He believes the group has come to an agreement.   그룹이 동의했다고 믿는다.

259

(D) He needs to ask a team member outside the group.　그룹 밖의 팀원에게 물어볼 필요가 있다.

▶ 어떤 문제가 해결되었다는 내용을 나타내는 보기는 (C)가 유일하다.

정답 (C)

표현 정리　a three-hour drive 3시간 운전할 거리　costliest 가장 비싼　timesaver 시간을 절약해 주는 것　compared to ~과 비교하면　look up (정보를) 검색해보다　half a day of work 반나절이 걸리는 일　go through airport security 공항검색대를 통과하다　settle 결정하다　reserve 예약하다　treat A to B A에게 B를 대접하다

STEP 3 빈출 표현

· 회사 업무 관련

arrange	준비하다, 계획하다	**be in charge of**	~에 대해 책임을 지다
brief outline	간단한 개요	**give an update**	새로운 사항을 알리다
pick one's brains	~의 아이디어를 빌리다	**representative**	직원
take charge of	~을 담당하다	**working station**	작업 공간

· 마케팅 및 대외 행사 관련

a wide range of	매우 다양한	**arrange an interview**	인터뷰를 준비하다
catering service	출장음식 제공 서비스	**high demand**	높은 수요
take last-minute orders	막판 주문을 받다		

· 기타 일반 행사 관련

come up with	~을 생각해 내다	**honor**	기리다, 기념하다
in stock	재고 보유 중인	**replacement**	대체(물)
rough timetable	대략적인 일정표	**turn down**	거절하다(= reject)
venue	장소		

STEP 4 주요 패러프레이징

· Our team will be in charge of coming up with a marketing strategy. 우리 팀은 마케팅 전략을 수립할 책임이 있습니다.
　→ They work in the Marketing Department. 그들은 마케팅 부서에서 근무한다.

· The hotel is the most luxurious one in this city. 그 호텔은 이 도시에서 가장 고급스러운 호텔이다.
　→ It is an expensive hotel in the city. 이 도시의 비싼 호텔이다.

· I am not a tech-savvy person. 나는 컴퓨터에 능숙한 사람이 아닙니다.
　→ She does not know a lot about computers. 그녀는 컴퓨터에 대해 많은 것을 알지 못한다.

· She is increasing in fame but is still not well known. 그녀는 명성이 높아지고 있지만, 여전히 잘 알려져 있지 않다.
　→ She is becoming more famous. 그녀는 점점 유명해지고 있다.

Questions 10-12 refer to the following online chat discussion.

Jerry Caldin 2:01 P.M.	September is always a big month for our marketing team. This September, we need to advertise the 50th anniversary of the company to potential clients. Do you all have any suggestions?	
Morgan Barry 2:05 P.M.	It would be best to put out a full-page ad in a New York City-centered publication.	
Donovan Titan 2:08 P.M.	Because our market is youth oriented, I don't think a print advertisement will make a big impact. It would be best to film a short 30-second commercial to show locally during prime time.	
Ashley Sindell 2:11 P.M.	A TV commercial could be costly. How about a social media campaign where we market specifically to users in the area?	
Laura Walker 2:12 P.M.	I agree! Social media is huge. We could also do a giveaway content to increase engagement.	
Morgan Barry 2:15 P.M	I like the social media concept as well. It still keeps with my original advertising idea. I can draw it up!	
Jerry Caldin 2:17 P.M	Sounds good! I like that we came to a decision as a team. This will be a great collaboration. I cannot wait to see the ads.	

10. Why did Jerry contact his team members?

(A) To compare various newspaper companies

(B) To collect thoughts of how to promote an anniversary

(C) To ask about the company's transition to New York City

(D) To discuss the upcoming company outing

11. Why does Donovan suggest a TV advertisement as an option?

(A) The company can produce a video quickly.

(B) The company specializes in TV productions.

(C) The target audience is not interested in print advertisements.

(D) The company staff enjoys watching TV at work.

12. At 2:15 PM, what does Morgan most likely imply when she writes, "I can draw it up"?

(A) She will begin writing the script for the TV commercial.

(B) She will make stickers for the campaign.

(C) She will outline the social media advertisements.

(D) She will leave work early to think about the campaign.

▶ 정답 381쪽

PART 7

5 문자 메시지 (Text Message Chain)

출제 빈도 **매회 평균 0.92개**

STEP 1 지문 유형 분석

문자 메시지(text message chain)는 온라인 채팅문과 마찬가지로 신유형의 지문으로, 거의 매회 1문제 꼴로 출제된다. 지문의 특성상 구어체 표현과 짧고 간결한 표현들이 많이 나오므로 역시 신유형인 '의도 파악' 문제가 반드시 연관 문제로 출제되고 있다. 문자 메시지가 오고 간 시간이나 순서 등을 통해 전체 맥락과 행간의 의미를 파악하는 훈련이 필요하다.

STEP 2 이렇게 풀어라!

1 | 먼저 문제의 키워드를 확인한다.

1. Why is Mr. Powell concerned? 파월 씨는 무엇을 염려하고 있는가?

2. At 9:16 A.M., what does Mr. Powell most likely mean when he says, "I appreciate your reasoning for a great suggestion"?
   오전 9시 16분에, 파월 씨가 "I appreciate your reasoning for a great suggestion."라고 말할 때 의미하는 바는 무엇인가?

▶ 파월 씨가 염려하고 있는 것과 특정 문구의 의도 파악을 묻고 있다.

2 | 지문을 읽으며 문제에 대한 단서를 찾는다.

1. 파월 씨가 염려하고 있는 것을 묻고 있으므로 파월 씨의 문자 내용을 죽 읽어 나가며 그에 대한 단서를 파악해 본다.

2. 특정 문구가 들어간 문장과 그 앞뒤 문장들의 흐름을 파악하면서 어떤 의도인지를 떠올려 본다.

문자 메시지의 주제 및 의도	 **Travis Powell** 9:13 A.M.	We have a problem. ❶ The red 3D-printer that we are showing to prospective clients today is not working. I believe it is overheated. We can show the flash model or the chrome model. What are your thoughts?	❶ 문장 앞에 "We have a problem."이라고 하며 문제가 있음을 알리고 있다. 따라서 그 다음에 나오는 ❶이 파월 씨가 갖고 있는 문제의 내용이라 볼 수 있다. 즉, 잠재 고객들에게 보여주고 있는 붉은색 3D 프린터가 작동하지 않는다는 문제를 제기하고 있다.
세부정보 및 해결책 제시	**Casey Gilberto** 9:14 A.M.	Wow! Let's show the flash model because it is the newest model the company offers. The chrome is one generation older. We want to show that we offer the latest in technology on the market. Before the demonstration starts,	

| 추가 정보 및 향후 계획 | **Travis Powell** 9:16 A.M. | make sure you ask Katy. She needs to give the final word.

Okay, Katy is not here right now. She's stuck in morning rush hour traffic. I will try to call her on her mobile phone. ❷ I appreciate your reasoning for a great suggestion. | ❷ appreciate라는 표현이 언급 되어 있으므로 앞뒤 문장을 파악하지 않아도 상대방의 제안에 감사하고 있다는 느낌을 파악할 수 있다. |

3 ㅣ 보기를 보고 정답을 고른다.

1. (A) The red 3D printer is printing too slowly.   붉은색 3D 프린터가 너무 더디게 인쇄되고 있다.

  (B) He did not bring the red 3D printer to the demonstration.   붉은색 3D 프린터를 시연회에 가져오지 않았다.

  (C) The flash printer is too expensive for customers.   플래시 프린터는 고객들에게는 너무 비싸다.

  (D) The red 3D printer is not functioning.   붉은색 3D 프린터가 작동하지 않는다.

▶ 오전 9시 13분의 **The red 3D-printer that we are showing to prospective clients today is not working.**에 서 (D)를 확인할 수 있다. 나머지 보기들은 언급되지 않은 내용들이다.

정답 (D)

2. (A) He disagrees with Casey's conclusion.   케이시의 결론에 동의하지 않는다.

  (B) He is going to demonstrate the chrome model.   크롬 모델을 시연할 것이다.

  (C) He will ask the members of the audience which printer they wish to see.
    고객들에게 어느 프린터를 보고 싶은지 물어볼 것이다.

  (D) He values Casey's reasoning in making a decision.   결정을 내리는데 있어 케이시의 생각을 높이 평가한다.

▶ 제시된 표현의 "I appreciate your reasoning for ~"는 **상대방의 생각에 대해 감사한다는** 의미이므로 (D)가 정답이다.

정답 (D)

표현 정리   **prospective client** 잠재 고객   **overheated** 과열된   **one generation older** 한 세대 이전의   **offer the latest in technology** 최신 기술을 제공하다   **demonstration** 시연회   **give the final word** 최종 승인을 내리다   **be stuck** 갇히다. 옴짝달싹 못하다   **conclusion** 결론   **audience** 청중

· 회사 업무 관련

check if ～인지 아닌지 점검하다

confirm 확인하다

evening shift 저녁 교대근무

executive 고위 간부

go over 검토하다

issue 문제점, 현안

organize and set up 준비하고 조직하다

project presentation 프로젝트 발표

reminder 공지사항

technical support team 기술지원팀

urgent 긴급한

· 개인 일정 관련

apologize for ～에 대해 사과하다

in the meantime 그동안

postpone 미루다, 연기하다

reschedule 일정을 다시 잡다

· 기타 내용 관련

how things turn out 어떻게 결과가 나오는가

inconvenience 불편

rearrange 재배열하다, 재배치하다

resolve 해결하다(= solve)

upcoming 다가오는(= coming)

1. a piece of cake 매우 쉬운 일

2. Everything is going well. 모든 일이 잘 풀리고 있다.

3. I got it. 이해한다, 알아 들었다.

4. I'll get back to you. 다시 연락할 것이다.

5. I'm on it. 지금 그것을 하고 있는 중이다.

6. I've got it covered. 내가 맡아서 준비할 것이다.

7. on the bright side 긍정적으로 보면

8. Same here. 여기도 같은 상황이다.

9. Sure, why not? 물론, 안될 것 없지.

10. That makes sense. 그것이 옳다.

11. That's a relief. 정말 안심이 된다.

12. to cost an arm and a leg 대가가 너무 크다.

13. to cut corners 일을 절차대로 처리하지 않다.

14. You can count on me. 나를 믿어도 된다.

15. You raised some good points. 좋은 지적이다.

16. You read my thoughts. 당신이 내 마음을 읽었다.

17. What a catch. 정말 좋은 선택이다.

Questions 13 - 14 refer to the following text message chain.

Sydney Jackson
6:42 P.M.

One of the models accidentally tore her black evening dress for tonight's fashion show. We need to replace the torn dress with a new one. Which dress should we use as a replacement?

Michelle Ramsey
6:43 P.M.

Oh, no! That's awful. The show starts at 7 P.M., and she's one of the first to walk the runway . Replace it with the navy blue ballgown. Her dress needs to be a dark color. The other models are wearing brighter colors. We need to stick to the same color palette. Ask a stage manager before pulling the blue dress.

Sydney Jackson
6:45 P.M.

All the stage managers are in a last-minute meeting right now to review notes. I will check with them when they get out!

13. Why does Mr. Jackson express concern to Ms. Ramsey?

(A) An important model is missing.
(B) A dress needs to be changed immediately.
(C) The runway is not prepared yet.
(D) Some dresses are too small for the models.

14. At 6:45 P.M., what does Mr. Jackson most likely imply when he says, "I will check with them when they get out"?

(A) She will personally wear some new dresses.
(B) She will discuss the problem with the other models.
(C) She will talk to the stage managers after their meeting.
(D) She will delay the show for another month.

▶ 정답 382쪽

6 | 광고 (Advertisement)
출제 빈도 매회 평균 0.83개

지문 유형 분석

광고(advertisement) 지문은 크게 제품 및 서비스 광고와 구인 광고의 두 종류로 출제가 된다. 단일 지문에선 평균 0.33개, 삼중 지문에선 평균 0.42개 정도가 출제되고 있지만 이중 지문에선 거의 출제가 되지 않고 있다. 기사와 마찬가지로 제목만 보고도 대략 어떤 내용인지 파악이 가능하며, 또한 글의 구조가 어느 정도 정형화되어 있어 질문에 대한 답을 찾는 데는 다른 지문에 비해 상대적으로 수월한 편에 속하는 지문 유형이다.

이렇게 풀어라!

1 | 먼저 문제의 키워드를 확인한다.

1. For whom is the course designed?   이 과정은 누구를 위해 만들어진 것인가?

2. What is NOT mentioned as a part of the course?   다음 중 과정의 일부로서 언급되지 않은 것은?

▶ 누구를 위해 만들어진 과정인지와 과정의 일부로 언급되지 않은 것을 묻는 대상 파악과 Not True 문제이다.

2 | 지문을 읽으며 문제에 대한 단서를 찾는다.

1. 글의 대상을 묻는 질문이므로 광고의 목적이 제시된 부분에 단서가 있을 확률이 높다. 광고의 목적은 주로 제목 다음에 언급되어 있으므로 제목 다음의 시작 부분을 유심히 살펴본다.

2. 사실 확인 문제이므로 광고 내용이 구체적으로 소개된 부분을 집중적으로 읽는다. 특히 '과정'에 대해 묻는 질문이므로, course라는 단어가 들어간 곳에 주목한다.

광고의 제목	**Looking to increase your employment opportunities? Let us help you!**
광고의 목적	❶ The Ridgedale Education Center is excited to add bookkeeping to our offering of professional courses this spring. Bookkeeping is a versatile and very marketable skill that will greatly enhance your résumé. Easy to learn, this skill will make you more valuable at your current job or make it easier for you to find your next one!
광고 내용의 소개	The bookkeeping course will run from March 25 to May 27. Classes will be held at the REC on Tuesday and Thursday evenings. ❷ The course will be taught

❶ 리지데일 교육 센터에서 장부 정리라는 과정을 개설한다는 소식을 전한 후, 이 장부 정리 기술이 직장인의 능력을 업그레이드시키고 새로운 직장을 찾는데도 유용하다고 밝힌다. 따라서 이 글이 전문가를 원하는 사람들을 대상으로 하고 있음을 짐작할 수 있다.

❷ 장부 정리 과정에 대한 세부사항을

by a financial professional with five years' teaching and training experience. Students will receive hands-on instruction on the latest bookkeeping software and will complete independent projects that demonstrate competency in all the skills they learn. At the end of the course, students will receive a completion certificate from the REC.

당부 및 추가 정보

Do not wait for your career to get started. Make the first move yourself! REC members will receive a 10% discount off the course price, and members enrolled in more than one course will receive an additional 15% off.

소개하고 있는데, 경력 있는 회계 전문가가 가르친다는 점, 학생들이 소프트웨어 실무 교육을 받는다는 점, 과정 후 수료증을 받는다는 점이 언급되어 있다.

3 | 보기를 보고 정답을 고른다.

1. (A) Retirees looking for a new job 새로운 직장을 찾는 퇴직자들

(B) People who want to be professionals 전문가를 꿈꾸는 사람들

(C) Graduate students who want to pass thesis 논문을 통과하려는 대학원생들

(D) Students to improve their grades 성적을 올리기 위한 학생들

▶ ❶을 읽어보면 이 과정이 **전문가를 양성하기 위한 과정**이라는 것을 알 수 있으므로 (B)가 정답이다.

정답 (B)

2. (A) Instruction from an experienced teacher 경험 있는 강사의 교육

(B) Knowledge of relevant software 관련된 소프트웨어 지식

(C) A certificate of completion 수료증

(D) Employment assistance 취업 알선

▶ ❷를 읽어보면, '**경험 있는 강사의 교육**', '**소프트웨어의 지식**', 그리고 '**수료증**'에 대한 내용이 언급되어 있지만 '**취업 알선**'에 대해서는 언급되지 않았다. 따라서 (D)가 정답이다.

정답 (D)

표현 정리 bookkeeping 장부 정리, 부기 offering 제공, 제안 professional courses 전문가 과정 versatile 다양한 능력을 지닌, 다목적의 marketable 잘 팔리는, 시장성이 있는 enhance 강화하다 valuable 가치 있는 be held 개최되다 hands-on 실제로 해보는, 실무의 instruction 지도, 지시 complete 완수하다, 완료하다 independent projects 독립 프로젝트 demonstrate 증명하다 competency 능력, 역량 certificate 증명서, 수료증 a 10% discount off 10% 할인 enroll in ~에 등록하다 additional 부수의, 부가적인 relevant 관련된, 적절한 retirees 퇴직자들 thesis 논문

· 제품 관련

awesome benefits 놀라운 혜택

express shipping 특급 배송

recycled materials 재활용 소재

seasonal menu 계절 메뉴

consult 정보를 얻다(=get information from)

ordinary shipping 일반 배송

save points 포인트를 모으다

special treats 특별한 음식들

· 서비스 관련

appointment 약속, 예약

esteemed customer 소중한 고객

be eligible to do ~할 자격이 있다

get special access 특별 이용 권한을 얻다

· 기타 광고 관련

attract the attention of ~의 주의를 끌다

furnished 가구가 갖춰진

launch a new brand 새로운 브랜드를 시작하다

sample all the delicious food
모든 맛있는 음식들을 맛보다

unlimited access to ~에 대한 무한 이용

communal facilities 현장 공동 시설

in advance 미리, 먼저

lease 임대(하다)

strongly recommend 적극 추천하다

· We would like to extend to you $20 off your subscription fee next month.
다음 달 요금에서 20달러를 차감해 드리도록 하겠습니다.
→ It will be less than his previous statements. 이전의 청구서보다 금액이 더 적을 것이다.

· Please visit our Web site for reservations. 예약을 하시려면 저희 웹사이트를 방문해 주세요.
→ It offers online reservations. 그곳은 온라인 예약을 제공한다.

· It is a large one- and two-bedroom apartments with sizeable kitchens and individual dining rooms.
그것은 상당한 크기의 주방과 개별 식당이 포함된 1 ~ 2개의 큰 침실이 딸린 아파트이다.
→ They each have a dining space. 모두 개별 식사 공간이 있다.

· organizing the operating room and cleaning the equipment 수술실을 정리하고 장비를 세척하기
→ preparing for surgeries by readying the equipment 장비를 준비해서 수술을 준비하기

Questions 15 - 16 refer to the following advertisement.

★ Store Closing - Liquidation Sale! ★

We're Closing Our Doors

…All Items 50 ~ 75% Off!

After 15 years of business, Johnson's Leather is closing its doors. Our liquidation sale applies to all items currently in our store. Items are individually discounted between 50-75%. Come in and browse our large selection of jackets, coats, gloves, wallets, belts, and much more!

Find us in the Aspen Shopping Center at the corner of Kipling Boulevard and 13th Street in Littleton. Our store is open Monday through Saturday from 10 A.M. to 8 P.M. through the end of the month of March, after which we will no longer be in business.

---

15. What type of business is Johnson's Leather?

    (A) A furniture store

    (B) A clothing store

    (C) A farming supply store

    (D) A gardening store

16. Why is the store running the current promotion?

    (A) It is opening a new location.

    (B) It is revealing a new product line.

    (C) It is going out of business.

    (D) It is closing for the holiday.

▶ 정답 383쪽

7 | 정보 (Information)

출제 빈도 매회 평균 0.75개

STEP 1 지문 유형 분석

정보(information)는 주로 회의 참가 신청, 회사 행사 또는 제품.설명서나 등록에 대한 내용이 자주 출제된다. 이중 지문과 삼중 지문에선 거의 출제가 되지 않고 있지만 단일 지문에선 1.5회에 1번꼴로 출제되고 있다.

STEP 2 이렇게 풀어라!

1 ┃ 먼저 문제의 키워드를 확인한다.

1. **What is** true **about** Columbus, Ohio?　오하이오 주 콜럼버스에 대해 사실인 것은 무엇인가?

2. **What is** NOT mentioned **about** Columbus in the information?
정보문에서 콜럼버스에 대해 언급되지 않은 것은 무엇인가?

3. **What reflects the** typical cost **of a** residential property?　주택의 일반적인 가격을 반영하는 것은 무엇인가?

▶ **콜럼버스에 대해 옳은 사항, 콜럼버스에 대해 언급되지 않은 것, 주택의 일반적인 가격을 묻는 데, True와 Not True, 그리고 세 부사항 파악의 육하원칙(What) 문제이다.**

2 ┃ 지문을 읽으며 문제에 대한 단서를 찾는다.

1. '콜럼버스, 오하이오'라는 특정 문구가 나온 부분을 찾아 문맥을 확인한다.

2. '콜럼버스'가 언급된 부분을 찾아 어떤 사항들이 언급되었는지 살펴본다.

3. 가격을 묻는 문제이므로, 수치가 언급된 표현 위주로 내용을 파악한다.

도입	**The best place to lay down your nest** Are you wondering where to lay down your nest for starting a family? *Money Magazine* has done the searching for you and has the following tips when choosing your final destination.
알림 내용	❶ Columbus, Ohio, has a diverse economy based on education, insurance, banking, fashion, defense, aviation, food, logistics, steel, energy, medical research, and health care. ❷ Columbus is also the number-one place to raise children (2010), and ❸ it is a great city with relatively mild weather year round along with plenty of cultural and entertainment venues to enjoy.

❶ 두 번째 단락에는 오하이오 주의 콜럼버스의 여러 장점들이 열거되어 있는데, 첫 번째로 다양한 분야의 경제 활동이 이루어지는 도시임을 전한다.

❷ 두 번째로 언급된 장점은 아이들을 키우는 데 최고의 도시라는 것이다.

❸ 세 번째로 언급된 장점은 1년 내내 기후가 온화하고 문화 및 유흥 관련 장소가 많다는 점이다.

❹ Columbus has a population of around 200,000 people, the average home price is $165,000, and the state tax rate is 7.75%, making it a great locale for those wishing to raise their families on a tight budget. Other areas making it to *Money Magazine*'s list of places to raise children are Hampton, New Hampshire, Louisville, Kentucky, Tucson, Arizona, and Burham, Washington.

세부사항

❹ 이 단락에서는 인구나 세율 등의 구체적인 수치를 들어가며 빠듯한 예산으로 가족을 부양하는 사람들이 살기에 좋은 도시라고 설명한다.

3 | 보기를 보고 정답을 고른다.

1. (A) It has an extreme climate. 극한 기후이다.

   (B) It is a choice location for families. 가족을 위해 아주 좋은 장소이다.

   (C) It is far from modern conveniences. 현대적 편리함과 거리가 멀다.

   (D) It is far from the city. 도시에서 멀리 떨어져 있다.

▶ (A)는 ❸을 통해 틀린 내용임을 알 수 있고, (C)와 (D)는 ❶에서 역시 틀린 내용임을 알 수 있다. 따라서 ❹에서 확인되는 (B)가 정답이다. **정답 (B)**

2. (A) Real estate prices 부동산 가격

   (B) Economic elements 경제 요소들

   (C) The job market 인력 시장

   (D) The climate and weather 기후와 날씨

▶ (A)는 ❹에, (B)는 ❷에 그리고 (D)는 ❸에 언급되어 있으나, (C)는 언급된 부분이 없어 정답이다. **정답 (C)**

3. (A) 165,000

   (B) 200,000

   (C) 2010

   (D) 7.75

▶ ❹에서 (A)는 주택 가격이므로 정답이며, (B)는 인구수, (D)는 세율을 나타난다. 그리고 (C)는 ❷에서 아이를 키우기 가장 좋은 도시로 선정된 연도로 나와 있다. **정답 (A)**

표현 정리   lay down your nest 당신의 둥지를 틀다 tip 유용한 정보 final destination 마지막 종착지 diverse economy 다양한 경제 분야 based on ~에 근거한 insurance 보험 defense 국방 aviation 항공 logistics 물류 medical research 의학 연구 health care 보건 raise children 아이들을 키우다 relatively mild weather year round 상대적으로 온화한 연중 날씨 along with ~와 더불어 plenty of 수많은(= a lot of = lots of) cultural and entertainment venues 문화 및 엔터테인먼트 장소 population 인구 average home price 평균 집값 state tax rate 주(州) 세율 great locale 좋은 장소 on a tight budget 적은 돈으로 make it to the list 리스트에 오르다

· 상업적 안내문

be charged to	~에게 부과되다	**be in high demand**	수요가 높다
certificate	자격증, 수료증, 상품권	**certified dealership**	공인 매장
expire	끝나다(= end)	**high season**	성수기
in exchange	그 대가로, 답례로	**inquiry regarding**	~에 관한 문의
manufacturing process	제조 절차	**properly install**	올바르게 설치하다

· 비상업적 안내문

be selected for	~에 대해 선정되다	**collaborate with**	~과 협력하다
conduct	실시하다(= do)	**insure**	보장하다, 약속하다
management of this company	이 회사의 운영	**ongoing development**	지속적인 개발
respond to requests	요청에 응답하다		

· 기타 안내문

be mailed out to	~에게 편지로 보내지다	**business committee**	기업위원회
human resources	인사과	**identification card**	신분증
repeat visitor	다시 찾는 방문객		

· Those in attendance at the preview will have access to special sales and discounts.
시사회에 참석한 고객에게는 특별 판매 및 할인 혜택이 제공됩니다.
→ Discounts will be given to select customers. 할인은 선택된 고객들에게 제공될 것이다.

· unparalleled customer satisfaction 탁월한 고객 만족 → Making customers happy 고객을 행복하게 만들기

· Our mission is to deliver delicious, fresh, and hormone-free farm-fresh milk.
우리의 사명은 맛있고 신선하고 호르몬이 없는 신선한 농장 우유를 제공하는 것입니다.
→ They provide a staple grocery item. 그들은 필수 식료품 품목을 제공한다.

· wholesome quality products 건강에 좋은 질 좋은 제품 → Being health conscious 건강을 의식하기

· Those items left behind will be disposed of. 남겨진 그런 물건들은 처분될 것이다.
→ They will be thrown away. 그것들은 버려질 것이다.

· at a reasonable price 합리적인 가격으로 → Keeping costs low 가격을 낮게 유지하기

· Get 5 or more garments and take 15% off the total cost. 5벌 이상의 옷을 구입하면 총액의 15퍼센트를 할인해드립니다.
→ Discounts are applied to large orders. 할인은 대량 주문에 적용됩니다.

Questions 17 - 19 refer to the following information.

> ### Complimentary Shuttle Service
> ### Milton Hotel - Dulles
>
> We offer our guests a complimentary shuttle service to and from Dulles International Airport. The shuttle departs the hotel every 45 minutes from 6 A.M. to 10 P.M. and by request at other times. The same shuttle will bring guests to the hotel on a similar schedule, departing from the passenger pickup area from 6:45 A.M. to 10:45 P.M. To request transportation outside these time windows, please call our transportation line at (342) 334-5523.

17. What is the topic of the information?

(A) Dulles Airport safety regulations

(B) Getting to and from the Milton Hotel

(C) The Milton Hotel's cancelation policies

(D) The discontinuation of a service

18. Why would a hotel guest call the transportation line?

(A) To get to the airport at 4 A.M.

(B) To obtain directions to the airport

(C) To request shuttle fee rates

(D) To listen to the local weather report

19. What is NOT mentioned in this information?

(A) The complimentary shuttle departs every 45 minutes at the hotel.

(B) After 10 P.M., the shuttle service is not available.

(C) The complimentary shuttle travel between the hotel and Dulles International Airport.

(D) A complimentary shuttle service operates on two routes.

▶ 정답 384쪽

8 | 편지 (Letter)　　출제 빈도 매회 평균 0.75개

STEP 1　지문 유형 분석

편지(letter)는 그 특성상 이메일과 비슷한 흐름으로 구성되어 있으며, 주로 회의나 모임 소개, 회사가 고객에게 보내는 제품 안내, 광고 캠페인, 제품에 대한 항의, 구직자에 대한 채용 안내, 고객 요청에 대한 답변 등의 내용이 소개된다. 시험에서는 1.5회당 1개꼴로 출제되고 있다.

STEP 2　이렇게 풀어라!

1 | 먼저 문제의 키워드를 확인한다.

1. **What is the** purpose of the letter?　편지의 목적은 무엇인가?

2. **When did** Ms. Powers contact Mr. Waterson?　파워스 씨가 워터슨 씨에게 연락한 것은 언제인가?

3. **What is** indicated **about** Ms. Powers?　파워스 씨에 대해 언급된 것은 무엇인가?

▶ 편지의 목적, 연락한 시점 파워스 씨에 대해 언급된 것을 묻고 있다.

2 | 지문을 읽으며 문제에 대한 단서를 찾는다.

1. 편지의 의도나 목적은 대개 지문의 앞부분에 드러난다. 따라서 호칭 이후 나온 지문의 앞부분에 집중한다.

2. 시점을 묻고 있는 세부사항 파악 문제이므로 시간 표현이 나온 곳을 유의하여 살펴본다.

3. 파워스 씨에 대해 언급된 것을 묻는 True 문제이다. 파워스 씨에게 보낸 편지의 성격상 파워스 씨에게 무언가 요청하거나 통보를 하는 내용일 가능성이 높다. 따라서 그와 관련된 표현을 찾아 앞뒤 문맥을 살펴본다.

보내는 사람의 이름 & 주소	Turner Broadcast Media 270 Century Blvd. Vancouver, BC L6J 2F9
받는 사람의 이름 & 주소	Landall Powers 675 E 7th St. Apt. 445 Vancouver, BC M6E 9B8
보내는 날짜	August 8
호칭	Dear Ms. Powers,
	I looked into the Internet service problem you explained in ❶ the fax you sent on August 5. ❷ Above all, I would like to take this opportunity to apologize

❶ 파워스 씨가 워터슨 씨에게 연락한 시점을 알 수 있는 부분이다. 즉, 8월 5일에 팩스를 통해 연락을 받은 사실을 알 수 있다.

편지를 보내는 이유나 목적	for any inconvenience this has caused you. We are making every attempt to fix this problem. ❸ At your request, I have scheduled a service representative to visit your home on August 11.
해결책 제시	Turner Broadcast Media wants to ensure that you are completely satisfied with our service and would like to offer you two months of Internet service for free to make up for any problems this may have caused you personally or financially. If you have any comments or questions, you can contact me at (818) 555-9811.
끝인사 및 보내는 사람의 이름	Sincerely, Don Waterson

❷ 지문 앞부분에 나온 주제문이다. 결국 고객의 불편함에 대해 사과를 하려는 목적의 편지글임을 알 수 있다.

❸ 파워스 씨의 요청대로 서비스 직원이 방문하도록 일정을 잡겠다고 말하고 있으므로, 파워스 씨가 이를 요청했음을 알 수 있다.

3 │ 보기를 보고 정답을 고른다.

1. (A) To request payment　요금 납입을 요청하기 위해서
(B) To apologize to a customer　고객에게 사과하기 위해서
(C) To cancel a previous service　이전의 서비스를 해지하기 위해서
(D) To provide a new Internet service　새로운 인터넷 서비스를 제공하기 위해서

▶ ❷를 통해 고객에게 끼친 불편함에 대해 사과하기 위한 목적의 편지임을 알 수 있다. 따라서 (B)가 정답이다.

정답 (B)

2. (A) On August 5　8월 5일
(B) On August 8　8월 8일
(C) On August 11　8월 11일
(D) On August 22　8월 22일

▶ ❶을 통해 파워스 씨가 워터슨 씨에게 팩스를 보낸 시점은 8월 5일임을 파악할 수 있으므로 (A)가 정답이다. 약간 아래쪽에 시간 표현이 한 군데 더 나오기는 하지만, 이는 앞으로의 계획을 알리는 시점이다.

정답 (A)

3. (A) She has requested some repairs.　수리 서비스를 요청했다.
(B) She works from home.　재택 근무를 한다.
(C) She works for Turner Broadcast Media.　터너 브로드캐스트 미디어에서 근무한다.
(D) She has a problem with her fax machine.　팩스기에 문제가 있다.

▶ ❸을 통해 파워스 씨가 수리 서비스를 요청한 사실을 알 수 있으므로 (A)가 적합하다.

정답 (A)

표현 정리　inconvenience 불편　make every attempt 모든 시도를 하다　fix 수리하다, 고치다　at one's request ~의 요청에 따라　make up for ~을 보상하다

· 회사 대 회사

arrange to do ~할 것을 준비하다

clarify ~을 명확히 하다

promotion letter 홍보 서신

as discussed 논의된 대로

concerning ~에 관해(= regarding)

· 회사 대 개인

accommodate one's request ~의 요청을 수용하다

be notified 통보를 받다

make a special request 특별 요청을 하다

publicize 광고하다

be impressed 감명을 받다

look forward to V-ing ~할 것을 학수고대하다

preferred customer 우수 고객

renovate and restore 수리 및 복구하다

· 개인 대 개인

be invited to do ~하도록 초대되다

hospitality 환대, 접대

reserve a seat 좌석을 예약하다

be willing to do 기꺼이 ~하다

make it to ~에 도착하다

RSVP 참가(또는 불참)를 알리다

· We own over 100 stores in 42 states. 우리는 42개주에 100여 개 이상의 점포를 보유하고 있다.
  → It owns a number of stores across the U.S. 미국 전역에 많은 점포를 가지고 있다.

· a brochure highlighting some of our newest products 최신 제품 중 일부를 소개하는 팸플릿
  → Information concerning a new line of merchandise 새로운 상품 라인에 관한 정보

· The free shipping offered to our members is only available in the U.S. 고객들에게 제공되는 무료 배송은 미국 내에서만 가능합니다.
  → Most residents of the United States are eligible for free shipping. 대부분의 미국인들은 무료 배송의 혜택을 얻는다.

· Shipments will incur a shipping fee of $7 per $50 spent. 배송에는 50달러의 제품 가격당 7달러의 배송비가 붙게 됩니다.
  → Purchases will incur shipping charges. 구매할 경우 배송비가 부과될 수 있다.

· As a member, you are able to choose any address to send your order to. 회원으로서, 당신은 어떤 주소로든 보내실 수 있습니다.
  → Packages can be sent anywhere by the purchaser. 물품은 구매자가 원하는 어느 곳으로든 보낼 수 있다.

· With over 3 million products in its online store ranging from personal care products to electronics and jewelry ~ 개인 위생용품에서 전자제품과 보석류에 이르기까지, 온라인 상점에 300만점 이상의 제품을 갖추고 있는
  → Offering a myriad of products for sale. 무수히 많은 종류의 물건들을 판매하는

· We opened our doors for business over 50 years ago. 우리는 50년 전에 문을 열었습니다.
  → It has decades of history. 수십 년의 역사를 가지고 있습니다.

Questions 20-22 refer to the following letter.

Adios Enterprises

335 Corporate Way

Chicago, IL 55234

February 20

Dear valued customers,

We are writing to inform you of a change in the address for our company headquarters and manufacturing plant. Currently, our headquarters and plant are both located in Chicago, IL. Due to an increase in business and property taxes in the state of Illinois, we have decided it would be best for us to relocate to a different area. Our headquarters will soon be located in St. Louis, MO, while our manufacturing plant will be relocating to Kansas City, MO.

All phone and fax numbers as well as our company Web site and e-mail addresses will remain the same. The only change will be to our physical addresses (found on the attached form). Please be sure to send all correspondence to these new locations starting April 1. We are not paying for a mail forwarding service, so all letters sent to our old address after this date will be returned to you as undeliverable.

If you have any questions or concerns, please feel free to contact us at (925) 144-3345.

Sincerely,

Bob Winters

CEO, Adios Enterprises

---

20. For whom is the letter intended?

(A) All of the company's customers

(B) People who live in Missouri

(C) The owners of the company

(D) All new employees

21. What is included with the letter?

(A) A new employee list

(B) New location information

(C) A new Web site address

(D) Mr. Winters' business card

22. What is the reason for the relocation detailed in the letter?

(A) Costs have been rising at the current location.

(B) The company's manufacturing sector needs more space.

(C) The company has had a dramatic decline in business.

(D) The change is solely for personal reasons.

▶ 정답 385쪽

회람 (Memo)

STEP 1 지문 유형 분석

회람(memo)은 회사 또는 어떤 단체에서 정보를 알리기 위해 작성된 글이며, 그 지문의 특성상 글의 목적이 지문의 앞부분에 등장한다. 주로 회사 내에서의 공지 사항 및 새로운 정보를 알리기 위해 작성된 문서이기 때문에 대외적인 내용과는 무관한 글이다. 신토익에서는 평균 1.5회에 1번 꼴로 출제가 되고 있다.

STEP 2 이렇게 풀어라!

1 ㅣ 먼저 문제의 키워드를 확인한다.

1. **What is the** purpose of the memo?　회람의 목적은 무엇인가?

2. **What does** Katie request **that** Sharon do?　케이티는 샤론이 무엇을 할 것을 요청하는가?

▶ 회람의 목적과 케이티가 샤론에게 요청하는 사항을 묻고 있다.

2 ㅣ 지문을 읽으며 문제에 대한 단서를 찾는다.

1. 회람의 목적은 주로 지문 앞부분에 위치한다. 따라서 지문 앞부분에서 그 의도를 찾아본다.

2. 요청 사항은 대개 지문의 마지막 부분에 위치한다. 마지막 부분을 유심히 살펴보며, ask나 명령문 등 요청할 때 자주 쓰이는 표현을 찾아 내용을 파악한다.

	MEMORANDOM
수신자	To: Sharon Wells
발신자	From: Katie Williams
주제	Subject: Upcoming Presentation
날짜	Date: Tuesday, June 18
호칭	Dear Sharon,
글의 목적	I merged our two files and finalized our presentation for next Friday. However, once I put it all together, I realized it's going to run longer than the 10 minutes we've been allotted by the leadership of DarkSite. ❶Can you take a look at it and see what you think we can cut out?

❶'Can you ~?'의 표현을 통해 발신자가 어떤 내용을 요청하는지 드러나고 있다. 따라서 이 부분이 글의 궁

세부 사항	While you're reviewing it, please also look for consistency in our message and desired outcome. You've done several of these before, so I am looking to you for your expertise in this area.	극적인 목적에 해당된다.
요청 및 당부 사항	I've cleared my calendar for 2-4 P.M. tomorrow to go over this with you, ❷ so please try to get any edits done by then.	❷ 요청이나 제안 문제의 단서는 대부분 지문의 하단에 위치하고 있다. 이 내용을 통해 일정을 지켜 편집을 마무리해달라는 요청을 하고 있음을 알 수 있다.
끝인사 및 보내는 사람의 이름	Thanks, Katie	

3 | 보기를 보고 정답을 고른다.

1. (A) To chastise Sharon for making mistakes 실수한 것에 대해 샤론을 꾸짖는 것

   (B) To propose a change in the presentation topic 발표 주제의 변경을 제안하는 것

   (C) To cancel a scheduled meeting 예정된 회의를 취소하는 것

   (D) To ask for assistance with a project 프로젝트에 대한 지원을 요청하는 것

▶ 지문의 첫 문단을 요약하면 **프리젠테이션 용도로 두 개의 파일을 합친 것이 너무 길어서 내용을 좀 줄여달라는 것**이 주된 내용으로, 이는 **어떤 프로젝트에 대한 도움을 요청하는 것**으로 볼 수 있으므로 (D)가 정답이다.

: 🔎 **함정 분석** : 발표의 주제 자체를 변경한다는 (B)를 고르지 않도록 주의하자.

정답 (D)

2. (A) Write a market strategy report by Friday 금요일까지 시장 전략 보고서를 작성할 것

   (B) Complete work in time for a meeting 회의 시간에 맞춰 일을 마무리할 것

   (C) Schedule an appointment with DarkSite 다크사이트와 일정을 잡을 것

   (D) Send her details about DarkSite's leadership 다크사이트의 경영진에 대한 세부사항을 보낼 것

▶ 함께 검토하기 위해 자신의 일정을 비워두었으니 그때까지 끝내달라는 마지막 문장의 내용과 부합하는 보기는 (B)이다.

정답 (B)

표현 정리   **merge** 합치다(= combine)   **allot** 할당하다(= assign = allocate)   **the leadership** 경영진, 수뇌부   **cut out** 잘라내다, 편집하다   **consistency** 일관성, 일치성 **desired outcome** 원하는 결과   **look to** ~에게 의존하다   **expertise in** ~에 있어서의 전문성(know-how)   **clear one's calendar** ~의 일정을 비우다   **go over** 검토하다 (= examine)   **get any edits done** 모든 편집을 마무리하다

· 회사 일정/행사 소개 및 변경

allot 배분; 할당하다(= assign = allocate)

Attached to this memo you will find
이 회람에 첨부된 것에서 ~을 찾아볼 수 있을 것이다

flight reservations 비행편 예약

merge 합치다(= combine)

annual fundraising event 연례 기금모금 행사

itinerary 일정표(=schedule)

no changes can be made to ~에 변화는 없다

on a first-come, first-served basis 선착순으로

· 회사 공사 및 네트워크

as of (날짜) ~부로

do not hesitate to do 주저하지 말고 ~하다

Please note that ~에 유의하세요

be directed to ~에게 보내지다(= be sent to)

finalize the deal 거래를 마무리하다

· 회사 인사 변경 및 기타

approval of your supervisor 부서장의 승인

corresponding 최적의(= matching), 부합하는

expertise in ~에 있어서의 전문성(know-how)

be pleased to do ~하게 되어 기쁘다

desired outcome 원하는 결과

inform A of B A에게 B에 대해 알리다

· We sell bedroom sets, mattresses, and décor items. 우리는 침실 세트, 매트리스, 그리고 장식용 물건들을 판매해 왔습니다.
→ It does not just sell bedroom furniture. 침실용 가구만 판매하는 것은 아니다.

· All vending machine proceeds will now go to underprivileged children. 모든 자판기 수익금은 저소득층 아이들에게 전해집니다.
→ They benefit poor students. 가난한 학생들에게 혜택을 준다.

· An old colleague of mine contacted me a while back to discuss what he thought was a great opportunity for me. 얼마 전 저의 오랜 동료가 그가 생각한 것이 저에게 얼마나 큰 기회인지에 대해 논의하기 위해 제게 연락했습니다.
→ She got a job offer from a former associate. 이전 동료에게서 일자리 제안을 받았다.

· Jared called three times this week to see if we had had a chance to read the draft.
자레드는 우리가 초안을 읽어볼 기회가 있었는지 알아보기 위해 이번 주에만 세 번 전화했습니다.
→ He was very persistent. 그는 매우 끈질겼다.

· We will donate over 3 acres of land to the community. 우리는 지역 사회에 3에이커의 부지를 기부할 것입니다.
→ It is giving property to the community. 그곳은 지역 사회에 부지를 기부하려 한다.

· My secretary will be studying abroad from August through December. 내 비서는 8월에서 12월까지 해외에서 공부할 것입니다.
→ She will be temporarily living overseas. 그녀는 잠시 해외에서 거주할 것이다.

· Highest value of sales 최고의 판매액 → The transaction with the highest cost 가장 높은 가격의 거래

Questions 23 – 25 refer to the following memo.

To: All Sales Associates
From: Kenzie Matthews, Sales Manager
Date: February 12

We will be taking part in the National Career Fair to be held in London on March 4-7 this year. We are looking for 3 members of our sales team to be representatives at the Premier Paper booth during this time. Each year, we end up hiring several candidates we meet at this career fair, so it is of the utmost importance to the company.

As a representative at the booth, you will work in 4-hour shifts. For each shift, there will be a representative from Sales, Marketing, and upper management present. You should be ready to answer questions concerning:

- the pay scale (especially sales commissions)
- travel schedules
- the workload
- the Premier Paper brand

We know that leaving your workload and family for 4 days can be tough, so we are offering an incentive to those who represent Premier Paper at this event: we will grant an extra 3 vacation days to those sales associates who attend the fair. Should you decide to put your name in for consideration, please e-mail me at kmatthews@premierpaper.com.

23. For whom is the memo intended?

(A) Members of a college board
(B) Presenters at an upcoming sales meeting
(C) Paid interns
(D) Employees in a certain department

24. What is a benefit for participating in this event?

(A) A pay increase
(B) An end-of-the-quarter bonus
(C) Additional paid time off
(D) Several reduced workdays

25. What is NOT mentioned about the event?

(A) The location
(B) The dates it will be held
(C) The participating companies
(D) The duties of the participants

▶ 정답 386쪽

10 | 이중 지문

STEP 1 | 지문 유형 분석

1 | 출제 개요

구토익에서 각 세트 당 5문제씩 배분되어 총 4세트가 출제되었던 이중 지문은 신토익 이후 삼중 지문이 도입되면서 그 절반인 두 세트만 출제되고 있다. 750을 목표로 한다면 이중 지문까지는 어느 정도 풀 수 있어야 만족할 만한 성과를 올릴 수 있으므로 핵심적인 내용 위주로 다뤄보고자 한다.

2 | 이중 지문의 성격

이중 지문은 서로 연관성이 있는 두 개의 지문이 제시된다. 난이도가 높은 편은 아니지만 단일 지문에 비해 읽어야 할 양이 많으므로 지문의 분량 자체가 큰 부담이 될 수 있다. 이중 지문의 대략적인 특징을 나열하면 다음과 같다.

> (1) 한 세트당 총 5문제씩 출제된다.
>
> (2) 이 중 3~4문제는 단일 지문과 같은 방식으로 어느 하나의 지문에 대한 내용을 묻는 문제로 출제가 되지만 나머지 1~2 문제는 두 지문을 다 읽어야 하는 연계 문제로 출제되고 있다.
>
> (3) 5개의 문제 중 주로 앞의 1~2개의 문제는 첫째 지문에, 나머지 문제는 둘째 지문에 해당된다.
>
> (4) 따라서 문제의 순서와 지문의 순서를 비슷하게 따라서 해석해나가는 것이 하나의 독해 요령에 해당된다.

STEP 2 | 이렇게 풀어라!

1 | 두 지문의 종류를 파악한다

'Questions ~'로 된 지문 최상단을 보고 두 지문의 종류를 파악한다.

ex) **Questions 1~5 refer to the following article and e-mail.** 1번부터 5번까지는 다음 기사와 이메일을 참조하시오.

▶ 두 지문의 종류가 기사와 이메일임을 알 수 있다.

2 | 앞부분 1 ~ 2문제의 유형과 키워드를 파악한다

앞부분 1 ~ 2문제에서 물어보고자 하는 핵심 키워드를 파악한다. 이때 문제의 보기는 미리 읽어둘 필요가 없다.

1. What is an argument against the FloorMart plan? 플로어마트 계획에 반대하는 주장은 무엇인가?

2. What is an argument for the FloorMart plan? 플로어마트 계획에 찬성하는 주장은 무엇인가?

▶ **플로어마트 계획에 각각 반대하는 주장과 찬성하는 주장에 대해 묻고 있다.**

3 | 첫 지문을 정독한다

첫 지문으로 가서 최상단의 제목부터 마지막 부분까지 죽 스캐닝을 한다. 이때 문제의 키워드를 염두에 두고 읽는다.

기사의 제목	Request for building permit issued by Floor Mart
기사의 목적이나 주제	Portland (January 9) – A controversial debate regarding a building permit request was held during today's city council meeting. Retail giant FloorMart put in a request for a building permit, which has spurred citizens, business owners, and council members to voice their opinions on the matter.
세부사항	Proponents of the building have cited the number of jobs the retailer would bring to the community. "❶ According to FloorMart, the center will hire over 500 Portland residents to man its store within 3 months of opening," explained city planner Alan Potter. Those against the building have been appealing to small store owners and their customers. "❷ On average, 30 businesses shut their doors forever within a year of FloorMart entering their city," stated city council member Morgan Strut.
부연 설명	A final vote to settle this matter will be taken on January 20.

❶ 기사의 목적이나 주제가 제시된 다음 단락에 주목한다. 이 문장에는 500명이 넘는 주민들의 고용 효과가 있을 것이라는 주장이 제시되어 있다.

❷ 이 문장을 통해 플로어마트에 의해 평균 30개의 다른 점포들이 폐업할 것이라는 주장을 파악할 수 있다.

4 | 첫 지문과 관련된 문제를 푼다

보기와 각각 대조하여 문제를 푼다.

1. (A) It will not open on time. 제때에 개점하지 못할 것이다.
   (B) It is owned by foreigners. 외국인들이 소유하고 있다.
   (C) It might drive out local businesses. 현지 업체들을 몰아내게 될 것이다.
   (D) It has questionable business practices. 의심스런 사업 관행이 있다.

▶ ❷를 통해 플로어마트가 들어오면 일정 숫자의 소규모 업체들이 영구 폐업을 하게 된다는 주장을 알 수 있으므로 (C)가 일치한다. 지문의 **30 businesses shut their doors**가 (C)의 **It might drive out local businesses.**로 패러프레이징되어 있다.

정답 (C)

2. (A) It will improve the employment rate. 그것은 취업률을 개선할 것이다.
   (B) On average, 30 businesses will open. 평균적으로, 30개 업체가 문을 열 것이다.
   (C) It promises to pay above minimum wage. 그것은 최저 임금 이상을 지불할 것을 약속한다.
   (D) It will make shopping more convenient. 그것은 쇼핑 편의를 증진시킬 것이다.

▶ ❶을 통해 플로어마트가 들어오면 포틀랜드 주민 500명 이상의 고용 효과가 있다는 주장을 알 수 있으므로 (A)가 일치한다. 지문의 **the center will hire over 500 Portland residents**가 보기에서 **It will improve the employment rate.**로 패러프레이징되어 있다.

정답 (A)

5 ㅣ 뒷부분 1 ～ 2문제의 유형과 키워드를 파악한다

뒷부분 1 ～ 2문제에서 물어보고자 하는 핵심 키워드를 파악한다. Step 2와 마찬가지로 이때 문제의 보기는 미리 읽어둘 필요가 없다.

3. What is the purpose of the e-mail?   이메일의 목적은 무엇인가?

4. What does Ms. Grant request?   그랜트 씨는 무엇을 요청하는가?

▶ 이메일의 목적과 그랜트 씨가 요청한 사항에 대해 묻고 있다.

6 ㅣ 둘째 지문을 정독한다

둘째 지문으로 가서 최상단의 제목부터 마지막 부분까지 죽 스캐닝을 한다. 이때 문제의 키워드를 염두에 두고 읽는다.

발신자의 성명, 주소	From: Jennifer Grant <Jgrant@kiston.com>	
수신자	To: Keith	
주제	Subject : compliance with the opening day	
이메일을 보낸 목적 & 이유	❸ Despite several setbacks, we were able to meet our contracted opening day for the Portland FloorMart Store #4414 opening: April 20.	❸ 여러 방해 요인에도 불구하고 계약 한대로 개점일을 지킬 수 있게 되었다는 사실을 알리고 있다.
세부사항	According to the contract between my firm, KeyStone Construction, and FloorMart, we will receive a 10% bonus for meeting this opening date.	
추가 정보 및 요청 사항	❹ Please remit the agreed-upon amount to KeyStone Construction via cashier's check by April 21.	❹ 요청, 제안사항은 지문의 후반부에 나오는 것이 일반적이다. 이 문장에서 그랜트 씨는 합의된 금액의 송금을 요청하고 있다.
끝인사	Thank you,	
발신자의 이름	Jennifer Grant	

7 | 둘째 지문과 관련된 문제를 푼다

보기와 각각 대조하여 문제를 푼다.

3. (A) To make an inquiry　문의하려는 것
　　(B) To announce a setback　방해 요인을 알리려는 것
　　(C) To provide an update　최신 정보를 제공하려는 것
　　(D) To request personal information　개인 정보를 요청하려는 것

▶ ❸을 통해 전체 내용의 요지는 개점일을 지킬 수 있게 되었다는 것인데, 수신자에게 새로운 정보를 전달하고 있으므로 update가 들어 있는 (C)가 정답이다.　　　　　　　　　　　**정답 (C)**

4. (A) A payment　지불
　　(B) Contact information　연락 정보
　　(C) An opening date　개점일
　　(D) More time　더 많은 시간

▶ ❹를 통해 그랜트 씨가 합의된 금액의 송부를 원하고 있으므로 (A)가 적합하다.

　　　　　　　　　　　정답 (A)

8 | 연계 문제의 핵심 단서를 파악한다

질문 속의 키워드와 관련된 문장을 찾아 그 키워드와 밀접한 관련이 있는 단어나 패러프레이징된 표현들을 다른 지문에서 찾아본다.

5. When will 500 people most likely be working at FloorMart?

　　500명의 주민들은 언제 플로어마트에서 일하게 되겠는가?

▶ **500명의 주민들이 플로어마트에서 일하는 시점**을 묻고 있다. 우선 첫 지문에서 플로어마트와 관련된 표현을 찾는다. 둘째 단락에 있는 ❶에서 개점 후 3개월 이내에 500명 이상의 지역 주민들을 고용할 수 있을 것이라 하고 있다. 또한 이와 관련된 둘째 지문의 첫 문장인 ❸에서 4월 20일에 개점한다고 알리고 있다.

9 | 두 지문과 연계된 문제를 푼다

보기와 각각 대조하여 문제를 푼다.

5. (A) March　3월
　　(B) April　4월
　　(C) June　6월
　　(D) July　7월

▶ ❸을 통해 **4월 20일에 개점**한다는 사실을 알 수 있으므로 정답은 (B)가 된다.

　　　　　　　　　　　정답 (B)

표현 정리　controversial 논란이 많은, 논쟁의 여지가 있는　debate 논쟁, 토론　spur 자극, 원동력; 자극하다　council 의회　proponents 지지자　retailer 소매업자　residents 거주민　settle 해결하다　setback 차질　contract 계약; 계약하다　remit A to B A를 B에게 송금하다　agreed-upon amount 합의된 금액[액수]

Questions 26 ~ 30 refer to the following information and e-mail.

SpeechMasters

Over the past 50 years, SpeechMasters has helped millions of professional men and women become more confident delivering speeches in front of audiences. Our network of clubs and their learn-by-doing program are sure to help you become a better speaker and leader. It's inexpensive, and it's fun!

Arvada Speakeasy meets every Tuesday from 6:30 P.M. to 8:00 P.M. in Conference Room C at the Milton Hotel. Visitors and guests are always welcome. On your first visit, please be sure to pick up an information packet that will instruct you on how to become a member of SpeechMasters.

Here is a list of our upcoming meeting dates and topics of conversation:

March 3 – Crafting an attention-grabbing opening line
April 4 – Choosing the correct tone for your intended audience
May 8 – Dealing with nerves
June 2 – Crafting a clever and thought-provoking final statement
July 1 – Using statistical data in an effective manner

Contact Jason Stout at 336-2225 or jstout@coldmail.com for more information.

To: Jason Stout <jstout@coldmail.com>
From: Derrick Shaw <dshaw@coldmail.com>
Date: April 23
Subject: SpeechMasters

Dear Dr. Stout,

I learned about your SpeechMasters group from my employer. I have recently been promoted to project manager and am now required to give several presentations a month. Unfortunately, I suffer from near-crippling stage fright.

I would like to join SpeechMasters so that I can work on this and other issues. Could you please send me all of the relative information?

Sincerely,

Derrick Shaw

---

26. What does SpeechMasters do?

    (A) Teaches students to give
        presentations

    (B) Helps working adults with public
        speaking

    (C) Organizes professional networking
        events

    (D) Coordinates speech competitions

27. Which seminar will discuss using facts
and figures?

    (A) April 4

    (B) May 8

    (C) June 2

    (D) July 1

28. Which seminar would Mr. Shaw
probably benefit from?

    (A) Crafting an attention-grabbing
        opening line

    (B) Choosing the correct tone for your
        intended audience

    (C) Dealing with nerves

    (D) Crafting a clever and thought-
        provoking final statement

29. Why does Mr. Shaw contact Mr. Stout?

    (A) For membership information

    (B) For promotional information

    (C) For meeting information

    (D) To invite him to a seminar

30. In the e-mail, the word "relative"
in paragraph 2, line 2, is closest in
meaning to

    (A) associated

    (B) communicated

    (C) debated

    (D) protected

▶ 정답 387쪽

정답 & 해설

Part 1

1. 1인 사진

1. ★★

❶ 문제 유형 파악 1인 사진은 주로 인물의 행동이 묘사된다. 남자가 서서 붓을 쥐고 도색하고 있는 모습에 집중하고, 남자 주변에 페인트 통이 놓여 있는 모습이나 계단과 벽에 걸린 그림들을 확인한다.

❷ 오답 제거 (A) 남자가 보호 장비를 착용한 모습이 보이지 않으므로 오답이다. (C) 남자 옆에 페인트 통이 보이지만 남자가 그것을 여는 동작을 취하고 있지 않으므로 잘못된 묘사이다.

❸ 정답 선택 남자가 도색용 붓을 쥐고 있는 동작을 묘사하는 (B)가 정답이다.

🔍 **함정 분석** 남자가 칠하는 모습이므로 painting만 듣고 (D)로 헷갈릴 수 있다. 하지만 남자가 칠하는 곳이 방인지 알 수 없으므로 정답이 될 수 없다.

표현 정리 **protective equipment** 보호 장비 **paintbrush** 도색용 붓 **a can of paint** 페인트 통 **paint** 페인트를 칠하다, 도색하다

(A) The man is using protective equipment.
(B) The man is holding a paintbrush.
(C) The man is opening a can of paint.
(D) The man is painting a room white.

(A) 남자는 보호 장비를 사용하고 있다.
(B) 남자는 도색용 붓을 들고 있다.
(C) 남자는 페인트 통을 열고 있다.
(D) 남자는 방을 흰색으로 도색하고 있다.

2. ★★

❶ 문제 유형 파악 1인 사진으로, 중심 인물의 행동과 외모적 특징에 집중해야 한다. 여자가 책상에서 컵을 들고 신문을 보는 행동에 집중해야 한다.

❷ 오답 제거 (B) 여자가 살펴보고 있는 것이 진열대의 의류가 아니므로 잘못된 묘사이다. (C) 사진에 서류나 서류함이 보이지 않으므로 오답이다.

❸ 정답 선택 여자가 책상에서 신문을 읽고 있는 모습을 정확하게 묘사한 (D)가 정답이다.

🔍 **함정 분석** 사진만으로는 여자가 마시는 것이 커피인지 알 수 없으므로 (A)는 오답이다. 사진 속 음료를 보고 연상되는 내용이지만 객관적 사실이 아니므로 답이 될 수 없다.

표현 정리 **sip** (음료를) 홀짝거리다, 마시다 **look through** 훑어보다, 검토하다 **rack** 받침대, 선반 **file cabinet** 서류함, 문서 보관함

(A) The woman is sipping some coffee.
(B) The woman is looking through the clothes on the rack.
(C) The woman is getting documents from the file cabinet.
(D) The woman is reading a newspaper at the desk.

(A) 여자는 커피를 마시고 있다.
(B) 여자는 진열대에 있는 의류를 살펴보고 있다.
(C) 여자는 서류함에서 서류를 꺼내고 있다.

3. ★★

❶ 문제 유형 파악 여자의 행동에 집중하고 카트의 위치와 상태도 함께 확인한다. 여자가 휴대폰으로 통화하며 물건을 고르는 행동, 여자가 가방을 어깨에 메고 있는 모습, 그리고 상품이 선반 위에 가지런히 진열된 상태와 카트가 물건으로 가득 차 있는 상태를 파악한다.

❷ 오답 제거 (B)는 신선한 농산물을 사진에서 확인할 수 없으므로 역시 오답이다. 사진 속 식품은 진열대에 놓여 있으므로 바구니에 담겨 있다는 (D)는 잘못된 묘사이다.

❸ 정답 선택 여자가 휴대폰으로 통화 중인 행동을 정확하게 묘사하고 있는 (C)가 정답이다.

🔍 **함정 분석** 여자가 물건을 고르는 모습을 보고 (A)로 헷갈릴 수 있다. 여자가 장을 보고 있는 모습은 정확히 표현했지만 야외 시장이란 장소가 부적절하므로 오답이다.

표현 정리 **do grocery shopping** 장을 보다 **outdoor market** 야외 시장 **fresh produce** 신선한 농산물 **be stacked on** ~에 쌓이다 **on the stand** 진열대에 **be displayed** 진열되다

(A) She is doing some grocery shopping at the outdoor market.
(B) Fresh produce has been stacked on the stand.
(C) The woman is talking on her mobile phone.
(D) Food has been displayed in baskets.

(A) 여자가 야외 시장에서 장을 보고 있다.
(B) 신선한 농산물이 진열대에 쌓여 있다.
(C) 여자는 휴대폰으로 통화하고 있다.
(D) 식품이 바구니에 담겨 진열되어 있다.

4. ★★

❶ 문제 유형 파악 1인 중심 사진이므로 사진 속 남자의 행동과 외모적 특징을 먼저 파악한다. 긴팔 셔츠와 바지를 입고 가슴에 명찰을 착용한 남자가 지도 위에 무엇인가를 손으로 가리키는 모습이다.

❷ 오답 제거 (A) 남자가 허리를 숙이고 있지만 개수대가 보이지 않으므로 오답이다. (B) 남자가 이름표를 이미 차고 있는 상태이지 인쇄하는 중이 아니므로 오답이다. 칠판에는 도표가 아니라 지도가 보이므로 (C)도 오답이다.

❸ 정답 선택 남자가 지도 위를 손으로 가리키는 동작을 정확히 묘사하는 (D)가 정답이다.

표현 정리 **bend over** ~위로 몸을 수그리다 **label** 표찰, 라벨, **diagram** 도표 **blackboard** 칠판 **point at** ~을 손으로 가리키다

(A) He is bending over a sink.
(B) He's printing his name on a label.
(C) He is looking at some diagrams on the blackboard.
(D) He is pointing at something on the map.

(A) 그는 개수대 위로 몸을 수그리고 있다.
(B) 그는 자신의 이름을 표찰에 인쇄하고 있다.
(C) 그는 칠판에 있는 도표를 보고 있다.
(D) 그는 지도에 있는 무엇인가를 가리키고 있다.

2. 다수 사진

1. ★★★

❶ 문제 유형 파악 다수 사진은 전체 인물들의 공통된 행동이나 외모적 특징 또는 개인의 행동이나 외모적 특징이 모두 묘사될 수 있다.

❷ 오답 제거 (C) 사람들이 다리를 건너는 모습이 보이지만, 다리가 물 위에 있는지는 확인할 수 없으므로 오답이다. (D) 개를 끌고 가는 사람은 한 명이고 장소도 해안이 아니므로 잘못된 묘사이다.

❸ 정답 선택 사진 중간에 개를 산책시키는 여자가 배낭을 메고 있는 모습을 묘사한 (B)가 정답이다.

🔍 **함정 분석** 달리는 모습의 사람들을 보고 (A)로 혼동하지 않도록 한다. 일부 사람들이 달리고 있는 모습을 모든 사람들의 공통된 행동으로 잘못 묘사하고 있어 오답이다.

표현 정리 jog 조깅하다, 달리다 **walkway** 보도, 인도 **backpack** 배낭 **arch bridge** 아치형 다리 **be suspended over** ~위에 매달려 있다. ~위의 공중에 떠 있다 **walk** 걷게 하다. 산책시키다

(A) People are jogging along the walkway.
(B) A woman is wearing a backpack.
(C) An arch bridge is suspended over the water.
(D) Some people are walking their dogs along the shore.

(A) 사람들이 보도를 따라 조깅을 하고 있다.
(B) 한 여자가 배낭을 메고 있다.
(C) 아치형 다리가 물 위에 걸쳐져 있다.
(D) 몇몇 사람들이 해안을 따라 개를 산책시키고 있다.

2. ★★★

❶ 문제 유형 파악 다수의 사람과 사물이 등장하는 사진이므로 사람들의 공통된 행동과 외모적 특징, 그리고 사물의 위치와 상태를 모두 확인한다.

❷ 오답 제거 (A) 기계가 열려 있는 모습을 볼 수 없고 사람들이 수리를 하려는 모습이 아니므로 오답이다. (C) 상자에 담겨 있는 과학 장비를 볼 수 없으므로 잘못된 묘사이다.

❸ 정답 선택 남자가 보안경을 쓰고 있는 모습을 묘사한 (D)가 정답이다. 이때 wearing은 착용한 상태를 묘사할 때 쓰는 표현이며, 입는 동작을 말하는 putting on과 헷갈리지 말자.

🔍 **함정 분석** (B) 현미경을 들여다보는 행동을 하는 사람은 한 사람이며, 모든 사람들의 공통된 행동으로 확대 묘사하므로 답이 될 수 없다.

표현 정리 look into ~를 들여다보다 **microscope** 현미경 **scientific equipment** 과학용 장비 **pack** 포장하다 **crate** (운송용) 나무 상자 **wear** 착용하다 **protective goggles** 보안경

(A) A machine has been opened for repairs.
(B) They are looking into the microscope.
(C) Scientific equipment has been packed in crates.
(D) A man is wearing protective goggles.

(A) 기계가 수리를 위해 열려 있다.
(B) 사람들은 현미경을 들여다보고 있다.
(C) 과학 장비가 상자에 담겨 포장되어 있다.

(D) 한 남자가 보안경을 착용하고 있다.

3. ★★★

❶ 문제 유형 파악 다수의 사람들이 주변 정경과 함께 등장하고 있는 사진이다. 사람들의 공통된 행동과 외모적 특징, 사물의 위치와 상태를 파악한다.

❷ 오답 제거 (A) 사진에 등장하는 모든 사람들이 말을 타고 있는 것이 아니라 일부만이 말을 타고 있으므로 오답이다. (B) 길거리에 인적이 끊겨 있다고 묘사하여 사진과 부합되지 않는다.

❸ 정답 선택 말을 타고 있는 사람들은 제복을 입고 있으므로 (C)가 정답이다.

🔍 **함정 분석** (D)의 앞부분만 듣고 섣불리 고르지 않도록 한다. 건물들이 일렬로 늘어선 상태는 맞지만 장소가 물가가 아니므로 잘못된 묘사이다.

표현 정리 deserted 인적이 끊긴, 사람이 살지 않는 **uniform** 제복 **row** 줄. 열 **stretch** 뻗어 있다. 펼쳐지다 **along the water** 물가를 따라

(A) People are riding horses on the street.
(B) The street is deserted.
(C) Some people are wearing uniforms.
(D) A row of buildings stretches along the water.

(A) 사람들이 거리에서 말을 타고 있다.
(B) 거리에 인적이 끊겼다.
(C) 몇몇 사람들이 제복을 입고 있다.
(D) 건물들이 물가를 따라 죽 늘어서 있다.

4. ★★★

❶ 문제 유형 파악 다수의 사람들과 내부 좌석이 보이는 사진이므로 사람들의 공통된 행동과 좌석의 상태를 확인한다. 강연장이나 경기장도 종종 출제되므로 관련 표현들을 익히는 것이 좋다.

❷ 오답 제거 (A) 사진 속에서 두 사람이 아닌 세 사람이 서 있으므로 수가 일치하지 않아 오답이다. (C) 난간에 기대어 있는지 알 수 없으므로 오답이다. (D) 관람객들이 모여 있는 상태는 제대로 표현하고 있지만 공연자가 보이지 않으므로 잘못된 묘사이다.

❸ 정답 선택 사진 앞부분이나 사람들 사이사이 비어 있는 의자들이 있으므로 좌석이 다 차지 않았다고 말하는 (B)가 정답이다. occupied는 자주 나오는 어휘이므로 꼭 알아두자.

표현 정리 auditorium 강당 **occupy** 차지하다. 점유하다 **lean over** ~에 기대다 **rail** 난간 **gather around** ~주변에 모이다 **performer** 공연자

(A) Both of them are standing in the auditorium.
(B) All of the seats are not occupied.
(C) They are leaning over the rail.
(D) Spectators are gathering around the performers.

(A) 두 사람 모두 강당 안에 서 있다.
(B) 좌석이 다 차지는 않았다.
(C) 사람들이 난간에 기대어 있다.
(D) 관람객들이 공연자들 주변에 모여 있다.

3. 2인 사진

1. ★★

① 문제 유형 파악 인물 사진에서는 인물의 행동과 외모적 특징에 집중해야 한다. 여자가 손을 뻗어 물건을 잡으려고 하는 모습이 보인다.

② 오답 제거 (B) 선반은 보이지만 책꽂이가 아니고 조립하는 모습도 아니므로 오답이다. (C) 여자가 아이와 함께 장보는 모습의 사진이므로 시중을 들고 있다는 묘사는 오답이다. (D) 물건이 정리되어 있는 사진이지만 쌓고 있는 모습이 아니고 장소가 창고가 아니므로 오답이다.

③ 정답 선택 여자가 물건을 잡기 위해 손을 뻗는 모습이므로 (A)가 정답이다.

표현 정리 reach 팔을 뻗다 item 물건, 상품 assemble 조립하다 bookshelf 선반 stock ~을 쌓다 merchandise 상품 warehouse 창고

(A) She is trying to reach an item.
(B) She is assembling a bookshelf.
(C) She is serving a customer.
(D) She is stocking merchandise in a warehouse.

(A) 그녀는 상품을 잡기 위해 팔을 뻗고 있다.
(B) 그녀는 책장을 조립하고 있다.
(C) 그녀는 손님의 시중을 들고 있다.
(D) 그녀는 제품을 창고에 쌓고 있다.

2. ★★★

① 문제 유형 파악 2인 등장 사진에서 두 인물이 동일한 동작을 하고 있다면 공통된 동작에 대한 묘사가 정답이 되는 경우가 많다. 두 사람 모두 그림을 보고 있는 모습의 사진이다.

② 오답 제거 (C) 두 사람이 미술관에 있는 것은 맞지만 전시물을 분해하고 있지 않으므로 오답이다. (D) 그림을 보고 있는 것이지 그리는 것이 아니며 보도위가 아니므로 오답이다.

③ 정답 선택 사진 속 두 인물이 벽에 걸린 그림 작품들을 감상하고 있으므로 이를 표현한 (B)가 정답이다.

🔍 **함정 분석** (A)는 frame만 듣고 고를 수 있는 함정이지만, 두 사람이 그림을 보고 있는 중이지 액자에 넣고 있는 중이 아니므로 오답이다.

표현 정리 frame 틀에 넣다 portrait 초상화 attention 주의, 주목 dismantle 분해하다 pavement 인도, 보도

(A) They're framing some portraits.
(B) They're drawing their attention to some artworks.
(C) They're dismantling a display in the art museum.
(D) They're painting a picture on the pavement.

(A) 그들은 초상화들을 액자에 넣고 있다.
(B) 그들의 시선이 예술 작품들에 쏠려 있다.
(C) 그들은 미술관의 전시물을 해체하고 있다.
(D) 그들은 보도 위에서 그림을 그리고 있다.

3. ★★

① 문제 유형 파악 2인 사진이지만 한 사람은 서 있기만 하므로 여자의 구체적

인 행동에 집중해야 한다.

② 오답 제거 (A) 여자는 그림을 위한 액자를 제작하는 것이 아니라 바지의 길이를 재고 있는 중이므로 오답이다. (B) 여자가 긴 옷을 입고 있는 상태이지 입는 동작이 아니므로 답이 될 수 없다. (D) 여자는 줄자를 들고 있지 테이프는 보이지 않으므로 오답이다.

③ 정답 선택 여자가 다른 사람의 바지 치수를 측정하는 동작을 묘사하고 있는 (C)가 정답이다.

표현 정리 frame 틀, 액자 sleeved 소매 달린 measure 측정하다

(A) She is making a frame for fine artworks.
(B) She is trying on a long sleeved shirt.
(C) She's measuring the pants.
(D) She's taping a box closed.

(A) 그녀는 그림을 위한 액자를 제작하고 있다.
(B) 그녀는 긴 팔 셔츠를 입어 보고 있다.
(C) 그녀는 바지의 치수를 재고 있다.
(D) 그녀는 테이프로 상자를 밀봉하고 있다.

4. ★

① 문제 유형 파악 2인 사진이므로 인물들의 공통된 동작을 파악하는 것이 가장 중요하다. 서류를 함께 보고 있는 모습을 파악하고, 여자가 액세서리를 착용하고 남자는 안경을 착용한 상태임도 확인한다.

② 오답 제거 (B) 두 남녀가 같은 서류를 보고 있지 창밖을 보는 것은 아니므로 오답이다. (C) 길게 서 있는 줄이 보이지 않으므로 답이 아니다.

③ 정답 선택 서류를 함께 보고 있는 공통된 행동을 표현하고 있는 (D)가 정답이다.

🔍 **함정 분석** 사진에 여자와 서류가 보이므로 (A)로 헷갈릴 수 있다. 하지만 남자가 여자에게 서류를 보여 주고 있지 여자가 남자에게 건네는 것이 없으므로 오답이다.

(A) The woman is handing an airline ticket to the man.
(B) They are staring out the window.
(C) The man is waiting at the back of a long line.
(D) They are looking at a document together.

(A) 여자는 남자에게 항공권을 전달하고 있다.
(B) 그들은 창밖을 응시하고 있다.
(C) 남자는 길게 늘어선 줄의 뒷부분에서 기다리고 있다.
(D) 그들은 서류를 함께 보고 있다.

4. 사물 사진

1. ★★★

① 문제 유형 파악 실내 사물 중심의 사진이므로 주요 사물의 위치와 상태에 집중한다. 벽에 여러 그림들이 부착된 상태, 테이블 위 램프, 램프의 등이 켜진 상태, 둥근 모양의 시계가 벽에 부착된 상태를 확인한다.

② 오답 제거 (B) 문이 닫혀 있는 모습이 보이지 않으므로 오답이다. (D) 벽에 액자는 여러 개 보이지만 시계는 하나뿐이므로 오답이다.

③ 정답 선택 벽에 걸린 둥근 시계의 모양을 묘사하고 있는 (A)가 정답이다.

🔍 **함정 분석** (C) 바닥을 다시 손보는 중이 아니므로 답이 될 수 없다. 사물 사진에서는 사람이 동작을 취하는 모습이 없으므로 현재진행 수동태(be being p.p.) 시제가 포함된 답변은 대부분 오답이다.

표현 정리 **be left closed** 닫혀 있다 **round** 둥근 **refinish** 재마감하다. 다시 손질하다 **hang on** ~에 걸리다. ~에 매달리다. ~에 부착되다

(A) The clock on the wall is round.
(B) Some doors have been left closed.
(C) The floors are being refinished.
(D) There are many clocks hanging on the wall.

(A) 벽에 걸린 시계의 모양이 원형이다.
(B) 몇몇 문들이 닫혀 있다.
(C) 바닥이 다시 손질되고 있다.
(D) 많은 시계들이 벽에 걸려 있다.

2. ★★★

①문제 유형 파악 실내 사물 사진으로, 주요 사물의 위치와 상태에 집중해야 한다. 개수대 옆 거치대에 있는 여러 용기들, 찬장의 선반에 쌓여 있는 접시들을 확인한다.

②오답 제거 (C) 선반에 쌓여 있는 것은 접시이지 제품들이 아니므로 오답이다. (D) 쌓여 있는 모습을 묘사하였지만 대상이 나무가 아니므로 답이 될 수 없다.

③정답 선택 찬장에 쌓인 접시들의 모습을 묘사하고 있는 (B)가 정답이다.

🔍 **함정 분석** (A) 용기를 닦고 있는 사람이 보이지 않으므로 용기가 세척되고 있다는 묘사는 오답이다.

표현 정리 **plastic container** 플라스틱 용기 **wash** 세척하다. 씻다 **be stacked** ~가 쌓이다 **cupboard** 찬장 **be stocked with** ~로 가득 채워지다 **be stacked into piles** ~가 쌓여 더미를 이루다

(A) Some plastic containers are being washed.
(B) Plates are stacked in the cupboard.
(C) The shelves have been stocked with products.
(D) Some wood has been stacked into piles.

(A) 몇몇 플라스틱 용기가 세척되고 있다.
(B) 찬장에 접시들이 쌓여 있다.
(C) 선반은 제품으로 가득 채워져 있다.
(D) 몇몇 나무들이 쌓여 더미를 이루고 있다.

3. ★★★

①문제 유형 파악 전형적인 실내 정경 사진이므로 주요 사물들의 위치와 상태부터 확인해야 할 필요가 있다. 옷장 속에 여러 종류의 옷들이 걸려 있는 모습, 가운데에 수건들이 차곡차곡 쌓여 있는 상태, 벽에 걸려 있는 그림 등을 확인한다.

②오답 제거 (A) 사진에 창문이 보이지 않으므로 오답이다. (B) 벽에 걸려 있는 그림이 보이지만, 현재 걸고 있는 중의 모습은 아니므로 답이 될 수 없다.

③정답 선택 몇몇 셔츠들이 옷장 안에 걸려 있는 상태를 묘사하고 있는 (D)가 정답이다.

🔍 **함정 분석** 의류가 보기 좋게 정리된 상태이긴 하지만 이것이 판매를 목적으로 진열되었는지는 판단할 수 없기 때문에 (C)는 답이 될 수 없다. 주관적 판단이 개입된 내용이므로 오답이다.

표현 정리 **blind** 차양막 **item** 물건, 제품 **be displayed for sale** 판매를 위해 진열되다 **closet** 옷장

(A) Some blinds have been closed over the window.
(B) A painting is being hung on the wall.
(C) Some items are displayed for sale.
(D) There are some shirts hanging in the closet.

(A) 차양막이 창문을 덮고 있다.
(B) 그림 한 점이 벽에 걸리고 있다.
(C) 몇몇 제품들이 판매를 위해 진열되어 있다.
(D) 몇몇 셔츠들이 옷장 안에 걸려 있다.

4. ★★

①문제 유형 파악 실내 사물 중심의 사진이므로 주요 사물의 위치와 상태를 파악한다. 책들로 가득 찬 책장들의 모습과 복도를 사이에 두고 위치하고 있는 책장들의 배열을 확인해야 한다.

②오답 제거 사진으로는 도서관인지 서점인지 알 수 없으므로 가게가 영업 중이라고 묘사한 (A)는 오답이다. (B) 책장들이 보이는 것은 맞지만 조립되는 중이 아니므로 오답이다. (D) 사람이 등장하지 않는 사진이므로 그들이 바닥에 내려놓고 있다는 묘사는 적절하지 않다. 바닥에 놓여 있는 것이 없으므로 오답이다.

③정답 선택 책장들이 배열된 형태를 설명하고 있는 (C)가 정답이다. 사물의 배열, 즉 사물이 놓여 있는 모습도 자주 출제되므로 관련 표현을 기억하는 것이 좋다.

표현 정리 **bookshelf** 책장 **assemble** 조립하다 **be on both sides of** ~의 양편에 위치하다 **place A on B** A를 B에 두다 **content** 내용물 **floor** 바닥

(A) A store is open for business.
(B) Some bookshelves are being assembled.
(C) There are bookshelves on both sides of the aisle.
(D) They are placing the contents of the book cart on the floor.

(A) 가게가 영업 중이다.
(B) 몇몇 책장들이 조립되고 있다.
(C) 복도 양편에 책장들이 있다.
(D) 그들은 책 운반용 카트에 있는 내용물들을 바닥에 내려놓고 있다.

5. 풍경 사진

1. ★★

①문제 유형 파악 건물 앞이 보이는 사진으로, 사물이 작게 보이는 사진에서는 사물 각각의 세부 묘사보다는 사물의 위치나 배열을 확인해야 한다.

②오답 제거 (C) 건물들이 해변이 아닌 도로를 따라 늘어선 상태이므로 사물의 위치를 잘못 묘사하여 오답이다. (D) 사람이 등장하지 않는 사진이므로 답이 될 수 없다.

③ 정답 선택 자동차들이 건물 앞에 주차된 상태를 묘사한 (B)가 정답이다.

함정 분석 (A) 자동차가 정차된 모습을 묘사하고 있지만, 차가 한 대가 아니며, 교통신호등 또한 확인할 수 없으므로 오답이다. 사물의 상태는 정확하게 묘사하더라도 수가 일치하지 않으면 오답이 되므로 주의한다.

표현 정리 traffic light 신호등 shore 해안 cycle 자전거를 타다

(A) The car is stopped at a traffic light.
(B) Some cars are parked in front of the building.
(C) Some high buildings are lined up along the shore.
(D) A person is cycling down the street.

(A) 자동차가 신호등에 정차되어 있다.
(B) 몇몇 자동차들이 건물 앞에 주차되어 있다.
(C) 고층 건물들이 해변을 따라 늘어서 있다.
(D) 한 사람이 도로에서 자전거를 타고 있다.

2. ★★★

① 문제 유형 파악 풍경 사진으로, 중심 사물인 배들의 위치와 상태를 파악해야 한다.

② 오답 제거 (A) 배가 물 위에 떠 있는 상태를 정확하게 묘사하지만, 사진 속의 배가 한 척 이상이므로 주어의 수가 불일치하여 오답이다. (B) 사진에 보이지 않는 승객들을 언급하므로 잘못된 묘사이고, (D) 배가 거친 파도에 흔들리는 모습이 보이지 않으므로 오답이다.

③ 정답 선택 몇몇 요트들이 부두에 정박해 있는 상태를 묘사하는 (C)가 정답이다.

표현 정리 float on the water 물 위에 뜨다 unload (짐이나 승객을) 내리다 passenger 승객 harbor 항구 sailboat 범선, 요트 be docked at ~에 정박하다 pier 부두, 선착장 toss (파도가 배를) 심하게 흔들다 tough 거친 wave 파도

(A) A boat is floating on the water.
(B) Some ships are unloading their passengers at a harbor.
(C) Some sailboats are docked at a pier.
(D) Some boats are being tossed around by tough waves.

(A) 배 한 척이 물 위에 떠 있다.
(B) 몇몇 배들이 항구에서 승객들을 하선시키고 있다.
(C) 몇몇 요트들이 부두에 정박해 있다.
(D) 몇몇 배들이 거친 파도에 흔들리고 있다.

3. ★★★

① 문제 유형 파악 시내 풍경 사진으로, 도로를 주행 중인 자동차들, 도로 양쪽의 고층 건물들, 주변 나무들의 위치와 상태를 확인한다.

② 오답 제거 (A) 다층 건물들이 등장하고 있지만, 자동차들이 주차된 건물은 보이지 않으므로 오답이다. (C) 사진에 보이지 않는 건축 자재를 언급하므로 역시 오답이다.

③ 정답 선택 고층 건물들이 도로 양편에 늘어선 상태를 묘사하는 (D)가 정답이다. 배열을 묘사하는 내용도 종종 출제되므로 관련 표현을 꼭 알아두도록 하자.

함정 분석 건물들이 서 있는 모습을 보고 (B)로 혼동하지 않도록 한다. 대형 건물들이 늘어선 상태는 제대로 묘사하지만 사진에 보이지 않는 해변을 언급하므로 오답이다. 장소를 사진과 다르게 묘사하여 오답을 유도하는 함정을 조심해야 한다.

표현 정리 multi-level structure 다층 구조물, 다층 건물 shore 해변 building materials 건축 자재 unload (짐이나 승객을) 내리다 skyscraper 고층 건물 be lined up 줄지어 늘어서다 on both sides of the road 도로 양편에

(A) Vehicles are parked in multi-level structures.
(B) Many huge buildings are standing along the shore.
(C) Building materials are being unloaded from the truck.
(D) There are some skyscrapers lined up on both sides of the road.

(A) 차량들은 다층 구조물에 주차되어 있다.
(B) 많은 대형 건물들이 해변을 따라 늘어서 있다.
(C) 건축 자재를 트럭에서 내리고 있다.
(D) 몇몇 고층 건물들이 도로 양편에 늘어서 있다.

4. ★★★

① 문제 유형 파악 풍경 사진으로, 잔디밭 주변 나무들과 벤치의 위치와 상태에 집중해서 듣는다.

② 오답 제거 (A) 잔디밭에 놓인 벤치의 수를 복수로 표현하므로 오답이다. (B)와 (D)는 각각 사진에 등장하지 않는 사람들과 계단을 언급하므로 잘못된 묘사이다.

③ 정답 선택 일부 나무들이 땅에 그림자를 드리우고 있는 상태를 표현하는 (C)가 정답이다.

표현 정리 be set on ~에 놓이다 grassy area 잔디밭 mow the lawn 잔디를 깎다 in front of ~의 앞에 cast one's shadow on ~에 그림자를 드리우다 sweep (빗자루로) 쓸다, 청소하다 steps 계단

(A) Some benches have been set on a grassy area.
(B) They're mowing the lawn in front of the house.
(C) Some trees are casting their shadows on the ground.
(D) The leaves have been swept from the steps.

(A) 몇몇 벤치들이 잔디밭에 놓여 있다.
(B) 사람들이 집 앞의 잔디를 깎고 있다.
(C) 몇몇 나무들이 땅에 그림자를 드리우고 있다.
(D) 잎사귀들이 계단에서 치워졌다.

Part 2

1. 평서문

1. ★★★

① 문제 유형 파악 요청한 포도주는 재고가 없는 상태임을 밝히는 평서문이다. 문제 상황을 언급하는 경우, 이에 대한 해결책을 제시하거나 추가 정보를 요구하는 답변이 주로 나온다.

② 오답 제거 (A) 질문에서 나온 wine을 반복 사용한 함정으로, 포도주의 재고가 없다는 말에 포도주 한 잔을 달라고 말하여 어색한 의미가 되므로 오답이다. (B) 질문의 stock을 다른 의미로 사용해 무관한 내용이므로 답이 될 수 없다.

③ 정답 선택 포도주의 재고가 없다는 말에 주문이 가능한지 반문하는 (C)가 정답이다.

표현 정리 ask for ~을 요청하다 currently 지금, 현재 be out of stock 재고가 떨어지다 stock market 주식시장 stability 안정세 order 주문하다

I'm sorry but the wine you asked for is currently out of stock.
(A) I'll have a glass of white wine, please.
(B) The stock market is showing stability.
(C) Can you order it for me?

죄송하지만 귀하께서 요청하신 포도주는 재고가 없군요.
(A) 백포도주 한 잔 주세요.
(B) 주식시장은 안정세를 보이고 있어요.
(C) 주문해 주실 수 있나요?

2. ★★

① 문제 유형 파악 오늘 맨체스터행 급행열차가 없다는 문제 상황을 제시하는 평서문이다.

② 오답 제거 (B) 평서문에 쓰인 train에서 연상되는 subway를 이용한 함정으로, 지하철을 타고 집에 간 것은 질문과 상관없는 내용이므로 오답이다. (C) 평서문에 쓰인 available을 반복 사용하였지만 급행열차와 관련 없는 내용이므로 답이 될 수 없다.

③ 정답 선택 오늘 급행열차가 없다는 문제 상황에 대해 내일 가면 된다고 해결책을 제시하는 (A)가 정답이다.

🔍 함정 분석 급행열차가 없다는 말에 subway를 듣고 (B)로 혼동하지 않도록 한다. 맨체스터행 급행열차가 없다고 하였으나 (B)에서는 집까지 지하철을 탔다고 말하여 적절한 답변이 아니다.

표현 정리 express train 급행열차 available 이용 가능한, 구매 가능한 take the subway 지하철을 타다 local market 지역 시장

I just heard that no express trains to Manchester are available today.
(A) Then we can go tomorrow.
(B) Yes, we took the subway home.
(C) It's not available on the local market.

방금 저는 오늘 맨체스터행 급행열차가 아예 없다고 들었습니다.
(A) 그러면 우린 내일 가야겠네요.

(B) 네, 저희는 지하철을 타고 집으로 왔어요.
(C) 그건 이 지역 시장에서는 구매할 수 없어요.

3. ★★

① 문제 유형 파악 내일까지 판매 계약서에 서명해야 한다는 사실을 전달하는 평서문이다. 사실 전달에 대한 답변으로 긍정이나 부정의 답변, 추가 정보를 요구하는 답변이 주로 나온다.

② 오답 제거 (B) 평서문에서 쓰인 sales를 이용한 함정으로, 매출이 상승할 것이라고 답하여 무관한 내용이다. (C) sign에서 연상되는 signature과 contract를 사용한 함정이다.

③ 정답 선택 내일까지 서명해야 한다는 말에 동의하는 답변인 (A)가 정답이다.

🔍 함정 분석 (C)는 질문의 내용과 관련 있는 signature와 contract가 포함된 답변이지만, 계약서 하단에 서명하라며 상대방에게 다시 이야기하므로 적절한 답변이 아니다.

표현 정리 sign 서명하다 sales contract 판매 계약서 be expected to do ~할 것이라 예상되다 rise 상승하다 signature 서명 at the bottom of ~의 하단에

You have to sign the sales contract by tomorrow.
(A) That will be fine.
(B) Our sales are expected to rise next year.
(C) Put your signature at the bottom of the contract.

내일까지는 판매 계약서에 서명하셔야 해요.
(A) 좋습니다.
(B) 저희 매출은 내년에 상승할 것으로 예상됩니다.
(C) 귀하가 계약서 하단에 서명하시면 됩니다.

4. ★

① 문제 유형 파악 문제가 생기면 언제든 자신에게 알려달라고 요청하는 내용의 평서문이다. 요청이나 제안하는 평서문에는 요청을 수락하거나 제안에 대한 감사 표현을 하는 답변이 주로 나온다.

② 오답 제거 (A)와 (B)는 각각 평서문의 talk과 free를 반복적으로 들려주는 함정이며, 문제 발생 시 자신에게 연락하라고 당부하는 내용과는 무관한 답변이므로 답이 될 수 없다.

③ 정답 선택 감사하다는 인사를 건네는 (C)가 정답이다.

표현 정리 let me see 글쎄, 어디보자, 가만 있자 free 자유로운, 시간적 여력이 되는 appreciate 고마워하다

If you do have any problems, please feel free to talk to me.
(A) Sure. You can talk to me.
(B) Let me see. I'm free that day.
(C) Thanks. I really appreciate it.

문제가 생기면, 주저 마시고 제게 말씀해 주세요.
(A) 맞아요, 저한테 말씀하시면 됩니다.
(B) 어디 봅시다. 제가 그날은 시간이 되네요.
(C) 고마워요, 정말 감사합니다.

2. Do / Does / Did / Have 의문문

1. ★★

🔵 **문제 유형 파악** 라이언 씨가 회사 복지 혜택에 관해 설명했는지의 여부를 묻는 일반 의문문으로, 동사 explain이 의미를 결정하므로 반드시 들어야 한다.

🔵 **오답 제거** (B) 질문에서 나온 explain에서 연상이 가능한 speak를 이용한 함정이다. (C) No라는 부정의 답변과 회사에서 종합 복지 혜택을 제공한다는 부연 설명이 서로 무관하여 오답이다.

🔵 **정답 선택** Yes라는 긍정 답변에 이어 아주 꼼꼼하게 설명해줬다며 부연 설명을 하는 (A)가 정답이다. 질문의 Did – explain과 선택지의 very thoroughly와의 내용적 연관성을 통해 정답임을 알 수 있다.

🔍 **함정 분석** benefit package를 듣고 (C)로 혼동하지 않도록 한다. 질문의 키워드는 explain으로 라이언 씨가 설명을 했는지를 묻는 질문인데, 회사가 종합 복지 혜택을 제공한다고 답하여 적절하지 않다.

📋 **표현 정리** **welfare benefits** 회사 복지 혜택 **thoroughly** 철저하게, 꼼꼼하게 **comprehensive benefits package** 종합 복지 혜택

Did Mr. Ryan explain our welfare benefits to you?
(A) Yes, very thoroughly.
(B) Yes, he can speak English very well.
(C) No, our company offers a comprehensive benefits package.

라이언 씨가 우리 회사 복지 혜택에 대해 설명해줬나요?
(A) 네, 아주 꼼꼼하게요.
(B) 네, 그는 영어를 잘 구사합니다.
(C) 아뇨, 우리 회사는 종합 복지 혜택을 제공합니다.

2. ★

🔵 **문제 유형 파악** 퇴근 후에 저녁식사를 함께 할 수 있는지의 여부를 묻는 일반 의문문으로, 키워드 join, dinner를 놓치지 않는다.

🔵 **오답 제거** 음식을 마음껏 먹으라고 권하는 (A)와 추천할만한 것을 묻는 (C)는 모두 저녁식사를 함께 할 수 있는지의 여부와 무관하며, 질문의 dinner에서 연상 가능한 오답이다.

🔵 **정답 선택** 제의에 대해 고맙다는 표시로 thanks라고 말한 후, 하지만 야근을 해야 한다며 저녁식사에 함께 할 수 없음을 우회적으로 나타내는 (B)가 정답이다.

📋 **표현 정리** **help oneself** (음식을) 마음껏 드세요 **work overtime** 야근하다

Do you want to join us for dinner after work?
(A) Please help yourself.
(B) Thanks, but I have to work overtime tonight.
(C) What would you recommend?

오늘 퇴근 후에 저희와 저녁식사를 함께 하실래요?
(A) 많이 드세요.
(B) 감사합니다만, 전 오늘 야근을 해야 합니다.
(C) 무엇을 추천해 주시겠어요?

3. ★★

🔵 **문제 유형 파악** 시장 보고서의 작성 여부를 묻는 일반 의문문으로, 현재완료

시제 일반 의문문은 주로 작업의 완료 여부를 묻는 문제로 출제된다.

🔵 **오답 제거** (B) 질문에서 they라는 대명사로 지칭할 만한 특정 대상이 언급되지 않았으므로 오답이다. (C) 보고서를 작성했음을 Yes로 답하지만 그것들을 작은 바구니에 넣으라는 부연 설명이 서로 무관하여 답이 될 수 없다.

🔵 **정답 선택** 아직은 아니지만 거의 다 마무리되었다고 대답하는 (A)가 정답이다. 질문의 Have – completed와 선택지의 Not yet과의 내용적 연관성을 통해 정답임을 파악할 수 있다.

🔍 **함정 분석** finally finished만 듣고 (B)를 고르지 않도록 한다. 보고서 작성에 대한 질문에 합작 투자를 끝냈다고 하였으므로 적절한 답변이 아니다.

📋 **표현 정리** **complete** 작성하다, 마무리하다 **market report** 시장 보고서 **be done with** ~을 끝내다 **joint venture** 합작 투자 **basket** 바구니

Have you completed the market report?
(A) Not yet, but I'm almost done with it.
(B) They have finally finished their joint venture.
(C) Yes, put them in a small basket.

시장 보고서는 작성하셨나요?
(A) 아직요, 하지만 거의 끝나갑니다.
(B) 그들은 마침내 합작 투자를 마무리했어요.
(C) 네, 그것들을 작은 바구니에 넣으세요.

4. ★★★

🔵 **문제 유형 파악** 배관공들이 물이 새는 배수관을 고쳤는지를 묻는 일반 의문문이며, 현재완료 의문문에서는 주어 뒤 과거분사가 핵심어이므로 fixed를 반드시 들어야 한다.

🔵 **오답 제거** (A) 질문에서 나온 leaky와 발음이 유사한 Rick을 이용한 함정으로 질문과 무관한 인명에 대한 정보를 제시하였다. (C) 질문의 plumber, leaky 그리고 pipe를 통해 연상되는 water를 이용한 함정이다.

🔵 **정답 선택** 배관공들이 일주일 정도 시간이 더 필요하다고 말하는 (B)가 정답이다. 질문의 Have – fixed와 선택지의 need – another week와의 내용적 연관성을 통해 정답임을 알 수 있다.

📋 **표현 정리** **plumber** 배관공 **leaky** 누수의, 물이 새는 **drain pipe** 배수관 **at least** 최소한, 적어도

Have the plumbers fixed the leaky drain pipes?
(A) No, his name is Rick.
(B) They need at least another week.
(C) Please get me some cold water.

배관공들이 물이 새는 배수관을 고쳤나요?
(A) 아뇨, 그의 이름은 릭이에요.
(B) 그들은 최소 일주일이 더 필요해요.
(C) 제게 시원한 물 좀 가져다주세요.

3. When 의문문

1. ★

① 문제 유형 파악 합병이 이루어지는 시점을 묻는 When 의문문으로, 과거 시점보다 미래 시점의 답변이 많이 출제되고 있다.

② 오답 제거 (B) 기사를 읽었다는 것은 합병 시점과 무관한 오답이다. (C) 질문에서 나온 merger에서 연상할 수 있는 competitive를 이용한 오답이다.

③ 정답 선택 조만간(soon)이라는 구체적인 미래 시점을 제시하는 (A)가 정답이다. I think를 덧붙여 확실하지는 않지만 그렇게 생각한다고 말하고 있다.

표현 정리 **merger** 합병 **remain** 남다. 남아 있다 **competitive** 경쟁력이 있는, 경쟁이 치열한

When is the merger expected to happen?
(A) Soon, I think.
(B) I've already read the article.
(C) Our company still remained competitive.

합병은 언제 이루어질 것으로 예상되나요?
(A) 조만간 이뤄질 것이라 생각합니다.
(B) 저는 이미 그 기사를 읽었어요.
(C) 우리 회사는 여전히 경쟁력이 있어요.

2. ★

① 문제 유형 파악 질문의 키워드는 When, fly back이며, 레인 씨가 언제 비행기를 타고 돌아가는지 묻는 When 의문문이다.

② 오답 제거 (A) 공항이라는 장소를 언급하므로 Where 의문문에 적합한 대답이다. (B) 의문사 의문문의 답변으로 쓰일 수 없는 Yes로 대답하여 오답이다.

③ 정답 선택 1주일 후라는 구체적인 미래 시점을 제시하는 (C)가 정답이다.

함정 분석 will be right back을 듣고 (B)로 헷갈릴 수 있다. 하지만 질문은 레인 씨가 브뤼셀로 돌아가는 시점을 묻고 있으므로 주어 I로 시작하는 답변은 적절하지 않다.

표현 정리 **fly back to** 비행기를 타고 ~로 돌아가다 **international airport** 국제공항

When does Ms. Lane fly back to Brussels?
(A) At the international airport.
(B) Yes, I'll be right back with you.
(C) In about a week.

레인 씨는 언제 비행기를 타고 브뤼셀로 돌아가나요?
(A) 국제공항에서요.
(B) 네, 곧 당신에게 갈게요.
(C) 약 1주일 후에요.

3. ★

① 문제 유형 파악 로스앤젤레스로 가는 다음 비행기의 출발 시점을 묻는 When 의문문이다.

② 오답 제거 (B) 의문사 의문문에서 사용할 수 없는 Yes로 대답하여 오답이다. (C) 질문에서 나온 로스앤젤레스라는 도시명을 통해 연상되는 nice

place를 이용한 함정으로 질문과 관련 없는 내용이다.

③ 정답 선택 지금부터 두 시간 후라는 구체적인 미래 시점을 제시하는 (A)가 정답이다.

함정 분석 질문은 로스엔젤레스로 가는 비행기가 있는지의 여부를 묻는 것이 아니라 다음 비행기의 출발 시점을 묻고 있으므로 이용 가능하다고 답하는 (B)는 답이 될 수 없다.

표현 정리 **available** 이용 가능한, 구매 가능한 **place** 장소, 위치

When is the next available flight to Los Angeles?
(A) Two hours from now.
(B) Yes, it is available.
(C) It's a nice place to live.

로스앤젤레스로 가는 다음 비행기는 언제 있나요?
(A) 두 시간 후에요.
(B) 네, 이용 가능합니다.
(C) 거긴 살기 좋은 곳이에요.

4. ★★

① 문제 유형 파악 질문의 키워드는 When, shipment, get here이며, 필름 배송이 이루어지는 시점을 묻는 When 의문문이다.

② 오답 제거 (B) 배송 부서를 지칭하므로 Where 의문문에 적합한 대답이다. (C) 질문에서 나온 film을 반복적으로 들려주는 함정이며 질문과 관련이 없는 내용이므로 오답이다.

③ 정답 선택 다음 주 중이라는 미래 시점을 제시하는 (A)가 정답이다.

표현 정리 **shipment** 운송, 배송 **film** 필름 **develop** (필름을) 현상하다

When do you think the shipment of the films will get here?
(A) Sometime next week.
(B) In the Shipping Department.
(C) I need to have this film developed.

필름이 이곳에 언제 배송될 거라고 생각하세요?
(A) 다음 주 중에요.
(B) 배송 부서에서요.
(C) 저는 이 필름을 현상해야 합니다.

4. 부가 의문문

1. ★★

① 문제 유형 파악 마지막 오페라 공연 표를 구매할 수 있는지 확인하는 부가 의문문으로, 부가 의문문 right만 들어서는 내용을 이해할 수 없으므로 평서문을 꼭 들어야 한다.

② 오답 제거 (A) 질문에서 나온 ticket을 반복 사용하여 티켓을 구한 방법을 말하므로 How 의문문에 적합한 대답이다. (C) 질문의 opera에서 연상할 수 있는 music을 이용한 함정으로 질문과 무관하여 오답이다.

③ 정답 선택 확인해보겠다고 대답하여 자신은 아는 바가 없음을 간접적으로 밝히고 있는 (B)가 정답이다. 모른다거나 확인해보겠다는 간접적인 답변도 종종 출제된다.

표현 정리 **available** 이용이 가능한, 구매가 가능한 **through** ~을 통해 **quite** 꽤, 상당히 **impressive** 인상적인

There are opera tickets available for the last show, right?
(A) I got my ticket through e-ticketing.
(B) Let me check.
(C) The music was quite impressive.

마지막 오페라 공연 표가 남아 있죠, 그렇죠?
(A) 저는 인터넷을 통해 표를 구매했어요.
(B) 확인해보겠습니다.
(C) 음악이 상당히 훌륭했어요.

2. ★★★

① **문제 유형 파악** 톰슨 씨가 일정 업무를 담당하는지 확인하는 부가 의문문이다.

② **오답 제거** (B)와 (C)는 질문에서 나온 scheduling을 사용한 함정이며 톰슨 씨의 업무와는 상관없는 내용이므로 답이 될 수 없다.

③ **정답 선택** No라는 부정적 답변과 함께 파커 씨의 업무라며 상대가 잘못 알고 있는 내용을 고쳐주는 (A)가 정답이다.

표현 정리 **scheduling decision** 일정 결정 **job responsibility** 직무 **scheduling conflicts** 일정이 겹침

Mr. Thompson makes the scheduling decisions, doesn't he?
(A) No, it is Mr. Parker's job responsibility.
(B) Due to scheduling conflicts.
(C) I'm scheduled for tomorrow.

톰슨 씨가 일정 업무를 담당하지요, 그렇지 않나요?
(A) 아니에요, 그건 파커 씨의 직무입니다.
(B) 일정이 겹쳐서요.
(C) 저는 내일로 일정이 잡혀 있어요.

3. ★★★

① **문제 유형 파악** 기준 금리가 곧 상당히 오를 것인지를 확인하는 부가 의문문이다. 부가 의문문에서는 평서문을 잘 듣는 것이 중요하다.

② **오답 제거** (A) 질문의 rise와 발음이 유사한 raise를, (B) 질문에서 나온 interest의 파생어인 interested를 이용한 함정이며, 금리 인상과 관련 없는 내용이므로 오답이다.

③ **정답 선택** 그럴 수도 있다며 그 가능성을 인정하는 (C)가 정답이다.

🔍 **함정 분석** 15 percent를 듣고 (A)로 헷갈릴 수 있다. 금리 인상에 대한 질문에 급여 인상이 필요하다고 답하여 오답이다.

표현 정리 **standard interest rate** 기준 금리 **rise** 상승하다, 오르다 **sharply** 급격하게 **pay raise** 급여 인상 **overseas investment** 해외 투자

The standard interest rate will rise sharply soon, won't it?
(A) I need a minimum pay raise of 15 percent.
(B) We're interested in overseas investments.
(C) That will probably happen.

기준 금리가 곧 상당히 오를 겁니다, 그렇지 않나요?

(A) 저는 최소한 15% 급여 인상이 필요해요.
(B) 저희는 해외 투자에 관심이 있어요.
(C) 아마도 그럴 겁니다.

4. ★★

① **문제 유형 파악** 먹을 것을 주문할 것인지의 여부를 확인하는 부가 의문문이다.

② **오답 제거** (A) 질문에서 나온 order를 다른 의미로 사용한 함정이다. (B) 질문에서 나온 something을 반복 사용하였으나 적절한 답변이 아니다.

③ **정답 선택** 긍정하는 답변 Yes와 함께, 피자를 주문할 것이라며 구체적으로 주문할 음식을 언급하는 (C)가 정답이다.

🔍 **함정 분석** eating something을 듣고 (B)를 고르지 않도록 한다. 먹을 것을 주문할 것인지를 확인하는 질문에 적절한 답변이 아니다.

표현 정리 **in the right order** 올바른 순서대로, **have sth delivered** 무엇인가 배달이 되도록 하다

We're going to order something to eat, aren't we?
(A) No, you should put them in the right order.
(B) Of course eating something new is also a lot of fun.
(C) Yes, we're having some pizza delivered.

뭔가 먹을 것을 주문할 거지요, 그렇지 않나요?
(A) 아니요, 그것들을 올바른 순서대로 정리하세요.
(B) 물론 뭔가 새로운 것을 먹는다는 건 무척 신나는 일이기도 해요.
(C) 네, 피자를 주문하려고 해요.

5. Why 의문문

1. ★★★

① **문제 유형 파악** 질문의 키워드는 Why, call, board meeting이며, 데이비스 씨가 오늘 오전에 이사회를 소집한 이유를 묻는 Why 의문문이다.

② **오답 제거** (A) 질문에서 나온 call의 파생어인 called를 이용한 함정이며 아파서 결근한다고 연락했다는 내용은 회의를 소집한 이유와 무관하다. (B) 질문에서 it으로 지칭할 만한 특정 대상이 언급되지 않았으므로 답이 될 수 없다.

③ **정답 선택** 내년 예상 매출을 논의하기 위해서라고 대답하는 (C)가 정답이다. 부정사구(to discuss)는 Why 의문문에서만 정답이 될 수 있는 답변 유형임을 기억한다.

🔍 **함정 분석** (B) 질문에서 나온 board를 다른 의미로 사용한 함정이다. 질문의 board는 '이사회'를 뜻하지만 답변의 board는 '게시판'을 뜻한다는 점에 유의해야 한다. 다의어는 같은 단어라도 의미가 달라지므로 함정에 빠지지 않도록 조심해야 한다.

표현 정리 **board meeting** 이사회 **call in sick** (전화를 걸어) 병가를 내다 **post** 게시하다, 공시하다 **sales projections** 예상 매출(액)

Why did Mr. Davis call a board meeting this morning?
(A) Because he called in sick this morning.
(B) I already posted it on the board.
(C) To discuss next year's sales projections.

데이비스 씨가 오늘 오전에 이사회를 소집한 이유는 무엇인가요?

(A) 그가 오늘 오전에 아파서 병가를 낸다고 연락을 했기 때문이에요.
(B) 제가 이미 그걸 게시판에 올렸어요.
(C) 내년도 예상 매출에 관해 논의하기 위해서요.

2. ★

① 문제 유형 파악 질문의 키워드는 Why, closed이며, 백화점이 문을 닫은 이유를 묻는 Why 의문문이다.

② 오답 제거 (B) 의문사 의문문의 답변으로 쓸 수 없는 No로 대답하였다. (C) 질문에서 나온 store를 반복적으로 들려주는 함정으로, 질문과 관련 없는 답변이다.

③ 정답 선택 국경일이기 때문이라며 구체적인 이유를 제시하는 (A)가 정답이다.

표현 정리 department store 백화점 national holiday 국경일 close 가까운 office supply store 사무용품점 at the corner 모퉁이에

Why is the department store closed today?
(A) Because it's a national holiday.
(B) No, it's not that close to our office.
(C) There is a new office supply store at the corner.

오늘 백화점이 문을 닫은 이유가 뭔가요?
(A) 오늘이 국경일이기 때문이에요.
(B) 아뇨, 우리 사무실에서 그리 가깝지 않아요.
(C) 모퉁이에 새로운 사무용품점이 있어요.

3. ★★

① 문제 유형 파악 여전히 구형 회계 소프트웨어를 사용하는 이유에 대해 묻는 Why 의문문이다.

② 오답 제거 (A) 질문에서 나온 using의 파생어이자 발음이 유사한 useless를 이용한 오답이다. (C) 질문의 software에서 연상할 수 있는 technical support를 이용한 오답이다.

③ 정답 선택 갱신하는 비용이 너무 비싸다며 구체적인 이유를 제시하는 (B)가 정답이다.

🔍 **함정 분석** 회계 소프트웨어 사용의 이유를 고객에게 교육과 기술을 지원하기 위함이라고 생각해서 (C)를 선택하지 않도록 한다. 질문은 구형 버전을 사용하는 이유가 무엇인지를 묻고 있으므로 질문에 적절한 답변이 아니다.

표현 정리 accounting software 회계 소프트웨어 useless 쓸모없는, 소용없는 upgrade regularly 정기적으로 갱신하다 offer 제공하다 technical support 기술 지원

Why are we still using the old version of the accounting software?
(A) Yes, it's useless.
(B) Because it's too expensive to upgrade regularly.
(C) We offer our clients training and technical support.

우리가 여전히 구형 회계 소프트웨어를 사용하는 이유가 뭔가요?
(A) 네, 그건 쓸모가 없어요.
(B) 정기적으로 갱신하는 비용이 너무 비싸서요.
(C) 우리는 고객들에게 교육과 기술 지원을 제공합니다.

4. ★★

① 문제 유형 파악 리빙스턴 씨가 퇴사한 이유를 묻는 Why 의문문이다.

② 오답 제거 (A) 의문사 의문문에 No로 답변할 수 없으며, 지금 떠나야 한다는 내용 또한 퇴사 이유와 무관하므로 오답이다. (B) 질문에서 나온 Livingstone의 일부 어휘인 living을 이용한 함정이다.

③ 정답 선택 창업하기 위해서라는 구체적인 퇴사 이유를 언급한 (C)가 정답이다.

표현 정리 leave the company 회사를 그만두다 living expenses 생활비 education 교육 start one's own business 창업하다

Why did Mr. Livingstone leave the company?
(A) No, you should leave now.
(B) From living expenses to education.
(C) To start his own business.

리빙스턴 씨가 왜 퇴사했나요?
(A) 아뇨, 당신은 지금 떠나야 해요.
(B) 생활비에서 교육에 이르기까지요.
(C) 창업하기 위해서요.

6. Where 의문문

1. ★

① 문제 유형 파악 질문의 키워드는 Where, held이며, 다음 주에 있을 취업 박람회의 개최 장소에 대해 묻는 Where 의문문이다.

② 오답 제거 (A) 질문에서 나온 fair를 반복적으로 들려주는 함정이다. (C) 시간을 말하였으므로 When 의문문에 적합한 대답이다.

③ 정답 선택 메인 스트리트에 위치한 컨벤션 센터라는 구체적인 장소를 언급하는 (B)가 정답이다.

표현 정리 job fair 취업 박람회 be held 개최되다 fair 공평한, 공정한

Where is the local job fair being held next week?
(A) I think it's not fair at all.
(B) At the convention center located on Main Street.
(C) At 10 o'clock.

다음 주에 지역 취업 박람회는 어디에서 개최되나요?
(A) 저는 그건 매우 불공평한 것이라 생각해요.
(B) 메인 스트리트에 위치한 컨벤션 센터에서요.
(C) 10시에요.

2. ★

① 문제 유형 파악 질문의 키워드는 Where, office이며, 가장 가까운 환전소의 위치를 묻는 Where 의문문이다.

② 오답 제거 (B) 의문사 의문문의 답변으로 쓰일 수 없는 Yes로 답할 뿐 아니라 질문의 currency와 발음이 유사한 currently를 이용한 함정이다. (C) 질문의 exchange를 통해 연상할 수 있는 receipt를 이용한 오답이다.

③ 정답 선택 사무실 건물 바로 옆이라며 환전소의 위치를 직접적으로 제시하는 (A)가 정답이다.

표현 정리 **foreign currency exchange office** 환전소 **next to** ~옆에 **currently** 현재 **refund** 환불; 환불하다 **full refund** 전액 환불 **receipt** 영수증

Where can we find the closest foreign currency exchange office?
(A) Right next to our office building.
(B) Yes, we're currently discussing that.
(C) For a full refund, you should bring your receipt.

가장 가까운 환전소는 어디에서 찾을 수 있을까요?
(A) 저희 사무실 건물 바로 옆에 있어요.
(B) 네, 저희는 현재 그것에 대해 논의하고 있어요.
(C) 전액 환불을 원하시면, 영수증을 가져오셔야 해요.

3. ★★

🔹 문제 유형 파악 질문의 키워드는 Where, scan이며, 서류들을 스캔할 수 있는 곳을 묻는 Where 의문문이다.

🔹 오답 제거 (A) 새로운 회사와 계약을 체결한다는 것은 스캐너가 있는 곳과 무관한 내용이다. (C) 페이지 아래라고 답한 내용 역시 스캐너가 있는 곳과 관련이 없을 뿐 아니라, 질문의 documents에서 연상할 수 있는 page를 이용한 오답이다.

🔹 정답 선택 위더스푼 씨가 스캐너를 가지고 있다며 사람을 통해 우회적으로 스캐너가 있는 곳을 밝히는 (B)가 정답이다. Where 의문문에 대한 답변으로 사람의 이름도 가능하다는 것을 꼭 기억하자.

🔍 함정 분석 전치사 at만 듣고 (C)로 혼동하지 않도록 한다. 서류를 스캔할 수 있는 장소를 묻는 질문에 대해 적절한 답변이 아니다.

표현 정리 **scan** 스캔하다 **client** 고객 **get a contract with** ~와 계약을 체결하다 **firm** 회사 **at the bottom of** ~의 맨 밑에

Where can I scan some documents from my client?
(A) I'll get a new contract with a new firm.
(B) Ms. Witherspoon has a scanner.
(C) At the bottom of the page.

고객에게서 온 서류들을 스캔할 수 있는 곳이 어디인가요?
(A) 저는 새로운 회사와 계약을 체결할 겁니다.
(B) 위더스푼 씨가 스캐너를 가지고 있어요.
(C) 페이지 맨 밑에요.

4. ★★★

🔹 문제 유형 파악 질문의 키워드는 Where, magazine이며, 오전에 책상 위에 두었던 잡지가 있는 곳을 묻는 Where 의문문이다.

🔹 오답 제거 (B) 세계 경제의 중요한 변화에 관한 것이라는 내용은 주제나 안건에 대해 묻는 What 의문문에 적합한 대답이다. (C) 기사를 소개하는 내용은 잡지가 있는 곳과 관련이 없고, 질문의 magazine에서 연상 가능한 article을 이용한 오답이다.

🔹 정답 선택 링컨 씨가 잡지를 읽고 있다며 사람을 통해 간접적으로 잡지가 있는 곳을 밝히는 (A)가 정답이다.

🔍 함정 분석 전치사를 듣고 (B)를 고르지 않도록 한다. Where 의문문에 대한 답변으로 장소 전치사만 찾으면 답을 고르기 어렵다. 장소뿐 아니라 사람이나 홈페이지 등도 정보의 출처로 출제된다는 것을 꼭 기억하자.

표현 정리 **informative** 정보를 제공하는, 유익한

Where is the magazine that I put on the desk this morning?
(A) Ms. Lincoln is reading it now.
(B) About an important change in the world economy.
(C) This is an informative article that we should read.

제가 오늘 아침에 책상 위에 둔 잡지는 어디에 있나요?
(A) 링컨 씨가 지금 읽고 있어요.
(B) 세계 경제의 중요한 변화에 관해서요.
(C) 이것은 우리가 읽어야 할 유익한 기사예요.

7. 조동사 의문문

1. ★★★

🔹 문제 유형 파악 영업 발표를 주재할 수 있는지 묻는 조동사 의문문이며, 핵심어인 동사 lead를 놓치지 않고 들어야 한다.

🔹 오답 제거 (A) 질문에서 나온 sales를 반복하고 lead와 발음이 유사한 read를 이용한 함정이다. (C) 질문의 presentation과 유사한 present를 이용한 함정이다. 모두 영업 발표에 대한 내용과 무관하므로 답이 될 수 없다.

🔹 정답 선택 발표를 언제 하는지에 달려 있다며 확답을 피하는 (B)가 정답이다. 질문의 Would you like to lead와 보기의 it depends on when과의 내용적 연관성을 통해 정답임을 알 수 있다.

🔍 함정 분석 sales report를 듣고 (A)로 혼동할 수 있다. 하지만 질문은 영업 발표에 대한 내용이며, (A)는 영업 보고서를 읽었다는 내용이므로 질문에 적절하지 않다.

표현 정리 **lead** 이끌다, 주재하다 **sales report** 영업 보고서 **depend on** ~에 의존하다, ~에 달려 있다 **present** 제시하다, 발표하다, 수여하다 **identification card** 신분증

Would you like to lead the sales presentation?
(A) I read the sales report this morning.
(B) Actually, it depends on when it is.
(C) No, you should present your identification card.

당신이 영업 발표를 주재하시겠어요?
(A) 저는 오늘 오전에 영업 보고서를 읽었어요.
(B) 사실, 그 발표가 언제인가에 달려 있어요.
(C) 아뇨, 당신은 신분증을 제시해야 해요.

2. ★★

🔹 문제 유형 파악 오늘 밤에 저녁식사를 함께 할 수 있는지를 묻는 조동사 의문문이며, 동사 join을 꼭 들어야 한다.

🔹 오답 제거 (A) 질문에서 나온 join과 발음이 유사한 adjoining을 이용한 함정이다. (C) dinner를 통해 연상이 가능한 fresh food를 이용한 오답이다.

🔹 정답 선택 I'm sorry.로 초대를 거절한 후 다른 일이 있다는 부연 설명을 하는 (B)가 정답이다. 질문의 Would you like to join과 선택지의 have another plan과의 내용적 연관성을 통해 정답임을 파악할 수 있다.

표현 정리 **adjoining** 인접한, 옆의 **plan** 계획 **fresh food** 신선한 식품 **cheap price** 저렴한 가격

Would you like to join us for dinner tonight?
(A) In an adjoining room.
(B) I'm sorry. I have another plan tonight.
(C) It sells fresh food at cheap prices.

오늘 밤에 저녁식사를 함께 하실래요?
(A) 옆방에서요.
(B) 미안해요. 오늘 밤에 다른 일이 있어요.
(C) 그곳은 저렴한 가격으로 신선한 식품을 판매해요.

3. ★★

❶ 문제 유형 파악 회의 전에 잠시 휴식을 취하는 것이 가능한지를 묻는 조동사 의문문이다.

❷ 오답 제거 (A) 질문에서 나온 short를 반복적으로 들려주는 동일 어휘 함정으로, 휴식을 취해도 되는지를 묻는 질문에 Yes라는 긍정의 답변을 했으나 시간이 부족하다고 덧붙였으므로 어색한 의미가 된다. (B) 질문의 break를 통해 연상 가능한 vacation을 이용한 함정이다.

❸ 정답 선택 휴식을 취할 수 없다는 뜻의 부정 답변 No와 함께 회의 자료를 준비해야 한다며 부연 설명을 하는 (C)가 정답이다. 질문의 Should – take a break와 선택지의 No – have to prepare와의 내용적 연관성을 통해 정답을 알 수 있다.

표현 정리 take a short break 잠시 휴식을 취하다 rather 오히려, 다소 be short of ~이 부족하다 summer vacation 여름 휴가 be over 끝나다 prepare 준비하다 material 자료, 재료

Should we take a short break before the meeting?
(A) Yes, I'm rather short of time.
(B) My summer vacation is almost over.
(C) No, we have to prepare the materials for it.

회의 전에 잠시 휴식을 취해도 될까요?
(A) 네, 저는 시간이 다소 모자랍니다.
(B) 제 여름 휴가는 거의 끝났어요.
(C) 아뇨, 우리는 회의 자료를 준비해야 해요.

4. ★★

❶ 문제 유형 파악 내일 컨벤션 센터까지 태워줄 수 있는지를 묻는 조동사 의문문이다.

❷ 오답 제거 (B) 질문에서 나온 convention center에서 연상할 수 있는 agenda와 meeting을 이용한 오답이다. (C) 컨벤션 센터까지 태워줄 수 없다는 뜻의 부정 답변 No와 본인의 차가 수리되었다는 부연 설명이 서로 상충되는 내용이므로 오답이다.

❸ 정답 선택 기꺼이 그렇게 하겠다고 흔쾌히 수락하는 (A)가 정답이다. 참고로 Yes, I'd be delighted(glad/happy) to.는 권유/제안의 의미가 강한 조동사 의문문에서 긍정 답변으로 자주 출제되므로 반드시 알아두어야 한다.

🔍 **함정 분석** my car를 듣고 (C)를 고르지 않도록 한다. 태워줄 수 없다고 답하였으나 차가 지금 수리되었다고 덧붙여 적절한 답변이 아니다.

표현 정리 give A a ride to B A를 B까지 차로 태워주다 be delighted to do 기꺼이 ~하다, 기쁘게 ~하다 go over 검토하다 agenda 안건, 의제 fix 고치다, 수리하다

Could you give me a ride to the convention center tomorrow?
(A) Yes, I'd be delighted to.
(B) Let's go over the agenda before the meeting.
(C) No, my car is fixed now.

내일 저를 컨벤션 센터까지 태워주실 수 있으세요?
(A) 네, 기꺼이 그렇게 해드릴게요.
(B) 회의 전에 안건을 검토합시다.
(C) 아뇨, 제 차는 지금 수리되었어요.

8. Who 의문문

1. ★★

❶ 문제 유형 파악 질문의 키워드는 Who, attend이며, 곧 있을 국제 비즈니스 회의에 참석하게 될 사람이 누구인지 묻는 Who 의문문이다.

❷ 오답 제거 (A) he로 지칭되는 사람이 질문에 등장하지 않아 누구인지 정확히 알지 못하는 상황이므로 오답이다. (C) conference를 통해 연상할 수 있는 be held를 이용하고 있는 오답으로, Where 의문문에 적합한 대답이다.

❸ 정답 선택 anyone이라는 대명사를 사용하여 관심 있는 사람은 누구나 참석할 수 있다고 대답하는 (B)가 정답이다.

🔍 **함정 분석** he를 듣고 (A)로 혼동하지 않도록 한다. 비즈니스 회의의 참석자를 묻는 질문에 he라고 답하였으나 he로 지칭되는 사람이 누구인지 모르기 때문에 답이 될 수 없다. he 대신에 사람의 이름을 말했다면 답이 될 수 있다.

표현 정리 attend 참석하다 upcoming 곧 있을, 다가오는 international business conference 국제 비즈니스 회의 be held in ~에서 개최되다

Who will attend the upcoming international business conference?
(A) I think he will.
(B) Anyone who's interested.
(C) It will be held in New York tomorrow.

곧 있을 국제 비즈니스 회의에는 누가 참석할 건가요?
(A) 그가 할 것이라 생각해요.
(B) 누구든 그것에 관심이 있는 사람이요.
(C) 그건 내일 뉴욕에서 개최됩니다.

2. ★★

❶ 문제 유형 파악 질문의 키워드는 Who, wrote이며, 지난주에 신규 사업 제안서를 작성한 사람이 누구인지 묻는 Who 의문문이다.

❷ 오답 제거 (A) 의문사 의문문의 답변으로 쓰일 수 없는 Yes란 답변을 사용하고, 질문의 proposal을 통해 연상할 수 있는 declined와 offer가 제시된 오답이다. (C) 질문의 proposal과 발음이 유사한 proposed를 함정으로 이용한 오답이다.

❸ 정답 선택 제안서를 작성한 사람이 대화하는 자리에 없는 상태에서 그의 성별이 반영된 인칭대명사 he를 사용하여 지금 이곳에 없다는 사실을 전하고 있는 (B)가 정답이다.

표현 정리 business proposal 사업 제안서 decline 하락하다, 거절하다 various 다양한 solution 해결책 propose 제안하다, 제의하다

Who wrote the new business proposal last week?
(A) Yes, we declined the offer last week.
(B) He is not here now.
(C) Various solutions were proposed at the meeting.

누가 지난주에 신규 사업 제안서를 작성했나요?
(A) 네, 우리는 지난주에 그 제안을 거절했어요.
(B) 그는 지금 이곳에 없어요.
(C) 회의에서 다양한 해결책이 제안되었어요.

3. ★★

① 문제 유형 파악 질문의 키워드는 Who, be in charge of이며, 벨라 제약 그룹과의 계약을 확정짓는 일을 누가 담당하는지 묻는 Who 의문문이다.

② 오답 제거 (A) 질문에서 나온 contract와 발음이 유사한 contact을 이용한 함정이다. (C) 질문의 pharmaceutical을 통해 연상할 수 있는 nonprescription이 포함된 오답이다.

③ 정답 선택 영업부에서 담당할 것이라고 대답하는 (B)가 정답이다. Who 의문문에 대한 답변은 사람뿐 아니라 회사/단체/부서의 이름이 제시될 수 있음을 유의한다.

표현 정리 **be in charge of** ~를 담당하다, ~를 책임지다 **finalize** 마무리하다, 확정짓다 **pharmaceutical** 제약의 **keep in contact** 연락하다, 연락을 주고받다 **nonprescription medicine** 처방전이 불필요한 약

Who will be in charge of finalizing the contract with the Bella Pharmaceutical Group?
(A) We don't keep in contact anymore.
(B) I think the Sales Department will.
(C) The store sells nonprescription medicines.

벨라 제약 그룹과의 계약을 확정짓는 일을 누가 담당하게 되나요?
(A) 저희는 더 이상 서로 연락을 하지 않아요.
(B) 영업부에서 담당하게 될 것으로 알고 있어요.
(C) 그 상점은 처방전이 불필요한 약들을 판매하고 있어요.

4. ★★

① 문제 유형 파악 질문의 키워드는 Who, gave a call이며, 쿠퍼 씨에게 연락을 한 사람이 누구인지 묻는 Who 의문문이다.

② 오답 제거 (A) 질문의 call을 반복적으로 들려주는 동일 어휘 함정으로, 질문과 전혀 무관한 내용이다. (B) 질문의 call을 통해 연상이 가능한 phone을 이용한 오답으로, 역시 쿠퍼 씨에게 전화를 건 사람의 정체와는 무관한 내용이다.

③ 정답 선택 성별을 지칭하는 명사 woman을 사용하여 영업부에 있는 여자라고 대답하는 (C)가 정답이다.

함정 분석 phone을 듣고 (B)로 헷갈릴 수 있다. 하지만 질문은 쿠퍼 씨에게 전화를 했던 사람을 묻고 있으나, (B)는 당신에게 전화를 할 것이라고 답하고 있어 전화를 받는 대상이 다르다.

표현 정리 **give a call to** ~에게 전화하다 **call ~ a taxi** ~에게 택시를 불러주다 **phone** 전화기; 전화를 걸다 **sales department** 영업부

Who gave a call to Mr. Cooper?
(A) Please call me a taxi.

(B) I'll phone you as soon as I arrive there.
(C) A woman in the Sales Department.

누가 쿠퍼 씨에게 전화했나요?
(A) 제게 택시를 불러 주세요.
(B) 그곳에 도착하자마자 당신에게 연락할게요.
(C) 영업부에 있는 어떤 여자요.

9. 부정 의문문

1. ★★

① 문제 유형 파악 백화점이 월요일마다 문을 닫는지의 여부에 대해 묻는 부정 의문문이다.

② 오답 제거 (A) 월요일마다 문을 닫는 것이 사실임을 인정하는 Yes란 답변과 월요일에 문을 연다는 부연 설명이 서로 상충되므로 오답이다. (B) 질문의 department store를 통해 연상할 수 있는 shop을 이용한 함정이다.

③ 정답 선택 No란 부정적 답변과 함께 백화점이 매일 문을 연다고 부연 설명하는 (C)가 정답이다. 질문의 Is - closed와 선택지의 No - open과의 내용적 연관성을 통해 정답임을 알 수 있다.

함정 분석 부정 의문문은 긍정 의문문과 같이 내용에 긍정이면 Yes, 부정이면 No로 답한다. (A)는 Yes로 답하여 월요일에 문을 닫는다고 전하였으나, 월요일에 문을 연다고 덧붙여 어색한 의미가 된다.

표현 정리 **department store** 백화점 **convenient** 편리한 **shop online** 인터넷에서 쇼핑하다

Isn't the department store closed on Mondays?
(A) Yes, it will open on Monday.
(B) I think it is convenient to shop online.
(C) No, it is open every day.

백화점은 월요일마다 문을 닫지 않나요?
(A) 네, 월요일에 문을 열 거예요.
(B) 인터넷에서 쇼핑하는 것이 편리하다고 생각해요.
(C) 아뇨, 백화점은 매일 열어요.

2. ★★★

① 문제 유형 파악 화자가 가리키는 지하철이 시카고 시내로 가는 마지막 지하철인지를 묻는 부정 의문문이다.

② 오답 제거 (A) 소요되는 시간을 언급하므로 How long 의문문에 적합한 대답이다. (B) 거리를 나타내므로 How far 의문문에 적합한 대답이다.

③ 정답 선택 5분 뒤에 지하철이 또 온다고 대답하는 (C)가 정답이다. 질문의 Wasn't - last subway와 선택지의 another one과의 내용적 연관성을 통해 정답임을 파악할 수 있다.

표현 정리 **subway ride** 지하철을 타고 가는 것 **downtown** 중심가의, 시내의 **about** 대략, 약

Wasn't that the last subway to downtown Chicago?
(A) It's a 15-minute subway ride.
(B) About 10 kilometers.
(C) There's another one in five minutes.

저게 시카고 시내로 가는 마지막 지하철이 아니었나요?
(A) 지하철로 15분 걸려요.
(B) 대략 10킬로미터예요.
(C) 5분 후에 또 있어요.

3. ★★

① 문제 유형 파악 이전에 이야기를 나눠본 적이 있는지 여부에 대해 묻는 부정 의문문이다.

② 오답 제거 (A) 긍정 답변 Yes로 답하였으나 관련 없는 음식에 대한 이야기를 덧붙여 오답이다. (C) 우리가 대화를 한 적이 있는지를 묻는 질문에 신임 부장을 언급하므로 어색한 답변이다.

③ 정답 선택 만난 적이 있다며 Yes란 긍정 답변과 함께 주주총회 때 만났다며 부가적인 정보를 제시하는 (B)가 정답이다.

🔍 **함정 분석** No만 듣고 (C)를 고르지 않도록 한다. 이야기 나눈 적이 없음을 뜻하는 부정 답변 No는 적절한 답변이지만, 제3자인 he에 대한 소개를 추가해 답이 될 수 없다.

표현 정리 **talk to each other** 서로 이야기를 나누다 **excellent** 우수한 **shareholders' meeting** 주주총회 **department head** 부장

Haven't we talked to each other before?
(A) Yes, that food was excellent.
(B) Yes, at a shareholders' meeting.
(C) No, he is our new department head.

우리가 전에 이야기를 나눠본 적이 없었나요?
(A) 네, 음식이 정말 훌륭했어요.
(B) 네, 주주총회에서요.
(C) 아뇨, 그는 저희 신임 부장님이에요.

4. ★★★

① 문제 유형 파악 지금 직원 회의에 가야하는지에 대해 묻는 부정 의문문이다.

② 오답 제거 (A) 질문에서 나온 staff를 반복적으로 들려주는 동일 어휘 함정이다. (B) Yes라는 긍정 답변으로 지금 회의에 가야 한다고 답하였으나 회의가 지난주에 있었다고 덧붙여 설명이 서로 상충되므로 오답이다.

③ 정답 선택 회의가 취소되었다는 사실을 못 들었는지 반문하며 결과적으로 직원 회의가 없음을 우회적으로 표현하고 있는 (C)가 정답이다.

표현 정리 **staff meeting** 직원 회의 **be short on staff** 인력이 부족하다 **conference** 회의 **be held** 개최되다

Shouldn't we go to the staff meeting now?
(A) We're short on staff.
(B) Yes, the conference was held last week.
(C) Haven't you heard that it was already cancelled?

지금 직원 회의에 가야 하는 것 아닌가요?
(A) 저희는 인력이 부족해요.
(B) 네, 회의는 지난주에 열렸어요.
(C) 회의가 이미 취소되었다는 사실을 못 들었나요?

10. 선택 의문문

1. ★★★

① 문제 유형 파악 화요일 오전 10시와 오후 1시 중 근무를 시작하는 시간으로 선호하는 것이 무엇인지 묻는 단순 선택 의문문이다.

② 오답 제거 (A) 질문에서 나온 start를 반복적으로 들려주는 함정이다. (C) 선택 의문문에 부적절한 Yes로 답하여 오답이다.

③ 정답 선택 더 이른 시간이 좋겠다는 대답으로 오전 10시를 선택한 (B)가 정답이다. 무엇보다 earlier로 지칭하고 있는 시간이 오전 10시를 뜻한다는 것을 파악해야 한다.

표현 정리 **ather** 오히려, 차라리 **earlier time** 더 이른 시간 **work better for** ~에게 더 좋다 **job offer** 취업 제안

Would you rather start work at 10 A.M. or 1 P.M. on Tuesday?
(A) The movie starts in 30 minutes.
(B) The earlier time would work better for me.
(C) Yes, I'll take your job offer.

화요일 오전 10시에 근무를 시작하는 게 좋아요, 아니면 오후 1시가 좋은가요?
(A) 영화는 30분 후에 시작해요.
(B) 저는 더 이른 시간이 더 좋아요.
(C) 네, 귀사의 취업 제안을 받아들이겠습니다.

2. ★★

① 문제 유형 파악 대규모 회의실과 소규모 회의실 중 무엇을 예약해야 할지 묻는 복합 선택 의문문이다.

② 오답 제거 (B)와 (C)는 각각 질문에서 나온 meeting과 conference를 반복적으로 들려주는 함정을 포함한 오답이다.

③ 정답 선택 제3자인 인사부장에게 확인해보라며 자신은 아는 바가 없거나 선택권이 없음을 우회적으로 밝히는 (A)가 정답이다. 선택사항 외에 다른 제안을 제시하는 답변이 자주 출제됨을 기억하자.

🔍 **함정 분석** meetings만 듣고 (B)를 고르지 않도록 한다. 큰 회의실과 작은 회의실 중에 예약할 곳을 고르는 질문에 회의가 두 차례 있다고 말하는 것은 질문에 적절한 답변이 아니다.

표현 정리 **book** 예약하다 **conference hall** 회의실 **check with** ~에게 확인하다, ~와 상의하다 **tea party** 다과회

Should we book a larger conference hall, or will a small meeting room be okay?
(A) Check with the personnel manager.
(B) We have two meetings today.
(C) There will be a tea party after the conference.

대규모 회의실을 예약할까요, 아니면 소규모 회의실도 괜찮을까요?
(A) 인사부장하고 얘기해보세요.
(B) 우리는 오늘 두 차례 회의가 있어요.
(C) 회의 후에는 다과회가 있을 겁니다.

3. ★★★

🔵 **문제 유형 파악** 보고서를 워싱턴 씨의 책상 위에 두어야 하는지, 아니면 비서에게 줘야 하는지 묻는 복합 선택 의문문이다.

🔵 **오답 제거** (A) 질문의 report를 반복 사용한 함정이다. (B) 질문에서 나온 사람의 이름을 도시 이름으로 사용한 함정이다.

🔵 **정답 선택** 자신의 책상 위에 두라고 대답하며 두 가지 제시된 선택사항이 아닌 새로운 답변을 제시하는 (C)가 정답이다. 두 가지 선택사항 중 택일하는 것이 아닌 새로운 의견을 제시하는 답변 또한 자주 출제되는 정답 유형임을 알아두자.

🔍 **함정 분석** Thanks를 듣고 (A)로 헷갈릴 수 있다. 보고서를 둘 곳을 묻는 질문에 보고서 작업을 마무리했다는 것은 적절한 답변이 아니다.

표현 정리 assistant 비서 leave for ~를 향해 떠나다 leave A on B A를 B에 두다

Should I leave this report on Ms. Washington's desk or give it to her assistant?
(A) Thanks, but I've already finished the report.
(B) I'll leave for Washington today.
(C) Well, you can leave it on my desk.

이 보고서를 워싱턴 씨의 책상 위에 두어야 하나요, 아니면 그녀의 비서에게 줘야 할까요?
(A) 감사합니다만, 저는 이미 보고서 작업을 마무리했어요.
(B) 저는 오늘 워싱턴으로 떠나요.
(C) 제 책상 위에 두세요.

4. ★

🔵 **문제 유형 파악** 호텔에 갈 때 택시와 지하철 중 어느 것이 빠른지 묻는 단순 선택 의문문이다.

🔵 **오답 제거** (B) 할 수 있을 것 같다고 답하여 질문의 선택사항과 무관하므로 오답이다. (C) 질문에서 나온 hotel에서 연상할 수 있는 reservation과 room을 이용한 함정이다.

🔵 **정답 선택** 택시와 지하철 중 지하철이 더 빠르다고 대답하는 (A)가 정답이다.

표현 정리 make a reservation for ~에 대한 예약을 하다

Is it quicker to get to the hotel by taxi or subway?
(A) The subway is faster, I guess.
(B) I think I can do that.
(C) I made a reservation for a room.

호텔에 갈 때 택시가 빠른가요, 지하철이 빠른가요?
(A) 지하철이 빠를 것 같네요.
(B) 제가 할 수 있을 것 같습니다.
(C) 저는 객실 하나를 예약했어요.

---

11. How 의문문

1. ★★

🔵 **문제 유형 파악** 공공 도서관에서 잡지를 빌리는 방법에 대해 묻고 있는 How 의문문이다.

🔵 **오답 제거** (A) 질문에서 나온 magazine을 통해 연상할 수 있는 articles를 이용한 오답이다. (C) 질문의 public을 반복적으로 들려주는 동일 어휘 함정이 포함된 오답이다.

🔵 **정답 선택** 신분증을 제시해야 한다며 구체적인 방법을 언급하는 (B)가 정답이다. 질문의 How – borrow와 선택지의 present – card와의 내용적 연관성을 통해 정답임을 파악할 수 있다.

표현 정리 public library 공공 도서관 article 기사 present 제시하다, 소개하다 ID card 신분증 open 공개되어 있는

How can I borrow magazines from the public library?
(A) I've read some interesting articles.
(B) You should present your ID card.
(C) It's open to the public.

공공 도서관에서 잡지는 어떻게 빌릴 수 있나요?
(A) 저는 흥미로운 기사들을 읽었어요.
(B) 신분증을 제시해야 해요.
(C) 그건 대중에게 공개되어 있어요.

2. ★★

🔵 **문제 유형 파악** 라이언 김 씨를 알게 된 계기에 대해 묻는 How 의문문이다.

🔵 **오답 제거** (A) 10년간이란 기간을 밝히고 있으므로 How long 의문문에 적합한 대답이다. (B) 질문에서 Mr. Ryan Kim이 등장하여 he로 답하였으나 특정 직책에 대해 언급되지 않았으므로 오답이다.

🔵 **정답 선택** 같은 전문 대학을 졸업했다는 인연을 소개하는 (C)가 정답이다. 질문의 How – know와 선택지의 We – graduated와의 내용적 연관성을 통해 정답임을 알 수 있다.

🔍 **함정 분석** He를 듣고 (B)를 고르지 않도록 한다. 라이언 김 씨를 알게 된 계기를 묻는 질문에 라이언 김 씨가 적임자라는 답변은 어울리지 않는다.

표현 정리 highly 매우, 크게 qualified 자격 있는, 적격의, 적임의 graduate from ~를 졸업하다

How do you know Mr. Ryan Kim?
(A) For the last 10 years.
(B) He is highly qualified for the position.
(C) We graduated from the same community college.

라이언 김 씨는 어떻게 아시나요?
(A) 지난 10년 동안요.
(B) 그는 그 직책에 적임자예요.
(C) 저희는 같은 전문 대학을 졸업했어요.

3. ★★

🔵 **문제 유형 파악** 재직 증명서를 발급받는 방법에 대해 묻는 How 의문문이다.

오답 제거 (A) 질문에서 나온 copy와 발음이 유사한 coffee를 함정으로 이용한 오답이다. (B) 질문의 employment를 통해 연상이 가능한 hire, employees를 이용한 오답이다.

정답 선택 인사부로 가라며 구체적인 방법을 제시하고 있는 (C)가 정답이다. 질문의 How – get과 선택지의 go to와의 내용적 연관성을 통해 정답임을 파악할 수 있다.

함정 분석 hire, employees를 듣고 (B)로 헷갈릴 수 있다. 하지만 신입 직원 채용은 재직 증명서 발급과 관련이 없으므로 (B)는 답이 될 수 없다.

표현 정리 **certificate of employment** 재직 증명서 **hire** 고용하다. 채용하다 **several** 몇몇의 **Personnel Department** 인사부

How can I get a copy of my certificate of employment?
(A) I'd like to have some coffee, please.
(B) We are going to hire several new employees.
(C) You should go to the Personnel Department.

재직 증명서는 어떻게 발급받을 수 있을까요?
(A) 저는 커피를 주세요.
(B) 저희는 몇몇 신입직원들을 채용할 예정이에요.
(C) 인사부로 가셔야 해요.

4. ★

① 문제 유형 파악 보고서를 마무리하는 데 소요되는 기간에 대해 묻는 How long 의문문이다.

② 오답 제거 (B) 숫자로 답하였으나 보고서의 분량에 관한 것은 질문에 적절한 답변이 아니다. (C) 질문에서 나온 done에서 연상할 수 있는 ended를 이용한 오답이다.

③ 정답 선택 대략 한 시간이란 소요 시간을 밝히고 있는 (A)가 정답이다.

표현 정리 **get ~ done** ~를 마무리하다

How long would it take to get your report done?
(A) About an hour.
(B) It's about 40 pages long.
(C) The sale ended last week.

보고서를 마무리하는 데 시간이 얼마나 걸릴까요?
(A) 대략 한 시간이요.
(B) 보고서는 40페이지 분량이에요.
(C) 할인 판매는 지난주에 종료되었어요.

12. What 의문문

1. ★★

① 문제 유형 파악 질문의 키워드는 What, fastest way이며, 제조 공장으로 가는 가장 빠른 길을 묻는 What 의문문이다.

② 오답 제거 (A) 구체적인 소요 시간을 나타내므로 How long 의문문에 적합한 대답이다. (C) 질문의 fastest way를 통해 연상할 수 있는 car를 이용한 함정이며, 차에 주유를 해야 한다는 내용은 가장 빠른 길과는 전혀 관련이 없어 오답이다.

③ 정답 선택 파크뷰 애비뉴를 따라 차를 운전해서 가는 것이 가장 빠른 길임을 알려주는 (B)가 정답이다. 질문의 What – way와 선택지의 drive와의 내용적 연관성을 통해 정답임을 알 수 있다.

표현 정리 **manufacturing plant** 제조 공장 **drive down** ~을 따라 운전하다 **fill up one's car** ~의 차에 주유하다

What's the fastest way to the manufacturing plant?
(A) About an hour or so.
(B) Just drive down Park View Avenue.
(C) I need to fill up my car.

제조 공장으로 가는 가장 빠른 길이 무엇인가요?
(A) 대략 한 시간 정도요.
(B) 그냥 파크뷰 애비뉴를 따라 운전하세요.
(C) 차에 주유를 해야 해요.

2. ★★

① 문제 유형 파악 오늘 있었던 이사회에서 최고경영자가 무슨 이야기를 했는지 묻는 What 의문문이다.

② 오답 제거 (A) 의문사 의문문의 답변이 될 수 없는 Yes로 답하여 오답이다. (C) 질문에서 나온 meeting과 같은 의미를 지니고 있는 conference를 이용한 함정으로, 회의가 취소될 것이라 답하여 질문의 시제와 맞지 않으므로 오답이다.

③ 정답 선택 아직 들은 바가 없다는 대답을 통해 자신은 알지 못한다는 뜻을 나타내는 (B)가 정답이다.

함정 분석 impressive를 듣고 (A)를 고르지 않도록 한다. 질문은 최고경영자의 발표가 어땠는지를 묻는 것이 아니라 무엇을 이야기했는지를 묻고 있으므로 인상적이었다는 (A)는 오답이다.

표현 정리 **board meeting** 이사회 (회의) **impressive** 인상적인 **unfortunately** 안타깝게도, 불행하게도 **cancel** 취소하다

What did the CEO talk about in the board meeting today?
(A) Yes, it was really impressive.
(B) I haven't heard yet.
(C) Unfortunately, the conference will be canceled.

오늘 이사회에서 최고경영자는 무엇에 관해 이야기했나요?
(A) 네, 그건 정말 인상적이었어요.
(B) 저는 아직 들은 바 없어요.
(C) 안타깝게도, 회의는 취소될 겁니다.

3. ★

① 문제 유형 파악 다음 주 월요일에 있을 회의 의제에 대해 묻는 What 의문문이다.

② 오답 제거 (A) 점심 이후라는 말은 When 의문문에 대한 답변이다. (C) 회의실이라는 장소에 대한 언급은 Where 의문문에 대한 답변이므로 오답이다.

③ 정답 선택 새로운 사업 계획이라며 월요일 회의 의제를 소개하는 (B)가 정답이다.

표현 정리 **agenda** 의제, 안건, 논의사항 **business plan** 사업 계획

What's on the agenda for next Monday's meeting?
(A) After lunch.
(B) A new business plan.
(C) In the conference room.

다음 주 월요일에 있을 회의 의제는 무엇입니까?
(A) 점심식사 후에요.
(B) 새로운 사업 계획이요.
(C) 회의실에서요.

4. ★★

❶ 문제 유형 파악 사장님의 연설에 대한 견해를 묻는 What 의문문이다.

❷ 오답 제거 (A) 질문에서 나온 president와 발음이 유사한 present를 이용한 오답이다. (C) 질문의 president를 he로 대신하였으나 중국어를 잘한다는 질문과 상관없는 내용으로 답하여 오답이다.

❸ 정답 선택 굉장히 인상 깊었다며 사장의 연설에 대한 자신의 소감을 밝히고 있는 (B)가 정답이다.

표현 정리 speech 연설 present 제시하다, 수여하다, 발표하다 identification card 신분증 be impressed 감명 받다

What did you think of the president's speech?
(A) Please present your identification card.
(B) I was quite impressed.
(C) He can speak Chinese well.

사장님의 연설은 어땠어요?
(A) 신분증을 제시하세요.
(B) 아주 인상 깊었어요.
(C) 그는 중국어를 구사할 수 있어요.

Part 3 - 문제 유형

1. 세부사항

M: **A fire started in the office, and all of the computers were totally burned last night.** I am sure you took the necessary steps, right?
W: Yes, our backup data is being loaded into a remote server, and we will use that until things are back to normal here.
M: Good. How long will that process take?
W: It's not that long. There will be no disruption in normal operations. We will be ready in time for regular office hours.

남: 사무실에서 화재가 발생해서 어젯밤에 컴퓨터들이 다 타버렸습니다. 필요한 조치들을 취하신 것은 확실하죠, 그렇지요?

여: 네, 지금 원격 서버에 저희 백업용 데이터가 옮겨지고 있고, 저희는 원상복구가 될 때까지 그걸 사용할 겁니다.

남: 좋습니다. 그 과정은 얼마나 걸리겠습니까?

여: 오래 걸리지 않을 겁니다. 정상 업무에 지장이 없을 겁니다. 정상 업무 시간에 맞춰 준비될 겁니다.

표현 정리 necessary step 필요한 조치 backup (컴퓨터) 백업, 여벌, 지원 load A into B A를 B에 넣다 remote 원격의, 먼, 멀리 떨어진 be back to normal 정상으로 복구되다 disruption 단절, 중단, 붕괴 normal operation 정상 업무, 정상 운영 in time 제시간에 regular office hours 정상 업무 시간

1. ★★

❶ 문제 유형 파악 어제 발생한 일에 대해 묻는 세부사항 문제이며, 대화에서 질문에 제시된 키워드 last night가 나오는 부분을 중심으로 단서를 파악해야 한다.

❷ 단서 찾기 대화를 시작하며 남자가 A fire started in the office, and all of the computers were totally burned last night.라고 하며 어젯밤 사무실에서 화재가 발생하여 모든 컴퓨터들이 완전히 전소되었다고 말하고 있다.

❸ 정답 선택 질문에서 제시된 키워드 last night가 포함된 문장에서 어젯밤 컴퓨터가 다 타버렸음을 알 수 있으며, burned를 destroyed로 바꾸어 표현한 (A)가 정답이다.

어젯밤에 어떤 일이 발생했는가?
(A) 컴퓨터들이 파손되었다.
(B) 모든 전화가 불통되었다.
(C) 일부 사람들이 병원에 입원했다.
(D) 건물이 완전히 전소되었다.

W: We are going to be so busy today. Last night we received so many online orders through our Web site.
M: Yes, I expected that actually. Lots of people require catering for office Christmas parties at this time.
W: But we've also got that corporate convention on Thursday to prepare for. We have to provide a full seafood buffet with drinks at 11 A.M. and that will take us a long time to get ready.
M: You're right. **We will most likely have to work late on Wednesday to prepare the food and drinks for the convention.** Anyway, let's get started with the online orders. You make the sandwiches, and I'll start making the salads.

여: 우리 오늘 정말 바쁠 거예요. 어젯밤에 웹사이트를 통해 아주 많은 주문을 받았어요.

남: 네, 사실 그것을 기대했어요. 많은 사람들이 이맘때 사무실 크리스마스 파티를 위해 출장 연회를 요청하거든요.

여: 그렇지만 우리는 목요일에 있을 기업 회의도 준비해야 하잖아요. 오전 11시까지 음료와 함께 최고의 해산물 뷔페를 제공해야 해요. 그것들을 준비하려면 많은 시간이 걸릴 겁니다.

남: 맞아요. 우리는 회의를 위한 음식과 음료를 준비하느라 수요일에 늦게까지 일해야 할 거예요. 어쨌든, 인터넷 주문 건부터 시작합시다. 당신이 샌드위치를 만들어요, 그러면 내가 샐러드를 만들기 시작할게요.

표현 정리 online order 인터넷 주문 catering 출장 연회 음식 corporate 법인의, 기업의 provide 제공하다 prepare 준비하다 get started 시작하다

2. ★★

① 문제 유형 파악 화자들이 수요일에 무엇을 할 것 같은지 묻는 세부사항 문제이며, 질문에 제시된 키워드 Wednesday가 나오는 부분을 중심으로 단서를 파악해야 한다.

② 단서 찾기 여자가 목요일에 있을 회의를 위한 음식을 준비해야 한다며 시간이 오래 걸릴 것이라고 말하자, 남자가 We will most likely have to work late on Wednesday to prepare the food and drinks for the convention.이라고 대답한다.

③ 정답 선택 질문에서 제시된 키워드 Wednesday가 포함된 문장에서 수요일에는 늦게까지 일할 것임을 알 수 있으므로 정답은 (B)이다.

화자들은 수요일에 무엇을 할 것 같은가?
(A) 더 많은 음식 주문하기
(B) 더 오랜 시간 일하기
(C) 국제 회의에 참석하기
(D) 회사 파티 개최하기

W: Hasn't Stacy returned from the information technology conference in San Jose?
M: The conference ended yesterday but she will stay there for two more days to visit some relatives. **I think she'll return to the office on Friday.**
W: Right, I forgot she did mention visiting her cousins, while she is in San Jose. I thought of getting her to head the orientation session for new employees on Thursday morning. But if she is returning on Friday, she'll probably won't be up to it.

여: 스테이시가 새너제이에서 열린 정보 기술 회의에서 복귀하지 않았나요?
남: 회의는 어제 끝났는데 친척들을 방문한다고 이틀 더 그곳에 머무를 거라고 하네요. 금요일에 복귀하는 걸로 알고 있어요.
여: 맞아요, 새너제이에 있는 동안 사촌들을 방문한다고 이야기했던 걸 잊고 있었네요. 스테이시에게 목요일 아침에 있을 신입사원을 위한 오리엔테이션을 진행해달라고 부탁하려고 했어요. 하지만 금요일에 돌아온다면 아무래도 그녀가 할 순 없겠네요.

표현 정리 information technology 정보 기술 relative 친척 mention 언급하다 head 담당하다, 진행하다 be up to ~을 할 수 있다

3. ★

① 문제 유형 파악 스테이시가 복귀하는 요일을 묻는 세부사항 문제이며, 질문에 제시된 키워드 Stacy, come back, office가 나오는 부분을 중심으로 단서를 파악해야 한다.

② 단서 찾기 대화 초반 스테이시가 정보 기술 회의에서 복귀했는지를 묻자, 남자가 I think she'll return to the office on Friday.라고 대답한다.

③ 정답 선택 따라서 스테이시가 금요일에 복귀할 것이므로 정답은 (B)이며, 질문에서는 return to the office를 come back to the office로 바꾸어 표

현하였다.

🔍 **함정 분석** 여자의 대화 I thought of getting her to head the orientation session for new employees on Thursday morning.을 듣고 (A)로 혼동하지 않도록 한다. 목요일은 신입사원을 위한 오리엔테이션이 있는 날이며, 질문은 스테이시가 사무실로 복귀하는 요일을 묻고 있으므로 (A)는 오답이다.

스테이시는 사무실로 언제 복귀할 것인가?
(A) 목요일
(B) 금요일
(C) 다음 주 월요일
(D) 내일 모레

W: Hi, Mr. Nixon! I was late for the board meeting earlier. Can you tell me what I missed? What did the chief executive officer say about the New York branch?
M: Oh, hi, Ms. Rose! **He said the New York branch is performing very well. Its monthly profits were twelve percent higher than previous months thanks to a new in-store promotional campaign.**
W: Really? So, does the chief executive officer suggest that we use the same promotion to boost our own profits?
M: Yes. He scheduled a special meeting for Wednesday in order to discuss the matter in more detail.

여: 안녕하세요, 닉슨 씨! 제가 앞선 이사회에 늦었습니다. 제가 놓친 것이 무엇인지 말해 줄래요? 사장님께서 뉴욕 지사에 대해 뭐라 말씀하셨나요?
남: 오, 안녕하세요, 로즈 씨! 사장님은 뉴욕 지사가 영업을 아주 잘 하고 있다고 말씀하셨습니다. 월 수익이 새로운 상점 내 홍보 방식 덕분에 이전 달들에 비해 12퍼센트 성장했다는군요.
여: 정말인가요? 그러면, 사장님께서 우리 수익을 증가시키기 위해 동일한 방식의 홍보를 해야 한다고 제안하셨나요?
남: 네. 사장님께서 그 문제에 관해 좀 더 상세히 논의하고자 수요일에 특별 회의를 잡으셨어요.

표현 정리 miss 놓치다 perform 수행하다, 성취하다 previous 이전의 in-store 상점 내의 suggest 제안하다, 제시하다 boost 증진시키다, 증가하다 schedule 일정을 잡다 in order to do ~하기 위해 in detail 상세히

4. ★★

① 문제 유형 파악 최근 뉴욕 지사가 무엇을 했는지 묻는 세부사항 문제이며, 질문에 제시된 키워드 New York branch가 나오는 부분을 중심으로 단서를 파악해야 한다.

② 단서 찾기 여자가 사장님이 뉴욕 지사에 대해 뭐라고 말했는지를 묻자, 남자가 He said the New York branch is performing very well. Its monthly profits were twelve percent higher than previous months thanks to a new in-store promotional campaign.이라고 대답한다.

③ 정답 선택 질문에서 제시된 키워드 New York branch가 포함된 문장에서 최근 뉴욕 지사가 새로운 홍보 방식을 이용해 이전보다 수익이 증가했음을

알 수 있으므로 정답은 (C)이다.

뉴욕 지사는 최근에 무엇을 했는가?
(A) 신상품을 개발했다.
(B) 대형 계약을 수주했다.
(C) 수익을 증가시켰다.
(D) 새로운 설문조사를 하였다.

2. 제안/요청 사항

M: Hi! I wonder if you can help me open a checking account and close my savings account?
W: Actually, our computer system is down now. It will take a while to repair.
M: I have to get back to work soon. Can I just come back later then?
W: I'm not sure when our system will be up and running. **It will be nice if you can come back tomorrow.**

남: 제가 당좌예금 계좌를 열고 그리고 저축예금 계좌를 없애려는 데 도와줄 수 있겠습니까?
여: 사실은 지금 저희 컴퓨터 시스템이 다운돼서 수리하는 데 시간이 꽤 걸릴 듯합니다.
남: 제가 곧 회사에 들어가야 하는데요. 그럼 나중에 다시 와도 되겠습니까?
여: 저희 시스템이 언제 정상으로 돌아올지 잘 모르겠네요. 내일 방문하시면 좋을 것 같습니다.

표현 정리 wonder 궁금하다 checking account 당좌예금 계좌 savings account 저축예금 계좌 get back to work 근무 복귀하다, 사무실로 복귀하다 up and running 제대로 작동하는

1. ★★

① 문제 유형 파악 제안 사항을 묻는 문제는 질문에서 누가 제안하는 것인지를 확인해야 한다. 여자가 남자에게 제안하는 내용을 묻는 질문이므로, 대화 후반 여자의 말에서 단서를 찾아야 하며 특히 동사를 놓치지 않고 들어야 한다.

② 단서 찾기 남자가 나중에 은행에 다시 오겠다고 말하자 여자는 대화 말미에서 It will be nice if you can come back tomorrow.라고 대답한다.

③ 정답 선택 제안/요청 사항을 말할 때 쓰이는 패턴 「you can 동사원형」을 써서 여자는 남자에게 내일 오라고 제안하므로 (D)가 정답이며, tomorrow를 another time으로 바꾸어 표현하였다.

🔍 함정 분석 여자의 마지막 대화 I'm not sure when our system will be up and running.을 듣고 (A)로 혼동하지 않는다. 컴퓨터 시스템이 제대로 작동하지 않는 것은 맞지만, 여자가 남자에게 컴퓨터를 수리해줄 것을 요청하지 않았으므로 (A)는 답이 될 수 없다.

여자는 남자에게 무엇을 하라고 제안하는가?
(A) 컴퓨터를 수리하라고

(B) 상점을 닫으라고
(C) 돈을 입금하라고
(D) 나중에 다시 오라고

W: I'm looking for the résumés we received last week. Did you happen to see them? I thought I left them here on my desk. I really need to go over them before the job applicants get here tomorrow.
M: You should talk to your secretary. I think she took them this morning.
W: She just stepped out for lunch. I guess I should give her a ring.
M: Wait! Remember? All the applicants sent their résumés by e-mail. I'm pretty sure I have them saved on my computer. **I'll print them out for you.**

여: 제가 지금 지난주에 접수한 이력서들을 찾고 있어요. 혹시 보셨나요? 제 책상 위에 둔 것 같은데요. 지원자들이 내일 오기 전에 검토해야 하는데 말이지요.
남: 비서한테 얘기해보세요. 오늘 아침에 그녀가 가져간 것 같아요.
여: 그녀가 막 점심식사하러 나갔거든요. 그녀에게 전화해야겠어요.
남: 잠시만요! 기억나세요? 모든 지원자들이 이력서를 이메일로 보냈잖아요. 제가 아마 제 컴퓨터에 저장해 놨을 겁니다. 제가 출력해 드릴게요.

표현 정리 résumé 이력서 happen to do 우연히 ~하다 go over 검토하다 applicant 지원자 secretary 비서 step out for ~하러 잠시 나가다 give ~ a ring ~에게 전화하다 print out 출력하다

2. ★★

① 문제 유형 파악 질문을 먼저 읽고 누구의 제안인지 확인한다. 남자가 제안하는 내용을 묻는 질문이므로 대화 후반부 남자의 대화 내용에서 단서를 파악해야 한다.

② 단서 찾기 이력서를 찾고 있는 여자에게 대화 후반부에 남자는 모든 지원자들이 이력서를 이메일로 발송했음을 상기시키며, 이어서 I'll print them out for you.라고 대답한다.

③ 정답 선택 제안/요청 사항을 말할 때 쓰이는 패턴 「I will 동사원형」을 써서 남자가 이력서를 직접 출력해 주겠다고 제안하므로 (D)가 정답이다.

🔍 함정 분석 출력과 복사를 혼동하여 (B)로 헷갈릴 수 있다. 남자는 컴퓨터에 저장된 이력서를 출력해 주겠다고 제안하였으므로 이력서를 복사한다는 (B)는 오답이다.

남자는 무엇을 제안하는가?
(A) 이메일로 파일 보내기
(B) 이력서 복사하기
(C) 여자의 비서에게 연락하기
(D) 서류 출력하기

M: Hey, Brenda, **I wanted to know if you could come to the International Technology Fair in the Boston City Convention Center next Tuesday.** We need an extra person to work the display booth.

W: Next Tuesday? We have meetings all day with new clients from South Korea and China. Don't you remember?

M: Ah, right, thanks for reminding me. I completely forgot about that. Then I guess we will need to find two extra people to go to the fair.

남: 브렌다, 다음 주 화요일에 보스턴 컨벤션 센터에서 개최되는 국제 기술 박람회에 올 수 있는지 알고 싶어요. 저희가 전시용 부스를 담당할 사람이 하나 더 필요하거든요.

여: 다음 주 화요일이요? 그날은 하루 종일 한국과 중국에서 오는 새로운 고객들과 회의가 잡혀 있는 날이잖아요. 잊으셨어요?

남: 아, 맞아요. 상기시켜줘서 고마워요. 제가 그걸 완전히 잊고 있었네요. 그럼 박람회에 갈 사람을 두 명 더 찾아야 되겠네요.

표현 정리 **fair** 박람회 **display booth** 전시용 부스 **remind** 상기시키다

3. ★★

❶ 문제 유형 파악 질문을 먼저 읽고 누구의 요청인지 확인한다. 남자가 여자에게 요청하는 것을 묻는 질문이므로 남자의 대화에서 단서를 파악해야 한다.

❷ 단서 찾기 남자는 대화 시작과 함께 여자에게 I wanted to know if you could come to the International Technology Fair in the Boston City Convention Center next Tuesday.라고 했다.

❸ 정답 선택 제안/요청 사항을 말할 때 쓰이는 패턴 「you could 동사원형」을 써서 남자는 여자에게 다음 주 화요일에 있을 박람회에서 전시용 부스를 맡아 일할 것을 요청하므로 (C)가 정답이며, International Technology Fair를 business event로 바꾸어 표현하였다.

남자는 여자에게 무엇을 하라고 요청하는가?
(A) 고객을 만나라고
(B) 지원자를 찾으라고
(C) 비즈니스 행사장에서 근무하라고
(D) 회의 일정을 다시 잡으라고

W: I was almost late again this morning. I got stuck in a terrible traffic jam.

M: Really? It's even worse than taking the subway.

W: I wish I could take the subway, too, but my house is quite far from the subway station.

M: Maybe someone who lives near you would like to carpool to the station. **Why don't you talk with our colleagues?**

여: 오늘 아침에 또 지각할 뻔 했어요. 끔찍한 교통 체증에 갇혀 있었어요.

남: 정말요? 그건 지하철 타는 것보다 더 고역이죠.

여: 저도 지하철을 탈 수 있다면 좋겠어요. 하지만 지하철역이 집에서 너무 멀어요.

남: 근처에 사는 사람 중에 역까지 차로 데려다 줄 사람이 있을지도 몰라요. 동료들하고 얘기해보는 것이 어때요?

표현 정리 **get stuck** 갇히다, 막히다 **traffic jam** 교통 체증 **quite** 꽤, 상당히 **carpool** 승용차 함께 타기, 합승 **colleague** 동료

4. ★

❶ 문제 유형 파악 질문을 먼저 읽고 누구의 제안인지 확인한다. 남자가 여자에게 제안하는 것을 묻는 질문이므로 남자의 대화에서 단서를 파악해야 한다.

❷ 단서 찾기 출근길 교통 체증에 대한 이야기를 하며 여자가 지하철을 타고 싶지만 지하철역이 너무 멀다고 하자, 남자가 Why don't you talk with our colleagues?라고 제안한다.

❸ 정답 선택 제안/요청 사항을 말할 때 쓰이는 패턴 「Why don't you 동사원형 ~?」을 써서 남자는 여자에게 지하철역까지 데려다 줄 사람이 있는지 동료에게 말해보라고 제안하므로 (C)가 정답이다.

남자는 여자에게 무엇을 하라고 제안하는가?
(A) 차를 구입하라고
(B) 지하철을 타라고
(C) 동료들과 얘기해보라고
(D) 걸어서 통근하라고

3. 미래 행동

M: Hi, I'm calling to check what time the DVD rental store closes tonight.

W: I'm afraid we just closed ten minutes ago. We always close at 6 o'clock on Sundays. However, we'll be open from 11 A.M. until 8 P.M. tomorrow.

M: Well, I don't finish work until 7:30 P.M. tomorrow. Could I possibly reserve a movie so that it isn't rented by someone else during the day?

W: Sure, no problem. But **you'll have to do it online through our homepage.** Unfortunately, the store's booking system shuts down automatically when we close.

남: 안녕하세요. 오늘 밤 몇 시에 DVD 대여점이 문을 닫는지 확인하려고 전화했습니다.

여: 유감스럽게도, 저희는 10분 전에 막 문을 닫았어요. 저희는 일요일에는 항상 6시에 문을 닫습니다. 그렇지만, 내일은 오전 11시부터 오후 8시까지 문을 엽니다.

남: 흠. 내일은 저녁 7시 30분까지 일을 해야 하는데요. 낮에 다른 사람이 빌려가지 않도록 영화를 예약할 수 있을까요?

여: 물론이죠, 괜찮습니다. 하지만 고객님께서 저희 홈페이지를 통해 온라인으로 예약하셔야 합니다. 유감스럽지만, 가게의 예약 시스템은 저희가 문을 닫을 때 자동적으로 폐쇄되거든요.

표현 정리 rental store 대여점 reserve 예약하다 unfortunately 유감스럽게도 automatically 자동적으로

1. ★★★

① 문제 유형 파악 대화 이후 화자가 앞으로 하게 될 행동을 묻는 문제는 대화 후반부에서 주로 단서가 제시된다. 마지막 화자의 말에 집중하고, 특히 동사를 놓치지 않는다.

② 단서 찾기 영화를 예약할 수 있는지 묻는 남자에게 대화 후반부에 여자는 you'll have to do it online through our homepage.라고 대답한다.

③ 정답 선택 여자의 권고에 따라 남자는 이후 대여점 홈페이지에서 예약을 할 것이므로 homepage를 Web site로 바꾸어 표현한 (B)가 정답이다.

🔍 **함정 분석** 여자의 대화 I'm afraid we just closed ten minutes ago.를 듣고 (D)를 고르지 않도록 한다. 남자는 DVD 대여점 직원과 대화를 나누고 있으며 영화를 예약하고 싶다고 하였으므로 (D)는 오답이다.

남자는 이후에 무엇을 할 것 같은가?
(A) 여자에게 휴대폰 번호를 알려 준다.
(B) 대여점의 웹사이트를 이용한다.
(C) 그의 연체된 DVD를 가지고 DVD 대여점으로 온다.
(D) 다른 극장으로 간다.

M: Have you finished writing that article on local small businesses?
W: I'm still organizing all the research I've done for it, but I haven't finished writing it. I don't think I could get it done by the deadline. It's due on Friday.
M: I understand, I have more research to do too and I haven't finished my article either. Do you suppose we can postpone the deadline?
W: **I was thinking of calling the editor and seeing if she'll allow us more time.** Maybe until Sunday, mid-day.

남: 지역 내 소규모 기업에 대한 기사 작성은 끝마치셨어요?

여: 제가 조사한 내용들을 아직 정리하는 중이라 기사는 다 작성하지 못했어요. 마감시한까지 기사를 다 못 쓸 것 같아요. 금요일이 마감인데요.

남: 알겠습니다. 좀 더 조사해야 할 부분이 있어서 저도 기사를 아직 작성하지 못했어요. 혹시 우리가 마감시한을 연장할 수 있을까요?

여: 편집장님께 전화해서 시간을 더 주실 수 있는지 알아볼까 생각하고 있었어요. 아마도 일요일 정오까지는 가능하지 않을까요.

표현 정리 small businesses 중소기업 organize 정리하다, 설립하다, 준비하다 postpone 연기하다 deadline 마감시한 editor 편집장 mid-day 정오, 낮

2. ★

① 문제 유형 파악 여자의 미래 행동에 대해 묻고 있으므로 대화 후반부에서 여자의 미래 행동에 대한 단서를 파악한다.

② 단서 찾기 기사 작성을 끝내지 못했다는 남자에게 여자는 대화 말미에 I was thinking of calling the editor and seeing if she'll allow us

more time.이라고 말했다.

③ 정답 선택 여자의 대화에서 calling the editor가 정답의 단서이며, 여자는 편집장에게 연락해 마감시한을 연장해줄 수 있는지 알아볼 것이라고 하므로 (D)가 정답이다.

여자는 이후에 무엇을 할 것 같은가?
(A) 편집장을 만난다.
(B) 기사를 복사한다.
(C) 이메일을 보낸다.
(D) 전화를 한다.

W: Hi, Mr. Knight. Do you have any coffee? I just went to the break room to make a cup, but there's none left in there.
M: I don't have any, but I think that Mr. Parker is going to order snacks and drinks for the break room this afternoon.
W: Good, **we should make a list of the things we need and give it to him.** I saw that there's no tea or sugar left either.
M: Good idea. I know he's really busy, so **he probably would appreciate it if we gave him a list,** so he doesn't have to check everything himself.

여: 안녕하세요, 나이트 씨. 혹시 커피 있으세요? 커피 한 잔 마시려고 휴게실에 갔는데, 남은 것이 없네요.

남: 저도 없어요. 하지만 파커 씨가 오늘 오후에 휴게실에 둘 간식과 음료를 주문할 겁니다.

여: 잘 되었네요. 그러면 우리가 필요한 것들의 목록을 만들어 그에게 줘야겠어요. 차나 설탕도 남은 것이 없더라고요.

남: 좋은 생각이에요. 그가 매우 바쁘니 우리가 목록을 만들어서 그에게 주면 매우 고마워할 겁니다. 그가 모든 것을 직접 확인해볼 필요가 없을 테니까요.

표현 정리 left 남아 있는, 남은 make a list 목록을 만들다 probably 아마, 십중팔구 appreciate 고마워하다

3. ★★

① 문제 유형 파악 대화자들의 미래 행동에 대해 묻고 있으므로 대화 후반부에서 단서를 찾아야 한다.

② 단서 찾기 대화 후반부에 여자가 we should make a list of the things we need and give it to him.이라며 필요한 물품의 목록을 만들어 파커 씨에게 주자고 제안하고, 이어서 남자가 he probably would appreciate it if we gave him a list라며 목록을 주면 파커 씨가 고마워할 것이라고 여자의 제안에 동의하고 있다.

③ 정답 선택 화자들은 물품 목록을 만들어 파커 씨에게 전해줄 것이라고 하므로 정답은 (D)이다.

🔍 **함정 분석** 여자의 대화 but there's none left in there.를 듣고 (C)를 고르지 않도록 한다. 파커 씨가 오후에 주문할 것이므로 필요한 물품 목록을 만들어 주겠다는 것이지 문제점을 보고하자는 것은 아니므로 (C)는 오답이다.

화자들은 이후에 무엇을 할 것 같은가?
(A) 커피를 만든다.
(B) 서류를 복사한다.
(C) 문제점을 보고한다.
(D) 물품 목록을 만든다.

M: Sorry to bother you, but the control pads for the video games console you have on display aren't working. I tried to play the game, but I couldn't get either of them to work.

W: That's the third time that control pads have broken this week. There must be something wrong with the wiring.

M: I could see the video game on the television, so I don't think it's the video game console that is broken. It must be the control pads.

W: I'll have one of my staff replace them with some other control pads and ask the supplier about the problem. Thanks for telling me.

남: 방해해서 죄송합니다만, 당신이 진열해 놓은 비디오 게임 조작대의 조종기가 작동하지 않습니다. 게임을 하려고 했는데, 어떤 것도 작동시킬 수가 없어서요.

여: 조종기가 고장 난 것이 이번 주에만 세 번째군요. 배선에 분명히 문제가 있는 것 같아요.

남: 텔레비전으로 비디오 게임을 볼 수 있었어요. 그러니 고장 난 것이 비디오 게임 조작대는 아닌 것 같은데요. 조종기에 문제가 있는 것 같습니다.

여: 직원에게 다른 조종기로 교체하라고 하고 공급업체에 이 문제점에 대해 물어보겠습니다. 말씀해 주셔서 감사합니다.

표현 정리 **bother** 귀찮게[성가시게] 하다 **console** 조작대, 조작기기 **work** (기계 등이) 작동하다 **wiring** 배선

4. ★★

① 문제 유형 파악 여자의 향후 행동에 대해 묻는 질문이므로 대화 후반부 여자의 대화 내용을 통해 단서를 파악한다.

② 단서 찾기 조종기에 문제가 있는 것 같다는 남자에게 여자는 I'll have one of my staff replace them with some other control pads and ask the supplier about the problem.이라고 대답한다.

③ 정답 선택 여자는 직원에게 다른 조종기로 교체하도록 지시하고 해당 문제에 대해 공급업체에 문의하겠다고 했으므로 정답 (B)가 정답이다.

여자는 이후에 무엇을 할 계획인가?
(A) 일부 제품을 회수한다.
(B) 직원에게 이야기한다.
(C) 제품을 검사한다.
(D) 전액 환불한다.

---

4. 문제점

M: Hi. You had a dress on this mannequin yesterday. **I found a few of them, but they were not the right size. Would you happen to have one in a size 12?**

W: No, I'm sorry. We sold the last size 12 yesterday. More should come in next week though. Should I hold one for you when the shipment arrives?

M: No, that won't work. I wanted to give it to my wife to wear to a big dinner tomorrow.

W: That's sweet. There may be one at another store. I'll call around if you don't mind waiting a couple minutes.

남: 안녕하세요. 어제 이 마네킹에 입혀 있던 드레스 말인데요. 그 드레스 몇 벌을 찾았는데, 사이즈가 맞지 않아서요. 혹시 12 사이즈로 한 벌 갖고 계신가요?

여: 죄송한데, 지금 없네요. 저희가 마지막 남은 12 사이즈를 어제 판매했거든요. 하지만 다음 주에 더 입고될 거예요. 제품이 들어오면 한 벌을 별도로 보관해 둘까요?

남: 아니요, 그러실 필요는 없어요. 내일 중요한 저녁식사 때 입으라고 아내에게 주려고 했어요.

여: 자상하시네요. 다른 매장에는 있을지도 모르겠어요. 잠시 기다리시는 것이 괜찮으시다면, 제가 다른 매장에 전화해볼게요.

표현 정리 **mannequin** 마네킹 **happen to do** 우연히 ~하다 **come in** ~이 들어오다. ~이 입고되다 **call around** 주변에 연락을 취하다

1. ★

① 문제 유형 파악 특정 제품과 관련된 남자의 문제점을 묻고 있으므로, 대화 초반부 남자의 대화에서 문제 상황을 파악해야 한다.

② 단서 찾기 대화 초반부에 남자가 I found a few of them, but they were not the right size. Would you happen to have one in a size 12?라고 하며 드레스 사이즈가 자신이 원하는 사이즈가 아니고, 자신이 원하는 사이즈는 12 사이즈임을 밝히고 있다.

③ 정답 선택 남자가 12 사이즈의 드레스가 있는지를 물어봤으므로 이를 통해 남자의 문제는 원하는 사이즈의 드레스를 찾을 수 없다는 것임을 알 수 있다. 따라서 정답은 (D)이다.

제품과 관련된 남자의 문제는 무엇인가?
(A) 품질이 좋지 못하다.
(B) 원하는 색상이 아니다.
(C) 디자인이 조악하다.
(D) 원하는 사이즈가 아니다.

M: I heard about the workshop on how to deliver a good speech in front of many people. I'd like to sign up for it.

W: Yes, I received the e-mail too. I've already reserved a seat for that workshop. **Don't you have a meeting at that time?**

M: **Yes,** but I guess they'll offer a couple of different class times for people with scheduling conflicts.

W: No, I already checked with the receptionist. She said that there is only one time schedule for that topic.

남: 많은 사람들 앞에서 연설을 잘하는 방법에 관한 워크숍에 대해 들었어요. 그것을 신청하고 싶어요.

여: 네, 저도 이메일을 받았어요. 저는 그 워크숍 자리를 이미 예약했어요. 당신은 그때 회의가 있지 않아요?

남: 네, 그런데 일정이 겹치는 사람들을 위해 몇 개의 다른 강좌 시간을 제공할 것 같은데요.

여: 아뇨, 제가 이미 접수 담당자한테 확인해봤는데, 그 주제에 관해서는 한 번의 일정만 있다고 했어요.

표현 정리 **deliver a speech** 연설하다 **sign up for** ~을 신청하다 **reserve** 예약하다 **scheduling conflict** 일정이 겹침

2. ★★

① 문제 유형 파악 남자의 문제를 묻고 있으므로, 대화 초반부 남자의 대화에서 문제 상황에 대한 단서를 찾아야 한다.

② 단서 찾기 남자가 첫 번째 대사에서 워크숍에 신청하고 싶다고 했고, 뒤이어 여자가 Don't you have a meeting at that time?이라고 하자 남자가 Yes라고 대답한다.

③ 정답 선택 따라서 남자의 문제는 듣고 싶은 워크숍과 회의 일정이 겹치는 것임을 알 수 있으므로 (B)가 정답이다.

남자의 문제는 무엇인가?
(A) 행사에 등록할 시간이 없다.
(B) 일정이 겹친다.
(C) 등록 마감일을 놓쳤다.
(D) 이메일 주소를 잊어버렸다.

W: Hi. I'm calling from the SMC Company. **I am calling because we just received a bill, and it is far more than what we had expected.**

M: Oh, I remember that you ordered 10 photocopiers for your new office, right? The bill includes the service charge as well.

W: Service charge? I didn't know anything about that.

M: The fee was included in the contract that Ms. Park signed with our company.

여: 안녕하세요, SMC 회사입니다. 방금 청구서를 받았는데 예상했던 것보다 비용이 많이 나와서 연락드렸습니다.

남: 아, 새로운 사무실을 위해 복사기 10대를 주문하셨죠? 그 청구서는 봉사료도 포함된 것입니다.

여: 봉사료요? 전 그런 것에 대해 들은 적이 없는데요.

남: 박 씨가 저희 회사와 서명한 계약서에 그 요금이 포함되어 있습니다.

표현 정리 **bill** 청구서 **expect** 예상하다 **service charge** 봉사료

---

contract 계약서

3. ★

① 문제 유형 파악 여자가 언급한 문제를 묻고 있으므로, 대화 초반부 여자의 대화에서 문제 상황에 대한 단서를 찾는다.

② 단서 찾기 여자의 첫 대화 I am calling because we just received a bill, and it is far more than what we had expected.에서 여자는 청구서를 받고 전화했음을 밝히며 예상보다 비용이 많이 나왔다고 말하고 있다.

③ 정답 선택 여자는 예상했던 것 이상으로 비용이 청구된 것을 문제 삼고 있으므로 (A)가 정답이다.

여자는 언급한 문제는 무엇인가?
(A) 청구서에 예상치 않은 요금이 포함되었다.
(B) 잘못된 복사기가 배달되었다.
(C) 일부 복사기가 늦게 배달되었다.
(D) 부서진 부품들이 있다.

M: The weather has been really nice recently. Do you have any plans for the weekend?

W: Well, I was planning to go shopping at the hillside mall on Saturday. I need to buy a dress. But I've got a problem. You see, **my brother was supposed to drive me there. But now he has to meet his friend in the city that day.** So I don't have a ride anymore.

M: Oh, but you know on weekends, there's a bus that goes to the mall every 20 minutes. You can catch it on Wallace Street in front of the post office.

남: 최근에 날씨가 정말 좋네요. 주말 계획이라도 있어요?

여: 토요일에 힐사이드 몰에 쇼핑하러 갈 계획이었어요. 원피스를 사야 하거든요. 그런데 문제가 생겼어요. 글쎄, 제 남동생이 저를 거기에 차로 데려다 주기로 했어요. 그런데 이제 와서 그날 시내에서 친구를 만나야 한대요. 그래서 이제 타고 갈 게 없어요.

남: 아, 주말에 몰에 가는 버스가 20분마다 있어요. 우체국 앞 월리스 스트리트에서 탈 수 있어요.

표현 정리 **go shopping** 쇼핑하러 가다 **have a ride** 타고 가다 **on weekends** 주말마다

4. ★★

① 문제 유형 파악 여자의 문제를 묻는 질문이므로 대화 초반부 여자의 대화에서 단서를 찾는다.

② 단서 찾기 여자는 주말에 쇼핑하러 갈 계획이었다고 말하고, 이어 my brother was supposed to drive me there. But now he has to meet his friend in the city that day.라고 말하고 있다.

③ 정답 선택 남동생이 차로 몰에 데려다 주기로 했던 약속을 취소했다고 말하므로 (C)가 정답이다.

🔍 **함정 분석** 여자의 대화 he has to meet his friend in the city that day.를 듣고 (B)로 혼동하지 않도록 한다. 그녀와의 약속을 어긴 것은 그녀의 남동생이므로 그녀가 약속을 잊었다는 (B)는 오답이다.

여자의 문제는 무엇인가?
(A) 버스 패스를 잃어버렸다.
(B) 약속을 잊었다.
(C) 남동생이 차로 그녀를 몰에 데려다 줄 수 없다.
(D) 그녀의 차가 고장 났다.

5. 시각 정보

W: Mr. Smith, one of your clients just called. He needs some urgent advice on the financing of his business. He asked if you were available tomorrow.

M: Ah, you must be talking about Mr. Dunn. I read his e-mail. He is one of the most important clients at our company. It would be great if I could use Meeting Room 100.

W: I checked the schedule, and it looks like the room is free at 11:00 A.M. Should I go ahead and reserve the room?

M: Um... It looks like my morning is fully booked tomorrow. **I am available only in the afternoon.** Do you think it'd be possible to move a meeting so that I can use the room in the afternoon?

W: **I will try to contact Betty Hwang to see if I can move her meeting to 11:00 A.M.**

여: 스미스 씨, 당신 고객 한 분이 방금 연락을 하셨어요. 사업 대출과 관련하여 급히 조언을 구할 것이 있다고 하시던데요. 당신이 내일 시간이 있는지 물어보셨어요.

남: 아, 던 씨하고 통화하셨군요. 저도 그분이 보낸 이메일을 읽어봤어요. 그분이 우리 회사에게 아주 중요한 고객 중 한 분이에요. 제가 내일 회의실 100호를 사용할 수 있으면 좋겠는데요.

여: 제가 일정을 살펴봤는데, 그 회의실은 오전 11시에 비어 있어요. 그러면 제가 그 회의실을 예약해놓을까요?

남: 음... 내일 오전은 이미 회의 일정이 가득 차 있어요. 오후만 가능한데요. 혹시 제가 오후에 그 방을 사용할 수 있도록 다른 회의 일정을 조정해주실 수 있으신가요?

여: 제가 베티 황 씨에게 연락을 해서 그녀의 회의 시간을 오전 11시로 이전하는 것이 가능하지 여부를 확인해볼게요.

Meeting Room 100	
Time	**Event**
9:00 A.M.	Management Meeting
10:00 A.M.	Training Session
11:00 A.M.	
1:00 P.M.	**Human Resources Meeting**

회의실 100호	
시간	**행사**
오전 9:00	경영 회의
오전 10:00	연수
오전 11:00	
오후 1:00	인사 회의

표현 정리 urgent 긴급한 financing 대출, 자금 조달 available 이용 가능한, 구매 가능한 go ahead 앞으로 나아가다, 진행하다 reserve 보유하다, 예약하다 fully 완전히 book 예약하다 contact 연락하다 see if ~인지 아닌지 알아보다

1. ★★★

❶ 문제 유형 파악 황 씨가 담당하고 있는 행사가 무엇인지 도표를 활용하여 묻고 있는 시각 정보 연계 문제이다. 선택지에는 행사명이 등장하고, 도표에는 행사와 시간이 제시되어 있다. 그러므로 대화에서는 황 씨가 담당하는 행사를 가늠할 수 있는 단서가 시간을 통해 제시될 것임을 사전에 파악할 수 있다.

❷ 단서 찾기 남자가 회의실을 예약해달라고 하자 여자는 11시가 가능하다고 했으나, 남자는 I am available only in the afternoon.이라며 오후에만 회의가 가능하다는 점을 밝히고 있다. 대화 말미에서 여자는 I will try to contact Betty Hwang to see if I can move her meeting to 11:00 A.M.라며 황 씨에게 연락하여 회의를 오전 11시로 이전할 수 있는지 확인할 것이라 언급하고 있다.

❸ 정답 선택 남자는 오후 시간에만 회의를 할 수 있다고 하였고, 여자는 황 씨에게 11시로 회의 시간을 바꿀 수 있는지 확인하겠다고 하였으므로 황 씨는 오후 1시로 예정된 행사를 담당하고 있음을 알 수 있다. 따라서 (C)가 정답이다.

🔍 **함정 분석** 질문과 시각 정보를 반드시 먼저 파악해야 한다. 표를 미리 확인하면 대화에서 황 씨가 담당한 회의의 시간이 언급될 것임을 알 수 있으므로 단서를 더 쉽게 찾을 수 있다.

도표를 참조하시오. 황 씨가 담당하고 있는 행사는 무엇인가?
(A) 경영 회의
(B) 연수
(C) 인사 회의
(D) 마케팅 세미나

M: Hello! Welcome to the Bella Bistro. Are you ready to order, or do you need some time to decide what to order?

W: Well, one of my colleagues recommended this place to me since your restaurant offers good vegetarian dishes. Actually, she recommended the strawberry salad, but I can't find it on the menu.

M: We have that, but only in the summer. Our menu is usually changed to accommodate the availability of ingredients during each season.

W: That's good to know. Hmm... What would you recommend then?

M: **I think the potato salad would be great for you.** Our chefs make it every day, and most customers love it. It can also help you stay healthy during these cold days.

W: Um... Okay. **I think I'll try it.** Thank you for your recommendation. **Ah... Please get me a glass of lemonade first.**

남: 안녕하세요! 벨라 식당에 오신 걸 환영합니다. 주문하실 준비가 되셨는지요, 아니면 주문을 결정할 시간이 필요하신가요?

여: 제 동료가 이 레스토랑에서 훌륭한 채식주의자 식단을 제공한다고 제게 추천을 해주더라고요. 사실 그녀는 제게 딸기 샐러드를 추천했는데, 메뉴판에서는 찾을 수가 없네요.

남: 딸기 샐러드는 여름에만 제공합니다. 저희 메뉴는 대개 제철 재료의 가용성에 따라 바뀝니다.

여: 알게 되어 다행이네요. 음... 그러면 무엇을 추천해주실 수 있나요?

남: 감자 샐러드가 고객님께 적절할 것 같아요. 저희 요리사들이 감자 샐러드를 매일 만들고, 많은 고객님들이 감자 샐러드를 좋아하세요. 그리고 감자 샐러드는 요즘처럼 쌀쌀할 때 고객님이 건강을 유지할 수 있도록 도움을 주는 음식입니다.

여: 음... 알았어요. 그러면 감자 샐러드를 한번 먹어볼게요. 추천해 주셔서 감사해요. 아, 그리고 먼저 레모네이드 한 잔만 가져다 주세요.

Bella Bistro
Today's Lunch Menu

Beverage	Main Dish
Soda - $1.00	Apple Salad - $5.00
Coffee - $1.50	**Potato Salad - $6.00**
Lemonade - $2.00	Strawberry Salad - $7.00
Green Tea - $2.50	Tuna Sandwich - $8.00

벨라 비스트로
당일 점심 메뉴

음료	주요리
탄산음료 – 1달러	사과 샐러드 – 5달러
커피 – 1.5달러	감자 샐러드 – 6달러
레모네이드 – 2달러	딸기 샐러드 – 7달러
녹차 – 2.5달러	참치 샌드위치 – 8달러

표현 정리 bistro 소규모 식당 colleague 직장 동료 vegetarian 채식주의자 accommodate ~을 수용하다, ~을 포용하다 availability 가용성, 유용성 ingredient 재료, 성분 in season 제철인 stay healthy 건강한 상태를 유지하다 soda 탄산음료

2. ★★★

①문제 유형 파악 여자의 식사 비용을 시각 정보와 연계하여 묻고 있다. 메뉴판에는 음료/음식의 이름과 비용이 등장하고 있으므로 대화에서 여자의 점심 비

용이 직접적으로 제시되지 않을 것임을 알 수 있다. 따라서 대화에서는 여자가 주문하는 음료/음식이 무엇인지 언급되는 부분에 집중해야 한다.

②단서 찾기 남자는 대화 후반부에서 감자 샐러드를 추천하였고, 이에 대해 여자는 Okay. I think I'll try it.이라며 감자 샐러드를 선택할 것임을 밝히고 있다. 그리고 대화 종료 직전 여자가 Please get me a glass of lemonade first.라며 레모네이드를 주문하며 대화가 마무리되고 있다.

③정답 선택 주어진 메뉴판에서 감자 샐러드가 6달러, 레모네이드가 2달러로 표기되어 있으므로 여자의 식사 비용은 총 8달러임을 알 수 있다. 그러므로 (D)가 정답이다.

도표를 참조하시오. 여자의 점심 식사 비용은 얼마인가?
(A) 5달러
(B) 6달러
(C) 7달러
(D) 8달러

---

6. 화자의 의도 파악

M: Oh, my gosh! Ms. Goodroad, **can you see all these cars on the highway?** I wasn't expecting this. What should we do?

W: **I think we're in trouble now. We shouldn't be late for our presentation at Cheese Technology.** If we don't make it to this meeting on time, they won't sign the contract.

M: You've got that right. If we just ride in this car, we won't get there by 3 o'clock. Why don't we leave our car in a nearby public parking lot and take the subway? Mr. Parker's office is located on Main Street. It's only two kilometers away from here.

남: 오, 이런 세상에! 굿로드 씨, 고속도로에 있는 이 차들이 보이나요? 이걸 예상하지 못했네요. 어떻게 해야 할까요?

여: 이거 난감하네요. 치즈 테크놀러지 사에서의 발표에 절대 늦으면 안 되는데 말이죠. 만약 우리가 회의에 제시간에 도착하지 못하면, 그들은 계약서에 서명을 하지 않을 겁니다.

남: 맞는 말이에요. 우리가 이 차로 가게 되면 3시까지 도착할 수 없을 거예요. 차를 근처에 있는 공공 주차장에 두고 지하철을 타고 가는 건 어떨까요? 파커 씨의 사무실이 메인 스트리트에 있어요. 여기서 고작 2킬로미터 정도 떨어져 있어요.

표현 정리 be in trouble 난감한 상황에 빠지다 be late for ~에 늦다 on time 시간에 맞춰 sign the contract 계약서에 서명하다 nearby 근처에 있는 public parking lot 공공 주차장

1. ★★★

①문제 유형 파악 남자가 can you see all these cars on the highway? 라고 말한 내용이 실질적으로 무엇을 의미하는지 묻는 화자의 의도 파악 문제이다. 해당 표현이 언급된 부분을 중심으로 문맥 파악을 통해 화자의 의도를 파악해야 한다.

②단서 찾기 남자의 말에 이어 여자는 현재 자신들이 난감한 상황에 처했으며

치즈 테크놀러지 사에서의 발표에 절대 늦어선 안 된다는 점을 밝히고 있다.

⑧ 정답 선택 따라서 남자는 고속도로에 있는 많은 차들로 인해 치즈 테크놀러지 사에서의 발표 시간에 지각하게 되는 부정적 결과에 대한 우려를 표현하고 있음을 알 수 있으므로 (A)가 정답이다.

남자가 "can you see all these cars on the highway?"라고 말할 때 남자가 의미하는 바는 무엇인가?
(A) 그는 교통 체증에 대해 우려하고 있다.
(B) 그는 고객들에게 새로운 자동차들을 소개하길 원한다.
(C) 그는 다중 추돌 사고에 의해 놀란 상태이다.
(D) 그는 혁신적인 자동차 디자인들에 대해 칭찬하고 있다.

W: Hi. Did you see the schedule for next month's fitness classes? You are scheduled to teach the two classes you requested. I hope the times work out for you.
M: Oh, wow. Thanks! Hmm... I see two classes are back to back with no break.
W: Yes, is that a problem?
M: Well, **the aerobics class is scheduled to start right after my weightlifting class. This means I will only have five minutes to put away the exercise equipment and to get ready for the next class. That is going to be pretty hard.**
W: Oh, I see. That makes sense. Why don't I just change the starting time of your aerobics class? Let's have it start 15 minutes later.

여: 안녕하세요, 다음 달 운동 수업 일정을 보셨나요? 당신은 요청했던 두 수업을 지도하기로 일정이 잡혀 있어요. 시간에 문제가 없길 바랄게요.

남: 와, 고마워요. 음… 두 수업이 휴식 시간이 없이 연강이네요.

여: 네, 그게 문제가 될까요?

남: 웨이트 수업이 끝난 직후에 에어로빅 수업이 시작하는데요. 이는 운동 장비를 치우고 다음 수업 준비를 할 수 있는 시간이 고작 5분밖에 안 된다는 걸 뜻하거든요. 이건 정말 힘들 것 같네요.

여: 아, 알겠어요. 일리가 있네요. 제가 에어로빅 수업 시간을 변경해 드리는 건 어떨까요? 15분 뒤에 시작하는 걸로 하지요.

표현 정리 schedule 일정; 일정을 잡다 be scheduled to do ~하기로 일정이 잡혀 있다 request 요청; 요청하다 work out 운동하다; ~을 해결하다; ~이 잘 되어가다 back to back 연속적인 break 휴식 put away ~을 치우다 equipment 장비 get ready for ~에 대한 준비가 되다 make sense 일리가 있다

2. ★★★

① 문제 유형 파악 남자가 "That is going to be pretty hard"라고 언급한 내용이 무엇을 암시하는지 묻고 있다. 화자의 의도 파악 문제이므로 해당 표현이 언급된 부분을 중심으로 문맥을 파악하는 것이 중요하다.

② 단서 찾기 남자는 웨이트 수업이 끝난 직후에 에어로빅 수업이 연이어 시작하는 연강임을 알리고 있으며, 이어서 운동 장비를 치우고 다음 수업 준비를 할 수 있는 시간이 고작 5분밖에 되지 않는 것에 대한 문제점을 제기한다.

③ 정답 선택 이를 통해 남자는 하나의 수업이 끝나고 5분 만에 다른 수업을 준비하는 것은 어려운 일이라는 것을 밝히고 있다. 즉, 그런 수업 준비는 실행하기 어렵다는 의도에서 언급된 표현임을 가늠할 수 있으므로 (C)가 정답이다.

남자가 "That is going to be pretty hard"라고 말할 때 암시하는 바는 무엇인가?
(A) 그는 자원봉사를 요청하고 있다.
(B) 그는 한 직원의 이름을 알고자 한다.
(C) 그는 일이 거의 실현 가능하지 않다고 생각한다.
(D) 그는 지원자의 자격에 관심을 갖고 있다.

M: Why have you packed all of your office equipment? I didn't think that your department was moving to the top floor until Monday.
W: Yes, but I'm going to be attending a conference in Atlanta on that day, so I started moving everything up there today. **But I mistakenly took my printer up already.**
M: **You could use the printer in my office.** It's a great model, and it would be much quicker than going upstairs to get your own printer.

남: 사무실 집기들을 다 포장한 이유가 뭔가요? 저는 당신의 부서가 월요일에 맨 위층으로 옮겨 간다고 생각했는데요.

여: 맞아요. 그런데 그날 제가 애틀랜타에서 있을 회의에 참석할 예정이라, 오늘 모든 짐을 다 옮겨놓으려고 해요. 그런데 실수로 프린터를 벌써 올려다 놓았네요.

남: 제 사무실에 있는 프린터를 이용하세요. 괜찮은 모델이고, 위층에 올라가서 당신의 프린터를 이용하는 것보다 훨씬 빠를 것 같네요.

표현 정리 pack 꾸리다, 짐을 싸다 attend 참석하다 mistakenly 실수로

3. ★★★

① 문제 유형 파악 여자가 "But I mistakenly took my printer up already."라고 언급한 내용이 무엇을 암시하는지 묻고 있다. 화자의 의도 파악 문제이므로 해당 표현이 언급된 부분을 중심으로 문맥을 파악하는 것이 중요하다.

② 단서 찾기 여자는 월요일에 애틀랜타에 있을 회의에 참석할 예정이라 미리 짐을 옮기고 있다고 밝히며, 이어 실수로 프린터를 벌써 옮겼다고 말하였다. 이에 남자가 그의 사무실에 있는 프린터를 쓰라고 제안하고 있다.

③ 정답 선택 여자가 실수로 프린터를 미리 옮겼다고 하였고 남자가 그의 프린터를 쓰라고 제안하였으므로, 여자는 프린터를 사용해야 한다는 의도에서 언급된 표현임을 가늠할 수 있으므로 (D)가 정답이다.

여자가 "But I mistakenly took my printer up already"라고 말할 때 암시하는 바는 무엇인가?
(A) 그녀는 프린터를 옮길 준비가 되었다.
(B) 그녀는 회의를 위한 서류를 이미 출력했다.
(C) 그녀는 오래된 프린터를 쓰고 싶지 않다.
(D) 그녀는 프린터를 사용해야 한다.

W: Mr. Baker, would it be okay if I left early tomorrow?
M: Actually, the CEO will be here all day tomorrow, and he would prefer to see everyone. Can you leave early the day after tomorrow instead?
W: Sure. I didn't realize that tomorrow was the day he was visiting. I will check my schedule and see.

여: 베이커 씨, 내일 좀 일찍 퇴근해도 괜찮겠습니까?

남: 사실은 내일 사장님께서 하루 종일 이곳에 와 계실 텐데, 전 직원들을 만나보고 싶으신가 봐요. 내일 대신에 모레 일찍 퇴근해도 괜찮겠습니까?

여: 알겠습니다. 내일 사장님께서 방문하시는 날인 줄 몰랐어요. 제 일정표를 확인해보고 말씀드리겠습니다

표현 정리 **prefer to do** ~하는 것을 선호하다 **leave early** 일찍 퇴근하다 **the day after tomorrow** 내일 모레

4. ★★★

① 문제 유형 파악 남자가 "Can you leave early the day after tomorrow instead?"라고 언급한 내용이 무엇을 암시하는지 묻고 있다. 화자의 의도 파악 문제이므로 해당 표현이 언급된 부분을 중심으로 문맥을 파악하는 것이 중요하다.

② 단서 찾기 여자는 남자에게 내일 일찍 퇴근해도 되는지 허락을 구하였고, 이에 남자는 내일은 사장이 하루 종일 머무를 예정이니 내일 모레 일찍 퇴근하는 것이 어떤지 묻고 있다.

③ 정답 선택 여자가 내일 일찍 퇴근할 수 있는지 묻는 말에 내일 모레 일찍 퇴근하라고 말하였으므로, 남자의 말은 내일은 일찍 퇴근하지 않기를 바라는 의도에서 언급된 표현임을 가늠할 수 있으므로 (B)가 정답이다.

남자가 "Can you leave early the day after tomorrow instead?"라고 말할 때 암시하는 바는 무엇인가?
(A) 그는 그녀가 내일 모레 한가할 것이라고 생각한다.
(B) 그는 그녀가 내일 일찍 퇴근하지 않기를 바란다.
(C) 그는 그녀의 일정을 알고 싶어 한다.
(D) 그는 오늘 일찍 퇴근할 계획이다.

7. 장소

W: Good afternoon. May I see your ticket, please?
M: Sure, here it is. Can you tell me when the flight to Zurich will definitely be leaving? I see on the board that it says, "Delayed." I have a connecting flight from Zurich to Geneva, and I don't want to miss that one. I need to be in Geneva by 3 P.M. today because I have to meet some important clients there. Can you send my luggage straight through so that I don't have to check it in again?
W: There's no need to worry. We will definitely get you there in time for you to make your connecting flight to

Geneva. And your luggage will be sent straight there.

여: 안녕하세요. 표를 보여주시겠습니까?

남: 물론이죠. 여기 있습니다. 취리히로 가는 항공편이 정확히 몇 시에 출발하는지 아세요? 비행 전광판을 보니 '지연'이라고 나와 있던데요. 제가 취리히에서 제네바로 가는 환승 비행기를 타야 하는데, 놓치고 싶지 않아서요. 제가 중요한 고객들과 회의가 있어서 오늘 오후 3시까지 제네바에 가야 해요. 그래서 그러는데 다시 짐을 부칠 필요가 없게 제 짐을 곧장 그곳까지 보낼 수 있나요?

여: 걱정하지 않으셔도 됩니다. 손님께서 제시간에 도착해서 제네바로 가는 환승 비행기를 이용하실 수 있도록 해드리겠습니다. 그리고 짐도 곧장 그곳으로 부쳐드릴 겁니다.

표현 정리 **definitely** 명백하게, 분명하게 **delayed** 지연된 **connecting flight** 환승 비행기 **client** 고객 **luggage** 수화물 **straight** 바로, 즉시, 곧장 **check** 짐을 부치다 **in time** 시간에 맞춰

1. ★

① 문제 유형 파악 대화가 이루어지는 장소에 관한 질문으로, 대화 초반부에 제시되는 관련 표현을 듣고 장소를 유추해야 한다.

② 단서 찾기 남자가 Can you tell me when the flight to Zurich will definitely be leaving?이라고 하며 취리히로 가는 항공편의 출발 시간을 물어보고, 이어 I see on the board that it says, "Delayed."라고 말하고 있다.

③ 정답 선택 남자가 비행편에 대해 물어보고 비행 전광판을 언급하고 있으므로 공항에서 나누는 대화임을 유추할 수 있다. 따라서 (C)가 정답이다.

대화는 어디에서 벌어지는 것 같은가?
(A) 관공서
(B) 버스 터미널
(C) 공항
(D) 여행사

W: Thanks for coming so quickly, Mr. Campbell. I'm Kelly Carson, the head of the marketing department. This is the air conditioner that needs to be fixed.
M: I see. I'm afraid this air conditioner is completely broken. I will need to replace it, which might take at least 4 hours.
W: Okay, but you can only work in the mornings before the office is open, which is at 9 A.M. Can you tell me how long you think it will take you to replace it?
M: Well, I'm sure I can finish in two days. I should be done by Wednesday.

여: 이렇게 빨리 와 주셔서 감사합니다, 캠벨 씨. 저는 켈리 칼슨이고 마케팅 부장입니다. 이것이 바로 수리가 필요한 냉방기예요.

남: 알겠습니다. 이 냉방기는 완전히 고장 난 것 같은데요. 이걸 교체해야 할 것 같은데. 적어도 4시간은 걸리겠네요.

여: 괜찮습니다. 그렇지만 오전 9시 사무실이 문을 열기 전 아침에만

작업을 하실 수가 있습니다. 교체하는 데 시간이 얼마나 걸릴지 말씀해 주시겠어요?

남: 글쎄요, 이틀이면 일을 마칠 수 있을 것 같습니다. 수요일까지는 끝내겠습니다.

표현 정리 **head** 부서장 **fix** 수리하다, 고치다 **completely** 완전히 **replace** 교체하다, 대체하다 **at least** 적어도, 최소한

2. ★★

(① 문제 유형 파악) 화자들이 있는 장소에 대해 묻고 있으므로 대화 초반부에서 대화 장소에 대해 추측할 수 있을 만한 어휘나 표현에 집중해야 한다.

(② 단서 찾기) 대화 초반부에 여자는 남자에게 Thanks for coming so quickly, Mr. Campbell. I'm Kelly Carson, the head of the marketing department.라고 말하고 있다.

(③ 정답 선택) 마케팅 부장이라고 소개하는 부분을 통해 화자들은 사무실에 있음을 유추할 수 있고, 또한 대화 중반 사무실 문을 열기 전에만 작업을 해달라고 요청하는 부분에서도 알 수 있다. 따라서 (C)가 정답이다.

화자들은 어디에 있는 것 같은가?
(A) 대학 강의실
(B) 주거 개선 용품 상점
(C) 사무실
(D) 공공 도서관

M: Hi, do you have that new photo book of sports athletes? It's by that famous photographer Kevin Stanford.
W: Yes, it just came out. **It's in the best-seller section, near the entrance.**
M: Great! Do you also have the short story collection by Brian Johnson?
W: I think we are sold out of that book in this store. But I could call another store and see if they have any in stock. They will hold it for you and you can go there and pick it up.

남: 저기요, 새로 나온 운동선수 사진집 있나요? 유명 사진작가인 케빈 스탠포드가 낸 책인데요.

여: 네, 방금 나왔어요. 입구 근처에 있는 베스트셀러 코너에 있습니다.

남: 잘됐네요! 그러면 브라이언 존슨의 단편 모음집도 있습니까?

여: 저희 서점엔 그 책이 품절된 것 같은데요. 그렇지만 다른 지점에 연락해서 재고가 있는지 확인해드릴 수 있습니다. 구매 예약을 해두시면 그곳에 가서서 구입하실 수 있으실 거예요.

표현 정리 **sports athlete** 운동선수 **photographer** 사진작가 **best-seller section** 베스트셀러 코너 **short story collection** 단편 모음집 **be in stock** 재고가 있다 **pick up** 수령하다

3. ★

(① 문제 유형 파악) 대화가 벌어지고 있는 장소에 대해 묻고 있으므로 대화 초반

부에서 대화 장소를 파악할 수 있는 어휘나 표현에 집중해야 한다.

(② 단서 찾기) 대화 시작과 함께 남자는 Hi, do you have that new photo book of sports athletes?라고 하며 사진집이 있는지 확인하고, 이에 대해 여자는 사진집은 베스트셀러 코너에 있다고 대답한다.

(③ 정답 선택) new photo book, best-seller section이 장소를 유추할 수 있는 핵심어이며, 대화 장소는 책을 판매하는 서점이므로 (D)가 정답이다.

대화는 어디에서 벌어지고 있는 것 같은가?
(A) 대학교
(B) 스포츠 행사
(C) 도서관
(D) 서점

M: I thought that the catering service for the convention would offer a vegetarian option. I'm really hungry and they don't have anything I can eat. **Do you know any restaurants around this hotel?**
W: I saw a sandwich shop and an Indian restaurant on the way here. I bet either of those would have something you can eat. We could get there in a taxi.
M: I'll go ask the concierge if he can recommend anything close by. The next presentation at 2 o'clock is one that I really don't want to miss, so we should just get a quick lunch.

남: 회의에 음식을 제공하는 출장 연회 업체가 채식주의자용 음식을 제공할 것으로 생각했어요. 정말 배가 고프지만 제가 먹을 수 있는 것이 하나도 없어요. 이 호텔 근처에 식당이 있나요?

여: 이곳으로 오는 길에 샌드위치 가게와 인도 식당을 봤어요. 두 곳 중에 분명히 당신이 식사를 할 만한 곳이 있을 겁니다. 택시를 타고 그쪽으로 가봅시다.

남: 호텔 안내 직원에게 가서 근처에 있는 것을 추천해줄 수 있는지 물어볼게요. 오후 2시에 있는 다음 발표는 제가 정말 놓치고 싶지 않은 거라서 점심을 빨리 먹어야겠어요.

표현 정리 **catering service** 출장 연회 업체 **vegetarian** 채식주의자 **on the way** ~로 가는 길에, 도중에 **I bet~** 틀림없이 ~하다 **concierge** 호텔 안내 직원

4. ★★

(① 문제 유형 파악) 대화가 발생하고 있는 곳에 대해 묻고 있으므로 대화 초반부에서 장소를 나타내는 표현에 초점을 맞춰야 한다.

(② 단서 찾기) 대화 초반부에 남자가 Do you know any restaurants around this hotel?이라며 호텔 근처에 있는 식당을 묻고 있다.

(③ 정답 선택) 남자의 대화에서 this hotel이 장소를 파악할 수 있는 핵심어이다. 따라서 (B)가 정답이다.

🔍 함정 분석 남자의 대화에서 제시된 convention이나 여자가 택시를 타고 가자는 부분에서 대화 장소를 회의장이나 택시로 오해하지 않도록 주의한다. 여자가 택시를 타고 가자고 제안하였으나 남자는 호텔 직원에게 가까운 곳을 물어보겠다고 하므로 (D)는 정답이 아니다.

이 대화는 어디에서 이뤄지고 있는가?
(A) 식당
(B) 호텔
(C) 회의실
(D) 택시

8. 주제

M: **Ms. Brown, Mr. Jackson told me that you have a meeting with the budgeting committee at 3 o'clock today.**
W: Ah, yes, Mr. Turner, I need to discuss the total construction costs for the new warehouse we designed last month.
M: Then Ms. Cooper, your co-designer, is also going to attend the meeting?
W: I think so. I heard she came up here from the New York branch last night, and she will speak about our design features as well.

남: 브라운 씨, 잭슨 씨가 당신이 오늘 3시에 예산위원회와 회의가 있다고 이야기했어요.

여: 네, 터너 씨, 우리가 지난달에 설계한 새로운 창고에 대한 총 건설 비용을 논의할 필요가 있어서요.

남: 그러면, 당신의 공동 설계자인 쿠퍼 씨도 그 회의에 참석할 예정인가요?

여: 그럴 겁니다. 그녀가 뉴욕 지점에서 출발해 어젯밤에 이곳에 도착했고, 회의에서 저희 디자인의 특징에 대해 이야기할 것이라 들었거든요.

표현 정리 budgeting committee 예산위원회 warehouse 창고 co-designer 공동 설계자 speak about ~에 대해 이야기하다. ~에 대해 연설하다 design features 디자인 특징 as well 또한, 역시

1. ★

① **문제 유형 파악** 질문을 먼저 읽고 주제 문제임을 확인한다. 주제 문제의 단서는 대화 초반부에 등장하므로, 첫 번째 화자의 말에서 언급되는 소재를 파악해야 한다.

② **단서 찾기** 대화 초반부에 남자는 여자에게 Mr. Jackson told me that you have a meeting with the budgeting committee at 3 o'clock today.라고 말하며 예산위원회와 있을 회의에 대해 이야기하고 있다.

③ **정답 선택** 이후 대화에서도 오늘 있을 회의에서 다룰 내용에 대해 이야기하므로 a meeting ~ at 3 o'clock today를 An upcoming meeting으로 바꾸어 표현한 (D)가 정답이다.

대화는 주로 무엇에 관한 내용인가?
(A) 새로운 지점의 개설
(B) 수입품
(C) 회사의 구조조정
(D) 다가올 회의

W: We would like to welcome you to the Beagle Corporation. We are very delighted that you will be joining our team of sales representatives. **The training session will start on Thursday at 10 A.M.**
M: I am happy to be here. I actually expected it to start on Wednesday. I have an appointment with the dentist at 5 P.M. that day. Will that be a problem?
W: No problem. It will probably end at 3 P.M. Then, you will get to see the department where you will be working and meet your co-workers. You should be out of here by 3:30 P.M. at the latest.

여: 비글 사에 오신 여러분을 환영합니다. 저희는 여러분이 영업팀에 입사하게 되어 굉장히 기쁘게 생각합니다. 연수는 목요일 오전 10시에 시작할 예정입니다.

남: 저도 입사하게 되어 기쁩니다. 사실 저는 연수가 수요일에 있을 것으로 예상했습니다. 제가 연수가 있는 날 오후 5시에 치과 예약이 잡혀 있는데요. 문제가 될까요?

여: 아니요. 연수는 오후 3시쯤 끝날 겁니다. 그 이후에 영업부로 가서 여러분이 근무하게 될 곳과 직장 동료들을 만나보게 될 겁니다. 아무리 늦어도 3시 30분까지는 회사에서 떠나실 수가 있을 겁니다.

표현 정리 be delighted that ~하게 되어 기쁘게 생각하다 sales representative 영업 직원 training session 연수 co-worker 직장 동료 at the latest 아무리 늦어도

2. ★

① **문제 유형 파악** 주제 문제의 단서는 대화 초반부에 등장하므로, 여자의 대화에서 다뤄지는 중심 소재를 파악해야 한다.

② **단서 찾기** 여자는 남자에게 입사 환영인사를 건넨 직후 The training session will start on Thursday at 10 A.M.이라고 말하며 연수가 목요일 오전 10시로 예정되어 있음을 전달하고 있다.

③ **정답 선택** 이어지는 대화에서도 연수 일정에 대해 이야기하므로 the training session을 A training program으로 바꾸어 표현한 (D)가 정답이다.

화자들은 주로 무엇에 관해 이야기하고 있는가?
(A) 회의 일정
(B) 취업 면접
(C) 기조 연설
(D) 연수 프로그램

W: Hi, Mr. Wilson! **Did you book train tickets for the accounting seminar yet? Why don't we catch the same train to London and go down together?**
M: Oh, Ms. King, I'm looking at the train schedule now. I think I will travel down on Monday and stay until Wednesday. Sound okay to you?
W: Well, I can't stay for the whole seminar as I have an important meeting to attend in Berlin. We can still get the train to London together, and I will fly to Berlin on Thursday morning.

여: 안녕하세요, 윌슨 씨! 회계 세미나에 가기 위한 기차표를 예매하셨나요? 우리 함께 런던행 열차를 타고 내려가면 어떨까요?

남: 오, 킹 씨, 제가 지금 열차 시간표를 보고 있어요. 저는 월요일에 기차를 타고 내려가서 수요일까지 머무를 계획인데요. 괜찮으시겠어요?

여: 글쎄요, 저는 베를린에 참석해야 할 중요한 회의가 있어서 세미나 기간 동안 내내 머무르진 못해요. 런던행 열차를 함께 타고 가서 저는 목요일 아침에 베를린으로 떠나면 되겠네요.

표현 정리 book 예약하다. 예매하다　catch a train 기차를 타다　fly to ~로 비행기를 타고 가다

3. ★★

❶ 문제 유형 파악 주제 문제의 단서는 대화 초반부에 등장하므로, 여자의 말을 집중해서 들으며 중심 소재를 파악한다.

❷ 단서 찾기 화자가 Did you book train tickets for the accounting seminar yet? Why don't we catch the same train to London and go down together?라고 하며 회계 세미나에 가기 위한 기차표를 예매했는지 확인하고 함께 가자고 물어보고 있다.

❸ 정답 선택 세미나에 가기 위해 열차를 함께 타자는 이야기이므로 대화의 주제는 출장, 즉, (C)가 정답이다.

대화는 주로 무엇에 관한 내용인가?
(A) 회계 감사
(B) 표 가격
(C) 출장
(D) 베를린의 호텔들

W: Hi, Mr. White. This is Lisa Winston at Winston Real Estate. **How is construction going on the country house block?**
M: Actually, faster than we had expected. We obtained work permits within a week, when we expected it to take at least three weeks. Being ahead of schedule, I predict that the country house complex will be fully constructed by the beginning of October.
W: That's great news. I have many interested people waiting to view our country houses, so let me know when I can bring them round.

여: 안녕하세요, 화이트 씨. 저는 윈스턴 부동산 중개소의 리사 윈스턴입니다. 전원주택 단지 공사가 얼마나 진행되었나요?

남: 사실, 우리가 예상했던 것보다 빠릅니다. 저희가 적어도 3주는 걸릴 것이라고 예상했던 작업 허가를 1주일 내에 받았거든요. 예정보다 앞서고 있기 때문에, 전원주택 단지는 10월 초까지는 완공될 것이라고 예상합니다.

여: 좋은 소식이군요. 저희 전원주택에 관심이 있어 직접 보려고 대기 중인 사람들이 많아서요. 언제 그분들을 모시고 둘러볼 수 있을지 알려주세요.

표현 정리 obtain 얻다, 획득하다　permit 허가, 허가증　ahead of schedule 일정보다 앞선, 예정보다 먼저　predict 예측하다, 예언하다 country house complex 전원주택 단지

4. ★★★

❶ 문제 유형 파악 주제 문제의 단서는 대화 초반부에 등장하므로, 대화 초반부를 집중해서 듣는다.

❷ 단서 찾기 대화 초반부에 여자는 How is construction going on the country house block?이라며 현재 진행 중인 전원주택 공사에 대해 언급하고 있다.

❸ 정답 선택 이어진 대화에서도 건축 공사에 대한 내용이므로 (C)가 정답이다.

🔍 함정 분석 대화 전반에 등장했던 house가 포함된 (D)를 고르지 않도록 한다. 전원주택 공사 일정을 확인하는 대화이고, 주택 광고에 대한 대화가 아니므로 주제가 될 수 없다.

화자들은 무엇에 관해 이야기하고 있는가?
(A) 임대 계약
(B) 주차 허가증
(C) 건축 공사
(D) 주택 광고

---

9. 목적

W: Hello. I am calling from the Boston branch of GU, Inc. I was given your number by our human resources division. **This is regarding my transfer to your branch in Germany. I need help finding accommodations in Berlin.**
M: We have an excellent real estate agent we've worked with before. He can speak both German and English. I can put you in contact with him. He would be able to help you.
W: That's super. Can I have his name and number? I will call him right away. I much prefer a place close to the office.

여: 안녕하세요, 저는 GU 사의 보스턴 지사에 근무하는 사람입니다. 저희 회사의 인사부를 통해 귀하의 연락처를 알게 되었습니다. 전화를 건 이유는 독일로의 전근과 관련이 있습니다. 제가 베를린에서 머물 숙소를 찾는 데 도움을 얻고 싶습니다.

남: 예전에 저희와 함께 일했던 훌륭한 부동산 중개업자가 한 분 계시는데, 그분이 독일어와 영어를 모두 구사하시는 분이세요. 그분께 연락을 취해 드릴게요. 아마 도움을 주실 수 있을 겁니다.

여: 정말 잘됐군요. 혹시 그분 성함과 전화번호를 알 수 있을까요? 제가 바로 전화를 걸어 보겠습니다. 사무실에서 가까운 곳에 머물 곳을 정하고 싶어요.

표현 정리 call from ~에서 연락하다　branch 지사　human resources division 인사과, 인사부　regarding ~와 관련하여　transfer 전근; 전근가다　accommodations 숙박 시설　real estate agent 부동산 중개업자

prefer 선호하다

1. ★★

① 문제 유형 파악 여자가 전화를 건 목적에 대해 묻고 있으므로 대화 초반부 여자의 이야기에서 제시되는 단서에 집중해야 할 필요가 있다.

② 단서 찾기 여자는 대화 초반부 This is regarding my transfer to your branch in Germany. I need help finding accommodations in Berlin.이라고 하며 독일로의 전근을 언급한 후 그곳에서의 숙소 문제에 대한 도움을 받고 싶다고 밝히고 있다.

③ 정답 선택 전근에 따른 도움을 얻기 위한 목적으로 연락을 했으므로 정답은 transfer를 relocation으로 바꾸어 표현한 (B)가 정답이다.

🔍 **함정 분석** 여자의 마지막 대화 I will call him right away.를 듣고 (A)로 헷갈릴 수 있다. 여자는 숙소를 찾는데 도움을 줄 수 있는 중개업자와 통화하려는 것이지 부서장과 통화하는 것이 아니므로 오답이다.

여자가 전화를 건 이유는 무엇인가?
(A) 부서장과 통화하기 위해
(B) 전근과 관련해 도움을 얻기 위해
(C) 인사부와의 회의 일정을 잡기 위해
(D) 생활비에 대해 알아보기 위해

W: Good morning and thanks for calling LS Electronics. How may I help you?
M: Hello. **I live on Mission Street, and I need directions to your store.** According to your Web site, your audio equipments are on special sale right now and I'd like to take a look at some of them.
W: No problem. From Mission Street you can take the number 443 bus which stops very near our store. However, we'e closing in 30 minutes, so I would suggest that you visit the store tomorrow. The store will be open from 8 A.M. to 10 P.M.

여: 안녕하세요. LS 전자에 전화 주셔서 감사합니다. 어떻게 도와드릴까요?

남: 안녕하세요. 저는 미션 가에 사는데요. 상점으로 가는 길을 알고 싶어서요. 거기 웹사이트에 따르면, 지금 오디오 기기를 특별 할인 판매 중이라고 해서 한번 보고 싶어서요.

여: 좋습니다. 미션 가에서 저희 상점 가까이에 정차하는 443번 버스를 타시면 됩니다. 그렇지만, 저희는 30분 후면 폐점을 합니다. 그래서 내일 저희 상점을 방문하시길 권고해드리고 싶습니다. 저희 상점은 오전 8시부터 오후 10시까지 영업합니다.

표현 정리 **directions** 길 안내 **take a look at** ~을 훑어보다 **stop** 멈추다, 정차하다 **very near** 바로 근처에

2. ★

① 문제 유형 파악 전화를 건 이유나 목적은 결국 전화상으로 이뤄지는 대화의 주제를 묻는 질문이므로 대화 초반부에 다루는 내용에 집중해야 한다.

② 단서 찾기 남자가 여자에게 I live on Mission Street, and I need

directions to your store.라고 하며 상점으로 가는 길을 묻고 있다.

③ 정답 선택 남자는 여자에게 상점까지 가는 길 안내를 받고자 하므로 directions to your store를 a route to the store로 바꾸어 표현한 (D)가 정답이다.

남자가 전화를 건 이유는 무엇인가?
(A) 배송 주소를 알기 위해서
(B) 불만사항을 제기하기 위해서
(C) 신제품을 주문하기 위해서
(D) 가게로 가는 길안내를 받기 위해서

W: Hello. Delta Electronics Customer Service. This is Julia Cornell. How can I help you today?
M: I'm calling about my cell phone that I got from your downtown store. **I just brought it home, and I don't know why, but I can't get it to work.** I plugged it in to charge it, but the charging light won't come on.
W: I'm sorry about that. I can think of a number of reasons why that might have happened. We can have you send it here so that we can look at it, but I think perhaps it may be best if you returned it and got a new one.

여: 안녕하십니까, 델타 전자 고객서비스부의 줄리아 코넬입니다. 무엇을 도와드릴까요?

남: 제가 시내에 있는 매장에서 구입한 휴대전화에 대해 문의를 좀 하려고요. 지금 집에 도착했는데, 이유는 모르겠지만 제가 산 전화기가 작동하지 않네요. 충전을 하려고 전기 코드를 꽂았는데 충전 불빛이 들어오지 않아서요.

여: 죄송합니다. 그 문제는 여러 가지 이유가 있을 수 있는데요. 저희 쪽에 제품을 보내시면 확인해드릴 수 있습니다. 하지만 그 제품은 반납하시고 새 제품을 받으시는 것이 가장 좋은 방법일 듯합니다.

표현 정리 **cell phone** 휴대전화 **plug it in** 플러그를 전기 코드에 꽂다 **charge** 충전하다 **perhaps** 어쩌면, 아마도 **return** 반품하다, 복귀하다

3. ★★★

① 문제 유형 파악 남자가 전화를 건 이유에 대해 묻고 있으므로, 대화 초반부 남자의 대화 내용에서 남자가 전화를 건 목적을 파악해야 한다.

② 단서 찾기 남자가 I just brought it home, and I don't know why, but I can't get it to work.라고 이야기하는 부분을 통해 남자는 자신이 구매한 제품이 제대로 작동하지 않고 있음을 알리고자 연락했음을 알 수 있다.

③ 정답 선택 남자는 구입한 휴대전화가 작동하지 않는다는 것을 고객서비스부에 이야기하고 있으므로 (C)가 정답이다.

🔍 **함정 분석** 여자의 마지막 대화 but I think perhaps it may be best if you returned it and got a new one.을 통해 (B)로 헷갈릴 수 있다. 여자가 남자에게 휴대전화를 반납하고 새 상품을 받으라는 해결책을 제시한 것이지 남자가 주문을 취소하려는 내용이 아니므로 답이 될 수 없다.

남자가 전화를 건 이유는 무엇인가?
(A) 전화 요금이 너무 많이 나왔다.

(B) 주문을 취소하고 싶어 한다.
(C) 전화기가 제대로 작동하지 않는다.
(D) 시내에 있는 매장으로 가는 길을 알고 싶어 한다.

W: Hello. **I bought a refrigerator at your store this morning, but I heard from the store that you'll be delivering my new refrigerator today.**
M: Yes, we will. You are Mrs. Jackson, right?
W: Yes, I am. Can you take away my old refrigerator as well?
M: Sure. There will be an additional cost for that service though.

여: 여보세요, 오늘 아침에 귀하의 매장에서 냉장고를 구입했는데, 냉장고를 오늘 배달해 줄 것이라고 들었습니다.
남: 네, 맞습니다. 잭슨 씨 맞으시죠?
여: 네, 맞아요. 제 예전 냉장고도 가져가 주시겠어요?
남: 물론입니다. 하지만 그에 대한 추가 비용이 있을 겁니다.

표현 정리 **refrigerator** 냉장고 **delivery** 배달 **as well** 또한, 역시 **additional** 추가의

4. ★

❶ 문제 유형 파악 여자가 전화를 건 목적을 묻는 문제이므로, 대화 초반부 여자의 대화에서 단서를 찾는다.

❷ 단서 찾기 여자의 첫 대화 I bought a refrigerator at your store this morning, but I heard from the store that you'll be delivering my new refrigerator today.에서 구입한 냉장고가 오늘 배달되는 것이 맞는지 확인하고 있다.

❸ 정답 선택 배송을 확인하기 위한 전화이므로 (D)가 정답이다.

여자의 전화 목적은 무엇인가?
(A) 주문을 하기 위해
(B) 수리를 요청하기 위해
(C) 새 냉장고를 구입하기 위해
(D) 배송을 확인하기 위해

---

10. 화자의 정체

W: **Hi, Mr. Porter. This summer, I read an article about your series of books.** It sounds really exciting.
M: Yes, I am writing a series of how-to books for all things related to the home, from decorating to fixing things.
W: When will the books be published?
M: They should be out in stores this fall. That will be just in time to learn how to prepare your house for winter and to get tips for conserving energy.

여: 안녕하세요, 포터 씨. 이번 여름에 당신이 쓰고 있는 시리즈 도서에 대한 기사를 읽었어요. 정말 흥미롭더군요.
남: 네, 장식에서 수리에 이르기까지 주택에 관련된 모든 것을 담은 '하우투' 시리즈 도서를 쓰고 있어요.
여: 언제 출판될 예정인가요?
남: 이번 가을에 나올 겁니다. 겨울에 대비해 주택을 관리하는 방법도 배우고 에너지를 절약하는 법에 대한 정보도 함께 얻을 수 있게 말이죠.

표현 정리 **related to** ~와 관련된 **decorate** 장식하다 **fix** 수리하다 **publish** 출간하다 **be just in time to do** ~하는 적기이다 **prepare** 준비하다 **conserve** 보존하다

1. ★

❶ 문제 유형 파악 남자의 정체를 묻는 질문으로 대화 초반부에 남자의 정체를 유추할 수 있는 관련 표현에 집중해야 한다.

❷ 단서 찾기 대화 초반부에 여자가 Hi, Mr. Porter. This summer, I read an article about your series of books.라고 하며 남자가 쓴 시리즈 도서에 대한 기사를 읽었다고 언급한다.

❸ 정답 선택 an article about your series of books라는 표현을 통해 남자는 책을 쓰는 저자임을 추측할 수 있으므로 (C)가 정답이다.

남자는 누구인가?
(A) 기자
(B) 패션 디자이너
(C) 저자
(D) 영업 사원

W: Mr. Keller, **I'd like you to work with Ms. Shin on the surround sound speakers for the new home theater model.** Ms. Shin had been working alone for a while and she could really use some help.
M: No problem. **We worked together on some of the sound engineering tests,** and we made a great team.
W: Exactly. Actually, Ms. Shin recommended that I ask you to help her. She said you're rather experienced in designing speakers and you could really help her.
M: Sure. I'll get in touch with her and arrange to meet up later today.

여: 켈러 씨, 신 씨와 함께 신형 홈 시어터 모델의 서라운드 사운드 스피커 작업을 해주셨으면 합니다. 신 씨가 한동안 혼자 일해 왔는데, 정말로 도움이 필요해서요.
남: 알았습니다. 저희는 사운드 엔지니어링 테스트를 함께 한 적이 있는데요, 정말 훌륭한 팀을 이뤘어요.
여: 맞아요. 사실, 당신에게 그녀를 도와주라고 부탁해달라고 한 것도 신 씨였어요. 당신은 스피커 디자인에 경험이 있고, 그녀에게 큰 도움이 될 거라고 말했어요.
남: 물론이죠. 그녀와 연락을 해서 오늘 오후에 만나기로 하겠습니다.

표현 정리 **for a while** 한동안 **could use some help** 도움을 필요로 하

다 **get in touch with** ~와 연락하다 **arrange** 정하다, 준비하다

2. ★★

❶ 문제 유형 파악 남자의 정체에 대해 묻는 문제이므로 대화 초반부에서 남자의 정체를 가늠할 수 있을 만한 표현에 초점을 맞춰야 한다.

❷ 단서 찾기 여자가 대화 시작과 함께 I'd like you to work with Ms. Shin on the surround sound speakers for the new home theater model.이라며 남자에게 신 씨와 함께 새로운 서라운드 사운드 스피커 작업을 해달라고 요청하였고, 이어서 남자가 We worked together on some of the sound engineering tests라고 하며 예전에 사운드 엔지니어링 테스트를 함께 했다고 밝히고 있다.

❸ 정답 선택 이를 통해 남자는 스피커를 개발하는 사람임을 유추할 수 있으므로 (C)가 정답이다.

🔍 **함정 분석** 여자의 첫 대화를 듣고 (A)를 고르지 않도록 한다. 스피커가 고장난 상황이 아니라 스피커 작업에 도움이 필요한 것이므로 (A)는 오답이다.

남자는 누구일 것 같은가?
(A) 수리공
(B) 부동산 중개업자
(C) 기술자
(D) 영업 사원

M: Good day. **I'm here for the Masterpieces of Dutch Painting Exhibition.** Do you know where I can find the help desk? I'm trying to find the room with the Rembrandt paintings.
W: Yes, it's just by the main staircase in the exhibition room on the first floor. Can I help you with anything?
M: Sure. Could you tell me where I can find a guidebook? I think I need one because I've never been here before.
W: There are lots of guidebooks in the lobby and also at the entrance to the first room.

남: 안녕하세요. 저는 네덜란드 걸작 전시회를 관람하려고 왔는데요. 안내 데스크가 어디 있는지 아세요? 제가 렘브란트의 그림들이 있는 전시실을 찾고 있어서요.

여: 네, 1층 전시실에 있는 중앙 계단 옆에 있어요. 다른 도와드릴 만한 일이 있을까요?

남: 네. 안내책자를 어디에서 찾을 수 있는지 알려주실 수 있으세요? 제가 이곳에 와 본 적이 없어서 책자가 필요할 것 같아요.

여: 로비하고 첫 번째 전시실로 들어가는 입구에 안내책자가 많이 있습니다.

표현 정리 **masterpiece** 명작, 걸작 **entrance** 입구 **guidebook** 안내서

3. ★★

❶ 문제 유형 파악 남자의 정체를 묻고 있으므로 남자의 정체를 파악할 수 있는 관련 어휘나 표현에 집중한다.

❷ 단서 찾기 대화 시작과 함께 남자가 I'm here for the Masterpieces of Dutch Painting Exhibition.이라며 자신이 네덜란드 화가 걸작 전시회에 왔음을 밝히고 있다.

❸ 정답 선택 이를 통해 남자는 전시회를 관람하러 온 방문객임을 유추할 수 있으므로 (C)가 정답이다.

남자는 누구일 것 같은가?
(A) 관광 가이드
(B) 경비원
(C) 방문객
(D) 학자

M: Did you listen to the Rock Spirit radio show last night? **They reviewed our latest CD.** It was a really positive review.
W: Wow, that's really good news. **Did the DJ like all of our songs?**
M: Most of them, yes. I think the radio show will be repeated tonight, so you can listen to it for yourself.
W: Thanks, I will. I'm guessing that means more people will come to our concerts now. We may have to book larger venues.

남: 어젯밤 록 스피릿 라디오 쇼를 들었어요? 그들이 우리 최신 CD에 대해 상당히 긍정적으로 평가했어요.

여: 와, 정말 좋은 소식이네요. DJ가 CD에 수록된 우리 노래를 모두 좋아했나요?

남: 대부분 그랬어요. 오늘 밤에 그 라디오 쇼가 재방송되니까 들어 볼 수 있을 거예요.

여: 고마워요, 그럴게요. 더 많은 사람들이 우리 콘서트에 올 것이란 생각이 드네요. 아마 우리가 더 큰 공연장을 예약해야 할지도 모르겠어요.

표현 정리 **review** 검토, 논평; 비평하다 **positive** 긍정적인 **venue** 장소, 개최지

4. ★★

❶ 문제 유형 파악 화자의 정체에 대해 묻고 있으므로 대화 초반부에서 화자의 정체를 파악할 수 있는 표현에 집중한다.

❷ 단서 찾기 대화 초반부에서 남자가 They reviewed our latest CD.라며 라디오 쇼에서 그들의 CD를 평가했다고 이야기하고 있다.

❸ 정답 선택 latest CD나 이어진 대화에서 나오는 our songs 등을 통해 화자들은 음악가임을 알 수 있으므로 (D)가 정답이다.

🔍 **함정 분석** 남자의 첫 대화 Did you listen to the Rock Spirit radio show last night?를 듣고 (C)로 헷갈리지 않도록 한다. 화자들의 노래가 라디오 쇼에서 긍정적인 평가를 받았다는 내용이므로 (C)는 오답이다.

화자들은 누구일 것 같은가?
(A) 언론인
(B) 음악 평론가

(C) 라디오 DJ
(D) 음악가

Part 3 - 지문 유형

1. 사내 업무

W: Mr. Potter, **1 Someone from company headquarters called and said the training materials you ordered for the employee orientation just arrived.**
M: Excellent. **2 Could you pick up the supplies and deliver them to the training center by 11 A.M. this Thursday?** Everything will fit in your car easily. **3 Once you've done that, please take the invoice over to the finance department.**
W: **3 No problem. Would you like me to make you a copy of that?**
M: That's a good idea. Please make a copy and give it to me directly.

여: 포터 씨, 본사에서 어떤 분이 전화했는데, 직원 오리엔테이션을 위해 당신이 주문한 교육 자료들이 막 도착했다고 말하더군요.
남: 좋아요. 그 물품들을 찾아서 교육 센터에 이번 목요일 오전 11시까지 전달해 주실래요? 모든 것이 당신 차에 쉽게 들어갈 거예요. 그 일을 마치면 송장을 재무과로 가져다주세요.
여: 알겠습니다. 복사를 한 부 해드릴까요?
남: 좋은 생각이네요. 한 부 복사해서 제게 바로 전해주세요.

표현 정리 **headquarters** 본사 **pick up** 찾다. 태우다 **fit** 꼭 맞다. 어울리다 **invoice** 송장 **make a copy** 복사하다

1. ★★

① 문제 유형 파악 질문의 키워드는 What, discussing이며, 주제를 묻는 첫 번째 질문이므로 대화 초반부에서 중점적으로 언급되는 소재에 집중해야 한다.

② 단서 찾기 대화 시작과 함께 여자가 Someone from company headquarters called and said the training materials you ordered for the employee orientation just arrived.라며 직원 오리엔테이션을 위해 남자가 주문한 교육 자료가 도착했음을 전하고 있다.

③ 정답 선택 대화 주제는 추후에 있을 직원 오리엔테이션에 필요한 교육 자료임을 알 수 있으므로 the employee orientation을 future event로 바꾸어 표현한 (A)가 정답이다.

🔍 함정 분석 대화에서 언급된 orientation만 듣고 (B)로 혼동하지 않는다. 오리엔테이션을 위한 교육 자료에 대한 내용이며, 오리엔테이션 활동에 대한 언급은 없었으므로 대화의 주제가 될 수 없다.

화자들은 주로 무엇에 관해 논의하고 있는가?
(A) 항후 행사를 위한 용품들

(B) 오리엔테이션을 위한 활동들
(C) 교육 일정의 변경
(D) 심각한 경제 침체 상황

2. ★★

① 문제 유형 파악 질문의 키워드는 man, ask이며, 남자가 여자에게 요청하는 것을 묻고 있으므로 남자의 대화에서 단서를 찾아야 한다. 여자에게 요청하는 행동을 찾아야 하므로 남자의 말에서 동사에 집중해야 한다.

② 단서 찾기 남자가 여자에게 Could you pick up the supplies and deliver them to the training center by 11 A.M. this Thursday?라며 목요일 오전까지 교육 센터로 자료를 가져다 줄 것을 요청하고 있다.

③ 정답 선택 남자는 여자에게 교육 자료들을 수령해 전달해줄 것을 당부하고 있으므로 정답은 (B)이다.

남자가 여자에게 요청하는 것은 무엇인가?
(A) 출발 시간을 알려줄 것
(B) 배달을 할 것
(C) 주문을 취소할 것
(D) 기금 마련 행사를 준비할 것

3. ★★★

① 문제 유형 파악 질문의 키워드는 woman, photocopy이며, 여자가 무엇을 복사할지 묻는 마지막 질문이므로 대화 후반부에서 키워드가 언급되는 부분을 중심으로 단서를 파악해야 한다.

② 단서 찾기 남자는 여자에게 Once you've done that, please take the invoice over to the finance department.라며 송장을 재무과로 가져다 줄 것을 당부하고, 이어서 여자가 Would you like me to make you a copy of that?이라며 자신이 송장을 복사해줄 원하는지 묻는다.

③ 정답 선택 따라서 여자는 송장을 복사할 것이므로 정답은 (C)이다.

여자는 무엇을 복사할 것인가?
(A) 일정표
(B) 직원 명부
(C) 송장
(D) 월간 보고서

M: **4 I just got a message from Ms. Anderson. It is snowing in Ottawa and she won't get back to New York until tomorrow because the international airport is closed.**
W: Oh no! **5 Our contract negotiation is at 9 A.M.** tomorrow. We can't possibly put it off.
M: There will be no need to worry anyway. **6 She will be arriving tonight by express train instead.**
W: Thank goodness! She knows more about the contract than anyone else and she'll be the best person to negotiate on our behalf tomorrow.

남: 제가 지금 막 앤더슨 씨로부터 연락을 받았습니다. 오타와에 폭설이 내려서 국제공항이 폐쇄되는 바람에 내일까지는 뉴욕으로 항공편으로는 복귀할 수가 없다고 합니다.

여: 아, 그럼 안 되는데! 계약 협상이 내일 아침 9시에 있거든요 일정을 미룰 수 없어요.

남: 하지만 걱정하지 않으셔도 됩니다. 대신 그녀는 오늘 저녁에 급행열차를 타고 오신답니다.

여: 정말 다행이네요! 앤더슨 씨가 이번 계약에 대해 다른 누구보다 잘 알고 있어서 내일 우리를 대표해 협상을 할 최적임자거든요.

표현 정리 **contract negotiation** 계약 협상 **put off** 연기하다 **negotiate** 협상을 하다 **on our behalf** 우리를 대표하여

4. ★★

① 문제 유형 파악 질문의 키워드는 Why, Anderson, send a message이며, 앤더슨 씨가 남자에게 메시지를 보낸 이유를 묻고 있다. 세 문제 중 첫 번째 질문이므로 대화 초반부 남자의 대화 내용에 집중해야 한다.

② 단서 찾기 남자는 대화 시작과 함께 I just got a message from Ms. Anderson. It is snowing in Ottawa and she won't get back to New York until tomorrow because the international airport is closed.라며 오타와에 눈이 많이 내려 공항이 폐쇄되고 앤더슨 씨가 뉴욕으로 돌아올 수 없을 것이라고 말하고 있다.

③ 정답 선택 오타와에서 폭설로 인한 공항 폐쇄로 앤더슨 씨가 내일까지 항공편을 이용해 뉴욕으로 복귀하는 것이 불가능하다고 밝히고 있다. 따라서 앤더슨 씨가 항공편 취소를 알리기 위해 메시지 보냈음을 알 수 있으므로 정답은 (D)이다.

앤더슨 씨가 남자에게 메시지를 보낸 이유는 무엇인가?
(A) 그녀의 여권이 사라졌다.
(B) 오타와에서의 그녀의 회의가 늦게 끝났다.
(C) 그녀의 발표가 준비되지 않았다.
(D) 그녀의 항공편이 취소되었다.

5. ★

① 문제 유형 파악 질문의 키워드는 When, meeting이며, 고객과의 회의 일정에 대해 묻고 있다. 대화에서 키워드가 제시되는 부분을 중심으로 단서를 파악해야 한다.

② 단서 찾기 여자가 Our contract negotiation is at 9 A.M. tomorrow.라며 계약 협상이 내일 오전 9시임을 밝히고 있다.

③ 정답 선택 따라서 고객과의 회의는 내일 오전이므로 정답은 (B)이다.

고객과의 회의는 언제인가?
(A) 오늘 밤
(B) 내일 아침
(C) 내일 모레
(D) 다음 주

6. ★

① 문제 유형 파악 질문의 키워드는 how, Anderson, travel to New York이며, 앤더슨 씨가 뉴욕으로 복귀하는 교통수단에 대해 묻고 있다. 대화 후반부 앤더슨 씨로부터 메시지를 받은 남자의 대화에서 교통수단이 제시되는 부분에 집중해야 한다.

② 단서 찾기 남자는 She will be arriving tonight by express train instead.라며 그녀가 비행기 대신 급행열차를 타고 복귀할 것임을 전달하고 있다.

③ 정답 선택 앤더슨 씨는 급행열차를 타고 뉴욕으로 돌아올 것이므로 정답은

(B)이다.

남자에 따르면, 앤더슨 씨는 어떻게 뉴욕으로 올 것인가?
(A) 비행기로
(B) 기차로
(C) 차로
(D) 버스로

---

2. 상품 및 서비스

W: Hello, **¹I'm calling to make a dinner reservation for this Saturday evening.** What do you have available?
M: Actually, **²we don't take reservations at our Eco-Friendly Restaurant ³but we do offer call ahead seating.**
W: Oh, I didn't realize that. How does that work?
M: It's easy. **³All you have to do is call in after 5 P.M. on Saturday and tell us how many are in your party and what time you will be arriving.** Then we will put your name down on the list and attempt to get you a table within 20 minutes of your arrival.

여: 안녕하세요. 이번 주 토요일 저녁에 식사 예약을 하려고 전화했어요. 자리가 있나요?

남: 사실, 저희 에코프렌들리 레스토랑에서는 예약을 받지 않습니다만, 미리 전화해 자리를 배정받는 서비스를 권해 드립니다.

여: 아, 그걸 몰랐네요. 그건 어떻게 하는 거죠?

남: 간단합니다. 그냥 토요일 오후 5시 이후에 전화하셔서 일행이 몇 분이고, 몇 시에 도착할지 우리에게 알려주시면 됩니다. 그러면 저희가 목록에 이름을 적어놓고, 도착하시면 20분 이내에 테이블을 마련해볼 것입니다.

표현 정리 **make a reservation** 예약하다 **take reservations** 예약을 받다 **call ahead seating** 미리 전화해 자리 배정받기(미리 전화하면 대기 시간을 줄여주는 서비스) **put down** ~을 적다 **attempt to do** ~하려고 애써 보다

1. ★

① 문제 유형 파악 질문의 키워드는 Why, woman, calling이며, 여자가 전화한 이유를 묻는 문제이다. 전화를 건 목적에 대한 단서는 대화 초반부에 등장하므로 여자의 첫 대화를 집중해서 들어야 한다.

② 단서 찾기 여자의 첫 번째 대화 I'm calling to make a dinner reservation for this Saturday evening.에서 여자는 레스토랑 예약을 하려고 전화했음을 밝히고 있다.

③ 정답 선택 여자가 전화를 건 이유는 예약하기 위함이므로 정답은 (A)이다.

여자는 왜 전화하는가?
(A) 예약을 하기 위해
(B) 친구를 저녁식사에 초대하기 위해
(C) 예약을 취소하기 위해

(D) 포장 음식을 주문하기 위해

2. ★

① 문제 유형 파악 질문의 키워드는 problem이며, 문제점이 무엇인지를 묻는 문제이다. 선택지를 미리 파악한 후에 대화를 들으면 실수를 줄일 수 있다.

② 단서 찾기 여자는 예약을 하려고 전화했지만, 남자는 첫 번째 대사 we don't take reservations at our Eco-Friendly Restaurant에서 레스토랑이 예약을 받지 않는다고 전하고 있다.

③ 정답 선택 선택지에 take reservations를 그대로 제시한 (D)가 정답이다.

🔍 **함정 분석** 대화에 나온 All you have to do is call in after 5 P.M. on Saturday에서 5 P.M.을 듣고 (B)를 답으로 혼동하지 않도록 한다. 자리를 배정받기 위해 5시 이후에 전화를 해야 한다고 알려주는 내용이고, 5시는 폐점 시간이 아니므로 (B)는 오답이다.

문제가 무엇인가?
(A) 요청 받은 시간에 이용할 테이블이 없다.
(B) 업체가 5시에 문을 닫는다.
(C) 저녁식사 가격이 만만치 않다.
(D) 레스토랑이 예약을 받지 않는다.

3. ★★★

① 문제 유형 파악 질문의 키워드는 What, man, suggest이며, 남자가 제안하는 내용을 묻는 문제이다. 남자의 대화에서 단서가 제시되므로 남자의 말에 집중해야 한다.

② 단서 찾기 남자가 예약은 받지 않고 전화로 자리를 배정받을 수 있다고 하자, 여자는 call ahead seating에 대해 물었다. 이에 남자는 All you have to do is call in after 5 P.M. on Saturday and tell us how many are in your party and what time you will be arriving.이라며 그 방식에 대해 구체적으로 설명한다.

③ 정답 선택 남자가 권하는 것은 전화해서 자리 배정받기 서비스이므로 (C)가 정답이다.

남자는 무엇을 제안하는가?
(A) 나중에 취소가 있는지 확인해볼 것
(B) 다른 곳을 알아볼 것
(C) 미리 전화해 자리 배정받기 서비스를 이용할 것
(D) 다른 날에 올 것

W: Hi. ⁴**I need to get a new laptop for my daughter, and my friend recommended your store.**
M: You are lucky ⁵**because a special promotion just started yesterday. You can get 30% off everything.**
W: Wow, that sounds great! So ⁶**could you recommend the newest product?**
M: Sure. Let me show you the laptop that just arrived. I'm sure you'll love it.

- -

여: 안녕하세요, 제 딸을 위해 새로운 노트북 컴퓨터가 필요한데, 제 친구가 당신의 가게를 추천해 주었어요.
남: 운이 좋으시네요. 저희 특별 행사가 어제 막 시작되었거든요. 어떤 제품이든 30퍼센트 할인을 받으실 수 있습니다.

여: 와, 잘 됐네요! 그럼 최신 상품으로 추천해 주시겠어요?
남: 물론이죠, 막 도착한 노트북 컴퓨터를 보여드리겠습니다. 분명 좋아하실 겁니다.

표현 정리 laptop 노트북 컴퓨터 recommend 추천하다 special promotion 특별 할인 행사 get 30% off 30퍼센트 할인 받다

4. ★★

① 문제 유형 파악 질문의 키워드는 Where, conversation, taking place이며, 대화가 이루어지는 장소를 묻는 문제이다. 장소가 직접적으로 언급되기도 하지만, 장소를 나타내는 관련 표현을 듣고 유추해야 하는 문제들이 주로 출제된다.

② 단서 찾기 대화 초반부에 여자가 I need to get a new laptop for my daughter, and my friend recommended your store.라며 노트북 컴퓨터를 사기 위해 매장에 왔다고 말하고 있다.

③ 정답 선택 여자는 노트북 컴퓨터를 사려는 것이므로 정답은 (C)이다.

대화가 어디에서 일어나고 있는가?
(A) 슈퍼마켓
(B) 가구점
(C) 전자제품 매장
(D) 옷가게

5. ★★

① 문제 유형 파악 질문의 키워드는 What, man, store이며, 남자가 매장에서 무엇을 할 것이라고 말하는지를 묻는 세부사항 문제이다. 남자가 말한 내용에 대해 묻고 있으므로 남자의 대화에서 단서를 찾아야 한다.

② 단서 찾기 남자는 because a special promotion just started yesterday. You can get 30% off everything.이라며 어제부터 특별 행사를 시작하여 전품목 30% 할인을 받을 수 있다고 밝히고 있다.

③ 정답 선택 어제부터 매장에서 특별 할인이 시작되었다고 하였으므로 정답은 (D)이다.

🔍 **함정 분석** 남자의 말 You can get 30% off everything.에서 30%를 듣고 (B)로 혼동하지 않도록 한다. 특별 할인으로 30% 세일을 하는 것이지 개업 기념 세일이 아니므로 (B)는 답이 될 수 없다.

남자는 가게에서 무엇을 하고 있다고 말하는가?
(A) 보수 공사
(B) 개업 기념 세일
(C) 재고 정리 세일
(D) 특별 행사

6. ★

① 문제 유형 파악 질문의 키워드는 woman, request이며, 여자가 요구하는 것이 무엇인지를 묻는 문제이다. 여자의 대화에서 단서를 찾아야 한다.

② 단서 찾기 여자는 could you recommend the newest product?라고 물어보며 가장 최근 상품을 추천해 줄 것을 요청하고 있다.

③ 정답 선택 여자는 가장 최신 상품을 요구하므로 정답은 (A)이다.

여자가 요구하는 것은 무엇인가?
(A) 최신 노트북 컴퓨터
(B) 가장 저렴한 노트북 컴퓨터

(C) 가장 가벼운 노트북 컴퓨터
(D) 가장 작은 사이즈의 노트북 컴퓨터

3. 시설 및 사무기기

M: Hi. **¹This is Martin from the technical support team. I got a call from someone in your staff that a computer isn't working.**
W: Thanks for coming. **²Suddenly, the computer shut down when I was about to complete my project. After that, I couldn't turn it back on.**
M: I think I should take your computer to my office to check it out.
W: Okay. **³But can you fix it by tomorrow?** I have to finish my work before this weekend.

남: 안녕하세요, 저는 기술지원팀의 마틴입니다. 컴퓨터가 작동하지 않는다고 직원에게 연락을 받았습니다.

여: 와 주셔서 감사합니다. 제가 프로젝트를 완성할 때쯤 갑자기 꺼졌습니다. 그 뒤에는 컴퓨터를 켤 수 없어요.

남: 제 생각에는 당신 컴퓨터를 제 사무실로 가져가서 확인해야 할 것 같네요.

여: 알겠습니다. 하지만 내일까지 고쳐주실 수 있나요? 제 일을 이번 주말까지 끝내야 하거든요.

표현 정리 technical support team 기술지원팀 **shut down** 끄다, 꺼지다

1. ★

❶ 문제 유형 파악 질문의 키워드는 Who, man이며, 남자가 누구인지 묻는 질문이다. 화자의 정체는 직업을 나타내는 어휘나 표현을 통해 추측해야 한다. 주로 대화 초반부에 회사나 부서 등이 언급된다.

❷ 단서 찾기 대화 초반부에 남자는 This is Martin from the technical support team. I got a call from someone in your staff that a computer isn't working.이라며 자신이 기술지원팀에서 나왔다고 하고 컴퓨터가 작동되지 않는다는 전화를 받고 왔음을 밝히고 있다.

❸ 정답 선택 따라서 남자는 기술지원팀에서 컴퓨터를 고치는 역할을 하므로 정답은 (D)이다.

남자는 누구일 것 같은가?
(A) 회계사
(B) 건축가
(C) 은행원
(D) 기술자

2. ★★

❶ 문제 유형 파악 질문의 키워드는 What, woman, problem이며, 여자의 문제를 묻고 있다. 문제점이나 불편 사항은 대화 초반부에 등장한다. 여자의 문제이므로 여자의 대화에서 단서를 찾아야 한다.

❷ 단서 찾기 여자가 Suddenly, the computer shut down when I was

about to complete my project. After that, I couldn't turn it back on.이라며 갑자기 컴퓨터가 꺼져서 켜지지 않는다고 말하고 있다.

❸ 정답 선택 여자의 컴퓨터가 켜지지 않으므로 정답은 (B)이다.

🔍 **함정 분석** 남자의 말 This is Martin from the technical support team.에서 technical support team을 이용한 함정 (D)를 고르지 않도록 한다. 여자의 문제는 잃어버린 서류에 대한 것이 아니며, 기술지원팀과 관련이 없으므로 (D)는 오답이다.

여자의 문제는 무엇인가?
(A) 최근 직장 동료 한 명과 다퉜다.
(B) 컴퓨터가 고장 났다.
(C) 프로젝트를 끝내기 위해 참고 자료가 필요하다.
(D) 기술지원팀 때문에 서류를 잃어버렸다.

3. ★

❶ 문제 유형 파악 질문의 키워드는 woman, request, man이며, 여자가 남자에게 요청하는 내용을 묻는 질문이다. 요구나 제안 사항에 대한 언급은 대화 후반부에 제시되므로 여자의 마지막 대화에 집중한다.

❷ 단서 찾기 여자의 마지막 대화 But can you fix it by tomorrow?에서 여자는 남자에게 내일까지 컴퓨터를 고쳐달라고 요청하고 있다.

❸ 정답 선택 여자는 컴퓨터를 내일까지 고쳐줄 것을 요청하므로, fix it을 repair her computer로 바꾸어 표현한 (D)가 정답이다.

여자는 남자에게 무엇을 하라고 요청하는가?
(A) 새로운 프로그램을 설치한다.
(B) 국제 세미나에 그녀를 초대한다.
(C) 그녀를 대신하여 회의에 참석한다.
(D) 내일까지 그녀의 컴퓨터를 수리한다.

M: Hey Sean, **⁴can you tell me how to download pictures off of a memory card?** I've tried several times but I'm not having much luck.
W: I'd love to help you out but **⁵I have to attend an urgent meeting in five minutes. I can certainly give you a hand in about two hours when I'm finished with the meeting.**
M: Thanks, but I don't think I can wait an hour. I need to e-mail these property photos to a potential customer in the next hour so he or she can make a final decision. **⁶I think I'm going to call Kevin in Maintenance and see if he can help me.**

남: 이봐요, 션. 메모리카드에서 사진을 어떻게 다운받는지 알려줄 수 있나요? 여러 번 해봤는데 계속 안되네요.

여: 도와주고 싶지만, 제가 5분 후에 긴급 회의에 참석해야 해요. 회의가 끝나는 2시간쯤 후에 꼭 도와줄게요.

남: 고맙지만, 1시간도 못 기다릴 것 같아요. 한 시간 내로 고객에게 이 부동산 사진들을 이메일로 보내서 고객이 최종 결정을 내릴 수 있도록 해야 하거든요. 보수관리부의 케빈에게 전화해서 도와줄 수 있는지 알아봐야겠군요.

표현 정리 **have luck** 운이 따르다 **urgent** 긴급한, 시급한 **give ~ a hand** ~를 도와주다 **property** 부동산 **potential** 가능성 있는, 잠재적인

4. ★★★

① 문제 유형 파악 질문의 키워드는 What, man, want to know이며, 남자가 알고 싶어하는 것을 묻는 질문이다. 남자가 알기 원하는 내용을 찾아야 하므로 남자의 대화에 집중한다.

② 단서 찾기 남자의 첫 번째 대화 can you tell me how to download pictures off of a memory card?에서 메모리카드에서 사진을 다운받는 방법을 묻고 있다.

③ 정답 선택 따라서 남자는 메모리카드에 들어있는 사진을 컴퓨터로 옮기는 방법을 묻고 있으므로 download pictures off of a memory card를 Transferring photos to a computer로 바꾸어 표현한 (A)가 정답이다.

남자는 무엇에 대해 알고 싶어하는가?
(A) 사진을 컴퓨터로 옮기는 것
(B) 사진 파일을 편집하는 것
(C) 새 컴퓨터 프로그램을 설치하는 것
(D) 바이러스 퇴치 프로그램을 다운받는 것

5. ★★

① 문제 유형 파악 질문의 키워드는 Why, can't, woman, help이며, 여자가 남자를 지금 도울 수 없는 이유를 묻고 있다. 여자의 대화에서 여자가 현재 바쁜 이유를 찾아야 한다.

② 단서 찾기 남자가 메모리카드에서 사진을 다운받는 방법을 알려달라고 하자, 여자는 I have to attend an urgent meeting in five minutes. I can certainly give you a hand in about two hours when I'm finished with the meeting.이라며 긴급 회의에 참석해야 하므로 2시간 후에나 도와주겠다고 말하고 있다.

③ 정답 선택 그러므로 대화의 attend를 participate in으로 바꾸어 표현한 (C)가 정답이다.

여자가 시간이 좀 지나서야 남자를 도울 수 있는 이유는 무엇인가?
(A) 손님에게 부동산을 보여줘야 한다.
(B) 인쇄소를 방문해야 한다.
(C) 회의에 참석해야 한다.
(D) 보내야 할 이메일이 너무 많다.

6. ★★

① 문제 유형 파악 질문의 키워드는 What, man, do next이며, 남자의 미래 행동을 묻는 문제이다. 미래 행동에 대한 단서는 대화 후반부에 제시되므로, 마지막 대화에서 동사를 놓치지 않도록 한다.

② 단서 찾기 남자는 I think I'm going to call Kevin in Maintenance and see if he can help me.라며 보수관리부의 케빈에게 연락해서 도움을 청해보겠다고 말하고 있다.

③ 정답 선택 따라서 call Kevin을 Contact another colleague로 바꾸어 표현한 (A)가 정답이다.

남자는 아마도 다음에 무엇을 하겠는가?
(A) 다른 동료에게 연락한다
(B) 온라인으로 도움 받을 데를 찾아본다
(C) 내일까지 기다린다
(D) 도움을 위해 매장을 방문한다

Part 4 - 문제 유형

1. 세부사항

Welcome to Paris Design. Attention, All shoppers! Our boutique is having a sale right now! **For the next two hours, we are offering a 15% discount on some items.** But before you can get the discount, you need to sign up to become a member of Paris Design. It's not as complicated to join as you may think. Just visit the information counter and fill out an application form. Thank you for coming and enjoy shopping here.

파리 디자인에 오신 것을 환영합니다. 고객 여러분들께 안내 말씀 드립니다. 저희 부티끄는 지금 세일 중입니다! 다음 두 시간 동안만, 일부 품목에 한해 15퍼센트 할인을 제공합니다. 하지만 할인을 받기 전에, 파리 디자인의 회원으로 가입하셔야 합니다. 가입은 생각하시는 것처럼 어렵지 않습니다. 안내 창구를 방문하여 신청서를 작성하시면 됩니다. 방문해 주셔서 감사드리며 즐거운 쇼핑되시기 바랍니다.

표현 정리 **sign up** 등록하다 **complicated** 복잡한

1. ★

① 문제 유형 파악 질문은 오늘만 제공되는 것이 무엇인지를 묻고 있으며, 키워드는 offer와 today이다. 지문에서 키워드가 포함된 문장이 단서를 제시하므로 염두에 두고 들어야 한다.

② 단서 찾기 화자는 부티끄에서 할인 세일을 하고 있다고 전하며, 지문 초반부에 For the next two hours, we are offering a 15% discount on some items.이라며 앞으로 두 시간 동안 일부 상품에 할인을 제공한다고 언급하고 있다.

③ 정답 선택 키워드 offer가 포함된 단서 문장이며, 일부 상품에 15퍼센트 할인을 제공한다고 하였으므로 (B)가 정답이다.

오늘만 제공되는 것은 무엇인가?
(A) 선물 상품권
(B) 특정 제품에 대한 할인
(C) 구입하는 모든 상품에 대한 무료 선물
(D) 배송 서비스

Attention, all employees, **I'd like to remind you that some of the printers in our department will be replaced with new ones this afternoon.** A maintenance man will come to replace them this afternoon. All employees should step out of the office while the replacement work is going on. If you have any further questions, please call the Maintenance Department.

직원 여러분께 알려드립니다. 우리 부서의 일부 프린터가 오늘 오후에 최신 제품으로 교체될 예정입니다. 관리팀 직원이 오늘 오후에 프린터 교체를 위해 올 것입니다. 모든 직원들은 이 교체 작업이 진행

되는 동안 잠시 사무실을 비워 주셔야 합니다. 질문이 있으시면 관리 팀으로 연락바랍니다.

표현 정리 **replace** 교체하다 **step out of** ~에서 나가다

2. ★

① 문제 유형 파악 질문은 오늘 오후에 시작되는 것이 무엇인지를 묻고 있으며, 키워드는 this afternoon이다. 키워드 this afternoon을 염두에 두고 지문을 들어야 한다.

② 단서 찾기 화자는 지문 초반부에 I'd like to remind you that some of the printers in our department will be replaced with new ones this afternoon.이라며 오늘 오후에 부서 프린터를 최신 제품으로 교체할 것이라고 전하고 있다.

③ 정답 선택 키워드 this afternoon이 포함된 단서 문장이며, 오늘 오후에 프린터 교체가 있을 것이므로 (B)가 정답이다.

공지에 따르면, 오늘 오후에 무엇이 시작되는가?
(A) 보수
(B) 장비 교체
(C) 점검
(D) 수리

Hello. You have reached Brown Bank. We are currently closed because of the public holiday. Our regular working hours are from 9 A.M. to 4 P.M. from Monday to Friday, and we are closed on all public holidays. For instructions in Chinese, press 2. **To check on information regarding new accounts, press 3.** If you need to speak with a customer service representative, please call back during our regular business hours. Thank you for calling and have a nice day.

안녕하십니까. 브라운 은행입니다. 공휴일이므로 현재는 영업을 하지 않고 있습니다. 저희 정규 근무시간은 월요일부터 금요일까지 오전 9시부터 오후 4시까지이며, 모든 공휴일에는 영업을 하지 않습니다. 중국어 안내는 2번을 누르십시오. 신규 계좌에 대한 안내 확인은 3번을 누르십시오. 저희 고객서비스 상담원과 통화를 원하신다면 정규 영업 시간에 다시 전화 주십시오. 전화 주셔서 감사드리며, 좋은 하루 보내십시오.

표현 정리 **currently** 현재, 지금 **regular working hours** 정규 영업 시간 **account** 계좌

3. ★

① 문제 유형 파악 질문은 3번을 누르면 청자가 듣게 될 정보를 묻고 있으며, 키워드는 press 3이다. 지문에서 키워드가 포함된 문장이 단서를 제시하므로 키워드를 염두에 두고 들어야 한다.

② 단서 찾기 은행의 음성 서비스이며, 지문 중반부에 To check on information regarding new accounts, press 3.라고 하며 신규 계좌에 대한 정보를 확인하려면 3번을 누르라고 안내하고 있다.

③ 정답 선택 키워드 press 3가 포함된 단서 문장이며, 3번을 누르면 신규 계좌에 대한 정보를 듣게 될 것이므로 (B)가 정답이다.

3번을 누르면 청자는 어떤 정보를 듣게 되는가?
(A) 중국어 안내
(B) 계좌 정보
(C) 은행 영업 시간
(D) 은행 위치

Are you planning to buy some furniture for the new year? Then TNT Furniture is offering a great chance for you. We will be having our grand opening sale soon. The newest styles of furniture will be arriving at our store soon, and we will also provide huge discounts on old style. **But you should come to our store this Saturday to take advantage of the discounts.** You'd better come early since the discounted furniture is limited in number. This sale will only be held on Saturday.

새해를 위해 가구를 구매하실 계획이십니까? 그렇다면 TNT 가구점이 당신을 위해 훌륭한 기회를 제공합니다. 저희는 곧 개업 기념 특별 세일에 들어갑니다. 가장 최신 디자인의 가구들이 곧 저희 매장에 도착할 예정이며, 구식 모델에 대해서는 대폭적인 할인이 있습니다. 하지만 할인을 받기 위해서는 이번 토요일에 저희 매장으로 오셔야 합니다. 할인된 가구들은 한정되어 있으므로 서두르셔야 합니다. 토요일에만 이 세일이 있습니다.

표현 정리 **furniture** 가구 **grand opening sale** 개업 기념 특별 세일

4. ★

① 문제 유형 파악 질문은 고객들이 매장에 방문해야 하는 이유를 묻고 있으며, 키워드는 visit the store이다. 키워드 visit the store를 염두에 두고 지문을 들어야 한다.

② 단서 찾기 가구점의 특별 세일에 대한 광고이며, 지문 중반부에 But you should come to our store this Saturday to take advantage of the discounts.라고 하며 할인을 받기 위해서는 매장에 방문해야 한다고 전하고 있다.

③ 정답 선택 키워드 visit the store가 지문에서 come to our store로 제시된 단서 문장이며, 할인을 받으려면 상점에 방문해야 한다고 했으므로 (B)가 정답이다.

광고에 따르면 고객들은 왜 매장을 방문해야 하는가?
(A) 무료 제품을 받기 위해
(B) 할인을 받기 위해
(C) 직원과 이야기하기 위해
(D) 그들의 가구를 수리하기 위해

---

2. 제안/요청 사항

Attention, all employees. This is Sang Kim, the vice president of International Insurance. Tomorrow is the day of our scheduled regular audit by the Internal

---

Revenue Service. The auditors are expected to be here at 8 A.M. tomorrow. I am sure we will not have a problem because we here at International Insurance only deal honestly with our customers and the government. The auditors are expected to be here for the entire day. **We need everyone to make every effort to be here at work tomorrow.** Thank you for your time and cooperation in advance.

모든 직원 여러분께 알립니다. 저는 국제 보험의 부사장인 상 김입니다. 내일은 국세청으로부터 예정된 정기 회계 감사가 진행되는 날입니다. 감사원들은 내일 오전 8시에 우리 회사에 도착할 것으로 예상됩니다. 우리 국제 보험은 고객과 정부를 상대로 정직하게 경영해 왔기에 아무 문제가 없을 것으로 확신합니다. 감사원들은 내일 하루 종일 사내에 머무를 것입니다. 회사 측에서는 전 직원 여러분이 내일 회사 내에 머물러 계시기를 바라는 바입니다. 여러분의 시간과 협조에 대해 미리 감사의 말씀을 전합니다.

표현 정리 scheduled 일정에 잡힌, 예정된 regular audit 정기 회계 감사 Internal Revenue Service 국세청 make every effort to do ~할 수 있도록 최선의 노력을 다하다 auditor 회계 감사원 honestly 정직하게 for the entire day 하루 종일 cooperation 협조 in advance 사전에, 미리, 앞서

1. ★★

❶ 문제 유형 파악 화자가 청자들에게 요청하는 내용을 묻는 질문이므로 지문 후반부 화자의 말에 집중하고, 특히 동사를 놓치지 않도록 주의한다.

❷ 단서 찾기 화자가 지문 말미에서 We need everyone to make every effort to be here at work tomorrow.라고 하며 내일 직원 모두가 사내에 머무르기를 바란다고 요청하고 있다.

❸ 정답 선택 to be here at work tomorrow가 답을 찾는 핵심 표현이며, be here를 be available로 바꾸어 제시한 (B)가 정답이다.

🔍 **함정 분석** 지문 초반부 The auditors are expected to be here at 8 A.M. tomorrow.를 듣고 (C)나 (D)로 혼동하지 않도록 한다. 청자들은 지문 초반에 언급된 대로 직원들이고, 회계 감사를 시행할 사람은 감사원들이므로 답이 될 수 없다.

화자는 청자들에게 내일 무엇을 하라고 요청하는가?
(A) 회의에 참석할 것
(B) 사내에 있을 것
(C) 철저한 회계 감사를 시행할 것
(D) 일찍 출근할 것

Are your clothes everywhere? Do you have paper all over your study room? Don't you wish you had a place to put everything? Well, call us today! We provide storage for everything from documents to clothes to food. Our storage boxes come in all sizes, shapes, and colors. They also blend in with your surroundings. We make them in any color that you like to match your walls, your desk, or even your kitchen. Please visit our store at 25200 Main Street. We are having a weekend sale! We'll be open from 8:00 A.M. to 6:00 P.M. The first 200 orders will receive a 60% discount. **Come in and take advantage of our biggest sale ever—for two days only!**

이곳저곳에 옷들이 널려 있으신가요? 서재에 여기저기 종이가 널려 있습니까? 모든 물건들을 놓아둘 장소가 있기를 원하십니까? 그렇다면 오늘 저희에게 전화 주십시오! 저희는 서류에서부터 의류와 음식까지 모든 물건들을 보관할 수 있는 공간을 제공해드립니다. 저희 회사의 저장용 상자는 다양한 사이즈와 형태, 색상이 있습니다. 또한 여러분의 주변 공간과 아주 잘 어울립니다. 여러분 주위의 벽, 책상, 심지어 부엌에 이르기까지 원하시는 모든 색상과 어울리도록 만들어드립니다. 메인 스트리트 25200번지에 위치한 저희 매장을 방문해 주세요. 이번 주말 동안 대규모 할인 행사가 시행됩니다! 행사 시간은 오전 8시부터 저녁 6시까지입니다. 200번째로 구매되는 제품까지 가격을 60% 할인해드립니다. 오셔서 딱 2일간만 제공하는, 그 어느 때보다 큰 할인 혜택을 누리세요!

표현 정리 storage 저장, 보관, 창고 blend in with ~와 잘 어울리다 surroundings 환경, 상황 match ~와 어울리다 take advantage of ~의 장점을 누리다, ~을 이용하다

2. ★

❶ 문제 유형 파악 고객들이 제안 받는 것, 즉 화자의 요청 사항을 묻는 질문이다. 지문 후반부 화자의 말에서 요청하는 표현에 집중하되, 특히 동사를 놓치지 않도록 유의해야 한다.

❷ 단서 찾기 고객들에게 할인 행사에 대해 소개하는 내용이며, 화자는 지문 말미에 Come in and take advantage of our biggest sale ever—for two days only!라며 이틀 동안 대규모 할인 행사가 있으니 이에 대한 혜택을 누리라고 말하고 있다.

❸ 정답 선택 고객들에게 할인 혜택을 받으라고 권하고 있으므로 정답은 (D)이며, take advantage of our biggest sale을 유사한 의미인 enjoy some special benefits로 바꾸어 제시하였다.

고객들에게 요청되는 것은 무엇인가?
(A) 상담사에게 연락할 것
(B) 소개 책자를 요청할 것
(C) 본사를 방문할 것
(D) 특별한 혜택을 누릴 것

Hello, this is John Porter calling for James Parker. I'd like to let you know about the status of the embroidery work you ordered. The napkins have already been finished, and the tablecloths and runners should be done in two days or so. We can hold on to the napkins and ship everything to you at once. Or, if you prefer, we'll send the napkins now and the rest of the items when they are finished. **Please shoot me an email and let me know which works best for you.**

안녕하세요, 저는 제임스 파커 씨에게 연락을 드리는 존 포터라고 합

니다. 고객님께서 주문하신 자수 작업의 현황에 대해서 알려드리고자 합니다. 냅킨 작업은 마무리가 되었고요, 식탁보와 식탁에 끼는 천은 이틀 정도 후에 완료될 예정입니다. 냅킨 배송을 잠시 유보하고 모든 물품을 한꺼번에 배송할 수도 있습니다. 혹은 고객님께서 원하시면, 냅킨은 지금 보내고, 나머지 물품들은 작업이 완료되면 보내드릴 수도 있습니다. 제게 이메일로 어느 쪽이 더 좋은지 알려주세요.

표현 정리 **embroidery work** 자수 작업 **tablecloth** 식탁보 **runner** 가구나 바닥에 까는 길고 가느다란 천이나 카펫 **at once** 한 번에, 즉시, 동시에 **the rest of** ~의 나머지

3. ★★★

❶ 문제 유형 파악 전화를 건 사람이 파커 씨에게 요구하는 내용을 묻는 문제이다. 화자의 요청/요구/제안/추천/권고하는 내용은 지문 후반부에서 단서가 언급된다.

❷ 단서 찾기 화자는 지문 말미에서 Please shoot me an email and let me know which works best for you.라며 이메일을 통해 자신이 제안한 두 가지 선택사항 중 어느 쪽을 원하는지 알려줄 것을 요구하고 있다.

❸ 정답 선택 작업이 끝난 냅킨을 먼저 배송하는 것과 나머지 물품들과 함께 보내는 것 중 선호하는 것을 알려달라고 요구하고 있다. which works best for you를 preference로 바꾸어 표현한 (C)가 정답이다.

🔍 **함정 분석** 지문 후반부 let me know which works best for you.만 듣고 (A)를 고르지 않도록 한다. shoot me an email이라며 메일로 답해줄 것을 요구하였으므로 전화하라는 (A)는 오답이다.

전화를 건 사람이 파커 씨에게 요구하는 것은 무엇인가?
(A) 바로 답신 전화를 걸 것
(B) 주문을 변경할 것
(C) 선호하는 것을 알려줄 것
(D) 미리 대금을 지불할 것

This is Peter with this morning's BBC traffic report. With all the downtown construction, cars are moving very slowly throughout most of the city. In fact, some drivers have reported waiting 2 hours in traffic jams. **I recommend that you avoid driving in the downtown area today unless it is absolutely necessary.** Fortunately, next week should see less construction and fewer delays. We will update you with another traffic report tomorrow. Stay tuned, and we'll be right back after a word from our sponsors.

- -

BBC 아침 교통 방송의 피터입니다. 시내의 모든 공사로 인해 도시 대부분의 지역에서 차량이 매우 느리게 이동하고 있습니다. 실제로 일부 운전자들은 교통 체증으로 인해 2시간 이상 지체되고 있다고 보고하고 있습니다. 꼭 필요한 일이 아니라면 오늘 시내 지역에서는 운전을 피하시길 권고해드립니다. 다행히도, 다음 주에는 공사가 적어질 것으로 보여 차량 지체도 완화될 것입니다. 저희는 내일 여러분께 또 다른 교통 정보를 전해드리도록 하겠습니다. 저희 방송을 계속 청취해 주시고요, 저희는 광고 후에 다시 돌아오겠습니다.

표현 정리 **construction** 건설 공사 **traffic jam** 교통 체증 **avoid** 피하다 **absolutely** 완전히, 절대적으로 **stay tuned** 채널을 고정하다, 방송을 계속 듣다 **a word from our sponsors** 광고

4. ★

❶ 문제 유형 파악 화자가 청자에게 제안하는 내용을 묻는 질문에 대한 단서는 대부분 지문 후반부에 제시되는 것이 일반적이다.

❷ 단서 찾기 화자는 청자에게 I recommend that you avoid driving in the downtown area today unless it is absolutely necessary.라며 시내 운전을 되도록 피할 것을 권유하고 있다.

❸ 정답 선택 제안/요청을 말하는 표현인 I recommend ~를 써서 시내 운전을 피하라고 제안하므로 (D)가 정답이다.

화자가 청자들에게 제안하는 것은 무엇인가?
(A) 더욱 신중하게 주의해서 운전할 것
(B) 외출하지 말 것
(C) 새로운 차를 구매할 것
(D) 시내 운전을 피할 것

---

3. 화자의 의도 파악

Hello. It's Aurora Lane. I'm calling to see if you can meet me tomorrow morning. **We need to hire a manager for the new clothing shop as soon as possible.** Actually, **the grand opening is in two weeks.** Um… we have received a lot of résumés and read through them thoroughly. So when we meet tomorrow morning, we should discuss which applicants the personnel manager will interview next week. Ah, out of all the applicants, I'll e-mail you a list of the most qualified ones this afternoon. When you check this message, please get back to me at your earliest convenience. Thank you.

- -

안녕하세요, 저는 오로라 레인이에요. 내일 오전에 저와 만나실 수 있는지 알아보고자 연락을 드렸어요. 저희가 최대한 빨리 새로운 의류점의 점장을 채용해야 해서요. 사실, 2주 뒤에 개업이에요. 음… 우리는 많은 이력서를 접수했고 모두 꼼꼼하게 살펴봤어요. 그래서 우리가 내일 오전에 만나면, 인사부장이 다음 주에 누구와 면접을 봐야 하는지 논의해야 해요. 아, 모든 지원자들 중에서 적임자들의 명단을 오늘 오후에 이메일로 보내드릴게요. 이 메시지를 확인하면, 빨리 제게 답변을 주세요. 고마워요.

표현 정리 **call to see if** ~인지 아닌지 알아보고자 연락하다 **grand opening** 신장 개업 **read through** ~을 모두 읽어보다 **applicant** 지원자 **qualified** 적격인

1. ★★★

❶ 문제 유형 파악 화자가 the grand opening is in two weeks라고 말한 내용이 실질적으로 무엇을 의미하는지 묻는 화자의 의도 파악 문제이다. 해당 표현을 먼저 확인하고, 지문에서 해당 표현이 언급된 부분을 중심으로 문맥 파악을 통해 화자의 의도를 파악해야 한다.

② 단서 찾기 화자는 최대한 빨리 새로운 의류점의 점장을 채용해야 함을 밝힌 후, the grand opening is in two weeks라고 말하여 개장이 2주 후임을 알리고 있다.

③ 정답 선택 따라서 이 말은 채용 결정이 최대한 빨리 이루어져야 한다는 점을 전달하려는 의도가 반영된 표현임을 알 수 있으므로 (C)가 정답이다.

화자가 "the grand opening is in two weeks"라고 말할 때 암시하는 바는 무엇인가?
(A) 그녀는 청자가 테이블을 예약하기를 원한다.
(B) 새로운 레스토랑은 다시 설계되어야 한다.
(C) 채용 결정이 빨리 이뤄져야 한다.
(D) 공사는 필히 2주 안에 끝나야 한다.

Well, thank you for attending this design meeting on such short notice. Well, **I looked over the designs for the newspaper advertisement for Bella Department Store.** Um… let me tell you my thoughts. **They are not what the client is expecting.** As you may know, Bella Department Store is located in London, and it has always preferred very modern styles of advertisements. But your designs are rather traditional. I'm very sorry I didn't mention our client's preference before you started the work. I know this project is your first time working with Bella Department Store. Please ask Mr. Wilson, one of your colleagues, to help you out. He worked with Bella Department Store a couple of years ago.

급한 통보에도 불구하고 이 디자인 회의에 참석해 주셔서 감사드려요. 저는 벨라 백화점의 신문 광고용 디자인들을 살펴봤어요. 음... 제 생각을 말씀드릴게요. 그 디자인들은 고객이 원하는 것이 아닙니다. 여러분도 아시겠지만, 벨라 백화점은 런던에 위치하고 있어서 항상 현대적 방식의 광고들을 선호해왔어요. 하지만 여러분의 디자인은 오히려 전통적이에요. 여러분이 이 일을 시작하기 전에 고객의 취향에 대해 언급해드리지 못해 무척이나 미안해요. 저도 여러분이 벨라 백화점과 처음 해보는 프로젝트임을 알고 있어요. 여러분의 동료 중 한 분인 윌슨 씨에게 도움을 요청하세요. 그는 2년 전에 벨라 백화점과 함께 일을 해본 경험이 있어요.

표현 정리 **short notice** 급한 통보 **look over** ~을 살펴보다 **prefer** ~을 선호하다 **preference** 선호도, 취향

2. ★★★

① 문제 유형 파악 화자가 They are not what the client is expecting이라고 말한 의도에 대해 묻고 있으므로 해당 표현이 언급된 부분을 중심으로 문맥을 파악하여 화자의 의도가 무엇인지 이해해야 한다.

② 단서 찾기 화자는 자신이 벨라 백화점의 신문 광고용 디자인들을 살펴봤음을 언급하고, 이어서 They are not what the client is expecting.이라고 말하며 그 디자인들은 고객이 원하는 것이 아니라는 부정적인 의견을 언급하고 있다.

③ 정답 선택 따라서 화자는 해당 디자인이 고객에게 제공할 만한 디자인으로 인정할 수 없다는 의도가 반영된 것임을 알 수 있으므로 (B)가 정답이다.

화자가 "They are not what the client is expecting"이라고 말한 이유는 무엇인가?
(A) 매출 하락으로 인한 놀라움을 표현하기 위해서
(B) 디자인에 대한 승인을 거절하기 위해서
(C) 고객과의 계약을 해지하기 위해서
(D) 직원들에게 최근 경향에 정통하도록 요청하기 위해서

Attention all Eagle Jacket customers. **This weekend, we are having a Thanksgiving day sale with fantastic bargains in every department.** Sunglasses are discounted 30% and children's backpacks are on sale at 20 % off regular prices. **We hope you'll take advantage of these bargains.** And these prices are only available today and tomorrow. **You won't see our prices this low.** If you have any questions or need assistance finding shoes, one of our salespeople will be happy to help you. Have a great weekend and thanks for shopping at Eagle Jacket.

이글 재킷을 찾아 주신 모든 손님 여러분께 알려드립니다. 이번 주말에 저희는 모든 코너에서 환상적인 할인 상품과 함께 추수감사절 세일을 실시하고 있습니다. 선글라스는 30퍼센트 할인되며 아동용 배낭은 정가에서 20퍼센트 할인됩니다. 이번 할인 행사를 이용해 보시기 바랍니다. 그리고 이 가격은 오늘과 내일만 이용하실 수 있습니다. 이렇게 저렴한 가격은 보실 수 없을 것입니다. 문의사항이 있거나 신발을 찾는 데 도움이 필요하시면 저희 판매원이 기꺼이 도와드릴 것입니다. 주말을 유익하게 보내시고, 이글 재킷에서 쇼핑해 주셔서 감사드립니다.

표현 정리 **Attention** 알려드립니다 **bargain** 싸게 파는 물건 **on sale** 판매되는, 세일 중인 **regular price** 정가 **assistance** 도움, 지원

3. ★★★

① 문제 유형 파악 화자가 You won't see our prices this low.라고 말한 의도를 묻고 있다. 해당 표현을 먼저 확인하고, 지문에서 해당 표현이 언급된 부분을 중심으로 문맥 파악을 통해 화자의 의도를 파악해야 한다.

② 단서 찾기 화자는 추수감사절 세일을 홍보하며 할인 행사를 이용하라고 말하였고, 이어 You won't see our prices this low.라고 말하며 다시는 이 가격을 보지 못할 것이라고 덧붙이고 있다.

③ 정답 선택 따라서 이 말은 세일 가격이 상당히 저렴하다는 것을 강조하기 위한 화자의 의도가 반영된 표현임을 알 수 있으므로 (D)가 정답이다.

함정 분석 You won't see our prices this low.는 할인을 오늘과 내일만 제공하기 때문에 앞으로 볼 수 없다는 의미이며, 지금까지 가격이 낮을 것을 보지 못했는지는 알 수 없으므로 (C)는 답이 될 수 없다.

화자가 "You won't see our prices this low"라고 말할 때 의미하는 바는 무엇인가?
(A) 세일 기간을 연장하기를 원한다.
(B) 세일을 하고 싶지 않다.
(C) 가격이 이렇게 낮은 것을 본 적이 없다.
(D) 가격이 싸다는 것을 강조하고 있다.

Attention customers. **This is just a reminder that Fashion City will be closing at 5 today.** It's 4:30 now, so **you have 30 minutes.** We apologize for the inconvenience, but we'll be spending this evening rearranging the display areas in our store. Beginning tomorrow, Fashion City will be carrying several new lines of ladies' dresses and men's suits that are not only practical but represent the latest and contemporary designs. So, we are installing some spectacular new display areas to show off these exciting creations. If you want to treat yourself with new arrivals, we hope you come back tomorrow. Thanks for visiting Fashion City.

고객 여러분께 알려드립니다. 패션 시티가 오늘 5시에 문을 닫는다는 것을 다시 한번 알려드리고자 합니다. 현재 시각이 4시 30분이므로 30분의 시간이 있습니다. 이런 불편을 끼쳐 드린 점에 대해 사과를 드리며, 오늘 저녁 시간에 저희는 매장의 진열 구역을 재배치하려고 합니다. 내일부터 패션 시티는 실용적일 뿐만 아니라 최신 경향의 현대적인 디자인을 반영한 여러 가지 신제품 숙녀 의류 및 신사 정장을 취급할 것입니다. 그래서 저희는 이런 흥미진진한 새로운 상품을 보여드리기 위해 멋진 새 진열 구역을 마련하려고 합니다. 신상품을 구입하고 싶으시면 내일 다시 오시기 바랍니다. 패션 시티를 찾아 주셔서 감사합니다.

표현 정리 rearrange 재배열하다 **display area** 진열 구역 **suit** 정장 **carry** (상품을) 취급하다 **practical** 실용적인 **represent** 대표하다, 나타내다 **contemporary** 동시대의, 현대의 **spectacular** 화려한, 장관을 이루는 **show off** 자랑하다, 과시하다 **treat oneself** 즐기다 **new arrival** 신상품

4. ★★★

❶ 문제 유형 파악 화자가 you have 30 minutes라고 말한 의도에 대해 묻고 있으므로 해당 표현의 앞뒤 문맥을 파악하여 화자의 의도가 무엇인지 이해해야 한다.

❷ 단서 찾기 화자는 5시에 상점 문을 닫아야 한다고 알리고, 이어 you have 30 minutes라고 말하며 폐점까지 30분이 남았음을 언급하고 있다.

❸ 정답 선택 따라서 화자의 말은 고객들에게 쇼핑을 마무리할 것을 상기시키기 위한 의도가 반영된 것임을 알 수 있으므로 (A)가 정답이다.

🔍 **함정 분석** you have 30 minutes는 폐점까지 남은 시간을 이야기하는 것으로 현재 몇 시인지 알려주기 위해 말했다고 볼 수 없으므로 (B)는 오답이다.

화자가 "you have 30 minutes"라고 말한 이유는 무엇인가?
(A) 청자들에게 쇼핑을 마무리하라고 상기시키기 위해서
(B) 청자들에게 시간을 알려주기 위해서
(C) 휴식을 취하라고 제안하기 위해서
(D) 청자들에게 쇼핑을 천천히 하라고 권장하기 위해서

---

4. 시각 정보

Hello, everyone. Welcome to the International Economic Forum! I'm glad to see such a large turnout and so much enthusiasm for the global economy. The first keynote speaker this afternoon is Dr. Andrew Kim, a prominent economist in South Korea. Dr. Kim will be presenting his findings from his recent study on the correlation between the recent economic growth in developing countries and the global economic downturn. However, unfortunately, Dr. Isabella Choi, our second keynote speaker, has just canceled her speech due to a sudden illness. Therefore, **instead of Dr. Choi, Dr. David Kiesling will be presenting his research on the effects of global warming on the world economy.** Thank you.

안녕하세요, 여러분. 국제 경제 포럼에 오신 것을 환영합니다! 국제 경제에 대한 많은 열정을 지닌 분들이 이렇게 많이 참여한 것을 보니 기쁩니다. 오늘 오후 첫 번째 기조 연설자는 바로 한국의 저명한 경제학자이신 앤드류 김 박사님입니다. 김 박사님은 개발도상국들의 최근 경제 성장과 전 세계적인 경기 침체와의 연관성에 관한 연구를 통해 얻은 결과를 오늘 발표하실 것입니다. 하지만 안타깝게도, 두 번째 기조 연설자이신 이사벨라 최 박사님은 갑작스런 병환으로 인해 방금 연설을 취소하셨습니다. 따라서 최 박사님 대신 데이비드 키슬링 박사님이 지구 온난화 현상이 전 세계 경제에 미치는 영향에 관한 그의 연구 결과를 발표할 것입니다. 감사합니다.

Keynote Speeches	
Presenter	**Time**
Dr. Andrew Kim	1:00 P.M. - 1:20 P.M.
Dr. Isabella Choi	**2:00 P.M. - 2:20 P.M.**
Break	3:00 P.M. - 3:30 P.M.
Dr. David Kiesling	**4:00 P.M - 4:20 P.M.**

기조 연설	
발표자	**시간**
앤드류 김 박사	오후 1:00 – 1:20
이사벨라 최 박사	오후 2:00 – 2:20
휴식	오후 3:00 – 3:30
데이비드 키슬링 박사	오후 4:00 – 4:20

표현 정리 turnout 참가자 수 **enthusiasm** 열정 **keynote speaker** 기조 연설자 **prominent** 유명한, 저명한 **economist** 경제학자 **findings** 연구 결과, 조사 결과 **correlation** 연관성 **economic** 경제의 **downturn** 하강, 하락세 **global warming** 지구 온난화 **effect** 영향

1. ★★

① 문제 유형 파악 문제를 먼저 읽고 핵심어를 파악한다. 키슬링 박사가 발표하는 시간을 묻고 있으므로 키슬링 박사에 대해 이야기하는 부분을 집중해서 들어야 한다. 도표에는 발표자와 발표 시간이 제시되고 있는데, 키슬링 박사의 연설 시간도 나와 있으므로 오후 4시가 아닌 다른 시간에 연설할 것임을 미리 예상할 수 있다.

② 단서 찾기 지문 말미에서 화자는 최 박사가 병환으로 연설 일정을 취소하였음을 알리고, 이어 instead of Dr. Choi, Dr. David Kiesling will be presenting his research on the effects of global warming on the world economy.라며 최 박사 대신 키슬링 박사가 그의 연구 결과를 발표한다고 언급하고 있다.

③ 정답 선택 따라서 도표를 통해 키슬링 박사가 최 박사를 대신하여 오후 2시부터 2시 20분까지 연설하게 될 것임을 알 수 있으므로 (B)가 정답이다.

🔍 **함정 분석** 키슬링 박사의 연설 시간을 묻는 질문에 도표에서 제시된 시간을 보고 (D)로 헷갈리지 않도록 한다. 도표에서 키슬링 박사는 원래 오후 4시부터 연설하는 일정이지만, 지문에서 발표자의 순서 변경을 공지하였으므로 (D)는 답이 될 수 없다.

도표를 참조하시오. 키슬링 박사는 언제 연설을 하는가?
(A) 오후 1:00
(B) 오후 2:00
(C) 오후 3:00
(D) 오후 4:00

Hello, everyone. I have some bad news to deliver to you. Recently, we have had fewer and fewer tourists visiting to enjoy the diverse attractions of our city. As employees at the tourism center, we fully understand that it's our responsibility to attract more tourists from all over the world. So we need new ways and bolder steps to attract foreigners. I think we should hold some festivals to lure international travelers and designate some areas as special tourism districts. There is one more thing. **As for the attraction that received the lowest number of tourists last month, we should lower the admission fee.** The ticket price is currently way too expensive.

안녕하세요, 여러분. 오늘은 여러분에게 좋지 않은 소식을 전하려고 합니다. 최근 우리 시의 다양한 관광 명소를 즐기고자 방문하는 관광객의 수가 점차 감소하고 있습니다. 관광청에서 근무하는 공무원으로서, 우리는 전 세계에서 관광객을 유치하는 것이 우리의 책임이라는 것을 너무나 잘 알고 있습니다. 그래서 우리는 해외 관광객 유치를 위한 새로운 방법과 좀 더 과감한 조치가 필요합니다. 저는 우리가 국제 관광객들을 유치하기 위한 축제들을 개최해야 하며, 아울러 일부 지역을 특별 관광 구역으로 지정해야 한다고 생각합니다. 한 가지가 더 있습니다. 지난달에 가장 적은 관광객들이 방문했던 관광 명소에 대해선 입장료를 인하해야 한다고 봅니다. 현재 그곳의 표 값은 너무 비쌉니다.

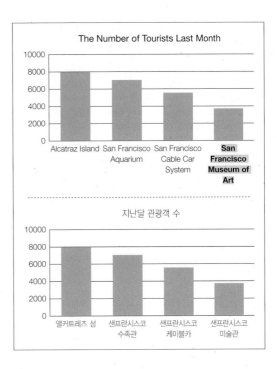

The Number of Tourists Last Month

지난달 관광객 수

표현 정리 diverse 다양한 **attraction** 관광 명소 **attract** 유치하다. 끌다 **bold** 대범한, 과감한 **lure** 유혹하다, 유치하다 **designate** 지정하다 **district** 구역 **admission fee** 입장료

2. ★★

① 문제 유형 파악 화자가 입장료 할인을 제안하는 장소를 묻고 있다. 그래프에는 지난달 관광 명소별 관광객 수가 제시되고 있다. 따라서 지문에는 할인을 제안하는 장소가 직접적으로 제시되지 않고, 지난달 방문객의 수와 연관하여 이야기할 것임을 미리 예상할 수 있다.

② 단서 찾기 화자는 관광객을 늘리는 방법에 대해 이야기하며, 지문 말미에서 As for the attraction that received the lowest number of tourists last month, we should lower the admission fee.라고 하며 지난달에 가장 적은 관광객이 방문한 곳에 입장료를 인하해야 함을 밝히고 있다.

③ 정답 선택 따라서 그래프에서 지난달 방문객이 가장 적었던 장소를 확인하면 San Francisco Museum of Art임을 알 수 있으므로 (D)가 정답이다.

도표를 참조하시오. 화자는 어느 장소에 대해 할인된 입장료를 제안하고 있는가?
(A) 앨커트래즈 섬
(B) 샌프란시스코 수족관
(C) 샌프란시스코 케이블카
(D) 샌프란시스코 미술관

5. 장소

I would like to welcome you all to Mount Victoria Trails. Walking on the trail will take about two hours, and we will get to see some mountain flowers and

---

trees. The flora on the mountain are thousands of years old. We won't be able to view all of the different species as they are spread out over a wide area. But we will examine a few of them. After we finish walking on the trail, be sure to stop in the local stores at the bottom of the mountain, where you can purchase pictures and books on the flowers and trees specific to this mountain. Okay, let's get started. We have a lot to learn in the next two hours.

빅토리아 산의 산행에 참가하신 여러분 환영합니다. 이번 산행은 약 2시간 정도 소요될 예정이며 산에 있는 꽃들과 나무들을 보시게 될 것입니다. 산에 있는 식물군은 수천 년 동안 생존해온 식물입니다. 이 식물들은 아주 넓게 퍼져 있어서 모든 식물 종을 다 관찰할 수는 없습니다. 따라서 그 중 일부만 관찰할 예정입니다. 산행을 마친 후, 산 아래 자락에 위치한 매장에 들르시면 이 산에만 존재하는 꽃과 나무들에 관한 사진 및 책자를 구입하실 수 있습니다. 자, 이제 출발하겠습니다. 앞으로 두 시간 동안 여러분은 많은 것을 배우게 되실 것입니다.

표현 정리 **trail** 산책로 **flora** 식물지, 식물군 **species** 종자, 종류 **spread out** 퍼지다, 확산되다 **examine** 조사하다, 검사하다 **specific** 특정한, 구체적인, 특별한

1. ★

① 문제 유형 파악 화자가 이야기를 하고 있는 장소, 즉, 지문이 등장하는 장소에 대해 묻는 질문이므로 지문 초반부에서 관련 단서를 찾아야 한다.

② 단서 찾기 화자는 담화 시작과 함께 I would like to welcome you all to Mount Victoria Trails,라고 하며 빅토리아 산의 산행에 참가한 것을 환영하는 인사말을 건네고 있다.

③ 정답 선택 화자는 빅토리아 산의 산행을 안내하는 가이드임을 유추할 수 있으므로 (D)가 정답이다.

화자는 어디에 있을 것 같은가?
(A) 정원
(B) 지역 상점
(C) 강가 산책로
(D) 산

Hello, everyone. **Thank you for joining our mid-morning tour here at the London Museum. Today's tour is very special as we will be focusing only on the Ching Dynasty artifacts section of the museum.** These artifacts are extremely delicate; please do not touch any of them. You will notice that many of the vases are not encased in glass or behind screens. Be very careful walking around the artifacts. Before you go in, I would like you to leave your bags, scarves, and coats in the lockers by the lobby. Let's have a good time!

여러분, 안녕하세요. 저희 런던 박물관 오전 견학에 참가해 주셔서 감

사합니다. 오늘 견학은 중국 청나라 시대의 공예품만을 둘러볼 예정이므로 매우 특별한 시간이 될 것입니다. 이 공예품들은 대단히 세심한 주의가 필요한 유물들이므로 절대 만지지 마십시오. 여러분께서 보시다시피 많은 공예품들이 유리로 싸여 있지 않을 뿐더러 칸막이도 설치되어 있지 않은 것을 알 수 있습니다. 그러므로 공예품 주변을 걸을 때 각별히 주의를 기울여 주시기 바랍니다. 들어가시기 전에 여러분께서 가지고 계신 가방이나 스카프, 외투는 로비에 있는 사물함에 보관해 두시기 바랍니다. 여러분, 즐거운 시간되시기 바랍니다!

표현 정리 **mid-morning** 오전 **focus on** ~에 집중하다 **Ching Dynasty** 청나라 왕조 **artifact** 공예품 **extremely** 극단적으로, 매우 **delicate** 섬세한, 민감한 **encase** 상자 안에 넣다

2. ★★

① 문제 유형 파악 안내방송이 이뤄지는 장소에 대해 묻고 있으므로 지문 초반부에서 제시되는 장소에 대한 단서를 찾는다.

② 단서 찾기 지문 초반부에 Thank you for joining our mid-morning tour here at the London Museum.이라고 하며 런던 박물관 견학 참석에 대해 감사의 말을 전하고, 이어 Today's tour is very special as we will be focusing only on the Ching Dynasty artifacts section of the museum.이라며 청 왕조의 공예품을 관람할 것이란 일정을 밝히고 있다.

③ 정답 선택 따라서 지문의 museum을 공공 교육 시설, 즉, public educational facility란 유사 표현으로 바꾸어 제시한 (C)가 정답이다.

🔍 함정 분석 지문에서 나온 표현이 정답에 그대로 제시되는 경우도 있지만, 지문의 표현을 반복한 선택지가 빠지기 쉬운 함정으로 나오기도 한다. 유사 표현으로 바꾸어 제시되는 문제가 많이 출제되므로 문제를 풀 때마다 유사 표현을 함께 익히면 실수를 줄일 수 있다.

이 안내방송은 어디에서 이뤄지고 있는가?
(A) 사진관
(B) 중국 식당
(C) 공공 교육 시설
(D) 제조 공장

Paging Ms. Sally Murphy. Ms. Sally Murphy, **if you hear this announcement, please come to the Northeast Asia Airline check-in counter in Terminal K, immediately.** There has been a mistake on your boarding pass to Los Angeles. We've noticed that you've got a boarding pass with the wrong nationality, and we must correct your nationality error before you board your flight. If not, you'll not be permitted to get on the flight. Ms. Sally Murphy, please come to the Northeast Asia Airline check-in counter in Terminal K as soon as possible. Thank you.

샐리 머피 씨를 호출합니다. 샐리 머피 씨, 만약 이 안내방송을 들으시면 즉시 터미널 K에 있는 동북아시아 항공사 탑승 카운터로 와 주십시오. 고객님의 LA행 탑승권에 오류가 발생했습니다. 저희는 고객님의 탑승권에 국적이 잘못 표기되어 있음을 발견했으며, 고객님이 비행기에 탑승하기 전에 국적 오류 부분을 수정해야만 합니다. 그렇

지 않으면 고객님께서는 비행기 탑승이 허용되지 않을 것입니다. 셀리 머피 씨, 터미널 K에 있는 동북아시아 항공사 탑승 카운터로 최대한 빨리 와주시기 바랍니다. 감사합니다.

표현 정리 **page** 이름을 불러 사람을 찾다 **check-in counter** 탑승 카운터 **boarding pass** 탑승권 **notice** 통보; ~을 알아차리다, ~을 보다 **nationality** 국적 **be permitted to do** ~를 할 수 있도록 허가받다 **get on the flight** 비행기에 탑승하다

3. ★★

① 문제 유형 파악 안내방송이 나오는 장소에 대해 묻는 질문으로, 지문 초반부에서 안내방송이 등장하는 장소를 추측할 수 있는 표현이 제시되는 부분에 초점을 맞춰야 한다.

② 단서 찾기 화자가 지문 초반부에 if you hear this announcement, please come to the Northeast Asia Airline check-in counter in Terminal K, immediately.라고 하며 셀리 머피 씨에게 안내방송을 들으면 바로 동북아시아 항공사의 탑승 카운터로 와줄 것을 요청하고 있다.

③ 정답 선택 고객에게 탑승 카운터로 올 것을 요청하고, 이어 탑승권의 국적이 잘못 표기되었다고 이야기하므로 이곳이 공항임을 추측할 수 있다. 따라서 (D)가 정답이다.

이 안내방송은 어디에서 이뤄지고 있는가?
(A) 식료품점
(B) 콘서트홀
(C) 고속버스 터미널
(D) 공항

Nice to see you all today! Allow me to introduce Mr. Martin Smith, our new sales representative. **Since our cell phone products have gained popularity, it has become necessary to hire more salespeople.** Mr. Smith has had experience selling phones at smaller companies, but he has never worked for a firm as expansive as ours. I'll appreciate it if you could all take the time to assist him during his first week here. I'll be training him in product knowledge this morning before he meets our senior sales representative, Ms. Stephanie Wang.

- -

오늘 여러분 모두를 만나게 되어 반갑습니다! 신입 판매사원인 마틴 스미스 씨를 소개하고자 합니다. 저희 휴대전화기가 인기를 얻었기 때문에, 더 많은 판매사원을 고용할 필요가 있었습니다. 스미스 씨는 작은 회사에서 전화를 판매한 경험은 있지만, 우리 회사처럼 크게 성장하는 회사에서는 일해 본 경험은 없습니다. 여러분이 그가 근무하는 첫 주 동안 도와주시면 감사하겠습니다. 그가 수석 판매사원인 스테파니 왕씨를 만나기에 앞서 저는 오늘 아침 그에게 상품 지식에 대한 교육을 시킬 것입니다.

표현 정리 **allow 목 to do** ~가 …를 하도록 허락하다 **sales representative** 판매사원 **gain** 획득하다 **popularity** 인기, 유행 **expansive** 확장하는, 광대한

---

4. ★★

① 문제 유형 파악 소개가 이뤄지고 있는 장소에 대해 묻는 질문으로, 장소에 대한 단서는 지문 초반부에 제시되므로 관련 표현을 놓치지 않도록 한다.

② 단서 찾기 화자는 초반부에 신입 판매사원을 소개한다고 말하고, 이어 Since our cell phone products have gained popularity, it has become necessary to hire more salespeople.이라며 휴대폰의 판매 실적이 좋아 판매사원이 더 필요했다고 언급하고 있다.

③ 정답 선택 휴대폰을 판매할 신입 판매사원을 소개하는 내용이므로 이곳은 휴대폰 판매점임을 알 수 있다. 따라서 (C)가 정답이다.

이 소개는 어디에서 이뤄지고 있는가?
(A) 광고 회사
(B) 식료품 가게
(C) 휴대폰 판매점
(D) 면접 현장

---

6. 주제

Dancercise combines elements of dance, resistance training, Pilates, yoga, kickboxing and more to create programs for people of every age and fitness level. Each 60-minute Dancercise class includes a warm-up, high-energy aerobic routines, muscle-toning and cool-down stretching segment. Low impact exercises are shown throughout the class so everyone can follow along. Come join us for Dancercise at Megan's Dancercise Studio at 2300 London Blvd.

- -

댄서사이즈는 모든 연령대와 체력 수준에 맞춘 프로그램을 개발하기 위해 댄스, 저항력 훈련, 필라테스, 요가, 킥복싱 등의 모든 요소를 합친 것입니다. 60분 길이의 각 댄서사이즈 수업은 준비 운동, 고에너지 에어로빅 운동, 근육의 탄력 강화와 마무리 스트레칭을 포함하고 있습니다. 수업 내내 모두가 같이 따라할 수 있도록 부담 없이 할 수 있는 운동을 가르쳐 드립니다. 런던 대로 2300번지에 위치한 메간 댄서사이즈 스튜디오에 오셔서 댄서사이즈에 등록하세요.

표현 정리 **combine** 결합시키다 **element** 요소 **resistance training** 저항력 운동 **fitness** 체력, 건강함 **warm-up** 준비(운동) **high-energy** 고에너지 **aerobic** 에어로빅 **routine** 일과, 일정한 일련의 댄스 스텝 **muscle-toning** 근육 탄력 강화 **cool-down stretching** 마무리 스트레칭 **segment** 부분, 구획 **low impact** (몸에) 부담을 주지 않는, 영향이 적은 **throughout** 처음부터 끝까지 **follow along** 같이 따라하다

1. ★★

① 문제 유형 파악 광고 대상을 묻는 문제는 곧 광고의 주제를 묻는 질문이다. 광고하는 상품이나 서비스의 정체는 광고 초반부에서 직접적으로 언급된다. 따라서 초반부를 집중해서 들어야 한다.

② 단서 찾기 광고 시작과 함께 Dancercise combines elements of dance, resistance training, Pilates, yoga, kickboxing and more to create programs for people of every age and fitness level.이라고

이야기하는 부분을 통해 댄서사이즈는 여러 종류의 운동을 이용한 종합 운동임을 알 수 있다.

⑧ 정답 선택 이어진 내용에서도 댄서사이즈 수업에 대해 소개하므로 A workout program으로 바꾸어 표현한 (D)가 정답이다.

🔍 **함정 분석** 지문 중반 Low impact exercises are shown throughout the class so everyone can follow along.에서 class를 듣고 (C)로 혼동하지 않도록 한다. 댄서사이즈 수업에 대한 내용이지 스포츠 과학과는 전혀 관계없으므로 (C)는 오답이다.

무엇에 관한 광고인가?
(A) 모던 댄스 공연
(B) 건강한 라이프 스타일
(C) 스포츠 과학 강좌
(D) 운동 프로그램

While visiting Los Angeles, don't miss out on a tourist favorite: the Celebrity Home Tour with Hollywood Tour Line. With your knowledgeable and entertaining tour guide, you will meet some of your favorite celebrities, and they will share some behind-the-scenes stories of their movie shoots. You will also see the homes of stars like Lisa Witherspoon, Lee Thompson, and even James Wilson! Tours depart three times daily from Monday to Saturday. Please call to book at least 3 hours in advance.

LA를 방문하는 동안 여행객들이 가장 좋아하는 것, 바로 헐리우드 투어 라인과 함께 하는 유명인사 저택 투어를 놓치지 마세요. 박식하면서도 재미있는 여행 안내원과 함께 여러분이 좋아하는 유명인사들을 만나게 될 것이며, 그들은 영화 촬영과 관련된 뒷이야기를 들려줄 것입니다. 여러분은 또한 리사 위더스푼, 리 톰슨 그리고 심지어 제임스 윌슨과 같은 스타들의 주택들도 보실 수 있습니다! 투어는 월요일부터 토요일까지 매일 3번 진행됩니다. 늦어도 3시간 전에 미리 예약해 주시기 바랍니다.

표현 정리 miss out on ~을 놓치다 tourist favorite 여행객들이 가장 좋아하는 것 celebrity 유명인사 knowledgeable 박식한 behind-the-scenes story 후일담, 뒷이야기 depart 출발하다 book 예약하다 at least 최소한 in advance 미리, 앞서

2. ★

① 문제 유형 파악 광고 대상은 광고의 주제를 묻는 것이다. 광고에서는 광고되는 서비스나 상품이 주제가 되며, 지문 초반부에 언급되는 것이 일반적이다.

② 단서 찾기 광고 서두에 While visiting Los Angeles, don't miss out on a tourist favorite: the Celebrity Home Tour with Hollywood Tour Line.이라고 하며 LA에 있는 유명인사의 저택을 관람하는 도시 속 관광 상품을 광고하고 있다.

③ 정답 선택 the Celebrity Home Tour with Hollywood Tour Line이 키워드이며, tour가 그대로 제시된 (D)가 정답이다.

어떤 서비스가 광고되고 있는가?

(A) 렌터카
(B) 공항 대중교통
(C) 티켓 예약
(D) 도시 관광

Hello, everybody. I have an announcement to make. **We have been forced to make some changes to today's engineering convention schedule.** Due to the late arrival of one of our guest speakers, the 1 P.M. lecture on modern bridge design will be postponed until 2 P.M. and will be 20 minutes shorter than advertised. We apologize for this inconvenience, and hope you can understand. The remaining seminars will be unaffected by this change. Following all of the lectures, refreshments will be served in the reception area of the venue. Finally, try not to miss this evening's seminar entitled "Innovative Construction Methods" to be conducted by noted structural engineer, Mr. Mark Dickinson.

안녕하세요, 여러분. 발표할 것이 있습니다. 오늘 있을 공학 회의 일정을 약간 변경해야 할 것 같습니다. 초청 연사들 중 한 분의 도착이 늦어진 관계로 현대식 교량 설계에 관한 오후 1시 강연이 오후 2시까지 연기될 것이며, 예고된 시간보다 20분 짧아질 예정입니다. 이러한 불편을 드리게 되어 죄송하며 여러분의 양해를 바랍니다. 남은 세미나들은 이 시간 변경의 영향을 받지 않을 것입니다. 모든 강연이 끝나면 연회장에 다과가 마련될 것입니다. 마지막으로, 저명한 구조 공학자인 마크 디킨슨 씨가 "혁신적인 건설 방식"이라는 제목으로 강연하는 오늘 저녁 세미나를 놓치지 마세요.

표현 정리 make an announcement 발표하다 be forced to do ~하지 않을 수 없다 postpone 연기하다 apologize 사과하다 inconvenience 불편함 unaffected 영향을 받지 않은 refreshments 다과, 간단한 간식 venue 행사 개최지 entitle 제목을 붙이다 noted 저명한, 유명한 structural engineer 구조 공학자

3. ★★

① 문제 유형 파악 발표문의 주제에 대해서 묻고 있으며, 발표문의 주제는 담화 초반부 화자의 인사말과 자기소개 직후에 언급되는 것이 일반적이다.

② 단서 찾기 화자는 지문 초반부에서 We have been forced to make some changes to today's engineering convention schedule.이라고 말하며, 이어 초청 연사가 늦게 도착하여 강연 시간이 연기될 것임을 발표하고 있다.

③ 정답 선택 회의 일정의 변경을 공지하고 있으므로 발표문의 주제는 회의 일정의 변경이라 할 수 있다. 따라서 (A)가 정답이다.

발표문은 무엇에 관한 것인가?
(A) 회의 일정
(B) 교량 설계 기준
(C) 새로운 산업 시설
(D) 교량의 위치

Next, **I'd like to discuss our desktop computer sales.** Before Michael talks to you in detail about our monthly sales figures, I'd like to give you a general outline. Halfway through the year, our sales have decreased by about 7 percent. Our market experts suggest that this decrease has occurred due to increased competition from local home computer stores. To combat this problem we need to initiate an advertising campaign which will bring customers back to our store. **But first, here's Michael with last month's sales summary.**

다음으로, 저는 우리의 탁상용 컴퓨터 판매에 대해 이야기하고 싶습니다. 마이클이 월별 판매 실적에 대해 세부적으로 이야기하기 전에, 여러분들에게 전체적인 개요를 말하고 싶습니다. 반년이 지난 지금 우리의 판매는 약 7퍼센트 감소했습니다. 시장 전문가들은 이 감소가 지역 가정용 컴퓨터 매장들 간의 경쟁이 심해졌기 때문에 생긴 일이라고 합니다. 이 문제를 극복하기 위해서 우리는 고객들을 다시 우리 매장으로 돌아오게 할 광고 캠페인을 시작해야 합니다. 하지만 우선, 마이클이 지난달 매출에 대해 요약해 주겠습니다.

표현 정리 **in detail** 상세히 **sales figures** 판매 실적 **outline** 개요, 윤곽 **decrease** 감소하다 **expert** 전문가 **occur** 일어나다, 생기다 **competition** 경쟁 **combat** 투쟁하다, 싸우다 **initiate** 시작하다 **summary** 요약

4. ★★

🅐 **문제 유형 파악** 담화의 주제는 대부분 서두에 제시되므로 지문 초반부에 집중적으로 언급하는 소재를 파악해야 한다.

🅑 **단서 찾기** 화자가 지문 시작과 함께 I'd like to discuss our desktop computer sales.라고 하며 컴퓨터 판매에 대해 이야기할 것임을 밝히고 있다.

🅒 **정답 선택** 컴퓨터 매출 감소에 대해 이야기하고, 후반부에서는 But first, here's Michael with last month's sales summary.라고 하며 마이클이 지난달 매출 요약에 대해 이야기할 것임을 밝히는 부분을 통해 주제를 다시 한번 확인할 수 있다. 따라서 (C)가 정답이다.

담화는 주로 무엇에 관한 것인가?
(A) 홍보 포스터
(B) 장비 오작동
(C) 회사의 매출
(D) 최근의 가격 상승

7. 미래 행동

Good morning, all. Thank you for joining us in celebrating the accomplishments of Melissa McBride, our chief executive officer, as she retires from Beagle Telecom. Ms. McBride has been with us for 27 years. She has spent the last 10 years leading us as one of the most successful companies in America. She has made Beagle Telecom one of the five most easily recognized brands in the world. As CEO, Ms. McBride was very even handed, respectful, and honest with all of her employees. We are happy to have been led by her. **I would now like to present Ms. McBride, who will speak a few words.**

여러분, 안녕하십니까? 저희 비글 텔레콤 사의 최고경영자인 멜리사 맥브라이드 씨의 업적과 은퇴를 기념하는 자리에 참석해 주셔서 감사합니다. 맥브라이드 씨는 우리 회사에서 27년간 근무해 오셨습니다. 그녀는 지난 10년간 우리 회사를 미국에서 가장 성공한 기업 중 하나로 이끌어 주셨습니다. 또한 우리 비글 텔레콤을 세계에서 가장 유명한 5대 브랜드 중 하나로 만들었습니다. 최고경영자로서 맥브라이드 씨는 직원들에게 매우 공정했을 뿐만 아니라 모든 직원들을 존중하는 정직한 분이셨습니다. 그녀가 우리 회사를 이끌어 주신 것을 기쁘게 생각합니다. 이제 몇 마디 말씀을 해주실 맥브라이드 씨를 소개하고자 합니다.

표현 정리 **chief executive officer** 최고경영자 **accomplishment** 공적, 공훈 **recognized brand** 인지도가 높은 상표 **even handed** 공평한 **respectful** 공손한, 존경하는 **speak a few words** 연설하다

1. ★★

🅐 **문제 유형 파악** 향후 발생할 일을 묻는 질문으로, 미래 행동에 대한 단서는 지문 말미 두 문장에서 제시된다. 지문 후반부에 집중하고 미래 행동을 말하는 패턴을 놓치지 않도록 한다.

🅑 **단서 찾기** 화자는 은퇴식에 참석한 사람들에게 인사말을 하고, 지문 마지막에 I would now like to present Ms. McBride, who will speak a few words.라고 하며 자신이 소개하는 맥브라이드 씨가 곧 연설을 할 예정임을 밝히고 있다.

🅒 **정답 선택** 은퇴식 자리로 곧 연설이 있을 것임을 알 수 있으므로 speak a few words를 A farewell speech will be given.으로 바꾸어 표현한 (C)가 정답이다.

다음에 무슨 일이 벌어지겠는가?
(A) 신입 직원이 소개될 것이다.
(B) 비즈니스 오찬이 시작될 것이다.
(C) 고별사가 있을 것이다.
(D) 평생 공로상이 수여될 것이다.

Hello and welcome to La Petite Maison. My name is Jack, and I will be your waiter this afternoon. Let me first tell you about the chef's specials that we have today here at La Petite Maison. The soup of the day is cream of broccoli, and we are offering smoked salmon with a baked potato for our main lunch dish. This dish is priced at only 18 dollars today. All of our entrées include a salad. The various types of salads we have are listed alphabetically in the menu. Let me also remind you that our free drink event starts at 2 P.M. **So what can I get for you first?**

안녕하세요? 라 프티 메종에 잘 오셨습니다! 제 이름은 잭이고요, 제가 오늘 손님의 웨이터를 맡게 되었습니다. 먼저 오늘 라 프티 메종의 주방장 특선 요리에 대해 말씀드리겠습니다. 오늘의 수프는 브로콜리 수프이며, 메인 점심 요리로는 훈제 연어와 구운 감자를 제공해 드리고 있습니다. 오늘 이 요리의 가격은 단돈 18달러입니다. 모든 주 요리에는 샐러드가 포함되어 있습니다. 다양한 종류의 샐러드들이 알파벳 순서로 메뉴에 적혀 있습니다. 또한 오후 2시에 무료 음료 이벤트가 시작된다는 걸 알려드립니다. 자, 무엇을 먼저 가져다 드릴까요?

표현 정리 soup of the day 오늘의 수프 **smoked** 훈제된 **salmon** 연어 **main lunch dish** 메인 점심 요리 **be priced at** 가격이 ~로 책정되다 **entrée** 주요리 **list** 리스트[목록]를 작성하다

2. ★

① 문제 유형 파악 화자의 미래 행동을 묻는 질문이므로 지문 말미에서 제시되는 단서를 놓치지 않도록 주의한다.

② 단서 찾기 화자는 레스토랑에서 제공하는 오늘의 메뉴를 소개하고, 이어 지문 말미에 So what can I get for you first?라고 하며 손님들의 주문을 받고자 하는 의사를 밝히고 있다.

③ 정답 선택 화자는 이어 손님의 주문을 받을 것이므로 정답은 (A)이며, 선택지에서는 '주문받다'의 의미인 take an order로 바꾸어 표현하였다.

화자는 이후에 무엇을 할 것 같은가?
(A) 주문을 받는다.
(B) 음료를 제공한다.
(C) 계산서를 가져온다.
(D) 메뉴 하나를 소개한다.

Hi, Susan. It's Dennis from Bloomville Apartments. I'm returning your call about the two bedroom apartment. We do have several available right now, but unfortunately, not in your price range. We do have some studio apartments for that amount, or I can recommend some of the best real estate agents in this area. **Please give me a call back so we can discuss your options to choose an apartment.** Again, my name is Dennis and you can reach me at 282-4740.

안녕하세요, 수잔 씨. 저는 블룸빌 아파트의 데니스예요. 방이 두 개인 아파트와 관련해서 답신 전화를 드려요. 저희가 방이 두 개인 아파트를 몇 채 보유하고 있는데, 안타깝게도 당신이 염두에 두고 있는 가격대와는 맞지 않는 것 같아요. 그 가격에 맞는 원룸 아파트도 몇 채 보유하고 있는데, 그걸 원하지 않으시면 제가 이 지역 최고의 부동산 중개업자 중 몇 명을 추천해드릴 수도 있어요. 어떠한 아파트를 선택하실지 논의해야 하니 제게 연락을 주세요. 다시 한번 말씀드릴게요, 제 이름은 데니스이고요, 연락처는 282-4740입니다.

표현 정리 return one's call ~의 전화에 대한 답신 전화를 걸다 **bedroom** 침실 **price range** 가격 범위, 가격대 **studio apartment** 원룸 아파트 **amount** 액수, 양 **real estate agent** 부동산 중개업자 **reach** ~에 도착하다, ~에게 연락하다

3. ★★★

① 문제 유형 파악 청자가 다음에 할 일에 대해 묻는 질문이므로, 지문 후반부에서 단서를 찾아야 하며 특히 동사를 놓치지 않아야 한다.

② 단서 찾기 화자는 청자가 요구한 조건에 맞는 아파트가 없다고 말하고, 이어 후반부에서 Please give me a call back so we can discuss your options to choose an apartment.라고 말하며 청자가 아파트를 선택하기 위해 연락을 해줄 것을 바라고 있음을 알 수 있다.

③ 정답 선택 화자는 청자에게 몇 가지 선택사항에 대해 이야기하고, 어떤 아파트를 선택할지 연락을 달라고 요청하고 있다. 따라서 청자는 화자에게 연락해 원하는 아파트를 고를 것이므로 (A)가 정답이다.

함정 분석 Please give me a call back so we can discuss your options to choose an apartment.에서 discuss를 듣고 (B)로 혼동하지 않도록 한다. 화자는 청자와 함께 어떤 선택을 할지 논의하려는 것이지 회의 일정을 잡으려는 것이 아니므로 (B)는 오답이다.

청자는 나중에 무엇을 할 것 같은가?
(A) 아파트를 선택한다.
(B) 회의 일정을 잡는다.
(C) 계약을 취소한다.
(D) 더 낮은 임대료를 요구한다.

I'd like to welcome you all to this farewell celebration. We are here to thank our chairman, Mr. Tony Campbell for his diligence and hard work over the years. He founded this company almost 30 years ago in a small office selling home exercise equipment. Today, the company has risen to become a leader in the fitness equipment market and branched into other markets as well. **When Mr. Campbell retires next week, he told me he plans to retire to Barbados, one of the Caribbean islands.** Mr. Campbell will now give his final farewell speech to us all. Let's give him a big round of applause.

여러분 모두 이 고별식에 오신 것을 환영합니다. 우리는 회장님이신 토니 캠벨 씨가 오랜 시간 동안 보여주신 근면과 노고에 감사드리고자 모였습니다. 그는 30여 년 전 가정용 운동 기구를 판매하는 작은 사무실에서 이 회사를 설립하셨습니다. 오늘날 회사는 운동 기구 시장에서 선두에 올라섰을 뿐 아니라 다른 시장에까지 진출했습니다. 캠벨 씨는 다음 주에 은퇴하고, 카리브해 섬 중의 한 곳인 바베이도스로 갈 계획임을 밝혔습니다. 이제 캠벨 씨가 저희에게 마지막 고별 연설을 하시겠습니다. 그에게 큰 박수를 부탁드립니다.

표현 정리 farewell 고별, 작별 **diligence** 근면 **found** 설립하다, 창건하다 **home exercise equipment** 가정용 운동 기구 **branch into** ~로 뻗어 나가다 **retire** 은퇴하다, 퇴직하다 **a big round of applause** 큰 박수

4. ★★

① 문제 유형 파악 캠벨 씨가 다음 주에 무엇을 할 것인지 묻는 질문으로, 이 문제의 핵심어는 next week이다. 지문 후반부에서 캠벨 씨에 대해 언급되고, next week이란 시점이 제시되는 부분을 중심으로 단서를 파악해야 한다.

② 단서 찾기 화자가 지문 후반부에서 When Mr. Campbell retires next week, he told me he plans to retire to Barbados, one of the Caribbean islands.라고 하며 캠벨 씨가 은퇴 후 바베이도스로 갈 것임을 밝히고 있다.

③ 정답 선택 캠벨 씨는 다음 주에 은퇴한 후 카리브해 섬 중 한 곳으로 갈 것이라고 하였으므로, 이를 move overseas로 바꾸어 표현한 (D)가 정답이다.

캠벨 씨는 다음 주에 무엇을 할 것인가?
(A) 프로 선수들을 채용한다.
(B) 새로운 회사로 이직한다.
(C) 섬을 매입한다.
(D) 해외로 간다.

8. 화자나 청자의 정체

> **Our store will be closing in 20 minutes. Please complete your shopping and come to the checkout lines.** Please don't forget the special sales today in our fresh produce section. Hothouse strawberries are one box for $5. Our customer service counter is now closed. If you have any questions, please ask a store manager. Thank you for shopping with us.

저희 가게는 20분 뒤에 문을 닫습니다. 쇼핑을 마무리하시고 계산대로 이동하세요. 오늘 신선 농산물 코너에서 특별 판매가 있다는 것을 잊지 마시고요. 온실에서 재배한 딸기가 한 상자당 5달러입니다. 저희 고객 관리 담당 카운터는 지금 닫혀 있습니다. 만약 질문이 있으시면 점장에게 해주십시오. 저희 가게에서 쇼핑해 주셔서 감사드립니다.

표현 정리 complete 마무리하다, 끝내다 **fresh produce** 신선한 농산물 **store manager** 점장

1. ★

① 문제 유형 파악 안내방송의 청자를 묻는 질문이므로 지문 초반부에서 화자가 청자를 직접적으로 언급하거나 혹은 청자의 정체를 유추할 수 있을 만한 관련 어휘나 표현에 집중해야 한다.

② 단서 찾기 지문 시작과 함께 화자가 Our store will be closing in 20 minutes. Please complete your shopping and come to the checkout lines.라고 하며 가게가 20분 뒤에 문을 닫으니 쇼핑을 마무리하고 계산할 것을 권고하고 있다.

③ 정답 선택 store, shopping, checkout line 등의 표현을 통해 상점의 안내방송임을 알 수 있다. 따라서 청자는 쇼핑하는 고객들이므로 (B)가 정답이다.

🔍 **함정 분석** 지문 중반부 Our customer service counter is now closed.에서 customer service만 듣고 (A)를 고르지 않도록 한다. 고객 서비스 코너가 닫혀 있음을 말하는 것이지 안내문의 청자가 고객 관리 직원이라고 볼 수 없으므로 (A)는 오답이다.

이 안내방송의 청자는 누구일 것 같은가?

(A) 고객 관리 직원들
(B) 쇼핑 고객들
(C) 최근에 전근 온 직원들
(D) 마케팅 세미나의 참석자들

> Hello all. **Thanks you so much for coming to our company outing on this beautiful Saturday afternoon.** This quarter, as you all know, the sales figures for our electronic goods have placed us as the second highest sales group among all regional stores. This picnic is our company's way of saying thank you for all of your continuous dedication and hard work over the last few months. We are hoping to keep this momentum going and to continue to increase our electronics sales. None of this would have been possible, of course, without all of your professionalism and valuable support to the company. I have to say, I personally have had the pleasure and honor of working with you. Enjoy yourselves today!

안녕하십니까, 여러분. 이 아름다운 토요일 오후, 회사 야유회에 와주신 여러분께 매우 감사드립니다. 여러분도 다 아시겠지만, 이번 분기에 이 지역의 모든 매장들 중에서 우리 지점의 전자제품 매출이 두 번째로 높았습니다. 이 야유회는 지난 몇 달간 여러분 모두의 지속적인 헌신과 노고에 대한 회사의 고마움을 표현하는 자리입니다. 저희는 이 여세를 몰아 우리의 전자제품 매출을 계속 증가시킬 수 있길 바랍니다. 물론 이 성과는 여러분 모두의 전문성과 회사를 향한 값진 성원이 없었다면 가능하지 않았을 겁니다. 저는 여러분과 함께 일을 하게 되어 영광이자 정말 기쁘다는 점을 말씀드리지 않을 수 없습니다. 오늘은 마음껏 즐기십시오!

표현 정리 company outing 회사 야유회 **sales figures** 매출액, 판매액 **continuous** 지속적인 **dedication** 헌신 **over the last few months** 지난 몇 달간 **keep this momentum going** 이 여세를 몰아 가다 **professionalism** 전문성 **valuable** 귀한, 값진

2. ★★

① 문제 유형 파악 담화를 듣는 청자가 누구인지 묻는 질문으로, 지문 초반부에서 청자를 추측할 수 있는 관련 어휘나 표현에 집중해야 한다.

② 단서 찾기 화자가 지문 시작과 함께 Thanks you so much for coming to our company outing on this beautiful Saturday afternoon.이라며 회사 야유회에 참석한 사람들에게 인사를 전하고 있다.

③ 정답 선택 담화를 듣는 청자는 company outing, 즉, 회사 야유회에 참석해야 하는 사람들이므로 회사의 직원들임을 추측할 수 있다. 따라서 (C)가 정답이다.

청자들은 누구일 것 같은가?
(A) 잠재적 투자자들
(B) 회의 참석자들
(C) 직원들
(D) 이사회 임원들

Attention, library patrons. It is now 9:40 P.M. and the library will be closing in 20 minutes, promptly at 10 o'clock. Please bring your books that need to be checked out to the circulation desk. A bell will be rung five minutes before closure, which is the signal for readers to stop working immediately and leave. Photocopiers are switched off 15 minutes before closing. Please ensure that you take all your belongings with you when you leave. The library will open tomorrow at 7 A.M. Thank you for visiting your Manchester Public Library.

도서관을 이용하시는 분들께 안내 말씀 드립니다. 지금은 오후 9시 40분이고 도서관은 20분 후에, 정확히 10시에 문을 닫습니다. 여러분이 대출해야 할 책을 도서관 대출 창구로 가지고 오십시오. 도서관이 폐장되기 5분 전에 벨이 울릴 것이며, 이는 책을 읽던 분들은 독서를 즉시 멈추시고 나가셔야 한다는 것을 의미하는 신호입니다. 복사기는 도서관이 문 닫기 15분 전에 전원이 차단될 겁니다. 떠나실 때는 소지품을 꼭 챙기도록 하십시오. 도서관은 내일 오전 7시에 다시 개장합니다. 맨체스터 공공 도서관을 방문해 주셔서 감사드립니다.

표현 정리 **promptly** 정확하게, 신속하게 **check out** ~을 계산하다, ~을 대출하다 **circulation desk** 도서관 대출 창구 **be rung** ~이 울리다 **immediately** 바로, 즉시 **switch off** ~의 전원을 차단하다 **ensure** ~을 확실하게 하다, ~을 안전하게 하다 **belongings** 소지품

3. ★

❶ 문제 유형 파악 안내방송의 청자를 묻는 질문이므로 지문 초반부에서 청자에 대한 직접적인 언급이나 청자의 정체를 추측할 수 있는 표현을 중심으로 청취해야 한다.

❷ 단서 찾기 화자는 지문 시작과 함께 바로 Attention, library patrons.라고 하며 도서관 이용자들에게 안내방송을 하고 있다.

❸ 정답 선택 안내방송의 청자가 도서관 이용자들임을 직접적으로 밝히고 있으므로 (B)가 정답이다.

안내방송의 청자는 누구인가?
(A) 가게 손님들
(B) 도서관 이용자들
(C) 지역 공무원들
(D) 회의 참석자들

This is an announcement for all travelers waiting for the K101 Intercity Rail Service to Richmond. Unfortunately, the train has been delayed in Daly City due to technical problems. However, it is expected to arrive here in half an hour, making your new departure time 7 P.M. Once the train has arrived, we will help all passengers to board as quickly as possible so that we can depart for Richmond promptly. Please be ready to board the train at 7 P.M. Intercity Rail wishes to express their sincerest apologies for this unfortunate delay.

리치몬드행 K101 인터시티 철도 서비스를 기다리고 계신 모든 승객에게 안내 말씀 드립니다. 유감스럽게도, 기계적인 문제로 열차가 데일리 시티에서 지연되었습니다. 그러나 30분 후에 열차가 이곳에 도착을 할 것으로 예상되며, 여러분의 새로운 출발 시간은 오후 7시가 될 것입니다. 저희는 열차가 도착하면 신속히 리치몬드로 출발할 수 있도록 모든 승객이 가능한 한 빨리 탑승할 수 있도록 돕겠습니다. 오후 7시에 열차에 승차하실 수 있도록 준비해 주십시오. 인터시티 철도는 유감스러운 지연에 대해 진심 어린 사과를 표하고자 합니다.

표현 정리 **unfortunately** 유감스럽게도, 불행하게도 **delay** 지연시키다, 늦추다 **departure** 출발 **board** 탑승하다 **depart** 출발하다 **apology** 사과

4. ★

❶ 문제 유형 파악 안내방송을 하는 화자의 정체에 대해 묻는 질문이므로 지문 초반부에서 화자의 정체를 추측할 수 있는 관련 표현에 집중해야 한다.

❷ 단서 찾기 화자가 지문 시작과 함께 This is an announcement for all travelers waiting for the K101 Intercity Rail Service to Richmond.라고 하므로 화자가 현재 열차를 기다리고 있는 탑승객들에게 안내방송을 하고 있음을 알 수 있다.

❸ 정답 선택 열차 승객들을 위한 안내방송이므로 화자는 역에서 근무하는 직원임을 가늠할 수 있다. 따라서 (A)가 정답이다.

화자는 누구일 것 같은가?
(A) 기차역 직원
(B) 비행기 기장
(C) 정비사
(D) 지하철 운전기사

9. 목적

Hello, Mr. Sanchez. This is Loretta Davis with Green Mountain Floral. **The flower arrangements you ordered are ready to be delivered tomorrow at 9 A.M. I'd just like to confirm the address** – I have 37 Magnolia Blvd., and that looks like a private residence. We will need someone to be there to sign for the receipt of the flowers, and to direct the delivery men during the placement of the flower arrangements. Please call or text me and let me know the name of this individual and a contact number. I can be reached at 575-4331. Thank you. Have a nice day!

안녕하세요, 산체스 씨. 저는 그린 마운틴 화원에서 근무하는 로레타 데이비스라고 합니다. 고객님이 주문하신 화환은 내일 오전 9시에 배송될 준비를 마쳤습니다. 저는 화환을 배송해야 하는 주소를 확인하고자 하는데요, 여기 나와 있는 주소는 매그놀리아 가 37번지로 되어 있는데, 그곳은 사택인 것처럼 보입니다. 저희는 그곳에서 꽃을 수령하고 화환을 배치하는 동안 배송한 사람들을 안내해줄 분이 계셨으면 합니다. 그분의 성함과 연락처를 전화 혹은 문자 메시지를 통해 알려주십시오. 제 연락처는 575-4331입니다. 감사합니다. 좋은 하루 보내세요!

표현 정리 **flower arrangement** 화환 **confirm** 확인하다 **private residence** 사택, 관저 **receipt** 수령 **direct** ~에게 지시하다, ~를 안내하다 **placement** 설치, 배치 **contact number** 연락처

1. ★★

🔘 **문제 유형 파악** 전화의 목적은 지문 초반부 화자의 인사말과 자기소개가 끝난 직후에 제시되는 것이 일반적이다. 따라서 자기소개 다음에 나오는 말에 집중한다.

🔘 **단서 찾기** 지문 시작과 함께 청자에게 인사와 자기소개를 하고, 이어서 The flower arrangements you ordered are ready to be delivered tomorrow at 9 A.M. I'd just like to confirm the address라며 주문한 화환이 배송될 준비가 되었다고 전하고 주소를 확인하고 있다.

🔘 **정답 선택** 배송 준비가 되었다고 전하며 주소를 확인하는 내용이므로, 전화의 목적은 청자가 주문한 물건의 배송 정보를 확인하려는 것이다. 따라서 (D)가 정답이다.

🔍 **함정 분석** 배송에 대한 내용임을 듣고 (B)로 헷갈리지 않도록 한다. The flower arrangements you ordered are ready to be delivered tomorrow at 9 A.M.에서 전화를 건 화자가 배송을 하려는 것이므로 배송 현황을 확인한다는 (B)는 오답이다.

전화의 목적은 무엇인가?
(A) 주문하는 것
(B) 배송 현황을 확인하는 것
(C) 예약하는 것
(D) 배송 정보를 확인하는 것

> **The new Asian wing addition to the San Jose Natural History Museum opened yesterday. The museum had been closed for nearly a year while a new Asian cultures wing was added.** The wing, which features Asian varieties of animal life and anthropological exhibits, was funded by donations from some multinational corporations doing business in Asia such as Chevy Motors and Delly Electronics. Museum officials honored their sponsors through a special opening. Ms. Kelly Winston, Chief Financial Officer of Chevy Motors, attended the event.
>
> ---
>
> 산호세 자연사 박물관의 새 아시아관이 어제 개장했습니다. 박물관은 새 아시아 문화관 건물이 증축되는 거의 1년간 폐관되었습니다. 아시아의 다양한 동물들의 삶과 인류학적 전시물을 주로 전시하는 이 건물의 공사 비용은 아시아에서 사업을 하는 세비 자동차와 델리 전자 같은 몇몇 다국적 기업들의 기부금으로 조달되었습니다. 박물관 관계자들은 그들의 후원사들에게 특별한 개관식을 통해 감사를 전했습니다. 세비 자동차의 최고 재무 책임자인 켈리 윈스턴 씨도 이 행사에 참석했습니다.

표현 정리 **wing** 부속 건물 **feature** 특징, 특색; 특색으로 하다. **anthropological** 인류학의 **be funded by** ~에 의해 자금이 조달되다 **sponsor** 후원자; 후원하다

2. ★★

🔘 **문제 유형 파악** 안내문의 목적에 대해 묻는 질문으로 안내문의 목적은 지문 초반부에서 제시되는 것이 일반적이다.

🔘 **단서 찾기** 화자는 지문 시작과 함께 The new Asian wing addition to the San Jose Natural History Museum opened yesterday.라며 새로운 아시아관이 개장했다는 내용을 언급하고, 이어 박물관이 새로운 아시아관 증축으로 인해 거의 1년간 폐쇄되었음을 전하고 있다.

🔘 **정답 선택** 이를 통해 박물관은 최근 1년 동안 폐관되었다가 다시 개장하는 것임을 알 수 있으므로 (A)가 정답이다.

안내문의 목적은 무엇인가?
(A) 박물관의 재개장을 알리는 것
(B) 새로운 직원 모집을 알리는 것
(C) 부속 건물을 위한 기부금을 요청하는 것
(D) 후원자들을 축제에 초청하는 것

> Hi, this is Angela Cho. I am in Cupertino. I just bought a radio from your store yesterday. **I have been trying to get it to work since I got home but it is absolutely not picking up any stations.** It obviously needs to be replaced. I would like you to come and pick it up and replace it as soon as possible. My number is 927-7399. Thanks.
>
> ---
>
> 안녕하세요. 저는 엔젤라 조라고 합니다. 저는 지금 쿠퍼티노에 있습니다. 제가 어제 당신의 매장에서 라디오를 하나 구입했습니다. 집으로 돌아온 후에 그 라디오를 작동시키려 시도해봤는데, 어떤 주파수도 잡지 않습니다. 확실히 교환을 받아야 할 것 같습니다. 가능한 한 빨리 사람을 보내 이 라디오를 가져가시고 다른 것으로 교환해 주셨으면 합니다. 제 전화번호는 927-7399입니다. 감사합니다.

표현 정리 **get it to work** 그것을 작동시키다 **absolutely** 절대적으로, 완전히 **pick up stations** 라디오 방송 주파수를 잡다 **pick up** ~을 수령하다, ~을 가지고 가다 **replace** 교환하다, 교체하다

3. ★

🔘 **문제 유형 파악** 전화를 건 목적에 대해 묻는 질문이므로 지문 초반부 화자의 인사말과 자기소개가 끝난 직후를 집중해서 들어야 한다.

🔘 **단서 찾기** 화자는 인사말과 자기소개를 하고 라디오를 구매했다는 배경 설명을 언급한 후, I have been trying to get it to work since I got home but it is absolutely not picking up any stations.라고 하며 라디오가 제대로 작동되지 않는다고 전하고 있다.

🔘 **정답 선택** 구매 후 제대로 작동되지 않는 라디오에 대해 이야기하므로 문제점을 알리기 위한 전화임을 알 수 있다. 따라서 (C)가 정답이다.

전화를 건 목적은 무엇인가?
(A) 회의 일정을 잡는 것
(B) 전화로 답신하는 것
(C) 문제점을 알리는 것
(D) 상품을 주문하는 것

Hi, Sarah. This is William Pitt from the Beautiful Travel Agency. **I'm calling to schedule an interview with you.** We received your application last week. You are someone who has the work experience that we are looking for. You're going to interview with my supervisor Miranda. I will explain our staff policy to you after your interview. Please let me know if you are available next Monday from 3 to 4 P.M. You can reach me at 333-1928. I look forward to hearing from you soon. Thank you.

안녕하세요, 사라 씨. 저는 뷰티풀 여행사의 윌리엄 피트입니다. 당신의 면접에 대해 이야기하려고 전화했어요. 지난주에 당신의 지원서를 받았어요. 당신이 바로 우리가 찾던 경력을 갖춘 사람입니다. 당신은 저의 상사인 미란다 씨와 면접을 보게 될 것입니다. 면접이 끝난 후 제가 직원 정책에 대해 설명해 드릴게요. 다음 주 월요일 오후 3~4시에 시간이 되는지 알려주시기 바랍니다. 333-1928로 제게 연락주세요. 연락 기다리겠습니다. 감사합니다.

표현 정리 schedule 일정을 잡다 application 지원서, 신청서 **available** 이용 가능한, 시간이 되는

4. ★★

① 문제 유형 파악 전화 메시지의 목적을 묻는 문제이므로 지문 초반부를 집중해서 들어야 하며 특히 자기소개 이후에 전화를 건 이유가 제시된다는 점을 기억하자.

② 단서 찾기 화자는 이름과 소속을 밝힌 후, I'm calling to schedule an interview with you.라고 하며 면접 일정을 잡으려는 것임을 전하고 있다.

③ 정답 선택 면접 일정을 잡으려고 전화했음을 알리고, 이어 면접에 대한 구체적인 정보가 등장하므로 (B)가 정답이다. I'm calling to ~는 전화의 목적을 밝히는 표현임을 함께 알아두자.

🔍 **함정 분석** 지문 후반부 Please let me know if you are available next Monday from 3 to 4 P.M.을 듣고 (C)로 헷갈리지 않도록 한다. 화자는 이전에 정한 약속에 대해 확인하는 것이 아니라 새로운 약속을 잡으려는 것이므로 (C)는 오답이다.

메시지의 목적은 무엇인가?
(A) 관광을 예약하는 것
(B) 약속을 잡는 것
(C) 약속을 확인하는 것
(D) 일정을 변경하는 것

---

10. 문제점

Attention, everyone. This is Ryan Miller, the maintenance manager, with an emergency announcement. While working on the clogged drain pipes in the bathroom on the top floor, **the plumbers accidentally turned on the ceiling-mounted water sprinklers.** We have no electrical equipment on that floor. But water can leak through to the lower floors if the problem is not fixed soon. So please turn off your computers and cover them with any available waterproof material in your offices as soon as possible. We apologize for any inconvenience this may cause you. Thank you for your cooperation.

주목해 주십시오, 직원 여러분. 저는 시설 관리부장 라이언 밀러인데, 긴급한 발표 사항이 있습니다. 배관공들이 우리 건물 최상층에 있는 화장실의 막혀 있는 배수관을 공사하던 중에 실수로 천장에 부착된 살수 장치를 작동시켰습니다. 그 층에 전기 장비는 전혀 없습니다. 그렇지만 이 문제가 곧 해결되지 않으면 흘러나온 물이 아래층으로 누수가 될 가능성이 있습니다. 그러므로 여러분은 최대한 빨리 컴퓨터의 전원을 끄고 사무실에 있는 방수가 되는 재질로 컴퓨터를 덮도록 하십시오. 이 일로 불편을 끼쳐드리게 된 점 사과드립니다. 여러분의 협조에 감사합니다.

표현 정리 emergency 긴급 clogged 막힌 plumber 배관공 **accidentally** 사고로, 실수로 ceiling-mounted 천장에 부착된 water sprinkler 살수 장치 leak 물이 새다 waterproof 방수의

1. ★★★

① 문제 유형 파악 지문에서 언급된 문제점을 묻는 질문이다. 문제점에 대한 단서는 대개 지문 초반부에 언급되며, 특히 자기소개 이후에 제시된다.

② 단서 찾기 화자는 자기소개에 이어 the plumbers accidentally turned on the ceiling-mounted water sprinklers.라며 배수관 공사 중에 배관공이 실수로 살수 장치를 작동시켰음을 밝히고 있다.

③ 정답 선택 turned on the ceiling-mounted water sprinklers가 핵심 단서이며, 이를 통해 화자가 말하는 문제점은 살수 장치가 작동되었다는 것임을 알 수 있으므로 (C)가 정답이다.

문제점이 무엇인가?
(A) 욕실이 고장이다.
(B) 기술자들이 도착하지 않았다.
(C) 살수 장치가 작동되었다.
(D) 직원들이 내부 전산망에 접속할 수 없다.

Hello! This is a message for Brian Nixon. This is Samanda Fox calling from the customer service department of Celta de Vigo Company. I'm calling about the order you placed for a newly released blender yesterday. **Unfortunately, the model is currently out of stock right now and won't be available until August 1st.** If you'd like to wait until then, I can call you when your blender comes in. Please call me back. My work number is 212-6313. Thank you for your business and I look forward to hearing from you.

안녕하세요! 이 전화 메시지는 브라이언 닉슨 씨를 위한 메시지입니다. 저는 사만다 폭스라고 하며, 셀타 데 비고 사 고객관리부에서 근

무하고 있습니다. 저는 고객님께서 어제 주문하신 신형 믹서기와 관련하여 연락을 드렸습니다. 안타깝게도, 현재 그 모델은 현재 품절 상태이며, 다음 달 8월 1일에 입고가 될 것임을 알려드리고자 합니다. 만약 고객님께서 그때까지 기다리실 수 있다면, 신형 믹서기가 입고되자마자 연락드리겠습니다. 제게 연락주세요. 제 사무실 연락처는 212-6313입니다. 거래해 주셔서 감사드리고, 고객님의 연락을 기다리고 있겠습니다.

표현 정리 **place an order** 주문하다 **newly released** 새로 출시된 **blender** 믹서기 **unfortunately** 안타깝게도 **out of stock** 품절 상태인 **look forward to V-ing** ~하기를 고대하다

2. ★★

① 문제 유형 파악 지문에서 언급하는 문제점을 묻고 있는데, 전화 메시지의 경우 문제점은 곧 전화를 건 목적, 주제와 일맥상통한다고 할 수 있다.

② 단서 찾기 화자는 자기소개가 끝나자마자 Unfortunately, the model is currently out of stock right now and won't be available until August 1st.라고 하며 고객이 주문한 제품이 현재 품절 상태임을 밝히고 있다.

③ 정답 선택 고객이 주문한 상품이 현재 구매가 불가능한 상태임을 전달하였으며, the model is out of stock을 A new product is not available.로 바꾸어 표현한 (B)가 정답이다.

문제점이 무엇인가?
(A) 어떤 기기가 망가졌다.
(B) 신제품을 구할 수 없다.
(C) 회사가 파산했다.
(D) 주문이 취소되었다.

Hello, there! This is Isabella Choi. Several months ago, I hired your interior office to replace the existing downstairs windows of my house with newly released windows. I think they've been quite good so far **but after two hours of heave rain this morning, I've found that some window sills are cracked and split.** There's a lot of rainwater coming inside of the living room, and the carpet is completely sodden. Well, I want this problem fixed as soon as possible. I'll be tied up in meetings all morning, so when you get this message, please call me back at 926-7399 after lunch.

안녕하세요! 저는 이사벨라 최입니다. 몇 달 전 귀하의 인테리어 회사에서 저희 집 아래층 유리창을 새로 출시된 유리창으로 교체하는 공사를 했습니다. 지금까지 유리창은 아주 훌륭하다고 생각했지만, 오늘 오전 2시간 정도 폭우가 내린 후에 보니 일부 창틀에 균열이 생기고 갈라져 있었습니다. 많은 빗물이 거실 안쪽으로 들어오고 있고, 카펫이 완전히 젖어버렸습니다. 저는 이 문제가 가능한 빨리 해결되었으면 합니다. 제가 오전 내내 회의에 참석하므로 이 메시지를 들으시면 점심식사 후 926-7399로 연락주세요.

표현 정리 **existing** 기존의 **heavy rain** 폭우 **window sill** 창틀 **be cracked and split** 균열이 생기고 갈라지다 **sodden** 흠뻑 젖은 **be tied up in meeting** 회의에 매여 있다

3. ★★★

① 문제 유형 파악 지문에서 언급하는 문제점을 묻는 질문으로, 문제점은 지문 초반 자기소개 이후에 언급되는 것이 일반적이다.

② 단서 찾기 최근 유리창을 교체하는 공사를 했다고 말한 후 화자는 but after two hours of heave rain this morning, I've found that some window sills are cracked and split.라고 하며 창틀의 균열과 갈라짐에 대한 문제점을 지적하고 있다.

③ 정답 선택 some window sills are cracked and split이 핵심 단서이며, 이를 통해 화자가 말하는 문제점은 창틀에 균열이 생기고 갈라져서 비가 들어오는 것임을 알 수 있다. 따라서 (A)가 정답이다.

🔍 **함정 분석** There's a lot of rainwater coming inside of the living room, and the carpet is completely sodden.을 듣고 (B)로 혼동하지 않도록 한다. 창틀에 문제가 생긴 것은 맞지만 창문이 깨진 것은 아니므로 (B)는 오답이다.

어떤 문제점이 언급되는가?
(A) 일부 창틀에서 물이 새고 있다.
(B) 일부 창문이 완전히 깨졌다.
(C) 매일 아침에 회의가 있다.
(D) 평일에는 군중 규모가 작아진다.

Hello, My name is John Adam. I recently moved into Apartment 20 at Paradise Apartment complex. I called your company last week to have my phone connected and the representative said it would be done in two days. Well, it's been five days since I called. And **I still don't have working line.** This is really inconvenient for me because I work from home and need to make work-related calls. I prefer not to use my mobile phone because the charges are very high. Please look into this and get back to me at 777-555-9090. Thank you.

안녕하세요, 제 이름은 존 애덤입니다. 최근에 파라다이스 아파트 단지 20호 아파트로 이사를 왔어요. 지난주에 전화를 연결하려고 귀사에 전화했는데, 직원이 이틀 후에 될 거라고 말했어요. 그런데 전화한 지 5일이 지났습니다. 그리고 아직도 전화 연결이 되지 않아요. 저는 집에서 일하고, 일과 관련된 전화 통화를 해야 하기 때문에 너무 불편하군요. 휴대전화는 요금이 아주 비싸기 때문에 잘 쓰지 않습니다. 이 문제를 알아보시고 777-555-9090으로 제게 전화주세요. 감사합니다.

표현 정리 **connect** 연결시키다 **work-related** 업무과 관련된 **charge** 요금, 청구액 **look into** ~을 조사하다 **get back to** ~에게 연락하다

4. ★★

① 문제 유형 파악 남자의 문제점을 묻고 있는 질문으로, 남자의 말에서 자기소개 이후 언급되는 문제점을 놓치지 않아야 한다.

② 단서 찾기 전화 회사에 전화 연결을 요청한 지 5일이 지났다고 말하고, 이어서 I still don't have working line.이라고 하며 아직도 전화 연결이 되지 않고 있음을 지적하고 있다.

정답 선택 don't have working line이 핵심 단서이며, 이를 통해 화자가 말하는 문제점은 전화 연결에 대한 것임을 알 수 있다. 따라서 don't have working line을 is not connected로 바꾸어 표현한 (A)가 정답이다.

함정 분석 I still don't have working line.을 듣고 (B)로 혼동하지 않도록 한다. 새로 이사한 후 전화가 아직 연결되지 않았다는 내용이며 전기와는 관련이 없으므로 (B)는 오답이다.

남자의 문제는 무엇인가?
(A) 그의 전화선이 연결되지 않고 있다.
(B) 그의 전기가 들어오지 않고 있다.
(C) 그의 휴대전화가 울리지 않는다.
(D) 그의 아파트가 그리 크지 않다.

Part 4 - 지문 유형

1. 공지 및 안내

M: Hi, Ms. Thatcher. ³This is William Clinton. ¹,²I'm calling to remind you of the monthly sales meeting on Tuesday. ²This Tuesday, we will discuss our quarterly profits statement. We need to find a way to more aggressively increase our profits. The meeting will begin at exactly 9 A.M. and will be held in the conference room on the fourth floor. ³You can call me at extension 1001 if you have any questions. If not, I will see you at the meeting. Please be on time. Thank you.

남: 안녕하세요, 대처 씨, 저는 윌리엄 클린턴이라고 합니다. 화요일에 있을 월례 영업 회의에 대해 상기시켜 드리고자 전화드렸습니다. 오는 화요일, 저희는 분기 수익 결산서에 대해 논의할 것입니다. 수익을 보다 적극적으로 높이기 위한 방법을 찾아야 합니다. 회의는 정확히 오전 9시에 시작될 예정이며, 4층에 있는 회의실에서 열립니다. 질문사항이 있으면 내선번호 1001번을 통해 제게 연락하시면 됩니다. 그렇지 않을 경우, 회의에서 뵙기를 바라며 지각하지 않도록 신경 써 주시기 바랍니다. 감사합니다.

표현 정리 remind 상기시키다, 알리다 monthly 월별, 월간 sales meeting 영업 회의 quarterly 분기별 profits statement 수익 결산서 aggressively 공격적으로, 적극적으로 extension 연장, 내선번호

1. ★

① 문제 유형 파악 질문의 키워드는 Who, listener이며, 메시지의 청자를 묻는 문제이다. 청자의 정체는 화자의 인사말에 직접적으로 제시되거나, 지문 초반부에 제시되는 관련 표현을 통해 추측할 수 있다.

② 단서 찾기 지문 초반부에 I'm calling to remind you of the monthly sales meeting on Tuesday.라며 월례 영업 회의가 있음을 알리고, 이어 This Tuesday, we will discuss our quarterly profits statement.라며 회의에서 분기 수익 결산서에 대해 논의할 것이라고 밝힌다.

③ 정답 선택 영업 회의에 대해 이야기하는 메시지이므로 청자는 영업을 담당하는 영업 부장, 즉, (D)가 정답이다.

청자는 누구일 것 같은가?
(A) 유통업자
(B) 회사 회계사
(C) 취업 지원자
(D) 영업 부장

2. ★★

① 문제 유형 파악 질문의 키워드는 What, purpose이며, 메시지의 목적을 묻는 문제이다. 화자의 인사말과 자기소개 직후에 제시되는 두 문장 내외에서 다루는 중점적인 핵심 사항을 파악하는 것이 관건이다.

② 단서 찾기 화자는 인사말과 자기소개 이후 I'm calling to remind you of the monthly sales meeting on Tuesday. This Tuesday, we will discuss our quarterly profits statement.라며 곧 있을 월례 영업 회의에 대한 안내와 회의의 주요 안건을 언급하고 있다.

③ 정답 선택 따라서 다가올 회의에 대해 설명하기 위한 목적의 메시지임을 파악할 수 있으므로 (C)가 정답이다.

메시지의 목적은 무엇인가?
(A) 이전 요청에 대한 후속 조치를 취하기 위해
(B) 예약을 확인하기 위해
(C) 다가올 회의에 대해 설명하기 위해
(D) 신제품 시연회 일정을 정하기 위해

3. ★★

① 문제 유형 파악 질문의 키워드는 What, listener, do, for more information이며, 청자가 추가 정보를 얻기 위해 해야 하는 것을 묻는 세부사항 문제이다. 화자의 요청이 곧 청자가 해야 할 일이 되므로 지문 후반부에서 화자가 청자에게 요청하는 내용에 집중하되, 동사를 놓치지 않도록 주의해야 한다.

② 단서 찾기 화자는 지문 말미에서 여자에게 You can call me at extension 1001 if you have any questions.라며 궁금한 점이 있으면 자신에게 연락할 것을 요청하였고, 지문 초반부에 화자는 This is William Clinton.이라며 자신이 윌리엄 클린턴이라고 밝힌 바 있다.

③ 정답 선택 따라서 청자가 더 많은 정보를 얻기 위해서는 클린턴 씨에게 연락해야 함을 알 수 있다. '전화하다'를 뜻하는 call을 contact로 바꾸어 표현한 (D)가 정답이다.

청자가 더 많은 정보를 얻기 위해서는 무엇을 해야 하는가?
(A) 소개책자를 요청한다
(B) 영업 이사와 이야기를 나눈다
(C) 대처 씨에게 이메일을 보낸다
(D) 클린턴 씨에게 연락한다

W: Attention employees! ⁵This is Sue Lee, Security Manager of Cupertino Modern Art Institute. As your security manager, ⁴I'm so pleased to announce that the new security system is due to be installed over the weekend. Starting Monday, all full-time staff and curators will need to carry their new identification cards. ⁶These cards will also function as the door

key. You should hold your identification card against the electronic panel to the right of the door in order to unlock it and enter or exit the building. If you still do not have your identification card, you must go and see Ms. Linda Wilson in Technical Support by Thursday at noon in order to get a new identification card. Thank you in advance for your anticipated cooperation in this matter.

여: 주목해 주세요, 직원 여러분! 저는 쿠퍼티노 현대 미술관의 보안 책임자인 수 리입니다. 보안 책임자로서 저는 이번 주말 동안 설치될 새 보안 시스템에 대해 발표하게 된 것을 기쁘게 생각합니다. 월요일부터 모든 정직원들과 큐레이터들은 새로운 신분증을 가지고 다녀야 합니다. 이 신분증은 문을 여닫는 열쇠로서의 기능을 하게 됩니다. 여러분이 문을 열고 건물을 출입하기 위해서는 신분증을 문 오른쪽에 위치하고 있는 전자 패널에 대야 합니다. 신분증을 소유하고 있지 않다면, 목요일 정오까지 기술지원부의 린다 윌슨 씨를 찾아가 새 신분증을 발급 받으세요. 이 문제와 관련해 향후에 있을 여러분의 협조에 감사드립니다.

표현 정리 security manager 보안 책임자 institute 협회, 전문 연구소, 전문 기관 security system 보안 시스템 be due to ~할 예정이다 full-time staff 정직원 curator 큐레이터 function as ~로서의 기능을 하다 hold A against B A를 B에 대다 unlock ~을 열다, ~의 자물쇠를 풀다 anticipated 예상되는, 예측되는 cooperation 협조

4. ★

❶ 문제 유형 파악 질문의 키워드는 What, announcement, about이며, 안내문의 주제에 대해 묻는 질문이다. 안내문의 초반부에서 집중적으로 다뤄지는 중심 소재를 파악하는 것이 관건이다.

❷ 단서 찾기 화자는 자기소개에 이어, 지문 초반부에 I'm so pleased to announce that the new security system is due to be installed over the weekend.라며 주말에 설치될 새로운 보안 시스템에 대해 발표할 것임을 알리고 있다.

❸ 정답 선택 새로운 보안 시스템에 대한 안내이므로 security system을 그대로 제시한 (B)가 정답이다.

안내문은 무엇에 관한 내용인가?
(A) 새로운 전시회
(B) 보안 시스템 갱신
(C) 연간 회비
(D) 기술 발전

5. ★

❶ 문제 유형 파악 질문의 키워드는 Where, announcement, made이며, 안내문이 등장하는 장소를 묻고 있다. 지문 초반부에 장소가 직접적으로 제시되거나 장소를 추측할 수 있는 관련 어휘나 표현에 집중해야 한다.

❷ 단서 찾기 지문 초반부 화자의 자기소개 This is Sue Lee, Security Manager of Cupertino Modern Art Institute.에서 화자는 자신이 쿠퍼티노 미술관의 보안 책임자라고 소개하고 있다.

❸ 정답 선택 Cupertino Modern Art Institute라고 언급하였으므로 안내문이 방송되는 곳은 바로 미술관임을 알 수 있다. 따라서 정답은 (B)이다.

🔍 함정 분석 This is Sue Lee, Security Manager of Cupertino Modern Art Institute.에서 modern art만 듣고 (A)를 고르지 않도록 한다. 미술관 입장에 필요한 보안 시스템에 대한 안내이므로, 장소가 현대 미술 세미나라고 볼 수 없다.

이 안내문이 이뤄지는 곳은 어디인가?
(A) 현대 미술 세미나
(B) 미술관
(C) 놀이공원
(D) 컴퓨터 기술 박람회

6. ★★

❶ 문제 유형 파악 질문의 키워드는 What, cards, needed이며, 신분증(cards)이 필요한 이유에 대해 묻는 세부사항 문제이다. 지문에서 신분증이 소개되는 부분을 중심으로 단서를 파악해야 한다.

❷ 단서 찾기 화자는 These cards will also function as the door key.라며 카드가 열쇠로서의 기능을 한다고 말하고, 이어서 You should hold your identification card against the electronic panel to the right of the door in order to unlock it and enter or exit the building.이라며 건물 출입 시 카드 사용 방법에 대해 추가로 설명하고 있다.

❸ 정답 선택 이를 통해 신분증이 건물 출입에 필요한 것임을 알 수 있으므로 정답은 (D)이다.

신분증은 무엇 때문에 필요한가?
(A) 대중교통을 이용하기 위해서
(B) 입장료를 지불하기 위해서
(C) 재무 자료를 이용하기 위해서
(D) 문을 열기 위해서

2. 방송

M: **¹ This is Ryan Kim from Walnut Creek WCB, bringing you all your local news and weather.** On Friday, Walnut Creek council members announced plans to build a brand new library. The library, which will take around one and half years to complete, will hold about 38,000 books covering a range of topics. **² Mr. Grant Eastwood, mayor of Walnut Creek, said that the new library is required due to rapidly increasing number of books in the current library.** The total cost of the project will be approximately $3 million dollars. Also, it is expected that about 15 new library staff will be hired. **³ And now it's time for an update on today's traffic report.**

남: 여러분에게 지역 소식과 날씨를 전하는 월넛 크리크 WCB의 라이언 김입니다. 금요일에, 월넛 크리크 의회 의원들은 새로운 도서관을 세울 계획을 발표했습니다. 1년 반 후에 준공될 이 도서관은 광범위한 분야에 걸쳐 약 38,000권의 책을 소장하게 될 것입니다. 월넛 크리크의 시장인 그랜트 이스트우드 씨는 기존 도서관에서 책의 수가 급속히 증가하는 관계로 새 도서관이 필요하다고 언급했습니다.

이 프로젝트의 총 비용은 대략 300만 달러가 소요될 예정입니다. 또한, 약 15명의 새로운 도서관 직원이 고용될 것으로 예상되고 있습니다. 이제 오늘의 최신 교통 정보를 전해드릴 시간입니다.

표현 정리 council (시·군) 의회 hold 수용하다, 보유하다 rapidly 급속히, 빠르게 approximately 대략

1. ★

① 문제 유형 파악 질문의 키워드는 Who, speaker이며, 화자가 누구인지 묻는 첫 번째 질문이다. 지문 초반부에서 화자의 정체가 직접 드러나거나 혹은 화자의 정체를 추측할 수 있는 표현이 제시되는 부분에 집중해야 한다.

② 단서 찾기 화자는 지문 시작과 함께 This is Ryan Kim from Walnut Creek WCB, bringing you all your local news and weather.라며 자신이 지역 뉴스와 날씨를 전달한다고 자기소개를 하고 있다.

③ 정답 선택 지문 초반부의 local news와 weather, 마지막 문장의 today's traffic report를 통해 화자는 지역 뉴스와 일기예보를 전하는 라디오 방송인임을 알 수 있으므로 (C)가 정답이다.

🔍 **함정 분석** local news만 듣고 (B)로 헷갈리지 않도록 한다. bringing you all your local news and weather로 보아 화자는 방송 진행자이므로 (B)는 답이 될 수 없다.

화자는 누구일 것 같은가?
(A) 공무원
(B) 언론인
(C) 라디오 방송인
(D) 도서관 사서

2. ★★★

① 문제 유형 파악 질문의 키워드는 Why, new building, constructed이며, 새로운 건물이 건축되는 이유에 대해 묻고 있다. 지문에서 신규 건축 공사가 소개될 것임을 미리 예상하고, 신규 건축 공사를 언급하는 부분을 중심으로 단서를 찾아야 한다.

② 단서 찾기 화자는 Mr. Grant Eastwood, mayor of Walnut Creek, said that the new library is required due to rapidly increasing number of books in the current library.라고 하며 기존 도서관에서 책의 수가 급속히 늘어서 새로운 도서관이 필요하다고 언급하고 있다.

③ 정답 선택 책의 증가로 새로운 도서관이 필요하다 하였으므로, 기존 도서관의 공간이 부족하여 신규 도서관의 건축이 필요하다는 것을 알 수 있다. 이를 The existing building is too small.로 바꾸어 표현한 (C)가 정답이다.

방송에 따르면, 새로운 건물이 건축되는 이유는 무엇인가?
(A) 지역 공무원들이 더 많은 해외 관광객을 유치하길 원한다.
(B) 오래된 건물이 시간에 지남에 따라 파손되었다.
(C) 기존의 건물 공간이 협소하다.
(D) 정부 기관들이 곧 이전한다.

3. ★

① 문제 유형 파악 질문의 키워드는 listeners, hear, next이며, 청자들이 이후에 듣게 될 것을 묻는 마지막 문제이므로 지문 후반부에서 단서를 찾아야 한다.

② 단서 찾기 화자가 지문 말미에서 And now it's time for an update on

today's traffic report.라며 교통 방송을 전할 시간이라고 말하고 있다.

③ 정답 선택 따라서 청자가 이후에 듣게 될 방송은 교통 방송이므로 (B)가 정답이다. 아울러 다음 방송이 무엇인지를 묻는 질문이므로, 이에 대한 단서는 당연히 기존 방송이 끝나가는 방송 말미에 제시될 것임을 예상할 수 있다.

청자들은 이후에 무엇을 듣게 될 것 같은가?
(A) 연예계 뉴스
(B) 지역 교통 정보
(C) 일기예보
(D) 고전 음악 프로그램

W: Good evening. This is Mary Cooper with your PPB traffic report. Many cars are stuck in a traffic jam around the shopping mall and in the downtown area. **4, 5 Even the outer road is full of cars due to people celebrating Christmas Eve.** Drivers may need 30 minutes to go from the outer road to the downtown area. **6 We recommend avoiding the outer road and taking Highway 22 since traffic is clear on this road.** Stay tuned for Minn's international business news today.

여: 안녕하세요. 여러분의 PPB 교통 방송의 메리 쿠퍼입니다. 많은 자동차들이 쇼핑몰 근처와 도심 지역에서 교통 체증에 갇혀 있습니다. 외곽 도로마저도 크리스마스 이브를 기념하는 사람들 때문에 차들로 가득 차 있습니다. 운전자들은 외곽 도로에서 도심 지역까지 오는데 30분 정도 걸릴 것입니다. 외곽 도로를 피하시고 교통 체증이 풀린 22번 고속도로를 이용하시기를 권합니다. 민의 오늘의 국제 경제 뉴스를 위해 채널 고정하세요.

표현 정리 be stuck in ~에 막히다, ~에 갇혀 있다 downtown area 도심 지역 outer road 외곽 도로 avoid 피하다

4. ★★

① 문제 유형 파악 질문의 키워드는 Where, expect, delays이며, 청자가 정체를 예상할 수 있는 곳을 묻고 있다. 이를 통해 교통 상황에 대한 지문임을 미리 예상할 수 있으며, 정체 도로에 관한 언급을 놓치지 않고 들어야 한다.

② 단서 찾기 화자는 교통 체증이 심하다고 전하며, 이어서 Even the outer road is full of cars due to people celebrating Christmas Eve.라며 외곽 도로가 차로 가득 차 있다고 이야기한다.

③ 정답 선택 따라서 청자들은 외곽 도로가 정체되었음을 알 수 있으므로 (A)가 정답이다.

🔍 **함정 분석** 지문 후반 Highway 22를 듣고 (B)를 고르지 않도록 한다. 지문 후반 화자는 22번 고속도로의 교통 체증이 풀렸다고 하였으므로 (B)는 오답이다.

청자들은 어디서 정체를 예상할 수 있는가?
(A) 외곽 도로
(B) 22번 고속도로
(C) 역 근처
(D) 교외 지역

5. ★

① 문제 유형 파악 질문의 키워드는 What, caused, delay이며, 정체의 원인을 묻는 문제이다. 교통 상황을 설명하는 부분에서 정체의 원인을 함께 파악해야 한다.

② 단서 찾기 지문 초반부에 화자는 Even the outer road is full of cars due to people celebrating Christmas Eve.에서 크리스마스 이브를 기념하는 사람들 때문에 차가 많다고 말하고 있다.

③ 정답 선택 따라서 정체의 원인은 '크리스마스 이브 축하' 때문이므로 (B)가 정답이다.

정체 원인은 무엇인가?
(A) 교통 사고
(B) 크리스마스 이브 축하
(C) 많은 교통량
(D) 출구 폐쇄

6. ★

① 문제 유형 파악 질문의 키워드는 What, speaker, recommend이며, 화자가 무엇을 제안하는지 묻는 문제이다. 화자의 제안에 대한 단서는 지문 후반에 제시되는 것이 일반적이다. 지문 후반부를 집중해서 듣되, 특히 동사를 놓치지 않아야 한다.

② 단서 찾기 지문 후반부에 화자는 We recommend avoiding the outer road and taking Highway 22 since traffic is clear on this road.라며 외곽 도로를 피하고 정체가 풀린 22번 고속도로를 이용하라고 권하고 있다.

③ 정답 선택 정체가 풀린 22번 고속도로를 제안하고 있으므로, 이를 taking another road로 바꾸어 표현한 (C)가 정답이다.

화자가 제안하는 것은 무엇인가?
(A) 감속하여 운전하기
(B) 뉴스 속보를 청취하기
(C) 다른 도로를 이용하기
(D) 경찰에게 전화하기

3. 인물 소개

M: Good afternoon and **¹welcome to the Walnut Creek Public Library.** Today we're very lucky to have as our guest Ms. Lee Thompson. Ms. Thompson has graduated from a prestigious college and worked in the personal and corporate accounting sector for 15 years. She is also the professional author of the bestselling book, "Easy Saving Money". **²Today, her topic is how to invest some spare cash.** Please be reminded that her lecture will be recorded and this high quality audio file will be uploaded to the server of the Walnut Creek Library. **³So if any of you would like to listen to her lecture repeatedly, just log on to the library's Web site and download it.** Now, let's give a warm welcome to Ms. Thompson.

남: 안녕하세요. 월넛 크리크 공공 도서관에 오신 여러분을 환영합니다. 오늘 저희는 운 좋게도 리 톰프슨 씨를 초빙 강연자로 모시게 되었습니다. 톰프슨 씨는 명문대를 졸업하고 개인 및 법인 회계 분야에서 15년간 근무했습니다. 그녀는 또한 "쉽게 돈 모으기"란 베스트셀러를 쓴 저자이기도 합니다. 오늘 그녀의 강연 주제는 여유 자금 투자법이 될 것입니다. 그녀의 강연은 녹음돼 고품질 음성 파일로 월넛 크리크 도서관 서버에 저장됩니다. 따라서 누구든 그녀의 강연을 반복적으로 듣고 싶은 분들은 도서관 홈페이지에 접속해 파일을 내려 받으시면 됩니다. 그럼 톰프슨 씨를 따뜻하게 환영해 주시기 바랍니다.

표현 정리 graduate from ~를 졸업하다 prestigious 일류의 accounting 회계 invest 투자하다 please be reminded that ~을 알아두기 바랍니다

1. ★

① 문제 유형 파악 질문의 키워드는 Where, presentation, taking place이며, 프레젠테이션이 이루어지고 있는 장소를 묻는 첫 번째 문제이다. 지문 초반부에서 단서를 찾아야 하며, 장소에 대한 단서는 직접적으로 언급되기도 하고 관련 어휘나 표현으로 유추하기도 한다.

② 단서 찾기 지문 초반부 화자의 인사말에 이어 welcome to the Walnut Creek Public Library.라며 공공 도서관이라고 밝히고 있다.

③ 정답 선택 장소가 직접 언급되었으므로 답을 쉽게 찾을 수 있는 문제이다. (C)가 정답이다.

발표는 어디에서 이뤄지고 있는가?
(A) 시상식
(B) 금융 기관
(C) 지역 도서관
(D) 영화제

2. ★★★

① 문제 유형 파악 질문의 키워드는 What, topic, lecture이며, 강연의 주제를 묻는 문제이다. 지문에서 강연에 대한 소개가 나올 것임을 미리 예상할 수 있고, 따라서 강연 소개 중 언급되는 중심 소재를 파악해야 한다.

② 단서 찾기 강연자에 대한 소개에 이어, 지문 중반부에 Today, her topic is how to invest some spare cash.라며 발표자의 강연이 여유 자금 투자법에 관한 내용이라고 밝히고 있다.

③ 정답 선택 강연이 여유 자금 투자법에 관한 내용이라고 하였으므로, 이를 How to manage money well로 바꾸어 표현한 (A)가 정답이다.

함정 분석 지문 중반부 She is also the professional author of the bestselling book, "Easy Saving Money".를 듣고 (C)를 고르지 않도록 한다. 강연자가 베스트셀러의 저자라고 소개하는 내용이지, 강연의 주제와는 관련이 없으므로 (C)는 오답이다.

강연의 주제는 무엇인가?
(A) 돈을 잘 관리하는 법
(B) 세금을 줄이는 법
(C) 책을 쓰는 법
(D) 컴퓨터 서버를 다루는 법

3. ★★

① 문제 유형 파악 질문의 키워드는 what, available, Web site이며, 웹사이

트에서 이용 가능한 정보를 묻고 있다. 자주 출제되는 문제 유형으로 추가 정보를 얻는 방법은 주로 지문 후반부에 제시된다.

② 단서 찾기 지문 후반부에 So if any of you would like to listen to her lecture repeatedly, just log on to the library's Web site and download it.이라며 강연을 녹음한 파일을 웹사이트에서 다운받을 수 있다고 알려주고 있다.

③ 정답 선택 웹사이트에서 강연 녹음 파일을 받을 수 있다고 하였으므로 정답은 (A)이다.

화자에 따르면, 웹사이트에서 이용 가능한 것은 무엇인가?
(A) 강연 녹음 파일
(B) 다가오는 회계 세미나 일정
(C) 공과금 납입일
(D) 톰프슨 씨의 연락처

M: Welcome to our 5th annual employee awards ceremony. **⁴I'm very pleased to announce this year's salesperson, Ms. Stephanie Johns.** Thanks to her efforts, **⁵our new laptop's total sales increased by 20% this year compared to last year.** Ms. Johns, would you please come forward to receive your award? **⁶We'd also like you to share your success story with us.** Would all of you join me in congratulating Ms. Johns?

남: 제5회 연례 직원 시상식에 오신 걸 환영합니다. 올해의 판매원 수상자인 스테파니 존스 씨를 소개하게 되어 대단히 기쁩니다. 그녀의 노력으로, 우리의 새로운 노트북 컴퓨터의 올해 총 매출액이 작년에 비해 20퍼센트 증가하였습니다. 존스 씨, 이제 앞으로 나오셔서 상을 받아 주시겠어요? 또한 우리에게 당신의 성공담을 전해 주시기 바랍니다. 여러분 저와 함께 존스 씨를 축하해 주시겠습니까?

표현 정리 annual 연례의 awards ceremony 시상식 compared to ~에 비해 share 함께 나누다, (생각·사건 등을 남에게) 이야기하다

---

4. ★

① 문제 유형 파악 질문의 키워드는 What, purpose이며, 담화의 목적, 즉 주제를 묻는 문제이다. 선택지를 미리 파악하고 담화 초반부에서 다루는 중심 소재를 파악하는 것이 중요하다.

② 단서 찾기 화자는 시상식에 온 청자들에게 인사말을 하고, 이어 I'm very pleased to announce this year's salesperson of the year, Ms. Stephanie Johns.라며 올해의 판매원 수상자를 발표하고 있다.

③ 정답 선택 따라서 수상자를 발표하기 위한 담화이며, to announce this year's salesperson을 to announce an award winner로 바꾸어 표현한 (D)가 정답이다.

🔍 함정 분석 지문 초반부 Welcome to our 5th annual employee awards ceremony.에서 welcome과 employee를 이용한 함정 (A)를 고르지 않도록 한다. 직원 시상식에서 이루어지는 담화이며, 신입 직원 환영과는 관련이 없으므로 답이 될 수 없다.

담화의 목적은 무엇인가?

(A) 신입 직원을 환영하는 것
(B) 신제품을 출시하는 것
(C) 새로운 노트북 컴퓨터를 광고하는 것
(D) 수상자를 발표하는 것

5. ★

① 문제 유형 파악 질문의 키워드는 What, business, work이며, 어떤 업종에서 일하는지 묻는 문제이다. 이는 청자의 정체나 직업을 묻는 문제와 동일하다. 직업을 나타내는 표현을 통해 업종을 유추해야 한다.

② 단서 찾기 화자는 수상자를 발표하고, 이어서 our new laptop's total sales increased by 20% this year compared to last year.라며 새로운 노트북 컴퓨터의 총 매출이 작년에 비해 증가했다고 발표하고 있다.

③ 정답 선택 이를 통해 화자와 청자들은 노트북을 판매하는 곳에서 일하고 있음을 알 수 있다. 따라서 (A)가 정답이다.

그들은 어떤 업종에서 일하는가?
(A) 전자 회사
(B) 건축 회사
(C) 택배 회사
(D) 사무용품 판매점

6. ★

① 문제 유형 파악 질문의 키워드는 What, audience, do next이며, 청자들이 다음에 할 일을 묻는 미래 행동 문제이다. 미래 행동에 대한 단서는 지문 후반부에 제시되는 것이 일반적이다. 지문 후반부에 집중하고 특히 동사를 놓치지 않도록 한다.

② 단서 찾기 화자는 수상자를 부르고, 이어 지문 후반부에 We'd also like you to share your success story with us.라며 수상자의 성공담을 공유해 줄 것을 요청하고 있다.

③ 정답 선택 따라서 청자는 이후 수상자의 성공담을 들을 것이므로 (B)가 정답이다.

청자들은 다음에 무엇을 할 것인가?
(A) 다음 게스트를 기다릴 것이다.
(B) 존스 씨의 연설을 들을 것이다.
(C) 직원 회의에 참석할 것이다.
(D) 존스 씨와 함께 점심을 먹을 것이다.

Part 5,6

1. 전치사의 자리

STEP 1 QUIZ

1.

해설 빈칸의 뒤가 명사구이므로 빈칸은 전치사가 들어갈 자리이며, 해석상 적합한 (A)를 답으로 골라야 한다. 　　　　　　　　　　**정답 (A)**

표현 정리 be put off until ~까지 미뤄지다 inclement weather 나쁜 날씨

해석 점프 인투 더 파이어 콘서트는 나쁜 날씨와 부실한 필드 상황으로 '인해

(due to)' 6월 12일까지 미뤄졌다.

2.

해설 빈칸은 바로 뒤의 명사(arrival)를 목적어로 취하는 전치사 (A)의 자리이다. When은 시간을 나타내는 부사절 접속사나 관계부사 등으로 쓰인다. **정답 (A)**

표현 정리 **upon arrival** 도착하자마자 **client** 고객 **promptly** 신속하게, 정확하게 **delicious lunch** 맛있는 식사

해석 도착하자마자, 모든 고객은 호텔 레스토랑에서 즉시 맛있는 식사를 대접 받을 것입니다.

3.

해설 빈칸은 두 개의 절을 연결하는 접속사 자리이므로 (B)가 정답이다. 정답인 since가 '~이래로'라는 의미일 때는 「since + 과거시제, 주어 + have(has) + p.p.」의 형태가 되어야 하지만, 이유를 나타낼 때는 모든 시제가 가능하다. **정답 (B)**

표현 정리 **be on** ~에 위치해 있다 **tourist** 관광객 **spend their vacations** 자신들의 휴가를 보내다 **in spite of** ~에도 불구하고

해석 라밀롱가 호텔은 에스트로 해안에 위치해 있기 '때문에(since)', 많은 관광객들이 여름 동안 그곳에서 휴가를 보낸다.

4.

해설 빈칸은 바로 뒤에 명사(the year)를 목적어로 하는 전치사 (B)의 자리이다. **정답 (B)**

표현 정리 **local colleges** 지역 대학들 **accounting** 회계(학) **throughout the year** 1년 내내

해석 몇몇 지역 대학들은 일년 내내 중소기업 소유주들을 위한 회계 과정을 제공합니다.

STEP 3 연습 문제

1. ★★

① 보기 구성 파악 서로 다른 전치사들이 제시된 문법 문제이다.

② 빈칸 자리 확인 바로 뒤에 명사(an effort)가 놓여 있으므로, 그것을 목적어나 보어로 하는 동사 형태나 전치사가 들어가야 하는데, 문장 구조상 전치사가 알맞다.

③ 정답 선택 '~하려는 노력으로(in an effort to do)'라고 흔히 사용되는 표현을 이룰 수 있는 (C)를 골라야 한다.

표현 정리 **in an effort to do** ~하려는 노력으로 **alleviate** 줄이다 (= reduce) **congestion** 혼잡 **unlimited access** 무한 접근[이용]

해석 네트워크상의 혼잡을 줄이려는 노력으로, 이용자들은 1테라바이트까지 데이터를 무제한 이용할 수 있을 것이다.

2. ★★

① 보기 구성 파악 서로 다른 전치사들이 제시된 문법 문제이다.

② 빈칸 자리 확인 빈칸은 명사와 명사 사이에 나와 있으므로 이들을 이어주는 전치사의 자리이다.

③ 정답 선택 문맥상 영업 시간 '동안' 특정 주차 금액을 부과한다는 것이므로 (A)가 내용상 적합하여 정답이다.

🔍 **함정 분석** (C)의 for도 '~동안'으로 해석되지만 그 뒤에 for two hours처럼 수사(two)와 기간단위 명사(hours)가 나와야 한다.

표현 정리 **electronics store** 전자제품 매장 **charge** 부과하다 **during business hours** 영업 시간 동안

해석 그 전자제품 매장은 영업 시간 동안 2달러의 주차 비용을 부과하고 있다.

3. ★★

① 보기 구성 파악 접속사와 부사, 전치사로 다양하게 구성되어 있다.

② 빈칸 자리 확인 바로 뒤에 명사구가 나와 있으므로 전치사인 (B), (C)를 우선 고려할 수 있다.

③ 정답 선택 빈칸의 뒤가 임명의 원인이라 볼 수 있으므로 due to의 의미인 (B)가 적합하여 정답이다.

표현 정리 **be appointed as** ~로 임명되다 **thanks to** ~ 덕분에(=due to) **furthermore** 게다가 **toward** ~을 향해 **given that** ~을 고려하면

해석 채프먼 씨는 이전의 경험 덕분에 CEO로 임명되었다.

4. ★★

① 보기 구성 파악 서로 다른 전치사들이 제시되어 있다.

② 빈칸 자리 확인 앞에 be qualified ~로 연결이 되어 있다.

③ 정답 선택 be qualified for(~에 자격을 갖추다)라는 표현을 묻는 문제이므로 정답은 (D)이다.

표현 정리 **highly qualified** 고도의 자격을 갖춘

해석 젠슨 씨는 제의 받은 일자리를 맡을 만한 충분한 자격을 갖추고 있다.

---

2. 명사의 자리

STEP 1 QUIZ

1.

해설 빈칸은 전치사 with의 목적어 자리로, 타동사 inspire의 특성상 (B)가 들어가면 'with inspiring + 목적어'의 형태가 되어야 하는데, 뒤에 목적어가 없으므로 어색하다. 따라서 명사형인 (A)가 정답이다. **정답 (A)**

표현 정리 **produce sculptures** 조각상들을 만들다 **inspiration from** ~로부터의 영감 **homeland** 조국 **inspire** 영감을 주다

해석 매리앤은 자신의 조국으로부터 영감을 받아 조각상들을 만들었다.

2.

해설 빈칸은 바로 앞의 형용사(precise)의 수식을 받는 명사의 자리이므로 (A)가 정답이다. **정답 (A)**

표현 정리 accompany 동반하다 precise 정확한 visual aids 시청각 보조도구 audience 청중

해석 시청각 보조도구로 정확한 정보를 동반하는 것은 청중들이 데이터를 더 잘 이해하도록 돕는다.

3.

해설 빈칸은 정관사 the 뒤에 위치한 명사의 자리이므로 (B)가 정답이다.

정답 (B)

표현 정리 motto 모토, 표어 comfort 편안함

해석 나스카 호텔의 모토는 여러분들이 자기 집의 편안함을 느낄 수 있다는 것이다.

4.

해설 빈칸은 형용사(scientific)의 수식을 받으며 타동사(applied)의 목적어가 되는 명사 (B)의 자리이다.

정답 (B)

표현 정리 apply A to B A를 B에 적용하다 method 방법

해석 윌슨 씨는 새로운 과학 지식과 방법을 자신의 사업에 적용했다.

STEP 3 연습 문제

1. ★

❶ 보기 구성 파악 한 단어가 다양한 형태로 변형된 어형 문제이다.

(A) compared 과거, 과거분사
(B) comparable 형용사 (비슷한, 비교할 만한)
(C) comparison 명사 (비교, 비유)
(D) comparing 현재분사, 동명사

❷ 빈칸 자리 확인 빈칸이 전치사 사이에 있으므로 명사형이 들어갈 자리이다.

❸ 정답 선택 명사인 (C)와 동명사형인 (D)를 우선 고려할 수 있는데, (D)가 들어가면 타동사 compare의 특성상 in comparing A with/to B의 형태가 되어야 하므로 (C)가 정답이다.

표현 정리 saw 톱 in a short amount of time 짧은 시간 내에 in comparison with ~과 비교하여

해석 멕사 인더스트리스의 톱은 다른 브랜드의 제품들과 비교하여 짧은 시간에 더 많은 목재를 자를 수 있다.

2. ★

❶ 보기 구성 파악 한 단어가 다양한 형태로 변형된 어형 문제이다.

(A) intends 동사 (의도하다, 작정하다 / 3인칭 단수 동사)
(B) intention 명사 (의도, 목적)
(C) intending 현재분사, 동명사
(D) intentional 형용사 (고의적인, 의도적인)

❷ 빈칸 자리 확인 빈칸은 관사와 전명구 사이에 있으므로 명사의 자리이다.

❸ 정답 선택 보기 중에 명사는 (B)밖에 없으므로 (B)가 정답이다.

표현 정리 allow + 목 + to do ~가 …하는 것을 가능하게 하다 assess one's suitability ~의 적합성을 평가하다 permanent employment

정규직 고용 without the risk of ~의 위험 없이 legal proceedings 법적 소송

해석 새로운 법률의 목적은 고용주들이 법적 소송의 위험 없이 개인의 정규직 고용에 대한 적합성을 평가할 수 있도록 하는 것이다.

3. ★★

❶ 보기 구성 파악 한 단어가 다양한 형태로 변형된 어형 문제이다.

(A) estimated 과거, 과거분사
(B) estimating 현재분사, 동명사
(C) estimates 명사(견적, 대략적 수치 / 복수), 동사(추산하다, 추정하다 / 3인칭 단수 동사)
(D) estimate 명사 (견적, 추정, 추산), 동사

❷ 빈칸 자리 확인 빈칸이 부정관사 뒤에 왔으므로 빈칸에는 가산 단수명사가 들어가야 한다.

❸ 정답 선택 보기 중에서 가산 단수명사는 (D)뿐이다.

표현 정리 estimate 견적, 추정, 대략적 수치 the cost of labor, materials, and scheduling 인건비, 자재비 그리고 일정을 잡는 데 드는 비용

해석 스벤 플러밍은 인건비, 자재비 그리고 일정을 잡는 데 드는 비용을 포함하는 견적을 제공한다.

4. ★★

❶ 보기 구성 파악 한 단어가 다양한 형태로 변형된 어형 문제이다.

(A) extension 명사 (연장)
(B) extend 동사 (연장하다)
(C) extended 과거, 과거분사
(D) extending 현재분사, 동명사

❷ 빈칸 자리 확인 빈칸이 부정관사 뒤에 왔으므로 가산단수 명사가 들어가야 한다.

❸ 정답 선택 보기 중에 명사는 (A)밖에 없으므로 (A)가 정답이다.

표현 정리 ask for 요청하다 an extension of the deadline 마감시한 연장 research essays 연구 논문

해석 많은 학생들이 자신들의 연구 논문에 대한 마감시한 연장을 요청하고 있었다.

3. 부사의 자리

STEP 1 QUIZ

1.

해설 be동사와 형용사 보어 사이의 자리이므로 부사가 들어가야 한다.

정답 (A)

표현 정리 wind energy 풍력 에너지 accessible 접근할 수 있는

해석 풍력 에너지가 가까운 미래에 일반 대중들에게 쉽게 접근되리라고 기대하지 않는다.

2.

해설 빈칸은 수동태를 이루는 be동사와 과거분사(dressed) 사이에 놓여 과거분사를 수식하는 부사의 자리이다. **정답 (B)**

표현 정리 candidate 지원자, 후보 properly 올바르게, 적절히

해석 지원자들은 인터뷰 받을 때 복장을 적절하게 갖춰야 한다.

3.

해설 빈칸은 이어지는 동사(praised)를 바로 앞에서 수식하는 부사의 자리이다. (A), (B) 모두 부사가 될 수 있으나, 평가나 감사 등의 상황에는 (B)가 적합하다. **정답 (B)**

표현 정리 highly praise 높이 평가하다 professionalism 전문성 performance 성과

해석 케이트는 그의 전문성과 성과에 대해 그를 높이 평가했다.

4.

해설 빈칸은 내용상 바로 뒤에 이어지는 부사절(after)과 결합하여 '~직후에'라는 의미를 나타낼 수 있는 부사의 자리이다. **정답 (B)**

표현 정리 medical care 의료 치료 immediately after ~ 직후에 fracture 골절; 골절상을 입다

해석 골절이 된 직후에는 의료 치료가 필요하다.

STEP 3 연습 문제

1. ★

❶ 보기 구성 파악 한 단어가 다양한 형태로 변형된 어형 문제이다.

(A) rarely 부사 (거의 ~않는) (B) rareness 명사 (드뭄, 희소성)
(C) rarest rare의 최상급 (D) rare 형용사 (드문, 희귀한)

❷ 빈칸 자리 확인 빈칸은 원래 붙어 있어야 할 is와 able 사이에 들어가 그것을 수식하는 부사(rarely)의 자리이다.

❸ 정답 선택 보기 중 부사는 (A) 밖에 없으므로 (A)가 정답이다.

표현 정리 be registered at ~에 등록되어 있다 rarely 거의 ~않다 (= hardly) attend 출석하다, 참석하다 so far 지금까지 succeed in V-ing ~하는 것에 성공하다

해석 비록 학교에 등록은 되어 있지만, 노엘은 거의 출석을 할 수 없고, 그래서 지금까지 2학년만 마치는 데 성공했을 뿐이다.

2. ★

❶ 보기 구성 파악 한 단어가 다양한 형태로 변형된 어형 문제이다.

(A) considerably 부사 (훨씬, 많이)
(B) consideration 명사 (숙고, 고려사항)
(C) considering 현재분사, 동명사
(D) considerable 형용사 (상당한, 많은)

❷ 빈칸 자리 확인 빈칸은 바로 뒤에 이어지는 형용사 비교급(higher)을 수식하는 부사 자리이다.

❸ 정답 선택 따라서 부사인 (A)를 정답으로 고를 수 있다. (A)는 대표적인 비

교급 강조부사라는 점도 알아두자.

표현 정리 according to ~에 따르면 healthcare costs 의료 비용 considerably higher 훨씬 더 높은 neighboring area 인근 지역

해석 뉴스에 따르면, 뭄바이의 의료 비용이 다른 인근 지역들의 그것보다 훨씬 더 높다고 한다.

3. ★

❶ 보기 구성 파악 한 단어가 다양한 형태로 변형된 어형 문제이다.

(A) easier easy의 비교급 (B) easiness 명사 (용이함, 평이함)
(C) easily 부사 (쉽게) (D) ease 명사 (쉬움, 편의성)

❷ 빈칸 자리 확인 빈칸은 원래는 붙어 있어야 할 can과 be 사이에 들어가 있기 때문에 없어도 상관없는 부사의 자리이다.

❸ 정답 선택 보기 중 부사는 (C)이므로 (C)를 정답으로 선택한다.

표현 정리 minor 작은(= small) windshield cracks 차 유리창의 금 if (they are) taken care of immediately 즉각적으로 처리를 한다면

해석 차 유리창의 조금 금이 간 부분은 즉각적으로 처리를 한다면 쉽게 수리될 수 있다.

4. ★★

❶ 보기 구성 파악 한 단어가 다양한 형태로 변형된 어형 문제이다.

(A) lateness 명사 (지각)
(B) latest late의 최상급
(C) late 형용사 (늦은), 부사 (늦게)
(D) lately 부사 (최근에)

❷ 빈칸 자리 확인 빈칸은 없어도 문장이 성립되는 부사의 자리이다.

❸ 정답 선택 (C)와 (D) 둘 다 부사로 쓰일 수 있는데, 해석상 '늦게'라는 의미가 가능한 (C)가 정답이다.

표현 정리 stays open late 늦게까지 문을 연 상태를 유지하다 on weeknights 주중 밤마다 accommodate clients 고객의 편의를 도모하다

해석 카르파티안 덴탈 센터는 고객의 편의를 도모하기 위해 주중 밤 늦게까지 문을 연다.

4. 동사의 형태

STEP 1 QUIZ

1.

해설 빈칸은 동명사가 이끄는 주어 부분(Meeting their basic daily needs)에 대한 완전한 동사의 자리로 (B)가 정답이다. **정답 (B)**

표현 정리 meet one's basic daily needs 일상 생활의 기본적인 필요를 충족시키다 a major challenge 큰 어려움 developing country 개발도상국

해석 개발도상국들의 많은 사람들에게는 일상 생활의 기본적인 필요를 충족시키는 것이 큰 어려움으로 남아 있다.

2.

해설 빈칸은 주어(the plane)에 대한 완전한 동사형이 나와야 한다. 따라서 (B)가 적합하다. 정답 (B)

표현 정리 electronic devices 전자 장비 turn off 끄다 take off 이륙하다

해설 비행기가 이륙하는 동안에는 모든 전자 장비는 꺼져 있어야 한다.

3.

해설 조동사 다음에는 반드시 동사원형이 나와야 하므로 (A)가 적합하다. 정답 (A)

표현 정리 detect 탐지하다 forgotten personal items 분실된 개인 물건들

해설 하이테크 카메라 시스템을 갖춘 모든 택시들은 잃어버린 개인 물건들을 탐지할 수 있다.

4.

해설 명령이나 주문을 할 때 동사 원형이 나와야 하므로 (B)가 적합하다. 정답 (B)

표현 정리 speak to ~에게 말하다 directly 곧장, 바로

해설 어떤 질문이라도 있다면, 오후 4시 전까지 당신의 책임자에게 말하기 바랍니다.

STEP 3 연습 문제

1. ★

① 보기 구성 파악 동사 apporve가 다양한 형태로 변형된 어형 문제이다.
(A) approves 3인칭 단수 동사　　(B) will approve 미래 시제
(C) has approved 현재완료　　(D) approved 과거, 과거분사
② 빈칸 자리 확인 빈칸 이외의 곳에서 동사가 보이지 않으므로 빈칸은 동사 자리이다.
③ 정답 선택 문장의 마지막에 과거 부사구(last week)가 보이므로 과거 시제인 (D)가 정답이다.

표현 정리 board 경영진, 이사진 formally 공식적으로, 정식으로 approve 승인하다 employment plan 고용 플랜

해설 시그마 보레알리스 사(社)의 경영진은 지난 주 회의에서 고용 플랜을 정식으로 승인했다.

2. ★

① 보기 구성 파악 동사 commute가 다양한 형태로 변형된 어형 문제이다.
② 빈칸 자리 확인 빈칸 이외의 곳에서 동사가 보이지 않으므로 빈칸은 동사 자리이다.
③ 정답 선택 빈칸 뒷부분 동사의 시제가 현재(pays)이므로 그 문맥에 맞추려면 역시 일반적이고 반복되는 내용을 나타내는 현재 시제가 들어가야 하고, 주어가 복수이므로 (B)가 적합하다.

표현 정리 at least 적어도 executive 임원, 고위 간부 commute to work 출근하다 pay for ~에 대한 비용을 지불하다

해설 적어도 다섯 명의 UT 파블로 사(社) 임원들이 비행기로 출근하며 회사가 그 비용을 지불한다.

3. ★★

① 보기 구성 파악 동사 donate가 다양한 형태로 변형된 어형 문제이다.
② 빈칸 자리 확인 빈칸 이외의 곳에서 동사가 보이지 않으므로 빈칸은 동사 자리이다.
③ 정답 선택 뒤에 목적어(school supplies)가 있으므로 수동태인 (A)와 (D)는 우선 제외한다. 그리고 (C)는 be동사가 원형으로 시작하여 어색하므로 (B)가 정답이다.

표현 정리 donate A to B A를 B에게 기부하다 school supplies 학교 물품 elementary school 초등학교

해설 그레이엄 박사는 윈드햄과 이스트헤이븐 지역의 초등학교들에 학교 물품을 기부했다.

4. ★★

① 보기 구성 파악 동사 come이 다양한 형태로 변형된 어형 문제이다.
② 빈칸 자리 확인 빈칸 이외의 곳에서 동사가 보이지 않으므로 빈칸은 동사 자리이다.
③ 정답 선택 우선 완전한 동사형이 아닌 (A)를 정답에서 제외한다. 그리고, next Friday가 미래 시점이므로 미래의 의미를 나타낼 수 있는 현재진행형 (D)가 정답이다.

함정 분석 현재진행형이 미래의 의미를 나타낼 때는 문장에서 특정한 미래 시점이 제시된다는 점에 유의한다. 그 외에는 순수한 현재진행형으로 해석해야 한다.

표현 정리 eagerly awaited 열렬히 기대되는

해설 열렬히 기대되는 우리 가게의 오프닝이 다음 주 금요일로 다가온다.

5. 접속부사

STEP 1 QUIZ

1.

해설 빈칸은 등위접속사 but 뒤에 들어갈 수 있는 접속부사의 자리로, 문맥상 '그럼에도'라는 의미의 (B)가 적합하다. 정답 (B)

표현 정리 terrible toothache 끔찍한 치통

해설 재키는 끔찍한 치통이 있었다. 그럼에도 그녀는 콘서트에 갔다.

2.

해설 빈칸은 등위접속사 and 뒤에 들어갈 수 있는 접속부사의 자리로, 문맥상 '그래서'라는 의미의 (B)가 적합하다. 정답 (B)

표현 정리 get enough funding 충분한 자금을 얻다

해석 회사는 충분한 자금을 얻을 수 없었고, 그래서 프로젝트를 중단해야만 했다.

3.

해설 빈칸은 접속부사의 자리로, 문맥상 '따라서'라는 의미의 (A)가 적합하다. (B)는 역접을 나타내는 등위접속사로, and 뒤에 놓일 수 없다.　　**정답 (A)**

표현 정리 be closed 문을 닫다

해석 모든 상점들이 문을 닫았다. 따라서 우리는 과일을 전혀 구입할 수 없었다.

4.

해설 등위접속사 but 이하는 앞부분과 다른 내용이 이어지는 것이 내용상 적합하므로 '달리(differently)'라는 의미로 쓰일 수 있는 (B)가 정답이다.　　**정답 (B)**

표현 정리 steal the money 돈을 훔치다　evidence 증거　besides 게다가

해석 많은 사람들은 잭슨 씨가 그 돈을 훔쳤다고 생각한다. 그러나 모든 증거들은 달리 말한다.

STEP 3 연습 문제

1. ★★★

❶ 보기 구성 파악 서로 다른 부사들이 제시되어 있는 어휘 문제이다.

(A) moreover　접속부사 (그리고, 게다가)
(B) also　부사 (또한)
(C) only　부사 (오직)
(D) otherwise　접속부사 (그렇지 않으면, 그것이 없다면)

❷ 빈칸 자리 확인 빈칸이 없어도 문맥이 통하는 문장이다. 따라서 이 문장의 의미를 훼손하지 않는 범위에서 가장 적합한 접속부사를 찾는다.

❸ 정답 선택 정답인 (D)의 용법 중에는 앞에 언급된 단어에 대해 '그것이 없다면(without it)'이라는 의미로 쓰이는 경우가 있다. 이 문제에서도 without the bad sound quality라고 이해하면 된다.

표현 정리 sound quality 음질　ruin 망치다　superb 뛰어난

해석 나쁜 음질이 그것만 아니었다면 뛰어났을 영화를 망쳐버렸다.

2. ★★

❶ 보기 구성 파악 서로 다른 품사들이 제시된 문법 문제이다.

(A) however　접속부사
(B) when　접속사, 관계부사, 의문부사
(C) furthermore　접속부사
(D) due to　전치사

❷ 빈칸 자리 확인 빈칸은 등위접속사 and와 완전한 문장 사이에 놓일 수 있는 (없어도 문장은 틀리지 않음) 부사의 자리이다.

❸ 정답 선택 부사의 자리이므로 우선 (B)와 (D)는 정답에서 제외한다. 그런데 부사인 (A)와 (C)중 문맥상 '역접'보다는 '첨가'의 의미가 어울리므로 (C)가 적합하다.

표현 정리 items 물건　inexpensive 저렴한

해석 우리는 바그다드 베이커리를 이용하는데, 그곳은 근사하고 제품들도 저렴하기 때문이다.

3. ★★★

❶ 보기 구성 파악 접속사와 부사 등으로 이루어진 문법 문제이다.

(A) therefore　접속부사
(B) or　등위접속사
(C) so　접속사, 부사
(D) also　부사

❷ 빈칸 자리 확인 빈칸 앞의 접속사 but 뒤에 또다시 접속사가 나올 수는 없으므로 접속사인 (B)와 (C)는 우선 제외한다. 그리고 (A)는 but보다는 and 뒤에 놓이는 것이 자연스러우므로 역시 어색하다.

❸ 정답 선택 (D)는 앞뒤의 두 제품을 병렬적으로 연결할 수 있어 문맥상 적합하다.

표현 정리 selection 셀렉션, 작품들　primarily 주로　quality costume jewelry 고급 의상 보석류　feature ~을 포함하다, ~을 특징으로 하다　traditional pieces 전통적인 작품들(보석들)

해석 존 사이크스 셀렉션은 주로 고급 의상용 보석류이지만, 우리(존 사이크스 셀렉션)는 전통적인 보석류도 포함하고 있습니다.

4. ★★★

❶ 보기 구성 파악 부사, 전치사 그리고 접속사가 제시되어 있다.

(A) thus　접속부사
(B) while　부사절 접속사
(C) except　전치사
(D) nevertheless　접속부사

❷ 빈칸 자리 확인 빈칸은 등위접속사 and와 완전한 문장 사이에 놓일 수 있는 (없어도 문장은 틀리지 않는) 부사의 자리이다.

❸ 정답 선택 부사의 자리이므로 우선 (B)와 (C)는 정답에서 제외한다. 그런데 부사인 (A)와 (D) 중에 문맥상 and 뒤에 놓일 수 있는 것은 (A)이다.

표현 정리 physical training 신체 훈련　food supplies 공급된 식품　run out 바닥나다　nevertheless 그럼에도

해석 힘든 신체 훈련은 우리 팀원들을 배고프게 만들었고, 따라서 공급된 식품이 바닥났다.

6. 형용사의 자리

STEP 1 QUIZ

1.

해설 빈칸은 이어지는 명사(measures)를 앞에서 수식하는 형용사 (A)의 자리이다.　　**정답 (A)**

표현 정리 drastic 극단의, 급진적인　take measures 조치를 취하다

해석 어려운 시기 동안에는 생존 보장을 위해 극단의 조치들이 취해져야 한다.

2.

해설 빈칸 앞에 관사가 있고 뒤에는 명사(soups)가 있는 것으로 판단할 때, 빈칸은 명사를 앞에서 수식하는 형용사 (A)의 자리이다.　　**정답 (A)**

표현 정리 right 올바른, 적합한　ingredient 재료

해석 아이들에게 먹일 적합한 수프가 몸에 좋은 재료로 만들어진다.

3.

해설 빈칸에는 명사 roles를 수식할 수 있는 형용사가 위치해야 한다. 따라서 형용사 어형인 vital이 정답이다. 정답 (B)

표현 정리 efficient 효율적인 aggressive 공격적인, 적극적인 role 역할 vitality 활력, 생명력 vital 활력 있는, 결정적인

해설 효율적이고 적극적인 마케팅 전략들이 몇몇 유럽 국가에서의 사업 성공을 뒷받침하는 데 결정적인 역할을 하였다.

4.

해설 빈칸이 관사와 명사 사이에 있으므로 명사를 꾸며 주는 형용사의 자리이다. 따라서 정답은 (A)이다. 정답 (A)

🔍 함정 분석 빈칸 앞에 The가 나왔다고 하여 빈칸을 명사의 자리로 오인하지 않도록 유의한다. 빈칸 뒤에 명사가 나와 있으므로 관사와 명사를 이어주는 품사가 나와야 한다는 사실을 꼭 기억하자.

표현 정리 sent send(보내다)의 과거, 과거분사 relationship 관계 worse 더욱 나쁜 rude 무례한

해설 당신이 보내온 무례한 내용의 이메일이 우리의 관계를 더욱 악화시킬 것입니다.

STEP 3 연습 문제

1. ★

❶ 보기 구성 파악 한 단어가 다양한 형태로 변형된 어형 문제이다.

(A) innovate 동사 (혁신하다)
(B) innovative 형용사 (혁신적인)
(C) innovates 동사 (3인칭 단수 동사)
(D) innovation 명사 (혁신)

❷ 빈칸 자리 확인 빈칸이 형용사와 명사 사이에 놓여 있으므로 빈칸은 형용사가 들어갈 자리이다.

❸ 정답 선택 보기 중 형용사는 (B)가 유일하므로 (B)가 정답이다.

표현 정리 research 연구 development 개발 improve 향상시키다 fuel efficiency 연비

해설 포드 모터 자동차는 안전성과 연비를 향상시키기 위한 몇 가지 혁신적인 기술 개발에 초점을 맞추고 있다.

2. ★★

❶ 보기 구성 파악 한 단어가 다양한 형태로 변형된 어형 문제이다.

(A) notes 명사 (메모, 음표), 동사 (메모하다, 주목하다 / 3인칭 단수 동사)
(B) notable 형용사 (주목할 만한)
(C) noting 현재분사, 동명사
(D) note 명사, 동사

❷ 빈칸 자리 확인 빈칸은 이어지는 명사(cases)를 앞에서 수식하는 형용사의 자리이다.

❸ 정답 선택 보기 중에 형용사인 (B)가 알맞다.

표현 정리 notable cases 주목할 만한 사례들 mergers and acquisitions 인수 및 합병

해설 많은 주목할 만한 인수 합병 사례들이 있다.

3. ★

❶ 보기 구성 파악 한 단어가 다양한 형태로 변형된 어형 문제이다.

(A) necessary 형용사 (필요한, 필수적인)
(B) necessarily 부사 (필수적으로)
(C) necessity 명사 (필수품)
(D) necessitate 동사 (~을 필요하게 만들다)

❷ 빈칸 자리 확인 빈칸은 이어지는 명사(tax documents)를 앞에서 수식하는 형용사의 자리이다.

❸ 정답 선택 보기 중에 형용사는 (A)밖에 없으므로 (A)가 정답이다.

표현 정리 preparation 준비 necessary tax documents 필요한 세금서류 tax planning 납세 계획 resolution 해결 tax-related problems 세금 관련 문제

해설 이 서비스들은 모든 필요한 세금 서류의 준비, 납세 계획 그리고 세금 관련 문제들의 해결을 포함합니다.

4. ★

❶ 보기 구성 파악 한 단어가 다양한 형태로 변형된 어형 문제이다.

(A) difference 명사 (차이, 차별)
(B) different 형용사 (다양한, 차별적인)
(C) differs 동사 (다르다 / 3인칭 단수 동사)
(D) differed 과거, 과거분사

❷ 빈칸 자리 확인 빈칸은 이어지는 명사(Korean dishes)를 앞에서 수식하는 형용사 자리이다.

❸ 정답 선택 보기 중에 형용사는 (B)밖에 없으므로 (B)가 정답이다.

표현 정리 Korean dishes 한국 음식 cuisine 요리

해설 많은 다양한 한국 음식들이 11월 27일의 요리 페스티벌에서 소개될 것이다.

7. 명사를 수식하는 과거분사

STEP 1 QUIZ

1.

해설 빈칸은 관사와 명사(system) 사이에서 명사를 수식하는 과거분사의 자리이다. 시스템이 자동화되었으므로 수동을 나타내는 (A)가 정답이다. 정답 (A)

표현 정리 automated 자동화된 be proud of ~을 자랑하다

해설 여러분들은 우리가 자랑하고 있는 자동화된 시스템을 보게 될 것이다.

2.

해설 빈칸은 관사 역할의 소유격과 명사(representatives) 사이에서 명사를

앞에서 수식하는 형용사의 자리이다. 빈칸에는 '선출된'이라는 수동의 의미를 나타낼 수 있는 과거분사가 적합하다. **정답 (A)**

표현 정리 **elected representatives** 선출된 대표들 **be responsive to** ~에 반응하다

해석 우리의 선출된 대표들은 우리 직원들의 필요 사항에 잘 반응해야 한다.

3.

해설 빈칸은 명사(time)를 뒤에서 수식하는 형용사나 분사의 자리인데, '명시된'이라는 의미가 되려면 수동의 과거분사가 들어가야 하므로 (B)가 정답이다. 이 문장은 '~ the time (that is) specified'처럼 명사와 과거분사 사이에 '주격 관계대명사＋be동사'가 생략되어 있는 형태이다. **정답 (B)**

표현 정리 **valid** 유효한 **specified on the permit** 허가서에 명시된

해석 이 조건은 허가서에 명시된 날짜와 시간에만 유효하다.

4.

해설 빈칸은 이어지는 명사(application forms)를 앞에서 수식하는 형용사나 분사의 자리로, '개정된'이라는 의미가 적합하므로 (A)가 정답이다. **정답 (A)**

표현 정리 **issue** (만들어) 발급하다 **revised** 개정된 **application form** 신청서 양식 **immigration** 이민

해석 정부는 이민에 대한 개정된 신청서 양식을 발급할 것이다.

STEP 3 연습 문제

1. ★★

① 보기 구성 파악 동사 provide가 다양한 형태로 변형된 어형 문제이다.

(A) is provided 수동태
(B) providing 현재분사, 동명사
(C) provided 과거, 과거분사
(D) provides 동사 (제공하다 / 3인칭 단수 동사)

② 빈칸 자리 확인 이 문장은 두 개의 동사(enclose, seal)와 하나의 접속사 (and)로 이뤄져 있어 빈칸에 완전한 동사형인 (A), (D)가 또 들어가면 절과 접속사의 개수가 맞지 않게 된다.

③ 정답 선택 (B)는 '제공하는'의 의미이므로 문맥상 맞지 않으며, (C)는 과거형일 때는 완전한 동사로서 목적어가 필요하여 적합하지 않지만, 과거분사로 들어가면 'label (that is) provided' 형태가 되어 적합하다.

표현 정리 **enclose A with B** A와 B를 동봉하다 **seal the box** 박스를 밀봉하다

해석 이 종이를 당신의 샘플과 함께 넣고 제공된 우편 라벨로 박스를 밀봉하세요.

2. ★★★

① 보기 구성 파악 동사 distribute가 다양한 형태로 변형된 어형 문제이다.

(A) distributes 동사 (배포하다, 배분하다 / 3인칭 단수 동사)
(B) will distribute 미래
(C) distributed 과거, 과거분사

(D) are distributed 현재 수동태

② 빈칸 자리 확인 빈칸에 완전한 동사형인 (A), (B), 그리고 (D)가 들어가면 앞에 이미 be동사 is가 나와 있기 때문에 완전한 동사형이 두 개가 되어 절이 두 개 만들어진다. 그렇다면 절과 절을 이어주는 접속사가 필요한데, 문장에서 접속사가 보이지 않으므로 빈칸에는 동사형이 들어가서는 안된다

③ 정답 선택 정답인 (C)는 과거형이 아닌 과거분사(p.p.)로 들어간 것으로 '~ journal (which is) distributed quarterly ~'의 구조로 보면 된다.

표현 정리 **journal (which is) distributed quarterly** 분기별로 배포되는 저널 **librarian** 도서관 사서 **bookseller** 서점 주인

해석 인사이드 라이브러리는 분기별로 미국 전역의 2,500명의 도서관 사서들과 서점 주인들에게 배포되는 리뷰 저널이다.

3. ★★★

① 보기 구성 파악 동사 publish가 다양한 형태로 변형된 어형 문제이다.

(A) published 과거, 과거분사
(B) to publish to부정사
(C) publishes 동사 (출판하다, 출간하다 / 3인칭 단수 동사)
(D) publishing 현재분사, 동명사

② 빈칸 자리 확인 빈칸이 명사와 전명구 사이에 있으므로 빈칸은 명사를 꾸며주는 형용사나 분사, 또는 to부정사의 자리이다.

③ 정답 선택 문두가 전치사 According to와 연결되어 있기 때문에 뒷부분은 문장이 바로 이어질 수 없으므로 완전한 동사형인 (C)는 부적합하다. 또한 빈칸 뒤에 목적어가 보이지 않으므로 목적어를 동반해야 할 (B) to publish나 (D) publishing도 부적합하다. 따라서 수동의 의미를 지닌 과거분사 (A)가 report를 뒤에서 수식하고 있다고 볼 수 있다. 즉 'report (that is) published in ~' 구조로 이해하면 된다.

표현 정리 **according to** ~에 따르면 **struggle to do** ~하느라 고군분투하다(= try to do) **access clean water** 깨끗한 물을 얻다

해석 올해 초에 〈워터 폴리시〉 지에 나온 보도에 따르면, 전 세계 많은 도시들이 깨끗한 물을 얻기 위해 애쓰고 있다고 한다.

4. ★★★

① 보기 구성 파악 동사 interest가 다양한 형태로 변형된 어형 문제이다.

(A) interesting 현재분사, 동명사
(B) interest 명사 (흥미), 동사 (재미있게 하다)
(C) interested 과거, 과거분사
(D) interests 동사 (3인칭 단수 동사), 명사 (흥미, 이자)

② 빈칸 자리 확인 빈칸은 그 뒤의 명사 parties를 동명사가 목적어로 받거나 분사형이 수식하는 자리이다.

③ 정답 선택 전자의 경우 어색한 표현이 되므로 '이해 당사자들'이라는 표현을 이룰 수 있는 과거분사 (C)가 정답이다.

표현 정리 **a series of** 일련의, 연속적인 **negotiation with** ~와의 협상 **interested parties** 이해 당사자들 **implement** 실행하다 (= put into practice)

해석 이해 당사자들과의 일련의 협상 후에, 시에서는 그 프로젝트를 실행하기로 결정했다.

8. 3형식 동사의 수동태

1.

해설 보기의 동사 hold는 타동사인데 빈칸 뒤에 목적어가 없으므로 수동태인 (A)가 정답이다.   정답 (A)

표현 정리 oceanographic conference 해양학 컨퍼런스 be held 열리다

해석 2018년 세계 해양학 컨퍼런스가 플로리다에서 6월 4일부터 6일까지 열린다.

2.

해설 보기의 동사 pay는 「pay + 돈 + on/for + 지출 대상」의 형태로 와야 하는데, '돈'에 해당되는 부분이 주어로 되어 있으므로 수동형이 되는 (B)를 답으로 골라야 한다.   정답 (B)

표현 정리 VAT 부가세(= value added tax) be imported 수입되다

해석 부가가치세와 다른 세금들이 그 나라로 수입되는 모든 제품에 대해 부과되어야 한다.

3.

해설 빈칸은 be동사 뒤에 들어갈 동사의 형태로, 타동사 keep의 특성상 목적어가 없는 상황에서 수동태를 이루는 (B)를 골라야 한다.   정답 (B)

표현 정리 a wide range of 매우 다양한 cold-water fish 한류성 어종 garden pond 정원 연못

해석 정원 연못에서 기를 수 있는 매우 다양한 한류성 어종들이 있다.

4.

해설 보기의 동사 post는 타동사인데 빈칸 뒤에 목적어가 없고, 주어(Any changes)가 게재하는 것이 아니라 게재되는 수동적인 상황이므로 수동태인 (A)가 정답이다.   정답 (A)

표현 정리 regarding ~와 관련하여 departmental meeting 부서 회의 bulletin board 게시판

해석 부서 회의 일정에 관한 모든 변경사항들이 게시판에 게시될 것이다.

1. ★★

① 보기 구성 파악 동사 transfer가 다양한 형태로 변형된 어형 문제이다.

(A) transferring 현재분사, 동명사
(B) be transferred 원형 수동태
(C) transfers 동사 (전달하다 / 3인칭 단수 동사)
(D) being transferred 진행형 수동태

② 빈칸 자리 확인 빈칸이 조동사 could와 전명구 사이에 놓여 있으므로 빈칸에는 동사가 들어가야 한다..

③ 정답 선택 조동사 다음의 동사는 원형이 들어가야 하므로 해당되는 보기는 (B)밖에 없다. 그리고 주어인 전화가 수동적으로 전달되는 상황이라 수동태를 사용한 것에도 유의한다.

표현 정리 transfer A to B A를 B에게 전달하다 shipping manager 배송 담당자 accidentally 우연하게, 실수로 disconnect (연결 등을) 끊다

해석 심슨 씨의 전화가 배송 담당자에게 전달되기 전에 뜻하지 않게 끊겼다.

2. ★

① 보기 구성 파악 한 단어가 다양한 형태로 변형된 어형 문제이다.

(A) dresser 명사 (서랍장, 의상 담당자)
(B) dresses 동사 (옷을 입다 / 3인칭 단수 동사)
(C) dressed 과거, 과거분사
(D) to dress to부정사

② 빈칸 자리 확인 빈칸에는 be동사 뒤에서 부사의 수식을 받는 동사의 형태가 나와야 한다.

③ 정답 선택 '옷을 입다'라는 표현이 사용될 때는 일반적으로 be동사와 함께 수동(be dressed)의 형태가 된다. 이미 앞에 are라는 be동사가 나와 있으므로 이 조건을 충족시키는 보기는 (C)이다.

표현 정리 ensure 약속하다, 보장하다 be properly dressed 올바르게 옷을 입다 leave for ~를 향하다

해석 모든 부모들은 매일 아침 아이들이 학교로 떠날 때 올바르게 옷을 입었는지 분명히 해두어야 한다.

3. ★

① 보기 구성 파악 한 단어가 다양한 형태로 변형된 어형 문제이다.

(A) publiscizing 현재분사, 동명사
(B) publicized 과거, 과거분사
(C) publicity 명사 (홍보, 광고, 선전)
(D) publicize 동사 (~을 널리 알리다, ~을 대중화하다)

② 빈칸 자리 확인 빈칸은 be동사와 부사, 그리고 전명구 사이에 있으므로 be동사의 보어 역할을 할 수 있는 명사와 형용사의 자리이다.

③ 정답 선택 be 동사 뒤는 기본적으로 형용사 혹은 명사의 자리이므로 동사인 publicize가 올 수 없다. 따라서 (D)를 일단 제외한다. 명사인 publicity는 주어 the sale과 동격일 수 없는 의미이므로 (C) 또한 정답과 거리가 멀다. publicizing은 be 동사와 함께 쓰이는 것이 가능한 어형이긴 하나 무엇을 널리 알리고자 하는지 알려주는 목적어가 등장하지 않으므로 적절한 어형이라 할 수 없다. 따라서 과거분사 형태로 be동사의 보어로 사용할 수 있는 (B)가 정답이다.

표현 정리 highly 매우 be publicized 널리 알려지다 business publications 경영 관련 출판물 around the country 전국에, 전역에 걸쳐

해석 작년 EMP 사의 매출은 전국의 주요 경영 관련 출판물들을 통해 널리 알려졌다.

4. ★★

① 보기 구성 파악 동사 write가 다양한 형태로 변형된 어형 문제이다.

(A) has been written 현재완료 수동태
(B) has been writing 현재완료 진행형

(C) has written 현재완료

(D) was writing 과거진행형

② 빈칸 자리 확인 빈칸은 종속절에서 주어 다음에 나온 동사의 자리이다.

③ 정답 선택 보기의 동사인 write는 타동사인데 목적어가 뒤에 없으므로 수동태인 (A)를 골라야 한다.

🔍 함정 분석 주어인 마케팅 계획(a marketing plan)은 행위를 받는 수동의 입장이므로 능동태인 (C)를 고르지 않도록 유의한다.

표현 정리 once ~하자마자, ~하는 순간부터 **write a plan** 계획을 수립하다 **regularly** 정기적으로 **evaluate the program** 프로그램을 평가하다 **at least** 적어도

해석 어떤 마케팅 계획 하나가 만들어지면, 적어도 1년에 한 번 정기적으로 그 프로그램을 평가해보는 것이 중요하다.

9. 시간 부사절 접속사

STEP 1 QUIZ

1.

해설 빈칸은 앞뒤 두 개의 절을 연결하는 접속사의 자리이다. 그런데 빈칸의 뒤는 '시점'을 나타내는 내용이므로 (A)가 답이 되어야 한다. (B)는 시간을 나타낼 때 '기간'의 내용이 온다. **정답 (A)**

표현 정리 accept reservations 예약을 받다 **the day before** ~하기 전날

해석 라이호 레스토랑은 행사가 시작되기 하루 전에만 예약을 받습니다.

2.

해설 빈칸은 앞뒤 두 개의 절을 연결하는 접속사 (A)의 자리이다. (B)는 전치사로 적합하지 않다. **정답 (A)**

표현 정리 unique 독특한, 특별한 **web application** 웹프로그램

해석 JLP 개발자들은 웹프로그램을 만들었을 때 특별한 문제점들에 직면했다.

3.

해설 빈칸은 앞뒤 두 개의 절을 연결하는 접속사의 자리이다. 정답인 (B)는 '~이래로'라는 의미일 때, 문제에서처럼 과거 시제(were identified)가 뒤에 나오며, 이때 주절의 시제는 일반적으로 현재완료(has been closed)이다. (A)는 '~동안'이라는 의미일 때 주절과 부사절의 시제가 일반적으로 동일하다. **정답 (B)**

표현 정리 be closed 폐쇄되다 **repair** 수리 **system defects** 시스템 결함 **identify** 확인하다

해석 몇 가지 심각한 시스템 결함이 확인된 이래로 공장은 수리를 위해 폐쇄된 상태이다.

4.

해설 빈칸의 뒤에는 동사의 -ing형태가 제시되는데, (A)는 전치사이지만 이런 형태가 이어지지 못한다. 따라서 내용상 적합하며 그런 형태를 이룰 수 있는 (B)가 정답이다. **정답 (B)**

표현 정리 be reminded to do ~하도록 상기시키다 **check their baggage** 짐을 점검하다 **leave for** ~를 향해 떠나다

해석 학생들은 공항으로 떠나기 전에 짐을 점검하도록 상기시켜야 한다.

STEP 3 연습 문제

1. ★★

① 보기 구성 파악 서로 다른 접속사와 전치사가 제시된 문법 문제이다.

(A) despite 전치사

(B) except 전치사

(C) while 시간 부사절 접속사, 대조 부사절 접속사

(D) whereas 대조 부사절 접속사

② 빈칸 자리 확인 빈칸은 앞뒤 두 개의 절을 연결하는 접속사의 자리이다.

③ 정답 선택 빈칸이 접속사의 자리이므로 (A)와 (B)를 우선 정답에서 제외한다. 그런데 앞뒤 절의 내용이 거의 동시에 일어난다고 볼 수 있으므로, '~하는 동안'이라는 의미의 (C)가 적합하다.

표현 정리 safety directions 안전 지침 **decorate** 장식하다 **artificial snow spray** 인공눈 스프레이 **despite** ~에도 불구하고 **whereas** ~인 반면에

해석 인공눈 스프레이로 장식하는 동안, 안전 지침을 주의 깊게 따라야 한다.

2. ★★★

① 보기 구성 파악 서로 다른 접속사와 전치사가 제시된 문법 문제이다.

(A) by 전치사   (B) until 전치사, 시간 부사절 접속사

(C) within 전치사   (D) because 이유 부사절 접속사

② 빈칸 자리 확인 빈칸은 앞뒤 두 개의 절을 연결하는 접속사의 자리이다.

③ 정답 선택 빈칸이 접속사의 자리이므로, (A)와 (C)를 우선 정답에서 제외한다. 그런데 내용상 not ~ until (~전까지 …하지 않는다)의 의미 구조라 볼 수 있으므로 (B)가 정답이다.

표현 정리 services and support 서비스와 지원 **the entire project** 프로젝트 전체

해석 우리 서비스와 지원은 프로젝트 전체가 마무리되기 전까지 멈추지 않을 것입니다.

3. ★★

① 보기 구성 파악 서로 다른 접속사와 전치사가 제시된 문법 문제이다.

(A) Before 전치사, 시간 부사절 접속사

(B) With 전치사

(C) Whether 명사절 접속사, 부사절 접속사

(D) That 명사절 접속사, 관계대명사, 지시대명사

② 빈칸 자리 확인 빈칸 바로 뒤에 현재분사(singing)와 그 목적어(the contract)가 제시되어 있다.

⊙ 정답 선택 주절을 보면 빈칸 뒤의 계약서에 서명하는 부분이 미뤄진 것을 알 수 있으므로 내용상 (A)가 적합하여 정답이다.

표현 정리 sign the contract 계약서에 서명하다 delay 미루다, 연기하다 avoid any damage 어떤 피해라도 피하다

해석 계약서에 서명하기 전에, 우리는 어떠한 피해라도 피하기 위해 늦은 여름까지 그 일을 미루기로 결정했다.

4. ★★

① 보기 구성 파악 서로 다른 접속사와 전치사가 제시된 문법 문제이다.
(A) To 전치사
(B) Without 전치사
(C) Although 양보 부사절 접속사
(D) When 시간 부사절 접속사, 관계부사, 의문사

② 빈칸 자리 확인 빈칸 바로 뒤에 현재분사(ordering)와 그 목적어(company T-shirts)가 제시되어 있다.

⊙ 정답 선택 빈칸 뒤의 티셔츠를 주문하는 부분이 주절의 회사 로고를 사용하는 것과 동시에 벌어져야 하는 것을 알 수 있으므로 내용상 (D)가 적합하여 정답이다. 'When you order ~' 정도의 원래 문장에서 (주절의 주어와 같은) 주어인 you가 생략되고, 이어지는 동사에 -ing가 결합된 분사구문이다.

표현 정리 be sure to do 반드시 ~하다

해석 회사 티셔츠를 주문할 때는, 새로운 회사 로고를 반드시 사용해야 합니다.

---

10. to부정사

1.

해설 빈칸 앞의 prefer는 바로 뒤에 동사형이 올 때 to부정사와 동명사를 모두 취할 수 있으므로 (A)가 적합하다. **정답 (A)**

표현 정리 majority 대다수 consumer 소비자 prefer to do ~하는 것을 선호하다 maintain 유지하다 eat out 외식하다

해석 소비자들의 대부분은 외식할 때 건강한 라이프스타일을 유지하는 것을 좋아한다.

2.

해설 빈칸은 가주어 it에 대한 진주어 역할을 하는 to부정사 (B)가 정답이다. **정답 (B)**

표현 정리 steady bestseller 지속적인 베스트셀러

해석 당신의 작품이 지속적인 베스트셀러가 되리라는 것은 과언이 아닙니다.

3.

해설 빈칸은 바로 앞의 명사 way를 뒤에서 수식하는 형용사적 용법의 to부정사인 (B)가 알맞다. **정답 (B)**

표현 정리 offer discounts 할인을 제공하다 pay in cash 현찰로 지불하

다 compete with ~와 경쟁하다 competitor 경쟁 업체

해석 현찰 지불에 대한 할인 제공은 더 큰 경쟁 업체들과 경쟁하는 한 가지 방법이다.

4.

해설 빈칸 앞의 decide는 바로 뒤에 동사가 올 때 to부정사를 목적어로 취하므로 (A)가 정답이다. **정답 (A)**

표현 정리 put ~ on hold ~을 보류하다 ceremony 행사

해석 우리는 다음주 브뤼셀에서 있을 행사를 보류하기로 결정했다.

1. ★★

① 보기 구성 파악 동사 reduce가 다양한 형태로 변형된 어형 문제이다.
(A) to reduce to부정사
(B) reduce 동사 (줄이다, 축소하다)
(C) reducing 현재분사, 동명사
(D) will have reduced 미래완료

② 빈칸 자리 확인 빈칸 앞부분에 동사 ordered와 목적어(each department manager)가 있는 것으로 판단할 때 「order + 목적어 + to부정사」 구문이 쓰인 것을 알 수 있다.

⊙ 정답 선택 동사 order는 목적어 뒤에 목적 보어로 to부정사를 취하는 동사이므로 (A)가 적합하다.

표현 정리 department manager 부서장 expense 비용

해석 CEO는 각 부서장에게 회사 내의 불필요한 지출을 줄일 것을 명했다.

2. ★★

① 보기 구성 파악 동사 designate가 다양한 형태로 변형된 어형 문제이다.
(A) designate 동사(~을 지정하다, ~을 지명하다)
(B) designating 현재분사, 동명사
(C) designated 과거, 과거분사
(D) to designate to부정사

② 빈칸 자리 확인 빈칸 앞에 be allowed가 있는 것으로 판단할 때 「allow + 목적어 + to부정사」의 구문이 수동태로 바뀐 문장으로 파악할 수 있다.

⊙ 정답 선택 「allow + 목적어 + to부정사」의 구문이 수동태로 바뀌면 「be allowed to 부정사」의 구조가 되므로 (D)가 정답이다.

표현 정리 be with the company 회사에서 근무하다, 회사에서 근속하다 successor 후임자, 계승자

해석 윌슨 씨는 회사에서 25년 동안 근무했고, 조만간 후임자를 지명할 수 있게 될 것이다.

3. ★★

① 보기 구성 파악 동사 transfer가 다양한 형태로 변형된 어형 문제이다.
(A) transferring 현재분사, 동명사 　(B) transfer 동사 (옮기다, 보내다)
(C) transferred 과거, 과거분사 　(D) to transfer to부정사

② 빈칸 자리 확인 빈칸 앞에 동사가 나와 있고, 뒤에는 목적어가 나와 있다. 따라서 빈칸은 동사의 목적어 역할을 하며 그 자체가 목적어를 취하는 준동사 자리이다.

③ 정답 선택 빈칸 앞의 동사 want는 바로 뒤에 동사가 이어질 때 to부정사가 와야 하므로 (D)가 정답이다.

표현 정리 perishable goods 상하기 쉬운 물건 a refrigerated truck 냉장 트럭

해석 귀사가 상하기 쉬운 물건들을 옮기기 원한다면, 우리 회사가 냉장 트럭을 제공할 것입니다.

4. ★★

① 보기 구성 파악 동사 increase가 다양한 형태로 변형된 어형 문제이다.

(A) increase 동사 (증가하다)　　　　(B) to increase to부정사
(C) increasing 현재분사, 동명사　　(D) increased 과거, 과거분사

② 빈칸 자리 확인 빈칸은 주어 역할을 하는 명사 뒤와 또 다른 명사구 앞에 놓여 있다. 따라서 주어를 수식할 수 있는 품사가 필요하다.

③ 정답 선택 동사 형태인 (A)와 (D)는 이미 빈칸 뒤에 was provided라는 동사가 나와 있으므로 빈칸에 부적합하다. 그리고 (C)가 동명사일 경우는 문장 구조상 어색할 뿐만 아니라 현재분사라 하더라도 진행의 의미를 나타내고 있으므로 어울리지 않는다. 따라서 보기 중 명사를 수식하는 역할을 할 수 있는 것은 to부정사인 (B)이다.

표현 정리 merchandise 상품 provide 제공하다 Sales Department 영업부

해석 상품의 매출을 올릴 수 있는 좋은 방법을 영업부가 내놓았다.

---

11. 인칭대명사의 주격

STEP 1 QUIZ

1.

해설 빈칸은 동사 know의 목적어 역할을 하는 명사절의 주어 자리이므로 (A)가 정답이다.　　　　　　　　　　　　　　**정답 (A)**

표현 정리 salespeople 영업사원들 be watched 감시당하다

해석 엔리케 씨는 영업사원들이 자신들이 감시되고 있다는 사실을 알지 못하게 하였다.

2.

해설 빈칸은 문장의 주어 자리이므로 (A)가 정답이다.　　**정답 (A)**

표현 정리 comply with ~을 준수하다 federal laws 연방법 make changes 변화를 가하다

해석 연방법을 준수하기 위해 우리는 운영 시스템에 변화를 가해야 한다.

3.

해설 빈칸은 뒷부분의 to부정사 부분을 진주어로 하는 가주어 it의 자리이다.
　　　　　　　　　　　　　　　　　　　　　　　정답 (B)

표현 정리 meaningful 의미 있는 compare A with B A를 B와 비교하다 commitment 약속, 헌신 actual practice 실제적 관행

해석 약속과 실제적 관행을 비교해보는 것은 의미가 있다.

4.

해설 빈칸은 said의 목적어 역할을 하는 명사절의 주어 자리이므로 (A)가 정답이다.　　　　　　　　　　　　　　　　**정답 (A)**

표현 정리 stabilize 안정화되다

해석 로젠탈 씨는 가격이 배럴당 40달러 선에서 안정되길 기대한다고 말했다.

STEP 3 연습 문제

1. ★

① 보기 구성 파악 서로 다른 인칭대명사의 격이 제시된 문법 문제이다.
② 빈칸 자리 확인 빈칸은 동사 앞의 주어 자리이다.
③ 정답 선택 주어로 쓰이는 (C)가 적합하다.

표현 정리 keep track of ~을 추적하다 progress 발전 (양상)

해석 당신은 당신에게 보내지는 월별 보고서를 통해 직원들의 발전 양상을 추적할 수 있다.

2. ★

① 보기 구성 파악 서로 다른 인칭대명사의 격이 제시된 문법 문제이다.
② 빈칸 자리 확인 빈칸은 동사 앞의 주어 자리이다.
③ 정답 선택 주어로 쓰이는 (B)가 적합하다.

표현 정리 numerous 수많은 direction 방향, 지침

해석 수많은 프로젝트들을 위해 그는 모든 방향으로 캄보디아의 길을 따라 다녀야 한다.

3. ★

① 보기 구성 파악 서로 다른 인칭대명사의 격이 제시된 문법 문제이다.
② 빈칸 자리 확인 빈칸은 동사 앞의 주어 자리이다.
③ 정답 선택 주어로 쓰이는 (C)가 적합하다.

표현 정리 premises 부지, 지역, 구내 reprimand 질책하다

해석 구내에서 흡연하다 적발되면, 호되게 질책을 받을 것이다.

4. ★

① 보기 구성 파악 서로 다른 인칭대명사의 격이 제시된 문법 문제이다.
② 빈칸 자리 확인 빈칸은 현재완료 앞의 주어 자리이다.
③ 정답 선택 주어로 쓰이는 (A)가 적합하다.

표현 정리 refund 환불 exchange 교환 returned goods 반품된 물건

해석 우리는 반품된 물건을 받기 전까지는 환불금이나 교환품을 발송할 수 없습니다.

12. 미래 시제

STEP 1 QUIZ

1.

해설 문장에 during the next few days라는 미래 부사구가 등장함에 따라 미래 시제라는 사실을 알 수 있다.　　　　　　　　　　정답 (B)

표현 정리 **secretary** 비서 **during the next few days** 향후 며칠 동안

해설 비서가 당신의 작업에 대해 향후 며칠 동안 도와줄 것입니다.

2.

해설 if가 이끄는 조건 부사절이 현재 시제(go)이지만, 시간 또는 조건 부사절에서는 현재 시제가 미래 시제를 대신한다는 규칙이 있으므로 주절은 이에 맞춰 미래 시제가 들어가야 한다..　　　　　　　　　　정답 (A)

표현 정리 **go over the limit** 한계를 넘어가다 **close down** 차단하다

해설 숫자가 한계를 넘어가면, 엔진이 스스로를 차단할 것이다.

3.

해설 빈칸 바로 뒤에 미래 부사구가 있으므로 미래 시제인 (B)가 적합하다.　　　　　　　　　　정답 (B)

표현 정리 **initial shipments of the product** 초기 배송 물량 **coming** 다가오는

해설 초기 배송 물량에 대한 회의가 오는 금요일에 열릴 것이다.

4.

해설 빈칸은 문장 앞의 미래 부사구의 시점에 발생하는 행동이므로 미래 시제인 (B)가 적합하다.　　　　　　　　　　정답 (B)

표현 정리 **upcoming** 다가오는 **awards ceremony** 시상식 **provide A with B** A에게 B를 제공하다 **a letter of congratulations** 축하 편지 **plaque** 상패

해설 다가오는 시상식에서, 콜롬보 씨가 수상자들에게 축하 편지와 상패를 전달할 것이다.

STEP 3 연습 문제

1. ★

❶ 보기 구성 파악 동사 grow가 다양한 형태로 변형된 어형 문제이다.

(A) are grown 현재 수동태
(B) growing 현재분사, 동명사
(C) has grown 현재완료
(D) will grow 미래 시제

❷ 빈칸 자리 확인 that절에서 주어와 전명구 사이에 빈칸이 있으므로 빈칸은 완전한 동사의 자리이다.

❸ 정답 선택 일단 완전한 동사형이 아닌 (B)는 제외한다. 그런데 문장 끝의 next가 포함된 미래 부사구가 있는 것으로 판단할 때 미래 시제인 (D)가 적합하다.

표현 정리 **analyst** 분석가 **cosmetics** 화장품 **grow** 자라다, 성장하다 **decade** 10년

해설 일부 분석가들의 예측에 따르면, 전 세계 화장품 시장이 향후 10년간 75퍼센트만큼 성장할 것이라 한다.

2. ★★

❶ 보기 구성 파악 동사 make가 다양한 형태로 변형된 어형 문제이다.

(A) were made 과거 수동태
(B) are making 현재진행형
(C) will be made 미래 수동태
(D) will make 미래 시제

❷ 빈칸 자리 확인 빈칸 뒤에 동사가 없으므로 빈칸은 주어 뒤의 동사의 자리이다.

❸ 정답 선택 뒷부분의 before가 이끄는 시간 부사절의 시제가 현재인데, 이는 실질적으로 미래의 내용이다. 그리고 빈칸 바로 뒤의 soon도 미래 시제와 주로 결합한다. 따라서 빈칸도 미래 시제여야 하므로 (C), (D)를 우선 고려할 수 있다. 그런데 주어인 efforts는 행위를 능동적으로 할 수 있는 주체가 될 수 없으므로 수동형인 (C)가 정답이다.

표현 정리 **make efforts to do** ~하려는 노력을 하다 **registered students** 등록된 학생들

해설 첫 수업이 열리기 전에 등록된 학생들에게 연락하게 될 노력이 곧 이뤄질 것이다.

3. ★★★

❶ 보기 구성 파악 동사 narrow가 다양한 형태로 변형된 어형 문제이다.

(A) narrow 동사 (1, 2인칭 또는 복수 동사 / 현재)
(B) has narrowed 현재완료
(C) was narrowing 과거진행형
(D) will narrow 미래 시제

❷ 빈칸 자리 확인 빈칸은 주절에서 주어 다음에 나오는 동사 자리이다.

❸ 정답 선택 시간 접속사 after가 이끄는 부사절의 시제가 현재완료인데, 이는 실질적으로 미래의 내용을 나타낸다. 왜냐하면 시간과 조건의 부사절에서는 현재 또는 현재완료가 미래 시제를 대신한다는 규칙이 있기 때문이다. 따라서 주절의 시제도 미래인 (D)가 적합하다.

표현 정리 **entry** 참가 신청서, 출품작 **narrow down** 줄이다 요약하다 **finalist** 최종 인원, 결승 진출자

해설 모든 참가 신청서가 제출된 후 켄우드 씨가 그것들을 몇 명의 최종 인원으로 줄일 것이다.

4. ★

❶ 보기 구성 파악 동사 review가 다양한 형태로 변형된 어형 문제이다.

(A) to review to부정사
(B) reviewed 과거 시제
(C) will review 미래 시제
(D) reviewing 현재분사, 동명사

❷ 빈칸 자리 확인 빈칸은 주어 뒤에 나온 동사의 자리이다.

❸ 정답 선택 문장 앞부분의 형용사 upcoming이 미래의 내용을 나타내고 있으므로 미래 시제인 (C)가 정답이다.

표현 정리 **upcoming meeting** 다가올 회의 **marketing director** 마케팅 이사 **review** 검토하다 **suggestions and additional information** 제안 및 추가 정보

해석 다가올 회의 때, 마케팅 이사가 고객들의 제안과 추가 정보를 검토할 것이다.

13. 문맥에 맞는 대명(형용)사

STEP 1 QUIZ

1.

해설 빈칸은 뒤에 three months처럼 복수명사가 올 수 있어야 하는데, 정답인 (B)는 '거리, 기간 또는 특정한 양'을 나타낼 때, 추가적인(additional)이라는 의미로 수사(three)와 함께 하면 뒤에 복수명사가 오는 것이 가능하다. (A)는 그 뒤에 단수명사만 와야 한다.   정답 (B)

표현 정리 **in another three months** 또 다른 3개월 후에 **internship participant** 인턴십 참가자 **responsibility for** ~에 대한 책임

해석 또 다른 3개월이 지나면, 인턴십 참가자들은 자신들의 프로젝트에 대해 완전한 책임을 지게 될 것이다.

2.

해설 빈칸은 전치사 for의 목적어 자리로, 앞에 언급된 '칠면조(a turkey)'를 대명사로 받을 수 있는 (A)가 적합하다. (B)는 형용사로만 쓰이므로 그 뒤에 수식 받는 명사가 나와야 한다.   정답 (A)

표현 정리 **give out** 나눠 주다 **turkey** 칠면조

해석 회사는 추수감사절을 위해 집에 가져가겠다고 신청한 각 직원에게 칠면조 1마리씩을 제공한다.

3.

해설 빈칸은 이어지는 가산 단수명사(week)를 수식할 수 있어야 하므로 (B)가 정답이다. (A)가 들어가려면 all weeks의 형태가 되어야 한다.   정답 (B)

표현 정리 **be entitled to** ~에 대한 자격이 있다

해석 그 회사의 신입사원들은 매주 이틀의 휴가를 쓸 자격이 있다.

4.

해설 빈칸은 뒤에 바로 이어지는 복수명사(cellular phones)를 수식할 수 있는 (A)가 정답이다. every는 원칙적으로 그 뒤에 단수명사가 와야만 한다.   정답 (A)

🔍 함정 분석 every가 every two years처럼 그 뒤에 복수의 수사(two)가 와서 '매 ~마다'의 의미로 쓰일 경우에는 복수형이 가능하다.

표현 정리 **turn off** 끄다 **in progress** 진행 중인

해석 콘서트가 진행되는 중에는 모든 휴대폰을 꺼야 한다.

STEP 3 연습 문제

1. ★★★

❶ 보기 구성 파악 서로 다른 대명사와 형용사들이 제시된 문법 문제이다.
(A) other 대명사, 형용사   (B) another 대명사, 형용사
(C) one another (상호) 대명사   (D) every 형용사

❷ 빈칸 자리 확인 빈칸은 단수명사 location을 수식하는 형용사 자리이다.

❸ 정답 선택 (A)는 그 앞이 무관사이기 때문에 그 뒤에 복수나 불가산명사가 와야 하고 (C)는 어포스트로피(')가 있어야 명사의 수식이 가능하며, (D)는 해석상 어색하다. 따라서 an-이 앞에 붙어 뒤에 가산단수가 올 수 있는 (B)가 정답이다.

🔍 함정 분석 (A)와 (B)는 해석상 의미가 비슷하기 때문에 정확한 용례를 모르면 헷갈리기 쉬우므로 두 보기의 차이점을 정확히 이해하도록 한다.

표현 정리 **move to another location** 다른 장소로 옮기다 **check with** ~와 점검해보다 **secretary** 비서

해석 우리 점포가 최근에 다른 장소로 옮겼기 때문에, 방문하기 전에 반드시 제 비서와 연락해 보세요.

2. ★★

❶ 보기 구성 파악 서로 다른 품사들이 제시된 문법 문제이다.
(A) some 형용사, 대명사, 부사   (B) those 지시대명사
(C) every 형용사   (D) each other 대명사

❷ 빈칸 자리 확인 빈칸은 바로 뒤에 가산 단수명사(customer)가 올 수 있는 형용사 자리이다.

❸ 정답 선택 빈칸은 바로 뒤에 가산 단수명사(customer)가 있으므로 (C)가 적합하다. (A)나 (B)가 들어가면 customers가 되어야 하고, (D)는 대명사이므로 빈칸에 어울리지 않는다.

표현 정리 **make sure that~** ~을 분명히 해두다 **feel comfortable** 편안하게 느끼다 **while** ~동안, ~반면, 비록

해석 레스토랑 매니저들은 모든 고객들이 편안하게 느끼는지를 분명히 해두어야 한다.

3. ★★★

❶ 보기 구성 파악 서로 다른 형용사와 대명사들이 제시된 문법 문제이다.
(A) Each 대명사, 형용사   (B) All 대명사, 형용사
(C) Other 형용사   (D) One another (상호) 대명사

❷ 빈칸 자리 확인 빈칸은 바로 뒤에 가산 단수명사(customer)가 올 수 있는 형용사의 자리이다.

❸ 정답 선택 빈칸은 바로 뒤에 가산 단수명사(school)가 올 수 있는 형용사 자리이므로 (A)가 적합하다. (B)와 (C)가 들어가려면 schools의 형태가 되어야 하며, (D)는 대명사이므로 어색하다.

표현 정리 **rural areas** 시골 지역들 **modernize** 현대화하다 **meet the demands of** ~의 수요를 충족시키다

해석 시골 지역들의 각 학교는 오늘날의 교육 필요에 대한 수요를 충족시키기 위해 현대화되고 있는 중이다.

4. ★★★

① 보기 구성 파악 서로 다른 형용사와 대명사들이 제시된 문법 문제이다.

(A) every 형용사 (B) all 대명사, 형용사
(C) each 대명사, 형용사 (D) one 대명사, 형용사

② 빈칸 자리 확인 빈칸은 바로 뒤에 복수명사(programs)가 올 수 있는 형용사 자리이다.

③ 정답 선택 그 뒤에 복수명사(programs)를 취할 수 있는 것은 (B)밖에 없다. 나머지 보기가 쓰이려면 단수명사(program)가 와야 한다.

표현 정리 application 응용 프로그램 currently 현재

해석 이 응용 프로그램은 단 한 번의 클릭으로 현재 작동 중인 모든 프로그램들을 닫을 수 있다.

---

14. 조건 부사절 접속사

STEP 1 QUIZ

1.

해설 빈칸은 이어지는 두 개의 절을 연결하는 접속사의 자리이므로 조건 부사절 접속사인 (B)가 적합하다. (A)는 전치사이므로 부적합하다. **정답** (B)

표현 정리 leave a message 메시지를 남기다 receptionist 접수원

해석 제게 연락할 필요가 있으면, 위의 번호로 전화를 걸어서 접수원에게 메시지를 남겨 주세요.

2.

해설 빈칸은 이어지는 두 개의 절을 연결하는 접속사의 자리이다. (A)는 if, 그리고 (B)는 if ~ not의 의미이므로 문맥상 (A)가 적합하다. **정답** (A)

표현 정리 bank account 은행 계좌 withdraw 인출하다 provided that 만일 ~라면

해석 은행 계좌에 충분한 돈이 있으면, 하루에 800 달러까지 인출할 수 있다.

3.

해설 빈칸은 이어지는 두 개의 절을 연결하는 접속사의 자리이므로 조건 부사절 접속사 (A)의 자리이다. (B)는 전치사이므로 부적합하다. **정답** (A)

표현 정리 personnel director 인사 담당 이사 application 지원, 지원서 administrative position 행정직, 관리직

해석 회사의 인사 담당 이사는 행정직의 인원이 충원되면 지원서 접수를 중단할 것이다.

4.

해설 빈칸은 앞뒤 두 개의 절을 연결하는 접속사의 자리이다. (A)는 역접, (B)는 조건의 의미를 나타내는데 문맥상 (B)가 적합하다. **정답** (B)

표현 정리 counseling services 상담 서비스 disturb 방해하다

해석 일부 아이들은 다른 아이들을 방해하면 상담 서비스로 보내진다.

STEP 3 연습 문제

1. ★★

① 보기 구성 파악 접속사, 전치사, 부사로 이루어진 문법 문제이다.

(A) if 조건 부사절 접속사, 명사절 접속사
(B) except 전치사
(C) only 부사
(D) unless 조건 부사절 접속사

② 빈칸 자리 확인 빈칸은 앞뒤 두 개의 절을 연결하는 접속사의 자리이다.

③ 정답 선택 빈칸이 접속사의 자리이므로 우선 (B)와 (C)를 정답에서 제외한다. 그런데 문맥상 '~이 없다면'의 표현이 자연스러우므로 if ~ not의 의미인 (D)가 내용상 적합하다.

표현 정리 specific treatment 특정한 치료 require 필요로 하다 unless ~하지 않으면 significant 중요한, 큰

해석 큰 오류나 문제점들이 없다면 특정한 치료가 필요하지는 않다.

2. ★★

① 보기 구성 파악 접속사와 부사로 이루어진 문법 문제이다.

(A) as long as 조건 부사절 접속사 (B) besides 접속부사
(C) also 부사 (D) or 등위접속사

② 빈칸 자리 확인 빈칸은 앞뒤 두 개의 절을 연결하는 접속사의 자리이다.

③ 정답 선택 빈칸이 접속사의 자리이므로 우선 (B)와 (C)를 정답에서 제외한다. 그런데 문맥상 빈칸의 뒷부분이 앞부분에 대한 조건이 되어야 하므로 if의 의미를 지닌 (A)가 정답이다.

표현 정리 take three days off 3일간의 휴가를 내다 ahead of time 미리, 예정보다 빨리

해석 모든 팀원들은 프로젝트를 미리 마무리한다면 3일간의 휴가를 낼 수 있다.

3. ★★

① 보기 구성 파악 전치사, 부사, 접속사가 제시된 문법 문제이다.

(A) Due to 전치사 (B) Even 부사
(C) Though 양보 부사절 접속사 (D) If 조건 부사절 접속사

② 빈칸 자리 확인 빈칸은 이어지는 두 개의 절을 연결하는 접속사의 자리이다.

③ 정답 선택 빈칸이 접속사의 자리이므로 우선 (A)와 (B)를 정답에서 제외한다. 나머지 보기 중 문맥상 (C)는 역접 또는 대조, (D)는 부사절에서 조건의 의미로 쓰이므로 (D)가 적합하다.

표현 정리 modern art 현대 미술

해석 현대 미술에 대해 더 알고 싶다면, 수잔 해리가 알고 싶은 모든 것을 말해줄 것입니다.

4. ★★

① 보기 구성 파악 서로 다른 접속사가 제시된 문법 문제이다.

(A) unless 조건 부사절 접속사
(B) though 접속사
(C) since 시간 부사절 접속사, 이유 부사절 접속사

(D) assuming that 조건 부사절 접속사

❷ 빈칸 자리 확인 빈칸은 이어지는 두 개의 절을 연결하는 접속사의 자리이다.

❸ 정답 선택 (A), (B), (C) 모두 문맥상 어울리지 않는다. 내용상 빈칸 뒷부분이 앞부분의 조건이어야 하므로 if의 의미인 (D)가 적합하다.

표현 정리 replacement key 대체 열쇠 evidence 증거, 근거 resident status 거주민 상태, 거주하고 있는 상태

해석 대체 열쇠는 당신이 거주민임을 증명하는 근거만 제시할 수 있다면 주문할 수 있습니다.

---

15. 주격 보어로 쓰인 형용사

STEP 1 QUIZ

1.

해설 빈칸은 be동사와 전치사 with 사이에 들어가는데, be compatible with(~와 호환되다)라는 표현을 이룰 수 있는 형용사 (A)가 정답이다.
정답 (A)

표현 정리 be compatible with ~와 호환되다
operating system 운영 체계

해석 대부분의 포토랩 제품들은 우리의 컴퓨터 운영 체계와 호환된다.

2.

해설 빈칸은 be동사와 전치사 for사이에 들어가는데, be eligible for(~에 대한 자격이 있다)라는 표현을 이룰 수 있는 형용사 (B)가 정답이다. 정답 (B)

표현 정리 be eligible for ~에 대한 자격이 있다
health insurance 의료보험 upon retiring 은퇴 직후에

해석 모든 직원들은 은퇴 직후에 의료보험에 대한 자격이 있다.

3.

해설 빈칸은 사물(merger)을 주어로 하는 보어 자리이며, 뒤에 전치사 of가 붙어 있으므로 be indicative of(~을 나타내다)라는 형태를 이루는 (A)가 정답이다. (B)가 들어가면 진행형(be indicating)을 이루는데, 그러면 타동사 indicate의 특성상 뒤에 목적어가 나와야 한다.
정답 (A)

표현 정리 merger 합병 be indicative of ~을 가리키다, ~을 나타내다
healthcare company 의료 기업 seek to do ~하는 것을 추구하다
expand their presence internationally 자신들의 입지를 국제적으로 확장시키다

해석 합병은 자신들의 입지를 국제적으로 확장하려는 의료 기업들의 트렌드를 보여준다.

4.

해설 빈칸은 be동사 뒤의 보어 자리이므로 형용사인 (B)가 정답이다.
정답 (B)

표현 정리 It is evident that ~라는 점은 명백하다 honest accounting practices 정직한 회계 관행 have an advantage over ~보다 우위를 지

니다 competitor 경쟁 업체

해석 정직한 회계 관행을 따르는 회사들이 경쟁 업체들보다 우위를 지니는 것은 자명하다.

STEP 3 연습 문제

1. ★★

❶ 보기 구성 파악 한 단어가 다양한 형태로 변형된 어형 문제이다.

(A) responsibility 명사 (책임)
(B) responsibilities 명사 (responsibility의 복수)
(C) responsible 형용사 (책임지고 있는)
(D) responsibly 부사 (책임감 있게)

❷ 빈칸 자리 확인 빈칸은 be동사의 보어 자리이다.

❸ 정답 선택 보기 중에 be동사의 보어로 쓰일 수 있는 것은 명사인 (A), (B)와 형용사인 (C)인데, be responsible for라는 형태를 이룰 수 있는 (C)가 정답이다.

표현 정리 customer service representatives 고객서비스 직원들
complaint 불평, 불만

해석 고객서비스 직원들은 고객들의 불만을 기록해둘 책임이 있다..

2. ★

❶ 보기 구성 파악 한 단어가 다양한 형태로 변형된 어형 문제이다.

(A) capably 부사 (유능하게, 훌륭하게)
(B) capable 형용사 (~할 수 있는, 유능한)
(C) capabilities 명사 (capability의 복수)
(D) capability 명사 (능력, 역량)

❷ 빈칸 자리 확인 be동사 뒤의 보어 자리이다.

❸ 정답 선택 be capable of V-ing(~할 수 있다)라는 표현을 묻는 문제이므로 (B)가 정답이다. capable은 사람 형용사로, 보어로 쓰일 때 뒤에 V-ing의 형태가 온다.

표현 정리 be capable of V-ing ~할 수 있다 cost-effective 비용 효율적인 capability 능력

해석 우리 재너두 건설은 고객들을 위해 비용 효율적인 시스템을 설계할 수 있습니다.

3. ★★

❶ 보기 구성 파악 한 단어가 다양한 형태로 변형된 어형 문제이다.

(A) vitality 명사 (활력)
(B) vitalizing 현재분사, 동명사
(C) vitally 부사 (극도로, 지극히, 필수적으로)
(D) vital 형용사 (필수적인, 극히 중대한)

❷ 빈칸 자리 확인 빈칸은 바로 앞 be동사의 보어가 되는 형용사의 자리이다.

❸ 정답 선택 보기 중 형용사 보어로 쓰일 수 있는 (D)가 정답이다.

표현 정리 proper physical exercise 적절한 신체 운동 be vital to ~에 매우 중요하다 maintain 유지하다 vigorous lifestyle 활발한 라이프 스타일 prevent 예방하다 adult diseases 성인병 obesity 비만

해설 적절한 신체 운동이 활기찬 라이프스타일을 유지하고, 비만과 같은 성인병을 예방하는 데 매우 중요하다.

4. ★

① **보기 구성 파악** 한 단어가 다양한 형태로 변형된 어형 문제이다.
(A) exciter 명사 (자극하는 사람)
(B) excitement 명사 (흥분, 흥미, 자극)
(C) excited 과거, 과거분사
(D) exciting 현재분사, 동명사

② **빈칸 자리 확인** 빈칸은 동사 become의 보어이자 very 뒤에 위치한 형용사 원급의 자리이다.

③ **정답 선택** 빈칸에는 형용사 원급의 형태가 들어가야 하므로 (C)와 (D)를 우선 고려할 수 있다. 그리고 주어인 People이 흥분을 '받는' 내용이므로 과거분사형 형용사 (C)가 정답이다.

표현 정리 become very excited about ~에 대해 매우 흥분을 느끼다
exciting 흥분감을 주는

해설 사람들은 올 여름 영종도에서의 재즈 페스티벌에 대해 점점 매우 흥분을 느끼고 있다.

---

16. 현재완료

STEP 1 QUIZ

1.

해설 문두에 나온 「in / for /over / during the last / past + 기간 (지난 ~동안 / ~에 걸쳐)」는 '과거에서 지금까지 ~해오다'라는 의미를 지닌 현재완료 (have p.p.)시제와 결합한다.　　　　　　　　　　　**정답** (A)

표현 정리 primarily 주로, 대체로　literature and cultural studies 문학과 문화 연구

해설 지난 5년 동안, 산체스 씨는 멕시코 문학과 문화 연구에 대해 주로 연구해왔다.

2.

해설 시간 부사절에서 since가 '~이래로'라는 의미로 사용될 때, 주절의 시제는 현재완료가 된다.　　　　　　　　　　　　　　　**정답** (B)

표현 정리 outstanding 뛰어난, 미지불의

해설 마우리시오 벵거는 1997년 이래로 잉글랜드 프리미어리그 축구팀의 감독으로 뛰어난 일을 해왔다.

3.

해설 문두에 나온 「in / for /over / during the last / past + 기간 (지난 ~동안 / ~에 걸쳐)」는 '과거에서 지금까지 ~해오다'라는 의미를 지닌 현재완료 (have p.p.) 시제와 결합하며, 주어 the city가 행위를 받는 수동적인 위치에 있으므로 현재완료 수동태가 적합하다.　　　　　　　**정답** (A)

표현 정리 be voted (투표로) 뽑히다

해설 지난 5년 동안 그 도시는 아시아 최고의 관광지로 뽑혀왔다.

4.

해설 시간 부사절에서 since는 '~이래로'라는 의미로 사용될 때, 주절의 시제는 현재완료가 된다.　　　　　　　　　　　　　　**정답** (B)

표현 정리 serve 일하다　various positions 다양한 직책들

해설 과르디올라 씨는 1995년 회사에 들어온 이후로 매장 매니저를 포함한 다양한 직책에서 일해왔다.

STEP 3 연습 문제

1. ★★

① **보기 구성 파악** 동사 rise가 다양한 형태로 변형된 어형 문제이다.
(A) rose 과거
(B) rising 현재분사, 동명사
(C) has risen 현재완료
(D) rises 동사 (일어나다, 상승하다 / 3인칭 단수 동사)

② **빈칸 자리 확인** 빈칸은 완전한 동사의 자리이다.

③ **정답 선택** 문두에 나온 「in / for /over / during the last / past + 기간 (지난 ~동안 / ~에 걸쳐)는 '과거에서 지금까지 ~해오다'라는 의미를 지닌 현재완료(have p.p.) 시제와 결합한다. 따라서 (C)가 정답이다.

표현 정리 stock price 주가　by over 50 percent 50퍼센트 이상만큼

해설 지난 3년 동안, 회사의 주가는 50퍼센트 이상만큼 상승해왔다.

2. ★★

① **보기 구성 파악** 동사 grow가 다양한 형태로 변형된 어형 문제이다.
(A) growing 현재분사, 동명사　　(B) have grown 현재완료
(C) are growing 현재진행형　　(D) to grow to부정사

② **빈칸 자리 확인** 빈칸은 주어 뒤에 있는 완전한 동사의 자리로 (B)와 (C)를 우선 고려할 수 있다.

③ **정답 선택** 시간부사절의 since는 '~이래로'라는 의미로 사용될 때, 주절의 시제는 현재완료가 되므로 (B)가 정답이다.

표현 정리 sales 매출　at an astonishing rate 놀라운 속도로
introduction 도입, 소개, 출시　grow 자라다, 성장하다

해설 하이브리드 자동차의 판매는 20년 전에 출시된 이래 놀라운 속도로 성장해왔다.

3. ★★

① **보기 구성 파악** 동사 complete가 다양한 형태로 변형된 어형 문제이다.
(A) will complete 미래 시제
(B) are completed 현재 수동태
(C) completed 과거, 과거완료
(D) have completed 현재완료

② **빈칸 자리 확인** 빈칸은 주어 뒤에 있는 완전한 동사의 자리이다.

③ **정답 선택** 시간 부사절 접속사 after는 뒤에 미래 시제가 나올 수 없으므로

우선 (A)를 제외한다. 또한 빈칸 바로 뒤에 목적어가 나오므로 수동태형인 (B)도 제외한다. 그리고 (C)는 과거 시제이므로 주절의 시제와 맞지 않아 부적합하다. 따라서 부사절 접속사 속에 들어가면 미래의 내용을 나타내어, 주절의 미래 시제와 어울리는 (D)가 정답이다.

표현 정리 checkout process 체크아웃 절차 **be escorted to** ~로 안내되다 **headquarters** 본부, 본사 **complete** 마무리하다; 완전한

해석 체크아웃 절차를 마무리한 후에 당신은 우리 본부로 안내될 것입니다.

---

4. ★★

❶ 보기 구성 파악 동사 have가 다양한 형태로 변형된 어형 문제이다.

(A) to have had 완료 부정사 　　(B) had 과거 시제
(C) has had 현재완료 　　　　　(D) having 현재진행, 동명사

❷ 빈칸 자리 확인 빈칸은 주어 뒤에 있는 완전한 동사의 자리이다.

❸ 정답 선택 빈칸은 동사의 자리이므로 (A)와 (D)는 우선 제외한다. 그리고 (B)는 문미에 기간이 명시되어 있으므로 부적합하다. 따라서 현재완료형으로 뒤에 목적어를 취할 수 있는 (C)가 정답이다.

표현 정리 advertisement campaign 광고 캠페인 **have a positive effect on** ~에 긍정적인 영향을 미치다 **skin protection against the sun** 태양으로부터 피부 보호

해석 설문조사에 따르면, 새로운 광고 캠페인은 지난 5년간 태양으로부터 피부를 보호하는 것에 긍정적인 영향을 미쳤다.

---

17. 인칭대명사의 소유격

STEP 1 QUIZ

1.

해설 빈칸은 바로 뒤에 이어지는 명사(colleague)를 수식하는 관사 역할의 소유격 (A)의 자리이다. 　　　　　　　　**정답 (A)**

표현 정리 consult 정보를 얻다 **colleague** 동료

해석 브라운 씨는 로빈의 상황에 대해 자신의 동료로부터 정보를 얻는 것이 도움이 된다는 것을 발견했다.

2.

해설 빈칸은 바로 뒤에 이어지는 명사(employees)를 수식하는 관사 역할의 소유격 (B)의 자리이다. 　　　　　　　　**정답 (B)**

표현 정리 institute (제도를) 도입하다, 제정하다 **dress code** 복장 규정

해석 노드스트롬 사는 직원들에 대해 새로운 복장 규정을 제정했다.

3.

해설 빈칸은 바로 뒤에 이어지는 명사(staff)를 수식하는 관사 역할의 소유격 (B)의 자리이다. 　　　　　　　　**정답 (B)**

표현 정리 pension 연금 **payment** 지급(액)

해석 일부 회사들은 직원들에게 연금을 제공한다. 그래서 그들은 매달 계속

되는 지급을 받게 된다.

4.

해설 빈칸은 바로 뒤에 이어지는 명사구(project meetings)를 수식하는 관사 역할의 소유격 (B)의 자리이다. 　　　　　　**정답 (B)**

표현 정리 survey 설문조사 **conduct** 실시하다 **on a monthly basis** 매달 단위로

해석 설문조사가 매달 실시될 것이며, 그 결과는 우리의 프로젝트 회의 때 논의될 것이다.

STEP 3 연습 문제

1. ★★

❶ 보기 구성 파악 서로 다른 인칭대명사의 격이 제시된 문법 문제이다.

❷ 빈칸 자리 확인 빈칸에 이어지는 명사(own)를 앞에서 수식하는 자리이다.

❸ 정답 선택 빈칸 뒤의 own은 명사나 형용사로 쓰일 때 앞에 반드시 소유격이 나와야 하므로 (C)가 정답이다.

표현 정리 researcher 과학자, 연구원 **set up households** 가구를 이루다 **of one's own** 자신만의

해석 많은 연구원들이 자신들만의 가구를 이루려고 이 지역으로 올 것이다.

2. ★★

❶ 보기 구성 파악 서로 다른 인칭대명사의 격으로 이루어져 있는 문법 문제이다.

❷ 빈칸 자리 확인 빈칸 바로 뒤에 형용사(first)와 명사구(work capacity test)가 이어져 있다.

❸ 정답 선택 빈칸은 관사와 동급으로 문제에서처럼 형용사와 명사구를 뒤에 놓을 수 있는 소유격 (A)가 적합하다.

표현 정리 majority 대다수 **work capacity test** 업무 능력 테스트

해석 직원들의 대다수는 지난 금요일 자신들의 첫 업무 능력 테스트를 치렀다.

3. ★

❶ 보기 구성 파악 서로 다른 인칭대명사의 격이 제시된 문법 문제이다.

❷ 빈칸 자리 확인 빈칸 바로 뒤에 형용사(early)와 명사(retirement)가 이어져 있다.

❸ 정답 선택 빈칸은 관사와 동급으로 문제에서처럼 형용사와 명사구를 뒤에 놓을 수 있는 소유격 (C)가 적합하다.

표현 정리 early retirement 조기 퇴직

해석 스티븐 챈들러는 사우스이스트 에이전시에서의 조기 퇴직을 발표했다.

4. ★

❶ 보기 구성 파악 서로 다른 인칭대명사의 격으로 이루어져 있는 문법 문제이다.

18. 재귀대명사

1.

해설 빈칸이 문장 끝에 위치해 있어 없어도 문장이 틀리지 않는 재귀대명사의 강조 용법으로 사용되고 있다. 따라서 (B)가 정답이다. (A)는 타동사나 전치사 뒤의 목적어 자리에 위치해야 한다. **정답 (B)**

표현 정리 lecturer 강연자 be willing to do 기꺼이 ~하다 operate 작동시키다 audiovisual equipment 시청각 장비

해석 강연자들은 기꺼이 시청각 장비를 직접 작동하려 한다.

2.

해설 빈칸은 과거동사 brought의 간접목적어 자리로 문맥상 Marty가 들어갈 자리이다. 그런데 주어인 which가 바로 앞의 job을 가리키므로 brought의 주어와 목적어가 다른 상태이다. 따라서 빈칸에는 주어와 다른 제3자를 나타내는 목적격인 (A)가 정답이다. **정답 (A)**

표현 정리 head to Chicago 시카고로 향하다 bring him enough money 그에게 충분한 돈을 벌게 해주다

해석 마티는 마케팅 일을 하러 시카고로 향했고, 그것은 그에게 플로리다로 돌아갈 수 있는 충분한 돈을 벌게 해주었다.

3.

해설 문제에 나와 있는 동사 familiarize는 재귀대명사를 목적어로 취하는 동사이므로 (A)가 정답이다. **정답 (A)**

표현 정리 familiarize oneself with 스스로가 ~에 익숙해지다 proper procedures 올바른 절차

해석 스미스 씨는 스스로가 올바른 절차에 익숙해질 수 있도록 매뉴얼을 받았다.

4.

해설 빈칸은 해석상 주어(Tour guides)와는 다른 제3자인 '우리'가 들어가야 하므로 목적격인 (A)가 정답이다. **정답 (A)**

표현 정리 tour guide 관광 가이드 unrivalled 최고의 insight 통찰력 interest 관심, 흥미

해석 관광 가이드들은 우리가 관심 있어 하는 장소에 대한 최고의 통찰력을 우리에게 전해줄 것입니다.

1. ★

① 보기 구성 파악 서로 다른 인칭대명사의 격이 제시된 문법 문제이다.

② 빈칸 자리 확인 빈칸은 전치사 by의 목적어 자리이다.

③ 정답 선택 우선 주격인 (D)는 어울리지 않으므로 제외한다. 그리고 소유대명사인 (B)는 '소유격＋명사'가 언급이 된 부분이 있어야 하는데 그 부분이 나와 있지 않으므로 어색하며, (C)는 목적어와 다른 제3자를 나타내는데, 그 인물을 찾을 수 없어 역시 어색하다. 따라서 관계대명사절의 주어인 a girl과 목적어인 빈칸이 동일인이어야 하므로 재귀대명사 (A)가 정답이다.

표현 정리 sail around the world 전 세계를 항해하다 by oneself 스스로, 홀로

해석 〈안젤리카〉는 홀로 전 세계를 항해한 한 소녀에 대한 실화이다.

2. ★

① 보기 구성 파악 서로 다른 인칭대명사의 격이 제시된 문법 문제이다.

② 빈칸 자리 확인 이미 빈칸 앞에 주어와 동사, 목적어가 나와 있으므로 빈칸은 주어를 강조하는 재귀대명사의 자리로 볼 수 있다.

③ 정답 선택 보기 중 재귀대명사인 (C)를 정답으로 선택한다.

표현 정리 emotion 감정 as they work on it 그들이 그 업무를 진행하면서

해석 그들은 그 업무를 진행하면서 그들 스스로 감정을 통제하는 방법을 익혀야 한다.

3. ★★

① 보기 구성 파악 서로 다른 인칭대명사의 격이 제시된 문법 문제이다.

② 빈칸 자리 확인 빈칸은 타동사 commit의 목적어 자리이다.

③ 정답 선택 일단 문장 구조상 (C)와 (D)는 목적어 자리에 어울리지 않으므로 제외한다. (A)가 정답이 되려면 주어인 Mr.Vertonghen과는 다른 사람이 언급되어 있어야 하지만 다른 사람이 언급되지 않았으므로 이 문장은 주어와 목적어가 동일한 구조라고 볼 수 있다. 또한 관용적으로 타동사 commit은 사람이 목적어로 올 때 재귀대명사의 형태가 와야 하므로 (B)가 정답이다.

표현 정리 commit oneself to ~에 헌신하다, ~에 전념하다 food security 식량 안전성

해석 베르통헨 씨는 가난한 사람들을 위해 식량 안전성을 개선하는 NGO와 함께 일하는 것에 헌신했다.

4. ★★

① 보기 구성 파악 서로 다른 인칭대명사의 격이 제시된 문법 문제이다.

② 빈칸 자리 확인 빈칸은 전치사 to의 목적어 자리이다.

③ 정답 선택 문맥상 빈칸은 문장 전체의 주어 Linda이지만, 빈칸 앞 전치사 to의 실질적인 주어는 앞에 있는 the man이므로 주어와는 다른 제3자를 나타내는 목적격 (C)가 정답이다. (A)는 일반적으로 '사물'을 나타내고, (D)는 주격이라 빈칸에 적합하지 않다.

표현 정리 try hard not to do ~하지 않으려고 노력하다 sit next to ~의 옆에 앉다

해석 린다는 자기 옆에 앉은 남자를 신경 쓰지 않으려고 무척 애썼다.

19. 복합명사

STEP 1 **QUIZ**

1.

해설 흔히 사용되는 표현인 baggage allowance(수하물 허용량)라는 복합명사를 묻는 문제이다. **정답** (B)

표현 정리 **baggage allowance** 수하물 허용량 **suitcase** 여행용 가방 **carry-on bag** 휴대용 가방 **flight** 비행(편)

해설 우리의 비행에 대한 수하물 허용량은 1인당 하나의 여행용 가방과 하나의 휴대용 가방입니다.

2.

해설 빈칸은 흔히 사용되는 과정 평가(course evaluation)라는 표현을 이룰 수 있는 (A)가 정답이다. **정답** (A)

표현 정리 **course evaluation** 과정 평가 **be based on** ~을 바탕으로 하다 **in-class test** 수업 시간 테스트

해설 당신의 과정 평가는 두 번의 수업 시간 테스트를 포함한 여러 차례의 테스트를 바탕으로 합니다.

3.

해설 빈칸은 안전 검사(safety inspection)라는 복합명사를 이룰 수 있는 (B)가 정답이다. **정답** (B)

표현 정리 **used vehicles** 중고차들 **be required to do** ~하는 것이 의무이다 **undergo** 경험하다, 거치다 **safety inspection** 안전 검사 **prior to** ~전에(= before) **sale or transfer** 판매 또는 양도

해설 대부분의 중고차들은 판매나 양도 전에 안전 검사를 거쳐야 한다.

4.

해설 빈칸은 엔진 성능(engine performance)이라는 복합명사를 이룰 수 있는 (B)가 정답이다. **정답** (B)

표현 정리 **operator** 작동자 **comply with** ~을 따르다 **instructions** 지시사항 **in order to do** ~하기 위해 **assure** 약속하다, 보장하다 **engine performance** 엔진 성능

해설 작동자는 안전하고 믿을 만한 엔진 성능을 보장하기 위해 매뉴얼의 모든 지시사항들을 따라야만 한다.

STEP 3 **연습 문제**

1. ★★

①보기 구성 파악 한 단어가 다양한 형태로 변형된 어형 문제이다.

(A) participate 동사 (참여하다, 참가하다)

(B) participation 명사 (참여, 참가)

(C) participating 현재분사, 동명사

(D) participtated 과거, 과거분사

②빈칸 자리 확인 빈칸은 명사(employee) 뒤에 들어가서 주어 부분을 이룰 수 있는 형태이다.

③정답 선택 빈칸 앞의 employee는 가산단수의 형태로 단독으로 주어가 되려면 앞에 반드시 관사가 필요하다. 그래서 employee를 포함한 표현이 무관사 주어로 쓰이려면 그 뒤에 무관사도 가능한 복수나 불가산명사의 형태가 들어가야 하므로 (B)가 정답이다. employee participation(직원 참여)을 하나의 표현으로 알아 두어도 좋다.

표현 정리 **employee participation** 직원 참여 **process** 절차, 과정 **be involved in** ~에 관여하다 **decision making processes** 의사결정 과정

해설 직원 참여는 그 속에서 직원들이 의사결정 과정에 참여하는 절차이다.

2. ★★

①보기 구성 파악 한 단어가 다양한 형태로 변형된 어형 문제이다.

(A) distribution 명사 (유통, 배분)

(B) distributed 과거, 과거분사

(C) distributes 동사 (유통하다, 배분하다 / 3인칭 단수 동사)

(D) distribute 동사

②빈칸 자리 확인 빈칸은 이어지는 명사(plan)와 더불어 하나의 표현을 이룰 수 있는 것이어야 한다.

③정답 선택 distribution plan(유통 계획)이라는 표현을 이룰 수 있는 (A)가 정답이다.

표현 정리 **distribution plan** 유통 계획

해설 유통 계획에 대한 당신의 선택은 제품과 관련된 다양한 요인들에 의해 강력히 영향을 받을 것이다.

3. ★★

①보기 구성 파악 한 단어가 다양한 형태로 변형된 어형 문제이다.

(A) satisfying 현재분사, 동명사

(B) satisfied 과거, 과거분사

(C) satisfactory 형용사 (만족스러운)

(D) satisfaction 명사 (만족)

②빈칸 자리 확인 빈칸은 바로 앞의 명사 customer와 더불어 하나의 표현을 형성해야 한다.

③정답 선택 빈칸 앞의 customer는 가산단수로 앞에 반드시 관사가 있어야 하는데, 무관사인 것으로 보아 빈칸에는 무관사가 가능한 불가산 명사로 customer와 복합명사를 이루는 (D)가 알맞다.

표현 정리 **refreshing** 참신한, 신선한 **salesman** 영업사원 **customer satisfaction** 고객 만족 **profits** 이익

해설 자기 자신의 이익보다 고객 만족을 우선시하는 영업사원을 만나는 것은 참으로 신선한 기분을 안겨준다.

4. ★★

①보기 구성 파악 한 단어가 다양한 형태로 변형된 어형 문제이다.

(A) expire 동사 (만료되다, 만기가 되다)

(B) expires 동사 (3인칭 단수 동사)

(C) expiration 명사 (만료, 만기)

(D) expiratory 형용사 (숨을 내쉬는)

② 빈칸 자리 확인 빈칸은 이어지는 명사(date)와 하나의 표현을 이룰 수 있어야 한다.

③ 정답 선택 흔히 사용되는 expiration date(유효 기간)라는 표현을 이룰 수 있는 명사 (C)가 정답이다.

표현 정리 expiration date (식품의) 유효 기간 technically 엄밀히 말해서

해석 어떤 식품이 유효 기간이 지났다 해도 엄밀히 말하자면 먹기에 안전할 수도 있다.

20. 목적 부사절 접속사 & 목적을 나타내는 부사구

STEP 1 QUIZ

1.

해설 빈칸은 앞뒤 두 개의 절을 연결하는 접속사의 자리이므로 (A)가 정답이다. (B) so as to는 그 뒤에 절이 나올 수 없으며, 동사원형 이하의 구로 연결이 되어야 한다. **정답 (A)**

표현 정리 accurate 정확한 properly 올바르게

해석 게스트 목록은 우리가 점심을 올바르게 준비하기 위해 정확해야 한다.

2.

해설 빈칸은 앞뒤 두 개의 절을 연결하는 접속사 자리이며, 문맥상 '~하기 위해'라는 목적의 의미를 나타내는 (B)가 적합하다. **정답 (B)**

표현 정리 facility 시설

해석 저희가 서비스를 개선할 수 있도록 저희 시설에서의 경험담을 적어 주시기 바랍니다.

3.

해설 바로 뒤에 동사원형(look)이 나오므로, 그 뒤에 동사원형을 취할 수 있는 (B) in order to가 적합하다. (A) 뒤에는 명사나 명사형, 또는 절이 이어져야 한다. **정답 (B)**

표현 정리 transaction 거래 look into 조사하다

해석 이 문제를 조사하기 위해 귀하의 구매용 거래 아이디가 필요합니다.

4.

해설 빈칸은 바로 뒤에 to부정사와 함께 '~하기 위해(so as to do)'라는 표현을 이룰 수 있는 (A)가 정답이다. (B) 뒤에는 명사나 명사형이 나와야 한다. **정답 (A)**

표현 정리 staff members 직원들 get the support 지원을 받다

해석 우리는 직원들이 업무를 잘 수행하기 위해 필요한 지원을 얻을 수 있도록 하는 시스템을 만들었다.

STEP 3 연습 문제

1. ★★

① 보기 구성 파악 서로 다른 접속사와 부사 등이 제시되어 있다.

(A) either 대명사, 부사, 상관접속사 (or와 연결)

(B) while 부사절 접속사

(C) although 양보 부사절 접속사

(D) so that 목적 부사절 접속사

② 빈칸 자리 확인 앞뒤에 모두 절이 있으므로 빈칸은 접속사가 들어가야 하는 자리이다.

③ 정답 선택 상관접속사로 연결되는 문장이 아니므로 (A)는 우선 정답에서 제외한다. 나머지 (B), (C), (D) 모두 접속사이지만, 문맥상 빈칸 이하 부분을 목적의 의미로 해석하는 것이 가장 적합하므로 (D)가 정답이다.

표현 정리 necessary details 필요한 세부사항 request 요청 address 다루다

해석 당신의 요청이 정확하게 다뤄질 수 있도록 필요한 세부사항들을 제공해 주세요.

2. ★

① 보기 구성 파악 부사구와 다양한 품사가 제시된 문법 문제이다.

(A) where 관계부사, 의문사

(B) when 접속사, 관계부사, 의문사

(C) therefore 접속부사

(D) in order to 목적을 나타내는 부사구

② 빈칸 자리 확인 빈칸은 명사와 동사원형 사이에 위치해 있다.

③ 정답 선택 보기 중 바로 뒤에 동사원형과 결합할 수 있는 것은 (D)밖에 없다.

표현 정리 Non-EU citizens 비유럽연합 국민들

해석 비유럽연합 국민들은 우리나라에 들어오고 방문하기 위해서는 비자가 필요하다.

3. ★★

① 보기 구성 파악 서로 다른 접속사와 전치사가 제시된 문법 문제이다.

(A) ever since 시간 부사절 접속사

(B) because of 전치사

(C) despite 전치사

(D) in order that 목적 부사절 접속사

② 빈칸 자리 확인 앞뒤에 두 개의 절이 이어지므로, 빈칸은 접속사가 들어갈 자리이다.

③ 정답 선택 빈칸이 접속사의 자리이므로 전치사인 (B)와 (C)를 우선 정답에서 제외한다. 그런데 문맥상 빈칸 이하의 내용이 '목적'이 되어야 하므로 (D)가 정답이다.

표현 정리 remind A of B A에게 B에 대해 알리다 secretary 비서 absence 부재

해석 다른 날짜를 잡을 수 있도록 제 비서에게 당신의 부재에 대해 알려주세요.

4. ★

①보기 구성 파악 부사구와 다양한 품사가 제시된 문법 문제이다.

(A) for 전치사
(B) when 접속사, 관계부사, 의문사
(C) so as to 목적을 나타내는 부사구
(D) ever 부사

②빈칸 자리 확인 빈칸은 명사와 동사원형 사이에 위치해 있다.

③정답 선택 보기 중 바로 뒤에 동사원형(reserve)과 결합될 수 있는 것은 (C)밖에 없다.

표현 정리 **limited space** 한정된 공간 **quick response** 빠른 답변 **reserve seats** 좌석을 예약하다

해석 한정된 공간으로 인해, 우리는 좌석을 예약하기 위해 여러분들의 빠른 답변이 필요합니다.

---

21. 분사구문

STEP 1 **QUIZ**

1.

해설 before 이하의 형태를 문장으로 보면 before they store information ~ 정도가 되고, 이때 주절의 주어와 같은 they를 제거한 후 이어지는 동사를 -ing 형태로 고치면 (B)가 정답이다. **정답 (B)**

표현 정리 **personnel** 직원들 **company rules** 회사의 규정

해설 모든 직원들은 컴퓨터 시스템에 정보를 저장하기 전에 회사의 규정을 알아야 한다.

2.

해설 when you call for에서 주어인 you가 빠지고 이어지는 동사 call이 -ing로 바뀐 분사구문이다. **정답 (A)**

표현 정리 **call for** 요청하다 **technical support** 기술 지원

해설 기술 지원을 요청할 때, 꼭 온라인 환경에 있을 필요는 없습니다.

3.

해설 As 이하를 원래 형태로 바꿔보면, As it(the computer) was advertised 정도가 된다고 볼 수 있는데, 부사절 접속사(As) 뒤에 '주어+be 동사(it was)'가 생략될 수 있으므로 (A)가 적합하다. **정답 (A)**

표현 정리 **look like** ~처럼 보이다 **hardly** 거의 ~않다

해설 광고된 대로 그 컴퓨터는 거의 사용되지 않은 것처럼 보였다.

4.

해설 When이 이끄는 부분을 원래 형태로 바꿔보면, When he approved his daughter's request ~ 정도가 되는데, 이때 주어를 생략하고 이어지는 동사를 -ing 형태로 바꾸면 (B)가 적합하다. **정답 (B)**

표현 정리 **approve** 승인하다 **request** 요청

해석 자신의 딸의 요청을 승인할 때, 리드 씨는 자신이 딸과 함께 댄스 수업에 등록하는 것인지 알지 못했다.

STEP 3 **연습 문제**

1. ★★★

①보기 구성 파악 동사 improve가 다양한 형태로 변형된 어형 문제이다.

(A) improved 과거, 과거분사
(B) improves 동사 (개선시키다 / 3인칭 단수 동사)
(C) improve 동사
(D) improving 현재분사, 동명사

②빈칸 자리 확인 앞에 부사절 접속사 while이, 뒤에 목적어인 명사구(your performance)가 위치하고 있다.

③정답 선택 while they(these experts) improve your performance가 원래 형태이므로, 주어를 제거하고 이어지는 동사가 -ing로 바뀌는 분사구문을 이루는 (D)가 정답이다.

표현 정리 **expert** 전문가 **prevent** 막다, 방지하다 **injury** 상처, 부상

해석 이 전문가들은 당신이 현장에서의 성과를 향상시키는 것을 도우면서 부상을 예방하는 방법을 배우도록 도울 수 있습니다.

2. ★★★

①보기 구성 파악 동사 utilize가 다양한 형태로 변형된 어형 문제이다.

(A) utilizing 현재분사, 동명사   (B) utilize 동사 (이용하다)
(C) utilized 과거, 과거분사   (D) utilizes 동사 (3인칭 단수 동사)

②빈칸 자리 확인 앞에는 접속사 when이, 뒤에는 목적어 없이 전치사구가 이어져 있다.

③정답 선택 보기의 동사인 utilize는 타동사인데 뒤에 목적어가 보이지 않으므로, When it is utilized during ~의 원래 형태에서 부사절 접속사(when) 뒤에 '주어+be동사'를 생략한 형태인 (C)가 정답이다.

표현 정리 **productivity** 생산성

해석 탐코의 신기술은 설계 과정에서 활용될 때 회사의 생산성을 향상시킬 것입니다.

---

22. 양보 부사절 접속사

STEP 1 **QUIZ**

1.

해설 빈칸은 이어지는 두 개의 절을 연결하는 접속사의 자리이며, 두 절의 내용이 대조적인 것이라 (A)를 답으로 해야 한다. **정답 (A)**

표현 정리 **helpful** 도움이 되는 **requirement** 필수조건

해석 서빙 경험이 우리 일에 도움이 될 것이긴 하지만, 필수조건은 아닙니다.

2.

해설 빈칸은 이어지는 두 개의 절을 연결하는 접속사의 자리이며, 두 절의 내

용이 대조적인 것이라 (B)를 답으로 해야 한다. **정답 (B)**

표현 정리 specialized training 전문적인 트레이닝

해석 우리 직원들이 대단한 기술을 보유하고는 있지만, 좀더 많은 전문적인 트레이닝을 받아야 한다.

3.

해설 빈칸은 이어지는 두 개의 절을 연결하는 접속사의 자리이며, 두 절의 내용이 대조적인 것이라 (A)를 답으로 해야 한다. **정답 (A)**

표현 정리 highly regard 높이 평가하다

해석 비록 권 씨는 단지 3개월 동안 일해오고 있지만, 많은 고객들로부터 높이 평가받고 있다.

4.

해설 빈칸은 이어지는 두 개의 절을 연결하는 접속사의 자리이며, 두 절의 내용이 대조적인 것이라 (B)를 답으로 해야 한다. **정답 (B)**

표현 정리 overstaffed 직원이 필요 이상으로 많은 order 주문

해석 지금 우리 레스토랑에는 직원이 너무 많지만, 곧 주문이 다시 늘어날 것이라 기대한다.

STEP 3 연습 문제

1. ★★

① 보기 구성 파악 접속사, 전치사, 부사 등으로 이루어진 문법 문제이다.

(A) Despite 전치사
(B) Nevertheless 접속부사
(C) When 시간 부사절 접속사, 관계부사, 의문사
(D) While 시간 부사절 접속사, 양보 부사절 접속사

② 빈칸 자리 확인 빈칸은 이어지는 두 개의 절을 연결하는 접속사의 자리이다.

③ 정답 선택 빈칸이 접속사의 자리이므로 전치사인 (A)와 부사인 (B)는 정답에서 우선 제외한다. 또한 빈칸이 이끄는 부사절과 그 뒤의 주절의 관계가 서로 대조의 의미를 나타내므로 양보 또는 대조의 의미를 지닌 접속사인 (D)가 적합하다.

표현 정리 helpful 도움이 되는 seek advice 조언을 구하다 final decision 최종 결정

해석 타인으로부터 조언을 구하는 것이 도움이 되는 일이기는 하지만, 최종 결정은 당신의 것이라는 점이 중요하다.

2. ★★★

① 보기 구성 파악 접속사, 전치사, 부사로 이루어진 문법 문제이다.

(A) Even if 양보 부사절 접속사   (B) Moreover 접속부사
(C) Despite 전치사   (D) Nevertheless 접속부사

② 빈칸 자리 확인 빈칸은 이어지는 두 개의 절을 연결하는 접속사의 자리이다.

③ 정답 선택 빈칸은 문장에 제시된 두 개의 절을 연결하는 접속사의 자리이므로 (A)가 들어갈 자리이다. 나머지 보기들은 접속사가 아니기 때문에 부적합하다.

표현 정리 cost more than ~보다 비용이 더 들다 twice as much as 거의 두 배만큼 typical sedan 일반적인 세단 be much cheaper than ~보다 훨씬 더 저렴하다 ordinary 일반적인 moreover 게다가 despite ~에도 불구하고 nevertheless 그럼에도

해석 일반적인 세단보다 두 배 이상은 비싸지만, 코브라는 보통의 이탈리아 스포츠카보다 훨씬 더 저렴하다.

3. ★★

① 보기 구성 파악 접속사, 전치사, 부사로 이루어진 문법 문제이다.

(A) Despite 전치사   (B) Even so 접속부사
(C) Unless 조건 부사절 접속사   (D) Even though 양보 부사절 접속사

② 빈칸 자리 확인 빈칸은 이어지는 두 개의 절을 연결하는 접속사의 자리이다.

③ 정답 선택 빈칸이 접속사의 자리이므로 전치사인 (A)와 부사인 (B)는 정답에서 우선 제외한다. 그리고 빈칸이 이끄는 부분과 이어지는 주절이 대조적인 관계이므로 (D)가 적합하다. (C)는 if ~ not의 의미로 적합하지 않다.

표현 정리 defect 결함, 하자 make complaints 불평하다

해석 비록 회사의 보고서는 새로운 전화기에 결함이 없음을 보여주지만, 고객들은 많은 불평을 하고 있다.

4. ★★

① 보기 구성 파악 접속사, 전치사, 부사로 이루어진 문법 문제이다.

(A) Therefore 접속부사   (B) Furthermore 접속부사
(C) Despite 전치사   (D) Although 양보 부사절 접속사

② 빈칸 자리 확인 빈칸은 이어지는 두 개의 절을 연결하는 접속사의 자리이다.

③ 정답 선택 빈칸은 제시된 두 개의 절을 연결하는 접속사의 자리이므로 (D)가 들어갈 자리이다. 나머지 보기들은 접속사가 아니기 때문에 부적합하다.

표현 정리 author 저자 therefore 그리하여, 따라서 furthermore 더욱이, 덧붙여 despite ~임에도 불구하고

해석 앤드류 리는 17권이 넘는 소설을 쓴 저자이지만, 지금까지 큰 성공을 맛보진 못했다.

23. 계속적 용법의 관계대명사

STEP 1 QUIZ

1.

해설 빈칸은 앞 부분 전체를 선행사로 할 수 있는 주격 관계대명사 (A)의 자리이다. **정답 (A)**

표현 정리 asset 자산

해석 앤드류스 씨는 그래픽 디자인 프로그램들을 사용하는데, 그것은 자신의 새로운 직책에 자산이 될 수 있다.

2.

해설 빈칸 바로 앞에 콤마(,)가 있는데, 관계사 that은 그 앞에 콤마(,)나 전치사가 나올 수 없으므로 (A)가 정답이다. **정답 (A)**

표현 정리 **purchase** 구입하다 **community** 공동체, 지역 사회

해석 1990년에 문을 닫았던 라우펜 학교는 그 지역 사회에 의해 구입되었다.

3.

해설 빈칸은 사람을 선행사로 하는 주격 관계대명사 (B)의 자리이다. (A)를 쓸 경우, 바로 뒤에 앞부분과 중복된 주어(The training)가 생략된 경우로 봐야 하는데, 빈칸 뒤의 동사는 복수형이므로 주어와 수 일치가 되지 않는다. 따라서 (B)가 정답이다. 　　　　　　　　　　　　　　　　정답 (B)

표현 정리 **intend** 의도하다, 계획하다

해석 이 교육은 TAS38 표준을 더 잘 알고 싶어하는 직원들을 위해 계획되었다.

4.

해설 빈칸은 명사(restaurants)로 시작하는 완전한 문장이 뒤에 이어지는 소유격 관계대명사 (B)의 자리이다. 　　　　　　　　　정답 (B)

표현 정리 **walk into** ~로 걸어 들어가다 **be famous for** ~으로 유명하다 **cuisine** 요리

해석 조던 씨는 마타 호텔 안으로 걸어 들어갔는데, 그 호텔의 레스토랑들은 멕시코와 중국 요리로 유명하다.

STEP 3 연습 문제

1. ★★

❶ 보기 구성 파악 서로 다른 관계대명사들이 제시된 문법 문제이다.

❷ 빈칸 자리 확인 동사 앞의 주어 자리이므로 목적격인 (B)는 제외한다.

❸ 정답 선택 바로 앞에 콤마(,)가 있어 (A)는 부적합하고, 앞부분이 내용상 선행사이므로 선행사를 포함한 (D)는 제외한다. 따라서 계속적 용법이 가능한 (C)가 정답이다.

표현 정리 **analyze the soil** 토양을 분석하다 **water soluble nutrients** 수용성 영양분 **standard practice** 표준적인 관행 **laboratory** 실험실

해석 우리는 수용성 영양분에 대해 토양을 분석하는데, 이는 우리 실험실의 표준적인 관행이다.

2. ★

❶ 보기 구성 파악 관계대명사, 지시대명사, 복합관계대명사로 이루어져 있는 문법 문제이다.

(A) which 관계대명사　　　　　(B) who 관계대명사
(C) those 지시대명사　　　　　(D) whoever 복합관계대명사

❷ 빈칸 자리 확인 빈칸은 단수동사(has) 앞의 주어 자리로 복수형 주어가 되는 (C)는 제외한다.

❸ 정답 선택 (B)는 사람을 선행사로 받고 (D)는 사람 선행사를 그 안에 포함하고 있는데(anyone who), 빈칸은 내용상 앞부분 전체를 받는 것이므로 (A)가 적합하여 정답이다.

표현 정리 **details** 세부사항 **attract** 이끌다 **quite a lot of** 매우 많은 **foreign users** 해외 이용자들

해석 우리 웹사이트는 영어로 더 많은 세부사항들을 제공하는데, 이는 상당히 많은 해외 이용자들을 끌어들였다.

3. ★★

❶ 보기 구성 파악 서로 다른 관계사들이 제시된 문법 문제이다.

❷ 빈칸 자리 확인 빈칸은 단수동사(has)의 주어 자리이다.

❸ 정답 선택 (A)는 사람을 선행사로 받으며, (B)는 선행사를 포함하고 있어 적합하지 않다. 또한 (C)는 관계부사이므로 뒤에 완전한 문장이 와야 하지만 이 문장에선 주어가 없는 불완전한 문장이다. (D)는 사물을 선행사로 받는 관계대명사인데, The new e-train line이라는 사물이 선행사로 나와 있으므로 (D)가 정답이다.

표현 정리 **rapid** 빠른 **transit service** 운송 서비스

해석 2014년 이래로 운행되고 있는 새로운 e-train 노선은 빠른 이송 서비스를 제공한다.

4. ★★

❶ 보기 구성 파악 서로 다른 관계사들이 제시된 문법 문제이다.

❷ 빈칸 자리 확인 빈칸은 복수동사(are) 앞에 위치한 주어의 자리이다.

❸ 정답 선택 빈칸 뒤에 완전한 문장이 뒤에 와야 하는 (A)는 제외한다. 그리고 사물을 선행사로 받는 (B)도 제외한다. 그리고 선행사를 포함하는 (C)도 적합하지 않다. 따라서 사람을 선행사로 하는 주격 관계대명사 (D)가 정답이다.

표현 정리 **unique** 독특한 **insecurely** 불안정하게, 불안하여 **be attached to** ~에 붙어 있다, ~에 애착을 느끼다 **caregiver** 돌보미

해석 교사들은 그 아이들과 독특한 문제들에 직면해 있는데, 그들은 불안한 듯이 돌보미들에게 애착을 갖는다.

24. 전치사의 목적어로 쓰인 동명사

STEP 1 QUIZ

1.

해설 빈칸은 전치사 by 뒤에 명사형이 들어가는 형태이므로 동명사인 (B)가 정답이다. 　　　　　　　　　　　　　　　정답 (B)

표현 정리 **make decisions** 결정을 내리다 **reverse** 뒤집다, 번복하다 **operator** 교환원

해석 오늘 내려진 모든 결정은 교환원에게 말함으로써 번복할 수 있습니다.

2.

해설 빈칸은 전치사 into 뒤에 명사형이 들어가는 형태이므로 동명사인 (B)가 정답이다. 　　　　　　　　　　　　　　　정답 (B)

표현 정리 **stimulate** 자극하다

해석 카페인은 두뇌를 자극하여 잠이 전혀 필요 없다고 생각하게 만든다.

3.

해설 빈칸은 전치사 without 뒤에 놓이며, 동시에 명사구(all the credits)을 목적어로 취하는 동명사가 들어가야 하므로 (A)가 정답이다. (B)가 답이 되려면 without the completion of 정도의 형태가 되면 가능하다. **정답 (A)**

표현 정리 graduate 졸업하다 credit 학점

해석 학생은 프로그램의 모든 학점을 이수하지 않고서는 졸업할 수 없습니다.

4.

해설 빈칸은 전치사 from 뒤에 명사형이 들어가는 형태이므로 동명사인 (A)가 정답이다. **정답 (A)**

표현 정리 aside from ~이외에도, ~을 제외하면 compact 작은 fairly 매우, 공정하게 affordable 저렴한

해석 더 작아진 것 이외에도, 그 프로젝터는 매우 저렴하다.

STEP 3 연습 문제

1. ★★

❶ 보기 구성 파악 한 단어가 다양한 형태로 변형된 어형 문제이다.

(A) being called 동명사의 수동태
(B) calling 현재분사, 동명사
(C) calls 동사(부르다, 전화를 걸다 / 3인칭 단수 동사)
(D) called 과거, 과거분사

❷ 빈칸 자리 확인 빈칸은 바로 뒤에 목적어를 취하는 동사적 기능과, 전치사 by의 목적어가 되는 명사적 기능을 동시에 하는 동명사의 자리이다.

❸ 정답 선택 전치사 by 뒤에는 명사형이 와야 하므로 (C)와 (D)는 정답에서 우선 제외한다. 또한 빈칸 뒤에 목적어가 있으므로 능동형인 (B)가 정답이며, (A)는 동명사의 수동태(being p.p.)로 뒤에 목적어를 취할 수 없어 오답이다.

표현 정리 passenger 탑승객 reconfirm 재확인하다 arrival and departure times 도착과 출발 시간

해석 탑승객들은 그 지역의 동부 고속 사무실에 전화를 걸어 도착과 출발 시간을 재확인해야 한다.

2. ★★★

❶ 보기 구성 파악 동사 find가 다양한 형태로 변형된 어형 문제이다.

(A) find 동사 (발견하다)
(B) finding 현재분사, 동명사
(C) found find의 과거, 과거분사, 동사 (설립하다)
(D) founded found의 과거, 과거분사

❷ 빈칸 자리 확인 be devoted to 뒤에 빈칸이 등장하고 있으므로 이와 연관된 표현을 떠올린다.

❸ 정답 선택 be devoted to 뒤에는 명사나 동명사가 나와야 하므로 (B)가 적합하다.

🔍 **함정 분석** 이때의 to는 to부정사의 to가 아니라, 집중하는 대상을 향하는 방향 전치사란 점에 유의해야 한다. 따라서 to 이하는 동명사인 finding이란 형태를 취해야 한다.

표현 정리 The Ministry of Health and Welfare 보건복지부 be

devoted to V-ing ~에 집중하다, ~에 전념하다 public health and welfare facilities 공중 보건 및 복지 관련 시설

해석 보건복지부는 공중 보건 및 복지 관련 시설들을 향상시킬 수 있는 새로운 방법을 모색하는 데 전념하고 있다.

3. ★★

❶ 보기 구성 파악 동사 notify가 다양한 형태로 변형된 어형 문제이다.

(A) notify 동사 (통보하다, 통지하다)
(B) notified 과거, 과거분사
(C) notification 명사 (통보, 통지)
(D) notifying 현재분사, 동명사

❷ 빈칸 자리 확인 빈칸은 바로 뒤에 목적어를 취하는 동사적 기능과 앞에 있는 전치사 without의 목적어가 되는 명사적 기능을 동시에 하는 동명사 (D)의 자리이다

❸ 정답 선택 보기 중 동명사인 (D)를 정답으로 선택한다.

표현 정리 maximum security 최대의 보안 malicious 악의적인, 적의 있는

해석 최대의 보안은 당신에게 통보하지 않고서도 어떤 악성 프로그램도 차단할 것입니다.

4. ★★

❶ 보기 구성 파악 한 단어가 다양한 형태로 변형된 어형 문제이다.

(A) consolidation 명사 (통합, 강화)
(B) consolidate 동사 (통합하다, 강화하다 / 3인칭 단수 동사)
(C) consolidating 현재분사, 동명사
(D) console 동사 (위로하다)

❷ 빈칸 자리 확인 빈칸 뒤에는 Namura Investment란 고유명사가 등장하고 있으므로, 빈칸은 이 고유명사를 목적어로 취함과 동시에 전치사 뒤에 위치할 수 있는 동명사의 자리이다.

❸ 정답 선택 보기 중 동명사는 (C)가 유일하므로 (C)를 정답으로 채택한다.

표현 정리 outline 윤곽을 드러내다, 개요를 설명하다 consolidate 통합하다 subsidiary 자회사

해석 HBT 증권은 나무라 인베스트먼트를 자체의 뱅킹 자회사와 통합함으로써 자사 계획의 윤곽을 드러냈다.

---

25. 문맥상 적합한 문장 넣기

STEP 3 연습 문제

저희 KAT II 소프트웨어 포장의 오타로 인해 초래된 불편에 대해 사과드립니다. 당신은 우리에게 라벨의 정보가 소프트웨어를 작동하는 데 실제로 필요한 것보다 낮은 사양을 나타낸다고 알려주었지요. 당신의 컴퓨터에 대해 보내주신 정보에 따르면, 당신은 KAT I 버전을 사용해야 합니다. **가까운 지역의 판매점에 당신에게 그 버전의 제품을 제공해드리라고 알렸습니다.** 저희 리버프론트 지점 서비스데스크에 가시면 잘 도와드릴 것입니다.

1. ★★★

해설 빈칸의 앞문장에는 KAT I version이 소개되고 이어지는 문장에는 특정 장소의 서비스 데스크에 가라고 되어 있는데, 그 중간에는 KAT I version을 the version으로, the service desk at our Riverfront location을 your local retailer라고 표시하여 판매점에 미리 통보해 두었다는 내용이 문맥상 자연스러우므로 (B)가 정답이다. 정답 (B)

표현 정리 apologize for ~에 대해 사과하다 inconvenience 불편함 misprint 오타 packaging 포장 inform ~에게 알리다 indicate 나타내다 a lower capacity 더 낮은 성능 actually 실제로 concerning ~에 관한(= about) local retailer 현지 판매점

(A) 모든 소프트웨어 프로그램은 관련 정부 정책을 준수해야합니다.
(B) 가까운 지역의 판매점에 당신에게 그 버전 제품을 제공해드리라고 알렸습니다.
(C) 물품과 함께 제공된 우편물 라벨을 사용하여 물품을 발송하십시오.
(D) 우리는 내년 초에 그 소프트웨어의 새로운 버전을 출시할 것입니다.

레이놀즈 씨와의 7월 18일 회의 일정이 변경될 수 밖에 없다는 사실을 알려드리고자 글을 씁니다. 안타깝게도, 레이놀즈 씨는 최근의 토네이도에 의해 피해를 입은 회사의 다른 지부로 비행해야 했고, 7월 20일에나 돌아올 예정입니다. 당신이 레이놀즈 씨에게 즉시 제기하고자 하는 몇몇 질문들이 있다는 것을 알고 있습니다. 따라서 지난달의 우리 주주총회의 보고서를 보내드립니다. 그것이 당신의 몇몇 사전 질문에 대한 답변이 될 것으로 믿습니다.

---

2. ★★★

해설 빈칸의 앞에서는 글의 수신인이 레이놀즈 씨에게 물어볼 질문이 있을 것이라는 내용이고, 뒤에서는 그 질문에 답변을 해줄 만한 것이 있다는 내용이다. 따라서 보기 (D)의 our stockholders' report가 이어지는 문장의 대명사인 it(답변을 해줄 수 있는 것)에 해당한다고 봐야 하므로 정답이다. 정답 (D)

표현 정리 reschedule 일정을 다시 잡다 unfortunately 안타깝게도 branch of the company 회사의 지부 address (질문ㆍ항의를) 제기하다 immediately 즉각적으로 stockholder 주주(株主) preliminary queries 사전 질문

(A) 우리 CEO는 그가 전국 어느 곳에나 지점을 개설하도록 허락했습니다.
(B) 그는 약 15년 동안 우리 회사에서 일해 왔습니다.
(C) 그러나 우리는 최근의 피해로부터 회복하려고 노력해야 합니다.
(D) 따라서 당신에게 지난달의 우리 주주총회의 보고서를 보내드립니다.

1. 유추, 추론

STEP 2 이렇게 풀어라!

문제 1-1번은 다음의 안내문을 참조하시오.

기부가 필요합니다.

낸터킷 동물보호소 기구는 여러분들의 도움이 필요합니다. 최근의 허리케인 폭풍 동안, 우리 여섯 개의 도시 보호소 중 세 곳이 강풍과 폭우에 의해 피해를 입었습니다. 지붕은 내려 앉았고, 창문은 산산이 부서졌으며, 구조물들은 완전히 침수되었지요. 다행히도, 우리는 폭풍이 닥치기 전에 피해를 입은 보호소들에서 모든 동물들을 안전하게 대피시킬 수 있었습니다. 그러나 이 보호소들을 수리할 필요성이 절박합니다. 남아 있는 세 곳의 보호소들이 지금 초만원 상태이기 때문입니다.

여러분의 시간과 건축물품 또는 복구 비용을 낸터킷 동물보호소 기구에 기부하시려면, 저희 웹사이트(www.naso.org)나 우리 보호소(3353 윔스 레인; 233 오크 릿지 로드; 2662 피카딜리 스트리트) 중 하나를 방문하시거나, 직통 전화인 1-888-SAFE-PET로 전화주시면 됩니다.

STEP 3 연습 문제

문제 1-2번은 다음의 광고를 참조하시오. ★★★

신장 개업
대니스 다이너
하더 로드
헤이워드, 캘리포니아
전화번호: (510) 466-0278

대니스 다이너의 개업식에 오십시오. 저희는 온 정성을 기울인 캘리포니아 요리와 지역 특선 음식을 제공합니다. 매주 일요일은 정오부터 뷔페가 시작됩니다.

영업 시간
월요일 ~ 목요일: 오전 11시 30분 – 오후 8시
금요일과 토요일: 오전 11시 30분 – 오후 11시
일요일: 오전 10시 ~ 오후 5시

해설 영업 시간을 소개하는 부분을 보면 평일에는 오후 8시, 금요일과 토요일에는 오후 11시에 가게 문을 닫는데 비해 일요일의 경우 오후 5시에 영업을 종료한다. 따라서 다른 날에 비해 일요일에 유독 문을 일찍 닫는다는 점을 가늠할 수 있으므로 (C)가 정답이다. 정답 (C)

표현 정리 diner 식당 specialty 명물, 특선품 starting at ~시에 시작하는 business hours 영업 시간 kitchen staff 조리 인력 all over 곳곳에, 전역에 걸쳐

대니스 다이너에 대해 암시된 것은 무엇인가?
(A) 조리 인원이 적다
(B) 캘리포니아 주에서 유명하다.
(C) 일요일에 평소보다 일찍 문을 닫는다.
(D) 외국의 음식과 음료를 접할 수 있는 현대적인 장소이다.

2. 세부정보 파악

STEP 2 이렇게 풀어라!

문제 2-1번은 다음의 공지를 참조하시오.

> 고대 미술품에 나타난 선사 시대 동물들의 이미지
>
> 지구상에 존재했던 선사 시대 생명체들의 이미지를 표현한 고대 미술품 전시회가 개최됩니다. 전 세계 각지의 미술품이 수상 경력이 있는 금번 전시회에서 전시될 예정입니다.
>
> 스코틀랜드 국립 미술관
> 벨포드 로드 75번지, 에든버러
> 6월 3일 – 9월 13일
>
> 본 전시회는 스미스 문화 센터와 런던 고대 미술관의 후원을 받습니다.
> 전시회 시작일인 6월 3일 저녁 7시에 큐레이터 리사 윌킨슨 씨의 "선사 시대 미술"이란 제목의 개회 강연으로 시작됩니다.

STEP 3 연습 문제

문제 2-2번은 다음의 뉴스 기사를 참조하시오. ★★

> 뉴욕 크로니클
> 최신 연예
>
> 독립기념일 기념식을 개최하는 센트럴 파크
>
> 뉴욕 (6월 19일) – 로버트 와그너 시장이 오늘 뉴욕 중심지에 위치한 센트럴 파크에서 7월 4일 올해의 독립기념일을 축하하기 위해 일련의 행사를 개최할 것이라고 밝혔다. 이 국경일은 뉴욕 오케스트라의 다양한 라이브 연주와 뒤이은 지역 학교 어린이들의 연주로 축하될 것이다. 많은 음식 노점들이 공원에 세워지므로 축하객들은 하루 종일 먹거리를 구매할 수 있다. 와그너 시장은 저녁에 불꽃놀이로 마무리되는 기념식 전에 청중에게 연설을 할 것이다. 이 행사는 오후 2시에 시작하여 10시에 끝나며 입장은 무료이다.

해설 기사문 초반부 Mayor Robert Wagner today announced that Central Park in the center of New York is to hold a series of events on July 4 to mark this year's Independence Day.에서 오늘 로버트 와그너 시장이 올해의 7월 4일 독립기념일 행사가 센트럴 파크에서 열릴 것임을 발표했다고 하므로 국경일이 축하되고 있음을 알 수 있다.

정답 (D)

표현 정리 mayor 시장 a series of 일련의 mark 기념하다 hold 개최하다 national holiday 국경일 a number of 많은 followed by 뒤달아, 잇달아 recital 발표회, 연주회 stall 가판대, 좌판 erect 세우다 refreshments 다과 fireworks display 불꽃놀이 conclude with ~로 끝나다 election 선거

무엇이 축하되고 있는가?
(A) 새 대통령 선거
(B) 새해 시작
(C) 시장의 생일
(D) 국경일

3. 사실관계 파악 (True)

STEP 2 이렇게 풀어라!

문제 3-1번은 다음의 회람을 참조하시오.

> 수신: P&G 임원
> 발신: 사업 운영 위원회
> 날짜: 7월 14일
> 제목: 미래 전략
>
> P&G 주식회사는 40년이 넘도록 최고급 건설 기계를 제작해 왔습니다. 우리는 제품의 품질과 고객 서비스로 명성이 자자합니다. 안타깝게도, 현재 우리는 회사 역사상 가장 어려운 시기를 겪고 있습니다. 모두가 인지하고 있듯이, 지난 20개월 동안 생산 비용이 꾸준히 상승했습니다. 여러 전문가들은 생산 비용을 충당할 수 있도록 가격을 인상해야 한다고 조언했습니다. 이것은 우리의 고객들에게 상당히 낙담스러운 조치라고 생각합니다.
>
> 우리의 사업 아이디어와 전략들이 상당히 효과적이었다는 점을 유념해 주십시오. 우리는 포화 상태인 시장의 현 요구사항을 충족시키기 위해 연구 개발 부서의 자금 지원을 늘릴 것을 제안하는 바입니다.

STEP 3 연습 문제

문제 3-2번은 다음의 광고문을 참조하시오. ★★★

> 모나코-빌 지역 센터
>
> 모나코-빌 시내에서 차로 10분 거리의 풍경 좋은 산과 어우러진 지역에 위치해 있는 모나코-빌 지역 센터(MCC)는 레저, 운동, 휴식을 위한 지역 사회의 새로운 공간입니다. MCC는 가족 단위 및 미혼 남녀들이 마사지를 받고, 운동 및 수영을 즐기고, 심지어 일광욕실에서 낮잠을 즐길 수 있는 훌륭한 장소입니다.
>
> 다채로운 활동과 휴식을 제공하는 MCC는 가족 모임과 간단한 사업 회의, 미혼 남녀들의 편안한 만남의 장소로써 최적의 장소입니다. 추가 비용을 지불하시면, 개인 목욕용품을 제공합니다.
>
> 회원권에 대해 문의하려면, 프론트 데스크 (404) 555-3242로 전화

하시거나 members@mcc.com으로 이메일을 보내주시기 바랍니다. 저희 센터 내 관리자와 연락하시려면 (404) 555-1020으로 전화 주십시오.

해설 모나코-빌 지역 센터에 대한 언급된 내용을 묻는 질문이므로 지문에서 모나코-빌 지역 센터에 대해 소개하는 내용을 중심으로 단서를 파악해야 한다. 첫 번째 단락 마지막 문장 The MCC is a great place for families and singles to get a massage, play sports, take a swim, and even have a nap in our sunroom.을 통해 모나코-빌 지역 센터에서 마사지 서비스를 제공하고 있음을 알 수 있다. 그러므로 (B)가 정답이다 정답 (B)

표현 정리 scenic 경치가 좋은 setting 환경 massage 마사지 nap 낮잠 sunroom 일광욕실 a variety of 다양한 ideal 이상적인 get-together 모임 spot 장소 on-site 현장의 coordinator 관리자 be located in ~에 위치해 있다 catering service 출장 연회 서비스

모나코-빌 지역 센터에 대해 언급된 것은 무엇인가?
(A) 시내 중심부에 위치해 있다.
(B) 마사지 서비스를 제공한다.
(C) 출장 연회 서비스를 제공한다.
(D) 건물 내에 커피숍이 있다.

4. 주제 & 목적

STEP 2 이렇게 풀어라!

문제 4-1번은 다음의 이메일을 참조하시오.

수신: 비공개 수령인들
발신: 샤나 뉴턴 <snewton@healthone.com>
날짜: 1월 20일
제목: 1월 16일 귀하의 방문

환자 분께,

귀하의 치료를 돕기 위해 저희를 선택하고 신뢰해 주신 것에 대해 감사하고 싶습니다. 귀하가 이 이메일을 받은 것은 최근 귀하가 저희 병원을 방문했기 때문이고, 아래에 있는 링크는 귀하의 방문과 관련한 설문조사(익명으로 할 수 있음)를 위한 것입니다. 저희는 의료 서비스 개선을 위해 항상 노력하고 있으며, 이 설문조사는 그 과정에 큰 도움이 될 것입니다.

저희는 특히 "나는 가족과 친구들에게 이 병원을 추천하겠습니다. 동의하십니까, 동의하지 않습니까?"라는 질문에 5점(만점)을 받기 위해 노력합니다. 만약 이 질문에 전적으로 동의하지 않는다면, 그 이유를 알고 싶습니다! 헬스원의 의사들과 직원들을 대표하여 감사 드립니다.

{설문에 참여하시려면 여기를 클릭하세요}

샤나 뉴턴
헬스원 영업부장

STEP 3 연습 문제

문제 4-2번은 다음 공지문을 참조하시오. ★★

공지

덴버 국제 공항은 공항 전체에 무선 인터넷 연결이 가능하게 되었음을 자랑스럽게 알려드립니다. 공항의 무선 서비스 제공업체가 공항 내 모든 장소에서 24시간 인터넷에 접속할 수 있는 서비스를 제공해 주었습니다. 이러한 서비스의 사용을 고객님들께도 전달해 드리고자 합니다. 이 서비스는 완전히 무료이며, 노트북 컴퓨터만 소지하고 있으면 이용이 가능합니다.

노트북 컴퓨터를 소지하고 계시지 않은 고객님들을 위해 A, B터미널에 2개의 컴퓨터 센터를 마련했습니다. 컴퓨터 센터의 위치는 공항 지도 상에서 녹색 컴퓨터 그림으로 표시되어 있습니다.

컴퓨터 또는 개인 컴퓨터와 관련하여 도움이 필요하시면, B터미널의 14번 게이트에 있는 안내 데스크로 오시기 바랍니다. 기꺼이 도와드리겠습니다.

해설 공지문의 목적은 대개 지문 초반부에서 확인할 수 있다. 공지문 초반부 Denver International Airport is proud to announce wireless Internet access throughout the entire airport.를 통해 공항 전체에서 무선 인터넷 사용이 가능함을 전달하고자 하는 목적의 공지문임을 알 수 있으므로 (B)가 정답이다. 정답 (B)

표현 정리 be proud to do ~해서 자랑스럽다 wireless 무선의 Internet access 인터넷 접속 provide A with B A에게 B를 제공하다 pass along 전달하다 absolutely free of charge 완전 무료의 laptop computer 노트북 컴퓨터 indicate 표시하다 assistance with ~에 관한 도움

공지문의 목적은 무엇인가?
(A) 도움을 요청하는 것
(B) 서비스를 알리는 것
(C) 제품을 광고하는 것
(D) 길 안내를 요청하는 것

5. 동의어 파악

STEP 2 이렇게 풀어라!

문제 5-1번은 다음의 평론을 참조하시오.

쿠킹 프로

■■■■■■■■■■■■■■■■■■■■■■■■■■■■■

이달의 사이트

쿠킹 프로는 양질의 주방 용품을 할인받을 수 있는 최고의 장소이고, 실제로 더 잘 알려진 다른 몇몇 사이트들보다 확실히 폭넓은 제품을 제공한다. 쿠킹 프로는 심지어 몇몇 제품들을 자체적으로 제조하며, 그 제품들을 터빈이나 휴미도 같이 인지도가 높은 브랜드 못지않게

판매한다. 그들의 홈페이지에는 상품이 점차 다양해지고 있지만, 제일 인기 있는 품목은 단연 10개들이 주방용 칼이다. 그들의 생산하는 제품의 품질이 유명 브랜드만큼 높지는 않지만, 넉넉하지 않은 요리사들에게 이곳은 주방 용품을 구입하기 딱 좋은 곳이다.

쿠킹 프로는 또한 70달러 이상 구매 시 배송료가 할인된다. 쿠킹 프로의 배송은 다른 큰 온라인 주방 용품 홈페이지보다 다소 오래 걸릴 수 있지만, 기다릴 만한 가치가 있다. www.cookingpro.com에서 최근 주문 내역을 확인해보라.

STEP 3 연습 문제

문제 5-2번은 다음의 이메일을 참조하시오. ★★

> 존 무어 씨 수석 탤런트 스카우트 되다
>
> 존 무어 씨가 TSA(탤런티드 스타 에이전시)의 수석 탤런트 스카우트 직을 승낙하였고, 다음 달부터 재능 있는 신인들을 영입하기 위한 업무를 시작하게 되었다는 소식을 알려드리게 되어 기쁩니다.
>
> 무어 씨는 15년 전에 비글 엔터테인먼트 사의 우편실에서 첫 직장생활을 시작했습니다. 그의 노고, 열정 그리고 굳은 결의가 3년 만에 그를 에이전트 직으로 이끌어 주었습니다. 8년이 넘는 기간 동안 최고의 신인들을 영입해온 후, 그는 회사를 떠나 우리 TSA의 에이전트로 일하게 되었습니다. 그는 3년이 넘는 기간 동안 우리와 함께 했으며, 우리는 새로운 가능성으로 우리를 이끌어줄 그의 능력을 확신합니다. 그는 최고의 역량으로 고객들에게 TSA사를 대표할 준비가 되어 있습니다.
>
> 무어 씨는 TSA 사장님 직속으로 일하게 될 것이며, 레오 블룸 사장님은 무어 씨에 대해 이렇게 말했습니다. "보자마자 특별한 사람이라고 말할 수 있는 사람은 일생에서 드뭅니다. 존은 그런 특별한 사람이지요. 저는 그의 재능을 의심하지 않습니다. 우린 위대한 성과를 이루게 될 것입니다."
>
> 존 무어 씨께 축하드립니다.

해설 주어진 문장 내에서 represent는 '(회사를) 대표하다'라는 뜻으로 사용되었으며, 이와 동일한 의미를 지닌 표현으로는 speak for가 적절하다. 따라서 (D)가 정답이다. **정답 (D)**

🔍 **함정 분석** (D)의 speak for는 '~을 위해 말하다'라는 뜻이 아니라 '~을 대변하다'라는 의미임에 유의한다.

표현 정리 talent 재능, 재능있는 사람 talent scout 인재 발굴 담당자 be pleased to do ~하게 되어 기쁘다 hard work 근면 enthusiasm 열정 determination 결단력 jump ship (조직에서) 이탈하다, 떠나다 report directly to ~에게 직접 보고하다 congratulations 축하합니다

기사에서 두 번째 단락 다섯 번째 줄의 "represent"와 의미상 가장 유사한 단어는 무엇인가?
(A) ~에 일치하다
(B) ~에 대해 자문하다

(C) ~의 사진을 찍다
(D) ~을 대변하다

---

6. 의도 파악

STEP 2 이렇게 풀어라!

문제 6-1번은 다음의 문자 메시지 체인을 참조하시오.

> 버사 데이비스   니콜라스, 저는 허리케인으로 인해 캘리포니아 공항에 갇혀 있는데, 내일 아침까지 잠잠해질 것 같지 않네요.
> 오후 9시 57분
>
> 니콜라스 브랜트   회의에 참석하는 것에 대해 걱정하지 말아요. 내가 필요한 준비들을 해두죠. 내일까지 안전을 유지하고 당신의 항공편에 대한 세부 일정을 알려주세요.   오후 10시 01분
>
> 버사 데이비스   물론이죠. 고마워요!   오후 10시 03분

STEP 3 연습 문제

문제 6-2번은 다음의 문자 메시지 체인을 참조하시오. ★★

> 조지프 파텔   안녕하세요. 오늘 저녁식사에 추가로 한 분의 채식 손님이 와서 재료가 더 필요합니다. 아직 시장에서 나오지 않았나요?
> 오전 10시 03분
>
> 제니 응우엔   제때에 메세지를 보냈군요. 무엇을 사갈까요?
> 오전 10시 05분
>
> 조지프 파텔   약간의 가지, 양배추, 당근 그리고 콩나물을 사오시겠어요? 오, 과일 샐러드도 잊지 말고요.   오전 10시 08분

해설 오전 10시 3분에 추가된 한 명의 채식 손님 때문에 재료가 더 필요한데, 시장에서 아직 나오지 않았냐는 물음에 대해 '제때에 연락을 주었다'고 하는 상황이므로 (B)가 가장 적합하다.   **정답 (B)**

표현 정리 vegetarian guest 채식 게스트 ingredient 식재료 eggplant 가지 cabbage 양배추 carrot 당근 beansprout 콩나물

오전 10시 5분에 응우엔이 "You messaged me just in time"이라고 쓸 때 의미하는 바는 무엇인가?
(A) 그녀는 이미 추가로 오는 손님에 대해 알고 있다.
(B) 그녀는 여전히 시장에서 쇼핑하고 있다.
(C) 그녀는 그 시장을 여러 번 가본 적이 있다.
(D) 그녀는 시장을 떠났고 돌아가는 중이다.

7. 빈칸 추론

STEP 2 이렇게 풀어라!

문제 7-1번은 다음의 이메일을 참조하시오.

당신이 가장 최근에 제출하신 원고 〈The Art of Letting Go – Moving Past Life's Trials)〉를 받아 읽어보았습니다. 우리가 이 책의 프로젝트에 착수하고 싶다는 것을 당신에게 알리게 되어 기쁩니다. 당신이 변호사와 검토하도록 우리 출판 계약서를 첨부했습니다. 당신이 첨부된 계약서를 받고 사인하면, 우리는 편집과 교정 과정을 시작할 것입니다. 보통 이 과정은 당신의 원고 분량 정도라면 6개월이 걸립니다. 그 이후에 우리는 마케팅 캠페인을 준비할 것이며, 인쇄 및 판매 과정을 시작할 것입니다.

당신과 일하는 것을 기대합니다. 질문이 있으시면 언제든 저에게 연락을 주십시오.

로리 레인즈
편집장

STEP 3 연습 문제

문제 7-2번은 다음의 기사를 참조하시오. ★★★

"Go Fly A Kite" 행사 인기를 얻다

페어필드 커뮤니티 플래너스가 레인보우 공원에서 열리는 "Go Fly a Kite" 행사를 준비한 것이 올해로 두 번째 해이다. 단지 두 번째 해 만에 이 행사는 규모와 인기 면에서 기하급수적으로 성장했다. "올해 우리는 실제로 행사의 광고를 늘렸습니다. 단지 지역 식료품점에 광고를 부착하는 대신에, 우리는 공식 웹사이트를 만들었습니다. 이 천재적인 발상은 웹사이트 고객들에게 그들이 참석할 것인지 아닌지를 알리도록 요청하는 것을 가능하게 했고, 이에 따라 감사하게도, 지난해보다 70퍼센트 이상 많은 고객들을 예상하고 있습니다." 행사 기획자 마르시아 수녀는 이렇게 말했다.

행사의 일부로, 아이들은 자신들만의 연을 꾸미고 날릴 수 있는 기회가 제공된다. 다른 활동으로는 페이스페인팅, 라이브음악 및 음식 판매점을 포함하며, 경찰, 소방관을 만나 그들의 모든 장비를 구경할 수 있는 기회도 제공된다. 이런 활동들은 모든 연령층과 다양한 관심을 지닌 사람들을 위해 맞춰져 있다.

내년 행사를 위한 기획에 관심이 있다면, agrant@kite.org로 애나 그랜트에게 연락하면 된다.

해설 제시된 문장 속의 키워드는 These activities로 볼 수 있는데, activities가 언급된 단락은 두 번째 단락이다. Other activities include face painting, live music, and food vendors, and opportunities to meet police men, firemen, and explore all their equipment.라는 문장 에 other activiites가 언급되어 있고, 그 다음에 제시된 문장이 자연스럽게 연결되므로 (C)가 정답이다. **정답 (C)**

표현 정리 **organize** 준비하다, 조직하다 **exponentially** 기하급수적으로 **in size and popularity** 규모와 인기 면에서 **post fliers** 광고지를 부착하다 **grocery store** 식료품점 **official website** 공식 웹사이트 **a stroke of genius** 천재적인 발상 **indicate** 가리키다, 지적하다 **thankfully** 감사하게도 **event planner** 행사 기획자 **as part of** ~의 일환으로 **afford** 주다 (=give), 경제적 여유가 되다(can afford) **opportunity to do** ~할 기회 **decorate** 장식하다 **food vendor** 음식 판매점 **fireman** 소방관 **explore** 찾아보다, 알아보다 **equipment** 장비, 설비 **be geared for** ~에 대해 준비되다, ~에 맞춰져 있다

[1], [2], [3], [4]로 표시된 위치 중 다음 문장이 들어가기에 가장 적절한 곳은?

"이런 활동들은 모든 연령층에 걸쳐 다양한 관심을 지닌 사람들을 위해 맞춰져 있다."

(A) [1]
(B) [2]
(C) [3]
(D) [4]

8. 사실관계 파악 (Not True)

STEP 2 이렇게 풀어라!

문제 8-1번은 다음의 광고문을 참조하시오.

귀하의 사업을 Leximax 400 데이터베이스 소프트웨어로 향상시키세요.

새로 나온 Leximax 400은 기업이 고객의 정보를 획득하고 저장하는 방법에 있어서 대혁명을 일으켰다. Leximax 소프트웨어는 더 많은 웹 지원과 고객 구매 트렌드에 대한 향상된 분석을 특징으로 하고, 사용자들에게 그들의 상품들 중 어떤 것이 성공을 거두고 있는지를 명확히 보여준다.

Leximax 400 데이터베이스 소프트웨어는 최대 4만 명의 고객 정보를 저장할 수 있다. 이 고객들에게 동시에 이메일을 전송하도록 프로그램을 짤 수 있어서 그들이 다가오는 특별 할인 및 홍보 행사에 대해 알 수 있다. 또한 사용자들은 입력되어 있는 정보를 이용하여 다양한 그래프와 표를 만들 수 있다. 이 뿐만 아니라, 사용자들은 그들만의 기호와 요구에 맞춰 입력 화면을 만들 수 있다.

STEP 3 연습 문제

문제 8-2번은 다음의 이메일을 참조하시오. ★★

수신: 마이클 태너 〈tanner1976@gmail.com〉
발신: 에디 머큐리 〈subscriptions@musicmaniac.com〉
제목: 회원 정보

소중한 고객님들께,

〈뮤직 매니악〉 잡지를 구독해 주셔서 감사합니다. 고객님의 신청서는

접수되었고 성공적으로 처리되었음을 알려드리게 되어 기쁩니다. 아래 고객님의 회원권에 대한 세부사항을 확인하시기 바랍니다.

회원 등급: 어드밴스드
회원 번호: 0000392939
비밀 번호: Tanner123
월 가격: $39.99

잡지는 매달 10일 귀하의 집으로 직접 배송됩니다. 웹사이트 주소는 www.musicmaniac.com/VIP 입니다. 저희 웹사이트의 VIP 섹션은 고객님께서 가장 좋아하는 음악가의 인터뷰 기사, 다운로드 가능한 뮤직비디오 및 최신 음악 샘플 파일 듣기와 같은 많은 차별화된 특색을 접할 수 있도록 합니다. 고객님께서 〈뮤직 매니악〉 잡지의 멤버가 된 것을 즐기시길 희망합니다.

에디 머큐리
구독부

해설 VIP 웹사이트에 대해 언급되는 부분에 집중해야 한다. 세 번째 단락 후반부 This section of our website gives you access to many exclusive features, such as interviews with your favorite musical artists, downloadable music videos and the chance to listen to new music clips.라고 언급된 내용을 통해 홈페이지에서 음악가의 인터뷰, 다운로드 가능한 뮤직비디오, 최신 음악 샘플 듣기 같은 특징이 있음을 알 수 있다. 따라서 (B)가 정답이다. **정답 (B)**

표현 정리 subscription 구독(권) access 접속[접근] exclusive 독점적인, 한정적인 feature 특색 downloadable 다운로드 가능한 clip 클립(영화, 음악의 한 부분을 따로 떼어서 보여줌)

〈뮤직 매니악〉 VIP 웹사이트 상에서 볼 수 있는 것으로 언급되지 않은 것은 무엇인가?
(A) 최신 음악 샘플
(B) 구매 가능한 티셔츠와 포스터
(C) 음악가와의 인터뷰
(D) 다운받을 수 있는 뮤직 비디오

Part 7- 지문 유형

1. 이메일 (E-mail)

STEP 2 이렇게 풀어라!

문제 1-2번은 다음의 이메일을 참조하시오.

발신: 메리 보웬 〈mbowen@allcore.com〉
수신: 전 직원들
제목: 실내 주차장의 일시 폐쇄
날짜: 4월 15일

모든 직원들은 보시기 바랍니다. 5월 1일부터 10일까지, 실내 주차를 제공하는 우리 주차장이 수리 공사로 인해 폐쇄될 것입니다.

여러분들 몇몇이 보고한 바와 같이, 이 구조물은 오래되었고 안전하지 못합니다. 건설 인부들이 지지 기둥을 강화하고 천장을 통해 비나 눈이 스며들게 했던 일부 갈라진 틈을 수리할 것입니다. 아무리 짧은 기간이지만 100대의 주차 공간을 잃게 되는 것이 어느 정도 불편을 초래할 것이라는 점을 알고 있습니다. 회사에서는 문제가 되는 이 기간 동안 올코어의 직원들이 주차할 수 있도록 길 건너편에 시설을 마련했습니다.

주차장이 다시 문을 열게 되자마자, 길 건너편 부지의 사용은 중단해 주세요. 의문점이나 우려되는 점이 있으면 내선번호 505번으로 제게 전화 주세요.

감사합니다.

메리 보웬

STEP 5 연습 문제

문제 1-3번은 다음의 이메일을 참조하시오.

여러분, 안녕하세요? 이번 주말 여러분들을 위한 즐거운 시간이 많이 마련되어 있다는 것을 알려드리고 싶었습니다. 토요일, 20-30대 그룹은 오전 10시에 휴스턴 어린이 박물관에서 만납니다. 우리는 위층으로 올라가기 전에 건물 내 빅 파이어 트럭 근처에서 모일 것입니다. 그곳에 와본 적이 없는 분들을 위해, 메인 층에 어린 아이들을 위한 놀이 공간과 건물 전역에 걸쳐 영유아를 위한 활동들이 있습니다. 게다가, 토요일에는 오전 11시부터 오후 2시에 특별한 레고 전시회가 있을 것입니다. 그렇게 오래 머무르실 계획이라면, 음식을 살 수 있는 곳이 있으며 혹은 직접 점심을 싸올 수도 있습니다.

이번 달 둘째 주 일요일에 우리는 함께 모여 점심식사를 할 예정입니다. 오전 11시 30분에 88번가에 위치한 브루스터스에서 저희와 함께 하시기 바랍니다. 서로에 대해 알기 위한 좋은 시간입니다. 일요일에 올 계획이시라면, 804-5115로 전화하시거나 이 이메일에 회신함으로써 저에게 알려주십시오. 그래야 얼마나 많은 분들이 올 계획인지 짐작할 수 있습니다. 아직 확실하지 않더라도 이 또한 제게 알려주시기 바랍니다. 얼마나 많은 분들을 예상해야 하는지 브루스터스에 알릴 수 있도록 도와주시기 바랍니다.

감사합니다.
타라 브라운
tara.brown@mail.com

표현 정리 remind everyone that ~ 모든 이들에게 ~을 알리다 gather ⓐ 모이다 ⓔ 모으다 go upstairs 위층으로 올라가다 play area 놀이 공간 activities for ~를 위한 활동 toddlers and older children 영유아들 throughout 도체에, 줄곧 in addition 게다가 stay that long 그렇게 오랫동안 머무르다 get to know each other 서로를 알게 되다 reply to this e-mail 본 이메일에 답신을 보내다 if you are a maybe 아직 확실하지 않더라도 as well (문장 끝) 역시, 또한

1. ★★

❶ 문제 유형 파악 이메일의 목적을 묻고 있다.

② 단서 찾기 및 정답 선택 첫 문단에서는 토요일의 일정과 계획을, 둘째 문단에서는 일요일의 일정과 계획에 대해 이메일을 받는 사람들에게 설명하고 있으므로 (B)가 일치하여 정답이다.

이메일의 목적은 무엇인가?
(A) 어린이 박물관의 개장을 알리는 것
(B) 이메일 수신자들에게 다가오는 행사를 알리는 것
(C) 다가오는 점심식사에 대한 기부금을 요청하는 것
(D) 회원들에게 필수 회원비에 대해 알리는 것

2. ★★

① 문제 유형 파악 브라운이 이메일 수신자들에게 제안한 것을 묻는 요청, 제안 문제이다.

② 단서 찾기 및 정답 선택 토요일에 대한 내용은 첫 문단에 해당한다. 마지막 문장인 There is a place to get food, or you can bring your lunch with you if you plan to stay that long.에서 오래 머물 사람은 점심을 가져올 수 있다고 하므로 (B)가 정답이다.

브라운 씨가 토요일에 이메일 수신자들이 가져오기를 제안하는 것은 무엇인가?
(A) 약간의 옷
(B) 간단한 점심
(C) 입장료를 위한 현금
(D) 우산

3. ★★

① 문제 유형 파악 브라운이 사람들에게 이메일 답변을 원하는 이유를 묻는 육하원칙(Why) 문제이다.

② 단서 찾기 및 정답 선택 둘째 문단의 If you are planning to come on Sunday, please let me know by calling me at 804-5115 or by replying to this e-mail so that I can have an idea of how many to plan on. If you are a maybe, please let me know this as well. That will help me let Brewster's know how many to expect.에서 Brewster's에 몇 명이 올지 알아야 하기 때문에 참석 여부를 알려줄 것을 원하고 있으므로 (D)가 일치하여 정답이다.

브라운이 사람들에게 이메일에 응답하기를 원하는 이유는 무엇인가?
(A) 토요일에 참석할 의사를 나타내도록
(B) 다음 달의 점심 행사를 계획하는 것에 자원하도록
(C) 단체 활동의 성공에 대한 피드백을 주도록
(D) 일요일 점심에 대한 그들의 계획을 그녀에게 알려주도록

2. 기사 (Article)

STEP 2 이렇게 풀어라!

문제 1-3번은 다음의 기사를 참조하시오.

> 더 이상 재채기는 없다.
> 실베스터 버나드
>
> 눈이 가렵거나 콧물이 나십니까? 알레르기 때문에 고통 받고 계십니

까? 글쎄요, 가까운 미래에는 더 이상 그 문제에 대해 고민하지 않아도 될 것입니다. 우리 도시의 실버톤 랩에서 근무하는 연구원들은 현재 열심히 일하면서, 사람들의 모든 알레르기를 치료해줄 마법의 약을 개발하고 있습니다.

실버톤은 알레르기 예방 분야의 성공이 엄청난 부를 축적시켜 줄 것이란 점을 잘 알고 있으므로, 모든 연구 자료를 신중하게 보호하고 있으며, 직원들에게 기밀 유지에 대한 서약을 시키기도 했습니다. 우리는 상당수의 개, 고양이, 침팬지, 토끼, 그리고 다른 실험용 동물들이 실버톤에 의해 구입되었다고 들었습니다. 몇몇 지역의 동물 보호 단체에선 동물을 이용한 실험을 중단하라고 회사에 항의하기 시작했습니다.

회사에 의해서 발표된 성명서에 의하면, 동물들은 학대당하는 것이 아니라고 합니다. 그 회사는 사람들이 동물의 털에 의해 알레르기가 발생하는 원인을 밝혀내고자 동물의 털을 사용한다고 말했습니다.

만약 연구원들이 동물의 털에 의한 알레르기 반응 치료약을 개발한다면, 전 세계 동물 애호가들은 기뻐하며 그것을 구매하고자 수 마일에 걸쳐 줄을 서게 될 것입니다.

STEP 5 연습 문제

문제 4-6번은 다음의 기사를 참조하시오.

> 상하이 비즈니스 리포트
> 3월 7일
>
> 비즈니스 저널이 인정한 상강 회계
>
> 〈타이완 파이낸스 먼슬리〉 4월호는 상강 회계에 초점을 맞추고 있다. 이 명성 있는 기업은 〈타이완 파이낸스 먼슬리〉 기사에 의해 아시아에서 주목받는 5대 최고 회계 법인으로 다뤄질 것이다. 최고경영자 존 찬은 약 4년 전 회사를 창업하기에 앞서, 10년간 로스앤젤레스에 있는 실버맨 엔터프라이즈에서 회계부장으로 근무했었다. 그가 실버맨 엔터프라이즈에서 이뤄낸 성공은 자신의 고국인 타이완에서도 동일한 성공을 거둘 수 있으리라는 영감을 주었다. 상강 회계는 타이페이, 베이징, 런던, 베를린에 지사를 둔 국제 기업으로 발전하였다. 보도에 따르면, 찬 씨는 늦어도 올 11월까지 서울에 또 하나의 지사를 개설할 예정이다. 이 월간지에서는 상강 회계가 단기간에 회계 분야의 다른 업체들을 추월할 수 있도록 한 원동력은 바로 고품질의 고객 서비스에 초점을 맞추는 점에 있다고 전한다.

표현 정리 **issue** (출판물의) 호 **reputable** 명성 있는, 평판이 좋은 **feature** 특집 기사로 다루다, 특징을 이루다 **evolve into** ~로 진화하다 **at the latest** 늦어도 **overtake** 따라 잡다, 추월하다 **notable** 훌륭한, 유명한 **headquarters** 본사, 본부 **key to** ~의 열쇠, 핵심

4. ★★

① 문제 유형 파악 기사의 목적을 묻고 있다.

② 단서 찾기 및 정답 선택 기사의 목적은 초반부에서 언급되는 것이 일반적이다. 기사 시작과 함께 April's issue of *Taiwan Finance Monthly* will focus on Shang Kang Accounting. This reputable firm will feature in

Taiwan Finance Monthly's top five accounting firms to watch in Asia.라고 언급된 내용을 통해 이 기사의 목적은 아시아 5대 회계 법인으로 주목받는 유명 기업인 상강 회계에 대한 내용을 다루려는 것임을 알 수 있으므로 정답은 (A)가 된다.

이 기사의 목적은 무엇인가?
(A) 유명한 기업을 소개하는 것
(B) 사업 실패의 원인을 설명하는 것
(C) 글로벌 기업이 어떻게 활동하는지 논의하는 것
(D) 아시아에서 가장 오래된 제약 회사들을 열거하는 것

5. ★★★

① 문제 유형 파악 상강 회계에 대한 사실을 묻는 True 문제이다.

② 단서 찾기 및 정답 선택 기사문 하단에서 The journal feature says that it is the focus on high-quality customer service that has enabled Shang Kang Accounting to overtake its competitors in the accounting business in such a short amount of time.이라고 언급된 내용을 통해 상강 회계가 단기간 내에 동일 업종 경쟁사들을 추월할 수 있었던 힘은 바로 고품질의 고객 서비스에 있었음을 밝히고 있다. 따라서 (C)가 정답이다.

상강 회계에 대해 사실인 것은 무엇인가?
(A) 창업자는 회사가 제공하는 회계 서비스 품질이 불만족스러웠다.
(B) 본사는 실버맨 엔터프라이즈 근처에 있다.
(C) 고객 서비스가 성공의 핵심이다.
(D) 〈타이완 파이낸스 먼슬리〉로부터 상을 받았다.

6. ★★

① 문제 유형 파악 상강 회계의 지사가 없는 곳을 묻는 육하원칙(Where) 문제이다.

② 단서 찾기 및 정답 선택 현재 상강 회계가 지사를 보유하고 있지 않은 도시에 대해 묻고 있으므로 지문에서 도시 이름이 소개되는 부분을 중심으로 단서를 파악하는 것이 현명하다. 기사 중반에서 Shang Kang Accounting has evolved into a global corporation that has offices in Taipei, Beijing, London, and Berlin.이라고 언급된 내용을 통해 현재 타이페이, 베이징, 런던 그리고 베를린에 지사가 있음을 알 수 있으며, 이어서 등장하는 Reports suggest that Mr. Chan plans to open another office in Seoul by November of this year at the latest.에서는 올 11월까지는 서울에도 지사를 개설할 계획임을 밝히고 있다. 따라서 현 시점에서 상강 회계가 지사를 보유하고 있지 않은 곳은 서울임을 파악할 수 있으므로 정답은 (A)가 된다.

현재 상강 회계가 지사를 가지고 있지 않은 곳은 어디인가?
(A) 서울
(B) 타이페이
(C) 베를린
(D) 런던

3. 공지 (Notice)

STEP 2 이렇게 풀어라!

문제 1~2번은 다음의 공지를 참조하시오.

> 물류저장 협회(TSA) 연례 박람회
>
> 물류저장 협회는 물류저장 산업 전 분야의 전문가들로 구성되어 있습니다: 물류저장 시설 소유주, 관리자, 이 업계를 위해 만들어진 재료, 제품 그리고 서비스를 제공하는 상인, 물류저장 시설에 적합하며 구역이 정해진 장소의 토지 소유주, 그리고 기타 여러 사람들이 있지요.
>
> 협회 회원으로서, 귀하는 1년 내내 여러 차례의 교육 행사에 개별 연락을 받으시게 됩니다. 우리 프로그램들은 물류저장 전문가들에 의해, 또 그들을 위해 개발되었습니다. 이 행사들은 귀하가 시설 소유주이든 상인이든 또는 우리 업계의 다른 회원이든 간에 귀사의 성장에 매우 중요합니다.
>
> 매년 봄, 협회는 네바다 주 라스베이거스에서 "Spring Convention & Trade Show"를 개최하고, 전 세계 각지에서 전문가들을 함께 모읍니다. 같은 행사가 가을에도 열리는데, 이번에는 펜실베이니아 주 필라델피아입니다.
>
> 티켓을 구매하시거나 박람회에서 부스를 예약하는 데 관심이 있으시면, 저희 사무실로 전화(888-252-3366) 주시거나 이메일(tradeshow@tsa.org.)을 보내주시기 바랍니다.

STEP 5 연습 문제

문제 7~9번은 다음의 공지를 참조하시오.

> 모든 직원들에게 알립니다:
>
> 우리의 네트워크 방화벽 시스템의 필수 정비 및 테스트로 인해 6월 25일 수요일 아침 6시부터 오후 2시까지 회사 컴퓨터 네트워크에 접속할 수 없습니다. 본 서비스 점검에 따라 계획을 세워두시기 바랍니다.
>
> 이 작업 도중 당신의 정보가 손상될지도 모르기 때문에, 네트워크 드라이브에 저장한 파일이 있는 경우 반드시 이 파일들을 외장 드라이브에 백업해 두시길 바랍니다. 6월 25일 수요일 이후에는 모든 정보의 복구를 보장할 수 없습니다.
>
> 시간을 최대한 활용하기 위하여, 질문이 있는 경우 우선 우리 웹사이트 ServiceDesk.com의 FAQ로 가길 요청합니다. 당신의 질문이 이 리스트에서 다뤄지지 않은 경우에는, 454-334-4455번으로 서비스 데스크에 전화하시거나 service_desk@mail.com으로 이메일을 보내시기 바랍니다.
>
> – 서비스 데스크 팀

표현 정리 **access to** ~로의 접근 **unavailable** 이용이 불가능한 **required maintenance** 필수 정비 **firewall** 방화벽 **plan accordingly** 그에 따라 계획을 세우다 **outage** 정전, (기계의) 가동 정지 **external drive** 외장 드라이브 **compromise** 타협하다, 훼손하다 **guarantee** 보장하다 **retrieval** (데이터) 복구 **utilize** 이용하다(= use) **Frequently Asked Questions** 자주 묻는 질문들(FAQ) **address** 다루다(= handle), 연설하다

7. ★★

❶ 문제 유형 파악 네트워크를 이용할 수 없는 이유를 묻는 육하원칙(Why) 문제이다.

❷ 단서 찾기 및 정답 선택 첫 문장의 내용을 요약하면, 네트워크 점검으로 인해 특정 시간 동안 회사의 컴퓨터 네트워크를 이용하지 못한다는 것으로 (D)가 일치하여 정답이다.

네트워크를 이용할 수 없는 이유는 무엇인가?
(A) 바이러스가 다운로드되었다.
(B) 몇몇 오래된 컴퓨터를 교체하고 있다.
(C) 국경일을 지키고 있다.
(D) 안전 점검과 업데이트가 진행되고 있다.

8. ★★★

❶ 문제 유형 파악 수령인들이 지시 받은 것을 묻는 요청, 제안 문제이다.

❷ 단서 찾기 및 정답 선택 지문의 요청사항은 둘째 문단의 첫 문장에서 파일을 외장 드라이브에 백업해 둘 것과, 셋째 문단의 첫 문장에서 질문이 있으면 우선 웹사이트의 FAQ란을 보라는 것인데, 보기엔 전자 부분이 언급되어 있는 (C)가 정답이다.

수령인들이 지시 받은 것은 무엇인가?
(A) 컴퓨터를 끌 것
(B) 네트워크에 모든 파일을 저장할 것
(C) 파일들의 2차 사본을 만들 것
(D) 상사에게 연락할 것

9. ★★★

❶ 문제 유형 파악 서비스 데스크에 먼저 연락하지 않도록 권고되는 이유를 묻는 육하원칙(What) 문제이다.

❷ 단서 찾기 및 정답 선택 세 번째 문단을 요약하면, 질문이 있으면 우선 FAQ란으로 가고, 그곳에 원하는 내용이 없으면 서비스 데스크에 연락하라는 것으로, 이는 웬만한 내용들은 FAQ에 다뤄져 있다는 것을 의미한다. 따라서 (B)가 가장 적합하다.

서비스 데스크에 먼저 연락하지 않도록 권고되는 이유는 무엇인가?
(A) 질문에 답변할 수 있는 사람이 아무도 없다.
(B) 질문에 대한 답변은 온라인으로 준비되어 있다.
(C) 모든 질문은 상사에게 전달되어야 한다.
(D) 서비스 데스크는 이 문제에 대한 질문에 응답하지 않을 것이다.

4. 온라인 채팅문 (Online Chat Discussion)

STEP 2 이렇게 풀어라!

문제 1-3번은 다음의 온라인 채팅문을 참조하시오.

제이슨 시웰   모두들 안녕하세요. 행복한 월요일이에요! 우리는 5월 초에 기스토 마케팅 컨퍼런스에 어떻게 갈지 계획해야 합니다.
　　　　　　　　　　　　　　　　　　　오전 8시 57분

캐롤 베이커   아마도 비행하는 것이 더 빠르겠죠. 그러나 그것은 또한 가장 비싸죠.　　　　　　　　　　　오전 9시 01분

데이빗 퍼넬   캐롤 말에 동의합니다. 비행기는 45분이면 되죠. 3시간 운전에 비해 시간을 절약할 수 있어요. 그러나 기차로는 얼마나 오래 걸릴지 정확히는 모르겠네요.　　　　오전 9시 03분

에리카 캔디스   방금 찾아봤어요. 기차를 타면 4시간이 걸릴 겁니다. 거의 반나절이 걸리네요.　　　　　　오전 9시 07분

네이선 콘웨이   와우! 기차로 가면 안되겠네요.　　　오전 9시 12분

캐롤 베이커   비행기를 타려 했던 나의 제안에 대해 생각해보니, 그리 좋은 생각이 아니네요. 공항에 도착하여 공항 검색대를 통과하는 데 약 2시간이 걸립니다. 운전하는 것과 거의 같은 시간입니다. 운전은 그보다는 머리가 덜 아프죠.　　　오전 9시 15분

제이슨 시웰   그러면, 이제 해결되었네요. 운전해서 갑시다. 우리 모두가 탈 수 있는 밴을 예약해 볼게요. 비행기를 타지 않아 절약되는 돈으로, 우리 모두 저녁이나 먹읍시다!　　오전 9시 21분

STEP 5 연습 문제

문제 10-12번은 다음의 온라인 채팅문을 참조하시오.

제리 칼딘   9월은 항상 우리 마케팅 팀에게 중요한 달입니다. 이번 9월, 우리는 잠재 고객들에게 회사의 50주년 기념일을 광고해야 하는데요. 여러분들 제안이 있습니까?　　오후 2시 01분

모건 배리   뉴욕 위주로 나가는 출판물에 전면 광고를 게재하는 것이 가장 좋을 것 같습니다.　　　　　오후 2시 05분

도노반 타이탄   우리 시장이 청소년 위주라 인쇄 광고가 큰 영향을 미칠 거라 생각하지 않습니다. 프라임 타임에 지역 내에서 보여줄 짧은 30초 영상 광고를 촬영하는 것이 가장 좋을 것 같은데요.
　　　　　　　　　　　　　　　　　　　오후 2시 08분

애슐리 신델   TV 광고는 가격이 만만치 않아요. 지역의 이용자들에게 특별히 마케팅하는 소셜미디어 캠페인은 어떻습니까?
　　　　　　　　　　　　　　　　　　　오후 2시 11분

로라 워커   동의해요! 소셜 미디어는 엄청납니다. 또한 참여를 늘리기 위해 무료 콘텐츠를 제공할 수도 있지요.　오후 2시 12분

| 모건 배리 | 저도 소셜미디어 개념을 좋아합니다. 그것은 여전히 제 처음의 광고 아이디어와 맥락을 같이 하죠. 제가 그것의 개요를 잡아보죠! 오후 2시 15분 |

| 제리 칼딘 | 좋아요! 우리가 한 팀으로 결정을 내린 것이 너무 좋네요. 이것은 큰 협력이 될 것입니다. 어서 광고를 보고 싶군요. 오후 2시 17분 |

표현 정리 **potential client** 잠재 고객 **put out a full-page ad** 전면 광고를 내다 **publication** 인쇄물 **youth oriented** 청소년 위주인 **costly** 비싼 **specifically to** ~에게 특별히 **giveaway content** 무료 컨텐츠 **increase engagement** 참여를 높이다 **draw up** 구상하다, 준비하다 **cannot wait to do** 빨리 ~하고 싶다

10. ★★

❶ 문제 유형 파악 제리가 팀원들에게 연락을 한 이유를 묻는 육하원칙(Why) 문제이다.

❷ 단서 찾기 및 정답 선택 오후 2시 01분의 This September, we need to advertise the 50th anniversary of the company to potential clients.에서 회사의 창립 50주년 기념 행사를 잠재 고객들에게 알려야 한다고 하므로 (B)가 정답이다.

왜 제리는 그의 팀원들에게 연락을 했는가?
(A) 다양한 신문사들을 비교하기 위해
(B) 어느 기념 행사 홍보에 대한 의견을 모으기 위해
(C) 뉴욕으로의 회사 이전에 대해 물어보기 위해
(D) 앞으로 있을 회사 야유회에 대해 논의하기 위해

11. ★★★

❶ 문제 유형 파악 도노반이 TV 광고를 옵션으로 제안한 이유를 묻는 육하원칙(Why) 문제이다.

❷ 단서 찾기 및 정답 선택 오후 2시 08분의 Because our market is youth oriented, I don't think a print advertisement will make a big impact.에서 주 계층에게 인쇄 광고가 영향을 주지 않을 거라 여긴다고 하므로 (C)가 일치하여 정답이다.

도노반은 왜 TV 광고를 옵션으로 제안하는가?
(A) 회사는 신속하게 비디오를 제작할 수 있다.
(B) 회사는 TV 프로덕션 전문 회사이다.
(C) 타깃 계층이 인쇄 광고에 관심이 없다.
(D) 회사 직원들은 일하면서 TV 시청을 즐긴다.

12. ★★

❶ 문제 유형 파악 특정 문구에 대한 의미를 파악하는 신유형 문제이다.

❷ 단서 찾기 및 정답 선택 제시된 표현인 draw up은 outline and prepare (개요를 잡고 준비하다)라는 의미로 보기 중엔 (C)가 일치하여 정답이다.

오후 2시 15분에 모건이 "I can draw it up"이라고 쓸 때 암시하는 바는 무엇이겠는가?
(A) TV 광고 대본을 쓰기 시작할 것이다.
(B) 캠페인을 위한 스티커를 만들 것이다.
(C) 소셜미디어 광고의 개요를 잡아볼 것이다.
(D) 캠페인을 구성하기 위해 일찍 퇴근할 것이다.

---

5. 문자 메시지 (Text Message Chain)

STEP 2 이렇게 풀어라!

문제 1~2번은 다음의 문자 메시지 체인을 참조하시오.

| 트래비스 파월 | 문제가 있어요. 현재 잠재 고객들에게 보여주고 있는 붉은색 3D 프린터가 작동하지 않습니다. 과열된 것 같은데요. 플래시 모델 또는 크롬 모델을 전시할 수는 있습니다. 당신 생각은 어때요? 오전 9시 13분 |

| 케이시 질베르토 | 와우! 플래시 모델이 회사가 제공하는 최신 모델이니까 그걸 보여주죠. 크롬은 1세대 이전의 것입니다. 우리는 시장에서 최신 기술을 제공한다는 것을 보여주고자 합니다. 시연이 시작되기 전에 케이티에게 반드시 물어보세요. 그녀가 최종 승인을 해줘야 하니까요. 오전 9시 14분 |

| 트래비스 파월 | 좋아요. 케이티가 지금 여기 없는데요. 그녀는 아침 러시아워 교통 체증에 걸렸습니다. 그녀의 휴대폰으로 전화해보려구요. 훌륭한 제안에 대한 당신의 생각에 감사합니다. 오전 9시 16분 |

STEP 5 연습 문제

문제 13~14번은 다음의 문자 메시지 체인을 참조하시오.

| 시드니 잭슨 | 모델 중 한 명이 의도치 않게 오늘 밤 패션쇼에 사용할 블랙 이브닝 드레스를 찢어 버렸어요. 찢어진 드레스를 새 드레스로 교체해야 하는데요. 대체 드레스로 어떤 드레스를 사용해야 할까요? 오후 6시 42분 |

| 미셸 램지 | 오, 안돼요! 끔찍하네요. 쇼는 오후 7시에 시작되며, 그녀는 런웨이를 걷는 첫 모델들 중 하나입니다. 네이비 블루 볼 가운으로 교체하세요. 그녀의 드레스는 어두운 색이어야 합니다. 다른 모델은 더 밝은 색상을 입을 겁니다. 우리는 같은 색상 팔레트를 고수해야 합니다. 파란 드레스를 꺼내기 전에 무대 관리자에게 물어보세요. 오후 6시 43분 |

| 시드니 잭슨 | 모든 무대 관리자들은 지금 메모를 검토할 수 있는 마지막 회의 중입니다. 그들이 나올 때 확인해 볼게요! 오후 6시 45분 |

표현 정리 **accidentally** 의도하지 않게, 고의성 없이 **tear** 찢다 **replace A with B** A를 B로 대체하다 **replacement** 대체물 **awful** 끔찍한 (= very bad) **runway** (패션쇼 무대) 런웨이 **stick to** ~을 고수하다 **stage manager** 무대 관리자 **last-minute meeting** 막판 회의

13. ★★★

❶ 문제 유형 파악 잭슨 씨가 램지에게 걱정을 표현하는 이유를 묻는 육하원칙(Why) 문제이다.

❷ 단서 찾기 및 정답 선택 오후 6시 42분 메시지를 요약하면, 모델이 중요한 의상을 망가뜨려 급히 교체를 해야 한다는 것으로 (B)가 일치하여 정답이다.

잭슨 씨는 왜 램지 씨에게 걱정을 표현하는가?
(A) 중요한 모델 한 명이 없어졌다.
(B) 드레스 하나를 즉각적으로 교체해야 한다.
(C) 런웨이가 아직 준비되지 않았다.
(D) 일부 드레스들이 모델들에게 너무 작다.

14. ★★

①문제 유형 파악 특정 문구의 의도를 파악하는 신유형 문제이다.

②단서 찾기 및 정답 선택 제시된 표현 속의 them, they는 모두 막판 회의에 들어간 무대 관리자들이므로, 문맥상 회의가 끝나고 나오면 물어보겠다는 (C)가 정답이다.

오후 6시 45분에 잭슨 씨가 "I will check with them when they get out" 이라고 말할 때 암시하는 바는 무엇이겠는가?
(A) 몇 벌의 새 드레스를 직접 입어볼 볼 것이다.
(B) 다른 모델들과 그 문제를 논의할 것이다.
(C) 회의가 끝난 후 무대 관리자들에게 말해볼 것이다.
(D) 쇼를 한 달 정도 연기할 것이다.

6. 광고 (Advertisement)

STEP 2 이렇게 풀어라!

문제 1–2번은 다음의 광고를 참조하시오.

> 당신의 고용 기회를 늘릴 길을 찾고 있습니까?
> 우리가 당신을 도와 드리겠습니다!
>
> 리지데일 교육 센터(REC)는 이번 봄 우리가 제공하는 전문가 과정에 장부 정리를 추가하게 되어 기대에 차 있습니다. 장부 정리는 당신의 이력서를 크게 향상시킬, 다방면으로 쓸모 있고 매우 시장성 있는 기술입니다. 배우기 쉬운 이 기술은 현재 당신의 업무에서 당신을 더 가치 있게 만들 것이고, 당신의 다음 직업을 찾는 것을 더 수월하게 해줄 것입니다!
>
> 장부 정리 과정은 3월 25일부터 5월 27일까지 진행될 것입니다. 수업은 화요일과 목요일 저녁에 본 교육 센터에서 진행될 것입니다. 이 과정은 5년간의 강의 및 교육 경험을 가진 회계 전문가가 가르치게 됩니다. 학생들은 최신 장부 정리 소프트웨어를 위한 실무 교육을 받고, 습득한 모든 기술의 능력을 증명하는 독립적인 프로젝트를 완수할 것입니다. 과정이 끝나면, 학생들은 교육 센터로부터 수료증을 받을 것입니다.
>
> 당신의 경력이 시작되기를 기다리지 마십시오. 스스로 첫걸음을 움직이세요! 교육 센터 회원은 과정 가격에서 10퍼센트 할인을 받을 것이며, 두 과정 이상 등록하는 회원은 15%의 추가 할인을 받을 것입니다.

STEP 5 연습 문제

문제 15–16번은 다음의 광고를 참조하시오.

> ★폐점 – 점포정리 세일!★
> 매장을 닫고 있습니다
> …모든 품목 50 ~ 75% 세일!
>
> 15년의 영업 후에, 존슨스 레더가 문을 닫습니다. 우리의 점포정리 세일은 현재 매장에서 판매되는 모든 품목에 적용됩니다. 품목은 50–75퍼센트 사이에서 개별 할인됩니다. 들어오셔서 다양한 종류의 재킷, 코트, 장갑, 지갑, 벨트, 그리고 더 많은 것들을 둘러보세요!
>
> 키플링 대로와 리틀턴 13번가의 코너에 위치한 아스펜 쇼핑 센터에서 저희를 찾으세요. 우리 매장은 3월 말까지 월요일부터 토요일, 오전 10시부터 저녁 8시까지 문을 열고, 그 이후에는 더 이상 영업하지 않습니다.

표현 정리 liquidation sale 점포정리 세일 after 15 years of business 15년의 영업 끝에 apply to ~에 적용되다 individually 개별적으로 browse 둘러보다 a large selection of 많은 종류의 no longer in business 더 이상 영업하지 않는

15. ★★

①문제 유형 파악 세부사항 파악의 육하원칙(What) 문제이다.

②단서 찾기 및 정답 선택 첫 문단의 Come in and browse our large selection of jackets, coats, gloves, wallets, belts, and much more! 를 통해 (B)가 정답임을 어렵지 않게 알 수 있다.

존슨스 레더는 어떤 종류의 업체인가?
(A) 가구점
(B) 의류점
(C) 농산품점
(D) 원예용품점

16. ★★★

①문제 유형 파악 세부사항 파악의 육하원칙(What) 문제이다.

②단서 찾기 및 정답 선택 제목 부분과 첫 문장인 After 15 years of business, Johnson's Leather is closing its doors.를 통해 폐업 정리 차원에서 할인에 들어간 것을 알 수 있으므로 (C)가 정답이다.

매장이 현재의 프로모션을 진행하는 이유는 무엇인가?
(A) 새로운 위치에 오픈하려 한다.
(B) 신제품 라인을 드러내고 있다.
(C) 폐업할 것이다.
(D) 휴일 동안 문을 닫는다.

7. 정보 (Information)

STEP 2 **이렇게 풀어라!**

문제 1-3번은 다음의 정보문을 참조하시오.

둥지를 틀기에 가장 좋은 장소

가족을 이루기 위해 어디에 둥지를 틀어야 할지 고민 중이세요? 〈머니 매거진〉은 당신을 위해 검색을 모두 마쳤고, 당신의 최종 목적지를 선택할 때 아래의 조언을 드립니다.

오하이오 주 콜럼버스는 교육, 보험, 은행, 패션, 국방, 항공, 음식, 물류, 철강, 에너지, 의학 연구 그리고 보건을 바탕으로 한 다양한 경제 분야를 보유하고 있습니다. 또한 콜럼버스는 아이들을 기르는 데 최고의 장소이며(2010년), 많은 즐길 수 있는 문화 및 엔터테인먼트 장소와 함께 상대적으로 연중 온화한 날씨를 지닌 멋진 도시입니다.

콜럼버스에는 약 20만 명의 인구가 살고 있고, 평균 집값은 16만 5천 달러입니다. 주 세율은 7.75퍼센트인데, 적은 돈으로 가족을 부양하길 원하는 사람들에게 좋은 장소입니다. 〈머니 매거진〉의 아이들을 기르기 위한 지역 리스트에 등재된 기타 지역들은 다음과 같습니다: 뉴햄프셔 주 햄튼, 켄터키 주 루이빌, 애리조나 주 투손, 워싱턴 주 버햄.

STEP 5 **연습 문제**

문제 17-19번은 다음의 정보문을 참조하시오.

무료 셔틀버스 서비스
밀턴 호텔 – 덜레스

우리는 고객들께 덜레스 국제공항을 오가는 무료 셔틀버스 서비스를 제공합니다. 셔틀버스는 오전 6시부터 밤 10시까지 호텔에서 매 45분마다 출발하고, 다른 시간에는 요청에 따라 출발합니다. 오전 6시 45분에서 밤 10시 45분까지 승객 픽업 구역에서 출발하는 동일한 셔틀버스가 비슷한 스케줄로 고객들을 호텔로 데려올 것입니다. 이 시간 대 이외의 교통수단을 요청하기 위해서는 342-334-5523번인 저희 교통수단 회선으로 전화하시기 바랍니다.

표현 정리 complimentary shuttle 무료 셔틀버스 to and from ~를 오가는 depart the hotel 호텔을 떠나다 by request 요청에 따라 bring A to B A를 B로 데려가다 on a similar schedule 동일한 일정으로 request transportation 교통편을 요청하다 time window 시간대

17. ★★

① 문제 유형 파악 주제 및 목적을 묻는 문제이다.

② 단서 찾기 및 정답 선택 제목 부분의 Milton Hotel – Dulles 부분과, 첫 문장인 We offer our guests a complimentary shuttle service to and from Dulles International Airport.를 통해 호텔에서 공항을 오가는 셔틀버스 서비스에 대한 안내임을 알 수 있으므로 (B)가 정답이다.

정보문의 주제는 무엇인가?
(A) 덜레스 공항 안전 규칙
(B) 밀턴 호텔 도착 및 출발
(C) 밀턴 호텔의 취소 정책
(D) 서비스 중단

18. ★★★

① 문제 유형 파악 호텔 고객이 전화한 이유를 묻는 육하원칙(What) 문제이다.

② 단서 찾기 및 정답 선택 마지막 문장인 To request transportation outside these time windows, please call our transportation line at (342) 334-5523.에서 정해진 시간대 이외에 교통수단이 필요한 경우는 직접 전화하라고 하는데, (A)의 새벽 4시가 그에 해당하는 시간으로 정답이다.

호텔 고객이 교통수단 회선으로 전화하는 이유는 무엇이겠는가?
(A) 새벽 4시에 공항에 도착하기 위하여
(B) 공항으로 가는 길 안내를 얻기 위하여
(C) 셔틀버스 요금을 요청하기 위하여
(D) 지역 일기 예보를 듣기 위하여

19. ★★★

① 문제 유형 파악 정보문에 언급되지 않은 것을 묻는 Not True 문제이다.

② 단서 찾기 및 정답 선택 The same shuttle will bring guests to the hotel on a similar schedule, departing from the passenger pickup area from 6:45 A.M. to 10:45 P.M.에서 승객 픽업 구역에서 출발하는 셔틀버스가 오후 10시 45분까지 운행되고 있으므로 (B)는 사실이 아니고, 따라서 정답이다. (A), (C), (D)의 내용은 모두 지문에서 확인할 수 있다.

정보문에 언급되지 않은 것은 무엇인가?
(A) 무료 셔틀버스는 호텔에서 매 45분마다 출발한다.
(B) 오후 10시 이후에는 셔틀버스를 이용할 수 없다.
(C) 무료 셔틀버스는 호텔과 덜레스 국제공항을 오간다.
(D) 무료 셔틀버스는 두 개의 노선으로 운행되고 있다.

---

8. 편지 (Letter)

STEP 2 **이렇게 풀어라!**

문제 1-3번은 다음의 편지를 참조하시오.

터너 브로드캐스트 미디어
센추리 가 270
브리티시 컬럼비아 L6J 2F9 밴쿠버

랜덜 파워스
E 7번가 675 아파트 445호
브리티시 컬럼비아 M6E 9B8 밴쿠버

8월 8일

파워스 씨께,

8월 5일에 보내주신 팩스에 언급하셨던 인터넷 서비스 문제를 검토

하였습니다. 무엇보다도, 이 문제로 인해 불편을 끼쳐드린 점에 대해 사과의 말씀을 드리고 싶습니다. 저희는 이 문제를 시정하려 모든 노력을 기울이고 있습니다. 고객님의 요청에 따라, 8월 11일에 서비스 직원이 귀댁을 방문하도록 일정을 잡아놓았습니다.

터너 브로드캐스트 미디어는 고객님이 저희 서비스에 완벽히 만족하시기를 원하며, 이 문제가 고객님께 개인적으로나 금전적으로 끼쳐드렸을 피해를 보상하고자 2개월 무료 인터넷 서비스를 제공하려 합니다.

어떠한 의견이나 질문이 있으시면, (818) 555-9811로 전화주세요.

돈 워터슨

STEP 5 연습 문제

문제 20-22번은 다음의 편지를 참조하시오.

아디오스 엔터프라이즈
코퍼릿 웨이 335
시카고, 일리노이 주 55234

2월 20일

소중한 고객님께,

저희 본사와 제조 공장의 주소가 변경됨을 알려드리기 위해 편지를 보냅니다. 현재, 본사와 공장은 모두 일리노이 주 시카고에 위치해 있습니다. 일리노이 주의 영업세와 재산세 상승으로 인해, 다른 지역으로 이전하는 것이 최선이라는 결정을 내렸습니다. 본사는 곧 미주리 주 세인트루이스에 자리를 잡을 것이고, 아울러 제조 공장은 미주리 주 캔자스시티로 이전할 것입니다.

회사 웹사이트와 이메일 주소뿐 아니라 모든 전화와 팩스 번호는 변함이 없을 것입니다. 유일한 변화는 (첨부된 양식에 적혀 있는) 실제 주소뿐일 것입니다. 4월 1일부터는 반드시 이 새로운 장소로 모든 서신을 보내주십시오. 저희는 우편물 수령지 전송 서비스에 대해 비용을 지불하지 않으므로, 이 날짜 이후에 이전 주소로 보낸 모든 편지들은 배달 불가로 고객님께 되돌아갈 것입니다.

어떠한 질문이나 관심사라도 있다면, 주저 마시고 925-144-3345번으로 연락 주십시오.

밥 워터스
아디오스 엔터프라이즈 CEO

표현 정리 **inform A of B** A에게 B를 알리다 **company headquarters** 본사 **due to** ~ 때문에 **relocate** 이전하다. 이동시키다 **A as well as B** B뿐만 아니라 A도 **the attached form** 첨부된 양식 **mail forwarding service** 우편물 수령지 전송 서비스

20. ★★

❶ 문제 유형 파악 글의 대상 문제이다.

❷ 단서 찾기 및 정답 선택 글의 대상을 묻는 문제는 보통 글의 초반부에서 단

서를 찾을 수 있다. 여기서는 Dear valued customers에서 고객들을 대상으로 한다는 것을 알 수 있으므로 (A)가 정답이다. 어떤 문제는 valued customers가 신규 고객들이 아닌 기존의 고객들만을 지칭하는 경우도 있지만, 여기서는 그런 내용이 따로 언급되어 있지 않다.

편지는 누구를 대상으로 한 것인가?
(A) 회사의 모든 고객들
(B) 미주리 주에 거주하는 사람들
(C) 기업 소유주들
(D) 모든 신입사원들

21. ★★★

❶ 문제 유형 파악 세부사항 파악의 육하원칙(What) 문제이다.

❷ 단서 찾기 및 정답 선택 (A), (C), (D)는 언급되지 않은 내용이다. 둘째 문단 첫 문장인 All phone and fax numbers as well as our company Web site and e-mail addresses will remain the same.에서 전화, 팩스, 그리고 회사의 웹사이트 주소는 변하지 않았다는 점에 유의해야 한다. 또한 첫 문단 마지막 문장인 Our headquarters will soon be located in St. Louis, MO, while our manufacturing plant will be relocating to Kansas City, MO.에 본사의 새로운 위치 정보가 언급되어 있으므로 (B)가 정답이다.

편지에 포함된 정보는 무엇인가?
(A) 새로운 직원 명부
(B) 새로운 위치 정보
(C) 새로운 웹사이트 주소
(D) 워터스 씨의 명함

22. ★★★

❶ 문제 유형 파악 세부사항 파악의 육하원칙(What) 문제이다.

❷ 단서 찾기 및 정답 선택 첫 문단 셋째 문장인 Due to an increase in business and property taxes in the state of Illinois, we have decided it would be best for us to relocate to a different area.에서 일리노이 주의 세금 인상으로 인해 이전하게 되었다고 하므로 (A)가 내용과 일치한다.

편지에서 말하는 장소 이전의 이유는 무엇인가?
(A) 현재의 위치에서 비용이 오르고 있다.
(B) 회사의 제조 부문이 더 많은 공간을 필요로 한다.
(C) 회사가 사업상 급격한 하락세를 겪었다.
(D) 변화는 오직 개인적인 이유 때문이다.

---

9. 회람(Memo)

STEP 2 이렇게 풀어라!

문제 1-2번은 다음의 회람을 참조하시오.

회람

수신: 샤론 웰스
발신: 케이티 윌리엄스

제목: 다가올 발표
날짜: 6월 18일 화요일

샤론에게,

내가 두 개의 파일을 합쳐 다음 금요일의 발표에 대한 마무리를 했습니다. 그러나 모든 것을 다 취합하자마자 그것이 다크사이트의 경영진에 의해 우리에게 할당된 10분보다 더 오랜 시간이 소요될 것임을 알게 되었습니다. 한번 보시고 어디를 줄여야 할지 봐주시겠어요?

보시면서, 우리의 메시지와 원하는 결과 등에 일관성이 있는지도 봐주시기 바랍니다. 당신은 이런 일을 전에도 여러 번 해본 적이 있으시죠, 그래서 저는 이 분야에 대한 당신의 전문성을 믿고 당신에게 맡기렵니다.

이 일을 당신과 검토하기 위해 내일 오후 2-4시 사이에 일정을 비워두었습니다. 그러니 그때까지 모든 편집을 마무리해 주시기 바랍니다.

고맙습니다.

케이티

문제 23-25번은 다음의 회람을 참조하시오.

수신: 모든 영업 사원들
발신: 켄지 매튜스, 영업부장
날짜: 2월 12일

우리는 올해 3월 4일-7일 사이에 런던에서 열리게 될 전국 취업박람회에 참여할 것입니다. 이 기간 동안 우리 프리미어 페이퍼 사(社)의 부스에서 회사를 대표할 세 명의 영업사원을 찾고 있습니다. 매년 이 취업박람회에서 우리는 여러 명의 지원자를 채용하게 되므로 우리 회사에게는 매우 중요한 행사입니다.

부스에 있는 직원으로서, 여러분은 4시간 교대근무를 하게 될 것입니다. 각 교대근무에 대해 영업부, 마케팅부 그리고 고위 경영진들로부터 각각 1명씩이 근무하게 될 것입니다. 여러분은 다음과 같은 내용에 대한 질문의 답변에 준비되어 있어야 합니다:

– 급여 규모 (특히 영업 수당)
– 출장 스케줄
– 업무량
– 프리미어 페이퍼 사(社)의 브랜드 가치

담당 업무와 가족을 4일 동안 두고 가는 것이 어려운 일이라는 것을 알기에, 이번 행사에 우리 회사를 대표하는 직원들에게 인센티브를 제공하려 합니다: 참여하는 영업사원들에게는 추가 3일의 휴가를 제공할 것입니다. 이번 기회에 자신이 참여하는 것을 고려해볼 사람들은 저에게 이메일(kmatthews@premierpaper.com)로 연락하기 바랍니다.

표현 정리 **sales associate** 영업사원 **sales manager** 영업부장 **take part in** ~에 참여하다 **career fair** 취업박람회 **representative** 대표, 직원 **end up -ing** ~하는 결과로 끝나다 **candidate** 지원자 **utmost importance** 최고의 중요성 **4-hour shift** 4시간 교대 **upper management** 고위 경영진 **pay scale** 급여 규모 **especially** 특히 **sales commission** 영업 수당 **workload** 업무량 **offer an incentive** 인센티브를 제공하다 **grant** 주다, 허락하다

23. ★★

➊ 문제 유형 파악 회람의 대상을 묻는 글의 대상 문제이다.

➋ 단서 찾기 및 정답 선택 글의 대상 문제는 지문 맨 위의 수신자와 발신자 부분이나 글의 첫 문단 쪽에서 대부분 쉽게 확인된다. To: All Sales Associates라는 부분을 통해 영업부 직원들에게 보내는 것임을 확인할 수 있으므로 (D)가 적합하다.

이 회람은 누구를 대상으로 하는가?
(A) 대학 이사회 임원들
(B) 앞으로 있을 영업 회의의 발표자들
(C) 유급 인턴들
(D) 특정 부서의 직원들

24. ★★★

➊ 문제 유형 파악 행사의 혜택에 대해 묻는 세부사항 파악의 육하원칙(What) 문제이다.

➋ 단서 찾기 및 정답 선택 행사 참여 직원들에 대한 혜택을 묻는 문제이다. 매튜스에게 연락하라는 내용은 마지막 문장인데, 그 바로 앞부분에 나오는 we are offering an incentive ~: we will grant an extra 3 vacation days to those sales associates who attend the fair.가 그 혜택에 해당하는데, 보기 (C)가 일치한다.

이번 행사에 참여하면 어떤 혜택이 존재하는가?
(A) 급여 인상
(B) 분기말 보너스
(C) 추가적인 유급 휴가
(D) 며칠간의 단축 근무

25. ★★★

➊ 문제 유형 파악 행사와 관련 없는 사항을 묻는 Not True 문제이다.

➋ 단서 찾기 및 정답 선택 (A)와 (B)는 첫 줄의 the National Career Fair to be held in London this year on March 4~7에, (D)는 둘째 문단의 You should be ready to answer questions concerning:에 나타나 있으나 (C)는 언급된 부분이 없어 정답이다.

행사에 대해 언급되지 않은 것은?
(A) 장소
(B) 개최 날짜
(C) 참가 회사들
(D) 참가자들의 업무

10. 이중 지문

STEP 2 이렇게 풀어라!

문제 1~5번은 다음의 지역 신문 기사와 이메일을 참조하시오.

플로어 마트의 건축 허가 요청

포틀랜드 (1월 9일) – 건축 허가 요청에 관한 논쟁적인 토론이 오늘 시 의회 회의 도중 열렸다. 대형 소매업체인 플로어마트가 건축 허가를 요청함에 따라, 시민들, 기업주들, 그리고 시 의회 의원들이 앞다퉈 이 문제를 놓고 각자의 의견을 내놓게 되었다.

건축에 찬성하는 사람들은 그 소매업체가 지역사회에 가져올 일자리 수를 인용했다. "플로어마트에 따르면, 그 센터는 오픈 3개월 내에 상점에 인원을 배치하기 위하여 500명이 넘는 포틀랜드 주민들을 고용할 것입니다." 도시계획가인 앨런 포터는 이렇게 설명했다.

건축에 반대하는 사람들은 소규모 점주들과 그들의 고객들에게 호소하고 있다. "플로어마트가 도시에 들어온 지 1년 이내에 평균 30개의 점포들이 영구 폐업합니다." 시 의회 의원인 모건 스트럿은 이렇게 말했다.

이 문제를 해결하기 위한 최종 투표가 1월 20일에 실시될 것이다.

발신자: 제니퍼 그랜트 〈Jgrant@kiston.com〉
수신자: 키스
주제: 개점일 준수

몇 가지 방해 요인들에도 불구하고, 우리는 포틀랜드 플로어마트 4414호점 개점에 대한 우리의 계약된 개점일인 4월 20일을 지킬 수 있게 되었습니다.

제 회사인 키스톤 건설과 플로어마트 사이의 계약에 따르면, 우리는 이 개점일을 지킨 것에 대해 10퍼센트의 보너스를 받게 됩니다.

4월 21일까지 자기앞수표로 키스톤 건축 앞으로 합의된 액수를 송금해 주시기 바랍니다.

감사합니다.

제니퍼 그랜트

STEP 5 연습 문제

문제 26-30번은 다음의 정보와 이메일을 참조하시오.

스피치마스터스

지난 50여 년 동안 스피치마스터스는 수백 만의 전문직 남녀가 대중 앞에서 발표를 하는데 좀 더 자신감을 갖도록 도왔습니다. 우리의 클럽 네트워크와 그들의 실습 프로그램은 틀림없이 당신이 더 나은 발

표자와 리더가 되도록 도울 것입니다. 저렴하며 재미도 있습니다!

아르바다 스픽이지는 매주 화요일 저녁 6시 30분부터 8시 사이에 밀턴 호텔의 컨퍼런스룸 C에서 만납니다. 방문객이건 게스트건 항상 환영합니다. 처음 방문하실 때, 스피치마스터스의 회원이 되는 방법을 가르쳐드릴 안내책자를 반드시 수령하시기 바랍니다.

아래에 앞으로의 미팅 일정과 대화의 주제가 있습니다:

3월 3일 – 관심을 집중시키는 오프닝 멘트 만들기
4월 4일 – 당신의 청중에 대한 올바른 어조 선택
5월 8일 – 초조함을 다스리기
6월 2일 – 현명하고 생각을 불러일으키는 마무리 멘트 만들기
7월 1일 – 효율적인 방식으로 통계 데이터를 이용하기

상세한 정보는 제이슨 스타우트에게 전화(336-2225)나 이메일(jstout@coldmail.com)로 연락주세요.

수신: 제이슨 스타우트 〈jstout@coldmail.com〉
발신: 데릭 쇼 〈dshaw@coldmail.com〉
날짜: 4월 23일
제목: 스피치마스터스

스타우트씨에게,

회사 사장님으로부터 스피치마스터스 그룹에 대해 알게 되었습니다. 저는 최근에 프로젝트 매니저로 승진을 했는데, 한 달에 여러 번 발표를 해야 하거든요. 안타깝게도 저는 거의 쓰러지기 직전까지 가는 무대 공포증으로 고생하고 있습니다.

스피치마스터스에 가입해서 이런 저런 문제점들을 해결해보고 싶습니다. 제게 관련된 모든 정보를 보내주시겠어요?

데릭 쇼

표현 정리 confident 자신감 있는, 확실한 audiences 청중, 관중 learn-by-doing program 실습 프로그램 information packet 자료 묶음 instruct 지도하다, 지시하다 near-crippling 쓰러지기 직전의 stage fright 무대 공포증

26. ★★

① 문제 유형 파악 세부사항 파악의 육하원칙(What) 문제이다.

② 단서 찾기 및 정답 선택 첫 지문 첫 문단을 요약하면, SpeechMasters는 지난 50년 동안 수많은 전문 직종의 사람들의 speech에 자신감을 갖도록 도왔다는 것이 (B)와 일치한다.

스피치마스터스는 무엇을 하는가?
(A) 학생들에게 발표하는 것을 가르친다.
(B) 직장인들이 대중 앞에 발표하는 것을 돕는다.
(C) 전문적인 네트워킹 행사를 조직한다.
(D) 웅변 대회를 조직한다.

27. ★★★

① 문제 유형 파악 유추, 추론 문제이다.

② 단서 찾기 및 정답 선택 facts and figures는 쉽게 말해 '통계 (자료)'이다. 이와 가장 유사한 내용의 세미나를 찾는 문제로, July 1 – Using statistical data in an effective manner 부분이 가장 적합하므로 (D)가 정답이다.

어느 세미나가 통계 자료를 이용하는 것을 논할 것인가?
(A) 4월 4일
(B) 5월 8일
(C) 6월 2일
(D) 7월 1일

28. ★★★

① 문제 유형 파악 세부사항 파악의 육하원칙(What) 문제이다.

② 단서 찾기 및 정답 선택 두 지문을 다 봐야 풀 수 있는 문제이다. 둘째 지문 첫 문단 마지막 문장 I suffer from near-crippling stage fright.에서 무대공포증을 호소하는데, 이는 첫 지문 May 8 – Dealing with nerves 부분에 해당하여 (C)가 적합하다.

쇼 씨는 어느 세미나로부터 혜택을 얻을 수 있는가?
(A) 관심을 집중시키는 오프닝 멘트 만들기
(B) 당신의 지정된 청중에 대한 올바른 어조 선택
(C) 초조함을 다스리기
(D) 현명하고 생각을 불러일으키는 마무리 멘트 만들기

29. ★★★

① 문제 유형 파악 세부사항 파악의 육하원칙(Why) 문제이다.

② 단서 찾기 및 정답 선택 둘째 지문 마지막 부분에서 SpeechMasters에 가입의사를 밝히며 관련된 정보를 보내달라고 하므로, 가입 정보를 요청한다는 (A)가 적합하다.

쇼 씨는 스타우트 씨에게 왜 연락을 취하고 있는가?
(A) 멤버십 정보를 얻기 위해
(B) 홍보 정보를 얻기 위해
(C) 미팅 정보를 얻기 위해
(D) 그를 세미나에 초대하기 위해

30. ★★

① 문제 유형 파악 동의어 문제이다.

② 단서 찾기 및 정답 선택 relative information은 associated information이라고 보는 것이 가장 적합하여 (A)가 정답이다.

이메일에서, 둘째 문단 둘째 줄의 "relative"와 의미상 가장 유사한 것은?
(A) 관련된
(B) 의사소통된
(C) 논의된
(D) 보호되는

시험에 나오는 것만 공부한다!

시나공 토익 750 완벽대비

딱 750점이 필요한 당신을 위한 책!
《750 완벽대비》

 초보자도 이해하기 쉬운 친절한 단계별 해설집

 주요 LC 문제 받아쓰기 훈련

 파트 5 핵심 문제 문장 분석 훈련

 파트 7 어려운 문장 직독직해 훈련

 MP3 5종 세트

- 실전용 MP3
- 1.2 배속 MP3
- 고사장용 MP3
- 받아쓰기용 MP3
- 영국 | 호주 발음 MP3

이 책이 꼭 필요한 분들

- 750점이 필요한 취업 준비생
- 졸업을 앞둔 졸업 예정자
- 혼자서 공부하는 독학생
- 각종 자격증&공무원 시험을 앞둔 수험생

이 책을
권장하는 점수대   400 ┼┼┼┼┼┼ 500 ┼┼┼┼┼┼ 600 ┼┼┼┼┼┼ 700 ┼┼┼┼ 800 ┼┼┼┼ 900

이 책의 난이도   쉬움 ┼┼┼┼┼┼┼ 비슷함 ┼┼┼┼┼┼┼┼ 어려움

03740

9 791159 241253

ISBN 979-11-5924-125-3

시나공 토익 750 완벽대비
Do it yourself!
TOEIC for 750

가격 21,000원

시험에 나오는 것만 공부한다!

시나공 토익

실전 편

김병기, 이관우 지음

750

★ LC + RC ★

완벽대비

빈출 문제 유형 + 실전 문제로 750점 달성!

✸ 독학용 복습 노트 ✸ MP3 5종 세트 **무료** 제공

✸ 문제의 접근 방법부터 설명하는 친절한 단계별 해설집

길벗
이지:톡

시험에 나오는 것만 공부한다!

시나공 토익

750

★ LC · RC ★

완벽대비

김병기, 이관우 지음

Actual Test 1

적정 풀이 시간 120분

120 min

시작 시간 ___시 ___분

종료 시간 ___시 ___분

목표 개수 _____ / 200

실제 개수 _____ / 200

· 중간에 멈추지 말고 처음부터 끝까지 풀어보세요.
  문제를 풀 때에는 실전처럼 답안지에 마킹하세요.

· 정답 개수에 5를 곱하면 대략적인 점수가 됩니다.

LISTENING TEST

In the Listening test, you will be asked to demonstrate how well you understand spoken English. The entire Listening test will last approximately 45 minutes. There are four parts, and directions are given for each part. You must mark your answers on the separate answer sheet. Do not write your answers in your test book.

PART 1

Directions: For each question in this part, you will hear four statements about a picture in your test book. When you hear the statements, you must select the one statement that best describes what you see in the picture. Then find the number of the question on your answer sheet and mark your answer. The statements will not be printed in your test book and will be spoken only one time.

Statement (B), "They are sitting at a table," is the best description of the picture. So you should select answer (B) and mark it on your answer sheet.

1.

2.

▶ ▶ ▶ GO ON TO THE NEXT PAGE

3.

4.

5.

6.

▶ ▶ ▶GO ON TO THE NEXT PAGE

Directions: You will hear a question or statement and three responses spoken in English. They will not be printed in your test book and will be spoken only one time. Select the best response to the question or statement and mark the letter (A), (B), or (C) on your answer sheet.

7. Mark your answer on your answer sheet.

8. Mark your answer on your answer sheet.

9. Mark your answer on your answer sheet.

10. Mark your answer on your answer sheet.

11. Mark your answer on your answer sheet.

12. Mark your answer on your answer sheet.

13. Mark your answer on your answer sheet.

14. Mark your answer on your answer sheet.

15. Mark your answer on your answer sheet.

16. Mark your answer on your answer sheet.

17. Mark your answer on your answer sheet.

18. Mark your answer on your answer sheet.

19. Mark your answer on your answer sheet.

20. Mark your answer on your answer sheet.

21. Mark your answer on your answer sheet.

22. Mark your answer on your answer sheet.

23. Mark your answer on your answer sheet.

24. Mark your answer on your answer sheet.

25. Mark your answer on your answer sheet.

26. Mark your answer on your answer sheet.

27. Mark your answer on your answer sheet.

28. Mark your answer on your answer sheet.

29. Mark your answer on your answer sheet.

30. Mark your answer on your answer sheet.

31. Mark your answer on your answer sheet.

PART 3

Directions: You will hear some conversations between two or three people. You will be asked to answer three questions about what the speakers say in each conversation. Select the best response to each question and mark the letter (A), (B), (C), or (D) on your answer sheet. The conversations will not be printed in your test book and will be spoken only one time.

32. Who most likely is Ms. Smith?

(A) A customer
(B) A store manager
(C) A marketing agent
(D) A seasonal employee

33. Why are the business hours changing?

(A) Sales have decreased sharply.
(B) There is a shortage in workers.
(C) The holiday season will start soon.
(D) An annual sale will be held.

34. What will the woman probably do next?

(A) Hire some new employees
(B) Visit a store
(C) Set a new goal
(D) Return some merchandise

35. Why did the woman call?

(A) To request a refund
(B) To cancel an order
(C) To check on a delivery
(D) To change a shipping address

36. When did the woman place the order?

(A) June 2
(B) June 7
(C) June 10
(D) June 15

37. What does the man say will happen tomorrow?

(A) A document will be mailed.
(B) Some documents will be printed.
(C) A sales meeting will be held.
(D) A shipment will be delivered.

38. What is the man asked to do?

(A) Make a flight reservation
(B) Order some office supplies
(C) Provide the woman with some information
(D) Give the woman a ride to the airport

39. Where is the head office located?

(A) In Ireland
(B) In Canada
(C) In Mexico
(D) In England

40. What does the man advise the woman to do?

(A) Avoid taking the highway
(B) Cancel a meeting
(C) Go quickly to the airport
(D) Hire additional truck drivers

41. Who most likely is the woman?

(A) An accountant
(B) A lawyer
(C) A receptionist
(D) A hotel employee

42. What does the woman say about Ms. Farmer?

(A) She is awaiting a trial.
(B) She is attending a conference.
(C) She owns a hotel in London.
(D) She works as an accountant.

43. What does the woman suggest the man should do?

(A) Leave a message
(B) Contact a hotel
(C) Send an e-mail
(D) File a lawsuit

▶ ▶ ▶ GO ON TO THE NEXT PAGE

44. What the speakers mainly talking about?

(A) A damaged office
(B) A new restaurant
(C) A building renovation plan
(D) A plumbing issue

45. What does the man want the woman to do?

(A) Replace an old kitchen sink
(B) Provide a full refund
(C) Move into a new office
(D) Inspect a ceiling

46. What does the man mean when he says, "That's all"?

(A) He selected the office he wanted.
(B) He already gave everything he had.
(C) He does not want anything else.
(D) He repaired the damaged machines himself.

47. How did Mr. Kim learn about the job opening?

(A) From a Web site
(B) From a colleague
(C) From a newspaper
(D) From a radio program

48. What is required in order to apply for the open position?

(A) A bachelor's degree from college
(B) Several years of work experience
(C) A state-authorized professional cooking certificate
(D) Recommendation letters from former employers

49. What does the woman ask the man to do?

(A) Prepare a new menu
(B) Conduct personal interviews
(C) Redesign a building
(D) E-mail relevant documents

50. What type of business does the man own?

(A) A meat-processing company
(B) A catering company
(C) A software company
(D) An event-planning service

51. What does the man want to do?

(A) Open a new branch
(B) Begin catering for professional events
(C) Attract new clients
(D) Talk about a fundraiser

52. What does the woman say she will do?

(A) Write a review
(B) Meet with her friends
(C) Look for some information
(D) Recommend the man's services

53. What kind of business does the man probably work for?

(A) A construction company
(B) An electronics manufacturer
(C) A real estate agency
(D) An art auction company

54. Why does the woman say, "That's much more than expected"?

(A) She thinks the rent is way too expensive.
(B) She thinks the man is too talkative.
(C) She doesn't want a spacious office.
(D) She was given too much information about a studio.

55. What will the woman probably do on Friday?

(A) Move into a new art studio
(B) Pay her security deposit
(C) Contact Mr. Kiesling
(D) Put a painting on display at an exhibition

56. Where are the speakers?

(A) At an art museum
(B) At a concert venue
(C) At a financial institution
(D) At a public library

57. What membership benefit does the woman mention?

(A) Savings on taxes
(B) Informative events
(C) Free admission
(D) Gift certificates

58. What is Mr. Preston asked to do?

(A) Pay a membership fee
(B) Make a donation
(C) Provide some information
(D) Complete some paperwork

59. What are the speakers discussing?

(A) Additional promotional events
(B) Different tastes in music
(C) Aggressive sales strategies
(D) Expected sales of a new product

60. What industry do the speakers most likely work in?

(A) Food processing
(B) Radio broadcasting
(C) Entertainment
(D) Web marketing

61. Why may some international results be disappointing?

(A) The new album is not well-known.
(B) The sale of a new product is prohibited.
(C) A publicity campaign has not been successful.
(D) Customers have different interests in music.

62. What are the speakers talking about?

(A) A security card
(B) A new computer facility
(C) A new password
(D) A performance evaluation

63. Who most likely is Ms. Smith?

(A) A computer technician
(B) A security employee
(C) A personnel manager
(D) A magazine subscriber

64. What does the man mean when he says, "right on time!"?

(A) He is running out of time.
(B) His card will arrive when he needs it.
(C) He has the right to express his opinion.
(D) He is not late for the computer workshop.

▶ ▶ ▶ GO ON TO THE NEXT PAGE

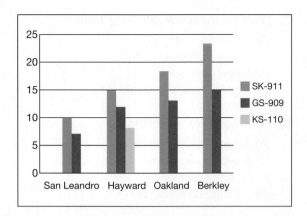

SHOW	DATE	PRICE
Romantic Cats (First Showing)	September 9	$ 70
Romantic Cats	September 10	$ 80
Romantic Cats	September 11	$ 90
Romantic Cats (Closing Night)	September 13	$ 100

65. What is the problem?

(A) The man's camera lens is cracked.

(B) A certain product is not available.

(C) Some replacement parts have been discontinued.

(D) No one knows the location of a store.

66. According to the woman, what will happen in two days?

(A) A new kind of camera will be released.

(B) The man's birthday party will be held.

(C) Some goods will arrive at a store.

(D) A new inventory system will be introduced.

67. Look at the graphic. Which branch will the man probably visit?

(A) San Leandro

(B) Hayward

(C) Oakland

(D) Berkley

68. What does the man want to do?

(A) Locate a theater

(B) Buy tickets

(C) Log on to the theater's Web site

(D) Change an itinerary

69. What problem does the woman mention?

(A) Some of the man's tickets are missing.

(B) A deadline is not realistic.

(C) The play is not that entertaining.

(D) The man cannot buy tickets from her.

70. Look at the graphic. How much did the man pay for each ticket?

(A) $70

(B) $80

(C) $90

(D) $100

PART 4

Directions: You will hear some short talks given by a single speaker. You will be asked to answer three questions about what the speaker says in each short talk. Select the best response to each question and mark the letter (A), (B), (C), or (D) on your answer sheet. The talks will not be printed in your test book and will be spoken only one time.

71. What is the purpose of the woman's call?
    (A) To schedule a job interview
    (B) To request some documents
    (C) To purchase some exercise equipment
    (D) To explain a special promotion

72. Who is this message intended for?
    (A) A fitness instructor
    (B) A regular customer
    (C) A telephone operator
    (D) A membership applicant

73. What does the speaker ask the listener to do?
    (A) Fax a document
    (B) Discuss some prices
    (C) E-mail some paperwork
    (D) Visit her business

74. What type of business does the caller work for?
    (A) A clothing company
    (B) A trucking company
    (C) A carpet manufacturer
    (D) A cable television service

75. What does the woman imply when she says, "they're blocking the road from our factory"?
    (A) She cannot enter her factory.
    (B) She will take another road.
    (C) She lost her way to a shop.
    (D) A delivery will be delayed.

76. What does the speaker suggest the listener do?
    (A) Pay a fee in advance
    (B) Call her mobile phone
    (C) Present a serial number
    (D) Cancel an order

77. What kind of a business is being advertised?
    (A) A shopping mall
    (B) A sports equipment store
    (C) A food retailer
    (D) A health supplements manufacturer

78. When will the special offer expire?
    (A) Tomorrow
    (B) In five days
    (C) At the end of the week
    (D) At the start of next week

79. What is Lucky Mart presently offering to customers?
    (A) Free samplings
    (B) A complimentary selection of beverages
    (C) A special discount card
    (D) A reduced membership rate

80. What is the subject of the workshop?
    (A) Creating innovative designs
    (B) Improving working conditions
    (C) Starting a new business
    (D) Developing public speaking skills

81. Why does the speaker say, "many people have that problem"?
    (A) To launch a new brand
    (B) To complain about a company
    (C) To say that questions may be asked
    (D) To reassure the attendees

82. What does the speaker ask the listeners to do?
    (A) Look for a partner
    (B) Review some data
    (C) Watch a presentation
    (D) Sign up for a course

▶ ▶ ▶ GO ON TO THE NEXT PAGE

83. What event does the speaker mention?

(A) A job fair for teachers
(B) A new policy
(C) A school merger
(D) An education conference

84. When will the event take place?

(A) In July
(B) In August
(C) In September
(D) In October

85. What is an expected result of the event?

(A) Fewer teaching staff members
(B) Smaller class sizes
(C) A more convenient location
(D) Improved academic effectiveness

86. Why is the company interested in providing employee transportation?

(A) Bus drivers will go on strike.
(B) Road maintenance work is in progress.
(C) The traffic is always terrible.
(D) Most of the employees don't have cars.

87. When will the company bus service begin?

(A) On Monday
(B) On Tuesday
(C) On Thursday
(D) On Friday

88. What should the listeners do to enroll in the company bus program?

(A) Pay for bus fare
(B) Buy some bus cards
(C) Fill out a document form
(D) Ask for printed bus timetables

89. Who most likely are the listeners?

(A) Employment agents
(B) Faculty members
(C) Potential students
(D) Government officials

90. According to the advertisement, what will happen on September 13?

(A) An entrance ceremony will be held.
(B) The open enrollment period will end.
(C) The fall term will start.
(D) Applications for the fall semester will be due.

91. What should the listeners do to get more information?

(A) Visit a Web site
(B) Go to a job fair
(C) Ask for a college brochure
(D) Phone an information helpline

Order Form			
Item	**Quantity**	**Item**	**Quantity**
T-shirts	100	Coffee cups	500
Postcards	150	Candy bars	700

92. Look at the graphic. Which quantity on the order form will most likely be changed?

(A) 100
(B) 150
(C) 500
(D) 700

93. What will the speaker do next week?

(A) He will start a new job.
(B) He will go on vacation.
(C) He will import a new kind of coffee.
(D) He will give a product demonstration.

94. What does the speaker say Ms. Kensington will do?

(A) She will ask for a full refund.
(B) She will train some new employees.
(C) She will send new coffee cups.
(D) She will take care of the man's work.

Time 10:00-12:00	Reserved By
Presidential Library	Mr. Scotfield
Diamond Room	Ms. Lawrence
Conference Room A	Ms. Bakinsale
Conference Room B	Open

95. Where does the announcement probably take place?

(A) In a cafeteria
(B) At a department store
(C) At a manufacturing plant
(D) At a cooking school

96. Look at the graphic. Which suggestion will the company take?

(A) More Food Items
(B) Longer Lunch Time
(C) Lower Lunch Prices
(D) More Seating

97. What will each respondent receive for filling out the questionnaire?

(A) A discount coupon
(B) A free T-shirt
(C) A complimentary lunch
(D) A gift certificate

98. Why did the speaker reserve a room?

(A) To meet with some clients
(B) To give a lecture
(C) To hold a seminar
(D) To rehearse a presentation

99. Look at the graphic. Which room does the speaker want to use?

(A) Presidential Library
(B) Diamond Room
(C) Conference Room A
(D) Conference Room B

100. What does the speaker say he wants to do?

(A) Get a complimentary beverage
(B) Print some handouts
(C) Reschedule his reservation
(D) Set up video equipment

This is the end of the Listening test. Turn to Part 5 in your test book.

▶ ▶ ▶ GO ON TO THE NEXT PAGE

READING TEST

In the Reading test, you will read a variety of texts and answer several different types of reading comprehension questions. The entire Reading test will last 75 minutes. There are three parts, and directions are given for each part. You are encouraged to answer as many questions as possible within the time allowed.

You must mark your answers on the separate answer sheet. Do not write your answers in your test book.

PART 5

Directions: A word or phrase is missing in each of the sentences below. Four answer choices are given below each sentence. Select the best answer to complete the sentence. Then mark the letter (A), (B), (C), or (D) on your answer sheet.

101. The cooking magazine emphasized the ------- of fruits when making a fruit salad.

(A) fresh
(B) freshly
(C) freshness
(D) fresher

102. If you want to return this product, you need to ------- a reason why you are returning it.

(A) speak
(B) give
(C) remit
(D) affect

103. The due date for accepting applications for the head designer position ------- until next Friday.

(A) has been extended
(B) has extended
(C) are extended
(D) extending

104. ------- prepared presentations are a must to look professional, but the substance of the presentation is what will make it extraordinary.

(A) Adamantly
(B) Adequately
(C) Adherently
(D) Admonishingly

105. The concert was great, but we had to hurry to the train station ------- it lasted longer than we thought it would.

(A) moreover
(B) as
(C) because of
(D) despite

106. Tamphenol will ------- the client when the goods are ready for shipment at the agreed location.

(A) notify
(B) announce
(C) forward
(D) speak

107. The ticket booth will require a ------- number if you order your tickets online.

(A) confirm
(B) confirmed
(C) confirming
(D) confirmation

108. Mr. Cabin speaks Korean pretty well, ------- is an asset for his new position.

(A) that
(B) which
(C) whom
(D) when

109. The intern had a lot of ------- regarding her work, but she decided to wait until she could ask her boss.

(A) advances
(B) questions
(C) expressions
(D) intuitions

110. Researchers are asked to wash their hands before ------- on the machine in case of contamination.

(A) turn
(B) turned
(C) turning
(D) to turn

111. The community council decided that all of ------- who applied to become the secretary of the council are unfit for the job.

(A) them
(B) those
(C) they
(D) these

112. After an hour of debate and persuasion, the committee came to the ------- decision.

(A) compulsory
(B) selective
(C) unanimous
(D) high

113. In the ------- event, city hall will be decorated with lights and flowers for the townspeople to look at.

(A) earlier
(B) promising
(C) preferred
(D) upcoming

114. The CEO decided to send cards that are ------- designed for each employee to improve the company's spirit.

(A) personal
(B) personable
(C) personally
(D) person

115. The new airplane model ------- gravity by adapting to the wind direction with advanced wind-tracking equipment.

(A) defiance
(B) defies
(C) defying
(D) defy

116. To get a better image with the public, the company might need to pay attention to customer -------.

(A) relevance
(B) feedback
(C) omission
(D) infliction

117. The front wall of the building will be ------- next week to include a variety of wood, stone, and metal finishes.

(A) regulated
(B) arrived
(C) contacted
(D) renovated

118. I went out to meet Sophie and Thomas, both of ------- had been in the country for a few months.

(A) whose
(B) which
(C) whom
(D) those

119. We heard that the position of marketing manager will be given to either Shawn Colvin ------- Brian May.

(A) so
(B) or
(C) and
(D) nor

▶ ▶ ▶ GO ON TO THE NEXT PAGE

120. Trevors Funds, Inc. developed a secure database to record every valuable that has been stored ------- there is a robbery.

(A) therefore
(B) even if
(C) in case
(D) though

121. Springfield High gives out medals to students that have the best ------- to encourage them to not skip school.

(A) attended
(B) attendant
(C) attend
(D) attendance

122. According to some recent findings, the writings that are known ------- Ferguson's are actually those of his students.

(A) to
(B) as
(C) into
(D) over

123. They will not provide firm prices and terms ------- the project is finally approved.

(A) by
(B) until
(C) so
(D) moreover

124. If there are any accidents, please don't hesitate to call the manager to find a ------- solution.

(A) prompt
(B) prompted
(C) promptly
(D) promptness

125. Since all the board members will be coming, this year's party will be crucial ------- employees who want to make connections.

(A) on
(B) for
(C) by
(D) from

126. When the attendees ------- finish the work that has been assigned in the given time, please guide them to Mr. Cutler.

(A) sufficient
(B) sufficiently
(C) more sufficient
(D) most sufficient

127. Our research team discovered that since June, cosmetics and perfume prices have dropped -------.

(A) professionally
(B) wrongly
(C) truly
(D) drastically

128. The Soleil Educational System has many ------- instructors in the Cobleskill area.

(A) alike
(B) experienced
(C) evident
(D) liable

129. A refrigerated truck is designed to carry perishable goods at a ------- temperature.

(A) soft
(B) distinctive
(C) varied
(D) specific

130. We are very sorry to inform you that our website is ------- down due to a server update.

(A) very
(B) shortly
(C) temporarily
(D) barely

PART 6

Directions: Read the texts that follow. A word, phrase, or sentence is missing in parts of each text. Four answer choices for each question are given below the text. Select the best answer to complete the text. Then mark the letter (A), (B), (C), or (D) on your answer sheet.

Questions 131-134 refer to the following notice.

Reference materials are to be stored and ------- only in the reading room and are not to be lent
131.

to regular account holders. While using a reference book, members must leave their borrowing

card at the reference desk. Members with an academic account are allowed to borrow reference

materials, but they must submit a written request ------- the head of the library. -------. Upon
132.   **133.**

------- of the request, academic members may borrow reference materials for a period of two
134.

days but must complete a condition form before and after the borrowing period. The form must

be signed by a library employee.

131. (A) using
(B) usage
(C) used
(D) to use

132. (A) to
(B) for
(C) into
(D) with

133. (A) Request forms can be found at the reference desk or on the library's Web site.
(B) Our library can lend books to other libraries for a six-week period.
(C) A borrower who has a book 30 to 60 days overdue is likely to be contacted.
(D) Please have all of the information available, including your account username.

134. (A) demand
(B) progress
(C) development
(D) approval

▶ ▶ ▶ GO ON TO THE NEXT PAGE

Questions 135-138 refer to the following letter.

June 27

Dear Mr. Laurence,

Please look at the bill ------- has been attached to this letter for your fees of this month. -------.
                  135.   **136.**

The bill will be due on the 15th of every month. The more data you use, the ------- charges you
                                                       137.

will get. If you would like to speak with one of our agents, you are very welcome to ------- an
                                                          138.

appointment by calling our customer service center.

Jeffrey Milligan

135. (A) that
    (B) whom
    (C) when
    (D) what

136. (A) You need to complete the form and
           return it with your application fee.
    (B) The total cost is $86.65, and that
           includes the new data plan you wanted.
    (C) There are many smartphone apps
           designed to help you remain productive.
    (D) Your billing information will be upgraded
           this weekend.

137. (A) high
    (B) highs
    (C) higher
    (D) highest

138. (A) meet
    (B) collect
    (C) visit
    (D) arrange

Questions 139-142 refer to the following e-mail.

From: Mary O'Neil <neil1974@onlinebuy.com>
To: Katherine Loan <kloan@coldmail.com>
Date: February 17
Subject: Your order

Dear Katherine,

We received your online order of "Extra Fluffy Slippers (Pink)." Your package will be shipped to

the ------- address, and it will take about two days to arrive. -------, we included a
        139.   140.
complimentary gift from our "Thank You, Customers" promotion. -------. In case there is any
                                                                  141.
damage during the delivery process, you are fully welcome to make an exchange ------- refund.
                                                                                  142.
As soon as the item ships, you will be notified. Thank you for your business.

Sincerely,

Mary O'Neil
Customer Services Specialist, Online Buy

139. (A) providing
(B) provide
(C) provided
(D) provision

140. (A) However
(B) In addition
(C) As a result
(D) Therefore

141. (A) We will have our new online customer service ready in the spring.
(B) Free parking is offered to all of our customers.
(C) We hope that you appreciate it.
(D) You will be considered for our vacant position.

142. (A) or
(B) and
(C) but
(D) so

From: Mike McAlister <mike@eyesguys.com>

To: Diana Simpson <D_simpson@unitel.co.kr>

Date: July 24

Subject: Optical checkup

Dear Mr. Simpson,

This is a reminder ------- your next optical checkup is scheduled for next Wednesday, July 28,
143.

at 8:30 A.M. If you need to cancel or reschedule, please contact me as soon as possible. -------,
144.

our phone number will change soon. As of July 24, you can reach us at (713) 245-6759. -------.
145.

You can make, modify, or cancel an appointment easily now at www.eyesguys.com. As always,

we are continuously finding new ways to ------- you better. I am looking forward to seeing you
146.

on Thursday.

Respectfully,

Mike McAlister

Office Manager, Eyes Guys

---

143. (A) of
(B) what
(C) that
(D) if

144. (A) By the way
(B) In doing so
(C) At no time
(D) Even as

145. (A) Our checkup schedule has been less convenient for most of the patients.
(B) However, we will maintain focus to reach our full potential.
(C) The entire project depends on the participation of our employees.
(D) Moreover, we have recently updated our Web site to include an appointment form.

146. (A) contract
(B) thank
(C) focus
(D) serve

PART 7

Directions: In this part you will read a selection of texts, such as magazine and newspaper articles, e-mails, and instant messages. Each text or set of texts is followed by several questions. Select the best answer for each question and mark the letter (A), (B), (C), or (D) on your answer sheet.

Questions 147-148 refer to the following article.

Metro Updates

Upcoming events, programs, and activities in the Metro Area of Oakwood

The city of Oakwood's FREE Central Shuttle launched Tuesday, July 27! The sparkling green buses follow a route between Piccadilly Square and Uptown.

Be among the first to ride the free bus during its opening week while the city gears up for the official launch event on August 5. Look for the bright and colorful "C" signs along Central Avenue and climb aboard. The Central Shuttle will travel between Piccadilly Square and Uptown along Central Avenue and will make stops at Washington Street, Chinatown, Old Town, City Hall, the Marriott Convention Center, and the Financial District.

The shuttle hours are Monday-Friday from 7 A.M. to 7 P.M. (with service potentially expanding into the evenings over time). Have you been wanting to try some restaurants and stores in Piccadilly Square but have no way to get there and back? Catch the "C"! For information about the shuttle and downtown Oakwood restaurants and other businesses, visit www.MeetDowntownOakwood.com.

147. Which is NOT true about the Central Shuttle service?

(A) It runs through downtown Oakwood.
(B) It will possibly be expanded to the weekends.
(C) Passengers will pay nothing for the ride.
(D) It will run for 12 hours per day.

148. Which is the main goal of the shuttle service?

(A) To attract tourists from other cities
(B) To improve the image of city officials
(C) To provide bus drivers with employment opportunities
(D) To encourage local residents to visit the downtown area more

▶ ▶ ▶ GO ON TO THE NEXT PAGE

Debt Freedom, USA

At Debt Freedom, USA, we understand that receiving many bills each month can be overwhelming. Whether you started building up debt due to a job loss, health issues, or simply an untamed shopping spree, the service specialists at Debt Freedom, USA are trained professionals who can help you both consolidate and pay down your debt. For a minimal fee, our consultants will meet with you to review all of your current debt. You are then required to relinquish all credit cards and to sign an agreement stating that you will not obtain any new credit cards. At that point, our specialist will contact each of your creditors and negotiate deals that make the amount you owe and the due dates more reasonable.

We at Debt Freedom, USA are not happy until each of our customers expresses a sigh of relief upon seeing the monthly payment we have negotiated. In addition to this service, we also offer money management classes where we will work with your specific income to create a reasonable monthly budget for you and your family.

Please call us at 392-5542 to schedule an appointment with one of our agents today or visit our website at www.debtfreedomusa.com to learn more.

149. Why do people contact Debt Freedom, USA?

(A) To obtain a new credit card
(B) To get a loan for a house
(C) To make a financial plan
(D) To file for bankruptcy

150. What is indicated about Debt Freedom, USA?

(A) It is owned by a large credit firm.
(B) Its services are rendered free of charge.
(C) Customers will receive a bill from it.
(D) It is funded by the federal government.

151. According to the advertisement, what is mentioned as a type of debt?

(A) Medical costs
(B) Living expenses
(C) Relocation costs
(D) Tuition fees

Dear Club Member,

This coming weekend is your last opportunity to register for the Summer Tennis Circuits. May 10 is the last opportunity to sign up for the Adult Tennis Circuits. Circuits are a great way to stay active, to challenge yourself, and to meet new playing partners. We have all levels of adults playing, from beginner-intermediate to semi-professional level. Sign up now for singles, doubles, or mixed doubles. The fee is $10 per player, or you can save yourself $2 by registering online at www.montevistasports. com. The summer circuit runs from May 15 to August 15. If you need help finding a doubles partner, or if you have any questions regarding playing in the circuits, please let me know.

Club Store Manager Judy Greenwood has a fun racket demo night planned that you want to be sure to mark down on your calendar. It will be held on Friday, June 4, from 6 P.M. to 8 P.M. and will include a barbeque. It is an opportunity to try out the newest Arm & Head rackets and to receive 20% off those purchased that evening. A sales rep from Arm & Head will be here with the brand-new Tech Star series for you to demo. There will be rackets for every level of play. So come on over to the club. We are looking forward to helping you get a great value on your next racket purchase. So make sure you mark your calendars for our next demo night at the club!

Regards,

Ryan P. Adams, Program Director

152. What kind of information is NOT provided about the summer circuit?

(A) The period of the circuit
(B) The way to enroll in the circuit
(C) The registration fee
(D) The player list

153. What kind of benefit is mentioned about the circuit?

(A) Making extra money
(B) Socializing opportunities
(C) Earning academic credits
(D) Being a great introduction to tennis for children

154. What would NOT be a purpose of going to the demo night?

(A) To eat some food
(B) To get a discount on a racket purchase
(C) To get a complimentary tennis lesson
(D) To find a racket that meets one's personal needs

Questions 155-156 refer to the following text message chain.

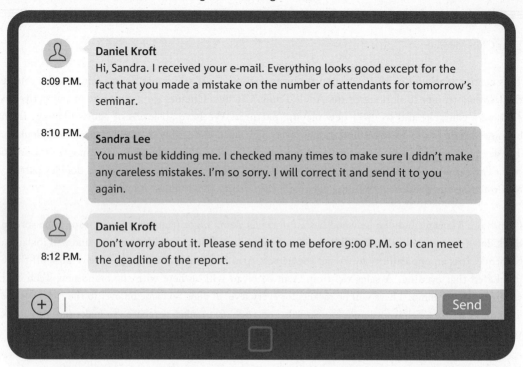

Daniel Kroft
8:09 P.M.
Hi, Sandra. I received your e-mail. Everything looks good except for the fact that you made a mistake on the number of attendants for tomorrow's seminar.

8:10 P.M.
Sandra Lee
You must be kidding me. I checked many times to make sure I didn't make any careless mistakes. I'm so sorry. I will correct it and send it to you again.

Daniel Kroft
8:12 P.M.
Don't worry about it. Please send it to me before 9:00 P.M. so I can meet the deadline of the report.

Send

155. What does Mr. Kroft want Ms. Lee to do?

(A) Report an issue
(B) Attend a work event
(C) Send an e-mail
(D) Be on time for a deadline

156. At 8:10 P.M., what does Ms. Lee most likely mean when she writes, "You must be kidding me"?

(A) She does not believe Mr. Kroft.
(B) She does not appreciate Mr. Kroft's joke.
(C) She is in disbelief of her mistake.
(D) She thinks Mr. Kroft is mad at her.

Questions 157-159 refer to the following letter.

Dear Ms. Seward,

I just received your letter concerning your visit to our club on June 28. I am very sorry to hear about the theft of your purse from your locker. — [1] —.

While I sympathize with you for your loss and the inconvenience it has created, I am unable to fulfill your request for reimbursement. — [2] —. Both on your membership agreement and on the disclaimers posted on the locker room walls, we state, "The Hildebrand Racquetball Club is not responsible for the loss or theft of personal property." — [3] —. We even provide one for rental at a fee of only $1 each use.

As a gesture of goodwill, I have both credited your account for 1 massage at our spa to help alleviate the stress this situation has caused you and arranged for a full year of free lock rental. — [4] —. Please let me know if there is anything else I can do to help.

Sincerely,

Carl J. Dott, Manager, Hildebrand Racquetball Club

157. What is the main purpose of the letter?

(A) To request more information regarding a theft
(B) To announce some new membership benefits
(C) To extend an invitation for membership
(D) To deny an appeal due to a company policy

158. What problem did Ms. Seward have?

(A) She forgot her locker combination.
(B) She left her lock at the gym.
(C) She had some personal property stolen.
(D) She forgot a massage appointment.

159. In which of the positions marked [1], [2], [3], and [4] does the following sentence best belong?

"This is why we strongly recommend that all members use a combination lock on their locker."

(A) [1]
(B) [2]
(C) [3]
(D) [4]

▶ ▶ ▶ GO ON TO THE NEXT PAGE

Dream World Doll Houses

Dream World Doll Houses are inspired by the world's best-liked and most famous architecture styles. Each house is individually designed in a certain style, with the utmost attention to detail both inside and out.

The houses are delivered flat to reduce shipping costs and include easily understandable assembly instructions. All the tools needed to finish the house, including specially made wood glue, are provided.

Basic kits come with the house, exterior and interior finishing, and assembly instructions. Deluxe kits come with all of these and basic furniture for each room of the house. The styles available are described below. Please read them carefully before indicating your preference on the order form.

Assembly Suggestions

Dream World Doll Houses come with everything needed for assembly and very clear instructions. To ensure outstanding results, please read the entire instruction booklet thoroughly before beginning. In addition, please work in a clean, dry space and double-check part labels before gluing them. The glue included is quick to dry. While gluing, it is recommended that you cover your work surface with a protective material. The glue will dry clear on the wood pieces of the house but may leave marks on fabrics or stained wood.

Style Options

* Victorian: featuring artificial brick walls, slate roofs, a wrap-around porch on two sides with gingerbread details, and two large gables on the front of the house.
* Craftsman: featuring a large front porch with tapered columns, an open floor plan, a breakfast nook with bay windows, and decorative glass in the exterior doors.
* Ranch: featuring a rambling single-story open floor plan, large windows with beautiful shutters, and a large patio off the back entrance.
* Villa: Our most popular style. Featuring several stories, multiple balconies on each floor, tile roofs, and luxurious entertaining spaces.

160. What is NOT mentioned about the dollhouses?

(A) Customers may select the style they want.
(B) Each house comes fully furnished.
(C) The kits include assembly instructions.
(D) Special glue is delivered with the houses.

161. What is suggested when assembling the dollhouse?

(A) It should be well lit.
(B) It should be outdoors.
(C) It should be warmer than room temperature.
(D) It should be clean and dry.

Local Group Outperforms at City Hall

By Chandra Pine

Last night's performance at City Hall is proof that the local arts scene in Midas City is growing. Local community group Midas Touch gave an outstanding performance of *A Boy in the Wind*, a spellbinding new play by Deborah Missing, a local writer. — [1] —.

The show featured an amazing performance by leading actor Anthony LaPaige, who infused energy and passion into his role. — [2] —. The amazing and spectacular costumes were designed and created by Azaria Bennington. Midas State University professor Gemma Whitman composed the dramatic and piercing score that was in alignment with some striking moments in the play. — [3] —.

Overall, the performance was flawless; however, I think the play itself would have benefitted by the trimming of certain parts. — [4] —. At $15.00 per ticket, it is a great balance of affordability and entertainment. The play has eight more sessions this month. Tickets can be purchased in the City Hall lobby or online at www.midascityhall.net.

162. What type of event is being reviewed?

(A) An international dance performance
(B) A classical instrumental concert
(C) A theatrical piece
(D) A children's musical

163. What did the reviewer dislike about the event?

(A) The overpriced tickets
(B) The lengthy performance
(C) The misleading marketing posters
(D) The lead actor's poor performance

164. In which of the positions marked [1], [2], [3], and [4] does the following sentence best belong?

"The play satisfied even the hardiest of reviewers, but the seats are in dire need of replacement."

(A) [1]
(B) [2]
(C) [3]
(D) [4]

▶ ▶ ▶ GO ON TO THE NEXT PAGE

http://www.hotelassistant.com/search_results

Hotelassistant.com

The following four hotels in Mosman match your preferences. For more information about a given hotel, including prices and photographs, click on the hotel name.

	Location	Amenities	Guest Comments
Davidson Hotel	City center, walking distance to city museum and city parks	Complimentary Wireless Internet service throughout hotel	"Excellent location though slightly overcrowded. There wasn't enough room to relax. I ordered room service for lunch. Though not first class, it was punctual and fairly priced." - V. Duc Yueng
Hotel Paradise	East Mosman (Close to Mosman Opera House)	Guest Parking	"My room overlooked the famous opera house. It was perfect. The hotel's breakfast was delicious." - S. Ferternan
Devenir Resort	Nine kilometers outside Mosman, close to West Park: complimentary shuttle bus city center	Conference and business rooms: Internet access in all guest areas	"I attended the City Planning Conference here. The service was flawless, and it was just a short shuttle ride to the buildings, walkways, and public areas we were examining." - S. Baldwin
Canterbury House	City center, near the arts district and sightseeing areas	24-hour business room with full secretarial assistance	"I stay here every March for the nearby Classical Buildings tours. The staff is always very helpful, and I usually get a room with a view of the historic Lady Justice statue." - R. Webber

Disclaimer: Though we endeavor to provide the most accurate and updated information, changes are unavoidable. Hotelassistant.com is not responsible for any inaccurate information, including prices, rates, and advertised features. We would appreciate it if users would bring any inconsistencies to our attention and provide feedback by contacting us at assistant@ hotelassistant.com.

165. What do the comments imply about Mosman?

(A) It has several sporting teams.
(B) It is the cultural capital of the region.
(C) It is known for its architecture.
(D) It is famous for its cuisine.

166. What complaint does V. Duc Yueng make?

(A) The staff was uncaring.
(B) The hotel room was too small.
(C) The hotel is in an inconvenient location.
(D) The room service was overpriced.

167. What is available only at Devenir Resort?

(A) Internet access in the guest rooms
(B) Guest parking
(C) Printing services
(D) Facilities for special events

168. What are visitors to the website asked to do?

(A) Send in corrections
(B) Buy hotel packages
(C) Submit photographs of hotels
(D) Settle their hotel bills online

▶ ▶ ▶ GO ON TO THE NEXT PAGE

Questions 169-171 refer to the following e-mail.

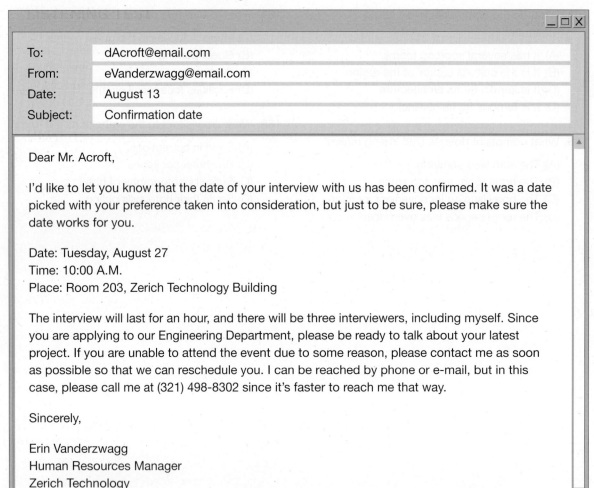

To: dAcroft@email.com
From: eVanderzwagg@email.com
Date: August 13
Subject: Confirmation date

Dear Mr. Acroft,

I'd like to let you know that the date of your interview with us has been confirmed. It was a date picked with your preference taken into consideration, but just to be sure, please make sure the date works for you.

Date: Tuesday, August 27
Time: 10:00 A.M.
Place: Room 203, Zerich Technology Building

The interview will last for an hour, and there will be three interviewers, including myself. Since you are applying to our Engineering Department, please be ready to talk about your latest project. If you are unable to attend the event due to some reason, please contact me as soon as possible so that we can reschedule you. I can be reached by phone or e-mail, but in this case, please call me at (321) 498-8302 since it's faster to reach me that way.

Sincerely,

Erin Vanderzwagg
Human Resources Manager
Zerich Technology

169. What does the e-mail mainly discuss?

(A) An interview
(B) A phone call
(C) An e-mail
(D) A transportation method

170. Why does Ms. Vanderzwagg request that Mr. Acroft call her?

(A) Mr. Acroft does not have an e-mail address.
(B) Ms. Vanderzwagg's computer is not working.
(C) Ms. Vanderzwagg prefers that.
(D) The company requires that.

171. According to the e-mail, what should Mr. Acroft prepare?

(A) A meal for everyone
(B) Documents from his previous employer
(C) Ideas for a new project
(D) A presentation on his work

Questions 172-175 refer to the following online chat discussion.

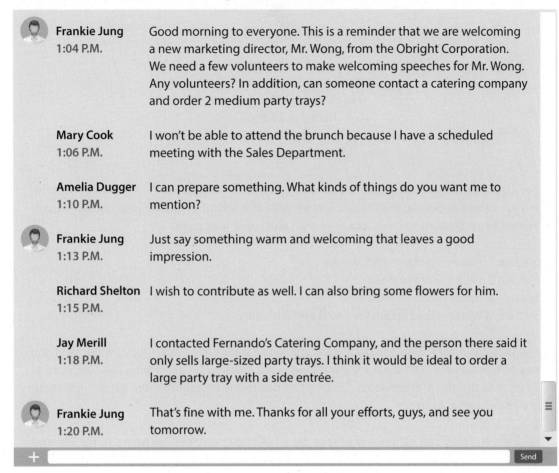

Frankie Jung
1:04 P.M.

Good morning to everyone. This is a reminder that we are welcoming a new marketing director, Mr. Wong, from the Obright Corporation. We need a few volunteers to make welcoming speeches for Mr. Wong. Any volunteers? In addition, can someone contact a catering company and order 2 medium party trays?

Mary Cook
1:06 P.M.

I won't be able to attend the brunch because I have a scheduled meeting with the Sales Department.

Amelia Dugger
1:10 P.M.

I can prepare something. What kinds of things do you want me to mention?

Frankie Jung
1:13 P.M.

Just say something warm and welcoming that leaves a good impression.

Richard Shelton
1:15 P.M.

I wish to contribute as well. I can also bring some flowers for him.

Jay Merill
1:18 P.M.

I contacted Fernando's Catering Company, and the person there said it only sells large-sized party trays. I think it would be ideal to order a large party tray with a side entrée.

Frankie Jung
1:20 P.M.

That's fine with me. Thanks for all your efforts, guys, and see you tomorrow.

Send

172. Who is Mr. Wong?

(A) A new intern
(B) A transferring employee
(C) A member of the Sales Department
(D) A cook

173. What is Mr. Shelton bringing to the welcoming brunch?

(A) A party tray
(B) A letter
(C) Some flowers
(D) A side entry

174. Who is NOT participating in the welcoming brunch?

(A) Mr. Jung
(B) Mr. Wong
(C) Ms. Dugger
(D) Ms. Cook

175. At 1:20 P.M., what does Mr. Jung most likely mean when he writes, "That's fine with me"?

(A) He prefers getting a medium-sized tray.
(B) He wants to contact another catering service.
(C) He only wants to get a large-sized tray.
(D) He agrees with Mr. Merill's suggestion.

▶ ▶ ▶ GO ON TO THE NEXT PAGE

Ivy Park Nursery
Decorative Plants and Trees
45400 N Black Canyon Hwy,
Phoenix, AZ 85087
(602) 3636 8635
www.ivypark.com

For all your needs to add nature to your home or office, come to Ivy Park Nursery. We offer a huge range of plants and trees from all over the globe. Stroll through 15,000 square meters of garden exhibits and look over and select your own plants.

Section 1: Flowering plants and shrubs
Section 2: Fruit trees and vines
Section 3: Hardy plants of Arizona
Section 4: Water-based plants for ponds and fountains

For your convenience, to happily answer questions about any plant's light, water, and soil needs, our nursery staff speaks several languages. Looking for something new, unusual, or exotic? At the main greenhouse, ask one of our many helpful master gardeners about making a special order.

Ivy Park Nursery can deliver any of your selected plants or trees anywhere in the Phoenix area.

Ivy Park Nursery   Order Form

Type	Quantity
1. White Water Lily (alba)	2
2. Cactus Plant (harrisia)	1
3. Fruit Tree - Peach	1
4. Fruit Tree - Apple	1
5. Red Grape Vine (cienna)	2

Customer Name: Sarah Milton
Delivery Date: June 14
Address: 3761 N Rowen, Mesa, AZ 85207
Phone: (062) 4527 3574

After completing your order form, please submit it to a nursery assistant. The assistant will then check your selection, answer any questions, and verify the plants you have selected.

- We guarantee that customers will receive their deliveries within seven days of placing an order.
- Ivy Park Nursery must be informed of damaged or unhealthy plants within one day of their confirmed delivery.

176. What is suggested about Ivy Park Nursery?

(A) It delivers exotic plants nationwide.
(B) It mainly supplies farms and orchards.
(C) It allows customers to explore its gardens.
(D) It offers full refunds on unwanted flowers.

177. According to the advertisement, what information can the nursery staff provide customers?

(A) Individual plants' growing requirements
(B) Any plant's biological origins
(C) The discount pricing policy on bulk orders
(D) Instructions on constructing a pond for water flora

178. How can customers submit special orders for unique plants?

(A) By mailing a special order form to Ivy Park Nursery
(B) By registering on the nursery's website
(C) By talking to a master gardener
(D) By presenting an order form to the nursery staff

179. Where will the nursery employees find most of Ms. Milton's order?

(A) In Section 1
(B) In Section 2
(C) In Section 3
(D) In Section 4

180. According to the form, what must Ms. Milton do by June 15?

(A) Pay for her plant order and the delivery fee
(B) Return any incorrectly delivered plants
(C) Plant or repot the plants that she has purchased
(D) Contact the nursery about any problems related to her plants

▶ ▶ ▶ GO ON TO THE NEXT PAGE

18 February

Mr. Masao Kinoshita
Allied Tekno Company
5-3-1 Ginza, Chuo, Tokyo 104-0061, Japan

Dear Mr. Kinoshita,

Here at Greentech, our team is committed to recycling your computers, smart/desktop phones, and other electronics in a responsible way. Our reasonable prices are the result of our resourceful collection network. Since we have facilities in 40 cities around the world, we are able to reduce costs on shipping, transportation, and fuel usage.

Your choices on where and what to recycle have a great impact, especially since you are the environmental officer of one of Japan's most rapidly growing companies. After reading the enclosed booklet about Greentech, I hope you will consider us as the place to send your disused and recyclable electronic material. To further your trust in our quality of service, I encourage you to contact any of our clients identified on the last page of the booklet. Please contact me or, if you prefer, speak with Takao Minatoya in our Tokyo office if you would like to discuss your company's needs.

Sincerely,

Ib Holm
Senior Account Manager

From:	Masao Kinoshita [kinoshita@altek.co.jp]
To:	Luke Ricketts [luker@timmsglobal.com]
Subject:	Greentech
Date:	February 22

Dear Mr. Ricketts,

I am the environmental officer for Allied Tekno Company in Tokyo. We are considering signing an agreement with Greentech to recycle our obsolete computer equipment and used printer cartridges. I would like to hear your opinion on its services before I contact its regional representative at Greentech.

I am aware that your company uses Greentech to collect electronic material from several of your global offices. I am especially interested in hearing about your Osaka office and its experiences. Greentech transfers your electronic waste from there to its processing plant in Kameyama, which is also where our materials would be sent. Based on your experience, how would you evaluate Greentech? I'm particularly interested in its ability to pick up your waste materials on the appointed days and times. Any information you can provide will be greatly appreciated.

Sincerely,

Masao Kinoshita

181. What is the purpose of the letter?

(A) To explain an environmental policy
(B) To offer a recycling service
(C) To receive feedback from long-term clients
(D) To recommend a new computer package

182. According to the letter, how does Greentech decrease its energy consumption?

(A) It utilizes appliances with power-saving technology.
(B) It transfers products in energy hybrid transports.
(C) It operates facilities near clients.
(D) It reconditions computer and electronic equipment.

183. Who most likely is the regional representative for Greentech?

(A) Masao Kinoshita
(B) Luke Ricketts
(C) Ib Holm
(D) Takao Minatoya

184. Where did Mr. Kinoshita most likely get Mr. Ricketts's contact information?

(A) From a Japanese business register
(B) From Mr. Holm's assistant
(C) From Greentech's Tokyo office
(D) From Greentech's list of references

185. What concerns Mr. Kinoshita about Greentech?

(A) The type of equipment it can process
(B) The fees relating to non-bulk collections
(C) The consistency of its schedules
(D) The reputation it has within the industry

▶ ▶ ▶ GO ON TO THE NEXT PAGE

To: pr@spwmf.demur.com
From: sferguson@hmail.com
Date: August 14
Subject: Inquiry

Dear Sir or Madam,

I would like to request a journalist's pass in order to gain access to participating musicians and to interview them at the tenth Sweet Plain World Music Festival next February. London-based magazine *Mus-Style* has commissioned me to write a piece on the festival based on my experience with and insight on music of African, Caribbean, and Latin American origins.

As a freelance reporter, I have written insightful reviews for a number of popular cultural groups and magazines both in Europe and the United States, including the Dewark Arts and Cultural Center and *High Tunes Magazine*, to name two. Actually, the Dewark Arts and Cultural Center requested that I write a piece on the Brazilian Capoeira Company's tour of England and Western Europe. Please inform me if and when my request is approved.

Thank you.

Sally Ferguson

To: sferguson@hmail.com
From: mborn@spwmf.demur.com
Date: August 16
Subject: Inquiry

Dear Ms. Ferguson,

I was pleased to receive your request regarding the Sweet Plain World Music Festival. As the hosts of the Sweet Plain World Music Festival, we, the Sweet Plain Arts and Music Center, welcome all forms of media, including freelance writers such as yourself, to join us at our location to share our special events with interested supporters.

Due to the high demand from both international and German media groups, press passes will be assigned to verified journalists on a first-come, first-served basis. Parties interested in obtaining a press pass must provide all of the necessary documents to the festival board. All applications have to be on the official company letterhead of a recognized publication. Requests that are approved will be mailed to the recipients after e-mail confirmation.

Applications need to be received by April 20.

Sincerely,

Max Born
Public Relations Manager, SPWMF

Press Pass Application   *- Official -*

* **Issue Date:** May 2, 2017
* **Name:** Roger Allen
* **Job Title:** Freelance reporter
* **Company:** World Music London
* **Topics You Cover for Publication:** The tenth Sweet Plain World Music Festival
* **E-mail:** r.allen@unamail.uk
* **Phone Number:** (020) 3617-6138

World Music London

---

186. Why did Ms. Ferguson send the first e-mail?

(A) To request a list of performers
(B) To verify the availability of tickets
(C) To request unique access to an event
(D) To inquire about a South American dance group

187. Which organization most recently hired Ms. Ferguson to write an article?

(A) Mus-Style
(B) The Dewark Arts and Cultural Center
(C) High Tunes Magazine
(D) The Brazilian Capoeira Company

188. What does Mr. Born request Ms. Ferguson do?

(A) Present an official letter of request
(B) Provide written samples of her work
(C) Request her employer provide her with a pass
(D) Allow time for her request to be processed

189. What is NOT stated about the Sweet Plain World Music Festival?

(A) It has been conducted nine times before.
(B) It doesn't require an admission fee.
(C) It will include a variety of international performers.
(D) It will be held at the Sweet Plain Arts and Music Center.

190. What is suggested about Mr. Allen?

(A) He started his work at World Music London.
(B) Ms. Ferguson is one of his friends.
(C) His application will not be approved.
(D) He is interested in covering Capoeira.

▶ ▶ ▶GO ON TO THE NEXT PAGE

Mountain Ridge Lodge

Nestled at the base of Snowmass Peak, Colorado, the Mountain Ridge Lodge offers warmth and nourishment to the wearied skier as well as a place to lay your head after a fun-filled day of touring the area. The lodge has 75 rooms that all have 2 double beds and 5 suites that all have 2 bedrooms with varying sleeping arrangements as well as a small kitchen and a sitting room. All rooms are situated with views of the mountain range. Overnight guests can make use of the state-of-the-art fitness facility as well as the indoor pool and outdoor hot tub, which is great to enjoy on a cool winter night. The 5-star restaurant under the lead of renowned chef Jacques Bernard is a favorite with locals and tourists alike and is the most recent recipient of the Aspen Food Festival's Blue Ribbon Award. Mr. Bernard specializes in Hong Kong foods and is also attending this year's festival.

To book your stay or dinner at the Mountain Ridge Lodge, visit its Web site at www.mountainridgelodge.com or call its customer service line at (888) 977-1456.

To:	Janice Suarez
From:	Reservations@mountainridgelodge.com
Date:	January 21
Subject:	Your reservation with the Mountain Ridge Lodge

Dear Ms. Suarez,

We received your reservation request via our Web site's online reservation calendar. Unfortunately, there is missing information (marked with "??") from your submission. Please confirm the information we have and also submit the missing information at your earliest convenience to secure your room(s). Thank you.

Check In: Wednesday, February 10
Check Out: Sunday, February 14
Number of Rooms: 1
Type of Room: Standard
Number of Guests: ??

In addition, I want to inform you of a current special we are running: Book 5 nights and receive 2 nights free. Currently, you have reserved a 4-night stay at our lodge. For the cost of $189 (based on 1, double-occupancy room), you can stay 3 more nights. If you have any questions regarding your reservation, please do not hesitate to contact me.

Best regards,

Joe Hildebrand
Manager, Guest Services
Mountain Ridge Lodge

ASPEN FOOD FESTIVAL	FRIDAY, JUNE 16, 2017

Friday 2:00 P.M. - 2:45 P.M.
Italiano, Per Favore!

Friday 2:00 P.M. - 2:45 P.M.
Southern French Food Favorites

Friday 2:00 P.M. - 2:45 P.M.
Ribs! Ribs! Ribs!

Friday 3:45 P.M. - 4:30 P.M.
The Best Asian Street Food

Friday 3:45 P.M. - 4:30 P.M.
In the Kitchen with the Top Chef

191. What amenity is NOT mentioned in the review?

(A) Dining options
(B) Exercise areas
(C) Aquatic centers
(D) Gift shops

192. According to the review, where is the Mountain Ridge Lodge located?

(A) At the summit of Snowmass
(B) At the bottom of a mountain
(C) On the water's edge
(D) Near the state's capital

193. What is a purpose of the e-mail?

(A) To notify the client of a possible discount
(B) To request the dates of a customer's visit
(C) To respond to a complaint made by a customer
(D) To extend an offer of employment

194. What will be in Ms. Suarez's room at the lodge?

(A) One king-sized bed
(B) A sitting room
(C) A kitchenette
(D) Two double beds

195. Where will Mr. Bernard most likely be at the Aspen Food Festival?

(A) Italiano, Per Favore!
(B) Southern French Food Favorites
(C) Ribs! Ribs! Ribs!
(D) The Best Asian Street Food

▶ ▶ ▶ GO ON TO THE NEXT PAGE

Questions 196-200 refer to the following e-mails and chart.

From:	Roberto Popo
To:	Max Romero, Amelia Zirilli, Leonard Dumas, Phillippe Gise
Subject:	Next Monthly Meeting
Date:	Wednesday, July 2
Attachment:	Expenditures

I hope that you have all been doing well with the restaurants. It's been a year since all four restaurants went into business in the country, and I'd like to talk about some new proposals regarding the menus at the upcoming monthly meeting.

The chart covers last month's sales. Although Glendale was the first to open and its population is larger than those of the other three cities, I'm surprised to see that, other than the carbonara pasta and tomato pasta, sales at the Glendale restaurant are lower than sales in other cities. Owl Creek has an unusually high number of sales of soup; I think it's safe to say that is thanks to the daily soup promotion. Managers at other locations, please take note and prepare to launch the same promotion.

That's all for the e-mail. You are all welcome to share your opinions at the monthly meeting on July 5. I also believe that our franchise is mature enough to introduce more items to the menu. Please come with suggestions for any new items you have been thinking about.

Thank you.

Roberto Popo, CEO of Popo's Pasta

Popo's Pasta
Record of Sales: June

	Glendale	Marydel	Gilliam	Owl Creek
Soup	$3,600	$7,700	$8,500	$15,600
Tomato Pasta	$15,000	$10,850	$12,000	$11,800
Carbonara	$33,000	$13,250	$14,250	$12,800
Lasagna	$36,500	$3,300	$24,000	$32,500
Cheese Pizza	$8,700	$17,500	$25,500	$11,000
Pepperoni Pizza	$5,500	$12,500	$21,200	$8,700

To: Leonard Dumas
From: Jessica Mraz

Mr. Dumas,

At the meeting yesterday, you asked our staff to think about some measures to increase the sales of lasagna. I was surprised to learn that sales of lasagna are very poor compared to other Popo's Pasta branches and other items on the menu. What I thought was to give a free glass of draft beer to a customer who orders lasagna. Of course, this offer will be temporary.

Sincerely,

Jessica

196. What is the purpose of the e-mail?

(A) To discuss business plans
(B) To suggest a new menu item for the restaurants
(C) To describe what it's like to live in Glendale
(D) To explain why the restaurants aren't doing well

197. Why does Owl Creek most likely have the highest sales for soup?

(A) It has a new location.
(B) It has a new promotion.
(C) It has a new interior design.
(D) It has a new chef.

198. According to the e-mail, what will happen on July 5?

(A) There will be price changes on the menu.
(B) There will be a new restaurant opening.
(C) People will propose some new menu items.
(D) Some managers will be fired.

199. What is true about the Glendale branch?

(A) It is located in the area with the lowest population.
(B) Its cheese pizza sells the most among all of the branches.
(C) It opened earlier than the other branches.
(D) It will be renovated after the June meeting.

200. Where does Mr. Dumas most likely work?

(A) Glendale
(B) Marydel
(C) Gilliam
(D) Owl Creek

Actual Test 2

적정 풀이 시간 120분

120 min

시작 시간 ___시 ___분

종료 시간 ___시 ___분

목표 개수 _____ / 200

실제 개수 _____ / 200

- 중간에 멈추지 말고 처음부터 끝까지 풀어보세요.
  문제를 풀 때에는 실전처럼 답안지에 마킹하세요.

- 정답 개수에 5를 곱하면 대략적인 점수가 됩니다.

LISTENING TEST

In the Listening test, you will be asked to demonstrate how well you understand spoken English. The entire Listening test will last approximately 45 minutes. There are four parts, and directions are given for each part. You must mark your answers on the separate answer sheet. Do not write your answers in your test book.

PART 1

Directions: For each question in this part, you will hear four statements about a picture in your test book. When you hear the statements, you must select the one statement that best describes what you see in the picture. Then find the number of the question on your answer sheet and mark your answer. The statements will not be printed in your test book and will be spoken only one time.

Statement (B), "They are sitting at a table," is the best description of the picture. So you should select answer (B) and mark it on your answer sheet.

1.

2.

▶ ▶ ▶GO ON TO THE NEXT PAGE

3.

4.

5.

6.

▶ ▶ ▶ GO ON TO THE NEXT PAGE

Directions: You will hear a question or statement and three responses spoken in English. They will not be printed in your test book and will be spoken only one time. Select the best response to the question or statement and mark the letter (A), (B), or (C) on your answer sheet.

7. Mark your answer on your answer sheet.

8. Mark your answer on your answer sheet.

9. Mark your answer on your answer sheet.

10. Mark your answer on your answer sheet.

11. Mark your answer on your answer sheet.

12. Mark your answer on your answer sheet.

13. Mark your answer on your answer sheet.

14. Mark your answer on your answer sheet.

15. Mark your answer on your answer sheet.

16. Mark your answer on your answer sheet.

17. Mark your answer on your answer sheet.

18. Mark your answer on your answer sheet.

19. Mark your answer on your answer sheet.

20. Mark your answer on your answer sheet.

21. Mark your answer on your answer sheet.

22. Mark your answer on your answer sheet.

23. Mark your answer on your answer sheet.

24. Mark your answer on your answer sheet.

25. Mark your answer on your answer sheet.

26. Mark your answer on your answer sheet.

27. Mark your answer on your answer sheet.

28. Mark your answer on your answer sheet.

29. Mark your answer on your answer sheet.

30. Mark your answer on your answer sheet.

31. Mark your answer on your answer sheet.

PART 3

Directions: You will hear some conversations between two or three people. You will be asked to answer three questions about what the speakers say in each conversation. Select the best response to each question and mark the letter (A), (B), (C), or (D) on your answer sheet. The conversations will not be printed in your test book and will be spoken only one time.

32. What are the speakers discussing?

(A) The timeliness of transportation
(B) A vacation they are taking
(C) The location of the next bus stop
(D) The cost of owning a car

33. Where most likely are the speakers?

(A) On a bus
(B) In an elevator
(C) At the side of a road
(D) At an airport

34. Why is the bus late?

(A) The driver is new.
(B) The engine failed.
(C) The road is crowded.
(D) There is a strike.

35. Why is the woman calling?

(A) She would like to buy a product.
(B) She wants to change her order.
(C) She needs to know a store's location.
(D) She was charged twice for a purchase.

36. What does the man tell the woman about?

(A) A shortage of replacement parts
(B) Personal information theft
(C) A new customer survey
(D) A mechanical problem

37. What does the man ask the woman to do?

(A) Bring her own receipt
(B) Visit on another day
(C) Complete a questionnaire
(D) Provide a serial number

38. Where is Mr. White now?

(A) Atlanta
(B) Boston
(C) New York
(D) Los Angeles

39. What is the woman asked to do?

(A) Draw up a contract
(B) Go on a business trip
(C) Hand some packages to a colleague
(D) Return to the office as soon as possible

40. Why does the man feel a little anxious?

(A) He will attend a big contest.
(B) He will meet a client regarding a contract.
(C) He has a promotion test.
(D) He has an important sales presentation.

41. Why is the man calling?

(A) To ask about the menu
(B) To find a location
(C) To make a complaint
(D) To promote business

42. What does the woman ask the man for?

(A) A full refund
(B) The date and time he visited
(C) The name of an employee
(D) Advice on how to attract new customers

43. What will the woman probably do next?

(A) Cook some food for the party
(B) Connect a call
(C) Visit a customer service center
(D) Contact her colleague

► ► ►GO ON TO THE NEXT PAGE

44. Why is the man concerned about the meeting?

(A) He will be there early.
(B) He may be late.
(C) He might be absent.
(D) He hasn't prepared at all.

45. When is the meeting scheduled to begin?

(A) At 3 P.M.
(B) At 4 P.M.
(C) At 5 P.M.
(D) At 6 P.M.

46. What does the man plan to discuss at the meeting?

(A) Computer designs
(B) A new contract
(C) New computer software
(D) Sales strategies

47. What does the woman want?

(A) Office equipment
(B) Printing machines
(C) Electronic devices
(D) Appropriate packaging

48. What does Mr. Wilson say about some items?

(A) They are temporarily out of stock.
(B) They are sold at a discounted price.
(C) They have already been transported.
(D) They are located on an upper floor.

49. What additional service does the store provide?

(A) Free packaging
(B) In-store mailing
(C) Overnight delivery
(D) Package tracking

50. Where most likely are the speakers?

(A) In an office
(B) At a restaurant
(C) At a convenience store
(D) In a conference room

51. What will the woman probably do in the afternoon?

(A) Go to a park
(B) Participate in a corporate event
(C) Meet with some executives
(D) Review a report

52. What will the speakers probably do next?

(A) Go out to lunch
(B) Finish a project
(C) Bring some food to their office
(D) Come back another time

53. What are the speakers waiting for?

(A) A technician
(B) A driver
(C) A police officer
(D) A client

54. What has caused the traffic jam on the road?

(A) A car accident
(B) Road blocks
(C) Maintenance work
(D) Bad weather conditions

55. Why is the man concerned about leaving?

(A) The office is too far away.
(B) Some parts need to be replaced.
(C) An important meeting will be held.
(D) Some car equipment may be stolen.

56. Where most likely is the woman?

(A) At a building
(B) In a meeting room
(C) In a laboratory
(D) On a airplane

57. What does the man ask for?

(A) An employee number
(B) A ride home
(C) Proof of employment
(D) A new identification card

58. What does the man mean when he says, "There's a policy against that"?

(A) He is criticizing a mistake.
(B) He is asking for clarification.
(C) He is rejecting a request.
(D) He is making a recommendation.

59. Where do the speakers probably work?

(A) At a furniture store
(B) At a restaurant
(C) At a food processing company
(D) At a bookstore

60. Who most likely is Kate?

(A) A business owner
(B) A client
(C) A former waitress
(D) A college friend

61. What does the man mean, when he says, "Good to hear that"?

(A) He has been treated for a hearing problem.
(B) He likes the song the woman is listening to.
(C) He appreciates the compliment from the woman.
(D) He is pleased with the woman's solution to a problem.

62. What is the man's problem?

(A) He has a scheduling conflict.
(B) He lost his baggage.
(C) He failed to create a new design.
(D) He misplaced a mobile device.

63. What does the woman say about the Bella-5G?

(A) It has multiple functions.
(B) It is lower in quality than other machines.
(C) It is a high-tech machine.
(D) It is very popular with customers.

64. Why does the man say, "That's okay"?

(A) He wants to buy a newly released product.
(B) He doesn't need the woman's assistance.
(C) He doesn't care about a price.
(D) He is satisfied with the current contract terms.

▶ ▶ ▶GO ON TO THE NEXT PAGE

Renovation Schedule	
Week 1	Electric wiring
Week 2	Install flooring
Week 3	Paint inside
Week 4	Paint outside

Internet Service Plan	Service Fee
Quarter Plan	$21.00
Six-Month Plan	$30.00
One-Year Plan	$38.00
Two-Year Plan	$65.00

65. What most likely is the man's occupation?

(A) Construction manager
(B) Warehouse worker
(C) Hardware store owner
(D) Architect

66. Look at the graphic. Which week of the renovation process will begin next week?

(A) Week 1
(B) Week 2
(C) Week 3
(D) Week 4

67. What is the man asked to do?

(A) Send a list of costs
(B) Design a new Web site
(C) Write an invitation
(D) Work in the woman's place next week

68. When will an additional fee be charged?

(A) When a customer moves to a new area
(B) When a contact is canceled early
(C) When a monthly payment is overdue
(D) When a new option is added to the original plan

69. According to the man, what will happen in six months?

(A) He will go on a business trip.
(B) A contract will be renewed.
(C) He will move overseas.
(D) A new Internet system will be developed.

70. Look at the graphic. How much will the man probably pay for his service?

(A) $21
(B) $30
(C) $48
(D) $65

PART 4

Directions: You will hear some short talks given by a single speaker. You will be asked to answer three questions about what the speaker says in each short talk. Select the best response to each question and mark the letter (A), (B), (C), or (D) on your answer sheet. The talks will not be printed in your test book and will be spoken only one time.

71. Who is the speaker?

(A) A tour guide
(B) An instructor
(C) An athlete
(D) A hotel employee

72. Why has the ski trip been delayed?

(A) The hotel has no vacancies.
(B) There is not enough snow on the mountain.
(C) The highway has been blocked temporarily.
(D) The bus has broken down on the road.

73. What will the listeners probably do next?

(A) Have dinner
(B) Go to the ski resort
(C) Check in at a hotel
(D) Meet some police officers

74. What does the speaker say about the survey results?

(A) They are very satisfactory.
(B) They are very good.
(C) They are better than average.
(D) They are disappointing.

75. What aspect of the product does the speaker mention?

(A) Price
(B) Quality
(C) Design
(D) Packaging

76. What will happen on Monday?

(A) A celebration will take place.
(B) A new product will be introduced.
(C) A new survey will be taken.
(D) An emergency meeting will be held.

77. Where does Ms. Smith work?

(A) At a pharmacy
(B) At a university
(C) At a hospital
(D) At an insurance firm

78. What did Ms. Smith do for the department?

(A) She improved the level of patient care.
(B) She recruited a number of foreign staff members.
(C) She fixed some existing problems.
(D) She wrote an instruction manual.

79. What does the speaker admire about Ms. Smith?

(A) Her communication skills
(B) Her experience in nursing
(C) Her dedication to research
(D) Her ability to comfort patients

80. What type of a report is being given?

(A) Weather
(B) Financial
(C) Traffic
(D) Business

81. According to the report, what might affect the construction schedule?

(A) Traffic congestion
(B) Construction budget cuts
(C) National holidays
(D) Inclement weather conditions

82. What will happen tonight?

(A) A city festival
(B) Repair work
(C) Road construction
(D) An award celebration

▶ ▶ ▶ GO ON TO THE NEXT PAGE

83. What field does the speaker hope to work in?

(A) Banking
(B) Sales
(C) Aviation
(D) Machinery

84. What is the main purpose of the message?

(A) To disclose a person's availability
(B) To request an application
(C) To ask for Mr. Martin's phone number
(D) To reschedule an appointment

85. When can the speaker attend an interview?

(A) In the morning
(B) In the afternoon
(C) In the evening
(D) Anytime tomorrow

86. Who most likely is Ms. Lane?

(A) A government employee
(B) A business owner
(C) A corporate finance expert
(D) A bank teller

87. What does the speaker mean when he says, "I'll let Ms. Lane tell you all about it"?

(A) He has introduced the wrong speaker.
(B) He has finished talking about a topic.
(C) He is very busy working with Ms. Lane.
(D) He does not know any answers.

88. What will Ms. Lane do immediately after her speech?

(A) Answer questions
(B) Sign autographs
(C) Give her feedback
(D) Have dinner with employees

89. What will the listeners do at 4 P.M.?

(A) Have some ice cream
(B) Board a trolley
(C) Attend a concert
(D) Visit a cultural museum

90. Why does the speaker say, "Sandy's Donut Shop's ice cream is delicious"?

(A) To compare two ice cream brands
(B) To encourage listeners to try delicious donuts
(C) To recommend that the listeners visit there
(D) To explain why a shop is widely known

91. What will the speaker probably do next?

(A) Watch a show
(B) Make a reservation
(C) Buy some souvenirs
(D) Distribute some tickets

92. What did the speaker's company recently do?

(A) It acquired a small company.
(B) It purchased a new office building.
(C) It hired additional employees.
(D) It entered the international market.

93. According to the speaker, what has the company offered to do?

(A) Increase salaries
(B) Improve working conditions
(C) Expand a convenient facility
(D) Provide some high-tech equipment

94. Why does the man say "Here's the thing"?

(A) He will show a new product.
(B) He will introduce a solution.
(C) He found what he was searching for.
(D) He has decided to change a design.

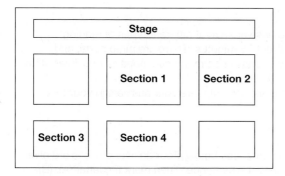

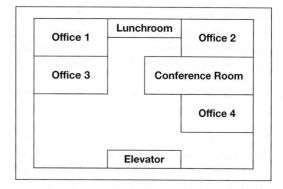

95. Why does the speaker make a call?

(A) To make an appointment
(B) To extend an invitation
(C) To offer some feedback
(D) To give driving directions

96. Look at the graphic. Which section does the speaker have tickets for?

(A) Section 1
(B) Section 2
(C) Section 3
(D) Section 4

97. Who is Susan Kang?

(A) An actress
(B) An event planner
(C) The speaker's colleague
(D) A dancer

98. What type of document does the speaker request?

(A) An expense report
(B) A performance evaluation
(C) A quarterly sales report
(D) A financial statement

99. Why does the speaker reschedule a deadline?

(A) He has no time to review a document.
(B) He cannot proceed with a project.
(C) He will go on a business trip next week.
(D) He needs more time to get his work done.

100. Look at the graphic. Which office belongs to the speaker?

(A) Office 1
(B) Office 2
(C) Office 3
(D) Office 4

This is the end of the Listening test. Turn to Part 5 in your test book.

▶ ▶ ▶ GO ON TO THE NEXT PAGE

In the Reading test, you will read a variety of texts and answer several different types of reading comprehension questions. The entire Reading test will last 75 minutes. There are three parts, and directions are given for each part. You are encouraged to answer as many questions as possible within the time allowed.

You must mark your answers on the separate answer sheet. Do not write your answers in your test book.

PART 5

Directions: A word or phrase is missing in each of the sentences below. Four answer choices are given below each sentence. Select the best answer to complete the sentence. Then mark the letter (A), (B), (C), or (D) on your answer sheet.

101. If you are looking for ------- from an expert on medical engineering, Professor Kovach is the person you want to speak with.

(A) advise
(B) advice
(C) advisory
(D) advising

102. Due to limited supplies and high demand, the cost of Prohen products ------- rapidly in the past few weeks.

(A) had been rising
(B) will have risen
(C) was rising
(D) has risen

103. One of the aims of the organization is to supply resources for citizens ------- are in immediate need.

(A) whoever
(B) whose
(C) who
(D) whom

104. Technological advancements have ------- staff members to communicate regardless of whether they are in the office or not.

(A) posted
(B) enabled
(C) decide
(D) expected

105. The program will simply capture wild animals to get samples of their DNA and then put ------- back in their original habitats.

(A) they
(B) themselves
(C) them
(D) their

106. Even though construction workers take all of the ------- precautions, accidents may still occur.

(A) equipped
(B) required
(C) advisable
(D) separate

107. Everyone in the room ------- that the contract would fall apart, but the two negotiators didn't give up.

(A) convinces
(B) was convincing
(C) was convinced
(D) convinced

108. The company decided it will continue to ------- Ron Green despite his recent mistake.

(A) support
(B) gather
(C) conserve
(D) obtain

109. The new method ------- analyzing sound recordings of whales singing can tell what mood they are in.

(A) with
(B) for
(C) from
(D) to

110. Since it will take some time for Dr. Itoko ------- the new drug, her team will be assigned to develop new formulas until then.

(A) review
(B) reviewing
(C) to review
(D) reviewed

111. The marketing manager will be ------- from the seminar since he has to participate in the civil defense drill.

(A) active
(B) absent
(C) valued
(D) appraised

112. The ------- of smoke from a fire resulting from chemicals will damage the lungs of any breathing creature.

(A) inhale
(B) inhalation
(C) inhaling
(D) inhaled

113. The newest app from Drezen Tech allows a person to control any kind of electronic device ------- it is registered on the app's database.

(A) in order that
(B) even so
(C) as long as
(D) moreover

114. The ------- of the Prism Company decided to sell their shares of the stock to the highest bidders when they realized they were in debt.

(A) mentors
(B) owners
(C) viewers
(D) beneficiaries

115. The play is based ------- Ms. Wayne's recent book, *The Camel Mystery*, which was published in 2015.

(A) on
(B) from
(C) to
(D) over

116. Please call our headquarters within 3 days of ------- this notification.

(A) receive
(B) received
(C) receipt
(D) receiving

117. Every guest will be ------- to the party from the entrance since the castle is like a maze and is easy to get lost in.

(A) escorted
(B) arranged
(C) written
(D) recruited

118. The key to the success of a company is to ensure that the employees are ------- with their work.

(A) satisfying
(B) satisfied
(C) satisfactory
(D) satisfaction

119. To ------- the processing of your application, be sure to follow the instructions carefully.

(A) enlarge
(B) expedite
(C) expel
(D) express

▶ ▶ ▶GO ON TO THE NEXT PAGE

120. ------- teaching experience would be an asset for the job, it is not a requirement.

(A) Nevertheless
(B) Although
(C) So that
(D) Without

121. When the director ------- advanced filming techniques to his newest film, the press and fans began to guess what it would look like.

(A) moved
(B) used
(C) applied
(D) named

122. The program that has been recently funded by the government will be focusing ------- the rational use of land and water resources.

(A) in
(B) at
(C) of
(D) on

123. The archaeologist tried to ------- the map to the hidden city of Elenthor, but she had no clue where to start.

(A) interpret
(B) disregard
(C) contract
(D) convince

124. Because of the ------- growing rate of immigration, the government decided to update its foreign policy.

(A) usually
(B) thoroughly
(C) very
(D) rapidly

125. The storage ------- of this memory chip is 8GB, which is usually enough for an ordinary computer user.

(A) average
(B) longevity
(C) total
(D) capacity

126. According to a news report, construction of the city's tallest skyscraper is ------- complete.

(A) frequently
(B) nearly
(C) highly
(D) typically

127. Jacque Serafino will take over ------- the museum director next spring.

(A) than
(B) in
(C) as
(D) within

128. Banks and mortgage companies are very strict in today's market, ------- it very hard for people to buy houses.

(A) makes
(B) making
(C) made
(D) to make

129. When you talk with a representative from the Prelin Corporation, the person will ------- the conversation for future reference.

(A) repeat
(B) document
(C) satisfy
(D) inform

130. Due to ------- sales this year, the company will reduce the budgets of current projects by 20 percent.

(A) disappointed
(B) disappointment
(C) disappointing
(D) disappoint

PART 6

Directions: Read the texts that follow. A word, phrase, or sentence is missing in parts of each text. Four answer choices for each question are given below the text. Select the best answer to complete the text. Then mark the letter (A), (B), (C), or (D) on your answer sheet.

Questions 131-134 refer to the following article.

California (June 26) – A special exhibition featuring life-sized ------- of more than 1,000 sea
131.

creatures will take place at the Marine Animals Museum. The exhibition will start this coming

Friday and will end ------- August 23. Visitors will be able to witness what being under the sea
132.

really feels like. Tickets for the exhibit will be available online at www.mam.org. -------.
133.

For more information, please ------- the Web site or call (778) 293-4720.
134.

131. (A) traditions
(B) replicas
(C) remembrances
(D) conditions

132. (A) on
(B) for
(C) in
(D) during

133. (A) There will also be tickets available at the door from Monday through Friday.
(B) We have decided to make the museum accessible to the disabled.
(C) The museum announced plans to relocate its collection to Canada.
(D) Visitors will have the opportunity to taste various types of seafood.

134. (A) request
(B) consult
(C) seem
(D) bring

▶ ▶ ▶ GO ON TO THE NEXT PAGE

Questions 135-138 refer to the following announcement.

Toraka Studio

Toraka Studio is looking for talented student-artists to work alongside professional artists.

Not only are our clients satisfied with our designs, ------- our designs have also won prestigious
135.

awards worldwide. Our ------- reputation has attracted more work, and we are shorthanded.
136.

-------. Interns will be able to learn from the best of the best by interacting with our designers on
137.

a day-to-day -------. To learn more, we have a page on our Web site describing the job in detail
138.

at www.torakastudios.com/interns.

135. (A) but
(B) so
(C) though
(D) moreover

136. (A) growth
(B) growing
(C) grown
(D) grow

137. (A) We are concerned that students are not learning more, especially in the area of art.
(B) Clients are advised to be as specific as possible during the meetings.
(C) Therefore, we are looking for helpers who are willing to learn and to help our senior artists.
(D) By the end of January, we expect to have our new Web site ready.

138. (A) focus
(B) finish
(C) effort
(D) basis

Questions 139-142 refer to the following letter.

June 17

Dear Mr. Inoue,

Thank you for subscribing ------- Pomanian News. -------. The picture below has a detailed
          139.   **140.**

description of your payment plan and the total amount ------- you will be charged. If you have
                      141.

a change of heart and want to change your subscription period, please contact our staff by

calling our number. ------- we mainly deliver local news on paper, you can read our most-viewed
          142.

news stories anywhere if you use our app. For any more inquiries, please contact our customer

service center, and we will be happy to help you.

Jane Birkin
Pomanian News

---

139. (A) over
    (B) by
    (C) through
    (D) to

140. (A) We don't recommend you sign up for advertising solely based on newsletter ads.
    (B) We are committed to providing our readers with precise and immediate news.
    (C) As of next month, we will discontinue our mobile service.
    (D) Please look over your application and be sure all questions are answered.

141. (A) who
    (B) that
    (C) whom
    (D) where

142. (A) Because
    (B) While
    (C) Then
    (D) And

▶ ▶ ▶ GO ON TO THE NEXT PAGE

Questions 143-146 refer to the following flyer.

Wanted: Nanny

If you live near Bavardii St., love kids, and are free from 9 to 5, please contact the number below

for a quick -------. Our house is located on Bavardii St, and our kids are five and three. ------- of
143.   **144.**

them are boys, so they like to go outside and play. We prefer a candidate who is over 15 and

has experience babysitting. -------. The job is ------- simple. We just want you to make sure our
145.   **146.**

kids stay out of trouble, have lunch, and do their homework. Please don't hesitate to call us at

(604) 569-1921.

---

143. (A) interview
(B) interviewee
(C) interviewing
(D) interviewer

144. (A) Either
(B) Both
(C) Any
(D) Each

145. (A) We will pay $8 per hour, but we are willing to negotiate.
(B) Interviewers want candidates that can represent the company in a professional way.
(C) You can borrow all kinds of books and toys aimed at young kids.
(D) Children under the age of 10 may not be left alone anywhere.

146. (A) increasingly
(B) broadly
(C) fairly
(D) much

PART 7

Directions: In this part you will read a selection of texts, such as magazine and newspaper articles, e-mails, and instant messages. Each text or set of texts is followed by several questions. Select the best answer for each question and mark the letter (A), (B), (C), or (D) on your answer sheet.

Questions 147-148 refer to the following e-mail.

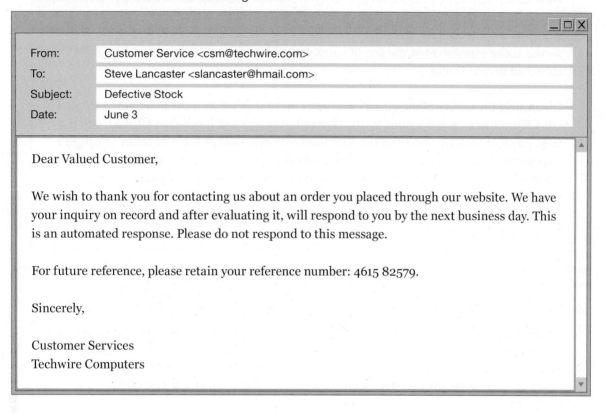

From:	Customer Service <csm@techwire.com>
To:	Steve Lancaster <slancaster@hmail.com>
Subject:	Defective Stock
Date:	June 3

Dear Valued Customer,

We wish to thank you for contacting us about an order you placed through our website. We have your inquiry on record and after evaluating it, will respond to you by the next business day. This is an automated response. Please do not respond to this message.

For future reference, please retain your reference number: 4615 82579.

Sincerely,

Customer Services
Techwire Computers

147. Why was the e-mail sent?

(A) To explain a refund procedure
(B) To inform a person of a delivery date
(C) To promote an online service
(D) To acknowledge receipt of a message

148. What is Mr. Lancaster requested to do?

(A) Record a code number
(B) Reply to an e-mail
(C) Order supplementary products
(D) Contact a customer service hotline

▶ ▶ ▶ GO ON TO THE NEXT PAGE

Welcome to Dining Review

East Moon ★★★☆
by Andrew Woodbridge

New Caney (July 15) – Chef Aaron Lee, a highly trained sushi chef, opened the delightful sushi restaurant East Moon on Main Street yesterday. Local residents were eager to dine at the city's first sushi restaurant, and since reservations are not accepted at this first-come, first-served eating establishment, the line of customers waiting for a table on its opening night stretched several blocks.

Fortunately, the quality of the dining experience more than justified the time it took to get a table. Customers were delighted by the diverse furnishings and more than satisfied with the large range of both common and specialty sushi rolls available for them to select. The night's favorite: the New Caney roll, of course! A combination of cream cheese, salmon, roe, asparagus, and spicy peppers, this roll is sure to be a New Caney crowd-pleaser.

We are so lucky to have Chef Aaron Lee join our community. I look forward to dining at East Moon again!

---

149. What is indicated about East Moon?

(A) It has won the most prestigious culinary awards.
(B) It has relocated to Main Street.
(C) Its chef has never owned a restaurant before.
(D) It is the only establishment of its kind in the city.

150. What is suggested in the review?

(A) The traditional menu items are the best.
(B) The décor is a bit overstated.
(C) The waiting time is worth it.
(D) The menu is a bit limited.

Elmhurst (April 14) - The children's choir at St. Peter's School will be performing to raise funds for the local homeless shelter this June. — [1] —. The choir has been performing for various causes every year since 1960. It has focused on performing to raise money for national tragedies, such as Hurricane Loraine last year and the earthquake in the San Andres area a couple of years ago. — [2] —. However, this time, the members decided to raise funds for the local homeless shelter. — [3] —. The choir is looking for a new place to perform since the Elmhurst Concert Hall is under construction for the entire summer. — [4] —. To purchase them, they can be reserved online or bought at the school's office, your local post office, or city hall.

151. Where would the article most likely appear?

(A) In the editorial section
(B) In the obituary section
(C) In the business section
(D) In the local events section

152. What is true about the children's choir at St. Peter's School?

(A) It usually performs for monetary gain for the school.
(B) It has been performing for 30 years.
(C) It will not be performing at the Elmhurst Concert Hall.
(D) It has always performed to raise money for the local shelter.

153. In which of the positions marked [1], [2], [3], and [4] does the following sentence best belong?

"Tickets will go on sale starting next week."

(A) [1]
(B) [2]
(C) [3]
(D) [4]

▶ ▶ ▶ GO ON TO THE NEXT PAGE

To: All Managers and Employees
From: David Shields, Facility Manager
Subject: After Hours Safety

As daylight hours become shorter, unfortunately, street crime tends to increase. We want you to be safe when you leave your building, especially at night.

We encourage you to take the following precautions:

• Avoid walking alone if possible.
• Have your keys in hand before arriving at your car.
• Keep a firm grip on your purse or computer case.
• Stay on well-lit and well-traveled streets. Try to avoid shortcuts through alleys and parking lots.
• When you are away from your parked car, try not to leave anything visible that another person may be tempted to steal.
• When taking the metro train or bus, be aware of your surroundings while waiting for your ride to arrive. Sit near other people once you have boarded.

Where to get help:

• If it's dark outside and you would like an escort when you leave your building, please call the Security Operations Team at 8-722-3000. Escorts are available until 10 P.M.
• In an emergency, you should call 911.
• The San Martin City Police Department also has a direct emergency number: 599-777-3211.

154. What kind of situation is NOT mentioned in the memo?

(A) Walking alone on the street
(B) Driving in urban areas
(C) Carrying a handbag on the street
(D) Leaving items inside a car

155. What is advised regarding public transportation?

(A) Taking the subway rather than the bus
(B) Never taking a taxi
(C) Blending in with the crowd
(D) Paying charges only with a credit card

156. What kind of service by the Security Team for the employees is mentioned?

(A) Regularly patrolling around the building
(B) Operating security cameras in the parking lot
(C) Running a shuttle service to employees' homes
(D) Accompanying them to their desired destinations

http://www.booksrus.com/invoice_2366

Books 'R' Us Bookstore

Order Number: 2366
Order Date: March 10
Estimated Shipping Date: March 14

Ship To:
Mr. Ahmed Hussein
95 Balfour St
London SE17 1PB

Bill To:
Ms. Sarah Hill
34 Meadow Rd
London SW8 1QB

Title	Author	Price
Strategies for Management	Michael Forbes	$45.64
The Ladder to Executive Success	Sue Yeon	$24.45

Subtotal	$70.09
Tax	$4.91
Shipping and Handling	Free
Total Charged to Credit Card	$75.00

Include card (no additional charge) if order is a gift? ✓ Yes _____ No

Card Message Should Read: Congratulations on your recent appointment! We trust these books will be useful to you becoming a successful leader. We already miss you.

Sincerely,

Your old team at Erin & Brock Accounting

---

157. What did Ms. Hill do on March 10?

(A) Picked up a shipment
(B) Canceled an order
(C) Purchased a gift
(D) Exchanged management books

158. What is suggested about Mr. Hussein?

(A) He was recently selected for a position.
(B) He has enrolled in a management course.
(C) He is Ms. Hill's supervisor.
(D) He has written a book.

159. What is indicated about Books 'R' Us Bookstore?

(A) It shipped an order for free.
(B) It publishes magazines.
(C) It offers gift vouchers.
(D) It offers corporate discounts.

▶ ▶ ▶GO ON TO THE NEXT PAGE

Questions 160-161 refer to the following text message chain.

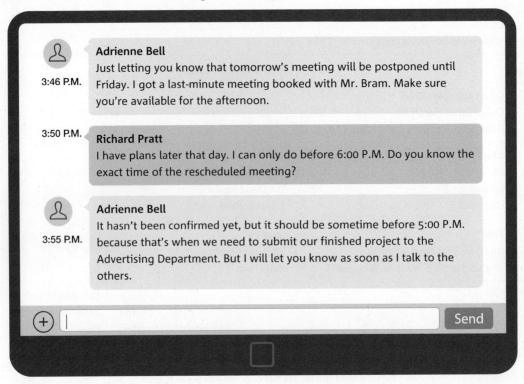

Adrienne Bell
3:46 P.M.
Just letting you know that tomorrow's meeting will be postponed until Friday. I got a last-minute meeting booked with Mr. Bram. Make sure you're available for the afternoon.

3:50 P.M.
Richard Pratt
I have plans later that day. I can only do before 6:00 P.M. Do you know the exact time of the rescheduled meeting?

Adrienne Bell
3:55 P.M.
It hasn't been confirmed yet, but it should be sometime before 5:00 P.M. because that's when we need to submit our finished project to the Advertising Department. But I will let you know as soon as I talk to the others.

Send

160. Why was the meeting rescheduled?

(A) Mr. Pratt is going to be late for the meeting.
(B) Ms. Bell has an unexpected scheduling conflict.
(C) Mr. Bram could not make it to the meeting.
(D) Ms. Bell needs to meet with the Advertising Department.

161. At 3:50 P.M., what does Mr. Pratt most likely mean when he writes, "I have plans later that day"?

(A) He may not be able to attend a meeting.
(B) He is free in the afternoon.
(C) He will come up with a new plan later.
(D) He will attend a meeting at 5:00 P.M.

Questions 162-164 refer to the following advertisement.

Virtual Assistant

Now offering *Virtual Assistants* for a low introductory price! Excellent Assistance will now be offering *Virtual Assistants* to better meet the needs of its growing virtual customer base. Executives will be able to request all their needs via their mobile smartphones, the web, or telephone. The *Virtual Assistant* assigned to that executive will take the hassle out of everyday planning needs in addition to organizational and clerical tasks without the need for face time, benefits, hiring, or firing. Each of our assistants is guaranteed to have the expertise your high-paced life requires as well as the discretion your business demands.

To encourage the development of this new client base, Excellent Assistance will be offering a low introductory price for one month of services of these assistants. A low flat monthly rate of $3,000 guarantees the *Virtual Assistant* available to you from 7 A.M. to 9 P.M. (later if required for an additional fee) to send email, to organize meetings and social events, to write speeches and business minutes, to transcribe dictation, to provide accounting and finance support, and to do various other tasks you may require. Contact Excellent Assistance immediately to take advantage of this exclusive offer: www.excellence.com or 1-856-126-7543.

162. What service is offered?

(A) An editorial assistant service
(B) An attorney assistant service
(C) A research assistant service
(D) An administrative assistant service

163. What is unique about this service?

(A) Executives never personally meet their assistants.
(B) Executives are expected to hire and fire their assistants themselves.
(C) Executives must contact the manager before using the service.
(D) Executives must pay their assistants benefits.

164. The word "discretion" in paragraph 1, line 7 is closest in meaning to

(A) distortion
(B) expedition
(C) carefulness
(D) milestone

▶ ▶ ▶GO ON TO THE NEXT PAGE

Franktown Historical Society

Dear Ms. Cary,

Thank you for your monetary contribution to the Franktown Historical Society. As you may know, the movement your funds will support is centered on increasing tourism to our historical city. We hope to accomplish this in several ways: 1) by sponsoring a national commercial campaign highlighting all of the things to do in the area, 2) by working with local businesses to advertise promotions on Web sites and in print materials, and 3) by educating our own members to tell others what a hidden gem Franktown is through letter campaigns and local newspaper advertising.

We plan to hold a fundraising event on the evening of Friday, October 21. Should you wish to attend, you can obtain a ticket online at www.franktownhs.org or get one by calling my office at 454-7878. The suggested donation for tickets is $75 per individual and $130 per couple. The evening will be highlighted by dinner, dancing, and live music.

Thank you again for your generous donation.

Sincerely,

Dora Garcia, Fundraising President, Franktown Historical Society

165. The word "monetary" in paragraph 1, line 1 is closest in meaning to

(A) mobile
(B) thrifty
(C) financial
(D) reluctant

166. What is the main purpose of this letter?

(A) To recognize a financial gift
(B) To request registration forms
(C) To provide information about Franktown
(D) To encourage Ms. Cary to visit Franktown

167. What is an event the Franktown Historical Society has planned?

(A) A letter-writing campaign asking for donations
(B) An election to select a new president to raise funds
(C) A multifaceted advertising scheme
(D) A visit to surrounding towns and tourist attractions

168. What is indicated about Ms. Cary?

(A) She is a retired teacher.
(B) She is a Franktown Historical Society volunteer.
(C) She lives in Franktown.
(D) She will attend the event on October 21.

▶ ▶ ▶ GO ON TO THE NEXT PAGE

Questions 169-172 refer to the following online chat discussion.

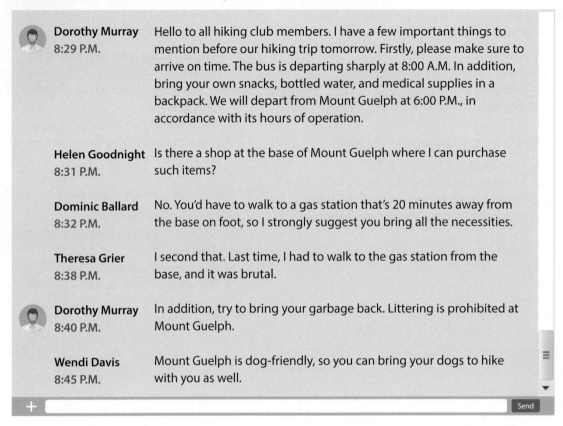

Dorothy Murray
8:29 P.M.

Hello to all hiking club members. I have a few important things to mention before our hiking trip tomorrow. Firstly, please make sure to arrive on time. The bus is departing sharply at 8:00 A.M. In addition, bring your own snacks, bottled water, and medical supplies in a backpack. We will depart from Mount Guelph at 6:00 P.M., in accordance with its hours of operation.

Helen Goodnight
8:31 P.M.

Is there a shop at the base of Mount Guelph where I can purchase such items?

Dominic Ballard
8:32 P.M.

No. You'd have to walk to a gas station that's 20 minutes away from the base on foot, so I strongly suggest you bring all the necessities.

Theresa Grier
8:38 P.M.

I second that. Last time, I had to walk to the gas station from the base, and it was brutal.

Dorothy Murray
8:40 P.M.

In addition, try to bring your garbage back. Littering is prohibited at Mount Guelph.

Wendi Davis
8:45 P.M.

Mount Guelph is dog-friendly, so you can bring your dogs to hike with you as well.

Send

169. What is suggested about Ms. Goodnight?

(A) She goes hiking with Mr. Ballard regularly.
(B) She enjoys hiking with her pet.
(C) She visits Mount Guelph frequently.
(D) She is a new member of the hiking club.

170. Where can medical supplies be purchased at Mount Guelph?

(A) At a local supermarket
(B) At a gas station
(C) At the base of Mount Guelph
(D) At a bus stop

171. What is NOT indicated about Mount Guelph's policies?

(A) Dogs can accompany their owners.
(B) It opens at 8:00 A.M.
(C) It closes at 6:00 P.M.
(D) Garbage must be put in trash cans.

172. At 8:38 P.M., what does Ms. Grier most likely mean when she writes, "I second that"?

(A) She thinks it only takes a few minutes to walk to the gas station.
(B) She prefers shopping at the gas station before hiking.
(C) She agrees with Mr. Ballard.
(D) She wants to visit the gas station after hiking.

Nagasaki (June 14) - Artist Akemi Kitagawa, who specializes in landscape watercolors, has been traveling around the more rural parts of her country for the past 5 years and painting the entire time. — [1] —. She takes photos of her pieces and posts them almost daily on her blog, which can be viewed at www.travelandpaint.com.

Also on her blog are diary-like entries recording her adventures on her travels. — [2] —. She describes individuals she meets as well as different cultures and dialects she encounters, and she shares her private thoughts while on long, lonely stretches of road.

Ms. Kitagawa's site has drawn a large following. — [3] —. For those blog readers who agreed to take a brief survey, the top demographic for these readers is female college graduates in their mid-twenties and early-thirties. One anonymous reader commented on the blog, "I visit here every day because Akemi is living the life I feel I missed out on—one of adventure and self-discovery."

When asked what inspired her to start her blog, Ms. Kitagawa explained, "Honestly, it first started out simply as a digital journal — a way to record my thoughts while on this journey. — [4] —. Only after my readership kept increasing did I realize that others would be interested in anything I had to say. I'm happy to share my thoughts, however personal or simple, with the world."

TEST 2

173. What is the subject of the article?

(A) A painter's personal experiences
(B) New trends in photography
(C) Different cultures in Japan
(D) Traveling on rural roads in Japan

174. What is NOT featured on Akemi Kitagawa's blog?

(A) Descriptions of her surroundings
(B) The cost of her artwork
(C) Her personal feelings
(D) Tales of her adventures

175. In which of the positions marked [1], [2], [3], and [4] does the following sentence best belong?

"Her blog statistics report an average of 3.2 million hits each day."

(A) [1]
(B) [2]
(C) [3]
(D) [4]

▶ ▶ ▶ GO ON TO THE NEXT PAGE

Questions 176-180 refer to the following webpage and e-mail.

| http://www.flavorsoffernygrove.com/advertising |||||
| Home | Contact Us | Place Order | Customer Reviews |

An award-winning online magazine with thousands of followers, *Flavors of Ferny Grove* provides visitors with dependable and detailed information about going out for food and dining in the Ferny Grove area. We offer the following four patterns for advertising on our website.

Pattern 1	**Pattern 2**
This horizontal banner passes over the top of our pages and is immediately viewed by readers. Audio and photographs cannot be added.	This small-pattern advertisement is inserted into the middle of featured articles. Audio and a single photograph can be combined with text.
Pattern 3	**Pattern 4**
This vertical banner appears along the edges of a featured article. Audio files and photographs cannot be added.	Our largest pattern, this half-page advertisement can combine multiple photographs and audio files with text.

To purchase advertising, contact Wong Lau at wong@flavorsoffernygrove.com.

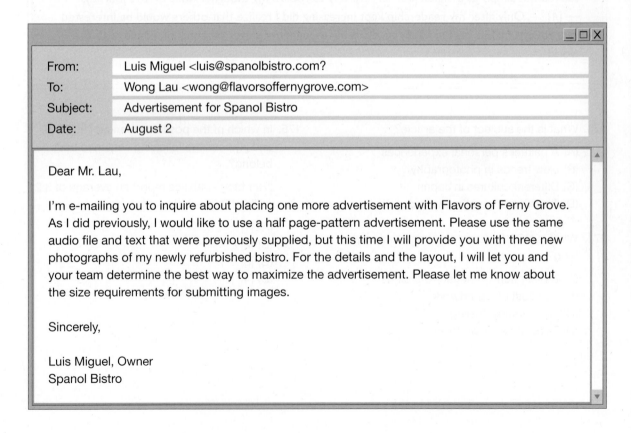

From:	Luis Miguel <luis@spanolbistro.com?
To:	Wong Lau <wong@flavorsoffernygrove.com>
Subject:	Advertisement for Spanol Bistro
Date:	August 2

Dear Mr. Lau,

I'm e-mailing you to inquire about placing one more advertisement with Flavors of Ferny Grove. As I did previously, I would like to use a half page-pattern advertisement. Please use the same audio file and text that were previously supplied, but this time I will provide you with three new photographs of my newly refurbished bistro. For the details and the layout, I will let you and your team determine the best way to maximize the advertisement. Please let me know about the size requirements for submitting images.

Sincerely,

Luis Miguel, Owner
Spanol Bistro

176. Where does Mr. Lau work?

(A) A restaurant food supplier
(B) An advertising firm
(C) A restaurant
(D) A publishing company

177. What is mentioned about pattern 1?

(A) It is reasonably priced.
(B) It is very noticeable.
(C) It can include the largest picture.
(D) It can be combined with audio files.

178. In which pattern is Mr. Miguel most likely interested?

(A) Pattern 1
(B) Pattern 2
(C) Pattern 3
(D) Pattern 4

179. What is suggested about Spanol Bistro?

(A) It is being redesigned by a famous stylist.
(B) It recently won an award.
(C) It has used *Flavors of Ferny Grove* for advertising before.
(D) It will offer discounts after renovations are completed.

180. What is asked about the photographs?

(A) How big they should be
(B) Who to send them to
(C) How many can be used
(D) How much it costs to enlarge them

▶ ▶ ▶GO ON TO THE NEXT PAGE

Questions 181-185 refer to the following article and form.

Metalwork Automation Association (MAA)

Conference Schedule Details

The Metalwork Automation Association (MAA) has scheduled its annual conference in Winnipeg from October 16 to October 18. As it was last year, it will be hosted by the Suncorp Conference Center in Winnipeg's business quarter. Raphael Sivean, the MAA president, says that due to the convenient location and attached amenities, it is the best venue for this year's conference. Sivean continued, "The exceptionally knowledgeable and highly trained staff add to the high-tech conference center."

The conference will be focusing on "Automated Micro Technique Applications to Technological Prototypes." Vladimir Agapov, the CEO of MetEng Today, Inc., will give the keynote address on October 16. Over the course of the three-day event twenty presentations will be given.

To register for the conference, visit the MAA website (www.maa.com/conference). Costs for the conference are as follows: $200 for MAA members and $250 for nonmembers. For discount information, students are advised to contact their institutions. The MAA retains financial agreements with several universities, art schools, and industrial institutions. It is also possible to make hotel reservations on our website. Five nearby hotels of various price ranges and star ratings are available. A free shuttle service operating between the participating hotels and the conference center will be provided by the MAA.

Tanner Technologies
Expense Reimbursement Form

Employee Name: Hank McCoy
Payroll ID #: 35686
Manager/Supervisor Name: Jean Grey
Purpose: Metalwork Automation Association Conference

Itemized Expenses:

Conference Fee	$250.00
Airfare (Round-Trip: Texas/Winnipeg)	$475.50
Hotel (Orion Hotel – October 15, 16, and 17)	$356.78
TOTAL	$1,082.28

Attach receipts for all expenses. Allow two to three weeks for processing and reimbursement.

Employee Signature: *H. McCoy*
Manager/Supervisor Signature: *J. Grey*
Submitted for Payment: October 22

181. What is stated about the Suncorp Conference Center?

(A) It is adjacent to the train station.
(B) It employs qualified personnel.
(C) It offers customized services.
(D) It has recently completed restorations.

182. Who is Mr. Agapov?

(A) A featured speaker
(B) A presentation coordinator
(C) Mr. McCoy's supervisor
(D) The president of the MAA

183. According to the article, what can be found on the MAA website?

(A) The shuttle bus route
(B) A directory of hotels
(C) The layout of the conference venue
(D) A list of presenters

184. What does the article suggest about student discounts?

(A) They are given to students working with the MAA.
(B) They are given to recent graduates.
(C) They are offered to students at preselected schools.
(D) They have expired.

185. What is suggested about Mr. McCoy?

(A) He assisted with the opening address at the MAA conference.
(B) He was reimbursed for his expenses on October 22.
(C) He took the train to the MAA conference.
(D) He is not a member of the MAA.

▶ ▶ ▶ GO ON TO THE NEXT PAGE

Fatalité: the musical

Finally being performed in the original French language!

Tickets go on sale on Friday, November 14!

The original French cast will be performing for 2 weeks in Oak Creek for the first time. Adapted from the well-known classic novel *Fatalité* written by Petre Dovak, the musical has been performed around the world more than 300 times. This time, featuring one of the most famous French musical actors, the cast will be visiting Oak Creek as one of the cities on its North American tour. Information about the cast* and tickets will be available on the official Web site for the musical at www.fatalitenorthamerica.com. Below are the dates and times of the shows.

Scheduled Performances

November 28	1:00 P.M. / 8:00 P.M.
November 29	3:00 P.M. / 7:00 P.M.
** December 7	6:00 P.M.

*Schedules may vary according to the conditions of the actors.
**Special performance with Q&A session at the end.

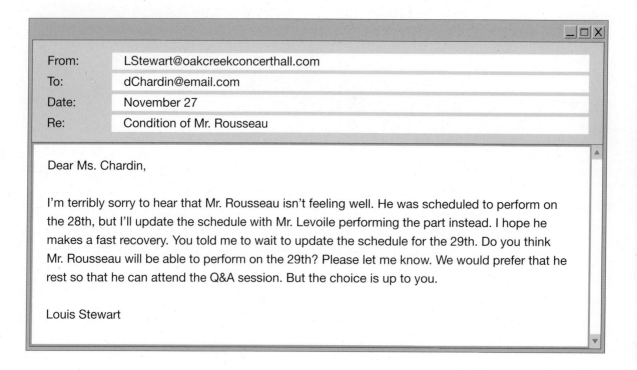

From:	LStewart@oakcreekconcerthall.com
To:	dChardin@email.com
Date:	November 27
Re:	Condition of Mr. Rousseau

Dear Ms. Chardin,

I'm terribly sorry to hear that Mr. Rousseau isn't feeling well. He was scheduled to perform on the 28th, but I'll update the schedule with Mr. Levoile performing the part instead. I hope he makes a fast recovery. You told me to wait to update the schedule for the 29th. Do you think Mr. Rousseau will be able to perform on the 29th? Please let me know. We would prefer that he rest so that he can attend the Q&A session. But the choice is up to you.

Louis Stewart

From: Jfriedman@tmail.com

To Whom It May Concern,

On the recommendation of a friend who saw the performance on November 29, I watched the musical *Fatalité* on December 7. I had an unexpected and wonderful time during the Q&A session. By the way, one actor who was not seen during the performance participated in the Q&A session. My friend didn't say anything about him because she didn't see him on that day. He was French, but I do not remember his name. The next time you plan a performance, I hope to see that actor.

Sincerely

Jason Friedman

186. What will happen in Oak Creek on November 14?

(A) The North American tour of *Fatalité* will begin.
(B) There will be a Q&A session with the cast of the musical.
(C) Mr. Levoile will perform instead of Mr. Rousseau.
(D) Tickets will be available for purchase.

187. What is NOT true about the performances?

(A) They have been made worldwide.
(B) They are based on an original story made for a musical.
(C) Tickets for them can be purchased through a Web site.
(D) It is the first time the French cast will perform in Oak Creek.

188. When will Mr. Levoile be performing in place of Mr. Rousseau?

(A) At 6 P.M.
(B) At 3 P.M.
(C) At 7 P.M.
(D) At 8 P.M.

189. Why did Mr. Stewart send the e-mail?

(A) To suggest a change in a performance routine
(B) To reply to an inquiry
(C) To plan ahead for next year's visit
(D) To decline a request by a cast member

190. What is suggested about Mr. Rousseau?

(A) He will revisit and perform in Oak Creek next year.
(B) He will call Mr. Levoile for the next performance.
(C) He didn't act in any of his scheduled performances.
(D) He is scheduled to appear on a radio program.

▶ ▶ ▶ GO ON TO THE NEXT PAGE

TEVI

Dear Owner:

The team at TEVI is committed to ensuring that each customer is happy with his/her purchase and strives to do everything possible to meet that commitment. To that end, should you have any concerns about your product, we provide a 24-hour technical support hotline for any problems you may encounter. Our technicians can be reached at 1-800-564-7453 or online at www.tevi.com via Internet chat.

With your purchase of a TEVI device, you have also purchased a one-year subscription to the TEVI electronic recording service. This service enables you to search for the TV that you want to watch and with one-button, to record it for future watching at your convenience. The enclosed manual will walk you through the step-by-step procedure for setting up your subscription and getting the most use of it.

Sincerely,

Thomas Frank
CEO TEVI

TEVI Customer Service

Dear Customer Service:

I recently purchased your TEVI system and a subscription for one year. Not being technically savvy, upon arrival, I called your Technical Support Department for advice when I reached a point of ambiguity while installing the TEVI into my home.

I called the number and expected an automated voice and a long hold time. However, I was pleasantly surprised when I received neither. Melissa, one of your technicians, answered the line in less than a minute. She was bright, cheerful, and very kind. She remained helpful and patient throughout the process. When I was certain we were done, she offered her assistance with other things before telling me to have a great day and giving me her direct dial number in case I had any other problems.

I was very impressed by your technician and will recommend this product, as well as your great customer service, to my friends and family. Thank you for giving me some faith in the captains of industry.

Sincerely,

Walter Scott

TEVI

Criteria for employee of the month
As of June 2017

- Providing the highest quality of service
- Looking for innovations for products
- Making a personal effort to "go the extra step"
- Treating customers with warmth, courtesy, and respect

191. What is the purpose of Mr. Scott's letter?

(A) To complain about the service he received
(B) To commend the company for the service he received
(C) To request a full refund for a product
(D) To request compensation for poor service

192. What service that was advertised did Mr. Scott utilize?

(A) The hassle-free replacement of a product
(B) The hassle-free return of a product
(C) 24-hour customer service
(D) 24-hour technical support

193. Where would the first document most likely be found?

(A) Inside a box with the product
(B) In a store where the product is sold
(C) In a business magazine
(D) In an electronics display

194. What were Mr. Scott's expectations?

(A) To receive rude and unhelpful service
(B) To have the product fail within the first week
(C) To wait an extended period of time
(D) To be able to set up the product on his own

195. What is probably NOT a factor being considered for Melissa to be chosen as the employee of the month?

(A) Providing the highest quality of service
(B) Looking for innovations for products
(C) Making a personal effort to "go the extra step"
(D) Treating clients with warmth, courtesy, and respect

▶ ▶ ▶ GO ON TO THE NEXT PAGE

Questions 196-200 refer to the following advertisement and e-mails.

Experienced jockey sought for thoroughbred yearling just starting training. Lives to Run is a quarter horse sired by Dash Downs, a direct descendant of Triple Crown-winner Secretariat. He was foaled by Royal Miss, who also foaled Josh Crusoe, the latest winner of the Belmont Stakes. Lives to Run has excellent form, an eagerness for the track, and a small reflex to the starting gate. He stands 15 hands, 11 inches and has a 60-inch girth. He has the stamina and speed to surpass his granddaddy's record. All the ingredients are there for a money-making racehorse. We just need the right jockey to ride him. Please forward a letter of interest listing your experience and races won to Flower Stables, VA, as soon as possible for consideration.

From:	Danny Kelly <racerkelly@inmail.com>
To:	Harry Williams <H.williams@fmail.com>
Subject:	Application
Date:	August 25

Dear Mr. Williams, Owner of Flower Stables:

I am writing in response to the recent advertisement seeking an experienced jockey to ride Lives to Run, your new quarter horse. I am currently at the end of my contract with Meadow Sands Stables and am seeking to move closer to the Arlington area. I believe I would be an excellent jockey for Lives to Run. I have over 25 years of experience riding horses. Some of my mounts include Crown Jewel, Prestige Owner, and Little King. These horses won 4 out of 5 races in Kentucky. Other races I have ridden, and won, include the third leg of the Belmont Stakes, the Churchill Downs, the School House Meet, and numerous county and state races. I have enclosed references from my current and past employers for your review as well as a picture of me after one of my recent races. I am currently 5'11" and 120 pounds. Most horses barely realize that I am riding them until I take the reins. I look forward to arranging a time to meet Lives to Run and you to further discuss the plans you have for Lives to Run's career.

Sincerely,

Danny Kelly

From:	Harry Williams <H.williams@fmail.com>
To:	Danny Kelly <racerkelly@inmail.com>
Subject:	Request
Date:	September 18

Thank you for your interest in our advertisement. After the ad went out, a jockey for Lives to Run was immediately hired. By the way, Mr. Sanchez, who had been working for a long time, recently quit his job, and we urgently need a jockey for the sibling of Lives to Run. If you are interested, please contact me once more.

Sincerely,

Harry Williams

196. What personal characteristics does Mr. Kelly give?

(A) His hair and eye color
(B) His allergies and disease history
(C) His height and weight
(D) His race and ethnic background

197. How does Mr. Kelly's letter meet the advertisement's listed requirements?

(A) He lists his work history and accomplishments.
(B) He includes a picture of himself.
(C) He lists his knowledge of horses and races.
(D) He lists ways he can benefit the organization.

198. In what publication would the advertisement be found?

(A) A small city newspaper
(B) A riding magazine
(C) A bicycle journal
(D) An international business magazine

199. What is Mr. William's hope for Lives to Run?

(A) He will be a good pacesetter for other horses.
(B) He will have many foals.
(C) He will be a record breaker.
(D) He will live a long life.

200. What will Mr. Kelly most likely ride?

(A) Lives to Run
(B) Dash Downs
(C) Royal Miss
(D) Josh Crusoe

Actual Test 3

적정 풀이 시간 120분

120
min

시작 시간 ___시 ___분

종료 시간 ___시 ___분

목표 개수 _____ / 200

실제 개수 _____ / 200

- 중간에 멈추지 말고 처음부터 끝까지 풀어보세요.
  문제를 풀 때에는 실전처럼 답안지에 마킹하세요.

- 정답 개수에 5를 곱하면 대략적인 점수가 됩니다.

LISTENING TEST

In the Listening test, you will be asked to demonstrate how well you understand spoken English. The entire Listening test will last approximately 45 minutes. There are four parts, and directions are given for each part. You must mark your answers on the separate answer sheet. Do not write your answers in your test book.

PART 1

Directions: For each question in this part, you will hear four statements about a picture in your test book. When you hear the statements, you must select the one statement that best describes what you see in the picture. Then find the number of the question on your answer sheet and mark your answer. The statements will not be printed in your test book and will be spoken only one time.

Statement (B), "They are sitting at a table," is the best description of the picture. So you should select answer (B) and mark it on your answer sheet.

1.

2.

▶ ▶ ▶ GO ON TO THE NEXT PAGE

3.

4.

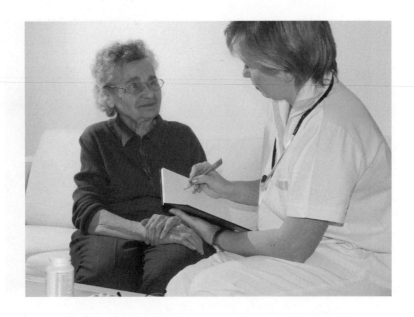

5.

6.

▶ ▶ ▶GO ON TO THE NEXT PAGE

Directions: You will hear a question or statement and three responses spoken in English. They will not be printed in your test book and will be spoken only one time. Select the best response to the question or statement and mark the letter (A), (B), or (C) on your answer sheet.

7. Mark your answer on your answer sheet.

8. Mark your answer on your answer sheet.

9. Mark your answer on your answer sheet.

10. Mark your answer on your answer sheet.

11. Mark your answer on your answer sheet.

12. Mark your answer on your answer sheet.

13. Mark your answer on your answer sheet.

14. Mark your answer on your answer sheet.

15. Mark your answer on your answer sheet.

16. Mark your answer on your answer sheet.

17. Mark your answer on your answer sheet.

18. Mark your answer on your answer sheet.

19. Mark your answer on your answer sheet.

20. Mark your answer on your answer sheet.

21. Mark your answer on your answer sheet.

22. Mark your answer on your answer sheet.

23. Mark your answer on your answer sheet.

24. Mark your answer on your answer sheet.

25. Mark your answer on your answer sheet.

26. Mark your answer on your answer sheet.

27. Mark your answer on your answer sheet.

28. Mark your answer on your answer sheet.

29. Mark your answer on your answer sheet.

30. Mark your answer on your answer sheet.

31. Mark your answer on your answer sheet.

Directions: You will hear some conversations between two or three people. You will be asked to answer three questions about what the speakers say in each conversation. Select the best response to each question and mark the letter (A), (B), (C), or (D) on your answer sheet. The conversations will not be printed in your test book and will be spoken only one time.

32. Where most likely are the speakers?

(A) At a hospital
(B) At a conference
(C) On a city street
(D) At a bus stop

33. How does the woman help the man?

(A) By giving him a ride
(B) By explaining a location to him
(C) By providing a map
(D) By rescheduling an appointment

34. What is the man worried about?

(A) Finding a parking space
(B) Having his clothes dry cleaned
(C) Going to a job interview
(D) Being on time for an appointment

35. What are the speakers organizing?

(A) A concert
(B) A retirement party
(C) A conference
(D) A product demonstration

36. What problem does the man mention?

(A) A conference has been postponed.
(B) A contract is no longer valid.
(C) A presentation has been canceled.
(D) A subject has been changed.

37. What will the woman probably do next?

(A) Deliver a speech
(B) Make a phone call
(C) Print some handouts
(D) Wait for a call

38. Who is the woman?

(A) A truck driver
(B) A hotel employee
(C) A sales associate
(D) A mover

39. What is the man grateful for?

(A) He received a discount.
(B) He has worked hard.
(C) A task is finished.
(D) The items haven't been damaged.

40. What information does the man know?

(A) The quoted amount
(B) The address of the destination
(C) The time of an appointment
(D) The items in some boxes

41. What does the man say about the event hall?

(A) It will soon be refurbished.
(B) The rent for it is too high.
(C) It is not appropriate for banquets.
(D) No documents are required to rent it.

42. Why does the woman say, "Why"?

(A) She is very upset.
(B) She wants to know a reason.
(C) She strongly agrees with the man.
(D) She feels positive about herself.

43. Why does the woman want to reserve the event hall?

(A) To renovate her office
(B) To stay in for a week
(C) To host a company event
(D) To present a new musical show

▶ ▶ ▶GO ON TO THE NEXT PAGE

44. What is the man's problem?

(A) His project deadline has been changed.
(B) His computer is working slowly.
(C) His proposal was rejected.
(D) His car won't start.

45. Why does the woman recommend Kenny's Office Machines?

(A) It lends computer auxiliaries without charges.
(B) It sells many used machines at reasonable prices.
(C) It repairs office equipment under warranty.
(D) It provides good technical assistance.

46. What does the woman suggest that the man do?

(A) Go to another shop
(B) Talk to a sales representative
(C) Take his old computer to a shop
(D) Purchase some replacement parts

47. What does the man ask the woman to do?

(A) Look after his children
(B) Go to the doctor's
(C) Let him borrow her car
(D) Return his call

48. What information does the woman request?

(A) A phone number
(B) A doctor's name
(C) A time slot
(D) A location

49. What does the man say he will do?

(A) Get a prescription filled
(B) Call if things change
(C) Cancel his appointment
(D) Pay some money

50. What does the man say he will do next week?

(A) Move to another city
(B) Sign up for a new fitness club
(C) Repair a fax machine
(D) Meet with a doctor

51. According to the conversation, what did Mr. McGowan do this morning?

(A) He bought a new fax machine.
(B) He filled a prescription.
(C) He printed some documents.
(D) He changed his schedule.

52. What is Ms. Ryan asked to do?

(A) Pack his bags
(B) Consult with his doctor
(C) Sign a form
(D) Take medicine regularly

53. Where do the speakers most likely work?

(A) At a shop
(B) At an architectural firm
(C) At a financial institution
(D) At a factory

54. What does the man mean when he says, "I've been meaning to send them"?

(A) He forgot to send some blueprints.
(B) He is waiting to receive feedback on his work.
(C) He is aware he needs to do something.
(D) He wants the woman to explain what she means.

55. What will the woman probably do tomorrow morning?

(A) Reschedule a delivery
(B) Take a tour of a building
(C) Submit some documents
(D) Participate in a meeting

56. What is this conversation about?

(A) Web design
(B) Internet business
(C) Online activities
(D) E-mail etiquette

57. What did the woman purchase recently?

(A) A book
(B) A bicycle
(C) Groceries
(D) Office supplies

58. What does the man say about shopping?

(A) He does not like it.
(B) He buys almost everything on the Internet.
(C) He prefers going to stores in person.
(D) He likes watching home shopping channels on TV.

59. What is the problem with the current marketing campaign?

(A) It is ineffective.
(B) It is extremely expensive.
(C) It does not appeal to hairdressers.
(D) It was not favorably reviewed by the board.

60. What does the woman want to do?

(A) Redesign some posters
(B) Make a new television commercial
(C) Secure a larger advertising budget
(D) Celebrate the launch of a new product

61. What will the man do later in the day?

(A) Conduct a survey
(B) Meet with some customers
(C) Use a new shampoo
(D) Share some ideas

62. What does the woman want to do?

(A) Upgrade a server
(B) Repair some scanners
(C) Visit a new plant
(D) Use a piece of equipment

63. According to the man, what did he do at lunchtime?

(A) He met with an important client.
(B) He placed a service call.
(C) He saved some files on his hard drive.
(D) He installed a new software program.

64. What does the man mean when he says, "Tell me about it"?

(A) He forgot the promise he made.
(B) He wants to hear more product details.
(C) He is expressing his dissatisfaction.
(D) He wants the woman to reveal some information.

▶ ▶ ▶ GO ON TO THE NEXT PAGE

Venues	Guest Capacity	Cost
Tea House	130 people	$4,000
Rose Garden	150 people	$4,500
Heritage Hall	170 people	$5,500
Georgia Mansion	200 people	$6,500

Customer Account
Tatiana Moreno

Charges

Monthly Service	$20.00
Late fee	$5.00
Taxes	$2.30
Total	$27.30

65. What type of event is the man organizing?

(A) An awards ceremony
(B) A garden party
(C) A wedding ceremony
(D) A company outing

66. According to the man, what is the man looking for in a venue?

(A) Audio-visual services
(B) A space with a garden
(C) A modern style
(D) A competitive price

67. Look at the graph. Which venue would be the best for the event?

(A) Tea House
(B) Rose Garden
(C) Heritage Hall
(D) Georgia Mansion

68. What kind of business does the man most likely work for?

(A) A computer maintenance service
(B) A construction company
(C) A mobile phone company
(D) A real estate agency

69. Look at the graphic. What amount will be taken off the woman's bill?

(A) $2.30
(B) $5.00
(C) $20.00
(D) $27.30

70. Why does the man ask the woman to wait?

(A) To give her information about benefits
(B) To introduce some new mobile phones
(C) To transfer a call to a supervisor
(D) To confirm her appointment

PART 4

Directions: You will hear some short talks given by a single speaker. You will be asked to answer three questions about what the speaker says in each short talk. Select the best response to each question and mark the letter (A), (B), (C), or (D) on your answer sheet. The talks will not be printed in your test book and will be spoken only one time.

71. According to the speaker, why has the flight been delayed?

(A) The runways are closed.
(B) The weather conditions are bad.
(C) The plane arrived late.
(D) There was a mechanical problem.

72. When is the new scheduled departure time?

(A) 7:30 P.M.
(B) 8:15 P.M.
(C) 8:40 P.M.
(D) 9:00 P.M.

73. What does the speaker ask the listeners to do?

(A) Review some documents
(B) Present their passports
(C) Go through the security check
(D) Wait in the lounge

74. Who is Samantha Fox?

(A) An event planner
(B) A volunteer
(C) A local artist
(D) A curator

75. Why is the speaker calling?

(A) To confirm an appointment
(B) To report a problem
(C) To ask someone to join an organization
(D) To provide some information

76. What should the listeners do if they have questions?

(A) Send an e-mail
(B) Contact Ms. Fox
(C) Go to the community center
(D) Talk to the person in charge

77. What is the main purpose of the report?

(A) To report some local news
(B) To provide weather information
(C) To analyze industry trends
(D) To announce a construction project

78. What do the experts recommend?

(A) Staying indoors
(B) Driving very carefully
(C) Securing doors and windows
(D) Turning on some heating units

79. When will the weather be sunny and warm?

(A) On Tuesday
(B) On Wednesday
(C) On Thursday
(D) On Friday

80. What type of business is the message intended for?

(A) A restaurant
(B) A remodeling company
(C) A cosmetics store
(D) A property rental company

81. What does the speaker want to change?

(A) The location
(B) The number of people
(C) The food served
(D) The time

82. What does the speaker ask the listener to do?

(A) Call him back
(B) Review a menu
(C) Cancel the reservation
(D) Refund a purchase

▶ ▶ ▶ GO ON TO THE NEXT PAGE

83. What type of establishment is being constructed?

(A) A parking garage
(B) An office building
(C) A model apartment
(D) An exhibition facility

84. Which parking area will be available to construction workers?

(A) Parking lot A
(B) Parking lot B
(C) Parking lot C
(D) Parking lot D

85. According to the speaker, how will the company support its employees?

(A) By offering financial assistance
(B) By providing parking spaces
(C) By hiring additional workers
(D) By building a new parking lot

86. What type of business does the speaker probably work for?

(A) A manufacturing company
(B) An accounting firm
(C) An employment agency
(D) An engineering company

87. What does the speaker imply when he says, "The bad is that the process today will take some time"?

(A) He hopes the job seekers will be patient.
(B) He wants to speed up his construction project.
(C) He wants to point out some problems.
(D) He suggests that the listeners visit tomorrow.

88. What are the listeners asked to do?

(A) Submit their application forms
(B) Fill out some paperwork
(C) Present their identification cards
(D) Prepare for their interviews

89. Where does the speaker most likely work?

(A) A local farm
(B) A sandwich shop
(C) A restaurant
(D) A trucking company

90. What does the speaker say the problem is?

(A) A delivery truck has broken down.
(B) Some equipment was severely damaged.
(C) Some employees called in sick this morning.
(D) An order has not been delivered yet.

91. Why does the speaker say, "We open in an hour!"?

(A) To ask for time off
(B) To ask a customer to return later
(C) To explain the seriousness of the situation
(D) To cancel an order

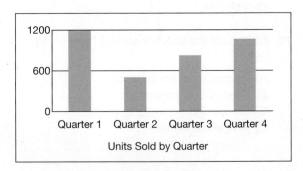

Units Sold by Quarter

92. What does the company sell?

(A) Portable music devices
(B) Mobile devices
(C) Chemical products
(D) Office supplies

93. Look at the graphic. When is the meeting taking place?

(A) Quarter 1
(B) Quarter 2
(C) Quarter 3
(D) Quarter 4

94. What does the speaker want to discuss next?

(A) Ways to increase sales
(B) Web site design
(C) Client complaints
(D) Business expansion plans

Franklin Fresh Market 30% Discount This Weekend!	
Sale Item	**Store Location**
Fresh Produce	Fremont
Dairy Products	San Jose
Beverages	Cupertino
Baked Goods	Oakland

Conference Program	
Presenter	Time
Dr. Sally Murphy	6:00 P.M. - 6:40 P.M.
Dr. James McCann	6:50 P.M. - 7:30 P.M.
Break	7:30 P.M. - 7:50 P.M.
Dr. David Kiesling	7:50 P.M. - 8:20 P.M.
Dr. Gwangsoon Ha	8:30 P.M. - 9:10 P.M.

95. What is Franklin Fresh Market celebrating?

(A) A store anniversary
(B) A new store opening
(C) A national holiday
(D) A profitable quarter

96. Look at the graphic. At which store location is the announcement being made?

(A) Fremont
(B) San Jose
(C) Cupertino
(D) Oakland

97. Why should listeners visit a Web site?

(A) To vote for the employee of the week
(B) To check for job openings
(C) To sign up for a membership program
(D) To write a customer review

98. According to the speaker, what happened to Dr. McCann?

(A) He missed his flight.
(B) He is sick.
(C) He lost his luggage.
(D) He postponed his speech.

99. Look at the graphic. When will Dr. Kiesling make his speech?

(A) 6:00 P.M.
(B) 6:50 P.M.
(C) 7:50 P.M.
(D) 8:30 P.M.

100. What does the speaker ask the listeners to do?

(A) Recommend a lecture
(B) Speed up the ordering process
(C) Watch a presentation
(D) Acknowledge a change in the schedule

This is the end of the Listening test. Turn to Part 5 in your test book.

▶ ▶ ▶GO ON TO THE NEXT PAGE

READING TEST

In the Reading test, you will read a variety of texts and answer several different types of reading comprehension questions. The entire Reading test will last 75 minutes. There are three parts, and directions are given for each part. You are encouraged to answer as many questions as possible within the time allowed.

You must mark your answers on the separate answer sheet. Do not write your answers in your test book.

PART 5

Directions: A word or phrase is missing in each of the sentences below. Four answer choices are given below each sentence. Select the best answer to complete the sentence. Then mark the letter (A), (B), (C), or (D) on your answer sheet.

101. The following steps outline the standard ------- for a student applying to Kawakuma University.

(A) proceed
(B) proceeds
(C) procedural
(D) procedures

102. Details about the new workshops ------- in the next company newsletter.

(A) to publish
(B) will be published
(C) is published
(D) have been publishing

103. The results from the course ------- will be used for further development and planning of the course.

(A) evaluate
(B) evaluations
(C) evaluators
(D) evaluative

104. It was Patty Smith's new design project that ------- her the Branzelica Award.

(A) honored
(B) achieved
(C) kept
(D) won

105. It is recommended that you have your passport ------- before proceeding through security.

(A) stamp
(B) stamped
(C) to stamp
(D) stamping

106. Our project team has received several orders ------- the advertisement ran in the local newspaper.

(A) by
(B) since
(C) during
(D) with

107. The recently released blues compilation album ------- 15 of the world's most famous guitarists.

(A) features
(B) appears
(C) conducts
(D) establishes

108. ------- researcher joining our next project will go through a thorough background check.

(A) Each
(B) All
(C) Most
(D) Both

109. The research team was ------- to discovering a new method of extracting images from all types of documents.

(A) closely
(B) closeness
(C) closing
(D) close

110. Krimo Labs released its new line of ------- gear for hockey players that is lighter, but sturdier.

(A) protect
(B) protects
(C) protecting
(D) protective

111. The animals ------- to their wild habitat go through a special training program so that they will know how to survive on their own.

(A) return
(B) returns
(C) returned
(D) returning

112. Since the snow will cause problems on the roads, new speed limits will go into ------- starting in January.

(A) effect
(B) outcome
(C) result
(D) reward

113. The coffee shop decided to thank its customers by giving ------- samples of its new cookie.

(A) they
(B) their
(C) them
(D) themselves

114. It has been proved that holiday lights can ------- fire hazards, so the fire department is offering safety tips.

(A) influence
(B) affect
(C) threaten
(D) pose

115. One method is suitable for employees while ------- method is suitable for employers.

(A) each other
(B) other
(C) the other
(D) the others

116. Any luggage that is too heavy to fit in the ------- compartment should be put under the seat in front of you.

(A) overcharging
(B) overheard
(C) overhead
(D) overseen

117. TBC announced that it would not conduct a live broadcast of the sporting event as previously -------.

(A) planned
(B) planning
(C) plans
(D) plan

118. On the basis that the factory will be producing goods 50% faster, the company decided to approve ------- John's proposal.

(A) for
(B) on
(C) by
(D) of

119. The tests have been ------- thoroughly by the board of directors, but if there are any problems, please let us know.

(A) proceeded
(B) arrived
(C) notified
(D) reviewed

▶ ▶ ▶GO ON TO THE NEXT PAGE

120. To ensure ------- processing of your special event permit application, please include the following information.

   (A) courageous
   (B) realistic
   (C) efficient
   (D) rewarding

121. The reality TV show came ------- an end when it was criticized for having become repetitive.

   (A) to
   (B) in
   (C) out
   (D) into

122. The chef happily decided to ------- the dish his crew had worked on.

   (A) tour
   (B) treat
   (C) taste
   (D) make

123. About 42 percent of people ------- say fuel economy is extremely important in their decision to purchase a new car.

   (A) survey
   (B) surveying
   (C) surveys
   (D) surveyed

124. For this project, the employees decided to use fashion as a ------- of expressing their personalities.

   (A) front
   (B) contact
   (C) truth
   (D) means

125. The donation to the fire department will allow them to work ------- by improving their equipment.

   (A) more efficient
   (B) efficiency
   (C) efficient
   (D) efficiently

126. When the subcontractor was unable to ------- with the timeline, the Krina Corporation had no choice but to annul the contract.

   (A) adhere
   (B) comply
   (C) abide
   (D) cling

127. Greago Industries should focus on its ------- customers if it wants to improve its reputation for customer service.

   (A) dominant
   (B) existing
   (C) poignant
   (D) updated

128. Since Mr. Jokoa is going on a vacation, Ms. Lawrenson was ------- to represent the Personnel Department at the conference.

   (A) delegated
   (B) mitigated
   (C) shared
   (D) acquired

129. Employees should perform their missions ------- in accordance with the company policy.

   (A) faithfully
   (B) exceedingly
   (C) decidedly
   (D) vastly

130. Octavio University is ------- to have renowned experts in the fields of both ecological statistics and environmental research.

   (A) evident
   (B) delighting
   (C) technical
   (D) fortunate

PART 6

Directions: Read the texts that follow. A word, phrase, or sentence is missing in parts of each text. Four answer choices for each question are given below the text. Select the best answer to complete the text. Then mark the letter (A), (B), (C), or (D) on your answer sheet.

Questions 131-134 refer to the following letter.

February 14

To Whom It May Concern,

I would like to ------- the candidate Rico Krowley for admission to your school. I have taught Rico
           131.

as a student since 2015, and he has been an ------- student in all of my classes. He became my
                                              132.

teacher assistant during his senior year and has done a brilliant job. He excels at learning any

material I teach and knows how to apply in advanced problems. -------, he is punctual and hard
                                                              133.

working. -------. I know that he will be an excellent addition to your student body.
         134.

Sincerely,

Kerry Endacott

Staff at Berkeley High School

131. (A) tell
    (B) recommend
    (C) announce
    (D) compensate

132. (A) excepting
    (B) exception
    (C) exceptional
    (D) except

133. (A) However
    (B) Therefore
    (C) As a result
    (D) Additionally

134. (A) He must reach the required level of proficiency.
    (B) Please complete the application for admission and return it.
    (C) Please consider Rico for acceptance to your school.
    (D) Tutoring is available at an additional charge to him.

▶ ▶ ▶ GO ON TO THE NEXT PAGE

Questions 135-138 refer to the following article.

LONDON (November 2) – Starting next year, the city ------- more trees on the streets of London.
135.

The people have declared that green scenery will improve the scenery of London in general.

-------. Trees will first be planted on Laker St., moving ------ the river. The council has decided to
136.   **137.**

take recommendations from the public regarding what kinds of trees should be planted. The

city's Web site has a link ------- people can vote and recommend what trees to plant. For more
138.

information, please visit the city council's page at www.londoncitycouncil.com.

135. (A) is planted
    (B) will be planting
    (C) planting
    (D) has planted

136. (A) A lot of travelers have been going to
        London.
    (B) London is surrounded by the most
        dramatic scenery.
    (C) Many flowers need to be watered now.
    (D) So the city has decided to start with the
        streets first.

137. (A) into
    (B) down
    (C) out of
    (D) above

138. (A) where
    (B) which
    (C) that
    (D) whom

Questions 139-142 refer to the following advertisement.

Locostonia Papers

Locostonia Papers is 10 years old! To ------- our birthday, we are going to be having a party
139.

on Friday, September 3. Please stop by the reception desk between 3 P.M. and 8 P.M. for

registration and ------- gifts prepared by our staff. -------. You will only be entered once,
140. **141.**

------- how many social media platforms you use. If you have any questions, please call (082)
142.

514-6981.

139. (A) join
(B) celebrate
(C) grow
(D) include

140. (A) parting
(B) mediocre
(C) satisfied
(D) assorted

141. (A) You'll also be entered in a raffle for prizes if
you subscribe to us on social media.
(B) We have been known as the best news
provider in this area.
(C) Our subscribers have praised the quality of
our writing staff.
(D) Our Web site will soon be upgraded for the
convenience of our users.

142. (A) regardless of
(B) though
(C) therefore
(D) within

▶ ▶ ▶ GO ON TO THE NEXT PAGE

Questions 143-146 refer to the following e-mail.

From: Lisa McCoy <lisa824@unitel.co.kr>
To: Kevin James <k_james@inquirer.com>
Date: March 26
Subject: Application

I saw your advertisement for an executive assistant in today's *Inquirer* and believe that my

experience and skills ------- your needs. I have ten years' experience in the corporate world and
                   143.
am familiar ------- the latest financial software. I have attached my résumé, which highlights my
          144.
education and ------- work experience. -------. Thank you for your time.
             145.   146.

143. (A) enhance
     (B) meet
     (C) progress
     (D) function

144. (A) for
     (B) on
     (C) with
     (D) from

145. (A) applied
     (B) applicant
     (C) applicable
     (D) applies

146. (A) I heard that many applicants have been
         interviewed by you.
     (B) The position will provide leadership to
         develop various strategies.
     (C) I am able to meet with you to discuss this
         further any weekday afternoon.
     (D) I will let you know my contact information in
         case of an emergency.

PART 7

Directions: In this part you will read a selection of texts, such as magazine and newspaper articles, e-mails, and instant messages. Each text or set of texts is followed by several questions. Select the best answer for each question and mark the letter (A), (B), (C), or (D) on your answer sheet.

Questions 147-148 refer to the following receipt.

Homestead Bakery
1199 Beacon St.
Brookline, MA 02446
Open Monday to Saturday from 6 A.M. to 6 P.M.

23 AUGUST	5:34 P.M.
RECEIPT NUMBER: 2527	
CASHIER: John Ricketts	

3 French Croissant	$12.00
2 Rye Wheat Bread Loaf	$6.00
4 Honey Glazed Donut	$6.00
SALES TAX	$1.68
Order Total:	$25.68

Homestead Bakery caters for large events and business meetings.

Visit www.homesteadbreads.com to tell us about your favorite Homestead Bakery product, and you could win a month's worth of breads and pastries. Bring this receipt to our newly opened Prince Street location and get 10% off your next purchase.

147. What is stated about Homestead Bakery?

(A) It has more than one location.
(B) It is open on public holidays
(C) It specializes in French pastries.
(D) It is owned by Mr. Ricketts.

148. Why are customers asked to visit the Prince Street location?

(A) To nominate a bread or pastry
(B) To place a catering order
(C) To request a refund
(D) To obtain a discount

▶ ▶ ▶ GO ON TO THE NEXT PAGE

Questions 149-150 refer to the following notice.

ATTENTION

For emergencies, we have some disposal bags available at the office near the entrance. If your pet has left unexpected droppings, please come to the front desk so you can take care of your pet's mess. There have been visitors in the past that took advantage of that and took more than five bags. To prevent that from happening again, we allow only one bag per pet.

Don't forget to have your pet on a leash, or you will be fined $50. This is a free public place that is visited by many guests. You are free to enjoy yourself, but any activity causing discomfort to other people is strictly prohibited.

Thank you.

149. Where is this notice most likely posted?

(A) At a park
(B) At a hotel
(C) At an apartment
(D) At a diner

150. Why can't people get more than one disposal bag?

(A) The office budget is limited.
(B) The suppliers are on strike.
(C) Some people took more than they needed.
(D) Some pets without leashes caused problems.

Questions 151-152 refer to the following text message chain.

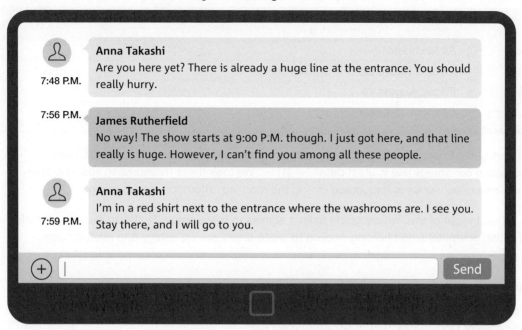

Anna Takashi
7:48 P.M.
Are you here yet? There is already a huge line at the entrance. You should really hurry.

7:56 P.M.
James Rutherfield
No way! The show starts at 9:00 P.M. though. I just got here, and that line really is huge. However, I can't find you among all these people.

Anna Takashi
7:59 P.M.
I'm in a red shirt next to the entrance where the washrooms are. I see you. Stay there, and I will go to you.

TEST 3

151. What is implied about Ms. Takashi?

(A) She needs to go to the washroom.
(B) She is lost.
(C) She is lining up at the entrance.
(D) She is on time for the show.

152. At 7:56 P.M., what does Mr. Rutherfield most likely mean when he writes, "No way"?

(A) He does not want to hurry.
(B) He is surprised that people came so early for the show.
(C) He is disappointed that he will not be able to watch the show.
(D) He cannot locate Ms. Takashi.

▶ ▶ ▶ GO ON TO THE NEXT PAGE

Questions 153-155 refer to the following e-mail.

To:	All Members
From:	Victoria Public Library <info@vpl.org>
Date:	Friday, August 26
Subject:	Changes to Library Hours

As part of the Energy Conservation Movement in the Victoria community, we have been evaluating our energy use in great detail. — [1] —. We took these measures to see how often each area of our library is frequented during the morning, afternoon, and evening.

— [2] —. In light of this, we are going to limit access to these areas. That way, we can shut off all lights, computers, and heating/cooling to these areas, saving energy and related costs. — [3] —.

New Department Hours:

Archives: 9-10 A.M., Monday-Wednesday
Government Documents: 9-10 A.M., Mondays only
Special Collections: 8 A.M. – 12 P.M., Fridays & Saturdays only
Children's Books: 11 A.M. – 5 P.M., Monday-Friday and 8 A.M. – 3 P.M., Saturday

If you have any questions about these new hours of availability, we welcome your calls, visits, and e-mails. — [4] —.

Sincerely,

The Victoria Public Library Staff

153. Why did the Victoria Public Library keep track of facility visitors?

(A) To gauge whether membership fees should increase
(B) To decide if the library was a good use of public funds
(C) To determine if it could afford to renovate the lobby
(D) To discover how each area was being used by patrons

154. When can a child find a book appropriate for his reading level?

(A) At 8 A.M. on Friday
(B) At 5 P.M. on Saturday
(C) At 3 P.M. on Tuesday
(D) At 11 A.M. on Sunday

155. In which of the positions marked [1], [2], [3], and [4] does the following sentence best belong?

"What we discovered is that several areas are barely frequented at all."

(A) [1]
(B) [2]
(C) [3]
(D) [4]

▶ ▶ ▶ GO ON TO THE NEXT PAGE

Vermont Institute of Technology
Refresh your Skills

Technology seems to change overnight these days. If you are like the other millions of Americans who change employment once every 5 years, then you may find yourself struggling to tackle the technology encountered at your newest place of employment. If this describes you, then enroll in the Vermont Institute of Technology's (VIT) "Refresh your Skills" course today!

We have classes on the software found in every major industry: food and beverage service, education, accounting, marketing, and many more. A comprehensive list of refresher course topics can be found at our Web site at www.vit.edu/refresh/course_catalogue.

The enrollment for the summer period ends on May 1, so visit our Web site or call or visit our Registration Department at 552-3342 (3342 Main St.) sooner rather than later!

156. What is a common struggle for American workers?

(A) Learning new software tools
(B) Maintaining a work and life balance
(C) Complying with safety regulations
(D) Wearing work attire

157. What is NOT indicated as a way to register at VIT?

(A) Making a telephone call
(B) Composing an e-mail
(C) Referring to a Web site
(D) Taking a campus tour

Questions 158-161 refer to the following article.

Property for Sale

Avalon Condominiums has newly available units for sale. Three new condominiums, including the penthouse unit, have recently become available.

Avalon is conveniently located on the corner of Park Avenue and 131st Street and is across from the downtown helipad and two 24-hour secured garages. Avalon features a concierge service for package acceptance and delivery, car service, door service, protection services and escorts 24/7/365, and more. Just down the block from Avalon Condominiums, tenants will find Legacy Square, which contains luxury shopping, two five-star restaurants, a large bodega, and several other shops. Avalon also offers a fully equipped fitness center with state-of-the-art machines and weights. For your relaxation and entertainment, Avalon Condominiums contains a rooftop Olympic-size pool in the complex and a 12-person hot tub for year-round enjoyment. Our party room features three large screen HDTVs, a wet bar, and a fully equipped kitchen for hassle-free entertaining! Avalon Condominiums was built in the 1950s, but all of the units have been renovated to include his-and-her bathroom sinks and a two-sink kitchen complete with an island bar. There also are hookups for a complete stereo system, HDTV, and cable Internet connections in each unit.

For more information on purchasing, financing, or showings, please contact Fantasy Real Estate at 1-800-363-4856 or visit www.fantasyreal.com. Showings are given by appointment only.

158. What amenity is NOT offered at Avalon Condominiums?

(A) A garage
(B) A swimming pool
(C) An outdoor hot tub
(D) A physical fitness center

159. What service is close to Avalon Condominiums?

(A) A beauty salon
(B) A gasoline station
(C) A helicopter airport
(D) A luxury car dealership

160. The phrase "state-of-the-art" in paragraph 2, line 6, is closest in meaning to

(A) artificial
(B) up to date
(C) fundamental
(D) old-fashioned

161. Which statement is true about the complimentary services at Avalon Condominiums?

(A) Avalon announces any guest's arrival.
(B) Avalon holds free parties periodically.
(C) Avalon provides ticket services.
(D) Avalon provides security guards.

▶ ▶ ▶GO ON TO THE NEXT PAGE

Questions 162-164 refer to the following e-mail.

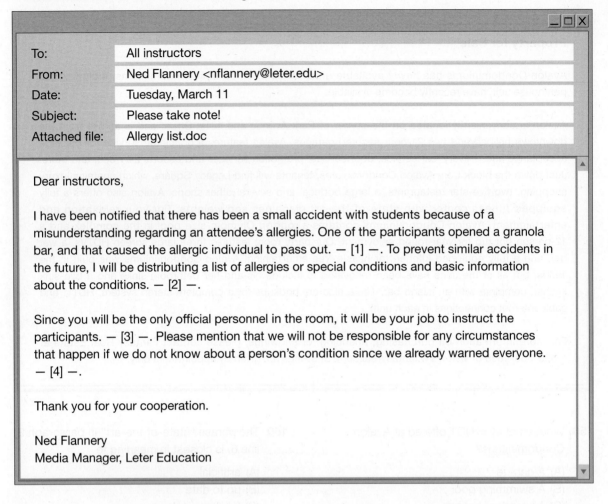

To: All instructors

From: Ned Flannery <nflannery@leter.edu>

Date: Tuesday, March 11

Subject: Please take note!

Attached file: Allergy list.doc

Dear instructors,

I have been notified that there has been a small accident with students because of a misunderstanding regarding an attendee's allergies. One of the participants opened a granola bar, and that caused the allergic individual to pass out. — [1] —. To prevent similar accidents in the future, I will be distributing a list of allergies or special conditions and basic information about the conditions. — [2] —.

Since you will be the only official personnel in the room, it will be your job to instruct the participants. — [3] —. Please mention that we will not be responsible for any circumstances that happen if we do not know about a person's condition since we already warned everyone. — [4] —.

Thank you for your cooperation.

Ned Flannery
Media Manager, Leter Education

162. What is indicated about Mr. Flannery?

(A) He has been notified of a schedule change.
(B) He will be teaching a class next Friday.
(C) He does not participate in the lectures.
(D) He has plans to move to Murrayville.

163. What is indicated about the list?

(A) It is regularly updated by Mr. Flannery.
(B) It was written for the students to be aware of allergies.
(C) It has the names of the students that have allergies.
(D) It has information on basic allergies and conditions.

164. In which of the positions marked [1], [2], [3], and [4] does the following sentence best belong?

"She was treated immediately, but the incident was a close call."

(A) [1]
(B) [2]
(C) [3]
(D) [4]

Questions 165-168 refer to the following e-mail.

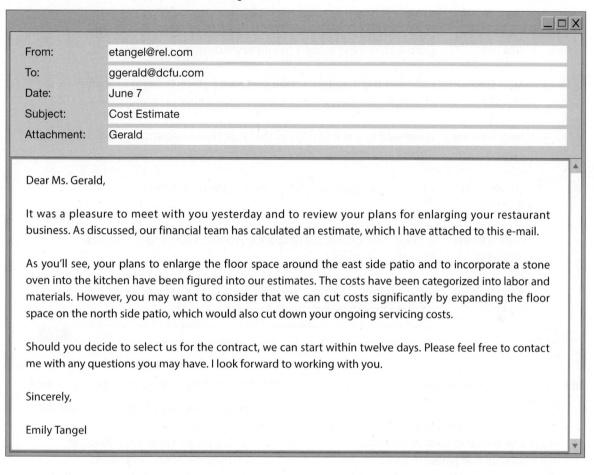

From:	etangel@rel.com
To:	ggerald@dcfu.com
Date:	June 7
Subject:	Cost Estimate
Attachment:	Gerald

Dear Ms. Gerald,

It was a pleasure to meet with you yesterday and to review your plans for enlarging your restaurant business. As discussed, our financial team has calculated an estimate, which I have attached to this e-mail.

As you'll see, your plans to enlarge the floor space around the east side patio and to incorporate a stone oven into the kitchen have been figured into our estimates. The costs have been categorized into labor and materials. However, you may want to consider that we can cut costs significantly by expanding the floor space on the north side patio, which would also cut down your ongoing servicing costs.

Should you decide to select us for the contract, we can start within twelve days. Please feel free to contact me with any questions you may have. I look forward to working with you.

Sincerely,

Emily Tangel

165. Who most likely is Ms. Tangel?

(A) A restaurant owner
(B) A financial advisor
(C) A building contractor
(D) A hotel manager

166. What was discussed at yesterday's meeting?

(A) Possible structural alterations
(B) Repair for weather damage
(C) Locations for a new restaurant
(D) Plans for a marketing campaign

167. What is attached in the e-mail?

(A) Detailed floor plans
(B) Restaurant suppliers
(C) Receipts for kitchenware
(D) Prices for labor

168. The word "significantly" in paragraph 2, line 3, is closest in meaning to

(A) considerably
(B) importantly
(C) collectively
(D) positively

▶ ▶ ▶ GO ON TO THE NEXT PAGE

Questions 169-172 refer to the following online chat discussion.

Wendi Davis	3:02 P.M.	Hi, all. Before we proceed with our new sales project, has everyone checked the information I shared yesterday?
Anna Dubose	3:04 P.M.	I checked it out and thought it was pretty good. It was simple and straightforward. However, I spotted a numerical error and fixed it.
Francis Rivera	3:08 P.M.	I reviewed it, too, and noticed that your marketing strategy was like a project proposed last year by a different team.
Wendi Davis	3:10 P.M.	Oh, really? Well, I guess we are back to square one then.
Francis Rivera	3:12 P.M.	It's okay though. We still have a lot of time to come up with a new marketing strategy.
Anna Dubose	3:13 P.M.	Francis is right. This time, we can all contribute. Why don't we have a meeting tomorrow and brainstorm some ideas?

Send

169. What was wrong with Ms. Davis's marketing strategy?

(A) It was overshadowed by other proposals.
(B) It was similar to another proposal.
(C) It was not completed in time.
(D) It did not meet the expected standards.

170. What is indicated about the new sales project?

(A) Ms. Dubose sent it to the members.
(B) It isn't due any time soon.
(C) It follows a consistent format.
(D) It needs to be completed by an individual.

171. What will the writers most likely do next?

(A) They will finish their project later than planned.
(B) They will extend their deadline.
(C) They will attend a meeting.
(D) They will make corrections to their project.

172. At 3:10 P.M., what does Ms. Davis most likely mean when she writes, "I guess we are back to square one then"?

(A) She needs to review the other team's marketing strategy.
(B) She is unsure of the team members' opinions.
(C) She wants someone else on the team to correct her work.
(D) She needs to start from the beginning again.

Don't miss out!

Mark your calendars for the fifth anniversary of the formation of the Jeffco Brass Community Orchestra. The orchestra will celebrate with a special free concert on May 6 from 7:00 to 9:30 P.M. at the Jeffco Community Center. This performance will be suitable for all lovers of music. The orchestra plans to play songs in several music genres. "Our set list is comprised of popular classical music, show tunes, and even rock and modern rap songs!" exclaimed conductor Tom Allen. For more information, visit our Web site at www.jeffcobrass.com or contact Tom Allen at t-allen@jeffcobrass.com.

TEST 3

173. What is the purpose of this notice?

(A) To publicize an organization's yearly celebration
(B) To request donations for a charity event
(C) To announce when tickets will go on sale
(D) To advertise the creation of a new music group

174. What is indicated about the concert?

(A) It is not appropriate for young children.
(B) It will include a wide range of songs.
(C) It will provide some food and drinks.
(D) It will collect a free-will donation.

175. Why would someone contact Mr. Allen?

(A) To reserve tickets
(B) To request a song
(C) To ask about details
(D) To apply for membership

▶ ▶ ▶ GO ON TO THE NEXT PAGE

Multimedia Plus
Computer-skills Workshops for Employees

Planning on improving your computer skills for your career? Multimedia Plus will be offering reasonably priced workshops at the Northpoint Business Center (except where noted). Participation is voluntary. But Powermount Company employees will receive a $10.00 discount for each workshop.

Workshop 1 Creative Marketing Ideas February 23, 9:00 - 11:30 A.M. Fee: $40 ($30 with discount)	**Workshop 3 Powerful Presentation Applications** April 16, 10:00 A.M. - Midday Fee: $45 ($35 with discount)
Workshop 2 Introduction to Web Site Design March 29, 9:30 A.M. - Midday Fee: $70 ($60 with discount) (Workshop Location: Southport Convention Center)	**Workshop 4 Advanced Online Research** May 8, 10:30 A.M. - Midday Fee: $50 ($40 with discount)

To:	Francis Powell
From:	Desi Dutt
Date:	February 20
Re:	Workshop Registration
Attachment:	Form

Dear Mr. Powell,

Earlier today, I saw a notice at my office relating to the computer-skills workshops your company is holding. Please find enclosed my completed registration form. I will make an online bank transfer for the discounted fee of $60.00 once confirmation of a seat is available. I am eager to attend the March workshop. Thank you for your assistance.

Regards,

Desi Dutt

176. For which company's employees is the notice most likely intended?

(A) The Southport Convention Center
(B) Multimedia Plus
(C) The Powermount Company
(D) Northpoint Business Center

177. What is mentioned about the workshops?

(A) They will award certificates of achievement.
(B) They will be held at the same site.
(C) They will last for several months.
(D) They require attendees to have company sponsorship.

178. According to the e-mail, what will Ms. Dutt send to Mr. Powell?

(A) A directory of registered employees
(B) A workshop questionnaire
(C) Confirmation of his registration status
(D) A discounted payment

179. In the notice, the word "reasonably" in paragraph 1, line 2 is closest in meaning to

(A) supremely
(B) affordably
(C) seasonally
(D) wholly

180. For which workshop is Ms. Dutt registering?

(A) Creative Marketing Ideas
(B) Introduction to Web Site Design
(C) Powerful Presentation Applications
(D) Advanced Online Research

▶ ▶ ▶ GO ON TO THE NEXT PAGE

Pomo - Frequently Asked Questions (FAQ)

What exactly is Pomo?

Pomo is a marketplace where people all over the world can connect to sell and buy unique goods. Shoppers buy things they can't find anywhere else. It's that simple.

How do I become a seller?

If you want to sell your craft items on Pomo, first, please make sure they fit within our seller guidelines. You can visit pomo.com/guidelines to check. Then, visit pomo.com/sell to set up your shop. There will be a small security deposit fee of $15, but don't worry! You'll receive your security deposit fee back when your shop is confirmed by us.

When will I receive my purchase?

As a matter of fact, Pomo does not participate in the actual process of shipping or delivery. We provide a space, whether it's online or offline, and that's all we do. You can file a complaint if you receive a package unreasonably late or if you don't receive one at all. We will immediately issue a return or compensation and suspend the seller.

How does Pomo make money?

Our business model is based on shared success. There is a $0.25 listing fee for every item listed, and we receive 5% of all sales completed on our Web site. Of course, we also have revenue coming in from advertisements.

```
                                                              _ □ X
From:      amyzhao@email.com
To:        complains@pomo.com
Date:      May 14
Subject:   Suspicious seller
```

Dear Pomo,

I have been a fan of your services for the past three years. I have been fortunate enough not to encounter any sellers that scammed me. However, I believe that I have been scammed. The shop is Skyblue Earrings. I saw that it sells glow-in-the-dark jewelry, so I purchased a set of its earrings. It's been three months since I ordered them, and now it is way past the estimated delivery date, which was March 21. I thought the delivery might have been delayed because the store is busy, but when I uploaded a review/comment about the delay, I was blocked from the shop. Please suspend them and give me a refund. My order number is 000000E289289.

Sincerely,

Amy Zhao

181. What is mentioned about Pomo?

(A) It has many international locations.
(B) It delivers products to customers.
(C) It is not involved in any transactions.
(D) It sells its own products.

182. What does the Web page indicate about the shops using Pomo?

(A) They can sell whatever they want as long as the items are made by the sellers.
(B) There are certain rules they must follow to be accepted as a shop.
(C) There is a nonrefundable setup fee of $15 to establish a shop.
(D) Pomo earns 15% of what the shops make.

183. What is the e-mail about?

(A) A proposal for a new function
(B) A request for promotion codes
(C) A report of a questionable vendor
(D) Directions to the headquarters

184. According to the Web page, how might Skyblue Earrings be affected?

(A) Its service will be stopped by Pomo.
(B) Its management will be replaced.
(C) It will offer discounts on several items.
(D) It will temporarily shut down its Web site.

185. What made Ms. Zhao decide she was cheated?

(A) Her purchase was not processed on her credit card.
(B) Her colleagues had the same problems.
(C) Her complaint was not accepted.
(D) Her product was faulty.

▶ ▶ ▶ GO ON TO THE NEXT PAGE

Pepperno Pizzeria is proud to announce that we will be introducing at least four new branches in Asia. Located in China, South Korea, Japan and Taiwan, these four locations will be the spearhead of our project. Since we are venturing into new markets, we are in need of people that are willing to join our company. We will be acquiring the restaurant staff locally, but we have an entire new department that will deal with Asian affairs.

For entry-level positions, we are mainly looking for applicants that have a degree in finance, economy, international relations, or anything related to those. Although experience in the field is preferred, it is not necessary. However, for positions that involve being in charge, we require at least 5 years of experience. For more information about the application process or the complete job listing, visit our Web site at www.peppernopizzeria. com.

_ □ X

To:	Allen Timm <atimm291@email.com>
From:	Lauren Malvo <LMalvo.1@pepperno.com>
Subject:	Congratulations!
Date:	May 12

Dear Mr. Timm,

Congratulations! We are pleased to offer you a full-time position as the head of advertisements at our Asian branches! As you already know, you will be in charge of the advertisements regarding our four branches in Asia. We were especially impressed with your experience as the communications manager at Laiba Foods.

You will be starting work on May 21. Please report to the Human Resources office once you arrive since we will need you to fill out some documents. Please do not hesitate to call us if you have any questions prior to May 21. I can be reached at this e-mail address or by phone at 389-1289. Once again, welcome to Pepperno Pizzeria.

Sincerely,

Lauren Malvo
Human Resources Administrator, Pepperno Pizzeria

Rank	Company	Est.	2016 Revenue (US$ Billion)	Country
1	Jurun Group Ltd.	2012	$9.7	China
2	Tragos	2007	$8.2	China
3	Laiba Foods	2011	$7.6	Japan
4	GB F&B	2009	$6.1	South Korea
5	Ryson	2014	$4.9	Taiwan

Asia's Rising Top 5 Food & Beverage Companies, 2017   Jager F&B Magazine

186. What is mentioned about Pepperno Pizzeria?

(A) It is one of the top restaurants in Canada.
(B) It has been around for more than a century.
(C) It is notorious for treating its staff horribly.
(D) It is expanding its business to Asia.

187. What positions do NOT require experience?

(A) Entry-level positions
(B) Management positions
(C) Restaurant staff positions
(D) Advertisement crew

188. Why did Ms. Malvo send the e-mail to Mr. Timm?

(A) To suggest a different option
(B) To provide instructions
(C) To assess his potential
(D) To reject his job application

189. What is suggested about Mr. Timm?

(A) He has already met Ms. Malvo.
(B) He suggested the expansion to Asia.
(C) He handed in his portfolio online.
(D) He has at least 5 years of experience.

190. Where is the headquarters of Mr. Timm's previous company located?

(A) China
(B) Japan
(C) South Korea
(D) Taiwan

▶ ▶ ▶ GO ON TO THE NEXT PAGE

Monday Board Meeting's Agenda

The weekly Monday board meeting will be addressing the following topics and adhering to the following agenda:

- 5:30 – 5:50 - Introductions and related news
- 5:50 – 6:40 - Recent market trends and competitor moves
- 6:40 – 7:30 - Dinner
- 7:30 – 8:30 - Annual bonuses and raise freezes for employees
- 8:30 – 9:00 - Changing employee benefits
- 9:00 – 9:15 - Conclusion

As always, dinner will be served at the meeting and will arrive shortly after 6:30. Enclosed is the menu for this week and an order form. Please select your choices and have your administrative assistant call or fax in the order no later than noon on Monday. If you are unable to attend the board meeting, please e-mail Board Coordinator Amy Manning at amanning@GBC.com with any requests for meeting notes or an audio recording of the meeting for your review.

Thank you.

Proposal to Restructure Employee Benefits

By Tina Poland, Manager of Human Resources

As you know, this has been a tough year for our company, but instead of laying off employees, we have decided to restructure some benefits to ease our budget and to bring down operating costs. To that end, here are three different proposals to restructure employee benefits:

* Increase co-pays/deductibles for employer-sponsored health plans.
* Change the employer contribution to retirement plans to 25% ONLY if the employee uses the maximum contribution plan instead of the current matching program.
* Offer employees time off without pay instead of changing benefits.

I believe option three is the best one, but, naturally, I will support the board's decision.

```
                                                          _ □ X
┌─────────────────────────────────────────────────────────────┐
│ From:      Robin Atkins                                        │
│ To:        Amy Manning                                         │
│ Subject:   Dinnertime                                          │
│ Date:      April 13                                            │
└─────────────────────────────────────────────────────────────┘
```

Dear Ms. Manning

I was just contacted by the catering company that is providing meals to our board meeting next Monday. The person said the dinner may be delayed by an hour due to a scheduling conflict. The meeting is imminent, so it is not easy to change catering companies. I heard that you are coordinating the meeting, so please take the appropriate actions.

Sincerely,

Robin Atkins

---

191. What can be inferred from the proposal?

(A) The company is having a profitable year.
(B) The company is anticipating many layoffs.
(C) The company is trying to cut its budget.
(D) The company lost its health insurance provider.

192. Why should a board member contact Amy Manning?

(A) To reserve a seat at the meeting
(B) To say that he or she is not attending
(C) To give information on a meal preference
(D) To make a suggestion for a topic for the meeting

193. What time will Ms. Poland's proposal be given?

(A) 6:00
(B) 7:15
(C) 8:30
(D) 6:30

194. In the e-mail, the word "imminent" in line 3 is closest in meaning to

(A) advance
(B) temporary
(C) intense
(D) near

195. What will most likely be affected by the dinner schedule change?

(A) Introductions and related news
(B) Recent market trends and competitor moves
(C) Annual bonuses and raise freezes for employees
(D) Changing employee benefits

▶ ▶ ▶GO ON TO THE NEXT PAGE

BTI Academy

BTI Academy is now accepting new students for the new year. Our award-winning preparatory academy is a direct subsidiary of New Line Conservatory. Our students are guaranteed acceptance to New Line Conservatory should they meet the academic and social expectations of freshman students.

New Line students have gone to Harvard, Yale, and other Ivy League schools as well as MIT and Oxford. BTI Academy preparatory students are required to provide a minimum number of civic responsibility hours as well as be involved in financial, academic, and extracurricular activities during the school year to maintain their place within the school. Please send your letters of approval, background check agreements, three references/endorsements (all must be from a BTI Academy alumnus), application, and application fee to our office as soon as possible.

Scholarships and sponsorships are available to academically or athletically gifted students. Any questions or concerns regarding the process should be directed to Michael Turner at (854) 695-8653 or via e-mail at mturner@BTI.edu. Application materials and requirements can be found online at www.BTI.edu.

Application for BTI Academy

Please provide the following information about your child:

- Name – Thomas Gene Peterson
- Address – 4837 Dane Street, Hamptons, NY 56378
- Telephone – (749) 463-3865
- Social security number – 476-73-9315
- Medical history – healthy, no preexisting conditions
- Test scores – English - 90%; Math - 98%; Science - 95%
- Academic history – straight A's
- Tutoring or private lesson history – none; not needed
- Extracurricular activity history – lacrosse player, football player, baseball player

This application should be filled out accurately and completely. Any false or inaccurate information will be grounds for denial of admittance. Should you have any questions or need clarification on any of the applications requirements, please contact our administrator's office at (854) 695-8650 from Monday to Friday from 8 A.M. to 4 P.M. Thank you for your interest in BTI Academy!

Ms. Caroline Jackson
BTI Academy

Dear Ms. Jackson,

I am writing in enthusiastic support of Thomas Gene Peterson for admission. I have known Thomas since he was a student in my science class last year. Thomas distinguished himself in my course by receiving the highest grade in the class. But this accomplishment only scratches the surface of his ability and character. Thomas is the type of person who loves learning. He's one of those people who works very hard and diligently but does so with a smile on his face.

He constantly strives for excellence in science, but Thomas does not let his thirst for knowledge rule his life. He is a scientific humanist who genuinely cares for others. It should come as no surprise that Thomas is well liked and admired by his peers. Although I am not an alumnus of BTI, I strongly recommend him for admission.

Regards,

John Taylor
Instructor in Science

196. What is NOT a requirement of the application?

(A) Recommendations
(B) An application fee
(C) Truthful information
(D) A psychological profile of the student

197. Who might be the intended audience of these documents?

(A) Parents wanting a prestigious education for their children
(B) Parents wishing to enroll their children in a boarding school
(C) Students interested in attending an elementary school
(D) Students wanting to do more extracurricular activities

198. According to the application, for what special consideration would the student qualify?

(A) A background check waiver
(B) The avoidance of false information
(C) Free or discounted tuition
(D) A recommendation by a professor

199. In the recommendation, the word "distinguished" in paragraph 1, line 2 is closest in meaning to

(A) controlled
(B) rummaged
(C) complimented
(D) differentiated

200. What is suggested about Thomas?

(A) He will go directly to New Line Conservatory.
(B) He will be sponsored by his middle school.
(C) He will not be admitted to BTI Academy.
(D) He will have an additional medical checkup.

Actual Test 1~3

정답 및 해설

1. (B)	**2.** (A)	**3.** (C)	**4.** (C)	**5.** (C)	**6.** (A)	**7.** (A)	**8.** (A)	**9.** (A)	**10.** (B)
11. (B)	**12.** (C)	**13.** (C)	**14.** (A)	**15.** (C)	**16.** (B)	**17.** (B)	**18.** (A)	**19.** (C)	**20.** (A)
21. (A)	**22.** (C)	**23.** (C)	**24.** (C)	**25.** (C)	**26.** (B)	**27.** (A)	**28.** (A)	**29.** (B)	**30.** (B)
31. (C)	**32.** (B)	**33.** (C)	**34.** (A)	**35.** (C)	**36.** (C)	**37.** (D)	**38.** (C)	**39.** (A)	**40.** (C)
41. (C)	**42.** (B)	**43.** (B)	**44.** (D)	**45.** (D)	**46.** (C)	**47.** (C)	**48.** (B)	**49.** (D)	**50.** (B)
51. (C)	**52.** (D)	**53.** (C)	**54.** (A)	**55.** (C)	**56.** (A)	**57.** (B)	**58.** (D)	**59.** (D)	**60.** (C)
61. (D)	**62.** (A)	**63.** (B)	**64.** (B)	**65.** (B)	**66.** (C)	**67.** (B)	**68.** (B)	**69.** (D)	**70.** (A)
71. (B)	**72.** (D)	**73.** (C)	**74.** (C)	**75.** (D)	**76.** (B)	**77.** (C)	**78.** (C)	**79.** (B)	**80.** (D)
81. (D)	**82.** (A)	**83.** (C)	**84.** (B)	**85.** (D)	**86.** (C)	**87.** (A)	**88.** (C)	**89.** (C)	**90.** (C)
91. (D)	**92.** (C)	**93.** (B)	**94.** (D)	**95.** (C)	**96.** (A)	**97.** (C)	**98.** (A)	**99.** (B)	**100.** (D)
101. (C)	**102.** (B)	**103.** (A)	**104.** (B)	**105.** (B)	**106.** (A)	**107.** (D)	**108.** (B)	**109.** (B)	**110.** (C)
111. (B)	**112.** (C)	**113.** (D)	**114.** (C)	**115.** (B)	**116.** (B)	**117.** (D)	**118.** (C)	**119.** (C)	**120.** (C)
121. (D)	**122.** (B)	**123.** (B)	**124.** (A)	**125.** (B)	**126.** (B)	**127.** (D)	**128.** (B)	**129.** (D)	**130.** (C)
131. (C)	**132.** (A)	**133.** (A)	**134.** (D)	**135.** (A)	**136.** (B)	**137.** (C)	**138.** (D)	**139.** (C)	**140.** (B)
141. (C)	**142.** (A)	**143.** (C)	**144.** (A)	**145.** (D)	**146.** (D)	**147.** (B)	**148.** (D)	**149.** (C)	**150.** (C)
151. (A)	**152.** (D)	**153.** (B)	**154.** (C)	**155.** (C)	**156.** (C)	**157.** (D)	**158.** (C)	**159.** (C)	**160.** (B)
161. (D)	**162.** (C)	**163.** (B)	**164.** (D)	**165.** (C)	**166.** (B)	**167.** (D)	**168.** (A)	**169.** (A)	**170.** (D)
171. (D)	**172.** (B)	**173.** (C)	**174.** (D)	**175.** (D)	**176.** (C)	**177.** (A)	**178.** (C)	**179.** (B)	**180.** (D)
181. (B)	**182.** (C)	**183.** (D)	**184.** (D)	**185.** (C)	**186.** (C)	**187.** (A)	**188.** (A)	**189.** (B)	**190.** (C)
191. (D)	**192.** (B)	**193.** (A)	**194.** (D)	**195.** (D)	**196.** (A)	**197.** (B)	**198.** (C)	**199.** (C)	**200.** (B)

TEST 1

PART 1

1. 2인 사진 [미M] ★★★

❶ 문제 유형 파악 두 사람이 등장하는 사진은 일반적으로 두 사람의 행동이나 옷차림이나 장신구 착용 여부와 같은 외모적 특징과 관련된 정답이 제시된다. 그러나 난이도가 높아지는 경우 사람 중심의 사진이지만, 사람 주변에 있는 사물의 위치와 상태를 표현하는 정답이 등장하기도 한다.

❷ 오답 제거 정원이 아니라 실내이므로 (A)는 오답으로 처리해야 하며, 두 사람이 나란히 걷고 있는 것이 아니라 서 있으므로 (C)도 틀린 묘사이다. 또한 창에는 커튼이 보이지 않으므로 (D)도 사진과 부합되지 않는다.

❸ 정답 선택 두 사람에 관한 묘사보다는 방 안에 상자가 쌓여 있는 상태를 묘사한 (B)가 정답이다.

표현 정리 **relax** 휴식을 취하다 **pile** 더미; 쌓다 **side by side** 나란히

(A) They are relaxing in a garden.
(B) Boxes are piled in a room.
(C) They are walking side by side.
(D) Some curtains have been closed.

(A) 그들은 정원에서 휴식을 취하고 있다.
(B) 방 안에 상자가 쌓여 있다.
(C) 그들은 나란히 걷고 있다.
(D) 커튼이 쳐져 있다.

2. 풍경 사진 [미W] ★★

❶ 문제 유형 파악 정경 중심의 사진이지만 정경을 구성하는 주요 사물이 나무와 숲뿐이므로 사물의 상태나 위치를 파악하기가 비교적 간단한 편이다.

❷ 오답 제거 사진 속에 사람이 보이지 않으므로 사람의 동작을 묘사하고 있는 (B), (D)는 오답으로 처리해야 한다. 또한 땅에 낙엽이 떨어져 있지 않으므로 (C)도 틀린 묘사이다.

❸ 정답 선택 큰 나무가 주변 잔디밭에 그림자를 드리우고 있는 상태를 묘사하고 있는 (A)가 정답이다.

🔍 **함정 분석** 나무가 심어져 있는 사진이므로 (D)로 헷갈릴 수 있다. 하지만 사람이 없는 사진에서는 진행 수동태 (be being p.p.)가 대부분 오답이다. 인물의 동작이 보이지 않으므로 (D)는 답이 될 수 없다.

표현 정리 **cast a shadow** 그림자를 드리우다 **gardener** 정원사 **trim** 다듬다, 자르다 **branch** 나뭇가지 **be covered with** ~로 덮여 있다 **plant** 화초, 식물; 공장; 식목하다, 심다

(A) A big tree is casting a shadow.
(B) Gardeners are trimming the branches.
(C) The ground is covered with leaves.
(D) Some trees are being planted in a garden.

(A) 큰 나무가 그림자를 드리우고 있다.
(B) 정원사들이 나뭇가지를 다듬고 있다.
(C) 바닥이 낙엽으로 덮여 있다.
(D) 몇몇 나무들이 정원에 식목되고 있다.

3. 풍경 사진 [영W] ★★★

❶ 문제 유형 파악 정경 중심의 사진이므로 주된 사물들의 위치와 상태를 정확하게 이해하는 것이 중요하다. 그러므로 건물 주변에 화초가 나란히 심어진 상태, 여러 원형 기둥들이 있는 건물의 모습, 건물의 유리창들이 모두 닫혀 있는 상태, 그리고 건물 앞 손잡이가 있는 계단의 모습에 집중해야 한다.

❷ 오답 제거 사진 속에 사람이 보이지 않으므로 사람의 행동을 묘사하고 있는 (A)와 (B)는 오답으로 처리해야 한다. 또한 사진 속 건물은 무엇인가를 기념하는 건조물이라 단정할 수 없으므로 원형 기둥만 듣고 섣불리 (D)를 정답으로 오인하지 않도록 주의해야 한다.

❸ 정답 선택 손잡이로 분리된 계단의 모습을 정확하게 묘사하고 있는 (C)가 정답이다.

🔍 **함정 분석** 계단 사진에서는 관련 표현으로 ascend the stairs(계단을 오르다), descend the stairs(계단을 내려오다)가 출제되므로 함께 알아두는 것이 좋다.

표현 정리 **ascend** 오르다 **stairs** 계단 **pavement** 포장도로 **staircase** 계단 **be divided by** ~에 의해 분리되다 **handrail** (계단 등의) 난간, 손잡이 **column** 원형 기둥 **monument** 기념 건조물

(A) Some people are ascending the stairs.
(B) The pavement is being repaired.
(C) A staircase is divided by handrails.
(D) There are some columns on both sides of the monument.

(A) 몇몇 사람들이 계단을 오르고 있다.
(B) 포장도로가 수리되고 있다.
(C) 계단이 손잡이로 분리되어 있다.
(D) 기념 건조물 양쪽에 원형 기둥들이 있다.

4. 1인 사진 [호M] ★★

❶ 문제 유형 파악 1인 중심의 사진이므로 사진 속 인물의 행동과 외모적 특징에 집중해야 한다. 따라서 남자가 배를 타고 노를 젓는 행동과 모자, 반팔 셔츠 및 선글라스를 착용하고 있는 외형적 특징에 초점을 맞춰야 한다.

❷ 오답 제거 사진 속의 인물이 낚시를 하고 있지 않고, 해변에서 쉬고 있지 않고, 부츠를 신고 있지 않으므로 (A), (B), (D) 모두 오답으로 처리해야 한다.

❸ 정답 선택 한 사람이 노를 젓는 동작을 묘사하고 있는 (C)가 정답이다.

표현 정리 **fish** 물고기; 낚시하다 **rest** 쉬다, 휴식하다 **row** 노; 노를 젓다 **put on** ~을 착용하다(착용하는 행동)

(A) A person is fishing on a lake.
(B) A person is resting on the beach.
(C) A person is rowing a boat.
(D) A person is putting on some boots.

(A) 한 사람이 호수에서 낚시를 하고 있다.
(B) 한 사람이 해변에서 쉬고 있다.
(C) 한 사람이 배를 타고 노를 젓고 있다.
(D) 한 사람이 부츠를 신고 있는 중이다.

5. 다수 사진 [미W] ★★★

❶ 문제 유형 파악 여러 사람이 등장하고 있는 사진이므로 이들의 공통된 행동

이나 외모적 특징을 먼저 살펴봐야 한다. 따라서 두 사람이 서류를 쥐고 있는 모습과 서류를 정리하고 있는 동작에 집중해야 한다.

❷ 오답 제거 (A)는 on the table만 없다면 사진과 부합되는 묘사가 될 수 있다. 또한 사진 속에 타일 바닥이 보이지 않고, 장소가 강당이 아니므로 (B), (D) 또한 오답으로 처리해야 한다.

❸ 정답 선택 서류를 정리하는 행동을 현재진행 수동태로 표현하고 있는 (C)가 정답이다.

🔍 **함정 분석** 2인 사진은 인물의 동작이 주로 묘사되지만 사물 묘사 또한 출제된다. 사물 묘사에 자주 쓰이는 현재진행 수동태(be being p.p.), 현재완료 수동태(have/has been p.p.) 등의 수동태 시제를 반드시 익혀두어야 한다.

표현 정리 rearrange 재배열하다 **tile floor** 타일이 깔린 바닥 **scrub** 닦다 brush 솔 **organize** 정리하다, 배열하다 **gather** 모으다, 모이다 auditorium 강당

(A) They are rearranging some papers on the table.
(B) A tile floor is being scrubbed with a brush.
(C) Some documents are being organized.
(D) A group of people has gathered in an auditorium.

(A) 사람들이 테이블에 놓인 문서들을 재배열하고 있다.
(B) 타일 바닥을 솔로 닦고 있다.
(C) 몇몇 서류들이 정리되고 있다.
(D) 사람들이 강당 안에 모여 있다.

6. 다수 사진 [영W] ★★

❶ 문제 유형 파악 여러 사람들이 등장하고 있지만 각자 다른 행동을 취하고 있다. 도로 주변 카페에 앉아 있는 사람들, 유모차를 밀고 가는 여자, 그리고 인도를 보행 중인 여자의 행동에 집중해야 한다. 또한 주변 사물로는 카페에 비어 있는 의자의 상태와 도로에 주행 중인 자동차가 보이지 않는다는 점도 주목해야 한다.

❷ 오답 제거 가로등이 보이지만 그것을 켜고 있는 사람은 보이지 않으므로 (B)는 틀린 묘사이다. 또한 웨이터가 인도를 쓸고 있는 모습이나 군중이 광장에 모여 있는 모습은 사진과 부합되지 않으므로 (C), (D) 역시 오답으로 처리해야 한다.

❸ 정답 선택 도로 주변에 착석해 있는 카페 손님들의 모습을 묘사하고 있는 (A)가 정답이다.

표현 정리 curb 연석, 경계석 **light** 등; 불을 붙이다, 불을 켜다 **street lamp** 가로등 **sweep** 쓸다 **sidewalk** 인도 **gather** 모으다, 모이다 **square** 광장

(A) Some people are seated near the curb.
(B) Some people are lighting the street lamps.
(C) A waiter is sweeping the sidewalk.
(D) A large crowd has gathered in the square.

(A) 몇몇 사람들이 연석 근처에 앉아 있다.
(B) 몇몇 사람들이 가로등을 켜고 있다.
(C) 웨이터가 인도를 쓸고 있다.
(D) 많은 사람들이 광장에 모여 있다.

PART 2

7. Who 의문문 [영W] [미M] ★★

❶ 문제 유형 파악 환불 방침을 개정하는 자가 누구인지 묻는 Who 의문문이다.

❷ 오답 제거 (B)는 액수를 묻는 How much 의문문에 적합한 대답이며, (C)는 질문의 refund의 일부와 발음이 유사한 fundraising을 이용한 오답이다.

❸ 정답 선택 몇몇 이사들이 할 것이라며 구체적인 담당자를 밝히고 있는 (A)가 정답이다.

표현 정리 revise 개정하다, 수정하다 **refund policy** 환불 방침 **board member** 이사 **sales tax** 판매세 **fundraising event** 기금 마련 행사

Who's going to revise our new refund policy?
(A) Some of the board members.
(B) Twenty-five dollars, including sales tax.
(C) There'll be a fundraising event this weekend.

누가 새 환불 방침을 개정할 건가요?
(A) 몇몇 이사님들이요.
(B) 판매세 포함해서 25달러요.
(C) 이번 주말에 기금 마련 행사가 있을 겁니다.

8. 조동사 의문문 [미M] [미W] ★

❶ 문제 유형 파악 복사기에 관한 도움이 필요한지를 묻는 일반의문문이다.

❷ 오답 제거 (B)는 권고나 제안을 받는 질문에 대한 부정 답변으로 적절하며, (C)는 질문의 photocopier의 photo에서 연상 가능한 photographer를 이용한 오답이다.

❸ 정답 선택 도움이 필요하다는 의사를 간결하게 언급하고 있는 (A)가 정답이다.

🔍 **함정 분석** 제안에 대한 수락으로 great, nice, good 등이 포함된 답변이 정답으로 나온다. 감사의 인사도 자주 출제된다는 점도 기억하자.

표현 정리 photocopier 복사기 **professional photographer** 전문 사진작가

Would you like some help with this photocopier?
(A) That would be great.
(B) I'm sorry. I can't.
(C) Yes, I'm a professional photographer.

이 복사기 문제를 좀 도와드릴까요?
(A) 그럼 좋지요.
(B) 미안한데, 그럴 수가 없네요.
(C) 네, 저는 전문 사진작가예요.

9. How 의문문 [미M] [영W] ★★

❶ 문제 유형 파악 어제 있었던 회의가 어떠했는지 묻는 How 의문문이다.

❷ 오답 제거 (B)는 구체적인 시점을 묻는 When 의문문에 어울리는 대답이며, (C)는 의문사 의문문에 등장할 수 없는 No란 답변이 제시된 오답이다.

❸ 정답 선택 순조롭게 진행되었다는 긍정적 답변을 제시하고 있는 (A)가 정답이다.

함정 분석 (B)와 (C)는 모두 질문에 나온 meeting과 유사한 meet을 이용한 함정이다. 질문에 나오는 단어와 유사한 단어를 이용하여 오답으로 출제하므로 유사 발음 어휘를 주의한다.

표현 정리 staff meeting 직원 회의 go well 순조롭게 진행되다 meet the deadline 마감시한을 맞추다

How was the staff meeting yesterday?
(A) It went well.
(B) Meet me at 1 o'clock.
(C) No, we have to meet the deadline.

어제 있었던 직원 회의는 어땠어요?
(A) 순조롭게 진행되었어요.
(B) 1시에 저와 만나요.
(C) 아뇨, 저희는 마감시한을 맞춰야 해요.

---

10. Who 의문문 [미M] [미W] ★

① 문제 유형 파악 내일 있을 국제 마케팅 회의에서 연설을 하는 사람을 묻는 Who 의문문이다.

② 오답 제거 (A)는 질문의 speaking을 통해 연상 가능한 spokesperson을 이용한 오답이고, (C)는 질문의 conference를 반복적으로 들려주는 함정이 포함된 오답이다.

③ 정답 선택 마케팅 담당 이사가 할 것이라며 구체적인 직책을 언급하고 있는 (B)가 정답이다.

함정 분석 Who 의문문에 대한 답변으로 사람 이름뿐 아니라 직업명이나 직책, 부서명이 나온다. 다른 사람이 아닌 답변자 자신(I)을 언급하는 답변도 정답이 될 수 있다.

표현 정리 speak at ~에서 연설하다 spokesperson 대변인 hold 개최하다, 열다

Who is speaking at the international marketing conference tomorrow?
(A) He is our new spokesperson.
(B) The marketing director, I heard.
(C) The conference will be held tomorrow.

내일 있을 국제 마케팅 회의에서 누가 연설을 하나요?
(A) 그는 우리의 새로운 대변인이에요.
(B) 마케팅 담당 이사라고 들었어요.
(C) 그 회의는 내일 개최될 겁니다.

---

11. 조동사 의문문 [미W] [호M] ★★

① 문제 유형 파악 코너 씨에게 회사를 구경시켜줄 수 있는지 묻는 일반의문문이다.

② 오답 제거 7시라는 종료 시점을 언급하는 (A)는 When 의문문에 적합한 대답이고, (C)는 질문의 tour를 반복적으로 들려주는 함정이 포함된 오답이다.

③ 정답 선택 흔쾌히 수락하며 주변을 구경시켜 주겠다고 대답하는 (B)가 정답이다.

표현 정리 give ~ a tour ~에게 구경시켜 주다 show ~ around ~에게 주변을 구경시키다 tour guide 관광 가이드

Could you give Ms. Corner a tour of the company?
(A) It will be over by 7 P.M.
(B) Sure, I'll show her around.
(C) I'm afraid she's not a tour guide.

코너 씨에게 회사를 구경시켜 주시겠어요?
(A) 그것은 오후 7시경에 끝나요.
(B) 좋아요, 제가 구경시켜 드릴게요.
(C) 그녀는 여행 가이드가 아닙니다.

---

12. Who 의문문 [영W] [미M] ★★

① 문제 유형 파악 호텔 레스토랑의 수석 주방장으로 승진한 사람이 누구인지 묻는 Who 의문문이다.

② 오답 제거 (A)는 질문의 chef나 hotel restaurant을 통해 연상할 수 있는 full을 이용한 오답이고, (B)는 질문의 promoted와 발음이 유사한 promotion을 이용한 오답이다.

③ 정답 선택 월터 씨일 것이라며 구체적인 인명을 제시하고 있는 (C)가 정답이다.

표현 정리 be promoted to ~로 승진하다 head chef 수석 주방장 promotional event 판촉 행사

Who was promoted to head chef at the hotel restaurant?
(A) I'm sorry. I'm already full.
(B) The promotional event was very successful.
(C) Mr. Walter probably was.

누가 호텔 레스토랑의 수석 주방장으로 승진했나요?
(A) 미안합니다. 저는 이미 배가 불러요.
(B) 판촉 행사는 대성공이었어요.
(C) 아마도 월터 씨일 겁니다.

---

13. What 의문문 [미W] [영W] ★★★

① 문제 유형 파악 베이커 씨가 남긴 메모의 내용에 대해 묻는 What 의문문이다.

② 오답 제거 (A)는 질문의 memo를 통해 연상 가능한 message를 이용했을 뿐 베이커 씨의 메모와는 무관한 대답이고, (B)는 액수를 묻는 How much 의문문에 적합한 대답이다.

③ 정답 선택 아직 읽어보지 못했다며 자신도 그것에 대해 아는 바가 없음을 밝히고 있는 (C)가 정답이다.

함정 분석 질문에 대해 모른다고 말하는 답변은 정답으로 자주 출제된다. 그 밖에도 '~에게 확인해 보겠다'는 답변이나 '아직 ~하지 않았다'는 내용의 답변이 자주 나온다.

표현 정리 leave a message 메시지를 남기다

What is Mr. Baker's memo about?
(A) He left a message for you.
(B) About two hundred dollars.
(C) Sorry, but I haven't read it yet.

베이커 씨가 남긴 메모는 무엇에 관한 것인가?
(A) 그는 당신에게 메시지를 남겼어요.

(B) 대략 200달러요.
(C) 죄송한데, 그것을 아직 읽어보지 못했어요.

14. 간접 의문문 [영W] [미M] ★★

① 문제 유형 파악 인사부장이 어디에 있는지 묻는 Where 의문문이다.

② 오답 제거 (B)는 질문의 personnel과 발음이 유사한 personal을 이용한 오답이고, (C) 또한 인사부장이 있는 장소와는 무관한 내용의 오답이다.

③ 정답 선택 이미 퇴근했다며 회사에 없다는 사실을 간접적으로 밝히고 있는 (A)가 정답이다.

표현 정리 **personnel manager** 인사부장 **leave for the day** 퇴근하다 **personal** 개인적인 **matter** 문제; 문제가 되다

Do you know where the personnel manager is?
(A) He already left for the day.
(B) Yes, I think it's a personal decision.
(C) No, it doesn't really matter.

인사부장이 어디에 있는지 아세요?
(A) 그는 이미 퇴근했어요.
(B) 네, 그건 개인적인 결정이라고 생각해요.
(C) 아뇨, 그건 정말 문제될 게 없어요.

15. Who 의문문 [호M] [영W] ★★

① 문제 유형 파악 자선 기금 마련 행사를 누가 준비하는지 묻는 Who 의문문이다.

② 오답 제거 토요일이란 시점을 언급하고 있는 (A)는 When 의문문에 적절한 대답이고, (B)는 의문사 의문문에서 사용될 수 없는 Yes란 답변이 제시된 오답이다.

③ 정답 선택 리빙스턴 씨가 자원했다며 담당자의 구체적인 인명을 제시하고 있는 (C)가 정답이다.

표현 정리 **organize** 준비하다, 정리하다 **fundraiser** 기금 마련 행사 **charity** 자선, 자선단체 **volunteer to do** ~를 하겠다고 자원하다

Who's going to organize the charity fundraiser?
(A) It's on Saturday.
(B) Yes, I want a full refund.
(C) Mr. Livingston volunteered to do it.

누가 자선 기금 마련 행사를 준비할 건가요?
(A) 토요일에 열려요.
(B) 네, 저는 전액 환불을 원해요.
(C) 리빙스턴 씨가 자원했어요.

16. When 의문문 [미M] [미W] ★

① 문제 유형 파악 맥도날드 씨가 새로운 컴퓨터 과정에 등록한 시점을 묻는 When 의문문이다.

② 오답 제거 이미 그에 연락을 취했다고 언급하는 (A)는 컴퓨터 강좌를 등록한 시점과 무관한 내용의 오답이고, (C)는 질문의 sign up을 통해 연상할 수 있는 application form을 함정으로 이용한 오답이다.

③ 정답 선택 지난주라는 구체적인 시점을 제시하고 있는 (B)가 정답이다.

함정 분석 (A)는 신규 컴퓨터 강좌 등록일을 묻는 When 의문문에 yesterday로 답한 함정 보기이다. 그에게 어제 전화했다며 질문과는 전혀 상관없는 내용이므로 오답이다.

표현 정리 **sign up for** ~에 등록하다 **fill out** (서식을) 작성하다 **application form** 신청서

When did Mr. McDonald sign up for the new computer course?
(A) I already called him yesterday.
(B) Last week, I heard.
(C) Please fill out an application form first.

맥도날드 씨는 언제 신규 컴퓨터 강좌에 등록했나요?
(A) 제가 어제 그에게 이미 전화했어요.
(B) 지난주라고 들었어요.
(C) 우선 신청서를 작성해 주세요.

17. 부가 의문문 [미W] [호M] ★★

① 문제 유형 파악 어젯밤 뮤지컬 공연이 훌륭했다는 자신의 생각에 대해 동의를 구하는 부가의문문이다.

② 오답 제거 (A)는 질문의 musical performance를 통해 연상 가능한 ticket을 이용한 오답이고, (C)는 질문의 performance를 반복적으로 들려주는 함정이 포함된 오답이다.

③ 정답 선택 Yes란 긍정 답변과 함께 모든 사람들이 좋아했다는 부연 설명을 제시하고 있는 (B)가 정답이다.

표현 정리 **musical performance** 뮤지컬 공연 **conduct** 시행하다, 실시하다 **performance evaluation** 실적 평가, 업무 평가 **survey** 조사

The musical performance last night was really great, wasn't it?
(A) No, I'm trying to get a ticket.
(B) Yes, I think everyone liked it.
(C) We conducted a performance evaluation survey.

어젯밤 뮤지컬 공연은 정말 훌륭했어요, 안 그래요?
(A) 아뇨, 저는 표를 구하려는 중이에요.
(B) 네, 모든 사람들이 좋아했던 것 같아요.
(C) 저희는 실적 평가에 관한 조사를 실시했어요.

18. 간접 의문문 [미M] [미W] ★★

① 문제 유형 파악 인사부의 위치에 대해 묻는 Where 간접의문문이다.

② 오답 제거 (B)는 안내를 해주겠다는 긍정적 답변 Yes와 새로운 컴퓨터가 필요하다는 부연 설명이 서로 무관한 내용일 뿐 아니라 질문의 personnel과 발음이 유사한 personal을 이용한 유사 발음 함정이 포함되어 있는 오답이다. (C) 역시 질문의 department와 발음이 유사한 departure를 이용한 함정이 제시된 오답이다.

③ 정답 선택 복도를 따라 가라며 구체적인 길 안내를 하고 있는 (A)가 정답이다.

함정 분석 Where 의문문에 대한 답변으로 직접적인 위치나 장소뿐 아니라 가는 방법을 설명하는 답변도 정답으로 출제된다. 장소 표현 말고도 웹사이트와 같이 위치에 대한 정보를 얻을 수 있는 출처로 답하기도 한다.

표현 정리 **Personnel Department** 인사부 **go down the hall** 복도를 따라가다 **make certain of** ~을 확인하다, 반드시 ~하다 **departure time** 출발 시간

Could you tell me where I can find the Personnel Department?
(A) Just go down the hall.
(B) Yes, we need some new personal computers.
(C) Please make certain of the departure time.

인사부가 어디에 있는지 알려주실 수 있나요?
(A) 복도를 따라 죽 가세요.
(B) 네, 저희는 개인용 컴퓨터가 몇 대 필요해요.
(C) 출발 시간을 확인해 주세요.

---

19. Where 의문문 미M 영W ★★

🟠 **문제 유형 파악** 서류철을 구매한 장소를 묻는 Where 의문문이다.

🟠 **오답 제거** (A)는 물건을 놓을 장소를 묻는 질문에 적합한 대답이므로 구매 장소를 묻는 질문에 적합하지 않고, (B)는 단수 대명사 It의 대상이 불분명하며 위치를 나타내는 내용이므로 역시 질문에 어울리지 않는다.

🟠 **정답 선택** 길 건너에 새로 생긴 사무용품점이라며 구체적인 장소를 제시하고 있는 (C)가 정답이다.

표현 정리 **file folder** 서류철 **office building** 사무용 건물 **office supply store** 사무용품점 **across the street** 길 건너에

Where did you buy these file folders?
(A) Please put them over here.
(B) It's by our office building.
(C) From the new office supply store across the street.

이 서류철들은 어디에서 구매했나요?
(A) 그것들을 이쪽에 두세요.
(B) 그건 저희 건물 옆에 있어요.
(C) 길 건너에 새로 생긴 사무용품점에서요.

---

20. 평서문 영W 미M ★★

🟠 **문제 유형 파악** 타이핑 작업을 부탁하는 내용의 평서문이다.

🟠 **오답 제거** (B)와 (C)는 각각 질문의 type과 big을 반복하여 제시하고 있을 뿐 타이핑을 부탁하는 내용과 어울리지 않는 오답이다.

🟠 **정답 선택** 부탁을 흔쾌히 수락하고 있는 (A)가 정답이다.

🔍 **함정 분석** 질문에 나온 단어가 선택지에 똑같이 다시 쓰일 경우 다의어를 조심해야 한다. 같은 단어라도 전혀 다른 의미로 쓰이기 때문에 질문과 무관하여 오답이 된다. type은 '타자 치다;유형, 종류'라는 의미로 모두 쓰이는 대표적인 다의어이다.

표현 정리 **type up** ~을 타이핑하다 **owe** 빚을 지다 **carry** (상점에서 품목을) 취급하다 **a bit** 약간

It will be a big help if you type this up for me.
(A) Sure. But you owe me for this.
(B) No, we don't carry that type.
(C) Well, it's a bit big for me.

당신이 저를 위해 이것을 타이핑 해주시면 큰 도움이 될 겁니다.
(A) 좋습니다. 그럼 이번에 저한테 신세 한번 지는 거예요.
(B) 아뇨, 우리는 그런 종류는 취급하지 않아요.
(C) 이건 제게 약간 커요.

---

21. 평서문 미W 호M ★★

🟠 **문제 유형 파악** 점장이 휴가 중이라는 사실을 전달하고 있는 평서문이다.

🟠 **오답 제거** (B)는 질문의 vacation과 파생어 관계이자 발음이 유사한 vacant를 함정으로 이용한 오답이며, (C) 역시 질문의 vacation을 통해 연상 가능한 tourist attraction을 활용한 오답이다.

🟠 **정답 선택** 누가 점장의 업무를 처리할지를 반문하고 있는 (A)가 정답이다.

표현 정리 **shop manager** 점장 **be away on vacation** 휴가 중이다 **cover for** ~를 대신하여 일을 하다 **currently** 현재, 지금 **vacant** 비어 있는 **tourist attraction** 관광 명소

The shop manager is away on vacation.
(A) Who's covering for him?
(B) The position is currently vacant.
(C) It is one of the most famous tourist attractions.

점장이 휴가 중이에요.
(A) 누가 그를 대신하나요?
(B) 그 직책은 현재 공석이에요.
(C) 그곳은 가장 유명한 관광 명소 중 한 곳이에요.

---

22. How 의문문 미M 미W ★★★

🟠 **문제 유형 파악** 기밀 서류들의 정리 방법에 대해 묻는 How 의문문이다.

🟠 **오답 제거** (A)는 의문사 의문문에 등장할 수 없는 Yes란 답변이 제시되고 있는 오답이며, (B)는 질문의 confidential과 발음이 유사한 confident를 함정으로 이용한 오답이다.

🟠 **정답 선택** 서류 작성 연도를 기준으로 하라며 구체적인 정리 방식을 제시하고 있는 (C)가 정답이다.

표현 정리 **confidential document** 기밀 서류, 비밀 서류 **be confident about** ~에 자신이 있다 **satisfying** 만족스러운

How should we file these confidential documents?
(A) Yes, they are on your desk.
(B) We're confident about offering a satisfying service.
(C) By the year they were created.

이 기밀 서류들은 어떻게 정리해야 할까요?
(A) 네, 그것들은 당신의 책상 위에 있어요.
(B) 저희는 만족스러운 서비스를 제공하는 데 자신이 있어요.
(C) 그것들이 작성된 연도별로요.

---

23. Why 의문문 영W 호M ★★★

🟠 **문제 유형 파악** 내일 있을 환영 만찬에 오라고 청하는 Why don't you ~? 유형의 권유 의문문이다.

🟠 **오답 제거** (A)는 구체적인 소요 시간에 대해 묻는 How long 의문문에 적절한 내용의 대답이며, (B)는 권유 의문문과 무관한 내용의 오답이다.

❸ 정답 선택 좋은 생각이라며 긍정 답변을 한 후, 그녀에게 먼저 물어봐야 한다며 한 가지 조건을 달고 있는 (C)가 정답이다.

표현 정리 come over for ~을 위해 오다 reception 리셉션, 환영 만찬 check with ~에게 물어보다[확인하다]

Why don't you and Ms. Ryder come over for the reception tomorrow?
(A) It'll take about half an hour by bus.
(B) It was well received by critics.
(C) That sounds like a great idea. But let me check with her first.

당신하고 라이더 씨와 내일 있을 환영 만찬에 오시겠어요?
(A) 버스로 30분 정도 걸릴 겁니다.
(B) 그건 비평가들로부터 호평을 받았어요.
(C) 좋은 생각이에요. 하지만 그녀에게 먼저 물어봐야 해요.

24. What 의문문 미M 미W ★★

❶ 문제 유형 파악 앰버 허드 씨가 사무실로 복귀하는 시간을 묻는 What time 의문문이다.

❷ 오답 제거 (A)는 시간을 나타내는 대답이긴 하지만 사무실로 복귀하는 시간을 묻는 질문과는 무관한 오답이며, (B) 또한 사무실로 복귀하는 시간과 관련이 없는 내용일 뿐만 아니라 질문의 back을 반복하여 들려주는 함정이 포함된 오답이다.

❸ 정답 선택 30분 후에 돌아올 것이라며 구체적인 복귀 시점을 밝히고 있는 (C)가 정답이다.

🔍 함정 분석 What 다음에 나오는 명사는 중요한 키워드이므로 이 질문에서는 What time을 놓치지 않아야 한다. (A)는 시간을 언급하기 때문에 쉽게 빠질 수 있는 함정이지만 현재 시간을 말하는 내용의 답변이므로 질문과 전혀 상관없어 오답이다.

표현 정리 in the back of the office 사무실 뒤에 half an hour 30분

What time will Ms. Amber Heard be back in the office?
(A) I think it's 11 o'clock now.
(B) You can park your car in the back of the office.
(C) She should be back in about half an hour.

앰버 허드 씨는 몇 시에 사무실로 복귀하나요?
(A) 지금 11시에요.
(B) 사무실 뒤에 주차하실 수 있어요.
(C) 그녀는 대략 30분 후에 돌아올 겁니다.

25. 부정 의문문 미W 미M ★★

❶ 문제 유형 파악 그린필드 씨에게 마케팅 조사 결과를 보내야 할지의 여부를 묻는 일반의문문이다.

❷ 오답 제거 지난주라는 시점을 밝히고 있는 (A)는 When 의문문에 적합한 내용의 대답이고, (B)는 질문의 marketing과 발음이 유사한 market을 함정으로 이용한 오답이다.

❸ 정답 선택 그럴 필요가 없다는 부정 답변 No와 함께 자신이 이미 발송했다는 이유를 언급하고 있는 (C)가 정답이다.

🔍 함정 분석 Yes만 듣고 (A)를 선택했을 수 있다. 질문은 마케팅 조사 결과를 보내야 하는지를 묻는 내용이므로 아직 보내지 않았음을 알 수 있지만, (A)는 지난 주말이었을 것이라고 답하고 있으므로 보내지 않았다는 사실과 달라 오답이다.

표현 정리 survey results 설문조사 결과 might have p.p. ~이었을 것이다 seek 찾다, 물색하다

Shouldn't I send Mr. Greenfield the marketing survey results?
(A) Yes, it might have been last weekend.
(B) We need to seek a new market.
(C) No, I already sent them.

제가 그린필드 씨에게 마케팅 조사 결과를 보내야 하는 것 아닌가요?
(A) 네, 아마 지난 주말이었을 거예요.
(B) 우리는 새로운 시장을 찾아야 해요.
(C) 아뇨, 제가 이미 보냈어요.

26. How 의문문 미M 영W ★★★

❶ 문제 유형 파악 비글 제약사까지 가는 방법을 묻는 How 의문문이다.

❷ 오답 제거 (A)와 (C)는 모두 질문의 pharmaceutical을 통해 연상 가능한 medication과 pharmacies를 이용한 오답이다.

❸ 정답 선택 그곳에 가본 적이 없다며 우회적으로 자신도 모른다는 사실을 밝히고 있는 (B)가 정답이다.

표현 정리 pharmaceutical 제약의 be on medication 약물 치료를 받고 있다, 약을 복용하고 있다 pharmacy 약국

How can we get to the Beagle Pharmaceutical Company?
(A) Yes, I'm on medication.
(B) Actually, I've never been there.
(C) Most pharmacies are closed today.

비글 제약사에 어떻게 가면 될까요?
(A) 네, 저는 지금 약을 복용하고 있어요.
(B) 사실, 저는 그곳에 가본 적이 없어요.
(C) 대부분의 약국이 오늘 문을 닫았어요.

27. 평서문 호M 미W ★★

❶ 문제 유형 파악 공항까지 택시를 합승하자고 제의하는 평서문이다.

❷ 오답 제거 (B)는 질문의 airport를 통해 연상 가능한 bags와 check in을 함정으로 이용한 오답이며, (C)는 질문의 taxi와 발음이 유사한 taxes를 함정으로 이용한 오답이다.

❸ 정답 선택 언제 떠나는지 반문하며 합승할 생각이 있음을 우회적으로 표현하고 있는 (A)가 정답이다.

표현 정리 share a taxi 택시를 합승하다, 택시를 함께 타다 leave 떠나다, 남기다 check in 짐을 부치다, 수속을 밟다 income tax 소득세

You can share a taxi to the local airport with me.
(A) When do you leave?
(B) I have three bags to check in.
(C) I heard that income taxes will be reduced 10%.

저와 공항까지 택시를 합승하셔도 됩니다.
(A) 언제 떠나세요?
(B) 저는 가방 세 개를 부치고자 합니다.
(C) 저는 소득세가 10% 인하된다는 소식을 들었어요.

28. 부가 의문문 미W 영W ★★

① 문제 유형 파악 겨울에 날씨가 안 좋으면 항공편들이 항상 취소되는지를 묻는 부가의문문이다.

② 오답 제거 (B)는 질문의 winter를 통해 연상할 수 있는 freezing을 함정으로 이용한 오답이며, (C)는 질문에서 언급한 적이 없는 여자를 지칭하는 인칭대명사 she가 등장하는 오답이다.

③ 정답 선택 그게 맞다면서 사실을 확인해주는 (A)가 정답이다.

표현 정리 cancel 취소하다 severe 심각한, 심한 condition 상황, 상태 freezing 아주 추운 be on vacation 휴가 중이다

Flights are almost always canceled when there are severe winter conditions, right?
(A) Maybe that's true.
(B) It's freezing in here, isn't it?
(C) Yes, she's on vacation now.

겨울에 날씨가 좋지 않으면 항공편들은 거의 항상 취소되죠, 맞나요?
(A) 아마도 그럴 겁니다.
(B) 이 안은 굉장히 춥네요, 안 그래요?
(C) 네, 그녀는 지금 휴가 중이에요.

29. 평서문 영W 호M ★★

① 문제 유형 파악 환영 만찬에 모두가 정장을 갖춰 입어야 한다는 방침을 설명하고 있는 평서문이다.

② 오답 제거 (A)는 평서문의 reception을 통해 파티 시작 시간을 연상하게 하는 오답이며, (C)는 평서문과 무관한 발표 시점을 언급하고 있을 뿐만 아니라 평서문의 formal과 발음이 유사한 파생어 formally를 함정으로 이용한 오답이다.

③ 정답 선택 내일 잘 차려 입어야겠다는 의사를 표현하고 있는 (B)가 정답이다.

표현 정리 formal clothing 정장 reception 환영 만찬 get dressed up 옷을 잘 차려 입다 formally 공식적으로 announce 발표하다

Every employee should wear formal clothing to the reception tomorrow.
(A) At 7 o'clock in the evening.
(B) I'll get dressed up then.
(C) Yes, it will be formally announced tomorrow.

모든 직원은 내일 있을 환영 만찬에 정장을 갖춰 입어야 합니다.
(A) 저녁 7시예요.
(B) 그럼 옷을 잘 차려입어야겠네요.
(C) 네, 그건 내일 공식적으로 발표됩니다.

30. 선택 의문문 미W 미M ★★★

① 문제 유형 파악 현금과 신용카드 중 어느 지불 수단으로 결제를 할 것인지 묻는 선택의문문이다.

② 오답 제거 (A)는 How much 의문문에 적절한 대답이며, (C)는 선택의문문에서 대부분 오답으로 처리되는 Yes란 답변이 등장하고 있다.

③ 정답 선택 현금과 신용카드 모두 거절하는 양자 부정의 답변인 Neither에 이어 개인수표란 새로운 지불 수단을 제안하고 있는 (B)가 정답이다.

🔍 **함정 분석** 선택의문문에서는 둘 다 택하는 답변, 둘 중 하나를 택하는 답변, 둘 다 부정하는 답변 모두 정답이 될 수 있다. 특히 either, neither이 포함된 답변이 정답으로 나오므로 주의해서 들어야 한다.

표현 정리 in cash 현금으로 by credit card 신용카드로 personal check 개인수표 regularly 정기적으로

Would you like to pay in cash or by credit card?
(A) That'll be $48.60 with tax.
(B) Neither. Do you accept personal checks?
(C) Yes, we regularly check the quality of the food in the stores.

현금으로 계산하시겠어요, 아니면 신용카드로 계산하시겠어요?
(A) 세금 포함해 48달러 60센트입니다.
(B) 둘 다 아니에요. 개인수표도 받으시나요?
(C) 네, 저희는 정기적으로 가게 음식의 품질을 점검하고 있어요.

31. Do / Does / Did / Have 미M 미W ★★

① 문제 유형 파악 테이블 위에 둔 경제 잡지를 봤는지 묻는 일반의문문이다.

② 오답 제거 (A)와 (B)는 각각 질문의 left와 seen을 반복적으로 들려주는 함정이 포함되어 있을 뿐만 아니라 질문과 무관한 message나 질문에 언급되지 않은 him이 등장하고 있는 오답이다.

③ 정답 선택 Yes란 긍정 답변과 함께 비서에게 건네주었다는 부연 설명을 제시하고 있는 (C)가 정답이다.

표현 정리 economics magazine 경제 잡지 leave a message 메시지를 남기다 secretary 비서

Have you seen my economics magazine that I left on the table this morning?
(A) He left a message for you.
(B) No, I haven't seen him.
(C) Yes, I gave it to your secretary.

오늘 오전에 제가 테이블 위에 놓아둔 경제 잡지를 보지 못했나요?
(A) 그가 당신에게 메시지를 남겼어요.
(B) 아뇨, 그를 본 적이 없어요.
(C) 네, 그걸 당신 비서에게 주었어요.

문제 32-34번은 다음 대화를 참조하시오. 호M 미W

> M: Hi, Ms. Smith. I'm sorry I missed the staff meeting yesterday. Can you tell me what I missed?
> W: No problem, Mr. Cole. **32, 33 At the meeting, I announced that we will be having extended store hours during the holiday season.**
> M: That's probably a good idea with the rush of holiday shoppers. Will working extra hours be a requirement?
> W: **34 We are making it optional and will hire temporary employees to achieve our sales goal for this holiday season.**
>
> ---
>
> 남: 안녕하세요, 스미스 씨. 제가 안타깝게도 어제 직원 회의를 놓쳤어요. 제가 어제 회의에서 놓친 내용이 뭔지 알려주실 수 있나요?
> 여: 물론이에요, 콜 씨. 어제 회의에서 저는 연휴 기간 동안 우리가 매장 영업 시간을 연장할 것이라고 발표했어요.
> 남: 연휴 고객들이 많이 몰릴 것이므로 그건 좋은 생각이네요. 그런데 초과 근무를 하는 것은 필수 사항인가요?
> 여: 우리는 그걸 선택 사항으로 할 것이고, 연휴 기간에 매출 목표를 달성하기 위해 임시 직원들을 채용할 계획이에요.

표현 정리 staff meeting 직원 회의 extended 연장된 store hours 매장 영업 시간 holiday season 연휴 기간 rush 급격한 증가, 쇄도 extra hours 추가 시간 requirement 요구, 필수 사항 optional 선택적인 temporary worker 임시 직원 achieve 이루다, 달성하다 sales goal 매출 목표

32. 여자의 정체 ★★

① **문제 유형 파악** 대화 초반부에서 남자가 여자에게 Hi, Ms. Smith라고 인사하는 부분을 통해 스미스 씨가 여자 대화자임을 알 수 있다.

② **단서 찾기** 이어서 여자가 At the meeting, I announced that we will be having extended store hours during the holiday season.이라고 하며 회의에서 매장 영업 시간의 연장을 발표했다고 밝히고 있으므로 여자는 매장 관리를 담당하는 사람임을 짐작할 수 있다.

③ **정답 선택** 따라서 여자는 매장 관리자이므로 (B)가 정답이다.

표현 정리 seasonal employee (바쁜 시즌에 고용하는) 임시 직원

스미스 씨는 누구일 것 같은가?
(A) 고객
(B) 매장 관리자
(C) 마케팅 직원
(D) 임시 직원

33. 세부사항 – 영업 시간이 변경되는 이유 ★★

① **문제 유형 파악** 영업 시간이 변경되는 이유에 대해 묻고 있으므로 대화에서 영업 시간 변경에 대한 내용이 소개되는 부분에 집중해야 한다.

② **단서 찾기** 여자가 남자에게 At the meeting, I announced that we will be having extended store hours during the holiday season. 이라고 하며 회의에서 연휴 기간 동안 매장 영업 시간을 연장할 계획임을 발표했다고 전한다.

③ **정답 선택** 따라서 영업 시간이 변경되는 이유는 연휴 때문이므로 (C)가 정답이다.

표현 정리 decrease 감소하다, 하락하다 shortage 부족 annual sale 연례 할인 행사

영업 시간이 변경되는 이유는 무엇인가?
(A) 매출이 급격하게 하락했다.
(B) 인력이 부족하다.
(C) 조만간 연휴가 시작된다.
(D) 연례 할인 행사가 실시된다.

34. 여자의 미래 행동 ★★

① **문제 유형 파악** 여자의 미래 행동에 대해 묻고 있으므로 여자의 마지막 대화에 집중하되, 특히 동사를 명확하게 이해해야 한다.

② **단서 찾기** 대화 말미에 여자가 We are making it optional and will hire temporary employees to achieve our sales goal for this holiday season.이라고 하며 임시 직원을 채용할 계획임을 밝히고 있다.

③ **정답 선택** 따라서 여자가 앞으로 할 일은 신입 직원을 채용하는 것이므로 (A)가 정답이다.

표현 정리 hire 고용하다, 채용하다 set 정하다, 결정하다 return 반환하다, 반품하다

여자는 이후에 무엇을 할 것 같은가?
(A) 신입 직원들을 채용한다.
(B) 매장을 방문한다.
(C) 새로운 목표를 정한다.
(D) 제품을 반품한다.

문제 35-37번은 다음 대화를 참조하시오. 영W 미M

> W: Hello. **35 I'm calling regarding an ink cartridge I ordered for my copy machine that hasn't arrived yet.** Can you please let me know the status of this order please?
> M: Delivery usually takes three business days at the most, but sometimes there may be a delay. Can you tell me the number of your account, please?
> W: The name of the company is Kamon Products, Inc., and the account number is 403-101-7399. **36 We ordered it on June 10.**
> M: Let me see. Yes, **37 your order was shipped out on June 15. It should be there tomorrow.**
>
> ---
>
> 여: 안녕하세요, 제가 복사기에 쓸 잉크 카트리지를 주문했는데 아직 도착하지 않아서요. 혹시 배송 상황을 알 수 있을까요?
> 남: 보통 물품 배송은 길어야 영업일 기준으로 3일 정도 걸리는데, 때로는 조금 더 늦어지는 경우도 있습니다. 고객님 계정 번호를 알려주시겠습니까?
> 여: 회사 이름은 케이몬 프러덕츠 주식회사이고, 계정 번호는 403-101-7399입니다. 6월 10일에 주문했어요.

남: 잠시만요. 네, 고객님의 주문품은 6월 15일에 배송되었네요. 내일
이면 도착할 겁니다.

표현 정리 **regarding** ~에 대해, ~와 관련하여 **copy machine** 복사기
status 상태, 상황 **delay** 지연; 지연시키다, 미루다 **ship out** 배송하다, 발송
하다

35. 여자가 전화를 건 이유 ★★

❶ 문제 유형 파악 여자가 전화를 건 이유에 대해 묻는 질문으로 대화 초반부에
여자의 대화 내용에서 그 이유를 파악해야 한다.

❷ 단서 찾기 여자는 대화 시작과 함께 I'm calling regarding an ink
cartridge I ordered for my copy machine that hasn't arrived yet.
이라고 하며 주문한 잉크 카트리지가 아직까지 도착하지 않았음을 언급하고
있다.

❸ 정답 선택 따라서 여자는 주문한 물건의 배송 상태에 대해 문의하고 있음을
알 수 있으므로 (C)가 정답이다.

표현 정리 **refund** 환불 **check on** ~을 확인하다 **shipping address**
배송 주소

여자가 전화를 건 이유는 무엇인가?
(A) 환불을 요청하기 위해
(B) 주문을 취소하기 위해
(C) 배송 상태를 확인하기 위해
(D) 배송 주소를 변경하기 위해

36. 성별 지정 세부사항 – 여자가 주문한 시점 ★

❶ 문제 유형 파악 여자가 주문한 시점에 대해 묻는 질문이므로 여자의 대화 내
용에서 제시되는 주문 시점에 초점을 맞춰야 한다.

❷ 단서 찾기 대화 후반부에서 여자는 We ordered it on June 10.이라고
주문 날짜를 밝히고 있다.

❸ 정답 선택 따라서 주문 날짜는 6월 10일이므로 (C)가 정답이다.

🔍 **함정 분석** 남자의 마지막 대화 your order was shipped out on
June 15를 듣고 (D)를 고르지 않도록 한다. 질문은 여자가 주문한 날짜
를 묻고 있으나 6월 15일은 주문품의 배송일이므로 (D)는 오답이다.

여자는 언제 주문을 했는가?
(A) 6월 2일
(B) 6월 7일
(C) 6월 10일
(D) 6월 15일

37. 성별 지정 세부사항 – 남자가 말한 내일의 일 ★★

❶ 문제 유형 파악 남자가 내일 발생할 일을 언급한 내용에 대해 묻는 마지막 질
문이므로 후반부 남자의 대화 내용에서 내일이란 시점이 제시되는 부분에서
단서를 파악해야 한다.

❷ 단서 찾기 대화 말미에 남자는 여자에게 your order was shipped out
on June 15. It should be there tomorrow.라고 하며 주문품이 6월 15일
에 배송되었고 내일이면 도착할 것이라고 알려주고 있다.

❸ 정답 선택 따라서 It should be there를 A shipment will be
delivered.로 바꿔 표현한 (D)가 정답이다.

표현 정리 **mail** 우편으로 보내다 **sales meeting** 영업 회의 **shipment**
배송품

남자는 내일 무슨 일이 일어날 것이라고 말하는가?
(A) 서류가 우편으로 발송될 것이다.
(B) 일부 서류가 출력될 것이다.
(C) 영업 회의가 열릴 것이다.
(D) 배송품이 배달될 것이다.

문제 38-40번은 다음 대화를 참조하시오. 영W 영M

W: Mr. Parker, I don't think I can make it to the meeting
today. **38 Could you please tell me about the details
later?**

M: Well, we will deal with important research data
regarding current global market trends and will analyze
some of our rival companies. I think you should be
there, Ms. Cane.

W: I know. **39 But I got an urgent phone call this
morning from the chief executive officer, and he
asked me to go back to headquarters in Ireland as
soon as possible.** He told me we've decided to recall
thousands of pickup trucks in Canada and Mexico
next week. So I don't have any choice but to take off at
3 P.M.

M: That's really serious. **40 You'd better hurry up if
you want to get to the international airport on time.**

여: 파커 씨, 제가 오늘 회의에 참석을 못할 것 같습니다. 나중에 회
의의 세부사항에 대해 알려주시겠어요?

남: 우리는 현재 세계 시장의 동향과 관련된 중요한 연구 자료를 다
루고, 몇몇 경쟁사들을 분석할 거예요. 회의에 참석하셔야 할 것 같은
데요, 케인 씨.

여: 알아요. 하지만 오늘 오전에 최고경영자로부터 아일랜드 본사로
가능한 빨리 복귀하라는 긴급한 연락을 받았어요. 우리가 다음 주에
캐나다와 멕시코에서 수천 대의 소형 트럭들을 리콜하기로 결정했답
니다. 그래서 저는 오후 3시에 비행기를 타고 출국해야 합니다.

남: 그거 정말 심각하군요. 국제공항에 제시간에 도착하려면 서두르
셔야겠어요.

표현 정리 **details** 세부사항 **deal with** ~을 다루다, ~을 취급하다
research data 연구 자료 **analyze** 분석하다 **rival company** 경쟁사
urgent 긴급한 **chief executive officer** 최고경영자(CEO)
headquarters 본사 **recall** (하자가 있는 제품을) 리콜하다, 회수하다 **hurry
up** 서두르다 **international airport** 국제공항 **on time** 시간에 맞춰, 제시
간에

38. 여자의 요청 ★★

❶ 문제 유형 파악 남자가 요청 받은 일은 곧 여자의 대화 내용을 통해 제시되므
로 대화 초반부 여자의 말에서 단서를 파악해야 한다.

❷ 단서 찾기 여자는 대화 초반부에서 남자에게 Could you please tell me
about the details later?라고 하며 나중에 회의 내용을 알려달라고 요청하
고 있다.

③ 정답 선택 따라서 회의의 세부사항을 알려달라는 내용인 tell me about the details를 Provide the woman with some information으로 바꿔 표현한 (C)가 정답이다.

표현 정리 make a reservation 예약하다 office supplies 사무용품 give ~ a ride (차로) ~를 태워 주다

남자는 무엇을 해달라고 요청 받는가?
(A) 항공편을 예약한다.
(B) 사무용품을 주문한다.
(C) 여자에게 정보를 제공한다.
(D) 여자를 공항까지 차로 태워 준다.

39. 세부사항 – 본사의 위치 ★★

① 문제 유형 파악 본사가 위치하고 있는 장소를 묻고 있으므로 대화에서 본사, 즉 head office나 이와 유사한 어휘가 제시되는 부분에 등장하는 국가 이름에 집중해야 한다.

② 단서 찾기 여자가 But I got an urgent phone call this morning from the chief executive officer, and he asked me to go back to headquarters in Ireland as soon as possible.이라고 말하는 부분에서 the headquarters in Ireland가 언급되어 있다.

③ 정답 선택 따라서 본사는 아일랜드에 위치하고 있으므로 (A)가 정답이다. 아울러 대화에 나온 headquarters가 질문에서는 head office라는 유사 어휘로 제시되어 있음에 유의해야 한다.

본사는 어디에 위치하고 있는가?
(A) 아일랜드
(B) 캐나다
(C) 멕시코
(D) 잉글랜드

40. 남자의 조언 ★★

① 문제 유형 파악 남자가 여자에게 조언하는 내용을 묻는 마지막 질문이므로 후반부에 등장하는 남자의 대화 내용에서 단서를 파악해야 한다.

② 단서 찾기 남자는 대화 말미에서 여자에게 You'd better hurry up if you want to get to the international airport on time.이라고 하며 공항에 제시간에 도착하려면 서둘러 떠날 것을 권고하고 있다.

③ 정답 선택 남자는 여자에게 공항에 빨리 가라고 조언하고 있으므로 (C)가 정답이다.

🔍 함정 분석 대화 초반부에서 여자가 회의에 불참한다는 것만 듣고 정답을 (B)로 예상하지 않도록 한다. 남자의 마지막 대화 You'd better hurry up if you want to get to the international airport를 Go quickly to the airport로 바꾸어 표현한 (C)가 정답이다.

표현 정리 avoid V-ing ~하는 것을 피하다 additional 추가의

남자는 여자에게 무엇을 하라고 조언하는가?
(A) 고속도로를 이용하지 않는다.
(B) 회의를 취소한다.
(C) 공항에 빨리 간다.
(D) 트럭 운전사들을 더 채용한다.

문제 41-43번은 다음 대화를 참조하시오. 호M 영W

> M: Good morning. This is Joshua Archer calling from the law office. I would like to speak to Ms. Margaret Farmer, please.
>
> W: I am sorry, Mr. Archer. **42 Ms. Farmer is away at an international accounting conference all week. 41 Can I take a message for you, or is it urgent?**
>
> M: I really need to speak to her as soon as possible. Could you tell me how I might reach her?
>
> W: **43 I will give you the phone number of her hotel in London. You should be able to reach her there.**
>
> ---
>
> 남: 안녕하세요. 저는 법률 사무소의 조슈아 아처라고 합니다. 마가렛 파머 씨와 통화하고 싶습니다.
>
> 여: 죄송합니다. 아처 씨. 파머 씨는 이번 주 내내 국제 회계 회의에 참석차 이곳에 계시지 않습니다. 메시지를 남기시겠습니까, 아니면 긴급한 일이신가요?
>
> 남: 저는 가능한 빨리 그녀와 통화해야 합니다. 그녀에게 어떻게 연락할 수 있는지 알려주실 수 있나요?
>
> 여: 런던에 있는 그녀의 호텔 전화번호를 알려드릴게요. 그녀에게 연락하실 수 있을 거예요.

표현 정리 law office 법률 사무소, 변호사 사무소 be away 자리에 없다. 다른 곳에 가 있다 urgent 긴급한 reach ~에게 연락하다

41. 여자의 정체 ★★

① 문제 유형 파악 여자의 정체에 대해 묻는 첫 번째 질문이므로 대화 초반부에서 여자의 정체가 직접적으로 제시되는 부분 혹은 여자의 정체를 유추할 수 있을 만한 어휘나 표현이 언급되는 부분에 집중해야 한다.

② 단서 찾기 여자가 파머 씨를 찾는 남자에게 파머 씨가 자리에 없음을 밝힌 후 Can I take a message for you, or is it urgent?라고 하며 메시지를 남길 것인지 용건이 긴급한 것인지를 묻고 있다.

③ 정답 선택 따라서 여자는 외부 전화를 받는 안내원임을 유추할 수 있으므로 (C)가 정답이다.

표현 정리 receptionist 접수원, 안내원

여자는 누구일 것 같은가?
(A) 회계사
(B) 변호사
(C) 안내원
(D) 호텔 직원

42. 성별 지정 세부사항 – 여자가 파머 씨에 대해 언급한 것 ★★

① 문제 유형 파악 여자가 파머 씨에 대해 언급한 내용에 대해 묻고 있으므로 여자의 대화 내용에서 파머라는 인명이 제시되는 부분에 집중해야 한다.

② 단서 찾기 여자는 남자에게 Ms. Farmer is away at an international accounting conference all week.라고 하며 파머 씨가 이번 주 내내 국제 회계 회의에 참석차 떠나 있음을 전하고 있다.

③ 정답 선택 따라서 Ms. Farmer is away at an international accounting conference를 She is attending a conference.로 바꿔 표현한 (B)가 정답이다.

🔍 **함정 분석** 여자의 마지막 대화에서 her hotel in London만 듣고 (C)를 고르지 않도록 한다. 파머 씨가 런던에서 머무르고 있는 호텔을 말하는 것이며 소유했는지는 알 수 없으므로 (C)는 오답이다.

표현 정리 await 기다리다 trial 재판 own 소유하다 accountant 회계사

여자가 파머 씨에 대해 언급한 것은 무엇인가?
(A) 그녀는 재판을 기다리고 있다.
(B) 그녀는 회의에 참석하고 있다.
(C) 그녀는 런던에 호텔을 소유하고 있다.
(D) 그녀는 회계사로 일하고 있다.

43. 여자의 제안 ★★

❶ **문제 유형 파악** 여자가 남자에게 제안하는 내용에 대해 묻는 마지막 질문이므로 후반부에 등장하는 여자의 대화 내용을 통해 단서를 파악해야 한다.

❷ **단서 찾기** 여자는 대화 말미에서 I will give you the phone number of her hotel in London. You should be able to reach her there.라고 하며 파머 씨가 체류 중인 호텔의 전화번호를 알려줄 테니 직접 연락을 취해 보도록 권하고 있다.

❸ **정답 선택** 따라서 여자의 제안은 호텔에 연락해보라는 것이므로 (B)가 정답이다.

표현 정리 leave 남기다 contact 연락하다 file (소송을) 제기하다 lawsuit 소송

여자는 남자에게 무엇을 하라고 제안하는가?
(A) 메시지를 남긴다.
(B) 호텔에 연락한다.
(C) 이메일을 보낸다.
(D) 소송을 제기한다.

문제 44-46번은 다음 대화를 참조하시오. 미W 미M

W: Hello. This is Mina Sohn, the building manager. I've just received your text message about a problem in your office.
M: Thank you for calling back so quickly. **44 There's a damp patch on the ceiling in my office, and it seems to be getting bigger.**
W: **44 Actually, our maintenance team is currently repairing a leaking sink of the restaurant above your office.** This problem should be soon resolved. So, you don't have to worry about that.
M: Oh, I see. **45 Do you think the maintenance workers could take a look at my ceiling after the repairs?** I just want to make sure that this hasn't caused any structural damage to my office.
W: No problem. I'll send them down to check your ceiling. **46 Is there anything I can do for you?**
M: **46 That's all.** Thank you for your concern.

여: 안녕하세요? 저는 건물 관리인 미나 손입니다. 사무실에 발생한 문제점을 언급한 당신의 문자 메시지를 방금 받았어요.

남: 이렇게 빨리 연락 주셔서 감사합니다. 저희 사무실 천장에 젖은 부분이 있는데, 그 부분이 점점 확장되는 것 같아요.

여: 사실, 저희 시설관리팀이 현재 당신 사무실 위층에 있는 식당에서 물이 새고 있는 개수대를 수리하고 있습니다. 그 문제는 곧 해결될 겁니다. 그러니 너무 걱정하지 않으셔도 됩니다.

남: 아, 알겠어요. 수리가 마무리된 후에 시설관리팀 직원들이 저희 사무실 천장도 한번 봐주실 수 있을까요? 저는 그저 제 사무실에 어떠한 구조적 문제도 야기되지 않았다는 점을 확실히 하고 싶어요.

여: 물론이에요. 제가 그들을 내려 보내서 당신 사무실의 천장도 살펴보도록 할게요. 제가 도와드릴 만한 또 다른 것들이 있을까요?

남: 그게 전부에요. 걱정해 주셔서 감사드려요.

표현 정리 building manager 건물 관리인 damp 축축한, 눅눅한 patch 부분, 조각 ceiling 천장 maintenance 유지보수 leaking 새는 resolve 해결하다 cause 야기하다 structural 구조적인 damage 손상, 피해

44. 대화의 주제 ★★

❶ **문제 유형 파악** 대화의 주제를 묻는 문제이므로 대화 전반부에서 두 화자들이 한 번씩 이야기를 나누는 부분에서 중점적으로 다루는 소재가 무엇인지 파악하는 것에 집중해야 한다.

❷ **단서 찾기** 남자는 여자에게 There's a damp patch on the ceiling in my office, and it seems to be getting bigger.라고 하며 사무실 천장에 젖은 부분이 점점 확장된다는 문제점을 제기했고, 이에 여자는 Actually, our maintenance team is currently repairing a leaking sink of the restaurant above your office.라고 하며 시설관리팀이 위층 식당에서 물이 새고 있는 개수대를 수리 중임을 밝히고 있다.

❸ **정답 선택** 따라서 배관 문제가 대화의 주제임을 파악할 수 있으므로 (D)가 정답이다.

🔍 **함정 분석** 사무실에 발생한 문제에 대해 이야기하여 (A)를 답으로 고르지 않도록 한다. 사무실 천장이 젖어있는 것에 대한 대화이며, 특히 대화 중반 남자의 대화 I just want to make sure that this hasn't caused any structural damaged to my office.를 통해 사무실에 파손이 있지는 않음을 확인할 수 있으므로 (A)는 오답이다.

표현 정리 damaged 하자가 생긴, 손해를 입은 plumbing 배관

화자들은 주로 어떤 문제에 대해 이야기하고 있는가?
(A) 파손된 사무실
(B) 새로운 레스토랑
(C) 건물 보수 공사 계획
(D) 배관 문제

45. 남자의 요청 사항 ★★

❶ **문제 유형 파악** 남자가 여자에게 원하는 것을 묻는 문제이므로 남자의 대화 내용에서 남자가 여자에게 요청/요구/제안/추천/권고하는 부분에 해당되는 내용을 파악해야 한다.

❷ **단서 찾기** 남자는 여자에게 Do you think the maintenance workers could take a look at my ceiling after the repairs?라고 하며 수리가 마무리된 후에 시설관리팀 직원들이 자신의 사무실 천장도 한번 살펴볼 수 있는지를 묻고 있다.

❸ **정답 선택** 이를 통해 남자는 여자에게 우회적으로 자신의 사무실 천장도 검

사해 달라고 요청하고 있음을 알 수 있으므로 (D)가 정답이다.

표현 정리 **replace** 바꾸다, 교체하다 **full refund** 전액 환불 **inspect** 점검하다

남자가 여자에게 원하는 것은 무엇인가?
(A) 오래된 부엌 개수대를 교체한다.
(B) 전액 환불한다.
(C) 새 사무실로 이사한다.
(D) 천장을 검사한다.

新 **46. 화자의 의도** ★★★

① 문제 유형 파악 남자가 "That's all."이라고 말한 것이 의미하는 바를 묻는 화자의 의도 문제이므로 남자가 "That's all."이라고 언급한 부분을 중심으로 형성되는 문맥을 파악하는 것이 관건이다.

② 단서 찾기 남자가 "That's all."이라고 말하기에 앞서 여자가 Is there anything I can do for you?라고 하며 자신이 또 도와줄 만한 것이 있는지를 묻고 있다.

③ 정답 선택 따라서 남자가 "That's all."이라고 말한 것은 사무실 천장을 살펴보는 것 외에 다른 도움을 요청할 만한 것이 없다는 의도에서 언급된 말임을 알 수 있으므로 (C)가 정답이다.

표현 정리 **select** 선택하다

남자가 "That's all."이라고 말할 때 의미하는 바는 무엇인가?
(A) 그는 자신이 원하는 사무실을 선택했다.
(B) 그는 이미 자신이 가지고 있는 모든 것을 주었다.
(C) 그는 더 이상 바랄 것이 없다.
(D) 그는 모든 파손된 기계를 자신이 직접 수리했다.

문제 47–49번은 다음 대화를 참조하시오. 미M 미W

> M: Hello, **47 My name is Wesley Kim, and I'm calling regarding your job advertisement for a professional chef in last week's local newspaper.** Has the position already been filled?
> W: No, we're still accepting applications now. But, as you already know, **48 you should have at least five years of work experience to apply for this job.**
> M: Sure, no problem at all. I graduated from the Culinary Institute in New York to become an innovative chef with the delicate art of steak, meat and various vegetable dishes. Then, I was the head chef of Kennedy Hotel with rich traditions built in the early 1900's for six years.
> W: Wonderful. I think you're the most qualified one who we've been looking for. We're very short-staffed right now, so we have to hire a head chef and other restaurant employees as soon as possible. **49 Could you send your cover letter and résumé immediately through the Internet today?**
> M: Yes, I can do that. Please let me know your e-mail address.

남: 안녕하세요? 제 이름은 웨슬리 김이라고 합니다. 지난주 신문에 내신 전문 요리사 채용 공고를 보고 연락드렸습니다. 그 자리가 벌써 충원되었나요?

여: 아닙니다. 저희는 지금도 지원을 받고 있습니다. 하지만 이미 알고 계시듯이, 전문 요리사에 지원하시려면 최소한 5년간의 경력이 있어야 합니다.

남: 물론입니다. 전혀 문제없습니다. 저는 스테이크, 고기, 그리고 다양한 야채 요리를 다루는 정교한 요리법을 익힌 혁신적 요리사가 되기 위해 뉴욕에 있는 요리 전문학교를 졸업했습니다. 그리고 나서 1900년대 초반에 건립되어 유서 깊은 전통을 지닌 루스벨트 호텔에서 6년간 수석 요리사를 역임했습니다.

여: 훌륭합니다. 바로 저희가 요구하는 자격요건을 갖춘 분이시군요. 저희는 지금 인력이 부족한 상태라서, 수석 요리사와 다른 레스토랑 인력들을 최대한 빨리 채용해야 합니다. 자기소개서와 이력서를 오늘 인터넷을 통해 바로 보내주실 수 있으십니까?

남: 네, 가능합니다. 제게 귀하의 이메일 계정을 알려주세요.

표현 정리 **regarding** ~에 관한, ~와 관련하여 **five years of work experience** 5년간의 직장 경력 **head chef** 수석 요리사, 총 주방장 **rich traditions** 유서 깊은 전통 **in the early 1900's** 1900년대 초에 **culinary institute** 요리 전문학교 **innovative** 혁신적인 **delicate art** 정교한 기술 **dish** 요리 **qualified** 적격인 **cover letter** 자기소개서 **short-staffed** 인력이 부족한

47. 세부사항 – 김 씨가 구인 광고를 접하게 된 경로 ★★

① 문제 유형 파악 웨슬리 김이 구인 광고를 접하게 된 경로를 묻는 질문이다.

② 단서 찾기 남자가 대화 시작과 함께 My name is Wesley Kim, and I'm calling regarding your job advertisement for a professional chef in last week's local newspaper.라고 하며 자신의 이름을 밝히면서 신문을 통해 구인 광고를 보았다고 말한다.

③ 정답 선택 구인 광고를 접하게 된 경로를 직접적으로 밝히고 있으므로 (C)가 정답이다.

표현 정리 **colleague** 동료

김 씨는 어떻게 구인 광고에 대해 알게 되었는가?
(A) 웹사이트
(B) 동료
(C) 신문
(D) 라디오 프로그램

48. 세부사항 – 구체적인 지원 자격 요건 ★★

① 문제 유형 파악 지원할 때 요구되는 것에 대해 묻고 있으므로, 대화 내용에서 지원자에게 제시되는 자격 요건을 파악하는데 초점을 맞춰야 한다.

② 단서 찾기 여자는 전화를 건 남자에게 you should have at least five years of work experience to apply for this job이라고 하며 지원하려면 최소한 5년간의 직장 경력이 있어야 한다는 점을 밝히고 있다.

③ 정답 선택 따라서 five years를 several years로 바꿔 표현한 (B)가 정답이다.

표현 정리 **bachelor's degree** 학사 학위 **authorized** 공인된, 인가 받은 **recommendation letter** 추천서

일자리에 지원 시 필수적인 부분은 무엇인가?

(A) 대학 학사 학위
(B) 다년간의 직장 경력
(C) 주에서 인가한 전문 요리사 자격증
(D) 전 직장들의 추천서

49. 성별 지정 세부사항 – 여자가 남자에게 요청하는 것 ★★

❶ 문제 유형 파악 여자가 남자에게 요청하는 것을 묻는 마지막 질문이므로 대화 후반부 여자의 대화 내용에서 여자가 남자에게 요청하는 부분, 특히 '동사 + 목적어' 부분의 내용을 파악해야 한다.

❷ 단서 찾기 대화 말미에 여자가 남자에게 Could you send your cover letter and résumé immediately through the Internet today?라는 질문으로 남자에게 인터넷으로 자기소개서와 이력서를 보내도록 요청하고 있다.

❸ 정답 선택 따라서 인터넷을 통해 자기소개서와 이력서를 보내라는 부분을 Email relevant documents로 바꿔 표현한 (D)가 정답이다.

🔍 **함정 분석** 채용에 관한 대화인 것만 파악하고 (B)를 고르지 않도록 한다. 면접에 대한 언급은 없으므로 (B)는 오답이다.

표현 정리 redesign 다시 디자인하다, 재설계하다 **relevant** 관련된

여자가 남자에게 요청하는 것은 무엇인가?
(A) 새로운 메뉴를 준비한다.
(B) 개인 면접을 실시한다.
(C) 건물을 재설계한다.
(D) 이메일로 관련 서류를 보낸다.

문제 50-52번은 다음 대화를 참조하시오. 영W 미M

W: Hi, Mr. Morris. How's your new business going? **50 I heard you started providing food for large professional events.**
M: It's been good but slow. We've just been using referrals from family and friends so far. Last month, though, we started to advertise online. **51 We're hoping that will help attract new clients.**
W: No doubt it will. Oh, maybe I can help. My company is opening a new branch office and planning a little soiree to help celebrate. **52 I'll contact my friend in the Events Department and give her your information.**

여: 안녕하세요, 모리스 씨. 새로운 사업은 어떻게 되고 있나요? 대규모 전문 행사들에 음식을 제공하기 시작했다고 들었는데요.
남: 지금까지 잘되고 있지만, 아직 성과가 크진 않아요. 지금까지는 가족이나 친구들의 추천을 이용해 왔어요. 그런데 지난달부터는 인터넷 광고를 내기 시작했죠. 이것이 저희의 신규 고객들을 끌어들이는 데 도움이 되었으면 좋겠어요.
여: 틀림없이 그럴 거예요. 오, 저도 도와드릴 수 있을 것 같아요. 저희 회사가 새로운 지점을 개장하며 축하 파티를 계획하고 있어요. 제가 행사 담당 부서에 있는 제 친구에게 연락해서 당신의 연락처를 알려줄게요.

표현 정리 large professional event 대규모 전문 행사 **referral** 추천 **so far** 지금까지 **attract** 끌어들이다 **soiree** 격식을 갖춘 파티 **celebrate**

축하하다 **Events Department** 행사 담당 부서

50. 세부사항 – 남자가 소유한 사업체 ★★

❶ 문제 유형 파악 남자가 소유한 사업체에 대해 묻는 첫 번째 문제이므로, 대화 초반부에 남자의 사업에 대해 언급된 부분에 집중해야 한다.

❷ 단서 찾기 대화 시작과 함께 여자가 I heard you started providing food for large professional events.라고 말하는 부분에서 남자가 행사에 음식을 제공하는 회사를 설립했음을 알 수 있다.

❸ 정답 선택 따라서 남자가 소유한 사업체는 출장 연회 업체이므로 (B)가 정답이다.

남자는 어떤 사업체를 소유하고 있는가?
(A) 육가공 회사
(B) 출장 연회 업체
(C) 소프트웨어 회사
(D) 이벤트 기획 회사

51. 성별 지정 세부사항 – 남자가 하고 싶어 하는 것 ★★

❶ 문제 유형 파악 남자가 하고 싶어 하는 것에 대해 묻고 있으므로 남자의 대화 내용에서 그가 바라는 것과 관련된 단서를 파악해야 한다.

❷ 단서 찾기 남자는 We're hoping that will help attract new clients.라고 하며 새로 시작한 인터넷 광고를 통해 신규 고객들을 끌어들이고 싶다고 밝혔다.

❸ 정답 선택 따라서 남자가 하고 싶어 하는 것은 신규 고객들을 끌어들이는 일이므로 (C)가 정답이다.

표현 정리 catering 출장 연회업, 요식 조달업 **fundraiser** 기금 마련 행사

남자는 무엇을 하고 싶어 하는가?
(A) 신규 지점을 개설한다.
(B) 전문적인 행사를 위한 출장 연회업을 시작한다.
(C) 신규 고객들을 끌어들인다.
(D) 기금 마련 행사에 관해 논의한다.

52. 여자의 미래 행동 ★★★

❶ 문제 유형 파악 여자의 미래 행동에 대해 묻는 마지막 문제이므로 대화 후반부 여자의 이야기에서 단서를 찾아야 한다.

❷ 단서 찾기 여자는 대화 말미에서 남자에게 I'll contact my friend in the Events Department and give her your information.이라고 하며 이벤트 부서에서 근무하는 자신의 친구에게 남자의 연락처를 알려주겠다고 한다.

❸ 정답 선택 여자는 남자의 출장 연회 서비스를 자신의 친구에게 추천해 주겠다는 것이므로 (D)가 정답이다.

🔍 **함정 분석** 여자의 마지막 대화 I'll contact my friend만 듣고 (B)를 고르지 않도록 한다. 친구에게 남자의 연락처를 주겠다는 대화이므로 (B)는 오답이다. give her your information을 recommend the man's services로 바꾸어 표현한 (D)가 정답이다.

표현 정리 look for ~을 찾다 **recommend** 추천하다, 권하다

여자는 무엇을 할 것이라고 말하는가?
(A) 후기를 작성한다.
(B) 친구들과 만난다.
(C) 정보를 찾아본다.

(D) 남자의 서비스를 추천한다.

문제 53-55번은 다음 대화를 참조하시오. [미M] [영W]

M: Ms. Parker, **53 I think this will be the perfect art studio for you. It's 60 square meters and has high ceilings and lots of lights.** This studio is perfect for your painting.

W: Good, Mr. Kiesling. This studio is the best one that I've ever seen. Moreover, there are many art galleries and museums all around. I cannot wait to move in. How much is the monthly rent?

M: **54 It's $2,700 a month. If you pay two months rent in advance, you will get one month free.**

W: **54 That's too much. That's much more than expected.** Well, **55 I think I need some time to make a final decision. Can I get back to you on Friday?**

남: 파커 씨, 여기가 당신을 위한 완벽한 화실이라고 생각합니다. 크기가 60 평방미터이고 천장이 높고 조명도 많습니다. 이 화실은 당신이 그림 작업을 하기에 최적인 곳입니다.

여: 좋아요, 키슬링 씨. 이 화실은 제가 본 최고의 화실이에요. 또한 주변에 미술관과 박물관도 많이 있고요. 빨리 입주하고 싶네요. 월 임대료는 얼마인가요?

남: 한 달에 2,700달러입니다. 두 달 임대료를 미리 지불하면 한 달 임대료는 무료이고요.

여: 너무 많아요. 예상보다 훨씬 많네요. 음. 최종 결정을 내리는 데 시간이 필요하다는 생각이에요. 제가 금요일에 답변을 드려도 될까요?

표현 정리 art studio 화실, 화방 **moreover** 더욱이, 덧붙여 **cannot wait to do** 빨리 ~하고 싶다 **monthly rent** 월세 **in advance** 미리, 사전에 **make a final decision** 최종 결정을 내리다 **get back to** ~에게 답신을 주다

53. 남자의 직장 ★

❶ 문제 유형 파악 남자의 직장에 대해 묻는 질문이므로 대화 초반부에서 남자의 직장을 유추할 수 있는 관련 어휘가 제시되는 부분에 초점을 맞춰야 한다.

❷ 단서 찾기 남자는 대화 초반부에서 I think this will be the perfect art studio for you.라고 하며 이곳이 화실에 적합한 곳이라고 말한 후 It's 60 square meters and has high ceilings and lots of lights.라고 하며 면적과 함께 화실로서의 장점들을 언급하고 있다.

❸ 정답 선택 남자는 화실에 적합한 공간을 안내하는 부동산 중개업자임을 유추할 수 있으므로 (C)가 정답이다.

표현 정리 electronics 전자제품 **art auction** 미술품 경매

남자는 어떠한 업종의 회사에서 근무할 것 같은가?
(A) 건설사
(B) 전자제품 제조사
(C) 부동산 중개업체
(D) 미술품 경매 회사

新 54. 화자의 의도 ★★

❶ 문제 유형 파악 여자가 "That's much more than expected."라고 말한 의도에 대해 묻고 있으므로 바로 앞의 남자의 말을 통해 문맥을 파악해야 한다.

❷ 단서 찾기 남자가 대화 후반부에서 It's $2,700 a month. If you pay two month rents in advance, you will get one month free.라고 하며 임대료가 2,700달러이고 두 달 임대료를 미리 지불하면 한 달은 무료라는 조건을 언급하고 있다. 이에 여자는 That's too much. That's much more than expected.라고 하면서 예상보다 임대료가 너무 비싸다고 밝히고 있다.

❸ 정답 선택 그러므로 여자는 임대료가 생각보다 비싸다는 의사를 표현한 것이므로 (A)가 정답이다.

표현 정리 way too 너무 **talkative** 말이 많은, 수다스런 **spacious** 널찍한

여자가 "That's much more than expected"라고 말한 이유는 무엇인가?
(A) 임대료가 너무 비싸다고 생각한다.
(B) 남자가 말이 너무 많다고 생각한다.
(C) 넓은 사무실을 원하지 않는다.
(D) 화실에 관해 너무 많은 정보를 제공받았다.

55. 세부사항 – 여자가 금요일에 할 일 ★

❶ 문제 유형 파악 여자가 금요일에 무엇을 할 것인지 묻는 마지막 문제이므로 대화 후반부에서 Friday라는 핵심어가 제시되는 부분을 중심으로 내용을 파악해야 한다.

❷ 단서 찾기 여자는 대화 말미에서 I think I need some time to make a final decision. Can I get back to you on Friday?라고 하며 최종 결정을 내리기 위해선 시간이 필요하다는 말과 함께 금요일에 답신을 해도 되는지를 묻고 있다.

❸ 정답 선택 따라서 여자는 금요일에 키슬링 씨에게 연락할 예정임을 알 수 있으므로 (C)가 정답이다.

⊙ 함정 분석 여자의 대화 I cannot wait to move in.을 듣고 (A)로 혼동하지 않도록 한다. 월 임대료가 예상보다 비싸 결정하는데 시간이 좀 더 필요하다고 하였으므로 (A)는 오답이다.

표현 정리 security deposit 보증금 **on display** 전시된, 진열된

여자는 금요일에 무엇을 하겠는가?
(A) 새 화실로 이사한다.
(B) 보증금을 지불한다.
(C) 키슬링 씨에게 연락한다.
(D) 전시회에 그림을 전시한다.

新 문제 56-58번은 다음 다음 3인의 대화를 참조하시오. [미M] [영W] [호M]

M1: Hello, my name is Jim Preston. **56 I heard the membership program to this art gallery is available** and I know that members get cheaper admission, but are there any other benefits?

W: Yes, **57 we provide special events for members only, such as media arts exhibitions and seminars about culture, art, and academics.**

M1: That sounds interesting. How do I apply for an individual membership?

W: Sir, I have to get into a conference room for our regular meeting right now. So, Mr. Smith here explains how to apply for an individual membership to you.

M2: ⁵⁸ **Mr. Preston, all you have to do is present your photo identification card and fill out this form.** I can give you your membership card right after you fill it out.

M1: Oh, I got it. I'd like to sign up for an individual membership. Please give me a copy of the application form.

남1: 안녕하세요? 저는 짐 프레스턴이라고 합니다. 이 미술관의 회원 프로그램이 이용 가능하다는 것을 들었는데요. 회원들이 입장료 할인 혜택을 받을 수 있다고 알고 있는데, 혹시 다른 혜택도 있나요?

여: 네, 저희는 미디어 아트 전시회나 문화, 예술, 그리고 학문에 관한 세미나와 같은 회원 전용 특별 행사를 제공합니다.

남1: 흥미롭네요. 개인 회원은 어떻게 신청하면 되나요?

여: 고객님, 제가 지금 바로 정기회의 참석차 회의실로 가봐야 합니다. 여기 있는 스미스 씨가 개인 회원 자격을 어떻게 신청하는지 설명해줄 겁니다.

남2: 프레스턴 씨. 고객님께서는 사진이 부착된 신분증을 제시하시고 이 신청서를 작성하시면 됩니다. 신청서를 작성하시면 제가 즉시 회원 카드를 드릴 수 있습니다.

남1: 알겠습니다. 저는 개인 회원으로 등록하고 싶습니다. 제게 신청서를 한 부 주세요.

표현 정리 **admission** 입장, 입장료 **benefit** 혜택 **such as** ~와 같은 **academics** 학문 **apply for** ~을 신청하다 **regular meeting** 정기회의 **photo identification** 사진이 부착된 신분증 **fill out a form** 서식을 작성하다 **sign up for** 신청하다, 등록하다 **copy** 한 부 **application form** 신청서

56. 대화 장소 ★

① 문제 유형 파악 대화가 일어나는 장소를 묻고 있으므로 대화 초반부에서 대화 장소가 직접적으로 제시되거나 대화 장소를 추측할 수 있는 관련 어휘가 등장하는 부분에 집중해야 한다.

② 단서 찾기 대화 시작과 함께 남자는 I heard the membership program to this art gallery is available이라고 하며 이 미술관의 회원 프로그램이 이용 가능하다는 사실을 언급하고 있다.

③ 정답 선택 결정적으로 this art gallery를 통해 대화가 발생하는 장소는 미술관임을 알 수 있다. 그러므로 (A)가 정답이다.

화자들은 어디에 있는가?
(A) 미술관
(B) 공연장
(C) 금융 기관
(D) 공공 도서관

57. 세부사항 – 회원 혜택 ★★

① 문제 유형 파악 여자가 언급하고 있는 회원 혜택에 대해 묻고 있으므로 여자

의 대화 내용에서 제시되는 회원 혜택에 초점을 맞추고 들을 필요가 있다.

② 단서 찾기 여자는 회원 혜택을 묻는 남자에게 we provide special events for members only, such as media arts exhibitions and seminars about culture, art, and academics라고 하며 미디어 아트 전시회나 문화, 예술, 학문에 관한 세미나와 같은 회원 전용 특별 행사를 제공하고 있음을 밝히고 있다.

③ 정답 선택 따라서 Media arts exhibitions and seminars를 informative events, 즉 유익한 행사로 표현하고 있는 (B)가 정답이다.

표현 정리 **saving** 절약 **informative** 유익한, 교육적인 **gift certifcate** 상품권

여자가 언급하고 있는 회원 혜택은 무엇인가?
(A) 세금 절감
(B) 유익한 행사
(C) 무료 입장
(D) 상품권

58. 대화자의 요청 사항 – 프레스턴 씨에게 요청되는 것 ★★

① 문제 유형 파악 프레스턴 씨에게 요청되는 것을 묻는 마지막 문제이므로 대화 후반부에서 프레스턴 씨의 대화 상대가 언급하는 '동사+목적어' 부분의 내용에 집중해야 한다.

② 단서 찾기 대화 말미에서 남자는 프레스턴 씨에게 Mr. Preston, all you have to do is present your photo identification card and fill out this form.이라고 하며 회원 가입을 하려면 사진이 부착된 신분증을 제시하고 지원서를 작성해야 한다고 알려준다.

③ 정답 선택 무엇보다도 fill out this form을 통해 신청서를 작성해야 한다는 점을 알 수 있으므로 (D)가 정답이다.

🔍 **함정 분석** 프레스턴 씨를 미술관 직원으로 생각하여 (C)를 고르지 않도록 한다. 여자의 대화 Mr. Smith here explains how to apply for an individual membership to you.에서 스미스 씨가 회원 신청 방법을 설명하고 있음을 알 수 있으므로 (C)는 오답이다.

표현 정리 **membership fee** 회비 **make a donation** 기부하다 **complete** 작성하다

프레스턴 씨에게 요청되는 것은 무엇인가?
(A) 회비를 지불한다.
(B) 기부를 한다.
(C) 정보를 제공한다.
(D) 서류를 작성한다.

문제 59-61번은 다음 대화를 참조하시오. [미W] [호M]

W: ⁵⁹,⁶⁰ **Have a look at our projected sales for this new album we released last week.** We are expecting to be up at least 35% in the next quarter.

M: ⁶⁰ **Everyone is very excited about the title song of the new album.** It has gotten great reviews from radio shows and music reporters. How is it expected to sell overseas? And has it been promoted really well?

W: ⁶¹ **We are not expecting a sales increase in Europe as the Europeans aren't into this style of**

music, but in North America and Africa, we expect that it will sell very well, and it should also do well in some parts of Asia.

M: I believe it's going to be a huge hit all over the world.

여: 지난주에 우리가 새로 출시한 이 앨범에 대한 예상 매출을 봐주시기 바랍니다. 다음 분기에는 적어도 35% 정도의 매출 증가가 예상됩니다.

남: 모든 사람들이 새로운 앨범의 타이틀 곡을 굉장히 좋아하고 있어요. 라디오 프로그램과 음악 기자들로부터 호평을 받았고요. 해외 판매는 어떻게 예상하고 있나요? 그리고 판촉은 잘 진행되고 있나요?

여: 유럽 사람들은 이런 스타일의 음악을 크게 좋아하지 않기 때문에 유럽에서의 매출 증가는 기대하고 있지 않습니다. 하지만 북미 지역과 아프리카, 그리고 아시아의 일부 지역에서는 아주 잘 팔릴 것으로 예상됩니다.

남: 저는 이 새로운 앨범이 전 세계적으로 엄청나게 히트할 것이라 믿습니다.

표현 정리 **projected sales** 예상 매출 **release** 출시하다 **get great reviews from** ~로부터 호평을 받다 **overseas** 해외에서 **promote** 판촉하다, 홍보하다 **be into** ~에 관심을 가지다 **sell** 팔리다 **huge** 엄청난, 막대한

59. 대화의 주제 ★★

① 문제 유형 파악 대화의 주제에 대해 묻고 있으므로 대화 초반부에서 화자들이 집중적으로 다루고 있는 중심 소재를 파악하는 것이 매우 중요하다.

② 단서 찾기 여자는 대화 시작과 함께 Have a look at our projected sales for this new album we released last week.라고 하며 지난주에 출시된 새로운 앨범에 대한 예상 매출 자료를 살펴볼 것을 권하고 있다.

③ 정답 선택 따라서 our projected sales for this new album을 Expected sales of a new product로 바꿔 표현한 (D)가 정답이다.

🔍 **함정 분석** 대화 중 this new album, the title song만 듣고 (B)로 혼동하지 않도록 한다. 두 사람은 새 앨범의 예상 매출에 대해 이야기하고 그 중 해외 판매에 대한 언급도 있지만, 음악적 취향에 대한 대화라고 볼 수 없으므로 (B)는 오답이다.

표현 정리 **additional** 추가의 **promotional** 홍보의, 판촉의 **taste** 취향, 기호 **aggressive** 적극적인

화자들이 논의하는 것은 무엇인가?
(A) 추가적인 판촉 행사
(B) 다양한 음악적 취향
(C) 적극적인 영업 전략
(D) 신제품의 예상 매출

60. 세부사항 – 화자들이 종사하는 분야 ★★

① 문제 유형 파악 화자들이 종사하고 있는 분야에 대한 질문이므로 대화 초반부에서 분야를 추측할 수 있는 관련 어휘나 표현을 파악하는 것에 집중해야 한다.

② 단서 찾기 여자가 Have a look at our projected sales for this new album we released last week.라고 말하는 부분과 뒤이어 남자가

Everyone is very excited about the title song of the new album.이라고 말하는 부분에서 언급된 title song, new album을 통해 화자들은 음반을 생산하는 업체에서 종사하고 있음을 유추할 수 있다.

③ 정답 선택 음반을 생산하는 산업은 오락, 연예 분야에 해당되므로 (C)가 정답이다.

화자들은 어떤 분야에 종사하고 있는 것 같은가?
(A) 식품 가공
(B) 라디오 방송
(C) 오락
(D) 인터넷 마케팅

61. 세부사항 – 해외의 결과가 실망스러울 수 있는 이유 ★★★

① 문제 유형 파악 일부 해외의 결과가 실망스러울 수 있는 이유에 대해 묻는 마지막 질문이므로 대화 후반부에서 해외의 결과를 취급하는 내용이 나오는 부분을 중심으로 단서를 파악해야 한다.

② 단서 찾기 대화 후반부에서 여자가 We are not expecting a sales increase in Europe as the Europeans aren't into this style of music이라고 하며 유럽 사람들은 이런 스타일의 음악을 좋아하지 않기 때문에 유럽에서의 매출 증가를 기대하지 않고 있음을 밝히고 있다.

③ 정답 선택 따라서 the Europeans aren't into this style of music 부분을 Customers have different interests in music.으로 바꿔 표현한 (D)가 정답이다.

표현 정리 **well-known** 잘 알려진, 유명한 **prohibit** 금지하다 **publicity** 선전, 홍보

일부 해외의 결과가 실망스러울 수도 있는 이유는 무엇인가?
(A) 새로운 앨범이 잘 알려져 있지 않다.
(B) 신제품의 판매가 금지되었다.
(C) 홍보 캠페인이 성공적이지 못했다.
(D) 고객들이 다양한 음악적 취향을 가지고 있다.

新 **문제 62-64번은 다음 3인의 대화를 참조하시오.** 미M 영W 미W

M: **62, 64 Ms. Morgan, could you please lend me your ID card to the computer lab for a moment?**

W1: No problem, Mr. Wilson. But what happened to yours? Since the company increased our internal security last January, no one has been allowed to enter the computer data storage room without the ID card.

M: I have no idea. When I touched my ID card to the sensor at the computer lab yesterday, it couldn't read mine. So I submitted my application form for an ID card before I left the office at 6. Um....I heard it usually takes three or four days to get a new one.

W1: I don't think so. You can get yours just one day after you submit an application form. **63 Why don't you go to the security department to check and see if it has been issued?**

W2: **63, 64 Oh, hey, Mr. Wilson! Good to see you here. I'm on my way to your office to get you a new ID card.**

M: Wow, **64 right on time!** Thank you very much, Ms.

Smith.

남: 모건 씨. 컴퓨터실에 들어갈 수 있도록 당신의 신분증을 잠시만 빌릴 수 있을까요?

여1: 물론이에요, 윌슨 씨. 그런데 당신의 신분증에 무슨 문제가 발생했나요? 회사가 지난 1월 내부 보안을 강화한 이후, 신분증 없이는 누구도 컴퓨터 데이터 보관실에 들어갈 수 없도록 했거든요.

남: 잘 모르겠어요. 어제 컴퓨터실에 있는 감지기에 제 신분증을 접촉시켰는데, 신분증을 읽지 못하더라고요. 그래서 6시에 퇴근하기 전에 신분증 발급 신청서를 제출했어요. 보통 새로 신분증을 발급받는 데 3~4일 정도 걸린다고 들었어요.

여1: 아니에요. 신청서를 제출하면 하루 만에 새로운 신분증이 나와요. 보안부서에 가서 새로운 신분증이 발급되었는지 여부를 확인해보지 그러세요?

여2: 안녕하세요, 윌슨 씨. 여기서 뵈니 반갑네요. 안 그래도 새로운 신분증을 전달하러 당신 사무실로 가던 참이었어요.

남: 와, 때맞춰 오셨군요! 고마워요, 스미스 씨.

표현 정리 for a moment 잠시 동안 internal security 내부 보안 be allowed to do ~을 하도록 허용되다 storage 보관, 저장 sensor 감지기 submit 제출하다 application form 신청서 leave the office 퇴근하다 security department 보안 부서 be on one's way to ~로 가는 중이다 right on time 제시간에

62. 대화의 주제 ★★

① 문제 유형 파악 대화의 주제를 묻는 질문이므로 초반부에서 화자들이 집중적으로 언급하는 중심 소재를 파악하는 것이 관건이다.

② 단서 찾기 남자가 대화 시작과 함께 Ms. Morgan, could you please lend me your ID card to the computer lab for a moment?라고 하며 컴퓨터실에 들어갈 수 있도록 신분증을 잠시 빌릴 수 있는지를 묻고 있다. 그러므로 대화의 주제는 컴퓨터실에 들어가기 위해 필요한 신분증이 대화의 주된 소재임을 짐작할 수 있다.

③ 정답 선택 따라서 신분증인 ID card를 security card, 즉 보안 카드로 바꾸어 표현한 (A)가 정답이다.

화자들은 무엇에 관해 이야기하는가?
(A) 보안 카드
(B) 새로운 컴퓨터 시설
(C) 새로운 비밀번호
(D) 실적 평가

63. 세부사항 – 스미스 씨의 정체 ★★★

① 문제 유형 파악 스미스 씨의 정체를 묻는 유추성 문제이므로 스미스 씨가 언급되는 부분을 중심으로 정체를 추측할 수 있을 만한 관련 어휘나 표현이 제시되는 부분에 집중해야 한다.

② 단서 찾기 대화 후반부에서 여자가 남자에게 Why don't you go to the security department to check and see if it has been issued?라고 하며 보안 부서에 가서 새로운 신분증이 발급되었는지 여부를 확인해볼 것을 권고하고 있고, 이어서 또 다른 여자가 Oh, hey, Mr. Wilson! Good to see you here. I'm on my way to your office to get you a new ID card.라고 하며 새로운 신분증을 전달하러 사무실로 가던 중이라고 밝힌다.

③ 정답 선택 따라서 스미스 씨는 보안 부서에서 근무하는 직원임을 추측할 수

있으므로 (B)가 정답이다.

표현 정리 subscriber 구독자

스미스 씨는 누구일 것 같은가?
(A) 컴퓨터 기술자
(B) 보안 부서 직원
(C) 인사 부장
(D) 잡지 구독자

新 64. 화자의 의도 ★★★

① 문제 유형 파악 남자가 "right on time!"이라고 말한 구체적인 의도를 묻는 질문이다.

② 단서 찾기 남자가 대화 시작과 함께 Ms. Morgan, could you please lend me your ID card to the computer lab for a moment?라고 하며 컴퓨터실에 들어갈 수 있도록 신분증을 잠시 빌려달라고 했고, 대화 말미에 여자가 Oh, hey, Mr. Wilson! Good to see you here. I'm on my way to your office to get you a new ID card.라고 하며 남자에게 새로운 신분증을 전달하러 그의 사무실로 가던 중임을 알리고 있다.

③ 정답 선택 따라서 남자가 "right on time!"이라고 말한 것은 자신의 새로운 신분증이 딱 필요한 시점에 도착했음을 전하려는 표현임을 짐작할 수 있으므로 (B)가 정답이다.

남자가 "right on time!"이라고 말할 때 의미하는 바는 무엇인가?
(A) 남자는 시간에 쫓기고 있다.
(B) 남자의 카드가 필요할 때 도착했다.
(C) 남자는 자신의 의견을 표현할 권리가 있다.
(D) 남자는 컴퓨터 워크숍에 늦지 않았다.

문제 65~67번은 다음 대화와 도표를 참조하시오. 호M 미W

> **M:** Hi, I'm here to buy a new digital camera. Could you please recommend a good one for me?
> **W:** I think KS-110 camera is outstanding. **65 But I'm afraid that KS-110 cameras are currently out of stock.** They are very popular among photographers. Naturally, they are selling like hot cakes.
> **M:** Could you please tell me when I can buy the camera?
> **W:** **66 We put in an order this morning, so we'll have them in stock in two days, I mean, Thursday.** If you leave your number, I'll call you as soon as they arrive.
> **M:** Um...actually, **67 tomorrow is my cousin's birthday, and I wanna give him the camera for his birthday present. So I have to buy one today.** What am I going to do? It's a disaster.
> **W:** **67 In that case, I'll take a quick look on the stock database of some branches in the nearby cities.** Please wait for a few minutes.

남: 안녕하세요, 저는 새로운 디지털 카메라를 구매하러 왔는데요. 괜찮은 카메라 하나 추천해주실 수 있으세요?

여: 저는 KS-110이 훌륭하다고 봅니다. 하지만 죄송하게도 KS-110 카메라는 현재 재고가 동난 상태입니다. 그 카메라가 사진가들 사이

에서 굉장히 인기가 좋습니다. 당연히 날개 돋친 듯이 팔리고 있지요.

남: 언제 그 카메라를 구매할 수 있을지 알려주실 수 있나요?

여: 저희가 오늘 오전에 주문을 넣었으니 이틀 정도 있으면, 그러니까 목요일에는 물건이 있을 겁니다. 연락처를 남겨주시면 제품이 입고되자마자 연락을 드리겠습니다.

남: 음… 사실 내일이 제 사촌의 생일이라 그에게 그 카메라를 생일 선물로 주고 싶어요. 그래서 오늘 꼭 카메라를 구매해야 해요. 어쩌면 좋을까요? 정말 큰일이네요.

여: 그렇다면, 제가 인근 도시들의 몇몇 지점의 재고 데이터베이스를 빨리 살펴볼게요. 잠시만 기다려 주세요.

표현 정리 outstanding 뛰어난, 우수한 currently 현재 be out of stock 재고가 동이 나다 naturally 자연히 sell like hot cakes 날개 돋친 듯이 팔리다 put in an order 주문을 하다, 주문을 넣다 leave one's number ~의 연락처를 남기다 in that case 그런 경우라면, 그렇다면 take a quick look 재빨리 살펴보다 nearby 근처에 있는

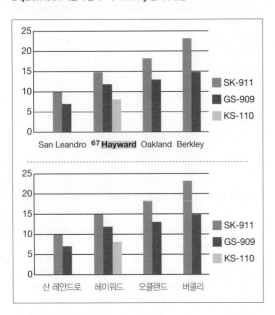
San Leandro **67 Hayward** Oakland Berkley
SK-911 / GS-909 / KS-110

산 레안드로 헤이워드 오클랜드 버클리
SK-911 / GS-909 / KS-110

65. 문제점 ★★

① 문제 유형 파악 대화상의 어떤 문제점은 대개 대화 초반부의 두 사람 대화를 통해 파악이 가능하다.

② 단서 찾기 여자는 카메라를 구매하러 온 남자에게 But I'm afraid that KS-110 cameras are currently out of stock.이라고 하며 지금 KS-110 카메라의 재고가 없다는 점을 언급하고 있다.

③ 정답 선택 따라서 특정 제품의 구매가 불가하다는 의미인 (B)가 정답이다.

표현 정리 crack 금이 가다 discontinue (생산을) 중단하다

문제점은 무엇인가?
(A) 남자의 카메라 렌즈에 금이 가 있다.
(B) 특정 제품을 구매할 수 없다.
(C) 몇몇 부품들이 단종되었다.
(D) 상점의 위치를 아는 사람이 전혀 없다.

66. 성별 지정 세부사항 – 이틀 뒤 발생할 일 ★★

① 문제 유형 파악 여자의 대화 내용에서 이틀 뒤, 즉 in two days란 시점 표현이 제시되는 부분을 집중해 들어야 한다.

② 단서 찾기 여자는 남자에게 We put in an order this morning, so we'll have them in stock in two days, I mean, Thursday.라고 하며 오늘 오전에 해당 제품을 주문했으니 이틀 뒤에 입고될 것이라고 말한다.

③ 정답 선택 이틀 뒤, 즉 목요일에 제품이 입고된다는 사실을 전하고 있으므로 (C)가 정답이다.

🔍 **함정 분석** 남자의 첫 대화 I'm here to buy a new digital camera.에서 남자가 카메라를 사려는 것임을 파악하고 (A)로 헷갈릴 수 있다. 여자가 추천한 인기 상품이 이틀 뒤에 입고될 것이라는 내용이므로 신제품이 출시된다는 (A)는 오답이다.

표현 정리 release 발표하다, 출시하다 goods 제품 introduce 도입하다

여자의 말에 따르면, 이틀 뒤 어떠한 일이 발생할 것인가?
(A) 새로운 종류의 카메라가 출시될 것이다.
(B) 남자의 생일 파티가 열릴 것이다.
(C) 제품이 입고될 것이다.
(D) 새로운 재고 시스템이 도입될 것이다.

新 67. 시각 정보 연계 – 그래프 ★★★

① 문제 유형 파악 남자가 방문할 지점이 어느 도시에 있는지 묻는 시각 정보 연계 문제이며, 막대그래프는 각 지점의 제품 재고 현황을 나타내고 있다. 따라서 상품의 모델명이나 각 제품의 재고 수량을 파악함으로써 남자가 방문할 도시를 찾아야 한다.

② 단서 찾기 대화 초반부에서 대화의 중심이 되는 카메라 제품은 KS-110임을 알 수 있으며, 남자는 대화 후반부에서 tomorrow is my cousin's birthday, and I wanna give him the camera for his birthday present. So I have to buy one today.라고 하며 오늘 필히 카메라를 구매해야 한다는 의사를 밝히고 있다. 이에 여자는 In that case, I'll take a quick look on the stock database of some branches in the nearby cities.라고 하며 자신이 인근 도시들의 몇몇 지점의 재고 데이터 베이스를 빨리 살펴보겠다고 말한다.

③ 정답 선택 대화에서 제품의 재고 수량에 대한 정보는 제공된 바 없고, 도표에서는 KS-110 제품의 재고를 보유하고 있는 유일한 지점이 헤이워드임을 확인할 수 있으므로 (B)가 정답이다.

도표를 참조하시오. 남자는 어떤 지점을 방문할 것 같은가?
(A) 산 레안드로
(B) 헤이워드
(C) 오클랜드
(D) 버클리

문제 68-70번은 다음 대화와 정보를 참조하시오. 미M 미W

M: Excuse me, **68 I'm here to purchase tickets to the new play "Romantic Cats"**. Could you tell me where I can buy them?
W: **69 I'm sorry, but tickets to "Romantic Cats" are not available on site yet. I mean, they are available only through the Internet.**
M: Um… can I access the Internet through my mobile phone and purchase a ticket?

W: Yes, you can purchase your tickets on your cellular phone now. Just log on to the theater's official Web site, choose the period of your preference, and pay for it. That's all.

M: Thanks a lot. I've just chosen this one and approved this transaction, the process is complete? Everything is all right?

W: Yes. **70 You have now reserved two tickets for "Romantic Cats" for the opening night.**

남: 실례합니다. 저는 새로운 연극 '로맨틱 캣츠'의 표를 구매하러 왔습니다. 어디서 구입할 수 있나요?

여: 죄송합니다만, '로맨틱 캣츠'의 표는 아직 현장에서 판매되지 않고 있습니다. 그러니까 제 말은 인터넷을 통해서만 구매하실 수 있어요.

남: 음… 휴대전화를 통해 인터넷에 접속하여 표를 구매할 수 있습니까?

여: 네, 지금 고객님의 휴대전화를 통해 표를 구매하실 수 있어요. 극장의 공식 홈페이지에 접속해서 원하시는 공연 날짜를 선택하시고 표 값을 지불하시면 됩니다. 그게 다예요.

남: 고맙습니다. 그럼 제가 막 이 공연을 선택하고 거래를 승인했는데요, 구매 과정이 완료된 것인가요? 모든 것이 문제없는 건가요?

여: 네. 고객님께서는 '로맨틱 캣츠'의 초연 표 두 매를 예매하셨습니다.

표현 정리 **purchase** 구매하다 **on site** 현장에서 **available** 이용이 가능한, 구매가 가능한 **access** 접근하다, 접속하다 **preference** 선호도, 취향 **approve** 인정하다, 승인하다 **transaction** 거래 **process** 절차, 과정 **reserve** 예매하다 **opening night** 초연

SHOW	DATE	PRICE
70 Romantic Cats (First Showing)	September 9	$ 70
Romantic Cats	September 10	$ 80
Romantic Cats	September 11	$ 90
Romantic Cats (Closing Night)	September 13	$ 100

공연	날짜	가격
로맨틱 캣츠 (초연)	9월 9일	70달러
로맨틱 캣츠	9월 10일	80달러
로맨틱 캣츠	9월 11일	90달러
로맨틱 캣츠 (마지막 공연)	9월 13일	100달러

68. 성별 지정 세부사항 – 남자가 원하는 것 ★

❶ 문제 유형 파악 남자가 원하는 것을 묻는 성별 지정 세부사항 문제이므로 대화 초반부 남자의 대화 내용에서 남자가 원하는 것을 집중해 들어야 한다.

❷ 단서 찾기 남자는 대화 시작과 함께 I'm here to purchase tickets to the new play "Romantic Cats".라고 하며 새로운 연극 '로맨틱 캣츠'의 표를 구매하러 왔음을 밝히고 있다.

❸ 정답 선택 남자가 원하는 것은 공연 표이므로 (B)가 정답이다.

🔍 함정 분석 여자의 대화 Just log on to the theater's official Web site를 듣고 (C)로 혼동하지 않도록 한다. 여자는 표를 구매하려는 남자에게 인터넷 구매만 가능하다고 말하며, 극장 홈페이지에서 표를 살 수 있다고 설명한다. 남자가 홈페이지 접속을 원하는 것은 아니므로 (C)는 오답이다.

표현 정리 **locate** 찾다 **itinerary** 일정표

남자가 원하는 것은 무엇인가?
(A) 극장을 찾는다.
(B) 표를 구매한다.
(C) 극장 홈페이지에 접속한다.
(D) 일정을 변경한다.

69. 여자가 언급한 문제점 ★★

❶ 문제 유형 파악 여자가 언급한 문제점을 묻고 있으므로 여자의 대화 내용에서 제시되는 문제점에 집중해야 한다.

❷ 단서 찾기 여자는 표를 구매하러 온 남자에게 I'm sorry, but tickets to "Romantic Cats" are not available on site yet, I mean, they are available only through the Internet.이라고 하며 '로맨틱 캣츠'의 표가 현장에서 판매되지 않고 인터넷을 통해서만 구매가 가능하다는 점을 언급하고 있다.

❸ 정답 선택 따라서 현장에서 표를 살 수 없는 것이 문제점임을 알 수 있으므로 (D)가 정답이다.

표현 정리 **missing** 없어진 **deadline** 마감시한 **entertaining** 재미 있는

여자가 언급한 문제점은 무엇인가?
(A) 남자의 표들 중 일부가 없어졌다.
(B) 마감시한이 현실적이지 않다.
(C) 연극이 별로 재미있지 않다.
(D) 남자는 여자로부터 표를 구매할 수 없다.

新 70. 시각 정보 연계 – 일정표 ★★★

❶ 문제 유형 파악 남자가 구매한 표의 가격이 얼마인지 묻는 시각 정보 연계 문제이므로 대화 내용에서는 남자가 구매한 표의 가격이 직접 언급되지 않는다. 그러므로 대화에서는 표 가격과 서로 대응하는 정보, 즉 공연 일정이나 날짜에 관한 정보가 제시되는 부분에 집중해야 한다.

❷ 단서 찾기 대화 말미에서 여자는 남자에게 You have now reserved two tickets for "Romantic Cats" for the opening night.이라고 하며 남자가 '로맨틱 캣츠'라는 연극의 초연 표를 예약했음을 밝히고 있다.

❸ 정답 선택 연극 일정표를 보면 초연은 9월 9일이고 이 날의 표 가격은 70달러로 명시되어 있으므로 (A)가 정답이다.

도표를 참조하시오. 남자가 구매한 표의 가격은 한 장에 얼마인가?
(A) 70달러
(B) 80달러
(C) 90달러
(D) 100달러

PART 4

문제 71-73번은 다음 전화 메시지를 참조하시오. 영W

Good morning, Mr. Wilson. This is Whitney Hess from Member Services at the Florida Fitness Center. **72 I'm calling to confirm that we received your application for membership to the health spa and gym facilities. 71 In order to complete the membership process, we also require two forms of identification from you.** One of these must include a photograph. **73 You can scan and e-mail these to me at members@floridafitness.com at any time.** Once we have received these documents, we will send you your membership card.

안녕하세요, 윌슨 씨. 저는 플로리다 피트니스 센터의 회원 서비스 담당자인 휘트니 헤스입니다. 헬스 스파와 운동 시설에 대한 고객님의 회원 신청을 접수했음을 확인드리고자 연락을 드렸습니다. 회원 가입 절차를 완료하기 위해서는 두 가지 신분 확인 양식이 필요합니다. 이들 중 하나에는 사진이 포함되어야 합니다. 고객님께서는 이것들을 스캔하여 언제든지 members@floridafitness.com으로 제게 보내주시면 됩니다. 저희가 이 서류들을 받게 되면 고객님께 회원증을 보내드릴 것입니다.

표현 정리 **confirm** 확인하다 **application** 신청, 신청서 **gym** 체육관 (= gymnasium), 헬스클럽 **facility** 시설, 설비 **in order to do** ~하기 위해서 **require** 요구하다, 필요하다 **identification** 신분 증명, 신분증 **include** 포함하다 **at any time** 언제라도, 아무 때나

71. 전화를 건 목적 ★★

① 문제 유형 파악 전화를 건 목적이나 이유는 메시지 초반부에서 화자의 인사말과 자기소개 직후에 언급되는 것이 일반적이다.

② 단서 찾기 화자는 메시지 초반부에서 In order to complete the membership process, we also require two forms of identification from you.라고 하며 회원 가입 절차를 완료하기 위해 두 가지 신분 확인 양식을 요청하고 있다.

③ 정답 선택 따라서 require two forms of identification을 request some documents로 바꿔 표현한 (B)가 정답이다.

표현 정리 **schedule** 일정을 잡다 **promotion** 판촉[홍보] 행사

여자가 전화를 건 목적은 무엇인가?
(A) 취업 면접의 일정을 정하는 것
(B) 몇몇 서류를 요청하는 것
(C) 몇몇 운동 기구를 구매하는 것
(D) 특별 판촉 행사를 설명하는 것

72. 청자의 정체 ★

① 문제 유형 파악 메시지의 청자에 대해 묻고 있으므로 청자를 직접적으로 언급하고 있는 부분 혹은 청자를 추측할 수 있을 만한 관련 어휘나 표현이 제시되는 부분에 집중해야 한다.

② 단서 찾기 화자는 I'm calling to confirm that we received your

application for membership to the health spa and gym facilities.라고 하며 회원권 신청을 접수했음을 알리고자 연락한다고 전한다.

③ 정답 선택 따라서 청자는 회원권 신청자임을 짐작할 수 있으므로 (D)가 정답이다.

🔍 **함정 분석** 피트니스 센터에서 회원에게 보내는 전화 메시지임을 파악하고 (B)로 헷갈릴 수 있다. 이 메시지의 청자는 피트니스 고객이 맞지만 단골 손님인지 알 수 없으므로 (B)는 오답이다. regular는 '자주 다니는'을 뜻하여 regular customer는 '단골 손님'으로 쓰인다.

표현 정리 **instructor** 강사 **applicant** 응시자, 신청자

이 메시지는 누구를 대상으로 하는가?
(A) 헬스클럽 강사
(B) 단골 고객
(C) 전화 교환원
(D) 회원권 신청자

73. 화자의 요청 ★

① 문제 유형 파악 화자가 청자에게 요청하는 것에 대해 묻는 마지막 질문으로 메시지 후반부에서 화자가 청자에게 요청하는 내용에 초점을 맞춰야 할 필요가 있다.

② 단서 찾기 화자는 메시지 후반부에서 You can scan and e-mail these to me at members@floridafitness.com at any time.이라고 하며 신분 확인 양식들을 스캔한 후 그 파일을 이메일로 보내줄 것을 요청하고 있다.

③ 정답 선택 여기서 these는 앞에 언급된 two forms of identification인데, 이것을 some paperwork로 바꿔 표현한 (C)가 정답이다.

표현 정리 **fax** 팩스로 보내다 **e-mail** 이메일로 보내다 **paperwork** 서류, 서류 작업 **business** 사업체, 회사

화자는 청자에게 무엇을 해달라고 요청하는가?
(A) 서류를 팩스로 보낸다.
(B) 가격에 대해 상의한다.
(C) 몇몇 서류를 이메일로 보낸다.
(D) 그녀의 회사를 방문한다.

문제 74-76번은 다음 전화 메시지를 참조하시오. 미W

Hello. I'm calling to leave a message for Mr. Wrightson. **74 This is Lisa Wick from Marlowe's Carpet and Flooring. 75 We were scheduled to deliver and install some carpeting in your store early tomorrow morning, but during the thunderstorm this morning, a telephone pole and an electric transformer came down, and they're blocking the road from our factory. We simply can't move our trucks until the pole and transformer are cleared.** I'm sorry for the inconvenience; I hope it doesn't affect your business! **76 Please call me when you get this message,** and we can reschedule a time convenient for you. **76 You know my cell phone number.** Thank you.

안녕하세요. 저는 라잇선 씨를 위한 메시지를 남기고 있습니다. 저는

말로우 카펫 앤 플로링의 리사 윅입니다. 저희가 내일 오전 일찍 고객님의 상점에 카펫을 배송하고 설치할 예정이었지만, 오늘 아침에 뇌우가 일어나는 바람에 전신주가 쓰러지고 전기 변압기가 떨어져 공장에서 나가는 도로를 막았습니다. 전신주와 변압기가 제거될 때까지는 저희 트럭을 움직일 수가 없습니다. 불편을 끼쳐 드려 죄송합니다. 저는 이 일이 고객님의 사업에 영향을 주지 않기를 바랍니다! 이 메시지를 받으시면 제게 연락을 주십시오. 저희는 고객님께서 편리한 시간을 다시 잡아드리겠습니다. 제 휴대전화 연락처 아실 겁니다. 감사합니다.

표현 정리 **be scheduled to do** ~할 예정이다 **install** 설치하다 **carpeting** 카펫, 깔개 **thunderstorm** 뇌우 **telephone pole** 전신주 **electric transformer** 변압기 **inconvenience** 불편 **affect** 영향을 미치다 **reschedule** 일정을 다시 잡다 **convenient** 편리한

74. 화자가 근무하는 회사 ★

❶ 문제 유형 파악 화자가 근무하는 회사에 대해 묻고 있으므로 메시지 초반부에서 화자가 다니는 회사가 어떤 업종의 회사인지 직접적으로 언급하는 부분 또는 이를 추측할 수 있는 업종 관련 어휘나 표현이 등장하는 부분에 초점을 맞춰야 한다.

❷ 단서 찾기 화자는 메시지 초반부에 This is Lisa Wick from Marlowe's Carpet and Flooring.이라고 하며 이름과 함께 자신이 근무하는 말로우 카펫 앤 플로링이라는 회사명을 밝히고 있다.

❸ 정답 선택 이를 통해 화자는 카펫 제조 회사에 근무하는 사람임을 알 수 있으므로 (C)가 정답이다.

전화를 건 사람은 어떤 회사에서 근무하는가?
(A) 의류 회사
(B) 운송 회사
(C) 카펫 제조 회사
(D) 케이블 TV 서비스 회사

新 75 화자의 의도 ★★★

❶ 문제 유형 파악 여자가 "they're blocking the road from our factory." 라고 말한 것의 의미를 묻는 문제인데, 이 상황을 설명하는 이유는 이 말의 전후 문맥을 통해 파악해야 한다.

❷ 단서 찾기 앞서 화자는 We were scheduled to deliver and install some carpeting in your store ~ a telephone pole and an electric transformer came down이라고 하며 카펫 배달 및 설치를 못하게 된 천재지변의 상황을 알리고 있다. 이어 "they're blocking the road from our factory."라고 하며 전신주와 전기 변압기가 공장에서 나가는 길을 막았다고 말한 후 We simply can't move our trucks until the pole and transformer are cleared.라고 하며 전신주와 변압기가 치워질 때까지 배송 트럭을 움직일 수 없는 문제를 전한다.

❸ 정답 선택 따라서 여자가 "they're blocking the road from our factory."라고 말한 것은 카펫의 배송이 지연된다는 사실을 알리기 위한 설명이므로 (D)가 정답이다.

🔍 **함정 분석** 화자의 의도를 묻는 문제는 단순히 문장의 뜻을 골라서는 안 된다. 공장에서 나가는 길을 막았다고 해서 (A)로 혼동하지 않도록 한다. 도로가 막혔다는 말과 함께 트럭을 움직일 수 없다고 했으므로 배송이 지연될 것을 말하고 있다. 화자의 의도 문제는 해당 문장의 앞뒤 문장까지 듣고 의미를 파악하는 것이 중요하다.

표현 정리 **lost one's way** 길을 잃다 **delay** 지연시키다

여자가 "they're blocking the road from our factory."라고 말할 때 의미하는 바는 무엇인가?
(A) 공장으로 들어갈 수가 없다.
(B) 다른 길을 택할 것이다.
(C) 상점으로 가는 길을 잃었다.
(D) 배송이 지연될 것이다.

76. 화자의 제안 ★★

❶ 문제 유형 파악 화자가 청자에게 요청/요구/제안/추천/권고하는 내용을 묻는 문제는 지문 종료 전 3문장 내외에서 '동사+목적어' 중심으로 단서를 파악하는 것이 현명하다.

❷ 단서 찾기 화자는 지문 말미에서 Please call me when you get this message라고 하며 이 메시지를 확인하면 답신 전화를 달라고 요청하고 있다. 메시지 종료 직전 화자는 You know my cell phone number.라고 하며 청자가 자신의 휴대전화 번호를 알고 있는 상태까지 확인한다.

❸ 정답 선택 따라서 정답은 휴대전화로 연락을 달라는 의미의 (B)가 정답이다.

표현 정리 **in advance** 미리, 사전에

화자가 청자에게 제안하는 것은 무엇인가?
(A) 선불로 비용을 지불한다.
(B) 여자의 휴대전화로 연락한다.
(C) 제품의 일련번호를 제시한다.
(D) 주문을 취소한다.

문제 77-79번은 다음 광고를 참조하시오. 미W

⁷⁷ **Don't miss the annual Mega Sale at Lucky Mart this week. Our entire selection of organic fruits and vegetables will be 40% off, and there will be various discounts on beverages, cereals, meat, and much more.** When you buy any amount of our organic fruits or vegetables, ⁷⁹ **you'll also receive a free sampler of our fresh fruit juices.** Take advantage of the healthiest products in town. And ⁷⁸ **don't forget that the sale ends at the end of the week.**

이번 주 럭키 마트의 연례 파격 세일을 놓치지 마세요. 모든 유기농 과일과 야채들이 40퍼센트 할인 판매되고, 음료, 곡물, 육류, 그리고 그 밖의 많은 제품들도 다양하게 할인됩니다. 저희 유기농 과일과 야채를 조금이라도 구입하시는 고객님은 저희의 신선한 과일 주스 샘플을 무료로 받으실 수 있습니다. 시내에서 가장 건강에 좋은 제품들을 이용하세요. 그리고 할인 판매는 이번 주 말에 끝난다는 점을 잊지 마세요.

표현 정리 **mega sale** 대폭적인[파격적인] 세일 **entire** 전체의 **selection** 선택, 선택 가능한 것 **organic** 유기농의 **beverage** 음료 **cereal** 곡식, 곡물 **sampler** 견본, 샘플 모음(a collection of samples) **take advantage of** ~을 이용하다

77. 광고되는 업체 ★★

❶ 문제 유형 파악 광고되는 회사나 제품 혹은 서비스는 광고 초반부에 언급되는 것이 일반적이다.

❷ 단서 찾기 화자가 광고 시작과 함께 Don't miss the annual Mega Sale at Lucky Mart this week. Our entire selection of organic fruit's and vegetables will be 40% off, and there will be various discounts on beverages, cereals, meat, and much more.라고 하며 다양한 식품에 대해 연례 파격 세일을 언급하고 있다.

❸ 정답 선택 따라서 광고되는 업체는 식품점을 알 수 있으므로 (C)가 정답이다.

표현 정리 retailer 소매업자, 소매상 supplement 보충물, 보충제

어떠한 종류의 업체가 광고되고 있는가?
(A) 쇼핑몰
(B) 스포츠 용품점
(C) 식품 소매상
(D) 건강 보조식품 제조업체

78. 세부사항 – 할인 판매 종료 시점 ★

❶ 문제 유형 파악 할인 판매가 언제 종료되는지 묻고 있으므로 할인 판매에 대한 소식을 전한 후 이어지는 부가 정보 중에서 할인이 종료되는 시점에 집중해야 한다.

❷ 단서 찾기 화자가 광고 말미에서 don't forget that the sale ends at the end of the week.라고 하며 할인 판매가 이번 주 말에 종료된다는 것을 알리고 있다.

❸ 정답 선택 따라서 특가 판매가 종료되는 시점은 이번 주 말이므로 (C)가 정답이다. 광고의 sale이 질문에서는 special offer로 바꿔 표현되었음에 유의해야 한다.

특가 판매는 언제 종료되는가?
(A) 내일
(B) 5일 후
(C) 이번 주 말
(D) 다음 주 초

79. 세부사항 – 럭키 마트에서 제공하는 것 ★★

❶ 문제 유형 파악 럭키 마트에서 고객에게 제공하는 것을 묻는 마지막 문제이므로 광고 후반부에서 고객에게 제공하는 구체적인 대상의 이름에 집중해야 한다.

❷ 단서 찾기 화자는 광고 후반부에서 you'll also receive a free sampler of our fresh fruit juices.라고 하며 무료 과일 주스 샘플을 제공할 것임을 밝히고 있다.

❸ 정답 선택 따라서 a free sampler of our fresh fruit juices를 A complimentary selection of beverages로 바꿔 표현한 (B)가 정답이다.

표현 정리 complimentary 무료의 sampling 시식[시음]회, 추출 견본

현재 럭키 마트에서 고객들에게 제공하는 것은 무엇인가?
(A) 무료 견본들
(B) 여러 가지 무료 음료
(C) 특별 할인 카드
(D) 할인된 회원 가입비

문제 80–82번은 다음 워크숍에서 발췌된 연설을 참조하시오. 호M

Greetings, everyone. As you know, 80 **we're here to learn more to enhance our public speaking ability, a vital skill for corporate leaders and management.** 81 **Do you prepare for days for important work presentations but still fail to make the impression you want to? Well, many people have that problem.** 81 **In fact, the majority of people rank public speaking as their greatest fear.** But have no fear: Good public speaking is not just a talent. It's a skill within us all and can be harnessed in a way that communicates the best you and your company have to offer. Today, I'll teach you the simplest ways to project a confident demeanor whenever you speak in front of other people. 82 **I'd like everyone to find a partner now.** We're going to start with a quick exercise.

안녕하세요, 여러분. 아시다시피, 우리는 대중연설 능력 향상을 위해 좀 더 많은 것을 배우고자 이 자리에 모였습니다. 이것은 기업 리더들과 경영진에 필수적인 기술이죠. 중요한 업무 발표를 위해 며칠 동안 준비를 하고 있지만 여전히 원하는 인상을 주지 못합니까? 음, 많은 사람들이 그 문제를 안고 있습니다. 사실 대다수의 사람들은 대중연설을 가장 큰 두려움으로 간주합니다. 그러나 두려움을 갖지 마세요. 좋은 대중연설은 단순한 재능이 아닙니다. 그것은 우리 모두에게 내재된 기술이며 여러분과 여러분의 회사가 제공해야 할 최선의 것을 전달하는 방식으로 활용될 수 있습니다. 오늘은 다른 사람들 앞에서 연설을 해야 할 때마다 자신감 있는 태도를 보여줄 수 있는 가장 간단한 방법을 가르쳐 드리겠습니다. 지금 모두가 상대할 파트너를 찾아 주십시오. 우리는 빠른 연습과 함께 이 워크숍을 시작하도록 하겠습니다.

표현 정리 enhance 향상시키다, 강화하다 speaking ability 대중연설 능력 vital 필수적인, 중요한 corporate 회사의 management 경영, 경영진 prepare for ~을 준비하다 fail to do ~을 하는 데 실패하다, ~을 하지 못하다 make the impression 인상을 주다 the majority of ~의 대다수 harness 이용하다 project 투영하다, 발사하다 confident 자신감 있는, 확신 있는 demeanor 품행, 태도

80. 세부사항 – 워크숍의 주제 ★

❶ 문제 유형 파악 워크숍의 주제는 세부사항을 묻는 문제이며 이를 지문 전체의 주제로 착각하거나 오해하지 않도록 주의해야 한다. 지문 초반부에 워크숍이 언급되고 이때 등장하는 워크숍의 주제에 귀를 기울여야 한다.

❷ 단서 찾기 화자는 인사말 직후 we're here to learn more to enhance our public speaking ability, a vital skill for corporate leaders and management.라고 하며 대중연설 능력 향상을 위해 더 많은 것을 배우고자 여기에 모였다고 밝힌다.

❸ 정답 선택 따라서 워크숍의 주제는 바로 대중연설 기술의 개발을 뜻하는 (D)가 정답이다.

표현 정리 innovative 혁신적인 working conditions 근로 환경

워크숍의 주제는 무엇인가?
(A) 혁신적인 디자인 창조
(B) 근로 환경 개선

(C) 새로운 사업의 시작
(D) 대중연설 기술의 개발

新 81. 화자의 의도 ★★★

① 문제 유형 파악 화자가 "many people have that problem."이라고 말한 이유를 묻는 화자의 의도 문제이므로 이를 중심으로 전후 문맥을 이해한 후 화자의 의도를 파악해야 한다.

② 단서 찾기 앞서 화자는 Do you prepare for days for important work presentations but still fail to make the impression you want to?라고 하며 중요한 업무 발표를 위해 며칠 동안 준비를 하고 있지만 여전히 원하는 인상을 주지 못하는지 묻는다. 이어서 "many people have that problem."이라며 많은 사람들이 그런 문제를 지니고 있다고 말한다. 그리고 In fact, the majority of people rank public speaking as their greatest fear.라고 하며 대다수의 사람들이 대중연설을 가장 큰 두려움으로 간주한다고 밝힌다.

③ 정답 선택 화자가 "many people have that problem."이라고 말한 것은 많은 이들이 대중연설을 두려워한다며 참석자들을 안심시키려는 의도를 반영한 표현이므로 (D)가 정답이다.

🔍 함정 분석 지문 초반부의 Do you prepare for days for important work presentations ~?을 듣고 (B)를 고르지 않도록 한다. 며칠 동안 발표 준비를 하고도 실패하는 일은 많은 사람들에게 일어나는 일이라고 말하고 있다. 회사에 대한 불만을 이야기한다는 (B)는 오답이다.

화자가 "many people have that problem"이라고 말한 이유는 무엇인가?
(A) 새로운 브랜드를 출시하기 위해서
(B) 회사에 대한 불만을 토로하기 위해서
(C) 질문을 받겠다는 것을 전하기 위해서
(D) 참석자들을 안심시키기 위해서

82. 화자의 요청사항 ★

① 문제 유형 파악 화자가 청자에게 요청/요구/제안/추천/권고하는 내용을 묻는 문제는 지문 종료 전 3문장 내외에서 '동사+목적어' 중심으로 단서를 파악하는 것이 바람직하다.

② 단서 찾기 화자는 청자에게 지문 종료 직전에 I'd like everyone to find a partner now.라고 하며 모두가 파트너를 찾아보도록 요청하고 있다.

③ 정답 선택 따라서 청자에게 요청하는 것은 파트너를 찾는 것이므로 (A)가 정답이다.

표현 정리 sign up for ~에 등록하다

화자가 청자에게 요청하는 것은 무엇인가?
(A) 파트너를 찾는다.
(B) 자료를 검토한다.
(C) 발표를 경청한다.
(D) 과정에 등록한다.

문제 83-85번은 다음 뉴스 보도를 참조하시오. [미]M

Next, we have some local news. **83 Mr. John Adams, the principal of Syracuse High School, has announced that the school will merge with East Concord Academy. 84 The merger will occur in**

August shortly before the beginning of the new school semester in September. In a statement to a local newspaper, **85 Mr. Adams said that the merger will result in the new school becoming one of the most elite educational institutions in America** thanks to the combined experience of both schools' teaching staff. The merged high school, likely to be called East Concord Syracuse High, will have the largest number of students of any school in North America.

다음은 지역 소식입니다. 시러큐스 고등학교의 교장인 존 애덤스 씨가 이스트 콩코드 아카데미와 합병할 것이라고 발표했습니다. 합병은 9월 신학기가 시작되기 직전인 8월에 이루어질 것입니다. 한 지역 신문에 실린 발표에 따르면, 애덤스 씨는 이 합병으로 탄생할 새 학교는 두 학교 교사진의 경험이 합쳐져 미국에서 가장 우수한 교육 기관 중의 하나가 될 것이라고 말했습니다. 아마도 이스트 콩코드 시러큐스 고등학교라 불리게 될 이 합병 고등학교는 북미 지역의 어느 학교보다 더 많은 수의 학생들을 보유하게 될 것입니다.

표현 정리 principal 교장 announce 발표하다 merge 합병하다 occur 일어나다, 발생하다 semester 학기 result in ~결과를 가져오다, ~을 야기하다 thanks to ~덕분에 combined 결합된, 연합의 teaching staff 교사진

83. 세부사항 – 화자가 언급하고 있는 행사 ★

① 문제 유형 파악 화자가 언급하고 있는 행사에 대해 묻고 있으므로 뉴스 보도 초반부에서 소개되는 행사의 정체에 집중해야 한다.

② 단서 찾기 화자는 뉴스 보도 초반부에서 Mr. John Adams, the principal of Syracuse High School, has announced that the school will merge with East Concord Academy.라고 하며 두 학교의 합병 소식을 전하고 있다.

③ 정답 선택 따라서 화자가 언급하는 행사는 학교 합병이므로 (C)가 정답이다.

표현 정리 job fair 취업 박람회

화자는 어떠한 행사를 언급하고 있는가?
(A) 교원 취업 박람회
(B) 새로운 정책
(C) 학교 합병
(D) 교육 회의

84. 세부사항 – 행사의 시점 ★★

① 문제 유형 파악 행사가 언제 발생하는지 묻고 있으므로 행사를 소개한 후 제시되는 시점에 집중해야 한다.

② 단서 찾기 화자는 두 학교의 합병을 언급한 직후 The merger will occur in August shortly before the beginning of the new school semester in September.라고 하며 합병이 신학기가 시작되는 9월 직전인 8월에 이루어질 것이라고 전한다.

③ 정답 선택 따라서 합병은 8월에 이루어질 예정이므로 (B)가 정답이다.

이 행사는 언제 발생하는가?
(A) 7월
(B) 8월
(C) 9월

(D) 10월

85. 세부사항 – 행사의 결과 ★★

① 문제 유형 파악 이 행사의 결과로 예상되는 것을 묻고 있으므로 행사 소개 이후 행사에 따른 결과가 제시되는 부분에 집중해야 하며 핵심어인 result를 놓쳐서는 안 된다.

② 단서 찾기 화자는 Mr. Adams said that the merger will result in the new school becoming one of the most elite educational institutions in America.라고 하며 두 학교의 합병으로 미국에서 가장 우수한 교육 기관 중의 하나가 탄생할 것이라는 교장의 말을 전하고 있다.

③ 정답 선택 따라서 becoming one of the most elite educational institutions in North America를 Improved academic effectiveness로 바꿔 표현한 (D)가 정답이다.

🔍 **함정 분석** 지문 후반부의 thanks to the combined experience of both schools' teaching staff에서 schools' teaching staff만 듣고 (A)로 혼동하지 않도록 한다. 학생의 수가 늘어날 것이라고 했지만 교사진의 수에 대한 언급은 없으므로 (A)는 오답이다.

표현 정리 convenient 편리한

이 행사의 결과로 예상되는 것은 무엇인가?
(A) 교사진의 감소
(B) 학급 규모의 축소
(C) 더 편리해진 위치
(D) 향상된 교육 효과

문제 86-88번은 다음 공지를 참조하시오. 미W

Before we begin our meeting today, I have a quick announcement to make. **86 I realize that many of our workers have been struggling to get to work because of the heavy traffic on the highways. 86, 87 Well, from next Monday, our firm will be providing a company bus service for employees that live more than twenty miles from our offices. 88 If you would like to enroll in the company bus program, you must fill out an application form.** A list of pickup points will be finalized and presented to you on Thursday. We hope this makes your commuting time less stressful.

오늘 회의를 시작하기에 앞서, 간단한 발표 사항이 있습니다. 우리 직원들의 상당수가 고속도로의 교통 혼잡 때문에 출근에 어려움을 겪고 있다는 것을 압니다. 다음 주 월요일부터 우리 회사는 사무실에서 20마일 이상 떨어진 곳에 거주하는 직원들에게 회사 버스 서비스를 제공할 계획입니다. 회사 버스 프로그램에 등록하기를 원하면 신청서를 작성해야 합니다. 정차 위치의 목록은 목요일에 확정되어 여러분에게 제공될 것입니다. 이런 조치로 여러분이 통근 시간에 스트레스를 덜 받게 되기를 바랍니다.

표현 정리 make a quick announcement 간단한 발표를 하다 realize 이해하다, 깨닫다 struggle to do ~하느라 애쓰다[고생하다] get to work 출근하다 heavy traffic 교통 체증 enroll in ~에 등록하다 fill out (서식

을) 작성하다 application form 신청서 finalize 확정하다 present 제출하다, 제시하다 commuting 통근 stressful 스트레스가 많은

86. 세부사항 – 교통편을 제공하는 이유 ★★★

① 문제 유형 파악 회사에서 직원들에게 교통편을 제공하는 것에 관심을 두는 이유를 묻는 첫 번째 질문이므로 발표 초반부에서 회사가 교통편을 제공한다는 내용이 제시되는 부분을 중심으로 단서를 파악해야 한다.

② 단서 찾기 화자는 발표 초반부에서 I realize that many of our workers have been struggling to get to work because of the heavy traffic on the highways.라고 하며 직원들이 고속도로의 교통 체증 때문에 출근에 어려움을 겪고 있다는 사실을 밝힌 후, 이어서 Well, from next Monday, our firm will be providing a company bus service for employees that live more than twenty miles from our offices.라고 하며 회사에서 20마일 이상 떨어진 곳에 거주하는 직원들에게 통근 버스를 제공하려 한다는 계획을 전하고 있다.

③ 정답 선택 따라서 회사에서 직원들에게 통근 버스를 제공하기로 한 것은 심각한 교통 체증에 따른 결정임을 알 수 있으므로 (C)가 정답이다.

표현 정리 go on strike 파업하다 in progress 진행 중인 terrible 지독한, 심한

회사가 직원 교통편을 제공하는 것에 관심을 두는 이유는 무엇인가?
(A) 버스 기사들이 파업을 할 것이다.
(B) 도로 보수 공사가 진행 중이다.
(C) 교통 상황이 항상 끔찍하다.
(D) 대부분의 직원들이 차를 소유하고 있지 않다.

87. 세부사항 – 버스 서비스가 시작되는 요일 ★

① 문제 유형 파악 회사 버스 서비스가 시작되는 요일에 대해 묻는 질문이므로 회사 버스 서비스, 즉 company bus service가 소개되는 내용에서 요일이 나오는 부분에 초점을 맞춰야 한다.

② 단서 찾기 화자가 Well, from next Monday, our firm will be providing a company bus service for employees that live more than twenty miles from our offices.라고 하며 다음 주 월요일부터 버스 서비스를 제공한다고 밝히고 있다.

③ 정답 선택 따라서 회사의 버스 서비스가 시작되는 날은 월요일이므로 (A)가 정답이다.

🔍 **함정 분석** 지문 후반부의 A list of pickup points will be finalized and presented to you on Thursday.에서 Thursday만 듣고 (C)를 고르지 않도록 한다. 질문의 키워드는 company bus service, begin이므로 이 단어들이 포함된 문장에서 답을 찾아야 한다. 목요일은 정차 위치의 목록이 공개되는 날이므로 (C)는 오답이다.

회사 버스 서비스는 언제 시작되는가?
(A) 월요일
(B) 화요일
(C) 목요일
(D) 금요일

88. 세부사항 – 버스 프로그램 등록을 위해 해야 할 일 ★★

① 문제 유형 파악 청자들이 회사 통근 버스 프로그램에 등록하기 위해 해야 하는 일을 묻는 마지막 질문이므로 발표 후반부에서 화자가 청자들에게 프로그램 등록을 위해 요청하는 내용에 집중해야 한다.

(2) 단서 찾기 화자는 발표 후반부에서 If you would like to enroll in the company bus program, you must fill out an application form.이라고 하며 회사 버스 프로그램에 등록하려면 신청서를 작성해야 한다고 전한다.

(3) 정답 선택 따라서 fill out an application form의 application을 document로 바꿔서 표현한 (C)가 정답이다.

표현 정리 ask for ~을 요청하다 timetable 시간표, 일정표

청자들은 회사 버스 프로그램에 등록하기 위해서 무엇을 해야 하는가?
(A) 버스 요금을 지불한다.
(B) 버스 카드를 구매한다.
(C) 문서 양식을 작성한다.
(D) 출력된 버스 시간표를 요청한다.

문제 89-91번은 다음 광고를 참조하시오. 호M

> **89** **Do you need to improve your qualifications but don't have time to attend a university? At Berkeley City College, you can obtain a certificate in a variety of professions in under two years.** Once you receive your certificate, our qualified staff will even assist you in finding your first job. **90** **Our fall semester starts on September 13,** and we are accepting applications now. Berkeley City College is conveniently located in central Berkeley off Highway 80. **91** **For more information, call our student services team at 510-946-6657 today.**
>
> ------------------------------------
>
> 당신의 자격을 향상시키고 싶은데, 대학에 다닐 시간이 없습니까? 버클리 시티 칼리지에서 당신은 2년 안에 다양한 직업과 관련된 수료증을 취득할 수 있습니다. 수료증을 받게 되면, 본교의 자격 있는 직원들은 당신이 첫 번째 직업을 구하는 것을 도와드릴 것입니다. 본교의 가을 학기는 9월 13일에 시작하며, 현재 지원서를 받고 있습니다. 버클리 시티 칼리지는 80번 고속도로에서 벗어나 버클리 시 중심부의 편리한 곳에 위치에 있습니다. 더 많은 정보가 필요하시면, 510-946-6657번 학생 서비스 팀으로 오늘 전화 주십시오.

표현 정리 improve 향상시키다, 개선시키다 qualification 자격, 자질, 능력 obtain 얻다, 획득하다 certificate 자격증, 수료증 a variety of 다양한 qualified 자격 있는 assist 거들다, 돕다 fall semester 가을 학기 accept 받아들이다, 수락하다 application 지원(서), 신청(서)

89. 청자의 정체 ★★

(1) 문제 유형 파악 청자들의 정체에 대해서 묻는 첫 번째 질문이므로 광고 초반부에서 화자가 청자들의 정체를 직접적으로 언급하는 부분 혹은 청자들의 정체를 유추할 수 있을 만한 관련 어휘나 표현에 집중해야 한다.

(2) 단서 찾기 화자가 광고 시작과 함께 Do you need to improve your qualifications but don't have time to attend a university? At Berkeley City College, you can obtain a certificate in a variety of professions in under two years.라고 하며 버클리 시티 칼리지에서 2년 안에 다양한 직업과 관련된 수료증을 취득할 수 있다며 학교 홍보를 하고 있다.

(3) 정답 선택 따라서 청자들은 이 학교에 입학할 수 있는 잠재적 학생들임을 유추할 수 있으므로 (C)가 정답이다.

표현 정리 faculty (대학의) 학부, 교수진 potential 잠재적인, 가능성 있는

청자들은 누구일 것 같은가?
(A) 직업소개소 직원들
(B) 교수들
(C) 잠재적 학생들
(D) 공무원들

90. 세부사항 - 9월 13일에 일어날 일 ★

(1) 문제 유형 파악 9월 13일에 일어나는 일어나는 일이므로 화자가 9월 13일이란 시점을 언급하는 부분을 중심으로 단서를 파악해야 한다.

(2) 단서 찾기 화자가 Our fall semester starts on September 13이라고 하며 9월 13일에 가을 학기가 시작된다는 사실을 전한다.

(3) 정답 선택 따라서 Our fall semester starts를 The fall term will start.로 약간 바꿔 표현한 (C)가 정답이다.

🔍 **함정 분석** 지문 중반 Our fall semester starts on September 13에서 Our fall semester만 듣고 (D)로 혼동하지 않도록 한다. we are accepting applications now에서 현재 가을 학기 모집 중임을 알 수 있지만 지원 마감일은 알 수 없으므로 (D)는 오답이다. 선택지에는 패러프레이즈 된 표현이 나올 수 있음을 꼭 기억하자.

표현 정리 entrance ceremony 입학식 enrollment 등록 term 학기 due 마감인, 만기가 된

광고에 따르면, 9월 13일에는 무슨 일이 일어나겠는가?
(A) 입학식이 열릴 것이다.
(B) 공개 등록 기간이 끝날 것이다.
(C) 가을 학기가 시작될 것이다.
(D) 가을 학기 지원이 마감될 것이다.

91. 세부사항 - 더 많은 정보를 얻기 위해 해야 할 일 ★★

(1) 문제 유형 파악 더 많은 정보를 얻기 위해서 청자들이 해야 할 일에 대해 묻는 마지막 질문이므로 광고 후반부에서 화자가 추가적인 정보를 얻으려는 청자들에게 제시하는 방법에 집중해야 한다.

(2) 단서 찾기 화자가 광고 말미에서 For more information, call our student services team at 510-946-6657 today.라고 하며 더 많은 정보를 얻으려면 학생 서비스 팀으로 전화하라고 권고한다.

(3) 정답 선택 따라서 call our student services team을 Phone an information helpline으로 바꿔 표현한 (D)가 정답이다.

표현 정리 job fair 취업 박람회 helpline 상담[안내] 전화 서비스

더 많은 정보를 얻기 위해서 청자들은 무엇을 해야 하는가?
(A) 웹사이트를 방문한다.
(B) 취업 박람회에 간다.
(C) 대학 안내책자를 요청한다.
(D) 정보 안내서비스에 전화를 건다.

문제 92-94번은 녹음 메시지와 주문서를 참조하시오. 미M

> Hi there. I'm calling for James McKrew, the manager at Sims Therapeutics. **92** **I'm following up on the weekly order you just sent us because I was surprised**

by the number of coffee cups you requested. You usually don't want so many. I'm happy to correct the number to match your usual order if necessary. Call me back if that's not okay. **⁹³By the way, I'll be away on vacation next week. ⁹⁴If anything comes up, you can call Ms. Kensington. She'll be covering my accounts while I'm gone.**

안녕하세요. 저는 심스 세러퓨틱스 관리자 제임스 맥크루에게 연락을 드립니다. 저는 고객님께서 요청하신 커피잔의 수량에 놀라서 방금 보내주신 주간 주문량을 확인하고자 합니다. 고객님께서는 대개 그렇게 많은 양을 원하시지 않잖아요. 필요하다면 저는 기꺼이 고객님의 통상적인 주문량으로 조정해드릴 수 있습니다. 만약 주문량이 올바르지 않다면 다시 연락주세요. 그런데, 제가 다음 주에 휴가를 떠납니다. 만약 무슨 일이 있으면 켄싱턴 씨에게 연락주세요. 제가 자리를 비우는 동안 그녀가 제 업무를 대신 처리할 겁니다.

표현 정리 **follow up on** ~에 대한 후속 조치를 취하다 **be surprised by** ~에 놀라다 **request** 요청하다 **match** 부합하다, 잘 맞다 **by the way** 그런데 **be away on vacation** 휴가를 가다 **come up** (일이) 발생하다, 생기다 **account** 거래관계, 거래처, 고객

Order Form			
Item	**Quantity**	**Item**	**Quantity**
T-shirts	100	⁹²Coffee cups	500
Postcards	150	Candy bars	700

주문서			
물품	**수량**	**물품**	**수량**
티셔츠	100개	커피잔	500개
엽서	150개	캔디 바	700개

新 **92. 시각 정보 연계 – 주문서 ★★★**

❶ 문제 유형 파악 주문서에 제시된 주문량 중 어떤 주문량의 수치가 변경될 것인지 묻는 시각 정보 연계 문제이다. 이를 통해 메시지에는 특정 물품에 대한 구체적인 수치가 단서로 제시되는 것이 아니라 이와 대응하는 정보, 즉, 구체적인 제품의 이름이 단서로 등장하게 된다는 것을 짐작해야 한다.

❷ 단서 찾기 화자는 메시지 초반부에서 I'm following up on the weekly order you just sent us because I was surprised by the number of coffee cups you requested.라고 하며 고객이 요청한 커피 잔의 수에 놀랐기 때문에 연락한다고 전한 후, You usually don't want so many.라고 하며 보통은 이렇게 많은 양을 주문하지 않는다는 점을 밝히고 있다.

❸ 정답 선택 따라서 과다 주문된 물품은 커피잔이고, 주문서를 보면 커피잔의 수량은 500이므로 (C)가 정답이다.

도표를 참조하시오. 주문서의 어떤 주문량이 변경될 것 같은가?
(A) 100
(B) 150
(C) 500
(D) 700

93. 세부사항 – 다음 주에 할 일 ★

❶ 문제 유형 파악 화자가 다음 주에 할 일을 묻는 세부사항 문제이므로 메시지에서 다음 주, 즉 next week 또는 다음 주의 구체적인 특정 시점이 등장하는 부분을 중심으로 화자가 할 일을 파악하는 것이 바람직하다.

❷ 단서 찾기 화자는 메시지 후반부에서 By the way, I'll be away on vacation next week.라고 하며 다음 주에 휴가를 간다는 사실을 전달하고 있다.

❸ 정답 선택 따라서 휴가를 간다는 표현인 (B)가 정답이다. 참고로 But, However, By the way, Nevertheless와 같이 내용이 전환되는 부분에 정답과 관련된 단서가 많이 등장하는 경향이 있음을 알아두자.

표현 정리 **go on vacation** 휴가 가다 **import** 수입하다 **product demonstration** 제품 시연회

화자는 다음 주에 무엇을 할 것인가?
(A) 새로운 일을 시작할 것이다.
(B) 휴가를 갈 것이다.
(C) 새로운 종류의 커피를 수입할 것이다.
(D) 제품 시연회를 열 것이다.

94. 세부사항 – 켄싱턴 씨가 할 일 ★★

❶ 문제 유형 파악 켄싱턴 씨가 하게 될 일을 묻는 세부사항 문제이므로 음성 메시지에서 켄싱턴이란 인명이 등장하는 부분을 전후하여 단서를 파악하는 것이 바람직하다.

❷ 단서 찾기 화자는 메시지 종료 직전 If anything comes up, you can call Ms. Kensington. She'll be covering my accounts while I'm gone.이라고 하며 무슨 일이 생기면 자신의 업무를 대신해줄 켄싱턴 씨에게 연락하라고 말한다.

❸ 정답 선택 따라서 켄싱턴 씨가 화자의 업무를 처리해 준다는 의미의 (D)가 정답이다.

🔍 함정 분석 마지막 문장 She'll be covering my accounts while I'm gone.에서 (C)로 헷갈릴 수 있다. 주문이 맞지 않으면 다시 연락을 달라고 하였고, 그러나 다음 주에는 휴가이므로 Kensington 씨에게 연락을 주라고 말하였다. Kensington 씨가 커피 잔을 보내는 지는 알 수 없으므로 (C)는 오답이다. She'll be covering my accounts가 She will take care of the man's work로 바꾸어 표현한 (D)가 정답이다.

화자는 켄싱턴 씨가 무엇을 할 것이라고 말하는가?
(A) 전액 환불을 요청할 것이다.
(B) 신입 직원들을 교육할 것이다.
(C) 새로운 커피잔을 보낼 것이다.
(D) 남자의 일을 대신 처리할 것이다.

문제 95-97번은 다음 공지와 그래프를 참조하시오. 영W

Good morning. It's great to see you all. **⁹⁵I personally want to thank you ladies and gentlemen for participating in the survey for assembly line workers.** Everyone in the room responded in a timely fashion, and that is a testament to your dedication to our company. You are what makes our company one of the best in the business. At Turbo Machine

Works, we're committed to employee satisfaction. We received a lot of suggestions on how to improve our factory's cafeteria, so let's take a look at those results now. Um… we'd all like a larger luncheon area, but we just can't afford an expansion right now. **⁹⁶ We can, however, address the second-most-popular suggestion. So we'll start working on that immediately.** And ⁹⁷ **as a token of our thanks, everyone who filled out a survey will receive a voucher for a free lunch.**

안녕하십니까? 이렇게 여러분 모두를 만나 뵙게 되어 반갑습니다. 개인적으로 생산조립 라인에서 근무하는 직원들을 위한 설문조사에 참여해주신 신사 숙녀 여러분께 감사를 드리고 싶습니다. 방에 있는 모든 분들이 시의적절하게 답변해 주셨는데, 이는 우리 회사에 대한 헌신의 증거라 생각합니다. 여러분이 바로 우리 회사를 업계 최고의 회사로 만들고 있습니다. 터보 머신 웍스는 직원 만족을 위해 최선을 다하고 있습니다. 우리는 공장 구내식당의 개선 방안에 관한 제안을 많이 받았는데, 이제 그 결과를 보도록 하겠습니다. 음… 우리 모두가 점심 식사를 위한 보다 넓은 공간을 원할 겁니다. 그러나 지금은 이를 확장할 여력이 없습니다. 하지만 두 번째로 인기가 많은 제안을 시행할 수 있습니다. 그래서 우리는 그 작업을 즉시 착수할 것입니다. 그리고 감사의 표시로, 설문조사를 작성한 모든 분들에게 무료 점심 식사 교환권을 드리겠습니다.

표현 정리 **personally** 개인적으로 **participate in** ~에 참여하다 **survey** 설문조사 **respond** 답변하다 **in a timely fashion** 시의적절하게 **testament** 증거 **dedication** 헌신 **be committed to** ~에 전념하다 **satisfaction** 만족 **suggestion** 제안 **afford** ~을 할 여력이 되다 **expansion** 확장, 확대 **address** ~을 다루다, ~을 취급하다 **immediately** 즉시 **as a token of our thanks** 감사의 표시로 **fill out** 기입하다, 작성하다 **voucher** 교환권, 쿠폰

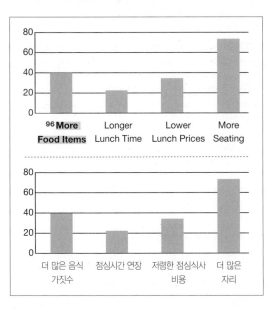

95. 공지 장소 ★

❶ 문제 유형 파악 공지가 이루어지는 장소에 대해 묻고 있다. 공지 장소는 지문 초반부에 직접 언급되기도 하지만 대부분은 공지 장소를 추측할 수 있을 만한 관련 어휘를 파악한 후 이를 통해 공지 장소를 유추해야 한다.

❷ 단서 찾기 화자는 공지 초반부에서 I personally want to thank you ladies and gentlemen for participating in the survey for assembly line workers.라고 하며 생산조립 라인에서 근무하는 직원들을 위한 설문조사에 참여해준 데 대해 감사한다는 인사의 말을 전달하고 있다.

❸ 정답 선택 따라서 생산조립 라인, 즉, assembly line은 제조공장에서 접할 수 있는 시설이므로 (C)가 정답이다.

공지는 어디에서 이루어지는가?
(A) 구내식당
(B) 백화점
(C) 제조 공장
(D) 요리 학교

新 **96. 시각 정보 연계 – 그래프 ★★★**

❶ 문제 유형 파악 그래프를 통해 회사가 어떠한 제안을 선택할 것인지 묻는 시각 정보 연계 문제이다. 그러나 공지에서는 구체적으로 어떠한 제안을 선택할 것인지 그 내용이 직접 언급될 리 만무하다. 공지에서는 구체적인 제안과 대응하는 정보, 즉 사람들이 몇 번째로 선호하는 제안이고 얼마나 많은 사람들이 선호하는 제안인지에 관한 정보가 문제 풀이의 단서로 제시될 수 있음을 사전에 짐작할 수 있다.

❷ 단서 찾기 화자는 공지 후반부에서 We can, however, address the second-most-popular suggestion. So we'll start working on that immediately.라고 하며 두 번째로 가장 많이 선호하는 제안을 즉시 시행할 수 있다는 내용을 언급하고 있다.

❸ 정답 선택 그래프를 보면 직원들이 두 번째로 가장 많이 선호하는 제안은 바로 더 많은 음식 가짓수임을 알 수 있으므로 (A)가 정답이다.

🔍 함정 분석 지문 후반부의 we'd all like a larger luncheon area에서 a larger luncheon area를 바꾸어 표현한 (D) More seating을 고르지 않도록 한다. 이어진 문장에서 구내식당을 확장할 수 없다고 말하여 두 번째 제안을 시행하겠다고 하므로 (D)는 오답이다. 시각 정보 연계 문제에서 두 번째로 뽑힌 선택사항이 정답으로 나오기도 하므로 주의를 기울여야 한다.

도표를 참조하시오. 회사는 어떠한 제안을 택할 것인가?
(A) 더 많은 음식 가짓수
(B) 점심시간 연장
(C) 더 저렴한 점심 식사 가격
(D) 더 많은 자리

97. 세부사항 – 설문지 작성자들이 받는 것 ★★

❶ 문제 유형 파악 설문지를 작성한 답변자들이 받게 되는 것이 무엇인지 묻는 세 번째 문제이다. 그러므로 공지 후반부에서 구체적인 선물의 이름이 언급되는 부분을 집중해 들어야 한다.

❷ 단서 찾기 화자는 공지 말미에서 as a token of our thanks, everyone who filled out a survey will receive a voucher for a free lunch.라고 하며 고마움의 표시로 설문지를 작성한 사람들은 무료 점심 식사 교환권을 받게 된다고 전한다.

❸ 정답 선택 따라서 free lunch를 complimentary lunch로 바꿔 표현한

(C)가 정답이다.

표현 정리 questionnaire 설문지 complimentary 무료의

설문지를 작성한 응답자는 무엇을 받게 되는가?
(A) 할인 쿠폰
(B) 무료 티셔츠
(C) 무료 점심식사
(D) 상품권

문제 98-100번은 다음 녹음 메시지와 일정표를 참조하시오. 호M

Hi. I'm calling for Mr. Wilson in Conference Room Scheduling. This is Lincoln Scotfield. I would like to change my room reservation. **98 I had the Presidential Library reserved for 10:00 this morning for a meeting with some clients.** However, I realized that's not going to work because I'm serving refreshments to the client. **99 I noticed that my colleague Ms. Lawrence has a meeting at the same time, so maybe she can switch rooms with me.** Could you check with her please and confirm that I can use the room that she signed up for? I'm showing a video to the clients, so **100 I need to tell the audio-visual group where to set up the equipment.**

안녕하세요? 회의실 일정 담당 부서에서 근무하는 윌슨 씨에게 연락을 드립니다. 저는 링컨 스콧필드라고 합니다. 저는 회의실 예약을 변경하고 싶습니다. 저는 오늘 오전 10시 고객들과의 만남을 위해 프레지덴셜 라이브러리를 예약했습니다. 그러나 고객에게 다과류를 접대해야 하는 관계로 이 회의실이 부적절하다는 점을 깨달았습니다. 저는 제 동료 로렌스 씨가 같은 시간에 회의가 있다는 사실을 알았는데, 어쩌면 그녀가 저와 회의실을 바꿀 수도 있을 것 같습니다. 그녀에게 알아보시고 그녀가 예약한 회의실을 제가 사용할 수 있는지 확인해 주시겠습니까? 저는 고객들에게 영상을 보여줘야 하는데, 그러려면 시청각 장비 담당 부서에게 장비를 설치할 장소를 알려주어야 합니다.

표현 정리 reservation 예약 reserved 예약된 refreshments 다과류 notice 발견하다, 파악하다 switch 바꾸다 check with ~에게 확인하다, ~에게 알아보다 sign up for ~에 등록하다, ~을 예약하다 audio-visual group 시청각 장비 담당 부서 set up 설치하다 equipment 장비

Time 10:00-12:00	Reserved By
Presidential Library	Mr. Scotfield
99 Diamond Room	Ms. Lawrence
Conference Room A	Ms. Bakinsale
Conference Room B	Open

시간대 10:00-12:00	예약자
프레지덴셜 라이브러리	스콧필드 씨
다이아몬드 룸	로렌스 씨
컨퍼런스 룸 A	베킨세일 씨
컨퍼런스 룸 B	예약 없음

98. 세부사항 – 방을 예약한 이유 ★★

❶ 문제 유형 파악 화자가 방을 예약한 이유를 묻는 세부사항 문제이자 첫 번째 질문이므로 메시지 초반부에서 화자가 예약에 관한 내용을 언급하는 부분에 집중해야 한다.

❷ 단서 찾기 화자는 메시지 초반부에서 I had the Presidential Library reserved for 10:00 this morning for a meeting with some clients. 라고 하며 고객들과 만나기 위해 오전 10시에 프레지덴셜 라이브러리 회의실을 예약했음을 밝히고 있다.

❸ 정답 선택 방을 예약한 이유는 고객들과 만나기 위해서이므로 (A)가 정답이다.

표현 정리 rehearse 리허설을 하다. 예행연습을 하다

화자가 방을 예약한 이유는 무엇인가?
(A) 고객들과 만나기 위해서
(B) 강연을 하기 위해서
(C) 세미나를 개최하기 위해서
(D) 발표의 예행 연습을 하기 위해서

新 **99. 시각 정보 연계 – 일정표** ★★★

❶ 문제 유형 파악 화자가 어떠한 방을 사용하기 원하는지 묻는 시각 정보 연계 문제이다. 그렇다면 메시지에서 화자가 어떠한 방을 사용하기 원하는지 직접적으로 언급하지 않을 것이기 때문에 문제 풀이를 위해서는 이와 대응하는 정보, 즉 방 이용 시간대에 관한 단서를 놓치지 않도록 사전에 대비하고 있어야 한다.

❷ 단서 찾기 화자는 메시지 중반부에서 I noticed that my colleague Ms. Lawrence has a meeting at the same time, so maybe she can switch rooms with me.라고 하며 자신과 같은 시간대에 로렌스 씨가 예약해 놓은 방을 사용하고 싶다는 의사를 밝히고 있다.

❸ 정답 선택 일정표에서 로렌스 씨가 예약해 놓은 방은 다이아몬드 룸이므로 (B)가 정답이다.

도표를 참조하시오. 화자는 어떠한 방을 사용하길 원하는가?
(A) 프레지덴셜 라이브러리
(B) 다이아몬드 룸
(C) 컨퍼런스 룸 A
(D) 컨퍼런스 룸 B

100. 세부사항 – 화자가 원하는 것 ★★

❶ 문제 유형 파악 화자가 원하는 것을 묻는 세부사항 문제이자 마지막 세 번째 문제이다. 그러므로 메시지 후반부, 즉 메시지 종료 전 2-3 문장에 해당하는 부분에서 '동사+목적어' 부분의 내용을 잘 들어야 한다.

❷ 단서 찾기 화자는 메시지 말미에서 I need to tell the audio-visual group where to set up the equipment.라고 하며 화자가 시청각 장비 담당 부서에게 회의실 어느 곳에 장비를 설치해야 하는지 알려줘야 한다는 내

용을 알리고 있다.

③ 정답 선택 따라서 영상 장비를 설치한다는 의미의 (D)가 정답이다.

함정 분석 지문 초반부의 I would like to change my room reservation.을 듣고 (C)로 혼동하지 않도록 한다. 화자는 예약했던 회의실을 Lawrence 씨가 쓰려는 회의실로 변경하려는 것이지, 예약 시간을 조정하려는 것은 아니므로 (C)는 오답이다.

화자는 무엇을 하고 싶다고 말하는가?
(A) 무료 음료를 받는다.
(B) 유인물을 출력한다.
(C) 예약 일정을 재조정한다.
(D) 영상 장비를 설치한다.

PART 5

101. 어형 – 명사의 자리 ★★

❶ 보기 구성 파악 fresh가 공통으로 들어가며 품사만 다른 어형 문제이다.

(A) fresh 형용사 (B) freshly 부사
(C) freshness 명사 (D) fresher 비교급

❷ 빈칸 자리 확인 빈칸은 정관사(the) 뒤에 들어가는 명사 자리이다.

❸ 정답 선택 보기 중 명사는 (C)이다.

함정 분석 (D) fresher에서의 –er은 사람을 나타내는 접미사가 아니라 비교급에 붙는 –er이라는 점에 유의한다.

표현 정리 emphasize 강조하다 freshness 신선함

해석 그 요리 잡지는 과일 샐러드를 만들 때 과일의 '신선도(freshness)'를 강조했다.

102. 어휘 – 동사 ★★

❶ 보기 구성 파악 동사 어휘 문제이다.

❷ 빈칸 자리 확인 a reason을 목적어로 취하는 타동사가 빈칸에 적합하다. (A)는 전치사를 동반해야 목적어가 나올 수 있고, (C)는 목적어로 돈이 나와야 하며, (D)는 해석상 적합하지 않다.

❸ 정답 선택 '이유를 제시하다(give a reason)'라는 표현이 적절하므로 (B)가 정답이다.

표현 정리 return the product 제품을 반품하다 give a reason 이유를 제시하다 remit (돈을) 보내다 affect 영향을 미치다(= influence)

해석 이 제품을 반품하고 싶다면 반품하는 이유를 '제시할(give)' 필요가 있습니다.

103. 문법 – 시제와 수동태 ★★

❶ 보기 구성 파악 extend가 공통으로 들어가며 태와 시제가 다른 문법 문제이다.

(A) has been extended 현재완료 수동

(B) has extended 현재완료 능동
(C) are extended 현재 수동
(D) extending 동명사, 현재분사

❷ 빈칸 자리 확인 일단 빈칸은 완전한 동사가 들어가야 하므로 (D)는 제외한다. 주어(due date)가 단수이므로 (C)도 답이 될 수 없다. 빈칸 뒤에 목적어가 보이지 않으므로 수동형이 적합하다.

❸ 정답 선택 타동사 extend의 수동형인 (A)가 정답이다.

표현 정리 due date for accepting applications 지원서 접수 기한 head designer position 수석 디자이너 직책 extend (기한·길이·수명 등을) 늘이다, 연장하다

해석 수석 디자이너 직책에 대한 지원서 접수 기한이 다음 주 금요일까지 '연장되었다(has been extended)'.

104. 어휘 – 부사 ★★

❶ 보기 구성 파악 부사 어휘 문제이다.

❷ 빈칸 자리 확인 빈칸은 이어지는 형용사 prepared를 수식하는 부사의 자리이다.

❸ 정답 선택 '적절히, 제대로'라는 의미가 해석상 적합하므로 (B)가 정답이다.

표현 정리 adequately prepared 제대로 준비된 a must 꼭 해야 하는 것 look professional 전문적으로 보이다 substance of the presentation 발표의 내용 extraordinary 특별한 adamantly 견고하게, 강직하게 adherently 응집력 있게 admonishingly 타이르듯이, 훈계하듯이

해석 '제대로(adequately)' 준비된 발표는 전문적으로 보이기 위한 필수조건이지만, 발표의 내용은 그것을 특별하게 해주는 것이다.

105. 문법 – 이유 부사절 접속사 ★★

❶ 보기 구성 파악 접속사, 부사, 전치사로 구성된 혼합형 문제이다.

(A) moreover 접속부사 (B) as 접속사, 전치사
(C) because of 전치사 (D) despite 전치사

❷ 빈칸 자리 확인 빈칸은 앞뒤로 두 개의 절이 보이므로 접속사 자리이다. (A)는 부사, (C)와 (D)는 전치사이다.

❸ 정답 선택 보기 중 유일한 접속사인 (B)가 정답이다.

함정 분석 (C)의 because of는 뒤에 명사형을 취하는 전치사구라는 점에 유의한다. 접속사로 쓰려면 of를 빼고 because만 써야 한다.

표현 정리 hurry 서두르다 last longer 더 오래 지속되다 moreover 게다가 despite ~에도 불구하고

해석 콘서트는 훌륭했지만, 생각보다 오래 지속되었기 '때문에(as)' 우리는 기차역으로 서둘러 가야만 했다.

106. 어휘 – 동사 ★★

❶ 보기 구성 파악 동사 어휘 문제이다.

❷ 빈칸 자리 확인 빈칸 이하가 목적어 the client와 부사절 when the goods are ready for shipment at the agreed location.으로 구성되어 있다. (B)와 (D)는 '~에게'라고 할 때 전치사 to가 필요하고, (C)는 '전송하다'라는 의미이므로 해석상 어색하다.

③ 정답 선택 '~에게 알리다'라는 의미인 (A)가 정답이다.

표현 정리 notify ~에게 알리다 be ready for shipment 배송 준비가 되다 at the agreed location 합의된 장소에서 announce 발표하다 forward 전송하다(= send) speak 말하다

해석 탐페뇰 사(社)는 합의된 장소에서 물건의 배송이 준비되면 고객님께 '알려드릴(notify)' 것입니다.

---

107. 어형 – 복합명사 ★

① 보기 구성 파악 confirm이 공통으로 들어가며 형태가 다양한 어형 문제이다.

(A) confirm 동사원형
(B) confirmed 과거, 과거분사
(C) confirming 현재분사, 동명사
(D) confirmation 명사

② 빈칸 자리 확인 'a ------- number'에서 number와 함께 쓰일 수 있는 복합명사 자리이다.

③ 정답 선택 '확인 번호(confirmation number)'라는 복합명사가 적절하므로 정답은 (D)이다.

🔍 **함정 분석** 'a ------- number'의 형태만 봐서는 '관사 + 형용사(과거분사) + 명사'의 구조로 오인하여 자칫 (B) confirmed를 정답으로 선택할 수 있다. 하지만 '확인 번호'라는 뜻의 'confimation number'를 알고 있었다면 쉽게 정답을 판단할 수 있는 유형이다.

표현 정리 require 필요로 하다, 요구하다 confirmation number 확인 번호

해석 온라인으로 티켓을 주문하셨다면, 티켓 부스에서 '확인 번호(confirmation number)'를 요구할 것입니다.

---

108. 문법 – 관계대명사의 계속적 용법 ★★

① 보기 구성 파악 관계사로 구성되어 있다.

(A) that 관계대명사
(B) which 관계대명사
(C) whom 목적격 관계대명사
(D) when 관계부사

② 빈칸 자리 확인 빈칸은 앞뒤 두 개의 절을 연결하는 접속사의 기능과 주어의 역할을 동시에 하는 주격 관계대명사의 자리로 (A), (B)를 우선 고려할 수 있다. 하지만 that은 앞에 콤마(,)가 올 수 없다.

③ 정답 선택 콤마(,)와 함께 쓸 수 있는 주격 관계대명사는 (B)이다.

표현 정리 asset 자산, 이점, 장점

해석 캐빈 씨는 한국어를 매우 잘하는데, '그것은(which)' 그의 새로운 직책을 위한 자산이 될 것이다.

---

109. 어휘 – 명사 ★

① 보기 구성 파악 명사 어휘 문제이다.

② 빈칸 자리 확인 주어가 intern이므로 인턴이 업무(her work)에 대해 가질 수 있는 것을 생각해본다.

③ 정답 선택 문맥상 '그녀의 업무에 관한(regarding her work) 질문'이라는 의미를 이루는 (B)가 가장 자연스럽다.

표현 정리 questions regarding ~에 관한 질문들 ask her boss 사장에게 질문하다 advance 발전, 진전 expression 표현 intuition 직감

해석 그 인턴은 자신의 업무에 관해 많은 '질문들(questions)'을 갖고 있었지만, 사장에게 물을 수 있을 때까지 기다리기로 했다.

---

110. 문법 – 분사구문 ★★

① 보기 구성 파악 turn 동사의 다양한 형태로 구성되어 있다.

② 빈칸 자리 확인 turn on은 「자동사 + 전치사」 구조인데, 이것이 접속사 겸 전치사 before 뒤에 주어가 생략된 채 들어가면 (수동이 될 수 없는 자동사의 성질에 따라) 능동의 -ing 형태를 이루게 된다.

③ 정답 선택 보기 중 동명사 또는 현재분사의 형태인 (C)가 정답이다.

표현 정리 researcher 연구원, 과학자 be asked to do ~하도록 요청을 받다 turn on the machine 기계를 켜다 in case of ~에 대비하여, ~인 경우에 contamination 오염

해석 연구진은 오염에 대비하여 기계를 '켜기(turning on)' 전에 손을 씻도록 요청을 받는다.

---

111. 문법 – 문맥에 맞는 대명사 ★★

① 보기 구성 파악 다양한 대명사로 구성되어 있다.

② 빈칸 자리 확인 빈칸은 전치사 of의 목적어이자 who가 이끄는 관계사절의 수식을 받을 수 있어야 한다. it, them, this, these, they 등은 대명사이지만 뒤에 전치사구, 분사구, 관계사절과 같은 수식어구가 올 수 없지만 that, those는 그러한 수식어구가 올 수 있다.

③ 정답 선택 'those who + 복수동사(~하는 사람들)'의 형태를 이루는 (B)가 정답이다.

🔍 **함정 분석** 흔히 전치사 다음에는 대명사의 목적격이 온다는 사실을 떠올려 (A) them을 정답으로 선택할 수 있다. 물론 전치사 of 다음에 them이 올 수 있지만, them은 관계사절의 수식을 받을 수 없다는 사실을 꼭 기억하도록 한다.

표현 정리 community council 지역위원회 those who applied 지원한 사람들 secretary 비서(직), 총무, 서기 unfit for ~에 적합하지 않은

해석 지역위원회는 위원회 총무가 되고자 지원한 '사람들(those)' 모두가 그 직책에 적합하지 않다고 결정했다.

---

112. 어휘 – 형용사 ★★

① 보기 구성 파악 형용사 어휘 문제이다.

② 빈칸 자리 확인 빈칸은 여러 사람이 만들어 내는 합의의 성격을 나타내는 형용사가 적합하다.

③ 정답 선택 '만장일치의'라는 의미의 (C)가 해석상 적합하다.

표현 정리 debate and persuasion 토론과 설득 committee 위원회 unanimous agreement 만장일치의 합의 compulsory 강제적인 selective (고를 때) 까다로운, 조심해서 고르는

해석 한 시간에 걸친 토론과 설득 끝에, 위원회는 '만장일치의(unanimous)' 합의에 이르렀다.

---

113. 어휘 – 형용사 ★★

① 보기 구성 파악 형용사 어휘 문제이다.

❷ 빈칸 자리 확인 빈칸은 event의 성격을 나타내는 형용사의 자리이고, 본동사는 미래 시제인 will be decorated이다.

❸ 정답 선택 event를 수식하면서 미래 시제와 함께 쓸 수 있는 형용사는 (D)이다.

표현 정리 upcoming event 다가오는 행사 be decorated with ~으로 장식되다 earlier 과거의, 이전의 promising 유망한 preferred 선호되는

해석 '다가오는(upcoming)' 행사에서 시청은 시민들이 구경할 수 있는 조명과 꽃으로 장식될 것이다.

---

114. 어형 – 부사의 자리 ★

❶ 보기 구성 파악 person이 공통으로 들어가며 품사만 다른 어형 문제이다.

(A) personal 형용사   (B) personable 형용사
(C) personally 부사   (D) person 명사

❷ 빈칸 자리 확인 빈칸은 수동태를 형성하는 be동사 are와 과거분사 designed 사이에 있으므로 위치가 자유롭고 생략이 가능한 부사 자리이다.

❸ 정답 선택 보기 중 부사는 (C)이다.

표현 정리 personally 개별적으로, 개인적으로, 직접 designed for ~을 위해 디자인된[설계된] improve the company's spirit 회사의 정신을 고취시키다 personal 개인의 personable 용모가 단정한

해석 CEO는 회사의 정신을 고취시키기 위해 각각의 직원을 위해 '개별적으로(personally)' 디자인된 카드를 보내기로 했다.

---

115. 어형 – 동사의 형태와 수 일치 ★

❶ 보기 구성 파악 defy가 공통으로 들어가며 품사와 동사의 형태가 다른 어형 문제이다.

❷ 빈칸 자리 확인 빈칸은 완전한 본동사의 자리로 (B), (D)를 우선 고려할 수 있는데, 주어가 3인칭 단수(model)이다.

❸ 정답 선택 주어를 3인칭 단수로 취하는 현재형 동사는 (B)이다.

표현 정리 defy gravity 중력에 저항하다 adapt to the wind direction 풍향에 적응하다 advanced wind tracking equipment 최신 풍향 추적 장비

해석 새로운 비행기 모델은 최신 풍향 추적 장비를 갖춰 바람의 방향에 적응함으로써 중력에 '저항한다(defies)'.

---

116. 어휘 – 명사 ★★

❶ 보기 구성 파악 명사 어휘 문제이다.

❷ 빈칸 자리 확인 빈칸 앞의 명사 customer와 결합하며, 회사가 주의를 기울일 수 있는 것이 적합하다.

❸ 정답 선택 문맥상 '의견, 피드백'의 의미인 (B)가 정답이다.

🔍 **함정 분석** infliction은 '침해, 침범'의 의미이므로 자칫 'customer inflixtion(고객 침해)'에 대해 주의를 기울일 필요가 있지 않느냐고 생각할 수 있다. 하지만 앞부분에서 '대중들에게 좋은 이미지를 얻기 위해'라는 단서가 있으므로 'customer feedback(고객 피드백)'이 더 적합하다.

표현 정리 pay attention to ~에 주의를 기울이다 customer feedback 고객 피드백 relevance 관련성 omission 누락, 생략

---

inflXction 침해

해석 대중에게 좋은 이미지를 얻기 위해 회사는 고객 '피드백(feedback)'에 주의를 기울일 필요가 있다.

---

117. 어휘 – 동사 ★★

❶ 보기 구성 파악 동사 어휘 문제이다.

❷ 빈칸 자리 확인 보기가 빈칸에 들어가면 수동형(be p.p.)을 이루는데, 동사 뒤에 주어를 넣어 능동으로 고쳐보면 보다 쉽게 풀 수 있다.

❸ 정답 선택 보기 중에 주어인 the front wall을 목적어로 취하기에 적합한 것은 '개조하다, 수리하다'라는 의미의 (D)이다.

표현 정리 renovate 개조하다, 수리하다 a variety of 다양한 finish 마감 처리 regulate 규제하다, 통제하다(= control)

해석 건물의 앞쪽 벽은 다양한 목재, 석재 그리고 금속 마감처리를 위해 다음 주에 '개조될(be renovated)' 것이다.

---

118. 문법 – 관계대명사의 계속적 용법 ★★

❶ 보기 구성 파악 관계대명사와 대명사 those로 구성되어 있다.

❷ 빈칸 자리 확인 앞뒤로 두 개의 절이 있으므로, 빈칸에는 접속사가 필요하다. 따라서 (D)는 우선 제외된다. 빈칸은 사람(Sophie and Thomas)을 선행사로 하고 전치사 of의 목적어가 되어야 한다.

❸ 정답 선택 보기 중 목적격 관계대명사는 (C)이다.

표현 정리 both of ~ 둘 다

해석 나는 소피와 토마스를 만나러 나갔는데, 둘 다 국내에 몇 개월 동안 머물고 있던 중이었다.

---

119. 문법 – 상관접속사 ★

❶ 보기 구성 파악 접속사 문제이다.

❷ 빈칸 자리 확인 둘 중 하나를 선택한다는 상관접속사 표현 'either A or B'를 묻는 문제이다.

❸ 정답 선택 정답은 either과 대구를 이루는 (B)이다.

표현 정리 either A or B A와 B 둘 중의 하나

해석 우리는 마케팅 매니저 직책이 숀 콜빈이나 브라이언 메이 둘 중 한 명에게 돌아갈 것이라는 말을 들었다.

---

120. 접속사 – 부사 혼합형 ★★

❶ 보기 구성 파악 접속부사 therefore와 접속사 even if, in case, though로 구성된 혼합형 문제이다.

❷ 빈칸 자리 확인 빈칸은 절과 절을 연결할 수 있는 접속사 자리이다. (A)는 부사로 두 개의 절을 연결할 수 없고, (B)와 (D)는 비슷한 의미로 해석상 어색하다.

❸ 정답 선택 해석상 '~인 경우에 대비하여'라는 의미를 지니고 있는 접속사 (C)가 정답이다.

🔍 **함정 분석** 보기에 같은 의미의 접속사가 동시에 나온다면 대부분 그 두 개 모두 오답이다.

표현 정리 in case ~인 경우에 대비하여 **therefore** 그러므로, 따라서 **even if** 비록 ~일지라도 **though** 비록 ~일지라도

해석 트레버스 펀즈 사(社)는 도난 사건이 있을 것에 '대비하여(in case)' 모든 귀중품을 기록할 수 있는 안전한 데이터베이스를 개발했다.

121. 어형 – 명사의 자리 ★★

❶ 보기 구성 파악 attend가 공통으로 들어가며 품사만 다른 어형 문제이다.

(A) attended 과거, 과거분사 　　(B) attendant 명사
(C) attend 동사 　　　　　　　　(D) attendance 명사

❷ 빈칸 자리 확인 빈칸은 형용사 best의 수식을 받는 명사의 자리로 (B), (D)를 고려할 수 있는데, (B)는 '수행원, 도우미'의 의미로 해석상 적합하지 않다.

❸ 정답 선택 해석상 '참석, 출석률'이라는 의미의 (D)가 정답이다.

표현 정리 give out medals 메달을 수여하다 **have the best attendance** 최고의 출석률을 가지다 **encourage + 목 + to do** ~가 …하도록 장려하다 **skip school** 학교를 빼먹다 **attendant** 수행원, 도우미, 참석자

해석 스프링필드 고등학교는 학생들이 학교를 빼먹지 않도록 장려하기 위해 최고의 '출석률(attendance)'을 가진 학생들에게 메달을 수여한다.

122. 문법 – 문맥에 맞는 전치사 ★★

❶ 보기 구성 파악 다양한 전치사로 구성되어 있다.

❷ 빈칸 자리 확인 빈칸 앞의 동사인 be known 뒤에는 전치사 as, for 등이 주로 온다. 빈칸 뒤에 Ferguson's가 있으므로 '이유'를 나타내는 for는 적합하지 않다.

❸ 정답 선택 여기서는 퍼거슨과 학생들이 서로 비교되고 있으므로 '자격'을 나타내는 (B)가 적합하다.

표현 정리 recent findings 최근의 연구[조사] 결과 **be known as** ~로서 알려지다 **actually** 실제로는

해석 최근의 조사 결과에 따르면, 퍼거슨의 것'으로서(as)' 알려져 있는 글이 실제로는 그의 학생들의 것이다.

123. 문법 – 시간 부사절 접속사 ★★

❶ 보기 구성 파악 접속사, 부사, 전치사로 구성된 혼합형 문제이다.

❷ 빈칸 자리 확인 빈칸은 앞뒤 두 개의 절을 연결하는 접속사의 자리로 전치사인 (A)와 부사인 (D)는 제외한다.

❸ 정답 선택 남은 접속사 (B), (C) 중에 해석상 적합한 (B)가 정답이다.

🔍 **함정 분석** (A)의 by도 '~할 때까지'의 뜻을 지니고 있다. 하지만 그 뒤에는 항상 절이 아닌 '구'가 온다는 사실을 잊지 말아야 한다.

표현 정리 firm prices and terms 확실한 가격이나 조건 **be finally approved** 최종적으로 승인되다 **moreover** 게다가, 더욱이

해석 그들은 프로젝트가 최종적으로 승인될 때'까지(until)' 확실한 가격이나 조건을 제시하지 않을 것이다.

124. 어형 – 형용사의 자리 ★

❶ 보기 구성 파악 prompt가 공통으로 들어가며 품사만 다른 어형 문제이다.

(A) prompt 형용사 　　　　　(B) prompted 과거, 과거분사
(C) promptly 부사 　　　　　(D) promptness 명사

❷ 빈칸 자리 확인 빈칸은 관사(a)와 명사(solution) 사이에 있으므로 명사를 수식하는 형용사 자리이다. (B)는 과거분사로 수동(be p.p.)이나 완료(have p.p.)의 역할을 한다.

❸ 정답 선택 보기 중 형용사는 (A)이다.

표현 정리 don't hesitate to do 주저 말고 ~하라 **prompt solution** 신속한 해결책 **promptly** 신속하게(= quickly), 정확하게(= precisely)

해석 무슨 사고가 생기면 '신속한(prompt)' 해결책을 찾기 위해 주저 말고 매니저에게 연락하시기 바랍니다.

125. 어휘 – 전치사 ★

❶ 보기 구성 파악 다양한 전치사로 구성되어 있다.

❷ 빈칸 자리 확인 빈칸에는 직원들(employees)을 '대상'으로 하는 전치사가 필요하다.

❸ 정답 선택 전치사 for는 '목적, 용도, 대상, 이유' 등의 용법으로 쓰이므로 (B)가 정답이다.

표현 정리 board members 경영진, 이사진 **crucial** 매우 중요한 **make connections** 인맥을 만들다

해석 이사진이 전부 참석할 것이기 때문에, 올해의 파티는 인맥을 만들고자 하는 '직원들'에게는(for) 매우 중요할 것이다.

126. 어형 – 부사의 자리 ★

❶ 보기 구성 파악 sufficient가 공통으로 들어가는 어형 문제이다.

(A) sufficient 형용사 　　　　(B) sufficiently 부사
(C) more sufficient 비교급 　　(D) most sufficient 최상급

❷ 빈칸 자리 확인 빈칸은 동사(finish)를 수식하는 부사 자리이다.

❸ 정답 선택 보기 중 부사는 (B)이다.

표현 정리 attendee 참석자 **sufficiently** 만족스럽게, 충분하게 **assign** 배정하다, 할당하다 **in the given time** 주어진 시간에 **guide A to B** A를 B에게 안내하다

해석 참석자들이 정해진 시간에 주어진 과제를 '만족스럽게(sufficiently)' 끝내면 그들을 커틀러 씨에게 안내해 주세요.

127. 어휘 – 부사 ★★

❶ 보기 구성 파악 부사 어휘 문제이다.

❷ 빈칸 자리 확인 빈칸은 앞의 동사 dropped를 수식하는 부사의 자리이다.

❸ 정답 선택 '대폭, 급격하게'라는 의미의 (D)가 해석상 가장 적합하다.

표현 정리 research team 조사팀 **cosmetics and perfume** 화장품과 향수 **drop drastically** 급격히 떨어지다 **professionally** 전문적으로, 직업상으로 **truly** 진정으로(= really)

해석 우리의 조사팀은 6월 이후로 화장품과 향수의 가격이 '급격히(drastically)' 떨어졌다는 사실을 발견했다.

128. 어휘 – 형용사 ★★

① 보기 구성 파악 형용사 어휘 문제이다.

② 빈칸 자리 확인 빈칸은 이어지는 사람 명사 instructors를 수식하는 형용사의 자리이다.

③ 정답 선택 해석상 '경험 많은'이라는 의미의 (B)가 정답이다.

표현 정리 experienced instructors 경험 많은 강사들 alike [보어] 유사한 evident [보어] 명백한 liable [보어] ~하기 쉬운(to do), ~에 책임이 있는 (for)

해석 솔레일 교육 시스템은 코블스킬 지역에 상당수의 '경험 많은 (experienced)' 강사들을 보유하고 있다.

129. 어휘 – 형용사 ★★

① 보기 구성 파악 형용사 어휘 문제이다.

② 빈칸 자리 확인 빈칸은 '기온'이라는 의미의 명사를 수식하는 형용사의 자리이다. (C)는 various와 동의어로 뒤에 복수명사가 와야 하므로 어색하다.

③ 정답 선택 '특정한'이라는 의미의 (D)가 해석상 적합하다.

표현 정리 refrigerated truck 냉동 트럭 be designed to do ~하도록 설계되다 perishable goods 상하기 쉬운 물건들 at a specific temperature 특정한 온도에서 distinctive 독특한, 특이한 varied 다양한

해석 냉동 트럭은 '특정한(specific)' 온도에서 상하기 쉬운 물건들을 나르도록 설계되었다.

130. 어휘 – 부사 ★★

① 보기 구성 파악 부사 어휘 문제이다.

② 빈칸 자리 확인 빈칸은 웹사이트가 특정한 이유로 다운된 상태를 표현하는 부사가 적합하다. (B)는 '즉시'라는 의미로 (1) 미래시제 (2) 미래적 내용 (3) before, after 등과 결합하여 쓰이고, (D)는 '거의 ~않다'라는 부정적 의미로 문맥상 적합하지 않다.

③ 정답 선택 '일시적으로 웹사이트가 다운되다'라는 의미를 이루는 (C)가 적합하다.

표현 정리 inform you that ~ 당신에게 ~을 알리다 be temporarily down 일시적으로 다운되다 shortly 즉시, 곧 barely 거의 ~않다(= hardly)

해석 우리 웹사이트가 서버 업데이트 때문에 '일시적으로(temporarily)' 다운된다는 점을 알리게 되어 매우 유감입니다.

문제 131-134번은 다음의 공지를 참조하시오.

참고 자료는 열람실에서만 보관되고 사용될 수 있으며 일반 계정 소지자에게는 대출이 불가능합니다. 참고 자료를 사용할 때, 회원은 대출 카드를 안내데스크에 제출해야 합니다. 학생 계정을 소지한 회원들은 참고 자료를 대출할 수 있으나 요청서를 도서관장에게 제출해야 합니다. 요청서는 안내데스크나 도서관 웹사이트에서 찾을 수 있습니다. 요청이 승인되자마자 학생 회원은 참고 자료를 이틀 동안 대출할 수 있으나, 대출 기간 이전과 이후에 상태 양식을 작성해야 합니다. 상태 양식은 도서관 직원의 사인을 받아야 합니다.

표현 정리 reference materials 참고 자료 reading room 열람실 lend 빌려주다 regular account holder 일반 계정 소지자 borrowing card 대출 카드 reference desk (도서관) 안내데스크 academic account 학생 계정 be allowed to do ~하도록 허가되다 written request 요청서 head of the library 도서관장 upon approval 승인되자마자 condition form 상태 양식

131. 어형 – 병렬 구조 ★

① 보기 구성 파악 동사 use가 형태를 달리하여 제시된 어형 문제이다.

(A) using 동명사, 현재분사   (B) usage 명사
(C) used 동사, 과거분사   (D) to use to부정사

② 빈칸 자리 확인 빈칸은 앞부분의 과거분사 stored와 and를 사이에 두고 병렬적으로 연결되는 과거분사 자리이다.

③ 정답 선택 과거분사인 (C)가 정답이다.

132. 문법 – 문맥에 맞는 전치사 ★★

① 보기 구성 파악 다양한 전치사가 제시되어 있다.

② 빈칸 자리 확인 빈칸은 전치사 자리로 빈칸 앞에 동사 submit이 있다는 점에 주목한다.

③ 정답 선택 빈칸 앞의 동사 submit은 'submit A to B'의 형식으로 쓰이므로 (A)가 정답이다.

新 133. 문맥상 적합한 문장 넣기 ★

① 보기 구성 파악

(A) 요청서는 안내데스크나 도서관 웹사이트에서 찾을 수 있습니다.
(B) 우리 도서관은 다른 도서관에 6주간 도서를 대여해주고 있습니다.
(C) 반납일이 30일에서 60일이 지난 도서를 갖고 계신 분은 연락을 받게 될 겁니다.
(D) 귀하의 계정 사용자 이름을 포함한 모든 정보를 제공해 주십시오.

② 빈칸 자리 확인 빈칸 바로 앞문장에서는 요청서 제출에 관한 내용이 나와 있고 빈칸 뒷문장에서는 요청 이후의 절차에 대해 설명하고 있다.

③ 정답 선택 문맥상 요청서를 구할 수 있는 장소에 대해 언급하고 있는 (A)가 가장 적합하다.

134. 어휘 – 명사 ★★

① 보기 구성 파악 명사 어휘 문제이다.

(A) 요구   (B) 진보
(C) 발전   (D) 승인

② 빈칸 자리 확인 뒷부분의 주절이 참고 자료를 빌릴 수 있는 기간과 양식 작성에 관한 내용이 제시되고 있으므로 빈칸이 딸린 전치사구는 '요청이 승인되자마자'라는 의미를 이루어야 한다.

③ 정답 선택 (A)는 request와 중복된 개념이라 어색하며, '승인'의 뜻을 담고 있는 (D)가 정답이다.

문제 135-138번은 다음의 편지를 참조하시오.

> 6월 27일
>
> 로렌스 씨께,
>
> 이번 달 요금에 대해 이 편지와 함께 동봉된 고지서를 보시기 바랍니다. 총 86.65달러이고, 이는 귀하가 원하셨던 새로운 데이터 요금제가 포함된 액수입니다. 앞으로 고지서의 결제 마감일은 매달 15일입니다. 데이터를 많이 쓸수록 청구액이 더 높아질 겁니다. 저희 직원과 상담을 원하시면 저희 고객서비스 센터에 전화로 예약해 주십시오.

표현 정리 **bill** 청구서 **be attached to** ~에 첨부되다 **fee** 요금 **due** 지불 기일이 된 **charge** 요금, 청구액 **agent** 담당 직원 **arrange an appointment** 일정을 잡다 **customer service center** 고객서비스 센터

135. 문법 - 주격 관계대명사 ★★

❶ 보기 구성 파악 다양한 관계사가 제시되어 있으므로 적절한 관계사를 고르는 문제이다.

❷ 빈칸 자리 확인 빈칸은 사물(bill)을 선행사로 하는 주격 관계대명사 자리이다. (A)는 사람과 사물을 동시에 선행사로 취할 수 있는 관계대명사이다. (B)는 사람을 선행사로 하는 목적격 관계대명사이다. (C)는 선행사가 시간일 때 쓰는 관계부사이며 (D)는 선행사를 포함하고 있는 관계대명사이므로 앞에 선행사가 나올 수 없다.

❸ 정답 선택 주격 관계대명사로 가능한 (A)가 정답이다.

新 136. 문맥상 적합한 문장 넣기 ★

❶ 보기 구성 파악

(A) 양식을 작성하고 그것을 신청료와 함께 제출해야 합니다.
(B) 총 요금은 86.65달러이고, 이는 귀하가 원하셨던 새로운 데이터 요금제가 포함된 액수입니다.
(C) 귀하가 생산성을 유지할 수 있도록 설계된 스마트폰 앱이 많습니다.
(D) 귀하의 결제 정보가 이번 주말에 업그레이드될 것입니다.

❷ 빈칸 자리 확인 빈칸 바로 앞문장에서 고지서를 첨부했다고 했고 뒷문장에서는 고지서의 결제 마감일을 언급했다.

❸ 정답 선택 문맥상 빈칸에는 납입할 금액을 언급한 (B)가 적합하다.

137. 어형 - 비교급 ★★

❶ 보기 구성 파악 high라는 단어가 여러 형태로 제시되어 있다.

(A) high 형용사   (B) highs 명사
(C) higher high의 비교급   (D) highest high의 최상급

❷ 빈칸 자리 확인 빈칸 앞에 'The more date you use, the ~'가 제시되어 있는 것으로 보아 'The 비교급 ~, the 비교급 ~'의 문형이 쓰였음을 알 수 있다.

❸ 정답 선택 빈칸에는 비교급인 (C)가 들어가야 한다.

138. 어휘 - 동사 ★

❶ 보기 구성 파악 문맥상 알맞은 동사를 구하는 문제이다.

(A) 만나다   (B) 모으다
(C) 방문하다   (D) 준비하다

❷ 빈칸 자리 확인 빈칸에는 appointment를 목적어로 취할 때 문맥상 어울리는 동사가 필요하다.

❸ 정답 선택 '예약을 잡다'라는 표현을 이루어야 하므로 빈칸에는 '준비하다, 마련하다'라는 뜻을 지닌 (D)가 정답이다.

문제 139-142번은 다음의 이메일을 참조하시오.

> 발신: 메리 오닐 〈neil1974@onlinebuy.com〉
> 수신: 캐서린 론 〈kloan@coldmail.com〉
> 날짜: 2월 17일
> 제목: 귀하의 주문
>
> 캐서린 씨께,
>
> 귀하의 '엑스트라 기모 슬리퍼(핑크색)'의 온라인 주문을 접수했습니다. 귀하의 제품은 제공된 주소로 발송될 것이며, 도착하는 데 이틀 정도 소요됩니다. 덧붙여 "고객님 감사합니다"라는 저희 홍보 활동의 일환으로 무료 사은품을 넣어 드렸습니다. 그것을 고맙게 받아 주셨으면 합니다. 배송 중 발생하는 손상에 대해서는 얼마든지 교환이나 환불이 가능합니다. 물건이 배송되는 즉시 공지를 받으실 것입니다. 거래해 주셔서 감사합니다.
>
> 메리 오닐
> 고객 서비스 직원, 온라인 구매부

표현 정리 **receive online orders** 온라인 주문을 접수하다 **fluffy slipper** 기모 슬리퍼 **package** 소포 **provided address** 제공된 주소 **in addition** 게다가, 덧붙여 **complimentary gift** 무료 사은품 **in case** ~인 경우에 **delivery process** 배송 과정 **an exchange or a refund** 교환 또는 환불 **notify** 알리다, 공지하다

139. 어형 - 형용사의 자리 ★

❶ 보기 구성 파악 동사 provide가 형태를 달리하여 제시된 어형 문제이다.

(A) providing 동명사, 현재분사(형용사)
(B) provide 동사
(C) provided 과거, 과거분사(형용사)
(D) provision 명사

❷ 빈칸 자리 확인 빈칸은 명사 address를 앞에서 수식하는 형용사 자리이다.

❸ 정답 선택 보기들 중 형용사 역할을 할 수 있는 건 (A)와 (C) 밖에 없다. 그런데 문맥상 '제공된 주소'라는 의미를 이루어야 하므로 과거분사인 (C)가 정답이다.

🔍 **함정 분석** 빈칸 앞에 the를 보고 명사의 자리로 인식하고 (D) provision을 고르지 않도록 유의한다.

140. 문법 - 접속부사 ★★

❶ 보기 구성 파악 다양한 접속부사가 제시되어 있다.

(A) 그러나   (B) 게다가
(C) 그 결과   (D) 그러므로

❷ 빈칸 자리 확인 빈칸은 문두에 위치하며 뒤에 콤마(,)가 나올 수 있는 접속부사 자리이다.

❸ 정답 선택 일단 (C), (D)는 결론을 이끌어낼 때 쓰는 말이므로 우선 제외한다. 빈칸 앞의 내용은 주문한 제품의 배송에 관한 것이고, 빈칸 이하의 내용은 사은품에 관한 것이다. 따라서 사은품에 관한 언급은 추가적으로 연결되는 내용으로 볼 수 있으므로 '게다가'라는 뜻의 (B)가 정답이다.

新 **141. 문맥상 적합한 문장 넣기** ★

❶ 보기 구성 파악

(A) 봄에 새로운 온라인 고객 서비스를 준비할 것입니다.
(B) 모든 고객님들께 무료 주차를 제공합니다.
(C) 그것을 고맙게 받아 주셨으면 합니다.
(D) 저희 공석에 귀하를 고려할 것입니다.

❷ 빈칸 자리 확인 바로 앞문장에서 무료 사은품을 제공했다는 내용이 나와 있다.

❸ 정답 선택 무료 사은품을 고맙게 받아 주길 바란다는 내용이 가장 자연스러우므로 (C)가 정답이다.

---

142. 문법 – 등위접속사 ★★

❶ 보기 구성 파악 다양한 등위접속사가 제시되어 있다.

❷ 빈칸 자리 확인 빈칸은 교환(exchange)과 환불(refund)을 연결하는 접속사의 자리인데, 문맥상 이 둘은 선택 관계라고 볼 수 있다.

❸ 정답 선택 선택을 나타내는 접속사는 (A)이다.

🔍 **함정 분석** '교환 또는 환불'의 문맥으로 봐야 하지만 '교환과 환불'로 판단하여 (B) and를 선택하지 않도록 유의해야 한다.

문제 143-146번은 다음의 이메일을 참조하시오.

발신: 마이크 맥앨리스터 〈mike@eyesguys.com〉
수신: 다이애나 심프슨 〈D_simpson@unitel.co.kr〉
날짜: 7월 24일
제목: 안과 검진

심슨 씨께,

다음 주 수요일인 7월 28일 오전 8시 30분에 안과 검진이 잡혀 있다는 것을 알려드립니다. 취소하시거나 시간을 변경하시고자 한다면 제게 최대한 빨리 연락을 주십시오. 그런데 저희 전화번호가 곧 변경됩니다. 7월 24일부터는 713-245-6759번으로 연락하시면 됩니다. 게다가 저희는 예약 신청서를 포함시키기 위해 최근에 웹사이트를 업데이트했습니다. 고객님은 www.eyesguys.com에서 예약 시간을 잡거나 시간을 변경하거나 취소할 수 있습니다. 항상 그렇듯이 저희는 항상 고객님을 더 잘 모시는 새로운 방안을 계속 강구하고 있습니다. 목요일에 뵙겠습니다.

마이크 맥앨리스터
사무장, 아이스 가이스

표현 정리 reminder 상기시키는 것, 생각나게 하는 것 optical checkup 안과 검진 cancel 취소하다 reschedule 일정을 변경하다 by the way (화제 전환) 그런데 as of ~부로(=from) modify 변경하다 appointment 예약 continuously 지속적으로 look forward to V-ing ~을 학수고대하다

---

143. 문법 – 명사절 접속사 ★★

❶ 보기 구성 파악 전치사와 접속사가 혼합된 품사 파악 문제이다.

(A) 전치사
(B) 의문 대명사, 관계사
(C) 접속사, 관계사
(D) 접속사

❷ 빈칸 자리 확인 빈칸은 앞뒤 두 개의 절을 연결하는 접속사 자리이다.

❸ 정답 선택 전치사인 (A)는 우선 제외한다. 빈칸 앞의 reminder는 빈칸 뒤의 내용, 즉 안과 일정이 잡혀 있다는 것을 가리키므로 빈칸에는 동격의 명사절을 이끄는 접속사가 필요하다. 동격의 명사절을 이끄는 접속사는 that이므로 (C)가 정답이다.

🔍 **함정 분석** 'This is a reminder of + 명사 ~'의 구문으로 오인하기 쉬운 구조이다. 하지만 빈칸 뒤에 주어와 동사가 들어간 절로 연결되어 있으므로 접속사의 자리라는 점을 알아차려야 한다.

---

144. 문법 – 전환 접속사 ★★★

❶ 보기 구성 파악 접속사와 부사로 구성된 혼합형 문제이다.

(A) 그런데
(B) 그렇게 하면서
(C) 한 번도 ~ 않다
(D) ~함과 동시에

❷ 빈칸 자리 확인 빈칸 앞부분에서는 안과 검진의 취소나 변경을 할 경우 빨리 연락을 달라는 내용이 나오고, 빈칸 뒷부분에는 전화번호 변경에 관해 알리고 있다. 따라서 빈칸에는 화제 전환에 해당하는 접속사가 필요하다.

❸ 정답 선택 일단 접속사인 (D)는 바로 뒤에 콤마(,)가 붙지 않으므로 제외한다. 나머지 3개의 보기들 중 화제 전환에 쓰이는 것은 (A)뿐이다.

新 **145. 문맥상 적합한 문장 넣기** ★★

❶ 보기 구성 파악

(A) 저희의 검진 일정은 대부분의 환자들에게 그리 편리하지 않습니다.
(B) 그러나 저희는 완전한 잠재력에 도달하기 위해 집중력을 유지할 것입니다.
(C) 전체 프로젝트는 저희 직원들의 참여에 달려 있습니다.
(D) 게다가 저희는 예약 신청서를 포함시키기 위해 최근에 웹사이트를 업데이트했습니다.

❷ 빈칸 자리 확인 빈칸 앞문장에서는 변경된 전화번호를 알려주고 있고, 빈칸 뒷문장에서는 웹사이트에서 예약과 변경과 취소를 쉽게 할 수 있다고 전한다.

❸ 정답 선택 문맥상 빈칸에는 웹사이트에 예약 신청서가 포함되었다는 내용이 가장 자연스러우므로 (D)가 정답이다.

---

146. 어휘 – 동사 ★

❶ 보기 구성 파악 동사 어휘 문제이다.

(A) 계약하다
(B) 고마워하다
(C) 초점을 맞추다
(D) 시중들다, 모시다

❷ 빈칸 자리 확인 빈칸이 포함된 문장은 고객에게 전하는 상투적인 문장이다.

❸ 정답 선택 '더 잘 모시겠다'라는 의미를 이루어야 하므로 (D)가 정답이다.

PART 7

문제 147-148번은 다음의 기사를 참조하시오.

메트로 업데이츠

오크우드 도시 지역의 예정된 행사, 프로그램, 활동

147(C)오크우드 시의 무료 센트럴 셔틀이 7월 27일 화요일에 운행을 시작했습니다! 반짝거리는 녹색 버스들이 피카딜리 광장과 업타운 사이의 길을 따라 달립니다.

시에서 8월 5일 공식적인 운행 개시 행사를 준비하는 동안, 오프닝 첫 주에 무료 버스의 첫 시승자가 되어 보세요. 센트럴 애비뉴를 따라 밝고 화려한 색상의 "C" 표시를 찾아서 올라타면 됩니다. **147(A)센트럴 셔틀은 센트럴 애비뉴를 따라 피카딜리 광장과 업타운 사이를 운행하게 되며, 워싱턴 스트리트, 차이나타운, 올드타운, 시청, 메리어트 컨벤션 센터, 그리고 파이낸셜 지구에서 정차합니다.**

147(D)셔틀 운행 시간은 월요일에서 금요일 오전 7시부터 저녁 7시까지입니다. (시간이 좀 지나면 저녁 시간대까지 운행이 확대될 수 있음) **148 피카딜리 광장에서 여러 음식점들과 점포들에 들러보고 싶은데, 그곳을 오가는 방법이 없었나요?** 그렇다면 "C" 버스를 타보세요! 셔틀에 대한 정보와 오크우드 시내 음식점 및 다른 사업체에 관한 정보를 원하시면 www.MeetDowntownOakwood.com을 방문해 보세요.

표현 정리 sparkling 반짝거리는 follow a route 길[노선]을 따르다 be among the first to ride ~에 탑승하는 첫 번째 사람이 되다 gear up for ~을 준비하다 climb aboard (차량 등에) 탑승하다 with service potentially expanding into (부대상황의 with 구문) 운행 서비스가 ~로 확대될 가능성이 있는 가운데

147. True / Not True ★★

① 보기 구성 파악 센트럴 셔틀 서비스에 대해 옳지 않은 것을 묻는 Not True 문제이다.

② 단서 찾기 및 정답 선택 질문에 Not이 들어가는 경우 문제의 보기들과 본문의 해당 내용을 자세히 비교 분석해야 한다. (A)는 둘째 문단의 문장 The Central Shuttle will travel between Piccadilly Square and Uptown along Central Avenue and will make stops at Washington Street, Chinatown, Old Town, City Hall, the Marriott Convention Center, and the Financial District.에서, (C)는 첫 문장인 The city of Oakwood's FREE Central Shuttle launched Tuesday, July 27!에서, (D)는 셋째 문단의 The shuttle hours are Monday-Friday from 7 A.M. to 7 P.M.에 나와 있다. (B)는 언급된 부분이 없으므로 정답이다.

표현 정리 expand 넓히다, 확장하다 pay for ~의 비용을 지불하다 per day 하루에

센트럴 셔틀 서비스에 대해 옳지 않은 것은?
(A) 오크우드 시내를 통과한다.
(B) 아마도 주말까지 서비스를 연장할 것이다.
(C) 승객들은 무료로 탑승하게 될 것이다.
(D) 하루 12시간 운행하게 될 것이다.

148. 주제 파악 ★★

① 보기 구성 파악 셔틀 서비스의 주된 목표에 대한 주제와 유추, 추론이 혼합된 문제이다.

② 단서 찾기 및 정답 선택 주제와 유추·추론이 혼합된 문제의 경우에는 문맥이 미괄식으로 마지막 문단을 잘 살펴봐야 한다. 셋째 문단의 둘째 문장 Have you been wanting to try some restaurants and stores in Piccadilly Square but have no way to get there and back?에서 피카딜리 광장에서 여러 음식점들과 점포들에 들러보고 싶은데 오가는 방법이 없어서 그러지 못했느냐고 묻는 내용이 나와 있으므로 (D)가 정답이다.

표현 정리 attract 끌어들이다 provide A with B A에게 B를 제공하다 employment opportunities 취업의 기회 encourage 목 to do ~가 …하도록 장려하다

셔틀 서비스의 주된 목표는 무엇인가?
(A) 다른 도시에서 온 관광객들을 끌어들이는 것
(B) 도시 공무원들의 이미지를 개선하는 것
(C) 버스 기사들에게 취업의 기회를 제공하는 것
(D) 지역 주민들이 시내를 좀 더 많이 방문하도록 장려하는 것

문제 149-151번은 다음의 광고를 참조하시오.

Debt Freedom, USA

우리 Debt Freedom, USA는 매달 계산서 세례를 받는 것이 감당하기 힘들 수 있다는 것을 이해합니다. 빚이 쌓이기 시작한 게 **151실직, 건강 문제, 또는 단순히 억제할 수 없는 소비 습관 때문이**든 아니든, Debt Freedom, USA의 서비스 전문가들은 당신의 빚을 통합하고 상환하는 것 모두를 도울 수 있는 훈련된 전문가들입니다. 최소한의 비용으로, 우리 컨설턴트들이 당신이 현재 지고 있는 모든 빚을 검토하기 위해 당신을 만날 것입니다. 그러면 당신은 모든 신용카드를 포기하고 새로운 신용카드를 얻지 않겠다고 진술하는 동의서에 사인할 것을 요구 받을 것입니다. 그 시점에서, 우리의 전문가는 당신의 각 채권자들과 접촉하여 당신이 빚지고 있는 액수와 만기일을 좀 더 합리적으로 만드는 거래를 협상할 것입니다.
(149-문단 전체)

150우리 Debt Freedom, USA는 고객 한 분 한 분이 우리가 협상한 월 지불액을 보고 안도의 한숨을 내쉬기 전까지 만족하지 않습니다. 이 서비스 외에도 우리는 당신의 특정 소득을 가지고 당신과 당신의 가족을 위한 적절한 월 예산을 세우는 자금관리 강습을 제공합니다. (149-문단 전체)

오늘 392-5542로 전화하셔서 우리 직원과의 약속 시간을 잡으세요. 또한 보다 자세한 정보를 원하시면 www.debtfreedomusa.com을 방문해 주십시오.

표현 정리 overwhelming (수적으로) 압도적인, 저항하기 힘든 whether A or B A이든지 B이든지 간에 build up debt 빚을 쌓다 job loss 실직 health issues 건강 문제 untamed 길들여지지 않은, 억제할 수 없는 shopping spree 소비 습관 service specialist 서비스 전문가 trained professional 훈련된 전문가 consolidate and pay down your debt 당신의 빚을 통합하고 상환하다 for a minimal fee 아주 적은 비용으로 review 검토하다 be required to do ~하도록 요구되다 relinquish all credit cards 모든 신용카드를 포기하다 sign an agreement 계약서에

서명하다 **at that point** 그 시점에서 **creditor** 채권자 **negotiate deals** 거래를 협상하다 **amount you owe** 당신이 빚진 금액 **due date** 만기일 **reasonable** 합리적인 **express a sigh of relief** 안도의 한숨을 내쉬다 **monthly payment** 월 지불금 **money management** 자금 관리 **specific income** 특정 소득 **schedule an appointment** 약속[예약] 일정을 잡다 **agent** 직원

149. 세부사항 파악 ★★

❶ 보기 구성 파악 Debt Freedom, USA에 대해 언급된 내용을 묻는 육하원칙(Why) 문제이다.

❷ 단서 찾기 및 정답 선택 주제 문제는 첫 문단을 잘 살펴보아야 한다. 첫 문단은 Debt Freedom, USA가 채무 탕감에 도움을 준다는 내용이고, 둘째 문단은 자금관리법도 알려준다는 내용이다. 이에 가장 부합하는 보기는 재정 계획을 수립한다는 (C)이다.

표현 정리 **get a loan** 대출을 받다 **file for bankruptcy** 파산 신청을 하다

사람들이 Debt Freedom, USA에 연락하는 이유는 무엇인가?
(A) 새로운 신용카드를 얻기 위하여
(B) 주택 대출을 받기 위하여
(C) 재정 계획을 수립하기 위하여
(D) 파산 신청을 하기 위하여

150. True / Not True ★★

❶ 보기 구성 파악 Debt Freedom, USA에 대해 언급된 내용을 묻는 True 문제이다.

❷ 단서 찾기 및 정답 선택 둘째 문단 첫 문장의 upon seeing the monthly payment we have negotiated에서 Debt Freedom, USA로부터 매월 납입해야 하는 금액에 대한 청구서를 받는다는 것을 알 수 있으므로 (C)가 정답이다.

표현 정리 **render** 주다, 제공하다 **free of charge** 무료로 **fund** 자금을 대다

Debt Freedom, USA에 대해 무엇이 언급되었는가?
(A) 거대 신용회사가 소유하고 있다.
(B) 그곳의 서비스는 무료로 제공된다.
(C) 고객들은 그곳에서 청구서를 받을 것이다.
(D) 그곳은 연방정부의 자금 지원을 받는다.

151. True / Not True ★

❶ 보기 구성 파악 빚의 유형으로 언급된 내용을 묻는 True 문제이다.

❷ 단서 찾기 및 정답 선택 첫째 문단 둘째 문장에 나온 a job loss, health issues, or simply an untamed shopping spree가 빚에 해당되는 것이므로 health issues와 관련이 있는 (A)가 정답이다.

🔍 **함정 분석** 둘째 문장에서 빚이 쌓이기 시작한 원인 중 하나로 '실직'이 제시되어 있는데, 이로 인해 생활비 문제의 발생으로 비약하지 않도록 유의해야 한다.

광고에 따르면, 무엇이 빚의 유형으로 언급되었는가?
(A) 의료비
(B) 생활비
(C) 이사비
(D) 학비

문제 152-154번은 다음의 서신를 참조하시오.

클럽 회원님께,

다가오는 주말은 여름 테니스 서킷에 등록할 마지막 기회입니다. 5월 10일은 성인 테니스 서킷에 등록할 마지막 기회입니다. **153 서킷은 활동적인 상태를 유지하고, 자신에게 도전하며, 새로운 경기 파트너를 만날 수 있는 좋은 방법입니다.** 우리는 초급부터 중급, 그리고 세미 프로 수준까지 모든 수준의 성인 회원들이 있습니다. 단식, 복식 그리고 혼합 복식에 지금 등록하세요. **152(B)(C)등록비는 1인당 10달러이고, www.montevistasports.com을 통해 온라인으로 등록하면 2달러를 절약할 수 있습니다. 152(A)여름 서킷은 5월 15일부터 8월 15일까지 운영됩니다.** 복식 파트너를 찾는 데 도움이 필요하시거나 서킷에서 경기하는 것에 대해 질문이 있으시면, 제게 알려주세요.

클럽 스토어 매니저인 주디 그린우드는 여러분이 달력에 표시해두고 싶을 만큼 재미있는 '라켓 시범설명회 밤'을 계획하고 있습니다. **154(A)이 행사는 6월 4일 금요일 오후 6시부터 8시까지 열리며, 바비큐도 포함됩니다. 154(B)이 자리에서는 최신형 '암 앤 헤드' 라켓**을 사용해볼 수 있고, 그날 저녁 구매하는 제품은 20퍼센트 할인도 받을 수 있습니다. 암 앤 헤드 영업사원이 테크 스타 시리즈 제품들을 가지고 참석하여 여러분을 위해 시범설명을 해드릴 것입니다. **154(D)모든 경기 수준을 위한 라켓들이 준비될 것입니다.** 그러니 클럽으로 오세요. 저희는 여러분이 저렴한 가격으로 다음 라켓을 구매하시는 것을 도와드리고자 합니다. 그러므로 클럽에서 열리는 저희의 다음 시범설명회 밤 행사를 달력에 잊지 말고 표시해 두세요!

라이언 P. 애덤스, 프로그램 책임자

표현 정리 **last opportunity** 마지막 기회 **Summer Tennis Circuits** 여름 테니스 서킷[리그] **register for** ~에 등록하다(= sign up for) **all levels of** 모든 수준의 **beginner** 초보자 **intermediate** 중급 **semi-professional** 세미 프로 **singles** 단식 **doubles** 복식 **mixed doubles** 혼합 복식 **register online** 온라인으로 등록하다 **mark down** 표시하다, (가격 등을) 낮추다 **sales rep** 영업사원(= sales representative) **look forward to -ing** ~을 고대하다

152. True / Not True ★★

❶ 보기 구성 파악 여름 서킷에 관해 제공되지 않은 정보를 묻고 있는 Not True 문제이다.

❷ 단서 찾기 및 정답 선택 질문에 Not이 들어가는 경우 문제의 보기들과 지문의 해당 내용을 자세히 비교 분석해야 한다. (A)는 첫째 문단의 마지막에서 둘째 문장 The summer circuit runs from May 15 to August 15.에 나와 있고, (B)와 (C)는 그 앞의 문장 The fee is $10 per player, or you can save yourself $2 by registering online at www.montevistasports.com.에 나와 있다. (D)는 직접적으로 제시된 부분이 없으므로 정답이다.

표현 정리 **enroll in** ~에 등록하다 **registration fee** 등록비

여름 서킷에 관해 어떤 종류의 정보가 제공되지 않는가?
(A) 서킷의 기간
(B) 서킷에 등록하는 방법
(C) 등록비
(D) 참가자 명단

153. True / Not True ★

🔵 **보기 구성 파악** 서킷의 혜택을 묻는 True 문제이다.

🔵 **단서 찾기 및 정답 선택** 서킷의 혜택은 첫 문단의 둘째 문장 Circuits are a great way to stay active, to challenge yourself, and to meet new playing partners.에 제시되어 있다. 활발한 상태의 유지, 자신에 대한 도전, 그리고 새로운 파트너를 만나는 것인데 (B)가 세 번째 사항에 해당된다.

표현 정리 socialize (사람들과) 사귀다. 어울리다 **introduction** 도입, 소개, 입문

서킷에 대해 어떤 혜택이 언급되었는가?
(A) 부수입 올리기
(B) 사교의 기회
(C) 학점 따기
(D) 아이들을 위한 훌륭한 테니스 입문 과정

154. True / Not True ★★

🔵 **보기 구성 파악** '시범설명회 밤'에 가는 목적이 아닌 것을 묻고 있는 Not True 문제이다.

🔵 **단서 찾기 및 정답 선택** 질문에 Not이 들어가는 경우 문제의 보기들과 지문의 해당 내용을 자세히 비교 분석해야 한다. 시범설명회 밤에 관한 내용은 둘째 문단에 언급되어 있다. (A)는 It will be held on Friday ~ and will include a barbeque.에 나와 있고, (B)는 It is an opportunity to try out ~ and to receive 20% off those purchased that evening.에 나와 있다. 그리고 (D)는 There will be rackets for every level of play.에 제시되어 있다. 하지만 (C)는 언급된 부분이 없으므로 정답이다.

표현 정리 get a discount on ~에 대해 할인을 받다 **complimentary** 무료의 **meet** (요구 · 필요를) 충족시키다

시범설명회 밤에 가는 목적이 아닌 것은?
(A) 음식을 먹는 것
(B) 라켓 구입 시 할인을 받는 것
(C) 무료 테니스 강습을 받는 것
(D) 개인의 필요에 맞는 라켓을 찾는 것

문제 155-156번은 다음의 문자 메시지 체인을 참조하시오.

다니엘 크로프트　　안녕, 산드라 씨. 당신의 이메일을 받았습니다. 내일 세미나 참석자 수에 대해 실수하신 것 외에는 모든 게 괜찮아 보입니다.　　　　　　　　　　　　　　　　오후 8시 9분
산드라 리　　**156농담 마세요. 저는 부주의한 실수를 하지 않는지 여러 번 확인했어요. 정말 죄송해요. 정정해서 다시 보내 드릴게요.**　　　　　　　　　　　　　　　오후 8시 10분
다니엘 크로프트　　걱정하지 말아요. **155오후 9시 전까지 보내주세요. 그래야 내가 보고서 마감시한을 지킬 수 있습니다.**　　　　　　　　　　　　　　　오후 8시 12분

표현 정리 attendant 참석자 **careless mistakes** 부주의한 실수 **meet the deadline** 마감시한을 맞추다

155. 요청 / 제안 ★

🔵 **보기 구성 파악** 크로프트 씨가 리 씨에게 원하는 요청이나 제안사항에 대한 문제이다.

🔵 **단서 찾기 및 정답 선택** 오후 8시 12분 메시지의 문장 Please send it to me before 9:00 P.M. so I can meet the deadline of the report.에서 리 씨에게 이메일을 보내달라고 하므로 (C)가 정답이다.

표현 정리 on time 정시에, 시간을 어기지 않고

크로프트 씨는 리 씨가 무엇을 하기를 원하는가?
(A) 문제점을 보고한다.
(B) 업무 행사에 참석한다.
(C) 이메일을 보낸다.
(D) 마감시한을 맞춘다.

新 156. 의미 파악 ★★

🔵 **보기 구성 파악** 특정 문구에 대한 의미를 파악하는 신유형 문제이다.

🔵 **단서 찾기 및 정답 선택** 뒤따르는 문장 I checked many times to make sure I didn't make any careless mistakes.에서 실수를 하지 않으려고 여러 번 확인했다고 하므로 (C)가 알맞다.

🔍 **함정 분석** '농담이시죠?', '당신은 나를 놀리고 있지요?'라는 뜻으로, (B)처럼 농담을 받아들이지 못하고 있다는 뜻으로 오해할 수 있다. 하지만 행간의 숨은 의미가 바로 뒷문장에 제시되어 있다.

표현 정리 appreciate 올바로 이해하다, 인식하다 **in disbelief** 불신하는

오후 8시 10분에 리 씨가 "농담 마세요."라고 쓸 때 의미하는 바는 무엇이겠는가?
(A) 크로프트 씨를 믿지 않는다.
(B) 크로프트 씨의 농담을 이해하지 못한다.
(C) 자신의 실수를 믿지 못하고 있다.
(D) 크로프트 씨가 자신에게 화내고 있다고 생각한다.

문제 157-159번은 다음의 편지를 참조하시오.

수워드 씨께,
6월 28일 귀하가 저희 클럽을 방문해주신 것과 관련한 편지를 방금 받았습니다. **158라커에서 지갑을 도난당했다는 이야기를 듣게 되어 매우 유감입니다.**
157귀하의 손실과 그것이 초래한 불편에 대해서는 충분히 이해합니다만, 보상에 대한 요청을 들어 드릴 수 없습니다. 귀하의 회원 계약서와 라커룸 벽에 붙어 있는 고지사항에서 우리는 다음과 같이 명시해 두었습니다. "힐데브란드 라켓볼 클럽은 개인 귀중품의 분실이나 도난에 대해 책임을 지지 않습니다." **159이런 이유로 우리는 모든 회원들에게 라커에 숫자조합 자물쇠를 사용할 것을 강력히 권고하고 있습니다.** 그리고 우리는 매 사용 시 1달러의 수수료만 받고 그것을 빌려 드리기도 합니다.
성의 표시로, 이번 상황으로 인한 스트레스를 푸시라고 저희 스파 마사지 1회 이용권을 제공해 드리고, 1년간 자물쇠를 무료로 대여해 드립니다. 제가 도와드릴 수 있는 다른 일이 있다면 알려주시기 바랍니다.
칼 J. 도트, 힐데브란드 라켓볼 클럽 매니저

표현 정리 concerning ~에 관한 be sorry to hear about ~에 대해 들어서 유감이다 theft 절도, 도난 purse 지갑 while ~동안, ~반면, ~이지만(=although) sympathize with ~에게 동정하다[동감하다] inconvenience 불편 fulfill your request 요청을 들어주다 reimbursement 보상, 환급 membership agreement 회원 계약서 disclaimer (법적 책임이 없다는) 고지사항, 면책 조항 posted on ~에 부착되어 있는 loss 분실, 유실 personal property 개인 소지품 recommend 권고하다 combination lock 번호[숫자조합] 자물쇠 rental 렌탈, 임대 at a fee of only $1 each use 매 사용 시 1달러의 수수료로 as a gesture of good will 성의[선의] 표시로 credit your account for ~에 대한 금액을 차감해주다 alleviate 완화시키다. 경감하다 arrange for ~을 준비해두다

157. 주제 파악 ★★

❶ 보기 구성 파악 편지를 쓴 목적을 묻고 있다.

❷ 단서 찾기 및 정답 선택 둘째 문단의 첫 문장 While I sympathize with you for your loss and the inconvenience it has created, I am unable to fulfill your request for reimbursement.에서 지갑 도난에 대한 보상 요청을 들어 줄 수 없다고 하므로 (D)가 정답이다.

표현 정리 regarding ~에 관하여 extend an invitation 초대하다. 초대장을 보내다

편지의 주된 목적은 무엇인가?
(A) 도난에 대해 추가적인 정보를 요청하는 것
(B) 새로운 회원 혜택을 발표하는 것
(C) 회원 가입을 위한 초대를 전하는 것
(D) 회사 규정으로 인해 요청을 거부하는 것

158. 세부사항 파악 ★

❶ 보기 구성 파악 수워드 씨에게 무슨 문제가 있었는지를 묻고 있는 육하원칙(What) 유형이다.

❷ 단서 찾기 및 정답 선택 첫 문단의 둘째 문장 I was very sorry to hear about the theft of your wallet from your locker.에서 theft라는 단어를 통해 수워드 씨가 도난을 당했음을 알 수 있으므로 (C)가 정답이다.

수워드 씨는 무슨 문제가 있었는가?
(A) 라커 자물쇠의 번호를 잊었다.
(B) 체육관에 자물쇠를 두고 왔다.
(C) 개인 귀중품을 도난 당했다.
(D) 마사지 예약을 깜박했다.

新 159. 빈칸 추론 ★★

❶ 보기 구성 파악 주어진 문장이 들어갈 가장 알맞은 위치를 고르는 신유형 문제이다.

❷ 단서 찾기 및 정답 선택 제시된 문장은 보안 강화에 대한 내용이므로 [1], [3]을 일단 고려할 수 있는데, 둘째 지문 마지막 문장 We even provide one for rental at a fee of only $1 each use.에서 매 사용 시 1달러에 제공한다고 하므로 바로 앞에 들어가는 것이 가장 적절하다. 따라서 (C)가 정답이다.

🔍 함정 분석 [1]의 앞부분에서 locker라는 단어가 언급되었고, 제시 문장에서도 lock 혹은 locker라는 단어가 있기 때문에 이 두 문장을 서로 이어지는 관계로 오인할 수 있다. 하지만 제시 문장과 [1]의 앞부분은 문맥상 자연스럽지 않으므로 단순히 동일한 단어가 이어진다고 해서 정답을 (A)로 고르지 않도록 유의해야 한다.

---

[1], [2], [3], [4]로 표시된 위치 중 다음 문장이 들어가기에 가장 적절한 곳은?

"이런 이유로 우리는 모든 회원들에게 라커에 숫자조합 자물쇠를 사용할 것을 강력히 권고하고 있습니다."

(A) [1]
(B) [2]
(C) [3]
(D) [4]

문제 160-161번은 다음의 정보를 참조하시오.

> ### 드림월드 인형의 집
>
> 드림월드 인형의 집은 세계에서 가장 인기 있고 유명한 건축 양식들에 영감을 받았습니다. 각각의 집은 안팎으로 세부사항에 최대한의 주의를 기울여 개별적으로 특정 양식으로 설계됩니다.
>
> **160(C)집은 운송비를 줄이기 위해 균일 요금으로 배송되고, 쉽게 이해할 수 있는 조립 설명서가 포함됩니다. 160(D)특수하게 제조된 목재 접착제를 포함해 집을 완성하기 위해 필요한 모든 도구가 제공됩니다.**
>
> **160(B)기본 키트는 집, 내외장 마감, 그리고 조립 안내서가 들어 있습니다. 고급 키트는 이것 모두와 집의 각 방을 위한 기본적인 가구가 들어 있습니다.** 구입 가능한 양식들은 아래에 설명되어 있습니다. 주문서에 선택사항을 표시하기 전에 꼼꼼히 읽어보시기 바랍니다.
>
> 조립 권장사항
>
> 드림월드 인형의 집은 조립에 필요한 모든 것과 매우 명확한 설명서가 들어 있습니다. 뛰어난 결과를 보장하기 위해, 시작 전에 전체 설명서 소책자를 자세히 읽어보시기 바랍니다. **161또한 깨끗하고 건조한 공간에서 작업하시고 접착제로 붙이기 전에 부품 라벨을 다시 한번 확인하시기 바랍니다.** 포함된 접착제는 빠르게 마릅니다. 접착제로 붙이는 동안, 보호 물질로 작업 표면을 덮어두기를 권고합니다. 접착제는 집의 목재 조각에서는 깨끗하게 마르지만, 천이나 착색 나무에는 자국이 남을 수도 있습니다.
>
> 양식 옵션
>
> * 빅토리안: 인조 벽돌 벽, 슬레이트 지붕, 진저브레드 세부장식이 되어 있고 양측으로 끝부분이 휘어진 현관 및 집 정면에 두 개의 큰 박공을 특징으로 합니다.
> * 크래프츠맨: 뾰족한 기둥을 지닌 큰 현관, 오픈 플로어 플랜, 퇴창이 있는 간이 식사 코너, 그리고 바깥문들에 장식용 유리가 있는 것을 특징으로 합니다.
> * 랜치: 불규칙하게 뻗어 있는 단층의 오픈 플로어 플랜, 아름다운 셔터를 가진 큰 창 및 뒷문에 딸린 큰 테라스를 특징으로 합니다.
> * 빌라: 가장 인기 있는 양식. 여러 층, 각 층마다 다수의 발코니, 타일 지붕 및 호화로운 접대 공간을 특징으로 합니다. (160(A)-문단 전체)

표현 정리 be inspired by ~에 의해 영감을 받다 architecture style 건축 양식 individually 개별적으로 in a certain style 특정한 양식으로 utmost attention to detail 세부사항에 대한 최대한의 주의 both inside and out 안팎으로 be delivered flat 균일[정액] 요금으로 배송되다 reduce shipping costs 배송비를 줄이다 easily understandable 쉽게 이해할 수 있는 assembly instructions 조립 설명서 including

~을 포함하여 **specially made** 특수 제작된 **wood glue** 목재 접착제 **exterior and interior finishing** 내외장 마감 **indicate the preference** 선택사항을 표시하다 **ensure outstanding results** 뛰어난 결과를 보장하다 **booklet** 소책자 **thoroughly** 주의 깊게, 철저히 **double-check** 재확인하다 **glue** 접착제 **quick to dry** 신속하게 마르는 **work surface** 작업 표면 **protective material** 보호 물질 **leave marks on** ~에 자국을 남기다 **fabric** 천, 직물 **stained wood** 착색된 목재 **feature** ~을 특징으로 하다[포함하다] **artificial brick** 인조 벽돌 **slate roofs** 슬레이트 지붕 **wrap-around porch** 끝부분이 휘어진 현관 **gable** 박공 **tapered column** 뾰족한 기둥 **breakfast nook** 간이식사 코너 **rambling** 불규칙하게 뻗어나가는 **single-story open floor plan** 단층의 오픈 플로어 플랜(각각의 기능을 하는 공간들이 하나의 공간으로 열려 있는 개방형 구조) **multiple** 많은 **entertaining space** 접대 공간

160. True / Not True ★★

❶ 보기 구성 파악 인형의 집에 관한 설명이 언급되지 않은 것을 묻는 Not True 문제이다.

❷ 단서 찾기 및 정답 선택 질문에 Not이 들어가는 경우 문제의 보기들과 본문의 해당 내용을 자세히 비교 분석해야 한다. (A)는 마지막 문단인 Style Options를 통해 확인되고, (C)는 둘째 문단의 The houses are delivered flat to reduce shipping costs and include easily understandable assembly instructions.에 언급되어 있다. (D)는 그 다음 문장 All the tools needed to finish the house, including specially made wood glue, are included.에 나와 있다. 하지만 (B)는 셋째 문단의 Basic Kits come with the house, exterior and interior finishing, and assembly instructions. Deluxe kits come with all of these and basic furniture for each room of the house.에서 고급 키트에만 가구가 제공되는 것을 알 수 있으므로 틀린 내용이다.

🔍 **함정 분석** 모든 집에 가구가 제공되는 것이 아니라 고급 키트에만 가구가 완비되어 있다는 점에 유의한다.

표현 정리 **fully furnished** 가구가 완비된

인형의 집에 대해 언급되지 않은 것은?
(A) 고객들은 그들이 원하는 양식을 고를 수 있다.
(B) 각 집은 가구가 완비되어 있다.
(C) 키트는 조립 설명서를 포함한다.
(D) 특수 접착제는 집과 함께 배송된다.

161. 유추 / 추론 ★

❶ 보기 구성 파악 작업 공간을 위해 제안되는 것을 묻는 유추, 추론 문제이다.

❷ 단서 찾기 및 정답 선택 Assembly Suggestions의 셋째 문장 In addition, please work in a clean, dry space and double-check part labels before gluing them.이 (D)와 일치한다.

표현 정리 **well lit** 조명이 밝은 **room temperature** 실내 온도, 상온

인형의 집을 조립할 때 무엇이 권장되는가?
(A) 조명이 밝아야 한다.
(B) 야외여야 한다.
(C) 상온보다 따뜻해야 한다.
(D) 깨끗하고 건조해야 한다.

문제 162-164번은 다음 리뷰를 참조하시오.

> ### 지역 그룹이 시청에서 좋은 결과를 내다
>
> #### 찬드라 파인
>
> 어젯밤 시청 공연은 미다스 시의 지역 예술계가 성장하고 있다는 증거였다. **162지역 그룹인 미다스 터치는 지역 출신 작가인 데보라 미싱의 매혹적인 새 연극 작품인 〈어 보이 인 더 윈드〉의 뛰어난 공연을 선보였다.**
>
> 자신의 역할에 에너지와 열정을 불어넣은 주연 배우 앤서니 라페이지가 이 공연에서 놀라운 연기를 선보였다. 경탄할 만한 화려한 의상들은 아자리아 베닝톤이 디자인하고 제작했다. 미다스 주립대학의 교수인 젬마 휘트먼은 연극의 결정적인 순간들에 어울리는 극적이고도 예리한 음악을 작곡했다.
>
> **163전체적으로 공연은 흠잡을 데가 없었다. 하지만 개인적으로 특정 파트를 잘라냈더라면 더 좋았을 것이라고 본다. 164연극은 가장 까다로운 비평가들조차 만족시켰으나 좌석들은 교체의 필요성이 절실하다.** 장당 15달러의 표 가격으로 이 연극은 저렴한 비용과 오락의 균형을 훌륭하게 맞춘 것이었다. 연극은 이번 달에 8회가 더 남아 있다. 표는 시청 로비나 www.midascityhall.net에서 온라인으로 구매할 수 있다.

표현 정리 **outperform** 능가하다, 나은 결과를 내다 **local arts scene** 지역 예술계 **outstanding** 뛰어난 **spellbinding** 매혹적인 **leading actor** 주연 배우 **infuse A into B** A를 B에 주입하다 **spectacular** 멋진, 화려한 **compose** 작곡하다 **dramatic** 극적인 **piercing** 꿰뚫는 듯한, 예리한 **score** 음악, 작품 **in alignment with** ~와 잘 맞추어 **striking** 주목할 만한, 놀라운 **flawless** 결함 없는 **benefit** 이익을 얻다 **trim** 잘라내다 **in dire need of replacement** 교체의 필요성이 절실한 **affordability** 저렴함

162. 세부사항 파악 ★★

❶ 보기 구성 파악 어떤 종류의 행사가 평가되고 있는지를 묻는 육하원칙 (What) 문제이다.

❷ 단서 찾기 및 정답 선택 첫 문단의 둘째 문장 Local community group Midas Touch gave an outstanding performance of *A Boy in the Wind*, a spellbinding new play by Deborah Missing, a local writer.에서 *A Boy in the Wind*를 play라고 소개하고 있으므로 (C)가 정답이다.

🔍 **함정 분석** 첫째 단락에서 performance라는 단어가 제시되어 있고, 보기의 (A)에서도 performance라는 동일한 단어가 언급되어 정답으로 오인하기 쉽다. 하지만 뒷부분의 play가 보기 (C)에서 theatrical piece로 패러프레이징이 되어 있다는 점에 유의한다.

표현 정리 **theatrical** 연극의, 공연의

어떤 행사가 평가되고 있는가?
(A) 국제 댄스 공연
(B) 클래식 콘서트
(C) 연극 작품
(D) 어린이 뮤지컬

163. 세부사항 파악 ★★

❶ 보기 구성 파악 비평가가 이 행사에서 좋아하지 않는 부분을 묻는 육하원칙 (What) 문제이다.

❷ 단서 찾기 및 정답 선택 마지막 문단의 첫 문장 Overall, the performance was flawless; however, I think the play itself would have benefited by the trimming of certain parts.에서 공연의 특정 부분을 잘라내는 것이 좋았을 것이라고 했으므로 (B)가 가장 알맞다.

표현 정리 lengthy 너무 긴, 장황한 misleading 오해의 소지가 있는

비평가가 이 행사에 대해 좋아하지 않는 부분은 무엇인가?
(A) 과하게 책정된 표 가격
(B) 너무 긴 공연
(C) 오해의 소지가 있는 마케팅 포스터
(D) 주연 배우의 서툰 연기

新 164. 빈칸 추론 ★★

❶ 보기 구성 파악 주어진 문장이 들어갈 가장 알맞은 위치를 고르는 신유형 문제이다.

❷ 단서 찾기 및 정답 선택 제시된 문장은 공연 시설 상의 문제점을 지적한 관한 것인데, 셋째 문단에서 공연의 아쉬운 점을 언급하고 있으므로 [4]에 들어가는 것이 가장 자연스럽다. 따라서 (D)가 정답이다.

[1], [2], [3], [4]로 표시된 위치 중 다음 문장이 들어가기에 가장 적절한 곳은?

"연극은 가장 까다로운 비평가들조차 만족시켰으나 좌석들은 교체의 필요성이 절실하다."

(A) [1]
(B) [2]
(C) [3]
(D) [4]

문제 165-168번은 다음의 웹사이트 정보를 참조하시오.

http://www.hotelassistant.com/search_results

Hotelassistant.com

모스만에 위치한 다음 4개의 호텔은 귀하의 취향에 맞을 것입니다. 가격 및 사진을 포함하여 각 호텔에 대한 자세한 정보를 보려면 호텔 이름을 클릭하세요.

	위치	편의시설	투숙객 의견
데이빗슨 호텔	도심지, 도시 박물 관 및 도시 공원까지 도보 거리	호텔 전체에 무료 무선인터넷 서비스	"약간 붐비는 하지만 위치가 아주 좋아요. **166 휴식 공간이 충분하지 않았어요.** 점심식사를 위해 룸 서비스를 주문했어요. 최고 수준은 아니었지만, 시간을 잘 지켰고 가격이 적절했어요." – V. 덕 영
호텔 파라다이스	모스만 동 쪽 (모스만 오페라하우 스 근처)	투숙객 주차	"**165 방에서 유명 오페라하우스가 내려다보였어요.** 완벽했죠. 호텔의 아침식사가 맛있었어요." – S. 페테르난
데브니어 리조트	모스만 외곽으로 9킬로미터 떨어져 있고, 웨스트 파크와 가 까움: 도심 무료 셔틀 버스	**167 회의 및 비즈니스 룸: 모든 투숙객 공간에서 인터넷 접속**	"이곳에서 열리는 도시계획 컨퍼런스에 참석했어요. 서비스는 흠잡을 데 없었고, 우리가 돌아본 건물들, 보도, 공공장소들이 잠깐 셔틀버스를 타고 갈 수 있는 거리에 있어요." – S. 볼드윈
켄터베리 하우스	도심지, 예술지구 및 관광지 근처	완벽한 비서 업무 지원과 함께 24시 간 비즈니 스 룸	"**165 인근의 고전적인 건물들을 둘러보고자 매년 3월마다 이곳에서 지냅니다.** 직원들은 늘 큰 도움을 주고, 나는 보통 역사적인 '레이디 저스티스' 동상이 보이는 방을 제공 받습니다." – R. 웨버

면책 조항: 우리는 가장 정확하고 업데이트된 정보를 제공하고자 노력하지만, 변경사항들은 불가피합니다. Hotelassistant.com은 가격, 요금 혹은 광고 내용을 포함하여 어떠한 부정확한 정보에 대해서도 책임을 지지 않습니다. **168 이용자들께서는 assistant@hotelassistant.com으로 우리에게 연락함으로써 불일치한 정보를 알려주시거나 피드백을 제공해 주시면 감사하겠습니다.**

표현 정리 match your preferences 당신의 취향에 맞다 walking distance 걸어갈 만한 거리 complimentary wireless Internet 무료 무선인터넷 though (it is) slightly overcrowded 약간 붐비는 하지만 enough room to relax 쉴 만한 충분한 공간 though (it is) not first class 1등급은 아니지만 punctual 시간을 잘 지키는 fairly priced 가격이 적절한 overlook (위에서) 내려다 보다 flawless 흠잡을 데 없는 a short shuttle ride 셔틀버스로 잠간 갈 수 있는 거리 sightseeing areas 관광지 secretarial assistance 비서 지원 nearby 가까운 with a view of ~이 보이는 disclaimer 면책 조항 endeavor to do ~하려고 노력하다 unavoidable 불가피한 advertised features 광고되는 것들 appreciate 감사하다 bring 목 to one's attention ~에게 …을 알리다 inconsistency 불일치, 모순 provide feedback 피드백을 제공하다

165. 유추 / 추론 ★★

❶ 보기 구성 파악 모스만(Mosman)에 대해 암시하는 것을 묻는 유추, 추론 문제이다.

❷ 단서 찾기 및 정답 선택 질문의 주어가 comments로 시작되므로 Guest comments를 살펴보아야 한다. 호텔 파라다이스의 투숙객 의견인 My room overlooked the famous opera house.와 캔터베리 하우스의 투숙객 의견 I stay here every March for the nearby Classical Buildings tours.에서 모스만이 건축물로 유명하다는 것을 짐작할 수 있으므로 (C)가 정답이다.

모스만의 호텔 위치를 설명한 부분에서 각 호텔이 도시 박물관이나 오페라하우스, 웨스트 파크, 또는 예술지구 및 관광지 근처에 있다는 점으로 미루어 (B) 문화적 중심지로 오인할 소지가 있다. 하지만 질문을 잘 읽어보면, 질문의 주어가 comments이므로 투숙객 의견에서 정답의 근거를 뽑아야 한다.

표현 정리 capital (산업·문화 등의) 중심지 be known for ~로 유명하다 be famous for ~로 유명하다

의견은 모스만에 대해 무엇을 암시하는가?
(A) 여러 스포츠 팀이 있다.
(B) 지역의 문화적 중심지이다.
(C) 건축물로 유명하다.
(D) 요리로 유명하다.

166. 세부사항 파악 ★

① 보기 구성 파악 V. 덕 영의 불만사항을 묻는 육하원칙(What) 문제이다.

② 단서 찾기 및 정답 선택 덕 영의 의견 중 There wasn't enough room to relax.에서 (B)가 정답임을 알 수 있다.

표현 정리 uncaring 신경을 쓰지 않는 inconvenient 불편한 overpriced 너무 비싼

V. 덕 영은 어떤 불만을 제기하는가?
(A) 직원들이 신경을 쓰지 않았다.
(B) 호텔 객실이 너무 작았다.
(C) 호텔이 불편한 위치에 있었다.
(D) 룸서비스가 너무 비쌌다.

167. 세부사항 파악 ★

① 보기 구성 파악 데브니어 리조트(Devenir Resort)에서만 이용할 수 있는 것을 묻는 육하원칙(What) 문제이다.

② 단서 찾기 및 정답 선택 해당 호텔의 편의시설(Amenities) 부분을 살펴보면 된다. Conference and business rooms: Internet access in all guest areas라고 되어 있으므로 (D)가 정답이다. (B)는 호텔 파라다이스에 해당되는 내용이다.

편의시설을 소개한 부분에서, Internet access in all guest areas라는 부분을 들어 정답을 (A)로 착각하기 쉽다. 하지만 객실 내의 인터넷 접속은 데이빗슨 호텔에서도 소개되어 있으므로 데브니어 리조트만의 고유 서비스라고 보기는 어렵다.

데브니어 리조트에서만 이용할 수 있는 것은?
(A) 객실 내의 인터넷 접속
(B) 투숙객 주차
(C) 인쇄 서비스
(D) 특별 행사 시설

168. 요청 / 제안 ★★

① 보기 구성 파악 웹사이트 방문자들에게 요청되는 것을 묻는 요청, 제안사항에 관한 문제이다.

② 단서 찾기 및 정답 선택 요청, 제안사항에 대한 근거는 보통 지문의 후반부에 위치한다. 마지막 문장 We would appreciate it if users would bring any inconsistencies to our attention and provide feedback by contacting us at assistant@hotelassistant.com.에서 불일치한 점이나

의견을 보내달라고 하므로 (A)가 정답이다.

표현 정리 send in ~을 발송[송부]하다 settle 정산하다

웹사이트 방문자들에게 요청되는 것은?
(A) 수정 내용을 보낸다.
(B) 호텔 패키지를 구매한다.
(C) 호텔 사진을 제출한다.
(D) 온라인으로 호텔 요금을 정산한다.

문제 169-171번은 다음의 이메일을 참조하시오.

수신: dAcroft@e-mail.com
발신: eVanderzwagg@e-mail.com
날짜: 8월 13일
제목: 날짜 확정

애크로프트 씨께,

169 저희와의 면접일이 확정되었음을 알려드립니다. 귀하의 편의를 고려하여 선택된 날짜이지만, 확실히 하기 위해 귀하에게 이 날짜가 적절한지를 확인해 주시기 바랍니다.

날짜: 8월 27일 화요일
시간: 오전 10시
장소: 제리히 테크놀러지 빌딩 203호

면접은 한 시간 동안 진행될 예정이고, 저를 포함한 세 명의 면접관이 참석합니다. **171** 귀하는 기술부에 지원하기 때문에 귀하의 가장 최근 프로젝트에 대해 이야기할 준비를 하시길 바랍니다. **170** 만약 귀하가 어떠한 이유로 면접에 참석하지 못한다면, 저희가 일정을 다시 잡을 수 있도록 최대한 빨리 연락해 주시기 바랍니다. 저에게 전화나 이메일로 연락하실 수 있습니다만, 이 경우에는 전화 연락이 더 빠르기 때문에 (321) 498-8302번으로 연락해 주십시오. .

에린 반더즈와그
인사부장
제리히 테크놀러지

표현 정리 confirm 확인하다, 확정하다 preference 선호, 기호 take ~ into consideration ~을 고려하다 last 지속되다 interviewer 면접관 apply to ~에 지원하다 due to ~때문에 reschedule 일정을 다시 잡다 reach 연락하다

169. 주제 파악 ★

① 보기 구성 파악 이메일의 주요 논의사항에 대해 묻고 있다.

② 단서 찾기 및 정답 선택 첫 두 문장 I'd like to let you know that the date of your interview with us has been confirmed. It was a date picked with your preference taken into consideration, but just to be sure, please make sure the date works for you.에서 면접에 대해 이야기하고 있음을 알 수 있으므로 (A)가 정답이다.

이메일에서 주로 논하는 것은 무엇인가?
(A) 면접
(B) 전화

(C) 이메일
(D) 교통 수단

170. 세부사항 파악 ★★

❶ 보기 구성 파악 반더츠와그 씨가 애크로프트 씨에게 전화하게 한 이유를 묻는 육하원칙(Why) 문제이다.

❷ 단서 찾기 및 정답 선택 마지막 문단의 셋째 문장 If you are unable to attend the event due to some reason, please contact me as soon as possible so that we can reschedule you.에서 일정을 다시 잡을 일이 생기면 전화를 하라는 것이므로 (D)가 가장 알맞다.

🔍 **함정 분석** 반더츠와그 씨의 개인적으로 선호한다는 (C)를 고르지 않도록 유의한다.

표현 정리 prefer 선호하다, 더 좋아하다

반더츠와그 씨는 왜 애크로프트 씨에게 전화를 하라고 요청하는가?
(A) 애크로프트 씨가 이메일 주소를 갖고 있지 않다.
(B) 반더츠와그 씨의 컴퓨터가 작동하지 않는다.
(C) 반더츠와그 씨가 그것을 선호한다.
(D) 회사에서 그것을 요청한다.

171. 세부사항 파악 ★

❶ 보기 구성 파악 애크로프트 씨가 무엇을 준비해야 할지 묻고 있는 육하원칙(What) 문제이다.

❷ 단서 찾기 및 정답 선택 마지막 문단의 둘째 문장 Since you are applying to our Engineering Department, please be ready to talk about your latest project.에서 최신 프로젝트에 대해 이야기할 준비를 하라고 하므로 (D)가 가장 알맞다.

이메일에 따르면, 애크로프트 씨는 무엇을 준비해야 하는가?
(A) 모두를 위한 식사
(B) 전 고용주에게 받을 서류
(C) 새 프로젝트를 위한 아이디어
(D) 그의 일에 대한 발표

문제 172-175번은 다음의 온라인 대화 토론을 참조하시오.

> 프랭키 정   여러분, 좋은 아침입니다. **172우리가 오브라이트 사에서 오신 새 마케팅 부장 웡 씨를 맞이하게 되었음을 알려드립니다.** 웡 씨를 위한 환영 연설을 해주실 자원자가 몇 명 필요합니다. 자원자 있나요? 또한 누가 케이터링 회사에 연락하여 2개의 중간형 파티 트레이를 주문할 수 있나요?   오후 1시 04분
>
> 메리 쿡   **174저는 영업부와 회의가 잡혀 있어 브런치에 참석할 수 없네요.**   오후 1시 06분
>
> 아멜리아 더거   저는 뭔가 준비할 수 있어요. 무슨 말을 해야 될까요?   오후 1시 10분
>
> 프랭키 정   그냥 좋은 인상을 남길 수 있는, 따뜻하게 환영한다는 의미를 전하면 됩니다.   오후 1시 13분

> 리처드 셸턴   저도 돕고 싶네요. **173그분을 위해 꽃을 좀 가져올 수 있어요.**   오후 1시 15분
>
> 제이 메릴   제가 페르난도 케이터링 회사에 연락했는데요. 거기 직원은 파티용 트레이는 대형만 판매한다고 합니다. **175개인적으로는 사이드 앙트레가 있는 큰 파티 트레이 하나를 주문하는 것이 좋다고 생각합니다.**   오후 1시 18분
>
> 프랭키 정   **175저는 좋습니다. 여러분, 모두들 이렇게 애써 주셔서 감사합니다. 내일 봅시다.**   오후 1시 20분

표현 정리 reminder 공지사항 volunteer 자원자 welcoming speech 환영사 contact 연락하다 catering company 케이터링 업체, 출장 뷔페 회사 leave a good impression 좋은 인상을 남기다 contribute 기여하다, 이바지하다 ideal 완벽한, 이상적인 entrée 식당이나 만찬의 주요리 또는 주요리 앞에 나오는 요리

172. 세부사항 파악 ★

❶ 보기 구성 파악 지문에 언급된 인물이 누구인지를 묻는 육하원칙(Who) 문제이다.

❷ 단서 찾기 및 정답 선택 오후 1시 04분의 둘째 문장 This is a reminder that we are welcoming a new marketing director, Mr. Wong, from the Obright Corporation.을 통해 웡 씨가 타회사에서 온 마케팅 부장이라는 사실을 알 수 있으므로 (B)가 정답이다.

표현 정리 transfer 이동하다, 이전하다

웡 씨는 누구인가?
(A) 신입 인턴
(B) 옮겨온 직원
(C) 영업부 직원
(D) 요리사

173. 세부사항 파악 ★

❶ 보기 구성 파악 셸턴 씨가 환영 브런치에 무엇을 가져올지 묻고 있는 육하원칙(What) 문제이다.

❷ 단서 찾기 및 정답 선택 오후 1시 15분의 문장 I can also bring some flowers for him.에서 꽃을 가져온다는 사실을 알 수 있으므로 (C)가 정답이다.

셸턴 씨는 환영 브런치에 무엇을 가져 오는가?
(A) 파티 트레이
(B) 편지
(C) 약간의 꽃
(D) 사이드 엔트리

174. 세부사항 파악 ★

❶ 보기 구성 파악 환영 브런치에 참여하지 않는 사람을 물어보는 육하원칙(Who) 문제이다.

❷ 단서 찾기 및 정답 선택 오후 1시 06분의 문장 I won't be able to attend the brunch because I have a scheduled meeting with the Sales Department.에서 쿡 씨가 참석할 수 없음을 확인할 수 있으므로 (D)가 정답이다.

환영 브런치에 참여하지 않는 사람은 누구인가?
(A) 정 씨
(B) 웡 씨
(C) 더거 씨
(D) 쿡 씨

新 **175.** 의미 파악 ★★

❶ 보기 구성 파악 특정 문구에 대한 의미를 파악하는 신유형 문제이다.

❷ 단서 찾기 및 정답 선택 "That's fine with me."는 앞서 제이 메릴이 언급한 내용에 대한 동의의 표시이므로 (D)가 정답이다.

표현 정리 **medium-sized** 중간 크기의 **prefer** 선호하다 **agree with** ~에 동의하다

오후 1시 20분에 정 씨가 "저는 좋습니다."라고 쓸 때 의미하는 바는 무엇이겠는가?
(A) 중간 크기의 트레이를 주문하는 게 좋다.
(B) 다른 케이터링 업체에 연락하기를 원한다.
(C) 오로지 대형 트레이만을 주문하고 싶어한다.
(D) 메릴 씨의 제안에 동의한다.

문제 176-180번은 다음의 광고와 양식을 참조하시오.

아이비파크 묘목장
장식용 식물과 나무
45400 N 블랙 캐니언 하이웨이
피닉스, 애리조나 주 85087
(602) 3636 8635
www.ivypark.com

당신의 가정과 사무실에 자연을 더하고자 한다면 아이비파크 묘목장으로 오세요. 저희는 세계 각지의 다양한 식물과 나무를 제공합니다. **176(C)**1,5000평방미터의 전시용 정원을 걸으면서 당신의 식물을 살펴보고 선택하세요.

1구역: 화초와 관목
1792구역: 과일나무와 덩굴 식물
3구역: 애리조나 주의 내한성 식물
4구역: 연못과 분수를 위한 수생 식물

177당신의 편의를 위해, 모든 식물의 채광, 물, 토양 조건에 관한 질문에 기꺼이 대답할 수 있도록 저희 묘목장 직원들은 여러 언어를 구사합니다. 새롭거나 특이하거나 이국적인 것을 찾으세요? **178**주온실에서 친절히 안내하는 많은 수석 정원사들 중 한 명에게 특별 주문에 대해 물어보세요.

176(A)아이비파크 묘목장은 당신이 선택한 식물이나 나무를 피닉스 지역 어디든지 배달해 드립니다.

표현 정리 **nursery** 묘목장 **add A to B** A를 B에 덧붙이다 **a huge range of** 엄청나게 다양한 **from all over the globe** 전 세계 각지에서 **stroll through** ~을 통과해 거닐다 **square meters** 평방미터 **garden exhibits** 전시용 정원 **water-based plants** 수생 식물 **for your convenience** 당신의 편의를 위해 **nursery staff** 묘목장 직원들 **exotic** 이국적인 **greenhouse** 온실, 재배실

아이비파크 묘목장   주문 양식

179종류	수량
1. 흰 수련 (알바)	2
2. 선인장 (해리시아)	1
3. 과일나무 - 복숭아	1
4. 과일나무 - 사과	1
5. 적포도덩굴 (시에나)	2

고객명: 사라 밀턴
180배송일: 6월 14일
주소: 3761 N 로웰, 메사, 애리조나 주 85207
전화번호: (062) 4527 3574

주문 양식을 작성한 후 그것을 묘목장 직원에게 제출하세요. 그러면 직원이 당신의 선택을 점검하고 질문에 대답한 후 당신이 선택한 식물을 확인할 것입니다.

• 저희는 고객이 주문일로부터 7일 내에 물품을 수령하시는 것을 보장합니다.
• **180**배송 확인 후 하루 내에 아이비파크 묘목장에 손상되거나 건강하지 않은 식물에 대해 알려야 합니다.

표현 정리 **complete** (양식을 빠짐없이) 작성하다 **order form** 주문 양식 **submit A to B** A를 B에게 제출하다 **verify** 확인하다 **be required to do** 반드시 ~해야 한다 **place an order** 주문하다 **be informed of** ~을 통보 받다 **damaged or unhealthy** 손상되거나 건강하지 않은 **confirmed delivery** 확인된 배송

176. 유추 / 추론 ★★

❶ 보기 구성 파악 아이비파크 묘목장(Ivy Park Nursery)에 대한 유추, 추론 문제이다.

❷ 단서 찾기 및 정답 선택 첫 지문 첫 문단의 마지막 문장 Stroll through 15,000 square meters of garden exhibits and look over and select your own plants.에서 (C)를 확인할 수 있다. 지문의 마지막 문장 Ivy Park Nursery can deliver any of your selected plants or trees anywhere in the Phoenix area.에서 (A)는 틀린 것이 확인되며, (B)와 (D)는 언급되지 않은 내용이다.

🔍 **함정 분석** 첫째 지문의 앞부분에서 We offer a huge range of plants and trees from all over the globe.라는 문장을 통해 정답을 (A)로 착각할 수 있다. 하지만 맨 마지막 문장을 보면 배달의 범위가 전국이 아닌 피닉스 지역으로 한정되어 있음을 확인할 수 있다.

표현 정리 **nationwide** 전국적으로 **orchard** 과수원 **offer full refunds** 전액 환불해주다

아이비파크 묘목장에 대해 무엇이 암시되어 있는가?
(A) 이국적인 식물을 전국에 배달한다.
(B) 주로 농장과 과수원에 물건을 공급한다.
(C) 고객들이 정원을 둘러보는 것을 허용한다.
(D) 원치 않는 꽃에 대해서는 전액 환불을 해준다.

177. 세부사항 파악 ★★

❶ 보기 구성 파악 묘목장 직원들이 고객들에게 제공할 수 있는 정보를 묻는 육하원칙(What) 문제이다.

❷ 단서 찾기 및 정답 선택 광고에 대한 질문이므로 첫 지문을 살펴본다. 셋째 문단의 For your convenience, to happily answer questions about any plant's light, water, and soil needs, our nursery staff speaks several languages.가 (A)와 부합하는 내용이다.

표현 정리 **biological** 생물학의 **bulk order** 대량 주문 **flora** 식물군

광고에 따르면, 묘목장 직원들은 고객들에게 어떤 정보를 제공할 수 있는가?
(A) 각 식물의 재배 조건
(B) 각 식물의 생물학적 기원
(C) 대량 주문에 대한 할인가 정책
(D) 수생 식물을 위한 연못 공사 방법

178. 세부사항 파악 ★★

❶ 보기 구성 파악 고객들이 특이한 식물에 대한 특별 주문을 하는 방법을 묻는 육하원칙(How) 문제이다.

❷ 단서 찾기 및 정답 선택 첫 지문 셋째 문단의 마지막 문장 At the main greenhouse, ask one of our many helpful master gardeners about making a special order.에서 수석 정원사에게 물어보라고 하므로 (C)가 정답이다. 둘째 지문 셋째 문단의 문장 After completing your order form, please submit it to a nursery assistant.에서는 묘목장 직원에게 직접 제출하라고 하므로 (A)는 mailing 부분이 일치하지 않는다.

고객들은 어떻게 특이한 식물에 대한 특별 주문을 할 수 있는가?
(A) 아이비파크 묘목장에 특별 주문 양식을 우편으로 보냄으로써
(B) 묘목장 웹사이트에 등록함으로써
(C) 수석 정원사에게 말함으로써
(D) 묘목장 직원에게 주문 양식을 제출함으로써

179. 세부사항 파악 ★★

❶ 보기 구성 파악 묘목장 직원이 밀턴이 주문한 것을 찾을 수 있는 장소를 묻는 육하원칙(Where) 문제이다.

❷ 단서 찾기 및 정답 선택 질문의 most of에 유의하며 두 지문을 모두 살펴봐야 한다. 둘째 지문에서 밀턴이 주문한 식물은 수련, 선인장, 복숭아나무, 사과나무, 적포도 덩굴인데, 이들의 대부분이 첫 지문의 2구역에 해당되므로 (B)가 정답이다.

묘목장 직원들은 밀턴 씨가 주문한 것의 대부분을 어디에서 찾겠는가?
(A) 1구역
(B) 2구역
(C) 3구역
(D) 4구역

180. 세부사항 파악 ★

❶ 보기 구성 파악 밀턴 씨가 6월 15일까지 해야 하는 일을 묻는 육하원칙(When) 문제이다.

❷ 단서 찾기 및 정답 선택 '양식에 따르면'이라는 조건이 있으므로 둘째 지문을 살펴봐야 한다. 마지막 문장 Ivy Park Nursery must be informed of damaged or unhealthy plants within one day of their confirmed delivery.에서 손상되거나 건강하지 못한 식물들은 배송 하루 내에 알려달라고 했는데, 위에 배송일이 6월 14일이라고 적혀 있으므로 6월 15일까지 해야

할 일은 (D)이다.

표현 정리 **return** 반납하다, 반품하다 **related to** ~와 관련된

양식에 따르면, 밀턴 씨는 6월 15일까지 무엇을 해야 하는가?
(A) 식물 주문 금액과 배송료를 지불한다
(B) 잘못 배달된 식물들을 반품한다.
(C) 구매한 식물을 심거나 옮겨 심는다.
(D) 식물에 관한 문제에 대해 묘목장에 연락한다.

문제 181-185번은 다음의 편지와 이메일을 참조하시오.

2월 18일

마사오 키노시타
얼라이드 테크노 사
5-3-1 긴자, 추오, 도쿄 104-0061, 일본

키노시타 씨께,

이곳 그린테크에서 우리 팀은 귀하의 컴퓨터, 스마트폰/데스크탑폰과 다른 전자제품들을 믿을 만한 방법으로 재활용하는 데 헌신하고 있습니다. 우리의 저렴한 가격은 풍부한 수거 네트워크의 결과입니다. **182우리는 전 세계 40개 도시에 시설을 보유하고 있어 운송비와 연료비를 절감할 수 있습니다.**

특히 당신은 일본에서 가장 빠르게 성장하는 기업 중 하나의 환경담당자이므로 어디에서 무엇을 재활용하는지에 대한 당신의 선택은 큰 영향력이 있습니다. 동봉한 그린테크 소책자를 읽으신 후 폐기하거나 재활용할 수 있는 전자제품들을 보낼 곳으로 우리를 고려해 주시기를 바랍니다. **184우리의 서비스 질에 대한 당신의 신뢰를 더욱 높이기 위해 소책자 마지막 페이지에 나와 있는 우리 고객들 중 아무에게나 연락해보실 것을 권합니다. 183귀사의 필요사항에 대해 논의하길 원하시면, 제게 연락하시거나 아니면 더 편하실 수 있는 도쿄 사무소의 다카오 미나토야에게 연락 주십시오.** (181-지문 전체)

입 홈
고객관리 수석 매니저

표현 정리 **be committed to V-ing** ~하는 것에 헌신하다 **recycle** 재활용하다 **electronics** 전자제품 **in a responsible way** 책임 있는 방식으로 **resourceful collection network** 풍부한 수거 네트워크 **facility** 시설 **reduce costs** 비용을 줄이다 **shipping** 발송, 운송 **fuel usage** 연료 사용 **have a great impact** 큰 영향력이 있다 **rapidly growing** 빠르게 성장하는 **enclosed booklet** 동봉된 소책자 **disused and recyclable** 폐기되거나 재활용 가능한 **further your trust** 당신의 신뢰를 높이다 **encourage + 목 + to do** ~가 …하도록 권하다 **identify** (신원을) 확인하다, 알아보다

발신: 마사오 키노시타 〈kinoshita@altek.co.jp〉
수신: 루크 리케츠 〈luker@timmsglobal.com〉
제목: 그린테크
날짜: 2월 22일

리케츠 씨께,

저는 도쿄에 있는 얼라이드 테크노 사의 환경담당자입니다. 우리는 쓸모 없는 컴퓨터 장비와 사용된 프린터 카트리지를 재활용하기 위해 그린테크와 계약을 맺는 것을 고려하고 있습니다. **183,184그린테크 지역 대표에 연락하기 전에 그곳의 서비스에 대한 당신의 의견을 듣고 싶습니다.**

귀사가 해외 지사 몇 곳에서 전자제품 수거에 그린테크를 이용하는 것으로 알고 있습니다. 특히 저는 귀사의 오사카 지사와 그곳의 경험에 대해 듣고 싶습니다. 그린테크는 그곳의 전자제품 폐기물을 카메야마의 처리 공장으로 보내는데, 우리 폐기물이 보내지게 될 곳도 바로 거기입니다. 당신의 경험으로 보아 그린테크를 어떻게 평가하시나요? **185저는 특히 그 회사가 지정된 날과 시간에 귀사의 폐기물들을 수거하는 능력에 관심이 있습니다.** 어떠한 정보라도 제공해 주시면 대단히 감사하겠습니다.

마사오 키노시타

표현 정리 sign an agreement with ~와 계약을 체결하다 **obsolete** 쓸모 없는, 사용하지 않는 **transfer** 옮기다 **electronic waste** 전자제품 폐기물 **processing plant** 처리 공장 **evaluate** 평가하다 **particularly** 특히 **appointed days and times** 지정된 날짜와 시간

181. 주제 파악 ★★

①보기 구성 파악 편지의 목적, 즉 주제를 묻는 문제이다.

②단서 찾기 및 정답 선택 주제 문제는 각 문단의 요지를 파악해야 한다. 첫 지문의 첫 문단은 그린테크에 대한 소개, 둘째 문단은 수신자인 키노시타 씨에게 전자제품의 폐기 및 재활용을 그린테크에 맡기도록 권하고 있다. 따라서 (B)가 내용과 부합하는 주제로 알맞다.

표현 정리 long-term 장기적인 recommend 추천하다, 권하다

편지의 목적은 무엇인가?
(A) 환경 정책을 설명하기
(B) 재활용 서비스를 제의하기
(C) 장기 거래 고객들로부터 피드백을 받기
(D) 새 컴퓨터 패키지를 추천하기

182. 세부사항 파악 ★★

①보기 구성 파악 편지에서 그린테크가 에너지 소비를 줄이는 방법을 묻는 육하원칙(How) 문제이다.

②단서 찾기 및 정답 선택 편지라는 단서가 있으므로 첫 지문을 살펴보아야 한다. 첫 지문 첫 문단의 마지막 문장 Since we have facilities in 40 cities around the world, we are able to reduce costs on shipping, transportation, and fuel usage.에서 전세계 40개 도시에서 시설을 운영하여 운송비와 연료비를 줄인다고 하므로 (C)가 정답이다.

표현 정리 utilize 활용하다, 이용하다 appliance (가정용) 기기, 전기 제품 power-saving 절전의 recondition 수리하다, 수선하다

편지에 따르면, 그린테크는 어떻게 에너지 소비를 줄이고 있는가?
(A) 절전 기술이 적용된 기기들을 활용한다.
(B) 하이브리드 운송 수단으로 제품을 운송한다.
(C) 고객들 근처에 시설을 운영한다.
(D) 컴퓨터와 전자기기를 수리한다.

183. 유추 / 추론 ★★★

①보기 구성 파악 그린테크의 지역 대표를 묻는 유추, 추론 연계형 문제이다.

②단서 찾기 및 정답 선택 두 지문을 모두 살펴봐야 하는 연계형 문제이다. 첫 지문의 마지막 문장 Please contact me or, if you prefer, speak with Takao Minatoya in our Tokyo office if you would like to discuss your company's needs.에서 자신 혹은 그린테크 도쿄 사무소의 다카오 미나토야에게 연락해보라고 하는데, 여기서는 다카오 미나토야의 직책이 확실하지 않다. 하지만 둘째 지문 첫 문단의 마지막 문장 I would like to hear your opinion on its services before I contact its regional representative at Greentech.에서 다카오 미나토야가 지역 대표(regional representative)임을 추정할 수 있으므로 (D)가 정답이다. (A)는 얼라이드 테크노의 환경담당자이고 (B)는 그린테크의 고객이며 (C)는 그린테크의 고객관리 수석 매니저이다.

🔍 **함정 분석** 이메일에서 발신인 부분과 맨 끝에 마사오 키노시타가 적혀 있기 때문에 그를 그린테크의 지역 대표로 오인할 수 있다. 하지만 이메일 첫 문장에서 본인이 도쿄에 있는 얼라이드 테크노 사의 환경담당자임을 밝히고 있다는 점에 유의한다.

그린테크의 지역 대표는 누구이겠는가?
(A) 마사오 키노시타
(B) 루크 리케츠
(C) 입 홈
(D) 다카오 미나토야

184. 유추 / 추론 ★★

①보기 구성 파악 키노시타가 리케츠의 연락처를 구한 곳을 묻는 유추, 추론 연계형 문제이다.

②단서 찾기 및 정답 선택 두 지문을 모두 살펴봐야 하는 연계형 문제이다. 첫 지문 둘째 문단의 중간 부분의 문장 To further your trust in our quality of service, I encourage you to contact any of our clients identified on the last page of the booklet.에서 소책자 마지막 페이지에 있는 고객 명단에서 아무 고객에게나 연락하여 그린테크에 대해 알아보라고 하는데, 둘째 지문 첫째 문단 마지막 문장을 통해 키노시타 씨가 고객 명단에 실려 있는 리케츠 씨에게 연락한 것으로 추정할 수 있으므로 (D)가 정답이다.

표현 정리 reference 참고, 참조

키노시타 씨는 리케츠 씨의 연락처를 어디서 구했겠는가?
(A) 일본 기업 등기부에서
(B) 홈 씨의 비서에게서
(C) 그린테크의 도쿄 사무소에서
(D) 그린테크의 참조 목록에서

185. 세부사항 파악 ★★

①보기 구성 파악 키노시타가 그린테크에 대해 염려하는 내용을 묻는 육하원칙(What) 문제이다.

②단서 찾기 및 정답 선택 둘째 지문 하단의 문장 I'm particularly interested in its ability to pick up your waste materials on the appointed days and times.에서 (C)를 확인할 수 있다.

표현 정리 non-bulk 대량이 아닌 consistency 한결같음, 일관성

키노시타 씨는 그린테크에 대해 무엇을 염려하는가?
(A) 처리할 수 있는 장비의 종류

(B) 소량 수거에 관련된 요금
(C) 일정의 일관성
(D) 업계 내에서의 평판

新 **문제 186-190번은 다음의 이메일들과 신청서를 참조하시오.**

수신: pr@spwmf.demur.com
발신: sferguson@hmail.com
날짜: 8월 14일
제목: 문의

관계자 분께,

186,189(A)(C) 내년 2월에 있을 제10회 스윗플레인 월드뮤직 페스티벌에 참가하는 음악가들을 만나 그들을 인터뷰하기 위해 기자 통행증을 요청합니다. **187** 런던에 본부를 둔 잡지인 〈무스-스타일〉은 아프리카, 카리브해, 그리고 라틴아메리카 음악에 대한 제 경험과 통찰을 기반으로 페스티벌에 관한 기사를 써 줄 것을 의뢰했습니다.

프리랜서 기자로서 저는 유럽과 미국 양쪽의 많은 유명 문화 단체와 잡지에 통찰력 있는 비평 기사들을 기고했는데, 두 곳을 예로 들자면 디워크 예술문화 센터와 〈하이튠즈 매거진〉이 있습니다. 사실, 디워크 예술문화 센터는 저에게 브라질리안 카포에이라 컴퍼니의 영국과 서유럽 순회 공연에 관한 기사를 써달라고 요청한 바 있습니다. 제 요청이 승인될 수 있을지, 된다면 언제 될 수 있을지 알려주시기 바랍니다.

감사합니다.

샐리 퍼거슨

표현 정리 journalist's pass 기자 통행증 in order to do ∼하기 위하여 gain access to ∼에 접근[이용] 권한을 얻다 participating musicians 참가하는 음악들 commission + 목 + to do ∼에게 …하도록 의뢰하다 write a piece 기사를 쓰다 based on ∼에 근거하여 insightful 통찰력 있는 review 비평, 논평 popular 인기 있는 including ∼을 포함하여 to name two 두 개를 예로 들자면 actually 실제로(= in fact) inform 알리다, 통지하다

수신: sferguson@hmail.com
발신: mborn@spwmf.demur.com
날짜: 8월 16일
제목: 문의

퍼거슨 씨께,

스윗플레인 월드 뮤직 페스티벌에 대한 귀하의 요청에 감사드립니다. **189(D)** 스윗플레인 월드 뮤직 페스티벌의 주최자로서, 스윗플레인 예술음악 센터는 귀하와 같은 프리랜서 기자를 포함한 모든 형태의 미디어가 이곳에 오셔서 관심 있는 후원자들과 함께 저희의 특별한 행사들에 참여하시는 것을 환영합니다.

외국 및 독일 미디어 그룹들의 요청이 쇄도하고 있어 기자 통행증은 확인된 기자들에게 선착순으로 할당됩니다. **188** 기자 통행증을 얻는 데 관심 있는 관계자들은 반드시 모든 필요한 서류를 페스티벌 위원

회에 제공해야 합니다. 모든 신청은 공인된 출판물인 공식 회사 문서 양식으로 작성되어야 합니다. 승인된 요청들은 이메일 확인 후 수취인에게 메일이 발송될 것입니다. **190** 신청서는 4월 20일까지 접수되어야 합니다.

맥스 본
홍보 책임자, 스윗플레인 예술음악 센터

표현 정리 be pleased to do ∼하게 되어 기쁘다 host 주최자 share A with B A를 B와 공유하다 interested supporters 관심 있는 후원자들 due to ∼때문에 be assigned to ∼에게 할당되다 verified 확인된 on a first-come, first-served basis 선착순으로 provide A to B A를 B에게 제공하다 application 신청서, 지원서 official company letterhead 공식 회사 문서 양식 recognized 알려진, 공인된 publication 출판물 recipient 수취인 confirmation 확인

기자 통행증 신청서   – 공문 –

* **190** 발행일: 2017년 5월 2일
* 이름: 로저 알렌
* 직함: 프리랜서 기자
* 회사: 월드뮤직 런던
* 취재할 주제: 제10회 스윗플레인 월드뮤직 페스티벌
* 이메일: r_allen@unamail.uk
* 전화번호: (020) 3617-6138

월드뮤직 런던

---

186. 주제 파악 ★★

❶ 보기 구성 파악 퍼거슨 씨가 첫 이메일을 보낸 이유를 묻고 있다.

❷ 단서 찾기 및 정답 선택 첫 지문의 첫 문장 I would like to request a journalist's pass in order to gain access to participating musicians and to interview them at the tenth Sweet Plain World Music Festival next February.에서 퍼거슨 씨가 뮤지션들을 만나 인터뷰를 하기 위해 기자 통행증을 요청하고 있음을 알 수 있으므로 (C)가 정답이다.

표현 정리 verify 확인하다, 입증하다 availability 구입 가능성

퍼거슨 씨는 왜 첫 번째 이메일을 보냈는가?
(A) 공연자들의 목록을 요청하기 위해
(B) 티켓의 구매 여부를 확인하기 위해
(C) 행사의 특별한 접근 권한을 요청하기 위해
(D) 남미의 댄스 그룹에 대해 문의하기 위해

187. 세부사항 파악 ★

❶ 보기 구성 파악 퍼거슨 씨를 고용한 단체의 이름을 묻고 있는 육하원칙 (What) 문제이다.

❷ 단서 찾기 및 정답 선택 첫 지문 첫 문단의 둘째 문장 London-based magazine Mus-Style has commissioned me to write a piece on the festival ∼.에서 (A)가 정답임을 확인할 수 있다. 둘째 문단을 통해 (B)와 (C)는 퍼거슨 씨가 이전에 기사 작성 의뢰를 받았던 매체들이고 (D)는 취재의 대상이었음을 확인할 수 있다.

어느 단체가 기사 작성을 위해 가장 최근에 퍼거슨 씨를 고용했는가?
(A) 무스-스타일
(B) 디워크 문화예술 센터
(C) 하이튠즈 매거진
(D) 브라질리안 카포에이라 컴퍼니

188. 요청 / 제안 ★★

① 보기 구성 파악 본 씨가 퍼거슨 씨에게 요청한 사항을 묻고 있는 요청, 제안 문제이다.

② 단서 찾기 및 정답 선택 둘째 지문 둘째 문단의 둘째 문장 Parties interested in obtaining a press pass must provide all of the necessary documents to the festival board. All applications have to be on the official company letterhead of a recognized publication.에서 기자 통행증을 얻으려면 필요한 서류를 제출하고 공식 회사 문서 양식으로 신청해야 한다고 했으므로 (A)가 일치한다.

표현 정리 present 제출하다

본 씨는 퍼거슨 씨에게 무엇을 하도록 요청하는가?
(A) 공식적인 요청서를 제출한다.
(B) 그녀가 작업한 기사 샘플을 제공한다.
(C) 그녀의 고용주에게 통행증을 제공하도록 요청한다.
(D) 그녀의 요청이 처리되는 시간을 참작한다.

189. True / Not True ★★

① 보기 구성 파악 스윗플레인 월드뮤직 페스티벌에 대해 언급되지 않은 사항을 묻는 Not True 문제이다.

② 단서 찾기 및 정답 선택 (A)와 (C)는 첫 지문 첫 문단 I would like to request a journalist's pass in order to gain access to participating musicians and to interview them at the tenth Sweet Plain World Music Festival next February.에서, (D)는 둘째 지문 첫 문단의 둘째 문장 As the hosts of the Sweet Plain World Music Festival, we, the Sweet Plain Arts and Music Center, welcome all forms of media, including freelance writers such as yourself, ~.에서 확인된다. 입장료에 관해서는 언급되지 않았으므로 (B)가 정답이다.

표현 정리 admission fee 입장료 a variety of 다양한

스윗플레인 월드뮤직 페스티벌에 대해 언급되지 않은 것은?
(A) 전에 9번 실시되었다.
(B) 입장료를 요구하지 않는다.
(C) 다양한 국제 공연자들이 포함된다.
(D) 스윗플레인 예술음악 센터에서 개최된다.

190. 유추 / 추론 ★★

① 보기 구성 파악 알렌에 대해 유추할 수 있는 내용을 묻고 있는 유추, 추론 문제이다.

② 단서 찾기 및 정답 선택 둘째와 셋째 지문을 모두 봐야 단서를 찾을 수 있다. 우선 둘째 지문의 마지막 문장 Applications need to be received by April 20.에서 기자 통행증 신청서 마감일이 4월 20일이라고 했는데, 셋째 지문인 기자 통행증 신청서의 발행일이 5월 2일이므로 (C)를 유추할 수 있다.

🔍 함정 분석 자칫 날짜 관계를 눈여겨보지 않았다면 정답을 (B)로 오인할 수 있다. 하지만 신청서의 마감일과 발급일자를 비교해보면 (C)가 가장 명확하게 추정할 수 있는 내용이므로 정답을 (C)로 골라야 한다. (B)도 가능성이 있는 내용이지만 추론의 근거가 너무 부족하다.

알렌에 대해 암시되어 있는 것은?
(A) 월드뮤직 런던에서 일을 시작했다.
(B) 퍼거슨 씨는 그의 지인 중 한 명이다.
(C) 그의 신청서는 승인되지 않을 것이다.
(D) 카포에이라를 취재하는 데 관심이 있다.

新 문제 191-195번은 다음의 리뷰와 이메일 그리고 일정표를 참조하시오.

마운틴릿지 산장

192콜로라도 스노우매스 피크의 기슭에 자리한 마운틴릿지 산장은 지친 스키어들에게 따뜻함과 영양이 있는 음식을, 그리고 이 지역에서 하루 종일 관광하며 즐거움을 만끽한 이들에게 잠자리를 제공해 준다. **194산장은 75개의 객실을 갖추고 있는데, 모두 두 개의 더블 베드가 있고**, 5개의 특실 에는 전부 작은 부엌 하나와 거실뿐 아니라 다양한 숙박 예약이 가능한 두 개의 침실을 갖추고 있다. 모든 객실은 산맥이 보이는 위치에 자리잡고 있다. **191(B) (C)투숙객은 최신 피트니스 시설과 실내 수영장 그리고 차가운 겨울 밤을 즐길 수 있는 야외 온천을 이용할 수 있다.** 유명 셰프인 자크 버나드의 지휘 하에 있는 **191(A)5성급 레스토랑은 지역민과 관광객들 모두에게 인기가 있으며**, 가장 최근에는 아스펜 푸드 페스티벌의 블루리본 상을 받기도 했다. **195버나드는 홍콩 음식을 전문으로 하며 올해도 이 페스티벌에 참여한다.**

마운틴릿지 산장에서 숙박이나 식사를 예약하려면 웹사이트(www.mountainridgelodge.com)를 방문하거나 고객서비스 번호(888-977-1456)로 전화하면 된다.

표현 정리 nestled at ~에 둥지를 틀고 있는 lodge 산장 warmth 따뜻한 nourishment (영양이 있는) 음식 wearied 지친 place to lay your head 머리를 누일 장소 fun-filled 즐거움으로 가득한 suite 특실 varying sleeping arrangements 다양한 숙박 인원 예약 sitting room 거실 mountain range 산맥 overnight guest 투숙객 make use of ~을 이용하다 state-of-the-art 최신식의 renowned 유명한 local 지역 주민 recipient 수령자, 수상자 specialize in ~을 전문으로 하다 book 예약하다

수신: 제니스 수아레즈
발신: Reservations@mountainridgelodge.com
날짜: 1월 21일
제목: 귀하의 마운틴릿지 산장 예약

수아레즈 씨께,

저희 웹사이트의 온라인 예약 일정표를 통해 귀하의 예약 요청을 접수했습니다. 안타깝게도, 귀하의 제출 양식에서 미기입된 정보("??"로 표시된 부분)가 있습니다. 저희가 가지고 있는 정보를 확인해 주시고 객실 확보를 위해 가능한 빨리 미기입된 정보를 제출해 주십시오. 감사합니다.

체크인: 2월 10일 수요일
체크아웃: 2월 14일 일요일
객실 수: 1개
194객실 유형: 일반
투숙객 수: ??

193덧붙여, 현재 저희가 실시하고 있는 특가 행사에 대해 알려드리고자 합니다. 5일 숙박을 하시면 이틀을 무료로 더 머물 수 있습니다. 현재 귀하는 저희 산장에서 4일 숙박을 예약하셨습니다. 189달러(2인 1일 기준)의 비용이면 3일을 더 숙박하실 수 있습니다. 예약에 관해 문의사항이 있으시면 주저 말고 제게 연락 주세요.

조 힐데브란트
매니저, 게스트 서비스
마운틴릿지 산장

표현 정리 reservation 예약 via ~을 통해 unfortunately 안타깝게도 missing 빠진, 미기입된 marked with ~로 표시된 submission 제출 양식 confirm 확인하다 at one's earliest convenience 가능한 빨리 secure 확보하다 type of room 객실 종류 double-occupancy 2인실의 regarding ~에 관하여

아스펜 푸드 페스티벌	2017년 6월 16일 금요일

금요일 오후 2:00 – 2:45
이탈리아노, 페르 파보레!

금요일 오후 2:00 – 2:45
가장 인기 있는 프랑스 남부 음식

금요일 오후 2:00 – 2:45
립식! 립식! 립식!

금요일 오후 3:45 – 4:30
195아시아 최고의 길거리 음식

금요일 오후 3:45 – 4:30
주방에서 최고의 셰프와 함께 하다

---

191. True / Not True ★

① 보기 구성 파악 첫 지문에서 언급되지 않은 시설을 묻는 Not True 문제이다.

② 단서 찾기 및 정답 선택 (A)는 The 5-star restaurant가 언급되어 있는 부분에서, (B)는 the state-of-the-art fitness facility가 언급되어 있는 부분에서, 그리고 (C)는 the indoor pool이 언급되어 있는 부분에서 산장의 편의시설로 확인할 수 있다. (D)에 관해서는 언급되지 않았다.

표현 정리 aquatic 수상의, 수중의

리뷰에서 언급되지 않은 편의시설은 무엇인가?
(A) 식사 옵션
(B) 운동 구역
(C) 수영 센터
(D) 선물 가게

192. 세부사항 파악 ★

① 보기 구성 파악 산장의 지리적 위치를 묻는 육하원칙(Where) 문제이다.

② 단서 찾기 및 정답 선택 첫 지문의 첫 문장 Nestled at the base of Snowmass Peak, Colorado, the Mountain Ridge Lodge ~.에서 산장이 산 기슭에 위치하고 있음을 알 수 있으므로 (B)가 정답이다.

표현 정리 summit 정상, 산꼭대기

리뷰에 따르면, 마운틴릿지 산장은 어디에 위치해 있는가?
(A) 스노우매스 정상에
(B) 산의 아래자락에
(C) 물가에
(D) 주도(州都) 근처에

193. 주제 파악 ★★

① 보기 구성 파악 둘째 지문의 주제를 묻는 주제 파악 문제이다.

② 단서 찾기 및 정답 선택 이메일에서 언급된 사항을 살펴보면, (1) 기입하지 않은 예약 정보를 채워 달라는 것과 (2) 5일 숙박을 하면 이틀간 무료 숙박이 가능하는 것인데 (2)번이 (A)와 일치하고 있다.

표현 정리 notify A of B A에게 B를 알리다 make a complaint 불만을 제기하다

이메일의 목적은 무엇인가?
(A) 고객에게 가능한 할인을 알리는 것
(B) 고객의 방문 날짜를 요청하는 것
(C) 고객이 제기한 불만사항에 답변하는 것
(D) 일자리를 제안하는 것

194. 유추 / 추론 ★★★

① 보기 구성 파악 수아레즈가 머물 객실의 시설을 묻는 유추, 추론 문제이다.

② 단서 찾기 및 정답 선택 첫째 지문과 둘째 지문을 모두 살펴봐야 해결이 가능하다. 둘째 지문의 예약 정보에서 Type of Room: Standard에서 객실 유형이 Standard라고 하였으므로 첫째 지문에서 Standard 객실에 관한 정보를 찾아보면 된다. 첫째 지문의 둘째 문장 The lodge has 75 rooms that all have 2 double beds 부분이 일반 객실에 관해 언급한 내용으로 (D)가 일치한다.

산장에서 수아레즈의 객실에는 무엇이 있겠는가?
(A) 킹사이즈 침대 하나
(B) 거실 하나
(C) 작은 부엌 하나
(D) 더블 베드 두 개

195. 유추 / 추론 ★★

① 보기 구성 파악 버나드 씨가 아스펜 푸드 페스티벌에서 참여한 곳을 묻는 유추, 추론 문제이다.

② 단서 찾기 및 정답 선택 첫째 지문과 둘째 지문을 모두 살펴봐야 해결이 가능하다. 우선 첫째 지문 하단의 문장 Mr. Bernard specializes in Hong Kong foods and is also attending this year's festival.에서 버나드가 홍콩 요리를 전문으로 한다는 사실과 올해 페스티벌에 참석한다는 것을 알 수 있다. 셋째 지문의 프로그램들 중에 이 내용과 가장 부합하는 것은 (D)라고 할 수 있다.

버나드 씨는 아스펜 푸드 페스티벌에서 어디에 참여하겠는가?
(A) 이탈리아노, 페르 파보레!
(B) 가장 인기 있는 프랑스 남부 음식
(C) 립식! 립식! 립식!
(D) 아시아 최고의 길거리 음식

新 **문제 196-200번은 다음의 이메일들과 차트를 참조하시오.**

발신: 로베르토 포포
수신: 막스 로메로, 아멜리아 지릴리, 레오나르드 두마스, 필리페 기세
제목: 다음 월례 회의
날짜: 7월 2일 수요일
첨부 파일: 지출

여러분이 레스토랑을 잘 운영하고 계시기를 바랍니다. 이 나라에서 4개의 모든 레스토랑이 영업을 시작한지 일년이 되었는데, **196 저는 다가오는 월례 회의에서 메뉴에 관한 몇 가지 새로운 제안에 대해 논의하고 싶습니다.**

도표는 지난 달 매출 보고서입니다. **199(A) (C)** 글렌데일은 가장 문을 먼저 연 지점이고 인구도 다른 세 도시보다 많음에도 불구하고, 까르보나라와 토마토 파스타를 제외하고는 다른 도시들에 비해 매출이 낮다는 것을 보고 놀랐습니다. **197** 아울크릭은 수프에서 매우 높은 매출을 보이는데, 데일리 수프 홍보 활동 덕분이라고 해도 과언이 아니라고 봅니다. 다른 지점의 매니저들도 잘 보시고 같은 홍보 활동을 준비해 주십시오.

198 이것이 이메일의 전부입니다만, 7월 5일 월례 회의에서 서로 의견들을 나누었으면 좋겠습니다. 또한, 우리 프랜차이즈는 메뉴에 가짓수를 좀더 늘려도 될 만큼 충분히 성숙했다고 생각합니다. **198** 새로운 메뉴를 위해 여러분이 생각하시는 제안을 가져오시기 바랍니다.

감사합니다.

로베르토 포포, 포포 파스타 CEO

표현 정리 go into business 영업을 시작하다 proposal 제안 regarding ~에 관하여 upcoming 다가오는, 곧 예정된 monthly meeting 월례 회의 sales 매출, 매출량 other than ~이외에 carbonara pasta 까르보나라 파스타 unusually 대단히, 몹시 thanks to ~덕분에 promotion 프로모션, 홍보 활동 launch 개시하다 introduce 소개하다, 도입하다

포포 파스타
매출 기록: 6월

	글렌데일	메리델	길리엄	아울크릭
수프	3,600달러	7,700달러	8,500달러	15,600달러
토마토 파스타	15,000달러	10,850달러	12,000달러	11,800달러
까르보나라	33,000달러	13,250달러	14,250달러	12,800달러
라자냐	36,500달러	**200** 3,300달러	24,000달러	32,500달러
치즈 피자	8,700달러	17,500달러	**199(B)** 25,500달러	11,000달러
페퍼로니 피자	5,500달러	12,500달러	21,200달러	8,700달러

수신: 레오나르드 두마스
발신: 제시카 므라즈

두마스 씨께,

어제 회의에서 당신은 우리 직원들에게 라자냐의 매출을 늘리기 위한 몇 가지 방안에 대해 생각해 보라고 요청하셨어요. **200** 저는 라자냐의 매출이 다른 포포 파스타 지점이나 메뉴 상의 다른 음식들에 비해 매우 저조하다는 것에 놀랐습니다. 제가 생각한 것은 라자냐를 주문한 고객에게 무료 생맥주 한 잔을 주는 것입니다. 물론, 일시적으로 그렇게 해보자는 겁니다.

제시카

표현 정리 measure 조치, 방안 be surprised to do ~한 것에 놀라다 compared to ~에 비해 draft beer 생맥주 temporary 일시적인

---

196. 주제 파악 ★★

❶ **보기 구성 파악** 이메일의 목적을 묻는 주제 파악 문제이다.

❷ **단서 찾기 및 정답 선택** 첫째 지문 둘째 문장의 I'd like to talk about some new proposals regarding the menus at the upcoming monthly meeting.에서 다음 월례 회의 때 메뉴에 관한 새로운 제안에 대해 논의하고 싶다고 했으므로 (A)가 내용과 일치한다.

🔍 **함정 분석** 첫째 지문의 둘째 문장 I'd like to talk about ~ meeting.을 통해 이메일의 목적을 새로운 메뉴에 대한 제안으로 오인하여 (B)를 고르기 쉽다. 하지만 (B)는 지문의 하단에서 회의 때 준비해 오라고 지시하고 있으므로 옳지 않으며, 이메일을 보낸 궁극적인 목적은 새 사업 계획을 논의하기 위한 것이라는 점을 이해해야 한다.

이메일의 목적은 무엇인가?
(A) 사업 계획을 논의하는 것
(B) 레스토랑의 새로운 메뉴를 제안하는 것
(C) 글렌데일에서 사는 것이 어떤지 설명하는 것
(D) 레스토랑이 잘 되지 않는 것을 설명하는 것

---

197. 유추 / 추론 ★★

❶ **보기 구성 파악** 아울크릭이 수프에서 가장 높은 매출을 올리는 이유를 묻는 유추, 추론 문제이다.

❷ **단서 찾기 및 정답 선택** 첫째 지문의 둘째 문단의 문장 Owl Creek has an unusually high number of sales for soup; I think it's safe to say that is thanks to the daily soup promotion.에서 (B)를 확인할 수 있다.

표현 정리 location 장소

아울크릭이 수프에서 가장 높은 매출을 올리는 이유는?
(A) 새로운 장소를 갖고 있다.
(B) 새로운 홍보가 있다.
(C) 새로운 인테리어 디자인이 있다.
(D) 새로운 요리사가 있다.

180

198. 세부사항 파악 ★★

① 보기 구성 파악 7월 5일에 있을 내용을 묻는 육하원칙(What) 문제이다.

② 단서 찾기 및 정답 선택 첫 지문 마지막 문단의 둘째 문장 You are all welcome to share your opinions at the monthly meeting on July 5.와 마지막 문장 Please come with suggestions for any new items you have been thinking about.을 통해 7월 5일 월례 회의에서 새로운 메뉴에 대한 제안을 가져오라는 내용이 나오므로 (C)가 정답이다.

표현 정리 fire 해고하다

이메일에 따르면, 7월 5일에 무슨 일이 있겠는가?
(A) 메뉴에서 가격이 변경된다.
(B) 새로운 레스토랑이 오픈한다.
(C) 사람들이 일부 새로운 메뉴를 제안한다.
(D) 몇몇 관리자가 해고된다.

199. True / Not True ★★

① 보기 구성 파악 글렌데일 지점에 대한 사실을 묻고 있는 True 문제이다.

② 단서 찾기 및 정답 선택 첫째와 둘째 지문을 모두 살펴봐야 해결이 가능하다. 첫째 지문 둘째 문단의 둘째 문장 Although Glendale was the first to open and its population is larger than those of the other three cities, I'm surprised to see that, other than the carbonara pasta and tomato pasta, sales at the Glendale restaurant are lower than sales in other cities.를 통해 (A)는 틀린 내용으로 확인되고 (C)가 사실임을 확인할 수 있다. (B)는 둘째 지문에서 길리엄 매장으로 확인되며 (D)는 언급되지 않았다.

글렌데일 지점에 대해 사실인 것은?
(A) 인구가 가장 적은 지역에 위치해 있다.
(B) 이 지점의 치즈 피자가 모든 지점들 가운데 가장 많이 팔린다.
(C) 다른 지점들보다 더 일찍 문을 열었다.
(D) 6월 회의 이후에 보수 공사가 있을 것이다.

200. 유추 / 추론 ★★

① 보기 구성 파악 두마스 씨가 일하는 곳을 묻는 유추, 추론 문제이다.

② 단서 찾기 및 정답 선택 둘째와 셋째 지문을 살펴봐야 해결이 가능하다. 우선 셋째 지문의 둘째 문장 I was surprised to learn that sales of lasagna are very poor compared to other Popo's Pasta branches and other items on the menu.에서 라쟈냐의 매출이 다른 포포 파스타 지점들에 비해 저조하다고 했다. 그리고 둘째 지문에서 라쟈냐 매출이 가장 저조한 매장은 메리델임을 알 수 있으므로 (B)가 정답이다.

두마스 씨는 어디에서 일하겠는가?
(A) 글렌데일
(B) 메리델
(C) 길리엄
(D) 아울크릭

1. (C)	2. (B)	3. (B)	4. (C)	5. (C)	6. (C)	7. (A)	8. (B)	9. (B)	10. (B)
11. (B)	12. (A)	13. (C)	14. (C)	15. (B)	16. (C)	17. (C)	18. (B)	19. (C)	20. (A)
21. (A)	22. (C)	23. (C)	24. (C)	25. (B)	26. (C)	27. (C)	28. (A)	29. (B)	30. (B)
31. (B)	32. (A)	33. (C)	34. (C)	35. (D)	36. (D)	37. (C)	38. (B)	39. (C)	40. (B)
41. (C)	42. (C)	43. (D)	44. (C)	45. (C)	46. (D)	47. (D)	48. (D)	49. (B)	50. (A)
51. (B)	52. (C)	53. (A)	54. (D)	55. (D)	56. (A)	57. (A)	58. (C)	59. (B)	60. (C)
61. (D)	62. (D)	63. (C)	64. (A)	65. (A)	66. (C)	67. (A)	68. (B)	69. (C)	70. (B)
71. (A)	72. (C)	73. (C)	74. (D)	75. (B)	76. (D)	77. (C)	78. (A)	79. (D)	80. (C)
81. (D)	82. (B)	83. (B)	84. (A)	85. (A)	86. (C)	87. (B)	88. (A)	89. (C)	90. (C)
91. (D)	92. (C)	93. (C)	94. (B)	95. (B)	96. (A)	97. (D)	98. (A)	99. (A)	100. (C)
101. (B)	102. (D)	103. (C)	104. (B)	105. (C)	106. (B)	107. (C)	108. (A)	109. (B)	110. (C)
111. (B)	112. (B)	113. (C)	114. (B)	115. (A)	116. (D)	117. (A)	118. (B)	119. (B)	120. (B)
121. (C)	122. (D)	123. (A)	124. (D)	125. (D)	126. (B)	127. (C)	128. (B)	129. (B)	130. (C)
131. (B)	132. (A)	133. (A)	134. (B)	135. (A)	136. (B)	137. (C)	138. (D)	139. (D)	140. (B)
141. (B)	142. (B)	143. (A)	144. (B)	145. (A)	146. (C)	147. (D)	148. (A)	149. (D)	150. (C)
151. (D)	152. (C)	153. (D)	154. (B)	155. (C)	156. (D)	157. (C)	158. (A)	159. (A)	160. (D)
161. (A)	162. (D)	163. (A)	164. (C)	165. (C)	166. (A)	167. (C)	168. (C)	169. (D)	170. (B)
171. (B)	172. (C)	173. (A)	174. (B)	175. (C)	176. (D)	177. (B)	178. (D)	179. (C)	180. (A)
181. (B)	182. (A)	183. (B)	184. (C)	185. (D)	186. (D)	187. (B)	188. (D)	189. (A)	190. (C)
191. (B)	192. (D)	193. (A)	194. (C)	195. (B)	196. (C)	197. (A)	198. (B)	199. (C)	200. (D)

TEST 2
PART 1

1. 풍경 사진 미W ★★

❶ 문제 유형 파악 정경 중심의 사진이므로 주요 사물들의 위치와 상태에 집중해야 한다. 따라서 승강장과 철로의 상태 등에 초점을 맞춰야 한다.

❷ 오답 제거 철로가 수리되고 있다는 뜻의 (A)는 사람의 동작을 묘사하므로 오답으로 처리해야 한다. 또한 열차와 의자가 보이지 않으므로 (B), (D) 모두 사진과 부합되는 묘사가 아니다.

❸ 정답 선택 보기 중 승강장에 아무도 없는 상태를 묘사하고 있는 (C)가 정답이다.

🔍 **함정 분석** 사람이 등장하지 않는 정경 사진에 진행 수동태 be being p.p.가 나오면 대부분 오답이다. 사진에 동작을 하고 있는 사람이 있어야 가능하다. 또한 사진에 없는 사람을 묘사하는 내용도 출제된다. 사람이 없는 승강장 사진에 passengers를 묘사하는 내용은 답이 될 수 없다.

표현 정리 **train tracks** 기차 철로 **pull into** (열차가) ~로 들어가다 **train platform** 기차 승강장 **be stacked up** ~가 쌓이다 **upside down** 거꾸로

(A) The train tracks are being repaired.
(B) A train is pulling into the station.
(C) The train platform is empty.
(D) The chairs are stacked upside down.

(A) 철로가 수리되고 있다.
(B) 열차가 역으로 진입하고 있다.
(C) 기차 승강장이 비어 있다.
(D) 의자들이 거꾸로 쌓여 있다.

2. 1인 사진 호M ★

❶ 문제 유형 파악 한 사람이 등장하는 사진이므로 사진 속 인물의 행동과 외모적 특징을 파악하는 것이 중요하다.

❷ 오답 제거 사진 속 사람이 건물을 나서고 있지 않고, 도구를 잡고 있지 않으며, 정장에 단추를 꿰매고 있지도 않으므로 (A), (C), (D) 모두 오답으로 처리해야 한다.

❸ 정답 선택 버튼을 누르는 동작을 묘사하고 있는 (B)가 정답이다.

표현 정리 **leave** 떠나다, 남기다 **press a button** 버튼을 누르다 **sew** 바느질하다, 꿰매다 **business suit** 정장

(A) A person is leaving a building.
(B) A person is pressing a button.
(C) A person is holding a tool with both hands.
(D) A person is sewing a button on a business suit.

(A) 한 사람이 건물을 떠나고 있다.
(B) 한 사람이 버튼을 누르고 있다.
(C) 한 사람이 양손으로 연장을 쥐고 있다.
(D) 한 사람이 정장에 단추를 꿰매고 있다.

3. 다수 사진 영W ★★

❶ 문제 유형 파악 여러 사람이 등장하는 사진이므로 사람들의 공통된 행동 및 외모적 특징에 집중해야 한다. 따라서 반팔과 반바지를 착용한 사람들이 테이블을 운반하고 있는 동작에 초점을 맞춰야 한다.

❷ 오답 제거 사람들이 가구들을 나르고 있지만 가격을 지불하는 모습은 보이지 않으므로 (A)는 오답으로 처리해야 한다. 또한 전등은 보이지만 사람들이 그것을 켜는 동작을 취하고 있지 않으므로 (C)도 틀린 묘사이고, 사진 속에 문서가 보이지 않으므로 (D) 역시 오답이다.

❸ 정답 선택 사람들이 테이블을 운반하는 행동을 묘사하고 있는 (B)가 정답이다.

🔍 **함정 분석** 전등이 켜져 있는 상태이지만 사람들이 켜고 있는 중이 아니므로 (C)는 답이 될 수 없다. 실내 사진에서 전등이나 조명에 관한 묘사도 자주 나온다. 조명 기구(light fixture), 천정등(ceiling light), 등(lamp), 세워 놓는 스탠드(floor lamp) 등의 표현도 함께 알아두자.

표현 정리 **pay for** ~에 대한 가격을 지불하다 **office furniture items** 사무용 가구들 **rearrange** 재배열하다, 재배치하다

(A) They are paying for office furniture items.
(B) They are rearranging some tables.
(C) They are turning on the light.
(D) They are picking up some documents.

(A) 사람들이 사무용 가구들의 값을 지불하고 있다.
(B) 사람들이 테이블들을 재배치하고 있다.
(C) 사람들이 전등을 켜고 있다.
(D) 사람들이 문서들을 집어 들고 있다.

4. 2인 사진 미M ★★

❶ 문제 유형 파악 두 사람이 등장하고 있으므로 두 사람의 행동과 옷차림 혹은 장신구의 착용 여부에 집중해야 한다. 반팔 차림의 두 사람이 함께 제품을 구경하는 행동을 중점적으로 살펴봐야 한다.

❷ 오답 제거 판매원, 계단, 농산물이 보이지 않으므로 (A), (B), (D) 모두 오답으로 처리해야 한다.

❸ 정답 선택 두 사람이 제품을 바라보는 모습을 묘사하고 있는 (C)가 정답이다.

표현 정리 **salesperson** 판매원 **mop** 대걸레, 물걸레 **pile** 쌓아놓은 것, 더미 **beside** ~의 옆에 **staircase** 계단 **merchandise** 상품 **on display** 진열 중인 **area** 지역, 구역 **be surrounded by** ~로 둘러싸이다 **assortment** (여러 가지의) 모음, 구색을 갖춘 것 **produce** 농산물

(A) A salesperson is cleaning the floor with a mop.
(B) A pile of new products is beside the staircase.
(C) They are looking at merchandise on display.
(D) The area is surrounded by a large assortment of produce.

(A) 판매원이 대걸레로 바닥을 청소하고 있다.
(B) 신제품 더미가 계단 옆에 있다.
(C) 사람들이 진열된 상품을 보고 있다.
(D) 구역이 다양한 농산물로 둘러싸여 있다.

5. 풍경 사진 [미W] ★★

❶ 문제 유형 파악 정경 중심의 사진으로 주된 사물들의 위치와 상태를 파악하는 것이 관건이다. 비어 있는 도로와 주변 주택들의 모습, 길가에 위치한 대형 천막의 모습, 대형 천막 밑에 두 개의 테이블이 나란히 위치하고 있는 모습, 그리고 두 개의 테이블 주변에 의자들이 위치하고 있는 모습에 집중해야 한다.

❷ 오답 제거 사람의 동작을 묘사하고 있는 (A), (B) 모두 사람이 등장하지 않는 사진과 부합되지 않는다. 테이블이 보이지만 그 위에 접시들은 보이지 않으므로 (D)도 오답으로 처리해야 한다.

❸ 정답 선택 적당한 간격을 두고 테이블 두 개가 나란히 배치된 모습을 묘사하고 있는 (C)가 정답이다.

> 🔍 **함정 분석** 사진에 보이지 않는 사물이나 사람을 묘사하는 내용은 무조건 오답이다. 테이블은 있지만 위에 쌓여 있는 접시가 보이지 않으므로 (D)는 답이 될 수 없다. 야외 공원이나 실내 사진에서 테이블(table)이 자주 묘사되는데, 테이블 위에 놓인 사물이 묘사되기도 하고 테이블이 배치된 모습이 나오기도 한다.

표현 정리 flowerpot 화분 **stack** 무더기, 더미 **plate** 접시, 그릇

(A) A flowerpot is being placed on the floor.
(B) One man is showing people to their seats.
(C) There is some open space between the tables.
(D) There is a stack of plates on the table.

(A) 화분이 바닥에 내려지고 있다.
(B) 한 남자가 사람들을 좌석으로 안내하고 있다.
(C) 테이블 사이에 약간의 빈 공간이 있다.
(D) 테이블 위에 접시들이 쌓여 있다.

6. 1인 사진 [영W] ★★

❶ 문제 유형 파악 1인 중심의 사진이므로 여자의 동작과 외모적 특징에 집중해야 한다. 여자가 가방 안을 살펴보는 행동과 목도리를 착용하고 말총머리 헤어스타일을 지닌 모습에서 정답이 제시될 것이라 예상할 수 있다.

❷ 오답 제거 사진 속에 진열 중인 상품이 보이지 않고, 기차 승강장과 배낭도 보이지 않으므로 (A), (B), (D) 모두 오답으로 처리해야 한다.

❸ 정답 선택 여자가 가방 안을 들여다보는 동작을 묘사하고 있는 (C)가 정답이다.

표현 정리 train platform 기차 승강장 **look into** ~안을 들여다보다 **pick up** ~을 들어 올리다 **backpack** 배낭, 백팩

(A) The woman is examining some goods on display.
(B) The woman is standing on a train platform.
(C) The woman is looking into her bag.
(D) The woman is picking up her backpack.

(A) 여자는 진열 중인 상품을 보고 있다.
(B) 여자는 기차 승강장에 서 있다.
(C) 여자는 가방 안을 들여다보고 있다.
(D) 여자는 배낭을 들어 올리고 있다.

---

PART 2

7. Where 의문문 [영W] [미M] ★★

❶ 문제 유형 파악 새로운 지사의 위치에 대해 묻는 Where 의문문이다.

❷ 오답 제거 (B)는 질문의 located를 반복적으로 들려주는 동일 어휘 함정이 포함된 오답으로 located가 다른 뜻으로 사용되었고, (C)는 의문사 의문문에 등장할 수 없는 Yes란 답변이 제시된 오답이다.

❸ 정답 선택 자신은 알지 못한다고 대답하는 (A)가 정답이다.

표현 정리 **branch office** 지사 **be located** (~에) 위치하다 **locate** 찾아내다 **missing** 사라진, 분실한 **be in charge** 책임지다, 담당하다

Where is the new branch office located?
(A) I have no idea.
(B) We located your missing bag.
(C) Yes, I'm in charge.

새로운 지사의 사무실은 어디에 위치하고 있나요?
(A) 잘 모르겠어요.
(B) 우리는 당신이 분실한 가방을 찾았어요.
(C) 네, 제가 책임자입니다.

8. Who 의문문 [미M] [미W] ★★

❶ 문제 유형 파악 부사장과 대화를 나누고 있는 남자에 대해 묻는 Who 의문문이다.

❷ 오답 제거 (A)는 기간을 묻는 How long 의문문에 적합한 내용의 대답이고, (C)는 질문의 vice president를 반복적으로 들려주는 동일 어휘 함정이 포함되어 있을 뿐만 아니라 그가 회의에서 연설을 한다는 내용도 Who 의문문과 무관하다.

❸ 정답 선택 새로 부임한 수석 회계사라며 남자의 정체를 직접적으로 언급하는 (B)가 정답이다.

표현 정리 **chief accountant** 수석 회계사 **speak at** ~에서 연설하다

Who is the man talking to the vice president?
(A) I've known him for over 10 years.
(B) He is our new chief accountant.
(C) The vice president will be speaking at the conference.

부사장님하고 이야기를 나누고 있는 남자는 누구인가요?
(A) 제가 그와 알고 지낸 지 10년이 넘었어요.
(B) 새로 온 수석 회계사예요.
(C) 부사장님은 회의에서 연설을 할 겁니다.

9. Who 의문문 [영W] [미M] ★

❶ 문제 유형 파악 오늘 있었던 마케팅 발표를 했던 사람이 누구인지 묻는 Who 의문문이다.

❷ 오답 제거 (A)는 의문사 의문문에서 사용할 수 없는 Yes란 답변이 등장하는 오답이며, (C)는 질문의 presentation을 통해 연상이 가능한 watch를 이용한 오답이다.

❸ 정답 선택 발표자의 이름을 구체적으로 제시하고 있는 (B)가 정답이다.

🔍 **함정 분석** Who 의문문에 대한 답변으로 사람 이름, 직위, 직업명, 회사 이름 등이 정답으로 출제된다. 또한 문장 맨 앞이나 뒤에 I think ~를 함께 말해 '~라고 생각합니다'라고 답하는 유형도 자주 나온다.

표현 정리 marketing presentation 마케팅 발표 be out of ink 잉크가 다 떨어지다

Who gave today's marketing presentation?
(A) Yes, we're out of ink.
(B) I think Mr. Powell did.
(C) We're watching a show.

오늘 있었던 마케팅 발표는 누가 했나요?
(A) 네, 우리는 잉크가 다 떨어졌어요.
(B) 파월 씨가 한 것으로 알고 있어요.
(C) 저희는 공연을 보고 있어요.

10. Which 의문문 미M 미W ★★

❶ 문제 유형 파악 어떤 옷가방을 선택할 것인지 묻는 Which 의문문이다.

❷ 오답 제거 구매 시점 및 구매 목적을 묻는 질문이 아니므로 (A)와 (C)는 모두 오답으로 처리해야 한다.

❸ 정답 선택 검은색 가죽으로 된 옷가방이라며 자신이 원하는 옷가방을 구체적으로 설명하고 있는 (B)가 정답이다.

🔍 **함정 분석** 어느 옷가방을 살 것인지를 묻는 질문에 그것을 지난주에 샀다고 답한 (A)를 고르지 않도록 한다. 질문에서는 특정 가방을 지정하지 않았으나 답변에서는 it으로 답하여 적절하지 않다. 'which + 명사'로 묻는 질문에는 one이 포함된 답변이 주로 정답으로 출제된다는 것도 꼭 기억하자.

표현 정리 suitcase 옷가방 business suit 정장 leather 가죽 business trip 출장

Which suitcase will you buy for your business suit?
(A) I bought it last week.
(B) The black leather one.
(C) For my business trip to Hong Kong.

당신의 정장을 넣을 옷가방을 어떤 것으로 구매할 거예요?
(A) 지난주에 그걸 구매했어요.
(B) 검은색 가죽 옷가방이요.
(C) 홍콩 출장을 위해서요.

11. Why 의문문 미M 영W ★★

❶ 문제 유형 파악 서류를 두 번 작성해야 하는 이유에 대해 묻는 Why 의문문이다.

❷ 오답 제거 (A)는 질문의 twice와 숫자의 관점에서 유사한 double이 등장하는 오답이며, (C)는 질문의 paperwork의 일부와 발음이 유사한 newspaper를 들려주는 함정이 포함된 오답이다.

❸ 정답 선택 직접적으로 모른다고 대답하는 (B)가 정답이다.

🔍 **함정 분석** Why 의문문에 대한 답변으로 Because만 듣고 (A)로 헷갈리지 않도록 한다. 서류를 두 번 작성해야 하는 이유에 대해 두 번 점검했기 때문이라고 답하여 질문과 전혀 어울리지 않는 답변이다.

표현 정리 fill out the paperwork 서류를 작성하다 double-check 두 번 점검하다

Why do we have to fill out the paperwork twice?
(A) Because we already double-checked.
(B) Actually, I have no idea.
(C) I don't have today's newspaper.

우리는 왜 서류를 두 번 작성해야 하나요?
(A) 우리가 이미 두 번이나 점검했기 때문이에요.
(B) 사실 저도 잘 모르겠어요.
(C) 저는 오늘 신문을 갖고 있지 않아요.

12. How 의문문 미W 호M ★★

❶ 문제 유형 파악 운영비를 절감시킬 방법을 묻는 How 의문문이다.

❷ 오답 제거 자세한 운영비의 액수와 위치 관계는 질문과 무관하므로 (B)와 (C)는 모두 오답이다.

❸ 정답 선택 몇몇 지사들을 폐쇄했다며 운영비 절감 방법을 구체적으로 알려주고 있는 (A)가 정답이다.

🔍 **함정 분석** How many와 How much만 생각하고 (B)를 고르지 않도록 한다. 운영비를 절감할 수 있는 방법을 묻는 질문이며, 방법을 묻는 How 의문문에 '~함으로써'라는 뜻의 by V-ing도 어울리는 답변임을 알아두도록 하자.

표현 정리 reduce 삭감하다, 절감하다 operating cost 운영비 shut down ~을 폐쇄하다 be located on ~에 위치하다

How can your company reduce its operating costs?
(A) By shutting down some branches.
(B) About 3,000 dollars.
(C) It's located on Pine Street.

귀사는 어떻게 운영비를 절감할 수 있나요?
(A) 몇몇 지사들을 폐쇄해서요.
(B) 대략 3000달러요.
(C) 그건 파인 스트리트에 위치해 있어요.

13. 부가 의문문 영W 미M ★★

❶ 문제 유형 파악 오늘 날씨가 좋겠다는 예측을 확인하는 부가의문문이다.

❷ 오답 제거 쇼핑을 갈 계획이나 폐장 시간은 날씨를 확인하는 내용과 무관하므로 (A)와 (B)는 모두 오답으로 처리해야 한다.

❸ 정답 선택 Yes란 긍정 답변을 제시한 후 밤에는 쌀쌀해질 것이란 추가 정보를 언급하고 있는 (C)가 정답이다.

표현 정리 sunny 화창한 chilly 쌀쌀한, 추운

It's going to be nice and sunny today, isn't it?
(A) I'm going shopping later today.
(B) We are closing in 5 minutes.
(C) Yes, but it'll get chilly tonight.

오늘 날씨가 화창할 거예요, 안 그래요?
(A) 오늘 늦게 쇼핑을 갈 거예요.

(B) 저희는 5분 후에 문을 닫습니다.
(C) 네, 하지만 오늘밤은 쌀쌀해질 거예요.

14. Which 의문문 [영W] [미M] ★★

① 문제 유형 파악 주로 어느 지하철을 이용하는지 묻는 Which 의문문이다.

② 오답 제거 자주 이용하는 지하철 정보와 무관하게 비싼 가격을 언급하고 있는 (A)와 질문의 usually를 반복적으로 들려주는 함정이 포함된 (B)는 모두 오답으로 처리해야 한다.

③ 정답 선택 지하철 2호선이라며 자주 이용하는 지하철을 구체적으로 밝히고 있는 (C)가 정답이다.

표현 정리 **way** (too를 강조하여) 훨씬, 아주 **have some tea** 차를 마시다 **subway line number 2** 지하철 2호선

Which subway do you usually take?
(A) It's way too expensive.
(B) I usually have some tea after lunch.
(C) Subway line number 2.

주로 어느 지하철을 이용하세요?
(A) 그건 너무 비싸네요.
(B) 저는 대개 점심식사 후에 차를 마셔요.
(C) 지하철 2호선이요.

15. 조동사 의문문 [미W] [영W] ★★

① 문제 유형 파악 오늘 밤에 저녁식사를 함께 하자고 제안하는 일반의문문이다.

② 오답 제거 (A)는 저녁식사 제안에 대해 점심식사를 언급하므로 오답이고, (C)는 dinner를 통해 연상이 가능한 dessert를 함정으로 이용한 오답이다.

③ 정답 선택 제안에 대해 흔쾌히 수락하는 Sure란 답변과 함께 방문 시간에 대해 묻고 있는 (B)가 정답이다.

표현 정리 **join** 합류하다, 함께 하다 **dessert** 디저트, 후식

Would you like to join us for dinner tonight?
(A) I already had lunch.
(B) Sure, what time should I come?
(C) No, I didn't have any dessert.

오늘 밤에 저녁식사를 저희와 함께 하시겠어요?
(A) 저는 이미 점심식사를 했어요.
(B) 좋습니다. 몇 시에 가면 될까요?
(C) 아뇨, 저는 후식은 안 먹었어요.

16. 조동사 의문문 [미M] [미W] ★★★

① 문제 유형 파악 스테이플러를 빌려줄 수 있냐고 묻는 일반의문문이다.

② 오답 제거 질문에서 언급되지 않은 여자를 가리키는 인칭대명사 she를 포함한 (A)와 질문의 stapler와 유사한 발음의 staple이 등장하는 (B)는 오답으로 처리해야 한다.

③ 정답 선택 흔쾌히 수락하고 있는 (C)가 정답이다. Would/Do you mind ~? 유형의 질문에서는 No/Not at all이 강한 긍정 답변이라는 점에 유의해야 한다.

🔍 **함정 분석** Would you mind ~?는 '~해도 될까요?'라는 뜻의 질문으로 No, Not at all 등이 수락하는 답변으로 쓰인다. 제안에 거절하는 답변이나 되묻는 답변도 출제되므로 수락하는 내용만 골라서는 안 된다.

표현 정리 **mind** 싫어하다, 꺼리다 **borrow** 빌리다 **stapler** 철침기, 스테이플러 **staple** 스테이플러로 고정시키다 **help yourself** 마음껏 쓰세요[드세요]

Would you mind if I borrowed your stapler?
(A) Yes, she's rather busy right now.
(B) Please staple the pages together.
(C) Not at all. Help yourself.

스테이플러를 빌릴 수 있을까요?
(A) 네, 그녀는 지금 좀 바빠요.
(B) 이 페이지들을 같이 철해 주세요.
(C) 그럼요, 얼마든지 쓰세요.

17. How 의문문 [호M] [영W] ★★★

① 문제 유형 파악 보스턴에 있는 호텔까지 가는 방법을 묻는 How 의문문이다.

② 오답 제거 (A)는 의문사 의문문과 함께 할 수 없는 Yes란 답변이 등장하므로 오답이고, 다음 주말이라는 시점을 언급하고 있는 (B)는 When 의문문에 적합한 오답이다.

③ 정답 선택 자신이 직접 그곳까지 차로 모셔다 주겠다고 대답하는 (C)가 정답이다.

표현 정리 **get to** ~에 도착하다 **get tired** 피곤해지다 **drive someone there** 그곳까지 ~를 차로 데려다주다

How can I get to the President Hotel in Boston?
(A) Yes, I'm getting tired.
(B) By next weekend.
(C) I'll drive you there.

보스턴에 있는 프레지던트 호텔은 어떻게 갈 수 있나요?
(A) 네, 저는 점점 피곤하네요.
(B) 다음 주말까지요.
(C) 제가 그곳까지 차로 모셔다 드릴게요.

18. Where 의문문 [미M] [미W] ★★

① 문제 유형 파악 새로운 시장 분석 보고서가 있는 장소에 대해 묻는 Where 의문문이다.

② 오답 제거 질문의 market을 반복적으로 들려주고 있는 (A)와 질문의 market을 통해 연상이 가능한 launch를 언급하고 있는 (C)는 모두 오답으로 처리해야 한다.

③ 정답 선택 회사의 데이터베이스에 있다며 보고서의 보관 장소를 구체적으로 언급하고 있는 (B)가 정답이다.

🔍 **함정 분석** Where can I find ~?는 자주 나오는 질문 유형으로, Where 의문문에 대한 답변과 같다. 직접적인 장소나 가는 방법으로 답하기도 하고, 다른 곳에 물어보라고 하거나 모르겠다는 등의 간접적인 답변도 가능하다.

표현 정리 **market analysis report** 시장 분석 보고서 **expand** 확대하다,

확장하다 **market share** 시장 점유(율) **mobile phone** 휴대전화 **launch** (제품을) 출시하다

Where can I find a new market analysis report?
(A) We want to expand our market share.
(B) It can be found in our company's database.
(C) Our new mobile phone has been launched.

새로운 시장 분석 보고서는 어디에서 찾을 수 있나요?
(A) 우리는 시장 점유율을 확대하고 싶어요.
(B) 회사 데이터베이스에 있어요.
(C) 우리의 새로운 휴대전화가 출시됐어요.

19. 부정 의문문 미W 미M ★★

❶ 문제 유형 파악 상대방 이름의 철자가 맞는지 묻는 일반의문문이다.

❷ 오답 제거 (A)는 철자가 정확하다는 긍정 답변인 Yes와 자신이 수정했다는 부연 설명이 서로 상충되는 오답이며, (B)는 질문에 등장한 적이 없는 남자를 지칭하는 인칭대명사 he가 제시된 오답이다.

❸ 정답 선택 No란 부정 답변으로 철자가 틀렸음을 밝힌 후 틀린 부분을 고쳐 주는 (C)가 정답이다.

표현 정리 **spell** 철자를 쓰다[말하다] **correctly** 올바르게, 정확히 **specialize in** ~을 전문으로 하다

Didn't I spell your name correctly?
(A) Yes, I corrected them.
(B) He specialized in computer graphics design.
(C) No, it has two C's, not one.

제가 당신 이름의 철자를 정확히 적지 않았나요?
(A) 아뇨, 제가 그것들을 수정했어요.
(B) 그는 컴퓨터 그래픽 디자인 전문이에요.
(C) 네, C가 한 번이 아니라 두 번 들어가요.

20. 평서문 미M 미W ★★

❶ 문제 유형 파악 지점장의 생일 선물로 실크 넥타이를 주문했음을 밝히고 있는 평서문이다.

❷ 오답 제거 평서문의 내용상 Yes란 답변이 제시될 필요가 없으며 will 이하의 내용이 불분명한 (B)와 마지막 발표의 시점을 언급하고 있는 (C)는 모두 지점장의 생일 선물과는 무관하므로 오답이다.

❸ 정답 선택 선물 선택이 탁월하다며 칭찬하고 있는 (A)가 정답이다.

🔍 **함정 분석** (C)는 질문에서 '선물'을 뜻하는 present와 발음이 유사한 presentation을 포함한 답변으로 질문과 무관하여 답이 될 수 없다. 의미를 알면 쉽지만 유사 발음 어휘는 빠지기 쉬운 함정이므로 비슷한 단어가 들리면 경계해야 한다.

표현 정리 **branch manager** 지점장 **birthday present** 생일 선물 **final presentation** 마지막 발표

I ordered a silk necktie as a birthday present for my branch manager.
(A) I think that's a good gift idea.
(B) Yes, we will.

(C) The final presentation will be made in one hour.

저는 지점장님의 생일 선물로 실크 넥타이를 주문했어요.
(A) 선물 선택이 탁월하네요.
(B) 네, 우리는 그럴 겁니다.
(C) 마지막 발표는 한 시간 후에 있을 겁니다.

21. Why 의문문 영W 미M ★★★

❶ 문제 유형 파악 런던 방문을 권유하는 Why don't you ~? 형태의 제안 의문문이다.

❷ 오답 제거 (B)는 질문의 London과 England를 반복적으로 들려주는 동일 어휘 함정이 포함된 오답이며, (C)는 외국의 지명을 통해 연상할 수 있는 trip을 이용한 연상 어휘 함정이 제시된 오답이다.

❸ 정답 선택 좋은 생각이라며 상대방의 제안을 받아들이는 (A)가 정답이다.

표현 정리 **capital** 수도 **go on a business trip** 출장을 가다

If you haven't been there already, why don't you visit London in England?
(A) That sounds like a great idea.
(B) London is the capital of England.
(C) I hear that you're going on a business trip again.

거기 가보신 적이 없다면, 영국의 런던을 한번 방문해 보시는 게 어떠세요?
(A) 그거 아주 좋은 생각이네요.
(B) 런던은 영국의 수도예요.
(C) 당신이 또 출장을 가야 한다고 들었어요.

22. How often 의문문 미W 호M ★★★

❶ 문제 유형 파악 휴대전화나 컴퓨터를 얼마나 자주 사용하는지 묻는 How often 의문문이다.

❷ 오답 제거 (A)는 휴대전화나 컴퓨터의 가격을 연상할 수 있는 expensive를 이용한 연상 어휘 함정이 포함된 오답이다. (B)는 질문의 phone을 반복적으로 들려주는 동일 어휘 함정이 제시된 오답이고 품사가 다르게 쓰였다.

❸ 정답 선택 필요할 때마다 사용한다며 우회적으로 빈도수를 표현하고 있는 (C)가 정답이다.

표현 정리 **mobile phone** 휴대전화 **way** (too를 강조하여) 훨씬, 너무 **phone** 전화; 전화를 걸다

How often do you use your mobile phone or computer?
(A) They're way too expensive these days.
(B) Please phone me at 8 o'clock.
(C) Whenever it's necessary.

휴대전화나 컴퓨터를 얼마나 자주 사용하세요?
(A) 요즘 그것들은 너무 비싸요.
(B) 8시에 제게 연락 주세요.
(C) 필요할 때마다요.

23. Why 의문문 미M 미W ★★

❶ 문제 유형 파악 스누크 씨가 우비를 입고 있는 이유에 대해 묻는 Why 의문문이다.

표현 정리 **raincoat** 레인코트, 우비 **fit** 맞다, 어울리다 **perfectly** 완벽하게 **training session** 연수회, 교육 과정 **pour** (비가) 퍼붓다

Why is Ms. Snook wearing a raincoat?
(A) This coat fits her perfectly.
(B) During our training session.
(C) Because it is pouring outside now.

스누크 씨가 왜 우비를 입고 있나요?
(A) 이 코트는 그녀에게 딱 맞아요.
(B) 우리 연수 기간 동안에요.
(C) 밖에 비가 퍼붓고 있기 때문이에요.

24. What 의문문 영W 호M ★★

표현 정리 **photocopier** 복사기 **useful** 유용한 **storage room** 창고

What should we do with the old photocopiers?
(A) Ten cents per copy.
(B) Yes, it's still useful.
(C) They can be put in the storage room.

낡은 복사기들을 어떻게 처리해야 할까요?
(A) 한 부당 10센트요.
(B) 네, 그건 여전히 유용해요.
(C) 창고 안에 넣어두면 될 거예요.

25. be동사 의문문 미M 미W ★★★

🔍 **함정 분석** '모른다'고 말하는 답변은 주로 정답으로 나온다. '아직 결정하지 못했다'는 뜻의 I haven't decided yet.이나 '알아차리지 못했다'는 뜻의 I haven't noticed. 등의 '모른다'류 답변은 꼭 기억해둬야 한다.

표현 정리 **be well attended** 참석자가 많다 **used to do** 한때 ~했었다

Are you going to attend the World Business Conference in New York?
(A) The meeting was well attended.
(B) I haven't decided yet.
(C) I used to work in New York.

뉴욕에서 열리는 월드 비즈니스 컨퍼런스에 참석할 건가요?
(A) 그 회의에는 참석자가 많았어요.
(B) 아직 결정하지 못했어요.
(C) 저는 한때 뉴욕에서 일했어요.

26. 부가 의문문 미W 미M ★★★

🔍 **함정 분석** (A)는 며칠 동안 당신의 소식을 듣지 못했다는 뜻으로 허드 씨에 대해 묻는 질문과 어울리는 답변이 아니므로 오답이다. '아직 듣지 못했다'는 뜻의 I haven't heard yet.이라고 답한다면 정답이 될 수 있다.

표현 정리 **be transferred to** ~로 전근가다 **branch office** 지점, 지사 **hear from** ~로부터 소식을 듣다 **take over** ~을 인수하다. ~을 맡다

Ms. Heard will be transferred to the branch office in Liverpool next week, right?
(A) I haven't heard from you for a few days.
(B) No, you should go by subway.
(C) Yes, she'll be taking over Mr. Garcia's position.

허드 씨는 다음 주에 리버풀 지사로 전근을 갈 거죠, 맞죠?
(A) 며칠 동안 당신 소식을 듣지 못했어요.
(B) 아뇨, 지하철로 가셔야 해요.
(C) 네, 그녀는 가르시아 씨의 직책을 이어받게 될 거예요.

27. What 의문문 미M 미W ★

표현 정리 **necktie** 넥타이 **ceremony** 의식, 예식 **be made of** ~로 만들어지다 **wool** 양모 **present** 주다, 수여하다 **award** 상

What color necktie do you think I should wear to the ceremony?
(A) This sweater is made of wool.
(B) Yes, I'll present an award tonight.
(C) I think red would be great.

제가 식장에 어떤 색상의 넥타이를 매고 가야 할까요?

(A) 이 스웨터는 양모로 만들어졌어요.
(B) 네, 제가 오늘 밤에 상을 수여할 겁니다.
(C) 빨간색이 좋겠네요.

28. 부정 의문문 [호M] [미M] ★★★

① 문제 유형 파악 노트북 컴퓨터를 수리하려고 하지 않았는지 묻는 일반의문문이다.

② 오답 제거 (B)는 질문의 repair와 발음이 유사한 pair를 이용한 유사 발음 함정이 포함된 오답이며, (C) 또한 질문의 repair와 computer를 반복적으로 들려주는 오답이다.

③ 정답 선택 수리 대신에 새것을 장만했다고 밝히는 (A)가 정답이다.

표현 정리 laptop computer 노트북 컴퓨터 instead 대신에 a pair of jeans 청바지 한 벌 repair 수리하다. 고치다

Weren't you going to repair your laptop computer?
(A) Actually, I bought a new one instead.
(B) No, I need a pair of jeans.
(C) I can repair your computer.

당신은 노트북 컴퓨터를 수리하려고 하지 않았나요?
(A) 사실 수리 대신에 새로 하나 구입했어요.
(B) 아뇨, 저는 청바지 한 벌이 필요해요.
(C) 제가 당신의 컴퓨터를 수리해드릴 수 있어요.

29. 평서문 [미W] [미M] ★★★

① 문제 유형 파악 다가오는 회사 야유회를 위해 준비할 게 많다는 사실을 전하는 평서문이다.

② 오답 제거 평서문의 outing과 발음이 유사한 out이 등장하고 있는 (A)와 평서문의 내용과 전혀 관계없는 회의 일정 재조정을 언급하고 있는 (C)는 모두 오답으로 처리해야 한다.

③ 정답 선택 자신이 도와줄 일이 있는지 물으며 적극적으로 도와주겠다는 의사를 밝히고 있는 (B)가 정답이다.

표현 정리 company outing 회사 야유회 be out of town 출장가다 reschedule A for B A의 일정을 B로 다시 잡다

There's so much to prepare for the upcoming company outing.
(A) No, I'll be out of town tomorrow.
(B) Is there anything I can help you with?
(C) We'll reschedule the meeting for next week.

다가오는 회사 야유회를 위해 준비할 게 굉장히 많아요.
(A) 아뇨, 저는 내일 출장가요.
(B) 제가 도와드릴 게 있나요?
(C) 저희는 회의 일정을 다음 주로 재조정하려고 해요.

30. 조동사 의문문 [호M] [영W] ★★★

① 문제 유형 파악 주주들을 위한 발표회를 진행해줄 수 있느냐고 묻는 일반의문문이다.

② 오답 제거 발표회 진행 여부와 무관하게 지속 시간을 언급하고 있는 (A)와 질문의 stockholders의 일부인 stock이 반복적으로 제시되고 있는 (C)는

모두 오답으로 처리해야 한다.

③ 정답 선택 발표회가 개최되는 시점에 달려 있다며 지금 확답할 수 없음을 우회적으로 밝히고 있는 (B)가 정답이다.

🔍 함정 분석 It depends on ~은 '~에 달려 있다'라는 뜻으로 자주 나오는 표현이다. (B)와 같은 「depend on + 의문사절」의 구조를 잘 익혀두도록 하자.

표현 정리 lead 이끌다. 지휘하다 stockholder 주주 last 지속되다 be out of stock 재고가 없다. 품절되다

Would you be able to lead the presentation for stockholders?
(A) It'll last about two hours or so.
(B) It depends on when it is.
(C) Unfortunately, it's out of stock.

당신이 주주들을 위한 발표회를 진행해 주실 수 있을까요?
(A) 그건 대략 두 시간 정도 지속될 거예요.
(B) 언제 하는지에 달려 있어요.
(C) 안타깝게도 재고가 없네요.

31. Why 의문문 [미M] [미W] ★

① 문제 유형 파악 분기별 보고서를 내일 마무리할 것을 권하는 제안 의문문이다.

② 오답 제거 질문과 무관하게 오늘 오후라는 시점이 언급되고 있는 (A)는 When 의문문에 적합한 내용의 대답이며, (C)는 질문의 finish의 과거분사인 finished를 이용한 오답이다.

③ 정답 선택 상대방의 제안을 흔쾌히 받아들이는 (B)가 정답이다.

표현 정리 quarterly report 분기별 보고서 finished product 완제품

Why don't we finish the quarterly report tomorrow?
(A) It was this afternoon.
(B) That sounds like a great idea.
(C) Yes, they are finished products.

분기별 보고서는 내일 마무리하는 게 어때요?
(A) 오늘 오후였어요.
(B) 그거 아주 좋은 생각이네요.
(C) 네, 그것들은 완제품이에요.

PART 3

문제 32-34번은 다음 대화를 참조하시오. [미W] [미M]

W: **32,33 I can't believe how late the bus is. I wonder what's going on?**
M: **33 I asked some other people waiting,** and **34 they said they heard there's a bad accident on the highway, and it is causing a really heavy traffic jam.**
W: There are always accidents on our route. I think someone should do something.

M: You can say that again. My boss told me that if I'm late to work one more time, he's going to fire me. I need to find a new way to get to work.

여: 버스가 이렇게 늦다니 믿을 수가 없네요. 무슨 일이 있는지 궁금하군요.

남: 기다리고 있는 다른 사람들에게 물어보니, 고속도로에서 큰 교통 사고가 발생해서 교통 정체가 아주 극심하다고 해요.

여: 이 노선에서는 늘 사고가 일어나요. 누군가 무슨 조치를 취했으면 좋겠어요.

남: 동감이에요. 우리 사장은 내가 한 번만 더 지각하면 해고한대요. 새로운 출근길을 알아봐야겠어요.

표현 정리 wonder 궁금해 하다 route 길, 노선 cause 초래하다, 야기하다 traffic jam 교통 정체 You can say that again. 동감이에요. fire 해고하다 get to work 출근하다

32. 대화의 주제 ★★

① 문제 유형 파악 대화의 주제를 묻는 질문이므로 대화 초반부에서 중점적으로 다루는 중심 소재를 파악하는 것이 관건이다.

② 단서 찾기 대화 시작과 함께 여자는 I can't believe how late the bus is. I wonder what's going on?이라고 하며 버스가 늦어지는 이유에 대해 궁금해 하고 있다.

③ 정답 선택 이를 통해 대화의 주제는 교통 수단의 시의성과 관련이 있음을 알 수 있으므로 (A)가 정답이다.

표현 정리 timeliness 시기적절함, 시의성 take a vacation 휴가를 얻다 location 장소, 위치

화자들은 무엇을 논의하고 있는가?
(A) 교통 수단의 시의성
(B) 그들의 휴가
(C) 다음 버스 정류장의 위치
(D) 자가용의 비용

33. 대화 장소 ★★

① 문제 유형 파악 화자들이 있는 장소, 즉, 대화가 이루어지고 있는 장소에 대해 묻는 질문이므로 대화 초반부에서 대화 장소가 직접적으로 언급되는 부분 혹은 대화 장소를 추측할 수 있는 어휘나 표현에 집중해야 한다.

② 단서 찾기 대화 시작과 함께 여자가 I can't believe how late the bus is. I wonder what's going on?이라고 하며 늦어지는 버스에 대해 언급하고 있으며, 이어서 남자가 I asked some other people waiting이라고 말하며 버스를 기다리는 다른 사람들에게 물어봤다고 한다.

③ 정답 선택 따라서 화자들은 길가에 있음을 유추할 수 있으므로 (C)가 정답이다.

🔍 **함정 분석** 전반적인 대화 내용이 버스에 대한 것임을 알고 (A)를 고르지 않도록 한다. 버스를 기다리면서 나누는 대화 내용이므로 (A)는 오답이다.

화자들은 어디에 있을 것 같은가?
(A) 버스
(B) 엘리베이터

(C) 길가
(D) 공항

34. 세부사항 – 버스가 늦는 이유 ★★

① 문제 유형 파악 버스가 늦는 이유에 대해 묻고 있으므로 대화에서 버스가 늦는다는 내용이 제시된 부분을 중심으로 그 이유를 파악해야 한다.

② 단서 찾기 남자가 they said they heard there's a bad accident on the highway, and it is causing a really heavy traffic jam.이라고 하며 고속도로에서 발생한 교통 사고 때문에 교통 정체 현상이 일어나고 있음을 전달하고 있다.

③ 정답 선택 따라서 버스가 늦는 이유로 언급된 a heavy traffic jam을 The road is crowded.로 바꿔 표현한 (C)가 정답이다.

표현 정리 fail 고장 나다, 작동이 안 되다 crowded 혼잡한 strike 파업

버스가 늦는 이유는 무엇인가?
(A) 운전자가 신입이다.
(B) 엔진에 이상이 있다.
(C) 도로가 혼잡하다.
(D) 파업이 발생했다.

문제 35-37번은 다음 대화를 참조하시오. 영W 미M

W: Hello, my name is Alice Cooper. 35 **I ordered a Strongbox suitcase through your Web site on May 15th and I've just noticed on my credit card statement that the charge shows up twice.**

M: I'm sorry, ma'am. 36 **We were having trouble with some of our computers on that date.** As a result, some online transactions may have been duplicated.

W: That's interesting.

M: Yes. We're in the process of issuing refunds, but I will put yours through right now. Thank you for calling us.

W: Okay, that would be great. Thanks.

M: You're welcome. Um… And 37 **after I take care of this for you, would you mind participating in our customer survey?**

W: Yeah, sure. I can do that.

여: 안녕하세요, 제 이름은 앨리스 쿠퍼예요. 저는 5월 15일 귀사의 홈페이지를 통해 스트롱박스 가방을 주문했는데, 지금 막 신용카드 명세서에 대금이 두 번 청구된 것을 발견했어요.

남: 죄송합니다, 고객님. 그날 저희 일부 컴퓨터에 문제가 있었습니다. 따라서 일부 인터넷 거래가 중복되었을 수도 있습니다.

여: 그거 참 재미있네요.

남: 네. 저희가 현재 그 부분에 대해 환불 처리 중인데, 고객님 것은 지금 당장 처리해 드리겠습니다. 전화 주셔서 감사합니다.

여: 네, 좋습니다. 감사합니다.

남: 천만에요. 음… 그리고 제가 이 업무를 처리해 드리고 난 후 고객 설문조사에 참여해 주시겠어요?

여: 네, 물론이에요. 그럴게요.

표현 정리 **notice** 알아차리다 **credit card statement** 신용카드 명세서 **charge** 비용, 요금 **show up** 나타나다 **on that date** 그 날짜에 **have trouble with** ~에 문제가 있다 **transaction** 거래 **duplicate** 중복하다, 이중으로 하다 **be in the process of** ~을 처리 중이다 **issue refunds** 환불하다 **take care of** ~을 다루다, ~을 처리하다 **participate in** ~에 참여하다 **customer survey** 고객 설문조사

35. 전화를 건 목적 ★★

① 문제 유형 파악 여자가 전화를 건 목적에 대해 묻고 있으므로 대화 초반부의 여자의 대화 내용에서 인사말과 자기소개 직후 부분에 집중해야 한다.

② 단서 찾기 여자는 대화 초반부에 I ordered a Strongbox suitcase through your Web site on May 15th and I've just noticed on my credit card statement that the charge shows up twice.라고 하며 5월 15일 가방을 주문했는데 신용카드 명세서에 이에 대해 대금이 두 번 청구되었다는 문제점을 지적하고 있다.

③ 정답 선택 따라서 구매품의 결제 대금이 두 번 처리되었다는 의미를 나타낸 (D)가 정답이다.

표현 정리 **location** 위치, 장소 **charge** (대금을) 청구하다

여자가 전화를 건 이유는 무엇인가?
(A) 제품을 구매하고 싶다.
(B) 주문을 변경하길 원한다.
(C) 상점의 위치를 알고자 한다.
(D) 그녀의 구매품의 결제 대금이 두 번 청구되었다.

36. 성별 지정 세부사항 – 남자가 설명하는 것 ★★

① 문제 유형 파악 남자가 무엇에 대해 설명하는지 묻는 성별 지정 세부사항 문제이다. 그러므로 남자의 첫 번째 대화 내용에서 구체적으로 다루는 소재를 집중해 들어야 한다.

② 단서 찾기 남자는 결제 대금이 두 번 처리된 문제점을 언급한 여자에게 We were having trouble with some of our computers on that date.라고 하며 그날 일부 컴퓨터에 문제가 발생했다고 설명한다.

③ 정답 선택 따라서 남자가 언급한 컴퓨터 문제를 기계적인 문제로 바꾸어 표현한 (D)가 정답이다.

🔍 **함정 분석** 남자가 설명하는 것이 무엇인지를 묻는 문제이다. 남자의 마지막 대화 would you mind participating in our customer survey?를 듣고 (C)로 헷갈리지 않도록 한다. 컴퓨터 문제로 생긴 중복 거래에 대한 대화이며, 남자는 컴퓨터 문제와 환불 조치에 대해 이야기한다. 설문조사에 대한 언급은 있지만 주된 대화 내용이 아니며 새로운 설문조사인지 알 수 없으므로 (C)는 오답이다.

표현 정리 **shortage** 부족 **replacement parts** 교체 부품

남자는 여자에게 무엇에 대해 설명하는가?
(A) 교체 부품의 부족
(B) 개인 정보 도난
(C) 새로운 고객 설문조사
(D) 기계적인 문제

37. 남자의 요청 사항 ★★

① 문제 유형 파악 남자가 요청하고 있는 내용을 묻는 마지막 문제이므로 대화 후반부 남자의 대화 내용에서 '동사 + 목적어' 부분에 집중해 들어야 한다.

② 단서 찾기 남자는 대화 말미에서 after I take care of this for you, would you mind participating in our customer survey?라고 하며 환불 업무를 처리해준 후 고객 설문조사에 참여해줄 수 있느냐고 묻고 있다.

③ 정답 선택 결정적으로 participating in our customer survey 부분에서 설문조사에 참여해달라는 요청임을 알 수 있으므로 (C)가 정답이다.

남자가 여자에게 요청하는 것은 무엇인가?
(A) 여자의 영수증을 가져 온다.
(B) 다른 날 방문한다.
(C) 설문지를 작성한다.
(D) 제품 일련번호를 알려준다.

문제 38-40번은 다음 대화를 참조하시오. 호M 미W

> M: Ms. Witherspoon, **38, 39** I got three packages for Mr. White this morning. He's on vacation in Boston now, but he'll return to the office the day after tomorrow. **39** Could you please give them to him?
> W: Sure, no problem. I heard you are going on a business trip to Atlanta for a big contract in the afternoon.
> M: Right. **40** I stayed up last night to make the final draft of it. Actually, I feel a bit nervous about tomorrow's meeting with the client.
> W: I know you have tried hard to win the contract in the last few months. Don't worry. I bet you can do it.
>
> ──────────────────
>
> 남: 위더스푼 씨, 오늘 오전에 화이트 씨 앞으로 온 소포가 3개가 있어요. 그가 지금 보스턴에서 휴가 중인데, 내일 모레 사무실로 복귀할 겁니다. 소포를 그에게 전해 주시겠어요?
> 여: 네, 그럴게요. 당신은 오늘 오후에 큰 계약 건 때문에 애틀랜타로 출장을 가신다고 들었어요.
> 남: 맞아요. 어젯밤에 계약서 최종안을 작성하느라 밤을 새우다시피 했어요. 저는 내일 고객과의 회의를 앞두고 약간 긴장됩니다.
> 여: 저는 당신이 지난 몇 달간 이 계약을 따내려고 공을 많이 들이신 걸로 알고 있어요. 걱정 마세요. 잘하실 수 있을 거예요.

표현 정리 **be on vacation** 휴가 중이다 **return to the office** 사무실로 복귀하다 **the day after tomorrow** 내일 모레 **go on a business trip** 출장을 가다 **stay up** (늦게까지) 잠을 안 자다, 깨어 있다 **make a final draft** 최종안을 작성하다 **feel nervous** 긴장하다 **try hard** 노력하다 **win a contract** 계약을 따내다 **for the last few months** 지난 몇 달간 **bet** 단언하다, 보증하다

38. 세부사항 – 화이트 씨가 있는 곳 ★

① 문제 유형 파악 화이트 씨가 어디에 있는지 묻고 있으므로 대화 초반부에서 화이트라는 인명이 제시되는 부분을 중심으로 언급되는 도시 이름을 들어야 한다.

② 단서 찾기 남자는 대화 시작과 함께 I got three packages for Mr. White this morning. He's on vacation in Boston now라고 하며 화이트 씨가 현재 휴가차 보스턴에 있다는 사실을 전달하고 있다.

③ 정답 선택 따라서 화이트 씨는 지금 보스턴에 있으므로 (B)가 정답이다.

화이트 씨는 지금 어디에 있는가?
(A) 애틀랜타
(B) 보스턴
(C) 뉴욕
(D) 로스앤젤레스

39. 남자의 요청 ★★

❶ 문제 유형 파악 여자가 요청받는 것에 대해 묻는 질문이므로 단서는 대화 상대인 남자의 이야기를 통해 제시된다는 것을 짐작할 수 있다.

❷ 단서 찾기 남자는 대화 초반부에 여자에게 I got three packages for Mr. White this morning.이라고 하며 화이트 씨 앞으로 온 소포를 받았음을 밝히고, 이어서 Could you please give them to him?이라고 하며 소포를 화이트 씨에게 전달해줄 것을 부탁하고 있다.

❸ 정답 선택 따라서 give them to him 부분을 Hand some packages to a colleague로 바꿔 표현한 (C)가 정답이다. them이 대화 초반부에 등장한 three packages를 지칭한다는 점을 놓치면 정답을 고르기가 쉽지 않을 수도 있다.

🔍 **함정 분석** 여자의 대화 I heard you are going on a business trip to Atlanta를 듣고 (B)를 고르지 않으려 한다. 출장을 가는 사람은 남자이므로 (B)는 오답이다. 여자가 요청받은 내용은 주로 남자가 요청하는 내용이므로 남자의 대화에서 단서를 찾아야 한다.

표현 정리 draw up (계획·계약서 등을) 작성하다 go on a trip 여행 가다 hand 건네주다

여자는 무엇을 하도록 요청받는가?
(A) 계약서를 작성한다.
(B) 출장을 간다.
(C) 동료에게 소포를 건네준다.
(D) 가능한 빨리 사무실로 복귀한다.

40. 성별 지정 세부사항 – 남자가 긴장하는 이유 ★★

❶ 문제 유형 파악 남자가 긴장하는 이유에 대해 묻고 있으므로 남자의 대화 내용에서 긴장 상태를 언급한 부분을 중심으로 제시되는 이유에 초점을 맞춰야 한다.

❷ 단서 찾기 대화 후반부에 남자는 I stayed up last night to make the final draft of it. Actually, I feel a bit nervous about tomorrow's meeting with the client.라고 하며 계약서 최종안을 작성하느라 밤을 새웠으며 내일 고객과의 회의 때문에 긴장된다는 심정을 밝혔다.

❸ 정답 선택 남자는 고객과 계약을 체결하기 위한 회의 때문에 불안한 것이므로 (B)가 정답이다. 대화의 nervous가 질문에서는 anxious라는 유사 어휘로 바뀌어 제시되어 있음에 유의해야 한다.

표현 정리 regarding ~에 관하여 promotion 승진

남자가 약간 불안해하는 이유는 무엇인가?
(A) 대규모 경연 대회에 참석할 것이다.
(B) 계약과 관련해 고객을 만날 것이다.
(C) 승진 시험이 있다.
(D) 중요한 판매 프레젠테이션이 있다.

문제 41–43번은 다음 대화를 참조하시오. 호M 미W

M: Hi. **41 I had a lunch meeting at your restaurant today. I have to say it was not a pleasant experience.** We received such terrible service from one of your wait staff that I was deeply embarrassed in front of my clients.

W: Oh, I'm sorry to hear that. **42 Do you remember the name of your server?** I would like to know what went wrong.

M: I don't know her name, but she was rather tall and had bright red hair.

W: Ah, that's Mary Anne. She just started a couple weeks ago, and I'm afraid she is still learning her job. **43 I'll be sure to talk to her.**

남: 안녕하세요, 오늘 제가 그 식당에서 점심 모임을 가졌는데요. 식사가 그리 유쾌하지 못했다는 점을 말씀드려야겠습니다. 저희가 그곳 종업원들 중 한 사람에게 받은 서비스는 너무 형편없어서 저는 제 고객들 앞에서 얼굴을 들 수가 없었어요.

여: 오, 정말 죄송합니다. 그 종업원 이름을 기억하시나요? 제가 무엇이 잘못됐는지 알아야겠습니다.

남: 그녀의 이름은 잘 모르겠지만, 키가 좀 큰 편이고 머리칼이 선홍색이었어요.

여: 아, 메리 앤이군요. 그녀는 두 주 전부터 일을 시작했고,, 지금도 일을 배우는 중입니다. 제가 꼭 그녀와 이야기를 나눠보겠습니다.

표현 정리 pleasant experience 즐거운[유쾌한] 경험 terrible service 형편없는 서비스, 끔찍한 서비스 wait staff 식당 종업원들 deeply 몹시, 매우 be embarrassed 당황하다 go wrong 잘못되다 rather 다소, 차라리 bright red 선홍색 be sure to do 반드시 ~하다

41. 남자가 전화를 건 이유 ★★

❶ 문제 유형 파악 남자가 전화를 건 이유에 대해 묻는 첫 번째 질문이므로 대화 초반부에서 전화를 건 남자의 이야기에 초점을 맞춰야 한다.

❷ 단서 찾기 대화 시작과 함께 남자는 I had a lunch meeting at your restaurant today. I have to say it was not a pleasant experience.라고 하며 식당에서의 점심식사가 유쾌하지 않았다고 전한다.

❸ 정답 선택 식당에 전화를 걸어 점심식사가 유쾌하지 않았다고 말하는 것은 서비스에 대해 항의를 제기하려는 것이므로 (C)가 정답이다.

표현 정리 make a complaint 항의를 제기하다 promote 홍보하다, 판촉하다

남자가 전화를 건 이유는 무엇인가?
(A) 메뉴에 대해 문의하기 위해
(B) 위치를 파악하기 위해
(C) 항의를 제기하기 위해
(D) 사업을 홍보하기 위해

42. 성별 지정 세부사항 – 여자의 요청 ★★

❶ 문제 유형 파악 여자가 남자에게 요청하는 것을 묻는 문제이므로 여자의 대화 내용에서 남자에게 요청하는 구체적인 사항을 파악하는 데 초점을 맞춰야 한다.

❷ 단서 찾기 여자는 남자에게 Do you remember the name of your server?라고 물으며 종업원의 이름을 알려달라고 요청하고 있다.

❸ 정답 선택 따라서 the name of your server를 The name of an employee로 바꿔 표현한 (C)가 정답이다.

표현 정리 full refund 전액 환불 attract 끌어들이다. 유치하다

여자가 남자에게 요청하는 것은 무엇인가?
(A) 전액 환불
(B) 남자가 방문한 날짜와 시간
(C) 직원의 이름
(D) 신규 고객을 유치하는 방법에 관한 조언

43. 여자의 미래 행동 ★★

❶ 문제 유형 파악 여자의 미래 행동에 대해 묻는 마지막 질문이므로 여자의 마지막 이야기에 집중하되 동사를 중심으로 단서를 파악하는 게 바람직하다.

❷ 단서 찾기 여자는 대화 말미에서 I'll be sure to talk to her.라고 하며 남자에게 부실한 서비스를 제공한 직원과 이야기를 나누겠다고 밝힌다.

❸ 정답 선택 따라서 talk to her를 Contact her colleague로 바꿔 표현한 (D)가 정답이다.

표현 정리 cook 요리하다 connect (전화를) 연결시키다 contact (전화·편지 등으로) 연락하다

여자는 이후에 무엇을 할 것 같은가?
(A) 파티를 위해 요리를 한다.
(B) 전화를 연결시켜준다.
(C) 고객 서비스 센터를 방문한다.
(D) 그녀의 동료에게 연락한다.

문제 44-46번은 다음 대화를 참조하시오. [미W] [미M]

> W: Mr. Joplin, ⁴⁵**do you happen to know what time the department meeting is?**
> M: ⁴⁵**It's at 5 P.M.,** ⁴⁴**but I don't think I can make it to the meeting.** I have to meet with some important clients at 4. We have to close that deal with Erikson, Inc. soon. And I don't know how long it will take to get them to sign.
> W: Not long, I hope. What will we be discussing at today's department meeting?
> M: ⁴⁶**We are going to discuss sales strategies for the new computer graphic software our company will release next month.** I'm not sure what the others have planned. Please remind them that I may not make it, Ms. Wallace.
>
> --
>
> 여: 조플린 씨, 혹시 부서 회의 시간을 알고 계신가요?
> 남: 오후 5시인데요. 하지만 저는 회의에 참석하지 못할 것 같아요. 제가 4시에 중요한 고객들과 만나야 해서요. 우리는 곧 에릭슨 사와 계약을 체결해야 합니다. 그쪽에서 계약서에 서명하기까지 시간이 얼마나 걸릴지 모르겠어요.
> 여: 오래 걸리지 않았으면 좋겠네요. 오늘 부서 회의에서는 무엇에 관해 논의할 건가요?

> 남: 우리는 회사에서 다음 달에 출시할 새로운 컴퓨터 그래픽 소프트웨어의 판매 전략에 관해 논의할 거예요. 다른 사람들이 계획한 것은 잘 모르겠네요. 그들에게 제가 참석하지 못할 수도 있다고 말씀 좀 해주세요, 월리스 씨.

표현 정리 happen to do 우연히 ~하다. 혹시 ~하다 department meeting 부서 회의 make it to the meeting 회의에 참석하다 close a deal 거래[협상]를 매듭짓다. 계약을 체결하다 sales strategies 판매 전략 release 출시하다. 내놓다 remind 상기시키다

44. 성별 지정 세부사항 – 남자가 회의에 대해 우려하는 점 ★★★

❶ 문제 유형 파악 남자가 회의에 대해 우려하는 점에 대해 묻고 있으므로 대화 초반부 남자의 이야기에서 회의가 언급되는 부분을 중심으로 단서를 파악해야 한다.

❷ 단서 찾기 남자는 but I don't think I can make it to the meeting.이라고 하며 자신이 회의에 불참하게 될 것이라고 전하고 있다.

❸ 정답 선택 남자는 회의 불참을 우려하므로 I don't think I can make it to the meeting.를 He might be absent.로 바꿔 표현한 (C)가 정답이다.

🔍 **함정 분석** 남자의 대화 I have to meet with some important clients at 4.에서 남자가 고객과의 미팅 때문에 회의에 늦을 것이라고 생각하여 (A)로 헷갈릴 수 있다. 남자는 계약 체결에 시간이 얼마나 걸릴지 모르겠다고 덧붙이며 참석하지 못한다고 전하므로 (A)는 오답이다.

표현 정리 absent 결석한, 불참한

남자가 회의에 대해 우려하는 이유는 무엇인가?
(A) 회의에 일찍 가야 한다.
(B) 회의에 늦을지도 모른다.
(C) 회의에 불참할 수도 있다.
(D) 준비를 전혀 하지 못했다.

45. 세부사항 – 회의 시작 시간 ★

❶ 문제 유형 파악 회의 시작 시간에 대해 묻고 있으므로 대화에서 회의가 언급된 이후 제시되는 시점에 집중해야 할 필요가 있다.

❷ 단서 찾기 대화 초반부에 여자는 남자에게 do you happen to know what time the department meeting is?이라고 하며 회의 시간에 대해 묻고 있으며, 이어서 남자는 It's at 5 P.M.이라고 대답하며 회의 시간이 오후 5시임을 밝히고 있다.

❸ 정답 선택 따라서 회의는 5시에 예정돼 있으므로 (C)가 정답이다.

회의는 언제 시작하기로 예정되어 있는가?
(A) 오후 3시
(B) 오후 4시
(C) 오후 5시
(D) 오후 6시

46. 성별 지정 세부사항 – 남자가 회의에서 논의하려는 것 ★

❶ 문제 유형 파악 남자가 회의에서 논의하고자 계획한 것에 대해 묻는 마지막 질문이므로 대화 후반부 남자의 대화에서 언급되는 구체적인 회의 안건에 초점을 맞춰야 한다.

❷ 단서 찾기 남자는 대화 후반부에서 We are going to discuss sales strategies for the new computer graphic software our company will release next month,라고 하며 다음 달에 출시될 새로운 컴퓨터 그래픽 소프트웨어에 대한 판매 전략을 논의할 것이라고 한다.

③ 정답 선택 따라서 남자가 회의에서 논의하려고 계획한 것은 판매 전략이므로 (D)가 정답이다.

남자가 회의에서 논의하고자 계획한 것은 무엇인가?
(A) 컴퓨터 디자인
(B) 신규 계약
(C) 새로운 컴퓨터 소프트웨어
(D) 판매 전략

新 문제 47-49번은 다음 3인의 대화를 참조하시오. 호M 미W 미M

> **M1:** Hi. Welcome to Busy Bee Printing. What can I help you with?
> **W:** I was hoping you could help me out. **47 I have to mail some prints, so I need some type of sturdy packaging that prevents crushing or bending.**
> **M1:** Hmm... I'm not sure if we have those. Let me ask my co-worker. **48 Mr. Wilson, do we have heavy card stock envelopes?**
> **M2:** Yeah, we do. **49 You know, we're on the second floor, but it's on the third floor.** I'll show you. Come with me, if you please.
> **W:** Great! And do you know if there's a post office nearby? I need to send the prints today.
> **M2:** **49 Actually, we have a shipping kiosk inside our store.** I can show you after we get the envelopes.
> **W:** Thanks for letting me know. It will definitely save me some time!

남1: 안녕하세요, 비지 비 인쇄에 오신 것을 환영합니다. 뭘 도와 드릴까요?

여: 저를 도와주실 수 있을지 모르겠군요. 인쇄물을 우편으로 보내야 하는데 인쇄물이 구겨지거나 구부러지지 않도록 해주는 견고한 종류의 포장이 필요해서요.

남1: 음… 저희가 그런 게 있는지 잘 모르겠네요. 제 동료에게 물어 보겠습니다. 윌슨 씨, 우리한테 두꺼운 카드 스톡 봉투가 있나요?

남2: 네, 있어요. 저희는 2층에 있는데, 그건 3층에 있어요. 제가 그 곳으로 안내해드릴게요. 원하시면 저랑 같이 가시죠.

여: 좋아요! 그리고 근처에 우체국이 있는지 아세요? 오늘 인쇄물을 보내야 하거든요.

남2: 사실, 저희 상점 안에 배송을 위한 간이 시설이 있습니다. 봉투를 드린 후에 제가 안내해드리겠습니다.

여: 알려주셔서 고마워요. 분명 시간이 많이 절약될 것 같아요!

표현 정리 help ~ out ~을 도와주다 **sturdy** 강력한, 튼튼한 **packaging** 포장 **prevent** 방지하다 **crush** 구겨지다 **bend** 구부리다 **shipping kiosk** 간이 건물 **definitely** 명백히, 분명히 **save some time** 시간을 절약하다

---

47. 성별 지정 세부사항 – 여자가 원하는 것 ★★

① 문제 유형 파악 여자가 원하는 것을 묻는 첫 번째 문제이므로 대화 초반부 여자의 대화 내용에서 여자가 원하는 것을 집중해 들어야 한다.

② 단서 찾기 대화 초반부에 여자는 I have to mail some prints, so I need some type of sturdy packaging that prevents crushing or bending.이라고 하며 인쇄물을 우편으로 보내야 하는데 인쇄물이 구겨지거나 구부러지지 않도록 해주는 견고한 종류의 포장이 필요하다고 밝히고 있다.

③ 정답 선택 따라서 적절한 포장을 의미하는 (D)가 정답이다.

표현 정리 appropriate 적절한

여자가 원하는 것은 무엇인가?
(A) 사무 장비
(B) 인쇄 기계
(C) 전자 장비
(D) 적절한 포장

48. 성별 지정 세부사항 – 남자가 해당 품목에 대해 언급한 것 ★★

① 문제 유형 파악 윌슨 씨가 해당 품목에 대해 언급한 내용을 묻는 문제이므로 윌슨 씨의 대화 내용에 집중해야 한다.

② 단서 찾기 첫 번째 남자가 윌슨 씨에게 Mr. Wilson, do we have heavy card stock envelopes?라고 하며 두꺼운 카드 스톡 봉투가 있는지를 물었고, 이에 윌슨 씨는 You know, we're on the second floor, but it's on the third floor.라고 하며 우리는 2층에 있지만 그 물건이 3층에 있다는 사실을 전달하고 있다.

③ 정답 선택 따라서 윌슨 씨는 위층에 카드 스톡 봉투가 있음을 알리고 있는 것이므로 (D)가 정답이다.

🔍 **함정 분석** 남자의 대화 I'm not sure if we have those.를 듣고 (A)를 고르지 않도록 한다. 윌슨 씨가 말한 내용을 묻는 질문이므로 윌슨 씨의 대화에서 단서를 찾는다. 3층에 봉투가 있다고 하였으므로 (A)는 오답이다.

표현 정리 temporarily 일시적으로 **out of stock** 재고가 떨어진 **at a discounted price** 할인가에

윌슨 씨가 해당 품목에 대해 언급한 것은 무엇인가?
(A) 일시적으로 재고가 떨어진 상태이다.
(B) 할인가에 판매되고 있다.
(C) 이미 운송된 상태이다.
(D) 위층에 있다.

49. 세부사항 – 상점의 추가 서비스 ★★★

① 문제 유형 파악 상점의 추가 서비스에 대해 묻는 마지막 질문이므로 대화 후반부에서 상점이 제공하는 구체적인 추가 서비스를 집중해 들어야 한다.

② 단서 찾기 대화 말미에서 남자는 Actually, we have a shipping kiosk inside our store.라고 하며 상점 내에서도 배송 가능한 간이 시설이 있음을 언급하고 있다.

③ 정답 선택 따라서 상점에서 제공하는 추가 서비스는 상점 내 우편 발송임을 알 수 있으므로 (B)가 정답이다.

표현 정리 overnight delivery 익일 배달

상점에서 제공하는 추가 서비스는 무엇인가?
(A) 무료 포장
(B) 상점 내 우편 발송

(C) 익일 배송
(D) 소포 추적

문제 50-52번은 다음 대화를 참조하시오. [미W] [미M]

> W: Mr. Wilson, I feel like having something light for lunch. Actually, I'm not that hungry right now.
> M: There is a new nice family restaurant which just opened last Friday. I heard it offers a variety of healthy salads and fresh food. **50It's not that far. I think it is a 10-minute walk from here.**
> W: Sounds good to me. It's 11:50 now. **50,51I have an important seminar to attend right after lunchtime, so I should return to the office in about 30 minutes.** I need some time to go over some seminar materials. **52Why don't we get some salad for takeout?**
> M: No problem. I also have a meeting with my new client at 1 o'clock. **52We can probably be back here within 30 minutes.**

여: 윌슨 씨, 점심을 가볍게 먹고 싶네요. 사실 지금 그렇게 배가 고프지 않아서요.

남: 지난주 금요일에 개업한 근사한 패밀리 레스토랑이 있어요. 다양한 건강식 샐러드와 신선한 음식을 제공한다고 들었는데요. 그리 멀지도 않아요. 여기서 걸어서 10분 거리쯤 될 거예요.

여: 괜찮군요. 지금 11시 50분이에요. 저는 점심시간 직후에 중요한 세미나에 참석해야 하기 때문에 약 30분 후에는 사무실에 들어와야 해요. 세미나 자료를 검토해야 할 시간이 좀 필요하거든요. 샐러드를 포장해서 가지고 오는 건 어떨까요?

남: 좋아요. 저도 1시에 신규 고객과 회의가 있어요. 아마 우린 30분 안에 돌아올 수 있을 거예요.

표현 정리 feel like V-ing ~하고 싶다 light 가벼운 offer 제공하다 a variety of 다양한 far 먼, 멀리 떨어진 right after ~직후에 go over 검토하다 seminar materials 세미나 자료 within ~안에

50. 대화 장소 ★★

① 문제 유형 파악 대화 장소에 관한 질문이므로 대화 초반부에서 장소가 직접적으로 언급되는 부분 혹은 대화 장소를 유추할 수 있는 관련 어휘나 표현이 제시되는 부분에 집중해야 한다.

② 단서 찾기 대화 초반부에서 여자는 점심식사에 관한 이야기를 꺼냈고, 이어 남자가 새로운 패밀리 레스토랑을 추천한 후 It's not that far. I think it is a 10-minute walk from here.라고 하며 식당의 위치를 설명하고 있다. 또한 여자는 점심시간 직후에 세미나가 있어 사무실에 돌아와야 한다고 말한다.

③ 정답 선택 따라서 이들은 사무실에서 점심식사에 관한 대화를 나누고 있음을 알 수 있으므로 (A)가 정답이다.

표현 정리 convenience store 편의점

화자들은 어디에 있는 것 같은가?
(A) 사무실
(B) 레스토랑
(C) 편의점
(D) 회의실

51. 성별 지정 세부사항 - 여자가 오후에 해야 할 일 ★★

① 문제 유형 파악 여자가 오후에 해야 할 일에 대해 묻고 있으므로 대화에서 오후라는 시점이 제시되는 부분을 중심으로 단서를 파악해야 한다.

② 단서 찾기 여자가 I have an important seminar to attend right after lunchtime.이라고 하며 점심시간 직후에 참석해야 할 세미나가 있다고 밝히고 있다.

③ 정답 선택 따라서 an important seminar to attend를 Participate in a corporate event로 바꿔 표현한 (B)가 정답이다.

표현 정리 participate in ~에 참가하다 corporate event 회사 행사 meet with (논의를 위해) ~와 만나다 executive (기업의) 중역, 임원

여자는 오후에 무엇을 할 것 같은가?
(A) 공원에 간다.
(B) 회사 행사에 참가한다.
(C) 중역들과 만난다.
(D) 보고서를 검토한다.

52. 화자들의 미래 행동 ★★★

① 문제 유형 파악 화자들의 이후 행동에 대해 묻고 있으므로 마지막 화자의 이야기에 집중해야 하는데 특히 동사를 놓치지 않도록 주의해야 한다.

② 단서 찾기 대화 후반부에서 여자는 남자에게 Why don't we get some salad for takeout?라고 하며 샐러드를 포장해서 가져갈 것을 제안하고 있으며, 이어 남자가 대화 종료 직전 We can probably be back here within 30 minutes.라고 하며 30분 내에 돌아올 수 있을 거라고 예상한다.

③ 정답 선택 따라서 이들은 밖에서 음식을 사서 사무실로 가지고 오리라는 것을 짐작할 수 있으므로 (C)가 정답이다. 음식을 포장해서 가져오려고 외출하는 것이므로 점심식사를 하러 나간다는 (A)를 정답으로 선택하지 않도록 주의해야 한다.

🔍 **함정 분석** 남자의 대화 There is a new nice family restaurant which just opened last Friday.에서 (A)로 혼동하지 않도록 한다. 두 사람 모두 점심시간 이후 회의 및 세미나에 참석해야 해서 일찍 사무실로 돌아와야 한다고 했으므로 (A)는 오답이다.

화자들은 이후에 무엇을 할 것 같은가?
(A) 점심식사를 하러 나간다.
(B) 프로젝트를 마무리한다.
(C) 음식을 사무실로 가져온다.
(D) 다른 때에 다시 온다.

문제 53-55번은 다음 대화를 참조하시오. [호M] [영W]

> M: **53Do you know when the mechanic will be here to tow the car?** It's already 12 o'clock. **53We've been waiting for him for over an hour and a half.**
> W: Someone from the towing company called to say that a man is on his way, **54but he is being held up on the highway because of the sudden downpour.**
> M: I hope he gets here soon because we need to get back to the office as soon as possible. We are meeting

some important clients this afternoon at 2. We can't just leave the car here. **55Someone might break into it and steal all of the expensive systems that we had specially installed.**

남: 차를 견인할 기술자가 언제 오는지 아세요? 벌써 12시예요. 우리가 그 사람을 기다린 지 1시간 30분이 넘었어요.

여: 견인 회사에서 일하는 사람이 전화했는데, 지금 오고 있는 중이라고 하네요. 하지만 갑작스런 폭우로 인해 고속도로의 정체 현상이 심해서 꼼짝 못하고 있답니다.

남: 우리는 가능한 빨리 사무실로 돌아가야 하니까 견인차가 빨리 왔으면 좋겠어요. 오늘 오후 2시에 중요한 고객들을 만나기로 했잖아요. 그렇다고 차를 여기에 두고 갈 수는 없어요. 누군가 차에 침입해서 우리가 특별히 설치해놓은 값비싼 장비들을 전부 훔쳐갈 수도 있으니까요.

표현 정리 **mechanic** 수리공, 기술자 **tow** (자동차 등을) 견인하다 **be held up** (교통 체증으로) 움직이지 못하다 **downpour** 폭우 **leave** 그대로 두다, 남기다 **break into** 침입하다, 난입하다 **steal** 훔치다 **install** 설치하다

53. 세부사항 – 화자들이 기다리고 있는 사람 ★★

① 문제 유형 파악 화자들이 기다리고 있는 사람이 누구인지 묻는 첫 번째 질문이므로 대화 초반부에서 화자들이 기다리고 있는 사람의 정체가 언급되는 부분에 집중해야 한다.

② 단서 찾기 대화 시작과 함께 남자는 여자에게 Do you know when the mechanic will be here to tow the car?라고 하며 차를 견인할 기술자가 도착하는 시간에 대해 물었고, 이어서 We've been waiting for him for over an hour and a half.라고 하며 1시간 반이 넘도록 기술자를 기다리고 있음을 밝히고 있다.

③ 정답 선택 이를 통해 화자들은 현재 기술자를 기다리고 있음을 알 수 있으므로 mechanic을 technician으로 바꿔 표현한 (A)가 정답이다.

화자들은 무엇을 기다리고 있는가?
(A) 기술자
(B) 운전자
(C) 경찰관
(D) 고객

54. 세부사항 – 교통 정체의 원인 ★★

① 문제 유형 파악 교통 정체 현상의 원인에 대해 묻고 있으므로 교통 정체 현상이 언급되는 부분에서 원인을 파악해야 한다.

② 단서 찾기 여자가 남자에게 but he is being held up on the highway because of the sudden downpour.라고 하며 갑작스런 폭우로 인해 고속도로에 교통 정체 현상이 발생하고 있다고 전한다.

③ 정답 선택 따라서 갑작스런 폭우가 교통 정체 현상의 원인이므로 sudden downpour를 Bad weather conditions로 바꿔 표현한 (D)가 정답이다.

표현 정리 **road blocks** 도로의 바리케이드

도로의 교통 정체 현상을 초래한 것은 무엇인가?
(A) 자동차 사고
(B) 도로의 바리케이드
(C) 보수 공사
(D) 악천후

55. 성별 지정 세부사항 – 남자가 떠나는 것을 우려하는 이유 ★★

① 문제 유형 파악 남자가 떠나는 것을 우려하는 이유에 대해 묻는 마지막 질문이므로 대화 후반부에 등장하는 남자의 대화 내용에서 단서를 파악해야 한다.

② 단서 찾기 남자는 대화 종료 직전 Someone might break into it and steal all of the expensive systems that we had specially installed.라고 하며 자동차 내부에 특별히 설치된 비싼 시스템이 도난당할 가능성에 대해 우려를 표명하고 있다.

③ 정답 선택 따라서 Someone might ~ steal all of the expensive systems를 Some car equipment may be stolen.으로 바꿔 표현한 (D)가 정답이다.

🔍 **함정 분석** 남자의 마지막 대화 중 We are meeting some important clients this afternoon at 2.를 듣고 (C)로 헷갈릴 수 있다. 오후 2시에 미팅이 있는 것은 맞지만, 남자가 떠나는 것을 걱정하는 이유는 비싼 장비 때문이므로 (C)는 답이 될 수 없다.

표현 정리 **far away** 멀리 떨어져 있는 **part** 부품 **replace** 교환하다, 교체하다

남자가 떠나는 것을 우려하는 이유는 무엇인가?
(A) 사무실이 너무 멀리 떨어져 있다.
(B) 일부 부품들이 교체되어야 한다.
(C) 중요한 회의가 개최될 것이다.
(D) 자동차의 장비가 도난당할 수도 있다.

문제 56-58번은 다음 대화를 참조하시오. 미W 호M

W: Hey, Mr. Bakinsale, **56I'm locked out of the office. I'm right here in front of the building.** My ID won't scan, so I can't get in.
M: Yes, Ms. Ryan. This happened to a few other people today. **57Please give me your employee ID number** and I'll reenter your credentials into the security system. It should only take a minute. But, before that, we just have to wait a few minutes for the clearance code to go through.
W: Yeah, **58but can you just let me in first? I'm really in a hurry.**
M: I'm sorry. **58There's a policy against that,** you know? Let me just reenter your information. It really will only take a minute. Thanks.

여: 안녕하세요, 베킨세일 씨, 지금 사무실이 잠겨서 들어갈 수가 없어요. 제가 건물 바로 앞에 있는데요. 제 사원증이 읽히질 않아서 들어갈 수 없어요.

남: 네, 라이언 씨. 이런 현상은 오늘 몇몇 다른 분들에게도 발생했어요. 사원증 번호를 알려주시면 제가 보안 시스템에 당신의 신원을 다시 입력할게요. 1분이면 됩니다. 하지만 그에 앞서 취급 허가 코드가 처리될 때까지 몇 분 기다려야만 해요.

여: 네, 하지만 저를 먼저 들여보내 주실 수 있나요? 제가 정말 급해서요.

남: 죄송합니다. 그건 방침에 어긋나는 거잖아요. 아시죠? 제가 당신의 정보를 다시 입력할게요. 이건 1분이면 됩니다. 고마워요.

표현 정리 be locked out of the office 열쇠가 없어 사무실에 들어가지 못하다 scan 감식하다, 스캔하다 get in ~로 들어가다 reenter ~를 재입력하다 credentials 자격증, 자격 인증서, 신용 증명 security system 보안 시스템 clearance code 취급 허가 코드 go through ~을 통과하다 in a hurry 급한, 서둘러 policy 방침 against ~에 반하는

56. 여자의 위치 ★

❶ 문제 유형 파악 여자의 위치에 대해 묻는 첫 번째 문제이므로 대화 초반부 여자의 대화 내용에서 위치가 직접적으로 언급되는 부분이나 위치를 추측할 수 있을 만한 어휘나 표현이 등장하는 부분에 집중해야 한다.

❷ 단서 찾기 여자는 대화 초반부에서 I'm locked out of the office. I'm right here in front of the building.이라고 하며 지금 사무실이 잠겨서 들어갈 수가 없고 건물 바로 앞에 있음을 직접 알리고 있다.

❸ 정답 선택 따라서 여자는 건물 앞에 있으므로 (A)가 정답이다.

여자는 어디에 있을 것 같은가?
(A) 건물
(B) 회의실
(C) 실험실
(D) 기내

57. 성별지정 세부사항 – 남자가 요청하는 것 ★

❶ 문제 유형 파악 남자가 요청하는 것을 묻는 문제이므로 남자의 대화 내용에서 여자에게 요구하는 것에 집중해야 한다.

❷ 단서 찾기 여자의 문제점을 들은 남자는 Please give me your employee ID number라고 하며 여자에게 사원증 번호를 알려달라고 요청하고 있다.

❸ 정답 선택 남자가 원하는 것은 사원증 번호이므로 (A)가 정답이다.

남자가 요청하는 것은 무엇인가?
(A) 사원 번호
(B) 집까지 가는 교통편
(C) 재직 증명서
(D) 새로운 신분증

新 58. 화자의 의도 ★★★

❶ 문제 유형 파악 남자가 "There's a policy against that"이라고 말한 의도에 대해 묻고 있으므로 앞에서 여자가 말한 내용을 통해 그 의도를 짐작해야 한다. 일단 남자의 말은 규정에 어긋난다는 의미이므로 상대방이 규정에 어긋나는 것을 요청했다는 사실을 짐작할 수 있다.

❷ 단서 찾기 대화 후반부에서 여자는 but can you just let me in first? I'm really in a hurry.라고 하며 급한데 먼저 사무실에 들여보내 달라고 요청하고 있고, 이에 남자가 "There's a policy against that"이라고 대답하며 여자의 요청이 규정에 어긋난다는 점을 밝히고 있다.

❸ 정답 선택 따라서 남자가 "There's a policy against that"이라고 말한 것은 들여보내 달라는 여자의 요청을 거절하고자 하는 의도가 반영되어 있음을 알 수 있으므로 (C)가 정답이다.

표현 정리 criticize 비판하다 clarification 명확한 설명, 해명 make a recommendation 추천하다

남자가 "There's a policy against that"이라고 말할 때 의미하는 바는 무엇인가?
(A) 실수를 비판하고 있다.

(B) 명확한 설명을 요청하고 있다.
(C) 요청을 거절하고 있다.
(D) 추천하고 있다.

新 문제 59–61번은 다음 3인의 대화를 참조하시오. 미W 미M 영W

W1: You know what? **59 All the tables for this weekend are solid booked.**
M: Wow, don't we need more staff? **59 You remember that we had trouble serving customers last weekend.**
W2: Yes, you've got that right. **60, 61 That's why I called a few previous employees and they told me they would be happy to help out this weekend.**
M: **61 Good to hear that.** Who's gonna come to help us? **60 Do you know if Kate will come this weekend?**
W1: She said she will. Ah, you guys were very close to each other, weren't you? I think it's kind of a big reunion.
W2: But I think there are things that we should deal with before they come to help us.

여1: 있잖아요. 이번 주말엔 모든 테이블이 다 예약되었어요. .
남: 와, 직원이 더 필요하지 않을까요? 지난 주말에 손님들 시중을 드느라 고생했던 것 기억나시죠?
여2: 네, 당신 말이 맞아요. 그래서 제가 전 직원 몇 명에게 연락했는데, 그들도 이번 주말에 도와줄 수 있다고 얘기했어요.
남: 듣던 중 반가운 소리네요. 누가 우리를 도우러 오나요? 이번 주말에 케이트도 오는지 아세요?
여1: 오겠다고 하던데요. 아, 두 분이 굉장히 친하죠, 안 그래요? 이건 이산가족 상봉 같은데요.
여2: 하지만 그들이 우리를 도우러 오기 전에 우리는 먼저 해야 할 일들이 있어요.

표현 정리 solid 완전히 book 예약하다 have trouble V-ing ~하는 데 어려움이 있다 previous 이전의 be very close to each other 서로 매우 친하다 reunion 상봉, 재회 deal with ~을 다루다, ~을 처리하다

59. 화자들의 직장 ★★

❶ 문제 유형 파악 화자들의 직장을 묻는 질문이므로 대화 초반부에서 직장이 직접적으로 언급되거나 직장을 추측할 수 있을 만한 관련 어휘나 표현이 제시되는 부분에 집중해야 한다.

❷ 단서 찾기 대화 시작과 함께 여자가 All the tables for this weekend are solid booked.라고 하며 주말에 모든 테이블이 예약된 상황이라고 밝히는 부분과 뒤이어 남자가 You remember that we had trouble serving customers last weekend.라고 하며 지난 주말 손님 시중을 드는 데 고생했다는 내용에서 단서를 찾을 수 있다.

❸ 정답 선택 화자들은 식당에서 근무하는 직원들임을 유추할 수 있으므로 (B)가 정답이다.

화자들은 어디에서 근무할 것 같은가?
(A) 가구점

(B) 식당
(C) 식품 가공 회사
(D) 서점

60. 케이트의 정체 ★★★

① 문제 유형 파악 케이트의 정체에 대해 묻는 문제이므로 대화 내용에서 키워드인 Kate라는 인명이 등장하는 부분을 중심으로 단서를 파악해야 한다.

② 단서 찾기 대화 중반부에서 여자는 That's why I called a few previous employees and they told me they would be happy to help out this weekend.라고 하며 전 직원 몇 명에게 연락했고, 그들이 주말에 도움을 줄 수 있다고 밝혔음을 전한다. 이어서 남자가 Do you know if Kate will come this weekend?라고 물으며 케이트가 이번 주말에 오는지 묻고 있다.

③ 정답 선택 이를 통해 케이트는 이 식당에서 일했던 전 종업원이었음을 짐작할 수 있으므로 (C)가 정답이다.

🔍 **함정 분석** 첫 번째 여자의 대화 you guys were very close to each other에서 (D)를 고르지 않도록 한다. 주말에 바쁠 것을 염려하여 전 직원들에게 연락하였다고 이야기하며 케이트도 올 것이라고 하므로 이전 직원임을 알 수 있다.

케이트는 누구일 것 같은가?
(A) 사업체 소유주
(B) 고객
(C) 이전 종업원
(D) 대학 친구

新 ## 61. 화자의 의도 ★★★

① 문제 유형 파악 남자가 "Good to hear that."이라고 말한 의도를 묻는 문제이므로 앞서 전개된 대화 내용을 통해 그 의도를 파악해야 한다.

② 단서 찾기 앞서 화자들은 주말에 모든 테이블이 예약되어 인력이 부족하다는 점에 대해 얘기하고 있는데, 이에 대한 해결책으로 여자가 That's why I called a few previous employees and they told me they would be happy to help out this weekend.라고 하며 전 직원들에게 도움을 요청했다고 밝힌다. 그러자 남자가 "Good to hear that."이라고 하며 반가움을 나타낸다.

③ 정답 선택 따라서 남자가 "Good to hear that."이라고 한 말은 여자가 제시한 해결책에 기뻐하는 뜻을 담고 있는 것이므로 (D)가 정답이다.

남자가 "Good to hear that."이라고 말할 때 의미하는 바는 무엇인가?
(A) 난청 치료를 받아 왔다.
(B) 여자가 듣고 있는 노래를 좋아한다.
(C) 여자의 칭찬을 고맙게 여긴다.
(D) 문제점에 대한 여자의 해결책에 기뻐한다.

문제 62-64번은 다음 대화를 참조하시오. 미M 미W

> M: Ms. Western, **62I guess I lost my cell phone on a bus yesterday.** I can't do anything without my cell phone. I think I need to buy a new one. You know something about the latest cell phones, right? What do you recommend?

W: **63Bella Electronics released its new cell phone last month. Um… Bella-5G. It is praised for grafting state-of-the-art technologies** and innovative designs winning design contests. Have you heard of it, Mr. Preston?

M: No, but I think Bella-5G is great enough. I'm gonna buy it today or tomorrow. Thank you for your tips, Ms. Western.

W: Ah… one thing more. You don't talk much on the phone and communicate more through text messages. **64The key pad buttons are a little small, so it might be inconvenient for you to use it.**

M: **64That's okay. I could get used to it as quickly as possible.**

- -

남: 웨스턴 씨, 제가 어제 버스에서 휴대전화를 분실한 것 같아요. 전 휴대전화가 없이 아무것도 못하겠어요. 휴대전화를 새로 사야 할 것 같아요. 당신은 최신 휴대전화에 대해서 잘 알잖아요, 그렇죠? 휴대전화를 추천해주실 수 있어요?

여: 벨라 전자에서 지난달에 새로운 휴대전화를 출시했어요, 음… 벨라-5G라는 겁니다. 그 제품은 첨단 기술과 디자인 경연대회에서 우승한 혁신적인 디자인을 결합시킨 것으로 칭찬이 자자하더라고요. 그 제품에 대해 들어봤어요?

남: 아니요, 하지만 벨라-5G는 진짜 좋은 휴대전화 같은데요. 오늘이나 내일 그걸 사야겠어요. 좋은 정보를 주셔서 고마워요, 웨스턴 씨.

여: 아, 한 가지 더요. 당신은 전화 통화를 많이 하지 않고 문자 메시지로 대화를 많이 하잖아요. 그 휴대전화의 키패드 버튼은 좀 작은 편이라 당신이 사용할 때 좀 불편할 수도 있어요.

남: 그건 괜찮아요. 저는 최대한 빨리 그 휴대전화에 익숙해질 수 있을 거예요.

표현 정리 release 출시하다 be praised for ~로 칭찬을 받다 graft 접목시키다 state-of-the-art 최신의, 첨단의 innovative 혁신적인 tip 정보 inconvenient 불편한 get used to ~에 익숙하다

62. 남자의 문제점 ★

① 문제 유형 파악 남자의 문제점에 대해 묻고 있는데, 문제점은 대화 초반부에 등장한다는 점을 고려할 때 남자의 초반부 대화 내용에 집중해야 할 필요가 있다.

② 단서 찾기 남자는 I guess I lost my cell phone on a bus yesterday.라고 하며 어제 버스에서 휴대전화를 분실했음을 밝히고 있다.

③ 정답 선택 따라서 남자의 휴대전화를 분실한 것이므로 lost my cell phone을 misplaced a mobil device로 바꿔 표현한 (D)가 정답이다.

🔍 **함정 분석** 남자의 첫 대화 I guess I lost my cell phone on a bus yesterday에서 (B)를 바로 고르지 않도록 한다. 남자가 분실한 것은 휴대폰이고 baggage는 수하물을 뜻하여 대화 내용과 무관하므로 (B)는 오답이다.

표현 정리 scheduling conflict 일정이 겹침 misplace (물건 둔 곳을) 잊어버리다, 제자리에 두지 않다

남자의 문제점은 무엇인가?

(A) 일정이 겹친다.
(B) 수화물을 분실했다.
(C) 새로운 디자인을 고안하지 못했다.
(D) 이동통신 기기를 분실했다.

63. 성별 지정 세부사항 – 여자가 벨라–5G에 대해 언급한 것 ★★

❶ 문제 유형 파악 여자가 벨라–5G에 대해 언급한 내용에 대해 묻는 문제이므로 여자의 대화 내용에서 키워드인 벨라–5G가 등장하는 부분을 중심으로 단서를 파악해야 한다.

❷ 단서 찾기 여자는 휴대전화를 추천해달라는 남자에게 Bella Electronics released its new cell phone last month. Um... Bella-5G.라고 하며 벨라 전자에서 지난달에 벨라–5G라는 새로운 휴대전화를 출시했음을 알려준 후 이어서 It is praised for grafting state-of-the-art technologies라고 하며 최신 기술을 접목시킨 휴대전화임을 밝히고 있다.

❸ 정답 선택 따라서 벨라–5G가 첨단 기기임을 언급하고 있는 (C)가 정답이다.

표현 정리 **multiple** 다수의 **function** 기능

여자가 벨라–5G에 관해 언급한 것은 무엇인가?
(A) 여러 기능이 있다.
(B) 다른 기기들에 비해 품질이 낮다.
(C) 첨단 기기이다.
(D) 고객들 사이에서 굉장히 인기가 많다.

新 64. 화자의 의도 ★★★

❶ 문제 유형 파악 남자가 "That's okay."라고 말한 의도를 묻는 문제이므로 바로 앞에서 상대방이 휴대전화에 관해 전달한 내용과 뒤에 이어진 남자의 말을 통해 의도하는 바를 추측해야 한다.

❷ 단서 찾기 남자가 "That's okay."라고 말하기에 앞서 여자는 남자가 문자 메시지를 주로 사용하는 성향을 언급한 후 The keypad buttons are a little small, so it might be inconvenient for you to use it.라고 하며 휴대전화의 키패드 버튼들이 좀 작은 편이라 불편할 수 있다는 점을 밝히고 있다. 이에 남자는 "That's okay."라고 대답한 후 바로 I could get used to it as quickly as possible.이라고 하며 빨리 익숙해질 수 있다고 전한다.

❸ 정답 선택 따라서 남자가 "That's okay."라고 한 것은 결국 해당 제품을 구매하여 쓰겠다는 의도를 반영한 표현이므로 (A)가 정답이다.

표현 정리 **assistance** 도움 **be satisfied with** ~에 만족하다 **contract terms** 계약 조건

남자가 "That's okay."라고 말한 이유는 무엇인가?
(A) 새로 출시된 제품을 사용하고 싶어 한다.
(B) 여자의 도움이 필요없다.
(C) 가격에 대해 신경 쓰지 않는다.
(D) 현재의 계약 조건에 만족한다.

문제 65-67번은 다음 대화와 일정표를 참조하시오. 미W 호M

W: Hi George, **65 I hear the condominium renovation is moving along pretty well. Any problems that you can foresee?**
M: It is an old house, but it doesn't have any major structural problems. Since we started working, a lot of progress has been made.
W: Sounds good. I wanna put this property on the market in the beginning of May. Actually, It's the most appropriate time to sell a house. Could you get this work done by then?
M: I'm going to check my calendar. Hmmm. Let's see. So, **66 we've just completed the floor installation. We start painting next week.** Yes, I'm confident we will be done by the end of April.
W: That's fantastic, George. **67 Could you send me a rough estimate of your total expenses?** I need it for potential buyers' questions, even before the renovation is complete. I need to come up with a price for the house.

여: 안녕하세요, 조지 씨. 저는 콘도미니엄 보수 공사가 꽤 잘 진행되고 있다고 들었어요. 예상되는 문제가 있나요?

남: 집이 오래되긴 했지만 큰 구조적인 문제는 없어요. 우리가 공사를 시작한 이후로 많은 진전이 있었습니다.

여: 좋아요. 저는 이 콘도미니엄을 5월 초에 매각하고 싶어요. 사실, 그때가 집을 판매할 수 있는 최적의 시기이기도 하고요. 그때까지 작업을 마무리해주실 수 있나요?

남: 제가 일정을 확인해볼게요. 음... 어디보자. 우리가 막 바닥재 설치를 완료했고요. 다음 주에는 도색을 할 겁니다. 네, 4월 말까지는 끝날 것이라 확신합니다.

여: 좋습니다. 조지 씨. 제게 개략적인 총 공사비 견적을 보내주실 수 있으세요? 보수 공사가 완료되기 전에라도 부동산을 구매하고자 하는 잠재 고객들의 질문에 답하려면 그게 필요해요. 집의 판매가를 제시해야 합니다.

표현 정리 **condominium** 콘도미니엄, 분양 아파트 **move along pretty well** 꽤 순조롭다, 잘 진행되다 **foresee** 예측하다 **major** 큰, 주된 **structural problem** 구조적인 문제 **progress** 진보, 발전 **put ~ on the market** ~을 시장에 내놓다 **property** 부동산 **appropriate** 적절한, 알맞은 **installation** 설치 **rough** 개략적인 **estimate** 견적, 견적액 **total expense** 총비용 **potential** 잠재적인 **come up with** ~을 고안하다, ~을 제시하다

Renovation Schedule	
Week 1	Electric wiring
66 Week 2	**Install flooring**
66 Week 3	**Paint inside**
Week 4	Paint outside

보수 공사 일정	
1주차	전기 배선
2주차	바닥재 설치
3주차	내부 도색
4주차	외부 도색

65. 남자의 직업 ★

① 문제 유형 파악 남자의 직업을 묻는 문제이므로 대화 초반부에서 직업이 직접적으로 언급되는 부분이나 직업을 추측할 수 있는 관련 어휘나 표현이 등장하는 부분에 집중해야 한다.

② 단서 찾기 여자는 대화 초반부에서 남자에게 I hear the condominium renovation is moving along pretty well. Any problems that you can foresee?라고 하며 보수 공사가 잘 진행되고 있다는 소식을 들었으며 향후에 예상되는 문제점은 없는지 묻고 있다.

③ 정답 선택 따라서 남자는 공사 관리자임을 추측할 수 있으므로 (A)가 정답이다.

남자의 직업은 무엇일 것 같은가?
(A) 공사 관리자
(B) 창고 직원
(C) 철물점 소유주
(D) 건축가

新 66. 시각 정보 연계 – 일정표 ★★★

① 문제 유형 파악 다음 주에 몇 주차 보수 공사가 시작되는지 묻는 문제이므로 대화 내용에서 다음 주가 몇 주차 보수공사인지 직접적으로 제시되지 않는다. 그러므로 대화 내용에서는 이와 대응하는 정보, 즉 구체적인 작업 내역이 언급되는 부분에 집중해야 한다.

② 단서 찾기 남자는 대화 후반부에서 we've just completed the floor installation. We start painting next week.라고 하며 바닥재 설치가 마무리 되었고 다음 주에는 도색 작업을 하게 될 예정임을 밝히고 있다.

③ 정답 선택 작업 일정표를 보면 바닥재 설치 작업은 2주차에, 도색 작업은 3주차에 시행되므로 (C)가 정답이다.

함정 분석 we've just completed the floor installation.을 듣고 (B)로 헷갈릴 수 있다. 남자는 바닥재 설치가 막 끝났고 다음 주에 도색을 시작할 것이라고 이야기하므로 (B)는 오답이다. 다음 주에 시작하는 보수 공사를 묻는 질문이므로 next week가 포함된 문장에서 단서를 찾아야 한다.

도표를 참조하시오, 다음 주면 몇 주차 보수 공사가 시작되는가?
(A) 1주차
(B) 2주차
(C) 3주차
(D) 4주차

67. 성별 지정 세부사항 – 여자의 요청사항 ★★

① 문제 유형 파악 여자가 남자에게 요청하는 것을 묻는 마지막 문제이므로 대화 후반부 여자의 대화 내용에서 제시되는 '동사 + 목적어' 부분의 내용을 파악하는 것이 중요하다.

② 단서 찾기 여자는 대화 말미에서 남자에게 Could you send me a rough estimate of your total expenses?라고 하며 남자에게 공사비 견적서를 보내줄 수 있는지를 묻고 있다.

③ 정답 선택 따라서 견적서를 a list of costs, 즉 비용 목록으로 달리 표현한 (A)가 정답이다.

표현 정리 in one's place ~대신에

남자가 요청 받은 것은 무엇인가?
(A) 비용 목록을 보낸다.

(B) 새로운 홈페이지를 디자인한다.
(C) 초청장을 작성한다.
(D) 다음 주에 여자 대신 근무한다.

문제 68-70번은 다음 대화와 일람표를 참조하시오. Ⓜ Ⓦ

M: Hello. I'm looking for an Internet provider. I'd like to find out about your service plans.
W: Certainly. We offer the best prices in the area. As you can see from this chart, the longer the contract means the lower the monthly cost.
M: **68 What if I want to cancel the contract ahead of the agreed date?**
W: **68 We should charge you a penalty according to our policy.**
M: Um... Actually, **69, 70 I'm going to transfer overseas in about half a year, so I need a six-month plan.** But, I want the lowest possible price.
W: All right. We can do that for you. Would you like to sign the contract right now?
M: No problem. Let's do that.

남: 안녕하세요. 저는 지금 인터넷 서비스 제공업체를 찾고 있는데요. 귀사의 인터넷 서비스 제도에 대해 알고 싶습니다.
여: 알겠습니다. 저희는 이 지역에서 가장 저렴한 가격을 제공합니다. 이 도표에서 알 수 있듯이 계약 기간이 길어질수록 월 이용 요금은 낮아집니다.
남: 만약 제가 약정된 날짜 이전에 계약을 취소하길 원하면요?
여: 회사 정책에 따라 위약금을 청구하게 됩니다.
남: 음... 사실, 저는 약 반 년 후에 해외로 전근을 갈 예정이라 6개월만 서비스를 받으면 됩니다. 하지만 저는 가능한 최저 가격을 원해요.
여: 알겠습니다. 고객님을 위해 그렇게 해드리겠습니다. 지금 계약서에 서명을 하시겠습니까?
남: 좋아요. 그렇게 합시다.

표현 정리 Internet provider 인터넷 서비스 제공업체 plan 계획, 방식, 제도 find out ~에 대해 알아보다 What if ~하면 어떨까? cancel the contract 계약을 취소하다 ahead of ~보다 앞서서 agreed date 약정된 날짜 charge (요금을) 부과하다 penalty 벌금, 위약금 transfer 전근을 가다 sign the contract 계약서에 서명하다, 계약을 체결하다

Internet Service Plan	Service Fee
Quarter Plan	$21.00
70 Six-Month Plan	**$30.00**
One-Year Plan	$38.00
Two-Year Plan	$65.00

인터넷 서비스 제도	서비스 요금
분기별	21달러

6개월	30달러
1년	38달러
2년	65달러

68. 세부사항 – 추가 비용의 부과 이유 ★★★

① 문제 유형 파악 추가 비용이 부과된 이유에 대해서 묻고 있으므로 비용 관련 내용이 구체적으로 언급되는 부분에 집중해야 한다.

② 단서 찾기 남자는 What if I want to cancel the contract ahead of the agreed date?라고 하며 약정된 시점 전에 계약을 해지하려 하면 어떻게 되는지 묻고 있다. 이에 여자는 We should charge you a penalty according to our policy.라고 하며 위약금을 부과한다는 점을 알리고 있다. 여기서 penalty, 즉 위약금은 별도로 지불해야 하는 비용이므로 additional cost란 유사 표현으로 바꾸어 제시하고 있음을 간파해야 한다.

③ 정답 선택 따라서 추가 비용은 계약이 약정 시점보다 앞서 해지될 때 부과되는 것이므로 (B)가 정답이다.

🔍 **함정 분석** 대화 후반부 남자의 대화 I'm going to transfer overseas in about half a year에서 transfer overseas를 듣고 (A)를 고르지 않도록 한다. 남자가 새로운 지역으로 옮기는 것은 맞지만 추가 비용이 부과되는 이유에 해당하지 않으므로 (A)는 오답이다.

표현 정리 additional fee 추가 비용 overdue (지불이) 연체된

언제 추가 비용이 부과되는가?
(A) 고객이 새로운 지역으로 이전할 때
(B) 계약이 일찍 해지될 때
(C) 월 이용료 지불이 연체될 때
(D) 새로운 선택사항이 원래 요금제에 추가될 때

69. 성별 지정 세부사항 – 6개월 후에 발생할 일 ★

① 문제 유형 파악 남자의 대화 내용에서 키워드인 6개월 후란 시점이 등장하는 부분을 전후하여 단서를 파악하는 것이 현명하다.

② 단서 찾기 대화 후반부에서 남자는 I'm going to transfer overseas in about half a year라고 하며 반 년 후에 해외로 전근을 가게 된다고 밝히고 있다.

③ 정답 선택 6개월 후 해외로 전근을 간다고 하므로 (C)가 정답이다.

표현 정리 go on a business trip 출장 가다 renew 갱신하다

남자에 따르면, 6개월 후에 어떠한 일이 발생하는가?
(A) 남자는 출장을 간다.
(B) 계약이 갱신된다.
(C) 남자는 해외로 간다.
(D) 새로운 인터넷 시스템이 개발된다.

新 ## 70. 시각 정보 연계 – 남자의 요금 ★★

① 문제 유형 파악 남자가 지불할 인터넷 서비스 요금을 묻는 시각 정보 연계 문제이므로 대화 내용에서는 남자의 요금이 직접 제시되지 않는다. 그 대신 대화에서는 서비스 요금에 대응하는 서비스 기간에 관한 정보가 제시될 것임을 짐작할 수 있다.

② 단서 찾기 남자는 I'm going to transfer overseas in about half a year, so I need a six-month plan.이라고 하며 자신이 반 년 후에 해외로 전근을 가기 때문에 6개월만 인터넷 서비스를 원한다는 의사를 표현하고 있다.

③ 정답 선택 도표를 보면 6개월짜리 인터넷 서비스 비용은 30달러임을 알 수 있으므로 (B)가 정답이다.

도표를 참조하시오. 남자는 얼마의 서비스 요금을 지불할 것 같은가?
(A) 21달러
(B) 30달러
(C) 48달러
(D) 65달러

PART 4

문제 71–73번은 다음 안내를 참조하시오. 호M

Attention, please. **71 I'm your tour guide, Ronald Winters.** I'm afraid that we have to change our plans because of the bad weather. We were supposed to arrive at the ski resort by 6:30 this evening. However, the weather forecast said that 13 inches of snow have fallen at the top of the mountain today. **72 Accordingly, the highway has been blocked for the evening by the state police.** So, alternatively, **73 we will be staying at the Lakeside Hotel at the foot of the mountain.** We'll continue our bus trip first thing in the morning and take you to the ski slopes, where you will have a good time.

주목해 주십시오. 저는 여러분의 관광 가이드 로널드 윈터스입니다. 유감스럽게도, 악천후로 인해 계획이 바뀌었습니다. 저희는 오늘 저녁 6시 30분에 스키 리조트에 도착하기로 되어 있었습니다. 그러나 일기예보에 따르면, 오늘 산 정상에 13인치의 눈이 내렸다고 합니다. 따라서 오늘 저녁 주 경찰에 의해 고속도로가 봉쇄되었습니다. 그래서 그 대신 우리는 산기슭에 있는 레이크사이드 호텔에 머무를 것입니다. 우리는 아침에 제일 먼저 버스 여행을 계속할 것이고, 즐거운 시간을 보낼 수 있는 스키장으로 여러분을 모시도록 하겠습니다.

표현 정리 be supposed to do ~하기로 되어 있다 bad weather 악천후 weather forecast 일기예보 accordingly 그에 따라 state police 주 경찰 alternatively 양자택일로, 대신에 at the foot of ~의 기슭에서, ~의 하단에서 first thing in the morning 아침에 제일 먼저

71. 화자의 정체 ★

① 문제 유형 파악 화자의 정체에 대해 묻고 있으므로 안내 초반부에서 화자의 정체가 직접적으로 제시되는 부분 혹은 이를 유추할 수 있는 어휘나 표현이 등장하는 부분에 초점을 맞춰야 한다.

② 단서 찾기 화자가 안내 초반부에 I'm your tour guide, Ronald Winters.라고 하며 자신이 관광 가이드임을 밝히고 있다.

③ 정답 선택 따라서 화자는 관광 가이드이므로 (A)가 정답이다.

화자는 누구인가?
(A) 관광 가이드
(B) 강사

(C) 운동 선수
(D) 호텔 직원

72. 세부사항 – 스키 여행이 지연된 이유 ★★★

① 문제 유형 파악 스키 여행이 지연된 이유에 대해 묻고 있으므로 안내에서 스키 여행이 소개되는 부분을 중심으로 스키 여행이 지연된 이유에 집중해야 한다.

② 단서 찾기 화자는 안내 초반부에서 오후 6시 30분에 스키장에 도착하기로 되어 있었으나 폭설이 내렸음을 전달하고 있다. 이어서 Accordingly, the highway has been blocked for the evening by the state police.라고 하며 폭설로 인해 주 경찰이 고속도로를 폐쇄하여 스키장으로 갈 수가 없는 상황임을 알리고 있다.

③ 정답 선택 스키 여행이 지연된 이유는 고속도로가 일시적으로 폐쇄되었기 때문이므로 (C)가 정답이다.

표현 정리 **vacancy** 빈자리, (호텔 등의) 빈 방 **block** 막다, 차단하다 **temporarily** 일시적으로, 임시로 **break down** 고장 나다

스키 여행이 지연된 이유는 무엇인가?
(A) 호텔에 빈 방이 없다.
(B) 산에 눈이 충분히 내리지 않았다.
(C) 고속도로가 일시적으로 폐쇄되었다.
(D) 버스가 도로에서 고장 났다.

73. 청자들의 다음 행동 ★★

① 문제 유형 파악 청자들의 다음 행동에 대해 묻고 있으므로 안내 후반부에서 청자들이 이후에 할 일을 언급하는 내용에 집중하되, 특히 동사를 놓치지 않도록 주의해야 한다.

② 단서 찾기 화자가 안내 후반부에서 we will be staying at the Lakeside Hotel at the foot of the mountain.이라고 하며 산기슭에 있는 호텔에 머물 계획임을 밝히고 있다.

③ 정답 선택 따라서 be staying at the Lakeside Hotel을 Check in at a hotel로 바꿔 표현한 (C)가 정답이다.

🔍 **함정 분석** 지문 후반부의 We'll continue our bus trip first thing in the morning and take you to the ski slopes에서 (B)로 헷갈릴 수 있다. 호텔에 머무른 뒤 내일 아침에 스키장에 가는 일정이며, 문제는 청자의 다음 할 일을 묻고 있으므로 (B)는 오답이다.

표현 정리 **check in** 체크인하다, 투숙 수속을 밟다

청자들은 이후에 무엇을 할 것 같은가?
(A) 저녁식사를 한다.
(B) 스키 리조트에 간다.
(C) 호텔에 체크인을 한다.
(D) 경찰관들을 만난다.

문제 74-76번은 다음 담화를 참조하시오. 미W

> Thanks for attending this meeting. **74, 75 The results of our product quality survey are in, but they are not favorable.** They reveal a serious lack of satisfaction with our new auto parts by our customers. For instance, out of 100 companies responding to

---

> the survey, only 36 expressed satisfaction with our products. **75 We are going to have to work harder on quality control to maintain the reputation of our products. 76 Next Monday, the president will hold an urgent meeting of the product management team to discuss this problem.**

이 회의에 참석해 주셔서 감사드립니다. 우리 제품의 품질 설문조사 결과가 나왔지만, 그리 좋지 않습니다. 결과는 우리의 새로운 자동차 부품에 대한 고객들의 만족도가 상당히 떨어진다는 사실을 보여줍니다. 예를 들어, 조사에 응한 100개의 기업들 중 36개의 기업들만이 우리 제품에 대해 만족감을 나타냈습니다. 우리는 우리 제품의 명성을 유지하기 위해 품질 관리 면에 더욱 심혈을 기울여야 할 것입니다. 다음 주 월요일에는 사장님께서 이 문제를 논의하기 위해 제품관리팀의 긴급 회의를 소집할 것입니다.

표현 정리 **survey** 설문조사 **favorable** 호의적인 **reveal** 드러내다, 나타내다 **lack of** ~의 부족[결여] **satisfaction** 만족 **among** ~사이에서, ~중에서 **auto parts** 자동차 부품 **respond to** ~에 응답하다, ~에 답변하다 **quality control** 품질 관리 **maintain** 유지하다 **reputation** 명성 **hold an urgent meeting** 긴급 회의를 소집하다 **product management team** 제품관리팀

74. 세부사항 – 설문조사 결과에 대해 언급하는 것 ★

① 문제 유형 파악 설문조사 결과에 대해 언급하는 내용에 대해 묻고 있으므로 담화 초반부에서 화자가 설문조사를 소개하는 부분에 집중해야 한다.

② 단서 찾기 화자는 담화 초반부에서 The results of our customer product satisfaction survey are in, but they are not favorable.이라고 하며 설문조사 결과가 좋지 않음을 밝히고 있다.

③ 정답 선택 따라서 설문조사 결과를 나타내는 they are not favorable을 They are disappointing.으로 바꿔 표현한 (D)가 정답이다.

표현 정리 **satisfactory** 만족스러운 **disappointing** 실망스러운

화자는 설문조사 결과에 대해 무엇을 언급하는가?
(A) 매우 만족스럽다.
(B) 매우 좋다.
(C) 평균 이상이다.
(D) 실망스럽다.

75. 세부사항 – 제품에 대해 언급하는 측면 ★

① 문제 유형 파악 화자가 제품의 어떤 측면을 언급하는지 묻고 있으므로 제품의 특정한 측면이 제시되는 부분에 집중해야 한다.

② 단서 찾기 화자가 담화 초반부에 The results of our product quality survey are in, but they are not favorable.이라며 제품의 품질 설문조사 결과에 대해 언급한 후, 중반부에 We are going to have to work harder on quality control to maintain the reputation of our products.라고 하며 품질 관리에 심혈을 기울여야 한다고 말한다.

③ 정답 선택 따라서 화자는 제품의 품질에 대해 이야기하고 있다는 것을 알 수 있으므로 (B)가 정답이다.

표현 정리 **packaging** 포장재, 포장

화자는 제품의 어떤 측면을 언급하고 있는가?

(A) 가격
(B) 품질
(C) 디자인
(D) 포장

76. 미래에 발생할 일 ★★

❶ 문제 유형 파악 월요일에 일어날 일에 대해 묻고 있으므로 담화 후반부에서 Monday가 들어 있는 부분에 집중하되, 특히 동사를 놓치지 않도록 주의할 필요가 있다.

❷ 단서 찾기 화자가 담화 말미에 Next Monday, the president will hold an urgent meeting of the product management team to discuss this problem.이라고 하며 월요일에 사장이 제품관리팀의 긴급 회의를 소집할 예정이라고 전달하고 있다.

❸ 정답 선택 따라서 the president will hold an urgent meeting을 An emergency meeting will be held.로 바꿔 표현한 (D)가 정답이다.

표현 정리 celebration 축해[기념] 행사 introduce (신제품을) 발표하다, 출시하다 emergency meeting 긴급 회의

월요일에 무슨 일이 일어나는가?
(A) 축하 행사가 열릴 것이다.
(B) 신제품이 출시될 것이다.
(C) 새로운 설문조사가 실시될 것이다.
(D) 긴급 회의가 열릴 것이다.

문제 77-79번은 다음 발표를 참조하시오. 미M

It gives me great pleasure to give the award for outstanding patient care to senior nurse Nancy Smith. **77 When Ms. Smith first became a supervisor in the children's ward at Oakland Hospital,** the department lacked proper organization and leadership. Over the next two years, she made many improvements. **78 She was responsible for a noticeable increase in the level of patient care throughout the hospital.** She has also been an inspiration to our patients, who frequently comment on her friendly personality. **79 I admire her ability to make our patients feel comfortable,** and I am delighted to have her as a member of the staff. Ms. Smith, well done, and thank you for your hard work.

간호부장인 낸시 스미스 씨에게 훌륭한 환자 간호 상을 수여하게 되어 대단히 기쁩니다. 스미스 씨가 처음 오클랜드 병원 어린이 병동의 책임자가 되었을 때, 그 부서는 적절한 조직력과 통솔력이 부족했습니다. 그 후 2년 동안 그녀는 많은 개선을 이뤘습니다. 그녀는 병원 전체의 환자 간호의 수준을 월등하게 향상시킨 주역이었습니다. 또한 그녀는 우리 환자들에게 격려가 되는 존재였고, 환자들은 그녀의 친절한 성격에 대해 자주 언급하곤 합니다. 저는 환자들을 편안하게 해주는 그녀의 능력을 높이 평가하며, 그녀가 우리 직원이라는 사실이 기쁩니다. 스미스 씨, 수고하셨고 열심히 근무해 주셔서 감사합니다.

표현 정리 outstanding 우수한, 훌륭한 lack 부족하다 improvement 향상, 개선 be responsible for ~에 대해 책임이 있다. ~의 원인이다

noticeable 현저한, 주목할 만한 increase 증가, 증진 inspiration 격려[자극]를 주는 사람 frequently 자주 personality 성격 admire 칭찬하다, 높이 평가하다 comfortable 안락한, 마음 편한 be delighted to do ~해서 기쁘다

77. 세부사항 – 스미스 씨가 근무하는 곳 ★

❶ 문제 유형 파악 스미스 씨가 근무하는 곳은 스미스 씨에 대한 부가 정보이기 때문에 발표에서 스미스 씨를 소개하는 부분을 중심으로 단서를 파악해야 한다.

❷ 단서 찾기 화자는 발표 초반부에서 When Ms. Smith first became a supervisor in the children's ward at Oakland Hospital이라고 하며 스미스 씨가 오클랜드 병원에서 근무한다는 사실을 밝히고 있다.

❸ 정답 선택 스미스 씨는 병원에서 근무하고 있으므로 (C)가 정답이다.

표현 정리 pharmacy 약국 insurance firm 보험사

스미스 씨는 어디에서 근무하는가?
(A) 약국
(B) 대학
(C) 병원
(D) 보험사

78. 세부사항 – 스미스 씨가 부서를 위해 한 일 ★★

❶ 문제 유형 파악 스미스 씨가 부서를 위해 한 일 또한 스미스 씨에 관한 부가 정보이므로 스미스 씨를 소개한 후 이어지는 내용에서 단서를 파악해야 한다.

❷ 단서 찾기 화자는 발표 중반부에서 She was responsible for a noticeable increase in the level of patient care throughout the hospital.이라고 하며 스미스 씨가 환자 간호의 수준을 향상시켰음을 언급하고 있다.

❸ 정답 선택 She was responsible for a noticeable increase in the level of patient care를 She improved the level of patient care.로 바꿔 표현한 (A)가 정답이다.

표현 정리 improve 개선하다, 향상시키다 recruit (신입사원 등을) 모집하다 fix 수리하다, 고치다 instruction manual 사용설명서

스미스 씨가 부서를 위해 한 일은 무엇인가?
(A) 환자 간호의 수준을 향상시켰다.
(B) 많은 외국인 직원들을 고용했다.
(C) 기존의 문제들을 해결했다.
(D) 사용설명서를 썼다.

79. 세부사항 – 스미스 씨에 대해 높이 평가하는 점 ★★★

❶ 문제 유형 파악 화자가 스미스 씨에 대해 높이 평가하는 것을 묻고 있는데 동사 admire가 핵심어가 된다.

❷ 단서 찾기 화자는 발표 말미에서 I admire her ability to make our patients feel comfortable이라고 하며 환자를 편안하게 해주는 그녀의 능력을 높이 평가한다고 밝힌다.

❸ 정답 선택 따라서 make our patients feel comfortable을 comfort patients로 바꿔 표현한 (D)가 정답이다.

표현 정리 dedication 전념, 헌신 comfort 위로하다, 편하게 하다

화자가 스미스 씨에 대해 높이 평가하는 것은 무엇인가?
(A) 의사소통 능력

(B) 간호 경력
(C) 연구에 대한 헌신
(D) 환자를 편안하게 해주는 능력

문제 80-82번은 다음 뉴스 보도를 참조하시오. [호M]

> You're listening to radio station SFKB. **80 If you're planning on heading into town tonight, remember to avoid the San Mateo Bridge** since **82 it will be closed for maintenance starting at 10:30 tonight.** And this is just a reminder that it will be closed every day for the next three weeks from 10:30 P.M. to 5:30 A.M. **81 Of course, this could last longer if heavy rainfall hits us just as forecasts are predicting.** If you're going in that direction, look for an alternate route that avoids the San Mateo Bridge. If you're already headed that way, look out for the yellow detour signs that are posted before the bridge.
>
> ----
>
> 청취자 여러분께서는 SFKB의 라디오 방송을 듣고 계십니다. 오늘 밤 시내로 들어가실 계획이라면, 산 마테오 대교는 피하셔야 한다는 것을 잊지 마십시오. 오늘밤 10시 30분부터 보수 공사로 인해 다리가 폐쇄되기 때문입니다. 앞으로 3주 동안 밤 10시 30분부터 새벽 5시 30분까지 매일 밤 그곳이 폐쇄된다는 점을 다시 한번 알려드립니다. 물론, 일기예보에서 예측한 대로, 폭우가 쏟아진다면 그 기간이 더 오래 지속될 수도 있습니다. 그 방향으로 가고 계신다면, 산 마테오 대교를 피하는 우회 도로를 찾아보세요. 이미 그쪽으로 향하고 계시다면, 다리 앞에 설치된 노란색 우회 표지판을 찾아보세요.

표현 정리 head 향하다 avoid 피하다 construction 공사 reminder 생각나게 하는 것 last 계속되다 heavy rainfall 폭우 forecast 예측, (일기) 예보 predict 예측하다 alternate route 대체 도로, 우회로 look out for ~을 조심하다. ~을 찾아보다 detour sign 우회 표지판

80. 보도의 분야 ★

❶ 문제 유형 파악 보도의 종류에 대해 묻고 있으므로 보도 초반부에서 언급하는 뉴스의 분야와 관련 있는 어휘나 표현에 집중해야 한다.

❷ 단서 찾기 화자는 보도 시작과 함께 If you're planning on heading into town tonight, remember to avoid the San Mateo Bridge라고 하며 시내로 가고 있다면 산 마테오 대교를 피할 것을 권하고 있다.

❸ 정답 선택 따라서 이 보도는 교통 방송임을 추측할 수 있으므로 (C)가 정답이다.

어떤 종류의 보도를 하고 있는가?
(A) 날씨
(B) 금융
(C) 교통
(D) 비즈니스

81. 세부사항 – 공사 일정에 영향을 미치는 것 ★★

❶ 문제 유형 파악 공사 일정에 영향을 미치는 것이 무엇인지 묻고 있으므로 공사 일정을 소개하는 부분에 집중해야 한다.

❷ 단서 찾기 화자는 보도 중반부에 Of course, it could last longer if heavy rainfall hits us just as forecasts are predicting.이라고 하며 일기예보의 예측대로 폭우가 쏟아지면 다리 폐쇄 기간이 더 길어질 수도 있음을 밝히고 있다.

❸ 정답 선택 따라서 heavy rainfall hits us를 Inclement weather conditions로 바꿔 표현한 (D)가 정답이다.

표현 정리 traffic congestion 교통 혼잡[정체] budget cuts 예산 삭감 inclement (날씨가) 험한, 거친

보도에 따르면, 공사 일정에 영향을 미칠 수 있는 것은 무엇인가?
(A) 교통 혼잡
(B) 공사 예산 삭감
(C) 국경일
(D) 악천후

82. 세부사항 – 오늘 밤에 발생할 일 ★★

❶ 문제 유형 파악 오늘 밤에 발생할 일에 대해 묻는 마지막 질문이므로 오늘 밤, 즉 tonight이란 시점이 제시되는 부분에서 단서를 파악해야 한다.

❷ 단서 찾기 화자가 it will be closed for maintenance starting at 10:30 tonight.이라고 하며 오늘밤 10시 30분부터 보수 공사를 위해 다리가 폐쇄된다고 전한다.

❸ 정답 선택 따라서 maintenance를 Repair work로 바꿔 표현한 (B)가 정답이다.

오늘 밤에 무슨 일이 발생하는가?
(A) 시 축제
(B) 보수 공사
(C) 도로 건설
(D) 수상 축하연

문제 83-85번은 다음 전화 메시지를 참조하시오. [미M]

> Hi, Mr. Santana. Thank you for your time and special consideration during my interview early this morning! I really enjoyed our conversation, and **83 I think I would be a good fit for your sales manager position** because I'm a qualified professional with 10 years of sales experience and am extremely knowledgeable about your heavy industrial machinery. **84 I look forward to getting together with Mr. Martin, the vice president, later this week or next. 85 I am available tomorrow for the second interview as long as it is early. Any time between 8 and 10 A.M. would be ideal.** Thanks you again for considering me for this position. Have a great day!
>
> ----
>
> 안녕하세요, 산타나 씨. 오늘 오전 일찍 있었던 제 면접에 시간을 내어 특별히 신경을 써 주신 점에 감사드립니다. 저는 면접에서 나눈 대화가 정말 즐거웠으며, 귀사의 영업부장직에 제가 적임자라고 생각합니다. 저는 10년의 영업 경력을 지닌 자격 있는 전문가이자 귀사의 중장비에 대해 대단히 해박한 지식을 갖고 있기 때문에 그렇습니다. 저는 귀사의 부사장님인 마틴 씨와 이번 주 말이나 다음 주에 자리를 함께 하기를 기대하고 있습니다. 저는 2차 면접이 이른 시간대

에 진행된다면 내일도 가능합니다. 오전 8시에서 10시 사이라면 가장 좋겠습니다. 이 직책에 저를 고려해주신 점에 다시 한번 감사드립니다. 좋은 하루 보내십시오!

표현 정리 special consideration 특별한 고려[배려] be a good fit for ~에 적임자이다 qualified 적격인, 자격요건을 갖춘 extremely 매우, 극단적으로 be knowledgeable about ~에 대해 많이 알다[박식하다] heavy industrial machinery 중장비 look forward to V-ing ~하기를 기대하다 get together with ~와 모임을 갖다 available (만날) 시간이 있는 as long as ~하기만 하면 consider A for B B에 대해 A를 고려하다

83. 세부사항 – 화자가 원하는 분야 ★★

🅐 **문제 유형 파악** 화자가 종사하고 싶어 하는 분야에 대해서 묻는 첫 번째 질문이므로 메시지 초반부에서 화자가 언급하는 분야에 집중해야 한다.

🅑 **단서 찾기** 화자는 면접에 대한 감사의 인사를 전한 후 바로 I think I would be a good fit for your sales manager position이라고 하며 영업부장직에 자신이 적임자임을 표현하고 있다.

🅒 **정답 선택** 화자는 영업부장직을 원하고 있으므로 (B)가 정답이다.

표현 정리 aviation 항공

화자는 어떤 분야에서 일하길 바라는가?
(A) 은행
(B) 영업
(C) 항공
(D) 기계

84. 메시지의 목적 ★★★

🅐 **문제 유형 파악** 음성 메시지의 목적은 화자의 인사말과 자기소개 직후에 제시되는 것이 일반적이다. 그러나 목적이나 주제를 이해하기 위해 사전 지식이나 배경이 필요한 경우에는 목적이나 주제가 후반부에 나온다는 점에 유의해야 한다.

🅑 **단서 찾기** 여기서도 메시지 초반부에는 면접에 대한 감사의 인사와 자신의 관심 분야를 피력하고 있는데, 이는 본격적인 주제를 다루기에 앞서 사전 배경으로 언급되는 내용이라 할 수 있다. 중반부 이후에 화자는 청자에게 I look forward to getting together with Mr. Martin, the vice president, later this week or next.라고 이야기하며 부사장과 만날 수 있는 시점을 밝혔고, 이어지는 문장 I am available tomorrow for the second interview as long as it is early.에서도 내일 2차 면접이 가능한 시간에 대해 언급하고 있다.

🅒 **정답 선택** 따라서 메시지의 목적은 면접이 가능한 시간을 알려주려는 것이므로 (A)가 정답이다.

🔍 **함정 분석** 지문 후반부에서 화자가 2차 면접이 가능한 일정에 대해 언급한 것을 듣고 (D)를 고르지 않도록 한다. 화자는 가능한 시간에 대해 말하는 것이지, 이미 정했던 약속을 재조정하는 것이 아니므로 (D)는 오답이다.

표현 정리 disclose 밝히다, 드러내다 availability 이용 가능성, (사람을 만날) 시간적 여유의 가능성 reschedule ~의 일정을 재조정하다

이 메시지의 주된 목적은 무엇인가?
(A) 시간적 여유가 되는 때를 알리는 것
(B) 지원을 요청하는 것
(C) 마틴 씨의 전화번호를 요청하는 것

(D) 예약 일정을 재조정하는 것

85. 세부사항 – 화자가 원하는 면접 시점 ★★

🅐 **문제 유형 파악** 화자가 원하는 면접 시점을 묻는 마지막 문제이므로, 메시지 후반부에서 화자가 원하는 구체적인 면접 시점이 언급되리라는 점을 예상하는 것이 바람직하다.

🅑 **단서 찾기** 화자가 메시지 후반부에서 I am available tomorrow for the second interview as long as it is early. Any time between 8 and 10 A.M. would be ideal.이라고 하며 내일 오전 일찍 면접에 참석할 수 있다고 전한다.

🅒 **정답 선택** 따라서 화자가 원하는 면접 시간대는 오전이므로 (A)가 정답이다.

화자는 언제 면접에 참석할 수 있는가?
(A) 오전
(B) 오후
(C) 저녁
(D) 내일 아무 때나

문제 86-88번은 다음 소개를 참조하시오. 호M

---

86 **Thank you very much for attending Diane Lane's finance convention.** I'd like to introduce our speaker, Ms. Diane Lane. 86 **Ms. Lane is going to tell us about a technique she developed that could revolutionize the way we handle corporate financing.** 87 **We think it will enhance your company's fiscal soundness.** But I'll let Ms. Lane tell you all about it. And then she'll stay for a while to sign copies of her new book. 88 **After her short speech, we will have a question-and-answer session.** Now, let's give her a warm welcome. Ms. Lane, please come up onto the stage.

다이앤 레인의 재무 컨벤션에 참석해 주셔서 대단히 감사합니다. 저는 오늘의 연사 다이앤 레인 씨를 소개하고자 합니다. 레인 씨는 기업의 자금 조달 방식에 혁명을 불러일으킬 수 있는, 자신이 개발한 기술에 대해 강연을 해주실 것입니다. 저희는 이 기술이 여러분 회사의 재정 건전성을 향상시킬 것이라 생각합니다. 하지만 이제 레인 씨가 이 기술에 관한 모든 것을 이야기할 수 있도록 해야겠지요. 그리고 나서 그녀는 잠시 머물며 그녀의 신간 도서 사인회를 가질 것입니다. 그녀의 짧은 강연이 끝난 후에는 질의응답 시간을 갖도록 하겠습니다. 자, 그녀를 뜨거운 환영의 인사로 맞이해 주십시오. 레인 씨, 무대로 올라와 주십시오.

표현 정리 convention 회의 revolutionize 혁명을 일으키다, 혁신화하다 handle 다루다, 취급하다 corporate financing 기업의 자금 조달 enhance 향상시키다, 강화하다 fiscal soundness 재정 건전성 for a while 한동안 sign 사인하다, 서명하다 question-and-answer session 질의응답 시간

86. 레인 씨의 정체 – 유추 ★★

🅐 **문제 유형 파악** 레인 씨의 정체를 묻는 문제로 소개문 초반부에서 레인이란 인명이 등장하는 부분을 전후하여 정체를 가늠할 수 있을 만한 관련 어휘나

표현을 파악하는 것이 관건이다.

② 단서 찾기 소개문 시작과 함께 화자는 Thank you very much for attending Diane Lane's finance convention.이라고 하며 레인 씨의 재무 컨벤션에 참석해줘서 감사하다는 인사말을 건네고 있다. 이어 화자는 Ms. Lane is going to tell us about a technique she developed that could revolutionize the way we handle corporate financing.이라고 하며 레인 씨가 기업의 자금 조달 방식에 혁명을 불러일으킬 수 있는 기술에 대한 강연을 할 것이라 밝히고 있다.

③ 정답 선택 이를 통해 레인 씨는 재무 컨벤션을 개최하고 기업의 자금 조달을 전문으로 다루는 사람임을 알 수 있다. 따라서 레인 씨는 기업 금융 전문가임을 짐작할 수 있으므로 (C)가 정답이다.

레인 씨는 누구일 것 같은가?
(A) 공무원
(B) 회사 소유주
(C) 기업 금융 전문가
(D) 은행 직원

新 87. 화자의 의도 ★★★

① 문제 유형 파악 화자가 "I'll let Ms. Lane tell you all about it."이라고 말한 의도를 묻는 문제이므로 이를 중심으로 전후 문맥을 살펴 화자의 의도를 파악해야 한다.

② 단서 찾기 이에 앞서 화자는 We think it will enhance your company's fiscal soundness.라고 하며 이 기술이 회사의 재정 건전성을 향상시킬 것이라며 강연 주제에 관한 내용을 언급하고 있다. 그리고 그 뒤에는 And then she'll stay for a while to sign copies of her new book.이라고 하며 연사가 연설 후 신간 도서 사인회를 가질 것이라고 하는데 이는 강연 주제와는 무관한 강연 절차에 관한 내용이다.

③ 정답 선택 따라서 화자가 "I'll let Ms. Lane tell you all about it."이라고 말한 것은 레인 씨의 강연 주제에 관한 내용은 다 설명했고 이제 곧 레인 씨의 강연을 들을 것이라는 의미를 내포한 표현이라 할 수 있다. 따라서 주제에 관한 이야기를 마쳤다는 의미의 (B)가 정답이다.

표현 정리 be busy V-ing ~하느라 바쁘다

화자가 "I'll let Ms. Lane tell you all about it."이라고 말할 때 의미하는 바는 무엇인가?
(A) 연설자를 잘못 소개했다.
(B) 강연 주제에 대한 이야기를 끝냈다.
(C) 레인 씨와 일하느라 굉장히 바쁘다
(D) 어떤 답변도 알지 못한다.

88. 세부사항 – 레인 씨가 연설 후에 할 일 ★★★

① 문제 유형 파악 레인 씨가 연설 직후에 하게 될 일을 묻는 마지막 문제이므로 소개문 후반부에서 연설이 끝난 후의 시점이 등장하는 부분에 제시되는 단서에 집중해야 한다.

② 단서 찾기 화자는 소개문 후반부에서 After her short speech, we will have a question-and-answer session.이라고 하며 연설이 끝난 후 질의응답 시간을 갖게 될 것임을 밝히고 있다.

③ 정답 선택 물론 And then she'll stay for a while to sign copies of her new book.이라고 하며 연설자가 연설 후 신간 사인회를 갖기 위해 한동안 머물 예정임을 밝히고 있지만, 연설 직후에 무엇을 할 것인지 묻고 있다는 점을 고려할 때 이는 함정이 될 수 있다는 점에 유의해야 한다. 따라서 질문에 대해 답변한다는 의미의 (A)가 정답이다.

🔍 함정 분석 And then she'll stay for a while to sign copies of her new book.을 듣고 (B)를 고르지 않도록 한다. 질문은 연설 직후에 레인 씨가 할 일에 대해 묻고 있으므로 키워드 after her speech가 포함된 문장에서 단서를 찾는다.

표현 정리 autograph (유명인의) 서명, 사인

레인 씨는 연설 직후에 무엇을 할 것인가?
(A) 질문에 대해 답변한다.
(B) 사인을 해준다.
(C) 자신의 의견을 제시한다.
(D) 직원들과 저녁식사를 한다.

문제 89-91번은 다음 안내를 참조하시오. 영W

Travelers, we have made our final stop on the full-day tour. If you look out the trolley to your left, **89 you'll see the Twelve Oaks Performance Hall, where we'll be attending an orchestral performance at 4:00.** We've arrived about thirty minutes early, so you'll have just enough time to visit some shops in the area and still get back by 3:50. There's a cultural museum at the end of this street, and next to it is Sandy's Donut Shop. Even though it's not well known, **90 Sandy's Donut Shop's ice cream is delicious. I'm sure you can enjoy some refreshing dessert there.** Okay, **91 I'm going to give you your tickets now. That way, we can meet in the performance hall.**

여행자 여러분, 오늘 여행의 마지막 목적지에 도착했습니다. 여러분이 타고 계신 시내 전차의 좌측을 내다보시면 우리가 관람할 4시 오케스트라 공연이 펼쳐질 트웰브 옥스 공연장이 보이실 겁니다. 우리는 30분 정도 일찍 도착했기 때문에 이 지역의 몇몇 상점을 둘러보고 3시 50분까지 공연장으로 돌아갈 시간이 충분할 겁니다. 이 거리 끝에는 문화 박물관이 있고 그 옆에는 샌디스 도넛 숍이 있습니다. 아주 유명하진 않지만 샌디스 도넛 숍의 아이스크림은 맛있습니다. 여러분은 분명 그곳에서 신선한 후식을 즐기실 수 있을 겁니다. 이제 여러분께 공연표를 나눠드리겠습니다. 그러면 우리 모두 공연장에서 만날 수 있습니다.

표현 정리 make our final stop 최종 종착지를 정하다 to one's left 왼쪽으로 performance hall 공연장 trolly 시내 전차 get back 돌아오다 cultural museum 문화 박물관 well known 잘 알려진, 유명한 refreshing 신선한, 원기를 북돋우는

89. 세부사항 – 청자들이 오후 4시에 할 일 ★★

① 문제 유형 파악 청자들이 오후 4시에 무엇을 할 것인지 묻는 세부사항 문제이므로 지문에서 오후 4시라는 시점이 등장하는 부분을 전후하여 청자들이 할 일에 대한 단서를 파악하는 것이 현명하다.

② 단서 찾기 화자는 안내 초반부에서 you'll see the Twelve Oaks Performance Hall, where we'll be attending an orchestral performance at 4:00.이라고 하며 여행자들이 오후 4시에 개최되는 오케스트라 공연을 관람할 예정임을 밝히고 있다.

③ 정답 선택 따라서 an orchestral performance를 a concert로 바꾸어 표현한 (C)가 정답이다.

🔍 **함정 분석** 지문 후반부의 I'm sure you can enjoy some refreshing dessert there.를 듣고 (A)를 고르지 않도록 한다. 4시에 공연이 시작되는데 30분 일찍 도착했으므로 주변 상점을 방문해보라며 언급한 말이다. 질문의 키워드 4 P.M.이 포함된 문장에서 단서를 찾아야 실수를 줄일 수 있다.

표현 정리 board 탑승하다, 승선하다

청자들은 오후 4시에 무엇을 할 것인가?
(A) 아이스크림을 먹는다.
(B) 시내 전차에 탑승한다.
(C) 연주회를 관람한다.
(D) 문화 박물관을 방문한다.

新 **90. 화자의 의도** ★★★

① 문제 유형 파악 화자가 "Sandy's Donut Shop's ice cream is delicious."라고 말한 이유를 묻는 화자의 의도 문제이므로 이를 중심으로 전후 문맥을 살펴 화자의 의도를 파악해야 한다.

② 단서 찾기 화자는 "Sandy's Donut Shop's ice cream is delicious."라고 하며 샌디스 도넛 숍의 아이스크림이 맛있다고 밝힌 후 바로 I'm sure you can enjoy some refreshing dessert there.라고 하며 그곳에서 신선한 후식을 즐길 수 있다고 알린다.

③ 정답 선택 따라서 "Sandy's Donut Shop's ice cream is delicious."라는 말에는 여행자들에게 그곳을 방문해보라고 권장하려는 의도를 반영하고 있음을 알 수 있으므로 (C)가 정답이다.

표현 정리 encourage 권장하다 recommend 추천하다, 권장하다

화자가 "Sandy's Donut Shop's ice cream is delicious."라고 언급한 이유는 무엇인가?
(A) 두 개의 아이스크림 브랜드를 비교하기 위해서
(B) 청자들에게 맛있는 도넛을 먹어보도록 권장하기 위해서
(C) 청자들에게 그곳을 방문해보도록 권장하기 위해서
(D) 상점이 널리 알려진 이유를 설명하기 위해서

91. 화자의 다음 행동 ★

① 문제 유형 파악 화자나 청자의 다음 행동을 묻는 경우 단서는 대부분 지문 후반부에 등장하며 특히 '동사 + 목적어' 부분에 귀를 기울여야 한다.

② 단서 찾기 지문이 종료되기 직전 화자는 I'm going to give you your tickets now. That way, we can meet in the performance hall.이라고 하며 지금 곧 공연표를 나눠줄 것이며, 그러면 공연장에서 모두 만날 수 있을 것이라고 전한다.

③ 정답 선택 따라서 화자가 이후에 할 일은 공연표를 나눠주는 것이므로 (D)가 정답이다.

🔍 **함정 분석** 지문 후반부의 That way, we can meet in the performance hall.을 듣고 (A)로 헷갈릴 수 있다. 화자는 공연표를 나눠주겠다고 말하고, 그러면 공연장에서 볼 수 있다고 이야기한다. 화자가 다음에 할 일을 묻는 문제이며 공연표를 나눠주는 일이 먼저이므로 (A)는 오답이다.

표현 정리 make a reservation 예약하다 souvenir 기념품

화자는 이후에 무엇을 할 것 같은가?

(A) 공연을 관람한다.
(B) 예약을 한다.
(C) 기념품을 구매한다.
(D) 표를 나눠준다.

문제 92-94번은 다음 회의 발췌록을 참조하시오. 호M

> 93 I'd like to start off our meeting with an update on the lunchroom expansion. As you know, 92 we recently hired 31 new employees, and we have simply outgrown the current lunchroom. 94 Unfortunately, people are having to eat at their desks or workstations, and I don't think that is fair to you or good for our computers and expensive electronics. Here's the thing. 93 We are going to speed up the process of construction of the new lunchroom, which will be equipped with two refrigerators and two microwaves along with wireless Internet and a television.
>
> ---
>
> 저는 구내식당 확장에 관한 새로운 소식과 함께 회의를 시작하고자 합니다. 아시다시피, 우리는 최근 31명의 신입사원을 채용했으며, 이로 인해 현재 구내식당의 수용 규모를 가볍게 초과하게 되었습니다. 안타깝게도, 직원들은 자신의 책상이나 작업 공간에서 식사를 해야 합니다. 저는 이런 상황이 여러분에게 적절하지 않으며 우리가 사용하는 컴퓨터와 비싼 전자 장비에도 좋지 않다고 생각합니다. 이렇게 합시다. 냉장고 두 대와 전자레인지 두 대, 그리고 무선 인터넷과 TV가 갖춰진 새로운 구내식당의 건설 속도에 박차를 가하도록 합시다.

표현 정리 lunchroom 구내식당 expansion 확장, 확대 outgrow ~보다 더 커지다[많아지다] current 현재의 workstation 작업대, 작업 공간 fair 적합한, 공평한 electronics 전자 장비 speed up 속도를 높이다, 박차를 가하다 microwave 전자레인지 be equipped with ~를 구비하다 along with ~와 함께 wireless Internet 무선 인터넷

92. 세부사항 – 화자의 회사가 최근에 한 일 ★★

① 문제 유형 파악 화자의 회사가 최근 한 일에 대해 묻는 첫 번째 문제이므로 지문 초반부에서 화자가 제시하는 회사의 최근 활동에 대한 정보를 파악하는 것에 집중해야 한다.

② 단서 찾기 회사의 최근 활동이니 단서는 recently와 같은 구체적인 최근 시점을 표현하는 부사와 함께 등장한다는 점을 짐작해야 한다. 화자는 we recently hired 31 new employees라고 하며 최근 31명의 직원들을 채용했음을 언급하고 있다.

③ 정답 선택 따라서 hired 31 new employees를 hired additional employees라고 바꾸어 표현한 (C)가 정답이다.

표현 정리 acquire 획득하다, 인수하다 additional 추가의

화자의 회사는 최근에 무엇을 했는가?
(A) 작은 회사를 인수했다.
(B) 새로운 사무용 건물을 구입했다.
(C) 추가 직원들을 채용했다.
(D) 해외 시장으로 진출했다.

93. 세부사항 – 회사가 제공하는 것 ★★

① 문제 유형 파악 회사가 제공하는 것이 무엇인지 묻는 세부사항 문제이므로 회사가 제공하는 혜택에 대한 정보에 귀를 기울여야 한다.

② 단서 찾기 화자는 초반부에서 I'd like to start off our meeting with an update on the lunchroom expansion.이라고 하며 구내식당 확장에 관한 새로운 소식과 함께 회의를 시작한다고 알린다. 그리고 후반부에서 We are going to speed up the process of construction of the new lunchroom이라고 하며 새로운 구내식당의 건설 속도에 박차를 가할 것임을 밝히고 있다.

③ 정답 선택 따라서 회사가 제공하려는 것은 구내식당의 확장임을 알 수 있으므로 lunchroom을 convenient facility로 바꾸어 표현한 (C)가 정답이다.

🔍 **함정 분석** 지문 중반 I don't think that is fair to you or good for our computers and expensive electronics.에서 computers and expensive electronics 때문에 (B)로 헷갈릴 수 있다. 업무 공간에서 식사를 하는 것이 좋지 않다는 언급이지 근로 환경을 개선해 주겠다는 이야기는 아니므로 (B)는 오답이다.

표현 정리 convenient facility 편의시설

화자에 따르면, 회사가 제공하겠다고 한 것은 무엇인가?
(A) 봉급을 인상한다.
(B) 근로 환경을 개선한다.
(C) 편의시설을 확장한다.
(D) 최첨단 장비를 제공한다.

新 **94. 화자의 의도** ★★★

① 문제 유형 파악 화자가 "Here's the thing."이라고 언급한 이유를 묻는 화자의 의도 문제이므로 이를 중심으로 전후 문맥을 살펴 화자의 의도를 파악해야 한다.

② 단서 찾기 이에 앞서 화자는 Unfortunately, people are having to eat at their desks or workstations, and I don't think that is fair to you or good for our computers and expensive electronics.라고 하며 직원들이 자신의 책상이나 작업 공간에서 식사를 해야 하는데, 이런 상황이 직원들뿐만 아니라 컴퓨터와 비싼 전자 장비에 바람직하지 않다는 문제점을 제기하고 있다. 이어서 화자는 "Here's the thing."이라고 말한 후 We are going to speed up the process of construction of the new lunchroom이라고 하며 새로운 구내식당의 건설에 박차를 가하자는 해결책을 내놓고 있다.

③ 정답 선택 따라서 "Here's the thing."이라는 말에는 문제점에 따른 해결책을 제시하겠다는 의도가 담겨 있음을 알 수 있으므로 (B)가 정답이다.

남자가 "Here's the thing."이라고 말한 이유는 무엇인가?
(A) 신상품을 보여줄 것이다.
(B) 해결책을 제시할 것이다.
(C) 자신이 찾고자 하는 것을 발견했다.
(D) 디자인을 변경하기로 결정했다.

문제 95–97번은 다음 전화 메시지와 좌석 배치도를 참조하시오. M/W

Hey, Harry! It's Dorothy. 95 **I'm calling to see if you're available on Wednesday night.** A co-worker has season tickets to the Classical Season Spectacular, but she can't go. 95 **So I have two tickets to see**

the ballet being performed at the Performing Arts Theater. I thought you might like to go with me. I just looked up the theater's seating chart and the seats are really good. 96 **They're in the center section on the main floor and are pretty close to the stage.** Anyway, I know you like ballet and dance, so I thought you might be interested in going. 97 **Susan Kang is the guest prima ballerina that night.** I've never seen her perform, but I heard from some friends on the Internet that she is really amazing. It would be great to see her there. Let me know your availability.

안녕하세요, 해리 씨! 저 도로시예요. 수요일 밤에 시간이 나시는지 알아보고자 연락드려요. 직장 동료 한 사람이 클래시컬 시즌 스펙태큘러 정기 입장권을 갖고 있는데 갈 수 없다고 하네요. 그래서 제게 퍼포밍 아츠 시어터에서 열리는 발레 공연표 두 매가 생겼어요. 저는 당신이 같이 갈 수 있을지 모르겠다는 생각을 했어요. 제가 극장의 좌석 배치도를 살펴봤는데, 좌석 위치가 정말 좋더라고요. 무대하고 상당히 가까운 1층 중앙부예요. 아무튼, 당신이 발레나 춤을 좋아하시는 것으로 알고 있어서 가시는 것에 관심이 있을지 모르겠다는 생각을 했어요. 그날 밤에 수잔 강 씨가 초청 주역 발레리나로 출연한다고 해요. 저는 그녀가 공연하는 것을 관람한 적이 없지만 인터넷 상의 몇몇 친구들에게서 그녀가 대단한 발레리나라고 들었어요. 거기서 그녀를 보면 정말 좋을 것 같아요. 가실 수 있는지의 여부를 알려주세요.

표현 정리 call to see if ~인지 알아보려고 전화하다 available 이용 가능한, 시간이 되는 co-worker 직장 동료 season tickets 정기 입장권 look up 찾아보다. 조사하다 seating chart 좌석 배치도 close to ~와 가까운 prima ballerina 주역 발레리나 availability 유효성, 유용성

Stage		
	96 Section 1	Section 2
Section 3	Section 4	

무대		
	관람구역 1	관람구역 2
관람구역 3	관람구역 3	

---

95. 전화를 건 목적 ★★

① 문제 유형 파악 전화를 건 목적은 전화 메시지 상에서 인사말과 자기소개 직후에 바로 언급된다.

② 단서 찾기 화자는 인사말 직후 I'm calling to see if you're available on Wednesday night.이라고 하며 수요일 저녁에 시간이 되는지 여부를 알고자 연락했음을 밝히고 있다. 그러나 이 부분만으로는 시간적 여유를 묻는 이유를 알 수 없다. 화자는 So I have two tickets to see the ballet being performed at the Performing Arts Theater. I thought you might like to go with me.라고 하며 발레 공연표 두 매가 생겼는데, 상대방이 공연에 함께 갈 수 있는지를 알고 싶어 한다.

🔵 정답 선택 따라서 전화를 건 목적은 공연에 초청하기 위한 것이므로 (B)가 정답이다.

🔍 함정 분석 I'm calling to see if you're available on Wednesday night.를 듣고 (A)로 헷갈릴 수 있다. 화자는 청자가 공연에 함께 갈 수 있는지를 물어보기 위해 전화한 것이므로 (A)는 답이 될 수 없다.

표현 정리 make an appointment 예약하다 extend 주다, 베풀다

화자가 전화를 건 이유는 무엇인가?
(A) 예약을 하기 위해서
(B) 초청을 하기 위해서
(C) 의견을 제시하기 위해서
(D) 운전해서 오는 길을 알려주기 위해서

新 **96. 시각 정보 연계 – 좌석 배치도** ★★

❶ 문제 유형 파악 화자가 어느 관람구역에 해당하는 표를 보유하고 있는지 묻는 시각 정보 연계 문제이다. 그렇다면 메시지에서는 화자가 갖고 있는 관람영역의 번호가 구체적으로 언급되지 않을 것임을 알 수 있다. 따라서 이에 관한 단서로 제시될 관람구역의 위치적 특징에 집중해야 한다.

❷ 단서 찾기 화자는 메시지 중반부에서 They're in the center section on the main floor and are pretty close to the stage.라고 하며 무대하고 상당히 가까운 1층 중앙부에 좌석이 있다고 전한다.

❸ 정답 선택 좌석 배치도를 보면 무대하고 아주 가까운 1층 중앙부라면 Section 1뿐이므로 (A)가 정답이다.

도표를 참조하시오. 화자는 어느 관람구역의 표를 가지고 있는가?
(A) 관람구역 1
(B) 관람구역 2
(C) 관람구역 3
(D) 관람구역 4

97. 세부사항 – 수잔 강의 정체 ★

❶ 문제 유형 파악 수잔 강의 정체를 묻는 문제이므로 메시지에서 수잔 강이란 인명이 등장하는 부분을 중심으로 정체를 짐작할 수 있는 단서를 파악하는 것이 현명하다.

❷ 단서 찾기 화자는 메시지 후반부에서 Susan Kang is the guest prima ballerina that night.이라고 하며 수잔 강이 초청 주역 발레리나라고 소개하고 있다.

❸ 정답 선택 따라서 수잔 강은 무용가임을 알 수 있으므로 (D)가 정답이다.

수잔 강은 누구인가?
(A) 여배우
(B) 행사 기획자
(C) 화자의 동료
(D) 무용가

문제 98-100번은 다음 전화 메시지와 평면도를 참조하시오. 호M

Hello, Marsha. It's Michael. I'm sorry to bother you. **98, 99When we spoke earlier this morning, I requested the travel expense report released by the Sales Department last month, but I just remembered that I'm taking a few days off. I won't have a chance to review the report until I return. Please just put the report on top of the stack of papers on my desk by the time I return on Thursday.** In addition, my new office is the corner on the third floor. **100To get here, exit the elevator and start heading toward the employee lounge. My office is on the left, directly across from the conference room. If you get to the lunchroom, you've gone too far.**

안녕하세요, 마샤 씨. 마이클이에요. 번거롭게 해서 죄송해요. 우리가 오늘 이른 오전에 이야기했을 때, 제가 지난달 영업부가 제출한 출장 경비 보고서를 요청했었는데요, 하지만 제가 곧 휴가를 간다는 사실이 방금 기억났어요. 제가 복귀하기 전까지는 그 보고서를 검토할 수가 없겠네요. 제가 목요일에 복귀할 때까지 그 보고서를 제 책상 위에 쌓인 서류 위에 그냥 놔두세요. 또한, 제 새로운 사무실은 3층 모퉁이에 위치하고 있어요. 여기에 오시려면 엘리베이터를 나와서 직원 휴게실 쪽으로 향하셔야 합니다. 제 사무실은 좌측의 회의실 맞은편에 있습니다. 구내식당까지 가시면 너무 많이 가신 겁니다.

표현 정리 bother 번거롭게 하다. 귀찮게 하다 travel expense 여행 경비 release 발표하다. 공개하다 sales department 영업부 take a few days off 며칠 쉬다 review 검토하다 stack 더미, 무더기 in addition 덧붙여, 또한 exit 나가다 head toward ~를 향해 가다 employee lounge 직원 휴게실 directly 곧장, 똑바로 across from ~로부터 맞은편 lunchroom 구내식당 go too far 너무 많이 가다

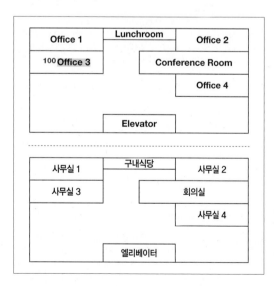

Office 1	Lunchroom	Office 2
100Office 3		Conference Room
		Office 4
	Elevator	

사무실 1	구내식당	사무실 2
사무실 3		회의실
		사무실 4
	엘리베이터	

98. 세부사항 – 화자가 요청한 서류 ★

❶ 문제 유형 파악 화자가 요청한 서류를 묻는 첫 번째 문제이므로 메시지 초반

부에서 구체적인 서류가 제시될 것임을 짐작할 수 있다.

② 단서 찾기 화자는 메시지 초반부에서 When we spoke earlier this morning, I requested the travel expense report released by the Sales Department last month.라고 하며 오늘 오전 일찍 지난달 영업부가 제출한 출장 경비 보고서를 요청했었다는 사실을 언급한다.

③ 정답 선택 따라서 메시지에 나온 expense report를 그대로 표현한 (A)가 정답이다.

표현 정리 quarterly 분기별의 financial statement 재무제표

화자는 어떠한 종류의 서류를 요청하는가?
(A) 경비 보고서
(B) 실적 평가서
(C) 분기별 매출 보고서
(D) 재무제표

---

99. 세부사항 – 화자가 마감시한을 재조정한 이유 ★★★

① 문제 유형 파악 화자가 마감시한을 재조정한 이유를 묻고 있으므로 정해진 일정이 재조정되는 내용이 언급될 것임을 염두에 두고 그 이유를 귀담아 들어야 한다.

② 단서 찾기 화자는 메시지 초반부에서 When we spoke earlier this morning, I requested the travel expense report released by the Sales Department last month.라고 하며 오늘 오전에 지난 달 영업부가 제출한 출장 경비 보고서를 요청했음을 언급한다. 하지만 but I just remembered that I'm taking a few days off. I won't have a chance to review the report until I return.이라고 하며 자신이 곧 휴가를 가게 되어 목요일에 복귀할 때까지 보고서를 검토할 수 없음을 밝히고 있다. 아울러 Please just put the report on top of the stack of papers on my desk by the time I return on Thursday.라고 하며 보고서를 목요일까지 가져다 달라고 시간을 재조정하고 있다.

③ 정답 선택 따라서 보고서를 검토할 시간이 없어서 보고서를 받을 날짜를 재조정했다는 것을 알 수 있으므로 (A)가 정답이다.

🔍 함정 분석 지문 중반부 I won't have a chance to review the report until I return.을 듣고 시간이 더 필요하다고 여겨 (D)를 고르지 않도록 한다. 휴가 때문에 검토할 시간이 없다고 이야기 하는 것이지 일을 마무리하기까지 시간이 더 필요하다는 의미가 아니다.

표현 정리 proceed with ~을 계속 진행하다 go on a business trip 출장 가다

화자가 마감시한을 재조정한 이유는 무엇인가?
(A) 서류를 검토할 시간이 없다.
(B) 프로젝트를 진행할 수가 없다.
(C) 다음 주에 출장을 간다.
(D) 일을 마무리하려면 더 많은 시간이 필요하다.

新 100. 시각 정보 연계 – 평면도 ★★★

① 문제 유형 파악 화자의 사무실 위치를 묻는 시각 정보 연계 문제이므로 메시지에서는 구체적인 사무실 번호가 절대 언급되지 않는다. 따라서 메시지에서는 사무실까지 가는 길 안내나 사무실, 회의실, 휴게실, 엘리베이터와의 상대적인 위치 관계에 관한 내용이 단서로 제시될 것임을 짐작할 수 있다.

② 단서 찾기 예상대로 화자는 메시지 후반부에서 To get here, exit the elevator and start heading toward the employee lounge. My office is on the left, directly across from the conference room. If

you get to the lunchroom, you've gone too far.라고 하며 사무실까지 가는 길을 상세히 안내하고 있다. 화자는 새로운 사무실이 엘리베이터를 나와서 직원 휴게실 쪽으로 가다 보면 좌측의 회의실 맞은편에 있다고 전한다.

③ 정답 선택 이를 통해 화자의 사무실은 3번 사무실임을 알 수 있으므로 (C)가 정답이다. 참고로 토익에 나오는 길 안내는 일부 내용을 놓치더라도 그 위치를 알려주는 결정적인 단서가 항상 제시된다. 이 문제에서도 다른 부분은 놓쳤다 해도 directly across from the conference room 하나만 들으면 정답을 찾을 수 있다.

도표를 참조하시오. 화자의 사무실은 어느 것인가?
(A) 사무실 1
(B) 사무실 2
(C) 사무실 3
(D) 사무실 4

PART 5

101. 어형 – 명사의 자리 ★

① 보기 구성 파악 advise가 공통으로 들어가며 품사만 다른 어형 문제이다.
(A) advise 동사
(B) advice 명사
(C) advisory 형용사
(D) advising 동명사, 현재분사

② 빈칸 자리 확인 빈칸은 전치사 for의 목적어 자리이므로 (B)와 (D)를 우선 고려할 수 있다. (D)는 동명사형이지만 타동사의 성질 때문에 뒤에 목적어가 나와야 한다.

③ 정답 선택 전치사 뒤에는 명사가 적합하므로 (B)가 정답이다.

표현 정리 advise 충고하다, 조언하다 advice 충고, 조언 expert 전문가 advisory 권고의, 고문의

해석 의료 공학 전문가로부터 '조언(advice)'을 구하고 있다면, 코바치 교수가 당신이 대화를 나누고 싶어 하는 사람일 것입니다.

---

102. 문법 – 현재완료 ★★

① 보기 구성 파악 rise의 다양한 시제로 구성되어 있다.
(A) had been rising 과거완료진행
(B) will have risen 미래완료
(C) was rising 과거진행
(D) has risen 현재완료

② 빈칸 자리 확인 전치사 in, for, over 뒤에 과거의 기간(the past few weeks)이 오면 '지난 ~동안, 지난 ~에 걸쳐'라고 해석되는데, 이는 과거의 어느 한 시점에서 현재에 이르는 내용을 나타낸다.

③ 정답 선택 현재완료인 (D)가 문장 전체의 시제로 알맞다.

🔍 함정 분석 in the past few weeks를 과거 시제로 보고 (C)를 고르지 않도록 유의한다.

표현 정리 limited supplies and high demand 부족한 물량과 높은 수요 has risen rapidly 빠르게 상승해 왔다 in the past few weeks 지난 몇 주 동안

해석 부족한 물량과 높은 수요로 인해 프로헨 사(社) 제품들의 가격은 지난 몇 주 동안 빠르게 '상승해 왔다(has risen)'.

103. 문법 – 주격 관계대명사 ★★

① 보기 구성 파악 복합관계대명사 whoever와 관계대명사 whose, who, whom으로 구성되어 있다.

② 빈칸 자리 확인 빈칸은 사람(citizens)을 선행사로 하는 주격 관계대명사 자리이다. (A)는 anyone who의 의미로 선행사를 포함하고 있으며, (B)는 뒤에 수식받는 명사가 이끄는 완전한 문장이 나와야 하며, (D)는 뒤에 목적어가 없는 불완전한 문장이 나와야 한다.

③ 정답 선택 사람(citizens)을 선행사로 하는 주격 관계대명사 (C) who가 정답이다.

표현 정리 aim 목표 supply resources 물자를 공급하다 citizen 시민 immediate 즉각적인, 당면한 be in need (재정적으로) 어려움에 처해 있다

해석 단체의 목표 중 하나는 절박한 상황에 처한 시민들에게 필요한 물자를 공급하는 것이다.

104. 어휘 – 동사 ★★★

① 보기 구성 파악 동사 어휘 문제이다.

② 빈칸 자리 확인 빈칸에 들어갈 동사는 그 뒷부분에 '목 + to do'의 형태가 나올 수 있는 것으로 (B)와 (D)를 우선 고려할 수 있다. 그런데 (D)는 능동으로 쓰일 때 사람 주어가 나오므로 어색하다.

③ 정답 선택 '목 + to do'의 형태를 취하는 동사로 가장 자연스러운 것은 (B)이다.

표현 정리 technological advancement 기술 발전 enable + 목 + to do ~가 …하는 것을 가능하게 하다 staff members 직원들 communicate 의사소통하다 regardless of ~와 상관없이 post 게시하다, 게재하다

해석 기술 발전은 직원들이 사무실에 있든 없든 상관없이 의사소통을 '가능하게 해주었다(enabled)'.

105. 문법 – 인칭대명사의 목적격 ★★

① 보기 구성 파악 대명사의 다양한 격으로 구성되어 있다.

② 빈칸 자리 확인 빈칸은 동사 put의 목적어 자리이므로 (B)와 (C)를 우선 고려할 수 있다. (B)는 '주어 = 목적어'의 관계일 때 목적어 자리에 쓰는 재귀대명사이다.

③ 정답 선택 문맥상 앞의 복수 명사 wild animals를 받아야 하므로 주어(the program)와는 다른 제3자를 나타내는 (C)가 정답이다.

🔍 **함정 분석** 이 문장의 전체 주어는 '그 프로그램(The program)'이다. 따라서 야생동물을 주어로 오인하여 재귀대명사를 고르지 않도록 유의해야 한다.

표현 정리 capture 생포하다 wild animal 야생동물 put ~ back ~을 다시 제자리에 갖다 놓다 original habitat 원래의 서식지

해석 이 프로그램은 단순히 DNA 샘플을 얻기 위해 야생동물을 생포했다가 '그들을(them)' 다시 원래의 서식지로 돌려보내는 것이다.

106. 어휘 – 형용사 ★★

① 보기 구성 파악 명사를 수식하는 분사형 형용사 어휘 문제이다.

② 빈칸 자리 확인 빈칸은 예방조치(precautions)의 성격을 나타내는 형용사

가 적합하다.

③ 정답 선택 '필요한'이라는 의미의 (B)가 해석상 가장 적합하다.

🔍 **함정 분석** (C)도 의미상으로는 가능하나 보어로만 쓰이기 때문에 명사를 수식할 수 없다는 점을 꼭 알아두도록 한다.

표현 정리 construction worker 건설 근로자 take precautions 예방조치를 취하다 required 필요한(= necessary) still 그럼에도 (= nevertheless) occur 발생하다 equipped (장비 등이) 갖춰진 advisable 권고할 만한 separate 분리된, 독립된

해석 건설 근로자들이 모든 '필요한(required)' 예방조치를 취하더라도 사고는 일어날 수 있다.

107. 문법 – 4형식 동사의 수동태 ★★★

① 보기 구성 파악 convince가 공통으로 들어가며 태와 시제가 다른 문법 문제이다.

(A) convinces 현재 시제 / 능동 (3인칭 단수 주어)
(B) was convincing 과거진행 시제 / 능동
(C) was convinced 과거 시제 / 수동
(D) convinced 과거 시제 / 능동

② 빈칸 자리 확인 convince는 「convince + 목 + of V-ing / to do / that절(~에게 …에 대해 확신을 주다)」의 형태로 쓰이며, 반드시 '~에게'라고 하는 간접목적어가 필요하다. 따라서 능동형인 (A), (B), (D)가 빈칸에 들어가려면 뒤에 별도의 간접목적어가 있어야 한다.

③ 정답 선택 「convince + 목(everyone) + that절」인 4형식 문장이 수동태로 바뀐 문장이므로 수동형인 (C)를 골라야 한다.

표현 정리 be convinced that ~을 확신하다 contract would fall apart 계약이 성사되지 않을 것이다 negotiator 협상가 give up 포기하다

해석 방에 있던 모든 사람들이 계약이 성사되지 못할 것이라고 '확신했다 (was convinced)'. 하지만 두 협상가들은 포기하지 않았다.

108. 어휘 – 동사 ★★

① 보기 구성 파악 동사 어휘 문제이다.

② 빈칸 자리 확인 빈칸은 사람(Ron Green)을 목적어로 취하는 동사가 들어갈 자리이다.

③ 정답 선택 '지원하다, 후원하다'라는 의미를 지닌 (A)가 정답이다.

표현 정리 support 지원하다, 후원하다 despite ~에도 불구하고 recent mistake 최근의 실수 gather 모으다, 모이다 conserve 보존하다 obtain 얻다

해석 최근의 실수에도 불구하고, 회사는 론 그린을 계속해서 '후원하기로 (support)' 결정했다.

109. 문법 – 문맥에 맞는 전치사 ★

① 보기 구성 파악 다양한 전치사로 구성되어 있다.

② 빈칸 자리 확인 빈칸 이하는 method의 '목적, 용도'에 해당하는 것으로 '~하기 위한 방법'이라는 의미를 이루어야 한다.

③ 정답 선택 용도와 목적을 나타내는 전치사는 for이므로 (B)가 정답이다.

표현 정리 method for ~하기 위한 방법 analyze sound recordings 소리 기록을 분석하다 whales singing 고래의 노래 tell 알다, 파악하다 what mood they are in 그들이 어떤 기분인지

해석 고래의 노래 소리 기록을 분석하기 '위한(for)' 새로운 방법은 그들이 어떤 기분인지를 파악할 수 있다.

110. 문법 – 진주어로 쓰인 to부정사 ★

❶ 보기 구성 파악 review가 공통으로 들어가며 동사와 준동사로 구성되어 있다.

(A) review 동사원형
(B) reviewing 현재분사, 동명사
(C) to review to 부정사
(D) reviewed 과거, 과거분사

❷ 빈칸 자리 확인 빈칸 앞에는 to부정사의 의미상의 주어를 나타내는 for Dr. Itoko가 있고, Since 뒤에는 가주어 it이 나와 있다.

❸ 정답 선택 가주어 it에 대한 진주어 역할을 하는 형태가 필요하므로 to부정사인 (C)가 정답이다.

표현 정리 take some time for ~ to do ~가 …하는 데 시간이 좀 걸리다 be assigned to do ~라는 임무를 부여받다 develop new formulas 새로운 조제법을 개발하다 until then 그때까지

해석 이토코 박사가 신약을 '검토하는 것이(to review)' 시간이 좀 걸릴 것이기 때문에, 그녀의 팀에게는 그때까지 새로운 조제법을 개발하라는 임무가 주어질 것이다.

111. 어휘 – 형용사 ★★

❶ 보기 구성 파악 형용사 어휘 문제이다.

❷ 빈칸 자리 확인 민방위 훈련 참가로 세미나에 참석할 수 없다는 문맥이 되어야 한다.

❸ 정답 선택 be absent from이 '~에 불참하다'라는 의미이므로 (B)가 정답이다.

표현 정리 be absent from ~에 불참하다 participate in ~에 참가하다 civil defense drill 민방위 훈련 active 활발한, 활약하는 valued 귀중한, 소중한 appraise 평가하다

해석 마케팅 매니저는 민방위 훈련에 참가해야 하기 때문에 세미나에 '불참할(absent)' 것이다.

112. 어형 – 명사의 자리 ★

❶ 보기 구성 파악 inhale이 공통으로 들어가며 품사와 형태만 다른 어형 문제이다.

(A) inhale 동사
(B) inhalation 명사
(C) inhaling 현재분사, 동명사
(D) inhaled 과거, 과거분사

❷ 빈칸 자리 확인 빈칸은 앞에 정관사가 있으므로 명사 자리이다. (C)는 동명사 형태이지만 동사의 성질 때문에 관사가 붙을 수 없고 목적어가 필요하다.

❸ 정답 선택 명사가 들어가야 하므로 정답은 (B)이다.

표현 정리 inhalation 흡입 smoke 매연 chemical 화학물질 damage 손상을 주다 lung 폐 breathing creature 호흡하는 생물

해석 화학물질로 유발된 화재에서 나오는 매연의 '흡입(inhalation)'은 호흡하는 모든 생물의 폐에 손상을 줄 수 있다.

113. 문법 – 조건 부사절 접속사 ★★

❶ 보기 구성 파악 접속부사와 접속사로 구성되어 있다.

(A) in order that 접속사
(B) even so 접속부사
(C) as long as 접속사
(D) moreover 접속사

❷ 빈칸 자리 확인 빈칸은 앞뒤 두 개의 절을 연결하는 접속사의 자리이므로 부사인 (B)와 (D)는 우선 제외한다. 나머지 접속사 보기 중에 (A)는 목적을, (C)는 조건을 나타낸다.

❸ 정답 선택 해석상 빈칸 이하가 전자기기 조정을 가능하게 하는 조건이 되므로 (C)가 적합하다.

표현 정리 allow ~ to do ~가 …하는 것을 가능하게 하다 electronic device 전자기기 as long as ~하는 한(= if) be registered 등록되다 in order that ~하기 위해 even so 그럼에도 moreover 게다가

해석 드레젠 테크에서 나온 최신 앱은 어떤 종류의 전자기기이든 그 앱의 데이터베이스에 등록되어 있기만 '하면(as long as)' 조정하는 것을 가능하게 해준다.

114. 어휘 – 명사 ★

❶ 보기 구성 파악 사람을 나타내는 명사로 구성된 어휘 문제이다.

❷ 빈칸 자리 확인 본동사(decided to sell)의 주체, 즉 주식을 팔기로 결정한 사람을 찾아야 한다.

❸ 정답 선택 회사의 주식을 팔 수 있는 사람은 (B)이다.

표현 정리 one's shares of the stock 보유 주식 highest bidder 최고가 입찰자 in debt 빚을 진, 채무가 있는 beneficiary 수혜자

해석 프리즘 사(社)의 '소유주들(owners)'은 자신들이 빚을 지고 있음을 깨달았을 때 최고가 입찰자들에게 보유 주식을 팔기로 결정했다.

115. 문법 – 문맥에 맞는 전치사 ★

❶ 보기 구성 파악 다양한 전치사로 구성되어 있다.

❷ 빈칸 자리 확인 base A on B를 수동형으로 바꾼 be based on이라는 표현을 묻는 문제이다.

❸ 정답 선택 '~에 바탕을 두다'라는 의미를 이루어야 하므로 (A)가 정답이다.

🔍 **함정 분석** 'be based on(~에 바탕[근거]을 두다)'라는 표현을 모른다면 from을 정답으로 오인하기 쉬운 문제이다.

표현 정리 be based on ~에 바탕을[근거를] 두다 recent book 최근작 be published 출간되다

해석 그 연극은 2015년에 출간된 웨인 씨의 최근작인 〈The Camel Mystery〉를 '바탕으로 한(be based on)' 것이다.

116. 어형 – 전치사의 목적어로 쓰인 동명사 ★★

❶ 보기 구성 파악 receive가 공통으로 들어가며 형태나 품사가 다른 어형 문제이다.

❷ 빈칸 자리 확인 문장은 명령문으로 본동사 call이 있으므로 빈칸에는 this notification을 목적어로 취하는 준동사가 들어가야 한다. 완전한 동사 형태인 (A)나 (B)가 빈칸에 들어가면 앞부분이 명령문이 주어가 되어 어색하다. (C)는 명사이므로 뒤에 this notification이라는 목적어를 취할 수 없다.

③ 정답 선택 빈칸에는 전치사 of의 목적어가 필요하므로 동명사 형태인 (D)가 정답이다. receiving은 타동사의 성질을 그대로 갖고 있으므로 뒤에 this notification을 목적어로 취할 수 있다.

🔍 **함정 분석** 흔히 전치사 뒤에 명사(형)이 온다고 판단하여 명사인 (C)를 정답으로 잘못 선택할 수 있다. 하지만 뒤에 this notification이라는 목적어가 나왔기 때문에 전치사의 목적어이자 this notification을 목적어로 취할 수 있는 동명사가 적합하다.

표현 정리 headquarters 본사 within 3 days 3일 내로 notification 통지, 통보

해석 이 통보를 '받으면(receiving)' 3일 내로 본사에 전화를 주십시오.

117. 어휘 – 동사 ★★

① 보기 구성 파악 다양한 동사의 과거분사로 구성되어 있다.

② 빈칸 자리 확인 보기가 빈칸에 들어가면 동사가 수동형(be p.p.)이 되는데, 능동형으로 고쳐보면 답을 찾기 쉽다. 'escorted every guest to the party'의 형태가 문맥상 가장 적절하다.

③ 정답 선택 '~로 안내되다'라는 의미를 이루는 (A)가 정답이다.

표현 정리 escort A to B A를 B로 안내하다 entrance 출입문 castle 성(城) maze 미로

해석 성은 미로 같고 길을 잃기 쉽기 때문에 모든 손님들은 출입구에서 파티 장소까지 '안내될(be escorted)' 것입니다.

118. 어형 – 주격 보어로 쓰인 형용사(분사) ★

① 보기 구성 파악 satisfy가 공통으로 들어가며 품사만 다른 어형 문제이다.

(A) satisfying 형용사 (주어가 사물일 때)
(B) satisfied 형용사 (주어가 사람일 때)
(C) satisfactory 형용사
(D) satisfaction 명사

② 빈칸 자리 확인 be동사 뒤에는 형용사가 와야 하며 주어는 employees이다.

③ 정답 선택 사람이 주어로 나와 '~에 만족하다'라는 표현인 'be satisfied with'를 묻는 문제이다. 그러므로 정답은 (B)이다. (A)와 (C)는 동의어이며 '사물' 형용사이다.

🔍 **함정 분석** (A), (B)는 각각 현재분사, 과거분사이지만 보어로써 형용사의 기능을 할 수 있다. 하지만 문맥상 직원들이 '만족된' 상황을 나타내므로 (B)가 정답이 된다.

표현 정리 ensure that ~을 보장하다 be satisfied with ~에 만족하다 satisfying 만족을 주는(= satisfactory)

해석 회사의 성공의 열쇠는 직원들이 자신들의 업무에 '만족하도록(are satisfied)' 보장해주는 것이다.

119. 어휘 – 동사 ★★

① 보기 구성 파악 동사 어휘 문제이다.

② 빈칸 자리 확인 빈칸은 '처리(processing)'를 목적어로 할 수 있는 동사가 들어가야 한다.

③ 정답 선택 '신속히 처리하다'라는 의미의 (B)가 해석상 적합하다.

표현 정리 expedite the processing 처리를 신속히 하다 application 신청서, 지원서 follow the instructions 지시사항을 따르다 enlarge 확장[확대]하다 expel 방출하다 express 표현하다

해석 당신의 신청서 처리를 '신속히 하기(expedite)'를 위해 지시사항을 주의 깊게 따라 주시기 바랍니다.

120. 문법 – 양보 부사절 접속사 ★★

① 보기 구성 파악 접속사와 접속부사, 전치사로 구성되어 있다.

(A) Nevertheless 접속부사
(B) Although 접속사
(C) So that 접속사
(D) Without 전치사

② 빈칸 자리 확인 빈칸은 두 개의 절을 연결하는 접속사의 자리이므로 (B)와 (C)를 우선 고려할 수 있다.

③ 정답 선택 문맥상 주절과 종속절이 상반되는 내용일 때 쓰는 대조의 접속사 (B)가 적합하다.

표현 정리 teaching experience 강의 경력 asset 자산, 장점, 이점 requirement 필수조건 nevertheless 그럼에도 so that ~하기 위하여

해석 '비록(although)' 강의 경력이 그 일에 자산이 될 수는 있겠지만, 그것이 필수조건은 아니다.

121. 어휘 – 동사 ★★

① 보기 구성 파악 동사 어휘 문제이다.

② 빈칸 자리 확인 빈칸 뒤의 구조가 'A to B'이므로 (A)와 (C)를 고려할 수 있는데, 문맥상 advanced filming techniques를 목적어로 취해야 한다.

③ 정답 선택 '쓰다, 적용하다'라는 의미의 (C)가 정답이다.

표현 정리 director (영화·연극의) 감독, 연출자 apply A to B A를 B에 적용하다[쓰다] advanced filming techniques 첨단 촬영 기법 press 언론 what it would look like 그것이 어떻게 보일지

해석 감독이 첨단 촬영 기법을 자신의 최신 영화에 '적용했을(applied)'때, 언론과 팬들은 그것이 어떻게 보일지에 대해 추측하기 시작했다.

122. 문법 – 문맥에 맞는 전치사 ★

① 보기 구성 파악 다양한 전치사로 구성되어 있다.

② 빈칸 자리 확인 빈칸 앞의 동사 focus는 초점을 맞추는 대상 앞에 전치사 on을 사용한다.

③ 정답 선택 '~에 초점을 맞추다'라는 의미를 이루어야 하므로 (D)가 정답이다.

표현 정리 funded by the government 정부가 자금을 댄 focus on ~에 초점을 맞추다 rational use 합리적인 이용 land and water resources 토지 및 수자원

해석 정부가 최근에 자금을 댄 그 프로그램은 토지 및 수자원의 합리적인 이용에 초점을 맞출 것이다.

123. 어휘 – 동사 ★★

① 보기 구성 파악 동사 어휘 문제이다.

❷ 빈칸 자리 확인 빈칸은 '지도(the map)'를 목적어로 취하는 타동사가 적합하다. (D) convince는 바로 뒤에 '~에게'에 해당하는 '사람' 목적어가 먼저 나와야 한다.

❸ 정답 선택 '지도(the map)를 해석하다'라는 의미를 이루어야 하므로 (A)가 정답이다.

표현 정리 archaeologist 고고학자 interpret 해석하다, 통역하다 have no clue 전혀 이해하지 못하다 where to start 어디에서 시작할지 disregard 무시하다(= ignore) convince 확신시키다

해석 그 고고학자는 숨겨진 도시 엘렌토르의 지도를 '해석하려고(interpret)' 애썼지만, 어디서부터 시작해야 할지 전혀 감을 잡지 못했다.

---

124. 어휘 – 부사 ★★

❶ 보기 구성 파악 부사 어휘 문제이다.

❷ 빈칸 자리 확인 빈칸은 형용사 growing을 앞에서 수식하는 부사 자리이다.

❸ 정답 선택 '빠르게'라는 의미의 (D)가 해석상 적합하다. rapidly growing을 묶어서 기억해두는 것이 좋다.

표현 정리 rapidly growing 빠르게 증가하는 immigration 이민 update its foreign policy 외교 정책을 수정하다 usually 보통은 thoroughly 완전히(= completely), 주의 깊게(= carefully)

해석 '빠르게(rapidly)' 증가하는 이민자 수 때문에 정부는 외교 정책을 수정하기로 결정했다.

---

125. 어휘 – 명사 ★★

❶ 보기 구성 파악 명사 어휘 문제이다.

❷ 빈칸 자리 확인 빈칸에는 메모리칩의 저장과 관련된 명사가 필요하다.

❸ 정답 선택 '저장 용량'이라는 의미가 가장 자연스러우므로 (D)가 정답이다.

표현 정리 storage capacity 저장 용량 usually 대개 enough 충분한 ordinary computer user 일반 컴퓨터 이용자 average 평균 longevity 수명, 장수 capacity 능력, 용량

해석 이 메모리칩의 '저장 용량(storage capacity)'은 8기가바이트인데, 이 정도면 대개 일반 컴퓨터 이용자에게는 충분하다.

---

126. 어휘 – 부사 ★★

❶ 보기 구성 파악 부사 어휘 문제이다.

❷ 빈칸 자리 확인 빈칸은 바로 뒤의 형용사 complete를 앞에서 수식하는 부사 자리이다. (A)와 (D)는 일반적이고 반복되는 의미를 나타내는 빈도부사이므로 빈칸에 어울리지 않는다.

❸ 정답 선택 '거의 완성된'이라는 의미가 적절하므로 해석상 (B)가 정답이다.

표현 정리 construction 건설 skyscraper 고층 건물 be nearly complete 거의 끝나다 frequently 자주 highly 매우(= very), 중요하게 (= importantly) typically 보통, 일반적으로

해석 뉴스 보도에 따르면, 이 도시 최고층 건물의 공사가 '거의(nearly)' 끝났다.

---

127. 문법 – 문맥에 맞는 전치사 ★

❶ 보기 구성 파악 다양한 전치사로 구성되어 있다.

---

❷ 빈칸 자리 확인 빈칸 뒤에 직책(museum director)이 나와 있다.

❸ 정답 선택 자격의 전치사 (C)가 정답이다.

표현 정리 take over as ~로서 직책을 맡다 museum director 박물관장

해석 자크 세라피노가 내년 봄에 박물관장'으로서(as)' 직책을 맡게 될 것이다.

---

128. 문법 – 분사구문 ★★★

❶ 보기 구성 파악 make가 공통으로 들어가며 형태만 다르다.

❷ 빈칸 자리 확인 빈칸에 완전한 동사형인 (A), (C)가 들어가면 앞부분의 동사 are와 더불어 완전한 동사가 두 개가 되어 두 개의 절이 만들어진다. 그러면 접속사가 필요하므로 (A), (C)는 적합하지 않다.

❸ 정답 선택 '~ market, which(=and it) makes it very hard ~'의 형태에서 접속사와 주어의 역할을 동시에 하는 주격 관계사 which가 생략되고 이어지는 동사 makes가 -ing형으로 바뀐 분사구문을 이루는 (B)가 정답이다.

표현 정리 mortgage company 주택담보대출 회사 strict 엄격한

해석 은행과 주택담보대출 회사들은 오늘날의 시장에서 매우 엄격해 사람들이 집을 사는 것을 더욱 어렵게 '하고(making)' 있다.

---

129. 어휘 – 동사 ★★

❶ 보기 구성 파악 동사 어휘 문제이다.

❷ 빈칸 자리 확인 빈칸은 바로 뒤에 conversation을 목적어로 취해야 한다.

❸ 정답 선택 보기 중에 '문서로 기록하다'라는 의미의 (B)가 해석상 가장 적합하다.

🔍 **함정 분석** document는 '서류, 문서'라는 명사로만 알고 있기 쉽지만 동사로는 '문서로 기록하다'라는 의미를 지니고 있다.

표현 정리 talk with ~와 이야기를 나누다 representative 대표, 직원 document 문서로 기록하다 conversation 대화 for future reference 향후 참고를 위해 satisfy (사람을) 만족시키다, (조건을) 충족시키다 inform 알리다

해석 프레린 사(社)의 직원과 이야기를 나눌 때, 직원은 향후 참고를 위해 대화를 '기록해(document)' 둘 것입니다.

---

130. 문법 – 명사 수식하는 현재분사 ★★

❶ 보기 구성 파악 disappoint가 공통으로 들어가며 품사만 다른 어형 문제이다.

(A) disappointed 과거, 과거분사   (B) disappointment 명사
(C) disappointing 현재분사, 동명사   (D) disappoint 동사

❷ 빈칸 자리 확인 빈칸은 이어지는 명사 sales를 앞에서 수식하는 형용사의 자리로 (A), (C)를 고려할 수 있는데, (A)는 사람이 주어일 때 보어로 사용하는 형용사이다.

❸ 정답 선택 사물인 sales를 수식할 수 있는 형용사는 현재분사인 (C)이다.

🔍 **함정 분석** 현재분사와 과거분사를 구별하는 포인트는 수식 당하는 명사와의 관계가 능동이면 '현재분사', 수동이면 '과거분사'이다. 즉, 매출 (sales)이 실망을 시키고 있으므로 현재분사인 disappointing이 알맞으며 해석은 '실망스러운'이 자연스럽다.

표현 정리 disappointing sales 실망스러운 매출 reduce the budget 예산을 줄이다 disappointed (사람이) 실망한

해석 올해의 '실망스러운(disappointing)' 매출 때문에 회사는 현 프로젝트들의 예산을 20퍼센트 줄일 것이다.

PART 6

문제 131~134번은 다음의 기사를 참조하시오.

> 캘리포니아 (6월 26일) – 해양동물 박물관에서 1000여 종의 해양 생물들의 실물 크기 모형을 선보이는 특별 전시회가 열릴 예정이다. 전시회는 이번 금요일에 시작해 8월 23일에 마감된다. 방문객들은 바닷속이 어떤 느낌인지를 생생하게 체험할 수 있다. 전시회 티켓은 www.mam.org에서 온라인으로 예매할 수 있다. 월요일부터 금요일은 입구에서 티켓을 구입할 수도 있다. 보다 상세한 정보는 웹사이트를 참조하거나 778-293-4720번으로 전화하면 된다.

표현 정리 special exhibition 특별 전시회 take place 열리다, 개최되다 feature 특징으로 하다, 포함하다 life-sized 실물 크기의 replica 모형, 복제품 sea creature 해양생물 witness 보다, 목격하다 available 이용할 수 있는, 구할 수 있는 consult 찾아보다, 참고하다

131. 어휘 – 명사 ★★

① 보기 구성 파악 명사 어휘 문제이다.

(A) 전통
(B) 모형, 복제품
(C) 추모, 추억
(D) 형세, 사정

② 빈칸 자리 확인 빈칸은 앞의 life-sized의 수식을 받고, 뒤의 전치사구 of more than 1000 sea creatures의 수식을 받고 있다.

③ 정답 선택 보기들 중 life-sized(실물 크기의)와 가장 자연스럽게 연결될 수 있는 것은 '모형'이란 뜻을 지닌 (B)이다.

132. 문법 – 문맥에 맞는 전치사 ★

① 보기 구성 파악 다양한 전치사가 제시되어 있다.

② 빈칸 자리 확인 빈칸의 뒤에 특정 날짜가 나와 있으므로 날짜 앞에 쓰이는 전치사를 찾으면 된다.

③ 정답 선택 날짜 앞에 쓰이는 전치사는 on이므로 (A)가 정답이다. (A)는 시간/날짜 앞 (B)는 '수사 + 기간 명사' 앞 (C)는 월/연도/'수사 + 기간 명사' 앞 (D)는 특정 기간 명사 앞에 쓰인다.

新 133. 문맥상 적합한 문장 넣기 ★★

① 보기 구성 파악

(A) 월요일부터 금요일은 입구에서 티켓을 구입할 수도 있다.
(B) 우리는 장애인들의 박물관 이용을 가능하게 하자는 결정을 내렸다.
(C) 박물관은 소장품을 캐나다로 옮길 계획을 발표했다.
(D) 방문객들은 다양한 해산물을 맛볼 수 있는 기회를 가질 것이다.

② 빈칸 자리 확인 바로 앞문장에서 온라인으로 티켓을 예매할 수 있다고 했으므로 이어지는 문장도 티켓에 관한 내용이 나오는 것이 자연스럽다.

③ 정답 선택 티켓 구입에 관한 추가 정보에 대해 언급하고 있는 (A)가 정답

이다.

134. 어휘 – 동사 ★★

① 보기 구성 파악 동사 어휘 문제이다.

(A) 요청하다
(B) 찾아보다
(C) ~인 것 같다
(D) 가져오다

② 빈칸 자리 확인 문맥상 '웹사이트를 참조하라'라는 의미를 이루는 것이 가장 적절하다.

③ 정답 선택 '(정보를 얻기 위해) ~을 찾아보다'라는 뜻을 지닌 (B)가 정답이다.

문제 135~138번은 다음의 공고를 참조하시오.

> 토라카 스튜디오
>
> 토라카 스튜디오에서는 전문 아티스트들과 함께 일할 재능 있는 학생 아티스트들을 찾고 있습니다. 우리 고객들은 우리 디자인에 만족할 뿐 아니라, 우리 디자인은 세계적으로 명망 있는 여러 상을 받았습니다. 높아지는 명성 덕분에 일이 많아지면서 우리는 인력이 부족합니다. 따라서 우리는 선배 아티스트들에게서 배우고 그들을 도와줄 수 있는 조수를 찾고 있습니다. 인턴들은 우리 디자이너들과 매일 교류를 하면서 최고 수준의 아티스트들의 가르침을 받을 수 있을 것입니다. 보다 자세한 정보를 얻으려면 우리 웹사이트인 www.torakastudios.com/interns에서 업무를 상세히 기술해 놓은 페이지를 살펴보십시오.

표현 정리 talented 재능 있는 alongside ~와 함께 professional 전문적인 not only A but (also) B A뿐만 아니라 B도 prestigious 명망 있는 growing reputation 높아지는 명성 attract 끌어들이다 shorthanded 일손이 부족한 therefore 그러므로, 따라서 be willing to do 기꺼이 ~하다 senior 선임의, 선배의 interact with ~와 교류하다 on a day to day basis 매일 in detail 상세하게

135. 문법 – 상관접속사 ★

① 보기 구성 파악 접속사와 부사로 구성되어 있다.

(A) 그러나 (접속사)
(B) 그래서 (접속사)
(C) ~일지라도 (접속사)
(D) 게다가 (부사)

② 빈칸 자리 확인 상관접속사 'not only A but also B(A뿐만 아니라 B도)'를 묻는 문제이다.

③ 정답 선택 'not only A but also B(A뿐만 아니라 B도)'로 연결되는 구조이므로 (A)가 정답이다.

> **함정 분석** 빈칸 앞에 Not only가 있으므로 쉽게 but also를 연상할 수 있다. 그러나 빈칸 뒤에 also가 없다고 해서 헷갈려서는 안 된다. not only A but also B에서 also는 흔히 생략될 수 있다는 점에 유의한다.

136. 어형 – 명사 수식하는 현재분사 ★

① 보기 구성 파악 grow가 공통으로 들어가며 품사만 다른 어형 문제이다.

(A) growth 명사
(B) growing 동명사, 현재분사(형용사)
(C) grown 과거분사
(D) grow 동사

② 빈칸 자리 확인 빈칸은 명사 reputation을 수식하는 형용사 자리이다.

③ 정답 선택 형용사 자리이므로 분사 형태인 (B)와 (C)를 우선 고려할 수 있는데, (C)는 '성인이 된, 다 자란'이라는 의미로 어색하다. 따라서 '높아지는 (increasing)'이라는 의미를 지닌 (B)가 정답이다.

🔍 함정 분석 명사를 수식하는 현재분사와 과거분사의 구별이 헷갈린다면 수식하는 분사와 수식 당하는 명사의 관계를 살펴보면 된다. 즉, 분사와 명사의 관계가 능동이면 현재분사, 수동이면 과거분사를 쓴다. 여기서는 reputation(명성)이 점점 높아지고 있으므로 현재분사가 들어가야 한다.

新 **137. 문맥상 적합한 문장 넣기** ★★

❶ 보기 구성 파악
(A) 우리는 학생들이 특히 예술 분야에서 좀 더 많은 것을 배우고 있지 않고 있다는 점을 우려합니다.
(B) 고객들은 회의 중에 가능한 한 구체적으로 설명할 것을 권고 받습니다.
(C) 따라서 우리는 선배 아티스트들에게서 배우고 그들을 도와줄 수 있는 조수를 찾고 있습니다.
(D) 1월 말경 우리는 새로운 웹사이트를 준비할 예정입니다.

❷ 빈칸 자리 확인 바로 앞문장에서 인력이 부족하다고 했다.

❸ 정답 선택 다음 문장에는 이 자리에 필요한 인력을 구한다는 내용이 자연스러우므로 (C)가 정답이다.

138. 어휘 – 명사 ★★

❶ 보기 구성 파악 명사 어휘 문제이다.
(A) 초점   (B) 완료
(C) 노력   (D) 기준

❷ 빈칸 자리 확인 day-to-day와 연계될 수 있는 단어가 들어가야 한다.

❸ 정답 선택 'on ~ basis(~을 기준[단위/방식]으로 하여)'라는 표현을 묻는 문제이므로 (D)가 적합하다.

문제 139~142번은 다음의 편지를 참조하시오.

6월 17일

이노우에 씨께,

포매니언 뉴스를 구독해 주셔서 감사합니다. 저희는 독자들에게 정확하고 빠른 뉴스를 제공하는 데 헌신하고 있습니다. 아래 사진에는 귀하의 결제 방식에 대한 세부사항과 청구될 총액이 나와 있습니다. 변심으로 인해 구독 기간을 변경하고 싶다면 전화로 저희 직원에게 연락을 주십시오. 저희는 주로 지면을 통해 지역 소식을 전하고 있지만, 귀하가 저희 앱을 이용한다면 어디서나 사람들이 가장 많이 보는 뉴스를 접할 수 있습니다. 보다 자세한 문의사항은 저희 고객서비스 센터로 연락 주시면 기꺼이 도와드리겠습니다.

제인 버킨
포매니언 뉴스

표현 정리 **subscribe to** ~을 정기 구독하다 **be committed to V-ing** ~하는 데 헌신하다 **provide A with B** A에게 B를 제공하다 **precise** 정확한 **immediate** 즉각적인 **detailed** 상세한 **description** 설명 **payment plan** 결제 방식 **the total amount** 총액 **change of heart**

변심 **subscription period** 구독 기간 **while** ~하는 동안, ~이지만 **mainly** 주로 **deliver** 전하다 **most-viewed news** 가장 많이 본 뉴스

139. 문법 – 문맥에 맞는 전치사 ★

❶ 보기 구성 파악 다양한 전치사로 구성되어 있다.

❷ 빈칸 자리 확인 subscribe와 어울릴 수 있는 전치사가 들어가야 한다.

❸ 정답 선택 동사 subscribe는 전치사 to와 함께 '~을 구독하다'라는 의미로 쓰이므로 (D)가 정답이다.

新 **140. 문맥상 적합한 문장 넣기** ★★

❶ 보기 구성 파악
(A) 저희는 오로지 뉴스레터 광고만을 기반으로 하는 광고에 가입하는 것을 권장하지 않습니다.
(B) 저희는 독자들에게 정확하고 빠른 뉴스를 제공하는 데 헌신하고 있습니다.
(C) 다음 달부터 저희는 모바일 서비스를 중단할 것입니다.
(D) 신청서를 잘 살펴보시고 모든 질문에 답을 했는지 확인해 주십시오.

❷ 빈칸 자리 확인 빈칸 바로 앞문장에서는 구독에 대한 인사말이 나와 있고, 바로 뒷문장에는 결제 정보와 청구액에 관한 내용이 나와 있다.

❸ 정답 선택 보기들 중 인사말 뒤에 가장 적합한 것은 홍보용 멘트인 (B)이다.

141. 문법 – 목적격 관계대명사 ★★

❶ 보기 구성 파악 다양한 격의 관계사로 구성되어 있다.

❷ 빈칸 자리 확인 빈칸은 사물(amount)을 선행사로 하는 목적격 관계대명사 자리이다.

❸ 정답 선택 보기들을 관계사로만 본다면, (A)는 사람을 선행사로 취하는 관계대명사이고 (B)는 사람과 사물을 모두 선행사로 취하는 관계대명사이다. 또한 (C)는 사람을 선행사로 취하되 관계사 이후에 목적어가 나와서는 안되며 (D)는 장소를 선행사로 취하는 관계부사이다. 따라서 (B)가 정답이다.

142. 문법 – 양보 부사절 접속사 ★★

❶ 보기 구성 파악 접속사와 부사가 혼합되어 있다.
(A) 부사절 접속사   (B) 부사절 접속사
(C) 부사   (D) 등위접속사

❷ 빈칸 자리 확인 빈칸은 '종속절 + 주절'로 이루어진 문장에서 종속절을 이끄는 부사절 접속사 자리이다.

❸ 정답 선택 부사절 접속사인 (A)와 (B)를 우선 고려할 수 있다. 빈칸 이하의 내용은 주로 지면으로 지역 뉴스를 전하지만 모바일로도 뉴스를 접할 수 있다는 것이다. 따라서 문맥상 although의 의미로 쓰일 수 있는 (B)가 적합하다.

문제 143~146번은 다음의 전단을 참조하시오.

보모 구함

만일 당신이 바바르디 가 근처에 거주하고 아이들을 좋아하며 9시부터 5시까지 시간 여유가 된다면, 아래의 번호로 전화하여 간단한 면접을 받아보십시오. 저희 집은 바바르디 가에 있고 아이들은 5살, 3살입니다. 둘 다 아들이라 밖에 나가 노는 걸 좋아합니다. 15세 이상이고 아이 돌보는 일에 경험이 있으신 지원자를 우대합니다. 시간당 8달러를 드릴 생각이지만 협상의 여지도 있습니다. 일은 매우 단순합니다. 아이들이 말썽에 휘말리지 않게 하고 점심을 잘 먹고 숙제를

제대로 하는지 확인해 주시면 됩니다. 주저 마시고 604-569-1921 번으로 제게 연락주세요.

표현 정리 quick interview 간단한 인터뷰 be located on ~에 위치하다 prefer 선호하다 babysitting 아이를 돌보는 일 be willing to do 기꺼이 ~하다 fairly 매우, 상당히 stay out of trouble 말썽에 휘말리지 않게 하다 do one's homework 숙제를 하다

143. 어형 – 명사의 자리 ★

❶ 보기 구성 파악 interview가 공통으로 들어가며 품사만 다른 어형 문제이다.

(A) 면접
(B) 면접 받는 사람
(C) 인터뷰하는 것
(D) 면접관

❷ 빈칸 자리 확인 앞에 a가 나와 있고 형용사 quick의 수식을 받고 있으므로 빈칸은 가산 단수명사 자리이다.

❸ 정답 선택 가산 단수명사 자리이므로 동명사인 (C)는 우선 제외한다. '간단한 면접을 받아보라'는 내용이므로 빈칸에는 '면접'이라는 뜻을 지닌 (A)가 적합하다.

144. 문법 – 문맥에 맞는 대명사 ★★★

❶ 보기 구성 파악 다양한 상관접속사와 대명사로 구성되어 있다.

❷ 빈칸 자리 확인 빈칸은 주어 자리이며 뒤의 be동사 are이 나왔으므로 복수형이 들어가야 한다.

❸ 정답 선택 (A)의 Either를 넣으면 '둘 중 어느 하나'를 나타내므로 단수 동사를 써야 한다. (C), (D)도 단수로 받아야 한다. 빈칸은 앞문장에 언급된 3세와 5세 아이들을 가리키므로 '둘 다'의 의미를 나타내는 (B)가 적합하다.

新 ### 145. 문맥상 적합한 문장 넣기 ★★

❶ 보기 구성 파악

(A) 시간당 8달러를 드릴 생각이지만 협상의 여지도 있습니다.
(B) 면접관들은 전문적으로 회사를 대표할 수 있는 후보자를 원합니다.
(C) 어린 아이들을 겨냥한 모든 종류의 책과 장난감을 빌릴 수 있습니다.
(D) 10세 미만의 어린이는 어디에서든 혼자 방치해서는 안됩니다.

❷ 빈칸 자리 확인 내용이 베이비시터를 구한다는 내용인데, (B)와 (C)는 문맥상 전혀 어울리지 않는다. (D)도 너무 일반적인 내용이 언급되었으므로 적합하지 않다. 바로 앞에서 15세 이상이고 아이 돌보는 일에 경험이 있는 지원자를 우대한다고 했으므로 그 다음에는 보수에 대해 언급하는 것이 자연스럽다.

❸ 정답 선택 따라서 구체적인 보수 액수를 언급하고 있는 (A)가 정답이다.

146. 어휘 – 부사 ★★

❶ 보기 구성 파악 부사 어휘 문제이다.

❷ 빈칸 자리 확인 simple을 수식하는 부사가 필요한데, 일에 대해 구체적으로 설명하고 있는 다음 문장에서 빈칸이 속한 문장의 의미를 짐작할 수 있다.

❸ 정답 선택 (B)는 generally의 동의어로 'broadly speaking(일반적으로 말해서)'라는 표현에 주로 쓰인다. (A)는 '점점'이라는 뜻으로 문맥에 맞지 않는다. '일이 매우 단순하다'라는 의미가 적절하므로 '매우, 상당히'라는 뜻을 지닌 (C)가 정답이다.

문제 147-148번은 다음의 이메일을 참조하시오.

발신: 고객서비스 〈csm@techwire.com〉
수신: 스티브 랭커스터 〈slancaster@hmail.com〉
제목: 불량품
날짜: 6월 3일

소중한 고객님께,

147 저희 웹사이트에서 주문하신 물품에 대해 문의해 주신 것에 감사드립니다. 고객님의 문의를 접수하였으며, 검토한 후 다음 영업일까지 답장을 보내드리겠습니다. 이것은 자동 회신입니다. 이 메시지에 답장하지 마십시오.

148 향후 참조를 위해, 고객님의 참조 번호 4615 82579를 간직해 두십시오.

고객서비스부
테크와이어 컴퓨터스

표현 정리 place an order 주문하다 inquiry 문의 have ~ on record ~을 기록해두다 evaluate 평가하다 business day 영업일, 평일 automated response 자동 회신 for future reference 향후 참조를 위해 retain 보관하다, 간직하다 reference number 참조[참고] 번호

147. 주제 파악 ★

❶ 보기 구성 파악 이메일의 주제를 묻는 문제이다.

❷ 단서 찾기 및 정답 선택 주제는 주로 초반부의 문장에 등장한다. 첫 문단을 요약하면 결국 문의를 접수했다는 것을 알린다는 내용이므로 (D)가 정답이다.

표현 정리 refund 환불 inform A of B A에게 B를 알리대통지하다] acknowledge (편지 등을) 받았음을 알리다 receipt 수령, 인수

이메일을 보낸 이유는?
(A) 환불 절차를 설명하기 위해
(B) 배송 일자를 알려주기 위해
(C) 온라인 서비스를 홍보하기 위해
(D) 메시지의 수신을 알리기 위해

148. 요청 / 제안 ★

❶ 보기 구성 파악 수신인(Mr. Lancaster)이 요청 받은 사항에 관한 문제이다.

❷ 단서 찾기 및 정답 선택 요청, 제안사항에 대한 근거는 보통 지문의 하단부에 위치하며, 주로 Please ~ / Would you ~? / Could you ~?라는 표현과 함께 등장한다. 요청 사항은 Please do not respond to this message. 부분과 For future reference, please retain your reference number: 4615 82579에 나오는데, 이 중 후자가 (A)와 일치한다.

표현 정리 reply to ~에 답하다 supplementary 보충의, 추가의 hotline 상담[서비스] 전화

랭커스터가 요청 받은 것은?
(A) 코드 번호를 기록하기
(B) 이메일에 답장하기
(C) 추가 상품 주문하기
(D) 고객서비스 상담 전화로 연락하기

문제 149-150번은 다음의 온라인 리뷰를 참조하시오.

> ### 웰컴 투 다이닝 리뷰
>
> 이스트문 ★★★☆
> 앤드류 우드브릿지
>
> 뉴케이니(7월 15일) – 고도로 숙련된 초밥 요리사인 아론 리가 어제 메인스트리트에 매력적인 초밥 식당을 열었다. **149지역 주민들이 앞다퉈 이 도시 최초의 초밥 식당에서 식사를 하고 싶어 했는데**, 이 선착순제 음식점은 예약을 받지 않기 때문에 개업일 저녁에 손님들의 줄이 몇 블록이나 늘어섰다.
>
> **150다행히도, 식사 경험의 질은 테이블 착석을 위해 들인 시간을 충분히 보상해 주었다.** 손님들은 다양한 가구에 즐거워했고, 평범하거나 특별한 스시롤의 폭넓은 선택 범위에 더할 나위 없는 만족감을 표했다. 그날 밤의 가장 인기 있던 메뉴라면 당연히 뉴케이니 롤이었다! 크림 치즈, 연어, 날치알, 아스파라거스 그리고 매운 고추가 어우러진 이 롤은 분명 뉴케이니의 명물이 될 것이다!
>
> 아론 리가 우리 지역으로 들어온 건 우리에게 행운이 아닐 수 없다. 필자는 이스트문에서 다시 식사를 하길 고대한다.

표현 정리 delightful 기분 좋은, 마음에 드는 be eager to do ~하기를 간절히 바라다 dine 식사를 하다 reservation 예약 first-come, first-served 선착순 eating establishment 식당 stretch 뻗어 있다 justify 정당화시키다 furnishings 가구, 비품 combination 조합, 결합 crowd-pleaser (많은 사람들을 즐겁게 하는) 명물

149. True / Not True ★★

❶ 보기 구성 파악 이스트문에 대해 언급된 사항을 묻는 True 문제이다.

❷ 단서 찾기 및 정답 선택 첫째 문단의 둘째 문장 Local residents were eager to dine at the city's first sushi restaurant에서 이스트문이 이 도시의 첫 번째 스시 식당임을 알 수 있으므로 (D)가 정답이다. 나머지 보기들은 지문만으로는 알 수 없는 내용들이다.

표현 정리 prestigious 명망 있는, 유명한 relocate 이전하다

이스트문에 대해 언급된 것은 무엇인가?
(A) 가장 유명한 요리상을 받았다.
(8) 메인스트리트로 이전했다.
(C) 셰프가 전에 식당을 소유한 적이 없다.
(D) 도시에서 이런 종류의 유일한 음식점이다.

150. 유추 / 추론 ★★

❶ 보기 구성 파악 지문 전체에 걸쳐 유추를 해야 하는 유추, 추론 문제이다.

❷ 단서 찾기 및 정답 선택 둘째 문단 첫 문장 Fortunately, the quality of the dining experience more than justified the time it took to get a table.에서 (C)가 정답임을 확인할 수 있다. 그 다음 문장 Customers were

delighted by the diverse furnishings and more than satisfied with the large range of both common and specialty sushi rolls available for them to select.를 통해 나머지 보기들은 틀린 내용임을 알 수 있다.

표현 정리 décor 실내 장식 a bit 조금, 다소 overstate 과장하다, 허풍 떨다 limited 제한적인

리뷰에서 암시되어 있는 것은 무엇인가?
(A) 전통적 메뉴들이 최고이다.
(B) 장식이 조금 과장되어 있다.
(C) 대기 시간이 그만한 가치가 있다.
(D) 메뉴가 약간 제한적이다.

문제 151-153번은 다음의 기사를 참조하시오.

> 엘름허스트 (4월 14일) – **151세인트 피터스 스쿨 어린이 합창단은 오는 6월 지역 노숙자 쉼터를 위한 기금 조성을 위해 공연을 할 예정이다.** 합창단은 1960년부터 여러 가지 목적을 위해 해마다 공연을 해왔다. 합창단은 작년의 허리케인 로레인이나 2년 전의 산안드레스 지진과 같은 국가적 규모의 재해를 위한 기금을 마련하는 공연에 중점을 두어 왔다. 하지만 이번에 단원들은 지역 노숙자 쉼터를 위한 기금을 조성하기로 결정했다. **152엘름허스트 콘서트 홀이 여름 내내 공사중인 관계로 합창단은 새로운 공연 장소를 찾고 있다. 153티켓은 다음 주부터 판매된다.** 티켓은 온라인으로 예매하거나 학교 사무실, 지역 우체국 혹은 시청에서 구매할 수 있다.

표현 정리 choir 합창단 perform 공연하다 raise funds 기금을 모으다 homeless shelter 노숙자 쉼터 cause 대의, 목적 tragedy 참사, 재해 such as ~와 같은 earthquake 지진 under construction 공사 중인 reserve online 온라인으로 예약하다

151. 유추 / 추론 ★★

❶ 보기 구성 파악 기사가 게재될 곳을 묻는 유추, 추론 문제이다.

❷ 단서 찾기 및 정답 선택 첫 문장 The children's choir at St. Peter's School will be performing to raise funds for the local homeless shelter this June.에서 세인트 피터스쿨 어린이 합창단이 지역의 노숙자 쉼터를 위한 기금 조성을 위해 공연을 한다는 소식을 전하고 있다. 내용으로 보아 이 기사가 실리기에 가장 적합한 곳은 (D)가 될 것임을 짐작할 수 있다.

표현 정리 editorial 사설 obituary 사망[부고] 기사

이 기사는 어디에 게재되겠는가?
(A) 사설란에
(B) 부고란에
(C) 비즈니스란에
(D) 지역 행사란에

152. True / Not True ★★

❶ 보기 구성 파악 세인트 피터스쿨 어린이 합창단에 대한 사실을 묻는 True 문제이다.

❷ 단서 찾기 및 정답 선택 지문 후반부의 문장 The choir is looking for a new place to perform since the Elmhurst Concert Hall is under construction for the entire summer.에서 엘름허스트 콘서트 홀이 공사

중이라 새로운 공연 장소를 찾고 있다고 하므로 (C)가 정답이다.

🔍 **함정 분석** 첫째 문장에서 합창단이 오는 6월 지역 노숙자 쉼터를 위한 기금 조성을 위해 공연할 예정이고, 둘째 문장에서 1960년 이후 매해 공연해 왔다는 내용을 접하면서 (D)를 정답으로 착각할 수 있다. 하지만 지문 중간에 However, this time, the members decided to raise funds for the local homeless shelter.를 통해 지역 노숙자 쉼터를 위한 기금 조성은 이번이 처음임을 알 수 있다.

표현 정리 gain (재정적) 이익, 수익

세인트 피터스쿨 어린이 합창단에 대해 사실인 것은?
(A) 주로 학교의 수익을 위해 공연한다
(B) 30년간 공연을 해왔다
(C) 엘름허스트 콘서트 홀에서 공연하지 않을 것이다
(D) 지역 쉼터의 기금 조성을 위해 항상 공연을 해왔다

新 **153.** 빈칸 추론 ★★

❶ 보기 구성 파악 주어진 문장이 들어갈 가장 알맞은 위치를 고르는 신유형 문제이다.

❷ 단서 찾기 및 정답 선택 제시된 문장은 티켓 판매를 알리는 것으로, 마지막 문장 To purchase them, they can be reserved online or bought at the school's office, your local post office, or city hall.에서 티켓 구매 방법에 대해 안내하고 있으므로 [4]에 들어가는 것이 가장 적합하다. 따라서 (D)가 정답이다.

[1], [2], [3], [4]로 표시된 위치 중 다음 문장이 들어가기에 가장 적절한 곳은?
"티켓은 다음 주부터 판매된다."

(A) [1]
(B) [2]
(C) [3]
(D) [4]

문제 154-156번은 다음의 회람을 참조하시오.

수신: 모든 부서장들과 직원들
발신: 데이비드 쉴즈, 시설부장
제목: 퇴근 후 안전

낮이 짧아짐에 따라, 안타깝게도 길거리 범죄가 증가하는 경향이 있습니다. 우리는 여러분들이 퇴근할 때, 특히 야간에 안전한 귀가를 바랍니다.

우리는 여러분이 다음의 예방조치를 따르기를 권합니다.

• **154(A)** 가능하면 혼자 걸어 다니지 마세요.
• 차에 도착하기 전까지 열쇠를 손에 쥐고 계세요.
• **154(C)** 지갑이나 컴퓨터 가방을 꽉 잡고 계세요.
• 불빛이 밝고 사람들이 많이 다니는 거리로 다니세요. 골목길이나 주차장을 통과하는 지름길은 피하시기 바랍니다.
• **154(D)** 본인이 주차된 차량과 멀리 떨어지게 된다면, 누군가가 훔치고 싶은 충동을 유발할 수 있는 어떤 물건도 눈에 띄게 놔두지 마십시오.
• **155** 지하철이나 버스를 타기 위해 기다리는 동안에는 주변을 유심히 살피세요. 일단 탑승하면 다른 사람들과 가까이 않으세요.

도움을 청할 곳:

• **156** 바깥이 어둡고 건물을 나갈 때 에스코트가 필요하다면, 8-722-3000번으로 보안팀에 전화하시기 바랍니다. 에스코트는 밤 10시까지 가능합니다.
• 긴급 상황이라면 911에 전화하십시오.
• 샌 마틴 시 경찰국에도 긴급 직통 전화가 있습니다: 599-777-3211

표현 정리 as daylight hours become shorter 낮이 짧아짐에 따라 unfortunately 안타깝게도 street crime 길거리 범죄 tend to increase 증가하는 경향이 있다 encourage + 목적어 + to do ~가 …하는 것을 권고[장려]하다 take the following precautions 다음의 예방조치를 따르다 avoid V-ing ~하는 것을 피하다 if (it is) possible 가능하면 keep a firm grip on ~을 꽉 쥐다 well-lit 불빛이 밝은 well-traveled 사람이 많이 다니는 shortcut 지름길 alley 골목(길) be tempted to steal 훔치고 싶은 충동이 들다 take the metro train or bus 지하철이나 버스를 이용하다 surroundings 주변 escort 에스코트, 동행 emergency 응급[긴급] 상황

154. True / Not True ★★

❶ 보기 구성 파악 언급되지 않은 상황을 묻는 Not True 문제이다.

❷ 단서 찾기 및 정답 선택 질문에 Not이 들어가는 경우 문제의 보기들과 본문의 해당 내용을 자세히 비교 분석해야 한다. (A)는 Avoid walking alone if possible.에, (C)는 Keep a firm grip on your purse or computer case.에, 그리고 (D)는 When you are away from your parked car, try not to leave anything visible that another person may be tempted to steal.에 근거가 제시되어 있다. (B)는 해당되는 부분이 없다.

표현 정리 urban 도시의 carry 휴대하다 leave ~을 두고 오다[가다]

회람에는 어떤 종류의 상황이 언급되지 않았는가?
(A) 길거리를 혼자 걷기
(B) 도심에서 운전하기
(C) 길거리에서 핸드백 휴대하기
(D) 차에 물건을 놓아 두기

155. 요청 / 제안 ★

❶ 보기 구성 파악 대중교통에 대해 권고되는 것을 묻는 요청, 제안 문제이다.

❷ 단서 찾기 및 정답 선택 대중교통을 나타내는 metro, train, bus 등의 단어가 언급된 부분을 찾아본다. 나열된 예방조치들 가운데 마지막의 When taking the metro train or bus, be aware of your surroundings ~. Sit near other people once you have boarded.에서 지하철이나 버스를 탈 때 주변을 살피고, 탑승 후에는 사람들과 가까이 있으라고 하는데 (C)가 이 내용과 일치한다.

🔍 **함정 분석** 두 번째 단락의 예방 조치를 나열한 부분에서 When taking the metro train or bus, ~에 택시가 언급되지 않았다고 하여 정답을 (B)로 유추하지 않도록 유의한다.

표현 정리 blend in with ~와 섞이다

대중교통에 대해서 무엇이 권고되는가?
(A) 버스보다는 지하철을 탈 것
(B) 택시는 절대 타지 말 것
(C) 사람들과 섞여 있을 것
(D) 신용카드로만 요금을 지불할 것

156. True / Not True ★

① 보기 구성 파악 보안팀이 직원들에게 제공하는 서비스를 묻는 True 문제이다.

② 단서 찾기 및 정답 선택 지문 후반부의 문장 If it's dark outside and you would like an escort when you leave your building, please call the Security Operations Team at 8-722-3000. Escorts are available until 10 P.M.에서 저녁 10시까지는 보안팀이 에스코트를 해준다고 하므로 (D)가 정답이다.

표현 정리 patrol 순찰하다 run 운영하다 accompany 동반하다, 동행하다

보안팀이 직원들에게 제공하는 어떤 서비스가 언급되었는가?
(A) 건물 주변을 정기적으로 순찰하기
(B) 주차장에 감시카메라 작동시키기
(C) 직원들의 집까지 셔틀 서비스를 운영하기
(D) 원하는 장소까지 동행하기

문제 157-159번은 다음의 청구서를 참조하시오.

---

http://www.booksrus.com/invoice_2366

북스 '알' 어스 서점

주문 번호: 2366
157 주문 날짜: 3월 10일
예상 배송일: 3월 14일

---

158 수령인:	**157 주문자:**
아메드 후세인	**사라 힐**
밸포어 스트리트 95번지	메도우 로드 34번지
런던 SE17 1PB	런던 SW8 1QB

제목	저자	가격
Strategies for Management	마이클 포브스	45.64달러
The Ladder to Executive Success	수 연	24.45달러

소계	70.09달러
세금	4.91달러
159 배송 및 취급비	**무료**
신용카드로 청구된 총액	75.00달러

157 선물일 경우 카드(추가 비용 없음)를 포함하시겠습니까?
　　　　✓ 네 ＿＿＿ 아니오

카드 메시지에 적힐 내용: **158 최근의 임용을 축하합니다! 우리는 이 책들이 당신이 성공적인 리더가 되는 데 도움을 줄 것이라 믿습니다.** 벌써 당신이 그립네요.

에린 앤 브록 어카운팅의 옛 동료들

표현 정리 Congratulations on ~을 축하합니다 appointment 임명, 임용 trust 믿다 miss 그리워하다

157. 세부사항 파악 ★

① 보기 구성 파악 특정 날짜에 했던 일을 묻는 육하원칙(What) 문제이다.

② 단서 찾기 및 정답 선택 지문 상단에 Order Date: March 10은 3월 10일에 물품을 주문한 사실을 보여주고, Bill To: Ms. Sarah Hill에서 주문자가 사라 힐 씨임을 알 수 있다. 또한 지문 하단에 Include card(no additional charge) if order is a gift?에서 Yes에 체크 표시가 되어 있는 것으로 보아 선물용으로 물품을 구입했다는 것을 알 수 있다. 따라서 (C)가 정답이다.

표현 정리 pick up (어디에서) ~을 찾아오다 cancel 취소하다 exchange 교환하다

3월 10일에 힐 씨가 한 일은?
(A) 택배 물품을 찾아왔다.
(B) 주문을 취소했다.
(C) 선물을 구입했다.
(D) 경영서들을 교환했다.

158. 유추 / 추론 ★★

① 보기 구성 파악 후세인 씨에 대한 유추, 추론 문제이다.

② 단서 찾기 및 정답 선택 후세인 씨는 지문 좌측 상단의 Ship To 바로 아래에 적혀 있으므로 책 선물을 받는 사람인데, 하단의 문장 Congratulations on your recent appointment! We trust these books will be useful to you becoming a successful leader.를 통해 (A)가 정답임을 유추할 수 있다.

표현 정리 enroll in ~에 등록하다

후세인 씨에 대해 무엇이 암시되어 있는가?
(A) 최근에 어떤 직위에 선정되었다.
(B) 경영 과정에 등록했다.
(C) 힐 씨의 상사이다.
(D) 책을 썼다.

159. True / Not True ★★

① 보기 구성 파악 북스 '알' 어스(Books 'R' Us) 서점에 관한 True 문제이다.

② 단서 찾기 및 정답 선택 지문 우측 하단의 Shipping and Handling에서 배송 및 취급비가 무료(Free)로 나와 있으므로 (A)가 이와 일치한다.

표현 정리 ship 배송[발송]하다 for free 무료로 gift voucher 상품권 corporate 기업의

북스 '알' 어스 서점에 관해 무엇이 언급되었는가?
(A) 무료로 주문품을 배송했다.
(B) 잡지를 출판한다.
(C) 상품권을 제공한다.
(D) 기업 할인을 제공한다

문제 160-161번은 다음의 문자 메시지 체인을 참조하시오.

아드리엔 벨　**161 내일 회의가 금요일까지 연기될 것임을 알립니다.** 브램 씨와 최종 회의를 잡았어요. 당신도 그날 오후에 반드시 시간을 내야 합니다.　　　　　　　　　오후 3시 46분

리차드 프렛 **161그날 늦게 일이 있어요.** 오후 6시 전에만 가능합니다. 일정이 변경된 회의의 정확한 시간을 아세요? 오후 3시 50분

아드리엔 벨 **160아직 확정되진 않았지만 오후 5시 전에는 해야 합니다. 그때 우리가 완성된 프로젝트를 광고부에 제출해야 하기 때문이죠.** 하지만 다른 사람들과 얘기해보고 곧 알려드릴게요.
오후 3시 55분

표현 정리 postpone 연기하다 **last-minute meeting** 막판 회의 **book** 예약하다 **make sure** 확실하게 하다 **rescheduled** 일정이 변경된 **confirm** 확인하다, 확정하다 **submit** 제출하다 **advertising department** 광고부

160. 세부사항 파악 ★★

① 보기 구성 파악 회의 일정이 변경된 이유를 묻는 육하원칙(Why) 문제이다.

② 단서 찾기 및 정답 선택 오후 3시 55분 메시지의 It hasn't been confirmed yet, but it should be sometime before 5:00 P.M. because that's when we need to submit our finished project to the Advertising Department.에서 광고부에 프로젝트를 제출해야 한다고 나와 있으므로 (D)가 적합하다.

표현 정리 unexpected 예기치 않은 **scheduling conflict** 일정이 겹침 **make it to the meeting** 회의에 참석하다

회의 일정이 왜 변경되었는가?
(A) 프렛 씨는 회의에 늦을 것이다.
(B) 벨 씨는 예기치 않게 일정이 겹치게 되었다.
(C) 브램 씨는 회의에 참석할 수 없었다.
(D) 벨 씨는 광고부와 만날 필요가 있다.

新 161. 의미 파악 ★★

① 보기 구성 파악 특정 문구에 대한 의미를 파악하는 신유형 문제이다.

② 단서 찾기 및 정답 선택 오후 3시 46분 메시지에서 벨 씨는 회의가 금요일로 연기되었고 그날 오후에 반드시 시간을 내야 한다고 하자, 프렛 씨는 I have plans later that day.라고 하며 그날 늦게 일이 있다고 하는데 이 말은 회의에 참석하지 못할 수도 있다는 의사를 표현한 것이므로 (A)가 정답이다.

표현 정리 come up with (아이디어 · 해결책 등을) 내놓다

오후 3시 50분에 프렛 씨가 "그날 늦게 일이 있다."라고 할 때 의미하는 바는 무엇이겠는가?
(A) 회의에 참석하지 못할 수도 있다.
(B) 오후에 시간이 있다.
(C) 나중에 새로운 계획을 내놓겠다.
(D) 오후 5시에 회의에 참석하겠다.

문제 162-164번은 다음의 광고를 참조하시오.

가상 보조원

지금 '가상 보조원'을 저렴한 출시 기념 가격으로 제공합니다! 엑설런트 어시스턴스가 점차 두터워지고 있는 가상 고객층의 필요를 제대로 충족시켜 드리기 위해 가상 보조원을 제공하고자 합니다. 경영 간부들은 스마트폰, 인터넷 그리고 전화를 통해 모든 필요사항을 요청할

수 있습니다. **163경영 간부에게 배정된 가상 보조원은 일상적인 기획의 번거로움을 덜어 드릴 뿐 아니라, 조직 관련 및 사무 업무를 대면 시간, 수당, 고용, 해고의 필요 없이 처리해 드립니다.** 저희의 모든 가상 보조원들은 빠르게 돌아가는 귀하의 삶이 필요로 하는 전문성과 귀하의 사업이 요구하는 **164신중함**을 확실히 갖추고 있습니다.

새로운 고객층의 확대를 촉진하고자 엑설런트 어시스턴스는 이 가상 보조원 서비스를 한 달 동안 저렴한 출시기념 가격으로 제공하려고 합니다. **162저렴한 월 정액 요금 3000달러로 가상 보조원을 오전 7시부터 저녁 9시까지 이용하실 수 있는데(추가 비용을 지불하면 더 늦은 시간까지도 가능), 이메일 보내기, 회의나 사교 모임 준비하기, 연설문이나 비즈니스 회의록 작성하기, 청취록 작성하기, 회계 및 재무 지원 그리고 당신이 필요로 하는 다양한 다른 업무 처리 등이 가능합니다.** www.excellence.com 혹은 1-856-126-7543의 엑설런트 어시스턴스로 즉시 연락하셔서 이 특별한 제안을 활용하시기 바랍니다.

표현 정리 **low introductory price** 저렴한 출시 기념 가격 **virtual** (컴퓨터를 이용한) 가상의 **assistant** 조수, 보조원 **meet the needs of** ~의 필요를 충족시키다 **executive** 경영 간부, 임원 **be assigned to** ~에 배정되다 **take the hassle out of** ~로부터 번거로움을 제거하다 **clerical task** 사무 업무 **face time** 대면 시간 **benefits** 수당, 보조금 **hiring** 고용 **firing** 해고 **be guaranteed to do** 틀림없이 ~하다 **expertise** 전문 지식[의견] **high-paced life** 빠르게 돌아가는 삶 **A as well as B** B뿐만 아니라 A도 **discretion** 신중함 **encourage** 장려하다 **low flat monthly rate** 저렴한 월 정액 요금 **for an additional fee** 추가 비용으로 **minutes** 회의록 **transcribe dictation** 청취록을 작성하다 **accounting and finance support** 회계 및 재무 지원 **immediately** 즉시 **exclusive offer** 독점적인[특별한] 제안

162. 세부사항 파악 ★

① 보기 구성 파악 광고되는 서비스와 관련된 사항을 묻는 육하원칙(What) 문제이다.

② 단서 찾기 및 정답 선택 둘째 문단 둘째 문장의 뒷부분 to send email, to organize meetings and social events, to write speeches and business minutes, to transcribe dictation, to provide accounting and finance support, and to do various other tasks you may require.에서 가상 보조원이 지원하는 각종 업무가 열거되어 있는데 이것들은 (D) An administrative assistant service로 표현할 수 있다.

표현 정리 attorney 변호사

어떤 서비스가 제공되는가?
(A) 편집 보조원 서비스
(B) 변호사 보조원 서비스
(C) 연구 보조원 서비스
(D) 행정 보조원 서비스

163. 세부사항 파악 ★★

① 보기 구성 파악 서비스의 특이한 사항을 묻는 육하원칙(What) 문제이다.

② 단서 찾기 및 정답 선택 첫 문단 중반부의 문장 The *Virtual Assistant* assigned to that executive will take the hassle out of everyday planning needs in addition to organizational and clerical tasks without the need for face time, benefits, hiring, or firing.에서 얼굴을 대면하거나, 수당, 고용, 해고 등이 필요없다고 하므로 (A)가 정답이다.

표현 정리 contact 연락하다

이 서비스의 독특한 점은 무엇인가?
(A) 경영 간부들은 절대 개인적으로 그들의 보조원들을 만나지 않는다.
(B) 경영 간부들은 그들의 보조원들을 직접 고용하거나 해고할 수 있다.
(C) 경영 간부들은 서비스를 이용하기 전에 매니저에게 연락을 취해야 한다.
(D) 경영 간부들은 그들의 보조원들에게 수당을 지급해야 한다.

164. 동의어 파악 ★★

❶ 보기 구성 파악 동의어를 묻는 문제이다.

❷ 단서 찾기 및 정답 선택 discretion은 'careful behavior(신중한 행동)'의 의미이므로 보기 중 (C)가 가장 유사하다.

첫 단락 일곱째 줄의 "discretion"과 의미상 가장 유사한 것은?
(A) 왜곡
(B) 탐험
(C) 신중함
(D) 이정표

문제 165-168번은 다음의 편지를 참조하시오.

프랭크타운 역사 협회

캐리 씨께,

166프랭크타운 역사 협회에 165금전 기부를 해주신 것에 감사드립니다. 168아시다시피, 귀하의 성금이 지원하게 될 활동은 우리의 역사적인 도시에 관광을 증진시키는 데 집중됩니다. 167우리는 몇 가지 방법으로 이를 달성하려 합니다. 그 방법으로는 1) 우리 지역에서 할 수 있는 모든 것을 부각시키는 전국적인 광고 캠페인을 후원하는 것 2) 웹사이트와 인쇄 매체들에서 각종 행사들을 광고하기 위해 지역 기업들과 협력하는 것 3) 편지 캠페인과 지역 신문 광고를 통해 우리 회원들이 프랭크타운이 정말 대단한 숨은 보석이라는 것을 다른 사람들에게 전할 수 있도록 교육하는 것이 있습니다. (167 - 문단 전체)

우리는 10월 21일 금요일 밤에 기금모금 행사를 개최할 계획입니다. 참석을 원하시면 www.franktownhs.org에서 티켓을 얻으시거나 제 사무실(454-7878)로 전화하시면 됩니다. 티켓에 대한 권장 기부액은 1인당 75달러, 커플은 130달러입니다. 그날 저녁은 저녁식사와 댄싱 그리고 생음악이 있을 것입니다.

후한 기부에 다시 한번 감사드립니다.

도라 가르시아, 기금모금 대표, 프랭크타운 역사 협회

표현 정리 monetary contribution 금전 기부 be centered on ~에 집중되다 highlight 강조하다 hidden gem 숨겨진 보석 Should you wish to attend 참석을 원한다면(if you should wish to attend가 도치된 형태) suggested donation 권장 기부액 per individual 1인당 generous 후한, 넉넉한

165. 동의어 파악 ★★

❶ 보기 구성 파악 monetary와 의미가 유사한 단어를 묻는 동의어 파악 문제이다.

❷ 단서 찾기 및 정답 선택 제시어인 monetary는 relating to the money의 뜻을 지니는데 보기들 중 (C)가 의미상 가장 가깝다.

첫 문단 첫 줄의 "monetary"와 의미상 가장 가까운 것은?
(A) 움직이는
(B) 절약하는
(C) 금전적인
(D) 꺼리는

166. 주제 파악 ★

❶ 보기 구성 파악 편지가 쓰여진 목적을 묻는 주제 파악 문제로, 주제 파악 유형은 대개 지문의 첫째 문장 혹은 둘째 문장까지 살펴봐야 한다.

❷ 단서 찾기 및 정답 선택 첫째 문장 Thank you for your monetary contribution to the Franktown Historical Society.에서 금전 기부에 대한 감사의 말을 전하고 있고 이어지는 내용도 기금의 용도에 대해 서술하고 있으므로 (A)가 적합하다.

표현 정리 registration form 등록 양식

이 편지의 주된 목적은 무엇인가?
(A) 금전적인 선물을 인정해주는 것
(B) 등록 양식을 요청하는 것
(C) 프랭크타운에 대한 정보를 제공하는 것
(D) 캐리 씨에게 프랭크타운을 방문하도록 장려하는 것

167. 세부사항 파악 ★★

❶ 보기 구성 파악 프랭크타운 역사 협회가 계획한 내용을 묻는 육하원칙(What) 문제이다.

❷ 단서 찾기 및 정답 선택 첫 문단의 셋째 문장 We hope to accomplish this in several ways: 이하에 세 가지 홍보 방법이 나오는데, 이것이 (C)의 multi-faceted advertising scheme과 일치한다.

표현 정리 multi-faceted 다면적인, 다양한 종류의

프랭크타운 역사 협회가 계획한 행사는 무엇인가?
(A) 기부를 요청하는 편지 쓰기 캠페인
(B) 기금을 모금할 새 대표를 선출하는 선거
(C) 다양한 측면의 광고 계획
(D) 주변의 마을들과 관광 명소들 방문

168. True / Not True ★★

❶ 보기 구성 파악 캐리 씨에 관한 사실을 묻는 True 문제이다.

❷ 단서 찾기 및 정답 선택 캐리 씨는 이 편지의 수신자이고 인칭대명사로는 you로 표시된다. 첫 문단의 둘째 문장 As you may know, the movement your funds will support is centered on increasing tourism to our historical city.에서 끝부분의 our historical city 부분이 (C)와 일치한다. (D)는 둘째 문단의 첫 두 줄을 통해 아직은 알 수 없는 내용임을 알 수 있다.

캐리 씨에 대해 언급된 것은 무엇인가?
(A) 은퇴한 교사이다.
(B) 프랭크타운 역사 협회의 자원봉사자이다.
(C) 프랭크타운에 거주한다.
(D) 10월 21일 행사에 참석할 것이다.

문제 169-172번은 다음의 온라인 대화 논의를 참조하시오.

> 도로시 머레이　하이킹 클럽 회원 여러분 안녕하세요. 내일 등산을 가기 전에 몇 가지 언급해야 할 중요 사항들이 있습니다. 첫째, 제시간에 도착하십시오. 버스는 오전 8시 정각에 출발합니다. 또한 간식, 생수, 그리고 의료품을 배낭에 가져 오세요. **171(C)개방 시간에 맞춰 오후 6시에 구엘프 산에서 내려올 것입니다.**　오후 8시 29분
>
> 헬렌 굿나잇　**169구엘프 산 아래서 그런 물건을 살 수 있는 가게가 있나요?**　오후 8시 31분
>
> 도미닉 발라드　아니요. **170, 172산 아래서 도로로 20분 거리의 주유소까지 걸어 가야 하므로 모든 필수품을 꼭 챙겨 와야 합니다.**　오후 8시 32분
>
> 테레사 그리어　**172그 점에 동의해요.** 지난번에 산 아래서 주유소까지 걸어 가야 했는데 끔찍했어요.　오후 8시 38분
>
> 도로시 머레이　게다가, 쓰레기를 다시 가져와야 합니다. **171(D)구엘프 산에서 쓰레기 투기는 금지되어 있습니다.**　오후 8시 40분
>
> 웬디 데이비스　**171(A)구엘프 산은 개에게 친화적인 산이므로 개를 데리고 가서 함께 등산을 할 수도 있습니다.**　오후 8시 45분

표현 정리 **make sure to do** 잊지 말고 ~하다 **on time** 제시간에, 정시에 **depart** 출발하다 **sharply** 신속히, 정확히 **in addition** 게다가, 아울러 **bottled water** 생수 **medical supplies** 의약품 **in accordance with** ~에 따라서 **hours of operation** 운영 시간 **necessities** 필수품 **second** (회의에서) 재청하다, 찬성하다 **garbage** 쓰레기 **littering** 쓰레기 투기 **prohibit** 금지하다

169. 유추 / 추론 ★★

❶ 보기 구성 파악　굿나잇 씨에 대해 언급된 사항을 묻는 유추, 추론 문제이다.

❷ 단서 찾기 및 정답 선택　오후 8시 31분에 굿나잇 씨에 대한 정보가 제시되고 있으므로 이 부분을 집중적으로 살펴본다. 구엘프 산에 관한 정보가 없는 것으로 보아 (D)를 유추할 수 있다.

굿나잇 씨에 대해 암시되어 있는 것은 무엇인가?
(A) 발라드 씨와 정기적으로 등산을 간다.
(B) 애완동물과 함께 등산을 즐긴다.
(C) 구엘프 산을 자주 방문한다.
(D) 하이킹 클럽의 신입회원이다.

170. 세부사항 파악 ★

❶ 보기 구성 파악　의료품을 구입할 곳을 묻는 육하원칙(Where) 문제이다.

❷ 단서 찾기 및 정답 선택　오후 8시 32분의 문장 You'd have to walk to a gas station that's 20 minutes away from the base on foot, so I strongly suggest you bring all the necessities.에서 (B)를 확인할 수 있다.

구엘프 산에서 의료품을 구입할 수 있는 곳은 어디인가?
(A) 현지 슈퍼마켓에서
(B) 주유소에서
(C) 구엘프 산 아래에서
(D) 버스 정류장에서

171. True / Not True ★★

❶ 보기 구성 파악　구엘프 산의 방침들에 관해 언급되지 않은 것을 묻는 Not True 문제이다.

❷ 단서 찾기 및 정답 선택　(A)는 오후 8시 45분의 문장 Mount Guelph is dog-friendly, so you can bring your dogs to hike with you as well.에서, (C)는 오후 8시 29분의 문장 We will depart from Mount Guelph at 6:00 P.M., in accordance with its hours of operation.에서, 그리고 (D)는 오후 8시 40분의 문장 Littering is prohibited at Mount Guelph.에서 사실임을 확인할 수 있다. 구엘프 산의 개방 시간은 언급되지 않았으므로 (B)가 정답이다.

🔍 함정 분석　오후 8시 29분에서 언급된 오전 8시는 버스가 출발하는 시간이고 산의 개방 시간이 아니라는 점에 유의해야 한다.

표현 정리 **accompany** 동반하다. 동행하다 **trash can** 쓰레기통

구엘프 산의 방침들에 관해 언급되지 않은 것은 무엇인가?
(A) 개를 데리고 갈 수 있다.
(B) 오전 8시에 개방한다.
(C) 오후 6시에 문을 닫는다.
(D) 쓰레기는 쓰레기통에 버려야 한다.

新 172. 의미 파악 ★★

❶ 보기 구성 파악　특정 문구에 대한 의미를 파악하는 신유형 문제이다.

❷ 단서 찾기 및 정답 선택　I second that.은 회의 시 어떤 동의나 제안에 찬성 의사를 나타낼 때 쓰는 표현이다. 바로 앞에 나온 문장인 You'd have to walk to a gas station that's 20 minutes away from the base on foot, so I strongly suggest you bring all the necessities.에 동의를 표시한 것이므로 (C)가 정답이다.

표현 정리 **prefer V-ing** ~을 더 좋아하다

오후 8시 38분에 그리어 씨가 "그 점에 동의해요."라고 쓸 때 의미하는 바는 무엇이겠는가?
(A) 주유소까지 걸어서 몇 분 밖에 안 걸린다고 생각한다.
(B) 등산 전에 주유소에서 쇼핑하기를 좋아한다.
(C) 발라드 씨에게 동의한다. .
(D) 등산 후 주유소를 방문하고 싶어한다.

문제 173-175번은 다음의 기사를 참조하시오.

> 나가사키 (6월 14일) – 풍경 수채화를 전문으로 하는 미술가인 아케미 기타가와는 지난 5년간 자국의 시골 지역을 가능한 많이 여행하며 줄곧 그림을 그려 왔다. 그녀는 자기 작품의 사진을 찍어 거의 매

일 자신의 블로그에 올리고 있는데, www.travelandpaint.com에서 볼 수 있다. (173-문단 전체)

174(D)또한 그녀의 블로그에는 여행 중에 있었던 모험들을 기록한 일기 같은 항목들도 있다. **174(A)(C)**그녀는 자신이 만나는 사람들과 다양한 문화와 마주치는 방언들을 기술하며, 길고 외로운 여정 가운데 떠오르는 개인적인 생각들을 나누고 있다.

175 기타가와의 사이트는 엄청난 팔로워를 보유하고 있다. 그녀의 블로그 통계치는 하루 평균 320만의 조회수를 보여준다. 간단한 설문조사에 응한 블로그 독자들을 보면, 이들의 최대 인구 집단은 20대 중반이나 30대 초반의 여성 대졸자이다. 어느 익명의 독자가 블로그에 이런 말을 남겼다. "내가 매일 여기 들르는 이유는 아케미가 내가 잃어버렸다고 생각한 삶, 모험과 자기발견의 삶을 살고 있기 때문입니다."

블로그를 시작하게 된 계기에 관한 질문을 받았을 때 기타가와는 이렇게 설명했다. "솔직히 처음에는 단순히 하나의 디지털 저널로 시작한 거예요. 여행을 하는 동안 내 생각들을 기록하는 하나의 방법일 뿐이었죠. 독자들이 계속 늘어나기 시작한 후에야 저는 다른 사람들이 내가 말하는 어떤 것이든 관심을 가질 것이라는 점을 깨달았어요. 제 생각을 세상과 공유하는 것이 행복합니다. 그것이 아무리 개인적인 것이든 단순한 것이든 말이죠."

표현 정리 specialize in ~을 전문으로 하다 **landscape watercolor** 풍경 수채화 **rural** 시골의, 지방의 **take photos of** ~의 사진을 찍다 **post** (웹사이트·블로그에) 올리다 **diary-like** 일기 같은 **entry** (표제어로 시작되는) 항목 **dialect** 방언, 사투리 **encounter** 마주치다, 직면하다 **stretch** (길게 뻗어 있는) 구간, (한동안 계속되는) 기간 **following** 추종자, 팬 **blog statistics** 블로그 통계치 **the top demographic** (인구통계학적인) 최대 인구 집단 **anonymous** 익명의 **miss out on** ~을 놓치다 **readership** 독자층, 독자수

173. 주제 파악 ★★

① 보기 구성 파악 기사의 주제를 묻는 주제 파악 문제이다.

② 단서 찾기 및 정답 선택 첫째와 둘째 문단의 요지는 아케미 기타가와라는 화가가 일본을 여행하며 자신이 그린 그림을 찍은 사진들과 여행기를 블로그에 올린다는 것이다. 따라서 (A)가 주제에 가장 적합하다.

🔍 **함정 분석** 첫 문장의 ~ has been traveling around the more rural parts of her country ~ 부분을 보고 시골길 여행을 주제로 오인하여 (D)를 고르지 않도록 유의해야 한다.

표현 정리 trend 트렌드, 경향, 추세

기사의 주제는 무엇인가?
(A) 어느 화가의 개인적 경험
(B) 사진의 새로운 트렌드
(C) 일본 다양한 문화
(D) 일본의 시골길 여행

174. 세부사항 파악 ★★

① 보기 구성 파악 블로그에 담겨 있지 않은 내용을 묻는 세부사항 파악 문제이다.

② 단서 찾기 및 정답 선택 둘째 문단에 정답의 근거가 나와 있다. (A)와 (C)는 둘

째 문장 She describes individuals she meets as well as different cultures ~ and she shares her private thoughts while on long, lonely stretches of road.에 나와 있고, (D)는 첫 문장 Also on her blog are diary-like entries recording her adventures on her travels.에 나온다. 하지만 작품 가격에 대해서는 어디에서도 언급되지 않았으므로 (B)가 정답이다.

아케미 기타가와의 블로그에 담겨 있지 않은 것은 무엇인가?
(A) 자신의 주변 환경에 대한 서술
(B) 자신의 작품 가격
(C) 자신의 개인적인 감정
(D) 자신의 모험 이야기

新 175. 빈칸 추론 ★★

① 보기 구성 파악 주어진 문장이 들어갈 가장 알맞은 위치를 고르는 신유형 문제이다.

② 단서 찾기 및 정답 선택 제시된 문장은 블로그 조회수에 관한 것이므로 사이트 팔로워에 대해 언급한 셋째 문단 첫 문장 Ms. Kitagawa's site has drawn a large following. 뒤에 이어지는 것이 가장 자연스럽다. 따라서 (C)가 정답이다.

[1], [2], [3], [4]로 표시된 위치 중 다음 문장이 들어가기에 가장 적절한 곳은?
"그녀의 블로그 통계치는 하루 평균 320만의 조회수를 보여준다."

(A) [1]
(B) [2]
(C) [3]
(D) [4]

문제 176-180번은 다음의 웹페이지와 이메일을 참조하시오.

http://www.flavorsofferngrove.com/advertising			
홈	연락처	주문하기	고객 리뷰

176수상 경력이 있고 수천 명의 독자를 보유한 온라인 잡지 〈플레이버스 오브 퍼니 그로브〉는 방문자들에게 퍼니 그로브 지역에서의 외식에 대해 믿을 만하고 상세한 정보를 제공합니다. 저희 웹사이트의 광고는 다음과 같은 4가지 유형을 제공합니다.

유형 1	유형 2
177 수평 배너가 우리 페이지의 상단을 지나며, 즉시 독자들의 눈에 띕니다. 오디오나 사진은 추가될 수 없습니다.	이 작은 유형의 광고는 특집 기사의 중간에 삽입됩니다. 오디오와 사진 한 장을 텍스트와 결합시킬 수 있습니다.
유형 3	유형 4
수직 배너가 특집 기사의 가장자리에 나타납니다. 오디오 파일이나 사진은 추가될 수 없습니다.	**178**가장 큰 유형의 이 반 페이지짜리 광고는 여러 장의 사진과 오디오 파일을 텍스트와 결합시킬 수 있습니다.

176광고를 내시려면 wong@flavorsofferngrove.com으로 웡 라우에게 연락주세요.

표현 정리 award-winning 수상 경력이 있는 **thousands of followers** 수천 명의 추종자들 **provide A with B** A에게 B를 제공하다 **dependable** 믿을 만한 **detailed** 상세한 **horizontal banner** 수평 배너 **pass over**

the top of ~의 상단부를 지나가다　**immediately** 즉각적으로
be inserted into ~에 삽입되다　**featured article** 특집 기사
be combined with ~와 결합되다　**vertical banner** 수직 배너
along the edges 가장자리를 따라　**multiple** 많은(= many)

발신: 루이스 미구엘 〈luis@spanolbistro.com〉
수신: 웡 라우 〈wong@flavorsoffernygrove.com〉
제목: 스파뇰 비스트로 광고
날짜: 8월 2일

라우 씨께,

〈플레이버스 오브 퍼니 그로브〉에 광고를 하나 더 싣는 것에 대해 문
의하고자 이메일을 드립니다. **178,179** **전처럼 반 페이지짜리 유형의
광고를 사용하려고 합니다. 전에 드린 오디오 파일과 텍스트를 그대
로 사용해 주세요. 하지만 이번에는 새로 단장한 제 식당 사진 세 장
을 드리겠습니다.** 세부사항과 배치에 관해서는, 당신과 당신의 팀이
광고 효과를 최대화할 수 있는 방식으로 결정하도록 맡기겠습니다.
180 **제출할 사진의 크기에 대해 알려주기 바랍니다.**

루이스 미구엘
스파뇰 비스트로 소유주

표현 정리 **inquire about** ~에 대해 문의하다　**previously** 이전에
newly refurbished bistro 새로 단장한 식당[비]　**determine** 결정하다
maximize 극대화하다　**submit** 제출하다

176. 세부사항 파악 ★

① 보기 구성 파악 라우 씨가 일하는 곳을 묻는 육하원칙(Where) 유형이다.

② 단서 찾기 및 정답 선택 첫 지문 첫 문장 An award-winning online
magazine with thousands of followers, *Flavors of Ferny Grove*
provides visitors with dependable and detailed information about
going out for food and dining in the Ferny Grove area.와 마지막 문
장 To purchase advertising, contact Wong Lau at ~.을 통해 (D)가
정답임을 알 수 있다.

🔍 **함정 분석** 두 개의 지문에 걸쳐 advertising이나 advertisement 등이
여러 차례 언급되어 있고 첫 번째 지문의 맨 마지막 부분 To purchase
advertising, ~을 통해 라우 씨가 일하는 곳을 광고 회사로 오인할 수
있다. 하지만 첫 지문의 앞부분에 분명히 〈플레이버스 오브 퍼니 그로브〉
가 온라인 잡지라고 소개되어 있다는 점에 유의해야 한다.

라우 씨는 어디에서 일하는가?
(A) 레스토랑 식품 공급업체
(B) 광고 회사
(C) 레스토랑
(D) 출판사

177. True / Not True ★

① 보기 구성 파악 Pattern 1에 언급된 내용을 묻는 True 유형이다.

② 단서 찾기 및 정답 선택 Pattern 1의 첫 문장 This horizontal banner
passes over the top of our pages and is immediately viewed by
readers.에서 즉각적으로 독자의 눈에 띈다고 하므로 (B)가 정답이다.

표현 정리 **reasonably** 알맞게, 적절하게　**noticeable** 눈에 띄는, 현저한

---

combine A with B A를 B와 결합하다

유형 1에 대해 무엇이 언급되었는가?
(A) 가격이 적절하다.
(B) 눈에 잘 띈다.
(C) 가장 큰 사진을 포함할 수 있다.
(D) 오디오 파일과 결합시킬 수 있다

178. 유추 / 추론 ★

① 보기 구성 파악 미구엘 씨가 가장 관심 있어 할 양식을 묻는 유추, 추론 유형
이다.

② 단서 찾기 및 정답 선택 두 지문을 모두 살펴봐야 하는 연계형 문제이다. 우
선 둘째 지문의 As I did previously, I would like to use a half page-
pattern advertisement. Please use the same audio file and text
that were previously supplied, but this time I will provide you
with three new photographs of my newly refurbished bistro.에
서 미구엘은 반 페이지짜리 광고로 오디오와 텍스트를 모두 사용하고 싶다
고 했는데, 이는 첫 지문 유형 4의 Our largest pattern, this half-page
advertisement can combine multiple photographs and audio files
with text.와 일치하므로 (D)가 정답이다.

미구엘 씨가 가장 관심을 둘 것 같은 유형은?
(A) 유형 1
(B) 유형 2
(C) 유형 3
(D) 유형 4

179. 유추 / 추론 ★★

① 보기 구성 파악 스파뇰 식당에 대한 유추, 추론 유형이다.

② 단서 찾기 및 정답 선택 둘째 지문의 둘째 문장 As I did previously, I
would like to use a half page-pattern advertisement.의 As I did
previously 부분에서 미구엘 씨가 전에도 〈플레이버스 오브 퍼니 그로브〉에
광고를 실었다는 사실을 짐작할 수 있으므로 (C)가 정답이다.

표현 정리 **win** (상을) 타다

스파뇰 식당에 대해 암시되어 있는 것은?
(A) 유명한 스타일리스트가 다시 디자인하고 있다.
(B) 최근에 상을 탔다.
(C) 전에도 광고를 위해 〈플레이버스 오브 퍼니 그로브〉를 이용했다.
(D) 개조가 끝나면 할인을 제공할 것이다.

180. 요청 / 제안 ★

① 보기 구성 파악 사진에 대한 요청, 제안사항 문제이다.

② 단서 찾기 및 정답 선택 요청·제안사항에 대한 근거는 보통 지문의 하단부에
위치하며, 주로 Please ~ / Would you ~? / Could you ~?라는 표현
과 더불어 등장한다. 둘째 지문의 마지막 문장 Please let me know about
the size requirements for submitting images.에서 사진의 크기를 알려
달라고 했으므로 (A)가 정답이다.

표현 정리 **enlarge** 확대하다

사진들에 대해 무엇이 질문되고 있는가?
(A) 얼마나 커야 하는지
(B) 누구에게 보내야 하는지

(C) 얼마나 많이 사용할 수 있는지
(D) 확대하는 데 비용이 얼마나 드는지

문제 181-185번은 다음의 기사와 양식을 참조하시오.

금속가공 자동화 협회(MAA)

자세한 회의 일정

금속가공 자동화 협회(MAA)가 10월 16일부터 18일까지 위니펙에서 연례 회의를 개최한다. 작년과 마찬가지로 위니펙 업무 지구의 선코프 컨퍼런스 센터에서 열릴 예정이다. MAA 회장 라파엘 시베안은 편리한 위치와 편의시설 때문에 그곳이 올해 회의를 위한 최적의 장소라고 말한다. **181 시베안은 "대단히 박식하고 잘 훈련된 직원들이 이 첨단 컨퍼런스 센터에 증원되었다"고 덧붙였다.**

회의는 주로 "기술 원형에 대한 자동화 마이크로 기술의 적용"에 초점을 맞출 것이다. **182 MetEng 투데이 사의 CEO인 블라디미르 아가포프가 10월 16일에 기조연설을 할 것이다.** 3일간의 일정 동안 20개의 프레젠테이션이 실시될 예정이다.

회의에 등록하려면, MAA 웹사이트(www.maa.com/conference)에 방문하면 된다. **185 회의 참가비는 다음과 같다:** MAA 회원은 200달러이고 비회원은 250달러. **184 할인 정보에 대해 학생들은 그들의 소속 학교에 연락하는 것이 권장된다.** MMA는 몇몇 대학, 미술 대학 그리고 산업 기관들과 재정 협약을 유지하고 있다. **183 우리 웹사이트에서는 호텔 예약도 가능하다.** 다양한 가격대와 등급을 지닌 인근의 다섯 호텔을 이용할 수 있다. MMA는 참여 호텔들과 컨퍼런스 센터 사이를 운행하는 무료 셔틀 서비스를 제공할 것이다.

표현 정리 **as it was last year** 작년과 마찬가지로 **be hosted by** ~에 의해 개최되다 **business quarter** 업무 지구 **amenities** 편의시설 **the best venue** 최고의 장소 **exceptionally** 매우(= very) **knowledgeable** 박식한 **highly trained** 잘 훈련된 **add to** ~에 추가되다 **keynote address** 기조연설 **over the course of** ~의 일정 동안 **register for** ~에 등록하다 **be as follows** ~은 다음과 같다 **be advised to do** ~하라고 권장되다 **institution** 기관, 학교 **retain** 보유하다, 유지하다 **financial agreement** 재정 협약 **nearby hotels** 가까운 호텔들 **various price ranges** 다양한 가격대 **star ratings** 별 등급

태너 테크놀로지스
비용 환급 양식

직원 이름: 행크 맥코이
급여 ID #: 35686
부서장 이름: 장 그레이
목적: 금속가공 자동화 협회 회의

항목별 비용 명세:

185 회의 참가비	**250달러**
항공 요금 (왕복 여행: 택사스/위니펙)	475.5달러
호텔 (오리온 호텔 - 10월 15, 16, 17일)	356.78달러
합계	1,082.28달러

모든 비용에 대한 영수증을 첨부하시오. 처리와 환급에는 2~3주가 걸립니다.

직원 서명: _행크 맥코이_
부서장 서명: _장 그레이_
제출일: _10월 22일_

표현 정리 **expense reimbursement form** 비용 환급 양식 **itemized expenses** 항목별 비용 **attach** 첨부하다 **receipt** 영수증 **submit** 제출하다

---

181. True / Not True ★★

❶ 보기 구성 파악 선코프 컨퍼런스 센터에 대한 사실을 묻는 True 유형이다.

❷ 단서 찾기 및 정답 선택 고유명사와 관련한 세부사항은 그 단어가 언급된 주변을 살펴봐야 한다. 첫 지문 첫 문단의 마지막 문장 Sivean continued, "The exceptionally knowledgeable and highly trained staff add to the high-tech conference center.가 (B)와 일치한다.

표현 정리 **be adjacent to** ~에 인접해 있다 **qualified** 자격을 갖춘 **customized** 개인 요구에 맞춘, 주문 제작한

선코프 컨퍼런스 센터에 대해 무엇이 언급되어 있는가?
(A) 기차역에 인접해 있다.
(B) 자격 있는 직원들을 고용한다.
(C) 맞춤 서비스를 제공한다.
(D) 최근에 복원을 완료했다

---

182. 세부사항 파악 ★

❶ 보기 구성 파악 아가포프 씨가 누구인지를 묻는 육하원칙(Who) 유형이다.

❷ 단서 찾기 및 정답 선택 고유명사와 관련한 관련 세부사항은 그 단어가 언급된 주변을 살펴봐야 한다. 첫 지문 둘째 단락의 둘째 문장 Vladimir Agapov, the CEO of MetEng Today, Inc., will provide the keynote address on October 16.에서 (A)를 확인할 수 있다.

🔍 **함정 분석** 바로 뒤에 이어지는 문장 Over the course of the three-day event twenty presentations will be given.에서 20개의 프리젠테이션이 실시될 예정이라는 내용을 통해 아가포프 씨를 프레젠테이션의 진행자로 오인하지 않도록 유의해야 한다.

아가포프 씨는 누구인가?
(A) 초청 연사
(B) 프레젠테이션 진행자
(C) 맥코이 씨의 상사
(D) MAA의 회장

---

183. 세부사항 파악 ★★

❶ 보기 구성 파악 기사 내용 중 웹사이트에 대한 내용을 묻는 육하원칙(What) 유형이다.

❷ 단서 찾기 및 정답 선택 웹사이트에 대한 내용은 첫 지문 마지막 문단에 제시되어 있는데, 그 중 It is also possible to make hotel reservations on our website. Five nearby hotels of various price ranges and star ratings are available.에서 (B)를 확인할 수 있다.

표현 정리 **directory** 주소 성명록, 인명부 **layout** 배치(도)

기사에 따르면, MAA 웹사이트에서 찾을 수 있는 것은?
(A) 셔틀 버스 노선
(B) 호텔들의 주소록
(C) 회의장 배치도
(D) 발표자 명단

184. 세부사항 파악 ★★

❶ **보기 구성 파악** 기사 내용 중 학생 할인에 대한 내용을 묻는 육하원칙(What) 유형이다.

❷ **단서 찾기 및 정답 선택** students라는 단어가 언급된 부분을 찾아봐야 한다. 첫 지문 마지막 문단의 두 문장 For discount information, students are advised to contact their institutions. The MAA retains financial agreements with several universities, art schools, and industrial institutions.에서 특정 학교들이 협회와 연계되어 있음을 알 수 있으므로 (C)가 정답이다.

표현 정리 preselected 미리 선정된 expire (기한이) 만료되다, 만기가 되다

기사에서 학생 할인에 대해 암시하고 있는 것은?
(A) MAA에서 일하는 학생들에게 제공된다.
(B) 최근 졸업한 학생들에게 제공된다.
(C) 미리 선정된 학교들의 학생들에게 제공된다.
(D) 기간이 만료되었다.

185. 유추 / 추론 ★★

❶ **보기 구성 파악** 맥코이 씨에 대해 유추할 수 있는 내용을 묻는 유추, 추론 유형이다.

❷ **단서 찾기 및 정답 선택** 두 지문을 모두 살펴봐야 한다. 첫 지문 마지막 문단의 둘째 문장 Costs for the conference are as follows: $200 for MAA members and $250 for nonmembers.에 회원과 비회원의 회의 참가비가 제시되어 있는데, 둘째 지문에서 맥코이 씨의 참가비는 250달러라고 나와 있으므로 맥코이 씨가 비회원임을 알 수 있다. 따라서 (D)가 정답이다. 둘째 지문 맨 밑에 나오는 (B)의 날짜는 환급 양식을 제출한 날짜이고, (C)는 Airfare 부분을 통해 틀린 내용임을 알 수 있다.

🔍 **함정 분석** 둘째 지문에서 환급 사항이 언급되어 있어 정답을 (B)로 오인할 수도 있다. 하지만 환급을 아직 받지 않았다는 점에 유의한다.

표현 정리 assist with ~을 돕다 reimburse 상환하다, 환급하다

맥코이 씨에 대해 암시되어 있는 것은?
(A) MAA 회의의 개회사를 도왔다.
(B) 10월 22일에 비용에 대해 환급을 받았다.
(C) 열차를 타고 MAA 회의에 갔다.
(D) MAA 회원이 아니다.

新 **문제 186-190번은 다음의 광고와 이메일들을 참조하시오.**

> 파탈리테: 뮤지컬
>
> 오리지널 프랑스 어로 펼쳐지는 마지막 공연!
>
> **186 티켓은 11월 14일 금요일에 판매에 들어갑니다!**

187(D) 오리지널 프랑스 출연진이 오크 크릭에서 처음으로 2주간 공연합니다. 187(A)(B) 페트르 도박이 쓴 유명한 고전 소설 〈파탈리테〉를 각색한 이 뮤지컬은 전 세계에 걸쳐 300회 이상 공연되었습니다. 이번에는 가장 유명한 프랑스 뮤지컬 배우 중 한 명이 출연하며, 출연진이 이번에 북미 순회 공연의 도시들 중 하나로 오크 크릭을 방문합니다. **187(C) 출연진**에 대한 정보와 티켓은 뮤지컬 공식 웹사이트 www.fatalitenorthamerica.com에서 구할 수 있습니다. 공연 날짜와 시간은 다음과 같습니다.

공연 일정
188 11월 28일   오후 1시 / 오후 8시
11월 29일   오후 3시 / 오후 7시
**12월 7일   오후 6시

*일정은 배우들의 상태에 따라 달라질 수 있습니다.
**마지막에 질의응답 시간이 있는 특별 공연.

표현 정리 cast 출연진, 배역 adapt 개작하다, 각색하다 well-known 유명한 classic novel 고전 소설 feature 포함하다, 특징으로 하다 available 이용할 수 있는, 구할 수 있는 official Web site 공식 웹사이트 vary (상황에 따라) 달라지다 special performances 특별 공연 Q & A session 질의응답 시간

발신: LStewart@oakcreekconcerthall.com
수신: dChardin@email.com
날짜: 11월 27일
회신: 루소 씨의 상태

차르딘 씨께,

188,189,190 루소 씨가 몸이 좋지 않다니 정말 유감입니다. 그는 28일 공연이 예정되어 있지만, 레보일 씨가 그 역할을 대신하도록 일정을 갱신해 놓겠습니다. 그가 빨리 회복되기를 바랍니다. 저에게 29일의 일정은 갱신하는 걸 보류해 달라고 하셨는데요. 루소 씨가 29일에 공연을 할 수 있을 것 같은가요? 알려주시기 바랍니다. 그가 질의응답 시간에는 참석할 수 있도록 휴식을 취하면 좋겠군요. 선택은 당신에게 달려 있습니다.

루이스 스튜어트

표현 정리 terribly 몹시, 매우 feel well 몸 상태가 좋다 be scheduled to do ~할 예정이다 update 업데이트하다, 갱신하다 recovery 회복 rest 쉬다, 휴식을 취하다 be up to ~에게 달려 있다

발신: Jfriedman@tmail.com

관계자 분께,

11월 29일 공연을 본 친구의 추천으로 12월 7일에 뮤지컬 〈파탈리테〉를 보았습니다. 특히 Q&A 시간에 예기치 않은 멋진 시간을 보냈습니다. 그런데 공연 때 보지 못한 배우 한 사람이 Q&A 시간에 참여했습니다. 제 친구도 그날 그 배우를 못 봤기 때문에 그에 대해 아무런 얘기도 하지 않았어요. 그는 프랑스인이었지만 이름은 기억이 나지 않네요. 다음에 공연을 계획할 때 그 배우를 볼 수 있기를 바랍니다.

(190-지문 전체)

감사합니다.

제이슨 프리드만

표현 정리 on the recommendation of ~의 추천으로 unexpected 예기치 않은 by the way 그런데 participate in ~에 참여하다

186. 세부사항 파악 ★

① 보기 구성 파악 11월 14일에 무슨 일이 일어날지를 묻는 육하원칙(What) 문제이다.

② 단서 찾기 및 정답 선택 첫 지문 상단의 Tickets go on sale November 14, Friday!에서 (D)를 쉽게 확인할 수 있다.

표현 정리 tour 순회 공연

11월 14일에 오크 크릭에서 무슨 일이 일어나는가?
(A) 〈파탈리테〉의 북미 순회 공연이 시작될 것이다.
(B) 뮤지컬 출연진들과 함께 질의응답 시간이 있을 것이다.
(C) 레보일 씨가 루소 씨를 대신해 공연할 것이다.
(D) 티켓을 구입할 수 있다.

187. True / Not True ★★

① 보기 구성 파악 공연에 대해 사실이 아닌 것을 묻는 Not True 문제이다. 공연에 대한 전반적인 내용을 이해하는 문제이므로 첫째 지문을 통해 해결이 가능하다.

② 단서 찾기 및 정답 선택 첫째 지문 첫째 문단의 둘째 문장 Adapted from the well-known classic novel *Fatalité* written by Petre Dovak, the musical has been performed around the world more than 300 times.를 통해 (A)는 사실이고 (B)는 사실이 아님을 알 수 있다. (C)는 첫째 문단 하단의 문장 Information about the cast and tickets will be available on the official Web site for the musical at www. fatalitenorthamerica.com.에서, 그리고 (D)는 첫 문장 The original French cast will be performing for 2 weeks in Oak Creek for the first time.에서 사실임을 확인할 수 있다.

공연에 대해 사실이 아닌 것은?
(A) 전 세계에서 공연되어 왔다.
(B) 원래 뮤지컬을 위해 만들어진 이야기이다.
(C) 티켓은 웹사이트를 통해 구입할 수 있다.
(D) 프랑스 출연진들은 오크 크릭에서 처음으로 공연한다.

188. 세부사항 파악 ★★

① 보기 구성 파악 레보일 씨가 루소 씨 대신 공연하는 때를 묻는 육하원칙(When) 유형으로 첫째와 둘째 지문을 모두 살펴봐야 하는 문제이다.

② 단서 찾기 및 정답 선택 우선 둘째 지문 첫 문장 I'm terribly sorry to hear that Mr. Rousseau isn't feeling well. He was scheduled to perform on the 28th, but I'll update the schedule with Mr. Levoile performing the part instead.에서 28일에 레보일 씨가 루소 씨를 대신해 공연한다는 것을 알 수 있다. 그리고 첫째 지문의 공연 일정을 보면 11월 28일에는 오후 1시와 8시에 공연이 있음을 알 수 있다. 보기에는 오후 8시만 제시되어 있으므로 (D)가 정답이다.

표현 정리 in place of ~대신에

레보일 씨가 루소 씨 대신 공연하는 때는?
(A) 오후 6시
(B) 오후 3시
(C) 오후 7시
(D) 오후 8시

189. 주제 파악 ★★

① 보기 구성 파악 둘째 지문의 주제를 묻는 주제파악 문제이다.

② 단서 찾기 및 정답 선택 둘째 지문 첫 문장 I'm terribly sorry to hear that Mr. Rousseau isn't feeling well. He was scheduled to perform on the 28th, but I'll update the schedule with Mr. Levoile performing the part instead.에서 (A)를 확인할 수 있다.

표현 정리 routine 일상적인 과정, 관례 decline 거절하다

스튜어트 씨가 이메일을 보낸 이유는?
(A) 통상적인 공연 일정의 변경을 제안하기 위해
(B) 문의에 대해 회신하기 위해
(C) 내년 방문을 미리 계획하기 위해
(D) 출연진 중 한 명의 요청을 거절하기 위해

190. 유추 / 추론 ★★

① 보기 구성 파악 루소 씨에 대해 유추할 수 있는 내용을 묻는 유추, 추론 문제로 둘째와 셋째 지문을 모두 봐야 하는 문제이다.

② 단서 찾기 및 정답 선택 우선 둘째 지문의 첫 문장 I'm terribly sorry to hear that Mr. Rousseau isn't feeling well. He was scheduled to perform on the 28th, but I'll update the schedule with Mr. Levoile performing the part instead.을 통해 루소 씨는 11월 28일 공연에 참여하지 못했다는 것을 알 수 있다. 또 셋째 지문에서는 11월 29일 공연과 12월 7일 공연에 출연하지 않았던 배우가 Q&A 시간에 나왔다고 했다. 따라서 루소 씨는 예정된 세 공연 모두 참여하지 않았음을 유추할 수 있으므로 (C)가 정답이다.

표현 정리 be scheduled to do ~할 예정이다

루소 씨에 대해 암시되어 있는 것은?
(A) 내년에 오크 크릭을 다시 방문하여 공연할 것이다.
(B) 다음 공연을 위해 레볼리 씨에게 전화할 것이다.
(C) 자신의 예정된 공연에서 한 번도 나오지 않았다.
(D) 라디오 프로그램에 출연할 예정이다.

新 문제 191-195번은 다음의 전단과 편지 그리고 정보를 참조하시오.

TEVI

사용자 분께,

TEVI 제작팀은 각각의 고객이 제품에 대해 만족하는 것에 헌신하고 있으며, 이러한 신념을 지키기 위해 가능한 모든 노력을 기울이고 있습니다. **192 이를 목표로, 귀하의 제품에 대한 우려사항이 있다면, 그 어떤 문제점에 대해서도 24시간 기술지원 핫라인을 가동하여 도움을 드리고 있습니다.** 저희 기술진은 1-800-564-7453번으로 연락하시거나 www.tevi.com에서 인터넷 채팅으로 만나보실 수 있습니다.

192TEVI 장치의 구매와 함께 귀하는 TEVI 전자 리코딩 서비스에도 1년간 가입하셨습니다. 이 서비스는 시청을 원하는 TV 프로그램을 찾아서 버튼 하나로 나중에 아무 때나 편리할 때 볼 수 있도록 녹화를 해줍니다. **193**동봉된 매뉴얼이 설치 및 충분한 활용 방법을 단계적으로 안내해 드릴 것입니다.

토마스 프랭크
CEO TEVI

표현 정리 **be committed to -ing** ~하는 데 헌신하다 **ensure** 보장하다 **strive to do** ~하려고 열심히 노력하다(=try hard to do) **commitment** 헌신, 약속, 책임 **to that end** 그 목적을 달성하기 위해 **technical support hotline** 기술지원 핫라인 **encounter** 직면하다 **via** ~을 통해 **subscription** 가입, 예약 신청 **enable + 목 + to do** ~가 ~할 수 있게 하다 **search for** ~을 찾다 **at your convenience** 편리한 때에 **enclosed** 동봉된 **walk A through B** (무언가를 익힐 수 있도록 단계별로) A에게 B를 알려주다 **procedure** 절차, 방법 **set up** 설치하다, 설정하다

TEVI 고객 서비스

고객 서비스 담당자 분께,

저는 최근에 TEVI 시스템과 1년의 서비스 이용권을 구매했습니다. **192**기계에 대해 잘 알지 못하기 때문에 저는 제품이 도착하자마자 집에 TEVI를 설치하면서 잘 모르는 부분이 있어 기술지원부로 전화를 걸었습니다.

194저는 전화를 걸면서 자동응답 목소리와 오랜 대기 시간을 예상했어요. 하지만 둘 다 아니어서 놀랍고 기뻤어요. **195(A)**귀사의 기술진 중 한 사람인 멜리사가 1분도 안되어 전화를 받더군요. **195(D)**그녀는 밝고 생기가 넘쳤으며 매우 친절했습니다. 그녀는 설치 과정 내내 도움이 되었고 침착했습니다. **195(C)**제가 다 끝났다고 생각했을 때, 그녀는 도와줄 다른 일은 없느냐고 물은 후 즐거운 하루를 보내라며 인사를 건넸고, 다른 문제가 생길 경우 전화하라며 자신의 직통 전화번호를 알려주었습니다.

귀사의 기술자에 대해 매우 감명받았고, 이 제품과 더불어 귀사의 훌륭한 고객 서비스를 제 친구들과 가족들에게 추천할 것입니다. 업계 최고의 선두주자들에 대한 믿음을 심어 주셔서 감사합니다.
(191 – 지문 전체)

감사합니다.

월터 스캇

표현 정리 **technically savvy** 기계를 잘 아는 **upon arrival** 도착하자마자 **ambiguity** 애매모호함 **install** 설치하다 **automated** 자동화된 **hold time** 대기 시간 **remain** 계속해서 ~이다 **assistance** 도움, 지원 **be impressed by** ~에 의해 감명받다 **faith in** ~에 대한 믿음 **the captains of industry** 업계 선두주자들

TEVI

'이달의 직원' 선정 기준
2017년 6월 현재

– 최고 품질의 서비스 제공
– 제품의 혁신 추구
– "한 걸음 더 나아가려는" 개인적인 노력
– 따뜻함, 예의, 그리고 존중으로 고객 대우 (195 – 지문 전체)

표현 정리 **criteria** criterion(기준)의 복수형 **as of** ~일자로, ~현재 **innovation** 혁신 **treat** 대우하다, 취급하다 **courtesy** 예의

191. 주제 파악 ★

❶ 보기 구성 파악 둘째 지문에서 스캇 씨가 편지를 쓴 목적을 묻는 주제 파악 문제이다.

❷ 단서 찾기 및 정답 선택 주제 문제는 대개 첫 문단에 제시되지만 여기서는 지문 전반에 걸쳐 기술자의 친절한 서비스에 대해 기술하고 있으므로 (B)를 정답으로 골라야 한다.

표현 정리 **commend** 칭찬하다 **full refund** 전액 환불 **compensation** 보상

스캇 씨가 쓴 편지의 목적은 무엇인가?
(A) 받은 서비스에 대해 불평하기 위해
(B) 받은 서비스에 대해 회사를 칭찬하기 위해
(C) 제품에 대한 전액 환불을 요청하기 위해
(D) 부실한 서비스에 대한 보상을 요청하기 위해

192. 세부사항 파악 ★★

❶ 보기 구성 파악 스캇이 이용한 서비스 내용을 묻는 육하원칙(What) 문제이다.

❷ 단서 찾기 및 정답 선택 첫째 지문의 광고 서비스 내용과 둘째 지문에서 실제로 이용한 서비스를 비교해야 하는 문제이다. 우선 첫째 지문에서 소개한 서비스는 첫 문단의 둘째 문장 To that end, should you have any concerns about your product, we provide a 24-hour technical support hotline for any problems you may encounter.에 나와 있는 24시간 기술지원 서비스와 다음 문단 첫 문장 With your purchase of a TEVI device, you have also purchased a one-year subscription to the TEVI electronic recording service.의 TEVI 전자 리코딩 서비스이다. 그런데 둘째 지문 첫 문단의 둘째 문장 Not being technically savvy, upon arrival, I called your Technical Support Department for advice when I reached a point of ambiguity while installing the TEVI into my home.에서 TEVI를 설치하면서 모르는 부분이 있어 기술지원부에 연락했다는 내용이 나오므로 (D)가 정답이다.

🔍 **함정 분석** 지문에 service라는 단어가 많이 언급되어 자칫 (C)를 정답으로 오인할 소지가 있다. 스캇이 서비스를 받은 것은 맞지만 질문의 핵심은 그 중 어떤 서비스를 받았느냐는 것이므로 (D)를 선택하는 것이 합당하다.

표현 정리 **hassle-free** 편리한, 성가시지 않은 **replacement** 교체, 교환

스캇 씨는 광고된 어떤 서비스를 이용했는가?
(A) 편리한 제품 교환
(B) 편리한 제품 반품
(C) 24시간 고객 서비스
(D) 24시간 기술 지원

193. 유추 / 추론 ★★

① 보기 구성 파악 첫째 지문을 찾을 수 있는 곳을 묻는 유추, 추론 문제이다.

② 단서 찾기 및 정답 선택 첫째 지문은 지원되는 서비스 소개로 이뤄져 있는데, 마지막 문장 The enclosed manual will walk you through the step-by-step procedure for setting up your subscription and getting the most use of it.에서 동봉된 매뉴얼을 언급하였으므로 (A)가 가장 적합하다.

첫 번째 지문은 어디에서 찾을 수 있겠는가?
(A) 제품 박스 안쪽
(B) 제품을 판매하는 점포 안
(C) 비즈니스 잡지
(D) 전자제품 진열대

194. 세부사항 파악 ★★

① 보기 구성 파악 둘째 지문에서 스캇이 예상한 것을 묻는 육하원칙(What) 문제이다.

② 단서 찾기 및 정답 선택 둘째 문단의 첫 문장 I called the number and expected an automated voice and a long hold time.에서 자동응답 메시지와 오랜 대기 시간을 예상했다고 하였으므로 (C)가 정답이다.

표현 정리 extended 길어진, 늘어난

스캇 씨가 예상한 것은 무엇인가?
(A) 무례하고 도움이 되지 않은 서비스를 받는 것
(B) 1주 내에 제품이 고장 나는 것
(C) 장시간 기다리는 것
(D) 제품을 스스로 설치하는 것

195. 유추 / 추론 ★★

① 보기 구성 파악 멜리사에 대해 고려될 요소가 아닌 것을 묻는 유추, 추론 문제이며, 둘째와 셋째 지문을 모두 살펴봐야 하는 문제이다.

② 단서 찾기 및 정답 선택 우선 셋째 지문에 해당하는 보기들 중 (A)는 둘째 지문 둘째 문단의 셋째 문장 Melissa, one of your technicians, answered the line in less than a minute.에서, (C)는 같은 문단 마지막 문장 When I was certain we were done, she offered her assistance with other things before telling me to have a great day and giving me her direct dial number in case I had any other problems.에서, 그리고 (D)는 역시 같은 문단 넷째 문장 She was bright, cheerful, and very kind.에서 유추가 가능하다. (B)는 관련된 내용을 찾아볼 수 없으므로 정답이다.

멜리사가 이달의 직원으로 선정되는 데 있어 고려될 요소가 아닌 것은 무엇인가?
(A) 최고 품질의 서비스 제공
(B) 제품의 혁신 추구
(C) "한 걸음 더 나아가려는" 개인적 노력
(D) 따뜻함, 예의, 그리고 존경으로 고객 대우

新 문제 196-200번은 다음의 광고와 이메일들을 참조하시오.

198막 트레이닝을 시작하는 1년 된 순종 말을 위한 숙련된 기수를 **찾습니다!** 리브스 투 런은 단거리 경주마로 트리플 크라운 우승마 세

크리테리어트 직계손인 대쉬 다운스의 자식입니다. **200리브스 투 런은 로열 미스가 낳았는데, 로열 미스는 벨몬트 스테이크스의 최근 우승마인 조쉬 크루소를 낳기도 했습니다.** 리브스 투 런은 빼어난 외모, 트랙에 대한 열망, 그리고 출발 게이트에서의 빠른 반사신경을 갖고 있습니다. 키는 60핸드, 폭 11인치, 그리고 몸통 둘레 60인치 입니다. **199자기 할아버지의 기록도 능가할 수 있는 힘과 스피드를 갖추고 있습니다.** 돈을 버는 경주마의 모든 조건들을 갖추고 있습니다. 우리는 이 말을 모는 데 적합한 기수가 필요할 뿐입니다. **197경력이나 우승한 레이스를 기술한 관심의 편지를 버지니아 주 플라워 스테이블스로 가능한 빨리 보내주십시오.**

표현 정리 experienced jockey 숙련된 기수 thoroughbred (말이) 순종인 yearling 한 살 된 말 quarter horse 단거리 경주마 sire (종마가) 새끼를 낳게 하다, (말이) 아비가 되다 direct descendant 직계손 Triple Crown winner 3관마(3대 메이저 경마 대회의 우승마) foal (말이) 새끼를 낳다 excellent form 빼어난 외모 eagerness for ~에 대한 열망 small reflex to ~에 대한 빠른 반사신경 starting gate 출발 게이트 hand 핸드(말의 키를 재는 단위로 약 4인치) girth 몸통 둘레 surpass 능가하다 ingredient 재료, 구성 요소 money-making 돈벌이가 되는 racehorse 경주마

발신: 대니 켈리 〈racerkelly@inmail.com〉
수신: 해리 윌리엄스 〈H.williams@fmail.com〉
제목: 지원
날짜: 8월 25일

플라워 스테이블스 소유주 윌리엄스 씨께,

저는 귀하의 새로운 단거리 경주마인 리브스 투 런을 탈 경력 있는 기수를 찾는 최근의 광고를 보고 이 글을 씁니다. 저는 현재 메도 샌드 스테이블스와의 계약이 끝나가는 시점이고, 알링턴 지역으로 더 가까이 가려던 참이었습니다. 저는 리브스 투 런의 뛰어난 기수가 될 적임자라고 생각합니다. **197저는 25년이 넘는 기수 경력이 있습니다.** 제가 탔던 말들 중에는 크라운 쥬얼, 프레스티지 오너, 그리고 리틀 킹도 있습니다. 이 말들은 켄터키에서 5번의 경주에서 4번의 우승을 차지한 친구들입니다. 제가 참가해 우승한 대회로는 세 번째 레이스인 벨몬트 스테이크스, 처칠 다운스, 스쿨 하우스 미트, 그리고 수많은 카운티와 주(州) 레이스들이 있습니다. 참고하시라고 저의 현재 그리고 과거 고용주들의 추천서들과 최근 레이스를 마친 후의 제 사진을 동봉하였습니다. **196현재 제 키는 5피트 11인치이고 몸무게는 120파운드입니다.** 대부분의 말들은 제가 고삐를 쥐기 전까지는 등에 타고 있는지도 거의 눈치 채지 못합니다. 저는 리브스 투 런과 귀하를 만날 시간을 정해 귀하가 리브스 투 런의 경력에 대해 갖고 있는 계획을 좀 더 심게 있게 논의해 보기를 고대합니다.

대니 켈리

표현 정리 in response to ~에 대한 응답으로 enclosed 동봉된 mount 말 third leg 3개의 메이저 경마 대회인 트리플 크라운 중 세 번째 대회 barely 거의 ~않다(=almost never) take the reins 고삐를 쥐다 arrange a time 시간을 정하다

발신: 해리 윌리엄스 〈H.williams@fmail.com〉
수신: 대니 켈리 〈racerkelly@inmail.com〉
제목: 요청

날짜: 9월 18일

광고에 관심을 가져 주셔서 감사합니다. 광고가 나간 후 리브스 투 런의 기수가 바로 채용되었습니다. **200**그런데, 최근 오랫동안 일해 오던 산체스 씨가 최근 일을 그만두는 바람에 리브스 투 런의 형제말의 기수가 급하게 필요하게 되었습니다. 관심이 있다면 한 번 더 제게 연락을 주십시오.

해리 윌리엄스

표현 정리 **immediately** 즉각적으로 **hire** 고용하다, 채용하다 **quit** (일·직장을) 그만두다 **urgently** 긴급히, 시급히 **sibling** 형제 또는 자매

196. 세부사항 파악 ★

① 보기 구성 파악 켈리 씨가 제공한 자신의 개인적 특징을 묻는 육하원칙(What) 문제이다.

② 단서 찾기 및 정답 선택 둘째 지문의 하단에서 I am currently 5'11" and 120 pounds.라고 하며 자신의 키와 체중을 언급하고 있으므로 (C)가 정답이다.

표현 정리 **ethnic background** 민족적 배경

켈리 씨는 어떤 개인적 특징을 제시하는가?
(A) 머리와 눈의 색
(B) 알레르기와 질병 기록
(C) 키와 체중
(D) 인종 및 민족 배경

197. 세부사항 파악 ★★

① 보기 구성 파악 켈리 씨의 편지가 광고에 나온 요건들을 어떻게 충족했는지 묻는 육하원칙(How) 문제로 첫째와 둘째 지문을 모두 살펴봐야 하는 문제이다.

② 단서 찾기 및 정답 선택 첫째 지문의 마지막 문장 Please forward a letter of interest listing your experience and races won to Flower Stables, VA, as soon as possible for consideration.에서 경력과 우승한 레이스를 기술한 편지를 보내달라고 했다. 그리고 둘째 지문 중반부의 I have over 25 years of experience riding horses. ~ Other races I have ridden, and won, include the third leg of the Belmont Stakes, the Churchill Downs, the School House Meet, and numerous county and state races.에서 자신의 경력과 우승한 레이스들을 열거하고 있으므로 (A)가 정답이다.

🔍 **함정 분석** 둘째 지문에서 여러 말과 레이스의 이름이 제시되어 있어 자칫 말과 경주에 대한 지식을 나열한 것으로 오해할 수가 있다. 하지만 이러한 이름들을 제시한 목적이 자신의 기수 경력을 소개하기 위한 것임을 간파해야 한다.

표현 정리 **list** 열거하다 **benefit** ~에게 이롭다

켈리 씨의 편지는 광고에서 열거된 요건들을 어떻게 충족시키는가?
(A) 자신의 경력과 업적을 열거하고 있다.
(B) 자신의 사진을 포함시킨다.
(C) 말과 레이스에 대한 자신의 지식을 열거하고 있다.
(D) 자신이 조직을 이롭게 할 방법을 열거하고 있다.

198. 세부사항 파악 ★

① 보기 구성 파악 광고를 어떤 출판물에서 찾을 수 있는지 묻는 육하원칙(What) 문제로 첫 지문에 관한 문제이다.

② 단서 찾기 및 정답 선택 글의 전체 내용으로 드러나지만, 첫 문장 Experienced jockey sought for thoroughbred yearling just starting training.에서 기수를 구한다는 광고임을 바로 알 수 있으므로 (B)가 정답이다.

어떤 출판물에서 이 광고를 발견할 수 있는가?
(A) 소도시 신문
(B) 승마 잡지
(C) 자전거 잡지
(D) 국제 비즈니스 잡지

199. 세부사항 파악 ★★

① 보기 구성 파악 리브스 투 런에 대한 윌리엄스 씨의 희망을 묻는 육하원칙(What) 문제로 첫 지문 내용에 해당한다.

② 단서 찾기 및 정답 선택 첫 지문의 대부분이 리브스 투 런에 대한 내용인데, He has the stamina and speed to surpass his granddaddy's record. 에서 자기 할아버지의 기록을 깰 수 있는 힘과 속도를 갖추고 있다고 하므로 (C)가 가장 적합하다.

표현 정리 **pacesetter** 페이스 메이커(pacemaker), 속도 조정자 **foal** 새끼 말

리브스 투 런에 대한 윌리엄스 씨의 희망은 무엇인가?
(A) 다른 말들의 훌륭한 페이스 메이커가 되는 것이다.
(B) 많은 새끼 말을 낳는 것이다.
(C) 경주 기록을 깨는 것이다.
(D) 오래 사는 것이다.

200. 유추 / 추론 ★★

① 보기 구성 파악 켈리 씨가 탈 가능성이 있는 말을 묻는 유추, 추론 문제이며, 첫째와 셋째 지문을 통해 해결할 수 있는 문제이다.

② 단서 찾기 및 정답 선택 우선 셋째 지문에서 윌리엄스는 리브스 투 런의 기수가 이미 채용되었다고 말한 후, By the way, Mr. Sanchez who had been working for a long time, recently quit his job, and we urgently need a jockey for the sibling of Lives to Run.라고 하며 리브스 투 런의 형제말에 대한 기수가 시급히 필요하다고 한다. 그리고 첫째 지문의 셋째 문장 He was foaled by Royal Miss, who also foaled Josh Crusoe, the latest winner of the Belmont Stakes.에서 리브스 투런을 낳은 암컷 말이 벨몬트 스테이크스의 최근 우승인 조쉬 크루소도 낳았음을 밝히고 있다. 따라서 켈리가 탈 수 있는 말은 리브스 투 런의 형제 말인 조쉬 크루소이므로 (D)가 정답이다.

켈리 씨는 무엇을 탈 것 같은가?
(A) 리브스 투 런
(B) 대쉬 다운스
(C) 로열 미스
(D) 조쉬 크루소

1. (C) 2. (D) 3. (B) 4. (C) 5. (D) 6. (C) 7. (C) 8. (B) 9. (B) 10. (C)

11. (A) 12. (B) 13. (B) 14. (C) 15. (B) 16. (B) 17. (A) 18. (A) 19. (A) 20. (C)

21. (B) 22. (A) 23. (B) 24. (C) 25. (B) 26. (B) 27. (B) 28. (A) 29. (B) 30. (C)

31. (C) 32. (C) 33. (B) 34. (D) 35. (C) 36. (C) 37. (B) 38. (D) 39. (C) 40. (D)

41. (A) 42. (B) 43. (C) 44. (B) 45. (D) 46. (C) 47. (A) 48. (C) 49. (B) 50. (A)

51. (C) 52. (C) 53. (B) 54. (C) 55. (D) 56. (C) 57. (B) 58. (C) 59. (A) 60. (B)

61. (D) 62. (D) 63. (B) 64. (C) 65. (C) 66. (B) 67. (B) 68. (C) 69. (B) 70. (A)

71. (C) 72. (C) 73. (D) 74. (B) 75. (D) 76. (B) 77. (B) 78. (A) 79. (D) 80. (A)

81. (D) 82. (A) 83. (D) 84. (C) 85. (A) 86. (C) 87. (A) 88. (C) 89. (B) 90. (D)

91. (C) 92. (B) 93. (B) 94. (A) 95. (A) 96. (C) 97. (C) 98. (B) 99. (B) 100. (D)

101. (D) 102. (B) 103. (B) 104. (D) 105. (B) 106. (B) 107. (A) 108. (A) 109. (D) 110. (D)

111. (D) 112. (A) 113. (C) 114. (D) 115. (C) 116. (C) 117. (A) 118. (D) 119. (D) 120. (C)

121. (A) 122. (C) 123. (D) 124. (D) 125. (D) 126. (B) 127. (B) 128. (A) 129. (A) 130. (D)

131. (B) 132. (C) 133. (D) 134. (C) 135. (B) 136. (D) 137. (B) 138. (A) 139. (B) 140. (D)

141. (A) 142. (A) 143. (B) 144. (C) 145. (C) 146. (C) 147. (A) 148. (D) 149. (A) 150. (C)

151. (D) 152. (B) 153. (D) 154. (C) 155. (B) 156. (A) 157. (B) 158. (A) 159. (C) 160. (B)

161. (D) 162. (C) 163. (D) 164. (A) 165. (C) 166. (A) 167. (D) 168. (A) 169. (B) 170. (B)

171. (C) 172. (D) 173. (A) 174. (B) 175. (C) 176. (C) 177. (C) 178. (D) 179. (B) 180. (B)

181. (C) 182. (B) 183. (C) 184. (A) 185. (C) 186. (D) 187. (A) 188. (B) 189. (D) 190. (B)

191. (C) 192. (B) 193. (C) 194. (D) 195. (C) 196. (D) 197. (A) 198. (C) 199. (D) 200. (C)

TEST 3

PART 1

1. 2인 사진 미W ★★

① 문제 유형 파악 두 사람이 등장하는 사진이므로 두 사람의 공통된 행동이나 외모와 관련된 특징에 집중해야 한다.

② 오답 제거 사진에 suitcases나 leaves가 보이지 않으므로 (A), (B) 모두 오답으로 처리해야 한다. 또한 두 사람은 서 있기는 하지만 마주보고 있지 않으므로 (D)를 정답으로 오인하지 않도록 주의해야 한다.

③ 정답 선택 두 사람이 함께 상자를 나르고 있는 공통된 행동을 묘사하고 있는 (C)가 정답이다.

표현 정리 **pack** 짐을 싸다. 짐을 꾸리다 **rake leaves** 잎사귀를 갈퀴로 긁어모으다 **handle** 다루다. 취급하다

(A) They are packing their suitcases.
(B) They are raking leaves in the park.
(C) They are handling boxes.
(D) They are standing across from each other.

(A) 사람들이 옷가방을 싸고 있다.
(B) 사람들이 공원에서 갈퀴로 낙엽을 긁어모으고 있다.
(C) 사람들이 상자들을 다루고 있다.
(D) 사람들이 서로 마주보고 서 있다.

2. 다수 사진 영W ★★

① 문제 유형 파악 여러 사람이 등장하는 사진에서는 사람들의 공통된 행동이나 외모적 특징에 집중해야 할 필요가 있다. 따라서 공연을 하고 있는 사람들과 이를 관람하는 사람들의 행동을 잘 살펴봐야 한다.

② 오답 제거 all이나 every는 일부의 행동이나 상태를 전체의 행동이나 상태 인양 묘사하며 오답을 유도할 때 등장하는 어휘들이므로 주의해야 한다. 무대에 있는 사람들 중 일부만이 악기를 연주하고 있으므로 (A)는 틀린 묘사이며, 악보를 보는 사람이 없으므로 (C)도 오답으로 처리해야 한다. 또한 사람들이 많이 보이지만 행진을 하고 있는 모습이 아니므로 (B)도 오답이다.

③ 정답 선택 보기들 중 사람들이 공연을 관람하는 모습을 묘사하고 있는 (D)가 정답이다.

표현 정리 **play one's musical instrument** 악기를 연주하다 **march in a parade** 행진하다 **a sheet of music** 악보 **musical performance** 음악 공연

(A) All of them are playing their musical instruments.
(B) People are marching in a parade.
(C) One of the musicians is reading a sheet of music.
(D) People are watching a musical performance.

(A) 그들 모두가 악기를 연주하고 있다.
(B) 사람들이 행진을 하고 있다.
(C) 음악가들 중 한 명이 악보를 읽고 있다.
(D) 사람들이 음악 공연을 관람하고 있다.

3. 1인 사진 미M ★★★

① 문제 유형 파악 1인 중심의 사진이므로 사진 속 남자의 행동과 옷차림 혹은 장신구 착용 여부와 관련된 부분에 집중할 필요가 있다.

② 오답 제거 남자가 건물 안으로 들어가는 모습이지만 출근을 하고 있는지는 확실하지 않으므로 (A)는 답이 될 수 없다. putting on은 옷이나 장신구를 착용하는 동작을 나타낸다. 따라서 사진 속 남자처럼 이미 정장을 입고 있는 상태에는 부적절한 표현이므로 (C)는 오답으로 처리해야 한다. 사진에 회의실은 보이지 않으므로 (D) 역시 오답이다.

③ 정답 선택 남자가 건물 안으로 들어가고 있는 모습을 묘사하고 있는 (B)가 정답이다.

함정 분석 알면서도 문제 풀 때는 헷갈리는 put on, be putting on은 옷을 입거나 장신구를 착용하는 동작을 묘사하는 표현이다. 하지만 옷을 입거나 장신구를 착용하는 사진이 나온다 하더라도, 사진만으로는 입거나 착용하는 동작인지 아닌지를 알 수 없으므로 be putting on은 오답으로 출제된다.

표현 정리 **commute to work** 출퇴근하다. 통근하다 **go into** ~로 들어가다 **put on** ~를 입다(입는 동작) **business suit** 정장 **a row of** 한 줄로 늘어선 ~

(A) The man is commuting to work.
(B) The man is going into a building.
(C) The man is putting on a business suit.
(D) The man is walking by a row of conference rooms.

(A) 남자는 출근을 하고 있다.
(B) 남자는 건물 안으로 들어가고 있다.
(C) 남자는 정장을 입고 있다.
(D) 남자는 죽 늘어서 있는 회의실 옆으로 걸어가고 있다.

4. 2인 사진 호M ★★★

① 문제 유형 파악 두 사람이 등장하는 사진이므로 두 사람의 동작과 옷차림 혹은 장신구 착용과 관련된 부분에 집중할 필요가 있다.

② 오답 제거 사진 속에 선글라스는 보이지 않고, 자리에 앉아 있는 사람이 두 명뿐이므로 (A), (B) 모두 오답으로 처리해야 한다. 또한 한 사람이 의료 기구를 목에 걸고 있을 뿐 수리하고 있는 모습이 아니므로 (D)도 틀린 묘사이다.

③ 정답 선택 한 여자가 손목에 시계를 착용하고 있는 상태를 묘사하고 있는 (C)가 정답이다.

함정 분석 인물 사진에서 사람의 동작뿐 아니라 상태 또한 자주 묘사된다. wear a pair of gloves, wear headphones, wear a hat, wear a jacket 등 wear를 써서 인물의 상태와 외모를 묘사하므로 관련 표현을 익혀두는 것이 좋다.

표현 정리 **wristwatch** 손목시계 **medical equipment** 의료 기구

(A) A woman is holding a pair of sunglasses.
(B) A woman is speaking to the people in their seats.
(C) A woman is wearing a wristwatch.
(D) A woman is repairing a piece of medical equipment.

(A) 여자가 손에 선글라스를 들고 있다.
(B) 여자가 좌석에 앉아 있는 사람들에게 이야기하고 있다.
(C) 여자가 손목시계를 착용하고 있다.

(D) 여자가 의료 기구를 수리하고 있다.

5. 사물 사진　미W ★★★

❶ 문제 유형 파악　사람이 등장하지 않는 실내 정경 사진이므로 사진 속 주요 사물들의 위치와 상태부터 살펴보는 것이 순서이다.

❷ 오답 제거　테이블의 모양, 주변 의자들이 위치하고 있는 모습, 의자가 비어 있는 상태, 그리고 벽에 부착된 등이 밝혀진 상태에 집중해야 한다. 테이블이 둥근 모양이 아니므로 (A)는 오답으로 처리해야 한다. 또한 (B)와 (C)도 사람의 동작을 나타내는 진행형 수동태이므로 사람이 등장하지 않는 정경에 대한 적절한 묘사가 아니다.

❸ 정답 선택　의자에 사람들이 착석하지 않은 상태를 묘사하고 있는 (D)가 정답이다.

표현 정리 **round shaped** 둥근 모양을 한　**square** 정사각형; 정사각형의, 네모진　**assemble** 조립하다, 모으다　**arrange** 배열하다　**neatly** 깔끔하게　**unoccupied** 비어 있는

(A) The table is round shaped.
(B) A square table is being assembled.
(C) Some tables and chairs are being arranged neatly.
(D) The chairs in the room are unoccupied.

(A) 테이블이 둥근 모양이다.
(B) 사각 테이블이 조립되고 있다.
(C) 테이블과 의자들이 깔끔하게 배열되고 있다.
(D) 방 안에 있는 의자들이 비어 있다.

6. 2인 사진　미M ★★

❶ 문제 유형 파악　두 사람이 등장하는 사진이므로 두 사람의 행동과 옷차림 혹은 장신구 착용 여부에 집중해야 한다.

❷ 오답 제거　두 사람이 서로 나란히 앉아 있고, 남자는 휴대폰을 손에 들고 있으므로 (B)와 (D)는 오답으로 처리해야 한다.

❸ 정답 선택　두 사람이 함께 업무를 보고 있는 모습을 묘사하고 있는 (C)가 정답이다.

표현 정리 **be divided into** ~로 나뉘다　**sit** 앉다　**across from each other** 서로 마주보고　**concentrate on** ~에 집중하다　**mobile phone** 휴대전화

(A) They are divided into small groups.
(B) They are sitting across from each other.
(C) They are concentrating on their work.
(D) They are talking on their mobile phones.

(A) 사람들이 소그룹으로 나뉘어 있다.
(B) 사람들이 서로 마주보고 앉아 있다.
(C) 사람들이 업무에 집중하고 있다.
(D) 사람들이 휴대전화로 통화하고 있다.

PART 2

7. Where 의문문　미M　미W ★

❶ 문제 유형 파악　컴퓨터 수리를 하러 어디로 가는지 구체적인 장소를 묻는 Where 의문문이다.

❷ 오답 제거　시점이나 수리 가능 여부와는 무관한 질문이므로 (A)와 (B)는 모두 오답으로 처리해야 한다.

❸ 정답 선택　컴퓨터에 무슨 문제가 발생했는지 반문하고 있는 (C)가 정답이다.

🔍 함정 분석　어느 컴퓨터 수리점에 가는지 묻는 질문에 (B)의 fix를 듣고 헷갈릴 수 있다. 무엇을 고치려는지 알 수 없는데 (B)는 it으로 답하였으므로 적절한 답변이라고 볼 수 없다.

표현 정리 **go for** ~를 하러 가다　**fix** 수리하다

Where do you usually go for computer repairs?
(A) Last Thursday.
(B) I think I can fix it.
(C) Why? Do you have a problem?

대개 컴퓨터 수리를 하러 어디로 가세요?
(A) 지난주 목요일요.
(B) 제가 그걸 수리할 수 있을 것 같아요.
(C) 왜요, 무슨 문제가 있어요?

8. What 의문문　미M　영W ★

❶ 문제 유형 파악　리모델링 계획의 견적액을 묻는 What 의문문이다.

❷ 오답 제거　질문에서 언급된 적이 없는 남자를 지칭하는 인칭대명사 He가 등장하는 (A)와 의문사 의문문에서는 Yes/No라는 답변이 제시될 수 없는 (C)는 모두 오답이다.

❸ 정답 선택　구체적인 액수를 제시하고 있는 (B)가 정답이다.

표현 정리 **estimate** 견적, 견적액; 견적을 내다　**renowned** 유명한　**approximately** 대략, 약　**currently** 현재　**be under renovation** 보수 공사 중이다

What's the estimate for our remodeling plan?
(A) He is a renowned interior designer.
(B) Approximately 25,000 dollars.
(C) Yes, it's currently under renovation.

리모델링 계획의 견적액은 얼마인가요?
(A) 그는 유명한 인테리어 디자이너예요.
(B) 대략 25,000 달러요.
(C) 네, 그건 지금 보수 공사 중이에요.

9. 부가 의문문　호M　미W ★★

❶ 문제 유형 파악　또 다른 세무사를 채용했는지의 여부를 묻는 부가의문문이다.

❷ 오답 제거　질문의 accountant와 유사한 발음의 파생어 account, 그리고 질문의 tax와 발음이 유사한 taxi를 함정으로 이용한 (A)와 (C)는 모두 오답으로 처리해야 한다.

③ 정답 선택 사실임을 수긍하는 Yes란 답변과 함께 그녀가 다음 주 월요일부터 근무를 시작한다는 부가 정보를 제시하고 있는 (B)가 정답이다.

표현 정리 tax accountant 세무사 open a bank account 은행 계좌를 개설하다 call a taxi 택시를 부르다

You hired another tax accountant, didn't you?
(A) I'd like to open a bank account.
(B) Yes, she starts next Monday.
(C) No, please call me a taxi.

당신은 또 다른 세무사를 채용했지요, 그렇지 않나요?
(A) 저는 은행 계좌를 개설하려고 해요.
(B) 네, 그녀는 다음 주 월요일에 근무를 시작해요.
(C) 아뇨, 택시를 한 대 불러주세요.

---

10. Do / Does / Did / Have 미W 미M ★

① 문제 유형 파악 직원 회의에 처음 도착한 사람을 묻는 Who 간접의문문이다.

② 오답 제거 시점과 무관한 내용의 질문이므로 지난주란 시점이 제시된 (A)와 질문과 무관한 마감시한 준수에 대한 내용이 언급되고 있는 (B)는 모두 오답으로 처리해야 한다.

③ 정답 선택 먼저 도착한 사람이 크루즈 씨라며 구체적인 인명을 제시하고 있는 (C)가 정답이다.

🔍 **함정 분석** 질문의 staff meeting만 듣고 (A)를 고르지 않도록 한다. Do you know ~?는 간접 의문문으로 뒤에 오는 의문사를 놓치지 않아야 한다. 질문의 키워드는 who, arrived이므로 지난주에 열렸다고 답하는 (A)는 오답이다.

표현 정리 staff meeting 직원 회의 hold 열다, 개최하다 meet the deadline 마감시한을 맞추다

Do you know who arrived at the staff meeting first?
(A) It was held last week.
(B) No, we need to meet the deadline.
(C) Yes, it was Ms. Cruise.

직원 회의에 처음 도착한 사람이 누구인지 아세요?
(A) 지난주에 열렸어요.
(B) 아뇨, 저희는 마감시한을 맞춰야 해요.
(C) 네, 크루즈 씨요.

---

11. How 의문문 미M 미W ★

① 문제 유형 파악 어제 본 영화에 대한 소감을 묻는 How 의문문이다.

② 오답 제거 질문의 movie와 발음이 유사한 move를 함정으로 이용한 (B)와 질문과 무관한 영화 상영 시간이 제시되고 있는 (C)는 모두 오답으로 처리해야 한다.

③ 정답 선택 아주 재미있었다며 영화에 대한 감상을 언급하고 있는 (A)가 정답이다.

표현 정리 funny 재미있는, 웃긴 move into ~로 이사하다

How did you like the movie last night?
(A) It was very funny.
(B) We'll move into a new office.

(C) It starts at 7:30.

어제 봤던 영화는 어땠나요?
(A) 아주 재미있었어요.
(B) 저희는 새로운 사무실로 이전할 겁니다.
(C) 7시 30분에 시작해요.

---

12. Where 의문문 호M 영W ★★★

① 문제 유형 파악 나이트 씨가 수령한 직물 견본품의 위치에 대해 묻는 Where 의문문이다.

② 오답 제거 (A)는 질문의 sample을 반복해 사용했지만 '시식[시음]하다'라는 다른 의미로 쓰인 함정이다. (C)의 reception 역시 질문의 receive에서 파생된 어휘로 유사 발음을 이용한 오답이다.

③ 정답 선택 켈러 씨가 알 것이라며 자신은 그 위치에 대해 아는 바가 없음을 간접적으로 밝히고 있는 (B)가 정답이다.

🔍 **함정 분석** (B)와 같이 질문에 대해 잘 모르니 다른 사람에게 물어보라고 답하기도 한다. Ms. Keller might know, Ms. Keller knows it better.처럼 묻는 내용에 대해 아는 다른 사람을 소개하는 답변도 종종 정답으로 나온다.

표현 정리 fabric sample 직물 견본 sample 견본; 시음하다, 시식하다 reception 환영 파티

Where are the fabric samples Mr. Knight received yesterday?
(A) I've already sampled the wine.
(B) Ms. Keller might know.
(C) There was a reception yesterday.

어제 나이트 씨가 수령한 직물 견본품은 어디에 있나요?
(A) 저는 이미 포도주를 시음했어요.
(B) 켈러 씨가 알 겁니다.
(C) 어제 환영 파티가 있었어요.

---

13. Who 의문문 미M 호M ★★

① 문제 유형 파악 누가 최종 취업 지원자들의 면접을 보기로 했는지 묻는 Who 의문문이다.

② 오답 제거 (A)는 질문의 interview나 job candidates를 통해 연상 가능한 '구직 중'이란 표현(be in between jobs)이 등장하는 오답이다. (C)는 질문의 job을 반복적으로 들려주는 함정이 포함된 오답이다.

③ 정답 선택 애덤스 씨에게 해달라고 요청했다고 밝히며 구체적인 인명을 제시하고 있는 (B)가 정답이다.

🔍 **함정 분석** '~에게 …하라고 요청하다'라는 뜻의 「ask 사람 to 동사원형」 표현이 정답으로 자주 나온다. 수동태 표현 「사람 be asked to 동사원형」도 함께 알아두는 것이 좋다.

표현 정리 interview 면접을 보다 job candidate 취업 지원자 be in between jobs 구직 중이다

Who's going to interview the final job candidates?
(A) Actually, I'm in between jobs.
(B) We've asked Mr. Adams to do it.
(C) You did a good job.

누가 최종 취업 지원자들의 면접을 보나요?
(A) 사실 저는 구직 중이에요.
(B) 저희는 애덤스 씨에게 해달라고 요청했어요.
(C) 일을 아주 잘하셨네요.

14. 평서문 영W 미W ★★★

① 문제 유형 파악 날씨가 좋지 않아 토론토까지 운전해서 갈 수 없다는 의견을 제시하고 있는 평서문이다.

② 오답 제거 질문과 무관한 내용일 뿐만 아니라 단순히 질문의 drive와 Toronto란 지명을 반복적으로 들려주는 함정이 포함된 (A)와 (B)는 모두 오답으로 처리해야 한다.

③ 정답 선택 눈이 곧 그치길 바란다는 바람을 피력하며 상대방의 의견에 동의하고 있는 (C)가 정답이다.

표현 정리 **drive to** 운전해서 ~로 가다 **in this weather** 이런 날씨에 **used to do** 한때 ~했었다

We don't think you can drive to Toronto in this weather.
(A) We can drive you there.
(B) Yes, I used to work in Toronto.
(C) I just hope it will stop snowing soon.

우린 당신이 이런 날씨에 토론토까지 운전해서 갈 수는 없다고 생각해요.
(A) 우리가 당신을 그곳까지 차로 데려다 줄 수 있어요.
(B) 네, 저는 한때 토론토에서 일한 적이 있어요.
(C) 저는 눈이 곧 그치길 바랄 뿐이에요.

15. Which 의문문 미M 미W ★★

① 문제 유형 파악 어떤 로고 디자인을 인쇄업자에게 발송해야 하는지를 묻는 Which 의문문이다.

② 오답 제거 질문의 design을 반복적으로 들려주는 함정이 포함된 (A)와 의문사 의문문에 사용할 수 없는 Yes란 답변을 언급하는 (C)는 모두 오답으로 처리해야 한다.

③ 정답 선택 검은색 황소 모습이 있는 로고라고 대답하고 있는 (B)가 정답이다. 아울러 Which 의문문에는 대명사 one을 대동하는 형태의 답변이 자주 제시된다는 점을 기억해야 한다.

표현 정리 **logo** 로고 **printer** 인쇄기, 인쇄업체 **distinctive** 독특한, 독창적인 **board member** 이사

Which logo design should be sent to the printer?
(A) It has a very distinctive design.
(B) The one with the black bull.
(C) Yes, every board member likes it.

어떤 로고 디자인을 인쇄업자에게 발송해야 하나요?
(A) 그건 굉장히 독특한 디자인이에요.
(B) 검은색 황소가 있는 거요.
(C) 네, 모든 이사가 그걸 좋아해요.

16. 부정 의문문 미W 미M ★★★

① 문제 유형 파악 영업부의 구인 광고 게재하는 것을 중단해야 하는지 묻는 일반의문문이다.

② 오답 제거 (A)는 구인 광고 게재를 중단해선 안 된다는 No란 부정 답변과 이미 주문했다는 부연 설명이 질문과 무관한 내용이다. (C) 또한 구인 광고 게재를 중단시켜야 한다는 Yes란 긍정 답변과 문을 열고 닫는 시간을 언급하는 부연 설명이 질문과 전혀 관계가 없다.

③ 정답 선택 며칠만 더 기다려 보자며 지금 중단하지 말자는 의사를 간접적으로 표현하고 있는 (B)가 정답이다.

🔍 함정 분석 Yes, No만 듣고 (A) 또는 (C)를 고르지 않도록 한다. 직접적인 답변 대신 질문에 간접적으로 답하는 경우도 많다. Yes/No만 듣고 바로 답을 고르면 실수하기 쉬우므로 조심해야 한다.

표현 정리 **run an ad** 광고를 게재하다 **place an order** 주문하다

Shouldn't we stop running the ad for the job that is opening up in the Sales Department?
(A) No, I've already placed an order.
(B) Let's just wait a few more days.
(C) Yes, we open at 9 and close at 6 every day.

영업부의 구인 광고 게재하는 것을 중단해야 하지 않을까요?
(A) 아뇨, 저는 이미 주문을 했어요.
(B) 며칠만 더 기다려 봅시다.
(C) 네, 저희는 매일 9시에 문을 열고 6시에 문을 닫아요.

17. 조동사 의문문 영W 미M ★★

① 문제 유형 파악 가는 길에 사무실에 내려줄 수 있는지를 묻는 일반의문문이다.

② 오답 제거 (B)는 질문의 drop과 유사한 발음의 dropped를 반복적으로 들려주는 함정이 포함된 오답이며, (C)는 thanks라는 감사 인사로 인해 바로 오답임을 알 수 있다.

③ 정답 선택 사무실에 내려달라는 요청에 흔쾌히 수락하고 있는 (A)가 정답이다.

🔍 함정 분석 수락 표현 Yes만 듣고 (B)를 고르지 않도록 한다. 사무실에 내려줄 수 있는지를 물어보는 질문에 주가가 내려갔다는 내용은 서로 무관하므로 (B)는 오답이다. Can/Could you ~?로 묻는 질문에 Sure 또는 Yes로 시작하는 답변이 정답으로 많이 나온다.

표현 정리 **drop A off at B** A를 B에 내려주다 **stock price** 주가 **drop** 떨어지다, (가는 길에) 내려주다

Could you please drop me off at my office on your way there?
(A) Sure, I can do that for you.
(B) Yes, our stock price dropped a lot.
(C) Thanks, but I'm kind of busy now.

거기 가는 도중에 제 사무실에서 저를 내려주실 수 있어요?
(A) 네, 그렇게 할 수 있어요.
(B) 네, 저희 주가가 많이 하락했어요.
(C) 감사합니다만, 지금 좀 바빠서요.

18. 부가 의문문 미W 미M ★★

① 문제 유형 파악 기차를 놓쳤는지의 여부를 확인하는 부가의문문이다.

② 오답 제거 (B)와 (C)는 각각 질문의 miss 및 train과 발음이 유사한

missing과 training을 함정으로 이용한 오답이다.

정답 선택 유감스럽게도 기차가 이미 떠났다고 대답하는 (A)가 정답이다.

표현 정리 missing 분실한, 사라진 training session 연수회, 교육 과정

You didn't miss the train, did you?
(A) I'm afraid it already left.
(B) No, I found my missing bag a few days ago.
(C) Yes, they must take a two-week training session.

기차를 놓치지 않았죠, 그렇죠?
(A) 유감스럽게도, 이미 떠났어요.
(B) 아뇨, 저는 분실한 가방을 며칠 전에 찾았어요.
(C) 네, 그들은 필히 2주간의 연수를 받아야 해요.

---

19. 부정 의문문 미M 미W ★★

❶ 문제 유형 파악 스미스 씨가 휴가에서 복귀했는지의 여부를 묻는 일반의문문이다.

❷ 오답 제거 (B)는 복귀했다는 긍정 답변인 Yes와 그가 어제 런던으로 떠났다는 부연 설명이 서로 상충되므로 오답이다. (C)는 질문의 returned와 유사한 발음의 return을 반복적으로 들려주는 함정이 포함된 오답이다.

❸ 정답 선택 그가 이미 복귀했다고 대답하고 있는 (A)가 정답이다.

표현 정리 return from ~에서 복귀하다 leave for ~를 향해 떠나다 return 반납하다, 돌려주다

Hasn't Mr. Smith returned from his vacation yet?
(A) I think he already has.
(B) Yes, he left for London yesterday.
(C) No, she will return it soon.

스미스 씨는 휴가에서 복귀했나요?
(A) 이미 복귀한 걸로 알고 있어요.
(B) 네, 그는 어제 런던으로 떠났어요.
(C) 아뇨, 그녀는 그걸 곧 반납할 겁니다.

---

20. When 의문문 호M 영W ★

❶ 문제 유형 파악 앤드류 리 씨와 마지막으로 연락한 시점이 언제인지 묻는 When 의문문이다.

❷ 오답 제거 Grand Hotel이 등장하고 있는 (A)는 Where 의문문에 적합한 오답이며, (B)는 질문의 contact와 발음이 유사한 contract를 함정으로 이용한 오답이다.

❸ 정답 선택 한 달 전이란 시점을 제시하고 있는 (C)가 정답이다.

표현 정리 be in contact with ~와 접촉하다[연락하다] make a contract with ~와 계약을 체결하다

When was the last time you were in contact with Mr. Andrew Lee?
(A) He'll be at the Grand Hotel.
(B) I made a contract with him last week.
(C) About a month ago.

앤드류 리 씨와 마지막으로 연락한 것이 언제였나요?

(A) 그는 그랜드 호텔에 체류할 겁니다.
(B) 저는 지난주에 그와 계약을 체결했어요.
(C) 대략 한 달 전에요.

---

21. Which 의문문 미M 미W ★★

❶ 문제 유형 파악 인사부 사무실을 찾으려면 어디로 가야 하는지 묻는 Which 의문문이다.

❷ 오답 제거 (A)는 의문사 의문문에서 등장할 수 없는 Yes란 답변과 질문의 office를 통해 연상 가능한 spacious를 이용한 오답이다. (C)는 질문의 personnel과 발음이 유사한 personal이 포함된 오답이다.

❸ 정답 선택 복도를 따라 가다가 좌측으로 가라며 구체적으로 길 안내를 하고 있는 (B)가 정답이다.

표현 정리 Personnel Department 인사부 spacious 공간이 넓은

Excuse me. Which way should I go to find the Personnel Department office?
(A) Yes, it's very spacious.
(B) Just go down the hall and turn to the left.
(C) We need new personal computers.

실례합니다. 인사부 사무실을 찾으려면 어디로 가야 하나요?
(A) 네, 그곳은 공간이 아주 넓어요.
(B) 복도를 따라가다가 좌측으로 가세요.
(C) 저희는 새로운 컴퓨터들이 필요해요.

---

22. 평서문 미M 영W ★★

❶ 문제 유형 파악 소형차와 대형차를 모두 구비하고 있다는 차량 임대 정보를 제시하고 있는 평서문이다.

❷ 오답 제거 평서문의 cars를 통해 연상 가능한 a flat tire가 포함된 (B)와 특별 할인 행사의 기간을 밝히고 있는 (C)는 모두 차량 선택과 무관한 내용이므로 오답이다.

❸ 정답 선택 대형차를 선택하고 있는 (A)가 정답이다.

🔍 함정 분석 질문에서 쓰인 available을 듣고 (C)를 고르지 않도록 한다. 특별 할인 행사 기간을 설명하는 답변은 질문과 상관없는 내용이므로 (C)는 오답이다. available은 '이용할 수 있는'이라는 뜻으로, 회원증, 티켓 등의 구매에 대한 문제에서 종종 나온다.

표현 정리 compact car 소형차 full-size car 대형차 flat tire 펑크난 타이어 special offer 특가 판매, 특별 할인 행사 available 이용 가능한, 구매 가능한

We have both compact and full-size cars available.
(A) A full-size car will be fine.
(B) I have a flat tire.
(C) This special offer is only available for a week.

저희는 소형차와 대형차를 모두 구비하고 있습니다.
(A) 대형차가 좋겠어요.
(B) 타이어가 펑크 났어요.
(C) 이 특별 할인 행사는 1주일 동안만 실시합니다.

23. 부가 의문문 호M 미W ★

① 문제 유형 파악 회사가 약 20년 전에 설립되었는지를 확인하고자 하는 부가 의문문이다.

② 오답 제거 창업을 할 것이라는 (A)는 질문과 무관한 내용일 뿐만 아니라 질문의 company를 반복적으로 들려주는 함정이 포함된 오답이다. (C) 또한 질문의 twenty를 반복적으로 들려주는 함정이 포함된 오답이다.

③ 정답 선택 상대가 언급한 내용이 사실임을 단순명료하게 수긍하고 있는 (B)가 정답이다.

표현 정리 establish 설립하다 start one's own company 자신의 회사를 세우다. 창업하다

Your company was established about twenty years ago, wasn't it?
(A) I'm going to start my own company.
(B) Yes, that's right.
(C) No, in twenty minutes.

귀사는 약 20년 전에 설립되었죠, 그렇지 않나요?
(A) 저는 곧 창업할 겁니다.
(B) 네, 맞습니다.
(C) 아뇨, 20분 후에요.

24. Why 의문문 미W 영W ★★

① 문제 유형 파악 오전 내내 전화를 받지 않은 이유에 대해 묻는 Why 의문문이다.

② 오답 제거 10시라는 구체적인 시점을 언급하고 있는 (A)는 When 의문문에 적합한 오답이며, (B)는 상대방의 제안이나 권고를 수락하는 긍정 답변으로 Why 의문문과 전혀 호응할 수 없는 내용의 오답이다.

③ 정답 선택 의사와의 진료 예약이 있었다며 구체적인 이유를 제시하고 있는 (C)가 정답이다.

표현 정리 pick up the phone 전화를 받다 all morning 오전 내내 pick up ~를 차에 태우러 가다 appointment 예약, 약속

Why didn't you pick up the phone all morning?
(A) I'll pick you up at 10 o'clock.
(B) That sounds great.
(C) I had a doctor's appointment.

오전 내내 왜 전화를 받지 않았어요?
(A) 제가 10시에 당신을 차에 태우러 갈게요.
(B) 그거 좋은 생각이네요.
(C) 진료 예약이 있었어요.

25. How 의문문 영W 미M ★

① 문제 유형 파악 라이언 씨가 국제공항에 갔던 방법을 묻고 있는 How 의문문이다.

② 오답 제거 (A)의 등기우편은 국제공항까지 가는 교통수단이 될 수 없으므로 오답이다. (C)는 질문의 international airport를 통해 연상이 가능하고 international을 반복적으로 들려주는 함정이 포함된 오답이다.

③ 정답 선택 나와 함께 택시를 탔다며 구체적인 교통수단을 밝히고 있는 (B)가 정답이다.

표현 정리 get to ~로 가다 registered mail 등기 우편 share a taxi 택시를 합승하다 take an international flight 국제선을 타다

How did Ms. Ryan get to the international airport this morning?
(A) By registered mail.
(B) She shared a taxi with me.
(C) She'll take an international flight.

라이언 씨는 오늘 오전에 국제공항에 어떻게 갔어요?
(A) 등기 우편으로요.
(B) 저와 함께 택시를 타고 갔어요.
(C) 그녀는 국제선을 탈 거예요.

26. Why 의문문 호M 미W ★★

① 문제 유형 파악 래치포드 씨가 오전에 연락을 한 이유에 대해 묻는 Why 의문문이다.

② 오답 제거 (A)와 (C)는 각각 질문의 call과 유사한 발음의 called 및 cold를 함정으로 이용한 오답이다.

③ 정답 선택 알아보겠다며 자신도 그 이유를 잘 모른다는 사실을 간접적으로 밝히고 있는 (B)가 정답이다. 이처럼 이유 등을 묻는 질문에 잘 모른다는 내용의 답변이 종종 정답으로 제시된다는 점을 기억해둘 필요가 있다.

🔍 **함정 분석** 질문에 대한 직접적인 답변 대신 한번 확인해보겠다고 말하는 답변도 자주 나온다. Let me check, We'll check, 또는 'A에게 확인하라'는 뜻의 Check with A.도 가능하다.

표현 정리 be called in 호출을 받다

Why did Ms. Ratchford call this morning?
(A) I was just called in.
(B) Let me check.
(C) It's very cold today.

래치포드 씨가 오늘 오전에 왜 전화했나요?
(A) 저는 막 호출을 받았어요.
(B) 한번 알아볼게요.
(C) 오늘 굉장히 춥네요.

27. 평서문 미W 호M ★★

① 문제 유형 파악 새 정장을 입은 상대방의 모습이 멋지다고 감탄하는 평서문이다.

② 오답 제거 (A)는 평서문의 business suit를 통해 연상이 가능한 it really suits you라는 표현인데, 칭찬을 주고받는 대상이 바뀌었으므로 오답이다. (C)는 평서문의 suit를 반복적으로 들려주는 함정이 포함된 오답이다.

③ 정답 선택 국제회의 때문에 어제 구매했다며 관련된 정보를 언급하고 있는 (B)가 정답이다.

🔍 **함정 분석** 다의어는 같은 단어이지만 전혀 다른 의미로 쓰이기 때문에 빠지기 쉬운 함정이다. suit는 '어울리다–정장'으로 모두 쓰이는 다의어로, 새 정장이 멋지다는 말에 상대방에게 잘 어울린다고 말하여 어색한 의미가 되었다. 따라서 (A)는 오답이다.

표현 정리 business suit 정장 suit 정장, 소송; 어울리다. 잘 맞다 conference 회의 file a suit against ~을 상대로 소송을 제기하다

Look at you! That's a brand-new business suit.
(A) Wow, it really suits you.
(B) I just bought it for the international conference yesterday.
(C) We have to file a suit against the company.

멋지네요! 그거 새 정장이군요.
(A) 와, 그거 당신에게 정말 잘 어울리네요.
(B) 국제회의 때문에 어제 구매했어요.
(C) 저희는 그 회사를 상대로 소송을 제기해야 합니다.

28. What 의문문 [영W] [미M] ★

① 문제 유형 파악 벽을 어떤 색상으로 도색해야 하는지 묻는 What 의문문이다.

② 오답 제거 (B)는 질문에 나온 paint의 과거분사인 painted를 이용한 오답이고, (C)는 의문사 의문문에 등장할 수 없는 Yes란 답변을 통해 오답임을 알수 있다.

③ 정답 선택 밝은 녹색이란 구체적인 색상을 언급하고 있는 (A)가 정답이다.

표현 정리 light green 밝은 녹색 **paint** 그리다, 페인트를 칠하다 **local** 지역의, 현지의

What color should we paint the wall?
(A) I'd say light green.
(B) It was painted by a local artist.
(C) Yes, we should.

벽은 어떤 색상으로 도색해야 할까요?
(A) 밝은 녹색이 좋겠네요.
(B) 그건 현지의 한 화가가 그렸어요.
(C) 네, 그래야만 해요.

29. 선택 의문문 [호M] [미W] ★★★

① 문제 유형 파악 톰슨 씨에게 오늘 연락을 해야 할지 아니면 내일까지 기다려야 할지 묻는 선택의문문이다.

② 오답 제거 (A)는 질문의 contact에서 연상이 가능한 call을 이용한 오답이고, (C)는 질문의 contact를 반복적으로 들려주는 함정이 포함된 오답이다.

③ 정답 선택 어느 쪽이든 당신이 편한 쪽으로 하라는 양자 긍정의 답변을 제시하고 있는 (B)가 정답이다. either/both/whichever/whatever가 제시되는 양자 긍정 답변 및 neither가 등장하는 양자 부정 답변은 선택의문문의 대표적인 정답 유형이므로 꼭 기억하고 있어야 한다.

🔍 **함정 분석** 질문에서 쓰인 contact를 듣고 (C)로 헷갈릴 수 있다. 질문에서 톰슨 씨에게 오늘 연락할지 아니면 내일까지 기다려야 할지를 묻고있으며, (C)는 톰슨 씨가 할 수 있는 답변이므로 오답이다.

표현 정리 contact 연락하다 **call** 전화하다, 연락하다 **convenient** 편리한 **feel free to do** 부담 없이 ~하다

Do you think we should contact Ms. Thompson today or just wait until tomorrow?
(A) Let's call the waiter now.
(B) Whichever is more convenient for you.
(C) Feel free to contact me anytime.

톰슨 씨에게 오늘 연락을 해야 할까요, 아니면 내일까지 기다려야 할까요?
(A) 지금 종업원을 부릅시다.
(B) 어느 쪽이든 당신이 편한 쪽으로 하세요.
(C) 언제라도 부담 없이 연락주세요.

30. 부가 의문문 [미W] [영W] ★★★

① 문제 유형 파악 기준 금리가 곧 상당히 오를 것인지의 여부를 묻는 부가의문문이다.

② 오답 제거 (A)는 질문의 rise와 유사한 발음의 raise를 이용한 오답이고, (B)는 질문의 interest와 발음이 유사한 interested를 이용한 오답이다.

③ 정답 선택 그럴 수 있을 것이라며 가능성을 인정하고 있는 (C)가 정답이다.

표현 정리 standard interest rate 기준 금리 **rise** 상승하다, 오르다 **sharply** 급격하게 **pay raise** 급여 인상 **overseas investment** 해외 투자

The standard interest rate will rise sharply soon, won't it?
(A) I need a minimum 15-percent pay raise.
(B) We're interested in overseas investments.
(C) That will probably happen.

기준 금리가 곧 상당히 오르겠죠, 안 그래요?
(A) 저는 최소한 15% 급여 인상이 필요해요.
(B) 우리는 해외 투자에 관심이 있어요.
(C) 아마도 그럴 거예요.

31. Do / Does / Did / Have [영W] [호M] ★★

① 문제 유형 파악 이번 출장에 쓸 예산이 충분히 남아 있는지의 여부를 묻는 일반의문문이다.

② 오답 제거 (A)와 (B)는 각각 질문의 trip을 통해 연상할 수 있는 ticket과 flight를 이용한 오답이다.

③ 정답 선택 약 25,000 홍콩 달러가 있다며 예산이 충분한 상황임을 밝히고 있는 (C)가 정답이다.

표현 정리 business trip 출장 **round-trip ticket** 왕복표 **flight** 비행기, 비행편

Do we have enough money left for the upcoming business trip?
(A) One round-trip ticket, please.
(B) Have a nice flight.
(C) Yes, about 25,000 Hong Kong dollars.

이번 출장에 쓸 예산이 충분히 남아 있나요?
(A) 왕복표로 한 장 주세요.
(B) 즐거운 비행 되세요.
(C) 네, 대략 25,000 홍콩 달러요.

PART 3

문제 32-34번은 다음 대화를 참조하시오. 미M 미W

M: I'm sorry to bother you, but I just moved here recently, and I'm having trouble finding the Bella Health Clinic on Fifth Avenue.
W: Oh, it's not too far. **32,33 It's only about a fifteen-minute walk from here. If you keep going straight for three blocks, you'll reach Fifth Avenue. Turn left and keep walking until you see Chan's Dry Cleaning. The clinic is right above it on the third floor.**
M: I'm so grateful for your help. **34 I have an appointment there in half an hour and don't want to be late.**

- -

남: 실례합니다만, 제가 최근에 이곳으로 이사를 왔는데요. 5번가에 있는 벨라 의료원을 찾기가 힘들군요.
여: 아, 여기서 멀지 않아요. 여기서 걸어서 15분 정도 밖에 걸리지 않아요. 세 블록을 직진하시면, 5번가에 도달하실 거예요. 왼쪽으로 돌아서 찬 세탁소가 보일 때까지 계속 걸어가세요. 병원은 바로 그 위 3층에 있어요.
남: 도와주셔서 정말 감사합니다. 30분 후에 예약이 되어 있는데 늦지 않으려고요.

표현 정리 bother 성가시게 하다, 귀찮게 하다 **recently** 최근에 **have trouble -ing** ~하는 데 어려움을 겪다 **go straight** 직진하다 **reach** 도착하다, 다다르다 **have an appointment** 예약이 있다

32. 대화의 장소 ★★

① 문제 유형 파악 화자들이 있는 장소, 즉 대화가 이뤄지고 있는 장소에 대해 묻고 있으므로 대화 초반부에서 장소가 직접적으로 언급되는 부분이나 이를 유추할 수 있는 어휘/표현에 집중해야 한다.

② 단서 찾기 여자가 남자에게 It's only about a fifteen-minute walk from here. If you keep going straight for three blocks, you'll reach Fifth Avenue.라고 하며 병원이 이곳에서 15분 거리이고 세 블록만 더 가면 5번가에 도달한다고 한다.

③ 정답 선택 따라서 대화 장소는 시내 거리임을 유추할 수 있으므로 (C)가 정답이다.

화자들은 어디에 있을 것 같은가?
(A) 병원
(B) 회의장
(C) 시내 거리
(D) 버스 정류장

33. 성별 지정 세부사항 – 여자가 남자를 돕는 방법 ★★

① 문제 유형 파악 여자가 남자를 돕는 방법에 대해 묻고 있으므로 여자의 말에서 남자에게 도움을 주는 방식에 초점을 맞춰야 한다.

② 단서 찾기 여자는 벨라 의료원의 위치에 대해 묻는 남자에게 It's only about a fifteen-minute walk from here. If you keep going straight

for three blocks, you'll reach Fifth Avenue. Turn left and keep walking until you see Chan's Dry Cleaning. The clinic is right above it on the third floor. 라고 하며 현재 있는 곳에서 벨라 의료원까지 가는 길에 대해 자세히 안내를 해주고 있다.

③ 정답 선택 따라서 여자는 벨라 의료원의 위치를 설명함으로써 남자에게 도움을 주고 있음을 알 수 있으므로 (B)가 정답이다.

함정 분석 여자의 대화 Turn left and keep walking until you see Chan's Dry Cleaning.을 듣고 (C)를 고르지 않도록 한다. 여자는 남자에게 의료원 가는 방법을 알려준 것이지 지도를 준 것은 아니므로 (C)는 오답이다.

표현 정리 give someone a ride ~을 태워주다

여자는 남자를 어떻게 돕고 있는가?
(A) 차를 태워 줌으로써
(B) 위치를 설명함으로써
(C) 지도를 제공함으로써
(D) 예약 일정을 변경함으로써

34. 성별 지정 세부사항 – 남자의 우려 사항 ★★

① 문제 유형 파악 남자의 우려 사항에 대해 묻는 질문으로 남자의 말에서 관련 단서를 파악해야 한다.

② 단서 찾기 남자는 대화 말미에 I have an appointment there in half an hour and don't want to be late.라고 하며 예약이 되어 있고 늦고 싶지 않다는 바람을 언급하고 있다.

③ 정답 선택 따라서 don't want be late를 Being on time for an appointment로 바꿔 표현한 (D)가 정답이다.

표현 정리 be on time 제 시간에 도착하다

남자가 우려하는 것은 무엇인가?
(A) 주차 공간을 찾는 것
(B) 자신의 옷을 드라이클리닝 하는 것
(C) 취업 면접에 가는 것
(D) 예약 시간에 맞춰 가는 것

문제 35-37번은 다음 대화를 참조하시오. 호M 미W

M: I had a conversation with William Thornton via instant messaging this morning. **35 He was supposed to make a keynote speech at the conference in September,** but he has a family situation that he says requires him to stay at home. **36 He is not going to be able to deliver the keynote address.**
W: Oh, that's too bad. We need to find a replacement pretty quickly then. The conference programs are going to be printed next week. I guess I'll have to do a rush order when we find the right speaker.
M: Would you mind looking through your contacts and coming up with a few good alternates?
W: Actually, I know the perfect person: Ms. Alley Goodroad. She is a fantastic speaker on the subject of entrepreneurship. **37 I'll call her now and let you know what her response is.**

M: I guess that's good to know. Thanks a lot. I'll be waiting for your call.

남: 오늘 아침에 문자 메시지로 윌리엄 손튼 씨와 대화를 나눴어요. 그분이 9월에 있을 회의에서 기조 연설을 하기로 되어 있었지만, 가족 일로 집에 있어야 한다네요. 그분은 기조연설을 할 수 없게 되었어요.

여: 이런, 큰일이네요. 그럼 다른 기조 연설자를 서둘러 찾아야겠군요. 회의 프로그램들이 다음 주에 인쇄될 거에요. 우리가 적절한 연설자를 찾으면 긴급 주문을 넣어야 할 것 같군요.

남: 당신의 연락처 명단을 살펴보고 몇몇 괜찮은 분들을 알려줄 수 있나요?

여: 사실, 저는 적격인 분을 알고 있어요. 앨리 굿로드라는 분이에요. 그분은 기업가 정신을 주제로 정말 연설을 잘합니다. 지금 연락해보고 답변을 알려드릴게요.

남: 알게 되어 정말 다행이에요. 고마워요. 연락을 기다리겠습니다.

표현 정리 instant messaging 문자 메시지 invite 초청하다 keynote speaker 기조 연설자 family situation 집안 일, 가족 일 stay at ~에 머무르다 keynote address 기조 연설 replacement 대체품, 대체자 rush order 긴급 주문, 급한 주문 look through ~을 살펴보다 contact 연락, 연락처 come up with ~을 내놓다 ~을 제시하다 entrepreneurship 기업가 정신 response 반응, 대답 that's good to know 알아서 다행이다

35. 세부사항 – 화자들이 준비하는 행사 ★

①문제 유형 파악 화자들이 준비하는 행사를 묻는 첫 번째 문제이므로 대화 초반부에서 제시되는 구체적인 행사에 집중해야 한다.

②단서 찾기 남자는 대화 초반부에 He was supposed to make a keynote speech at the conference in September라고 하며 9월에 있을 회의에 초청된 기조 연설자에 대해 언급하고 있다.

③정답 선택 무엇보다도 the conference in September를 통해 화자들이 준비하는 행사가 회의임을 알 수 있으므로 (C)가 정답이다.

화자들이 준비하는 것은 무엇인가?
(A) 콘서트
(B) 은퇴 파티
(C) 회의
(D) 제품 시연회

36. 남자의 문제점 ★

①문제 유형 파악 남자가 언급하고 있는 문제점을 묻고 있는데, 문제점은 대개 대화 초반부에 등장한다. 그러므로 대화 초반부 남자의 대화 내용에서 제시되는 문제점에 집중해야 한다.

②단서 찾기 남자는 He is not going to be able to deliver the keynote address.라고 하며 기조 연설자로 초청된 사람이 연설을 할 수 없다는 사실을 전하고 있다.

③정답 선택 따라서 기조 연설을 할 수 없다는 사실을 발표가 취소되었다(A presentation has been canceled.)고 바꿔 표현한 (C)가 정답이다.

표현 정리 postpone 연기하다 valid 유효한

남자가 언급하고 있는 문제점은 무엇인가?
(A) 회의가 연기되었다.

(B) 계약이 효력을 상실했다.
(C) 발표가 취소되었다.
(D) 주제가 변경되었다.

37. 여자의 다음 행동 ★★

①문제 유형 파악 여자의 다음 행동을 묻는 마지막 문제이므로 대화 후반부 여자의 대화에서 특히 '동사 + 목적어' 부분의 내용 파악에 초점을 맞춰야 한다.

②단서 찾기 여자는 대화 말미에서 I'll call her now and let you know what her response is.라고 하며 그녀에게 전화해보고 그녀의 답변이 어떠한지 알려주겠다고 말한다.

③정답 선택 따라서 여자가 할 일은 전화를 거는 것이므로 (B)가 정답이다.

🔍 **함정 분석** 남자의 마지막 대화 Thanks a lot. I'll be waiting for your call.을 듣고 (D)를 고르지 않도록 한다. 여자는 앨리 씨가 연설을 할 수 있는지 연락해보고 남자에게 답변을 알려주겠다고 했다. 질문은 여자가 다음에 할 일을 묻고 있으며, 전화를 기다리는 것은 남자의 미래 행동이므로 (D)는 오답이다.

여자는 이후에 무엇을 할 것 같은가?
(A) 연설을 한다.
(B) 전화 통화를 한다.
(C) 유인물을 출력한다.
(D) 연락을 기다린다.

문제 38-40번은 다음 대화를 참조하시오. 영W 호M

W: 38 Ms. Foster is bringing in the last few boxes from the van, Mr. Santos. We just need to recover all our packing materials, and then we'll be out of your way.
M: Wonderful. 39 You finished much more quickly than I expected. I appreciate you working so hard.
W: No problem. It looks like these boxes don't have room labels on them. Should we leave them in the foyer?
M: Oh, no. 40 I think those are the towels and sheets. Could you please put them in the second floor hallway by the linen closet?

여: 포스터 씨가 차에서 마지막으로 남은 상자들을 가지고 올 거에요, 산토스 씨. 이제 저희는 포장물을 모두 치우고 가면 됩니다.

남: 훌륭하네요. 제 예상보다 훨씬 빨리 일을 끝내셨군요. 이렇게 열심히 일해 주셔서 감사드립니다.

여: 별말씀을요. 이 상자들에는 룸 라벨이 없는 것 같네요. 로비에 상자들을 둘까요?

남: 아뇨. 그것들은 타월과 시트일 거에요. 2층 복도의 리넨 옷장 옆에 놔 주시겠어요?

표현 정리 van 밴, 소형 트럭 recover 되찾다, 회수하다 packing materials 포장 재료들 be out of your way 당신으로부터 벗어나다 appreciate 감사하다 foyer 로비, 현관 sheet 시트, 요 위에 까는 천 hallway 복도 linen 리넨, 마직류

38. 여자의 정체 ★★★

① 문제 유형 파악 여자의 정체에 대해 묻는 첫 번째 질문이므로 대화 초반부에서 여자의 정체가 직접적으로 언급되는 부분 혹은 여자의 정체를 유추할 수 있는 관련 어휘나 표현을 파악하는 것에 집중해야 한다.

② 단서 찾기 여자는 대화 시작과 함께 Ms. Foster is bringing in the last few boxes from the van, Mr. Santos.라고 하며 포스터 씨가 마지막으로 남은 상자들을 가져올 것임을 밝히고 있고, 이어 We just need to recover all our packing materials, and then we'll be out of your way.라고 하며 상자의 포장물을 모두 치우고 가겠다고 하므로 여자는 물건을 운반하는 사람임을 짐작할 수 있다.

③ 정답 선택 그러므로 물건 운반하는 사람을 뜻하는 (D)가 정답이다.

표현 정리 sales associate 영업 사원

여자는 누구인가?
(A) 트럭 운전자
(B) 호텔 직원
(C) 영업 사원
(D) 운반인

39. 성별 지정 세부사항 – 남자가 감사해 하는 것 ★★

① 문제 유형 파악 남자가 감사해 하는 것에 대해 묻고 있으므로 남자의 대화에서 감사해 하는 이유를 파악해야 한다.

② 단서 찾기 남자는 여자에게 You finished much more quickly than I expected. I appreciate you working so hard.라고 하며 예상보다 일을 빨리 끝내줬고 열심히 일해준 것에 대해 감사를 표하고 있다.

③ 정답 선택 따라서 남자는 일이 끝난 것에 대해 감사해 하는 것이므로 (C)가 정답이다.

🔍 **함정 분석** 남자의 대화 I appreciate you working so hard.를 듣고 (B)를 고르지 않도록 한다. 남자는 여자가 열심히 일해준 것에 대해 감사를 표시하였으므로 그가 열심히 일했다는 (B)는 답이 될 수 없다.

표현 정리 grateful 고마워하는, 감사하는 item 물품 damage 손상을 주다

남자는 무엇에 대해 감사해 하는가?
(A) 그는 할인을 받았다.
(B) 그는 열심히 일했다.
(C) 일이 끝났다.
(D) 제품들이 파손되지 않았다.

40. 성별 지정 세부사항 – 남자가 알고 있는 정보 ★★

① 문제 유형 파악 남자가 알고 있는 정보에 대해 묻는 마지막 질문이므로 대화 후반부 남자의 대화 내용에서 남자가 이미 알고 있는 정보로 제시되는 것에 집중해야 한다.

② 단서 찾기 남자는 I think those are the towels and sheets.라고 하며 상자에는 타월과 시트가 들어 있을 것이라고 말한다.

③ 정답 선택 따라서 남자가 알고 있는 정보는 상자 속에 든 물품(items)이므로 (D)가 정답이다.

표현 정리 quoted amount 견적 금액 destination 행선지, 목적지 appointment 약속, 예약

남자는 어떤 정보를 알고 있는가?
(A) 견적 금액

(B) 행선지의 주소
(C) 약속 시간
(D) 상자 속에 있는 물품들

문제 41-43번은 다음 대화를 참조하시오. 영W 호M

> W: Excuse me. **43 Do you happen to know the requirements to reserve this event hall?**
> M: All you need to do is complete the form to rent the hall. **42 But this hall is unavailable to be reserved at the moment.**
> W: **42 Why? 43 I really need the space for a banquet next week.**
> M: Didn't you read the notice near the main entrance? **41 We are going to renovate the entire building during the month of August.**
> W: Ah… I see. I guess I don't have a choice but to look for a different place.
> M: I'm so sorry about that. I wish you good luck in finding a decent place for your corporate event.
>
> ---
>
> 여: 실례합니다. 이 이벤트 홀을 예약하는 데 뭐가 필요한지 아세요?
> 남: 홀을 빌리기 위한 양식을 작성하기만 하면 됩니다. 하지만 현재 이 홀은 예약할 수 없습니다.
> 여: 왜요? 저는 다음 주에 있을 연회를 위한 공간이 꼭 필요합니다.
> 남: 정문 근처에 있는 공지문을 못 보셨어요? 저희는 8월 한 달 동안 건물 전체를 보수할 예정입니다.
> 여: 아… 알겠어요. 다른 곳을 알아보는 수밖에 없겠네요.
> 남: 대단히 죄송합니다. 사내 행사에 알맞은 장소를 찾으시길 바랍니다.

표현 정리 happen to do 혹시 ~하다 requirement 요구, 요구사항 reserve 예약하다 complete (양식을) 작성하다 rent 빌리다 unavailable 이용할 수 없는 at the moment 지금은, 현재 banquet 연회 notice 공고, 통지 main entrance 정문 entire 전체의 but ~을 제외하고 decent 알맞은, 적절한

41. 성별 지정 세부사항 – 남자가 이벤트 홀에 관해 언급한 것 ★★

① 문제 유형 파악 남자가 이벤트 홀에 관해 언급한 내용을 묻는 성별 지정 세부사항 문제이다.

② 단서 찾기 남자는 대화 중반에 We are going to renovate the entire building for the month of August.라고 하며 8월 한 달 동안 건물 전체를 보수할 예정이라고 전하고 있다.

③ 정답 선택 따라서 대화에 나온 동사 renovate를 refurbish로 바꿔 표현한 (A)가 정답이다.

표현 정리 refurbish 쇄신하다, 재단장하다

남자가 이벤트 홀에 관해 언급한 것은 무엇인가?
(A) 조만간 재단장하게 될 것이다.
(B) 임대료가 너무 비싸다.
(C) 연회에 적절한 장소가 아니다.
(D) 임대를 위해 필요한 서류는 없다.

新 42. 화자의 의도 ★★

❶ 문제 유형 파악 여자가 "Why?"라고 말한 의도를 묻는 문제이므로 이를 전후한 내용으로 의도를 파악해야 한다.

❷ 단서 찾기 여자가 "Why?"라고 말하기에 앞서 남자가 But this hall is unavailable to be reserved at the moment.라고 하며 이 홀이 현재 예약이 불가하다는 점을 밝히고 있다. 이에 여자는 "Why?"라고 물은 후 I really need the space for a banquet next week.라고 하며 다음 주에 있을 연회 장소가 꼭 필요하다는 점을 언급하고 있다.

❸ 정답 선택 따라서 여자가 "Why?"라고 한 것은 예약이 불가한 이유를 알고 싶어 하는 것이므로 (B)가 정답이다.

표현 정리 agree with ~에 동의하다 positive 긍정적인

여자가 "Why?"라고 말한 이유는 무엇인가?
(A) 화가 많이 났다.
(B) 이유를 알고 싶어 한다.
(C) 남자의 의견에 적극 동의한다.
(D) 자신에 대해 긍정적으로 생각한다.

43. 성별 지정 세부사항 – 여자가 이벤트 홀 예약을 원하는 이유 ★★

❶ 문제 유형 파악 여자가 이벤트 홀 예약을 원하는 이유를 묻는 성별 지정 세부사항 문제이다. 따라서 여자의 대화 내용에서 이벤트 홀 예약에 관한 내용이 제시되는 부분에 집중해야 한다.

❷ 단서 찾기 여자는 대화 시작과 함께 Do you happen to know the requirements to reserve this event hall?이라고 하며 이벤트 홀 예약을 위해 필요한 것에 대해 묻고 있다. 아울러 대화 중반부에 여자는 I really need the space for a banquet next week.라고 하며 다음 주에 있을 연회를 위한 공간이 필요하다는 점을 밝히고 있다.

❸ 정답 선택 따라서 여자는 연회를 위해 이벤트 홀을 예약하려는 것이므로 (C)가 정답이다.

표현 정리 present (극을) 상연하다

여자가 이벤트 홀의 예약을 원하는 이유는 무엇인가?
(A) 콘서트를 개최하기 위해서
(B) 제품 시연회를 준비하기 위해서
(C) 회사 행사를 주최하기 위해서
(D) 새로운 뮤지컬 공연을 하기 위해서

문제 44-46번은 다음 대화를 참조하시오. 미M 영W

> M: ⁴⁴**I think I should buy a new computer. Mine has been running so slowly lately.** It's driving me crazy.
> W: When I bought a new computer last year, I went to Kenny's Office Machines. Its sales representatives were really helpful when I was buying my computer, and ⁴⁵**its technical support service is great.** You should buy your new computer there.
> M: Well, I don't know a lot about computers, so I need all the help I can get. Thanks for the tip.
> W: ⁴⁶**When you buy your new computer, you should bring your old one with you.** Then, a person at the store will transfer all of your files into the new computer for you.

남: 저는 컴퓨터를 새로 사야할 것 같아요. 제 컴퓨터는 최근에 너무 느려요. 정말 신경질 나요.

여: 작년에 제가 컴퓨터를 살 때는 케니스 오피스 머신즈로 갔었는데요. 컴퓨터를 살 때 그곳의 판매 직원들이 큰 도움이 되었어요. 그리고 그곳의 기술 지원 서비스도 훌륭해요. 새 컴퓨터를 사려면 그곳에서 사세요.

남: 저는 컴퓨터에 대해 잘 모르기 때문에 온갖 도움이 다 필요해요. 유용한 정보를 줘서 고마워요.

여: 컴퓨터를 살 때 사용하던 컴퓨터를 가지고 가는 게 좋아요. 그러면 매장 직원이 기존에 있던 자료를 새로운 컴퓨터로 옮겨줄 거예요.

표현 정리 run 작동하다, 기능하다 lately 최근에 drive ~하게 하다 sales representative 판매[영업] 직원 tip 조언, 정보 transfer 옮기다, 이동하다

44. 남자의 문제점 ★

❶ 문제 유형 파악 남자의 문제점을 묻는 첫 번째 질문이므로 대화 초반부 남자의 말에 집중해야 한다.

❷ 단서 찾기 남자가 대화 시작과 함께 I think I should buy a new computer. Mine has been running so slowly lately.라고 하며 컴퓨터가 너무 느려서 컴퓨터를 새로 구입하겠다는 의사를 밝히고 있다.

❸ 정답 선택 남자의 문제는 컴퓨터가 느리게 작동한다는 것이므로 running slowly를 working slowly로 바꿔 표현한 (B)가 정답이다.

표현 정리 proposal 제안(서), 건의안 reject 거절하다, 거부하다

남자의 문제는 무엇인가?
(A) 그의 프로젝트 미감시한이 변경되었다.
(B) 그의 컴퓨터가 느리게 작동한다.
(C) 그의 제안이 거절당했다.
(D) 그의 자동차가 시동이 걸리지 않는다.

45. 성별 지정 세부사항 – 특정 상품을 추천하는 이유 ★★

❶ 문제 유형 파악 여자가 Kenny's Office Machines를 추천하는 이유에 대해 묻고 있으므로 여자의 대화 내용에서 Kenny's Office Machines란 상호명이 제시되는 부분을 중심으로 추천 이유를 파악해야 한다.

❷ 단서 찾기 여자는 남자에게 its technical support service is great.이라고 하며 기술 지원 서비스가 훌륭하다는 것을 언급하고 있다.

❸ 정답 선택 여자는 훌륭한 기술 지원을 제공한다는 이유로 특정 상점을 추천하고 있으므로 (D)가 정답이다.

표현 정리 computer auxiliaries 컴퓨터 주변기기 without charges 무료로 reasonable prices 적당한 가격, 저렴한 가격 office equipment 사무용 기기 under warranty (상품이) 품질 보증 기간 내에 있는 technical assistance 기술 지원

여자가 케니스 오피스 머신즈를 추천하는 이유는 무엇인가?
(A) 컴퓨터 주변 기기를 무료로 빌려준다.
(B) 많은 중고 기계를 저렴한 가격에 판매한다.
(C) 품질 보증 기간 내에 있는 사무용 기기를 수리한다.
(D) 훌륭한 기술 지원을 제공한다.

46. 여자의 제안 ★★

❶ 문제 유형 파악 여자가 남자에게 제안하는 것을 묻는 마지막 문제이므로 대화 후반부 여자의 말을 통해 남자에게 제안하는 것을 파악해야 한다.

❷ 단서 찾기 여자는 대화 말미에 남자에게 When you buy your new computer, you should bring your old one with you.라고 하며 새 컴퓨터를 구매할 때 쓰던 컴퓨터를 가지고 갈 것을 권하고 있다.

❸ 정답 선택 여자의 제안은 쓰던 컴퓨터를 상점에 가져가라는 것이므로 (C)가 정답이다.

🔍 함정 분석 여자의 대화 Its sales representatives were really helpful when I was buying my computer, and its technical support service is great.를 듣고 (B)로 헷갈릴 수 있다. 친절한 판매 직원과 기술 지원 서비스에 대한 내용이지, 직원과 이야기해보라는 제안은 아니므로 (B)는 오답이다.

표현 정리 replacement parts 교체 부품

여자는 남자에게 무엇을 하라고 제안하는가?
(A) 다른 가게에 가본다.
(B) 판매 직원과 이야기한다.
(C) 자신이 쓰던 컴퓨터를 상점에 가지고 간다.
(D) 몇몇 교체 부품을 구매한다.

문제 47-49번은 다음 대화를 참조하시오. [호M] [미W]

M: Hey, Ms. Livingston. Thank you so much for watching my children while I was at my doctor's appointment today. **47 I actually need to go in for an X-ray tomorrow morning. Do you think I could drop them off again for a little bit?**
W: Of course! You've helped me by watching my kids plenty of times. It's time I returned the favor. **48 What time will you drop them off?**
M: My appointment is at 9, so I think it'll be 8:30. **49 If I'm running behind, I will be sure to give you a call.** Thank you so much!

- - - - - - - - - - - - - - - - - - - -

남: 안녕하세요, 리빙스턴 씨. 제가 오늘 병원에 가 있는 동안 저희 애들을 봐주셔서 대단히 감사합니다. 제가 사실은 내일 아침에 엑스레이를 찍으러 가야 해요. 또다시 애들을 잠깐 맡길 수 있을까요?
여: 물론이죠! 당신도 지금껏 제 애들을 많이 돌봐주셨잖아요. 이번엔 제가 은혜를 갚아야죠. 몇 시에 애들을 데려다 주실 건가요?
남: 예약 시간이 9시이니까 8시 30분쯤이 될 거 같아요. 만약 시간이 지연되면 꼭 전화를 드릴게요. 정말 감사해요!

표현 정리 while ~하는 동안에, ~인 반면에 **drop off** ~을 내려주다 **for a little bit** 잠깐 **plenty of** 많은 **return the favor** 은혜를 갚다 **appointment** 예약 **run behind** 뒤처지다, 지연되다 **be sure to do** 틀림없이 ~하다

47. 성별 지정 세부 사항 – 남자가 여자에게 요청하는 것 ★★★

❶ 문제 유형 파악 남자가 여자에게 요청하는 것을 묻는 첫 번째 질문이므로 대화 초반부 남자의 말에 집중해야 한다.

❷ 단서 찾기 남자는 여자에게 오늘 병원에 가 있는 동안 아이들을 봐줘서 고맙다는 인사말을 전한 후, I actually need to go in for an X-ray tomorrow morning. Do you think I could drop them off again for a little bit?이라고 하며 내일 아침에도 엑스레이를 찍으러 가야 하는데, 아이들을 잠시 맡겨놓을 수 있는지를 묻고 있다.

❸ 정답 선택 남자가 아이들을 맡겨놓을 수 있는지 묻는 것은 아이들을 돌봐달라고 요청하는 것이므로 (A)가 정답이다.

표현 정리 look after ~을 돌보다 return one's call 답신 전화를 하다

남자가 여자에게 무엇을 해달라고 요청하는가?
(A) 그의 아이들을 돌봐주는 것
(B) 의사에게 가볼 것
(C) 그에게 그녀의 차를 빌려줄 것
(D) 그에게 답신 전화를 한 것

48. 성별 지정 세부사항 – 여자가 요청하는 정보 ★

❶ 문제 유형 파악 여자가 요청하는 정보에 대해 묻고 있으므로 여자의 대화에서 남자에게 요청하는 정보의 종류를 파악해야 한다.

❷ 단서 찾기 여자는 남자에게 What time will you drop them off?이라고 물으며 아이들을 언제 맡길 것인지 묻고 있다.

❸ 정답 선택 따라서 여자는 시간에 대한 정보를 요청하고 있는 것이므로 (C)가 정답이다.

여자는 어떤 정보를 요청하는가?
(A) 전화번호
(B) 의사의 이름
(C) 시간대
(D) 장소

49. 남자의 미래 행동 ★★

❶ 문제 유형 파악 남자의 미래 행동에 대해 묻고 있으므로 남자의 마지막 대화에서 동사를 중심으로 내용을 파악해야 한다.

❷ 단서 찾기 남자는 대화 말미에 If I'm running behind, I will be sure to give you a call.이라고 하며 예정보다 시간이 늦어지면 바로 전화해서 알려주겠다고 한다.

❸ 정답 선택 따라서 If I'm running behind를 if things change로 바꿔 표현한 (B)가 정답이다.

표현 정리 fill a prescription 처방전대로 약을 조제하다

남자는 무엇을 할 것이라고 말하는가?
(A) 처방전대로 약을 조제 받을 것이다.
(B) 상황이 바뀌면 전화할 것이다.
(C) 약속을 취소할 것이다.
(D) 돈을 지불할 것이다.

新 문제 50-52번은 다음 3인의 대화를 참조하시오. [미M] [미W] [호M]

M1: Hello. My name is Jim Baker. **50 I'm going to move to Manchester next week,** so I e-mailed you yesterday to have my medical records printed. I need to bring them with me when I go to a new hospital in Manchester.

W: Okay, let me see, sir. Um... what is your doctor's name?

M1: Doctor Patel.

W: **51 I think Mr. McGowan printed them earlier today.** One moment. Mr. McGowan?

M2: Yes, Ms. Ryan?

W: You printed Mr. Baker's records earlier, right?

M2: **52 Yes, Ms. Ryan. I just need you to sign this release form before I hand them over to you.**

W: Terrific. Thank you. **52 Let me get something to sign with.**

남1: 안녕하세요. 제 이름은 짐 베이커입니다. 제가 다음 주에 맨체스터로 이사를 갑니다. 그래서 어제 당신에게 제 진료 기록을 출력해 달라고 이메일을 보냈어요. 맨체스터에 있는 다른 병원에 갈 때 그걸 가져가야 하거든요.

여: 알았습니다. 어디 볼까요. 음… 담당 의사 선생님 성함이 어떻게 되나요?

남1: 파텔 선생님이요.

여: 맥고원 씨가 오늘 오전 일찍 그걸 출력해놓은 것 같아요. 잠시만요. 맥고원 씨?

남2: 네, 라이언 씨?

여: 베이커 씨의 진료 기록을 이미 출력해놓으셨죠, 그렇죠?

남2: 네, 라이언 씨. 그걸 건네 드리기 전에 이 양도 양식에 당신의 서명을 받아야 해요.

여: 좋아요. 감사합니다. 제가 서명할 양식을 주세요.

표현 정리 **medical records** 진료 기록 **print** 인쇄하다. 출력하다 **one moment** 잠시만 **sign** 서명하다. 사인하다 **release form** 양도 양식 **hand A over to B** A를 B에게 건네다 **terrific** 멋진, 훌륭한

50. 성별 지정 세부사항 – 다음 주에 남자가 할 일 ★

❶ 문제 유형 파악 다음 주에 남자가 할 일을 묻는 성별 지정 세부사항 문제이다. 대화 초반부 남자의 대화 내용에서 다음 주라는 시점이 등장하는 부분을 중심으로 단서를 파악하는 것이 바람직하다.

❷ 단서 찾기 남자는 대화 초반부에 I'm going to move to Manchester next week라고 하며 다음 주에 맨체스터로 이사를 간다는 사실을 밝히고 있다.

❸ 정답 선택 따라서 다른 도시로 이사를 간다는 의미의 (A)가 정답이다.

🔍 **함정 분석** 남자의 대화 I need to bring them with me when I go to a new hospital in Manchester.에서 (D)로 혼동하지 않도록 한다. 질문의 키워드는 next week이므로 남자가 다음 주에 할 일을 골라야 한다. 남자가 언제 병원에 가는지 알 수 없으므로 (D)는 답이 될 수 없다.

표현 정리 **sign up for** ~에 등록하다

남자는 다음 주에 무엇을 할 것이라고 말하는가?
(A) 다른 도시로 이사를 간다.
(B) 새로운 헬스클럽에 등록한다.
(C) 팩스기를 수리한다.
(D) 의사와 만난다.

51. 세부사항 – 오늘 오전에 맥고원 씨가 한 일 ★★

❶ 문제 유형 파악 오늘 오전에 맥고원 씨가 한 일에 대해 묻는 세부사항 문제이므로 대화에서 맥고원이란 이름이 등장하는 부분을 중심으로 단서를 파악해야 한다.

❷ 단서 찾기 대화 중반에 여자가 I think Ms. McGowan printed them earlier today.라고 하며 맥고원 씨가 진료 기록을 출력했음을 언급하고 있다.

❸ 정답 선택 따라서 대화에 나온 medical records를 some documents로 바꿔 표현한 (C)가 정답이다.

표현 정리 **fill a prescription** 처방전대로 약을 조제하다

대화에 따르면, 맥고원 씨는 오늘 오전에 무엇을 했는가?
(A) 새로운 팩스기를 구매했다.
(B) 처방전대로 약을 조제했다.
(C) 몇몇 서류들을 출력했다.
(D) 회의 일정을 변경했다.

52. 라이언 씨가 요청 받은 것 ★★★

❶ 문제 유형 파악 라이언 씨가 요청 받은 것을 묻는 마지막 문제인데, 대화 상대에게 요청/요구/제안/추천/권고하는 내용을 묻는 문제는 주로 후반부에 단서가 등장한다. 따라서 대화 후반부에서 해당 인명이 등장하는 화자의 이야기에서 동사를 중심으로 들어야 할 필요가 있다.

❷ 단서 찾기 대화 후반부에서 맥고원 씨는 Yes, Ms. Ryan. I just need you to sign this release form before I hand them over to you.라고 하며 진료 기록을 건네기에 앞서 양도 양식에 라이언 씨의 서명을 받아야 한다는 점을 언급하고 있다.

❸ 정답 선택 따라서 양식에 서명한다는 의미의 (C)가 정답이다.

표현 정리 **pack** (짐을) 싸다. 꾸리다

라이언 씨가 요청받은 것은 무엇인가?
(A) 남자의 짐을 꾸린다.
(B) 남자의 의사와 협의한다.
(C) 양식에 서명한다.
(D) 규칙적으로 약을 복용한다.

문제 53-55번은 다음 대화를 참조하시오. 미W 호M

W: Hi, Mr. England. I received a phone call from the KBG Finance Group. **53 They're wondering when we can show them the first draft of the blueprints for the new office building.**

M: **54 I've been meaning to send them, but I am still considering making a few minor adjustments.** I'm not completely happy with the current position of the side entrance. It's too close to the trash area at the rear of Wesley's Pizza Town.

W: Good point. Um... if you think you can make any improvements, go for it. **55 I'll be meeting with them at 9 o'clock tomorrow,** so I'll let them know the reason for the delay. I'm sure they'll be very glad to hear you're putting so much effort into getting things right.

여: 안녕하세요, 잉글랜드 씨. 저는 KBG 파이낸스 그룹으로부터 전화를 받았어요. 그 사람들은 우리가 새로운 사무용 건물의 설계도 초안을 언제 보여줄 수 있는지 궁금해 합니다.

남: 그걸 보내려고 했는데, 여전히 몇 가지 사소한 변경사항들을 고려중이에요. 저는 현재의 옆문 위치가 영 마음에 들지 않아요. 웨슬리 피자 타운 뒤편의 쓰레기장과 너무 가까워서 말이죠.

여: 좋은 지적이에요. 음... 당신이 개선시킬 수 있다면 한번 해보세요. 제가 내일 9시에 그들과 회의를 할 텐데, 그때 지연된 이유를 설명할게요. 그들은 당신이 일을 제대로 하고자 이렇게 많은 노력을 기울이고 있다는 얘기를 들으면 굉장히 기뻐할 거예요.

표현 정리 **first draft** 초안 **blueprint** 청사진, 설계도면 **office building** 사무용 건물 **minor** 사소한 **adjustment** 조정, 변경 **side entrance** 옆문 **trash area** 쓰레기장 **at the rear of** ~의 뒤편에 **make an improvement** 개선시키다, 향상시키다 **put so much effort into** ~에 많은 노력을 기울이다 **get things right** 일을 제대로 바로잡다

53. 화자들이 근무하는 회사 ★

❶ 문제 유형 파악 화자들이 근무하는 회사에 대해 묻고 있으므로 대화 초반부에서 화자들이 다니는 회사를 추측할 수 있는 업종 관련 어휘나 표현이 등장하는 부분에 초점을 맞춰야 한다.

❷ 단서 찾기 여자는 대화 초반부에 They're wondering when we can show them the first draft of the blueprints for the new office building.이라고 하며 고객이 새로운 사무용 건물의 설계도 초안을 언제 보여줄 수 있는지 궁금해 한다는 점을 알리고 있다.

❸ 정답 선택 여기서 설계도를 뜻하는 blueprints를 통해 화자들이 건축 사무소에서 근무하고 있음을 유추할 수 있으므로 (B)가 정답이다.

화자들은 어디에서 근무할 것 같은가?
(A) 상점
(B) 건축 사무소
(C) 금융 기관
(D) 공장

新 54. 화자의 의도 ★★★

❶ 문제 유형 파악 남자가 "I've been meaning to send them"이라 말한 의도를 묻는 문제이므로 앞에 나온 여자의 말과 남자가 덧붙이는 말에 집중하여 의도를 간파해야 한다.

❷ 단서 찾기 여자가 거래처에서 설계도 초안을 언제 볼 수 있느냐고 묻는 전화를 받았다고 하자, 남자는 I've been meaning to send them이라고 하며 그것을 원래 보낼 생각이었다고 말한다. 그리고 이어 but I am still considering making a few minor adjustments.라고 하며 수정해야 할 부분이 있어 보내지 않았음을 밝히고 있다.

❸ 정답 선택 따라서 남자가 "I've been meaning to send them"이라고 말한 것은 기존 설계도에 추가로 더 해야 할 일이 있다는 의사를 반영한 것이므로 (C)가 정답이다.

🔍 **함정 분석** 남자의 대화 I've been meaning to send them만 듣고 (A)를 고르지 않도록 한다. 남자는 초안을 보내려고 했으나 몇 가지 수정이 있을 것 같아 보내지 않은 것이므로 보내는 것을 잊었다는 (A)는 오답이다.

남자가 "I've been meaning to send them"이라고 말할 때 의미하는 바는 무엇인가?
(A) 몇몇 설계도를 보내는 걸 잊었다.
(B) 자신의 작업에 관한 피드백을 기다리고 있다.
(C) 무언가를 해야 할 필요가 있음을 알고 있다.
(D) 여자가 의미하는 바를 설명해주길 원한다.

55. 성별 지정 세부사항 – 여자가 내일 오전에 할 일 ★★

❶ 문제 유형 파악 여자가 내일 오전에 해야 할 일을 묻는 성별 지정 세부사항 문제이므로 대화 후반부 여자의 대화 내용에서 내일 오전, 즉 tomorrow morning이나 내일 오전에 해당하는 시간이 등장하는 부분을 중심으로 단서를 파악해야 한다.

❷ 단서 찾기 대화 후반부에서 여자는 I'll be meeting with them at 9 o'clock tomorrow라고 하며 내일 오전 9시에 고객과 회의가 있음을 밝히고 있다.

❸ 정답 선택 내일 오전 고객과 회의가 있다고 했으므로 meeting with them을 Participate in a meeting으로 바꾸어 표현한 (D)가 정답이다.

표현 정리 **reschedule** 일정을 변경하다 **take a tour of** ~을 둘러보다 **submit** 제출하다

여자는 내일 오전에 무엇을 할 것 같은가?
(A) 배송 일정을 변경한다.
(B) 건물을 둘러본다.
(C) 몇몇 서류를 제출한다.
(D) 회의에 참석한다.

문제 56-58번은 다음 대화를 참조하시오. 영W 미M

W: Hey, George. 56 **What do you generally use the Internet for?**
M: Well, mostly to check my e-mail and to find information that I need to know. Sometimes I surf the Net for hours just for fun, too. How about you, Lisa?
W: I often use it to buy stuff such as books, clothes, office supplies, and groceries. 57 **Recently, I even ordered a folding bike from the Web site of a custom-design bicycle manufacturer.**
M: Really? I sometimes visit Web sites to check out products, 58 **but when I really want something, I drive to a store to get it.**

여: 조지, 당신은 인터넷을 주로 어떤 용도로 이용하세요?

남: 대체로 이메일을 확인하거나 제가 알아야 할 정보를 검색하는 데 이용해요. 가끔은 재미삼아서 몇 시간 동안 인터넷 검색을 하기도 하고요. 당신은 어때요, 리사?

여: 저는 책, 옷, 사무용품 그리고 식료품 같은 물건을 구입하기 위해 인터넷을 종종 이용해요. 최근에는 주문 제작 자전거 제조업체의 웹사이트를 통해 접는 자전거를 주문했어요.

남: 그래요? 저도 제품들을 살펴보려고 가끔 웹사이트에 들어가지만, 정말 무언가가 필요할 때는 차를 몰고 매장에 가서 구매해요.

표현 정리 **generally** 일반적으로, 대개 **mostly** 대부분은 **surf the Net**

인터넷 검색을 하다 **stuff** 물건 **such as** ~와 같은 **folding bike** 접는 자전거 **custom-design** 주문 제작된 **manufacturer** 제조업체, 제조사 **check out** 살펴보다, 확인하다

56. 대화의 주제 ★★

🔵 **문제 유형 파악** 대화의 주제에 대해 묻는 첫 번째 질문이므로 대화 초반부에서 중점적으로 다루는 소재를 파악하는 데 집중해야 한다.

🔵 **단서 찾기** 여자는 대화 시작과 함께 남자에게 What do you generally use the Internet for?라고 물으며 인터넷을 어떤 용도로 사용하는지 궁금해한다.

🔵 **정답 선택** 따라서 대화의 주제는 인터넷의 용도에 관한 것이므로 이를 Online activities로 표현한 (C)가 정답이다.

이 대화는 무엇에 관한 것인가?
(A) 웹디자인
(B) 인터넷 비즈니스
(C) 온라인 활동
(D) 이메일 예절

57. 성별 지정 세부사항 – 여자가 최근 구매한 것 ★

🔵 **문제 유형 파악** 여자가 최근에 무엇을 구매했는지 묻는 질문이므로 여자의 대화 내용에서 '최근'이라는 시점과 함께 제시되는 구매품에 초점을 맞춰야 한다.

🔵 **단서 찾기** 여자는 Recently, I even ordered a folding bike from the Web site of a custom-design bicycle manufacturer.라고 하며 최근에 주문 제작 자전거 제조업체의 웹사이트에서 접는 자전거를 주문했음을 밝힌다.

🔵 **정답 선택** 따라서 여자가 구입한 것은 자전거이므로 (B)가 정답이다. 한 가지 유의할 사항은 대화의 order가 질문에서는 purchase라는 유사 어휘로 바뀌어 제시되고 있다는 점이다.

🔍 **함정 분석** 여자의 대화 I often use it to buy stuff such as books, clothes, office supplies, and groceries.를 듣고 (C)로 혼동하지 않도록 한다. 질문의 키워드는 recently이므로 여자가 최근에 구매한 물품을 골라야 한다. 책과 사무용품, 식료품은 여자가 평소 인터넷으로 구매하는 물건들이므로 답이 될 수 없다.

표현 정리 **office supplies** 사무용품

여자는 최근에 무엇을 구입했는가?
(A) 책
(B) 자전거
(C) 식료품
(D) 사무용품

58. 성별 지정 세부사항 – 남자가 쇼핑에 대해 언급한 내용 ★★

🔵 **문제 유형 파악** 남자가 쇼핑에 대해 언급한 내용을 묻는 마지막 질문이므로 대화 후반부 남자의 말에서 쇼핑 관련 내용에 집중해야 한다.

🔵 **단서 찾기** 남자는 대화 말미에 but when I really want something, I drive to a store to get it.이라고 하며 사고 싶은 물건이 있을 때는 차를 몰고 직접 매장을 방문한다는 자신의 성향을 밝히고 있다.

🔵 **정답 선택** 따라서 drive to a store를 prefer going to stores in person으로 바꿔 표현한 (C)가 정답이다.

표현 정리 **prefer V-ing** ~하는 것을 선호하다 **in person** 직접 가서, 몸소

남자가 쇼핑에 대해 언급하는 것은 무엇인가?
(A) 쇼핑을 좋아하지 않는다.
(B) 거의 모든 것을 인터넷에서 구입한다.
(C) 직접 매장에 가는 것을 선호한다.
(D) TV의 홈쇼핑 채널을 시청하는 것을 좋아한다.

문제 59–61번은 다음 대화를 참조하시오. 미W 미M

> **W:** Mr. Powell, do you have some free time after lunch? I'm preparing a new marketing campaign for Silky Way, and I'd like your help.
>
> **M:** Oh, that's our latest shampoo, isn't it? But I thought the marketing campaign was finalized last month.
>
> **W:** Yes, **59** the commercials started airing on television a couple of weeks ago, but since then, our sales have dropped suddenly, and we have received some worrying feedback from the market testing team. **60** I'd like you to assist me in creating some new commercials. I have a few ideas for improving the current ones.
>
> **M:** I'd be happy to help. **61** Why don't we meet in your office at 3? I'll think about it during lunch and share my thoughts with you at our meeting.

여: 파월 씨, 점심 후에 시간 있으세요? 제가 실키 웨이를 위해 새로운 마케팅 캠페인을 준비하는 중인데요, 당신 도움이 필요해서요.

남: 아, 그 제품은 우리의 최신 샴푸잖아요, 그렇죠? 하지만 저는 마케팅 캠페인은 지난달에 마무리된 것으로 알고 있는데요.

여: 네, 2주 전부터 TV 광고를 하기 시작했어요. 하지만 그 이후 판매량이 갑자기 하락해서 시장조사팀으로부터 우려가 담긴 평가를 받았어요. 당신이 새 광고의 제작을 도와주셨으면 합니다. 저는 현재의 광고를 개선시킬 수 있는 몇 가지 방안이 있어요.

남: 도와드릴게요. 당신 사무실에서 3시에 만나는 게 어때요? 점심시간에 그것에 대해 생각을 해보고 회의에서 당신과 의견을 나누도록 할게요.

표현 정리 **prepare** 준비하다 **finalize** 완성하다, 마무리하다 **commercial** 광고 **air** 방송하다 **drop** 하락하다, 떨어지다 **assist** 돕다, 거들다 **improve** 개선하다, 향상시키다 **current** 현재의 **share** (생각 등을) 공유하다, 나누다

59. 마케팅 캠페인 관련 문제점 ★★★

🔵 **문제 유형 파악** 현재의 마케팅 캠페인과 관련된 문제점을 묻는 질문이므로 마케팅 캠페인이 언급되는 부분에서 구체적인 문제점을 파악해야 한다.

🔵 **단서 찾기** 여자가 the commercials started airing on television a couple of weeks ago, but since then, our sales have dropped suddenly, and we have received some worrying feedback from the market testing team.이라고 하며 두 주 전부터 TV 광고를 시작했지만, 판매량이 갑자기 하락하여 시장조사팀으로부터 우려가 담긴 평가를 받았다는 사실을 전한다.

🔵 **정답 선택** 따라서 마케팅 캠페인의 문제점은 효과가 없다는 것이므로 (A)가 정답이다.

🔍 **함정 분석** 여자의 대화 we have received some worrying feedback from the market testing team에서 received some worrying feedback을 듣고 (D)로 헷갈릴 수 있다. 하지만 여자는 시장조사팀으로부터 피드백을 받은 것이며, 이사진에 대한 언급은 없으므로 (D)는 오답이다.

표현 정리 ineffective 효과가 없는 extremely 지극히, 매우 appeal to ~의 흥미를 끌다[마음에 들다]

현재의 마케팅 캠페인과 관련된 문제점은 무엇인가?
(A) 효과가 없다.
(B) 비용이 굉장히 많이 든다.
(C) 미용사들을 매료시키지 못하고 있다.
(D) 이사진의 호평을 받지 못했다.

60. 성별 지정 세부사항 – 여자가 원하는 것 ★★

❶ **문제 유형 파악** 여자가 원하는 것에 대해 묻고 있으므로 여자의 대화 내용에 집중하되, 특히 동사를 놓치지 않도록 주의해야 한다.

❷ **단서 찾기** 여자가 I'd like you to assist me in creating some new commercials.라고 하며 남자의 도움을 받아 새로운 광고를 제작하고 싶다는 의사를 밝히고 있다.

❸ **정답 선택** 따라서 creating some new commercials를 Make a new television commercial로 바꿔 표현한 (B)가 정답이다.

표현 정리 redesign 다시 디자인하다 secure 확보하다, 획득하다 launch 출시

여자는 무엇을 하기를 원하는가?
(A) 포스터를 다시 디자인한다.
(B) 새로운 TV 광고를 제작한다.
(C) 더 많은 광고 예산을 확보한다.
(D) 신제품 출시를 축하한다.

61. 성별 지정 세부사항 – 남자가 오후에 할 행동 ★★

❶ **문제 유형 파악** 남자가 오후에 할 행동에 대해 묻는 마지막 질문이므로 대화 후반부 남자의 말에서 오후라는 시점과 함께 제시되는 단서에 집중해야 한다.

❷ **단서 찾기** 남자는 대화 말미에 Why don't we meet in your office at 3?라며 오후 3시에 만날 것을 제안하고, 이어서 I'll think about it during lunch and share my thoughts with you at our meeting.이라고 하며 점심 시간 동안 생각을 정리한 후 회의에서 의견을 나누겠다고 한다.

❸ **정답 선택** 따라서 오후에 할 일은 의견을 나누는 것이므로 share my thoughts를 Share some ideas로 바꿔 표현한 (D)가 정답이다.

표현 정리 conduct 행하다, 실시하다

남자는 오늘 오후에 무엇을 할 것인가?
(A) 설문조사를 실시한다.
(B) 고객들과 만난다.
(C) 새 샴푸를 사용한다.
(D) 의견을 나눈다.

문제 62-64번은 다음 대화를 참조하시오. 영W 미M

> W: Hi, Mr. Davis. **62 Are you using the portable scanner? If you're done, can I use it?** I need to scan some important documents and archive them on the company server.
> M: Actually, there's a problem with the scanning lens. **63 I called the manufacturer at lunch,** but in the meantime, you may want to use the other one.
> W: You know what? The other one is being repaired. **64 It's not the first time we've had to call the manufacturer to repair these scanners. It's getting pretty annoying!**
> M: **64 Tell me about it. This was supposed to be such a reliable model, and we purchased them because of its excellent customer reviews.**
>
> ---
>
> 여: 안녕하세요, 데이비스 씨. 휴대용 스캐너를 사용하고 계신가요? 작업이 다 끝나셨다면 제가 사용해도 될까요? 중요한 서류를 스캔해서 회사 서버에 저장해야 해서요.
> 남: 사실, 그 스캐너는 스캐닝 렌즈에 문제가 있어요. 제가 점심시간에 제조업체에 전화를 걸었는데, 그 사이에 다른 스캐너를 사용하셔도 됩니다.
> 여: 근데 말이죠. 다른 것도 지금 수리 중이에요. 우리가 이 스캐너들을 수리하기 위해 제조업체에 전화한 것이 처음은 아니죠. 참 짜증나네요!
> 남: 맞아요. 이 제품이 믿을 만한 제품이라고 했고 사용자 후기의 좋은 평가 때문에 구입했는데 말이죠.

표현 정리 portable 휴대용의 archive 보관하다, 저장하다 manufacturer 제조업체 in the meantime 그 사이에, 한동안 annoying 짜증나는, 성가신 be supposed to do ~하기로 되어 있다, ~해야 한다 customer review 사용자 후기

62. 성별 지정 세부사항 – 여자가 원하는 것 ★

❶ **문제 유형 파악** 여자가 원하는 것을 묻는 성별 지정 세부사항 문제이다. 첫 번째 문제이므로 대화 초반부 여자의 대화 내용에서 동사를 놓치지 않도록 주의하며 들어야 한다.

❷ **단서 찾기** 여자는 대화 시작과 함께 Are you using the portable scanner? If you're done, can I use it?이라고 하며 자신이 휴대용 스캐너를 사용해도 되는지 묻고 있다.

❸ **정답 선택** 따라서 여자는 스캐너를 사용하길 원한다는 걸 알 수 있으므로 portable scanner를 a piece of equipment로 바꿔 표현한 (D)가 정답이다.

🔍 **함정 분석** 대화에 나오는 repair, scanner를 듣고 (B)를 고르지 않도록 한다. 여자는 중요한 문서를 스캔하기 위해 휴대용 스캐너를 사용하기 원하고 있다. 스캐너를 수리해야 하는 것은 맞지만 여자가 원하는 것은 아니므로 (B)는 오답이다.

표현 정리 upgrade 업그레이드하다, 개선하다

여자는 무엇을 하길 원하는가?
(A) 서버를 업그레이드한다.
(B) 몇몇 스캐너들을 수리한다.

(C) 새 공장을 방문한다.
(D) 장비 하나를 사용한다.

63. 성별 지정 세부사항 – 남자가 점심시간에 한 일 ★★

① **문제 유형 파악** 남자가 점심시간에 한 일을 묻는 성별 지정 세부사항 문제이므로 남자의 대화 내용에서 점심시간, 즉 lunchtime 혹은 at noon과 같은 시점 표현이 등장하는 부분을 중심으로 단서를 파악해야 한다.

② **단서 찾기** 남자는 I called the manufacturer at lunch라고 하며 점심시간에 하자가 생긴 스캐너를 제작한 업체에 연락했음을 밝히고 있다.

③ **정답 선택** 따라서 called the manufacturer를 placed a service call로 바꾸어 표현한 (B)가 정답이다.

표현 정리 place a call 전화하다

남자의 말에 따르면, 남자는 점심시간에 무엇을 했는가?
(A) 중요한 고객과 만났다.
(B) 서비스 요청 전화를 했다.
(C) 몇몇 파일들을 하드 드라이브에 저장했다.
(D) 새로운 컴퓨터 소프트웨어를 설치했다.

新 **64. 화자의 의도 ★★★**

① **문제 유형 파악** 남자가 "Tell me about it."이라고 말한 의도를 묻는 문제이므로 앞서 나온 여자의 대화 내용과 뒤에 이어진 남자의 말을 통해 남자의 의도를 간파해야 한다.

② **단서 찾기** 앞에서 여자는 It's not the first time we've had to call the manufacturer to repair these scanners. It's getting pretty annoying!이라고 하며 스캐너 수리를 위해 업체에 전화한 것이 처음이 아니라 짜증이 난다고 한다. 이에 남자가 "Tell me about it."이라 말한 후 This was supposed to be such a reliable model, and we purchased them because of its excellent customer reviews.라며 사람들의 평이 좋아서 구매했다는 점을 언급하고 있다.

③ **정답 선택** 따라서 남자가 말한 "Tell me about it."에는 여자의 불만에 대한 동감이 반영되어 있음을 알 수 있으므로 (C)가 정답이다.

표현 정리 dissatisfaction 불만

남자가 "Tell me about it"이라고 말할 때 의미하는 바는 무엇인가?
(A) 자신이 한 약속을 잊었다.
(B) 제품의 세부적인 사항에 대해 더 듣고 싶다.
(C) 자신의 불만을 표현하고 있다.
(D) 여자가 정보를 알려주기를 원한다.

문제 65~67번은 다음 대화와 목록을 참조하시오. 미M 미W

> **M:** Hi there! ⁶⁵ **My fiancée and I are looking for a perfect venue for our summer wedding.**
> **W:** I'm happy that you've contacted us, sir. What are you looking for in a venue?
> **M:** ⁶⁶, ⁶⁷ **We would like an outdoor venue with a garden that can accommodate 150 guests.**
> **W:** That's definitely possible. I have some options, but what is your budget?
> **M:** ⁶⁷ **We are hoping to spend about 5,000 dollars for the venue.**

> **W:** I think that I have some good options for you. Let me double-check, and I'll get back to you with the best ones.

> **남:** 안녕하세요? 저와 제 약혼자는 여름에 있을 결혼식에 적합한 장소를 물색 중이에요.
> **여:** 저희에게 연락을 주셔서 감사합니다, 고객님. 결혼 장소에 원하시는 것이 있나요?
> **남:** 저희는 150명의 하객을 모실 만한 정원이 있는 야외 장소를 원합니다.
> **여:** 그건 확실히 가능합니다. 몇 가지 선택사항이 있는데 예산은 어느 정도 되시나요?
> **남:** 저희는 장소를 빌리는 데 5,000달러 정도를 생각하고 있어요.
> **여:** 고객님께서 선택하실 만한 좋은 곳이 있을 것이라 생각합니다. 제가 다시 한번 확인해보고 고객님께 최적의 장소를 알려드리겠습니다.

표현 정리 fiancée 약혼녀 look for ~을 찾다 contact 연락하다 venue 장소 outdoor 야외의 accommodate 수용하다 definitely 분명히 option 선택사항 budget 예산 double-check 이중으로 확인하다 get back to ~에게 연락을 하다

Venues	Guest Capacity	Cost
Tea House	130 people	$4,000
⁶⁷ Rose Garden	**150 people**	**$4,500**
Heritage Hall	170 people	$5,500
Georgia Mansion	200 people	$6,500

장소	하객 수용 규모	비용
티 하우스	130 명	4,000달러
로스 가든	150 명	4,500달러
헤리티지 홀	170 명	5,500달러
조지아 맨션	200 명	6,500달러

65. 성별 지정 세부사항 – 남자가 준비하는 행사 ★

① **문제 유형 파악** 남자가 준비하는 행사에 대해 묻는 성별 지정 세부사항 문제이자 첫 번째 질문이므로 대화 초반부 남자의 대화 내용에서 행사의 종류를 파악해야 한다.

② **단서 찾기** 남자는 대화 시작과 함께 My fiancée and I are looking for a perfect venue for our summer wedding.이라고 하며 약혼녀와 결혼식 장소를 물색 중임을 언급하고 있다.

③ **정답 선택** 따라서 남자는 결혼식을 준비하고 있음을 알 수 있으므로 (C)가 정답이다.

표현 정리 outing 소풍, 야유회

남자는 어떠한 종류의 행사를 준비하고 있는가?
(A) 시상식
(B) 정원 파티

(C) 결혼식
(D) 회사 야유회

66. 성별 지정 세부사항 – 남자가 행사 장소에서 원하는 것 ★★

❶ 문제 유형 파악 남자가 행사 장소를 선택함에 있어 원하는 것을 묻는 성별 지정 세부사항 문제이므로 남자의 대화 내용에서 남자의 선호도나 취향에 관한 정보가 제시되는 부분에 집중해야 한다.

❷ 단서 찾기 대화 중반부에서 남자는 We would like an outdoor venue with a garden that can accommodate 150 guests.라고 하며 150명을 수용할 수 있는 정원이 있는 곳을 원한다고 밝힌다.

❸ 정답 선택 따라서 an outdoor venue with a garden을 A space with a garden으로 바꿔 표현한 (B)가 정답이다.

표현 정리 audio-visual 시청각의

남자의 말에 따르면, 남자가 행사 장소에서 원하는 것은 무엇인가?
(A) 시청각 서비스
(B) 정원이 있는 공간
(C) 현대적 스타일
(D) 저렴한 가격

新 67. 시각 정보 연계 – 목록 ★★★

❶ 문제 유형 파악 행사에 최적인 장소를 묻는 시각 정보 연계 문제로 선택지에 구체적인 장소 이름이 나와 있으므로 대화에서는 장소 이름이 언급되지 않는다. 그러므로 대화에서는 목록에 있는 장소 이름이 아닌 이와 관련이 있는 또 다른 정보, 즉 수용 규모나 비용에 관한 단서를 귀담아들어야 한다.

❷ 단서 찾기 대화 중반부에서 남자는 We would like an outdoor venue with a garden that can accommodate 150 guests.라고 하며 150명을 수용할 수 있는 장소를 원한다는 점을 밝혔고, 후반부에서는 We were hoping to spend about 5,000 dollars for the venue.라고 하며 예산으로 5000달러를 언급했다.

❸ 정답 선택 목록을 보면 150명의 수용 규모와 5,000달러라는 예산, 이 두 가지 정보에 부합하는 장소는 150명 수용 규모에 4,500달러의 비용이 드는 로스 가든임을 알 수 있으므로 (B)가 정답이다.

도표를 참조하시오. 어떠한 장소가 행사에 최적일 것 같은가?
(A) 티 하우스
(B) 로스 가든
(C) 헤리티지 홀
(D) 조지아 맨션

문제 68–70번은 다음 대화와 청구서를 참조하시오. 호M 미W

M: **68 Hello. This is Grasshopper Mobile Systems.** How may I assist you?
W: This is Tatiana Moreno. I am calling about an incorrect billing. **69 I am absolutely sure that I paid my bill on time, yet there's a late charge on my billing statement.** Please take a look at your records and explain the discrepancy.
M: Let me check. Oh, I see. We had a problem with our server in Australia. It affected a lot of our valued ustomers' accounts. It appears that we made a mistake with your bill. We are pleased you noticed

---

the discrepancy. **69 I will subtract that charge immediately.**
W: Thanks.
M: Ms. Moreno, I can see that your mobile contract with us will soon expire. **70 Please stay on the line so I can tell you about some new options available to long-time customers like yourself. There are many new benefits I think you'll be interested to hear about.**

남: 안녕하세요. 그래스호퍼 모바일 시스템즈입니다. 무엇을 도와 드릴까요?

여: 저는 태티아나 모레노라고 합니다. 청구가 잘못된 것 같아 문의를 드립니다. 저는 확실히 제때에 요금을 지불했어요. 그런데 청구서에 연체료가 부과되었어요. 제 기록을 보시고 왜 이러한 오류가 발생했는지 설명해 주세요.

남: 확인해 보겠습니다. 오, 알겠네요. 호주에 있는 서버에 문제가 있었어요. 그래서 저희 소중한 고객님들의 계정에 영향을 미쳤고요. 그것이 요금 청구에 착오를 일으킨 것 같습니다. 저희는 고객님께서 이러한 오류를 발견해 주셔서 기쁘게 생각합니다. 제가 연체료를 바로 공제해 드리겠습니다.

여: 고마워요.

남: 모레노 씨, 저희와 이동통신 계약이 곧 만료됩니다. 제가 고객님과 같은 장기 고객님께 제공되는 새로운 선택사항들에 대해 알려드릴 테니 전화를 끊지 말고 기다려 주십시오. 고객님께서 관심을 가질 만한 새로운 혜택이 많습니다.

표현 정리 call about ~에 관해 연락을 하다 absolutely 절대적으로 late charge 연체료 billing statement 청구서 take a look at ~을 한번 보다 discrepancy 불일치, 어긋남 affect 영향을 미치다 valued customers 소중한 고객들 subtract 빼다, 공제하다 expire 만기가 되다, 종료되다 stay on the line 전화를 끊지 말고 대기하다 long-term 장기의 benefit 이익, 혜택 be interested to do ~하는 데 관심이 있다

Customer Account	
Tatiana Moreno	
Charges	
Monthly Service	$20.00
69 Late fee	**$5.00**
Taxes	$2.30
Total	$27.30

고객 계정	
태티아나 모레노	
요금 내역	
월 이용료	20달러
연체료	5달러
세금	2.30달러
총계	27.30달러

68. 남자가 근무하는 회사 ★

① 문제 유형 파악 남자가 근무하는 회사에 대해 묻는 유추성 문제이므로 대화 초반부 남자의 대화에서 회사명 혹은 업종 관련 어휘나 표현이 등장하는 부분에 초점을 맞춰야 한다.

② 단서 찾기 남자는 대화를 시작하며 Hello. This is Grasshopper Mobile Systems.라고 인사말과 함께 자신의 회사명을 밝히고 있는데, Mobile Sytems라는 부분에서 이동통신 회사임을 짐작할 수 있다.

③ 정답 선택 따라서 Grasshopper Mobile Systems라는 회사를 A mobile phone company로 바꾸어 표현한 (C)가 정답이다.

남자는 어떤 사업체에서 일하는 것 같은가?
(A) 컴퓨터 유지관리 서비스
(B) 건설 회사
(C) 휴대전화 회사
(D) 부동산 중개업체

新 69. 시각 정보 연계 – 청구서 ★★★

① 문제 유형 파악 여자의 청구서에서 공제될 금액을 묻는 시각 정보 연계 문제로 대화 내용에서는 공제 금액이 구체적으로 언급되지 않을 것임을 짐작할 수 있다. 따라서 대화에서는 공제 금액과 연관된 항목이 무엇인지를 집중해 들어야 한다.

② 단서 찾기 여자는 대화 초반부에서 I am absolutely sure that I paid my bill on time, yet there's a late charge on my billing statement. 라고 하며 요금을 제때에 냈는데 청구서에 연체료가 붙었다고 알린다. 그리고 뒤이어 남자는 서버에 문제가 있었다고 해명한 후 I will subtract that charge immediately.라고 하며 연체료를 공제해주겠다고 밝힌다.

③ 정답 선택 청구서를 보면 연체료가 5달러로 명시돼 있으므로 (B)가 정답이다.

> 🔍 **함정 분석** 시각 정보 문제는 걱정하는 만큼 어렵지 않다. 하지만 대화를 듣기 전에 문제와 시각 정보를 미리 파악하지 않으면 실수하기 쉽다. 대화를 듣기 전에 선택지를 보고 시각 정보에서 해당하는 내용은 반드시 먼저 파악하도록 하자.

도표를 참조하시오. 여자의 청구서에서 얼마가 공제되겠는가?
(A) 2.30달러
(B) 5달러
(C) 20달러
(D) 27.30달러

70. 성별 지정 세부사항 – 남자가 기다리라고 요청한 이유 ★★

① 문제 유형 파악 남자가 여자에게 기다리라고 요청한 이유를 묻는 마지막 문제이므로 대화 후반부 남자의 대화에서 단서를 찾아야 한다. 특히 전화 통화 시 기다려달라고 할 때 쓰이는 표현과 그 다음의 내용을 주의 깊게 들어야 한다.

② 단서 찾기 남자는 대화 말미에 Please stay on the line so I can tell you about some new options available to long-time customers like yourself.라고 하며 장기 고객에게 제공되는 새로운 선택사항들에 대해 알려주겠다고 전한 후 There are many new benefits I think you'll be interested to hear about.이라고 하며 관심 가질 만한 많은 새로운 혜택이 있다고 알린다.

③ 정답 선택 따라서 남자가 기다려달라고 한 이유는 여자에게 새로운 혜택에 관한 정보를 주려는 것이므로 (A)가 정답이다.

표현 정리 transfer 전달하다, 이동시키다 **confirm** 확인하다

남자가 여자에게 기다리라고 요청한 이유는 무엇인가?
(A) 여자에게 혜택에 대한 정보를 주기 위해
(B) 새로운 휴대전화들을 소개하기 위해
(C) 전화를 관리자에게 돌려주기 위해
(D) 그녀의 예약을 확인해주기 위해

문제 71-73번은 다음 안내 방송을 참조하시오. [호M]

> May I have your attention, please? **71 Speed Blue Airlines regrets to announce that the departure of Flight 403 to Rome will be delayed due to the late arrival of the aircraft. 72 The new departure time will be 8:40 P.M.**, and we expect to begin boarding at 8:15 P.M. **73 All passengers are kindly requested to wait in this lounge** so we can make a speedy departure once the plane arrives. We apologize for the delay, which may cause you some inconvenience. Thank you for your cooperation.

> 주목해 주시겠습니까? 스피드 블루 항공사의 로마행 403편 비행기의 출발이 비행기의 연착으로 인해 지연될 것임을 알려드리게 되어 유감스럽게 생각합니다. 새로 조정된 출발 시간은 오후 8시 40분이며 오후 8시 15분부터 탑승이 이뤄질 것으로 예상하고 있습니다. 모든 승객 여러분은 비행기가 도착하면 신속한 출발을 할 수 있도록 이곳 휴게실에서 대기해 주시길 부탁드립니다. 불편을 초래할 수 있는 출발 지연에 대해 사과드립니다. 협조해 주셔서 감사합니다.

표현 정리 regret to do ~하게 되어 유감으로 생각하다 **departure** 출발 **delay** 지연시키다, 늦추다 **due to** ~로 인해 **arrival** 도착 **aircraft** 비행기 **board** 탑승하다 **passenger** 탑승객 **kindly** 진심으로, 부디 **request** 요청하다 **once** 일단 ~하면 **apologize for** ~에 대해 사과하다 **cause** 초래하다, 야기하다 **inconvenience** 불편함 **cooperation** 협조

71. 화자의 정체 ★

① 문제 유형 파악 비행기가 지연되는 이유에 대해 묻고 있으므로 안내 초반부에서 비행기 지연 상황이 언급되는 부분에서 그 원인을 파악해야 한다.

② 단서 찾기 화자는 초반부에 Speed Blue Airlines regrets to announce that the departure of Flight 403 to Rome will be delayed due to the late arrival of the aircraft.라고 하며 비행기 연착 때문에 403편 비행기의 출발이 지연되는 상황이 발생했음을 전하고 있다.

③ 정답 선택 따라서 안내의 the late arrival of the aircraft 부분을 The plane arrived late.로 바꿔 표현한 (C)가 정답이다.

표현 정리 runway 활주로 **weather condition** 기상 상태

화자에 따르면, 비행기가 지연된 이유는 무엇인가?
(A) 활주로가 폐쇄되었다.
(B) 기상 상태가 좋지 않다.

(C) 비행기가 늦게 도착했다.
(D) 기계적인 문제가 있었다.

72. 세부사항 – 새로 정해진 비행기 출발 시간 ★

① 문제 유형 파악 새로 정해진 비행기 출발 시간에 대해 묻고 있으므로 안내에서 구체적인 출발 시간이 제시되는 부분에 집중해야 한다.

② 단서 찾기 화자가 The new departure time will be 8:40 P.M.이라며 새로운 출발 시간이 오후 8시 40분임을 전하고 있다.

③ 정답 선택 새로 예정된 출발 시간은 8시 40분이므로 (C)가 정답이다.

🔍 **함정 분석** 지문 중반의 we expect to begin boarding at 8:15 P.M.에서 (B)로 헷갈리기 쉽다. 출발 시간을 묻는 문제이며, 8시 15분은 탑승 시작 시간이므로 (B)는 오답이다.

새로 예정된 출발 시간은 언제인가?
(A) 오후 7시 30분
(B) 오후 8시 15분
(C) 오후 8시 40분
(D) 오후 9시

73. 화자의 요청 ★★

① 문제 유형 파악 화자가 청자들에게 요청하는 것을 묻는 질문이므로 화자가 청자들에게 구체적으로 요청하는 내용에 집중하되, 동사 부분을 놓치지 않도록 주의할 필요가 있다.

② 단서 찾기 화자는 후반부에서 All passengers are kindly requested to wait in this lounge라고 하며 청자들에게 휴게실에서 대기해 달라고 요청하고 있다.

③ 정답 선택 따라서 휴게실에서 대기하라는 의미의 wait in this lounge가 거의 그대로 쓰인 (D)가 정답이다.

표현 정리 present 제시하다 go through ~을 통과하다

화자가 청자들에게 요청하는 것은 무엇인가?
(A) 서류를 검토한다.
(B) 여권을 제시한다.
(C) 보안 검색대를 통과한다.
(D) 휴게실에서 대기한다.

문제 74-76번은 다음 전화 메시지를 참조하시오. 미W

Hello, Ms. Keller. **74 My name is Samantha Fox, and I'm a volunteer for the Wolf Creek Community Association. 75 Today, I'm calling to let you know that we're holding a fundraiser for the Wolf Creek Art Gallery on Saturday, April 5.** The event will be held at the art gallery. It will start at 1 P.M. and will include food, refreshments, and an auction for several works of art created by local artists. We're inviting all Wolf Creek residents, so if you or any of your neighbors can make it, I think it'll be a lot of fun. Thank you, and I hope to see you on April 5. **76 If you want some more information, call me at 445-3231.** Have a nice day.

안녕하세요, 켈러 씨. 저는 사만다 폭스라 하고, 울프 크리크 지역 협회에서 자원봉사자로 활동하고 있습니다. 오늘 저는 4월 5일 토요일에 울프 크리크 미술관을 위한 기금 마련 행사가 개최된다는 사실을 알리고자 연락드렸습니다. 이 행사는 미술관에서 오후 1시에 시작될 것이고, 음식과 음료가 제공되며 지역 미술가들이 창작한 여러 미술품의 경매도 진행될 것입니다. 저희는 울프 크리크의 모든 주민들을 초청할 것이며, 당신이나 주변 이웃 분들이 참여하실 수 있다면 아주 즐거운 시간을 보내실 것이라고 생각합니다. 감사를 드리며, 4월 5일에 뵙기를 바랍니다. 좀 더 많은 정보를 원하시면, 445-3231로 제게 연락주세요. 좋은 하루 되세요.

표현 정리 volunteer 자원봉사 hold 열다, 개최하다 fundraiser 기금 마련 행사 be held 개최되다 refreshments 가벼운 음식물 auction 경매 works of art 미술 작품 make it 참석하다, 참여하다

74. 화자의 정체 ★

① 문제 유형 파악 화자의 정체에 대해 묻고 있으므로 메시지 초반부에서 화자의 정체가 직접적으로 제시되거나 이를 유추할 수 있는 어휘나 표현이 언급되는 부분에 초점을 맞춰야 한다.

② 단서 찾기 화자는 My name is Samantha Fox, and I'm a volunteer for the Wolf Creek Community Association.이라고 하며 자신이 울프 크리크 지역 협회에서 자원봉사자로 근무하고 있음을 밝히고 있다.

③ 정답 선택 폭스 씨의 정체는 자원봉사자이므로 (B)가 정답이다.

사만다 폭스 씨는 누구인가?
(A) 행사 기획자
(B) 자원봉사자
(C) 지역 미술가
(D) 큐레이터

75. 화자가 전화를 건 이유 ★★

① 문제 유형 파악 화자가 전화를 건 이유는 메시지 초반부에 화자의 인사말과 자기소개 직후에 제시되는 것이 일반적이다.

② 단서 찾기 인사말과 자기소개 직후에 Today, I'm calling to let you know that we're holding a fundraiser for the Wolf Creek Art Gallery on Saturday, April 5.라고 하며 4월 5일에 울프 크리크 미술관을 위한 기금 마련 행사가 있을 것이라는 소식을 전달한다는 전화 용건을 밝히고 있다.

③ 정답 선택 기금 마련 행사에 관한 소식을 전달하는 것을 정보를 제공하는 것으로 표현한 (D)가 정답이다.

🔍 **함정 분석** 지문 후반부의 We're inviting all Wolf Creek residents를 듣고 (C)로 혼동하지 않도록 한다. 기금 마련 행사에 초대한다는 내용이 있지만 단체에 가입을 요청하는 것은 아니므로 (C)는 답이 될 수 없다.

표현 정리 confirm 확인하다 appointment 예약 join 가입하다

화자가 전화를 건 이유는 무엇인가?
(A) 예약을 확인하기 위해
(B) 문제점을 보고하기 위해
(C) 누군가에게 단체 가입을 요청하기 위해
(D) 정보를 제공하기 위해

76. 화자의 요청 ★★

❶ 문제 유형 파악 청자들이 해야 할 행동은 메시지 후반부에서 화자의 요청/추천/권고/제안을 통해 제시된다.

❷ 단서 찾기 화자가 메시지 말미에서 If you want some more information, call me at 445-3231.이라고 하며 더 많은 정보를 알고 싶다면 445-3231번 전화로 자신에게 연락하라고 한다.

❸ 정답 선택 따라서 call me at 445-3231을 Contact Ms. Fox로 표현한 (B)가 정답이다. 아울러 메시지의 If you want some more information이 질문에서는 if they have questions로 바꿔 표현하고 있다는 점도 유의해야 한다.

표현 정리 community center 지역 주민 회관 contact 연락하다 in charge 담당하는, 맡고 있는

궁금한 점이 있다면 청자들은 무엇을 해야 하는가?
(A) 이메일을 보낸다.
(B) 폭스 씨에게 연락한다.
(C) 지역 주민 회관으로 간다.
(D) 담당자와 이야기한다.

문제 77-79번은 다음 보도를 참조하시오. 영W

> ⁷⁷**We interrupt this program for an urgent weather report. There is a severe storm warning in effect from 8 tonight until 8 tomorrow morning.** Winds are expected to reach a dangerously high 48 kilometers per hour and will be accompanied by heavy rain. Thunder and lightning are likely due to the high humidity. ⁷⁸**Experts from the National Weather Institute strongly recommend that everyone avoid going outside and that all electric appliances be turned off.** Businesses and factories in the area have been asked to close early. Fortunately, the weather will begin to improve Thursday morning although the sky will be a little overcast. ⁷⁹**On Friday, we can expect clear blue skies and temperatures in the high 20s.** And now we return to our scheduled programming.
>
> --
>
> 잠시 이 프로그램을 중단하고 기상 특보를 보도합니다. 오늘 밤 저녁 8시부터 내일 아침 8시까지 강력한 폭풍 경보가 발령되었습니다. 바람은 위험 수치인 시속 48킬로미터에 육박할 것으로 예상되고 폭우를 동반할 것입니다. 높은 습도 때문에 천둥과 번개가 발생할 것 같습니다. 기상청의 전문가들은 모두가 외출을 삼가고 모든 전자제품의 전원을 꺼둘 것을 강력히 권고합니다. 지역의 회사들과 공장들은 일찍 업무를 종료하라는 요청을 받았습니다. 다행히도 목요일 아침에는 하늘이 약간 흐리겠지만 날씨가 개기 시작할 것입니다. 금요일에는 청명한 하늘에 기온이 20도를 훨씬 웃돌 것으로 예상됩니다. 그럼 다시 정규 방송으로 돌아가겠습니다.

표현 정리 severe 심한, 맹렬한 in effect 효력을 발생하는 be accompanied by ~를 동반하다 heavy rain 폭우 thunder and lightning 천둥과 번개 due to ~때문에 high humidity 높은 습도 electric appliances 전자제품, 가전제품 overcast 구름 낀, 흐린 scheduled 예정된

77. 보도의 목적 ★

❶ 문제 유형 파악 보도의 목적에 대해서 묻고 있으므로 보도의 초반부에서 다루고자 하는 중심 소재에 집중해야 한다.

❷ 단서 찾기 화자는 보도 시작과 함께 We interrupt this program for an urgent weather report. There is a severe storm warning in effect from 8 tonight until 8 tomorrow morning.이라고 하며 오늘 밤에 강렬한 폭풍 경보가 발령된다는 기상 특보를 전하고 있다.

❸ 정답 선택 따라서 보도의 주목적은 기상 정보를 제공하는 것이므로 (B)가 정답이다.

표현 정리 analyze 분석하다 industry trends 업계 동향

보도의 주목적은 무엇인가?
(A) 지역 소식을 전달하는 것
(B) 기상 정보를 제공하는 것
(C) 업계 동향을 분석하는 것
(D) 공사 계획을 발표하는 것

78. 세부사항 – 전문가들이 권고하는 것 ★★★

❶ 문제 유형 파악 전문가들이 권고하는 내용에 대해 묻고 있으므로 전문가들, 즉 experts가 언급되는 부분을 중심으로 권고 사항을 파악해야 한다.

❷ 단서 찾기 화자가 중반부에서 Experts from the National Weather Institute strongly recommend that everyone avoid going outside and that all electric appliances be turned off.라고 하며 외출을 삼가고 전자제품의 전원을 꺼두라는 기상청 전문가들의 권고 사항을 전한다.

❸ 정답 선택 권고 사항 중 하나인 avoid going outside를 Staying indoors로 바꿔 표현한 (A)가 정답이다.

🔍 **함정 분석** 지문 중반 ~ all electric appliances be turned off에서 (D)로 혼동하지 않도록 한다. 강력한 폭풍이 예상되므로 전자제품을 꺼두라고 권고하였으므로 난방 장치를 켜라는 (D)는 오답이다.

표현 정리 indoors 실내에 secure (문·창문을) 꼭 닫다 turn on 틀다, 켜다

전문가들이 권고하는 것은 무엇인가?
(A) 실내에 머물 것
(B) 주의 깊게 운전할 것
(C) 문과 창문 단속을 잘 할 것
(D) 난방 장치를 틀 것

79. 세부사항 – 날씨가 맑고 따뜻해질 시점 ★★

❶ 문제 유형 파악 날씨가 맑고 따뜻해질 시점에 대해 묻는 마지막 문제이므로 보도 후반부에서 그런 날씨가 언급되는 부분에 초점을 맞춰야 한다.

❷ 단서 찾기 화자는 후반부에서 On Friday, we can expect clear blue skies and temperatures in the high 20s.라고 하며 금요일에 날씨가 완전히 개고 기온이 올라갈 것으로 예상된다고 전한다.

❸ 정답 선택 따라서 날씨가 맑아지는 날은 금요일이므로 (D)가 정답이다. 아울러 보도의 clear blue skies and temperatures in the high 20s를 질문에서는 sunny and warm으로 바꿔 표현하고 있다는 점도 유의해야 한다.

날씨가 언제 맑고 따뜻해질 것인가?
(A) 화요일
(B) 수요일
(C) 목요일
(D) 금요일

문제 80-82번은 다음 전화 메시지를 참조하시오. 미M

Hi. This is David Warren with Kenwood Technologies. **80 We reserved your back room for a meeting next Tuesday from 2 P.M. to 5 P.M. with light appetizers served. 81 We've had a slight change in plans and hope to change the time slot by an hour from 3 P.M. to 6 P.M. with the same food service. 82 Please call me at 575-0911 and let me know if this is possible.** Thank you.

안녕하세요. 저는 켄우드 테크놀로지스의 데이비드 워렌이라고 합니다. 저희는 다음 주 화요일 오후 2시에서 5시까지 가벼운 전채 요리가 제공되는 밀실을 예약했습니다. 계획이 약간 변경되는 바람에 저희는 시간대를 오후 3시에서 6시까지 한 시간 정도 변경하고 같은 요리가 제공되는 것으로 했으면 합니다. 575-0911로 제게 연락을 주셔서 이것이 가능한지를 알려 주십시오. 감사합니다.

표현 정리 **reserve** 예약하다 **back room** 밀실, 뒷방 **light appetizer** 가벼운 전채 요리 **a slight change** 약간의 변경 **time slot** 시간대

80. 청자의 정체 ★★

❶ **문제 유형 파악** 전화 메시지가 대상으로 하는 청자의 정체에 대해 묻는 첫 번째 문제이므로 메시지 초반부에서 청자에 대해 직접적으로 언급한 부분 혹은 청자의 정체를 나타내는 어휘나 표현에 집중해야 한다.

❷ **단서 찾기** 광고 초반부에 화자가 We reserved your back room for a meeting next Tuesday from 2 P.M. to 5 P.M. with light appetizers served.라고 하며 다음 주 화요일 오후 2시에서 5시까지 가벼운 전채 요리가 제공되는 밀실을 예약했다고 한다.

❸ **정답 선택** with light appetizers served 부분을 통해 이 전화 메시지는 고객이 식당에 전하는 것임을 짐작할 수 있으므로 (A)가 정답이다.

이 메시지는 어떤 업체를 대상으로 하는가?
(A) 식당
(B) 리모델링 회사
(C) 화장품 가게
(D) 부동산 임대 회사

81. 세부사항 – 화자가 변경하고자 하는 것 ★★

❶ **문제 유형 파악** 화자가 변경하고자 하는 것에 대해 묻고 있으므로 화자가 청자에게 변경을 요청하는 내용이 제시되는 부분에 집중해야 한다.

❷ **단서 찾기** 화자는 We've had a slight change in plans and hope to change the time slot by an hour to 3 P.M. to 6 P.M. with the same food service.라고 하며 기존의 예약 시간을 변경하길 원하고 있다.

❸ **정답 선택** 따라서 화자가 변경하고 싶은 것은 시간이므로 (D)가 정답이다.

화자는 무엇을 변경하고 싶어 하는가?
(A) 장소
(B) 일행의 수
(C) 제공되는 음식
(D) 시간

82. 화자의 요청 ★

❶ **문제 유형 파악** 화자가 청자에게 요청하는 것을 묻는 전형적인 마지막 문제로 메시지 후반부의 두 문장 정도의 내용을 통해 단서를 파악하는 것이 적절하다.

❷ **단서 찾기** 광고 말미에서 화자가 Please call me at 575-0911 and let me know if this is possible.이라고 하며 요청 사항이 가능한지를 전화로 알려달라고 부탁하고 있다.

❸ **정답 선택** 따라서 화자에게 요청하는 것은 답신 전화이므로 (A)가 정답이다.

표현 정리 **call back** ~에게 답신 전화를 하다 **refund** 환불하다 **purchase** 구매, 구매품

화자가 청자에게 요청하는 것은 무엇인가?
(A) 그에게 답신 전화를 한다.
(B) 메뉴를 살펴본다.
(C) 예약을 취소한다.
(D) 구매품에 대해 환불을 해준다.

문제 83-85번은 다음 공지를 참조하시오. 호M

Attention, employees. **83 I would like to remind you all that work on the company's new exhibition center will be starting this coming Sunday. 84 The construction company has informed me that construction workers will be using parking lot C for the duration of the construction.** While some spaces are available in parking lots A, B, and D, they will only be available on a first-come, first-served basis. Employees are advised to find alternative parking at private parking lots. **85 The company will provide a five-dollar-a-day benefit to anyone using off-company parking facilities.** Please speak to your department heads for more details. Thank you.

직원 여러분, 주목해 주세요. 저는 여러분 모두에게 이번 일요일부터 회사의 새로운 전시장 공사가 시작된다는 점을 상기시켜 드리고자 합니다. 건설 회사는 공사 기간 중에 공사장 인부들이 C 주차장을 사용할 것이라고 알려왔습니다. A, B, D 주차장에도 사용 가능한 공간이 있긴 하지만, 선착순으로 제공될 것입니다. 직원 여러분들은 사설 주차장에 주차하는 것을 알아보시기 바랍니다. 회사 밖의 주차 시설을 이용하시는 모든 분께는 하루 5달러의 주차 지원금을 드립니다. 보다 자세한 사항은 여러분의 부서장들과 이야기를 나눠 보십시오. 감사합니다.

표현 정리 **remind** 상기시키다 **exhibition** 전시 **inform** 알리다, 전달하다 **parking lot** 주차장 **on a first-come, first-served basis** 선착순으로 **be advised to do** ~하도록 권고 받다 **alternative** 대안의, 대체의 **private** 사적인, 사설의 **parking facility** 주차 시설 **department head** 부서장 **details** 세부사항

83. 세부사항 – 건설되는 시설의 종류 ★★

❶ **문제 유형 파악** 건설되고 있는 시설의 정체에 대해 묻고 있으므로 공지 초반

부에서 시설물이 구체적으로 제시되는 부분에 집중해야 한다.

😀 **단서 찾기** 화자가 공지 시작과 함께 I would like to remind you all that work on the company's new exhibition center will be starting this coming Sunday.라고 하며 회사의 새로운 전시장 공사가 다가오는 일요일부터 시작된다는 사실을 밝히고 있다.

😀 **정답 선택** 따라서 the company's new exhibition center를 An exhibition facility로 바꿔 표현한 (D)가 정답이다.

어떠한 종류의 시설이 건설되고 있는가?
(A) 주차장
(B) 사무실용 건물
(C) 전시용 아파트
(D) 전시 시설

84. 세부사항 – 공사장 인부들이 이용할 수 있는 주차장 ★

😀 **문제 유형 파악** 공사장 인부들이 이용할 수 있는 주차장에 대해 묻고 있으므로 공지에서 construction workers가 등장하는 부분을 중심으로 제시되는 주차장에 관한 단서를 파악해야 한다.

😀 **단서 찾기** 화자가 The construction company has informed me that construction workers will be using parking lot C for the duration of the construction.이라며 공사장 인부들이 공사 기간 동안 C 주차장을 사용할 예정임을 언급하고 있다.

😀 **정답 선택** 공사장 인부들이 이용할 주차장은 C 주차장이므로 (C)가 정답이다.

공사장 인부들은 어느 주차장을 이용할 것인가?
(A) A 주차장
(B) B 주차장
(C) C 주차장
(D) D 주차장

85. 세부사항 – 회사가 직원들을 지원하는 방법 ★★

😀 **문제 유형 파악** 회사가 직원들을 지원해주는 방법에 대해 묻고 있으므로 회사가 직원들에게 제공하는 혜택에 대해 구체적으로 언급하는 부분에 집중해야 한다.

😀 **단서 찾기** 화자는 후반부에서 The company will provide a five-dollar-a-day benefit to anyone using off-company parking facilities.라고 하며 회사 밖의 사설 주차 시설을 이용하면 하루에 5달러의 주차 지원금을 제공하겠다고 밝히고 있다.

😀 **정답 선택** 따라서 provide a five-dollar-a-day benefit을 offering financial assistance로 바꿔 표현한 (A)가 정답이다.

🔍 **함정 분석** 지문 중반의 While some spaces are available in parking lots A, B, and D를 듣고 (B)로 혼동하지 않도록 한다. A, B, D 주차장을 사용할 수 있지만 선착순으로 제공된다고 하며 사설 주차장을 이용할 것을 요청하고 있다. 질문은 회사가 직원들에게 지원하는 내용을 묻고 있으므로 주차장을 제공한다는 (B)는 답이 될 수 없다.

표현 정리 financial assistance 재정 지원 additional 추가의, 보충의

화자에 따르면, 회사는 직원들을 어떻게 지원해줄 것인가?
(A) 재정적인 지원을 함으로써
(B) 주차 공간을 제공함으로써
(C) 직원을 충원함으로써

(D) 새 주차장을 건설함으로써

문제 86-88번은 다음 공지를 참조하시오. 호M

Hello, everyone! It's great to see all of you here and thank you for coming to our job recruitment event today. ⁸⁶**Our company is the leader in the industry when it comes to matching employees in temporary and long-term positions at a variety of companies, from accounting to manufacturing.** Today, you'll meet individually with our personnel experts. They're industry recruiters who can match your skills to the needs of the companies that fit your profile. Looking around, you can see we're very busy today. There's good and bad in that. The good is that we have so many talented and passionate people ready to get to work. ⁸⁷**The bad is that the process today will take some time. But we wish to assist all of you, so please wait for your turn.** ⁸⁸**First, everyone needs to see Ms. Robertson so that we can get a scan of your photo identification.** Thank you.

여러분 안녕하세요? 오늘 여러분 모두를 만나 뵙게 되어 기쁘고, 저희 취업 행사에 참여해 주셔서 감사드립니다. 저희 회사는 회계 분야에서부터 제조 분야에 이르기까지 다양한 회사의 비정규직 및 정규직에 적합한 직원을 소개해드리는 데 있어 업계 선두 주자라 할 수 있습니다. 오늘 여러분은 저희 인사 전문가들과 개별적으로 만나게 될 것입니다. 그들은 여러분의 경력에 적합한 회사의 요구사항과 여러분의 기술을 부합시키는 업계의 인력 채용자입니다. 주위를 둘러보면 저희가 오늘 매우 바쁘다는 것을 알 수 있을 겁니다. 장점과 단점이 있습니다. 장점은 일할 준비가 되어 있는 재능이 있고 열정이 넘치는 많은 분들을 모셨다는 것입니다. 단점은 오늘 진행 과정에 시간이 다소 걸릴 것이란 점입니다. 하지만 저희는 여러분 모두에게 도움을 드리고자 하오니 순서가 될 때까지 기다려주십시오. 우선 여러분 각자의 신분증을 스캔할 수 있도록 로버트슨 씨를 만나주시기 바랍니다. 감사합니다.

표현 정리 job recruitment 일자리 채용, 취업 when it comes to V-ing ~에 관해, ~에 대해 말하자면 match 적합하다, 어울리다 temporary position 임시직, 비정규직 long-term position 정규직 a variety of 다양한 accounting 회계 manufacturing 제조 individually 개인적으로, 개별적으로 personnel expert 인사 전문가 recruiter 채용자 fit 어울리다, 적합하다 profile 경력 passionate 열정적인 process 과정, 절차 assist 돕다 turn 차례 photo identification 사진이 부착된 신분증

86. 화자가 근무하는 회사 ★

😀 **문제 유형 파악** 화자가 근무하는 회사의 업종을 묻고 있으므로 지문 전반부에서 회사의 업종이 직접적으로 제시되거나 또는 이를 추측할 수 있는 관련 어휘나 표현이 등장하는 부분에 집중해야 한다.

😀 **단서 찾기** 화자는 초반부에서 Our company is the leader in the industry when it comes to matching employees in temporary and long-term positions at a variety of companies, from accounting to manufacturing.이라고 하며 자사가 회계 분야에서부터 제조 분야에 이르기까지 다양한 회사의 비정규직 및 정규직에 적합한 직원을 소개하는 데 업계 최고의 회사임을 밝히고 있다.

③ 정답 선택 따라서 화자는 취업 지원자들에게 일자리를 소개하는 인력 회사에서 근무하고 있음을 짐작할 수 있으므로 (C)가 정답이다.

화자는 어떠한 업종의 회사에서 근무할 것 같은가?
(A) 제조 업체
(B) 회계 법인
(C) 인력 회사
(D) 엔지니어링 회사

新 87. 화자의 의도 ★★★

❶ 문제 유형 파악 화자가 "The bad is that the process today will take some time."이라고 언급한 내용에서 추론이 가능한 화자의 의도를 묻고 있으므로 이를 전후로 제시되는 내용을 토대로 화자의 의도를 유추해야 한다.

❷ 단서 찾기 화자는 "The bad is that the process today will take some time."이라고 말한 직후 But we wish to assist all of you, so please wait for your turn.이라고 하며 모두에게 도움을 제공하고자 하니 차례가 될 때까지 기다려줄 것을 요청하고 있다.

❸ 정답 선택 화자가 "The bad is that the process today will take some time."이라고 언급한 내용에는 시간이 걸리더라도 모두에게 서비스를 제공할 예정이니 인내심을 갖고 기다려달라는 의도가 반영되어 있음을 유추할 수 있으므로 (A)가 정답이다.

🔍 **함정 분석** 해당 문장에서 시간이 다소 걸린다는 내용만 파악하고 (B)를 고르지 않도록 한다. 지문은 구직 행사에 대한 내용이므로 공사와는 무관하여 (B)는 오답이다.

표현 정리 patient 참을성 있는, 인내심 있는 **speed up** 속도를 높이다

화자가 "The bad is that the process today will take some time."이라고 말할 때 암시하는 바는 무엇인가?
(A) 구직자들이 인내심을 갖길 바란다.
(B) 공사 진행 속도를 높이길 바란다.
(C) 몇몇 문제점들을 지적하길 원한다.
(D) 청자들이 내일 방문하도록 권고한다.

88. 화자의 요청사항 ★★

❶ 문제 유형 파악 화자가 청자에게 요청/요구/제안/추천/권장하는 내용을 묻는 문제는 대개 마지막 문제로 출제되며 단서는 지문 종료 직전 3문장 이내에서 등장하는 경향이 있다.

❷ 단서 찾기 화자는 지문 말미에서 First, everyone needs to see Ms. Robertson so that we can get a scan of your photo identification.이라고 하며 신분증을 스캔할 수 있도록 로버트슨 씨를 만나라고 요청하고 있다.

❸ 정답 선택 따라서 화자의 요청사항은 로버트슨 씨에게 신분증을 제출하라는 것이므로 (C)가 정답이다.

표현 정리 submit 제출하다 **fill out** (양식을) 작성하다 **present** 제시하다

청자들이 요청 받은 것은 무엇인가?
(A) 신청서를 제출한다.
(B) 서류를 작성한다.
(C) 신분증을 제시한다.

(D) 면접을 준비한다.

문제 89-91번은 다음 전화 메시지를 참조하시오. 영W

Hi, Enzo. It's Lyndsey. I know it's your day off, but we are experiencing a major problem at the shop. We're preparing for the busy lunch hour right now, and **90 I'm getting worried because the baker hasn't delivered our bread yet. 89 How can we make sandwiches without bread?** He has always dropped off our order first thing in the morning. I tried calling the bakery and sent an e-mail, but I haven't heard back. We may need to go to a grocery store to buy some bread. I really hope you can help us out. **91 We need your help. We open in an hour! Please call me back and let me know what to do.**

안녕하세요, 엔조 씨. 린제이예요. 오늘 비번이신 걸 알지만, 가게에 지금 큰 문제가 발생했어요. 저희는 지금 바쁜 점심 시간을 준비하고 있습니다만, 제빵업자가 아직 빵을 배송하지 않아서 걱정이 됩니다. 빵 없이 샌드위치를 어떻게 만들겠어요? 그는 항상 아침 일찍 우리 가게가 주문한 제품을 우선적으로 배송해주었거든요. 제가 계속 빵집에 연락을 취해보고 이메일도 보냈지만 아직까지 답이 없어요. 어쩌면 우리는 식료품점에 가서 빵을 구매해야 할지도 모르겠어요. 당신이 우리를 도와주셨으면 합니다. 당신의 도움이 필요해요. 우리는 한 시간 뒤에 문을 열어야 해요! 제게 연락을 주셔서 어떻게 해야 할지 알려주세요.

표현 정리 day off 쉬는 날, 비번인 날 **major problem** 큰 문제 **prepare for** ~을 준비하다 **drop off our order** 주문품을 배송하다 **first thing in the morning** 오전 일찍 최우선으로 **bakery** 제과점, 빵집 **hear back** 답변을 듣다 **grocery store** 식료품점, 슈퍼마켓 **call ~ back** ~에게 답신 전화를 걸다

89. 화자가 근무하는 회사 ★

❶ 문제 유형 파악 화자가 근무하는 회사에 대해 묻고 있으므로 지문 전반부에서 회사의 업종이 직접적으로 제시되거나 또는 이를 추측할 수 있는 관련 어휘나 표현이 등장하는 부분에 집중해야 한다.

❷ 단서 찾기 무엇보다 화자가 How can we make sandwiches without bread?라고 하며 빵이 없으면 샌드위치를 어떻게 만들 수 있느냐고 반문하는 부분을 통해 화자는 샌드위치 가게에서 근무하고 있음을 유추할 수 있다.

❸ 정답 선택 정답을 고를 수 있는 키워드가 많아 비교적 답을 쉽게 찾을 수 있는 문제로 (B)가 정답이다.

화자는 어디에서 근무할 것 같은가?
(A) 지역 농장
(B) 샌드위치 가게
(C) 레스토랑
(D) 운송 회사

90. 화자가 언급한 문제점 ★★

❶ 문제 유형 파악 화자가 언급한 문제점에 대해 묻고 있는데, 문제점은 항상 지문의 초반부, 즉 화자의 인사말과 자기소개 직후에 직접적으로 제시된다.

❷ 단서 찾기 화자는 지문 초반부에 I'm getting worried because the baker hasn't delivered our bread yet.이라고 하며 제빵업자가 아직 빵을 배송하지 않고 있어 걱정이 된다고 전한다.

❸ 정답 선택 따라서 화자가 언급한 문제점은 주문품이 아직까지 배송되지 않았다는 것이므로 (D)가 정답이다.

🔍 **함정 분석** 지문 초반부의 I'm getting worried because the baker hasn't delivered our bread yet.을 듣고 (A)를 고르지 않도록 한다. 아직 빵을 받지 않은 것은 맞지만 배송이 늦어진 이유에 대한 언급은 없다. 배송 트럭의 고장은 알 수 없으므로 (A)는 답이 될 수 없다.

표현 정리 call in sick 전화로 병가를 내다

화자가 문제라고 언급한 것은 무엇인가?
(A) 배송 트럭이 고장이 났다.
(B) 장비가 심각하게 훼손되었다.
(C) 몇몇 직원이 오늘 아침에 아파서 결근한다고 연락했다.
(D) 주문품이 아직 배송되지 않았다.

新 91. 화자의 의도 ★★★

❶ 문제 유형 파악 화자가 "We open in an hour!"라고 말한 의도를 묻는 문제이므로 전후 문맥을 통해 화자의 의도를 파악해야 한다.

❷ 단서 찾기 화자가 "We open in an hour!"라고 언급한 부분에 앞서 We need your help.라고 하며 도움을 요청하는 내용이 나오고, 그 뒤에는 Please call me back and let me know what to do.라고 하며 연락해서 어떻게 해야 할지 알려달라는 내용이 등장하고 있다.

❸ 정답 선택 따라서 "We open in an hour!"라는 말은 도움을 받지 못하면 가게 문을 열지 못할 수도 있다며 상황의 심각성을 알리려는 의도가 반영된 것이므로 (C)가 정답이다.

표현 정리 time off 휴식, 휴가

화자가 "We open in an hour!"라고 말한 이유는 무엇인가?
(A) 휴가를 요청하기 위해서
(B) 고객에게 나중에 다시 오라고 요청하기 위해서
(C) 상황의 심각성을 설명하기 위해서
(D) 주문을 취소하기 위해서

문제 92-94번은 다음 회의 발췌록과 그래프를 참조하시오. 호M

Hello, everyone, and welcome to the new quarter. **92I called us all together to brainstorm ideas for our mobile tablet sales. 93Looking at the graph, you can see that tablet sales severely drop off in the second quarter.** Therefore, we should come up with some new strategies to sell more tablets to customers. **93, 94This year, I want to avoid the usual big drop-off,** maybe by holding special sales or other events to attract customers. **93, 94Let's break up into teams and create some good ideas for the current quarter.**

안녕하세요, 여러분. 이제 새로운 분기를 맞았습니다. 저는 우리의 모바일 태블릿 판매에 대한 아이디어를 모아보고자 회의를 소집했습니다. 그래프를 보시면 태블릿 매출은 2분기에 심각하게 하락하는 경향

이 있습니다. 따라서 우리는 고객에게 보다 더 많은 태블릿을 판매하기 위한 새로운 전략을 마련해야 합니다. 올해는 통상적으로 발생되는 큰 매출 하락을 피하고 싶습니다. 고객 유치를 위해 특별 할인 판매 행사나 다른 행사들을 열어서라도 말입니다. 팀별로 나누어서 이번 분기 매출을 향상시킬 수 있는 좋은 아이디어들을 고안해봅시다.

표현 정리 quarter 분기 **brainstorm ideas** 아이디어를 고안하다, 아이디어를 모으다 **severely** 심각하게 **drop off** 하락하다, 감소하다 **therefore** 따라서, 그러므로 **come up with** 생각해내다, 제시하다 **strategy** 전략 **avoid** 피하다 **hold** 개최하다 **special sales** 특별 할인 판매 **attract** 유치하다, 끌어들이다 **break up into teams** 팀별로 나누다 **current** 현재의

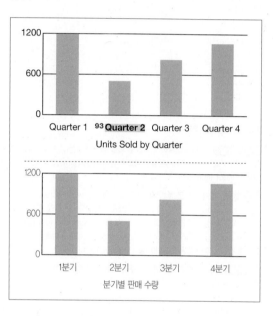

92. 세부사항 – 판매 제품 ★

❶ 문제 유형 파악 회사가 판매하는 제품이 무엇인지를 묻는 첫 번째 세부정보 문제이므로 지문 초반부에서 언급되는 제품 이름에 집중해야 한다.

❷ 단서 찾기 화자는 지문 초반부에 I called us all together to brainstorm ideas for our mobile tablet sales.라고 하며 모바일 태블릿 매출을 위한 아이디어를 모아보고자 회의를 소집했다고 전한다.

❸ 정답 선택 따라서 mobile tablet을 Mobile devices로 바꿔 표현한 (B)가 정답이다.

표현 정리 portable 휴대용의

회사가 판매하는 제품은 무엇인가?
(A) 휴대용 음악 기기
(B) 이동 통신 기기
(C) 화학 제품
(D) 사무 용품

新 93. 시각 정보 연계 – 그래프 ★★★

❶ 문제 유형 파악 회의가 열리는 분기가 언제인지 묻는 시각 정보 연계 문제이다. 회의가 열리는 분기가 언제인지 묻고 있는 만큼 지문에는 회의가 열리는

시점의 분기에 대해서는 직접적으로 언급되지 않을 것임이 분명하다. 이와 대응하는 정보, 즉 분기별 매출과 관련된 내용에 집중할 필요가 있다.

②단서 찾기 화자는 지문 초반부에서 Looking at the graph, you can see that tablet sales severely drop off in the second quarter.라고 하며 그래프에서 2분기 매출이 크게 하락하는 것을 언급하고 있으며, 이어 후반부에서 This year, I want to avoid the usual big drop-off이라고 하며 통상적인 큰 매출 하락을 올해에는 피하고 싶다는 의사를 밝히고 있다. 아울러 마지막 문장 Let's break up into teams and create some good ideas for the current quarter.에서도 현재 분기의 매출 향상을 위한 좋은 아이디어를 고안하자고 제안한다.

③정답 선택 이 모든 부분의 정보를 고려할 때 회의가 열리는 시점은 실적이 가장 저조했던 분기이고, 도표상에서 그것은 2분기임을 알 수 있으므로 (B)가 정답이다.

도표를 참조하시오. 회의는 언제 열리고 있는가?
(A) 1분기
(B) 2분기
(C) 3분기
(D) 4분기

94. 세부사항 – 이후의 논의사항 ★★

①문제 유형 파악 화자가 이후에 무엇을 논의할 것인지 묻는 마지막 문제이므로 지문이 종료되기 직전 2-3문장 중심으로 앞으로 논의할 사항에 관련된 단서를 파악해야 한다.

②단서 찾기 화자는 지문 후반부에서 This year, I want to avoid the usual big drop-off이라고 하며 통상적으로 발생했던 큰 매출 하락을 올해에는 피하고 싶다는 의사를 밝힌 후 Let's break up into teams and create some good ideas for the current quarter.라고 하며 현재 분기의 매출 향상을 위한 좋은 아이디어를 고안하자고 제안하고 있다.

③정답 선택 따라서 이후에는 매출을 증가시킬 수 있는 방법에 관해 논의할 예정임을 알 수 있으므로 (A)가 정답이다.

화자는 이후에 무엇을 논의하고자 하는가?
(A) 매출을 증가시킬 방법
(B) 홈페이지 디자인
(C) 고객 불만사항
(D) 사업 확장 계획

문제 95~97번은 다음 공지와 광고를 참조하시오. 미W

A friendly welcome to all Franklin Fresh Market shoppers! **95 This weekend, Franklin Fresh Market is celebrating its twentieth year in business,** providing you and your family a courteous and engaging environment. To show our appreciation, we'll be having a huge sale at our four locations. **96 Here at this shop, you'll get 30 percent off all beverages, including juice and soda.** But **97 please check our Web site at Franklin.com to become a member of our Loyal Franklin Shopper Program.** Then, you'll see that each location has different items on sale. **97 Please sign up and enjoy the perks of being a loyal Franklin Shopper!**

프랭클린 프레쉬 마켓 쇼핑객 여러분 모두 환영합니다! 이번 주말 프랭클린 프레쉬 마켓은 영업 20주년을 축하하며 여러분과 가족에게 정중하고 매력적인 쇼핑 환경을 제공합니다. 감사의 뜻을 표하기 위해 저희는 4군데에서 대대적인 할인 판매를 실시할 것입니다. 바로 이 상점에서는 주스와 탄산음료를 포함한 모든 음료에서 30퍼센트 할인 혜택을 받으실 수 있습니다. 하지만 저희 홈페이지 Franklin. com에서 로열 프랭클린 쇼퍼 프로그램의 회원이 되십시오. 그러면 각 지점마다 다른 할인 판매 제품들에 대해 알 수 있게 됩니다. 회원으로 등록하셔서 로열 프랭클린 쇼퍼 프로그램 회원으로서의 특전을 누리세요!

표현 정리 friendly 우호적인, 친근한 celebrate 축하하다, 기념하다 courteous 예의바른, 친절한 engaging 마음을 끄는, 매력적인 appreciation 감사 huge 거대한 location 장소, 소재지 beverage 음료 loyal 충성스런 item 상품, 항목 on sale 판매되는, 세일 중인 perks 특전

Franklin Fresh Market 30% Discount This Weekend!	
Sale Item	Store Location
Fresh Produce	Fremont
Dairy Products	San Jose
96 Beverages	**Cupertino**
Baked Goods	Oakland

프랭클린 프레쉬 마켓 이번 주말 30% 할인 행사!	
할인 판매 품목	상점 위치
신선한 농산물	프리몬트
유제품	산호세
음료	쿠퍼티노
제과제빵류	오클랜드

95. 세부사항 – 프랭클린 프레쉬 마켓이 축하하는 것 ★★

①문제 유형 파악 프랭클린 프레쉬 마켓이 축하하는 것이 무엇인지 묻는 첫 번째 질문이므로 지문 초반부에서 축하 대상으로 언급되는 사안에 집중해야 한다.

②단서 찾기 화자는 지문 초반부에 This weekend, Franklin Fresh Market is celebrating its twentieth year in business라고 하며 이번 주말에 영업 20주년을 축하한다고 알리고 있다.

③정답 선택 따라서 프랭클린 프레쉬 마켓이 축하하는 것은 상점 창업 기념일이므로 (A)가 정답이다.

표현 정리 profitable 수익성 있는

프랭클린 프레쉬 마켓이 축하하고 있는 것은 무엇인가?
(A) 상점 창립 기념일
(B) 새로운 상점 개장
(C) 국경일
(D) 수익성이 높았던 분기

新 **96. 시각 정보 연계 – 도표 ★★★**

①문제 유형 파악 해당 발표가 어느 상점에서 이루어지고 있는지 4군데 중 한

곳을 선택하는 문제다. 무엇보다 시각 정보인 도표 연계 문제이므로 분명 지문에 도시 이름이 직접적으로 등장하지 않는다는 것을 짐작할 수 있다. 따라서 지점마다 다른 할인 품목에 관한 정보를 통해 단서를 파악해야 한다.

②단서 찾기 화자는 지문 중반에 Here at this shop, you'll get 30 percent off all beverages, including juice and soda.라고 하며 이 상점에서는 모든 음료를 30% 할인해 준다고 알린다.

③정답 선택 도표를 보면 음료에 대한 할인 행사가 열리는 곳은 쿠퍼티노 지점이므로 (C)가 정답이다.

도표를 참조하시오. 어느 상점에서 이 발표를 하고 있는가?
(A) 프리몬트
(B) 산호세
(C) 쿠퍼티노
(D) 오클랜드

97. 세부사항 – 청자들의 홈페이지 방문 목적 ★★

①문제 유형 파악 청자들이 홈페이지에 방문해야 하는 이유를 묻는 마지막 문제이므로 지문 후반부, 즉 지문 종료 전 3문장 내외의 내용에서 Web site나 구체적인 홈페이지 주소가 제시되는 부분을 중심으로 방문 이유에 해당되는 단서에 귀를 기울여야 한다.

②단서 찾기 화자는 please check our Web site at Franklin.com to become a member of our Loyal Franklin Shopper Program.이라고 하며 Franklin.com에서 로열 프랭클린 쇼퍼 프로그램의 회원으로 가입할 것을 권유하고 있고, 지문 말미에 다시 한번 Please sign up and enjoy the perks of being a loyal Franklin Shopper!라고 하며 회원 프로그램에 가입하여 많은 혜택들을 누릴 것을 권하고 있다.

③정답 선택 따라서 화자는 청자들에게 홈페이지에 방문해 회원 프로그램 가입을 권유하고 있으므로 (C)가 정답이다.

표현 정리 job opening (직장의) 빈 일자리

청자들이 홈페이지에 방문해야 하는 이유는 무엇인가?
(A) 금주의 우수 직원을 뽑는 투표를 하기 위해서
(B) 일자리가 있는지 알아보기 위해서
(C) 회원 프로그램에 가입하기 위해서
(D) 고객 이용 후기를 작성하기 위해서

문제 98-100번은 다음 공지와 일정표를 참조하시오. 영W

Hello and welcome to this year's Economy and International Relations Conference. Our keynote speaker this evening is renowned economist Dr. Sally Murphy. Dr. Murphy will be presenting her findings from her recent research on the correlation between the growth of tourism and the development of local communities. **98, 99 However, unfortunately, our second speaker, Dr. James McCann, canceled his speech due to a sudden illness. 99 Instead, Dr. David Kiesling will be presenting his study on global warming and alternative energy,** focusing particularly on geothermal energy and hydrogen energy. **100 Please note the switch of the two lectures this evening on your conference program.** Thank you for your understanding.

안녕하십니까. 올해의 경제 및 국제관계 회의에 오신 것을 환영합니다. 오늘 저녁 기조 연설자는 유명한 경제학자인 샐리 머피 박사님입니다. 머피 박사님은 관광 산업 발전과 지역 사회 발전 사이의 상관관계에 관한 최근의 연구 결과를 발표할 예정입니다. 그러나 안타깝게도 우리의 두 번째 연설자이신 제임스 맥캔 박사님은 갑작스런 병환으로 인해 연설을 취소하셨습니다. 대신 데이비드 키슬링 박사님께서 지열 에너지와 수소 에너지에 초점을 맞춘 지구 온난화와 대체 에너지에 관한 연구를 발표할 예정입니다. 오늘 저녁 귀하의 회의 프로그램에서 두 강연의 변경사항에 대해 유의해 주시기 바랍니다. 양해해 주셔서 감사합니다.

표현 정리 international relations 국제 관계 keynote speaker 기조 연설자 renowned 유명한 economist 경제학자 present 발표하다 findings 연구 결과 correlation 상관관계 alternative energy 대체 에너지 geothermal energy 지열 에너지 hydrogen energy 수소 에너지 switch (예기치 않은) 전환, 변경

Conference Program	
Presenter	Time
Dr. Sally Murphy	6:00 P.M. - 6:40 P.M.
99 Dr. James McCann	**6:50 P.M. - 7:30 P.M.**
Break	7:30 P.M. - 7:50 P.M.
Dr. David Kiesling	7:50 P.M. - 8:20 P.M.
Dr. Gwangsoon Ha	8:30 P.M. - 9:10 P.M.

회의 프로그램	
발표자	시간
샐리 머피 박사	오후 6:00 – 오후 6:40
제임스 맥캔 박사	오후 6:50 – 오후 7:30
휴식	오후 7:30 – 오후 7:50
데이비드 키슬링 박사	오후 7:50 – 오후 8:20
광순 하 박사	오후 8:30 – 오후 9:10

98. 세부사항 – 맥캔 박사에게 발생한 일 ★★

①문제 유형 파악 맥캔 박사에게 발생한 일에 관해 묻는 세부사항 유형의 문제로 지문에서 맥캔이란 인명이 등장하는 부분을 중심으로 단서를 파악해야 한다.

②단서 찾기 화자는 지문 중반부에서 However, unfortunately, our second speaker, Dr. James McCann, canceled his speech due to a sudden illness.라고 하며 두 번째 연설자인 맥캔 박사가 갑작스런 병환으로 연설을 취소했다는 사실을 언급하고 있다.

③정답 선택 따라서 맥캔 박사가 아프다는 의미의 (B)가 정답이다.

함정 분석 지문 중반 Dr. James McCann, canceled his speech due to a sudden illness에서 (D)로 혼동하지 않도록 한다. 제임스 박사는 갑자기 아파서 연설을 취소하였다고 전하므로 강연을 연기한다는 (D)는 오답이다.

표현 정리 flight 비행기, 비행편 postpone 연기하다

화자에 따르면, 맥캔 박사에게 무슨 일이 발생했는가?
(A) 비행기를 놓쳤다.
(B) 병이 났다.
(C) 수화물을 분실했다.
(D) 강연을 연기했다.

新 99. 시각 정보 연계 – 일정표 ★★★

① 문제 유형 파악 키슬링 박사의 발표 시간을 묻는 시각 정보 연계 문제이다. 발표 시간을 묻고 있으므로 지문에서는 키슬링 박사의 발표 시간에 대해 직접적으로 언급하지 않을 것임을 알 수 있다. 따라서 이와 대응하는 정보, 발표 순서와 관련된 내용이 제시되는 부분에 집중해야 한다.

② 단서 찾기 우선 화자는 지문 중반부에서 However, unfortunately, our second speaker, Dr. James McCann, canceled his speech due to a sudden illness.라고 하며 맥캔 박사가 병환으로 인해 연설을 취소했다는 사실을 밝히고 있다. 이어서 화자는 Instead, Dr. David Kiesling will be presenting his study on global warming and alternative energy라고 하며 맥캔 박사 대신 키슬링 박사가 연설을 하게 되었음을 전달하고 있다.

③ 정답 선택 따라서 키슬링 박사는 연설 시간을 맥캔 박사의 시간으로 옮겨 발표를 해야 하는데, 일정표를 보면 맥캔 박사의 발표 시간은 오후 6시 50분이므로 (B)가 정답이다.

도표를 참조하시오. 키슬링 박사는 언제 발표를 하는가?
(A) 오후 6:00
(B) 오후 6:50
(C) 오후 7:50
(D) 오후 8:30

100. 화자의 요청 사항 ★★

① 문제 유형 파악 화자의 요청 사항에 대해 묻는 세 번째 문제이므로 지문 후반부, 즉, 지문 종료 전 2-3문장에서 제시되는 단서에 집중해야 하며 특히 동사를 놓치지 않고 들어야 한다.

② 단서 찾기 화자는 지문 말미에서 Please note the switch of the two lectures this evening on your conference program.이라고 하며 오늘 저녁 회의 프로그램에서 두 강연의 변경사항에 대해 유의할 것을 당부하고 있다.

③ 정답 선택 따라서 일정의 변경이 있다는 점을 확인하라는 의미의 (D)가 정답이다.

표현 정리 recommend 추천하다 acknowledge (접수를) 인정하다, 승인하다

화자가 청자들에게 요청하는 것은 무엇인가?
(A) 강연을 추천한다.
(B) 주문 과정의 속도를 높인다.
(C) 발표를 경청한다.
(D) 일정의 변경을 확인하다

PART 5

101. 어형 – 명사의 자리 ★★

① 보기 구성 파악 proceed가 공통으로 들어가며 품사만 다른 어형 문제이다.

(A) proceed 동사
(B) proceeds 복수형 명사
(C) procedural 형용사
(D) procedures 복수형 명사

② 빈칸 자리 확인 빈칸 앞에 정관사(the)와 형용사가 있으므로 빈칸은 명사 자리이다.

③ 정답 선택 명사형인 (B), (D) 중 (B)는 '수익금'이라는 의미로 해석상 적합하지 않다. '절차'라는 의미의 (D)가 정답이다.

🔍 **함정 분석** 명사의 자리를 고르는 유형임에도 불구하고, (B)와 (D) 중에서 선뜻 정답을 고르기가 쉽지 않은 문제이다. 문맥상 '절차'라는 뜻의 (D) procedures가 정답이지만, 형태가 비슷한 (B) proceeds가 함정 오답으로 제시된 점에 유의한다.

표현 정리 outline 개요를 서술하다 procedure 절차 proceed 지속하다 (= continue) proceeds 수익금 procedural 절차상의

해석 다음 단계들은 가와쿠마 대학에 지원하는 학생을 위한 표준 '절차 (procedures)'의 개요를 서술하고 있다.

102. 문법 – 미래 시제 ★★

① 보기 구성 파악 publish가 공통으로 들어가며 태와 시제가 다른 문법 문제이다.

(A) to publish to부정사
(B) will be published 미래시제 / 수동
(C) is published 현재시제 / 수동
(D) have been publishing 현재완료 진행 / 능동

② 빈칸 자리 확인 빈칸은 완전한 동사형이 들어가야 하므로 일단 (A)는 제외한다. 실질적인 주어는 details이므로 단수 동사인 (C)도 제외한다.

③ 정답 선택 빈칸에 들어갈 동사 publish는 타동사이지만 뒤에 목적어가 보이지 않으므로 수동형인 (B)가 정답이다.

표현 정리 details 세부사항 publish 출판하다, (신문·잡지에) 싣다, 게재하다 company newsletter 사보

해석 새로운 워크숍에 대한 세부사항은 다음 사보에 '실릴 것이다(will be published)'.

103. 어형 – 복합명사 ★

① 보기 구성 파악 evaluate가 공통으로 들어가며 품사만 다른 어형 문제이다.

② 빈칸 자리 확인 동사 will be used에 대한 주어 자리이므로 빈칸에는 명사가 들어가야 한다. (C)도 명사이지만 '평가자'를 나타내므로 내용상 부적합하다.

③ 정답 선택 'course evaluations(강좌 평가)'라는 복합명사의 형태를 묻고 있으므로 (B)가 정답이다.

표현 정리 course evaluations 강좌 평가 further 추가적인 planning 계획, 기획 evaluator 평가자

해석 '강좌 평가(course evaluations)'의 결과는 강좌의 추가적인 개발과 계획에 이용될 것이다.

104. 어휘 – 동사 ★★

❶ 보기 구성 파악 동사 어휘 문제이다.

❷ 빈칸 자리 확인 빈칸 뒤에 her와 award라는 두 명사가 나와 있다.

❸ 정답 선택 문맥상 'win A B(A에게 B를 얻게 해주다)'라는 4형식 구조가 되어야 하므로 (D)가 정답이다.

🔍 **함정 분석** 그녀에게 브란젤리카상이라는 '영예를 안겼다'의 뜻으로 오인하여 (A)를 선택하지 않도록 유의한다.

표현 정리 win A B A에게 B를 얻게 해주다 honor 명예를 주다, 기리다 achieve 달성하다

해석 패티 스미스에게 브란젤리카 상을 '안겨준(won)' 것은 그녀의 새로운 디자인 프로젝트였다.

105. 문법 – 과거분사 ★★

❶ 보기 구성 파악 stamp가 공통으로 들어가는 동사의 형태 문제이다.

❷ 빈칸 자리 확인 사역동사 have의 목적어로 사람이 나오면 보통 능동의 의미이므로 동사원형이 쓰이고, 사물이 나오면 수동의 과거분사 형태(have + 사물 + p.p.)가 쓰인다.

❸ 정답 선택 passport(여권)가 누군가에 의해 도장이 찍히는 것은 수동의 의미이므로 (B)가 정답이다.

표현 정리 It is recommended that ~하는 것이 권장되다 passport 여권 stamp 도장을 찍다 proceed through ~를 통과하다 security 보안검색대

해석 보안검색대를 통과하기 전에 여권에 '도장을 받는(stamped)' 것이 권장된다.

106. 문법 – 시간 부사절 접속사 ★★

❶ 보기 구성 파악 다양한 전치사와 접속사로 구성되어 있다.

❷ 빈칸 자리 확인 the advertisement는 ran의 주어이고, 빈칸의 앞뒤가 모두 절을 이루고 있으므로 접속사가 필요하다.

❸ 정답 선택 「since(~이래로) + 과거시제, S + have(has) p.p.」의 형태를 묻고 있으므로 (B)가 정답이다. (A), (C), (D)는 전치사이므로 뒤에 절이 올 수 없다.

🔍 **함정 분석** 지역 신문에 광고가 나간 '동안에(during)'로 오인하지 말아야 한다. 의미상으로는 가능성이 있지만 during은 뒤에 절이 올 수 없는 전치사임에 유의한다.

표현 정리 receive orders 주문을 받다 advertisement 광고

해석 지역 신문에 광고가 나간 '이후로(since)' 우리 프로젝트 팀은 여러 건의 주문을 받았다.

107. 어휘 – 동사 ★★

❶ 보기 구성 파악 동사 어휘 문제이다.

❷ 빈칸 자리 확인 빈칸 앞의 주어인 앨범이 15명의 기타리스트를 '포함하고 있다'라는 의미가 되어야 한다.

❸ 정답 선택 문맥상 '~을 포함하다, ~을 특징으로 하다'라는 의미인 (A)가 알맞다.

🔍 **함정 분석** appear를 '나타나다'로 해석한다면 (B)를 정답으로 오인할 소지가 있다. 하지만 appear는 자동사이므로 목적어를 취할 수 없음에 유의한다.

표현 정리 recently released 최근 출시된 compilation album 컴필레이션 앨범, 편집 앨범 feature ~을 포함하다, ~을 특징으로 하다 appear 나타나다, ~인 것 같다 conduct ~을 하다 establish 수립하다, 확립하다

해석 최근 출시된 블루스 컴필레이션 앨범은 세계에서 가장 유명한 15명의 기타리스트를 '포함하고(features)' 있다.

108. 문법 – 가산명사 vs 불가산명사 ★★

❶ 보기 구성 파악 수와 양을 나타는 형용사로 구성되어 있다.

(A) Each + 가산명사의 단수

(B) All + 가산명사의 복수 또는 불가산 명사

(C) Most + 가산명사의 복수 또는 불가산 명사

(D) Both + 가산명사의 복수

❷ 빈칸 자리 확인 빈칸 뒤에 가산명사의 단수(researcher)가 나와 있다.

❸ 정답 선택 가산명사의 단수인 researcher와 함께 쓸 수 있는 형용사는 (A)이다.

🔍 **함정 분석** 각 보기의 수일치는 동사인 will go가 아니라 바로 빈칸 뒤의 researcher에 맞춰서 판단해야 한다.

표현 정리 researcher 과학자, 연구원 go through 겪다, 경험하다 thorough 철저한, 빈틈없는 background check 배경 조사

해석 우리의 다음 프로젝트에 참여하는 '각(each)' 연구원은 철저한 배경 조사를 받게 될 것이다.

109. 문법 – 주격 보어로 쓰인 형용사 ★★

❶ 보기 구성 파악 close가 공통으로 들어가며 품사만 다른 어형 문제이다.

❷ 빈칸 자리 확인 'be[come] close to -ing(막 ~하려던 참이다)'라는 표현을 묻고 있다. 이때 close는 closer나 closely로 바꾸어 쓸 수 없는 형태 불변이며, 뒤에 오는 to는 to부정사가 아닌 전치사임에 유의해야 한다.

❸ 정답 선택 be동사 다음에는 형용사가 와야 하므로 (D)가 정답이다.

표현 정리 research team 연구팀 be[come] close to V-ing 막 ~하려던 참이다 discover a new method 새로운 방법을 찾다 extract A from B B로부터 A를 추출하다 closely 세심히, 면밀히

해석 연구팀은 모든 종류의 문서에서 이미지를 추출하는 새로운 방법을 막 발견하려던 참이었다.

110. 어형 – 형용사의 자리 ★★

❶ 보기 구성 파악 protect가 공통으로 들어가며 품사만 다른 어형 문제이다.

❷ 빈칸 자리 확인 빈칸은 명사 gear를 수식하는 형용사 자리이다. 일부 예외도 있지만, 명사를 수식하거나 설명할 때 (D)와 같은 완전한 형태의 형용사들(-tive, -sive, -ful, -able)은 (C)와 같은 분사보다 우선이다.

❸ 정답 선택 'protective equipment(보호 장비)'라는 표현을 묻고 있으므로 (D)가 정답이다.

표현 정리 **new line of protective gear** 보호 장비 신제품들 **lighter but sturdier** 더 가볍지만 더 튼튼한 **protect** 보호하다

해석 크리모 랩스는 더 가볍지만 더 튼튼한 하키 선수용 '보호 장비(protective gear)' 신제품들을 출시했다.

---

111. 어형 – 명사 수식하는 현재분사 ★★

❶ 보기 구성 파악 return이 공통으로 들어가며 품사만 다른 어형 문제이다.

❷ 빈칸 자리 확인 빈칸은 바로 뒤에 전치사 to가 나올 수 있는 동사적 기능과 바로 앞의 명사 animals를 뒤에서 수식하는 형용사적 기능을 동시에 하는 분사 자리이다.

❸ 정답 선택 이 경우 return은 자동사(return to ~)로 쓰인 것이므로(수동의 p.p.가 존재하지 않으므로) –ing 형태로 명사를 수식하게 된다. 그러므로 (D)가 정답이다.

표현 정리 **return to** ~로 되돌아가다 **wild habitat** 야생 서식지 **go through** ~을 겪다 **how to survive on their own** 스스로 생존하는 법

해석 야생 서식지로 '되돌아가는(returning)' 동물들은 스스로 생존하는 법을 터득하기 위해 특별한 훈련 프로그램을 거치게 된다.

---

112. 어휘 – 명사 ★★

❶ 보기 구성 파악 다양한 명사로 구성된 명사 어휘 문제이다.

❷ 빈칸 자리 확인 'go into effect(발효되다)'라는 표현을 묻고 있다.

❸ 정답 선택 '발효되다, 시행되다'라는 의미를 이루는 (A)가 정답이다. 유사 표현인 'be in effect'도 알아두자.

표현 정리 **speed limits** 속도 제한 **go[come] into effect** 발효되다, 시행되다 **outcome** 결과(= result) **reward** 보상

해석 눈으로 인해 도로에서 문제가 발생할 것이기 때문에, 1월부터 새로운 속도 제한이 '발효될(go into effect)' 것이다.

---

113. 문법 – 인칭대명사의 목적격 ★★

❶ 보기 구성 파악 대명사의 다양한 격으로 구성되어 있다.

❷ 빈칸 자리 확인 빈칸은 4형식으로 쓰인 동사 give의 간접목적어 자리이다.

❸ 정답 선택 동사 give의 주어는 커피숍이고 목적어는 고객들이므로, 주어와 다른 제3자를 나타내는 목적격인 (C)가 정답이다.

표현 정리 **thank its customers** 고객들에게 감사를 표하다 **give A B** A에게 B를 주다

해석 그 커피숍은 '그들에게(them = customers)' 새 쿠키 샘플을 제공함으로써 고객들에게 감사를 표하기로 결정했다.

---

114. 어휘 – 동사 ★★

❶ 보기 구성 파악 다양한 동사로 구성된 동사 어휘 문제이다.

❷ 빈칸 자리 확인 hazard를 목적어로 하여 '제기하다, 야기하다'의 의미를 나타내는 동사를 찾아야 한다. (A)와 (B)는 동의어로 영향을 받는 대상이 목적어

로 나와야 하고, (C)는 위협의 대상이 목적어로 나와야 한다.

❸ 정답 선택 (D)는 threat, problem, hazard 등의 어휘를 목적어로 하여 '제기하다, 야기하다'의 의미를 나타낸다.

표현 정리 **It has been proved that** ~으로 입증되었다 **holiday lights** 연휴의 조명들 **pose fire hazards** 화재 위험을 야기하다 **fire department** 소방청 **offer safety tips** 안전수칙을 제공하다 **influence** 영향을 미치다(= affect) **threaten** 위협하다

해석 연휴의 조명들이 화재 위험을 '야기할(pose)' 수 있는 것으로 입증되어 소방청이 안전수칙을 제공하고 있다.

---

115. 대명사 – 형용사 혼합형 ★★

❶ 보기 구성 파악 대명사 또는 형용사로 구성되어 있다.

(A) each other 대명사(서로)

(B) other + 가산명사의 복수 또는 불가산 명사 / 형용사(다른)

(C) the other + 가산명사의 단수, 복수, 불가산 명사 / 형용사(다른). 대명사(둘 중 다른 하나)

(D) the others 대명사(나머지 것들)

❷ 빈칸 자리 확인 빈칸 뒤의 명사 method를 수식할 수 있는 형용사를 찾아야 한다. (A)는 어포스트로피(')가 있어야 명사 수식이 가능하며, (B)는 무관사 상태라 뒤에 복수와 불가산명사만 나올 수 있다.

❸ 정답 선택 빈칸 바로 뒤에 가산단수(method)의 형태가 오므로 (C)가 정답이다. (C)는 정관사(the)로 인해 뒤에 모든 형태의 명사가 다 나올 수 있다.

표현 정리 **while** ~동안, ~인 반면, 비록 ~이지만(= although) **method** 방법 **suitable** 적합한(= suited)

해석 (둘 중) 한 가지 방법은 직원들에게 적합하고, '다른 한 가지(the other)' 방법은 고용주들에게 적합하다.

---

116. 어형 – 형용사의 자리 ★

❶ 보기 구성 파악 접두어 over가 공통으로 들어가는 여러 품사로 구성되어 있다.

❷ 빈칸 자리 확인 빈칸은 compartment(수납함)를 수식할 수 있는 형용사 자리이다.

❸ 정답 선택 문맥상 '머리 위 수납함'이라는 의미가 적절하므로 (C)가 정답이다.

표현 정리 **luggage** 짐, 수화물 **too heavy to fit in** 너무 무거워 ~에 맞지 않는 **overhead compartment** 머리 위 수납함 **overcharge** (금액을) 과다 청구하다 **overhear** 엿듣다 **oversee** 관리하다, 감독하다

해석 '머리 위(overhead)' 수납함에 들어가기에 너무 무거운 짐은 앞좌석 밑에 넣어야 합니다.

---

117. 어형 – 분사구문 ★★

❶ 보기 구성 파악 plan이 공통으로 들어가며 품사만 다른 어형 문제이다.

❷ 빈칸 자리 확인 빈칸 앞의 as는 '~듯이, ~대로'라는 의미의 접속사이다. 빈칸은 부사의 수식을 받고 있어 명사형이 들어갈 수 없는 자리이므로 앞의 as를 전치사로 볼 수 없다.

❸ 정답 선택 'as (it was) previously planned'의 형태이므로 (A)가 정답이다. as mentioned/directed/scheduled 등의 표현도 함께 알아두자.

표현 정리 **announce** 발표하다 **conduct** 실시하다 **live broadcast**

생방송 **sporting event** 스포츠 경기 **as previously planned** 전에 계획된 대로

해석 TBC는 전에 '계획된 대로(as planned)' 그 스포츠 경기의 생방송을 하지 않을 것이라고 발표했다.

118. 문법 – 문맥에 맞는 전치사 ★★

❶ 보기 구성 파악 다양한 전치사로 구성되어 있다.

❷ 빈칸 자리 확인 자/타동사로 모두 쓰이는 approve와 어울리는 전치사를 찾아야 한다.

❸ 정답 선택 approve는 자동사일 때 전치사 of와 함께 쓰이므로 (D)가 정답이다.

표현 정리 **on the basis that** ~라는 전제 하에, ~을 근거로 하여 **approve of** ~을 승인하다 **proposal** 제안(서)

해석 공장이 제품을 50퍼센트 더 빠르게 생산할 것이라는 전제 하에 회사는 존의 제안을 '승인하기로(approve of)' 결정했다.

119. 어휘 – 동사 ★★

❶ 보기 구성 파악 동사 어휘 문제이다.

❷ 빈칸 자리 확인 보기가 빈칸에 들어가면 수동형(be+p.p.)을 이루므로, 자동사인 (A), (B)는 우선 제외한다. (C)는 「notify + 사람 + to do/that ~/of ~」의 형태로 쓰이는데, 수동형으로 바뀌면 사람이 주어가 되므로 어색하다.

❸ 정답 선택 '검토되었다'라는 의미가 문맥상 적합하므로 (D)가 정답이다.

🔍 **함정 분석** 의미상으로는 '지속하다'의 의미를 지닌 (A) proceeded도 정답의 가능성이 있다. 하지만 proceed는 자동사이기 때문에 수동태로 쓰이지 않는다는 사실에 주목한다.

표현 정리 **review** 검토하다 **thoroughly** 빈틈없이, 철저히 **board of directors** 경영진, 이사진 **proceed** 지속하다(= continue) **notify** (~에게) 알리다

해석 테스트가 경영진에 의해 빈틈없이 '검토되었지만(have been reviewed)', 어떤 문제가 있다면 저희에게 알려주십시오.

120. 어휘 – 형용사 ★★

❶ 보기 구성 파악 형용사 어휘 문제이다.

❷ 빈칸 자리 확인 'processing(처리)'을 수식할 수 있는 가장 적절한 단어를 고르면 된다.

❸ 정답 선택 보기 중에 '효율적인'이라는 의미의 (C)가 적합하다. 나머지 보기들은 문맥상 적합하지 않다.

표현 정리 **ensure** 약속하다, 보장하다 **efficient processing** 효율적인 처리 **permit application** 허가 신청서 **courageous** 용기 있는 **realistic** 현실적인 **rewarding** 가치 있는, 보람 있는

해석 귀하의 특별 행사 허가 신청서의 '효율적인(efficient)' 처리를 보장하기 위해 다음의 정보를 포함시켜 주십시오.

121. 문법 – 문맥에 맞는 전치사 ★★

❶ 보기 구성 파악 다양한 전치사로 구성되어 있다.

❷ 빈칸 자리 확인 빈칸에는 come이 an end와 함께 숙어를 이룰 수 있는 전

치사가 필요하다.

❸ 정답 선택 'come to an end(~이 끝나다)'라는 표현을 묻고 있으므로 (A)가 정답이다. 유사 표현인 'bring + 목 + to an end(~을 끝내다)'도 알아두자.

표현 정리 **come to an end** ~이 끝나다 **be criticized for** ~에 대해 비판을 받다 **become repetitive** 반복되다

해석 그 리얼리티 TV쇼는 반복된다는 비판을 받았을 때 '끝나게 되었다(came to an end)'.

122. 어휘 – 동사 ★★

❶ 보기 구성 파악 동사 어휘 문제이다

❷ 빈칸 자리 확인 보기 중에 요리(dish)를 목적어로 취할 수 있는 것은 (C), (D)이다. (B)는 'treat A to B(A에게 B를 대접하다)'의 형태로 쓰인다. (D)는 뒷부분의 work on과 중복되어 어색하다.

❸ 정답 선택 '맛보다, 시식하다'라는 의미의 (C)가 문맥상 적합하다.

표현 정리 **taste the dish** 요리를 맛보다[시식하다] **crew** (팀으로 함께 일하는) 직원들, 팀, 조 **work on** ~에 애를 쓰다[공을 들이다] **treat** 대접하다

해석 그 주방장은 자신의 직원들이 만든 요리를 기꺼이 '시식해보기로(taste)' 했다.

123. 어형 – 명사 수식하는 과거분사 ★★

❶ 보기 구성 파악 survey가 공통으로 들어가는 어형 문제이다.

❷ 빈칸 자리 확인 주어가 people이고 동사는 say이므로 빈칸에 들어갈 survey는 바로 앞의 주어를 뒤에서 수식하는 형태가 되어야 한다.

❸ 정답 선택 '~ people (who were) surveyed say ~'의 구조가 적절하므로 (D)가 정답이다.

표현 정리 **survey** 설문조사를 실시하다 **fuel economy** (자동차) 연비 **extremely** 매우(= very) **decision to do** ~하려는 결정

해석 '설문조사를 받은(surveyed)' 사람들의 약 42퍼센트는 연비가 신차를 구입하려는 결정에 매우 중요하다고 말한다.

124. 어휘 – 명사 ★★

❶ 보기 구성 파악 명사 어휘 문제이다.

❷ 빈칸 자리 확인 '표현의 ~으로'라는 의미에 어울리는 명사를 골라야 한다.

❸ 정답 선택 '표현의 수단으로' 이용한다는 의미가 적절하므로 (D)가 정답이다.

표현 정리 **as a means of** ~의 수단으로 **express** 표현하다 **personality** 성격, 개성

해석 이번 프로젝트에서 직원들은 자신의 개성을 표현하는 '수단(means)'으로 패션을 이용하기로 했다.

125. 어형 – 부사의 자리 ★

❶ 보기 구성 파악 efficient가 공통으로 들어가며 품사만 다른 어형 문제이다.

(A) more efficient 비교급   (B) efficiency 명사
(C) efficient 형용사   (D) efficiently 부사

② `빈칸 자리 확인` 빈칸 앞의 동사 work는 '업무 시간' 등을 목적어로 취하는 경우를 제외하고는 거의 대부분 목적어나 보어가 필요 없는 완전자동사로 쓰인다.

③ `정답 선택` 완전자동사는 목적어나 보어를 필요로 하지 않으므로 부사인 (D)가 알맞다.

`표현 정리` donation 기부 fire department 소방청 allow + 목 + to do ~가 …하도록 해주다 work efficiently 효율적으로 일하다 by improving one's equipment 장비를 개선함으로써 efficiency 효율, 능률

`해석` 소방청에 대한 기부는 그들이 장비를 개선함으로써 '효율적으로(efficiently)' 일할 수 있게 해줄 것이다.

126. 어휘 – 동사 ★★

① `보기 구성 파악` 동사 어휘 문제이다.

② `빈칸 자리 확인` 뒤에 전치사 with를 취할 수 있는 동사를 찾아야 한다. (A)와 (D)는 전치사 to를, (C)는 전치사 by를 동반한다.

③ `정답 선택` 문맥상 '(규정 등을) 지키다, 준수하다'라는 의미를 이루어야 하므로 (B)가 정답이다.

`표현 정리` subcontractor 하청업체 be unable to do ~할 수 없다 comply with ~을 지키다[준수하다] timeline 정해진 시간 have no choice but to do ~할 수 밖에 없다 annul the contract 계약을 취소하다 adhere to ~을 고수하다, ~에 집착하다 abide by (법률·규정 등을) 지키다 cling to ~에 달라붙다, ~에 집착하다

`해석` 하청업체가 시간을 '준수할(comply with)' 수 없었을 때, 크리나 사(社)는 계약을 취소할 수밖에 없었다.

127. 어휘 – 형용사 ★★

① `보기 구성 파악` 형용사 어휘 문제이다.

② `빈칸 자리 확인` 빈칸은 customers를 수식할 수 있는 형용사의 자리이다.

③ `정답 선택` '기존 고객들'이라는 의미를 이루는 (B)가 정답이다.

`표현 정리` focus on ~에 초점을 맞추다 existing customers 기존 고객들 increase its reputation 평판을 높이다 customer service 고객서비스 dominant 지배적인 poignant 날카로운, 통렬한

`해석` 그레아코 인더스트리즈는 고객서비스에 대한 평판을 높이려면 '기존(existing)' 고객들에게 초점을 맞춰야 한다.

128. 어휘 – 동사 ★★★

① `보기 구성 파악` 동사 어휘 문제이다.

② `빈칸 자리 확인` 문맥상 휴가를 가는 사람을 대신하여 컨퍼런스에 참여했다는 의미가 되어야 한다.

③ `정답 선택` '(대리자·대표자로) 임명하다[파견하다]'라는 의미의 동사가 적절하므로 (A)가 정답이다.

`표현 정리` go on a vacation 휴가를 떠나다 be delegated to do ~하도록 (대표로) 임명되다(= be appointed to do) represent 대표하다 Personnel Department 인사과 mitigate 경감시키다, 완화시키다 share 나누다 acquire 얻다, 획득하다

`해석` 조코아 씨가 휴가를 떠나기 때문에, 로렌슨 씨가 컨퍼런스에서 인사과

를 대표하도록 '임명되었다(was delegated)'.

129. 어휘 – 부사 ★★

① `보기 구성 파악` 부사 어휘 문제이다.

② `빈칸 자리 확인` 빈칸은 업무 수행의 모습을 나타내는 부사가 적합하다. 나머지 보기들은 모두 very의 동의어로 뒤에 형용사/부사의 원급이 와야 한다.

③ `정답 선택` '충실하게 임무를 수행하다'라는 의미를 이루는 (A)가 정답이다.

`표현 정리` perform their missions 자신들의 임무를 수행하다 faithfully 충실히(= devotedly) in accordance with ~에 따라, ~을 준수하여 company policy 회사 방침 exceedingly 매우 vastly 대단히

`해석` 직원들은 회사 방침에 따라 자신들의 임무를 '충실하게(faithfully)' 수행해야 한다.

130. 어휘 – 형용사 ★★★

① `보기 구성 파악` 형용사 어휘 문제이다.

② `빈칸 자리 확인` 'be ------- to부정사'의 구조에 어울리는 형용사를 찾아야 한다. 문제의 주어는 행위자로서 사람 취급을 하게 되는데, (A)는 사물이 주어로 나와야 하고, (B)는 사람 주어가 나오면 과거분사인 delighted의 형태가 되어야 하며, (C)는 수식은 할 수 있지만 보어가 될 수 없어 어색하다.

③ `정답 선택` 정답인 (D)는 문제에서처럼 (1) be fortunate to do나 (2) It is fortunate that ~의 구조로 많이 쓰인다.

🔍 `함정 분석` 유명한 전문가들을 보유하게 된 것을 '기쁘게 여긴다'로 보고, '기뻐하는'이라는 뜻의 delighting을 정답으로 오인하지 말아야 한다. 만약 be동사 다음에 '기뻐하는'이라는 의미를 사용하려면, 사람 주어가 기쁨을 받는 입장이므로 delighted로 써야 한다.

`표현 정리` be fortunate to do ~하게 되어 다행이다 renowned expert 유명한 전문가 ecological statistics 생태 통계학 environmental research 환경 연구 evident 분명한, 명백한(= apparent = obvious)

`해석` 옥타비오 대학은 생태 통계학과 환경 연구라는 두 분야에서 유명한 전문가들을 보유하게 된 것을 '다행으로(fortunate)' 여기고 있다

PART 6

문제 131-134번은 다음의 편지를 참조하시오.

2월 14일

관계자 분께,

귀교의 입학을 위해 지원한 리코 크로울리를 추천하고자 합니다. 저는 2015년부터 리코 학생을 가르쳐 왔는데, 그는 저의 모든 수업에서 독보적인 학생이었습니다. 그는 졸업반 때 저의 수업 조교가 되어 일을 훌륭하게 해냈습니다. 제가 가르치는 모든 내용을 습득하는 데 탁월했고 수준 높은 문제들에서 응용도 잘 했습니다. 게다가 그는 시간 약속을 잘 지키며 성실합니다. 리코의 귀교 입학을 고려해 주십시오. 그는 귀교에 추가되는 또 한 명의 우수한 학생이 될 것입니다.

케리 엔다코트
버클리 고등학교 직원

표현 정리 recommend 추천하다, 권고하다 candidate 지원자 admission 입학, 입장 exceptional 뛰어난, 특출한 teacher assistant 수업 조교 during his senior year 졸업반 때 do a brilliant job 일을 매우 잘하다 excel at ~에 뛰어나다 apply 응용하다 advanced problems 수준 높은 문제들 additionally 게다가, 또 punctual 시간을 엄수하는 hard working 성실한 addition 추가 구성원 student body 전교생, 학생 전체

131. 어휘 – 동사 ★★

❶ **보기 구성 파악** 서로 다른 의미의 동사들이 제시되어 있다.

❷ **빈칸 자리 확인** 빈칸은 사람(candidate)을 목적어로 취하는 동사 자리이다.

❸ **정답 선택** (A)의 tell은 'tell A to B'의 구조로 쓰이고 (C)의 announce는 바로 뒤에 사람 목적어가 오면 어색하다. (D)는 문맥상 어울리지 않는다. '지원자를 추천하다'라는 의미를 이루어야 하므로 '추천하다'라는 뜻을 지닌 (B)가 정답이다.

132. 어형 – 형용사의 자리 ★

❶ **보기 구성 파악** except가 공통으로 들어가며 품사만 다른 어형 문제이다.

(A) excepting 전치사 (~을 제외하고)
(B) exception 명사 (예외)
(C) exceptional 형용사 (예외적인)
(D) except 전치사 (~을 제외하고)

❷ **빈칸 자리 확인** 빈칸은 관사 an과 명사 student 사이에 들어가 명사를 수식하는 형용사 자리이다.

❸ **정답 선택** 보기들 중 형용사로 쓰이는 것은 (C)뿐이다.

🔍 **함정 분석** (A)의 excepting은 '~을 제외하고'라는 뜻의 전치사인데, 주로 문두나 not 또는 without 뒤에서 쓰인다.

133. 어휘 – 부사 ★★

❶ **보기 구성 파악** 서로 다른 의미의 부사들이 제시되어 있다.

(A) 그러나   (B) 그러므로
(C) 결과적으로   (D) 게다다

❷ **빈칸 자리 확인** 빈칸의 앞뒤 내용은 모두 리코의 장점에 해당하므로 병렬적인 두 내용을 연결시켜주는 부사가 필요하다.

❸ **정답 선택** 두 문장을 병렬적으로 이어줄 수 있는 부사 (D)가 정답이다.

新 134. 문맥상 적합한 문장 넣기 ★

❶ **보기 구성 파악**
(A) 그는 요구된 수준의 숙련도에 도달해야 합니다.
(B) 입학 신청서를 작성하여 제출하십시오.
(C) 리코의 귀교 입학을 고려해 주십시오.
(D) 그에게 추가 비용으로 개인 교습이 가능합니다.

❷ **빈칸 자리 확인** 빈칸 앞부분에서는 리코에 대한 장점들을 열거하고 있고, 뒤에서는 리코가 우수한 학생이 될 것임을 강조하고 있다.

❸ **정답 선택** 문맥상 빈칸에는 리코의 입학을 허용해 달라는 요청의 말이 자연스러우므로 (C)가 정답이다.

문제 135-138번은 다음의 기사를 참조하시오.

런던 (11월 2일) – 내년부터 런던은 거리에 더 많은 나무를 심을 것이다. 시민들이 초록빛 풍경이 전반적으로 런던의 풍경을 개선시킬 것이라고 밝혔다. 그래서 런던은 우선 거리부터 시작하기로 했다. 먼저 레이커 가부터 시작해 강을 따라 나무를 심을 것이다. 시 의회는 시민들로부터 어떤 종류의 나무를 심을지 추천을 받기로 했다. 시 웹사이트에는 시민들이 무슨 나무를 심을지 투표하고 추천할 수 있는 링크가 있다. 더 자세한 사항은 시 의회 홈페이지 www.londoncitycouncil.com을 방문하면 된다.

표현 정리 starting ~부터 declare 선언하다, 단언하다 green scenery 초록빛 풍경 improve 개선하다, 나아지다 in general 일반적으로 move down the river 강을 따라 움직이다 council (지방 자치단체의) 의회 recommendation 추천

135. 어형 – 미래 시제 ★

❶ **보기 구성 파악** plant가 공통으로 들어가며 동사의 형태가 다른 어형 문제이다.

(A) is planted 수동태 / 현재   (B) will be planting 진행 / 미래
(C) planting 동명사, 현재분사   (D) has planted 현재완료

❷ **빈칸 자리 확인** 문장 전체의 동사 자리이다.

❸ **정답 선택** 문장 시작 부분의 Starting next year를 통해 빈칸에 미래 시제가 들어가야 한다는 것을 알 수 있으므로 (B)가 정답이다.

新 136. 문맥상 적합한 문장 넣기 ★★

❶ **보기 구성 파악**
(A) 많은 여행객들이 런던으로 가고 있다.
(B) 런던은 가장 극적인 풍경으로 둘러싸여 있다.
(C) 지금 많은 꽃들에 물을 줄 필요가 있다.
(D) 그래서 런던은 우선 거리부터 시작하기로 했다.

❷ **빈칸 자리 확인** 앞문장에는 조경에 대한 시민들의 의견이 나오고 뒷문장에는 나무를 처음 심을 거리 이름이 언급되고 있다.

❸ **정답 선택** 문맥상 '런던이 우선 거리부터 작업을 시작하기로 했다'는 내용의 (D)가 가장 적합하다.

137. 문법 – 문맥에 맞는 전치사 ★★

❶ **보기 구성 파악** 서로 다른 의미의 전치사들이 제시되어 있다.

❷ **빈칸 자리 확인** 문맥상 빈칸이 들어간 부분은 '강을 따라 이동하며'라는 의미를 이루어야 한다.

❸ **정답 선택** move와 어울려 '강을 따라 이동하며'라는 의미를 나타낼 수 있는 전치사는 down이므로 (B)가 정답이다.

138. 문법 – 관계부사 ★★

❶ **보기 구성 파악** 서로 다른 형태의 관계사들이 제시되어 있다.

❷ **빈칸 자리 확인** 바로 앞에 선행사(link)가 나와 있고 빈칸 뒤에는 '주어+동사+목적어'를 갖춘 완전한 문장이 나와 있다.

❸ **정답 선택** (B)와 (C)는 주격과 목적격이 모두 가능한 관계대명사이므로 뒤에 주어나 목적어가 없는 불완전한 문장이 와야 한다. (D)는 목적격 관계대명사로 이미 what trees to plant라는 목적어가 나와 있으므로 역시 적합하지 않다. 장소를 나타내는 선행사(link)가 나오고 뒤에 완전한 문장이 나와 있으

므로 관계부사인 (A)가 적합하다.

문제 139-142번은 다음의 광고를 참조하시오.

> ### 로코스토니아 페이퍼스
>
> 로코스토니아 페이퍼스가 10년이 되었습니다! 우리의 창간일을 기념하기 위해 9월 3일 금요일에 파티를 열고자 합니다. 오후 3시부터 8시 사이에 접수데스크에 들러 등록하시고 우리 직원들이 준비한 다양한 선물들을 받아 가십시오. 소셜미디어에서 우리에게 가입하신 분은 경품 추첨에도 참가하게 됩니다. 얼마나 많은 소셜미디어 플랫폼을 이용하는가에 상관없이 응모는 단 한 번만 가능합니다. 질문이 더 있으시면 082-514-6981번으로 전화 주십시오.

표현 정리 celebrate 기념하다, 축하하다 **stop by** 잠깐 들르다 **reception desk** 접수데스크 **registration** 등록 **assorted** 여러 가지의, 다양한 **be entered in a raffle for prizes** 경품 추첨에 참여하다 **subscribe to** 구독하다, 가입하다 **regardless of** ∼와는 상관없이

139. 어휘 - 동사 ★★

① 보기 구성 파악 서로 다른 의미의 동사들이 제시되어 있다.

(A) 참여하다   (B) 기념하다
(C) 성장하다   (D) 포함하다

② 빈칸 자리 확인 빈칸은 앞의 to와 함께 to부정사를 이루어 '목적'의 의미를 나타낸다.

③ 정답 선택 문맥상 빈칸이 속한 부분은 '창간일을 기념하기 위해'라는 의미가 적절하므로 '기념하다, 축하하다'라는 뜻을 지닌 (B)가 정답이다.

140. 어휘 - 형용사 ★★

① 보기 구성 파악 서로 다른 의미의 형용사들이 제시되어 있다.

(A) 이별(의)   (B) 평범한
(C) 만족스러운   (D) 여러 가지의

② 빈칸 자리 확인 빈칸은 행사 참석자들에게 주는 선물의 성격을 나타내는 형용사 자리이다.

③ 정답 선택 '여러 가지의, 다양한'이라는 뜻을 지닌 (D)가 gifts를 수식하는 데 가장 적합하다.

🔍 **함정 분석** (C)도 의미상으로는 가능할 것 같지만 선물이 만족시키고 있다고 판단해야 하므로 능동을 나타내는 satisfying을 써야 한다.

新 141. 문맥상 적합한 문장 넣기 ★★

① 보기 구성 파악

(A) 소셜미디어에서 우리에게 가입하신 분은 경품 추첨에도 참가하게 됩니다.
(B) 우리는 이 지역에서 최고의 뉴스 제공자로 알려져 있습니다.
(C) 가입자들은 우리 필진의 질을 높이 평가했습니다.
(D) 우리 웹사이트는 사용자 편의를 위해 곧 업그레이드될 것입니다.

② 빈칸 자리 확인 빈칸 뒷문장에서 응모 횟수와 관련된 내용이 나오고 있다.

③ 정답 선택 문맥상 빈칸에는 경품 추첨에 관한 내용이 언급되는 것이 자연스러우므로 (A)가 정답이다.

142. 문법 - 문맥에 맞는 전치사 ★★★

① 보기 구성 파악 여러 품사의 단어들이 제시된 형태이다.

(A) 전치사(∼에 상관없이)   (B) 부사절 접속사(∼이더라도)
(C) 접속부사(그러므로)   (D) 전치사(∼이내에)

② 빈칸 자리 확인 빈칸 뒤에는 의문사절(명사절)이 나오는데 이것을 목적어로 취할 수 있는 것은 타동사나 전치사이다.

③ 정답 선택 보기들 중 전치사로 쓰인 (A)와 (D)를 고려할 수 있다. 그런데 (D)가 들어가면 해석상 적합하지 않으므로 '∼에 상관없이'라는 의미의 (A)가 정답이다.

문제 143-146번은 다음의 이메일을 참조하시오.

> 발신: 리사 맥코이 〈lisa824@unitel.co.kr〉
> 수신: 케빈 제임스 〈k_james@inquirer.com〉
> 날짜: 3월 26일
> 제목: 지원
>
> 저는 오늘자 〈인콰이어러〉 지에서 귀사의 비서직 공고를 보았는데, 저의 경력과 기술이 귀사의 요건을 충족시킨다고 생각합니다. 저는 10년의 기업체 경력이 있고 최신 재무 소프트웨어에 익숙합니다. 저의 학력과 해당되는 업무 경력을 강조한 이력서를 첨부했습니다. 주중 오후 아무 때나 귀하를 만나 이에 대해 더 논의할 수 있습니다. 시간을 내주셔서 감사합니다.

표현 정리 advertisement 광고 executive assistant 비서, 보좌관 **meet one's needs** ∼의 필요를 충족시키다 **corporate world** 기업계 **be familiar with** ∼에 익숙하다 **financial software** 재무 소프트웨어 **attach one's résumé** ∼의 이력서를 첨부하다 **highlight** 강조하다 **applicable** 해당되는, 적용되는 **work experience** 업무 경력 **discuss this further** 이것을 심층적으로 논의하다 **any weekday afternoon** 주중 오후 아무 때나

143. 어휘 - 동사 ★★

① 보기 구성 파악 서로 다른 의미의 동사들이 제시되어 있다.

(A) 향상시키다   (B) 충족시키다
(C) 진행하다   (D) 기능하다

② 빈칸 자리 확인 문장의 동사 자리이다.

③ 정답 선택 빈칸은 명사 needs를 목적어로 취할 수 있어야 하므로 '충족시키다'라는 뜻을 지닌 (B)가 알맞다. (A)는 문맥상 어색하고 (C)와 (D)는 자동사이므로 뒤에 목적어가 올 수 없다.

🔍 **함정 분석** (C) progress는 타동사로 오인하기 쉽지만 '발전하다'라는 뜻의 자동사이다.

144. 문법 - 문맥에 맞는 전치사 ★

① 보기 구성 파악 서로 다른 의미의 전치사들이 제시되어 있다.

② 빈칸 자리 확인 be familiar와 어울리는 전치사 자리이다.

③ 정답 선택 '∼에 익숙하다'라는 의미는 be familiar with로 표현하므로 (C)가 정답이다.

145. 어형 – 형용사의 자리 ★★

❶ 보기 구성 파악 apply가 다양한 형태로 제시되어 있다.

(A) applied 과거, 과거분사
(B) applicant 명사 (지원자)
(C) applicable 형용사 (해당되는, 적용되는)
(D) applies 동사 (3인칭 단수 주어 / 현재)

❷ 빈칸 자리 확인 빈칸은 work experience를 앞에서 수식하는 형용사 자리이다.

❸ 정답 선택 (A), (B), (C) 모두 형용사로 쓰이지만, '해당되는 업무 경력'이라는 의미를 나타내야 하므로 (C)가 적합하다.

新 146. 문맥상 적합한 문장 넣기 ★★

❶ 보기 구성 파악

(A) 많은 지원자들이 귀하와 면접을 했다고 들었습니다.
(B) 이 직책은 다양한 전략을 개발하기 위한 리더십을 제공할 것입니다.
(C) 주중 오후 아무 때나 귀하를 만나 이에 대해 더 논의할 수 있습니다.
(D) 비상시의 연락 정보를 알려 드리겠습니다.

❷ 빈칸 자리 확인 빈칸 앞문장은 자신의 학력과 업무 경력을 기술한 이력서를 첨부했다는 내용이고 뒷문장은 마무리 인사이다.

❸ 정답 선택 빈칸에는 구체적인 만남 일정에 관한 의사를 표시하는 것이 자연스러우므로 (C)가 정답이다.

PART 7

문제 147–148번은 다음의 영수증을 참조하시오.

홈스테드 베이커리
147 1199 비콘 가(街)
브룩클린, 메사추세츠 주 02446
월요일부터 토요일까지 오전 6시에서 오후 6시까지 오픈

8월 23일	오후 5:34
영수증 번호: 2527	
출납원: 존 리케츠	

프렌치 크로와상 3개	12달러
호밀빵 두 덩이	6달러
허니 글레이즈드 도넛 4개	6달러
판매세	1.68달러
주문 합계:	25.68달러

홈스테드 베이커리는 대규모 행사와 비즈니스 미팅에 음식을 공급합니다.

www.homesteadbreads.com에 방문하셔서 가장 마음에 드는 홈스테드 베이커리의 제품을 말씀해 주시면 한 달 치 빵과 페이스트리를 얻을 수 있습니다. **147,148 프린스 가(街)에 새롭게 오픈한 매장에 이 영수증을 가져오셔서 다음 구매 시 10퍼센트 할인을 받으세요.**

표현 정리 cater (행사에) 음식을 공급하다 **a month's worth of** 한 달 치의 **bring A to B** A를 B에 가져가다 **get 10% off your next purchase** 다음 구매 시 10퍼센트 할인을 받다

147. True / Not True ★

❶ 보기 구성 파악 홈스테드 베이커리에 관해 묻는 True 문제이다.

❷ 단서 찾기 및 정답 선택 고유명사에 관해 묻는 문제는 그 주변을 살펴보아야 한다. 지문 상단의 1199 Beacon St.와 마지막 문장인 Bring this receipt to our newly opened Prince Street location and get 10% off your next purchase.를 통해 (A)가 정답임을 확인할 수 있다.

표현 정리 specialize in ~을 전문으로 하다 own 소유하다

홈스테드 베이커리에 대해 무엇이 언급되었는가?
(A) 매장이 하나 이상이다.
(B) 공휴일에도 오픈한다.
(C) 프렌치 페이스트리 전문점이다.
(D) 리케츠 씨가 소유하고 있다.

148. 요청 / 제안 ★

❶ 보기 구성 파악 고객들이 요청받은 이유를 묻고 있다.

❷ 단서 찾기 및 정답 선택 마지막 문장인 Bring this receipt to our newly opened Prince Street location and get 10% off your next purchase.에서 새로 오픈한 매장에 영수증을 가져오면 10퍼센트 할인을 해준다고 하므로 (D)가 정답이다.

표현 정리 nominate 지명하다, 추천하다 place a order 주문하다

고객들이 프린스 가의 매장 방문을 요청받는 이유는?
(A) 빵이나 페이스트리를 추천하기 위하여
(B) 음식 공급 주문을 하기 위하여
(C) 환불을 요청하기 위하여
(D) 할인을 받기 위하여

문제 149–150번은 다음의 공지를 참조하시오.

공지

긴급 상황에 대비해 사무실 입구 근처에 오물용 봉지를 마련해놓고 있습니다. 당신의 애완동물이 예기치 않게 배설을 하는 경우 프런트 데스크로 오시면 애완동물의 배설물을 처리할 수 있습니다. **150 예전에 이것을 이용하여 5개 이상의 봉지를 가져간 방문객들이 있었습니다.** 이러한 일이 재발하는 것을 방지하기 위해 애완동물 한 마리당 봉지를 한 개로 제한합니다.

애완동물을 줄에 묶는 것을 잊지 마세요. 그렇지 않으면 50달러의 벌금이 부과됩니다. **149 이곳은 많은 방문객들이 찾는 무료 공공장소입니다. 자유롭게 즐기실 수 있지만, 다른 사람들에게 불편을 초래하는 행위는 엄격히 금지됩니다.**

감사합니다.

표현 정리 for emergencies 긴급 상황에 대비하여 disposal bag 오물용 봉지 entrance 입구 pet 애완동물 unexpected 예상치 못한

dropping (짐승의) 배설물 take care of ~을 처리하다 pet's mess 애완
동물의 배설물 take advantage of ~을 이용하다 on a leash 줄에
묶어서 be fined 벌금을 부과 받다 be free to do 자유롭게 ~하다
discomfort 불편 strictly 엄격히 prohibit 금지하다

149. 유추 / 추론 ★

❶ 보기 구성 파악 공지가 게시되는 곳을 묻는 유추, 추론 문제이다.

❷ 단서 찾기 및 정답 선택 둘째 문단의 둘째 문장 This is a free public place
that is visited by many guests. You are free to enjoy yourself
but any activity causing discomfort to other people is strictly
prohibited.에서 (A)를 쉽게 확인할 수 있다.

이 공지는 어디에 게시되겠는가?
(A) 공원
(B) 호텔
(C) 아파트
(D) 식당

150. 세부사항 파악 ★★

❶ 보기 구성 파악 오물용 봉지를 한 개 이상 얻을 수 없는 이유를 묻는 육하원
칙(Why) 문제이다.

❷ 단서 찾기 및 정답 선택 첫 문단의 셋째 문장 There have been visitors
in the past that took advantage of that and took more than five
bags.가 (C)와 일치한다.

표현 정리 supplier 공급 업체 be on strike 파업 중이다

사람들은 왜 오물용 봉지를 한 개 이상 얻을 수 없는가?
(A) 사무실 예산이 제한돼 있다.
(B) 공급 업체가 파업 중이다.
(C) 어떤 사람들이 필요한 것보다 더 많이 가져갔다.
(D) 줄 없는 애완동물들이 문제를 일으켰다.

문제 151-152번은 다음의 문자 메시지 체인을 참조하시오.

안나 다카시   **151**지금 오셨나요? **152**입구에는 이미 줄이 엄
청나게 길어요. 서둘러야 해요.   오후 7시 48분

제임스 러더필드   **152**말도 안돼! **151,152**근데 쇼는 오후 9시에
시작하잖아요. 방금 도착했는데 줄이 굉장히 길어요. 하지만 이 많은
사람들 중에서 당신을 찾을 수가 없어요.   오후 7시 56분

안나 타카시   화장실이 있는 입구 옆에 빨간 셔츠가 저예요. 당
신이 보여요. 거기 계시면 제가 갈게요.   오후 7시 59분

표현 정리 huge 엄청난 entrance 입구 in a red shirt 빨간 셔츠를 입고
있는 washroom 화장실

151. 유추 / 추론 ★★

❶ 보기 구성 파악 다카시 씨에 대한 유추, 추론 문제이다.

❷ 단서 찾기 및 정답 선택 오후 7시 48분의 문장 Are you here yet? There is
already a huge line at the entrance.에서 다카시 씨는 현장에 와 있음
을 알 수 있다. 그리고 이어지는 오후 7시 56분의 문장 The show starts at

9:00 P.M. though.에서 그녀는 쇼에 늦지 않게 도착했다는 사실이 드러나므
로 (D)가 정답이다.

표현 정리 line up 줄을 서다 on time 제시간에, 정각에

다카시 씨에 대해 암시되어 있는 것은?
(A) 화장실에 가야 한다.
(B) 길을 잃었다.
(C) 입구에서 줄을 서고 있다.
(D) 쇼에 시간 맞춰 왔다.

新 152. 의미 파악 ★★

❶ 보기 구성 파악 특정 문구에 대한 의미를 파악하는 신유형 문제이다.

❷ 단서 찾기 및 정답 선택 이 말은 다카시의 메시지 There is already a huge
line at the entrance.에 대한 응답인데, 바로 뒤에서 The show starts at
9:00 P.M. though.라고 하며 그 이유를 밝히고 있다. 쇼가 시작되기 한참 전
인데도 줄이 매우 길다는 사실에 놀라움을 표시한 것이므로 (B)가 정답이다.

표현 정리 locate 찾다

오후 7시 56분에 러더필드 씨가 "말도 안돼"라고 쓸 때 의미하는 바는 무엇이
겠는가?
(A) 서두르고 싶지 않다.
(B) 사람들이 쇼를 위해 너무 일찍 왔다는 것에 놀랐다.
(C) 쇼를 볼 수 없을 것이라는 점에 실망했다.
(D) 다카시 씨를 찾을 수 없다.

문제 153-155번은 다음의 이메일을 참조하세요.

수신: 모든 회원들
발신: 빅토리아 공립 도서관 〈info@vpl.org〉
날짜: 8월 26일 금요일
제목: 도서관 운영 시간 변경

빅토리아 지역의 에너지 절약 운동의 일환으로, 우리는 에너지 사용
을 매우 세부적으로 평가해 왔습니다. **155**우리는 도서관의 각 구역
에서 아침, 점심, 저녁 동안 방문객 출입이 얼마나 빈번한지 알아보
는 조사를 실시했습니다. (153 - 문단 전체)

155우리가 발견한 점은 몇몇 구역은 방문객의 출입이 거의 없다는
것입니다. 이를 고려하여, 우리는 이런 구역들의 접근을 제한할 예정
입니다. 이런 식으로 이 구역들의 모든 전등, 컴퓨터, 그리고 냉난방
을 차단함으로써 에너지를 절약하고 관련 비용을 줄일 수 있습니다.

새로운 부서 운영 시간:

문서 보관실: 오전 9-10시, 월요일-수요일
정부 문서: 오전 9-10시, 월요일
특별 소장품: 오전 8시-오후12시, 금요일과 토요일
154아동 도서: 오전 11시-오후 5시, 월요일-금요일 / 오전 8시-오
후 3시, 토요일

새로운 이용 시간에 관한 문의가 있으시면, 전화, 방문, 이메일로 해
주십시오.

빅토리아 공립 도서관 직원 일동

표현 정리 Energy Conservation Movement 에너지 절약 운동 in great detail 매우 상세하게 take measures 조치를 시행하다 frequent 자주 다니다, 출입하다 barely 거의 ~않다(=hardly) in light of ~에 비추어, ~을 고려하여 limit access to ~에 대한 접근을 제한하다 shut off (전원 등을) 끄다, 차단하다 energy and related costs 에너지 및 관련 비용 archives 기록[문서] 보관실 hours of availability 이용 가능 시간

153. 세부사항 파악 ★★

❶ 보기 구성 파악 빅토리아 공립 도서관이 시설 방문자들을 추적한 이유를 묻는 육하원칙(Why) 문제이다.

❷ 단서 찾기 및 정답 선택 첫 문단의 내용을 요약하면, 에너지 사용을 세부적으로 평가하기 위해 도서관의 각 구역에서 방문객 출입이 얼마나 잦은지 조사를 해봤다는 것이므로 (D)가 내용과 일치한다.

표현 정리 keep track of ~을 추적하다 gauge 판단하다, 평가하다 can afford to do (경제적, 시간적으로) ~할 여유가 있다

빅토리아 공립 도서관은 왜 시설 방문객들을 추적했는가?
(A) 회비를 인상해야 하는지를 판단하기 위해
(B) 도서관이 공금의 좋은 사용처였는지 알아보기 위해
(C) 로비를 개조할 만한 재정적 여유가 있는지 알아보기 위해
(D) 고객들이 각 구역을 어떻게 이용하는지 알아보기 위해.

154. 세부사항 파악 ★

❶ 보기 구성 파악 어린이가 자신의 독서 수준에 맞는 책을 찾을 수 있는 때를 묻는 육하원칙(When) 문제이다.

❷ 단서 찾기 및 정답 선택 새로운 부서 운영 시간 중 Children's Books: 11 a.m.-5 p.m., Monday-Friday and 8 a.m.-3 p.m., Saturday의 내용과 부합되는 것은 (C)이다.

🔍 함정 분석 일요일에는 운영하지 않는다는 점에 유의한다.

어린이는 언제 자신의 독서 수준에 알맞은 책을 찾을 수 있는가?
(A) 금요일 오전 8시
(B) 토요일 오후 5시
(C) 화요일 오후 3시
(D) 일요일 오전 11시

新 155. 빈칸 추론 ★★

❶ 보기 구성 파악 주어진 문장이 들어갈 가장 알맞은 위치를 고르는 신유형 문제이다.

❷ 단서 찾기 및 정답 선택 제시된 문장의 주어인 What we discovered와 관련 있는 부분을 찾는 것이 관건이다. 첫 문단의 마지막 문장 We took these measures to see how often each area of our library is frequented during the morning, afternoon, and evening.에서 각 구역의 방문객 출입이 얼마나 빈번한지 조사했다고 했는데, 주어진 문장은 조사 결과를 전하는 내용이므로 [2]가 가장 적합하다. 따라서 (B)가 정답이다.

[1], [2], [3], [4]로 표시된 위치 중 다음 문장이 들어가기에 가장 적절한 곳은?
"우리가 발견한 점은 몇몇 구역은 방문객의 출입이 거의 없다는 것입니다."
(A) [1]
(B) [2]
(C) [3]

(D) [4]

문제 156-157번은 다음의 광고를 참조하시오.

버몬트 공과 대학
기술을 새롭게 연마하기

요즘에는 기술이 하룻밤 사이에 변화되는 것처럼 보입니다. **156 당신이 5년마다 한 번씩 직장을 바꾸는 다른 수백만 미국인들과 같다면, 당신은 가장 최근 일자리에서 맞닥뜨린 기술과 씨름하느라 고군분투하는 자신을 발견할지도 모릅니다.** 만약 이것이 당신 이야기라면, 오늘 버몬트 공과 대학(VIT)의 "기술을 새롭게 연마하기" 과정에 등록하십시오!

저희는 모든 주요 산업에서 발견되는 소프트웨어 강좌를 마련하고 있습니다: 식음료 서비스, 교육, 회계, 마케팅을 비롯해 많이 있습니다. 재교육 과정 주제의 종합 리스트는 저희 웹사이트 www.vit.edu/refresh/course_catalogue에서 찾으실 수 있습니다.

157 여름 기간 등록은 5월 1일에 끝나므로 더 늦기 전에 웹사이트에 방문하시거나 552-3342로 전화를 주시거나 등록 부서(3342 메인 스트리트)로 방문해 주십시오!

표현 정리 refresh 새롭게 하다, 되살리다 overnight 하룻밤 사이에 employment 직업, 일자리 struggle to do ~하느라 고군분투하다 tackle (힘든 문제와) 씨름하다 encounter 마주치다 enroll in ~에 등록하다 food and beverage service 식음료 서비스 accounting 회계 comprehensive 종합적인 refresher course 재교육 과정 enrollment 등록 registration department 등록 부서 sooner rather than later 더 늦기 전에 일찍

156. 세부사항 파악 ★★

❶ 보기 구성 파악 미국 근로자들의 어려움을 묻는 육하원칙(What) 문제이다.

❷ 단서 찾기 및 정답 선택 첫 문단의 둘째 문장 If you are like the other millions of Americans who change employment once every 5 years, then you may find yourself struggling to tackle the technology encountered at your newest place of employment.에서 5년마다 직업을 바꾸는 수많은 미국인들이 새 직장에서 신기술에 직면하게 된다고 하므로 (A)가 내용과 가장 일치한다.

표현 정리 comply with ~을 지키다, ~을 준수하다 safety regulations 안전 규정 work attire 작업복

미국 근로자들이 흔히 부딪치는 어려움은 무엇인가?
(A) 새로운 소프트웨어 툴 배우기
(B) 일과 생활의 균형을 유지하기
(C) 안전 규정을 따르기
(D) 작업복을 입기

157. True / Not True ★

❶ 보기 구성 파악 VIT에 접수하는 방법으로 언급되지 않은 것을 고르는 Not True 문제이다.

❷ 단서 찾기 및 정답 선택 등록 방법은 마지막 문장 The enrollment for the

summer period ends on May 1, so visit our Web site or call or visit our Registration Department at 552-3342 (3342 Main St.) sooner rather than later!에서 나오는데 (B)는 해당되지 않는다.

🔍 **함정 분석** (D) Taking a campus tour는 직접 등록 부서에 방문하라는 내용을 패러프레이징한 것으로 볼 수 있다.

표현 정리 refer to ~을 참조하다

VIT에 등록하는 방법으로 언급되지 않은 것은?
(A) 전화하기
(B) 이메일 쓰기
(C) 웹사이트 참조하기
(D) 캠퍼스에 직접 들르기

문제 158-161번은 다음의 기사를 참조하시오.

부동산 판매

아발론 콘도미니엄이 새로이 몇 채를 판매합니다. 펜트하우스를 포함한 세 채의 새로운 콘도미니엄이 최근에 매물로 나왔습니다.

159아발론은 파크 애비뉴와 131번가 모퉁이의 편리한 곳에 위치해 있으며, 시내의 헬기장 및 두 곳의 24시간 안전 주차장의 맞은편에 있습니다. **161**아발론은 소포의 수령 및 배달하는 관리인 서비스를 비롯해 차량, 도어, 보호 서비스 및 1년 365일 24시간 에스코트 등을 제공합니다. 입주자들이 아발론 콘도미니엄에서 한 블록 떨어진 곳에서 찾아볼 수 있는 레거시 스퀘어에는 고급 쇼핑센터, 두 곳의 5성급 레스토랑, 대형 와인 매장, 그리고 다른 여러 점포들이 들어서 있습니다. **158(D)**또한 아발론에는 **160**최신 운동기구와 웨이트로 시설을 완벽히 갖춰놓은 헬스클럽도 있습니다. **158(B)(C)**당신의 편안한 휴식과 즐거움을 위해 아발론 콘도미니엄은 옥상에 올림픽 규모의 수영장과 12인용 온천탕을 1년 내내 제공하고 있습니다. 파티룸은 불편 없이 즐길 수 있도록 세 대의 대형 HDTV, 자그마한 바, 시설이 완비된 주방을 갖추고 있습니다! 아발론 콘도미니엄은 1950년대에 건축되었지만, 모든 집이 개조되어 남녀 욕실 세면대가 포함돼 있고, 싱크대가 두 개인 주방에 아일랜드가 설비돼 있습니다. 각 집마다 완전한 스테레오 시스템, HDTV 그리고 케이블 인터넷이 연결돼 있습니다.

구입, 융자, 그리고 집 구경에 관한 정보는 전화 1-800-363-4856의 팬터시 부동산으로 연락 주시거나 www.fantasyreal.com를 방문해 주십시오. 집 구경을 하려면 예약을 해야 합니다.

표현 정리 condominium 분양 아파트 for sale 팔려고 내놓은 newly available 새로 구입 가능한 penthouse unit (고층 건물 맨 위층의) 펜트하우스 conveniently located 편리한 곳에 위치한 across from ~의 맞은편에(= opposite) helipad 헬리패드, 헬기 착륙장 secured garage 안전 주차장 feature 포함하다(= include) concierge service 관리인 서비스 package acceptance 소포 수령 escort 24/7/365 1년 365일 24시간 에스코트 tenant 세입자, 거주자 bodega 포도주 가게 fully equipped 완전히 갖춰진 state-of-the-art 최신의 relaxation and entertainment 휴식과 즐거움 rooftop 옥상 hot tub 온천탕 year-round 1년 내내 wet bar 작은 바 hassle-free 불편 없는 renovate 개조하다(= remodel) complete with ~을 완전히 갖춘 hookup 접속.

연결 financing 자금 지원, 융자 by appointment only 예약으로만

158. 세부사항 파악 ★

① 보기 구성 파악 질문에 Not이 들어가는 육하원칙(What) 문제이다.

② 단서 찾기 및 정답 선택 질문에 Not이 들어가는 경우 문제의 보기들과 지문의 해당 내용을 자세히 비교 분석해야 한다. (B)와 (C)는 둘째 문단 중반부의 문장 For your relaxation and entertainment, Avalon Condominiums contains a rooftop Olympic-size pool in the complex and a 12-person hot tub for year-round enjoyment.에 제시되어 있고, (D)는 바로 앞의 문장 Avalon also offers a fully equipped fitness center with state-of-the-art machines and weights.에 나와 있다. 주차장은 아발론의 위치를 설명할 때 언급되었을 뿐 아발론이 제공하는 편의시설로 거론되지 않았으므로 (A)가 정답이다.

아발론 콘도미니엄에서 제공되는 편의시설이 아닌 것은?
(A) 주차장
(B) 수영장
(C) 야외 온천탕
(D) 헬스클럽

159. 세부사항 파악 ★★

① 보기 구성 파악 어떤 시설이 아발론 콘도미니엄과 가까운지를 묻는 육하원칙(What) 문제이다.

② 단서 찾기 및 정답 선택 콘도미니엄의 인근 시설에 대한 내용은 둘째 문단 첫 문장인 Avalon is conveniently located on the corner of Park Avenue and 131st Street and is across from the downtown helipad and two 24-hour secured garages.에 나와 있다. 헬기장과 주차장이 언급되어 있으므로 (C)가 정답이다.

어떤 시설이 아발론 콘도미니엄과 가까운가?
(A) 미용실
(B) 주유소
(C) 헬기장
(D) 고급 자동차 매장

160. 동의어 파악 ★★

① 보기 구성 파악 동의어를 묻는 문제이다.

② 단서 찾기 및 정답 선택 state-of-the-art는 'very modern and using the most recent ideas and methods'라는 의미이다. 따라서 '최신의'라는 의미를 지니고 있는 (B)가 가장 유사하다.

둘째 문단 여섯째 줄의 "state-of-the-art"와 의미상 가장 유사한 것은?
(A) 인공적인
(B) 최신의
(C) 근본적인
(D) 구식의

161. True / Not True ★★

① 보기 구성 파악 무료 서비스에 대해 옳은 것을 묻는 True 문제이다.

② 단서 찾기 및 정답 선택 질문의 핵심 단어는 complimentary service이다. 지문의 둘째 단락 둘째 문장 Avalon features a concierge service for package acceptance and delivery, car service, door service, protection services and escorts 24/7/365, and more.에서 끝부분의

보호 서비스와 에스코트가 (D)에 해당한다.

표현 정리 **periodically** 정기적으로, 주기적으로 **security guard** 경비원

다음 중 아발론 콘도미니엄의 무료 서비스에 대해 옳은 것은?
(A) 손님이 찾아올 때 알려준다.
(B) 주기적으로 무료 파티를 연다.
(C) 티켓 서비스를 제공한다.
(D) 경비원을 제공한다.

문제 162-164번은 다음의 이메일을 참조하시오.

받는 사람: 모든 강사들
보낸 사람: 네드 플래너리 ⟨nflannery@leter.edu⟩
날짜: 3월 11일 화요일
제목: 유의하세요!
첨부 파일: Allergy list.doc

강사 분들께,

한 참석자의 알레르기에 대한 오해 때문에 학생들에게 작은 사고가 있었다는 얘기를 들었습니다. 참가자 중 한 명이 그라놀라 바의 봉지를 뜯었는데, 그로 인해 알레르기가 있는 참가자가 의식을 잃었습니다. **164그녀는 즉시 치료를 받았지만, 이 사고는 큰일 날 뻔한 일이었습니다. 163추후에 유사한 사고를 방지하기 위해 알레르기 혹은 특별한 질환들의 목록과 질환들에 관한 기본 정보를 배포합니다.**

162여러분은 강의실에서 유일한 공식적인 직원이므로 참가자들을 지도하는 것은 여러분의 직무입니다. 우리가 사전에 이미 모두에게 주의를 주었으므로 개인의 상태에 대해 알지 못하는 경우에 발생할 수 있는 어떤 상황에 대해서도 책임을 질 수 없다는 점을 언급해 주십시오.

협조에 감사 드립니다.

네드 플래너리
미디어 매니저, 레터 에듀케이션

표현 정리 **take note** 주의하다, 유의하다 **allergy** 알레르기 **notify** 알리다, 통지하다 **misunderstanding** 오해, 착오 **regarding** ~에 관하여 **attendee** 참석자 **pass out** 의식을 잃다 **treat** 치료하다 **immediately** 즉시 **close call** 아슬아슬한 상황, 위기일발 **distribute** 배포하다 **condition** 상태, 질환 **personnel** (조직의) 총인원, 전직원 **be responsible for** ~에 책임을 지다 **circumstance** 상황 **cooperation** 협조

162. True/Not True ★★

❶ 보기 구성 파악 플래너리 씨에 대해 언급된 사항을 묻는 True 문제이다.

❷ 단서 찾기 및 정답 선택 둘째 문단 Since you will be the only official personnel in the room, it will be your job to instruct the participants.에서 수신자인 강사들에게 강의실의 유일한 공식적인 직원이라고 하므로 (C)가 내용과 일치한다.

표현 정리 **participate in** ~에 참가하다

플래너리 씨에 대해 언급된 것은 무엇인가?
(A) 일정 변경을 통보 받았다.
(B) 다음 주 금요일에 수업을 한다.
(C) 강의에 참가하지 않는다.
(D) 머레이빌로 이사할 계획이 있다.

163. True/Not True ★★

❶ 보기 구성 파악 목록에 대해 언급된 것을 묻는 True 문제이다.

❷ 단서 찾기 및 정답 선택 첫 문단의 마지막 문장 To prevent similar accidents in the future, I will be distributing a list of allergies or special conditions and basic information about the conditions.에서 알레르기 혹은 특별한 질환들의 목록과 질환들에 관한 기본 정보를 배포한다고 하므로 (D)가 사실임을 확인할 수 있다.

표현 정리 **be aware of** ~을 알다, ~을 인식하다

목록에 대해 언급된 것은 무엇인가?
(A) 플래너리 씨 의해 정기적으로 업데이트된다.
(B) 학생들이 알레르기에 대해 알 수 있도록 작성되었다.
(C) 알레르기를 갖고 있는 학생들의 이름이 있다.
(D) 기본적인 알레르기와 질환들에 대한 정보가 있다.

新 164. 빈칸 추론 ★

❶ 보기 구성 파악 주어진 문장이 들어갈 가장 알맞은 위치를 고르는 신유형 문제이다.

❷ 단서 찾기 및 정답 선택 제시된 문장은 사고 상황이 기술되어 있는 부분에 들어가야 하므로 [1]이 가장 적합하다. 따라서 (A)가 정답이다.

[1], [2], [3], [4]로 표시된 위치 중 다음 문장이 들어가기에 가장 적절한 곳은?
"그녀는 즉시 치료를 받았지만, 이 사고는 큰일 날 뻔한 일이었습니다."

(A) [1]
(B) [2]
(C) [3]
(D) [4]

문제 165-168번은 다음의 이메일을 참조하시오.

발신: etangel@rel.com
수신: ggerald@dcfu.com
날짜: 6월 7일
제목: 비용 견적
첨부 파일: Gerald

제럴드 씨께,

어제 당신과 만나 당신의 레스토랑 사업 확대에 대한 계획을 검토하게 되어 즐거웠습니다. **167논의한 대로, 저희 재무팀이 견적을 계산했고 그것을 이 이메일에 첨부했습니다.** (165-문단 전체)

보시다시피, 동쪽 테라스 주변 바닥 공간을 확대하고 주방에 석재 오븐을 설치하려는 당신의 계획을 견적에 넣었습니다. **167비용은 인건비와 자재비 항목으로 분류하였습니다.** 하지만 북쪽 테라스 바닥 공간을 확장함으로써 현재의 서비스 비용을 **168현저하게** 줄이는 방안

도 고려해보실 수 있을 것입니다. (166-문단 전체)

저희를 계약 업체로 선정하기로 결정하신다면, 저희는 12일 이내에 시작할 수 있습니다. 문의사항이 있으시면 무엇이든지 거리낌없이 제게 연락 주십시오. 당신과 함께 일하기를 고대합니다.

감사합니다.

에밀리 탄젤

표현 정리 enlarge 확대하다, 확장하다 as (it was) discussed 논의되었 듯이 financial team 재무팀 calculate an estimate 견적을 계산하다 attach A to B A를 B에 첨부하다 incorporate A into B A를 B에 통합시키다 figure 계산하다(= calculate) categorize 분류하다 cut costs significantly 비용을 크게 경감하다 expand 확장하다 should you decide 당신이 결정한다면(if you should decide의 도치 형태) look forward to V-ing ~하기를 고대하다

165. 유추 / 추론 ★

① 보기 구성 파악 이메일의 발신인에 대해 묻는 유추, 추론 문제이다.

② 단서 찾기 및 정답 선택 탄젤 씨는 글을 쓴 발신인인데, 지문에서는 인칭대명사 I로 나오고 그녀가 속한 회사는 we/our로 표시되어 있다. 탄젤 씨의 신분은 지문 전체에 골고루 근거가 제시되어 있지만, 우선 첫 문단에서 그 실마리를 찾을 수 있다. 상대방과 레스토랑 확장에 대한 계획을 검토했고, 그녀의 회사 재무팀이 견적을 냈다고 하는 것으로 보아 (C)가 정답임을 알 수 있다.

탄젤 씨는 누구이겠는가?
(A) 레스토랑 주인
(B) 재무 고문
(C) 건축 도급업자
(D) 호텔 매니저

166. 세부사항 파악 ★★

① 보기 구성 파악 회의 내용을 묻는 육하원칙(What) 문제이다.

② 단서 찾기 및 정답 선택 회의에서 논의된 구체적인 사항은 둘째 문단에 제시되어 있다. 요약하면, 레스토랑 측은 동쪽 테라스를 넓히려 하고, 탄젤의 회사는 북쪽 테라스를 확장하는 것을 권하고 있으므로 (A)가 내용과 일치한다.

표현 정리 structural 구조의, 구조적인 alteration 변경, 개조

어제 회의에서 논의된 것은 무엇인가?
(A) 가능한 구조 변경
(B) 날씨 재해 복구
(C) 새 레스토랑을 위한 장소
(D) 마케팅 캠페인에 관한 계획

167. 세부사항 파악 ★

① 보기 구성 파악 첨부된(attached) 내용을 묻는 육하원칙(What) 문제이다.

② 단서 찾기 및 정답 선택 이메일에 자주 등장하는 문제인데, 첨부된 내용을 물을 때는 attached, enclosed, included 등의 단어 주변을 살펴봐야 한다. 우선 첫 문단의 문장 As discussed, our financial team has calculated an estimate, which I have attached to this e-mail.에서 견적서를 첨부했다고 했고, 둘째 문단의 둘째 문장 The costs have been categorized into labor and materials.에서 비용을 인건비와 자재비로 분류했다고 하므

로 (D)가 일치한다.

표현 정리 detailed 상세한 floor plan 평면도 receipt 영수증 kitchenware 주방용품

이메일에 무엇이 첨부되었는가?
(A) 상세 평면도
(B) 레스토랑 공급업체
(C) 주방용품에 대한 영수증
(D) 인건비

168. 동의어 파악 ★★

① 보기 구성 파악 동의어를 묻는 문제이다.

② 단서 찾기 및 정답 선택 significantly는 much의 의미로 보기 중에서는 (A)가 가장 유사하다.

둘째 문단 셋째 줄의 "significantly"와 의미상 가장 유사한 것은?
(A) 상당히
(B) 중요하게
(C) 집합적으로
(D) 긍정적으로

문제 169-172번은 다음의 온라인 대화 토론을 참조하시오.

웬디 데이비스	모두들 안녕하세요. 새로운 판매 프로젝트를 계속 진행하기 전에 모두 어제 제가 제공한 정보를 확인 하셨나요? 오후 3시 2분
안나 듀보세	봤는데 꽤 좋은 것 같아요. 간단하고 수월해 보이는군요. 하지만 수치상의 오류를 하나 발견해서 수정했어요. 오후 3시 4분
프란시스 리베라	**169, 172** 저도 그것을 검토했는데, 당신의 마케팅 전략이 작년에 다른 팀이 제안한 프로젝트와 같다는 걸 알게 되었어요. 오후 3시 8분
웬디 데이비스	오 정말요? **172** 그럼, 우린 원점으로 되돌아온 것 같군요. 오후 3시 10분
프란시스 리베라	그래도 괜찮아요. **170, 171** 우리는 여전히 새로운 마케팅 전략을 수립하기 위한 시간이 많아요. 오후 3시 12분
안나 듀보세	프란시스 말이 맞아요. 이번에는 모두가 힘을 보탤 수 있어요. **171** 내일 회의를 열어서 아이디어를 모아보는 것이 어떨까요? 오후 3시 14분

표현 정리 proceed with 계속해서 ~하다(=continue) straightforward 복잡하지 않은, 수월한, 솔직한 spot 찾아내다(=find out) numerical error 수치상의 오류 fix 고치다, 수정하다 square one 시작점, 출발점 come up with (아이디어 등을) 내놓다, 찾아내다 contribute 기여하다 brainstorm ideas 아이디어들을 모아보다

169. 세부사항 파악 ★★

① 보기 구성 파악 데이비스 씨의 마케팅 전략에 잘못된 점을 묻는 육하원칙

(What) 문제이다.

② 단서 찾기 및 정답 선택 오후 3시 8분의 문장 I reviewed it, too, and noticed that your marketing strategy was like a project proposed last year by a different team.에서 데이비스의 마케팅 전략이 작년에 다른 팀이 제안한 것과 유사하다는 사실을 지적하고 있으므로 (B)가 정답이다.

🔍 **함정 분석** 오후 3시 12분에서 새로운 마케팅 전략을 수립하는 데 많은 시간이 있고, 오후 3시 14분에 내일 다시 회의를 열자는 제안에 대해 데이비스 씨의 마케팅 전략이 제때에 완료되지 못했다고 오인할 수 있다.

표현 정리 overshadow 빛을 잃게 하다, 무색하게 하다

데이비스 씨의 마케팅 전략에 잘못된 점은 무엇인가?
(A) 다른 제안서들 때문에 빛을 보지 못했다.
(B) 다른 제안서와 비슷했다.
(C) 제때에 완성되지 못했다.
(D) 예상된 기준을 충족시키지 못했다.

170. True / Not True ★★

① 보기 구성 파악 새로운 판매 프로젝트에 대해 언급된 사항을 묻는 True 문제이다.

② 단서 찾기 및 정답 선택 오후 3시 12분의 문장 We still have a lot of time to come up with a new marketing strategy.에서 새로운 마케팅 전략을 수립할 시간 여유가 있다고 하므로 (B)가 정답이다.

표현 정리 due 만기가 된, ~하기로 예정된

새로운 판매 프로젝트에 대해 언급된 것은 무엇인가?
(A) 듀보세 씨가 동료들에게 그것을 보냈다.
(B) 마감시한이 곧 닥치지 않는다.
(C) 일관된 형식을 따른다.
(D) 한 사람이 작성해야 한다.

171. 유추 / 추론 ★★

① 보기 구성 파악 글쓴이들이 다음에 무슨 일을 할지 묻는 유추, 추론 문제이다.

② 단서 찾기 및 정답 선택 오후 3시 14분의 문장 Why don't we have a meeting tomorrow and brainstorm some ideas?에서 내일 회의를 열어 아이디어를 모아보자고 하므로 (C)가 정답이다. 오후 3시 12분의 We still have a lot of time to come up with a new marketing strategy.에서 나머지 보기들은 사실이 아님을 확인할 수 있다.

표현 정리 extend 연장하다 make corrections 수정하다

글쓴이들은 다음에 무엇을 하겠는가?
(A) 계획보다 늦게 프로젝트를 끝낼 것이다.
(B) 마감시한을 연장할 것이다.
(C) 회의에 참석할 것이다.
(D) 프로젝트를 수정할 것이다.

新 172. 의미 파악 ★★

① 보기 구성 파악 특정 문구에 대한 의미를 파악하는 신유형 문제이다.

② 단서 찾기 및 정답 선택 바로 위 오후 3시 8분의 문장 I reviewed it, too, and noticed that your marketing strategy was like a project proposed last year by a different team.에서 마케팅 전략이 다른 팀이 제안한 것과 유사하다는 지적에 대한 대답이다. 이 말은 자신이 제안한 마케팅

전략을 쓸 수 없으므로 처음부터 다시 시작해야 한다는 의미로 쓴 것이므로 (D)가 정답이다.

오후 3시 10분에 데이비스 씨가 "그럼, 우린 원점으로 되돌아온 것 같군요."라고 쓸 때 의미하는 바는 무엇이겠는가?
(A) 다른 팀의 마케팅 전략을 재검토해야 한다.
(B) 팀원들의 의견을 확인할 수 없다.
(C) 팀의 다른 누군가가 자신의 일을 고쳐 주기를 원한다.
(D) 처음부터 다시 시작해야 한다.

문제 173-175번은 다음의 공지를 참조하시오.

놓치지 마세요!

173 제프코 브라스 커뮤니티 오케스트라 결성 5주년 기념일을 여러분의 일정표에 표시해 두세요. 제프코 커뮤니티 센터에서 5월 6일 저녁 7시부터 9시 30분까지 특별 무료 콘서트로 축하 행사를 열 예정입니다. 이번 공연은 모든 음악 애호가들에게 안성맞춤입니다. 174 오케스트라는 여러 음악 장르의 곡들을 연주할 예정입니다. "우리의 이번 선곡 리스트는 유명 클래식 음악, 쇼 음악 그리고 록과 모던 랩도 있습니다!" 지휘자 톰 앨런은 이렇게 외쳤습니다. 175 상세한 정보를 원하시면, 저희 웹사이트(www.jeffcobrass.com)를 방문하거나 톰 앨런에게 이메일(t-allen@jeffcobrass.com)로 연락하시기 바랍니다.

표현 정리 miss out (참석하지 않아 유익한 것을) 놓치다 mark 표시하다 calendar 달력, 일정표 formation 결성 celebrate 축하하다 performance 공연 be suitable for ~에 적합하다 genre 장르 set list 선곡 리스트 be comprised of ~로 구성되다 show tune 쇼 음악 exclaim 외치다 conductor 지휘자

173. 주제 파악 ★

① 보기 구성 파악 공지의 목적을 묻는 주제 파악 문제인데, 주제 문제는 대개 지문의 앞부분에서 단서를 찾을 수 있다.

② 단서 찾기 및 정답 선택 지문의 첫 문장 Mark your calendars for the fifth anniversary of the formation of the Jeffco Brass Community Orchestra.에서 오케스트라 5주년 기념일을 전하고, 둘째 문장에서 무료 콘서트 축하 행사를 공지하고 있으므로 (A)가 정답이다.

표현 정리 publicize 알리다, 홍보하다 donation 기부 go on sale 판매를 시작하다

공지의 목적은 무엇인가?
(A) 어느 단체의 연례 축하 행사를 광고하는 것
(B) 자선 행사에 기부를 요청하는 것
(C) 티켓이 판매되는 시점을 알리는 것
(D) 새로운 음악 그룹의 탄생을 광고하는 것

174. True / Not True ★★

① 보기 구성 파악 콘서트에 관한 사실을 묻는 True 문제이다.

② 단서 찾기 및 정답 선택 콘서트에 관한 내용을 묻는 문제로 셋째 문장 The orchestra plans to play songs in several music genres.에서 여러 가지 장르의 음악이 연주된다고 하므로 (B)가 정답이다.

표현 정리 **free-will** 자유 의지의, 자발적인

콘서트에 대해 언급된 것은?
(A) 어린 아이들에게는 적합하지 않다.
(B) 다양한 곡들을 포함하게 될 것이다.
(C) 약간의 음식과 음료를 제공할 것이다.
(D) 자발적인 기부금을 걷을 것이다.

175. 유추 / 추론 ★

① 보기 구성 파악 누군가가 앨런과 연락하는 이유를 묻는 유추, 추론 문제이다.

② 단서 찾기 및 정답 선택 마지막 문장 For more information, visit our Web site at www.jeffcobrass.com or contact Tom Allen at t-allen@jeffcobrass.com.에서 상세한 정보를 원하면 웹사이트를 방문하거나 톰 앨런에게 이메일로 연락하라고 하므로 (C)가 정답이다.

누군가가 왜 앨런 씨에게 연락하겠는가?
(A) 티켓을 예약하기 위해
(B) 노래를 요청하기 위해
(C) 세부적인 사항을 물어보기 위해
(D) 회원권을 신청하기 위해

문제 176-180번은 다음 공지와 이메일을 참조하시오.

멀티미디어 플러스
직원들을 위한 컴퓨터 기술 워크숍

경력을 위해 컴퓨터 기술을 향상시킬 계획이신가요? 멀티미디어 플러스가 노스포인트 비즈니스 센터에서(공지된 특정 지역 제외) **179적정한 가격으로 워크숍을 제공합니다. 176참가는 자율입니다.** 그러나 파워마운트 사 직원들은 각 워크숍마다 10달러의 할인을 받게 됩니다.

워크숍 1. 창의적 마케팅 아이디어 2월 23일 오전 9시 – 오전 11시 30분 참가비: 40달러 (할인가 30달러)	워크숍 3. 파워 프리젠테이션 응용 4월 16일 오전 10시 – 정오 참가비: 45달러 (할인가 35달러)
180워크숍 2. 웹사이트 디자인 입문 3월 29일 오전 9시 30분 – 정오 참가비: 70달러 (**180할인가 60달러**) (워크숍 장소: 사우스포트 컨벤션 센터)	워크숍 4. 상급 온라인 검색 5월 8일; 오전 10시 30분 – 정오 참가비: 50달러 (할인가 40달러) (177–표 전체)

표현 정리 **plan on** ~을 계획하다 **improve** 개선하다, 향상시키다 **reasonably priced** 저렴한 가격의 **except (the places) where (it is) noted** 공지된 장소를 제외하고 **participation** 참가 **voluntary** 자발적인, 자율적인 **introduction** 입문, 개론 **advanced** 고급의, 상급의

수신: 프랜시스 파월
발신: 데시 더트
날짜: 2월 20일
회신: 워크숍 등록

첨부: 신청서

파월 씨께,

오늘 오전 제 사무실에서 귀사가 주최하는 컴퓨터 기술 워크숍에 관련된 공지를 봤습니다. 제가 작성한 등록 양식을 동봉하였습니다. **178, 180좌석이 확정되자마자 할인가 60달러를 온라인으로 송금하겠습니다.** 저는 3월 워크숍에 참가하길 기대하고 있습니다. 도움에 감사 드립니다.

데시 더트

표현 정리 **notice** 공지 **relating to** ~와 관련된 **Please find enclosed** ~을 동봉합니다 **complete** (양식을) 작성하다 **registration form** 신청서 **make an online bank transfer** 온라인으로 송금하다 **once** ~하자마자 **confirmation** 확인, 확정 **be eager to do** ~하기를 열망하다

176. 글의 대상 ★★

① 보기 구성 파악 어떤 회사의 직원들을 대상으로 한 공지인지를 묻는 글의 대상 파악 문제이다.

② 단서 찾기 및 정답 선택 첫째 지문 첫째 단락의 셋째 문장 Participation is voluntary. But Powermount Company employees will receive a $10.00 discount for each workshop.에서 (C)가 정답임을 알 수 있다.

🔍 함정 분석 (A)는 워크숍 2가 열리는 장소이고 (B)는 행사의 주체이며 (D)는 나머지 워크숍들의 행사 장소라는 점에 유의한다.

어떤 회사의 직원들을 대상으로 한 공지인가?
(A) 사우스포트 컨벤션 센터
(B) 멀티미디어 플러스
(C) 파워마운트 사
(D) 노스포인트 비즈니스 센터

177. True / Not True ★★

① 보기 구성 파악 워크숍들에 대해 언급된 내용을 묻는 True 문제이다.

② 단서 찾기 및 정답 선택 첫째 지문의 표에서 워크숍이 열리는 날짜가 February 23, March 29, April 16, May 8이므로 (C)가 정답이다. (A)와 (D)는 언급되지 않은 내용이고 (B)는 3월 29일 행사가 사우스포트 컨벤션 센터에서 열리므로 사실이 아니다.

표현 정리 **certificates of achievement** 수료증

워크숍들에 대해 언급된 것은 무엇인가?
(A) 수료증을 줄 것이다.
(B) 같은 장소에서 열린다.
(C) 수개월 동안 지속된다.
(D) 참가자들은 회사의 후원을 받아야만 한다.

178. 세부사항 파악 ★★

① 보기 구성 파악 더트 씨가 파월 씨에게 무엇을 보낼지 묻는 육하원칙(What) 문제이다.

② 단서 찾기 및 정답 선택 둘째 지문의 셋째 문장 I will make an online bank transfer for the discounted fee of $60.00 once confirmation of a seat is available.에서 좌석이 확정되자마자 할인가 60달러를 보내겠다고 하므로 (D)가 정답이다.

표현 정리 directory 주소 성명록 questionnaire 설문지

이메일에 따르면, 더트 씨는 파월 씨에게 무엇을 보낼 것인가?
(A) 등록한 직원들의 명부
(B) 워크숍 설문지
(C) 그의 등록 상태의 확정
(D) 할인된 참가비

179. 동의어 파악 ★★★

① 보기 구성 파악 reasonably와 의미가 유사한 단어를 묻는 동의어 파악 문제이다.

② 단서 찾기 및 정답 선택 제시어인 reasonably priced는 '적정하게 가격이 책정된'이라는 의미로 여기서 reasonably는 '(가격이) 적정하게, 비싸지 않게'라는 뜻으로 쓰인 것이므로 (B)가 정답이다.

공지에서 첫째 단락 둘째 줄의 "reasonably"와 의미상 가장 가까운 것은?
(A) 매우
(B) 저렴하게
(C) 철에 맞게
(D) 완전히

180. 세부사항 파악 ★★

① 보기 구성 파악 더트 씨가 등록하려는 워크숍을 묻는 육하원칙(What) 문제로 두 지문을 모두 살펴봐야 한다.

② 단서 찾기 및 정답 선택 우선 둘째 지문의 셋째 문장 I will make an online bank transfer for the discounted fee of $60.00 once confirmation of a seat is available.에서 할인가 60달러를 송금하겠다고 하는데, 첫째 지문에서 할인가 60달러 해당하는 워크숍이 Workshop 2 Introduction to Web Site Design이므로 (B)가 정답이다.

더트 씨는 어떤 워크숍에 등록하려고 하는가?
(A) 창의적 마케팅 아이디어
(B) 웹사이트 디자인 입문
(C) 파워 프리젠테이션 응용
(D) 상급 온라인 검색

문제 181-185번은 다음의 웹페이지와 이메일을 참조하시오.

포모 – 자주 묻는 질문(FAQ)

포모가 정확히 무엇인가요?
포모는 독특한 상품을 판매하고 살 수 있도록 전 세계의 모든 사람들을 연결하는 시장입니다. 구매자들은 어디에서도 볼 수 없는 것들을 구매합니다. 이렇게 간단합니다.

판매자가 되려면 어떻게 해야 하나요?
182(A), (B) 포모에서 당신의 수공예 제품을 판매하고 싶다면, 우선 그것이 우리의 판매 지침에 적합한지를 확인하시기 바랍니다. pomo.com/guidelines에 방문하여 확인할 수 있습니다. 그 다음에는 pomo.com/sell에 방문하여 당신의 상점을 만드십시오.

182(C) 15달러의 소액의 안전 보증금이 있지만, 걱정하지 마십시오! 우리가 당신의 상점을 확인하게 되면 보증금을 돌려받을 수 있습니다.

구매한 것은 언제 받을 수 있나요?
181 사실, 포모는 운송 또는 배송의 실제 과정에 참여하지 않습니다. 우리는 온라인이든 오프라인이든 공간을 제공합니다. 그것이 우리가 하는 일의 전부입니다. **184** 물건을 터무니없이 늦게 받거나 아예 받지 못한 경우에는 불만을 제기할 수 있습니다. 우리는 즉시 환불 혹은 보상을 해드리고 판매자를 정지시킬 것입니다.

포모는 어떻게 돈을 법니까?
우리의 비즈니스 모델은 성공을 나누는 것을 기반으로 합니다. **182(D)** 나열된 모든 제품에 0.25달러의 등록비가 있고, 우리 웹사이트에서 완료된 매출의 5%를 받습니다. 물론, 광고에서도 수익이 생깁니다.

표현 정리 marketplace 시장 unique 독특한 craft item 공예품 guideline 가이드라인, 지침 security deposit fee 안전 보증금 as a matter of fact 실제로 participate in ~에 참여하다 shipping or delivery 운송 및 배송 file a complaint 불만을 제기하다 unreasonably 불합리하게, 터무니없이 immediately 즉각적으로 issue a return or compensation 반품이나 보상을 제공하다 suspend 중지시키다, 정지시키다 be based on ~에 바탕을 두다 listing fee 등록비 revenue 재정 수입

발신: amyzhao@email.com
수신: complains@pomo.com
날짜: 5월 14일
제목: 의심스러운 판매자

포모 관계자 분께,

지난 3년간 귀사의 서비스를 이용해 왔습니다. 운 좋게도 저는 제게 사기를 친 판매자를 만난 적이 없었습니다. **184** 하지만 이제 사기를 당한 것 같습니다. 상점은 스카이블루 이어링스입니다. 저는 그들이 야광 보석을 파는 것을 보고 귀걸이 한 세트를 구입했습니다. 물건 주문 후 3개월이 지났고, 3월 21일이었던 예상 배송일이 훨씬 지난 상태입니다. **185** 상점이 바쁘기 때문에 배송이 지연된다고 생각했지만, 제가 지연에 대한 리뷰와 의견을 게시하자 상점으로부터 차단을 당했습니다. **184** 그들을 정지시키고 환불해 주시기 바랍니다. 제 주문 번호는 000000E289289입니다. (183-지문 전체)

에이미 자오

표현 정리 encounter 맞닥뜨리다, 부딪히다 scam 사기치다, 속이다 glow-in-the-dark jewelry 야광 보석 way 훨씬 past 지나서 estimated delivery date 예정 배송일 block 막다, 차단하다 give ~ a refund ~에게 환불해주다

181. True / Not True ★★

① 보기 구성 파악 포모에 관해 언급된 것을 묻는 True 문제이다.

② 단서 찾기 및 정답 선택 첫째 지문 셋째 문단의 첫 문장 As a matter of fact, Pomo does not participate in the actual process of shipping or delivery. We provide a space, whether it's online or offline, and that's all we do.에서 장소만 제공하고 배송이나 절차에는 관여하지 않는다고 하므로 (C)가 내용과 일치한다.

표현 정리 location 장소, 소재지, 지점 be involved in ~에 관여하다 transaction 거래

포모에 대해 언급된 것은 무엇인가?
(A) 세계적으로 많은 지점이 있다.
(B) 고객들에게 제품을 배송한다.
(C) 거래에 관여하지 않는다.
(D) 자사 제품을 판매한다.

182. True / Not True ★★

❶ 보기 구성 파악 포모를 이용하는 상점들에 대해 언급된 내용을 묻는 True 문제이다.

❷ 단서 찾기 및 정답 선택 첫째 지문 둘째 문단의 첫 문장 If you want to sell your craft items on Pomo, first, please make sure they fit within our seller guidelines. You can visit pomo.com/guidelines to check.에서 (A)는 사실이 아니고 (B)는 사실임을 확인할 수 있다. 같은 문단의 마지막 문장 There will be a small security deposit fee of $15, but don't worry! You'll receive your security deposit fee back when your shop is confirmed by us.에서 상점이 확인되면 보증금을 돌려 준다고 하므로 (C)도 사실이 아니다. 또한 넷째 문단의 There is a $0.25 listing fee for every item listed, and we receive 5% of all sales completed on our Web site.와 (D)는 일치하지 않는다.

🔍 **함정 분석** 안전보증금은 상점이 확인되면 돌려준다고 했으므로 (C)에서의 '환불되지 않은'이라는 말은 내용과 거리가 멀다.

표현 정리 nonrefundable 환불되지 않는

웹 페이지는 포모를 이용하는 상점들에 대해 무엇을 언급하는가?
(A) 물건이 판매자에 의해 만들어진다면 그들이 원하는 무엇이든 판매할 수 있다.
(B) 상점으로 승인 받으려면 따라야 하는 특정한 규정들이 있다.
(C) 상점을 설립하기 위해 15달러의 환불 불가의 설립 비용이 있다.
(D) 포모는 상점이 벌어들이는 것의 15퍼센트를 번다.

183. 주제 파악 ★

❶ 보기 구성 파악 이메일의 내용을 묻는 주제 파악 문제이다.

❷ 단서 찾기 및 정답 선택 둘째 지문의 내용을 요약하면, 지난 3년간 서비스를 잘 이용해 왔는데, 최근 스카이블루 이어링스라는 업체가 고의적으로 주문한 물건을 배송해 주지 않는 것으로 의심되기 때문이 그들의 판매를 중지시키고 환불을 해달라는 것이다. 보기들 중 이 내용의 주제로 적합한 것은 (C)이다.

표현 정리 vendor 판매자 directions 길 안내

이메일은 무엇에 관한 것인가?
(A) 새로운 기능에 대한 제안
(B) 판촉 코드 요청
(C) 의심스러운 판매자 고발
(D) 본사로 가는 길 안내

184. 유추 / 추론 ★★

❶ 보기 구성 파악 스카이블루 이어링스가 어떻게 조치되는가를 묻는 유추, 추론 문제이며, 두 지문을 모두 살펴봐야 하는 문제이다.

❷ 단서 찾기 및 정답 선택 첫째 지문 셋째 문단의 You can file a complaint if you receive a package unreasonably late or if you don't receive one at all. We will immediately issue a return or compensation and suspend the seller.에서 고객이 제품 수령에 불만을 제기하면 즉각 환불을 해주고 판매자를 정지시킨다고 한다. 또한 둘째 지문 초반부에 However, I believe that I have been scammed. The shop is Skyblue Earrings.에서 스카이블루 이어링스에게 사기를 당했다고 밝히고, 하단의 문장 Please suspend them and give me a refund.에서 환불과 판매자의 정지를 요구하고 있으므로 (A)가 일치하는 내용이다.

표현 정리 replace 교체하다 temporarily 일시적으로 shut down 폐쇄하다

웹 페이지에 따르면, 스카이블루 이어링스는 어떻게 조치되겠는가?
(A) 포모에 의해 서비스가 중단될 것이다.
(B) 경영진이 교체될 것이다.
(C) 몇 가지 품목에 대해 할인을 실시할 것이다.
(D) 일시적으로 자체 웹사이트를 폐쇄할 것이다.

185. 세부사항 파악 ★

❶ 보기 구성 파악 자오 씨가 사기를 당했다고 결정하게 만든 것을 묻는 육하원칙(What) 문제이다.

❷ 단서 찾기 및 정답 선택 둘째 지문 하단의 문장 I thought the delivery might have been delayed because the store is busy, but when I uploaded a review/comment about the delay, I was blocked from the shop.에서 지연에 대한 리뷰와 의견을 게시하자 상점으로부터 차단을 당했다고 하므로 (C)가 일치하는 내용이다.

🔍 **함정 분석** (D) 제품 결함에 대한 언급은 전혀 없다는 점에 유의한다.

표현·정리 faulty 결함 있는

자오 씨는 왜 본인이 사기를 당했다고 생각했는가?
(A) 구매품이 신용카드로 결제되지 않았다.
(B) 그녀의 동료들도 같은 문제점을 갖고 있었다.
(C) 그녀의 불만이 받아들여지지 않았다.
(D) 제품에 결함이 있었다.

新 문제 186-190번은 다음의 광고와 이메일 그리고 표를 참조하시오.

186 페페르노 피저리아에서 아시아에 적어도 네 개의 새로운 지점을 개설하게 된 것을 자랑스럽게 알려드립니다. 중국, 한국, 일본, 대만에 위치한 이 네 지점들은 저희 프로젝트의 첨병이 될 것입니다. 우리가 새로운 시장에 진입하게 되었으므로 우리와 함께 하고자 하는 인력이 필요합니다. 레스토랑 직원들은 현지에서 모집할 것이지만, 아시아 업무를 처리할 완전히 새로운 부서를 마련할 것입니다.

187 하급직으로는 주로 재무, 경제, 국제 관계 혹은 이런 분야에 관련된 학위 소지자를 찾고 있습니다. 해당 분야의 경력이 우대되지만 필수는 아닙니다. 189 그러나 관리직은 적어도 5년 이상의 경력이 필

요합니다. 지원 절차 혹은 완전한 구인 목록에 관한 정보는 우리 웹사이트 www.peppernopizza.com에 나와 있습니다.

표현 정리 branch 지부, 지점 spearhead 첨병, 선봉 venture into (위험을 무릅쓰고) ~로 진입하다 be in need of ~이 필요하다 be willing to do 기꺼이 ~하다 deal with ~을 다루다 entry level positions 하급직, 신입직 applicant 지원자 degree 학위 finance 재무, 금융 international relations 국제 관계 experience in the field 업계 경력 be preferred 우대되다 involve 수반하다, 포함하다 in charge 책임지는 application process 지원 절차

수신: 앨런 팀 〈atimm291@email.com〉
발신: 로렌 말보 〈LMalvo.1@pepperno.com〉
제목: 축하합니다!
날짜: 5월 12일

팀 씨께,

축하합니다! **189**귀하에게 아시아 지점의 광고 책임자 정규직을 제공하게 되어 기쁩니다! 이미 아시다시피, 귀하는 아시아에 있는 네 지점의 광고를 담당하게 될 것입니다. **190**본사는 라이바 푸즈에서 귀하가 커뮤니케이션 관리자로서 쌓은 경력에 깊은 인상을 받았습니다.

귀하는 5월 21일부터 일을 시작하게 됩니다. 몇 가지 서류를 작성하셔야 하므로 도착하시면 인사과로 오시기 바랍니다. 5월 21일 전에 질문이 있다면 주저 마시고 우리에게 연락 주십시오. 저는 이 이메일이나 전화 389-1289번으로 연락할 수 있습니다. 다시 한번, 페페르노 피저리아에 오신 것을 환영합니다. (188-지문 전체)

로렌 말보

인사 담당자, 페페르노 피저리아

표현 정리 be pleased to do ~하게 되어 기쁘다 full-time position 정규직 regarding ~에 관하여 be impressed with ~으로 감명받다 report to (도착 등을) ~에게 보고하다 Human Resources office 인사과 hesitate to do ~하는 걸 주저하다 prior to ~전에

2017년 아시아의 떠오르는 탑 5 식음료 회사			제이거 F&B 잡지	
순위	회사	설립 연도	2016년 수입 (US$ Billion)	국가
1	주룬 그룹	2012	$9.7	중국
2	트라고스	2007	$8.2	중국
3	**190**라이바 푸즈	2011	$7.6	**일본**
4	GB F&B	2009	$6.1	한국
5	라이슨	2014	$4.9	대만

186. True / Not True ★★

❶ **보기 구성 파악** 페페르노 피저리아에 대해 언급된 내용을 묻는 True문제이다.

❷ **단서 찾기 및 정답 선택** 첫째 지문 첫째 문단의 첫 문장 Pepperno Pizzeria

---

is proud to announce that we will be introducing at least four new branches in Asia.에서 아시아에 4개의 새로운 지점을 열 것이라고 광고하고 있으므로 (D)가 내용과 일치한다.

표현 정리 around 활약하는 expand 확장하다

페레르노 피저리아에 관해 언급된 것은 무엇인가?
(A) 캐나다 최고의 레스토랑 중 하나이다.
(B) 거의 한 세기 넘게 활약해 왔다.
(C) 직원들을 끔찍하게 대하는 것으로 악명 높다.
(D) 사업을 아시아로 확장하고 있다.

187. 세부사항 파악 ★★

❶ **보기 구성 파악** 경력을 요구하지 않는 직위를 묻는 육하원칙(What) 문제이다.

❷ **단서 찾기 및 정답 선택** 첫째 지문 둘째 문단의 첫 문장에서 하급직으로 재무, 경제, 국제 관계 등의 학위 소지자를 찾고 있다고 전한 후, 둘째 문장 Although experience in the field is preferred, it is not necessary.에서 이런 분야의 경험이 우대되지만 필수는 아니라고 하므로 (A)가 정답이다.

어떤 직위가 경력을 요구하지 않는가?
(A) 하급직
(B) 관리직
(C) 레스토랑 직원
(D) 광고 직원

188. 주제 파악 ★★

❶ **보기 구성 파악** 이메일을 보낸 이유를 묻는 주제 파악 문제이다.

❷ **단서 찾기 및 정답 선택** 둘째 지문의 첫 문단은 광고 책임자로 채용된 데 대한 축하 인사이고 둘째 문단은 출근 날짜 및 첫 출근 시 해야 할 일 등을 전달하는 내용이므로 (B)가 가장 적합하다.

표현 정리 potential 잠재력, 가능성 assess 가늠하다, 평가하다

말보 씨는 왜 팀 씨에게 이메일을 보냈는가?
(A) 다른 옵션을 제안하려고
(B) 지시사항을 전달하려고
(C) 팀의 자질을 가늠해 보려고
(D) 일자리 지원을 거절하려고

189. 유추 / 추론 ★★

❶ **보기 구성 파악** 팀에 관한 내용을 묻는 유추, 추론 문제이며, 첫째와 둘째 지문을 모두 살펴봐야 하는 문제이다.

❷ **단서 찾기 및 정답 선택** 우선 둘째 지문 첫째 문단의 문장 We are pleased to offer you a full-time position as the head of advertisements at our Asian branches!에서 팀에게 광고 책임자의 역할을 맡긴다고 했는데, 첫째 지문 둘째 문단의 셋째 문장 However, for positions that involve being in charge, we require at least 5 years of experience.에서 관리직은 5년 이상의 경력이 있어야 한다고 하므로 (D)가 내용과 일치한다.

표현 정리 hand in 제출하다

팀 씨에 대해 암시된 것은 무엇인가?
(A) 이미 말보 씨를 만난 적이 있다.

(B) 아시아로의 확장을 제안했다.
(C) 포트폴리오를 온라인으로 제출했다.
(D) 적어도 5년의 경력이 있다.

190. 세부사항 파악 ★

① 보기 구성 파악 팀 씨의 예전 회사의 본부 위치를 묻는 육하원칙(Where) 문제로 둘째와 셋째 지문을 모두 봐야 하는 문제이다.

② 단서 찾기 및 정답 선택 둘째 지문 첫 문단의 마지막 문장 We were especially impressed with your experience as the communications manager at Laiba Foods.에서 언급된 Laiba Foods를 셋째 지문의 표에서 찾아보면 쉽게 (B)를 확인할 수 있다.

팀 씨의 예전 회사의 본사는 어디에 위치해 있는가?
(A) 중국
(B) 일본
(C) 한국
(D) 대만

新 문제 191-195번은 다음의 의사 일정과 제안서 그리고 이메일을 참조하시오.

월요 경영진 회의 의사 일정

주간 월요 경영진 회의에서는 다음의 안건들을 다루고 다음의 의사 일정을 준수합니다.

- 5:30 - 5:50 - 서론 및 관련된 소식
- 5:50 - 6:40 - 최근의 시장 트렌드와 경쟁사의 동향
- 6:40 - 7:30 - 저녁식사
- **195** 7:30 - 8:30 - 직원들의 연간 보너스와 임금 인상 동결
- **193** 8:30 - 9:00 - 직원 복지 변경
- 9:00 - 9:15 - 결론

늘 그래왔듯이, 회의에서는 저녁식사가 제공되는데, 6시 30분 직후에 준비될 것입니다. 동봉된 것은 이번 주의 메뉴와 주문서입니다. 메뉴를 고르시고, 행정 보조에게 늦어도 월요일 정오까지는 전화나 팩스로 주문을 넣으라고 하십시오. **192** 경영진 회의에 참석하실 수 없다면, 회의 일정 담당인 에이미 매닝에게 개인적인 검토를 위한 회의록이나 오디오 녹취 자료를 요청하는 이메일(amanning@GBC.com)을 주시면 됩니다.

감사합니다.

표현 정리 board meeting 경영진 회의, 중역 회의 address 다루다 adhere to ~을 준수하다(=follow) introduction 도입, 소개, 서론 competitor moves 경쟁 업체의 동향 raise freeze 임금 인상 동결 administrative assistant 행정 보조 no later than 늦어도 ~까지 meeting notes 회의록

직원 복지 조정에 대한 제안서

티나 폴랜드, 인사부장

191 아시다시피, 올해는 우리 회사에게 힘든 한 해였습니다. 그러나

직원들을 정리해고하는 대신에 우리는 예산의 부담을 덜고 운영비를 줄이기 위해 몇 가지 직원 복지를 조정하기로 결정했습니다. 이를 목표로 다음과 같이 직원 복지를 조정하기 위한 세 가지 각기 다른 제안을 내놓습니다. (193-문단 전체)

* 회사가 후원하는 건강 프로그램에 대한 직원 분담금/일정액 공제를 인상하는 것입니다.
* 퇴직 프로그램에 대한 회사 지원금을 25퍼센트까지 변경하는 것입니다. 단 해당 직원이 현행 맞춤형 프로그램 대신 최대 지원금 프로그램을 이용하는 경우에만 말이죠.
* 복지를 변경하는 대신 직원들에게 무급 휴가를 제공하는 것입니다.

제 생각에는 세 번째 방안이 가장 좋은 것 같습니다만, 당연히 저는 경영진의 결정을 지지할 것입니다.

표현 정리 lay off 해고하다 restructure 재구성하다, 재편성하다 ease (고통·부담을) 덜어주다, 편하게 해주다 bring down 줄이다, 낮추다 operating costs 운영비 co-pay 직원 분담금 deductibles 일정액 공제 employer-sponsored 사업주가 후원하는 matching program 맞춤형 프로그램

발신: 로빈 애트킨스
수신: 에이미 매닝
제목: 저녁식사 시간
날짜: 4월 13일

매닝 씨께,

195 다음 주 월요일 우리 경영진 회의에 식사를 제공하는 케이터링 업체로부터 연락을 받았습니다. 그곳의 일정이 겹치는 바람에 저녁식사 시간이 1시간 정도 늦어질 것 같다고 합니다. 회의가 **194** 임박한 상황이라 케이터링 업체를 다른 곳으로 바꾸기가 쉽지 않습니다. 당신이 회의 일정을 담당하고 있다는 얘기를 듣고 말씀드리는 것이니 적절한 조치를 취해 주시기 바랍니다.

로빈 애트킨스

표현 정리 catering company 케이터링 업체, 출장 뷔페 업체 scheduling conflicts 일정이 겹침 imminent 임박한 take the appropriate actions 적절한 조치를 취하다

191. 유추 / 추론 ★★

① 보기 구성 파악 제안서에서 추론할 수 있는 것을 묻는 유추, 추론 문제이다.

② 단서 찾기 및 정답 선택 제안서인 둘째 지문의 첫 문장 As you know, ~ we have decided to restructure some benefits to ease our budget and to bring down operating costs.에서 회사가 올해 힘들었는데 직원들을 해고하는 대신 예산의 부담을 줄이고 운영비를 줄이기 위해 직원 복지를 조정하기로 했다고 하므로 (C)가 내용상 가장 적합하다.

표현 정리 profitable 수익성 있는

제안서에서 추론할 수 있는 것은?
(A) 회사는 올해 흑자를 기록하고 있다.
(B) 회사는 많은 정리해고를 예상하고 있다.

(C) 회사는 예산을 삭감하려고 한다.
(D) 회사는 건강보험 제공업체를 잃었다.

192. 세부사항 파악 ★★

❶ 보기 구성 파악 경영진이 에이미 매닝에게 연락해야 하는 이유를 묻는 육하원칙(Why) 문제이다.

❷ 단서 찾기 및 정답 선택 첫째 지문 마지막 문단의 마지막 문장 If you are unable to attend the board meeting, please e-mail Board Coordinator Amy Manning at amanning@GBC.com with any requests for meeting notes or an audio recording of the meeting for your review.에서 경영진 회의에 참석할 수 없다면 에이미 매닝에게 회의록이나 오디오 녹취 자료를 요청하는 이메일을 보내라고 하므로 (B)가 정답이다.

표현 정리 reserve 예약하다 make a suggestion 제안하다

경영진의 일원이 에이미 매닝에게 연락해야 하는 이유는 무엇인가?
(A) 회의에서 자리를 예약하기 위해
(B) 참석하지 못한다는 말을 전하기 위해
(C) 선호하는 음식에 대해 정보를 주기 위해
(D) 회의 안건에 대해 제안하기 위해

193. 세부사항 파악 ★

❶ 보기 구성 파악 폴랜드 씨의 제안이 시작될 때를 묻는 육하원칙(When) 문제이며, 첫째와 둘째 지문을 모두 살펴봐야 풀 수 있는 문제이다.

❷ 단서 찾기 및 정답 선택 우선 둘째 지문 첫 문단을 보면 폴랜드 씨의 제안서는 직원 복지 조정(Proposal to Restructure Employee Benefits)에 관한 내용인데, 첫째 지문에서 의사 일정을 보면 직원 복지 조정에 관한 논의가 시작되는 시간은 8시 30분이므로 (C)가 정답이다.

폴랜드 씨의 제안은 언제 시작되는가?
(A) 6:00
(B) 7:15
(C) 8:30
(D) 6:30

194. 동의어 파악 ★★

❶ 보기 구성 파악 imminent와 의미가 유사한 단어를 묻는 동의어 파악 문제이다.

❷ 단서 찾기 및 정답 선택 imminent는 coming very soon의 의미이므로 보기들 중 (D)가 가장 유사하다.

이메일에서 셋째 줄의 단어 "imminent"와 의미상 가장 가까운 것은?
(A) 사전의
(B) 일시적인
(C) 강렬한
(D) 가까운

195. 유추 / 추론 ★★

❶ 보기 구성 파악 저녁식사 일정 변경으로 가장 영향 받는 사항을 묻는 유추, 추론 문제이며, 첫째와 셋째 지문을 모두 살펴봐야 풀 수 있는 문제이다.

❷ 단서 찾기 및 정답 선택 우선 셋째 지문 첫 두 문장 I was just contacted by the catering company that is providing meals to our board meeting next Monday. The person said the dinner may be

delayed by an hour due to a scheduling conflicts.에서 월요일 회의의 저녁식사가 1시간 정도 늦춰진다고 하는데, 첫째 지문의 의사 일정을 보면 원래의 저녁시간 바로 뒤에 해당하는 시간대에 식사가 제공된다. 따라서 Annual bonuses and raise freezes for employees가 영향을 받는다고 할 수 있으므로 (C)가 정답이다.

저녁식사 일정 변경으로 인해 가장 영향을 받는 것은 무엇인가?
(A) 서론 및 관련 소식
(B) 최근의 시장 트렌드와 경쟁사의 동향
(C) 직원들의 연간 보너스와 임금 인상 동결
(D) 직원 복지 변경

新 문제 196-200번은 다음의 광고와 지원서 그리고 추천서를 참조하시오.

BTI 아카데미가 새해 신입생 접수를 받고 있습니다. 수상 경력이 있는 우리 예비학교는 뉴라인 컨서버토리의 직영 기관입니다. 우리 학생들은 1학년의 학력 수준과 사회적 기대치를 충족하게 되면 뉴라인 컨서버토리 입학이 보장됩니다.

뉴라인 학생들은 MIT나 옥스퍼드뿐 아니라 하버드, 예일 그리고 다른 아이비리그 학교들에 진학해 왔습니다. BTI 아카데미 예비과정 학생들은 학교 내에서 본인의 자리를 유지하려면 학기 중에 최소한의 사회봉사 시간을 할애하고 금융, 학업, 여가 활동을 해야 합니다. **196(A)(B), 200**승인서, 신원조사 합의서, 세 개의 추천서(모두가 반드시 BTI 아카데미 동문으로부터 받아야 합니다.), 지원서 그리고 지원서 수수료를 가능한 빨리 우리 사무실로 보내시기 바랍니다.

198장학금과 후원금은 학업이나 운동에 재능 있는 학생들에게 지급 가능합니다. 절차에 관한 질문이나 관련된 사항은 854-695-8653번으로 마이클 터너에게 전화를 주시거나 mturner@BTI.edu로 이메일을 보내시면 됩니다. 지원에 필요한 자료나 필요한 사항들은 www.BTI.edu에서 찾아보실 수 있습니다. (197-지문 전체)

표현 정리 award-winning 수상 경력이 있는 preparatory academy 예비학교 direct subsidiary 직영 기관 be guaranteed acceptance to ~에 입학이 보장되다 civic responsibility hours 사회봉사 시간 extracurricular activities 과외 활동 letter of approval 승인서 background check agreement 신원조사 합의서 reference 추천서 endorsement 승인서, 추천서 alumnus 졸업생, 동문 application 신청서 application fee 신청 수수료 scholarship 장학금 sponsorship 후원금 academically or athletically gifted children 학업이나 운동에 재능 있는 학생들 process 절차 be directed to ~에게 보내지다(=be sent to)

BTI 아카데미 지원서

귀하의 자녀에 대한 다음 정보를 기재해 주시기 바랍니다.

이름 - 토마스 진 피터슨
주소 - 데인 스트리트 4837번지, 햄프턴스, NY 56378
전화번호 - (749) 463-3865
사회보장번호 - 476-73-9315
병력 - 건강 양호, 기존 질병 없음
테스트 점수 - 영어 - 90%; 수학 - 98%; 과학 - 95%
학업 성적 - 전과목 A

개인교습 혹은 과외 경험 – 없음; 필요 없었음
과외 활동 경력 – 라크로스 선수, 미식축구 선수, 야구 선수

196.(C) 이 지원서는 빠짐없이 정확하게 기록해야 합니다. 허위나 부정확한 정보는 입학 거부의 사유가 됩니다. 지원 요건에 관한 질문이나 상세한 설명이 필요하면 본교 행정 사무실로 월요일부터 금요일까지 오전 8시에서 오후 4시 사이에 854-695-8650번으로 연락주세요. BTI 아카데미에 관심을 가져주셔서 감사합니다!

(197 – 지문 전체)

표현 정리 **social security number** 사회보장번호 **medical history** 병력 **preexisting conditions** 기존 질병 **academic history** 학업 성적 **tutoring or private lesson** 개인교습 혹은 과외 **extracurricular activity** 과외 활동 **fill out** (양식을) 작성하다 **inaccurate** 부정확한 **ground** 근거, 이유 **denial** 거부 **admittance** 입장, 입학 **clarification** 소명, 상세한 설명

캐롤라인 잭슨
BTI 아카데미

잭슨 씨께,

저는 토마스 진 피터슨의 입학을 열렬히 지지하기 위해 이 글을 씁니다. 저는 토마스가 작년에 제 과학 과목 학생일 때부터 그를 알고 있습니다. 토마스는 수업에서 가장 높은 점수를 받음으로써 제 과목에서 **199두각을 나타냈습니다.** 하지만 이런 성취는 그의 능력과 성품의 피상적인 부분에 지나지 않습니다. 토마스는 공부를 좋아하는 타입의 사람입니다. 그는 매우 열심히 그리고 부지런히 공부하는 사람들 중 하나이지만 얼굴에 미소를 잃지 않습니다.

토마스는 과학에서의 탁월함을 위해 노력하지만 지식에 대한 갈망이 그의 삶을 지배하게 하지 않습니다. 그는 다른 사람들을 진정으로 감싸는 과학적 휴머니스트입니다. 토마스가 동료들에게 많은 사랑을 받고 존중 받는 것도 놀라운 일이 아닙니다. **200비록 저는 BTI 졸업생이 아니지만 그의 입학을 적극 권고합니다.**

존 테일러
과학 교사

표현 정리 **enthusiastic** 열렬한 **distinguish himself** 자신을 부각시키다 **accomplishment** 성과, 성취 **scratch the surface of** ~을 수박 겉핥기 식으로 하다[다루다] **strive for** ~을 위해 애쓰다 **excellence** 탁월함, 뛰어남 **thirst for knowledge** 지식에 대한 갈망 **genuinely** 진정으로 **come as no surprise that** ~은 놀라운 일이 아니다 **admire** 존중하다

196. 세부사항 파악 ★★★

❶ 보기 구성 파악 지원에 필요한 요건이 아닌 것을 묻는 육하원칙(What) 문제이며, 첫째와 둘째 지문에서 근거들을 찾아야 하는 문제이다.

❷ 단서 찾기 및 정답 선택 첫째 지문 둘째 문단의 마지막 문장 Please send your letters of approval, background check agreements, three references/endorsements (all must be from a BTI Academy alumnus), application, and application fee to our office as soon as possible.에서 (A)와 (B)가 언급되어 있다. 둘째 지문 마지막 문단의 첫째, 둘째 문장 This application should be filled out accurately and completely. Any false or inaccurate information will be grounds

---

for denial of admittance.에서 (C)가 내용과 일치한다. 하지만 (D)는 어디에도 제시되어 있지 않으므로 정답이다.

표현 정리 **truthful** 정직한, 진실한 **psychological** 심리의, 심리학적인

지원에 필요한 요건이 아닌 것은?
(A) 추천서
(B) 지원서 수수료
(C) 틀림없는 정보
(D) 학생의 심리 프로필

197. 유추 / 추론 ★★

❶ 보기 구성 파악 문서들을 읽을 만한 사람들을 묻는 유추, 추론 문제이며, 첫째와 둘째 지문을 모두 살펴봐야 하는 문제이다.

❷ 단서 찾기 및 정답 선택 첫째 지문은 대학 입학 직전 단계의 예비학교 학생들에 대한 모집 요강이고 둘째 지문은 지원서 양식이므로 (A)가 가장 적합하다.

이 문서들은 누구를 대상으로 한 것인가?
(A) 자녀들을 위해 명성 있는 교육을 원하는 부모들
(B) 자녀들을 기숙 학교에 등록시키고자 하는 부모들
(C) 초등학교 입학에 관심 있는 학생들
(D) 과외 활동을 더 하고 싶은 학생들

198. 세부사항 파악 ★★

❶ 보기 구성 파악 학생들에게 주어지는 특별한 고려사항을 묻는 육하원칙(What) 문제이다.

❷ 단서 찾기 및 정답 선택 첫째 지문 마지막 문단의 첫 문장 Scholarships and sponsorships are available to academically or athletically gifted children.에서 학업이나 운동에 재능 있는 학생들은 장학금이나 후원금을 받을 수 있다고 하므로 (C)가 내용과 가장 부합된다. (A)와 (B)는 학부모가 신경을 써야 할 부분이며 (D)에 언급된 추천서는 BTI 아카데미의 동문이 제공하는 것이므로 적합하지 않다.

표현 정리 **qualify for** ~에 대한 자격이[권리가] 있다 **waiver** 권리 포기, 포기 증서 **avoidance** 회피, 방지

지원서에 따르면, 학생들은 어떠한 특별한 고려사항에 대해 자격이 있는가?
(A) 신원조사 포기
(B) 허위 정보를 기재하지 않음
(C) 무료 또는 할인된 수업료
(D) 교수 추천서

199. 동의어 파악 ★★

❶ 보기 구성 파악 distinguished와 의미가 유사한 단어를 묻는 동의어 파악 문제이다.

❷ 단서 찾기 및 정답 선택 동사 distinguish가 재귀대명사와 함께 distinguish oneself의 형태로 쓰일 때는 '두각을 나타내다, 유명해지다'라는 의미를 나타내므로 보기들 중 (D)가 가장 유사하다.

추천서에서 첫째 문단 둘째 줄의 "distinguished"와 의미상 가장 가까운 것은?
(A) 통제했다
(B) 뒤적거렸다
(C) 칭찬했다
(D) 차별화했다

200. 유추 / 추론 ★★

① 보기 구성 파악 토마스에 대해 암시되어 있는 내용을 묻는 유추, 추론 문제이며, 첫째와 셋째 지문을 모두 살펴봐야 하는 문제이다.

② 단서 찾기 및 정답 선택 셋째 지문 둘째 문단의 마지막 문장 Although I am not an alumnus of BTI, I strongly recommend him for admission. 에서 이 추천서를 쓴 사람은 BTI의 동문이 아닌 것으로 판명된다. 그런데 첫째 지문 둘째 문단의 마지막 문장 Please send your letters of approval, background check agreements, three references/endorsements (all must be from a BTI Academy alumnus), application, and application fee to our office as soon as possible.에서 추천서를 모두 BTI 동문으로부터 받아야 한다고 하였으므로 (C)를 유추할 수 있다.

표현 정리 admit 입학[가입]을 허락하다 **medical checkup** 건강 검진

토마스에 대해 암시되어 있는 것은 무엇인가?
(A) 뉴라인 컨서버토리로 곧장 갈 것이다.
(B) 자신의 중학교에서 후원을 받을 것이다.
(C) BTI 아카데미에 입학이 허용되지 않을 것이다.
(D) 추가 건강 검진을 받을 것이다.

Actual Test 1

LISTENING (Part I ~ IV)

NO.	ANSWER A B C D	NO.	ANSWER A B C D	NO.	ANSWER A B C D	NO.	ANSWER A B C D
1	ⓐ ⓑ ⓒ ⓓ	21	ⓐ ⓑ ⓒ ⓓ	41	ⓐ ⓑ ⓒ ⓓ	81	ⓐ ⓑ ⓒ ⓓ
2	ⓐ ⓑ ⓒ ⓓ	22	ⓐ ⓑ ⓒ ⓓ	42	ⓐ ⓑ ⓒ ⓓ	82	ⓐ ⓑ ⓒ ⓓ
3	ⓐ ⓑ ⓒ ⓓ	23	ⓐ ⓑ ⓒ ⓓ	43	ⓐ ⓑ ⓒ ⓓ	83	ⓐ ⓑ ⓒ ⓓ
4	ⓐ ⓑ ⓒ ⓓ	24	ⓐ ⓑ ⓒ ⓓ	44	ⓐ ⓑ ⓒ ⓓ	84	ⓐ ⓑ ⓒ ⓓ
5	ⓐ ⓑ ⓒ ⓓ	25	ⓐ ⓑ ⓒ ⓓ	45	ⓐ ⓑ ⓒ ⓓ	85	ⓐ ⓑ ⓒ ⓓ
6	ⓐ ⓑ ⓒ ⓓ	26	ⓐ ⓑ ⓒ ⓓ	46	ⓐ ⓑ ⓒ ⓓ	86	ⓐ ⓑ ⓒ ⓓ
7	ⓐ ⓑ ⓒ ⓓ	27	ⓐ ⓑ ⓒ ⓓ	47	ⓐ ⓑ ⓒ ⓓ	87	ⓐ ⓑ ⓒ ⓓ
8	ⓐ ⓑ ⓒ ⓓ	28	ⓐ ⓑ ⓒ ⓓ	48	ⓐ ⓑ ⓒ ⓓ	88	ⓐ ⓑ ⓒ ⓓ
9	ⓐ ⓑ ⓒ ⓓ	29	ⓐ ⓑ ⓒ ⓓ	49	ⓐ ⓑ ⓒ ⓓ	89	ⓐ ⓑ ⓒ ⓓ
10	ⓐ ⓑ ⓒ ⓓ	30	ⓐ ⓑ ⓒ ⓓ	50	ⓐ ⓑ ⓒ ⓓ	90	ⓐ ⓑ ⓒ ⓓ
11	ⓐ ⓑ ⓒ ⓓ	31	ⓐ ⓑ ⓒ ⓓ	51	ⓐ ⓑ ⓒ ⓓ	91	ⓐ ⓑ ⓒ ⓓ
12	ⓐ ⓑ ⓒ ⓓ	32	ⓐ ⓑ ⓒ ⓓ	52	ⓐ ⓑ ⓒ ⓓ	92	ⓐ ⓑ ⓒ ⓓ
13	ⓐ ⓑ ⓒ ⓓ	33	ⓐ ⓑ ⓒ ⓓ	53	ⓐ ⓑ ⓒ ⓓ	93	ⓐ ⓑ ⓒ ⓓ
14	ⓐ ⓑ ⓒ ⓓ	34	ⓐ ⓑ ⓒ ⓓ	54	ⓐ ⓑ ⓒ ⓓ	94	ⓐ ⓑ ⓒ ⓓ
15	ⓐ ⓑ ⓒ ⓓ	35	ⓐ ⓑ ⓒ ⓓ	55	ⓐ ⓑ ⓒ ⓓ	95	ⓐ ⓑ ⓒ ⓓ
16	ⓐ ⓑ ⓒ ⓓ	36	ⓐ ⓑ ⓒ ⓓ	56	ⓐ ⓑ ⓒ ⓓ	96	ⓐ ⓑ ⓒ ⓓ
17	ⓐ ⓑ ⓒ ⓓ	37	ⓐ ⓑ ⓒ ⓓ	57	ⓐ ⓑ ⓒ ⓓ	97	ⓐ ⓑ ⓒ ⓓ
18	ⓐ ⓑ ⓒ ⓓ	38	ⓐ ⓑ ⓒ ⓓ	58	ⓐ ⓑ ⓒ ⓓ	98	ⓐ ⓑ ⓒ ⓓ
19	ⓐ ⓑ ⓒ ⓓ	39	ⓐ ⓑ ⓒ ⓓ	59	ⓐ ⓑ ⓒ ⓓ	99	ⓐ ⓑ ⓒ ⓓ
20	ⓐ ⓑ ⓒ ⓓ	40	ⓐ ⓑ ⓒ ⓓ	60	ⓐ ⓑ ⓒ ⓓ	100	ⓐ ⓑ ⓒ ⓓ

READING (Part V ~ VII)

NO.	ANSWER A B C D	NO.	ANSWER A B C D	NO.	ANSWER A B C D	NO.	ANSWER A B C D
101	ⓐ ⓑ ⓒ ⓓ	121	ⓐ ⓑ ⓒ ⓓ	141	ⓐ ⓑ ⓒ ⓓ	181	ⓐ ⓑ ⓒ ⓓ
102	ⓐ ⓑ ⓒ ⓓ	122	ⓐ ⓑ ⓒ ⓓ	142	ⓐ ⓑ ⓒ ⓓ	182	ⓐ ⓑ ⓒ ⓓ
103	ⓐ ⓑ ⓒ ⓓ	123	ⓐ ⓑ ⓒ ⓓ	143	ⓐ ⓑ ⓒ ⓓ	183	ⓐ ⓑ ⓒ ⓓ
104	ⓐ ⓑ ⓒ ⓓ	124	ⓐ ⓑ ⓒ ⓓ	144	ⓐ ⓑ ⓒ ⓓ	184	ⓐ ⓑ ⓒ ⓓ
105	ⓐ ⓑ ⓒ ⓓ	125	ⓐ ⓑ ⓒ ⓓ	145	ⓐ ⓑ ⓒ ⓓ	185	ⓐ ⓑ ⓒ ⓓ
106	ⓐ ⓑ ⓒ ⓓ	126	ⓐ ⓑ ⓒ ⓓ	146	ⓐ ⓑ ⓒ ⓓ	186	ⓐ ⓑ ⓒ ⓓ
107	ⓐ ⓑ ⓒ ⓓ	127	ⓐ ⓑ ⓒ ⓓ	147	ⓐ ⓑ ⓒ ⓓ	187	ⓐ ⓑ ⓒ ⓓ
108	ⓐ ⓑ ⓒ ⓓ	128	ⓐ ⓑ ⓒ ⓓ	148	ⓐ ⓑ ⓒ ⓓ	188	ⓐ ⓑ ⓒ ⓓ
109	ⓐ ⓑ ⓒ ⓓ	129	ⓐ ⓑ ⓒ ⓓ	149	ⓐ ⓑ ⓒ ⓓ	189	ⓐ ⓑ ⓒ ⓓ
110	ⓐ ⓑ ⓒ ⓓ	130	ⓐ ⓑ ⓒ ⓓ	150	ⓐ ⓑ ⓒ ⓓ	190	ⓐ ⓑ ⓒ ⓓ
111	ⓐ ⓑ ⓒ ⓓ	131	ⓐ ⓑ ⓒ ⓓ	151	ⓐ ⓑ ⓒ ⓓ	191	ⓐ ⓑ ⓒ ⓓ
112	ⓐ ⓑ ⓒ ⓓ	132	ⓐ ⓑ ⓒ ⓓ	152	ⓐ ⓑ ⓒ ⓓ	192	ⓐ ⓑ ⓒ ⓓ
113	ⓐ ⓑ ⓒ ⓓ	133	ⓐ ⓑ ⓒ ⓓ	153	ⓐ ⓑ ⓒ ⓓ	193	ⓐ ⓑ ⓒ ⓓ
114	ⓐ ⓑ ⓒ ⓓ	134	ⓐ ⓑ ⓒ ⓓ	154	ⓐ ⓑ ⓒ ⓓ	194	ⓐ ⓑ ⓒ ⓓ
115	ⓐ ⓑ ⓒ ⓓ	135	ⓐ ⓑ ⓒ ⓓ	155	ⓐ ⓑ ⓒ ⓓ	195	ⓐ ⓑ ⓒ ⓓ
116	ⓐ ⓑ ⓒ ⓓ	136	ⓐ ⓑ ⓒ ⓓ	156	ⓐ ⓑ ⓒ ⓓ	196	ⓐ ⓑ ⓒ ⓓ
117	ⓐ ⓑ ⓒ ⓓ	137	ⓐ ⓑ ⓒ ⓓ	157	ⓐ ⓑ ⓒ ⓓ	197	ⓐ ⓑ ⓒ ⓓ
118	ⓐ ⓑ ⓒ ⓓ	138	ⓐ ⓑ ⓒ ⓓ	158	ⓐ ⓑ ⓒ ⓓ	198	ⓐ ⓑ ⓒ ⓓ
119	ⓐ ⓑ ⓒ ⓓ	139	ⓐ ⓑ ⓒ ⓓ	159	ⓐ ⓑ ⓒ ⓓ	199	ⓐ ⓑ ⓒ ⓓ
120	ⓐ ⓑ ⓒ ⓓ	140	ⓐ ⓑ ⓒ ⓓ	160	ⓐ ⓑ ⓒ ⓓ	200	ⓐ ⓑ ⓒ ⓓ

Actual Test 2

LISTENING (Part I ~ IV)

NO.	ANSWER	NO.	ANSWER	NO.	ANSWER	NO.	ANSWER	NO.	ANSWER
---	A B C D	---	A B C D	---	A B C D	---	A B C D	---	A B C D
1		21		41		61		81	
2		22		42		62		82	
3		23		43		63		83	
4		24		44		64		84	
5		25		45		65		85	
6		26		46		66		86	
7		27		47		67		87	
8		28		48		68		88	
9		29		49		69		89	
10		30		50		70		90	
11		31		51		71		91	
12		32		52		72		92	
13		33		53		73		93	
14		34		54		74		94	
15		35		55		75		95	
16		36		56		76		96	
17		37		57		77		97	
18		38		58		78		98	
19		39		59		79		99	
20		40		60		80		100	

READING (Part V ~ VII)

NO.	ANSWER	NO.	ANSWER	NO.	ANSWER	NO.	ANSWER	NO.	ANSWER
---	A B C D	---	A B C D	---	A B C D	---	A B C D	---	A B C D
101		121		141		161		181	
102		122		142		162		182	
103		123		143		163		183	
104		124		144		164		184	
105		125		145		165		185	
106		126		146		166		186	
107		127		147		167		187	
108		128		148		168		188	
109		129		149		169		189	
110		130		150		170		190	
111		131		151		171		191	
112		132		152		172		192	
113		133		153		173		193	
114		134		154		174		194	
115		135		155		175		195	
116		136		156		176		196	
117		137		157		177		197	
118		138		158		178		198	
119		139		159		179		199	
120		140		160		180		200	

Actual Test 3

LISTENING (Part I ~ IV)

NO.	ANSWER A B C D	NO.	ANSWER A B C D	NO.	ANSWER A B C D	NO.	ANSWER A B C D
1	a b c d	21	a b c	41	a b c d	61	a b c d
2	a b c d	22	a b c	42	a b c d	62	a b c d
3	a b c d	23	a b c	43	a b c d	63	a b c d
4	a b c d	24	a b c	44	a b c d	64	a b c d
5	a b c d	25	a b c	45	a b c d	65	a b c d
6	a b c d	26	a b c	46	a b c d	66	a b c d
7	a b c	27	a b c	47	a b c d	67	a b c d
8	a b c	28	a b c	48	a b c d	68	a b c d
9	a b c	29	a b c	49	a b c d	69	a b c d
10	a b c	30	a b c	50	a b c d	70	a b c d
11	a b c	31	a b c	51	a b c d	71	a b c d
12	a b c	32	a b c	52	a b c d	72	a b c d
13	a b c	33	a b c	53	a b c d	73	a b c d
14	a b c	34	a b c	54	a b c d	74	a b c d
15	a b c	35	a b c	55	a b c d	75	a b c d
16	a b c	36	a b c	56	a b c d	76	a b c d
17	a b c	37	a b c	57	a b c d	77	a b c d
18	a b c	38	a b c	58	a b c d	78	a b c d
19	a b c	39	a b c	59	a b c d	79	a b c d
20	a b c	40	a b c	60	a b c d	80	a b c d
						81	a b c d
						82	a b c d
						83	a b c d
						84	a b c d
						85	a b c d
						86	a b c d
						87	a b c d
						88	a b c d
						89	a b c d
						90	a b c d
						91	a b c d
						92	a b c d
						93	a b c d
						94	a b c d
						95	a b c d
						96	a b c d
						97	a b c d
						98	a b c d
						99	a b c d
						100	a b c d

READING (Part V ~ VII)

NO.	ANSWER A B C D	NO.	ANSWER A B C D	NO.	ANSWER A B C D	NO.	ANSWER A B C D
101	a b c d	121	a b c d	141	a b c d	161	a b c d
102	a b c d	122	a b c d	142	a b c d	162	a b c d
103	a b c d	123	a b c d	143	a b c d	163	a b c d
104	a b c d	124	a b c d	144	a b c d	164	a b c d
105	a b c d	125	a b c d	145	a b c d	165	a b c d
106	a b c d	126	a b c d	146	a b c d	166	a b c d
107	a b c d	127	a b c d	147	a b c d	167	a b c d
108	a b c d	128	a b c d	148	a b c d	168	a b c d
109	a b c d	129	a b c d	149	a b c d	169	a b c d
110	a b c d	130	a b c d	150	a b c d	170	a b c d
111	a b c d	131	a b c d	151	a b c d	171	a b c d
112	a b c d	132	a b c d	152	a b c d	172	a b c d
113	a b c d	133	a b c d	153	a b c d	173	a b c d
114	a b c d	134	a b c d	154	a b c d	174	a b c d
115	a b c d	135	a b c d	155	a b c d	175	a b c d
116	a b c d	136	a b c d	156	a b c d	176	a b c d
117	a b c d	137	a b c d	157	a b c d	177	a b c d
118	a b c d	138	a b c d	158	a b c d	178	a b c d
119	a b c d	139	a b c d	159	a b c d	179	a b c d
120	a b c d	140	a b c d	160	a b c d	180	a b c d
						181	a b c d
						182	a b c d
						183	a b c d
						184	a b c d
						185	a b c d
						186	a b c d
						187	a b c d
						188	a b c d
						189	a b c d
						190	a b c d
						191	a b c d
						192	a b c d
						193	a b c d
						194	a b c d
						195	a b c d
						196	a b c d
						197	a b c d
						198	a b c d
						199	a b c d
						200	a b c d

2007년~2018년 <파트별 실전문제집> 분야 부동의 누적 판매 1위!

시나공 토익

파트7 실전문제집 시즌 2

강진오, 강원기 지음 | 500쪽 | 16,000원

특별 부록 : 독학용 복습 노트
고난도 100문제 PDF
패러프레이징 암기장

12회로 달성하는 파트 7 만점 프로젝트!

 ❶ 정답, 오답의 이유, 패러프레이징까지 담은 해설집!

 ❷ 수준별 학습 일정을 책임지는 독학용 복습 노트!

 ❸ 추가 고난도 100문제 PDF!

 ❹ 출제 의도가 한눈에 보이는 패러프레이징 암기장!

권장하는 점수대	400	500	600	700	800	900

이 책의 난이도	쉬움	비슷함	어려움

딱 850점이 필요한 당신을 위한 책!

시나공 토익

850 단기완성

김병기, 이관우 지음 | 724쪽 | 19,000원

··· 850점 달성에 필요한 내용만 빈출 순서로 정리한 맞춤형 교재! ···

 ❶ 부족한 설명을 채워줄 저자 직강 토막 강의!

 ❷ 최신 경향을 반영한 실전 모의고사 3회!

 ❸ 자세하고 이해하기 쉬운 해설집!

 ❹ 오답노트 및 각종 빈출 표현집 PDF!

 ❺ 다양한 상황에 맞춰 듣는 MP3 4종 세트!

- 실전용 MP3
- 1.2 배속 MP3
- 고사장용 MP3
- 영국 | 호주 발음 MP3

권장하는 점수대	400	500	600	700	800	900

이 책의 난이도	쉬움	비슷함	어려움

시험에 나오는 것만 공부한다!

시나공
토익

혼자서 끝내는
토익 노트

길벗
이지:톡

목차

혼자서 끝내는 토익 노트 학습 가이드   03

TEST 1   받아쓰기 훈련   07

TEST 1   문장분석 훈련   13

TEST 1   직독직해 훈련   17

TEST 2   받아쓰기 훈련   21

TEST 2   문장분석 훈련   27

TEST 2   직독직해 훈련   31

TEST 3   받아쓰기 훈련   35

TEST 3   문장분석 훈련   41

TEST 3   직독직해 훈련   45

혼자서 끝내는 토익 노트

학습가이드

각 테스트에서 시험에 자주 나오는 단어를 선별하여 정리했어요. 표시된 점선을 따라 접고 단어의 뜻을 떠올려 보세요. 모르는 단어는 표시해 두었다가 뜻을 확인하고 암기하세요. 반드시 출제되는 필수 어휘는 빨간색으로 표시하였으니 시간이 없더라도 이 단어는 꼭 외우고 시험장에 들어가세요.

외우세요! ┊ 단어 암기 ┊

단어	뜻	단어	뜻
□ side by side	나란히	□ put in an order	주문을 하다, 주문을 넣다
□ cast a shadow	그림자를 드리우다	□ take a quick look	재빨리 살펴보다
□ ascend	오르다	□ discontinue	(생산을) 중단하다
□ column	원형 기둥	□ approve	인정하다, 승인하다
□ rearrange	재배열하다	□ itinerary	일정표
□ revise	개정하다, 수정하다	□ confirm	확인하다
□ meet the deadline	마감시한을 맞추다	□ be scheduled to do	~할 예정이다
□ be away on vacation	휴가 중이다	□ install	설치하다
□ extended	연장된	□ take advantage of	~을 이용하다
□ make a reservation	예약하다	□ retailer	소매업자, 소매상
□ damp	축축한, 눅눅한	□ make the impression	인상을 주다
□ maintenance	유지보수	□ working conditions	근로 환경
□ leaking	새는	□ make a quick announcement	간단한 발표를 하다
□ resolve	해결하다	□ get to work	출근하다
□ authorized	공인된, 인가 받은	□ enroll in	~에 등록하다
□ in advance	미리, 사전에	□ present	제출하다, 제시하다

3

각 테스트에서 핵심 표현들을 받아쓸 수 있게 구성했어요. 받아쓰기는 음원을 듣고 빈칸을 채우면서 문장의 이해도를 측정하는 것인데, 토익에서 듣기 실력을 향상시키는데 가장 효과적인 방법이죠.

MP3를 듣고 빈칸의 단어를 채워보세요. 단, MP3를 듣자마자 무조건 단어만 받아쓰려고 하지 마세요. 문장의 구조를 파악하고 흐름을 이해하며 빈칸을 채우는 것이 중요해요.

> **받아쓰기 훈련 예시**
>
> **7.** Who's going to <u>revise our new refund policy</u>?
>
> (A) <u>Some of the board members.</u>
>
> (B) Twenty-five dollars, including sales tax.
>
> (C) There'll be a fundraising event this weekend.

1. MP3를 듣고 빈칸을 채우세요.

해당 MP3를 들으며 빈칸을 채우세요. MP3를 들을 때에 빈칸을 채우는 데 급급하지 말고, 문장의 전체적인 틀과 의미를 파악하며 빈칸을 채우세요. a(an), the와 같은 관사나 조동사는 크게 신경 쓰지 말고, 스펠링도 꼭 맞지 않아도 괜찮아요. 스펠링이 기억나지 않으면 대충 들리는 대로 써도 좋아요. 전체적으로 흐름을 파악하고 이해하는 데 초점을 맞추세요. (MP3 다운로드 www.gilbut.co.kr)

2. 세 번 듣고도 의미 파악이 안 된다면 스크립트를 확인하세요.

MP3를 한 번 듣고 들리지 않았다고 해서 포기하지 말고, 세 번을 반복해서 들어보세요. 세 번을 듣고도 의미가 파악되지 않는다면 문맥을 통해 단어를 유추하는 것도 좋아요. 그래도 모르겠다면 해설집에서 스크립트를 확인하세요.

3. 스크립트를 확인한 후 문장을 외우면 학습 효과는 2배가 돼요.

스크립트를 확인한 후에는 문장을 외우는 것을 권장해요. 한글 해석만 보고 영어 문장을 떠올릴 정도가 되면 가장 좋아요. 토익에서 비슷한 문장이 나오면 쉽게 이해할 수 있으니까요.

각 테스트에서 학습한 문제 중에 자주 출제되거나 문장 구조를 알아야 하는 문장만 뽑아서 구성했어요. 문제를 먼저 풀고 의미 단위로 문장을 스스로 끊어본 뒤, 자세하게 풀이한 문장 분석을 확인하세요. 문장을 의미 단위로 학습하고 이에 따라 직독직해를 해보며 파트 5, 6 풀이 속도를 올리는 것이 주목표입니다.

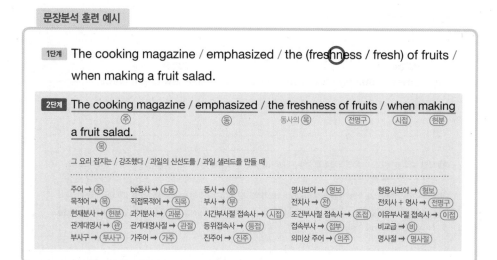

1. 핵심 문제를 다시 풀어보고 의미 단위로 끊어보세요.

각 테스트에서 중요한 문제를 10개씩 선별했어요. 헷갈리기 쉬운 두 개의 보기로 구성한 문제를 빠르게 풀어본 뒤 품사와 문장 구조를 신경 써 가며 주어, 동사, 목적어, 보어, 전치사를 중심으로 예시처럼 문장을 끊어보세요. 이 다섯 가지 요소만 제대로 알아도 문장을 쉽게 이해할 수 있어요.

2. 문장을 구성하는 품사와 문법 요소를 분석하세요.

앞에서 풀어본 문제의 답을 확인하고, 문법과 품사로 잘게 쪼개놓은 문장 분석을 학습하세요. 문장에서 이런 요소들이 어떻게 쓰였는지 확인하고 문장 자체에 익숙해지는 것이 좋아요. 이해가 잘 안되면 문장 자체만을 외워도 큰 효과가 있어요.

독해력을 향상시키기 위해 각 테스트의 파트 7에서 어려운 문장 9개를 뽑아 자세히 해석해 보도록 했어요. 문장의 뼈대를 잡아 문장의 구조를 한눈에 보고, 의미 단위로 직독직해 하는 훈련을 하면 긴 문장도 정확하고 빠르게 해석할 수 있어요.

직독직해 훈련 예시

1. You / **are then required** / **to relinquish** / **all credit cards** / and / **to sign an**
   point 1   *point 2*
   agreement / stating / that you will not obtain any new credit cards.   149~151번 광고 1단락

   ❶ **직독직해** ▶ ....

   ....

   ❷ **모범 답안** ▶ 당신은 / 그러면 요구 받을 것입니다 / 포기할 것을 / 모든 신용카드를 / 그리고 / 동의서에 사인할 것을 / 진술하는 / 당신이 새로운 신용카드를 얻지 않겠다고

   의역 ▶ 그러면 당신은 모든 신용카드를 포기하고 새로운 신용카드를 얻지 않겠다고 진술하는 동의서에 사인할 것을 요구 받을 것입니다.

   독해 *point* ▶ ❶ ⟨be required to ~⟩는 '~할 것을 요구받다'라는 뜻의 수동태형이다. ❷ ⟨to부정사 + and + to부정사⟩의 형태로써 두 개의 직접목적어가 and로 연결되어 있다.

---

1. 의미 단위에 따라 직독직해 해보세요.

문장의 의미 단위에 따라 끊어 읽기 표시를 했어요. 끊어 읽기 표시에 따라 의미 단위로 해석을 해보세요. 직독직해 훈련을 하다보면 나중에는 끊어 읽기 표시가 없어도 해석을 빠르게 할 수 있어요. 먼저 해석을 써보고 아래에 있는 모범 답안을 비교해 보세요. 직독직해를 바탕으로 자연스럽게 해석한 의역도 함께 읽어보세요.

2. 독해 포인트를 확인하세요.

독해 포인트는 문장에서 해석을 어렵게 하는 표현이나 문법을 골라 설명했어요. 문장을 해석할 때 헷갈린 부분이 있었다면 독해 포인트를 꼭 확인하세요. 더 정확하고 빠른 해석을 할 수 있어요.

받아쓰기 훈련

 외우세요! : **단어 암기** :

단어	뜻	단어	뜻
☐ side by side	나란히	☐ put in an order	주문을 하다, 주문을 넣다
☐ cast a shadow	그림자를 드리우다	☐ take a quick look	재빨리 살펴보다
☐ ascend	오르다	☐ discontinue	(생산을) 중단하다
☐ column	원형 기둥	☐ approve	인정하다, 승인하다
☐ rearrange	재배열하다	☐ itinerary	일정표
☐ revise	개정하다, 수정하다	☐ confirm	확인하다
☐ meet the deadline	마감시한을 맞추다	☐ be scheduled to do	~할 예정이다
☐ be away on vacation	휴가 중이다	☐ install	설치하다
☐ extended	연장된	☐ take advantage of	~을 이용하다
☐ make a reservation	예약하다	☐ retailer	소매업자, 소매상
☐ damp	축축한, 눅눅한	☐ make the impression	인상을 주다
☐ maintenance	유지보수	☐ working conditions	근로 환경
☐ leaking	새는	☐ make a quick announcement	간단한 발표를 하다
☐ resolve	해결하다	☐ get to work	출근하다
☐ authorized	공인된, 인가 받은	☐ enroll in	~에 등록하다
☐ in advance	미리, 사전에	☐ present	제출하다, 제시하다
☐ make a final decision	최종 결정을 내리다	☐ obtain	얻다, 획득하다
☐ fill out a form	서식을 작성하다	☐ a variety of	다양한
☐ sign up for	신청하다, 등록하다	☐ qualified	자격 있는
☐ make a donation	기부하다	☐ application	지원(서), 신청(서)
☐ get great reviews from	~로부터 호평을 받다	☐ request	요청하다
☐ publicity	선전, 홍보	☐ import	수입하다
☐ internal security	내부 보안	☐ expansion	확장, 확대
☐ be out of stock	재고가 동이 나다	☐ address	~을 다루다, ~을 취급하다
☐ sell like hot cakes	날개 돋친 듯이 팔리다	☐ as a token of our thanks	감사의 표시로

받아쓰세요! : 받아쓰기 훈련 : 🎧 Dictation 1. MP3

힌트 단어를 참고해 MP3를 듣고 빈칸을 채워보세요. 3번까지 듣고도 빈칸을 채우지 못하면 스크립트를 확인해보세요.

PART 2

7. Who's going to ＿＿＿ ＿＿＿ ＿＿＿ ＿＿＿ ＿＿＿?

(A) ＿＿＿ ＿＿＿ ＿＿＿ ＿＿＿ ＿＿＿.

(B) Twenty-five dollars, including sales tax.

(C) There'll be a fundraising event this weekend.　　　스크립트 확인은 해설집 132페이지 참고

9. ＿＿＿ ＿＿＿ ＿＿＿ ＿＿＿ ＿＿＿ yesterday?

(A) ＿＿＿ ＿＿＿ ＿＿＿.

(B) Meet me at 1 o'clock.

(C) No, we have to ＿＿＿ ＿＿＿ ＿＿＿.　　　해설집 133페이지 참고

12. ＿＿＿ ＿＿＿ ＿＿＿ ＿＿＿ ＿＿＿ ＿＿＿ at the hotel restaurant?

(A) I'm sorry. I'm already full.

(B) The ＿＿＿ ＿＿＿ was very successful.

(C) Mr. Walter ＿＿＿ was.　　　해설집 133페이지 참고

18. Could you tell me ＿＿＿ ＿＿＿ ＿＿＿ ＿＿＿ ＿＿＿ ＿＿＿?

(A) Just ＿＿＿ ＿＿＿ ＿＿＿ ＿＿＿.

(B) Yes, we need some new ＿＿＿ ＿＿＿.

(C) Please make certain of the ＿＿＿ ＿＿＿.　　　해설집 135페이지 참고

21. The shop manager is ＿＿＿ ＿＿＿ ＿＿＿.

(A) ＿＿＿ ＿＿＿ ＿＿＿ ＿＿＿?

(B) The position is currently ＿＿＿.

(C) It is one of the most famous tourist attractions.　　　해설집 135페이지 참고

8

22. How should we _____ _____ _____ _____?

(A) Yes, they are _____ _____ _____.

(B) We're confident about offering a satisfying service.

(C) _____ _____ _____ they were created.   해설집 135페이지 참고

23. Why don't you and Ms. Ryder _____ _____ _____ _____ _____ tomorrow?

(A) It'll take about half an hour by bus.

(B) _____ _____ _____ _____ by critics.

(C) That sounds like a great idea. But _____ _____ _____ _____ _____ first.   해설집 136페이지 참고

25. Shouldn't I send Mr. Greenfield the _____ _____ _____?

(A) Yes, it might have been last weekend.

(B) We need to _____ _____ _____ _____.

(C) No, _____ _____ _____ _____.   해설집 136페이지 참고

29. Every employee should wear formal clothing to the reception tomorrow.

(A) At 7 o'clock in the evening.

(B) I'll _____ _____ _____ _____.

(C) Yes, _____ _____ _____ _____ _____ tomorrow.   해설집 137페이지 참고

31. Have you seen my economics magazine that _____ _____ _____ _____ _____ this morning?

(A) He left a message for you.

(B) No, _____ _____ _____ _____.

(C) Yes, _____ _____ _____ _____ _____ _____.   해설집 137페이지 참고

38 – 40

W: Mr. Parker, I don't think I can _____ _____ _____ _____ _____ today. Could you please tell me about the details later?

M: Well, we will _____ _____ _____ _____ _____ regarding current global market trends and will analyze some of our rival companies. I think you should be there, Ms. Cane.

W: I know. But _____ _____ _____ _____ _____ _____ this morning from the chief executive officer, and he asked me to go back to headquarters in Ireland as soon as possible. He told me we've decided to recall thousands of pickup trucks in Canada and Mexico next week. So I don't have any choice but to take off at 3 P.M.

M: That's really serious. You'd better hurry up if you want to get to the international airport on time.

해설집 139페이지 참고

44 – 46

W: Hello. This is Mina Sohn, the building manager. I've just received your text message about a problem in your office.

M: Thank you for calling back so quickly. There's _____ _____ _____ _____ _____ _____ in my office, and it seems to be getting bigger.

W: Actually, our maintenance team is currently _____ _____ _____ _____ of the restaurant above your office. This problem should _____ _____ _____. So, you don't have to worry about that.

M: Oh, I see. Do you think the maintenance workers could _____ _____ _____ _____ _____ _____ after the repairs? I just want to make sure that this hasn't caused _____ _____ _____ to my office.

W: No problem. I'll send them down to check your ceiling. Is there anything I can do for you?

M: That's all. Thank you for your concern.

해설집 141페이지 참고

47 – 49

M: Hello, My name is Wesley Kim, and I'm calling regarding your job advertisement for a professional chef in last week's local newspaper. _____ _____ _____ _____ _____ _____?

W: No, we're still _____ _____ now. But, as you already know, you should have at least five years of _____ _____ _____ _____ _____ _____ _____.

M: Sure, no problem at all. I graduated from the Culinary Institute in New York to become an innovative chef with the delicate art of steak, meat and various vegetable dishes. Then, I was the head chef of Kennedy Hotel with rich traditions built in the early 1900's for six years.

W: Wonderful. I think you're _____ _____ _____ _____ who we've been looking for. We're very short-staffed right now, so we have to hire a head chef and other restaurant employees as soon as possible. Could you _____ _____ _____ _____ _____ _____ immediately through the Internet today?

M: Yes, I can do that. Please let me know your e-mail address.

해설집 142페이지 참고

56 – 58

M1: Hello, my name is Jim Preston. I heard the membership program to this art gallery is available and I know that members ＿＿＿＿ ＿＿＿＿ ＿＿＿＿, but are there any other benefits?

W: Yes, we provide special events for members only, such as media arts exhibitions and seminars about culture, art, and academics.

M1: That sounds interesting. How do I ＿＿＿＿ ＿＿＿＿ ＿＿＿＿ ＿＿＿＿ ＿＿＿＿?

W: Sir, I have to get into a conference room for our regular meeting right now. So, Mr. Smith here explains how to apply for an individual membership to you.

M2: Mr. Preston, all you have to do is ＿＿＿＿ ＿＿＿＿ ＿＿＿＿ ＿＿＿＿ ＿＿＿＿ and ＿＿＿＿ ＿＿＿＿ ＿＿＿＿ ＿＿＿＿. I can give you your membership card right after you fill it out.

M1: Oh, I got it. I'd like to sign up for an individual membership. Please give me a copy of the application form.

해설집 144페이지 참고

65 – 67

M: Hi, I'm here to buy a new digital camera. Could you please ＿＿＿＿ ＿＿＿＿ ＿＿＿＿ ＿＿＿＿ for me?

W: I think KS-110 camera is outstanding. But I'm afraid that KS-110 cameras ＿＿＿＿ ＿＿＿＿ ＿＿＿＿ ＿＿＿＿ ＿＿＿＿. They are very popular among photographers. Naturally, they are selling like hot cakes.

M: Could you please tell me when I can buy the camera?

W: We ＿＿＿＿ ＿＿＿＿ ＿＿＿＿ ＿＿＿＿ this morning, so we'll ＿＿＿＿ ＿＿＿＿ ＿＿＿＿ ＿＿＿＿ in two days, I mean, Thursday. If you leave your number, I'll call you as soon as they arrive.

M: Um...actually, tomorrow is my cousin's birthday, and I wanna give him the camera for his birthday present. So I have to buy one today. What am I going to do? It's a disaster.

W: In that case, I'll ＿＿＿＿ ＿＿＿＿ ＿＿＿＿ ＿＿＿＿ on the stock database of some branches in the nearby cities. Please wait for a few minutes.

해설집 147페이지 참고

68 – 70

M: Excuse me, I'm here to purchase tickets to the new play "Romantic Cats". ＿＿＿＿ ＿＿＿＿ ＿＿＿＿ ＿＿＿＿ ＿＿＿＿ ＿＿＿＿ ＿＿＿＿ ＿＿＿＿?

W: I'm sorry, but tickets to "Romantic Cats" are not available on site yet. I mean, ＿＿＿＿ ＿＿＿＿ ＿＿＿＿ ＿＿＿＿ ＿＿＿＿ ＿＿＿＿ ＿＿＿＿.

M: Um...can I access the Internet through my mobile phone and purchase a ticket?

W: Yes, you can purchase your tickets on your cellular phone now. Just ＿＿＿＿ ＿＿＿＿ ＿＿＿＿ ＿＿＿＿ ＿＿＿＿ ＿＿＿＿ ＿＿＿＿, choose the period of your preference, and pay for it. That's all.

M: Thanks a lot. I've just chosen this one and approved this transaction, the process is complete? Everything is all right?

W: Yes. You have now reserved two tickets for "Romantic Cats" for the opening night.

해설집 148페이지 참고

77 – 79

Don't miss the annual Mega Sale at Lucky Mart this week. Our entire selection of organic fruits and vegetables _____ _____ _____ _____, and there will be _____ _____ on beverages, cereals, meat, and much more. When you buy any amount of our organic fruits or vegetables, you'll also _____ _____ _____ _____ of our fresh fruit juices. Take advantage of the healthiest products in town. And don't forget that _____ _____ _____ _____ _____ _____ _____ _____ _____.

해설집 151페이지 참고

86 – 88

Before we begin our meeting today, I have _____ _____ _____ _____ _____. I realize that many of our workers have been struggling to get to work because of _____ _____ _____ _____ _____ _____. Well, from next Monday, our firm will be providing a company bus service for employees that live more than twenty miles from our offices. If you would like to enroll in the company bus program, you must _____ _____ _____ _____ _____. A list of pickup points will be finalized and presented to you on Thursday. We hope this makes your commuting time less stressful.

해설집 154페이지 참고

92 – 94

Hi there. I'm calling for James McKrew, the manager at Sims Therapeutics. I'm following up on the weekly order you just sent us because I was surprised by _____ _____ _____ _____ _____ _____ _____. You usually don't want so many. I'm happy to correct the number _____ _____ _____ _____ _____ if necessary. Call me back if that's not okay. By the way, I'll be away on vacation next week. If anything comes up, you can call Ms. Kensington. _____ _____ _____ _____ _____ while I'm gone.

해설집 155페이지 참고

문장분석 훈련

 외우세요! ✕ 단어 암기 ✕

단어	뜻	단어	뜻
☐ emphasize	강조하다	☐ omission	누락, 생략
☐ affect	영향을 미치다 (= influence)	☐ renovate	개조하다, 수리하다
☐ extend	(기한·길이·수명 등을) 늘이다, 연장하다	☐ regulate	규제하다, 통제하다(= control)
☐ extraordinary	특별한	☐ in case	~인 경우에 대비하여
☐ moreover	게다가	☐ therefore	그러므로, 따라서
☐ despite	~에도 불구하고	☐ though	비록 ~일지라도
☐ notify	~에게 알리다	☐ promptly	신속하게(= quickly), 정확하게(= precisely)
☐ announce	발표하다	☐ board members	경영진, 이사진
☐ forward	전송하다(= send)	☐ attendee	참석자
☐ require	필요로 하다, 요구하다	☐ sufficiently	만족스럽게, 충분하게
☐ confirmation number	확인 번호	☐ assign	배정하다, 할당하다
☐ asset	자산, 이점, 장점	☐ truly	진정으로(= really)
☐ advance	발전, 진전	☐ liable	~하기 쉬운(to do), ~에 책임이 있는(for)
☐ intuition	직감	☐ be allowed to do	~하도록 허가되다
☐ researcher	연구원, 과학자	☐ bill	청구서
☐ contamination	오염	☐ fee	요금
☐ committee	위원회	☐ due	지불 기일이 된
☐ compulsory	강제적인	☐ charge	요금, 청구액
☐ selective	(고를 때) 까다로운, 조심해서 고르는	☐ package	소포
☐ earlier	과거의, 이전의	☐ in addition	게다가, 덧붙여
☐ promising	유망한	☐ reminder	상기시키는 것, 생각나게 하는 것
☐ preferred	선호되는	☐ cancel	취소하다
☐ personally	개별적으로, 개인적으로, 직접	☐ hesitate	망설이다
☐ pay attention to	~에 주의를 기울이다	☐ modify	변경하다
☐ relevance	관련성	☐ appointment	예약

: 사용법 :

1단계 다음 영문 문장을 해석 단위로 끊어보고 두 개의 보기중 알맞은 것을 고르세요.
2단계 문장 분석과 직독직해 번역을 보며 문장의 구조와 해석에 대해 익혀보세요.

: 예제 :

1단계 The cooking magazine / emphasized / the (freshness / fresh) of fruits / when making a fruit salad.

2단계 The cooking magazine / emphasized / the freshness of fruits / when making
　　　　 ⓐ주 　　　　　　　 ⓑ동 　　　　 동사의 ⓜ목 　　 전명구 　 시접 　 현분
a fruit salad.
ⓜ목

그 요리 잡지는 / 강조했다 / 과일의 신선도를 / 과일 샐러드를 만들 때

주어 → 주	be동사 → b동	동사 → 동	명사보어 → 명보	형용사보어 → 형보
목적어 → 목	직접목적어 → 직목	부사 → 부	전치사 → 전	전치사 + 명사 → 전명구
현재분사 → 현분	과거분사 → 과분	시간부사절 접속사 → 시접	조건부사절 접속사 → 조접	이유부사절 접속사 → 이접
관계대명사 → 관	관계대명사절 → 관절	등위접속사 → 등접	접속부사 → 접부	비교급 → 비
부사구 → 부사구	가주어 → 가주	진주어 → 진주	의미상 주어 → 의주	명사절 → 명사절

103. **1단계** The due date / for accepting applications / for the head•designer position / has been extended / (until / by) next Friday.

2단계 The due date / for accepting applications / for the head designer position /
　　　　 ⓐ주 　　　　 전 　 전치사의 목 　 동명사의 목 　　　　　　 전명구
has been extended / until next Friday.
동 (현재완료수동태) 　 전명구

마감 기한이 / 지원서 접수를 위한 / 수석 디자이너 직책에 대한 / 연장되었다 / 다음 주 금요일까지

105. **1단계** The concert / was great, / but / we had to hurry / to the train station / (therefore / moreover) / it lasted longer than we thought it would.

2단계 The concert / was great, / but / we had to hurry / to the train station /
　　　　 ⓐ주 　　 b동 　 형보 　 등접 　 주 　 동 　　　　 전명구
moreover / it lasted longer than we thought it would.
접부 　 주 　 동 　　 비 　 주 　 동 　 명사절

콘서트는 / 훌륭했다 / 하지만 / 우리는 서둘러야만 했다 / 기차역으로 / 더군다나 / 우리가 생각했던 것보다 오래 지속이 되었기 때문에

107. `1단계` The ticket booth / will require / a (confirmed / confirmation) number / if you order your tickets online.

> `2단계` The ticket booth / will require / a confirmation number / if you order
> your tickets online.
>
> 티켓 부스는 / 요구할 것입니다 / 확인번호를 / 온라인으로 티켓을 주문하셨다면

108. `1단계` Mr. Cabin / speaks / Korean / pretty well / (which / who) is an asset / for his new position.

> `2단계` Mr. Cabin / speaks / Korean / pretty well / which is an asset / for his new
> position.
>
> 케빈 씨는 / 말한다 / 한국어를 / 매우 잘 / 그것은 자산이다 / 그의 새로운 직책을 위한

110. `1단계` Researchers / are asked / to wash their hands / before (turning / turn) on the machine / in case of contamination.

> `2단계` Researchers / are asked / to wash their hands / before turning on the
> machine / in case of contamination.
>
> 연구진은 / 요청을 받는다 / 손을 씻도록 / 기계를 켜기 전에 / 오염에 대비하여

114. `1단계` The CEO / decided / to send cards / that are personally designed / for each (employee / employees) / to improve the company's spirit.

> `2단계` The CEO / decided / to send cards / that are personally designed /
> for each employee / to improve the company's spirit.
>
> CEO는 / 결정했다 / 카드를 보낼 것을 / 개별적으로 디자인된 / 각각의 직원을 위해 / 회사의 정신을 고취시키기 위해

15

115. 1단계 The new airplane model / defies / gravity / by adapting to the wind direction / (with / for) advanced wind-tracking equipment.

2단계 The new airplane model / defies / gravity / by adapting to the wind direction
　　　　(주)　　　　　　　(동)　　　(목)　(전) 전치사의 (목)　　　(전명구)
/ with advanced wind-tracking equipment.
　　　(전명구)

새로운 비행기 모델은 / 저항한다 / 중력에 / 바람의 방향에 적응함으로써 / 최신 풍향 추적 장비를 갖춰

---

122. 1단계 According to some recent findings, / the writings / that are known over Ferguson's / are actually (those / these) of his students.

2단계 According to some recent findings, / the writings / that are known over
　　　　　　　(부사구)　　　　　　　　　(주)　　　　(관절)
Ferguson's / are actually those of his students.
　　　　　(b동)　(부)　　　(명보)

최근의 조사 결과에 따르면 / 글이 / 퍼거슨의 것으로 알려진 / 실제로는 그의 학생들의 것이다

---

124. 1단계 If there are / any accidents, / please don't hesitate / (to call / calling) / the manager / to find / a prompted solution.

2단계 If there are / any accidents, / please don't hesitate / to call / the manager /
　　(조접)(부)(b동)　　　(주)　　　　　　　(동)　　　동사의 (목)　to 부정사의 (목)
to find / a prompted solution.
　　(부사구)

있다면 / 무슨 사고가 / 주저하지 마십시오 / 연락하는 것을 / 매니저에게 / 찾기 위해 / 신속한 해결책을

---

127. 1단계 Our research team / discovered / that (since / after) June, / cosmetics and perfume prices / have dropped / drastically.

2단계 Our research team / discovered / that since June, / cosmetics and perfume
　　　　　(주)　　　　　　(동)　　　(명접)　(전명구)　　　　　　(주)
prices / have dropped / drastically.
　　　　(동)　　　　(부)

우리의 조사팀은 / 발견했다 / 6월 이후로 / 화장품과 향수의 가격이 / 떨어졌다는 사실을 / 급격히

16

 외우세요! : 단어 암기 :

단어	뜻	단어	뜻
☐ expand	넓히다, 확장하다	☐ loss	분실, 유실
☐ pay for	~의 비용을 지불하다	☐ recommend	권고하다
☐ per day	하루에	☐ regarding	~에 관하여
☐ attract	끌어들이다	☐ including	~을 포함하여
☐ provide A with B	A에게 B를 제공하다	☐ thoroughly	주의 깊게, 철저히
☐ encourage	…하도록 장려하다	☐ glue	접착제
☐ overwhelming	(수적으로) 압도적인, 저항하기 힘든	☐ fabric	천, 직물
☐ whether A or B	A이든지 B이든지 간에	☐ feature	~을 특징으로 하다[포함하다]
☐ shopping spree	소비 습관	☐ multiple	많은
☐ review	검토하다	☐ spectacular	멋진, 화려한
☐ sign an agreement	계약서에 서명하다	☐ nearby	가까운
☐ monthly payment	월 지불금	☐ preference	선호, 기호
☐ agent	직원	☐ contribute	기여하다, 이바지하다
☐ fund	자금을 대다	☐ verify	확인하다
☐ register for	~에 등록하다(= sign up for)	☐ place an order	주문하다
☐ enroll in	~에 등록하다	☐ be informed of	~을 통보 받다
☐ registration fee	등록비	☐ facility	시설
☐ introduction	도입, 소개, 입문	☐ shipping	발송, 운송
☐ complimentary	무료의	☐ transfer	옮기다
☐ on time	정시에, 시간을 어기지 않고	☐ appliance	(가정용) 기기, 전기 제품
☐ appreciate	올바로 이해하다, 인식하다	☐ based on	~에 근거하여
☐ inconvenience	불편	☐ due to	~때문에
☐ reimbursement	보상, 환급	☐ renowned	유명한
☐ disclaimer	(법적 책임이 없다는) 고지사항, 면책 조항	☐ temporary	일시적인
☐ posted on	~에 부착되어 있는	☐ location	장소

❶ 끊어 읽기를 참고해 직독직해 해보고 ❷ 모범 답안과 독해 포인트를 확인해보세요.

1. You / **are then required** / **to relinquish** / **all credit cards** / **and** / **to sign an**
　　point 1　　　　　　　　　　　　　　　　　　　　　　　*point 2*

agreement / stating / that you will not obtain any new credit cards.　149~151번 광고 1단락

❶ 직독직해 ▶ ....

....

❷ 모범 답안 ▶ 당신은 / 그러면 요구 받을 것입니다 / 포기할 것을 / 모든 신용카드를 / 그리고 / 동의서에 사인할 것을 / 진술하는 / 당신이 새로운 신용카드를 얻지 않겠다고

의역 ▶ 그러면 당신은 모든 신용카드를 포기하고 새로운 신용카드를 얻지 않겠다고 진술하는 동의서에 사인할 것을 요구 받을 것입니다.

독해 **point** ▶ ❶ ⟨be required to ~⟩는 '~할 것을 요구받다'라는 뜻의 수동태형이다. ❷ ⟨to부정사 + and + to부정사⟩의 형태로써 두 개의 직접목적어가 and로 연결되어 있다.

2. Club Store Manager Judy Greenwood / has / a fun racket demo night /

planned / that you want / to **be sure to** mark down / on your calendar.
　point 1　　　　　　　　　　　　　*point 2*　　　　　　　　　　　152~154번 서신 2단락

❶ 직독직해 ▶ ....

....

❷ 모범 답안 ▶ 클럽 스토어 매니저인 주디 그린우드는 / 가지고 있다 / 재미있는 '라켓 시범설명회 밤'을 / 계획된 / 여러분이 원하는 / 확실히 표시해두기를 / 여러분의 달력에

의역 ▶ 클럽 스토어 매니저인 주디 그린우드는 여러분이 달력에 표시해두고 싶을 만큼 재미있는 '라켓 시범설명회 밤'을 계획하고 있습니다.

독해 **point** ▶ ❶ planned 앞에는 which(또는 that) is가 생략되어 관계대명사절을 이끌며 앞의 a fun racket demo night를 선행사로 수식하고 있는 구문이다. ❷ ⟨be sure to ~⟩는 '확실히 ~하다'라는 뜻을 지니고 있다.

3. While I sympathize with you / for your loss and the inconvenience / **it has**
　　　　　　　　　　　　　　　　　　　　　　　　　　　　　　　　　　point 1

created, / I am unable to **fulfill** / **your request** / **for reimbursement.**　157~159번 편지 2단락
　　　　　　　　　　　　　　　　　　point 2

❶ 직독직해 ▶ ....

....

❷ 모범 답안 ▶ 제가 귀하와 공감합니다만 / 귀하의 손실과 불편에 대해 / 그것이 초래한 / 저는 충족해드릴 수 없습니다 / 당신의 요청에 대해 / 보상에 대한

의역 ▶ 귀하의 손실과 그것이 초래한 불편에 대해서는 충분히 이해합니다만, 보상에 대한 요청을 들어 드릴 수 없습니다.

독해 **point** ▶ ❶ it has created 앞에는 목적격 관계대명사 which나 that이 생략되어 앞의 선행사 your loss and the inconvenience를 수식하고 있다 ❷ ⟨fulfill A for B⟩의 구문으로, 'B에 대해 A를 충족(만족)시키다'의 뜻을 이루고 있다.

4. **While gluing,** / it is recommended / that you **cover** / your work surface /
(point 1) *(point 2)*

with a protective material.
160~161번 정보 4단락

❶ 직독직해 ▶ ....

....

> **❷ 모범 답안** ▶ 접착제로 붙이는 동안 / 권고합니다 / 당신이 덮어두기를 / 작업 표면을 / 보호 물질로
>
> **의역** ▶ 접착제로 붙이는 동안, 보호 물질로 작업 표면을 덮어두기를 권고합니다.
>
> **독해** *point* ▶ ❶ 접속사와 현재분사 사이에 '주어 + be동사'가 생략된 분사구문이다. ❷ 〈cover A with B〉의 구문으로, 'A를 B로 덮다'의 뜻을 이루고 있다.

5. The show / featured / an amazing performance / by leading actor Anthony

LaPaige, / **who** infused / energy and passion / into his role.
(point 1)
162~164번 리뷰 2단락

❶ 직독직해 ▶ ....

....

> **❷ 모범 답안** ▶ 그 공연은 / 선보였다 / 놀랄만한 연기를 / 주연 배우 앤서니 라페이지에 의해 / 그는 불어넣었다 / 에너지와 열정을 / 자신의 역할에
>
> **의역** ▶ 자신의 역할에 에너지와 열정을 불어넣은 주연 배우 앤서니 라페이지가 이 공연에서 놀라운 연기를 선보였다.
>
> **독해** *point* ▶ ❶ 이때 who는 and he 정도의 의미로써, 앞의 선행사를 주어로 이어받아 서술할 때 사용하는 관계대명사이다. 이러한 관계대명사를 '주격관계대명사'라고 하며, 앞에 콤마(,)가 있는 경우 '관계대명사의 계속적 용법'으로 불린다.

6. If you are unable to attend / the event / **due to** some reason, / please contact
(point 1)

me / as soon as possible / **so that** we can reschedule.
(point 2)
169~171번 이메일 3단락

❶ 직독직해 ▶ ....

....

> **❷ 모범 답안** ▶ 만약 귀하가 참석할 수 없다면 / 그 면접에 / 어떤 이유 때문에 / 제가 연락을 주십시오 / 최대한 빨리 / 저희가 다시 일정을 잡을 수 있도록
>
> **의역** ▶ 만약 귀하가 어떠한 이유로 면접에 참석하지 못한다면, 저희가 일정을 다 시 잡을 수 있도록 최대한 빨리 연락해 주시기 바랍니다.
>
> **독해** *point* ▶ ❶ due to는 '~ 때문에'라는 뜻으로써, 뒤에 명사를 취하며 전명구를 이룬다. ❷ so that은 '~하기 위하여'라는 뜻을 이루는 목적부사절 접속사이다.

7. We / guarantee / **that** customer will receive / their deliveries / within seven

(point 1)

days / of **placing an order.**

(point 2)

176~180번 양식 2단락

❶ 직독직해 ▶ ....

....

❷ 모범 답안 ▶ 저희는 / 보장합니다 / 고객이 수령하시는 것을 / 그들의 배달품을 / 7일 이내에 / 주문일로부터

의역 ▶ 저희는 고객이 주문일로부터 7일 내에 물품을 수령하시는 것을 보장합니다.

독해 *point* ▶ ❶ 이때의 that은 '~하는 것을'의 의미로써, guarantee의 목적어 역할을 하는 명사절 접속사이다. ❷ place an order 는 '주문하다'의 뜻으로써, 동명사로 쓰여 전치사 of 의 목적어 역할을 수행하고 있다.

8. To further your trust / in our quality of service, / I **encourage** / **you** / to

(point 1)

contact / any of our clients / **identified** / on the last page of the booklet.

(point 2)

181~185번 편지 2단락

❶ 직독직해 ▶ ....

....

❷ 모범 답안 ▶ 더 높은 당신의 신뢰를 위해 / 우리의 서비스 질에 대한 / 저는 권합니다 / 당신이 / 연락할 것을 / 우리 고객들 중 아무에게나 / 표시된 / 소책자 마지막 페이지에

의역 ▶ 우리의 서비스 질에 대한 당신의 신뢰를 더욱 높이기 위해 소책자 마지막 페이지에 나와 있는 우리 고객들 중 아무에게나 연락해보실 것을 권합니다.

독해 *point* ▶ ❶ 〈encourage A to B〉는 'A가 ~하도록 권하다, 격려하다'의 뜻으로 쓰인다. ❷ identified는 그 앞에 who were가 생략된 관계대명사절을 이끌며, 앞의 선행사인 clients를 수식하고 있다.

9. I / was surprised / **to learn** / that sales of lasagna are very poor / **compared**

(point 1) *(point 2)*

to other Popo's Pasta branches and other items / on the menu.

196~200번 두 번째 이메일 1단락

❶ 직독직해 ▶ ....

....

❷ 모범 답안 ▶ 저는 / 놀랐습니다 / 알게 되어 / 라자냐의 매출이 매우 저조한 사실을 / 다른 포포 파스타 지점들이나 다른 음식들에 비해 / 메뉴 상에

의역 ▶ 저는 라자냐의 매출이 다른 포포 파스타 지점들이나 메뉴 상의 다른 음식들에 비해 매우 저조하다는 것에 놀랐습니다.

독해 *point* ▶ ❶ 감정을 나타내는 형용사 뒤에 쓰여 '~하게 되어'라는 뜻으로 쓰인 to부정사이다. ❷ 이 때 compared는 그 앞에 〈접속사 + 주어 + be동사〉가 생략된 분사구문으로 쓰이고 있다. 즉 when they were 정도가 생략되었으며, 이 때 they는 sales of lasagna 를 내포하게 된다.

20

받아쓰기 훈련

 외우세요! : **단어 암기** :

단어	뜻	단어	뜻
☐ be stacked up	~가 쌓이다	☐ scheduling conflict	일정이 겹침
☐ look into	~안을 들여다보다	☐ foresee	예측하다
☐ be in charge	책임지다, 담당하다	☐ put ~ on the market	~을 시장에 내놓다
☐ get to	~에 도착하다	☐ appropriate	적절한, 알맞은
☐ launch	(제품을) 출시하다	☐ cancel the contract	계약을 취소하다
☐ be well attended	참석자가 많다	☐ transfer	전근을 가다
☐ be transferred to	~로 전근 가다	☐ overdue	(지불이) 연체된
☐ take over	~을 인수하다, ~을 맡다	☐ renew	갱신하다
☐ show up	나타나다	☐ be supposed to do	~하기로 되어 있다
☐ duplicate	중복하다, 이중으로 하다	☐ break down	고장 나다
☐ shortage	부족	☐ favorable	호의적인
☐ replacement parts	교체 부품	☐ reveal	드러내다, 나타내다
☐ win a contract	계약을 따내다	☐ hold an urgent meeting	긴급 회의를 소집하다
☐ promotion	승진	☐ noticeable	현저한, 주목할 만한
☐ go wrong	잘못되다	☐ predict	예측하다
☐ make a complaint	항의를 제기하다	☐ detour sign	우회 표지판
☐ make it to the meeting	회의에 참석하다	☐ be a good fit for	~에 적임자이다
☐ absent	결석한, 불참한	☐ disclose	밝히다, 드러내다
☐ bend	구부리다	☐ reschedule	~의 일정을 재조정하다
☐ temporarily	일시적으로	☐ encourage	권장하다
☐ overnight delivery	익일 배달	☐ be equipped with	~를 구비하다
☐ go over	검토하다	☐ additional	추가의
☐ tow	(자동차 등을) 견인하다	☐ available	이용 가능한, 시간이 되는
☐ part	부품	☐ take a few days off	며칠 쉬다
☐ be praised for	~로 칭찬을 받다	☐ go on a business trip	출장 가다

21

받아쓰세요! : 받아쓰기 훈련

힌트 단어를 참고해 MP3를 듣고 빈칸을 채워보세요. 3번까지 듣고도 빈칸을 채우지 못하면 스크립트를 확인해보세요.

PART 2

10. _____ _____ _____ _____ _____ for your business suit?

(A) I bought it last week.

(B) _____ _____ _____ _____ .

(C) _____ _____ _____ _____ to Hong Kong. _{스크립트 확인은 해설집 185페이지 참고}

12. How can your company _____ _____ _____ _____ ?

(A) _____ _____ _____ _____ _____ .

(B) About 3,000 dollars.

(C) It's located on Pine Street. _{해설집 185페이지 참고}

18. Where can I find _____ _____ _____ _____ _____ ?

(A) We want to _____ _____ _____ _____ .

(B) _____ _____ _____ _____ _____ _____ _____

_____ .

(C) Our new mobile phone has been launched. _{해설집 187페이지 참고}

22. How often do you use your mobile phone or computer?

(A) They're way too expensive these days.

(B) _____ _____ _____ _____ _____ _____ .

(C) _____ _____ _____ . _{해설집 187페이지 참고}

24. What should we do with the old photocopiers?

(A) _____ _____ _____ _____ .

(B) Yes, it's still useful.

(C) _____ _____ _____ _____ _____ _____ _____

_____ . _{해설집 188페이지 참고}

25. Are you going to attend the World Business Conference in New York?

(A) _____ _____ _____ _____ _____.

(B) _____ _____ _____ _____.

(C) I used to work in New York.

해설집 188페이지 참고

26. Ms. Heard _____ _____ _____ _____ _____ _____
_____ in Liverpool next week, right?

(A) _____ _____ _____ _____ _____ for a few days.

(B) No, you should go by subway.

(C) Yes, _____ _____ _____ _____ Mr. Garcia's position.

해설집 188페이지 참고

28. Weren't you going to repair your laptop computer?

(A) Actually, _____ _____ _____ _____ _____ _____.

(B) No, I need a pair of jeans.

(C) _____ _____ _____ _____ _____.

해설집 189페이지 참고

29. There's so much to prepare for the upcoming company outing.

(A) No, _____ _____ _____ _____ _____ _____.

(B) Is there anything I can help you with?

(C) We'll _____ _____ _____ for next week.

해설집 189페이지 참고

31. Why don't we _____ _____ _____ _____ tomorrow?

(A) It was this afternoon.

(B) _____ _____ _____ _____ _____ _____.

(C) Yes, _____ _____ _____ _____.

해설집 189페이지 참고

35 – 37

W: Hello, my name is Alice Cooper. I ordered a Strongbox suitcase through your Web site on May 15th and I've just noticed on my credit card statement that _____ _____ _____ _____ _____.

M: I'm sorry, ma'am. We were having trouble with some of our computers on that date. As a result, _____ _____ _____ _____ _____ _____ _____.

W: That's interesting.

M: Yes. We're in the process of _____ _____, but I will put yours through right now. Thank you for calling us.

W: Okay, that would be great. Thanks.

M: You're welcome. Um… And after I take care of this for you, would you mind _____ _____ _____ _____ _____?

W: Yeah, sure. I can do that.

해설집 190페이지 참고

38 – 40

M: Ms. Witherspoon, I got three packages for Mr. White this morning. _____ _____ _____ _____ _____ now, but he'll return to the office the day after tomorrow. Could you please give them to him?

W: Sure, no problem. I heard _____ _____ _____ _____ _____ _____ _____ to Atlanta for a big contract in the afternoon.

M: Right. I stayed up last night _____ _____ _____ _____ _____ of it. Actually, I feel a bit nervous about tomorrow's meeting with the client.

W: I know you have tried hard _____ _____ _____ _____ in the last few months. Don't worry. I bet you can do it.

해설집 191페이지 참고

44 – 46

W: Mr. Joplin, do you happen to know what time the department meeting is?

M: It's at 5 P.M., but I don't think I can make it to the meeting. I have to _____ _____ _____ _____ _____ at 4. We have to close that deal with Erikson, Inc. soon. And I don't know how long it will take to get them to sign.

W: Not long, I hope. _____ _____ _____ _____ _____ _____ _____ _____ _____?

M: We are going to _____ _____ _____ for the new computer graphic software our company will release next month. I'm not sure what the others have planned. Please remind them that I may not make it, Ms. Wallace.

해설집 193페이지 참고

50 – 52

W: Mr. Wilson, I feel like having something light for lunch. Actually, I'm not that hungry right now.

M: There is a new nice family restaurant which just opened last Friday. I heard it offers a variety of healthy salads and fresh food. It's not that far. I think it is a 10-minute walk from here.

W: Sounds good to me. It's 11:50 now. ＿＿＿＿ ＿＿＿＿ ＿＿＿＿ ＿＿＿＿ ＿＿＿＿ ＿＿＿＿ ＿＿＿＿ right after lunchtime, so I should return to the office in about 30 minutes. I need some time to ＿＿＿＿ ＿＿＿＿ ＿＿＿＿ ＿＿＿＿ ＿＿＿＿. Why don't we get some salad for takeout?

M: No problem. I also have a meeting with my new client at 1 o'clock. We can probably be back here within 30 minutes. 해설집 196페이지 참고

56 – 58

W: Hey, Mr. Bakinsale, I'm locked out of the office. I'm right here in front of the building. My ID won't scan, so I can't get in.

M: Yes, Ms. Ryan. This happened to a few other people today. Please give me your employee ID number and I'll ＿＿＿＿ ＿＿＿＿ ＿＿＿＿ ＿＿＿＿ ＿＿＿＿ ＿＿＿＿ ＿＿＿＿. It should only take a minute. But, before that, we just have to wait a few minutes for the clearance code to go through.

W: Yeah, but can you just let me in first? I'm really in a hurry.

M: I'm sorry. There's a policy against that, you know? ＿＿＿＿ ＿＿＿＿ ＿＿＿＿ ＿＿＿＿ ＿＿＿＿ ＿＿＿＿. It really will only take a minute. Thanks. 해설집 196페이지 참고

68 – 70

M: Hello. I'm looking for an Internet provider. I'd like to find out about your service plans.

W: Certainly. We offer the best prices in the area. As you can see from this chart, ＿＿＿＿ ＿＿＿＿ ＿＿＿＿ ＿＿＿＿ ＿＿＿＿ ＿＿＿＿ ＿＿＿＿ ＿＿＿＿ ＿＿＿＿ ＿＿＿＿.

M: What if I want to ＿＿＿＿ ＿＿＿＿ ＿＿＿＿ ＿＿＿＿ ＿＿＿＿ ＿＿＿＿ ＿＿＿＿?

W: We should ＿＿＿＿ ＿＿＿＿ ＿＿＿＿ ＿＿＿＿ according to our policy.

M: Um… Actually, I'm going to transfer overseas in about half a year, so I need a six-month plan. But, I want the lowest possible price.

W: All right. We can do that for you. Would you like to sign the contract right now?

M: No problem. Let's do that. 해설집 200페이지 참고

71 – 73

Attention, please. I'm your tour guide, Ronald Winters. I'm afraid that we have to

_____ _____ _____ _____ _____ _____ _____ _____.

We were supposed to arrive at the ski resort by 6:30 this evening. However, the weather

forecast said that 13 inches of snow have fallen at the top of the mountain today.

Accordingly, _____ _____ _____ _____ _____ for the evening by

the state police. So, _____, we will be staying at the Lakeside Hotel at the foot of

the mountain. We'll continue our bus trip first thing in the morning and take you to the ski

slopes, where you will have a good time.

해설집 201페이지 참고

86 – 88

Thank you very much for attending Diane Lane's finance convention. I'd like to _____

_____ _____, Ms. Diane Lane. Ms. Lane is going to tell us about _____

_____ _____ _____ that could revolutionize the way we handle corporate

financing. We think it will enhance your company's fiscal soundness. But I'll let Ms. Lane

tell you all about it. And then _____ _____ _____ _____ _____

_____ _____ _____ _____ _____ _____ _____. After

her short speech, we will have a question-and-answer session. Now, let's _____

_____ _____ _____ _____. Ms. Lane, please come up onto the stage.

해설집 205페이지 참고

98 – 100

Hello, Marsha. It's Michael. I'm sorry to bother you. When we spoke earlier this morning,

I requested the travel expense report released by the Sales Department last month, but

I just remembered that I'm taking a few days off. I won't have a chance to review the

report until I return. Please just _____ _____ _____ _____ _____

_____ _____ _____ _____ _____ on my desk by the time I return

on Thursday. In addition, my new office is the corner on the third floor. To get here, exit

the elevator and _____ _____ _____ _____ _____ _____ _____. My

office is on the left, _____ _____ _____ _____ _____ _____. If

you get to the lunchroom, you've gone too far.

해설집 209페이지 참고

문장분석 훈련

외우세요! 단어 암기

단어	뜻	단어	뜻
☐ advise	충고하다, 조언하다	☐ express	표현하다
☐ advice	충고, 조언	☐ nevertheless	그럼에도
☐ expert	전문가	☐ so that	~하기 위하여
☐ aim	목표	☐ director	(영화·연극의) 감독, 연출자
☐ staff members	직원들	☐ press	언론
☐ regardless of	~와 상관없이	☐ demand	수요
☐ post	게시하다, 게재하다	☐ enough	충분한
☐ required	필요한(= necessary)	☐ capacity	능력, 용량
☐ still	그럼에도 (= nevertheless)	☐ construction	건설
☐ separate	분리된, 독립된	☐ frequently	자주
☐ support	지원하다, 후원하다	☐ highly	매우(= very), 중요하게 (= importantly)
☐ supply	공급하다	☐ typically	보통, 일반적으로
☐ gather	모으다, 모이다	☐ representative	대표, 직원
☐ obtain	얻다	☐ inform	알리다
☐ valued	귀중한, 소중한	☐ feature	특징으로 하다, 포함하다
☐ appraise	평가하다	☐ available	이용할 수 있는, 구할 수 있는
☐ damage	손상을 주다	☐ consult	찾아보다, 참고하다
☐ be registered	등록되다	☐ professional	전문적인
☐ fairly	매우, 상당히	☐ prestigious	명망 있는
☐ be based on	~에 바탕을[근거를] 두다	☐ attract	끌어들이다
☐ be published	출간되다	☐ ordinary	보통의
☐ headquarters	본사	☐ precise	정확한
☐ notification	통지, 통보	☐ detailed	상세한
☐ entrance	출입문	☐ deliver	전하다
☐ ensure	보장하다	☐ prefer	선호하다

: 사용법 :

1단계 다음 영문 문장을 해석 단위로 끊어보고 두 개의 보기중 알맞은 것을 고르세요.

2단계 문장 분석과 직독직해 번역을 보며 문장의 구조와 해석에 대해 익혀보세요.

: 예제 :

1단계 The cooking magazine / emphasized / the (freshness / fresh) of fruits / when making a fruit salad.

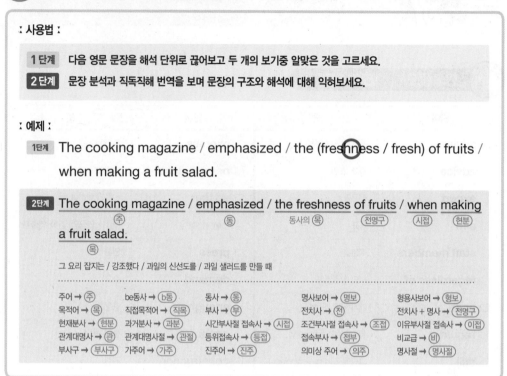

2단계 The cooking magazine / emphasized / the freshness of fruits / when making a fruit salad.
(주) (동) 동사의 (목) (전명구) (시접) (현분)
(목)

그 요리 잡지는 / 강조했다 / 과일의 신선도를 / 과일 샐러드를 만들 때

주어 → 주	be동사 → b동	동사 → 동	명사보어 → 명보	형용사보어 → 형보
목적어 → 목	직접목적어 → 직목	부사 → 부	전치사 → 전	전치사 + 명사 → 전명구
현재분사 → 현분	과거분사 → 과분	시간부사절 접속사 → 시접	조건부사절 접속사 → 조접	이유부사절 접속사 → 이접
관계대명사 → 관	관계대명사절 → 관절	등위접속사 → 등접	접속부사 → 접부	비교급 → 비
부사구 → 부사구	가주어 → 가주	진주어 → 진주	의미상 주어 → 의주	명사절 → 명사절

---

101. **1단계** If you are looking for (advice / advices) / from an expert / on medical engineering, / Professor Kovach / is the person / you want to speak with.

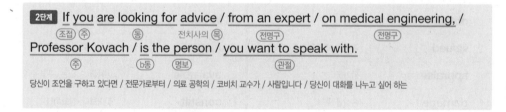

2단계 If you are looking for advice / from an expert / on medical engineering, /
(조접) (주) (동) 전치사의 (목) (전명구) (전명구)
Professor Kovach / is the person / you want to speak with.
(주) (b동) (명보) (관절)

당신이 조언을 구하고 있다면 / 전문가로부터 / 의료 공학의 / 코비치 교수가 / 사람입니다 / 당신이 대화를 나누고 싶어 하는

---

102. **1단계** (Due to / Despite) limited supplies and high demand, / the cost of Prohen products / has risen / rapidly / in the past few weeks.

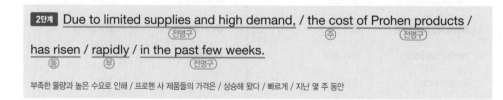

2단계 Due to limited supplies and high demand, / the cost of Prohen products /
(전명구) (주) (전명구)
has risen / rapidly / in the past few weeks.
(동) (부) (전명구)

부족한 물량과 높은 수요로 인해 / 프로헨 사 제품들의 가격은 / 상승해 왔다 / 빠르게 / 지난 몇 주 동안

103. 1단계 One / of the (aim / aims) / of the organization / is to supply resources / for citizens / who are in immediate need.

2단계 One / of the aims / of the organization / is to supply resources / for citizens
（주）　（전명구）　　（전명구）　　（동）（명보）　to부정사의（목）　（전명구）
/ who are in immediate need.
（관절）

하나는 / 목표 중 / 단체의 / 필요한 물자를 공급하는 것이다 / 시민들에게 / 절박한 상황에 처한

110. 1단계 Since it will take some time / for Dr. Itoko / to review / the new drug, / her team / will be assigned / (to develop / developing) / new formulas / until then.

2단계 Since it will take some time / for Dr. Itoko / to review / the new drug, /
（이접）（가주）（동）　（목）　to부정사의（의주）　（진주）　to부정사의（목）
her team / will be assigned / to develop / new formulas / until then.
（주）　（동）　（직목）　to부정사의（목）　（부사구）

시간이 좀 걸릴 것이기 때문에 / 이토코 박사가 / 검토하는 것이 / 신약을 / 그녀의 팀은 / 주어질 것이다 / 개발하도록 / 새로운 조제법을 / 그때까지

112. 1단계 The inhalation / of smoke / from a fire / (resulting / resulted) from chemicals / will damage / the lungs / of any breathing creature.

2단계 The inhalation / of smoke / from a fire / resulting from chemicals /
（주）　（전명구）　（전명구）　（관절）(that is 생략)
will damage / the lungs / of any breathing creature.
（동）　（목）　（전명구）

흡입은 / 매연의 / 화재에서 나오는 / 화학물질로 유발된 / 손상을 줄 것이다 / 폐에 / 호흡하는 모든 생물의

118. 1단계 The key to the success / of a company / is to ensure / that the employees / are satisfied (with / by) / their work.

2단계 The key to the success / of a company / is to ensure / that the employees /
（주）　（전명구）　（전명구）（b동）（명보）　（명사절）
are satisfied with / their work.

성공의 열쇠는 / 회사의 / 보장해주는 것이다 / 직원들이 / 만족하도록 / 자신들의 업무에

120. 1단계 Although (teaching / taught) experience / would be an asset / for the job, / it is not a requirement.

2단계 Although teaching experience / would be an asset / for the job, / it is not
    (조접)   (주)   (동)   (명보)   (전명구)   (주) (b동)
a requirement.
   (명보)

비록 강의 경력이 / 자산이 될 수는 있겠지만 / 그 일에 / 그것이 필수 조건은 아니다

---

121. 1단계 When the director applied / advanced filming techniques / to his newest film, the press and fans / began to guess / (what / how) it would look like.

2단계 When the director applied / advanced filming techniques / to his newest
    (시접)   (주)   (동)   (목)   (전명구)
film, the press and fans / began to guess / what it would look like.
      (주)   (동)   (목)   (명사절)

감독이 적용했을 때 / 첨단 촬영 기법을 / 자신의 최신 영화에 / 언론과 팬들은 / 추측하기 시작했다 / 그것이 어떻게 보일지에 대해

---

123. 1단계 The archaeologist / tried (to interpret / interpreting) / the map / to the hidden city of Elenthor, / but she / had no clue / where to start.

2단계 The archaeologist / tried to interpret / the map / to the hidden city
     (주)   (동)   (목) to 부정사의 (목)   (부사구)
of Elenthor, / but she / had no clue / where to start.
 (전명구)   (등접)   (동) (목)   (목)

그 고고학자는 / 해석하려고 애썼다 / 그 지도를 / 숨겨진 도시 엘렌토르의 / 그러나 그녀는 / 감을 잡지 못했다 / 어디서부터 시작해야 할지

---

125. 1단계 The (stored / storage) capacity / of this memory chip / is 8GB, / which is usually enough / for an ordinary computer user.

2단계 The storage capacity / of this memory chip / is 8GB, / which is usually
      (주)   (전명구)   (b동)(명보)   (관) (b동) (부)
enough / for an ordinary computer user.
 (형)   (전명구)

저장 용량은 / 이 메모리칩의 8기가바이트이다 / 그리고 그것은 대개 충분하다 / 일반 컴퓨터 이용자에게는

직독직해 훈련

단어	뜻	단어	뜻
☐ inquiry	문의	☐ minutes	분, 회의록
☐ refund	환불	☐ contact	연락하다
☐ receipt	수령, 인수	☐ on time	제시간에, 정시에
☐ reply to	~에 답하다	☐ depart	출발하다
☐ reservation	예약	☐ in addition	게다가, 아울러
☐ limited	제한적인	☐ post	(웹사이트, 블로그에) 올리다
☐ perform	공연하다	☐ stretch	(길게 뻗어 있는) 구간, (한동안 계속되는) 기간
☐ cause	대의, 목적	☐ detailed	상세한
☐ such as	~와 같은	☐ previously	이전에
☐ gain	(재정적) 이익, 수익	☐ determine	결정하다
☐ alley	골목(길)	☐ attach	첨부하다
☐ leave	~을 두고 오다[가다]	☐ feature	포함하다, 특징으로 하다
☐ accompany	동반하다, 동행하다	☐ ensure	보장하다
☐ appointment	임명, 임용	☐ search for	~을 찾다
☐ ship	배송[발송]하다	☐ enclosed	동봉된
☐ corporate	기업의	☐ set up	설치하다, 설정하다
☐ book	예약하다	☐ remain	계속해서 ~이다
☐ make sure	확실하게 하다	☐ assistance	도움, 지원
☐ confirm	확인하다, 확정하다	☐ treat	대우하다, 취급하다
☐ submit	제출하다	☐ replacement	교체, 교환
☐ virtual	(컴퓨터를 이용한) 가상의	☐ immediately	즉각적으로
☐ executive	경영 간부, 임원	☐ hire	고용하다, 채용하다
☐ benefits	수당, 보조금	☐ quit	(일, 직 장을) 그만두다
☐ hiring	고용	☐ list	열거하다
☐ enable	가능하게 하다	☐ benefit	~에게 이롭다

❶ 끊어 읽기를 참고해 직독직해 해보고　❷ 모범 답안과 독해 포인트를 확인해보세요.

1. We / have / your inquiry / on record / and after evaluating it, / will respond /
point 1　　　　　　　　　　　　　　　*point 2*
to you / by the next business day.
147~148번 이메일 1단락

❶ 직독직해 ▶ ....

....

❷ **모범 답안** ▶ 우리는 / 지니고 있습니다 / 당신의 문의사항을 / 기록으로 / 그리고 그것을 검토한 후 / 응답할 것입니다 / 당신에게 / 다음 영업일까지

의역 ▶ 우리는 고객님의 문의를 접수하였으며, 검토한 후 다음 영업일까지 답장을 보내드리겠습니다.

독해 point ▶ ❶ have your inquiry on record는 '당신의 문의사항을 접수하다'의 의미를 지니고 있다. ❷ 현재분사 evaluating이 분사구문을 이루고 있으며, 앞의 접속사 after는 생략되지 않고 문장의 뜻을 보완해주고 있다.

---

2. Customers / were delighted / by the diverse furnishings / and more than /
　　　　　　　point 1
satisfied with the large range of / both common and specialty sushi rolls /

available / for them / to select.
　　　　　point 2
149~150번 온라인 리뷰 2단락

❶ 직독직해 ▶ ....

....

❷ **모범 답안** ▶ 손님들은 / 즐거워했다 / 다양한 가구에 대해 / 그리고 그 이상으로 / 만족된 / 폭넓은 범위에 / 평범하거나 특별한 스시롤의 / 유용한 / 그들이 / 선택하기가

의역 ▶ 손님들은 다양한 가구에 즐거워했고, 평범하거나 특별한 스시롤의 폭넓은 선택 범위에 더할 나위 없는 만족감을 표했다.

독해 point ▶ ❶ be동사 were 뒤에서 delighted by ~와 satisfied with ~라는 두 개의 수동태 구문이 연결되어 있다. ❷ 이 때 for them은 뒤에 나온 to select의 의미상 주어로써, '그들이 선택하기가'의 뜻을 이루고 있다.

---

3. The choir / is looking for / a new place / to perform / since the Elmhurst
　　　　　　　　　　　　　　　　　point 1
Concert Hall is under construction / for the entire summer.
　　　　　　　　　point 2
151~153번 기사 1단락

❶ 직독직해 ▶ ....

....

❷ **모범 답안** ▶ 합창단은 / 찾고 있다 / 새로운 장소를 / 공연할 수 있는 / 엘름허스트 콘서트홀이 공사 중이었기 때문에 / 여름 내내

의역 ▶ 엘름허스트 콘서트홀이 여름 내내 공사 중인 관계로 합창단은 새로운 공연 장소를 찾고 있다.

독해 point ▶ ❶ 이때 to perform은 to부정사의 형용사적 용법으로 쓰여, '~할'의 뜻으로 앞의 a new place를 꾸며주고 있다. ❷ under construction은 '공사 중인, 건설 중인'이라는 뜻으로, 전명구이긴 하지만 be동사 뒤에 쓰여 보어의 역할을 하고 있다.

4. **Each** of our assistants / is guaranteed to have / the expertise / your high-
point 1
paced life requires / as well as / **the discretion** / **your business demands**.
point 2
162~164번 광고 1단락

❶ 직독직해 ▶ ....

....

❷ 모범 답안 ▶ 저희의 모든 가상 보조원들은 / 확실히 갖추고 있다 / 전문성을 / 귀하의 빠르게 돌아가는 삶이 요구하는 / 뿐만 아니라 / 신중함을 / 귀하의 사업이 요구하는

의역 ▶ 저희의 모든 가상 보조원들은 빠르게 돌아가는 귀하의 삶이 필요로 하는 전문성과 귀하의 사업이 요구하는 신중함을 확실히 갖추고 있습니다.

독해 **point** ▶ ❶ Each가 형용사의 역할을 하며 뒤의 명사를 수식해줄 수도 있지만 위처럼 of와 함께 쓰여 그 뒤에 복수명사를 동반한다. 이때 Each는 단수 취급을 하므로 동사는 3인칭 단수동사를 써야하는데, 파트 5의 문법문제에서 이와 관련된 문법사항을 종종 묻고 있다. ❷ 이 문장 구조는 〈선행사 + (관계대명사) + 주어 + 동사〉의 구조로써, the discretion과 your business demands 사이에 관계대명사 which 혹은 that이 생략되어 앞의 선행사 the discretion을 꾸며주고 있다.

5. Only after my readership kept increasing / **did I realize** / that others would be
point 1
interested in / **anything** / **I had to say**.
point 2
173~175번 기사 4단락

❶ 직독직해 ▶ ....

....

❷ 모범 답안 ▶ 독자들이 계속 늘어나기 시작한 후에야 / 나는 깨달았다 / 다른 사람이 관심을 가질 것이라는 점을 / 어떤 것이든 / 내가 말해야만 하는

의역 ▶ 독자들이 계속 늘어나기 시작한 후에야 저는 다른 사람들이 내가 말하는 어떤 것이든 관심을 가질 것이라는 점을 깨달았어요.

독해 **point** ▶ ❶ 원래 형태는 I realized이나, 동사 realize를 강조하기 위해 강조동사 did를 앞에 내세우고 있다. did에서 이미 과거 시제가 제시되었으므로 본동사 realize는 현재형을 쓴다. ❷ 선행사 anything과 I had to say 사이에 관계대명사 which나 that이 생략되어 있다. 따라서 I had to say가 관계대명사절로써, anything을 꾸며주고 있다.

6. An award-winning / online magazine / with thousands of followers, / Flavors of
Ferny Grove / **provides** / **visitors** / **with dependable and detailed information**
point 1
/ **about going out** for food and dining / in the Ferny Grove area.
point 2
176~180번 웹페이지 1단락

❶ 직독직해 ▶ ....

....

❷ 모범 답안 ▶ 수상 경력이 있는 / 온라인 잡지 / 수천 명의 독자를 보유한 / 〈플레이버스 오브 퍼니 그로브〉는 / 제공한다 / 방문자들에게 / 믿을 만하고 상세한 정보를 / 외식에 대해 / 퍼니 그로브 지역에서의

의역 ▶ 수상 경력이 있고 수천 명의 독자를 보유한 온라인 잡지 〈플레이버스 오브 퍼니 그로브〉는 방문자들에게 퍼니 그로브 지역에서의 외식에 대해 믿을 만하고 상세한 정보를 제공합니다.

독해 **point** ▶ ❶ provide A with B의 구문으로, 'A에게 B를 공급하다'의 의미를 지니고 있다. ❷ about이라는 전치사 뒤에는 항상 명사나 명사형이 동반되어야 하므로 go의 동명사형인 going이 쓰였다.

7. Adapted from the well-known classic novel Fatalité / written / by Petre Dovak,
point 1 *point 2*
/ the musical / has been performed / around the world / more than 300 times.

186~190번 광고 1단락

❶ 직독직해 ▶ ....

....

❷ 모범 답안 ▶ 유명한 고전 소설 〈파탈리테〉에서 개작된 / 쓰여진 / 페트르 도박에 의해 / 이 뮤지컬은 / 공연되었습니다 / 전 세계에 걸쳐 / 300회 이상

의역 ▶ 페트르 도박이 쓴 유명한 고전 소설 〈파탈리테〉를 각색한 이 뮤지컬은 전 세계에 걸쳐 300회 이상 공연되었습니다.

독해 **point** ▶ ❶ 접속사와 주어, 그리고 be동사가 생략된 채, 과거분사만 제시된 분사구문이다. 원래의 문장은 After it was adapted ~ 정도로 볼 수 있으며, 여기서 접속사와 주어가 생략되고 was도 being으로 바뀐 후 생략된 형태이다. (being은 수동태분사구문에서 생략 가능) ❷ written 앞에는 which 또는 that + was가 생략된 채 선행사 the well-known classic novel Fatalité를 꾸며주고 있다.

8. This service / enables you to search for / the TV / that you want / to watch /
point 1 *point 2*
and with one-button, / to record it / for future / watching / at your convenience.

191~195번 전단지 2단락

❶ 직독직해 ▶ ....

....

❷ 모범 답안 ▶ 이 서비스는 / 당신이 찾을 수 있게끔 합니다 / TV 프로그램을 / 당신이 원하는 / 시청하기를 / 그리고 버튼 하나로 / 그것을 녹화하기를 / 미래에 / 볼 수 있도록 / 당신이 편한 때에

의역 ▶ 이 서비스는 시청을 원하는 TV 프로그램을 찾아서 버튼 하나로 나중에 아무 때나 편리할 때 볼 수 있도록 녹화를 해줍니다.

독해 **point** ▶ ❶ enable A to B의 구문으로써, 'A가 B할 수 있게 하다'의 의미를 지니고 있다. ❷ want의 목적어로 to watch가 쓰였다.

9. Not being technically savvy, / upon arrival, / I called your Technical Support
point 1 *point 2*
Department / for advice / when I reached a point of ambiguity / while installing

the TEVI / into my home.

191~195번 편지 1단락

❶ 직독직해 ▶ ....

....

❷ 모범 답안 ▶ 기계에 대해 잘 알지 못하기 때문에 / 제품이 도착하자마자 / 저는 기술지원부로 전화를 걸었습니다 / 조언을 위해 / 제가 모호한 점이 생겼을 때 / TEVI를 설치하면서 / 집에

의역 ▶ 기계에 대해 잘 알지 못하기 때문에, 저는 제품이 도착하자마자 집에 TEVI를 설치하면서 잘 모르는 부분이 있어 기술지원부로 전화를 걸었습니다.

독해 **point** ▶ ❶ 원래 문장은 As I was not technically savvy인데, 접속사와 주어가 생략되고, be동사의 원형에 -ing를 붙인 being이 되었다. 또한 이때 부정어 Not은 동명사 앞에 나와야 하므로, Not being으로 표현해야만 한다. ❷ 흔히 upon 다음에 명사나 동명사형이 나와 '~하자마자'의 뜻을 이룬다.

 외우세요! : **단어 암기** :

단어	뜻	단어	뜻
□ pack	짐을 싸다, 짐을 꾸리다	□ under warranty	(상품이) 품질 보증 기간 내에 있는
□ rake leaves	잎사귀를 갈퀴로 긁어 모으다	□ return one's call	답신 전화를 하다
□ play musical instrument	악기를 연주하다	□ adjustment	조정, 변경
□ march in a parade	행진하다	□ submit	제출하다
□ commute to work	출퇴근하다, 통근하다	□ in person	직접 가서, 몸소
□ a row of	한 줄로 늘어선	□ finalize	완성하다, 마무리하다
□ assemble	조립하다, 모으다	□ ineffective	효과가 없는
□ unoccupied	비어 있는	□ subtract	빼다, 공제하다
□ be under renovation	보수 공사 중이다	□ expire	만기가 되다, 종료되다
□ leave for	~를 향해 떠나다	□ departure	출발
□ drop A off at B	A를 B에 내려주다	□ request	요청하다
□ spacious	공간이 넓은	□ cooperation	협조
□ special offer	특가 판매, 특별 할인 행사	□ join	가입하다
□ appointment	예약, 약속	□ in effect	효력을 발생하는
□ sharply	급격하게	□ be accompanied by	~를 동반하다
□ have trouble -ing	~하는 데 어려움을 겪다	□ scheduled	예정된
□ give someone a ride	~을 태워주다	□ analyze	분석하다
□ be on time	제 시간에 도착하다	□ refund	환불하다
□ keynote speaker	기조 연설자	□ exhibition	전시
□ postpone	연기하다	□ be advised to do	~하도록 권고 받다
□ refurbish	쇄신하다, 재단장하다	□ alternative	대안의, 대체의
□ proposal	제안(서), 건의안	□ drop off our order	주문품을 배송하다
□ reject	거절하다, 거부하다	□ profitable	수익성 있는
□ without charges	무료로	□ renowned	유명한
□ reasonable prices	적당한 가격, 저렴한 가격	□ acknowledge	(접수를) 인정하다, 승인하다

힌트 단어를 참고해 MP3를 듣고 빈칸을 채워보세요. 3번까지 듣고도 빈칸을 채우지 못하면 스크립트를 확인해보세요.

PART 2

7. Where do you usually go for computer repairs?

(A) Last Thursday.

(B) ＿＿＿＿ ＿＿＿＿ ＿＿＿＿ ＿＿＿＿ ＿＿＿＿ ＿＿＿＿.

(C) Why? ＿＿＿＿ ＿＿＿＿ ＿＿＿＿ ＿＿＿＿ ＿＿＿＿?　스크립트 확인은 해설집 234페이지 참고

12. Where are the fabric samples Mr. Knight received yesterday?

(A) ＿＿＿＿ ＿＿＿＿ ＿＿＿＿ the wine.

(B) ＿＿＿＿ ＿＿＿＿ ＿＿＿＿ ＿＿＿＿.

(C) ＿＿＿＿ ＿＿＿＿ ＿＿＿＿ ＿＿＿＿ ＿＿＿＿.　해설집 235페이지 참고

14. We don't think you can drive to Toronto in this weather.

(A) ＿＿＿＿ ＿＿＿＿ ＿＿＿＿ ＿＿＿＿.

(B) Yes, I used to work in Toronto.

(C) I just hope ＿＿＿＿ ＿＿＿＿ ＿＿＿＿ ＿＿＿＿ ＿＿＿＿.　해설집 236페이지 참고

16. Shouldn't ＿＿＿＿ ＿＿＿＿ ＿＿＿＿ ＿＿＿＿ ＿＿＿＿ ＿＿＿＿ ＿＿＿＿ ＿＿＿＿ that is opening up in the Sales Department?

(A) No, ＿＿＿＿ ＿＿＿＿ ＿＿＿＿ ＿＿＿＿ ＿＿＿＿.

(B) Let's just wait a few more days.

(C) Yes, we open at 9 and close at 6 every day.　해설집 236페이지 참고

18. ＿＿＿＿ ＿＿＿＿ ＿＿＿＿ ＿＿＿＿ ＿＿＿＿, did you?

(A) ＿＿＿＿ ＿＿＿＿ ＿＿＿＿ ＿＿＿＿ ＿＿＿＿.

(B) No, ＿＿＿＿ ＿＿＿＿ ＿＿＿＿ ＿＿＿＿ ＿＿＿＿ a few days ago.

(C) Yes, they must take a two-week training session.　해설집 237페이지 참고

21. Excuse me. Which way should I go to _____ _____ _____ _____ _____?

    (A) Yes, _____ _____ _____.

    (B) Just go down the hall and turn to the left.

    (C) We need new personal computers.

해설집 237페이지 참고

24. _____ _____ _____ _____ _____ _____ _____ _____ _____?

    (A) _____ _____ _____ _____ at 10 o'clock.

    (B) That sounds great.

    (C) _____ _____ _____ _____ _____.

해설집 238페이지 참고

26. Why did Ms. Ratchford call this morning?

    (A) _____ _____ _____ _____ _____.

    (B) _____ _____ _____.

    (C) It's very cold today.

해설집 238페이지 참고

29. Do you think we should contact Ms. Thompson today or _____ _____ _____ _____?

    (A) _____ _____ _____ _____ _____.

    (B) _____ _____ _____ _____ _____ _____.

    (C) _____ _____ _____ _____ _____ _____ _____.

해설집 239페이지 참고

30. The standard interest rate _____ _____ _____ _____, won't it?

    (A) I need _____ _____ _____ _____ _____.

    (B) We're interested in overseas investments.

    (C) _____ _____ _____ _____.

해설집 239페이지 참고

35 – 37

M: I had a conversation with William Thornton via instant messaging this morning. _____ _____ _____ _____ _____ _____ _____ _____ at the conference in September, but he has a family situation that he says requires him to stay at home. He is not going to be able to deliver the keynote address.

W: Oh, that's too bad. _____ _____ _____ _____ _____ _____ pretty quickly then. The conference programs are going to be printed next week. I guess I'll have to do a rush order when we find the right speaker.

M: _____ _____ _____ _____ _____ _____ _____ and coming up with a few good alternates?

W: Actually, I know the perfect person: Ms. Alley Goodroad. She is a fantastic speaker on the subject of entrepreneurship. I'll call her now and let you know what her response is.

M: I guess that's good to know. Thanks a lot. I'll be waiting for your call. 해설집 240페이지 참고

41 – 43

W: Excuse me. Do you happen to know _____ _____ _____ _____ _____ _____ _____?

M: All you need to do is complete the form to rent the hall. But this hall is unavailable to be reserved at the moment.

W: Why? I really need the space for a banquet next week.

M: _____ _____ _____ _____ _____ _____ near the main entrance? We are going to _____ _____ _____ _____ during the month of August.

W: Ah... I see. I guess I don't have a choice but to look for a different place.

M: I'm so sorry about that. I wish you good luck in _____ _____ _____ _____ for your corporate event. 해설집 242페이지 참고

47 – 49

M: Hey, Ms. Livingston. Thank you so much for watching my children while _____ _____ _____ _____ _____ _____ today. I actually need to go in for an X-ray tomorrow morning. Do you think _____ _____ _____ _____ _____ _____ for a little bit?

W: Of course! You've helped me by watching my kids plenty of times. It's time _____ _____ _____ _____. What time will you drop them off?

M: My appointment is at 9, so I think it'll be 8:30. If I'm running behind, I will be sure to give you a call. Thank you so much! 해설집 244페이지 참고

59 – 61

W: Mr. Powell, do you have some free time after lunch? I'm _____ _____
_____ _____ _____ for Silky Way, and I'd like your help.

M: Oh, that's our latest shampoo, isn't it? But I thought the marketing campaign was
finalized last month.

W: Yes, the commercials started airing on television a couple of weeks ago, but since
then, _____ _____ _____ _____ _____, and we have _____
_____ _____ _____ from the market testing team. I'd like you to assist
me in creating some new commercials. I have a few ideas for improving the current
ones.

M: I'd be happy to help. Why don't we meet in your office at 3? I'll think about it during
lunch and share my thoughts with you at our meeting.   해설집 247페이지 참고

65 – 67

M: Hi there! My fiancée and I are _____ _____ _____ _____ _____
for our summer wedding.

W: I'm happy that you've contacted us, sir. What are you looking for in a venue?

M: We would like an outdoor venue with a garden that can _____ _____
_____.

W: That's definitely possible. I have some options, but _____ _____ _____
_____?

M: We are hoping to spend about 5,000 dollars for the venue.

W: I think that I have some good options for you. Let me double-check, and I'll _____
_____ _____ _____ _____ _____ _____ _____.

해설집 249페이지 참고

68 – 70

M: Hello. This is Grasshopper Mobile Systems. How may I assist you?

W: This is Tatiana Moreno. _____ _____ _____ _____ _____
_____ _____. I am absolutely sure that I paid my bill on time, yet there's a late
charge on my billing statement. Please _____ _____ _____ _____
_____ _____ and _____ _____ _____.

M: Let me check. Oh, I see. We had a problem with our server in Australia. It affected
a lot of our valued customers' accounts. It appears that we made a mistake with
your bill. We are pleased you noticed the discrepancy. I will _____ _____
_____ _____.

W: Thanks.

M: Ms. Moreno, I can see that your mobile contract with us will soon expire. Please stay
on the line so I can tell you about some new options available to long-time customers
like yourself. There are many new benefits I think you'll be interested to hear about.

해설집 250페이지 참고

71 – 73

May I have your attention, please? Speed Blue Airlines regrets to announce that the departure of Flight 403 to Rome will be delayed _____ _____ _____

_____ _____ _____ _____ _____. The new departure time will be 8:40 P.M., and we expect to begin boarding at 8:15 P.M. All passengers are kindly requested to wait in this lounge so we can make a speedy departure once the plane arrives. _____ _____ _____ _____ _____, which may _____

_____ _____ _____. Thank you for your cooperation.   해설집 251페이지 참고

83 – 85

Attention, employees. I would like to remind you all that work on the company's new exhibition center will be starting this coming Sunday. The construction company has informed me that construction workers will be using parking lot C for the duration of the construction. While some spaces are available in parking lots A, B, and D, _____

_____ _____ _____ _____ _____ _____ _____, _____

_____. _____ _____ _____ _____ _____ _____ _____

at private parking lots. The company will provide a five-dollar-a-day benefit to anyone using off company parking facilities. Please speak to your department heads for more details. Thank you.   해설집 254페이지 참고

89 – 91

Hi, Enzo. It's Lyndsey. I know it's your day off, but _____ _____ _____

_____ _____ _____ at the shop. We're preparing for the busy lunch hour right now, and I'm getting worried because _____ _____ _____ _____

_____ _____ _____. How can we make sandwiches without bread? He has always _____ _____ _____ _____ first thing in the morning. I tried calling the bakery and sent an e-mail, but _____ _____ _____ _____.

We may need to go to a grocery store to buy some bread. I really hope you can help us out. We need your help. We open in an hour! Please call me back and let me know what to do.   해설집 256페이지 참고

문장분석 훈련

 외우세요! : 단어 암기 :

단어	뜻	단어	뜻
☐ outline	개요를 서술하다	☐ efficiency	효율, 능률
☐ further	추가적인	☐ be unable to do	~할 수 없다
☐ planning	계획, 기획	☐ adhere to	~을 고수하다, ~에 집착하다
☐ honor	명예를 주다, 기리다	☐ focus on	~에 초점을 맞추다
☐ achieve	달성하다	☐ customer service	고객서비스
☐ advertisement	광고	☐ represent	대표하다
☐ appear	~인 것 같다	☐ share	나누다
☐ closely	세심히, 면밀히	☐ acquire	얻다, 획득하다
☐ protect	보호하다	☐ company policy	회사 방침
☐ return to	~로 되돌아가다	☐ recommend	추천하다, 권고하다
☐ reward	보상	☐ admission	입학, 입장
☐ influence	영향을 미치다(= affect)	☐ exceptional	뛰어난, 특출한
☐ while	~동안, ~인 반면, 비록 ~이지만(= although)	☐ apply	응용하다
☐ method	방법	☐ additionally	게다가, 또
☐ oversee	관리하다, 감독하다	☐ punctual	시간을 엄수하는
☐ announce	발표하다	☐ addition	추가 구성원
☐ conduct	실시하다	☐ starting	~부터
☐ proposal	제안(서)	☐ improve	개선하다, 나아지다
☐ review	검토하다	☐ council	(지방 자치단체의) 의회
☐ ensure	약속하다, 보장하다	☐ recommendation	추천
☐ treat	대접하다	☐ reception desk	접수데스크
☐ survey	설문조사	☐ registration	등록
☐ express	표현하다	☐ applicable	해당되는, 적용되는
☐ donation	기부	☐ be familiar with	~에 익숙하다
☐ allow + 목 + to do	~가 …하도록 해주다	☐ financial software	재무 소프트웨어

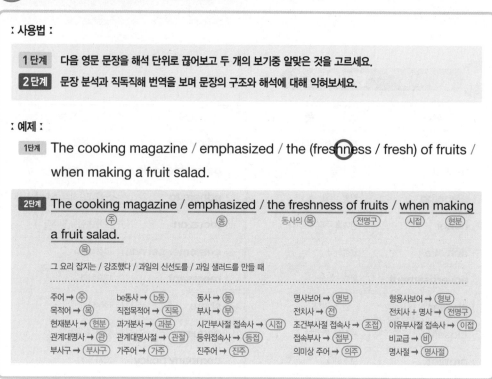

: 사용법 :

1 단계 다음 영문 문장을 해석 단위로 끊어보고 두 개의 보기중 알맞은 것을 고르세요.
2 단계 문장 분석과 직독직해 번역을 보며 문장의 구조와 해석에 대해 익혀보세요.

: 예제 :

1단계 The cooking magazine / emphasized / the (freshness / fresh) of fruits / when making a fruit salad.

2단계 The cooking magazine / emphasized / the freshness of fruits / when making a fruit salad.

그 요리 잡지는 / 강조했다 / 과일의 신선도를 / 과일 샐러드를 만들 때

주어 → 주   be동사 → b동   동사 → 동   명사보어 → 명보   형용사보어 → 형보
목적어 → 목   직접목적어 → 직목   부사 → 부   전치사 → 전   전치사 + 명사 → 전명구
현재분사 → 현분   과거분사 → 과분   시간부사절 접속사 → 시접   조건부사절 접속사 → 조접   이유부사절 접속사 → 이접
관계대명사 → 관   관계대명사절 → 관절   등위접속사 → 등접   접속부사 → 접부   비교급 → 비
부사구 → 부사구   가주어 → 가주   진주어 → 진주   의미상 주어 → 의주   명사절 → 명사절

---

101. **1단계** The following steps / outline / the standard procedures / for a student / (applied / applying) to Kawakuma University.

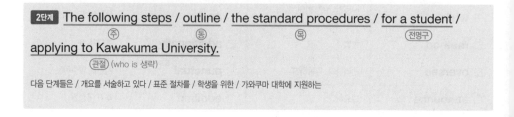

2단계 The following steps / outline / the standard procedures / for a student / applying to Kawakuma University.

다음 단계들은 / 개요를 서술하고 있다 / 표준 절차를 / 학생을 위한 / 가와쿠마 대학에 지원하는

---

103. **1단계** The results / from the course evaluation / will be used / for (farther / further) development and planning of the course.

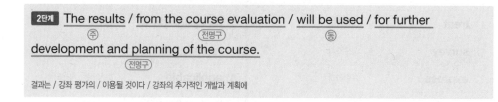

2단계 The results / from the course evaluation / will be used / for further development and planning of the course.

결과는 / 강좌 평가의 / 이용될 것이다 / 강좌의 추가적인 개발과 계획에

42

105. `1단계` It is recommended / that you have your passport (stamped / stamp) / before proceeding through security.

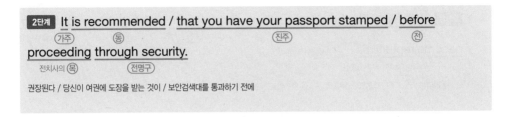

`2단계` It is recommended / that you have your passport stamped / before
(가주) (동) (진주) (전)
proceeding through security.
전치사의 (목) (전명구)
권장된다 / 당신이 여권에 도장을 받는 것이 / 보안검색대를 통과하기 전에

108. `1단계` Each (researcher / researchers) / joining / our next project / will go through / a thorough background check.

`2단계` Each researcher / joining / our next project / will go through / a thorough
(주) (관절) (who is 생략) (동) (목)
background check.

각 연구원은 / 참여하는 / 우리의 다음 프로젝트에 / 겪게 될 것이다 / 철저한 배경 조사를

116. `1단계` (Any / All) luggage / that is too heavy to fit / in the overhead compartment / should be put / under the seat / in front of you.

`2단계` Any luggage / that is too heavy to fit / in the overhead compartment /
(주) (관절)
should be put / under the seat / in front of you.
(동) (전명구) (전명구)
어떤 짐은 / 들어가기에 너무 무거운 / 머리 위 수납함에 / 넣어야 합니다 / 좌석 밑에 / 당신 앞에 있는

117. `1단계` TBC / announced / that it would not conduct / a live broadcast / of the sporting event / as previously (planning / planned).

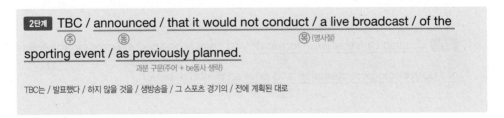

`2단계` TBC / announced / that it would not conduct / a live broadcast / of the
(주) (동) (목) (명사절)
sporting event / as previously planned.
과분 구문(주어 + be동사 생략)
TBC는 / 발표했다 / 하지 않을 것을 / 생방송을 / 그 스포츠 경기의 / 전에 계획된 대로

121. `1단계` The reality TV show / came to an end / when it was (criticizing / criticized) / for having become repetitive.

`2단계` The reality TV show / came to an end / when it was criticized / for having
(주)　　　　　　　(동)　　　　　(시접) (주)　　(동)　　　　　(전) 전치사의 (목)
become repetitive.
(have become의) (형보)

그 리얼리티 TV쇼는 / 끝나게 되었다 / 비판을 받았을 때 / 반복된다는

123. `1단계` About 42 percent / of people / surveyed / say / fuel economy / is extremely important / in their decision / (purchasing / to purchase) a new car.

`2단계` About 42 percent / of people / surveyed / say / fuel economy / is extremely
(주)　　　　　(전명구)　　　(과분)　　(동)　　　(주)　　　　(b동) (부)
important / in their decision / to purchase a new car.
(형보)　　　　(전명구)　　　　　(부사구)　　to부정사의 (목)

약 42퍼센트는 / 사람들의 / 설문조사를 받은 / 말한다 / 연비가 / 매우 중요하다 / 그들의 결정에 / 신차를 구입하려는

125. `1단계` The donation / to the fire department / will allow them to work / more (efficient / efficiently) / by improving their equipment.

`2단계` The donation / to the fire department / will allow them to work /
(주)　　　　　　　(전명구)　　　　　　　(동)　　(목)　(목보)
more efficiently / by improving their equipment.
(부)　　　　　　　(전명구)

기부는 / 소방청에 대한 / 그들이 일할 수 있게 해줄 것이다 / 효율적으로 / 그들이 장비를 개선함으로써

130. `1단계` Octavio University / is fortunate / to have renowned experts / in the fields of / both ecological statistics (and / or) environmental research.

`2단계` Octavio University / is fortunate / to have renowned experts / in the fields
(주)　　　　　　(b동)　(형보)　　(부사구)　　to부정사의 (목)　　　　(전명구)
of / both ecological statistics and environmental research.
(전명구)

옥타비오 대학은 / 다행으로 여기고 있다 / 유명한 전문가를 보유하게 된 것을 / 그 분야에서 / 생태 통계학과 환경 연구라는 두 개의

44

TEST 3

직독직해 훈련

 외우세요! 단어 암기

단어	뜻	단어	뜻
☐ specialize in	~을 전문으로 하다	☐ fix	고치다, 수정하다
☐ own	소유하다	☐ come up with	(아이디어 등을) 내놓다, 찾아내다
☐ entrance	입구	☐ due	만기가 된, ~하기로 예정된
☐ no later than	늦어도 ~까지	☐ assess	가늠하다, 평가하다
☐ take care of	~을 처리하다	☐ mark	표시하다
☐ take advantage of	~을 이용하다	☐ formation	결성
☐ be free to do	자유롭게 ~하다	☐ be suitable for	~에 적합하다
☐ huge	엄청난	☐ participation	참가
☐ locate	찾다	☐ introduction	입문, 개론
☐ frequent	자주 다니다, 출입하다	☐ complete	(양식을) 작성하다
☐ refresh	새롭게 하다, 되살리다	☐ questionnaire	설문지
☐ employment	직업, 일자리	☐ unique	독특한
☐ comprehensive	종합적인	☐ guideline	가이드라인, 지침
☐ refer to	~을 참조하다	☐ revenue	재정 수입
☐ tenant	세입자, 거주자	☐ block	막다, 차단하다
☐ fully equipped	완전히 갖춰진	☐ directions	길 안내
☐ state-of-the-art	최신의	☐ replace	교체하다
☐ attendee	참석자	☐ faulty	결함 있는
☐ pass out	의식을 잃다	☐ branch	지부, 지점
☐ distribute	배포하다	☐ deal with	~을 다루다
☐ personnel	(조직의) 총인원, 전직원	☐ finance	재무, 금융
☐ cooperation	협조	☐ in charge	책임지는
☐ be aware of	~을 알다, ~을 인식하다	☐ prior to	~전에
☐ inaccurate	부정확한	☐ enthusiastic	열렬한
☐ structural	구조의, 구조적인	☐ potential	잠재력, 가능성

❶ 끊어 읽기를 참고해 직독직해 해보고 ❷ 모범 답안과 독해 포인트를 확인해보세요.

1. There have been visitors / in the past / **that took** advantage of that / and **took**

    point 1 **point 2**

/ more than five bags.

149~150번 공지 1단락

❶ 직독직해 ▶ ....

....

❷ **모범 답안** ▶ 방문객들이 있었습니다 / 예전에 / 그것을 이용하였던 / 그리고 가져갔던 / 5개 이상의 봉지를

의역 ▶ 예전에 이것을 이용하여 5개 이상의 봉지를 가져간 방문객들이 있었습니다.

독해 (point) ▶ ❶ 이 부분에서 that은 관계대명사절을 이끄는 주격관계대명사이다. 이때의 that의 선행사는 past가 아니라 그 앞에 있는 visitor임에 유의한다. ❷ 〈~ + 동사 + ~ + and + 동사 + ~〉의 구문으로, 두 개의 동사가 and로 연결되어 있는 병렬구문이다.

2. You / are free to / **enjoy yourself**, / but / any activity / **causing** / discomfort /

    point 1   **point 2**

to other people / is strictly prohibited.

149~150번 공지 2단락

❶ 직독직해 ▶ ....

....

❷ **모범 답안** ▶ 당신은 / ~에 대해 자유롭다 / 스스로 즐기다 / 그러나 / 어떤 행위는 / 초래하는 / 불편을 / 다른 사람들에게 / 엄격히 금지되어 있다

의역 ▶ 자유롭게 즐기실 수 있지만, 다른 사람들에게 불편을 초래하는 행위는 엄격히 금지됩니다.

독해 (point) ▶ ❶ enjoy yourself는 '마음껏 즐기다, 자유롭게 즐기다'라는 뜻의 숙어이다. ❷ 이때 causing은 '초래하는, 야기시키는'이라는 의미로써, 앞에 which is나 that is가 생략된 채 관계대명사절을 이끌고 있는 현재분사이다.

3. We took these measures / **to see** / how often / each area of our library / is

    point 1   **point 2**

frequented / during the morning, afternoon, and evening.

153~155번 이메일 1단락

❶ 직독직해 ▶ ....

....

❷ **모범 답안** ▶ 우리는 조사를 실시했습니다 / 알아보기 위해 / 얼마나 종종 / 우리 도서관의 각 구역이 / 빈번한지 / 아침, 점심, 그리고 저녁 동안

의역 ▶ 우리는 도서관의 각 구역에서 아침, 점심, 저녁 동안 방문객 출입이 얼마나 빈번한지 알아보는 조사를 실시했습니다.

독해 (point) ▶ ❶ 이때 to부정사는 '~하기 위해'라는 부사적 용법으로 활용되면서 앞의 동사를 수식해주고 있다. ❷ 〈의문사 + 주어 + 동사〉의 구조를 띄고 있으며, 문장 내에선 명사절의 역할을 하게 된다.

4. If you are like the other millions of Americans / **who** change / employment / *point 1* / once every 5 years, / then you / may find / yourself / struggling / **to tackle** / *point 2* / the technology / encountered / at your newest place of employment.

156~157번 광고 1단락

❶ 직독직해 ▶ ....

....

❷ 모범 답안 ▶ 만약 당신이 다른 수백만의 미국인들과 같다면 / 바꾸는 / 직장을 / 5년마다 / 당신은 / 발견할지도 모릅니다 / 스스로를 / 고군분투하는 / 씨름하느라 / 기술과 / 맞닥뜨린 / 당신의 가장 최근 일자리에서

의역 ▶ 당신이 5년마다 한 번씩 직장을 바꾸는 다른 수백만 미국인들과 같다면, 당신은 가장 최근 일자리에서 맞닥뜨린 기술과 씨름하느라 고군분투하는 자신을 발견할지도 모릅니다.

독해 point ▶ ❶ 앞의 millions of Americans를 선행사로 하는 주격관계대명사의 역할을 하고 있다. 선행사가 사람이기 때문에 who 가 쓰였다. ❷ '~하느라, ~하기 위해'라는 의미를 지닌 to부정사의 부사적 용법으로 쓰였다.

5. Please mention / **that** we will not be responsible for / any circumstances / *point 1* / **that** happen / if we do not know about a person's condition ~.

162~164번 이메일 2단락

❶ 직독직해 ▶ ....

....

❷ 모범 답안 ▶ 언급해 주십시오 / 우리가 책임을 질 수 없다는 점을 / 어떤 상황에 대해서도 / 발생하는 / 만약 우리가 개인의 상태에 대해 알지 못하면

의역 ▶ 개인의 상태에 대해 알지 못하는 경우에 발생할 수 있는 어떤 상황에 대해서도 책임을 질수 없다는 점을 언급해 주십시오.

독해 point ▶ ❶ 여기서 that은 명사절을 이끌며 동사 mention의 목적어 역할을 하는 명사절 접속사로 쓰이고 있다. 반면 그 뒤에 나온 that은 circumstances라는 선행사를 수식하는 관계대명사로 쓰이고 있다.

6. As you'll see, / your plans / **to enlarge** / the floor space / around the east side / *point 1* / patio / and / **to incorporate** / a stone oven / into the kitchen / **have been** / *point 2* / figured / into our estimates.

165~168번 이메일 2단락

❶ 직독직해 ▶ ....

....

❷ 모범 답안 ▶ 보시다시피 / 당신의 계획은 / 확대하고자 하는 / 바닥 공간을 / 동쪽 테라스 주변의 / 그리고 / 설치하려는 / 석재 오븐을 / 주방에 / 계산되었습니다 / 우리의 견적 내에서

의역 ▶ 보시다시피, 동쪽 테라스 주변 바닥 공간을 확대하고 주방에 석재 오븐을 설치하려는 당신의 계획을 견적에 넣었습니다.

독해 point ▶ ❶ to부정사인 to enlarge와 to incorporate는 '~하는'의 형용사적 용법으로 쓰이면서 등위접속사 and로 연결되어 주어 your plans를 각각 수식하고 있다. ❷ have been figured는 현재완료수동태로써 '~되어 왔다'의 의미를 지니고 있다.

7. I / thought / the delivery / might have been delayed (point 1) / because the store is busy, / but / when I uploaded a review/comment / about the delay, (point 2) / I was blocked / from the shop.

181~185번 이메일 1단락

❶ 직독직해 ▶ ....

....

❷ 모범 답안 ▶ 저는 / 생각했습니다 / 배송이 / 지연되었을지 모른다고 / 상점이 바쁘기 때문에 / 그러나 / 리뷰와 의견을 제가 게시했을 때 / 지연에 대해 / 저는 차단을 당했습니다 / 상점으로부터

의역 ▶ 상점이 바쁘기 때문에 배송이 지연된다고 생각했지만, 제가 지연에 대한 리뷰와 의견을 게시하자 상점으로부터 차단을 당했습니다.

독해 point ▶ ❶ 이 문장은 〈주어 + 동사 + 주절(주어 + 동사) + 종속절(접속사 + 주어 + 동사 + ~)의 구조로써, 주절 + 종속절의 구조가 겹쳐서 등장하는 독특한 형태를 띄고 있다. thought 뒤에는 목적절을 이끄는 명사절 접속사 that이 생략되어 있다. ❷ 〈접속사 + 주어 + 동사 + ~, 주어 + 동사 + ~〉의 구조를 이루고 있으며, 이때의 접속사 when은 시간을 나타내는 부사절 접속사이다.

8. Please select / your choices / and / have / your administrative assistant (point 1) / call or fax / in the order / no later than (point 2) noon / on Monday.

191~195번 의사 일정 2단락

❶ 직독직해 ▶ ....

....

❷ 모범 답안 ▶ 선택하십시오 / 당신의 메뉴를 / 그리고 / 하도록 하십시오 / 행정보조에게 / 전화나 팩스를 / 주문서대로 / 늦어도 정오까지는 / 월요일에

의역 ▶ 메뉴를 고르시고, 행정 보조에게 늦어도 월요일 정오까지는 전화나 팩스로 주문을 넣으라고 하십시오.

독해 point ▶ ❶ 이 부분은 〈have + 목적어 + 동사원형〉의 구문으로써, have가 사역동사로 쓰여 '목적어가 ~하게 하다'의 의미를 이루고 있다. 이때의 목적보어로는 동사원형이 사용된다는 점에 특히 유의한다. ❷ no later than은 '늦어도 ~까지는'을 뜻한다.

9. As you know, / this has been a tough year / for our company, / but / instead of laying off employees, (point 1) / we have decided / to restructure (point 2) some benefits / to ease our budget / and / to bring down operating costs.

191~195번 제안서 1단락

❶ 직독직해 ▶ ....

....

❷ 모범 답안 ▶ 아시다시피 / 올해는 힘든 한 해였습니다 / 우리 회사에게 / 그러나 / 직원들에 대한 정리해고 대신에 / 우리는 결심했습니다 / 몇 가지 복지를 조정하기로 / 우리의 예산에 대한 부담을 덜기 위해 / 그리고 / 운영비를 줄이기 위해

의역 ▶ 아시다시피, 올해는 우리 회사에게 힘든 한 해였습니다. 그러나 직원들에 대한 정리해고 대신에 우리는 예산의 부담을 덜고 운영비를 줄이기 위해 몇 가지 직원 복지를 조정하기로 결정했습니다.

독해 point ▶ ❶ 여기서 laying off는 동명사로 쓰여 전치사인 instead of의 목적어 역할을 하고 있다. lay off는 '해고하다'의 의미를 지니고 있다. ❷ to restructure는 '~하는 것'의 명사적 용법으로 쓰여 동사 decide의 목적어 역할을 하고 있다.